DISCLAIMER

The author and publisher are providing this book and its contents on an "as is" basis and make no representations or warranties of any kind with respect to this book or its contents. The author and publisher disclaim all such representations and warranties, including but not limited to warranties of merchantability. In addition, the author and publisher do not represent or warrant that the information accessible via this book is accurate, complete, or current.

Except as specifically stated in this book, neither the author nor publisher, nor any authors, contributors, or other representatives will be liable for damages arising out of or in connection with the use of this book. This is a comprehensive limitation of liability that applies to all damages of any kind, including (without limitation) compensatory; direct, indirect, or consequential damages; loss of data, income, or profit; loss of or damage to property; and claims of third parties.

BESTACTIVITYBOOKS.COM

FIRST EDITION - Published 2021

Extra Graphic Material From: www.freepik.com
Thanks to: Alekksall, Starline, Pch.vector, Rawpixel.com, Dgim-studio, Upklyak, Macrovector & Freepik.com Designers

This Book Offers Free Bonus Puzzles

Available Here:

BestActivityBooks.com/WSBONUS20

Ready, Set... Go!

Did you know there are around 7,000 different languages in the world? Words are precious.

We love languages and have been working hard to make the highest quality books for you. Our ingredients?

One part easy-to-read print, three parts entertainment, then we add some challenging words and a pinch of rare ones. We brew them with care to serve you lots of fun and an opportunity to solve the best puzzles.

Your feedback is essential. You can be an active participant in the success of this book by leaving us a review. Tell us what you liked most in this edition!

Here is a short link which will take you to your Amazon orders review page.

BestBooksActivity.com/Review50

Thanks for your fidelity and enjoy the Game!

Delta Classics Team

Puzzle 1

절	문	을	람	용	주	올	늘	트	션	찍	춤	제	문	굽	전	물
필	물	표	굴	행	터	솔	말	트	음	료	요	자	행	거	문	질
추	말	부	전	늘	컴	요	공	질	추	레	물	해	파	경	들	표
을	어	짓	트	끔	이	물	고	러	춤	퓨	문	거	바	계	치	킨
낌	괜	자	카	사	협	나	타	냅	니	다	감	북	낌	라	위	한
주	찍	찮	노	우	력	질	부	노	올	느	자	원	더	바	기	쌀
저	공	간	주	스	동	낌	주	한	은	끔	요	초	느	용	컴	문
트	발	트	문	운	돌	컴	부	발	장	추	용	낌	받	집	바	공
루	다	끔	젊	적	트	결	은	물	공	감	맞	레	자	주	올	로
추	컴	법	은	션	질	동	굴	주	트	느	크	코	위	협	이	올
을	말	는	느	자	북	느	굽	어	스	다	동	뿔	레	추	위	너
트	스	동	하	트	어	컴	로	의	트	이	올	소	사	표	한	필
올	바	카	물	정	측	체	국	경	받	에	범	터	요	달	부	컴
문	행	공	스	도	결	수	로	트	동	을	크	어	동	올	솔	로
말	북	표	낌	바	바	집	다	을	바	이	터	견	발	동	문	사

나타냅니다
주저
결정하는
우스운
코뿔소
수집
경계
초원
감자
공간
협력
국경
괜찮
원더
위협이
치킨
해바라기
음료
위치
정도

Puzzle 2

베이킹
토크
높이
시작
심장
패턴
시력기호
쓰기
밝은
목표염소
연기
여덟
경사
벽화
경찰
속성을
후에
요즘
연기를
스틱은

달	견	대	사	감	감	스	자	북	늘	심	은	이	에	춤	트	용
주	늘	날	공	컴	느	발	사	솔	위	를	장	발	도	쌀	굽	견
젊	행	짓	적	말	물	필	짓	도	어	셀	한	부	패	턴	이	바
행	다	셀	공	행	주	동	요	을	적	젊	에	이	컴	짓	받	제
느	로	어	낌	은	운	이	즘	달	절	춤	돌	시	력	기	호	크
밝	은	젊	동	카	로	파	시	작	질	부	를	쌀	후	부	올	동
션	퓨	틱	한	부	를	위	터	올	한	요	부	감	에	풍	젊	전
바	도	맞	스	컴	이	맞	을	추	을	질	람	레	고	루	션	로
을	운	용	행	을	표	연	기	루	법	높	러	질	돌	바	위	속
느	토	낌	짓	레	벽	스	바	경	찰	이	풍	목	표	염	소	성
대	크	돌	바	늘	동	화	발	범	바	여	적	자	레	범	추	을
문	끔	한	장	한	트	연	기	를	베	덟	집	주	의	쓰	트	트
트	트	발	은	받	문	경	사	올	이	측	컴	제	문	기	은	한
스	제	러	올	다	주	동	의	물	킹	부	춤	바	너	쌀	람	의
이	퓨	를	다	을	받	돌	올	발	풍	법	자	바	한	위	주	체

Puzzle 3

부	바	돌	받	않	는	을	위	모	집	굴	부	문	견	로	표	측
위	기	개	퓨	질	표	도	젊	양	받	범	에	측	스	터	도	굴
셀	특	루	인	운	짓	로	을	거	사	을	춤	절	사	바	노	풍
부	정	기	쁜	표	에	맞	트	방	바	늘	한	카	키	위	굽	달
쌀	고	표	크	이	젊	적	바	지	문	북	절	한	고	파	굴	법
쌀	문	견	을	자	전	거	집	문	질	한	돼	굴	제	을	동	트
를	파	찍	문	매	문	들	질	나	무	을	상	지	발	를	맞	다
은	집	주	동	판	돌	촛	제	용	무	느	대	표	알	노	을	찍
이	달	람	너	노	돌	동	불	문	리	풍	을	준	느	약	노	발
자	대	결	추	을	트	동	달	자	풍	용	끔	레	받	스	다	필
은	바	문	감	느	대	동	체	을	젊	문	동	로	컴	북	리	컴
자	이	젊	범	리	실	문	사	을	발	리	발	을	견	행	필	이
이	고	끔	파	의	망	러	올	젊	을	전	스	장	에	고	졸	자
다	유	령	굴	용	범	찍	올	에	늘	솔	공	필	풍	춤	린	부
동	범	요	필	견	레	질	굽	카	터	느	이	다	다	문	에	거

졸린
상대
키위
자전거
나무
특정
실망
모양
무리
표준
방지
촛불
않는
판매자
개인
돼지알약
위기
유령
기쁜
정부

Puzzle 4

발	의	트	용	컴	낌	체	도	문	한	다	행	용	복	풍	질	짓
요	추	주	한	사	말	도	어	리	드	질	날	춤	싱	문	달	요
도	동	남	에	이	전	트	려	리	달	퓨	한	다	결	문	스	바
한	문	편	운	찍	마	법	운	트	주	을	이	추	드	크	북	법
트	동	동	한	건	우	늘	도	느	을	쌀	파	퓨	동	라	람	돌
부	적	절	한	강	스	낌	토	눈	겸	손	금	요	일	미	이	측
느	질	돌	운	한	부	은	리	문	사	용	춤	찍	북	짓	부	브
일	용	을	주	발	굽	도	질	운	굴	람	크	받	짓	확	행	동
터	반	대	찍	굽	풍	체	고	느	은	들	은	컴	대	실	용	크
주	문	적	동	부	집	다	다	거	은	레	들	견	문	히	어	레
엔	사	굽	인	햇	빛	쌀	용	노	동	를	부	람	문	부	발	로
진	라	추	셀	문	측	을	크	부	법	행	이	체	로	굴	전	파
이	를	주	달	제	표	운	카	레	을	동	스	고	범	다	문	질
올	요	에	춤	컴	퓨	바	추	풍	범	부	문	맞	맞	바	위	행
말	필	질	한	느	리	의	장	로	솔	를	쌀	낌	말	춤	받	은

확실히
건강한
사라
일반적인
금요일
드라이브
리드
에이전트
남편
어려운
마우스
눈사람
부적절한
미라
햇빛
복싱
복용
겸손
엔진이
도토리

Puzzle 5

바	지	트	체	마	올	느	을	한	을	오	퓨	적	느	버	부	문
루	풍	은	늘	지	람	놀	라	운	절	이	날	주	트	표	전	전
쌀	집	사	짓	막	문	용	로	을	이	사	굴	발	춤	문	질	동
을	부	말	트	으	물	질	퓨	레	범	다	추	을	동	용	자	주
딱	쌀	춤	질	로	로	다	작	업	의	리	파	생	굴	로	발	자
정	레	받	은	요	찍	시	갤	럽	주	적	끔	다	일	를	컴	집
벌	러	범	이	측	일	에	독	수	리	하	한	바	동	을	퓨	감
레	북	법	람	트	곱	을	한	질	터	드	추	동	돌	낌	파	동
발	파	사	부	풍	쌀	고	행	짓	용	법	솔	살	고	있	는	용
동	바	장	발	고	추	을	퓨	다	젊	셀	표	느	대	용	맞	제
장	로	카	션	쌀	드	느	에	절	트	문	들	을	물	발	동	체
리	루	바	날	거	럼	발	풍	주	운	날	레	바	맞	발	춤	한
문	스	을	말	끔	쌀	용	말	쌀	람	쌀	운	노	적	행	말	퓨
표	면	북	을	크	코	트	솔	한	노	말	추	찍	감	크	크	동
결	집	공	공	센	터	스	도	파	발	셀	찍	동	느	집	주	쌀

독수리
마지막으로
센터
딱정벌레
파리
놀라운
표면
하드
바지
갤럽
버전
드럼
사다리
살고있는
오이
일곱
코스
작업의
다시에
생일을

Puzzle 6

적	행	프	도	동	말	카	을	주	름	한	쌀	북	을	행	한	집
터	컴	로	리	러	의	어	낌	도	주	측	을	을	요	파	솔	달
시	도	젝	위	부	타	동	돌	북	한	다	문	에	레	트	장	리
포	적	트	도	법	한	원	절	동	짓	들	체	도	로	구	름	레
리	필	를	용	받	휴	좋	형	용	농	부	카	바	느	크	주	춤
스	공	지	문	리	가	은	셀	부	집	사	한	적	견	동	거	위
트	북	아	찍	트	를	안	장	굽	젊	어	리	너	퓨	문	결	거
에	용	강	트	람	스	녕	운	요	느	표	을	감	용	에	한	러
젊	아	집	부	행	규	제	동	를	집	장	로	발	북	어	트	물
감	버	낌	돌	추	법	사	도	을	은	한	돌	터	오	쌀	파	트
이	지	장	범	견	쌀	쌀	부	용	그	려	느	동	소	로	달	를
쌀	의	고	대	발	주	루	문	도	션	부	전	더	리	추	너	질
은	트	국	래	문	측	한	솔	셀	솔	대	리	파	질	은	레	적
다	운	말	미	동	한	람	어	의	한	다	루	한	세	포	전	에
결	고	필	장		울	타	리	측	들	문	동	레	바	전	한	션

주름
리더
프로젝트를
세포
농부
시도
강아지를
휴가를
미래
타원형
좋은안녕
구름
아버지의
부추
그려
포리스트에
규제
미국의
오소리
울타리

Puzzle 7

극	적	인	질	문	은	위	고	귀	한	법	에	쌀	변	이	끔	질
레	측	범	들	도	다	쌀	느	동	스	를	끔	받	자	호	행	동
가	방	전	을	굴	발	한	느	공	법	물	풍	늘	에	트	사	한
트	말	트	렁	크	부	트	끔	젊	느	문	얼	맞	끔	쌀	늘	고
사	거	달	샤	워	도	늘	다	문	파	느	굴	의	람	추	우	낌
체	짓	에	발	젊	느	운	을	올	파	늘	운	용	발	이	산	도
춤	들	쌀	파	다	굴	물	퓨	거	다	위	를	바	필	루	을	로
표	질	로	공	노	문	법	위	굽	너	람	받	짓	한	범	한	주
문	솔	북	셀	받	리	느	질	굴	스	체	다	루	자	종	어	말
굽	도	행	한	을	라	어	루	의	견	을	느	동	에	류	거	한
느	주	부	션	짓	미	이	린	어	사	냥	단	계	를	의	대	맞
문	솔	거	받	이	거	트	브	람	문	트	춤	필	굴	거	한	크
크	발	올	절	솔	동	루	용	러	발	주	대	표	바	솔	한	셀
그	래	프	풍	사	동	은	퓨	스	리	이	아	을	너	늘	문	낌
주	견	늘	바	절	굴	쌀	루	을	말	홀	트	너	적	를	주	문

사냥
주말
극적인
트렁크
샤워
그래프
단계를
변호사
어린이
대표
가방
얼굴
아이리스
홀리
거대한
고귀한
라이브러리
이미
우산을
종류의

Puzzle 8

질	제	바	람	표	한	를	문	끔	달	측	전	용	짓	제	의	올
문	자	형	식	리	행	짓	집	끔	짓	에	면	바	은	복	구	다
에	파	트	적	거	말	운	추	들	위	을	파	사	포	크	람	리
달	동	문	공	용	동	자	말	발	용	스	루	트	용	찍	동	솔
문	걀	물	질	굽	들	추	집	느	터	달	춤	너	러	너	위	용
자	한	질	쌀	문	낌	이	결	장	공	터	바	추	앞	동	이	범
맞	자	춤	문	나	교	훈	은	날	크	올	쌀	굴	부	으	트	에
너	고	동	제	머	을	동	레	질	솔	요	노	짓	을	바	로	낌
한	거	도	트	지	먼	스	에	문	고	다	고	시	간	받	질	필
날	말	발	장	크	션	요	주	이	측	쌀	춤	추	동	맞	도	체
신	선	한	세	섬	로	람	트	받	이	물	와	전	부	춤	이	올
발	다	동	다	주	을	은	요	다	견	린	인	한	동	대	법	굽
소	측	발	문	을	러	을	션	레	용	용	굴	운	을	발	들	들
거	음	에	션	발	주	도	쌀	평	도	문	트	측	굴	질	집	감
트	동	안	경	루	확	신	를	균	풍	쌀	낌	주	상	태	바	어

상태
소음
나머지
시간
평균
달걀
먼지
교훈은
다리
섬세한
물린
포크
복구
안경
형식
앞으로
신선한
와인
확신를
전면

Puzzle 9

위	메	자	춤	어	점	을	쌀	문	하	수	동	위	공	고	들	낌
달	이	쌀	션	어	수	로	루	바	람	키	결	동	질	낌	바	적
바	크	도	셀	용	춤	느	요	다	고	션	간	에	견	체	결	주
낌	업	동	사	날	전	쌀	실	제	로	들	단	격	바	달	젊	문
문	장	트	운	젊	리	범	범	올	주	한	한	가	정	짓	풍	한
자	문	변	드	돌	람	젊	도	고	돌	체	법	사	주	자	범	요
발	감	위	로	올	표	젊	필	감	람	루	올	의	동	도	동	감
물	절	결	추	퓨	대	도	셀	젊	리	션	북	물	노	퓨	주	장
늘	용	개	트	퓨	대	한	을	트	집	늘	을	거	람	퓨	동	부
적	주	주	발	온	도	계	이	도	낌	끔	동	여	름	쌀	문	카
들	낌	고	느	한	동	주	붕	도	맞	결	파	굽	표	북	날	들
젊	한	카	동	종	느	받	괴	한	컴	바	션	바	동	루	파	법
바	측	자	용	발	이	발	에	토	끼	가	도	에	질	말	문	카
구	매	의	행	리	트	장	서	동	법	을	북	감	은	위	한	너
한	젊	추	동	말	젊	용	말	로	기	능	퓨	받	의	문	파	굴

사운드
종이
수동
간단한
의사가
온도계이
바람
가격
실제로
개발
붕괴에서
가정
변위
메이크업
하키
여름
구매
기능
토끼가
점수

Puzzle 10

퓨	자	자	서	동	이	을	루	돌	견	로	사	적	도	지	감	스
측	용	체	식	짓	자	로	을	쌀	견	한	한	측	들	원	루	틸
루	크	풍	지	문	사	체	측	을	레	한	질	세	바	을	견	훔
리	측	부	추	다	법	낌	문	던	필	의	집	범	계	낌	한	쳐
요	한	위	위	레	법	카	올	져	장	질	용	올	질	받	학	생
낌	동	컴	트	주	동	상	레	이	스	문	느	기	용	도	레	이
을	달	고	용	바	결	사	단	돌	집	은	트	각	문	제	레	필
한	리	로	바	바	코	사	고	은	루	대	감	셀	문	주	도	보
위	질	루	트	전	받	스	어	트	필	측	추	을	동	을	크	문
한	감	를	요	가	르	쳐	장	너	솔	터	추	셀	돌	주	자	을
주	어	을	찍	운	바	파	동	이	람	사	맞	늘	굴	적	한	은
퓨	춤	느	한	짓	집	를	동	람	다	용	낌	을	의	시	바	루
품	공	북	루	트	람	달	로	용	편	안	함	을	맞	게	다	오
적	질	트	거	풍	레	찍	젊	질	도	파	측	트	분	홍	색	리
리	원	하	는	올	동	바	파	자	퓨	은	바	은	러	절	풍	메

상단
스틸훔쳐
세계
분홍색
지원을
편안함을
시게
메리
서식지
던져
도보
품질
학생
감지
오리
결코
레이스
기각
원하는
가르쳐

Puzzle 11

담	부	다	람	달	너	짓	물	을	바	동	문	굴	너	집	말	스
셀	비	을	한	카	문	제	을	은	부	행	찍	풍	한	문	적	스
파	행	수	추	에	끔	체	도	주	대	스	가	들	표	범	쌀	로
감	도	리	말	행	도	이	루	동	춤	들	까	러	돌	감	행	트
필	리	를	도	스	바	풍	카	운	행	성	이	주	동	를	은	결
받	은	즉	레	람	길	이	러	환	레	거	노	크	고	올	문	추
고	문	시	트	를	을	제	쪼	영	적	맞	퓨	요	문	로	문	젊
달	감	들	제	춤	장	을	아	이	러	찍	굽	이	을	불	규	칙
풍	추	말	바	퓨	도	파	적	굽	를	루	날	용	감	물	션	절
한	적	적	들	질	이	질	너	문	풍	들	다	을	트	받	굴	바
물	루	날	노	터	동	사	로	한	을	찍	비	날	을	문	측	말
통	너	위	올	은	햄	스	터	스	풍	범	극	물	맞	카	도	견
추	과	질	의	가	아	름	다	운	발	스	적	법	률	한	제	로
쌀	풍	체	달	져	파	공	질	춤	다	용	조	문	이	적	파	을
문	트	인	간	북	이	트	체	대	법	결	건	받	이	은	춤	자

통과
비극적
즉시
쪼아
불규칙
환영이
담비
아름다운
가까이
법률
가져
동행
행성
수리를
인간
길이
위의
햄스터
스스로
조건

Puzzle 12

집	발	추	로	말	범	물	을	이	부	객	주	젊	이	은	집	행
어	두	운	에	을	느	측	전	부	족	체	주	굴	느	전	주	양
문	사	범	발	쌀	퓨	들	람	말	한	를	리	용	을	풍	집	파
로	문	굽	북	너	돌	카	문	끔	동	고	을	한	발	달	늘	자
끔	거	대	북	은	부	너	카	이	이	동	을	질	풍	들	한	을
올	를	솔	받	한	절	파	쌀	동	체	질	요	루	부	사	다	에
용	을	다	결	행	요	도	거	당	바	요	춤	절	한	법	행	동
주	측	고	계	동	크	람	한	신	부	을	트	레	필	자	의	로
결	낌	컴	약	너	션	은	감	의	느	굽	을	은	발	어	범	이
법	전	부	에	문	다	측	동	을	도	바	짓	션	카	말	용	바
성	표	바	크	자	질	은	우	동	제	너	용	이	름	파	장	어
찍	공	루	다	기	추	운	유	북	요	굴	올	공	춤	트	추	부
훌	한	적	섯	발	카	트	자	용	올	레	가	적	대	운	찍	용
자	륭	문	인	터	의	바	북	장	굽	퓨	미	어	루	전	말	문
를	느	함	느	제	요	에	성	숙	진	행	발	도	예	상	질	들

성숙
계약에
당신의
진행
다섯
성공적인
문자
적어도
올가미
부족한
풍부
거대
훌륭함
객체를
예상
양파
어두운
우유
이름
크기

Puzzle 13

소	데	이	터	가	탄	감	더	점	질	한	체	을	감	동	범	도
유	짓	셀	은	루	받	생	블	프	퓨	올	용	동	족	다	주	받
찍	카	부	터	장	레	쌀	트	는	쌀	리	트	북	문	제	전	너
세	븐	절	법	션	다	을	쌀	주	스	너	맞	젊	동	공	비	크
위	북	러	을	추	소	느	션	요	트	필	이	돌	추	굽	레	제
집	한	감	용	을	형	법	돌	늘	동	필	문	체	한	늘	텔	트
컴	바	굴	결	맞	가	뭄	람	젊	동	범	짓	도	도	요	느	늘
을	이	절	한	순	종	터	루	셋	째	터	테	적	트	동	견	용
느	슨	한	루	짓	북	부	자	범	을	문	스	터	잘	공	문	한
부	이	동	용	공	느	람	은	한	느	로	트	굴	못	늘	질	바
공	자	거	주	절	트	은	파	민	여	성	를	문	이	발	날	쌀
사	너	발	물	절	노	맞	스	한	속	포	동	러	한	트	운	한
노	쌀	감	질	루	뜨	대	부	바	트	착	느	짓	한	을	날	레
장	너	용	대	젊	거	를	낌	파	제	트	요	위	용	다	질	동
공	은	범	동	도	운	바	풍	로	법	은	풍	측	받	로	은	쌀

텔레비전
탄생
세븐
셋째
소유
뜨거운
데이터가
소형
순종
테스트를
족제비
동공
더블
포착
점프는
민속
가뭄
잘못이
느슨한
여성

Puzzle 14

느	쌀	끔	트	젊	러	트	엄	기	차	레	은	부	올	바	체	춤
러	한	솔	컴	공	질	법	주	청	뽑	아	트	부	동	지	상	수
질	를	주	돌	다	레	받	노	다	난	표	스	을	표	주	솔	석
은	제	낌	문	날	러	주	션	반	한	은	을	결	굴	필	동	동
리	바	끔	로	트	을	주	이	늘	딧	트	결	대	발	를	한	한
터	발	로	동	한	용	부	제	용	크	불	낌	한	받	체	들	범
션	솔	한	에	퓨	과	일	카	발	끔	굴	제	견	노	주	한	풍
맞	요	주	찍	바	이	인	올	필	운	사	문	람	장	국	제	굽
문	루	질	퓨	은	질	기	끔	컴	다	늘	춤	동	범	션	질	끔
읽	기	에	동	굴	들	라	션	은	문	느	셀	좁	손	실	리	바
션	고	문	운	측	용	추	느	람	표	을	정	은	을	람	션	문
법	질	돌	느	러	쌀	메	고	람	범	느	확	동	한	주	올	느
부	바	너	로	북	은	돌	하	문	쌀	위	히	동	집	동	감	달
발	풍	재	미	이	부	도	구	질	돌	에	적	감	의	찍	자	도
견	람	터	북	버	팔	로	불	용	풍	보	물	퓨	로	문	용	발

좁은
불구하고
지상
손실
수석
메추라기
돌풍
보물
과일
읽기에
고추
반딧불
국제
인기
엄청난
정확히
기차
재미
뽑아
버팔로

Puzzle 15

이	로	들	플	사	물	한	가	치	를	견	쌀	로	찍	질	전	적
느	에	노	래	한	질	문	적	포	함	바	공	너	솔	집	터	체
젊	공	자	그	퓨	추	발	견	셀	체	노	질	바	퓨	트	이	사
문	문	쌀	말	문	컴	느	쌀	동	질	요	바	리	다	자	동	한
을	제	부	트	파	늘	카	고	러	바	다	질	문	동	한	거	굴
적	달	이	부	감	동	제	발	도	로	레	터	굴	주	절	측	대
발	너	파	트	견	물	개	동	마	트	동	견	깔	너	표	피	아
노	바	을	의	컴	자	이	안	뱀	북	날	를	바	끔	트	곤	무
젊	들	느	용	게	다	대	쌀	은	바	한	체	한	주	한	한	것
후	보	달	범	무	결	자	자	거	부	운	자	제	공	하	는	도
코	끼	리	를	효	수	분	겁	질	운	문	트	트	용	늘	감	동
주	을	맞	적	가	파	추	를	쟁	스	로	루	물	측	문	장	을
바	다	바	트	솔	사	추	스	필	이	자	문	냉	장	고	끔	람
부	범	주	느	린	측	집	가	북	짓	측	동	발	크	결	크	집
절	받	돌	체	어	올	대	부	트	트	쌀	결	낌	필	를	을	표

아무것도
도마뱀
피곤한
수분
무게
물개
코끼리
가치를
냉장고
포함
무효
겁쟁이
동안
추가
깔끔한
거부
플래그
후보
가솔린
제공하는

Puzzle 16

케이크
존중
주요
지리
수건
네일
프리지아
독립
아래에
감사
웨이크
오는
열망
에이전트가
비록
얽힌
비싼
카우보이
캠프
자동

젊	요	법	견	루	한	자	용	장	얽	법	견	한	셀	발	문	다
비	싼	한	표	날	비	록	지	리	힌	필	로	다	끔	돌	캠	스
제	카	로	트	찍	이	트	파	전	짓	주	너	대	도	느	프	발
대	동	을	컴	다	러	오	날	웨	크	요	적	감	로	다	의	물
루	문	받	풍	용	돌	주	는	이	받	발	집	리	용	바	범	한
레	존	중	수	로	스	질	질	크	이	케	동	굽	필	트	노	추
쌀	들	발	건	카	우	보	이	한	션	이	풍	러	러	노	법	쌀
결	발	위	문	자	동	러	트	트	체	문	법	문	늘	트	루	다
늘	열	굴	에	운	쌀	람	사	부	은	느	말	바	용	전	주	자
을	망	독	립	동	에	래	아	람	카	을	트	이	한	은	짓	끔
로	대	컴	이	퓨	젊	이	찍	용	트	한	동	스	용	동	위	발
바	동	트	네	주	운	공	전	을	프	용	쌀	을	한	받	고	감
질	날	도	일	요	부	한	공	트	집	리	러	바	굽	문	장	운
를	트	제	고	받	고	셀	감	동	가	한	지	솔	루	받	범	공
필	결	트	문	운	레	질	사	북	컴	문	컴	아	말	동	낌	문

Puzzle 17

올	은	필	정	전	러	들	넣	돌	을	문	젊	쌀	측	쌀	너	삽
자	고	구	멍	의	바	를	어	언	퍼	질	추	들	트	범	젊	입
범	질	찍	동	찍	도	구	노	트	핀	문	거	바	스	동	찍	물
법	션	북	레	람	북	지	느	발	트	필	부	을	을	을	늘	컴
을	물	낌	노	션	젊	부	한	쌀	달	맞	트	동	들	바	법	을
느	컴	발	결	주	돌	견	체	북	세	설	명	욕	망	을	느	파
질	젊	자	노	감	셀	대	표	젊	심	측	트	약	속	맞	행	를
워	드	션	을	부	쌀	자	컴	질	한	문	올	낌	솔	물	측	한
루	문	끔	자	트	전	이	풍	말	필	찍	고	너	바	춤	달	굽
한	의	집	장	부	용	쌀	스	날	러	은	은	측	자	쌀	굽	풍
동	다	느	용	너	크	문	설	득	발	발	션	을	루	동	한	터
느	도	대	질	스	웨	터	루	두	너	발	법	돌	한	고	루	춤
스	감	쌀	돌	션	바	을	를	려	적	도	바	적	풍	람	리	바
끔	퓨	느	에	결	북	용	질	움	벨	트	문	트	년	이	바	한
추	문	맞	쌀	컴	레	발	결	을	올	이	벤	트	를	소	금	맞

지구를
설득
소금
설명
삽입
소년
넣어
노트
퍼핀
스웨터
이벤트를
벨트
약속
구멍
욕망을
세심한
워드
언어를
정의도
두려움

Puzzle 18

느	날	로	용	느	법	감	을	느	도	많	거	퓨	결	바	의	행
솔	립	한	말	젊	날	대	람	발	용	은	빈	번	한	한	노	느
다	조	류	가	장	들	요	적	격	고	속	도	로	터	장	문	범
다	말	젊	동	바	문	러	전	돌	맞	이	동	동	용	도	트	은
문	프	북	쌀	레	터	적	답	배	포	퓨	돌	요	람	풍	람	늘
을	탬	올	셀	사	치	루	카	변	젊	요	을	은	를	을	느	크
적	스	춤	너	노	를	상	업	문	적	굽	를	을	달	체	에	추
날	컹	셀	끔	동	했	파	문	굽	문	부	에	맞	받	동	굴	바
방	크	쌀	주	이	다	장	찍	찍	한	다	을	끔	젊	짓	을	크
법	질	요	낌	트	운	공	젊	주	공	문	솔	주	동	문	이	표
을	질	한	전	에	짓	발	한	행	을	요	은	문	허	표	파	쌀
보	올	레	동	발	트	적	솔	러	요	도	느	러	달	수	노	구
고	결	이	체	문	대	교	말	감	낌	트	다	짓	말	자	아	성
고	을	로	행	문	절	이	실	공	필	레	컴	풍	트	받	이	비
날	스	북	찍	의	을	제	굴	을	로	부	처	락	연	령	어	달

연락처
상업
방법을보고
노동
많은
허수아비
답변
스컹크
조류가
배포
연령
구성
스탬프
터치를했다
적격
고속도로
빈번한
교실을
전에
조립

Puzzle 19

을	올	스	감	너	견	추	쌀	셀	버	터	제	데	젊	중	력	바
끔	공	을	한	리	이	로	날	은	용	스	도	이	결	맞	어	체
의	용	트	느	바	스	대	위	들	측	로	을	터	향	위	쌀	장
파	용	요	터	쌀	쌀	주	풍	컴	공	레	해	변	측	경	절	끔
편	고	사	리	고	에	을	한	낌	에	람	위	올	한	도	조	각
동	지	퓨	굽	위	스	굴	리	춤	로	이	결	대	상	트	운	질
물	가	쌀	문	문	은	짓	체	셀	바	약	문	은	너	대	바	감
은	올	션	문	추	한	문	아	빠	구	말	한	자	절	껍	공	표
람	카	굴	말	고	어	카	용	찍	분	크	요	발	날	질	문	추
풍	들	도	를	션	낌	발	루	법	컴	부	파	부	발	받	터	트
루	말	전	자	달	문	말	받	이	측	용	풍	굽	돌	스	카	의
위	결	주	제	느	체	션	레	스	주	리	이	동	물	찍	자	달
사	론	을	스	공	달	들	도	하	우	스	는	유	료	미	자	범
어	돌	션	문	다	문	게	으	른	춤	느	주	주	대	러	측	필
절	부	을	공	북	러	레	러	너	고	부	들	한	춤	올	받	고

중력
경향이
하우스는
편지
대상
미러
데이터
게으른
해변
동물은
아빠
결론
버터
구분
약한
가지고
유료
위해
조각
껍질

Puzzle 20

제어
가시적
지금
소녀
샴푸
변화의
바쁘지만
택시밴
모의
회사가
이유는
코를하지
인터럽트
일요일
딸이
외부
휴식
도서관
인치
인형

법	질	에	발	행	이	느	퓨	제	날	문	측	낌	이	파	가	자
낌	어	로	루	주	을	감	발	어	션	변	화	의	을	람	시	주
감	발	도	외	부	루	로	다	질	를	굴	자	들	필	체	적	주
행	쌀	동	동	표	을	짓	측	짓	동	굴	달	찍	맞	문	을	필
이	집	날	을	도	발	딸	이	용	법	의	끔	어	문	필	체	거
리	유	한	다	느	운	발	로	카	고	바	필	너	로	용	늘	너
감	느	는	을	맞	제	형	자	동	젊	젊	사	전	동	컴	늘	스
셀	부	발	받	고	끔	인	리	측	로	들	이	동	문	낌	말	고
컴	질	집	트	늘	은	치	질	로	사	맞	올	받	너	굴	발	쌀
찍	행	용	표	문	동	스	을	동	트	표	찍	바	바	의	노	발
풍	문	결	일	요	일	젊	끔	노	질	한	어	맞	들	회	모	의
찍	터	러	발	용	필	인	션	북	금	만	달	쌀	결	카	사	위
파	굽	고	말	도	트	터	코	를	하	지	도	휴	샴	푸	러	가
춤	고	바	바	견	공	럽	쌀	젊	소	쁘	서	식	택	시	밴	을
날	어	법	주	쌀	도	트	찍	추	녀	바	관	람	거	맞	러	공

Puzzle 21

물	날	감	대	오	자	를	쌀	에	운	질	늘	위	달	레	쌀	용
에	동	어	집	표	토	맞	춤	말	위	환	트	굽	춤	요	한	로
대	발	셀	사	이	문	바	파	다	로	자	발	루	찍	문	은	은
적	시	발	한	받	대	을	이	람	도	동	필	결	견	트	컴	달
날	계	질	문	부	주	레	공	쥐	쌀	추	행	필	전	터	트	대
동	들	범	터	발	견	젊	추	을	이	젊	트	부	적	어	문	질
어	어	을	법	트	를	굴	카	집	용	컴	동	풍	로	짓	바	솔
이	감	바	션	를	크	한	절	보	고	서	빌	용	주	도	전	느
공	루	법	느	자	셀	촬	영	은	라	리	용	려	트	루	춤	측
에	을	춤	풍	한	발	한	표	결	출	파	셀	돌	체	공	결	주
주	물	부	추	물	삼	질	람	은	호	한	체	최	퓨	다	셀	퓨
트	앵	스	요	청	촌	감	레	어	이	공	표	대	이	채	낌	풍
이	무	표	문	이	굴	발	달	컴	도	문	트	바	발	로	한	자
바	새	이	한	질	재	동	확	장	크	리	스	마	스	운	레	몬
를	트	을	대	화	행	킷	바	저	시	짓	장	측	동	바	노	자

보고서
레몬
오토바이
삼촌
시계
질환
시크
대화
다람쥐
최대
촬영
앵무새
크리스마스
확장
빌려
다채로운
요청
호출라고
재킷
저장

Puzzle 22

전차
속하는
세척
인덱스
시민
얼룩말
솔루션을
망원경
큐피드
버드
한도
피부
아마
애정
겨울
소녀가
활성
유명한까지
자유
클립

찍	동	도	겨	람	를	한	속	하	는	얼	감	도	한	범	셀	을
집	올	올	용	울	발	카	활	도	범	룩	트	풍	로	을	장	장
애	정	를	솔	루	션	을	성	를	필	말	바	들	레	카	돌	끔
자	거	다	측	춤	부	터	러	굽	터	결	받	낌	측	끔	용	망
전	발	노	범	바	을	트	문	짓	느	소	녀	가	인	덱	스	원
맞	차	짓	표	트	발	카	견	자	트	자	유	명	한	까	지	경
노	제	주	용	문	어	로	문	짓	부	주	문	집	공	운	용	거
끔	트	돌	한	노	발	끔	다	동	풍	를	동	춤	부	표	을	달
추	한	춤	제	부	동	리	트	고	루	를	견	러	바	한	도	범
에	을	클	루	대	의	질	다	올	질	용	큐	젊	문	받	주	운
올	노	립	카	리	로	표	부	을	대	부	피	필	측	도	날	을
들	터	문	어	공	컴	로	문	어	로	감	드	버	한	대	퓨	을
들	바	퓨	컴	북	션	돌	한	올	느	세	다	의	바	아	날	컴
대	거	크	시	민	트	트	북	바	법	다	척	문	주	마	주	자
부	션	루	셀	어	스	올	행	크	짓	다	달	카	동	이	장	유

Puzzle 23

운	도	한	바	용	적	운	파	자	왕	주	동	감	노	부	풍	자
체	추	결	바	요	크	어	견	랑	적	로	부	트	공	동	파	발
이	느	로	동	도	쌀	주	한	스	부	크	대	주	영	운	터	느
태	양	맞	한	초	등	학	교	럽	를	카	노	테	을	전	감	문
게	임	맞	젊	젊	셀	트	풍	게	요	금	고	낌	니	사	원	춤
자	들	결	전	동	한	에	받	대	주	표	컴	로	을	스	숭	쌀
측	달	로	전	루	받	들	말	부	다	발	올	북	카	이	이	을
들	굴	끔	쌀	동	카	은	로	분	를	문	자	들	공	용	카	위
절	을	춤	발	굴	받	컴	굽	의	셀	대	바	은	부	자	날	을
동	간	다	트	은	솔	에	람	행	감	요	이	자	터	들	동	도
긴	느	부	어	아	레	느	결	전	체	한	물	사	돌	솔	위	다
풍	장	운	한	픈	축	하	하	다	풍	퓨	풍	클	노	스	의	물
느	문	거	동	미	친	표	의	절	노	트	의	필	립	감	찍	굽
느	느	발	춤	춤	인	운	이	너	컴	요	행	한	견	시	표	이
운	리	을	퓨	집	구	은	퓨	러	질	결	트	크	날	다	계	발

클립시계
태양
테니스
초등학교
축하하다
표시
간다
미친
원숭이
자랑스럽게
공동
게임
아픈
요금
왕자
대부분의
인구
운영
긴장
운전사

Puzzle 24

사	로	행	문	트	문	고	사	말	다	스	컴	클	달	거	크	들
들	거	에	크	리	법	자	이	질	느	키	의	컴	리	람	날	트
발	로	위	물	바	부	대	발	추	다	날	대	맞	것	어	추	달
요	크	표	어	자	암	늘	공	낌	물	감	리	찍	들	끔	말	돌
을	맞	절	이	트	이	탉	동	동	내	레	이	터	말	필	요	을
운	너	굽	말	추	너	부	들	필	풍	끔	을	적	한	여	스	제
대	말	들	을	늘	맞	드	차	루	이	셀	트	람	다	섯	요	결
바	동	주	에	동	바	럽	용	공	물	카	나	리	아	지	고	크
호	자	발	적	로	닥	게	굽	풍	사	받	한	정	을	우	올	동
동	수	쌀	장	문	고	컴	느	체	주	집	행	용	솔	개	자	젊
행	러	한	터	바	혜	택	체	동	표	다	루	법	레	파	부	바
체	행	러	행	사	노	바	셀	말	은	문	출	생	조	한	늘	고
노	루	의	트	소	질	트	질	동	자	전	질	어	심	올	파	감
공	다	받	물	한	행	다	발	다	물	위	결	문	체	동	발	도
용	한	은	발	문	도	을	젊	바	부	루	낌	크	은	트	노	끔

조심
말한다
지우개
카나리아
스키
부드럽게
바닥
차용
사소한
것들
필요
내레이터
출생
자발적
호수
암탉
여섯
혜택
클리어
정리

Puzzle 25

적	부	항	찍	션	도	한	주	도	부	요	도	부	한	을	질	요
셀	낌	자	상	거	동	주	은	올	도	문	는	자	러	트	느	퓨
러	감	견	노	은	용	젊	체	주	바	을	의	를	은	질	말	주
트	거	의	들	용	을	셀	크	메	시	지	회	외	침	을	정	결
를	절	슴	절	리	감	한	고	절	필	증	춤	감	한	실	버	을
람	운	사	발	주	운	한	느	웃	음	오	찬	흡	수	기	관	동
동	동	회	전	컴	쌀	동	범	을	늘	낌	장	맞	동	고	트	트
노	을	용	동	용	바	동	트	은	행	루	전	한	고	부	받	도
부	춤	동	받	너	고	물	내	적	잠	자	장	풍	스	카	프	리
자	한	행	동	용	돌	굴	북	부	금	맞	굴	굴	도	날	도	한
루	느	집	문	람	셀	적	느	람	행	로	결	위	공	한	스	퓨
을	쌀	장	바	위	요	추	스	포	츠	요	풍	운	용	돌	은	대
어	도	자	풍	제	법	러	노	젊	부	이	날	주	고	운	전	운
추	돌	운	공	컴	트	맞	행	을	문	카	느	크	바	추	다	러
노	부	크	너	질	맞	북	자	을	을	은	들	도	끔	이	퓨	올

사슴
내부
스포츠
사회
증오
회의는
결정을
부자를
실버
스카프
찬장
항상
거의
기관
외침을
부문의
메시지
흡수
웃음
잠금

Puzzle 26

람	치	열	한	스	자	도	트	도	왼	쪽	레	날	말	리	적	동
용	요	공	자	쌀	들	은	적	러	절	어	한	동	전	은	주	찍
한	고	래	두	절	쌀	맞	퓨	들	로	한	람	운	짓	다	젊	쌀
질	한	찍	운	적	을	체	이	말	장	의	늘	의	다	끔	한	위
을	바	필	찍	말	젊	물	고	운	트	문	트	트	장	문	부	갔
끔	코	체	문	자	도	에	이	샤	한	질	주	법	춤	전	은	다
카	정	트	내	다	문	한	질	요	이	은	위	을	받	요	루	받
누	확	들	용	수	사	동	로	이	최	근	다	자	한	로	측	제
군	성	호	스	트	찍	도	퓨	측	의	낌	들	을	인	용	발	결
가	대	레	고	은	발	돌	레	문	젊	젊	표	필	느	한	날	혼
끔	굴	부	컴	법	에	행	춤	도	람	자	한	터	발	부	바	은
동	늘	트	주	행	을	법	적	에	한	터	적	을	카	한	이	공
초	대	춤	낌	을	솔	문	끔	북	들	동	를	은	면	질	동	트
쌀	너	들	솔	풍	추	요	느	풍	부	의	끔	도	장	로	부	쌀
체	끔	젊	문	날	장	용	을	장	슬	라	이	드	애	트	바	다

샤이
내용
치열한
다수
쌀쌀한
초대
갔다
슬라이드
최근
호스트
고래
정확성
왼쪽
자두
장면
코트
인용
누군가
장애
결혼은

Puzzle 27

한	트	문	바	결	지	다	체	스	집	받	안	에	물	동	필	크
퓨	솔	느	과	견	능	자	은	다	마	끔	전	공	풍	스	루	에
절	돌	용	자	을	형	감	북	용	을	트	하	쌀	격	이	용	돌
셀	자	스	안	녕	하	세	요	도	착	거	게	크	다	주	동	부
북	카	낌	터	넓	은	사	동	을	발	북	주	동	한	느	의	크
배	동	노	레	달	은	은	동	어	크	이	량	괄	말	찍	루	운
지	질	추	문	다	체	를	끔	에	감	를	문	람	발	션	짓	젊
너	트	컴	젊	법	을	동	부	동	사	트	다	운	운	주	다	을
동	표	위	동	션	추	절	떨	제	람	한	짓	젊	율	을	춤	자
컴	찍	도	견	협	젊	트	어	감	들	북	끔	물	이	루	결	주
부	적	전	한	에	상	크	졌	전	이	거	용	비	파	부	발	문
체	제	발	맞	요	늘	을	다	물	감	바	맞	참	여	전	히	은
찍	한	한	컴	늘	젊	젊	부	필	트	범	사	한	불	안	스	견
퓨	을	부	한	굴	동	측	레	짓	트	현	재	연	동	감	쌀	사
말	한	동	발	너	굽	문	바	행	은	루	용	유	은	은	크	스

여전히
안녕하세요
공격주의
넓은
유연한
안전하게
사람들이
도착
배지
협상
거북이를
현재
불안
과자
비참한
지능형
운율
말괄량이
떨어졌다
스마트

Puzzle 28

은	견	로	적	선	바	느	제	셀	받	에	느	의	리	동	절	행
가	끔	대	자	글	위	표	도	느	젊	터	한	발	문	적	결	거
를	대	문	자	라	돌	을	북	주	퓨	어	바	의	션	소	필	체
부	문	용	견	스	이	올	찍	질	올	들	바	제	말	유	주	한
문	노	도	부	러	쌀	거	결	너	장	돌	운	침	실	자	맞	돌
질	사	달	감	에	위	셀	은	사	용	고	전	가	거	셀	잠	루
제	사	용	용	동	바	자	반	이	이	한	법	까	문	행	자	레
쌀	을	계	시	해	젊	주	응	클	느	을	로	운	리	도	리	다
을	와	이	어	까	쌀	북	을	링	수	행	하	는	발	들	쌀	측
날	무	의	로	다	지	루	로	을	거	주	트	추	동	바	효	트
추	대	퓨	자	피	아	노	트	발	젊	너	기	금	발	고	맞	과
의	의	고	도	질	굽	물	사	굽	의	션	장	컴	크	솔	의	퓨
결	이	전	전	말	거	제	측	바	션	돌	용	따	비	서	풍	러
이	노	춤	은	날	씨	션	체	운	트	너	틱	스	라	플	을	을
거	느	자	날	다	한	바	행	을	굽	문	대	위	결	서	제	질

반응을
피아노
선글라스
와이어
따라서
날씨
잠자리
수행하는
무대
소유자
사이클링
가끔
해시계
가까운
효과
사용시까지
침실
기금
비서
플라스틱

Puzzle 29

위	춤	동	항	거	미	누	출	말	자	천	다	굽	공	바	집	돌
집	를	세	바	해	소	람	바	퓨	굽	으	트	레	젊	루	장	짓
조	약	트	은	은	체	절	동	거	에	로	질	크	동	끔	로	에
을	발	를	너	대	용	러	표	은	표	결	스	위	험	하	게	질
공	코	즐	파	달	풍	파	레	행	한	이	재	고	올	터	도	레
범	니	길	들	젊	자	끔	표	공	문	용	적	측	자	말	견	의
죄	주	불	쾌	여	기	도	문	을	션	대	맞	동	풍	이	용	부
올	터	전	발	에	전	도	문	말	한	은	셀	을	올	다	날	질
퓨	람	나	추	솔	찍	용	부	제	용	의	맞	람	카	동	노	을
젊	필	문	라	공	대	풍	리	발	을	자	체	인	대	를	들	쌀
행	을	사	바	컴	위	노	카	다	추	적	찍	문	굽	장	사	동
요	도	을	젊	문	말	쌀	문	션	트	용	체	달	의	결	로	질
너	을	젊	필	적	맞	추	크	돌	파	퓨	바	가	젊	용	로	바
동	전	바	칩	니	다	집	질	느	풍	춤	다	이	션	공	터	다
을	주	문	견	을	이	도	리	솔	로	다	를	차	량	스	표	용

조약
즐길
나라
차이가
바칩니다
누출
바다를
차량
문제
미소
체인
세트를
범죄
여기
항해
위험하게
불쾌
재고
천으로
발코니

Puzzle 30

체	셀	바	북	개	인	적	으	로	문	자	받	부	집	짓	세	기
느	동	이	북	루	의	한	굽	션	감	크	트	컴	한	도	이	로
주	짓	크	행	사	문	낌	운	이	익	을	레	고	없	음	도	아
한	이	자	카	람	부	동	이	테	컴	견	표	한	대	돌	주	이
바	임	절	다	춤	날	요	춤	스	견	돌	카	은	위	부	한	자
문	명	주	집	질	전	맞	체	맞	엘	굴	달	필	동	카	측	질
자	로	운	친	동	트	송	로	부	프	무	의	미	한	한	최	이
은	셀	로	구	동	굽	을	을	드	절	물	의	다	사	견	종	추
춤	한	솔	찍	카	추	결	이	러	노	제	문	한	문	어	의	물
낌	컴	도	행	질	바	트	자	운	핑	이	사	람	들	의	주	을
풍	고	질	이	파	행	절	트	표	크	풍	퓨	문	전	맞	거	을
션	크	물	이	도	스	들	공	을	느	집	레	굽	오	일	측	들
느	검	운	비	다	카	은	돌	자	용	이	돌	견	루	루	날	추
의	토	자	트	고	쌀	자	한	너	쌀	짓	셀	맞	말	느	카	로
다	결	질	달	질	돌	은	말	컴	트	은	주	을	을	돌	퓨	문

세기
부드러운
없음도
사람들의
스테이션
개인적으로
고대
핑크
최종
무의미한
친구
아이
검토
오일
엘프
비트
의무
임명
이익
전송

Puzzle 31

자	날	평	발	동	올	달	파	트	행	에	이	운	용	맞	자	동
어	레	바	방	을	귀	의	느	북	원	회	루	행	분	수	젊	동
자	신	이	자	대	여	운	션	공	트	공	의	적	더	검	색	이
건	포	도	적	드	운	파	을	다	동	사	용	카	달	워	낌	한
을	람	집	트	라	고	사	를	사	바	너	을	노	파	터	주	운
돌	발	바	필	이	러	기	사	맞	션	젊	컴	표	크	솔	쌀	부
집	은	트	람	버	컴	후	낌	문	거	공	한	맞	운	돌	말	한
자	말	은	도	키	느	찍	너	표	동	레	바	문	어	집	전	장
션	이	한	표	스	션	한	의	션	발	을	용	체	풍	문	쟁	달
위	할	아	버	지	스	셀	트	바	맞	물	문	위	문	견	자	을
발	주	발	끔	셀	문	추	을	범	크	주	트	모	든	바	부	말
카	달	주	바	은	물	자	느	바	문	전	짓	끔	여	주	사	바
트	짓	트	절	춤	러	감	끔	파	운	운	이	문	바	관	올	올
을	을	을	한	문	동	주	말	동	한	표	동	범	동	용	느	공
감	한	법	말	받	물	감	기	물	적	물	을	끔	물	다	말	동

전쟁
키스
파운드
드라이버
모든
평방
더워
감기
자신이
검색
여든
할아버지
분수
관용
건포도
회원
회의
기사
기후
귀여운

Puzzle 32

오리를
상자
쇼를
카메라
모두
느낌
완전히
슬픈
정신적
발을
감옥
관련
거친
방식을
공정
비워
소리의
원자
임대
무서워

문	노	발	을	들	셀	트	낌	굽	로	질	퓨	을	날	스	공	스
체	트	원	식	체	물	트	짓	동	표	레	체	부	적	신	정	레
모	두	자	방	물	사	의	을	바	한	솔	느	관	질	을	범	이
견	젊	바	션	카	거	루	솔	부	트	을	에	쌀	련	느	용	끔
로	이	젊	부	메	발	친	트	요	은	어	날	트	발	자	부	로
체	문	북	운	라	동	춤	스	늘	굴	이	한	굽	주	춤	문	동
임	대	바	컴	파	감	용	비	받	감	용	에	필	로	문	받	에
무	감	돌	람	다	다	루	워	맞	옥	완	전	히	람	트	고	셀
션	서	체	도	쌀	카	동	도	한	쌀	공	노	발	을	용	문	장
트	맞	워	바	퓨	범	발	한	이	을	용	굽	들	날	어	동	찍
크	크	찍	문	크	도	들	위	컴	한	트	발	한	느	추	공	루
도	트	을	스	절	전	절	늘	을	바	달	북	느	낌	어	을	바
들	체	주	의	상	자	터	굽	바	요	한	한	로	젊	을	솔	슬
이	측	오	리	를	한	범	결	자	용	은	돌	한	느	스	자	픈
고	늘	터	소	을	풍	은	쇼	를	공	스	동	이	발	터	솔	다

Puzzle 33

쌀	다	바	견	솔	느	동	범	쌀	솔	러	에	대	굽	짓	전	들
말	대	피	러	굴	발	람	질	동	돌	찍	스	요	솔	문	주	날
한	한	용	고	트	을	문	슬	을	전	리	젊	굽	결	정	의	끔
나	행	질	바	북	한	을	립	느	터	주	북	사	을	레	날	을
쁜	로	맞	요	션	트	느	다	도	파	맞	법	트	굽	행	끔	다
돌	공	춤	사	트	을	문	를	찍	굽	트	를	퓨	법	자	문	한
다	받	트	위	파	위	낌	굽	동	찍	에	대	전	트	체	을	울
짓	느	에	을	레	느	은	을	견	로	결	화	로	측	느	을	새
위	받	범	굽	문	추	빨	간	색	을	운	때	문	에	문	짓	러
질	접	끔	클	래	스	뉴	춤	스	은	바	날	도	용	북	발	용
부	근	느	적	도	바	람	동	물	을	늘	느	느	컴	퓨	범	표
젊	장	노	받	동	젊	춤	친	화	적	비	문	측	찾	제	은	도
스	필	제	젊	굽	맞	션	이	마	결	행	주	체	문	기	한	주
문	이	러	파	고	노	감	굵	발	차	기	계	로	자	북	로	부
북	트	바	솔	쌀	러	을	게	적	합	가	속	트	다	러	리	션

때문에
적합
나쁜
마차
슬립
뉴스
친화적
찾기
바늘
문화
대피
클래스
도용
비행기가
계속
굵게
결정
울새
접근
빨간색을

Puzzle 34

좌석
미소연기
물질의
삼촌의
남쪽
판결
사람이
아이디어가
복잡한
스타
용감한
싱크
참조
가능
아래층
곱하기
신발샴푸하여야한다
일부
완두콩
종기

스	한	이	운	제	크	문	말	을	복	위	을	고	끔	들	가	스
타	한	을	북	에	완	두	콩	파	잡	컴	견	레	문	굴	어	능
다	문	용	동	람	한	카	질	짓	한	판	달	로	바	돌	디	젊
문	결	올	전	미	다	사	맞	러	발	결	질	레	바	너	이	다
물	질	의	을	소	한	감	용	굽	용	춤	결	부	견	문	아	참
적	파	크	을	연	야	싱	짓	범	트	크	을	젊	레	은	노	조
고	발	컴	춤	기	여	크	한	거	느	짓	다	다	발	대	요	고
자	바	굽	한	종	하	문	절	루	달	추	절	견	자	문	동	돌
일	부	루	크	찍	푸	곱	측	느	부	젊	부	올	파	결	사	찍
부	용	표	맞	동	샴	전	로	한	짓	레	절	좌	운	자	크	퓨
춤	문	카	남	스	발	부	동	동	날	리	용	춤	석	동	이	이
행	바	다	쪽	질	신	아	래	층	카	낌	바	삼	사	법	자	전
이	트	견	셀	올	바	자	대	에	을	트	전	촌	람	느	질	부
감	동	질	이	파	늘	요	용	대	굽	을	레	의	이	주	굽	고
노	올	을	추	찍	맞	은	문	날	동	스	람	도	도	부	크	루

Puzzle 35

용	부	찍	부	맞	동	짓	을	션	사	부	필	측	션	받	스	크
느	자	루	문	느	동	춤	날	맞	에	필	북	을	질	의	춤	레
공	요	대	끔	굴	음	다	꼈	느	추	정	부	퓨	을	늘	선	용
집	질	동	다	파	굽	문	이	쌀	로	한	주	끔	동	표	언	추
장	주	장	치	전	을	느	리	빙	발	법	람	스	끔	은	카	바
끔	짓	이	약	시	물	고	동	질	자	견	파	북	셀	굽	느	표
리	안	녕	자	주	도	문	절	어	을	위	맞	바	한	루	달	트
느	낌	점	동	체	쌀	를	컴	동	스	집	지	솔	바	고	향	솔
크	은	진	춤	대	루	을	다	바	이	솔	난	풍	고	트	달	을
바	물	적	제	터	행	트	법	솔	낌	레	스	달	낌	의	예	외
굽	법	법	범	발	측	동	견	문	사	느	카	솔	거	절	위	추
들	짓	부	문	여	왕	의	동	표	한	셀	날	낌	견	이	제	리
솔	가	족	에	게	감	로	달	다	주	운	크	느	람	점	카	카
피	해	자	보	기	짓	너	문	춤	너	용	빨	도	행	돌	필	말
북	문	용	낌	달	자	한	끔	셀	은	바	리	문	도	의	문	전

지난
선언
느꼈다
점진적
다이빙
피해자보기
다음
발견
크레용
안녕
법적
추정
가족에게
예외
치약
여왕의
고향
빨리
이점
시도를

Puzzle 36

풍	받	발	쌀	측	다	젊	끔	발	로	주	개	주	굴	느	용	너
자	문	한	로	부	질	느	람	파	한	한	발	동	트	한	경	집
사	다	주	한	용	을	요	장	느	크	다	을	감	너	문	동	력
용	동	맞	한	법	춤	낌	제	그	북	이	양	동	동	의	절	범
이	동	레	달	컴	달	션	바	늘	올	람	모	굴	크	체	리	주
용	말	느	을	용	람	범	한	을	동	어	은	받	견	한	문	요
동	추	공	표	의	문	너	트	올	이	통	증	이	위	션	느	제
동	대	발	퓨	을	물	끔	쌀	트	절	감	루	북	터	올	주	어
어	레	질	고	전	굽	컴	쌀	동	솔	집	도	느	끔	을	어	이
주	질	정	문	집	대	결	늘	재	능	을	받	카	사	쌀	진	발
발	체	착	제	문	을	물	전	오	법	다	굴	거	필	강	주	쌀
경	고	했	다	운	체	중	마	일	히	여	행	문	제	우	는	운
노	로	측	굴	문	자	부	동	을	을	려	많	이	바	발	한	로
루	젊	발	한	이	동	자	절	한	요	솔	말	적	어	느	바	디
주	을	맞	발	을	돌	발	람	추	주	을	너	동	에	동	질	운

정착
경고했다
사용이
주어진주는
여행문제
너트
마일
많이
모양을
통증이
바느질
바디
체리
체중
강우
오히려
개발을
경력
그늘
재능

Puzzle 37

삼	촌	이	바	살	필	질	레	극	단	적	으	로	건	식	공	도
추	동	찍	다	쾡	필	북	늘	요	파	은	고	법	로	물	개	문
문	견	썰	결	이	사	주	한	을	느	동	주	셀	동	로	크	올
풍	를	레	매	를	적	말	셀	쌀	돌	한	의	표	레	견	한	말
들	자	리	자	결	문	치	료	루	달	범	정	제	질	주	션	낌
을	노	고	표	발	북	공	견	은	견	을	보	로	자	연	부	을
스	타	일	의	이	느	을	컴	다	를	맞	장	말	범	바	굽	동
람	받	한	용	동	말	체	루	고	주	발	터	들	요	용	문	션
풍	질	동	을	로	질	용	이	주	한	은	로	늘	평	자	문	의
한	동	람	트	부	느	표	짧	은	거	필	웨	집	야	솔	발	동
주	리	퓨	개	파	리	현	부	날	레	고	스	사	맞	문	거	한
포	함	되	어	미	인	낌	한	위	찍	끔	트	용	맞	거	찍	동
거	에	행	한	한	성	트	부	퓨	자	춤	했	맞	말	풍	굽	부
눈	송	이	사	로	레	가	노	풍	의	집	다	루	부	컴	부	결
행	카	위	바	문	쌀	운	트	측	파	주	말	쌀	카	질	이	카

살쾡이를
삼촌이
포함되어
성인
짧은
스타일의
물건
썰매
평야
개미성가
웨스트했다
눈송이
표현
공개
필사적
치료
극단적으로
식물로
자연
정보

Puzzle 38

터	고	도	종	범	노	산	노	고	돌	낌	매	퓨	은	공	퓨	위
셀	람	질	신	의	셀	업	원	물	찍	동	듭	터	카	블	이	테
언	제	노	비	트	바	을	리	형	사	주	트	거	은	발	미	용
발	낌	트	컴	스	바	맞	어	필	름	필	자	들	말	한	지	느
대	접	북	절	이	감	을	발	은	추	측	조	캠	페	인	에	터
올	집	범	문	쌀	퓨	낌	젊	필	절	솔	건	말	쌀	야	발	동
받	동	결	도	북	어	느	션	요	트	문	이	퓨	필	솔	외	집
에	측	그	람	필	다	요	낌	로	다	로	말	을	부	맞	전	카
올	스	녀	너	바	람	은	다	셀	굴	션	루	레	범	문	러	동
자	들	운	너	루	바	공	어	터	전	공	터	법	이	집	절	를
대	트	절	동	크	바	짓	순	물	요	로	달	질	바	장	자	절
레	질	젊	터	굴	스	문	간	발	터	받	느	도	장	한	감	문
를	범	집	절	필	문	너	고	채	택	바	쌀	느	고	고	물	쌀
북	북	찍	끔	퓨	너	용	도	히	행	다	돌	문	노	파	바	굽
낌	솔	문	를	전	위	스	쌀	늘	찍	위	주	적	람	은	문	공

산업을
캠페인
종의
조건이
순간
매듭
이미지에
다행히도
신비
필요로
대접
노트북
필름
채택
테이블
고도
야외
언제
그녀
원형

Puzzle 39

이	를	퓨	짓	집	로	한	춤	다	행	자	셀	을	로	측	들	로
오	징	어	느	풍	말	은	견	셀	올	부	문	사	체	날	견	반
제	행	자	용	컴	다	받	도	고	탐	한	카	이	자	표	자	환
러	을	컴	한	용	곱	셈	트	문	색	부	어	낌	이	한	터	체
추	쌀	을	루	터	동	쌀	절	대	을	질	바	장	한	추	쌀	컴
터	맞	끔	어	제	최	사	문	자	자	발	문	솔	동	풍	달	레
바	태	부	끔	낌	쌀	악	스	적	법	트	돌	을	느	받	맞	늘
배	도	견	문	감	문	문	의	바	주	춤	표	위	을	다	날	쌀
가	소	주	집	용	파	장	고	문	측	달	너	션	젊	부	받	적
동	요	스	질	쌀	집	주	바	낌	정	을	느	트	돌	풍	트	말
다	람	쌀	결	용	찍	전	문	도	이	문	리	트	한	용	찍	느
표	거	위	문	로	농	담	결	과	야	끔	스	동	로	집	쌀	범
날	의	절	요	위	자	영	트	늘	기	춤	달	터	카	이	느	펜
종	종	질	한	트	달	공	리	부	노	낌	콤	다	에	달	루	싱
공	너	을	너	동	절	풍	의	트	트	스	한	달	돌	이	적	맞

오징어
종종
농담
소요
이야기
펜싱
달이
배가
최악의
결과
달콤한
반환
곱셈
영리
어제
측정
질문을
절대
태도
탐색을

Puzzle 40

젊	한	미	늘	쌀	수	젊	맞	느	고	러	노	이	견	너	루	람
탐	구	션	도	은	트	입	동	말	완	화	드	래	곤	법	행	올
날	의	동	한	를	주	맞	바	도	한	문	젊	도	용	아	발	에
션	다	스	믹	을	한	결	을	로	문	거	용	북	바	마	물	문
은	쌀	팀	한	한	위	한	션	추	전	체	노	을	을	도	요	카
말	문	문	파	동	존	부	바	견	자	바	자	본	말	루	끔	주
파	괴	바	을	저	대	재	장	디	굽	레	쌀	필	체	행	분	로
문	쌀	읽	는	항	회	너	를	다	받	리	루	을	카	발	리	기
쌀	주	을	너	끔	굴	달	문	요	레	레	너	찍	전	한	받	받
춤	표	크	젊	문	행	요	리	도	갈	등	로	발	션	고	위	끔
적	굴	이	다	들	파	느	공	부	절	컴	주	은	용	을	쌀	레
퓨	한	굴	끔	도	셀	필	파	문	크	날	돌	레	느	올	빼	미
을	문	발	장	리	요	컴	얼	굴	쌀	고	바	트	파	맞	레	로
운	크	람	트	바	돌	문	음	다	필	낌	한	한	희	도	은	요
너	에	발	적	북	어	위	동	문	용	로	바	리	망	부	굴	한

저항
파괴
수입
존재를
스팀
대회
미션
믹스
갈등
분기
아마도
얼음
올빼미
희망
견디다
드래곤
완화
읽는
자본
탐구

Puzzle 41

필	한	춤	제	굴	트	의	받	에	동	발	공	발	동	고	에	들
존	제	성	분	측	이	카	셀	느	공	동	춤	한	정	필	결	주
보	통	굴	부	은	을	컴	크	올	한	람	크	맞	들	노	장	문
적	모	자	너	어	한	동	춤	맞	도	람	고	문	용	스	질	들
의	결	용	짓	대	장	도	에	바	굽	을	침	고	노	다	트	맞
표	용	사	늘	바	퓨	돌	용	문	택	시	대	도	파	올	필	은
마	질	추	주	찍	을	올	레	동	장	찍	조	올	평	가	치	즈
커	적	젊	풍	한	솔	러	요	굴	동	을	심	장	굽	야	스	트
이	동	에	러	들	짓	표	햄	버	거	장	스	굽	짓	망	퓨	트
반	늘	문	젊	자	결	젊	발	늘	부	집	럽	의	발	낌	말	은
쌀	대	대	를	들	감	법	측	끔	쌀	문	게	자	문	크	션	법
한	루	트	발	표	로	이	문	한	안	자	젊	트	동	수	운	굴
받	어	문	도	으	부	용	은	주	아	요	춤	이	용	춤	요	다
리	솔	주	리	문	르	문	범	측	이	쌀	한	자	굽	느	다	일
루	발	요	춤	솔	발	렁	션	끔	바	풍	굽	원	트	필	산	만

햄버거
택시
산만
으르렁
사용자
성분
마커
평가
모자
수요일
반대
조심스럽게
한정
야망
안아
보존
침대
보통
치즈
자원

Puzzle 42

북	공	퓨	질	자	루	기	간	의	물	용	고	진	동	동	바	측
어	쪽	그	들	이	어	자	로	을	동	리	를	정	대	올	풍	을
은	컴	으	동	을	어	늘	찍	요	노	압	력	한	공	장	동	느
터	체	동	로	의	맞	돌	행	쌀	짓	문	굴	로	한	을	달	션
터	사	레	젊	받	문	트	이	느	한	떠	나	장	카	법	내	와
도	한	자	파	쌀	문	자	의	굴	노	노	들	동	션	공	달	이
재	소	심	한	부	굽	러	바	용	돌	견	견	짓	쌀	스	범	다
람	해	크	응	다	대	들	로	굽	람	젊	표	추	도	운	견	터
느	들	를	시	고	운	대	컴	설	다	도	적	낌	맞	터	쌀	한
전	를	목	한	루	체	퓨	견	탕	은	다	페	늘	추	맞	끔	에
낌	위	뱀	적	발	리	절	를	표	주	에	이	표	어	표	조	정
젊	거	파	날	이	스	말	도	필	장	네	지	트	범	트	릭	젊
문	발	이	추	러	은	찍	바	느	에	로	부	은	문	고	을	맞
동	다	어	액	세	스	은	법	문	공	집	를	용	말	고	클	집
한	어	굴	크	이	문	사	느	컴	이	루	질	공	한	쌀	럽	질

조정
액세스
재해를
지네
내와
설탕
페이지
트릭
뱀파이어
목적
진정한
기간의
압력
떠나
공장
그들이
응시
클럽
북쪽으로
소심한

Puzzle 43

바	은	표	물	사	트	초	귀	중	한	염	네	체	군	달	말	질
가	지	고	있	다	가	점	맞	견	을	소	트	도	북	인	풍	도
느	체	동	동	집	동	부	어	맞	굴	적	워	행	집	대	다	쌀
절	올	용	에	짓	에	을	젊	레	스	를	크	용	은	느	퓨	동
머	리	물	다	파	집	너	맞	모	동	장	풍	결	북	흥	측	고
사	굴	리	한	를	운	허	즐	네	황	야	용	도	의	분	공	자
지	혜	을	사	북	견	가	겁	이	스	를	레	다	쌀	질	젊	사
입	구	행	걱	업	폭	동	게	드	요	끔	대	받	주	이	느	질
짓	한	문	정	을	력	을	리	트	파	셀	에	크	용	돌	범	짓
문	트	트	장	동	리	이	받	올	자	말	문	리	장	물	의	바
주	짓	거	를	문	맞	따	리	로	에	범	로	필	굽	돌	파	부
더	질	고	무	엇	을	뜻	쌀	표	부	자	셀	달	문	문	적	운
사	러	질	에	질	부	한	로	컴	루	을	에	다	받	쌀	로	도
늘	한	운	풍	요	동	낌	풍	크	주	짓	션	다	주	컴	이	낌
셀	도	용	파	바	도	주	표	집	주	한	자	문	고	에	부	법

사업
따뜻한
가지고있다가
즐겁게
더러운
지혜
머리
폭력
귀중한
무엇을
허가
초점
네트워크
걱정
염소
황야
군인
흥분
레모네이드
입구

Puzzle 44

불	행	소	문	끔	자	노	한	바	주	집	돌	필	한	견	공	부
찍	부	시	장	의	크	고	요	한	늑	션	굴	날	한	쌀	원	자
동	다	바	날	노	은	러	을	부	문	대	북	레	탈	출	돌	거
행	파	부	계	결	가	능	성	견	질	루	대	을	컴	션	풍	문
감	바	한	정	셀	을	전	발	광	산	솔	춤	의	은	동	사	트
정	법	너	을	다	낌	동	중	의	요	집	발	굴	고	객	을	투
맞	느	제	리	집	동	표	앙	을	느	다	장	결	람	적	주	명
끔	짓	카	위	한	을	동	로	발	느	크	로	스	대	찍	트	도
질	춤	노	결	쌀	맞	측	젊	퓨	레	쌀	짓	풍	도	괭	이	를
로	감	행	느	짓	끔	스	해	안	집	이	용	한	돌	현	문	을
의	집	굽	람	트	용	올	한	를	전	원	올	받	표	고	자	을
셀	들	달	집	다	한	올	의	션	맞	크	을	을	굴	셀	부	절
셀	동	의	은	젊	표	용	고	늘	주	러	거	행	거	을	문	맞
북	을	셀	사	멸	트	도	을	올	다	문	굽	을	레	들	쌀	트
위	레	동	늘	종	낌	맞	젊	짓	부	물	문	로	은	어	제	에

가능성
탈출
중앙
투명
늑대
멸종
시장의
크로스
계정을
고객
감정
해안
들어
현자
광산
공원
불행
장소
괭이를
전원

Puzzle 45

을	위	동	다	부	위	낌	올	체	운	제	돌	도	맞	요	응	솔
리	노	바	느	들	집	굴	돌	추	로	체	측	은	도	인	답	트
이	문	고	한	터	적	카	맞	공	견	로	다	한	노	라	이	바
돌	로	물	셀	바	질	주	로	노	을	대	어	추	운	바	운	거
춤	드	물	게	표	달	동	느	발	문	물	를	트	위	풍	질	드
주	맞	어	요	다	쌀	솔	턴	스	웨	북	문	다	람	표	맞	날
질	스	고	위	을	주	터	발	웨	체	춤	주	의	물	루	고	물
다	로	찍	지	느	러	미	문	덴	굴	트	행	너	컴	스	루	바
풍	맞	도	를	발	요	바	필	전	도	문	도	쌀	측	케	카	쌀
올	바	추	굽	루	너	공	문	캐	치	이	필	셀	다	이	바	자
쌀	스	솔	은	표	주	음	돌	다	을	를	추	느	체	트	조	사
요	리	논	의	부	정	성	스	바	다	풍	자	날	짓	스	도	행
하	마	풍	문	에	질	이	느	측	자	한	의	연	트	케	바	풍
어	제	부	캡	주	노	카	추	셀	느	동	같	은	에	이	카	동
터	필	견	처	요	제	한	바	용	제	리	쌀	젊	한	트	펫	굽

조사
웨스턴
주스
드물게
요리논의
지느러미
스웨덴
하마
라운드
같은
응답이
캐치
캡처
요인
정부의
카펫
자연에
음성
의자
스케이트스케이트

Puzzle 46

달	에	한	절	트	굽	트	추	적	쌀	부	유	굴	절	대	좋	결
북	트	질	다	바	말	감	는	있	고	알	용	노	자	젊	아	용
한	을	받	들	을	자	솔	의	자	스	려	하	쌀	한	고	트	컴
쌀	리	전	스	동	들	날	람	파	올	진	게	한	로	공	질	메
물	장	갑	한	거	부	발	리	공	격	적	각	종	질	찍	운	모
날	파	동	굴	절	날	날	질	느	감	짓	에	낌	장	결	션	리
공	집	한	전	이	쌀	오	들	북	를	한	절	대	람	주	바	질
질	느	을	레	발	이	집	후	날	요	라	일	락	다	행	로	퓨
트	환	경	느	부	를	찍	루	트	돌	인	요	결	동	풍	파	노
결	도	젊	문	필	견	이	북	바	젊	퓨	을	측	적	동	다	장
주	도	발	결	이	법	로	질	은	이	굴	받	포	날	한	셀	돌
의	풍	다	늘	절	바	솔	굴	운	늘	범	은	인	한	노	를	행
정	기	돌	한	이	대	증	날	제	목	발	로	트	솔	동	람	문
비	카	린	자	러	느	가	파	부	러	주	장	로	컴	동	문	돌
사	발	가	락	을	주	셀	자	트	발	제	을	한	이	한	자	요

좋아
증가
알고있는
요인을
발가락을
동굴
포인트
각종
환경
라일락
부러
알려진
메모리
기린
오후
장갑
정비사
제목
공격적
유용하게

Puzzle 47

바	결	결	한	셀	한	표	공	돌	바	레	측	서	스	트	흥	카
조	동	쌀	한	고	너	행	주	표	추	법	발	리	쿠	떨	미	풍
제	직	루	무	쌀	끔	말	너	젊	진	디	자	인	터	어	로	파
리	를	에	기	노	요	말	적	용	리	올	한	부	을	진	운	물
물	문	을	션	바	절	을	리	물	달	동	다	용	방	향	솔	질
찍	동	동	레	춤	질	부	한	문	에	늘	부	어	복	도	위	필
들	에	운	문	짓	동	을	춤	사	조	공	다	시	간	시	간	집
바	동	춤	문	솔	바	질	한	한	상	문	바	굴	부	용	로	공
행	다	로	트	을	사	어	터	행	적	학	젊	집	은	부	찍	굴
맞	정	하	썩	은	사	동	늘	맞	컴	맞	년	느	질	받	들	주
집	중	늘	크	견	무	돌	낌	터	문	필	늘	다	북	부	동	문
질	물	쌀	체	전	실	북	적	체	트	드	거	한	올	범	로	발
절	문	람	행	맞	풍	느	의	낌	포	을	퓨	트	주	다	느	에
파	도	범	컴	컴	느	측	을	발	운	운	장	부	사	감	물	스
추	로	터	의	법	장	날	바	레	동	날	요	범	집	크	을	체

정중
조상
흥미로운
서리
진리
무기
썩은
학년
필드
하늘
복도
체포
방향
조직에
스쿠터
시간시간
떨어진
사무실
디자인
적용

Puzzle 48

에	은	하	쌀	여	절	스	켈	레	톤	를	발	어	날	한	어	한
공	너	측	나	우	차	물	자	레	다	결	동	식	견	받	의	여
스	쌀	장	을	의	받	어	지	통	질	맞	파	사	녹	적	행	하
노	동	제	측	느	고	결	속	도	절	로	결	춤	질	아	돼	지
동	주	장	표	주	절	주	리	에	용	달	질	퓨	춤	트	문	감
람	쌀	문	늘	춤	들	장	물	한	부	로	낌	북	올	질	트	추
짓	춤	을	말	공	장	사	에	높	문	굽	의	부	카	돌	말	들
쌀	올	집	필	방	향	으	로	은	어	절	고	올	문	컴	추	쌀
스	한	도	요	리	바	은	자	쌀	한	쌀	트	사	짓	용	노	터
늘	마	부	한	레	전	컴	돌	춤	바	다	북	부	동	트	춤	물
리	흔	을	부	이	솔	체	한	느	람	대	은	한	고	들	바	은
젊	을	노	처	적	이	동	공	노	바	의	낌	트	러	문	초	바
은	장	범	제	벌	쌀	굴	대	한	자	행	용	바	한	운	콜	짓
굴	바	자	람	컴	은	행	문	동	찍	대	터	자	레	굴	릿	트
경	제	노	춤	바	자	굽	말	을	문	학	받	용	필	레	솔	셀

절차
하나의
방향으로
주장
통지
지속
마흔을
녹아
높은
식사
감지하여
물어
필요한
대학
처벌
초콜릿
스켈레톤
돼지
경제
여우

Puzzle 49

굴	끔	문	목	바	자	이	레	좋	게	을	한	한	거	레	루	맞
선	컴	젊	자	록	다	우	리	의	솔	질	발	질	한	을	자	발
개	박	션	전	운	과	동	젊	도	레	션	의	쌀	장	재	터	을
낌	을	문	규	칙	도	동	문	온	공	크	말	했	다	사	회	바
리	바	동	로	부	제	요	춤	동	스	카	다	한	동	용	돌	문
박	물	관	를	찍	낌	쌀	션	측	돌	감	파	빌	드	을	스	동
찍	춤	솔	추	체	한	동	터	짓	동	너	마	녀	너	찍	고	풍
한	카	맞	법	너	적	운	북	루	트	부	루	러	에	발	다	문
퓨	셀	공	올	를	셀	자	스	행	위	솔	말	거	컴	바	에	제
범	제	지	자	고	을	질	한	루	너	올	도	행	질	받	대	위
이	개	루	카	기	집	법	젊	을	문	적	감	을	동	은	돌	다
셀	최	은	리	리	굽	션	동	을	자	션	도	법	발	위	발	문
선	쌀	장	결	돌	바	여	행	레	법	다	필	행	운	느	달	쌀
레	생	다	을	되	제	유	스	은	바	한	자	를	문	감	제	을
느	발	님	다	추	받	가	을	이	물	파	의	부	받	를	한	은

선생님
말했다
우리의
선박
지루
마녀
박물관
온도의
재사용을
발생
개선
되돌리기
고기
개최
목록과
회사
빌드
여유가
규칙
좋게

Puzzle 50

제출
고통을
발렌타인
실현을
행복한
시트
대안
도시
아기
풍부한
외부를
부어
예술
스타킹
흔들
커튼
대통령을
위험
파괴에도
이해

제	춤	파	쌀	을	낌	주	표	을	발	이	들	발	를	의	터	문
출	션	괴	문	를	공	거	춤	짓	문	노	감	솔	받	솔	한	거
한	트	에	대	결	측	춤	셀	동	자	동	견	쌀	풍	문	동	체
흔	들	도	로	풍	집	풍	굴	공	문	루	대	부	로	추	자	질
셀	전	체	셀	날	찍	솔	아	스	타	킹	안	은	말	제	집	짓
늘	이	들	추	을	동	주	부	기	말	감	너	느	쌀	물	한	도
부	질	도	문	한	범	실	표	커	튼	질	굽	거	돌	견	트	시
북	적	찍	거	위	카	현	올	션	를	은	문	동	짓	을	로	적
받	말	맞	맞	험	을	을	은	의	발	운	자	바	느	을	부	어
대	통	령	을	감	용	터	은	고	통	을	은	을	외	부	를	어
의	한	발	문	질	솔	문	발	느	동	바	컴	질	쌀	전	이	받
이	로	법	풍	부	한	동	어	바	션	쌀	위	다	제	측	용	해
을	에	션	체	굽	복	절	컴	에	동	공	로	루	요	장	감	동
낌	의	의	자	들	행	적	굴	로	노	절	사	예	측	쌀	트	범
돌	로	스	스	션	러	굽	발	렌	타	인	풍	술	을	문	거	도

Puzzle 51

를	적	문	결	노	용	동	낌	을	적	표	위	스	들	결	러	매
찍	이	요	동	을	추	올	요	부	물	측	트	루	동	법	관	달
어	늘	범	은	부	돌	운	늘	문	인	헤	이	물	문	요	심	려
발	션	만	들	다	표	셀	들	순	무	정	라	느	파	을	도	한
너	발	집	절	가	카	견	동	사	한	의	이	동	을	을	낌	을
주	로	크	적	구	주	질	동	위	을	위	하	표	풍	밀	말	카
돌	연	컴	트	스	리	맞	트	협	을	발	감	은	도	가	바	필
도	구	추	자	제	쌀	도	발	주	너	뛰	은	동	트	루	질	한
어	찍	법	깜	거	한	노	느	필	공	어	트	을	바	한	다	컴
동	운	트	짝	질	카	운	젊	크	들	주	부	문	쌀	동	도	굽
맞	컴	감	션	솔	주	동	끔	결	맞	표	한	동	파	집	동	발
발	이	물	책	로	돌	러	도	북	비	준	짓	대	말	발	트	필
대	크	공	맞	상	공	식	적	으	로	행	장	로	동	람	행	동
를	바	제	의	견	을	격	자	한	스	굴	발	견	거	쌀	로	사
견	바	트	북	끔	문	은	들	소	운	체	람	물	달	어	솔	올

준비
매달려
만들
순무
밀가루
가구
공식적으로
하이라이트
연구
들소
헤이
관심
자격을
의견
비행
깜짝
뛰어
책상을
인정
위협

Puzzle 52

바	행	를	결	문	션	거	낌	동	스	요	이	스	받	사	문	풍
문	용	날	은	쌀	동	도	풍	늘	은	거	들	문	수	명	결	터
어	감	장	늘	파	동	용	로	한	측	올	너	을	퓨	퓨	낌	바
고	풍	법	동	젊	끔	한	문	을	카	발	말	다	법	마	장	날
특	히	컴	물	부	문	셀	파	질	을	리	전	을	테	음	쌀	달
방	어	머	니	카	주	문	스	타	스	탠	드	트	이	역	할	에
늘	쌀	숨	로	말	요	용	도	어	컴	전	돌	한	크	풍	요	이
주	이	기	부	관	강	한	이	끔	동	도	쌀	범	동	치	한	문
말	표	기	다	계	돌	발	발	추	느	이	이	로	쪽	아	을	트
가	정	이	다	발	맞	춤	법	용	필	찍	노	받	풍	션	느	체
이	바	말	로	리	요	어	요	리	의	끔	을	장	행	을	도	문
체	쌀	바	동	필	운	트	공	부	받	크	어	퓨	측	셀	동	부
성	컴	루	들	솔	어	표	은	동	로	리	스	낌	크	집	표	달
질	공	고	도	주	터	스	부	터	집	발	필	발	퓨	바	다	퓨
위	병	은	바	을	을	푼	집	바	고	측	파	셀	올	일	몰	문

성공
질병
수명
노을
마음
특히
맞춤법
스푼
동쪽
가정이다
방어머니
역할에
숨기기
관계
테이크
강한
치아
일몰
스타스탠드
정말

Puzzle 53

섹	용	한	사	바	가	스	커	트	엄	레	이	에	솔	발	터	당
크	션	굴	위	올	축	리	을	사	마	낌	바	어	이	러	쌀	근
을	달	의	컴	로	컴	릴	바	표	을	감	스	절	는	젊	들	케
폭	늘	발	너	용	컴	집	범	동	늘	발	션	션	하	도	로	이
풍	위	쌀	문	중	요	한	필	트	범	질	노	잡	지	동	자	스
러	맞	흰	질	부	족	한	달	요	자	루	굽	리	금	맞	레	쌀
운	의	춤	색	젊	바	한	도	레	사	스	바	행	한	의	러	느
개	혁	의	터	주	은	주	문	발	한	부	모	물	한	받	부	로
맞	케	굴	다	부	짓	제	자	올	풍	한	을	받	한	은	풍	문
발	이	를	문	올	노	파	짓	러	레	문	표	끔	을	올	물	느
적	지	부	굽	동	다	견	문	동	거	불	올	한	절	한	측	느
동	물	동	자	방	문	실	범	부	어	에	용	날	부	바	스	리
레	어	을	문	어	낌	행	퓨	을	측	부	공	견	동	주	발	트
발	찍	트	다	악	바	을	의	솔	사	전	에	바	다	감	스	용
은	동	적	발	느	을	쌀	체	견	말	스	레	질	바	늘	컴	낌

젊은
실행을
금지하는
릴리스
당근케이스
폭풍
섹션의
스커트
방어
가축
중요한
악어
엄마
부모
불에
부족
개혁의
흰색
잡지
케이지

Puzzle 54

에	느	달	문	올	주	벽	쌀	끔	바	위	터	빈	리	의	발	부
자	로	짓	호	텔	적	북	난	너	루	션	굴	곤	을	로	너	도
용	제	동	다	러	트	을	용	로	크	굽	바	을	바	발	셀	리
이	론	이	용	바	의	행	느	필	추	리	추	어	어	러	필	동
행	부	한	굽	짓	퓨	전	낌	전	젊	공	도	자	한	문	용	를
트	용	퓨	맞	굽	쌀	을	굴	낌	사	표	레	동	낌	한	이	을
자	부	쌀	스	지	한	동	문	낌	젊	주	문	용	쌀	받	은	루
선	택	은	대	감	역	카	헌	생	물	학	퓨	바	젊	트	범	문
보	용	션	북	노	달	은	신	노	레	을	파	받	자	느	트	견
라	위	장	춤	측	러	를	도	리	용	요	쌀	문	쌀	컴	질	동
색	굴	농	크	에	베	오	렌	지	문	을	파	레	거	전	대	위
특	별	한	라	레	이	동	공	로	다	표	올	루	컴	로	기	다
다	문	장	운	문	도	측	셀	이	끔	은	문	너	리	람	돌	음
냄	새	웅	춤	춤	문	동	자	운	견	를	람	발	로	문	날	에
행	말	적	쌀	춤	늘	범	느	커	뮤	니	티	리	표	트	날	견

빈곤을
선택은
지역은
냄새
웅장한
농장
보라색
크라운
다음에
생물학
커뮤니티
벽난로
베이
헌신
특별한
호텔
이론이
위장
오렌지
전기

Puzzle 55

질	로	바	물	문	범	절	셀	끔	한	리	고	달	법	제	젊	트
트	견	다	리	거	은	돌	이	체	낌	대	법	팽	질	솔	견	올
견	체	낌	이	쌀	솔	한	솔	필	를	장	날	이	을	의	문	늘
날	자	도	너	지	원	달	크	날	문	고	부	터	장	거	어	표
극	장	운	물	물	리	바	들	늘	바	추	코	리	거	노	이	절
행	솔	발	주	발	제	절	루	기	술	를	너	토	로	장	측	낌
돌	바	결	장	자	한	트	느	대	적	자	측	번	요	부	문	사
동	다	트	루	바	루	로	질	느	낌	컴	사	노	호	일	로	굴
이	주	체	자	어	양	를	리	트	퓨	동	자	갑	질	은	은	젊
크	을	을	쌀	한	은	말	절	박	탈	이	이	자	컴	을	집	스
요	솔	전	을	은	주	은	용	문	버	섯	스	기	은	동	질	굽
레	문	고	어	쌀	컴	어	추	랑	사	과	크	느	크	바	파	동
고	추	루	해	다	문	결	녹	색	자	문	럽	퓨	동	도	적	견
표	리	느	결	루	물	의	범	동	다	다	감	물	문	에	젊	러
크	굴	짓	활	동	소	프	트	컴	달	도	행	바	결	사	질	부

달팽이
사과
사랑
박탈이
소프트
지원
녹색
대기
해결
고추를
버섯
스크럽
양말
활동
번호
갑자기
토요일은
코너
극장
기술

Puzzle 56

정치
어딘가에
테마
지구본
전시가
미디어
침착이
능력
무료
묶여
오디션
참여
코트를
학업
거울
안전
관리
예측
점유율
단순화

문	법	점	무	법	단	감	발	관	바	레	말	필	사	표	부	한
를	달	유	료	거	순	발	한	쌀	리	제	컴	풍	제	션	퓨	짓
로	추	율	리	동	화	공	학	의	문	쌀	한	동	공	을	은	컴
동	젊	셀	견	쌀	퓨	카	업	리	풍	용	젊	절	정	치	장	찍
오	너	굽	동	날	행	한	이	다	집	위	쌀	동	낌	늘	셀	카
트	디	코	트	를	바	필	늘	람	집	스	의	결	올	을	필	람
이	표	션	컴	도	짓	문	들	질	어	바	트	로	굴	동	한	운
용	질	너	은	제	견	들	주	동	굽	터	어	딘	가	에	테	마
어	결	맞	위	셀	한	의	로	이	참	여	바	이	시	절	컴	문
지	구	본	굽	터	범	사	굽	능	스	레	리	날	전	측	날	묶
용	파	용	이	예	안	전	제	늘	력	스	행	춤	침	제	바	여
적	로	측	퓨	측	춤	트	맞	한	고	바	퓨	람	착	어	를	거
람	거	거	어	고	달	을	쌀	람	낌	범	을	굽	이	문	의	로
리	한	울	바	로	끔	스	춤	측	춤	터	노	미	디	어	주	한
행	은	추	의	쌀	대	부	솔	트	바	절	동	어	파	을	스	이

Puzzle 57

바	거	은	드	랜	그	솔	하	동	느	은	도	대	솔	리	돌	다
로	퓨	달	들	한	러	견	표	강	쌀	위	올	한	젊	전	루	바
을	범	을	필	람	나	다	돌	위	이	트	해	문	맞	다	쌀	찍
솔	동	굽	전	돌	법	들	젊	거	할	루	설	를	부	노	견	감
람	은	굴	동	측	도	러	받	단	락	당	자	트	느	한	을	동
레	자	장	얇	은	젊	랑	느	동	적	한	올	제	요	를	장	크
트	파	들	다	동	전	명	백	한	한	동	다	션	느	로	터	바
굴	표	발	은	춤	달	느	들	고	들	참	가	자	기	쁘	게	볼
돌	러	용	끔	은	장	트	을	요	함	밀	운	물	파	퓨	을	트
장	트	말	연	못	벽	필	법	자	께	낌	도	들	위	끔	용	굴
도	집	하	을	느	발	고	컴	동	올	느	발	장	한	고	주	동
솔	리	는	굴	를	북	끔	느	솔	너	범	사	람	느	의	다	동
쌀	감	리	이	찍	사	동	발	공	달	고	람	퓨	질	람	측	동
느	은	주	자	체	리	동	용	물	한	학	의	혜	택	을	컴	로
고	춤	달	굴	의	셀	로	바	춤	결	질	찍	을	도	바	풍	카

그랜드
그러나
말하는
참가자
사람의
명랑
단락
연못벽
밀도
바로
하강
함께
할당
해설
얇은
볼트
명백한
혜택을
기쁘게
의학

Puzzle 58

반	영	에	서	은	들	들	자	찍	스	한	도	셀	이	의	루	행
람	스	바	주	외	바	북	퓨	용	늘	발	결	거	루	존	보	느
젊	문	어	문	국	젊	굽	레	쌀	대	을	절	질	동	동	안	부
풍	발	풍	한	도	체	말	사	을	다	너	문	굽	레	한	파	컴
범	리	문	의	도	로	견	회	반	기	지	이	광	들	문	부	전
공	낌	공	질	크	질	너	는	맞	플	로	트	택	동	동	카	감
의	자	발	들	루	운	바	야	생	올	올	을	짓	자	맞	날	범
필	받	필	공	필	동	주	표	유	용	의	발	리	비	너	솔	동
공	끔	모	기	동	사	바	견	부	사	받	공	부	판	문	부	전
젊	절	끔	감	바	대	의	느	트	알	한	부	바	바	통	다	북
로	은	부	절	을	결	어	의	한	고	요	체	행	람	치	범	다
을	퓨	행	한	문	장	이	로	견	의	감	루	문	필	는	대	를
전	리	적	거	이	터	의	솔	낌	문	은	의	북	말	적	절	한
공	분	자	미	스	스	위	루	바	춤	문	카	끔	늘	측	계	레
법	격	받	날	장	춤	한	굽	문	감	로	한	로	법	도	레	절

모기
미스
알고
공격
보안
유사한
야생
계절
외국
분자
광택
의도
적절한
비판
통치는
플로트
의존
사회는
반영에서
반기지

Puzzle 59

다	찍	동	받	굴	스	졸	물	바	질	말	에	다	싸	동	질	풍
다	너	셀	발	쌀	트	업	고	어	부	제	용	이	움	로	발	루
굴	솔	짓	굴	말	림	장	기	사	은	러	리	바	공	법	카	범
운	측	은	은	주	러	결	질	사	터	레	들	이	법	동	받	느
살	연	례	과	필	션	절	측	쌀	젊	표	제	동	문	을	들	돌
컴	아	도	즙	동	측	절	트	노	고	트	한	쌀	을	바	젊	어
주	스	있	이	합	조	을	전	터	드	카	루	트	한	셀	크	짓
추	자	루	는	을	아	바	크	문	낌	레	젊	풍	트	신	발	풍
도	요	물	거	사	이	로	어	를	컴	올	이	한	굴	트	카	트
범	거	표	를	제	를	이	스	들	루	행	부	크	부	동	자	측
다	이	표	주	용	동	동	러	달	주	고	표	셀	측	크	레	은
에	컴	부	한	주	개	별	이	파	최	너	을	로	풍	를	은	바
측	이	문	의	느	수	면	문	을	초	달	적	션	집	굽	행	다
들	엄	격	한	수	출	을	추	을	의	춤	전	람	다	한	인	상
표	동	장	거	너	변	발	레	트	측	스	용	바	로	민	주	션

조합이
엄격한
살아있는
수면
졸업장
수출을
신발
싸움
아이를
물고기
최초의
과즙이
민주
개별
변수
연례
카드
드레이크
스트림
인상

Puzzle 60

개	요	공	리	트	주	범	을	문	동	필	동	필	동	문	배	레
미	고	문	바	너	늘	용	부	표	부	을	리	공	도	주	심	트
주	돌	을	람	강	느	낌	동	한	의	루	트	로	북	거	원	한
끔	들	스	다	물	탈	발	동	춤	람	장	난	거	프	동	을	문
문	느	사	바	한	범	굽	한	로	공	것	은	끔	로	러	느	리
체	다	노	끔	고	쌀	영	화	법	대	법	이	평	세	한	도	절
주	민	이	끔	북	끔	발	표	바	제	표	스	면	스	바	들	문
찍	끔	감	철	회	부	문	추	추	노	한	은	의	굴	필	요	용
절	어	한	노	솔	동	한	쌀	느	션	이	솔	감	장	이	늘	노
주	컴	양	고	기	받	바	끔	꿈	장	발	동	카	올	표	의	법
부	용	거	필	적	굽	위	늘	의	동	트	로	풍	낌	끔	을	고
발	카	페	스	트	이	에	터	끔	운	동	트	문	어	스	임	맞
노	래	를	니	질	문	운	찍	굴	한	쌀	트	행	휘	크	셀	원
측	풍	을	카	말	트	장	역	사	야	구	북	동	느	집	도	부
이	물	로	위	러	다	은	한	사	을	어	문	발	도	끔	셀	부

주민이
꿈의
질문
노래를
양고기
페니
평면의
배심원을
프로세스
개미
야구
철회
강탈
것은
역사
운동
어휘
영화
장난
임원

Puzzle 61

대	어	전	로	바	트	한	측	어	트	을	굴	주	마	다	위	은
션	적	짓	풍	감	너	솔	쌀	리	트	달	도	람	스	낌	레	부
자	쌀	컴	낌	표	끔	물	질	북	친	러	거	람	터	의	충	풍
문	동	퓨	한	컴	자	발	달	퓨	애	터	사	제	부	맞	돌	사
한	풍	카	견	한	행	동	범	동	하	자	는	물	람	동	바	문
어	자	도	화	체	돌	위	느	날	는	로	서	위	너	도	결	바
주	을	들	가	바	견	요	동	한	춤	북	고	슴	도	치	움	측
고	퓨	동	트	럭	스	너	낌	문	문	터	보	을	러	리	한	말
자	느	트	운	크	견	올	어	퓨	받	발	결	거	람	추	트	쌀
반	어	터	부	표	이	장	주	낌	위	바	동	고	한	한	느	사
동	동	카	솔	용	이	측	문	법	버	주	말	다	발	명	를	의
사	신	말	로	가	풍	위	모	발	스	러	말	한	늘	대	람	집
시	나	리	오	래	을	동	자	텔	제	거	굴	집	운	법	자	장
동	질	절	집	모	장	발	추	범	을	문	결	느	문	날	제	이
한	고	용	솔	느	성	춤	부	을	체	자	자	어	션	물	안	도

제안
성장을
트럭
고슴도치
신사
모텔
시나리오
발명
동사
버스
모래가
가을
충돌
도움말
화가
동반자
마스터
친애하는
보고서는
제거

Puzzle 62

괜	찮	아	도	은	루	로	람	동	자	레	적	로	골	스	자	공
스	퓨	동	제	거	사	너	을	공	체	한	집	션	절	어	달	동
굽	랍	범	말	풍	로	견	션	발	측	로	을	문	컴	대	절	컴
용	서	자	노	다	이	용	은	측	문	바	돌	너	너	대	션	문
한	결	굴	러	카	거	에	트	부	사	리	파	기	춤	받	굽	자
주	다	쌀	풍	장	솔	부	날	적	크	노	용	능	솔	측	낌	짓
어	굽	동	다	날	법	부	부	풍	의	날	리	을	끔	도	발	동
션	물	어	한	트	쌀	제	은	발	로	달	자	말	필	은	문	을
늘	짓	돌	충	분	한	을	컴	휘	바	러	장	굽	굽	레	들	도
올	표	찍	이	용	바	동	주	받	느	바	가	측	장	요	부	필
낌	트	트	젊	자	의	문	막	탕	오	돌	상	쌀	카	추	체	거
문	찍	결	유	한	부	제	짓	사	낌	프	우	드	을	느	크	달
코	감	잔	에	죄	솔	늘	러	이	문	견	너	한	적	표	용	터
치	사	디	말	젊	냄	비	바	의	쌀	굽	낌	부	루	바	범	한
북	바	동	굽	측	색	상	이	동	맞	스	필	감	이	을	파	받

사막
서랍
사탕
냄비
사이의
기능을
오프너
가장자리
동의
가상
발휘
괜찮아도
골절
우드
충분한
용서
색상이
잔디
유죄
코치

Puzzle 63

질	자	이	부	전	리	날	뾰	쿠	페	고	문	범	대	문	솔	용
질	느	파	바	행	복	퓨	족	일	위	용	러	동	전	해	바	다
웃	었	다	인	대	질	낌	한	이	동	을	날	돌	찾	난	리	은
위	을	범	람	애	양	쪽	바	러	자	춤	이	현	고	로	운	위
용	레	리	요	운	플	쌀	바	법	말	쌀	느	스	실	법	동	스
올	많	측	터	트	발	체	에	문	달	모	니	터	링	의	용	쌀
추	은	한	셀	들	한	법	크	도	문	말	날	을	퓨	크	파	을
동	지	느	동	쌀	짓	퓨	느	러	카	질	끔	문	러	법	위	법
말	도	거	문	맞	굴	전	을	사	자	절	셀	거	질	사	젊	동
루	리	동	션	자	트	느	감	주	짓	수	을	의	절	람	의	위
말	컴	굽	범	신	션	주	소	적	공	달	러	을	러	을	필	한
용	적	질	파	의	물	표	고	올	문	트	용	용	람	고	주	맞
행	낌	들	쌀	로	공	굽	대	문	셀	용	한	젊	주	짓	끔	카
침	입	운	바	전	한	늘	에	루	결	솔	풍	솔	체	문	셀	발
느	달	다	용	느	자	크	게	노	물	리	범	한	날	체	트	주

- 난로
- 파인애플
- 수달
- 많은지도
- 찾고
- 바다
- 대해
- 자신의
- 감소
- 행복
- 뾰족한
- 고용
- 양쪽
- 모니터링
- 침입
- 현실의
- 웃었다
- 크게
- 일이
- 쿠페

Puzzle 64

- 삼각형
- 지식
- 누구
- 소파
- 지금까지
- 뭔가
- 차례
- 까마귀
- 감독
- 배울
- 잘못된
- 가위
- 고려
- 검은
- 아침
- 홍수
- 정비공
- 귀족
- 끊지는
- 잉태

지	을	검	문	공	범	동	용	삼	크	위	부	거	끊	느	다	끔
금	장	은	까	위	다	짓	컴	각	젊	바	발	올	지	잘	못	된
까	절	지	식	마	받	이	은	형	차	례	견	범	는	발	주	션
지	터	을	러	추	귀	를	발	리	도	체	전	견	도	장	고	부
셀	동	필	물	크	감	컴	들	노	끔	을	올	션	느	트	를	셀
너	들	고	필	굴	질	러	한	집	바	로	제	감	낌	법	의	춤
올	주	파	전	을	트	젊	를	굴	고	어	굽	소	발	배	한	거
로	결	감	독	아	범	제	올	체	달	쌀	용	파	바	울	북	동
잉	태	동	집	침	크	질	동	다	정	레	낌	필	고	누	구	말
범	동	동	공	발	올	고	낌	발	요	비	춤	짓	을	려	러	장
범	올	사	느	낌	귀	홍	수	다	부	필	공	한	도	측	집	발
한	굽	트	춤	동	족	돌	은	바	전	용	견	달	부	느	달	결
주	을	이	로	람	범	젊	한	젊	굴	짓	제	스	사	체	너	을
느	거	컴	사	올	필	젊	젊	위	동	느	동	노	레	솔	트	공
행	를	크	질	이	받	춤	뭔	가	발	리	맞	다	솔	루	느	들

Puzzle 65

굴	반	노	루	문	쌀	용	운	트	도	도	위	를	스	가	에	람
고	복	의	느	절	의	행	느	바	터	로	에	주	날	셀	족	도
트	필	을	부	장	운	늘	견	젊	대	리	오	로	파	발	리	이
차	절	집	날	다	다	스	주	용	바	을	류	를	다	감	을	짓
느	지	한	전	동	표	견	새	위	맞	부	찍	퓨	받	문	사	컴
한	노	용	찍	주	문	다	끼	셀	사	은	젊	한	을	바	운	문
저	녁	의	원	올	을	파	의	외	에	행	문	을	주	바	문	러
한	옵	셀	인	트	표	를	퓨	추	낌	병	아	리	바	돌	결	션
한	코	션	달	바	에	람	견	위	질	물	거	법	대	퓨	바	크
들	요	추	셀	용	루	느	사	로	부	대	터	측	전	늘	질	스
필	테	적	짓	범	을	솔	다	트	트	집	카	트	체	크	돌	한
이	을	한	고	트	돌	다	양	성	전	늘	춤	필	집	문	공	급
이	느	표	필	질	폐	부	도	을	주	용	트	동	쌀	셀	주	동
주	한	한	는	사	기	하	래	노	발	부	느	이	깎	이	한	동
스	행	주	한	용	물	운	파	션	북	솔	풍	한	발	은	문	돌

전체
새끼
코요테
다양성
병아리
차지
반복
가스
가족
공급
노래하기
오류
옵션
외에
원인
깎이
저녁
기사는
폐기물
은행

Puzzle 66

강	동	션	느	질	고	거	상	발	제	컴	굴	접	행	공	문	범
문	아	공	그	림	양	터	승	돌	부	한	들	착	동	쌀	을	법
주	장	지	이	데	이	견	견	운	셀	자	단	제	하	고	파	행
한	달	젊	스	바	이	자	날	젊	적	결	순	문	라	카	느	를
용	너	제	문	동	장	끔	질	일	속	도	한	부	주	람	춤	추
을	동	풍	러	을	을	부	대	반	을	결	어	주	찍	날	쌀	집
문	용	로	장	거	트	적	다	제	발	동	찍	트	리	돌	은	어
인	치	가	로	퓨	도	집	문	에	터	측	어	디	서	나	젊	크
적	행	유	행	동	터	스	돌	굴	터	동	굴	병	원	견	터	람
형	쌀	이	북	도	낌	를	문	달	석	제	로	거	문	도	을	말
전	올	리	춤	솔	운	퓨	동	러	운	탄	부	한	스	쌀	찍	공
적	트	너	쌀	션	결	셀	고	동	행	레	셔	츠	동	부	끔	바
추	자	사	부	솔	굴	통	북	자	절	쌀	젊	달	트	공	주	바
을	트	를	한	사	리	치	연	동	크	문	짓	돌	은	퓨	문	의
위	부	운	도	장	바	자	민	션	돌	풍	션	바	로	파	발	자

상승
속도
석탄
셔츠
행동하라
인치가
부주의
이유가
데이지
접착제
어디서나
병원
강아지
고양이
연민
그림
일반
단순한
전형적인
통치자

Puzzle 67

함	제	도	문	을	동	감	매	부	카	자	들	을	을	바	트	용
께	다	퓨	주	낌	받	도	우	한	트	파	찍	바	어	젊	바	한
했	을	날	은	리	루	절	행	거	장	쌀	은	다	계	를	람	위
다	카	카	견	바	바	주	사	발	느	용	한	범	란	파	주	문
에	은	위	제	느	션	돌	흔	들	었	다	다	거	문	요	의	트
필	동	람	춤	을	장	주	트	너	들	동	솔	트	이	바	운	대
맞	션	솔	람	셀	보	드	받	올	운	감	풍	트	짓	카	체	부
맞	자	여	로	견	한	집	추	동	질	일	에	리	올	크	도	다
느	끔	패	부	크	트	어	운	에	집	트	찍	베	교	육	러	도
법	동	부	자	들	파	바	문	발	의	트	루	스	들	용	쌀	문
자	을	컴	행	람	로	를	올	무	동	벤	축	구	도	범	올	다
리	주	들	발	너	루	관	날	레	느	이	날	문	리	트	전	음
람	적	을	젊	행	발	기	존	의	그	들	의	주	전	스	추	과
동	올	춤	문	동	람	자	굴	감	받	아	매	력	적	인	거	파
다	문	동	터	낌	문	저	느	위	스	달	문	동	크	다	리	도

솔로
아들이
매우
함께했다
다음과
무례
이벤트
저자기관
축구
보드
계란
여부
그들의
교육
부패
흔들었다
구스베리
매력적인
기존의
일찍

Puzzle 68

춤	필	러	인	절	들	너	달	측	를	집	감	받	컴	발	트	도
쌀	다	측	견	정	체	찍	춤	달	문	법	범	용	동	동	굴	션
한	리	문	주	전	받	추	스	범	낌	루	체	도	문	표	한	결
위	파	색	전	이	을	을	록	도	하	준	수	굽	찍	다	다	낌
은	고	상	자	피	맞	대	을	위	문	체	공	한	끔	자	트	이
을	문	바	도	을	끔	나	올	스	감	요	시	리	즈	를	달	결
도	의	젊	트	들	사	에	비	궤	도	어	표	측	크	굴	느	물
션	을	올	한	스	컴	날	행	을	주	문	찍	로	림	요	필	이
맞	바	도	트	절	한	제	대	로	질	행	적	부	들	느	터	컴
끔	카	풍	올	제	파	거	공	북	체	문	자	를	편	집	절	복
끔	션	카	말	파	필	추	리	범	로	을	부	수	장	대	은	잡
깊	부	를	거	노	춤	트	생	산	범	문	늘	정	이	표	운	늘
굽	은	선	물	력	도	적	법	느	날	문	바	느	한	카	문	물
을	호	기	심	문	동	배	을	문	대	감	위	부	동	굴	의	맞
너	말	맞	공	람	유	지	할	견	쌀	바	풍	감	을	거	에	범

호기심
색상
생산
선물
나비
노력
시리즈를
수정
인정받을
편집
주전자
피자
수준하도록을
복잡
궤도
유지할
깊은
지배적
이전
크림

Puzzle 69

바	느	의	트	셀	수	풍	은	풍	자	문	다	은	필	공	견	한
범	느	도	추	도	집	션	다	거	용	바	장	춤	을	범	이	슬
한	견	적	션	제	위	람	쌀	도	을	돌	체	발	달	너	각	구
믿	운	터	쌀	자	원	받	를	선	레	동	날	아	내	찍	생	색
기	육	상	문	전	회	견	표	호	문	주	주	레	쌀	천	국	의
북	거	달	너	문	노	평	바	하	고	바	이	필	감	을	한	장
끔	굴	은	한	혈	액	젊	화	는	의	질	이	추	범	도	이	을
블	록	주	터	질	전	한	문	로	동	쌀	굽	주	어	집	동	은
리	의	카	받	로	낌	표	한	질	운	컴	도	은	측	크	측	한
표	돌	다	날	리	질	절	체	발	전	문	크	바	범	필	크	달
굽	부	문	터	찍	물	부	은	스	주	확	늘	젊	트	도	문	요
느	한	다	른	유	솔	문	어	포	용	산	늘	부	크	다	자	루
서	비	스	북	견	지	한	스	츠	다	감	을	동	감	파	시	레
바	컴	동	트	물	질	문	부	가	달	레	퓨	카	한	찍	맞	날
용	부	운	올	용	쌀	운	용	공	한	법	의	거	춤	트	전	셀

평화로운
다른
다시
믿기
천국
운동의
선호하는
수집위원회
아내
생각이
혈액
서비스
확산
블록
구색
육상
유지
이슬
스포츠가
전문

Puzzle 70

짓	바	맞	실	제	를	필	굴	고	터	어	바	공	듣	한	부	부
컴	위	업	게	이	트	에	서	질	추	감	솔	카	바	고	발	퓨
쌀	타	격	주	문	스	추	전	대	동	용	다	너	한	동	용	자
올	이	적	러	을	버	레	자	을	을	돌	쌀	춤	로	느	운	복
도	결	연	습	상	문	클	추	느	부	은	동	을	한	쌀	체	숭
랑	위	날	표	황	공	이	라	컴	로	동	셀	굽	추	바	체	아
적	풍	도	경	을	을	사	바	우	스	적	다	파	주	을	고	전
부	감	공	쟁	지	친	노	자	돌	드	거	어	트	퓨	바	주	를
용	결	절	동	이	적	필	트	동	요	문	끔	동	세	쌀	은	어
짓	용	받	전	한	거	이	의	굴	질	들	웜	자	탁	측	퓨	주
거	한	풍	이	동	한	느	컴	집	풍	범	은	거	추	범	를	노
부	퓨	다	솔	공	거	이	은	트	주	한	의	너	운	날	문	한
도	동	로	카	마	한	달	동	파	용	날	동	을	올	을	루	바
컴	주	맞	추	은	련	을	올	추	스	끔	행	올	낌	동	느	발
은	적	자	루	북	받	대	방	해	를	점	심	느	한	낌	카	을

게이트에서
클라우드
세탁
마련
지친
사이클
상황을
실제
도랑
듣고
복숭아
연결
경쟁
연습
웜은
위업
방해를
타격
버스트를
점심

Puzzle 71

자	법	도	자	행	굽	날	풍	카	바	짓	풍	션	생	늘	도	에
결	한	표	행	위	문	셀	노	장	에	어	공	이	강	문	컴	람
측	바	터	결	자	트	셀	도	은	짓	다	어	체	을	루	은	법
쌀	대	요	짓	러	행	을	집	굴	표	필	기	본	어	목	주	로
동	체	맞	표	전	용	어	보	다	리	들	수	키	자	용	항	춤
요	에	행	발	한	문	넘	느	끔	이	행	에	가	파	늘	너	은
첨	부	바	감	을	셀	션	주	텐	터	바	문	거	컴	부	쌀	로
운	퓨	느	을	표	바	다	를	트	화	창	한	래	을	은	질	트
셀	컴	날	파	견	풍	날	노	문	주	루	노	질	쌀	을	컴	체
법	추	결	위	자	을	루	카	끔	동	위	션	너	너	중	낌	제
범	대	말	발	법	동	로	전	문	은	들	절	질	람	지	을	범
부	일	반	적	으	로	차	직	도	을	젊	동	굽	이	늘	동	굽
낚	람	노	의	동	의	받	원	측	결	요	한	풍	론	필	한	도
시	아	크	동	절	전	적	로	견	한	모	결	춤	용	젊	느	주
에	직	범	찍	트	주	집	동	범	행	험	공	을	이	바	도	을

화창한
중지
텐트
직원
넘어
노크
낚시에
용어보다
모험
첨부
항목을
필수
거래
생강을
일반적으로
아직
자동차
기본
이론
키가

Puzzle 72

넥타이
년간
진술
페인트
무시
어깨한다
학교
천사
고발
골동품
회색
와서
비명
그릇
가지고가는
권투
정확한
의사
가난한
케이스

너	권	러	어	다	을	절	를	자	루	북	낌	다	학	들	바	션
필	투	풍	깨	동	공	날	달	표	쌀	달	은	집	공	교	질	끔
필	한	도	한	한	행	다	한	동	션	발	날	트	낌	문	레	요
주	느	을	다	천	사	페	인	트	달	적	동	회	색	전	은	거
로	체	전	춤	러	늘	을	주	골	레	고	러	행	트	크	늘	범
끔	짓	바	용	트	적	러	동	동	표	주	물	파	터	바	에	말
솔	파	다	측	말	바	거	로	품	고	주	노	솔	로	문	행	트
집	너	자	법	의	고	질	리	끔	달	발	바	발	풍	년	간	느
스	말	동	의	사	너	다	와	서	정	확	한	무	시	한	동	맞
에	젊	가	난	한	발	운	도	도	견	돌	은	트	집	컴	을	컴
문	루	필	날	주	느	자	달	북	이	요	터	는	가	고	지	가
문	젊	낌	한	굽	표	날	고	풍	춤	필	북	감	을	발	동	바
동	로	비	을	자	루	션	달	대	올	케	질	노	은	그	감	한
느	굴	바	명	느	을	발	체	찍	결	진	이	타	넥	릇	스	굴
은	문	컴	느	말	낌	레	문	리	로	술	고	스	한	한	들	을

Puzzle 73

문	물	문	결	운	주	트	실	대	이	자	범	을	느	크	루	거
문	동	은	이	크	설	의	발	패	크	크	거	발	도	한	영	부
견	질	너	터	의	탕	루	돌	측	이	동	추	달	람	은	어	를
다	러	문	제	한	에	자	공	달	절	솔	표	문	용	로	쌀	한
분	은	바	문	쌀	을	자	절	용	올	범	로	느	트	카	터	러
리	대	범	질	어	이	크	올	문	은	터	자	부	루	노	자	의
발	북	필	짓	말	을	어	바	너	너	발	춤	를	제	주	주	셀
이	경	험	을	트	굽	자	다	제	로	늘	러	노	짓	올	로	쌀
느	러	물	돌	올	바	주	동	러	체	을	차	단	발	도	끔	을
쌀	컴	짓	표	사	용	의	새	한	주	날	트	문	바	컴	농	한
블	람	바	문	주	다	이	로	전	물	주	유	질	바	전	한	축
셀	리	레	스	토	랑	카	운	로	카	날	체	노	한	동	울	동
토	끔	드	들	선	입	다	도	트	람	낌	법	스	발	에	었	짓
마	바	위	트	거	학	세	로	지	펀	스	툴	에	에	달	다	자
토	솔	위	리	를	거	느	솔	바	전	주	이	을	체	북	문	사

스펀지
선거
설탕에
세로
경험을
토마토
트리
농축
스툴
차단
실패
날카로운
울었다
분리
블리드
영어
새로운
유체
레스토랑
입학

Puzzle 74

정책
안락군대
선고
설정
침묵을
경기장
멋진
경제를
벨자전거
거미
형태로
명예롭게
교사
구조
비전
금융
유용
제공
적립
접시

람	레	올	미	용	문	트	받	절	들	을	바	동	러	를	제	경
벨	자	전	거	정	책	동	쌀	북	끔	너	끔	한	문	굽	스	기
대	을	비	느	쌀	솔	느	체	쌀	퓨	필	레	쌀	위	트	이	장
감	장	행	바	문	추	짓	동	달	퓨	위	접	시	체	공	날	노
도	범	레	바	적	립	을	바	솔	러	굽	발	트	크	문	트	로
레	고	발	받	한	을	이	바	이	러	용	굽	레	늘	멋	행	전
표	선	감	느	도	발	동	크	사	제	대	문	젊	유	용	진	침
도	고	용	질	도	트	을	고	결	견	의	금	자	물	에	문	묵
받	션	문	물	굴	표	올	맞	에	춤	러	융	컴	문	교	체	을
노	받	질	올	범	낌	견	명	트	은	말	솔	형	태	로	사	맞
트	받	을	동	이	파	위	춤	예	구	조	늘	풍	설	션	풍	질
람	젊	파	문	용	을	컴	장	주	롭	에	들	늘	정	문	대	제
결	전	물	바	받	풍	의	카	북	을	게	낌	을	카	찍	집	공
한	바	를	굽	다	견	고	스	측	감	동	바	제	집	거	노	공
주	제	느	에	발	어	추	올	안	락	군	대	문	적	고	다	솔

Puzzle 75

파	다	풍	쌀	주	발	질	동	짓	러	찍	굽	스	그	위	필	날
풍	발	바	체	굽	맞	발	말	굴	로	거	종	료	와	룹	한	측
주	용	주	로	느	터	위	을	솔	표	측	바	을	동	동	범	춤
트	러	한	공	한	문	동	자	측	공	한	솔	체	카	요	날	풍
크	스	마	람	이	소	그	야	날	늘	필	을	눈	동	받	솔	느
구	댄	윙	기	간	원	림	드	부	법	달	결	물	문	쌀	의	솔
울	어	자	추	격	없	자	체	발	요	달	추	부	파	짓	체	적
스	도	입	은	모	이	너	다	감	젊	돌	굽	질	행	용	의	을
늘	한	파	자	문	운	간	호	사	동	발	스	말	필	동	레	쌀
용	굴	범	느	을	도	를	측	위	용	도	들	문	은	너	어	끔
을	를	집	쌀	착	젊	리	용	명	날	춤	동	리	다	견	의	도
돌	법	늘	자	용	사	찍	동	시	장	동	동	걸	이	터	문	장
행	장	말	주	날	받	바	어	다	트	받	요	필	핏	젊	로	끔
추	을	지	잊	어	다	동	용	문	한	솔	올	문	느	하	레	발
노	받	역	대	찍	바	문	을	표	달	트	짓	바	법	문	면	션

소원없이
지역
눈물
그림자
명시
스윙
간호사
댄스
착용
도입
추격
야드
기간
구울
마스크
그룹
종료와
이모
잊지
걸핏하면

Puzzle 76

주	적	느	연	한	느	과	거	의	행	의	막	노	한	컴	용	대
쌀	솔	솔	전	못	운	문	동	리	스	폰	지	동	이	다	은	자
너	올	굽	찍	문	조	솔	말	승	질	문	마	솔	감	운	운	루
이	유	리	자	위	필	랑	다	수	한	남	부	크	생	명	을	젖
이	올	결	파	대	다	쌀	말	량	체	감	파	컴	측	주	길	은
에	동	퓨	느	젊	을	스	주	들	을	받	션	을	법	체	돌	말
로	동	체	한	트	문	굽	부	셀	끔	를	적	측	물	법	을	정
을	느	끔	리	은	너	대	느	돌	법	맞	늘	말	한	북	풍	원
춤	달	응	대	다	너	동	발	쌀	러	체	말	미	주	낌	고	행
법	결	답	바	을	이	고	러	추	거	느	루	잘	춤	거	굽	터
운	비	노	이	을	질	달	받	요	용	올	만	분	사	대	굴	풍
발	요	꺼	이	거	공	올	동	올	질	절	든	모	굽	이	문	트
도	노	육	두	구	늘	요	이	공	전	이	쌀	한	제	쌀	문	너
동	로	찍	자	노	사	측	한	북	물	트	굽	스	운	돌	말	느
컴	추	을	노	셀	문	을	식	품	이	느	퓨	문	바	카	을	용

정원
젖은
과거의
육두구
말미잘
스폰지
남부
만든
수량
승리의
생명을
식품
연못조랑말
마지막
분모
두꺼비
응답
유리
길을
자위

Puzzle 77

젊	한	를	춤	물	을	제	맞	루	람	한	절	바	파	질	퓨	루
공	스	은	를	동	풍	굴	트	동	한	루	적	체	감	용	도	운
필	컴	낌	성	장	한	다	끔	의	노	을	를	달	고	셀	발	로
파	필	용	범	문	굴	춤	받	션	쌀	문	용	을	트	을	도	절
트	람	요	를	부	이	질	로	받	바	을	올	에	행	낌	결	트
건	강	수	요	가	러	고	쌀	공	문	적	용	받	노	물	질	문
발	요	어	의	결	끔	크	투	자	느	물	문	거	공	요	동	공
동	스	솔	를	의	합	고	위	낌	거	요	트	한	질	문	을	을
영	카	리	범	동	발	법	늘	서	조	날	사	의	절	주	년	문
상	바	발	끔	행	부	부	적	른	언	요	지	방	낌	느	파	올
맞	말	주	시	험	한	다	체	올	을	감	이	낌	찍	러	자	요
앞	어	위	문	한	문	늘	트	찍	절	다	퓨	받	대	측	받	동
고	치	에	중	나	문	사	달	을	이	야	기	는	쉽	게	끔	위
카	동	마	바	한	들	실	늘	낌	스	등	한	자	장	젊	요	필
맞	문	도	용	션	바	일	정	추	파	견	바	적	용	북	리	은

주년
나중에
시험한다
사실
서른
조언을
지방
쉽게
투자
수요가
주위에
물질
건강
앞치마
등이
성장한다
결합
동영상
이야기는
일정

Puzzle 78

거북이
텍스트
지수
소설
부정적인
노래
사이트
눌러
심각한
무릎
모양의
컴퓨터
수있는
겸손한
구리
교수
흐린
휴일
임의의
결과를

젊	느	찍	느	주	대	느	굴	말	한	의	추	로	컴	굴	물	발
범	노	북	법	거	주	바	질	법	트	모	양	의	파	퓨	스	올
맞	필	솔	행	지	결	감	찍	레	크	체	이	절	짓	용	터	휴
체	한	행	발	표	수	위	로	굴	끔	느	부	노	래	퓨	범	일
결	말	노	춤	거	위	굴	물	집	범	발	을	이	동	트	측	찍
트	도	올	자	물	바	바	한	위	을	임	의	의	한	젊	공	너
부	대	느	견	한	퓨	느	구	이	러	소	설	질	공	추	절	을
루	러	느	주	쌀	올	추	리	필	퓨	셀	스	바	짓	루	를	견
사	운	레	트	을	부	셀	은	람	짓	사	이	트	동	한	말	날
무	도	늘	절	쌀	측	체	결	들	체	춤	북	공	은	를	너	러
용	릎	퓨	주	동	흐	바	과	솔	필	트	거	질	자	다	전	다
텍	스	트	맞	러	린	주	를	한	받	북	춤	결	트	적	장	동
수	있	는	다	공	용	제	동	한	솔	를	올	굽	동	루	질	교
한	올	자	장	솔	너	쌀	노	눌	대	스	끔	적	크	도	스	수
받	주	거	끔	부	정	적	인	러	심	각	한	손	겸	루	의	바

Puzzle 79

머	그	잔	한	위	체	를	한	노	크	받	한	느	도	물	공	젊
장	문	질	범	적	시	풍	셀	추	을	트	적	람	늘	들	크	트
퓨	도	찍	찍	컴	스	부	한	바	로	을	집	느	바	측	날	느
한	이	낌	은	감	템	바	에	사	람	에	게	전	도	도	터	스
사	위	짓	너	달	을	낌	동	동	전	을	쌀	달	추	스	을	바
은	쌀	다	칠	면	조	는	고	를	너	측	을	너	크	프	수	자
낌	날	로	다	스	도	주	블	음	악	질	발	혼	견	이	상	한
을	이	캥	끔	춤	늘	날	느	루	요	동	한	합	받	테	감	세
앞	주	거	커	늘	결	퓨	체	용	뛰	루	감	바	동	대	문	미
를	서	루	전	버	을	체	굴	리	어	다	로	너	말	신	한	측
행	돌	는	치	르	가	사	날	이	난	파	이	을	다	로	느	로
도	요	용	루	을	에	동	발	동	발	제	들	부	동	문	어	레
구	동	부	을	대	낌	이	북	표	부	느	북	트	거	짓	제	용
거	발	퓨	레	감	풍	감	을	스	굽	에	동	비	한	로	받	올
퓨	용	문	은	들	쌀	정	지	동	굴	다	한	누	자	한	카	레

정지
커버가
사람에게
캥거루
수프
뛰어난
대신
도구
칠면조는
앞서
테이프
비누
블루
혼합
미세한
시스템
이상한
머그잔
음악
가르치는

Puzzle 80

설계
증거
농구
지점
직원이
지켜
실시
포도
용어집
감동
동전
배치
건조
공식
반드시
긴급
우박
현명한
이길
전략

동	현	솔	설	이	자	감	행	쌀	굽	증	농	적	장	찍	장	전
주	명	한	계	용	느	동	자	춤	를	거	구	돌	감	한	션	람
쌀	한	를	문	날	어	발	을	적	집	스	로	람	스	를	동	고
체	솔	퓨	노	날	문	위	쌀	위	공	식	북	이	루	동	대	루
건	루	의	끔	행	셀	질	사	을	사	은	을	문	을	달	거	을
조	도	자	표	이	한	너	문	절	물	부	날	바	젊	이	카	동
발	터	컴	들	동	부	발	노	부	동	션	도	터	느	견	부	추
문	체	트	문	이	날	느	포	도	전	바	느	리	전	풍	긴	급
솔	크	절	한	행	람	션	도	을	트	바	발	솔	동	달	굽	돌
적	어	물	부	바	도	트	문	맞	법	질	문	굽	느	문	쌀	트
카	젊	제	을	이	한	집	셀	북	컴	로	짓	쌀	받	느	레	적
을	적	동	크	길	에	어	장	배	실	시	전	직	원	이	컴	끔
용	를	이	행	어	다	풍	점	지	치	퓨	동	략	한	반	드	시
낌	어	달	한	동	춤	문	의	켜	카	쌀	자	질	다	행	바	느
주	을	집	우	박	발	측	말	결	장	도	전	를	올	부	쌀	추

Puzzle 81

적	에	두	집	들	올	맞	느	날	을	한	주	장	감	피	솔	의
느	다	께	표	은	도	올	운	숟	가	락	람	끔	트	하	전	파
트	발	의	제	전	자	풍	이	한	치	젊	리	트	젊	기	질	굴
집	체	한	결	낌	트	장	물	부	명	신	절	반	카	결	도	노
거	람	카	위	굴	문	북	쌀	문	적	호	적	말	용	역	적	우
문	공	부	을	에	장	람	굽	을	문	날	제	대	범	할	지	울
상	위	일	리	위	쌀	도	발	람	낌	트	질	측	마	고	출	아
자	황	회	법	추	쌀	사	로	굽	말	측	자	레	단	음	트	가
손	리	용	러	집	법	요	짓	젊	공	사	주	춤	편	스	을	씨
트	실	용	자	한	물	루	필	적	한	제	동	전	추	터	크	발
솔	집	을	분	양	영	레	질	레	물	주	을	화	스	모	을	측
추	쌀	참	말	물	체	법	바	다	부	방	러	문	크	래	러	춤
집	맞	석	이	표	주	터	결	크	바	로	문	한	발	적	컴	표
부	문	위	트	바	결	북	람	을	루	춤	추	말	카	젊	맞	노
을	북	을	위	레	어	전	적	문	을	견	을	바	사	절	동	말

전화
영양분을
주방
아가씨
상황
지출
숟가락
모래
마음을
신호
참석
단편
일회용
역할
두께의
우울
절반
치명적
피하기
손실을

Puzzle 82

문	노	주	용	받	떨	스	위	감	바	트	노	셀	스	컴	노	쌀
새	늘	드	자	말	자	어	를	제	용	쌀	교	실	확	션	문	행
벽	측	레	문	추	은	위	져	한	람	운	부	짓	를	위	다	도
동	물	스	공	한	어	은	한	돌	트	파	문	이	공	어	사	부
발	늘	범	동	거	러	부	로	굴	파	쌀	이	동	주	질	절	짓
은	동	풍	물	의	이	표	혼	자	바	들	에	리	다	표	동	증
문	실	트	한	을	카	남	성	이	집	바	문	느	추	굽	위	거
인	식	행	동	느	질	대	도	러	로	한	을	레	도	덕	적	를
느	적	일	감	거	다	문	도	한	를	발	도	결	춤	크	도	짓
공	러	요	제	러	부	문	한	늘	향	굽	제	소	너	전	주	주
너	트	화	재	젊	이	풍	젊	로	굴	해	조	개	젊	위	풍	낌
한	견	물	풍	바	공	자	트	한	파	을	서	에	우	배	다	절
위	받	행	풍	용	을	사	순	표	견	이	러	체	위	카	맞	자
행	터	짓	대	바	에	집	록	한	다	다	법	의	표	측	은	람
젊	짓	공	용	동	로	한	퓨	노	범	굽	늘	날	동	한	용	너

제조
새벽
남성
소개에
순록
도덕적
화요일
실행
증거를
발굽
배우에서
떨어져
거위
향해
확실
혼자
화재
교실
인식
드레스

Puzzle 83

운	도	한	체	절	동	풍	쌀	집	늘	집	받	에	다	풍	위	다
물	물	북	자	낌	올	받	범	발	용	발	액	은	굽	끔	트	범
요	발	장	요	등	을	소	방	관	추	자	션	쌀	한	필	문	물
용	한	제	느	레	맞	컴	동	파	로	을	동	도	문	공	느	크
느	노	대	파	멸	망	은	문	자	루	크	용	솔	춤	을	거	동
굴	곡	동	카	카	레	젊	로	도	트	을	견	문	운	한	결	고
날	선	대	을	문	법	션	북	들	로	로	법	트	올	한	절	크
기	트	카	바	질	체	을	한	받	러	굽	문	북	한	은	한	날
한	억	이	찍	람	다	스	짓	적	굽	크	루	개	러	을	북	작
주	제	잃	게	결	양	토	돌	한	젊	부	문	구	전	션	풍	업
대	장	다	집	다	필	론	측	바	루	체	한	리	자	질	크	이
운	풍	한	풍	루	집	돌	너	이	레	생	범	주	바	필	쌀	트
행	송	시	요	러	낌	굽	운	낌	로	각	끔	찍	한	물	대	비
바	을	굽	리	람	동	범	솔	대	결	느	스	표	느	끔	주	행
회	피	에	러	즈	질	다	터	솔	취	미	를	주	행	전	은	맞

소방관
생각
토론
토양
멸망은
대비
끔찍한
범주
행운
액션
취미
곡선
등을
시리즈
개구리
운송
잃게
기억
작업
회피에

Puzzle 84

한	동	바	퓨	관	어	북	로	용	질	트	쌀	어	낌	은	토	다
이	에	제	집	찰	굴	감	자	굴	받	퓨	찍	느	로	풍	끼	다
다	도	를	주	레	한	낌	문	동	결	어	동	트	문	필	바	위
을	요	이	자	표	사	대	돌	거	다	스	다	굽	날	올	이	한
노	옷	장	어	말	체	발	카	동	다	느	자	추	크	의	범	견
돌	주	다	스	디	늘	필	거	주	다	젊	동	달	집	을	결	전
을	집	장	표	대	에	용	크	은	범	대	문	루	공	맞	을	얻
춤	루	손	가	락	을	있	풍	노	의	표	날	솔	이	운	히	퓨
야	채	를	도	늘	방	충	는	대	발	용	사	부	대	문	순	젊
다	용	도	다	말	문	격	늘	을	늘	로	람	크	로	부	단	서
을	한	문	레	바	리	스	셀	발	루	을	은	망	치	측	끔	운
션	결	말	를	사	도	트	동	를	문	거	돌	바	질	퓨	너	끔
파	메	뚜	기	다	말	칠	동	고	굴	감	트	쌀	를	노	질	측
문	문	공	돌	엘	크	면	춤	바	블	제	질	개	방	지	유	우
문	요	컴	을	발	감	조	문	달	발	린	범	트	동	짓	로	문

칠면조
토끼
손가락
순서
메뚜기
사람은
맛을
어디에있는
망치
우유지방
방문
개방
충격
고블린
얻을
관찰
엘크
옷장
야채를
단순히

Puzzle 85

체	트	젊	북	의	트	부	제	러	견	레	셀	은	을	도	위	공
의	연	주	굽	낌	터	적	운	을	견	필	끔	를	공	도	로	람
티	날	필	조	모	작	업	이	젊	들	거	결	행	굴	질	다	올
파	도	요	직	찍	방	스	차	요	다	어	바	트	받	끔	발	어
너	필	견	물	장	퓨	동	측	따	라	퓨	퓨	날	늘	이	용	동
트	용	측	문	트	너	을	느	터	션	범	주	한	필	필	카	을
파	한	이	용	한	에	북	굴	셀	을	범	적	동	감	문	부	용
상	리	퓨	다	이	날	을	집	루	로	집	끔	한	범	발	너	러
추	굴	문	다	감	측	을	매	솔	컴	다	춤	리	사	위	전	바
한	트	한	에	파	사	컴	니	너	딸	감	결	견	컴	운	늘	감
트	굽	사	두	려	워	합	저	전	기	에	혼	트	명	행	계	획
늘	문	문	짓	감	감	젊	니	다	부	에	식	조	확	트	끔	은
부	문	추	돌	도	로	퓨	절	다	문	다	동	자	하	에	로	장
요	를	결	운	션	한	동	물	을	전	을	끔	어	게	영	감	너
공	용	러	결	들	어	날	터	느	정	의	제	외	시	켰	다	문

정의
조식
조직
상추
매니저
파도
모방
차이
딸기
영감
따라
계획
제외시켰다
명확하게
연필
감사합니다
작업이
파트너파티
두려워
결혼식

Puzzle 86

한	느	춤	굽	속	이	는	스	말	은	법	식	문	요	투	표	것
운	파	람	고	감	자	에	로	발	올	한	문	별	셀	리	레	이
션	맞	행	어	쌀	감	한	표	을	러	스	람	전	북	동	바	다
대	받	람	문	의	부	너	굴	풍	노	파	문	범	용	션	고	부
노	절	문	먹	동	느	서	게	시	낌	문	체	오	두	막	대	다
늘	추	고	고	젊	쌀	에	느	이	측	동	동	션	용	자	노	자
업	문	들	스	요	올	해	논	문	주	제	를	로	동	동	공	기
데	장	풍	맞	살	쾡	이	주	도	전	짓	퓨	추	러	풍	쌀	굽
이	달	주	션	션	범	로	자	요	제	너	대	문	부	춤	날	컴
트	체	바	달	을	어	도	발	표	추	맞	공	법	바	람	션	기
플	바	위	쌀	남	동	어	노	표	달	레	이	늘	부	달	낮	록
레	용	파	끔	아	트	끔	다	을	주	들	한	스	도	날	도	은
이	공	솔	발	는	집	크	동	도	맞	쌀	낌	이	한	바	받	분
어	을	제	람	션	자	을	체	바	은	필	주	바	달	주	자	부
들	리	한	동	젊	바	자	범	운	대	권	한	노	다	부	도	느

부분은
플레이어
낮은
논문
먹고
투표
살쾡이
식별
오두막
업데이트
속이는
것이다
도전
공기
게시
남아는
요리
이해에서
기록
권한

Puzzle 87

낌	월	요	일	달	리	크	긍	정	적	성	공	질	부	용	맞	는
한	거	주	운	맞	용	의	집	셀	끔	도	능	주	명	사	추	쌀
세	바	바	측	한	제	트	너	느	부	다	용	을	트	문	바	대
금	문	누	로	느	로	부	을	고	제	풍	퓨	선	반	되	트	장
고	너	가	올	받	한	북	필	터	장	바	전	풍	끔	컴	감	회
주	문	루	주	북	북	절	느	굽	도	션	스	대	타	스	찍	기
돌	노	들	트	크	질	춤	쌀	부	북	리	거	수	고	로	자	우
공	받	측	도	한	올	동	굽	맞	바	리	발	박	거	느	루	채
무	거	운	한	범	한	법	문	동	범	를	부	맞	짓	짓	고	돌
굽	전	문	쌀	사	은	은	결	추	동	사	돌	트	문	받	위	셀
질	을	절	한	의	말	범	달	도	느	은	루	이	맞	바	부	법
명	확	히	아	블	라	우	스	짓	크	발	을	문	운	이	을	문
쌀	문	늘	웃	풍	돌	적	자	바	부	람	컴	카	터	발	위	리
주	부	을	쌀	올	춤	춤	다	셀	을	춤	동	도	공	터	굽	자
한	컴	전	다	날	느	고	결	느	전	끔	질	행	스	표	발	카

세금
선반
맞는
월요일
누가
수박
명사
긍정적
무거운
블라우스
풍선
채우기
되감기
성능을
아웃
거짓
운이
기회
타고
명확히

Puzzle 88

발	리	리	누	자	짓	범	스	리	춤	부	운	로	주	느	체	한
이	을	문	구	물	범	거	루	레	서	둘	러	플	레	이	극	북
스	트	문	아	고	통	스	럽	게	솔	장	주	을	토	끔	달	측
쌀	낌	의	무	문	날	용	다	솔	받	리	체	받	쌀	마	너	전
느	낌	료	것	올	은	바	동	낌	대	견	물	절	질	느	토	거
바	을	문	도	결	어	세	부	받	체	자	견	터	한	견	을	를
대	한	자	용	한	동	들	문	견	어	션	주	춤	부	운	끔	맞
질	트	젊	을	션	은	법	한	낌	진	행	을	문	다	춤	운	들
스	문	견	파	완	벽	한	레	체	측	노	을	물	바	도	리	느
한	트	컴	도	고	바	도	입	느	러	레	퓨	컴	을	돌	파	리
마	을	립	당	나	귀	발	자	발	감	은	루	쌀	거	집	컴	용
트	부	부	쌀	을	에	상	로	컴	올	주	느	끔	카	대	돌	위
부	바	레	발	집	한	전	추	짓	너	용	은	로	바	결	동	동
책	필	은	검	예	뻐	를	주	오	동	사	대	한	자	굴	올	끔
임	을	동	사	쌀	한	솔	찍	위	이	고	바	동	체	의	대	이

진행을
상추오이
세부
예뻐를
북극이
마을
고통스럽게
서둘러
도발
대한
책임
검사
토마토를
완벽
누구아무것도
플레이
의료
스트립
당나귀
입자

Puzzle 89

문	젊	들	절	에	문	요	크	감	굽	찍	조	짓	트	거	공	유
대	대	리	카	도	루	로	행	실	싸	굴	용	찍	카	한	굽	채
견	어	북	스	돌	한	용	도	험	질	는	한	터	끔	낌	한	과
법	쩌	바	달	퓨	요	집	이	동	끔	적	정	끔	입	낌	동	위
문	면	발	풍	용	한	요	주	물	노	어	안	를	력	컴	브	어
쌀	동	문	람	도	트	은	어	원	문	를	불	다	늘	측	리	도
필	발	한	들	루	한	위	공	운	범	견	용	문	제	로	지	용
굴	로	트	크	람	은	바	파	의	발	트	컴	받	부	굴	도	한
용	범	올	젊	너	한	거	레	맞	끔	적	도	은	북	들	포	켓
한	느	소	한	카	짓	발	부	한	거	셀	굽	보	부	동	느	동
주	사	컴	스	을	에	측	문	트	달	느	북	트	의	로	판	을
부	콘	유	치	가	솔	셀	스	컴	춤	자	의	운	주	거	매	자
질	도	퓨	용	발	주	문	발	요	날	신	이	라	한	물	사	이
춤	르	법	대	질	트	을	질	굽	법	바	대	브	인	케	리	허
발	의	체	법	위	트	동	다	장	자	한	로	질	바	어	파	주

유치가
소스
감싸는
판매
조용한
어쩌면
브라운
실험
포켓
콘도르의
동물원
허리케인
브리지
보트
불안정한
입력
유채과
자신
제로
라인

Puzzle 90

달	날	측	테	트	퓨	메	솔	한	거	한	을	자	법	자	발	표
바	돌	을	러	의	스	트	일	발	짓	한	질	요	을	현	대	위
죄	송	로	다	바	파	거	내	을	말	파	셀	를	로	굴	컴	거
장	이	물	느	을	크	동	낌	대	결	동	러	측	문	레	다	젊
받	발	셀	느	대	견	요	한	장	질	집	문	젊	운	측	주	주
션	한	바	표	받	용	찍	굽	바	날	션	도	사	스	은	문	대
체	바	용	트	북	문	바	터	이	절	절	발	찍	트	크	결	방
북	맞	제	너	무	도	스	전	위	올	션	풍	돌	춤	달	트	법
한	발	에	용	주	스	파	장	행	달	자	장	자	경	찰	관	낌
표	을	결	문	바	동	클	쌀	동	말	춤	쌀	발	약	물	법	루
동	로	옥	체	순	러	이	문	을	선	에	한	제	견	바	은	한
계	피	동	수	환	도	크	터	리	호	측	감	바	것	노	입	레
솔	어	어	부	수	측	자	위	늘	다	자	늘	트	동	이	술	트
쌀	은	러	풍	바	은	범	고	느	견	상	점	올	의	동	물	스
트	문	람	운	들	용	느	춤	로	거	한	용	이	자	바	퓨	한

스파클
테러
옥수수
죄송
상점
행동을
너무
내일
선호
순환
메일을
거짓말
방법
현대
행위
약물
것이
계피
경찰관
입술

Puzzle 91

다	필	낌	부	어	법	체	휴	다	어	물	말	달	도	체	짓	한
은	올	람	견	도	굴	춤	필	대	세	떤	측	범	경	견	거	끔
로	운	파	말	을	법	스	절	도	용	대	람	도	로	거	러	부
늘	달	용	너	향	찍	물	전	다	션	늘	로	부	이	절	열	한
을	올	트	짓	영	트	물	러	한	다	느	발	느	바	들	의	젊
이	장	결	스	테	이	낌	를	한	말	리	퓨	을	다	참	행	집
요	느	찍	찍	다	제	체	이	자	라	디	오	공	질	가	문	전
굽	용	달	카	문	이	한	다	사	루	을	한	거	젊	을	느	문
결	추	셀	자	필	측	요	굽	감	계	밀	양	배	추	러	한	늘
집	추	노	를	전	스	도	루	주	단	끔	어	주	운	문	다	날
사	부	쌀	용	을	사	이	동	을	도	달	도	찍	사	컴	들	춤
이	장	너	쌀	동	법	문	동	날	결	동	을	동	짓	노	질	터
필	표	트	에	물	로	연	속	한	주	을	를	리	크	크	한	질
자	파	격	느	트	다	발	루	동	짓	노	동	체	느	린	발	도
전	발	리	엄	청	난	만	큼	이	람	동	결	을	파	찍	트	동

세대
전문가
참가을
양배추
말을
휴대용
느린
동결
도달
라디오
밀어
엄청난만큼이
계단
격리
경로
어떤
연속
스테이
열한
영향을

Puzzle 92

끔	부	트	문	한	터	느	결	땅	한	자	내	한	절	트	맞	발
고	급	카	풍	운	굴	결	어	의	한	한	내	공	동	문	판	사
이	너	를	카	도	어	은	체	동	도	돌	너	풍	의	적	자	적
트	셀	거	질	북	쌀	사	필	를	느	춤	풍	의	한	춤	말	위
한	카	어	전	셀	말	에	낌	질	한	짓	문	요	솔	맞	도	트
늘	셀	감	카	트	끔	자	절	바	한	한	한	약	한	받	끔	끔
북	공	이	부	을	트	크	견	대	공	을	동	문	날	파	용	예
추	젊	질	을	자	을	어	한	스	요	맞	주	트	장	크	노	비
너	짓	문	날	찍	요	은	북	프	맞	을	로	젊	자	래	제	품
굽	풍	을	끔	위	늘	들	여	링	이	쌀	문	젊	작	들	동	굽
한	다	대	셀	필	부	질	행	스	풍	파	일	럿	가	션	이	로
장	부	노	무	노	션	보	쌀	트	솔	문	목	을	한	쌀	바	부
파	돌	제	역	로	란	바	일	전	스	자	받	욕	람	문	이	체
이	선	택	북	크	사	색	한	트	거	필	한	동	람	동	공	올
는	하	랑	사	자	에	제	장	발	자	동	적	바	셀	맞	자	젊

제품
내내
사자
파일럿
스프링
노란색
선택
판사
사랑하는
크래들
목욕
무역
바보
고급
보일
예비
땅의
여행
요약
작가

Puzzle 93

거	문	를	션	요	들	크	부	한	동	올	문	외	문	춤	느	자
북	북	굴	부	신	젊	적	스	트	제	전	로	체	로	한	에	매
늘	필	범	느	호	법	견	한	위	행	너	대	을	필	운	전	에
풀	를	위	파	를	은	너	다	크	절	트	전	끔	짓	을	문	에
동	을	는	주	문	너	다	크	쌀	트	약	달	집	바	측	솔	가
법	들	문	다	어	위	트	감	느	측	어	바	바	적	질	주	득
고	핸	쌀	다	운	질	레	올	감	한	느	자	돌	끔	노	트	말
발	풍	맞	쌀	장	날	들	필	발	자	은	문	요	바	제	문	루
파	부	들	터	느	체	문	루	장	트	트	트	어	을	한	질	퓨
노	공	잊	어	범	를	루	집	트	끔	자	행	너	말	통	해	측
용	문	의	거	흔	컴	동	컴	셀	바	동	동	루	다	늘	동	다
로	자	카	스	퓨	들	춤	람	부	주	소	절	도	돌	계	산	기
동	절	결	은	운	젊	리	물	습	관	을	은	너	비	풍	들	에
제	트	용	짓	람	바	용	는	오	비	분	칫	솔	타	루	도	부
위	날	질	과	학	이	발	짓	을	범	출	은	끔	민	백	조	질

핸들을
주소
외로운
신호를
통해
비타민
흔들리는
풀을
가득
계산기
백조
습관을
약어
범위는
분출
칫솔
과학
자매
비오는
잊어

Puzzle 94

드	을	견	에	트	돌	파	올	날	수	들	늘	트	굴	고	서	문
를	롭	로	부	주	고	슬	퓨	카	많	요	람	부	돌	드	브	트
주	짓	견	감	고	래	리	을	바	은	대	부	스	말	름	컴	은
사	동	노	션	문	문	용	트	장	문	대	끄	이	다	표	팩	러
카	바	감	용	춤	은	물	굽	을	을	추	러	절	동	컴	트	을
낌	다	낌	돌	을	한	쌀	노	받	람	대	워	로	틸	제	쌀	레
너	추	짓	바	결	어	집	쌀	말	춤	주	물	크	스	타	일	용
물	공	돌	맞	크	한	장	터	도	풍	집	끔	북	트	느	문	말
집	거	도	자	측	퓨	계	굽	을	추	적	로	맞	부	을	한	션
문	마	제	체	노	램	산	쌀	한	제	천	트	동	행	어	자	동
이	모	환	자	짓	프	젊	장	위	트	로	이	쌀	돌	부	책	자
부	받	쌀	문	재	부	거	찍	대	견	바	문	너	바	소	가	트
한	스	장	필	생	적	을	달	스	장	터	에	시	험	수	방	대
전	퓨	솔	체	동	물	트	솔	받	적	카	트	고	한	점	굽	질
들	한	스	부	감	도	발	루	부	문	감	자	문	터	장	전	스

램프
마모
부끄러워
책가방
스틸
시험
파슬리
돌고래
고드름
드롭
계산
추천
스타일
환자
소수점
이동
수많은
서브컴팩트
재생
자체

Puzzle 95

한	을	조	류	들	좋	과	전	낌	동	북	주	에	달	전	을	행
달	쌀	카	표	컴	은	학	표	제	이	젤	리	트	트	동	파	느
건	물	을	굽	부	레	자	공	행	수	카	오	굽	트	쌀	질	노
풍	찍	부	위	감	컴	짓	낌	레	영	부	늘	굴	컴	사	결	감
문	어	한	부	어	트	춤	젊	거	맞	을	견	맞	를	을	풍	은
결	용	터	한	에	쌀	북	전	들	트	람	은	책	굴	문	돌	한
문	동	콥	체	스	체	노	용	올	찍	끔	부	상	로	문	주	요
셀	러	리	물	전	춤	동	이	측	제	쌀	분	집	행	은	날	젊
셀	퓨	헬	굴	한	한	스	트	자	이	젊	필	동	이	굽	열	대
듣	어	문	이	바	로	젊	찍	을	느	쌀	다	스	짓	러	행	를
에	고	부	을	바	달	사	진	달	견	리	로	다	케	덮	여	한
표	카	는	행	도	트	다	올	동	행	너	할	쌀	찍	이	랑	호
체	한	트	터	노	경	한	한	자	한	춤	머	달	돌	러	트	은
를	트	을	트	느	적	보	표	결	전	주	니	거	견	은	올	짓
고	백	을	말	다	거	북	추	공	위	질	다	한	부	다	셀	도

좋은
사진
호랑이
할머니
수영
헬리콥터
셀러리
책상
덮여
고백을
경보
듣고는
열대
부분
오늘
스케이트
건물을
젤리
과학자
조류

Puzzle 96

거	느	문	맞	을	중	올	어	끔	주	느	추	법	받	절	찍	한
튤	립	물	북	부	복	요	느	체	의	한	은	굽	트	발	끔	한
받	부	어	발	너	표	관	계	가	예	를	어	한	말	트	짓	를
날	부	주	한	공	범	다	트	교	낙	측	북	동	쌀	레	터	찍
에	이	를	찍	을	받	필	올	회	타	낌	은	로	좋	파	느	전
필	어	쌀	제	범	견	요	사	문	자	도	굽	다	아	용	너	한
체	파	포	스	트	위	부	솔	범	카	경	험	감	하	어	날	끔
무	지	개	너	거	날	문	루	은	을	사	도	셀	는	주	크	운
발	한	용	로	문	낌	로	짓	공	다	발	자	절	동	요	동	노
문	블	랙	트	동	솔	트	를	자	어	느	동	러	한	표	레	측
단	션	리	은	한	질	트	춤	다	솔	크	둥	을	터	문	낌	체
지	시	소	북	이	한	표	사	행	맞	먹	지	우	풍	솔	동	트
달	바	장	요	끔	문	절	집	러	굽	발	다	을	려	결	문	컴
로	대	맞	동	필	결	셀	카	전	발	람	어	다	추	감	레	체
발	동	위	다	행	퓨	혼	공	제	동	을	굴	맛	있	는	공	주

관계가
중복
좋아하는
낙타
튤립
먹다
표범
단지
맛있는
둥지
예를
블랙
결혼
경험
우려
교회
용어
무지개
포스트
소시지

Puzzle 97

꿀	을	한	컴	컴	주	범	바	쌀	이	발	은	동	주	문	동	트
솔	벌	도	다	범	느	도	위	거	제	양	파	에	만	낌	물	쌀
트	을	웃	전	날	범	한	동	람	이	한	을	문	동	에	를	은
소	마	이	그	레	이	션	집	쌀	너	물	굴	전	트	에	풍	러
표	다	젊	파	을	주	동	운	문	공	질	셀	동	표	요	노	이
자	발	자	도	쌀	도	주	루	트	프	문	빠	추	어	를	션	부
신	문	부	터	평	자	절	이	를	로	절	른	말	를	측	범	견
주	의	파	용	면	의	집	은	올	그	고	용	은	을	위	표	한
충	족	주	북	을	노	쌀	체	용	램	요	굽	셀	표	뒤	상	상
적	바	위	트	로	문	용	물	다	션	국	이	점	점	에	너	측
의	대	션	도	자	루	어	셀	범	을	가	카	질	한	전	적	거
춤	발	범	질	션	법	문	너	쌀	바	션	컴	바	표	션	전	제
느	북	춤	질	말	쌀	증	트	고	문	맞	동	람	카	퓨	실	을
문	쌀	을	적	들	바	명	어	트	받	이	셀	솔	올	옷	수	의
신	중	한	문	다	짓	한	바	스	장	장	동	카	로	켓	을	한

점점
꿀벌
상상
로켓
소다
증명
신문
실수
평면
이웃도
동물
뒤에
국가
양파에만
충족
신중한
빠른
옷을
프로그램
마이그레이션

Puzzle 98

비용면
발음을
테디
생존
만족
수행
시금치
편안
단위를
바위
앉아
온다
분석
비교
러시를
열이
호흡
긴장된
원정
보였다

을	적	거	편	필	문	러	동	어	자	부	문	필	을	날	한	트
퓨	젊	쌀	안	부	크	시	측	퓨	법	단	위	를	로	터	바	적
트	트	견	질	은	용	를	전	동	용	원	말	발	체	주	위	절
감	테	트	대	한	한	너	전	터	끔	정	온	다	너	퓨	파	람
맞	북	디	위	장	춤	컴	스	용	긴	은	분	바	교	다	느	셀
적	느	들	트	를	로	시	금	치	호	장	석	만	비	용	면	도
운	춤	리	행	측	은	동	너	사	흡	발	된	측	족	달	절	한
너	절	법	쌀	문	한	법	바	제	스	적	스	에	장	추	션	추
제	결	루	부	의	쌀	다	운	동	용	질	추	을	동	견	추	에
전	터	을	러	굴	셀	를	필	범	발	부	주	필	자	은	문	퓨
부	트	측	결	요	용	춤	견	컴	리	고	굴	파	보	였	다	찍
받	러	다	받	앉	거	동	트	전	장	적	션	루	동	러	크	도
부	자	크	말	아	션	로	의	느	이	리	발	굴	루	질	수	행
열	이	의	장	이	필	리	달	람	너	도	음	동	루	을	파	에
결	생	존	맞	트	절	이	풍	질	한	범	을	집	노	운	측	리

Puzzle 99

로	을	젊	들	이	크	로	돌	느	운	북	체	스	끔	을	끔	은
문	물	동	파	끔	퓨	션	적	굽	굽	레	풍	언	을	체	질	은
히	공	제	을	트	동	문	터	대	운	파	올	급	전	굴	도	도
트	젊	문	리	혼	한	제	형	감	제	절	운	동	에	동	운	인
주	장	들	의	동	체	가	문	동	한	연	굽	결	동	한	주	터
맞	표	도	올	끔	바	파	트	용	를	방	대	을	주	문	끔	뷰
트	노	셀	중	간	산	바	요	트	사	받	용	너	추	용	느	끔
절	루	전	부	장	책	솔	자	러	트	물	터	질	한	용	동	춤
노	필	보	유	리	한	한	굽	들	전	터	풍	장	를	젊	일	을
체	전	자	여	문	위	노	동	카	를	이	레	카	제	범	낌	굴
짓	을	동	체	올	자	추	질	부	감	감	터	발	레	컴	달	로
완	에	추	물	동	너	볼	륨	이	질	한	자	대	동	달	성	발
이	료	발	느	을	너	의	적	종	교	바	젊	은	을	어	주	한
견	을	질	찍	굴	션	굴	짓	올	북	크	용	범	받	표	맥	제
결	젊	전	질	체	법	주	젊	람	장	추	파	을	짓	날	굽	낌

중간
주제
산책
맥주
달성
책장
동일
볼륨
언급
혼동
보여
연방
형제
문제가
완료
여자
유리한
인터뷰
히트
종교

Puzzle 100

영역을
상처
소수
당근
식용
실현
다운
브러시
보류
거리
법원
같아요
바구니
출현
군사
기계
위상
커플
잎을
작은

식	용	견	절	다	운	달	맞	군	자	들	은	당	상	들	카	견
스	굽	쌀	카	은	요	커	플	사	브	러	시	근	처	어	한	트
젊	에	용	셀	쌀	동	한	셀	적	날	컴	자	셀	절	절	한	제
스	한	발	질	의	주	용	주	표	소	고	출	바	끔	필	바	적
찍	러	날	문	스	에	은	질	스	바	수	현	실	물	날	쌀	이
측	람	을	장	솔	람	바	감	동	은	절	올	동	바	트	부	파
같	쌀	도	행	거	리	을	북	올	주	동	도	트	측	구	을	용
추	아	날	로	루	컴	질	맞	쌀	동	트	자	를	작	은	니	범
말	절	요	잎	을	도	트	이	절	자	이	을	스	바	한	을	을
부	다	행	문	법	위	적	추	레	은	기	범	한	러	트	도	날
문	굴	람	한	결	질	너	느	절	동	계	질	풍	영	역	을	체
솔	부	카	부	바	끔	어	터	스	컴	은	쌀	동	바	용	운	바
법	원	위	위	절	을	북	질	북	행	노	절	부	끔	찍	로	문
늘	컴	상	을	쌀	질	돌	다	범	굴	문	풍	날	질	주	늘	보
들	한	짓	파	용	노	느	부	로	맞	쌀	느	한	에	늘	행	류

Puzzle 101

사	졸	그	컴	법	터	파	레	노	한	행	파	파	워	발	한	집
건	업	자	녀	동	주	쌀	을	장	장	러	대	측	가	장	람	요
를	발	이	용	의	찍	한	은	동	부	컴	위	스	차	보	헤	동
리	요	터	위	올	바	용	한	용	이	집	결	끔	부	받	론	에
고	말	동	굽	도	션	부	범	용	행	주	감	루	결	제	법	너
무	자	노	을	발	로	레	춤	측	체	달	발	올	로	문	물	지
를	젊	느	집	신	뢰	절	동	대	도	컴	법	바	러	체	용	퓨
리	요	행	위	의	리	사	람	거	한	물	을	셀	올	박	돌	주
충	성	물	적	늘	괴	물	빛	카	발	너	를	달	제	전	쥐	트
추	젊	에	느	노	로	사	느	의	요	풍	한	필	감	송	자	한
구	적	느	절	느	람	언	한	을	달	장	찍	를	요	을	날	느
한	날	감	쌀	받	공	덕	셀	로	주	질	감	너	추	에	춤	느
발	굴	을	부	셀	장	바	나	나	자	춤	집	한	발	동	맞	도
끔	늘	절	다	올	견	를	소	자	은	주	부	은	발	를	션	대
도	늘	발	바	들	문	고	화	러	셀	날	한	전	바	레	루	노

사건
졸업
전송을
바나나
소화
그녀의
신뢰
박쥐
추구
가장
헤론
언덕
충성
보장
고무
괴물
에너지
빛의
차가워

Puzzle 102

도	졸	풍	주	션	을	제	바	트	을	눈	크	주	동	바	터	찍
트	을	업	동	일	로	트	운	찍	문	사	춤	동	바	문	들	터
확	신	를	동	을	들	문	바	느	을	람	어	행	위	낌	자	젊
너	들	운	스	로	발	달	로	스	일	법	끔	을	한	자	요	찍
돌	터	용	동	이	낌	다	필	전	찍	문	션	필	필	춤	받	찍
을	카	집	결	짓	트	행	쌀	선	물	을	맞	스	동	전	계	획
한	한	적	들	을	행	용	을	노	트	풍	다	굴	들	기	바	어
한	레	범	바	법	문	의	들	문	법	부	위	크	이	를	션	젊
남	편	컴	을	한	주	굽	도	늘	들	결	파	을	을	은	파	날
감	바	터	들	범	문	를	춤	동	측	질	그	을	측	견	자	풍
에	직	조	동	주	스	범	을	트	릭	받	사	들	찍	북	로	발
용	어	각	절	계	한	목	다	파	션	동	을	판	의	이	에	도
사	를	굴	로	단	한	경	제	전	체	이	북	매	낌	자	를	용
체	행	퓨	은	부	적	감	운	자	로	파	북	자	받	한	집	용
의	고	체	터	결	도	북	전	형	적	인	결	혼	식	체	북	트

판매자
눈사람
남편
확신를
풍부
조각
트릭
제목
조직에
경제
전기
전형적인
일찍
그들의
선물
결혼식
계획
계단
동일
졸업

Puzzle 103

용	서	사	군	인	올	클	풍	선	돌	연	습	헤	론	집	견	우
들	퓨	랑	질	을	어	쌀	립	춤	감	로	제	동	러	지	루	리
을	을	쌀	문	늘	질	를	케	터	필	은	주	은	터	의	로	의
리	행	절	대	전	짓	주	션	이	굴	바	춤	도	말	이	다	트
루	솔	리	거	퓨	찍	질	느	데	크	루	트	다	낌	벤	견	동
부	솔	낌	끔	장	로	대	학	늘	북	느	동	법	문	트	짓	러
을	션	발	공	한	루	자	범	늘	의	견	낌	부	범	추	로	은
겸	손	한	레	을	측	을	을	리	한	쌀	이	솔	문	너	북	카
측	크	러	로	올	용	을	거	찍	장	짓	사	자	동	차	이	동
션	풍	용	표	성	공	적	인	을	을	컴	친	애	하	는	로	감
한	굽	터	말	레	제	다	다	너	결	운	너	트	다	치	물	측
문	낌	노	법	카	물	이	용	동	루	측	질	갤	은	통	람	굽
쌀	장	법	을	을	발	도	표	을	끔	문	받	집	럽	컴	너	클
자	트	받	질	레	느	바	결	도	발	문	러	추	쌀	트	다	리
리	로	북	거	부	행	필	이	위	대	표	자	의	대	고	물	어

갤럽
성공적인
케이크
데이터
클립
클리어
군인
대학
지루
우리의
사랑
통치는
친애하는
용서
이벤트
연습
자동차
겸손한
풍선
헤론

Puzzle 104

개인
이미
바람
인간
존중
웃음
안녕하세요
세기
울새
반복
머그잔
수프
교실
순서
동결
드롭
스틸
국가
볼륨
주제

의	동	한	쌀	머	레	을	쌀	발	표	스	안	녕	하	세	요	감
개	결	인	간	그	을	받	이	미	말	느	틸	국	가	주	발	존
션	인	드	롭	잔	결	웃	음	교	올	문	물	맞	발	퓨	결	중
동	사	체	은	수	프	트	필	실	체	이	견	한	로	을	들	끔
로	문	로	주	어	셀	동	한	을	젊	공	도	측	트	의	장	용
쌀	터	풍	제	크	법	이	순	서	울	새	맞	결	카	을	굴	결
로	바	공	션	늘	짓	운	젊	전	레	동	필	터	올	바	표	동
셀	솔	바	람	발	은	부	돌	말	풍	세	행	은	동	집	한	이
발	바	감	필	자	다	젊	한	다	날	기	문	전	동	스	이	노
을	한	문	젊	적	컴	바	견	견	공	굽	제	로	터	동	공	반
굽	고	용	돌	요	굽	거	표	표	춤	늘	바	루	파	운	발	복
필	을	쌀	루	한	절	말	추	젊	다	볼	를	주	요	말	동	장
발	전	한	바	자	위	표	다	파	러	주	륨	장	전	의	찍	로
노	을	한	거	문	부	스	들	에	범	트	요	젊	사	레	굴	자
컴	달	부	이	추	동	동	용	용	이	파	요	쌀	노	셀	트	용

Puzzle 105

물	카	은	을	느	어	책	루	돌	리	컴	도	동	트	장	체	너
위	행	감	을	체	견	장	솔	달	레	찍	법	로	추	받	셀	느
도	도	페	범	문	장	짓	돌	침	거	미	너	맞	유	용	하	게
들	방	지	니	음	한	후	보	실	러	측	발	나	타	냅	니	다
북	발	바	문	악	레	파	문	솔	자	맞	스	굴	퓨	도	부	끔
바	터	북	트	필	쌀	주	이	부	추	북	을	바	에	한	퓨	자
찍	한	표	한	크	한	날	바	주	주	솔	적	썰	매	말	은	들
표	부	자	퓨	동	엘	은	추	바	동	판	사	측	로	사	터	용
다	적	한	루	발	크	부	자	굴	북	크	이	낌	북	한	도	범
말	측	안	녕	오	요	터	카	들	레	거	운	범	트	용	다	의
종	류	의	자	집	리	풍	찍	들	크	장	한	스	너	솔	솔	동
한	한	은	감	과	바	를	을	느	컴	은	상	썩	은	끔	다	바
결	과	주	바	학	바	끔	러	쌀	트	체	어	태	로	춤	추	발
용	발	대	기	자	젊	을	주	젊	은	트	노	문	문	날	사	루
감	션	견	도	에	돌	동	부	측	동	고	한	주	낌	적	적	노

나타냅니다
방지
종류의
상태
후보
침실
오리를
안녕
썰매
결과
유용하게
썩은
대기
페니
거미
음악
엘크
판사
과학자
책장

Puzzle 106

범	바	고	한	용	너	대	요	물	도	측	감	사	다	한	눌	범
로	이	도	다	은	컴	문	필	늘	파	거	루	감	용	터	러	퓨
제	바	거	자	질	운	굴	장	부	의	대	받	동	질	한	날	질
적	사	느	로	추	은	한	짓	풍	퓨	감	용	크	를	은	바	짓
은	러	견	짓	느	의	주	노	은	바	느	질	셀	굽	말	위	솔
사	문	을	나	춤	북	추	트	결	너	전	적	느	발	한	문	대
람	부	한	비	레	행	발	법	바	에	정	리	이	한	체	람	문
이	바	트	의	들	몬	성	능	을	의	공	응	은	장	위	감	로
무	찍	춤	돌	적	동	트	북	격	색	풍	답	이	전	한	질	에
게	올	로	문	집	트	리	측	자	한	탐	이	돌	트	느	다	바
로	질	극	활	성	동	트	주	들	동	은	바	주	풍	한	이	레
들	도	적	돌	감	레	표	용	은	포	찍	범	제	한	대	필	셀
낌	정	인	체	쌀	풍	발	달	크	받	도	확	받	명	풍	질	러
레	늘	행	이	날	사	어	이	위	문	한	실	물	시	돌	트	리
다	적	달	퓨	끔	레	달	젊	트	운	너	트	을	대	견	낌	질

극적인
무게
레몬
활성
정리
체인
사람이
바느질
탐색을
달이
응답이
인정
자격을
나비
명시
눌러
포도
확실
성능을
셀러리

Puzzle 107

표	노	스	을	느	제	전	바	다	를	약	인	모	많	전	바	크
용	카	를	레	데	한	달	주	문	맞	속	구	두	은	레	요	행
다	동	파	젊	운	이	발	질	컴	용	질	스	표	풍	날	집	체
리	달	도	의	풍	은	터	동	달	공	운	굴	얇	은	젊	발	범
굽	적	악	어	겸	절	도	가	노	카	질	바	을	날	거	자	표
집	세	한	솔	손	받	주	의	람	카	문	필	을	추	북	동	주
람	심	말	어	다	문	느	를	측	돌	견	을	들	트	동	맞	올
리	한	콤	달	체	문	크	받	트	전	의	을	맞	느	늘	은	말
나	집	션	은	북	레	공	이	풍	대	북	북	결	지	금	까	지
거	머	지	친	스	너	바	공	트	제	장	레	동	사	자	에	동
노	감	지	들	컴	대	퓨	올	날	요	솔	위	보	일	짓	올	올
북	질	한	대	다	위	컴	문	사	공	굽	도	존	곱	느	행	노
바	코	이	날	행	트	은	을	동	운	굴	필	북	낌	트	부	동
북	다	뿔	받	늘	자	행	결	동	젊	위	트	바	보	느	한	대
돌	노	필	소	트	쌀	용	들	굽	받	부	굽	집	감	느	위	풍

코뿔소
겸손
일곱
나머지
데이터가
자동
세심한
약속
많은
인구
바다를
모두
달콤한
보존
악어
얇은
지금까지
지친
바보
사자

Puzzle 108

용	체	느	거	들	발	부	다	불	크	거	한	해	너	걱	굴	돌
돌	백	정	을	굽	트	의	용	에	가	대	공	들	안	정	대	션
션	조	착	문	장	찍	유	은	공	위	한	트	다	은	젊	다	파
셀	추	한	요	느	관	죄	에	감	맞	필	말	날	젊	풍	위	한
사	운	감	쌀	적	심	를	크	감	로	짓	리	위	쌀	느	을	트
용	을	스	트	질	뱀	체	은	낌	은	문	질	결	용	느	을	스
시	끔	끔	거	자	파	동	퓨	느	트	측	은	말	부	자	용	스
까	북	범	을	젊	이	로	솔	찍	요	리	발	동	받	질	다	을
지	의	사	동	문	어	쌀	질	주	들	를	집	질	문	셀	리	파
올	를	영	행	크	집	은	도	받	루	거	의	북	어	한	다	용
트	스	를	화	러	잠	자	풍	도	루	트	임	주	발	동	공	행
북	법	용	로	굽	자	루	말	올	전	범	감	대	장	쌀	적	찍
도	춤	자	받	체	리	동	을	부	체	스	젊	풍	축	구	법	풍
너	은	늘	말	트	도	젊	에	느	터	치	를	했	다	돌	감	낌
굴	결	도	북	로	발	제	바	견	을	한	네	트	워	크	위	협

거대
터치를했다
사용시까지
잠자리
임대
정착
뱀파이어
걱정
네트워크
해안
위협
관심
불에
영화
유죄
가위
전체
축구
도발
백조

Puzzle 109

북	자	한	다	연	발	짓	동	맞	발	굴	절	문	에	카	크	을
스	없	이	문	락	벽	한	예	를	관	찰	도	법	주	돌	한	크
프	바	음	동	처	난	도	견	파	풍	문	로	동	스	느	도	크
링	돌	도	도	대	로	한	물	공	짓	춤	다	올	장	범	을	굽
춤	도	늘	범	주	동	다	발	장	필	부	자	빼	로	로	동	을
낌	루	느	을	북	부	트	끔	만	을	한	행	미	집	감	리	자
너	부	범	끔	절	가	참	여	들	요	젊	어	러	한	장	크	장
사	한	전	좋	은	추	져	크	쌀	노	이	주	요	트	전	느	트
질	물	거	동	발	결	질	날	도	표	카	이	솔	러	고	질	동
바	을	정	확	성	정	폭	력	늘	질	굽	은	날	거	공	물	춤
짓	쌀	체	카	절	을	발	은	로	어	고	휴	대	용	동	날	사
절	트	느	절	수	를	법	쌀	트	제	한	동	로	풍	셀	주	레
동	로	셀	올	의	석	유	체	을	방	용	트	문	용	올	짓	부
젊	어	거	다	부	쌀	적	주	끔	해	트	이	카	용	션	루	추
느	한	절	라	일	락	카	션	주	를	다	동	동	카	고	쌀	올

가져
수석
연락처
결정을
정확성
없음도
어제
올빼미
폭력
라일락
만들
벽난로
참여
방해를
유체
관찰
휴대용
스프링
좋은
예를

Puzzle 110

자	독	수	리	장	바	에	퓨	고	위	고	질	퓨	한	다	거	도
쌀	말	를	달	운	바	너	부	이	체	을	발	은	찍	돌	동	주
계	올	결	들	짓	크	문	행	젊	물	대	이	사	주	새	끼	컴
약	주	어	진	주	는	스	우	하	야	질	솔	낌	대	물	은	발
에	풍	한	굽	다	부	풍	셀	풍	망	감	의	추	공	질	요	권
동	다	대	삼	각	형	용	도	리	결	트	경	로	부	한	장	투
츠	로	트	거	부	맞	용	들	짓	스	포	츠	가	운	을	날	파
굽	요	공	물	동	로	운	감	굽	표	동	끔	너	션	한	물	운
한	션	레	쌀	용	낌	맞	터	문	달	장	고	컴	노	노	문	노
물	컴	질	찍	바	돌	동	용	동	올	발	동	의	적	문	부	춤
셀	클	날	람	시	션	스	맞	다	한	슬	라	이	드	작	리	집
체	럽	들	츠	간	발	날	동	루	끔	을	의	범	너	업	발	체
람	한	이	늘	운	자	느	개	러	짓	한	쌀	받	제	주	인	주
한	한	스	루	자	집	터	을	혁	한	바	느	범	육	자	치	발
적	문	절	이	파	바	제	셀	젊	의	견	람	물	을	상	운	동

독수리
시간
계약에
거부
하우스는
인치
슬라이드
물질의
주어진주는
야망
클럽
개혁의
운동
삼각형
새끼
스포츠가
육상
권투
작업
경로

Puzzle 111

을	받	한	자	바	에	트	영	너	끔	앉	도	도	측	돌	러	러
은	너	다	바	도	결	크	역	말	체	노	아	견	로	위	날	날
동	말	을	한	트	젊	받	을	수	많	은	커	러	결	법	북	파
을	도	적	필	문	감	에	운	이	제	를	플	찍	솔	부	법	범
행	주	동	한	사	표	연	이	도	한	러	낌	동	동	은	어	크
용	필	자	한	맞	부	민	다	동	은	동	의	동	용	어	문	터
의	대	이	러	요	한	낌	전	절	웨	발	추	한	찍	결	행	굴
주	늘	동	행	굽	도	요	고	션	달	스	이	케	근	당	솔	좋
부	리	다	을	스	동	터	드	컴	늘	리	턴	늘	받	쌀	위	은
로	트	굴	발	양	운	표	물	들	거	물	션	범	체	너	전	안
을	감	메	노	배	물	춤	게	갈	반	환	용	동	을	주	집	녕
용	절	추	웃	추	돌	너	고	등	대	를	을	감	의	늘	감	이
질	끔	라	필	었	위	험	하	게	전	로	레	동	노	크	레	고
너	바	기	파	쌀	다	맞	를	사	람	느	낌	집	크	위	리	한
체	파	범	절	질	제	필	부	은	바	돌	문	않	는	노	전	물

않는
좋은안녕
메추라기
위험하게
반환
갈등
드물게
웨스턴
당근케이스
웃었다
연민
노크
운이
양배추
수많은
이동
용어
앉아
커플
영역을

Puzzle 112

부적절한
농부
변호사
점수
가격
말한다
기후
굵게
대접
다행히도
존재를
행복한
보고서는
모니터링
단순한
점심
교사
혼합
우유지방
유치가

운	느	다	보	늘	감	을	을	행	을	굵	도	유	치	가	자	맞
다	행	히	도	고	단	순	한	복	존	게	을	쌀	굴	도	을	받
한	끔	부	터	셀	서	고	절	한	재	어	견	질	문	어	기	행
말	늘	물	트	도	끔	는	적	체	를	감	혼	점	심	전	한	후
을	전	을	파	션	적	공	부	동	달	늘	합	법	스	한	에	부
끔	을	리	받	로	달	체	러	바	느	에	견	동	요	주	맞	이
솔	북	셀	한	끔	공	모	문	터	크	교	바	퓨	고	에	어	레
문	쌀	대	장	을	은	니	체	북	솔	솔	사	도	이	행	고	젊
한	션	한	공	터	추	터	굽	운	다	주	주	변	부	부	짓	요
집	날	로	자	자	용	링	을	트	주	표	적	호	다	발	을	을
농	들	용	용	물	견	가	대	사	돌	견	부	사	사	풍	제	대
부	동	절	질	행	다	격	접	공	느	동	퓨	질	범	한	카	자
우	유	지	방	측	문	끔	한	동	전	대	은	문	자	적	측	트
자	이	크	은	부	한	루	요	질	측	러	질	람	파	발	결	동
점	수	굽	리	도	말	리	문	측	법	절	동	다	장	을	을	은

Puzzle 113

북	문	다	사	부	루	결	로	달	방	발	맞	올	말	에	카	터
배	은	크	질	받	리	부	크	컴	질	식	기	사	는	말	굴	바
지	사	행	물	로	를	집	한	람	운	컴	을	을	리	의	을	행
여	자	용	자	사	다	리	로	끔	스	부	흔	느	쌀	도	노	파
요	느	의	자	노	북	을	춤	감	굽	문	마	돌	람	스	표	법
측	람	바	회	법	스	션	북	옥	레	제	솔	결	달	걀	람	제
표	파	트	원	측	러	컴	람	터	도	체	감	북	트	맞	스	전
풍	한	공	찍	은	셀	은	동	한	을	주	터	리	전	범	트	터
러	릴	리	스	제	션	레	리	늘	도	견	크	바	트	루	너	문
히	용	자	돌	물	한	바	요	결	자	크	찍	받	거	늘	표	북
확	말	동	스	들	질	표	컴	끔	비	을	트	제	안	체	결	카
명	장	적	대	역	퓨	범	법	쌀	서	를	대	집	트	동	주	느
예	춤	발	퓨	사	행	이	들	바	집	질	을	견	측	파	굽	춤
롭	춤	자	터	크	복	위	을	주	문	주	절	풍	너	만	족	야
게	부	한	절	적	올	트	트	느	절	동	말	한	위	문	도	드

사다리
달걀
배지
비서
회원
방식을
감옥
사용자
마흔을
릴리스
역사
제안
행복
은행
기사는
명예롭게
야드
명확히
만족
여자

Puzzle 114

센터
프로젝트를
형식
적어도
벨트
빈번한
다채로운
피부
초등학교
아래층
미소연기
시도를
페이지
커튼
것은
개미
접착제
새벽
동물원
풀을

루	아	트	날	트	루	올	발	질	파	페	체	용	솔	도	운	동
거	커	래	들	새	벽	파	적	도	춤	이	사	견	거	짓	을	대
공	프	튼	층	을	전	한	주	찍	들	지	추	필	쌀	레	용	리
사	로	다	트	의	달	문	너	한	굽	동	용	을	트	문	트	노
늘	젝	채	절	돌	바	을	측	센	터	결	루	을	피	을	을	날
벨	트	로	동	바	자	빈	미	소	연	기	풀	을	부	로	개	문
트	를	운	접	물	행	번	젊	굽	컴	적	어	도	풍	람	미	한
노	도	공	착	동	원	한	은	다	을	견	리	어	퓨	동	한	초
문	시	셀	제	측	춤	위	어	터	맞	리	발	문	파	물	요	등
위	느	스	쌀	집	느	은	올	다	풍	느	트	동	문	날	로	학
바	을	쌀	발	질	문	퓨	쌀	주	은	도	로	행	을	범	한	교
부	행	받	다	굽	느	젊	동	북	문	자	람	받	집	측	로	말
행	카	행	션	법	느	을	한	들	달	용	견	춤	너	요	크	한
감	노	바	용	을	루	돌	용	것	은	부	발	주	루	부	감	굽
동	터	다	루	달	형	식	트	문	끔	늘	절	절	끔	고	들	위

Puzzle 115

용	바	을	대	고	한	퓨	스	트	한	캥	거	루	부	을	너	운
짓	솔	요	노	노	에	질	견	풍	에	러	말	트	공	너	굽	퓨
로	어	한	한	부	굽	이	말	공	낌	자	비	행	느	루	터	파
발	문	주	발	을	주	도	행	러	트	공	퓨	을	위	범	파	느
공	너	터	적	주	늘	션	위	맞	늘	카	동	발	사	짓	을	날
로	설	절	느	제	남	느	바	부	바	찍	메	일	을	락	가	발
파	정	셀	달	측	성	람	발	코	모	문	달	짓	은	낌	올	문
동	견	문	부	은	부	동	고	션	트	을	행	결	메	리	션	퓨
을	이	클	자	제	트	자	문	행	주	를	장	터	대	운	를	에
스	케	이	트	스	케	이	트	한	바	용	을	대	행	느	범	감
러	들	사	쌀	이	쌀	발	굴	적	이	추	행	에	다	비	솔	측
체	포	자	다	터	춤	의	문	트	절	택	위	루	말	판	자	두
도	움	말	로	도	주	레	날	엄	대	시	행	장	범	을	표	쌀
견	다	도	한	짓	끔	낌	바	마	다	밴	부	올	에	질	다	물
대	측	람	역	할	동	러	를	로	리	루	고	감	쌀	에	바	추

다리
메리
택시밴
자두
스케이트스케이트
발가락을
체포
비행
부모
엄마
위장
코트를
비판
도움말
사이클
설정
캥거루
역할
남성
메일을

Puzzle 116

솔	맞	은	느	이	이	어	용	한	용	휴	받	결	춤	제	공	다
적	견	사	동	춤	자	루	레	달	한	가	북	낌	주	돌	굽	섯
을	이	법	집	요	행	받	굴	러	느	를	주	을	질	학	굽	다
느	느	굽	결	말	말	제	한	달	법	의	집	속	도	동	생	요
흡	레	젊	자	자	바	꿈	장	부	솔	레	요	말	견	자	자	문
수	을	용	고	걸	집	의	장	터	감	을	도	도	말	필	적	필
한	적	한	발	핏	고	속	도	로	로	들	도	로	리	문	적	젊
이	들	에	크	하	짓	발	을	일	워	러	끄	부	로	사	동	크
체	컴	동	트	면	카	명	를	몰	도	범	제	바	족	날	을	를
공	이	의	발	공	제	를	장	고	이	어	루	루	어	한	범	러
우	드	체	견	스	동	리	동	풍	를	의	절	법	로	바	늘	를
크	한	트	견	부	솔	범	를	정	원	용	바	굽	장	쌀	적	터
스	측	도	자	터	도	말	질	끔	은	행	한	감	집	션	용	을
찍	쌀	동	공	이	너	한	감	동	종	터	자	통	증	이	영	고
로	이	주	람	제	짓	시	장	의	한	의	빛	바	퓨	문	어	크

휴가를
학생
부족한
다섯
고속도로
흡수
통증이
종의
시장의
일몰
꿈의
발명
우드
속도
고발
영어
걸핏하면
정원
부끄러워
빛의

Puzzle 117

한	레	동	말	쌀	터	브	제	자	전	주	내	러	동	문	셀	한
변	화	의	바	로	은	러	고	요	거	문	와	쌀	공	추	표	로
질	결	여	낌	대	을	시	터	문	유	바	가	느	트	적	동	크
늘	골	을	행	도	맞	필	짓	고	료	바	발	춤	적	법	너	적
문	동	은	트	맞	트	부	어	루	대	은	적	절	올	문	문	범
에	품	너	를	에	끔	고	이	대	돌	퓨	주	노	법	루	짓	리
스	끔	의	들	행	위	자	공	용	느	은	용	션	문	비	말	제
컴	리	전	주	람	표	자	도	주	낌	스	집	이	러	싼	물	크
표	굽	짓	케	이	지	스	이	결	달	다	쌀	범	을	낌	동	법
질	용	부	쌀	공	불	구	하	고	람	이	은	들	자	운	공	장
문	화	문	범	장	컴	문	동	도	파	에	을	적	동	제	문	측
춤	전	발	터	절	말	트	레	용	문	터	소	세	로	발	이	을
트	발	굴	맞	발	부	문	필	을	너	의	수	은	달	션	한	느
받	컴	추	법	부	문	어	굴	호	랑	이	점	리	녹	행	파	용
를	을	맞	시	작	용	을	법	주	에	동	의	현	재	아	컴	자

시작
불구하고
비싼
유료
변화의
현재
문화
공장
내와
녹아
케이지
바로
주전자
골동품
세로
전문가
여행
소수점
호랑이
브러시

Puzzle 118

범	사	고	느	쌀	전	사	신	리	을	트	돌	올	문	문	제	비
러	발	체	춤	쌀	대	냥	장	회	춤	젊	셀	거	카	발	춤	트
노	날	너	을	느	적	을	트	적	피	귀	중	한	한	너	요	이
고	운	문	파	문	을	추	돌	바	굽	에	한	쌀	실	시	동	의
전	말	다	동	적	견	쌀	달	한	느	문	돌	리	돌	로	한	들
을	원	북	불	안	문	이	주	거	바	한	달	터	필	트	거	느
주	스	솔	한	션	스	을	받	대	바	파	트	공	젊	바	셀	은
자	발	중	앙	테	부	노	션	요	범	자	은	젊	용	노	발	자
느	컴	견	자	디	젊	동	견	스	말	노	에	대	견	크	공	동
트	바	너	쌀	컴	날	한	루	을	장	리	쌀	단	순	화	격	찍
떨	말	로	한	질	부	컴	로	도	리	늘	전	짓	적	정	호	짓
어	절	한	공	동	날	를	결	해	측	바	적	자	립	제	신	러
져	측	을	한	람	도	주	은	바	크	솔	따	거	견	고	바	적
발	굽	러	찍	출	물	올	쌀	라	주	은	라	은	자	추	러	트
트	질	절	대	현	질	이	카	기	찍	결	자	다	발	다	다	이

해바라기
사냥
불안
비트
정신적
귀중한
전원
중앙
해결
단순화
공격
신사
적립
실시
신호
떨어져
회피에
따라
테디
출현

Puzzle 119

끔	쌀	북	말	추	부	한	동	용	한	결	적	스	한	파	람	바
침	착	이	각	생	구	퓨	말	한	질	용	젊	춤	루	늘	발	루
의	도	범	동	놀	라	운	그	동	거	법	솔	풍	셀	쌀	동	로
너	트	거	춤	질	문	리	녀	절	견	쌀	원	감	사	합	니	다
늘	풍	결	자	자	찍	을	의	체	바	바	컴	을	문	신	자	을
들	동	말	도	전	늘	한	로	견	퓨	운	람	쌀	받	발	북	도
노	트	동	은	한	리	을	자	쌀	카	을	트	퓨	대	샴	션	들
발	다	문	문	전	동	한	춤	매	집	용	문	은	문	푸	추	굽
트	표	동	바	리	주	코	치	캐	주	사	나	쁜	늘	하	북	늘
전	표	대	레	고	트	장	끔	솔	문	은	언	어	를	여	요	장
도	스	표	법	질	굽	굴	문	동	크	림	부	문	문	야	을	물
스	남	쪽	춤	터	주	질	의	끔	감	다	드	문	을	한	집	물
주	리	측	느	운	체	느	다	이	행	바	럽	스	찍	다	질	적
말	스	리	동	도	북	다	터	용	도	필	게	러	공	바	션	파
늘	펜	싱	파	다	에	발	음	을	받	성	장	한	다	한	부	필

놀라운
언어를
부드럽게
나쁜
신발샴푸하여야한다
남쪽
펜싱
캐치
하늘
침착이
코치
크림
생각이
성장한다
감사합니다
자매
발음을
법원
추구
그녀의

Puzzle 120

에이전트
울타리
찬장
복잡한
크레용
피해자보기
마일
안아
탈출
돼지
코너
고추를
고양이
확산
케이스
그릇
주방
유채과
참가을
서브컴팩트

에	도	견	은	울	타	리	서	문	거	공	부	짓	돌	탈	션	퓨
이	이	한	감	스	물	터	브	들	로	부	도	늘	돌	출	다	한
범	너	전	마	일	춤	주	컴	주	도	루	퓨	쌀	트	운	느	요
용	자	동	트	한	거	카	팩	추	필	바	너	말	러	표	체	를
날	굽	터	크	은	를	풍	트	돌	문	들	을	범	람	로	참	바
돼	지	용	범	고	적	감	견	크	트	젊	이	문	를	장	가	동
복	다	로	말	양	루	법	절	맞	동	루	부	문	견	이	을	부
잡	자	북	표	이	끔	돌	문	젊	고	그	릇	크	레	용	은	을
한	요	사	발	도	트	발	확	코	너	추	한	한	트	느	부	트
측	문	솔	거	카	제	추	산	한	안	아	를	문	끔	다	문	문
케	이	스	을	고	은	짓	달	러	동	의	거	공	늘	범	요	너
바	표	추	크	사	트	퓨	카	을	굴	레	제	늘	굽	춤	물	공
다	문	집	자	유	채	과	표	북	레	루	동	을	풍	거	전	다
풍	자	한	도	트	파	거	주	질	찬	피	해	자	보	기	적	동
표	로	트	이	용	장	거	방	풍	굴	장	다	의	바	짓	절	용

Puzzle 121

터	문	트	스	쌀	자	돌	담	비	노	집	젊	리	동	소	젊	말
결	리	트	체	을	주	낌	돌	솔	은	주	스	한	올	방	한	맞
필	름	달	셀	이	다	너	스	문	발	견	한	질	러	관	쌀	거
한	정	안	불	익	너	쌀	필	일	느	동	한	올	풍	주	로	늘
북	말	동	은	범	을	달	돌	부	물	고	기	리	위	측	돌	한
한	동	젊	이	부	제	질	필	장	을	스	바	한	은	정	받	북
용	러	날	춤	계	체	을	거	이	도	용	운	트	트	션	올	느
범	감	동	프	피	잔	디	동	고	사	낮	결	거	요	발	운	너
문	동	춤	로	제	이	고	주	늘	젊	들	은	끔	의	퓨	날	노
너	자	을	그	을	솔	블	낌	끔	체	바	망	운	달	들	로	말
전	오	현	램	돌	노	린	의	문	공	제	멸	날	동	춤	스	어
들	주	징	자	춤	터	동	부	거	크	찍	느	장	고	파	동	을
달	춤	거	어	적	범	카	질	장	이	추	다	측	공	용	문	트
찍	쌀	테	스	트	를	질	춤	한	느	자	이	이	표	은	날	측
레	날	위	람	은	적	결	행	주	운	이	주	항	목	을	션	러

담비
테스트를
이익
일부
발견
필름
측정
오징어
현자
정말
물고기
잔디
항목을
멸망은
소방관
고블린
낮은
불안정한
계피
프로그램

Puzzle 122

위	긴	올	바	을	늘	루	굴	사	솔	다	가	카	동	너	법	은
운	장	쌀	돌	동	제	바	부	식	회	난	지	운	러	대	동	위
한	도	질	쌀	체	질	공	범	을	다	는	고	다	이	빙	카	드
컴	을	터	고	춤	에	은	위	루	늘	크	가	필	추	은	루	요
이	을	느	감	를	을	말	퓨	부	주	집	는	동	측	굽	바	에
의	문	달	바	션	실	셀	도	절	요	리	논	의	행	추	질	춤
바	자	고	트	솔	험	퓨	퓨	추	주	장	신	비	레	결	터	다
짓	끔	트	깊	주	터	에	션	이	요	물	동	퓨	노	받	어	터
퓨	집	스	은	문	운	바	공	괜	찮	용	도	동	춤	말	추	부
파	션	트	폰	형	파	받	급	루	감	물	터	용	터	이	한	거
동	트	법	러	지	제	바	용	솔	질	을	용	느	굴	자	느	을
부	파	주	대	통	령	을	짓	행	크	트	들	을	레	자	러	고
올	받	부	이	유	는	젊	러	이	고	주	전	스	웨	터	낌	어
특	느	한	카	물	터	로	들	트	람	전	찍	올	말	느	리	낌
히	용	컴	트	운	문	운	필	질	이	컴	리	느	은	젊	트	트

괜찮
스웨터
이유는
긴장
다이빙
지난
신비
요리논의
식사
대통령을
특히
사회는
카드
공급
깊은
가지고가는
스폰지
실험
형제
다운

Puzzle 123

질	필	동	자	질	질	추	데	늘	바	너	트	리	은	다	트	동
용	추	양	고	기	로	늘	이	아	레	한	체	을	레	늘	법	올
주	러	셀	하	강	루	부	지	평	면	의	사	달	발	동	느	바
자	늘	노	드	질	아	션	전	파	람	동	행	람	굴	북	문	질
다	람	쥐	쌀	병	인	지	쌀	도	견	은	트	결	발	추	셀	주
레	터	문	문	이	치	받	다	로	용	한	올	거	운	로	집	한
측	바	바	너	이	가	늘	축	법	낌	받	젊	견	을	쌀	바	한
동	쌀	의	끔	북	션	감	하	표	쌀	체	받	너	바	쌀	전	감
쌀	제	은	용	낌	파	절	하	필	을	날	거	솔	느	바	요	터
기	트	바	쌀	자	질	동	다	셀	북	굽	집	한	견	러	을	행
간	너	대	터	로	동	노	끔	에	노	공	공	발	실	자	발	적
도	낌	러	날	양	말	대	도	로	퓨	젊	은	격	현	적	다	젊
올	어	쌀	용	씨	스	탬	프	동	동	범	로	견	적	느	용	동
느	공	절	한	트	버	에	느	굴	한	부	주	정	확	히	문	부
용	한	셀	늘	노	발	필	행	발	필	추	문	들	다	질	감	사

하드
정확히
스탬프
다람쥐
축하하다
자발적
날씨
아이
공격적
질병
젊은
양말
평면의
양고기
버스
강아지
데이지
인치가
기간
실현

Puzzle 124

문	찍	고	사	연	속	루	람	도	느	북	어	를	자	고	낌	굴
자	신	의	람	문	절	노	러	늘	고	을	자	굴	크	짓	고	동
달	팽	이	에	자	을	솔	도	바	지	로	요	쌀	위	말	은	결
위	크	은	게	리	범	자	사	질	구	날	동	다	느	한	결	견
질	젊	바	노	셀	쌀	운	대	장	본	사	크	발	을	쌀	추	을
로	집	주	카	달	돌	주	말	느	동	로	전	발	노	한	측	트
동	용	에	느	을	앞	대	이	사	날	다	결	자	자	측	한	맞
체	주	측	대	로	치	환	엄	청	난	만	큼	이	공	솔	을	한
도	어	딘	가	에	마	영	들	바	이	범	로	어	식	어	물	대
체	위	발	측	사	맞	이	긍	정	적	레	솔	를	파	트	어	들
크	사	트	터	션	의	받	느	춤	문	부	견	달	한	다	퓨	의
지	동	를	표	체	트	공	낌	장	어	람	맞	말	트	부	문	늘
관	리	나	라	면	문	다	가	한	동	너	쌀	늘	컴	느	굴	바
능	력	브	끔	동	행	감	솔	을	크	리	굽	굽	시	크	문	를
기	동	동	트	부	러	바	풍	행	굽	주	은	바	문	달	문	루

표면
주말
기능
환영이
시크
나라
달팽이
관리
능력
지구본
어딘가에
가을
자신의
앞치마
사람에게
공식
긍정적
브리지
연속
엄청난만큼이

Puzzle 125

들	바	질	필	카	돌	위	한	크	적	핑	측	굽	바	문	여	한
은	이	은	적	추	문	에	컴	짓	너	거	크	법	자	에	유	동
바	한	굽	쌀	은	을	을	당	북	느	거	로	절	한	집	가	물
컴	주	크	동	망	원	경	부	신	동	다	부	자	셀	물	표	받
젊	풍	자	본	사	람	은	을	레	의	결	굴	를	동	올	을	동
듣	문	발	레	용	스	자	트	부	다	맞	퓨	람	퓨	을	의	젊
고	리	셀	굴	돌	적	카	대	노	요	날	은	동	결	체	찍	컴
는	스	대	장	가	흔	들	었	다	리	을	받	퓨	다	대	용	표
람	을	달	레	스	댄	션	제	동	을	문	쌀	트	한	한	비	은
터	문	헤	문	범	찍	거	측	들	다	굴	위	용	사	법	누	터
동	굴	이	이	어	려	운	로	새	바	찍	에	물	도	사	나	자
자	도	러	동	이	선	택	질	돌	크	셀	전	응	문	을	무	션
젊	트	물	의	을	위	자	맞	받	부	레	두	답	자	를	낌	거
엄	청	난	공	필	이	굴	동	러	받	람	꺼	필	도	통	늘	을
어	젊	바	적	달	한	적	느	결	솔	부	비	동	부	과	짓	퓨

나무
어려운
통과
당신의
엄청난
망원경
핑크
자본
여유가
헤이
가스
흔들었다
새로운
댄스
응답
두꺼비
비누
사람은
선택
듣고는

Puzzle 126

리드
구름
제공하는
스컹크
넓은
차이가
부드러운
계정을
메모리
가구
석탄
유지할
넥타이
흐린
액션
명사
월요일
맞는
판매
군사

느	문	한	리	낌	도	카	리	늘	한	노	짓	제	부	적	낌	다
를	끔	요	맞	리	거	운	자	날	필	을	문	공	달	유	북	어
발	루	주	받	를	넓	은	석	을	적	쌀	범	하	장	지	자	루
명	사	스	컹	크	낌	다	트	탄	월	요	일	는	끔	할	의	한
컴	군	부	퓨	돌	도	결	받	측	로	너	쌀	발	한	법	결	솔
법	리	주	문	감	자	받	람	돌	적	제	판	결	부	을	발	늘
동	드	쌀	북	람	굴	주	트	장	한	올	매	어	제	전	올	들
용	트	을	부	한	요	부	받	컴	날	크	운	장	감	레	맞	는
다	낌	를	맞	돌	절	로	드	측	체	션	션	필	루	를	감	장
느	느	풍	로	행	한	동	집	러	요	춤	주	늘	낌	굽	터	루
계	정	을	크	요	한	도	대	주	운	동	크	절	범	제	짓	필
젊	트	션	너	끔	절	부	절	도	문	메	모	리	액	발	구	의
측	달	을	카	요	끔	주	리	젊	리	받	쌀	카	넥	션	름	북
견	루	범	러	낌	위	한	발	너	필	문	법	구	타	다	흐	람
한	를	짓	날	굴	노	용	동	전	리	주	터	가	이	차	린	감

Puzzle 127

제	사	바	한	부	표	션	로	고	필	발	질	한	절	느	필	이
짓	탕	문	행	트	트	달	퓨	들	설	감	퓨	터	들	낌	쌀	일
견	예	결	돌	이	동	문	를	늘	탕	집	쌀	적	자	날	표	반
표	측	파	대	범	부	지	방	터	동	부	공	을	거	적	문	적
북	공	을	바	쌀	의	전	견	찍	거	문	러	한	바	늘	발	인
달	감	을	공	돌	짓	스	위	돌	주	복	한	절	용	바	부	날
집	젊	로	풍	에	로	용	바	생	요	숭	사	집	북	견	자	운
늘	법	러	물	은	장	동	부	존	사	아	요	바	를	도	물	행
부	부	한	쌀	고	적	느	동	부	문	부	집	트	달	러	바	을
용	삽	날	양	트	장	도	발	위	곡	선	특	끔	트	너	쌀	질
물	입	공	쪽	리	충	하	나	의	를	문	정	로	을	체	운	루
리	로	문	질	위	너	돌	커	찍	를	강	트	도	빨	사	운	드
바	쌀	쌀	루	동	람	이	달	버	치	러	한	람	간	끔	쌀	전
너	결	적	루	발	를	날	을	쌀	가	질	감	소	색	도	쌀	위
다	셀	스	부	루	올	다	션	퓨	가	르	치	는	을	체	짓	발

특정
일반적인
사운드
가치를
삽입
빨간색을
설탕
하나의
강한
예측
충돌
사탕
양쪽
감소
복숭아
지방
가르치는
커버가
곡선
생존

Puzzle 128

북	자	용	살	느	문	트	사	젊	받	손	실	질	무	다	위	법
집	가	정	아	자	에	트	에	느	한	을	트	늘	효	한	도	카
자	참	의	있	예	필	을	관	람	다	운	크	낌	풍	을	트	크
한	요	존	는	을	술	리	용	위	찍	춤	소	파	을	법	굽	한
끔	레	동	받	로	표	필	루	이	찍	추	절	찍	퓨	맞	느	로
바	리	자	어	집	문	은	주	풍	공	너	범	파	범	대	결	쌀
문	주	굽	루	받	셀	범	민	문	로	한	제	션	표	주	고	자
이	말	에	이	굴	쌀	트	이	행	발	필	받	파	에	동	범	주
적	용	공	바	바	을	자	받	도	늘	은	낌	행	람	자	레	대
춤	셀	느	춤	람	주	체	를	행	맞	의	돌	풍	집	요	트	감
을	견	굽	대	로	을	경	동	느	너	너	대	이	위	동	날	문
러	클	전	동	발	은	사	짓	러	너	대	짓	추	바	트	너	모
문	춤	라	대	스	우	마	느	발	트	쌀	결	트	주	짓	감	의
트	대	운	우	레	자	올	운	동	물	너	을	바	찍	받	발	발
결	조	류	가	드	살	쾡	이	송	전	솔	다	거	노	동	운	다

경사
마우스
가정
손실
무효
조류가
모의
전송
관용
예술
참가자
의존
살아있는
주민이
소파
클라우드
드레스
운송
살쾡이
자체

Puzzle 129

쌀	요	끔	단	를	결	젊	추	옥	스	셀	레	지	안	자	측	느
소	올	도	지	스	쿠	터	범	수	트	반	평	수	전	퓨	다	고
화	한	션	도	공	끔	부	도	수	문	드	균	부	하	이	느	은
행	바	스	견	낌	쌀	은	고	은	결	시	결	자	게	트	설	명
말	공	한	한	람	집	선	호	하	는	동	부	대	카	말	달	문
러	견	동	크	견	북	낌	문	감	끔	찍	질	원	도	부	어	북
공	레	쌀	부	로	질	달	두	받	달	운	물	자	정	고	객	리
러	위	거	한	문	스	말	은	려	카	부	행	측	스	트	을	바
자	솔	문	터	코	를	동	표	들	워	표	용	추	틸	질	날	리
거	쌀	공	결	러	끼	결	다	레	바	쌀	법	람	훔	퓨	용	먹
너	낌	끔	솔	바	말	리	표	전	이	행	한	달	쳐	말	늘	다
한	을	한	트	문	찍	바	풍	느	벤	제	절	해	측	절	주	너
컴	를	날	적	위	대	체	션	굽	트	어	측	변	스	늘	사	이
마	녀	크	부	감	받	적	도	끔	를	장	감	년	간	필	전	문
굴	문	자	을	부	션	트	문	은	동	느	굽	크	이	짓	굴	터

평균
스틸훔쳐
코끼리
이벤트를
설명
해변
안전하게
고객
스쿠터
마녀
선호하는
년간
지수
반드시
두려워
옥수수
단지
먹다
원정
소화

Puzzle 130

를	부	동	에	필	이	셀	제	북	동	제	느	의	바	구	니	거
굽	위	발	이	고	용	표	질	대	부	결	노	동	견	셀	문	을
다	말	쌀	장	전	문	젊	적	정	중	질	문	감	측	파	견	맞
맞	늘	쌀	바	을	북	발	문	을	표	용	젊	질	제	성	리	좌
쌀	찍	느	들	차	입	력	운	트	춤	카	표	다	로	분	동	석
굽	노	스	리	이	아	용	문	용	질	은	문	숟	장	루	짓	용
자	트	사	거	북	한	올	을	동	카	발	말	가	짓	범	돌	바
절	의	짓	집	용	을	다	젊	에	올	남	을	락	측	필	루	발
감	주	터	들	감	너	다	너	은	범	아	필	질	바	법	사	고
발	션	늘	도	표	셀	리	퓨	에	거	는	바	체	북	컴	체	용
지	배	적	맞	이	드	견	들	보	고	서	은	발	적	카	크	행
퓨	검	토	사	과	을	럼	문	한	젊	을	논	로	노	낌	용	을
장	고	문	말	사	람	들	이	젊	질	발	트	문	레	짓	공	어
말	어	말	표	의	공	감	발	위	제	달	동	위	측	말	터	동
자	은	물	측	질	제	구	색	솔	은	문	다	대	피	풍	바	말

드럼
아이리스
보고서
사람들이
검토
대피
좌석
성분
정중
의견
사과
지배적
구색
숟가락
차이
남아는
논문
제로
입력
바구니

Puzzle 131

트	낌	바	동	결	한	주	거	스	타	스	탠	드	사	슴	선	주
로	동	운	돌	질	질	파	짓	돌	늘	카	행	카	을	주	언	동
절	바	이	에	의	위	은	크	운	질	삼	올	찍	돌	빨	리	용
주	짓	동	낌	장	고	한	크	집	터	촌	낌	러	셀	쪼	아	말
람	짓	받	트	람	문	쌀	파	컴	체	의	전	질	을	부	동	용
질	감	동	바	러	돌	감	감	운	도	의	홍	수	컴	사	표	동
동	들	를	호	스	트	장	잎	을	요	임	쌀	필	낌	끔	행	필
바	춤	러	말	발	리	다	발	대	동	낌	질	수	전	표	퓨	낌
장	추	러	범	동	동	어	위	카	을	상	다	을	감	체	한	느
제	면	컴	너	솔	도	을	대	거	적	퓨	처	체	파	바	은	문
질	엘	프	고	을	맞	모	자	질	동	견	발	이	동	참	석	자
파	추	한	한	달	은	늘	은	문	이	굴	동	질	트	동	동	낚
쌀	에	늘	동	정	질	한	표	션	위	도	허	질	를	러	주	시
한	동	용	짓	비	질	어	을	문	고	느	한	가	스	람	다	에
퓨	어	은	느	사	트	루	다	운	려	북	대	질	대	문	날	측

쪼아
사슴
장면
호스트
엘프
삼촌의
빨리
선언
모자
허가
정비사
스타스탠드
홍수
고려
필수
낚시에
임의의
참석
잎을
상처

Puzzle 132

견	들	그	굽	을	쌀	질	공	퓨	늘	발	공	을	발	퓨	들	리
끔	젊	굴	들	범	동	은	은	거	감	받	고	행	필	사	을	동
한	주	부	주	이	시	나	리	오	다	발	고	미	를	자	행	스
아	들	이	받	젊	위	낌	쌀	대	음	견	문	소	올	들	스	스
질	춤	제	의	요	젊	부	짓	말	과	동	부	물	가	추	람	춤
춤	말	부	도	문	측	생	행	달	운	내	일	어	미	들	를	다
트	자	프	리	지	아	명	을	약	한	의	셀	트	이	용	컴	올
안	요	갑	자	기	공	을	람	질	어	요	에	이	로	카	은	대
레	전	을	치	만	든	받	도	은	반	영	에	서	원	하	는	을
끔	거	굽	통	셀	감	이	전	다	추	북	의	카	이	셀	어	리
부	느	통	솔	을	끔	표	느	카	절	늘	부	발	끔	올	동	문
다	위	해	사	트	대	은	를	동	바	범	의	쌀	굴	다	견	다
한	로	받	의	셀	끔	전	동	트	다	너	동	문	쌀	필	추	크
도	날	션	문	셀	풍	젊	전	을	측	견	동	체	발	적	도	피
리	요	루	트	동	이	돌	용	달	올	적	체	이	러	사	진	자

원하는
올가미
추가
프리지아
미소
그들이
갑자기
안전
반영에서
시나리오
통치자
다음과
아들이
피자
생명을
만든
내일
약어
통해
사진

Puzzle 133

전	거	과	러	적	짓	발	로	달	바	이	자	제	장	문	풍	을
짓	엄	자	필	북	표	항	문	공	은	셀	로	공	주	어	바	의
주	문	격	추	동	로	해	한	올	에	을	맞	바	컴	춤	다	트
터	을	문	한	쌀	적	발	북	젊	끔	절	반	차	례	미	맞	스
퓨	젊	은	너	행	달	짓	느	행	젊	트	말	측	맞	스	로	체
은	부	동	춤	다	은	절	쌀	트	스	크	거	느	부	요	문	이
느	주	션	트	의	한	리	바	발	타	은	로	요	인	받	필	파
살	공	루	용	를	짓	젊	퓨	트	일	장	감	스	판	결	올	도
쾡	집	용	낌	젊	추	돌	대	날	의	동	기	다	동	루	어	트
이	촌	삼	트	늘	바	용	셀	찍	동	굴	풍	에	바	적	도	고
를	풍	을	너	법	질	범	의	표	퓨	에	부	점	견	셀	이	질
요	집	이	로	람	자	이	다	컴	트	결	분	진	문	주	은	이
스	리	을	스	짓	굴	신	긴	장	된	찍	은	적	올	북	늘	부
굽	동	도	로	들	동	자	도	자	고	운	어	사	바	범	느	물
도	한	은	절	한	절	로	리	끔	문	적	컴	필	체	노	사	크

과자
항해
자신이
감기
판결
점진적
필사적
스타일의
삼촌이
살쾡이를
크로스
요인
동굴
미스
엄격한
차례
절반
부분은
자신
긴장된

Puzzle 134

러	문	그	래	프	스	둥	리	추	동	젊	고	은	느	위	한	완
요	셀	도	러	람	여	하	지	감	달	자	올	젊	스	동	션	전
물	짓	농	바	질	날	문	운	늘	컴	질	어	동	러	을	조	히
진	리	너	구	의	주	운	터	터	문	발	요	질	을	능	합	측
파	질	말	레	어	끔	를	외	주	퓨	레	컴	법	람	기	이	컴
바	어	물	너	질	고	트	부	올	한	노	표	로	동	록	솔	장
돌	다	동	트	바	위	절	를	다	러	풍	대	은	노	대	낌	받
러	고	급	감	스	파	젊	카	늘	굽	풍	젊	다	질	리	파	한
이	발	낌	표	용	테	북	메	사	장	게	측	카	어	날	도	션
이	범	파	퓨	자	이	이	라	용	트	이	법	크	로	사	견	사
토	끼	달	올	늘	동	로	블	이	굽	트	한	법	필	부	북	요
짓	크	장	행	도	주	문	동	리	맞	에	의	학	크	적	동	발
어	수	명	짓	체	트	늘	볼	을	람	서	추	셀	표	한	견	낌
느	로	크	물	문	거	견	트	느	용	측	늘	거	측	션	러	자
굽	절	적	문	맞	스	용	들	은	느	굽	트	감	로	올	도	질

그래프
완전히
카메라
사용이
테이블
진리
감지하여
외부를
수명
의학
볼트
조합이
기능을
게이트에서
농구
토끼
기록
고급
둥지
바위

Puzzle 135

동	표	주	트	소	은	한	도	거	문	션	질	노	사	어	을	바
한	느	질	너	자	녀	를	션	보	안	다	쌀	래	노	도	부	루
진	행	범	주	전	솔	주	굽	거	제	파	동	를	물	트	달	물
물	에	너	너	공	늘	거	바	셀	크	운	쌀	받	을	번	호	바
대	동	문	젊	결	다	젊	다	고	말	미	잘	의	돌	장	요	문
돌	션	쌀	터	바	대	은	이	찍	적	짓	바	크	짓	찍	법	제
즉	결	발	낌	제	은	을	키	스	초	파	파	요	운	운	맞	필
너	시	컴	동	부	과	퓨	한	을	원	다	수	거	아	자	발	받
람	이	도	달	자	발	거	자	를	발	너	사	거	마	운	사	맞
골	절	사	스	를	물	마	의	채	범	공	절	주	칠	적	부	어
전	러	솔	트	절	풍	음	질	택	이	경	주	사	면	을	이	동
측	한	적	견	맞	다	을	체	집	질	제	루	늘	조	션	도	문
돌	스	달	체	로	머	리	장	이	솔	를	동	낌	는	트	노	늘
굽	질	질	다	부	루	카	바	컴	퓨	느	파	질	요	올	터	발
다	전	트	운	도	스	받	파	루	부	바	집	동	제	레	너	은

초원
즉시
진행
소녀
아마
부자를
다수
키스
채택
머리
번호
보안
노래를
골절
경제를
말미잘
과거의
칠면조는
마음을
범주

Puzzle 136

미라
원형
흥분
즐겁게
따뜻한
스웨덴
고기
발생
고용
깎이
구조
동영상
건조
등을
옷장
파트너파티
조용한
책상
비용면
언덕

에	도	낌	컴	쌀	트	을	춤	용	의	적	컴	부	너	노	주	원
터	돌	발	범	집	문	자	크	위	짓	솔	사	주	에	쌀	맞	형
질	굴	절	법	문	발	느	한	질	를	춤	쌀	자	느	적	말	컴
책	측	범	부	이	달	춤	법	부	북	찍	도	노	트	적	법	동
상	영	동	표	한	표	흥	분	문	발	전	측	발	필	질	체	컴
미	견	행	결	대	다	범	고	스	동	달	셀	찍	의	장	찍	끔
말	라	발	도	을	람	의	발	웨	주	트	맞	도	체	노	크	트
구	조	쌀	트	사	용	집	법	덴	견	로	노	요	발	셀	너	문
찍	건	동	발	비	올	언	즐	겁	게	파	트	너	파	티	리	옷
레	컴	다	생	한	용	조	덕	도	트	부	퓨	터	부	요	바	장
동	어	질	어	기	고	면	동	을	쌀	리	너	필	은	을	늘	표
트	북	등	은	짓	주	동	동	달	을	견	트	트	주	바	카	따
용	부	을	전	추	에	부	말	돌	느	행	어	돌	자	행	한	뜻
물	동	이	필	올	쌀	말	깎	주	너	체	바	트	위	법	은	한
요	찍	집	파	짓	추	표	이	은	한	쌀	바	이	쌀	굽	자	용

Puzzle 137

한	은	집	트	장	살	동	적	느	을	문	상	자	행	질	일	을
춤	바	맞	을	솔	행	고	올	셀	동	필	셀	필	다	위	회	루
늘	컴	러	문	질	레	트	있	크	용	여	름	추	루	장	용	다
노	공	젊	퓨	늘	발	람	결	는	끔	달	지	점	거	한	병	원
농	축	고	한	카	에	북	동	감	노	추	한	용	바	굴	파	을
돌	크	용	노	의	동	의	장	동	주	너	동	을	트	카	을	파
느	동	스	고	람	문	이	젊	난	적	미	화	스	발	발	대	쌀
들	로	끔	운	낌	로	터	올	짓	제	디	요	느	굴	운	도	물
날	절	공	다	터	카	구	멍	말	순	어	일	트	동	노	로	에
레	낌	끔	아	자	요	바	동	측	트	환	변	수	법	동	동	리
용	느	굽	이	한	의	로	돌	을	로	부	제	동	날	너	감	문
루	리	어	디	집	견	느	도	어	디	에	있	는	날	이	을	를
동	공	집	어	클	래	스	동	것	배	치	동	셀	주	학	리	행
위	제	맞	가	문	솔	감	러	이	시	민	맞	결	트	년	자	끔
문	로	바	낌	한	에	션	로	다	찍	다	발	굴	받	적	주	달

살고있는
여름
구멍
시민
상자
클래스
아이디어가
학년
미디어
변수
장난
병원
농축
배치
지점
일회용
화요일
어디에있는
것이다
순환

Puzzle 138

패턴
세포
샤워
품질
인덱스
세척
금지하는
그랜드
색상이
현실의
침입
스윙
상황
생각
소스
테러
튤립
비교
종교
괴물

쌀	측	맞	춤	절	발	카	어	부	패	턴	스	대	문	솔	장	발
생	각	그	비	교	낌	찍	문	질	올	동	느	윙	사	문	발	을
한	돌	요	랜	한	느	다	퓨	트	물	범	람	낌	공	끔	컴	절
법	늘	트	발	드	전	레	너	감	사	장	이	을	이	찍	용	레
바	쌀	품	도	질	자	인	덱	스	테	러	종	느	제	적	굴	발
측	고	질	법	질	솔	문	동	쌀	노	은	교	위	다	트	바	문
체	어	범	말	트	포	현	실	의	한	동	체	굽	한	용	카	느
샤	워	트	이	고	세	튤	립	달	견	이	쌀	다	춤	전	도	이
다	젊	요	상	측	척	노	자	바	들	거	에	물	굴	러	을	트
말	한	주	색	황	다	한	이	쌀	들	문	날	굴	을	늘	리	장
어	운	바	션	바	용	어	크	스	굴	부	한	을	금	지	하	는
말	리	은	쌀	너	끔	도	적	부	들	동	다	동	느	소	스	한
괴	물	범	에	전	다	바	을	침	풍	젊	발	발	달	발	바	사
동	을	고	쌀	젊	문	질	질	입	측	트	트	제	을	춤	용	트
션	풍	카	동	체	감	행	부	쌀	다	결	러	파	운	루	동	거

Puzzle 139

야	들	충	법	장	함	견	늘	이	사	집	감	을	용	질	문	버
을	채	격	동	갑	어	께	은	스	실	결	트	춤	이	대	제	터
동	제	를	물	문	파	분	했	문	받	법	감	루	바	요	어	굽
문	젊	스	은	을	동	기	셀	다	요	를	추	찍	귀	족	적	쌀
들	받	션	관	찍	루	너	표	주	너	솔	돌	범	은	찍	합	의
실	패	크	전	계	시	은	한	한	운	바	찍	전	을	물	동	문
바	컴	컴	을	말	날	한	션	를	부	찍	느	복	컴	측	발	너
위	도	을	주	결	운	한	대	바	북	발	러	잡	자	주	노	을
끔	부	다	퓨	리	주	춤	레	북	표	표	바	돌	부	대	화	짓
자	달	컴	적	용	전	받	다	용	질	행	집	질	증	세	동	트
은	굽	동	은	바	거	쌀	발	질	적	레	문	동	거	부	셀	대
크	라	운	퓨	도	절	다	굴	맞	자	크	부	적	를	이	은	대
달	로	견	공	받	발	문	달	을	스	질	다	견	법	고	다	동
터	은	부	제	낌	한	춤	동	의	제	고	션	전	고	트	말	루
춤	을	자	건	포	도	고	동	솔	조	러	도	스	문	느	람	바

버터
동물은
대화
시계
건포도
적합
분기
장갑
관계
크라운
귀족
함께했다
복잡
실패
사실
증거를
제조
야채를
충격
세부

Puzzle 140

람	크	너	풍	을	돌	부	날	들	을	주	찍	설	발	절	공	굴
퓨	솔	맞	적	카	바	문	굽	장	제	어	결	계	동	을	법	늘
말	스	대	대	노	한	어	다	공	사	부	낌	합	을	고	한	달
로	찍	감	굽	춤	부	돌	터	짓	셀	동	셀	적	결	레	사	부
스	너	문	등	이	셀	운	의	적	북	날	너	체	용	늘	셀	문
떨	어	졌	다	니	칩	바	동	적	한	바	무	어	이	짓	다	절
결	루	파	끔	너	을	춤	용	한	올	솔	쌀	을	끔	귀	쌀	올
대	북	옵	션	트	솔	느	문	바	컴	늘	다	필	문	여	받	어
솔	혼	을	로	문	은	발	들	로	주	질	동	측	솔	운	늘	견
위	동	용	문	풍	다	발	을	결	문	를	러	람	어	에	트	문
동	물	사	결	동	바	종	종	트	를	운	리	노	주	미	필	쌀
적	낌	올	필	카	체	날	행	춤	책	임	대	운	절	세	한	달
길	이	숭	원	바	공	제	감	을	주	바	문	늘	습	한	북	의
한	주	종	도	결	전	돌	구	일	반	적	으	로	관	절	너	날
람	어	람	제	람	느	측	짓	분	견	트	트	북	을	요	솔	날

종이
길이
구분
제어
원숭이
떨어졌다
바칩니다
귀여운
종종
부어
옵션
일반적으로
결합
등이
미세한
설계
책임
너무
습관을
혼동

Puzzle 141

엔	법	감	춤	능	가	느	를	호	람	춤	도	너	대	절	솔	추
용	진	표	낌	크	솔	양	쌀	기	주	스	키	문	결	추	에	이
달	해	이	분	리	린	태	파	심	자	견	공	셀	를	느	발	들
한	결	춤	솔	동	개	발	을	에	문	에	루	동	을	용	을	은
물	은	바	전	말	루	공	굴	절	만	달	집	셀	레	이	북	문
말	제	맞	낌	전	표	요	짓	부	굴	추	용	춤	고	슴	도	치
다	느	전	추	조	쌀	강	한	공	끔	동	파	동	람	스	젊	부
레	거	쌀	폭	풍	언	탈	퓨	을	어	발	결	공	굽	누	군	가
범	대	대	질	부	크	을	재	동	쌀	의	크	적	바	위	솔	쌀
물	트	을	을	이	을	동	능	문	범	낌	로	추	거	도	파	크
자	로	감	파	상	을	수	면	도	느	한	은	의	받	돌	카	올
스	체	루	자	추	문	셀	달	레	범	질	늘	고	을	터	거	다
위	말	계	위	오	다	을	고	동	이	절	스	날	부	맞	을	한
자	이	산	트	이	로	동	로	받	용	쌀	쌀	크	거	너	로	표
트	부	스	절	바	문	파	행	공	카	트	를	문	트	스	크	파

엔진이
가솔린
태양
스키
누군가
가능
재능
개발을
이해
폭풍
수면
강탈
고슴도치
호기심
분리
조언을
맛을
상추오이
계산
양파에만

Puzzle 142

비	록	의	이	말	들	전	집	바	젊	측	은	동	날	한	길	어
끔	로	북	바	끔	이	다	동	에	을	계	도	너	용	이	너	을
쌀	내	루	춤	루	전	문	주	년	로	속	스	케	이	트	바	레
한	레	위	춤	발	다	동	받	러	질	체	낌	발	은	다	굽	루
은	이	캡	처	바	측	쌀	돌	지	카	문	맞	동	말	부	다	자
주	터	로	느	조	밀	루	배	혜	거	자	춤	한	결	결	한	러
를	고	카	동	직	독	도	울	범	장	트	이	다	찍	컴	은	동
주	우	스	운	자	립	끔	젊	은	문	구	루	춤	다	문	북	동
용	동	셀	거	문	공	터	바	늘	트	매	느	을	한	젊	문	쌀
퓨	로	자	뜨	을	루	리	로	사	컴	주	요	견	느	션	달	절
결	트	오	문	요	주	측	감	용	파	자	자	파	한	전	북	올
전	굽	디	말	바	을	짓	한	바	결	바	동	공	문	트	한	솔
영	리	션	리	을	사	거	느	션	사	카	도	문	에	찍	느	들
사	질	을	바	동	요	춤	돌	터	서	리	러	스	쌀	솔	바	풍
어	체	문	자	들	바	바	을	퓨	짓	자	느	를	쌀	전	받	한

우스운
구매
뜨거운
비록
독립
내레이터
계속
영리
지혜
캡처
서리
오디션
밀도
배울
전문
길을
주년
조직
말을
스케이트

Puzzle 143

로	마	전	러	바	감	오	세	의	부	카	동	은	질	같	은	굴
주	스	쟁	파	운	싸	는	븐	의	체	을	자	법	필	느	느	받
용	크	주	위	에	는	트	어	용	운	바	람	동	재	퓨	바	트
희	장	지	성	범	을	한	끔	도	올	위	측	굴	생	위	북	셀
문	망	을	능	에	을	트	도	쌀	측	동	체	낌	맞	동	행	의
동	운	까	가	형	문	다	물	방	다	거	체	루	한	동	어	측
필	로	스	들	을	올	노	체	어	문	을	한	행	질	한	장	주
용	발	동	장	동	젊	낌	레	머	체	늘	말	을	퓨	로	달	장
부	이	문	주	운	위	람	맞	니	날	러	거	크	날	운	에	파
쌀	발	문	맞	바	스	춤	너	한	자	빌	드	너	위	문	주	저
물	필	풍	바	금	요	일	날	적	주	공	범	한	을	절	솔	스
고	견	트	바	주	한	느	레	를	행	행	느	법	방	법	집	잃
레	측	발	루	물	범	부	적	범	을	다	바	적	맞	레	다	게
트	필	루	동	올	느	대	측	리	한	은	바	부	발	고	날	굽
문	감	요	소	한	크	질	카	들	쌀	을	터	바	문	바	짓	젊

주저
금요일
세븐
오는
필요
지능형
가까운
전쟁
소요
희망
가능성
같은
빌드
방어머니
마스크
주위에
잃게
감싸는
방법
재생

Puzzle 144

문	컴	결	트	녹	색	상	다	도	달	넣	미	래	에	트	은	고
운	카	운	결	색	고	대	도	쌀	들	어	짓	재	미	고	에	풍
러	행	장	다	컴	찍	쌀	를	부	트	말	달	바	의	달	이	짓
문	고	동	찍	카	을	오	풍	질	주	행	끔	올	문	트	말	끔
로	추	필	트	검	색	렌	달	스	체	을	도	바	트	단	풍	부
찍	체	올	굽	표	달	지	올	투	이	춤	파	가	축	컴	락	지
마	적	다	터	람	을	발	찍	표	제	다	대	굽	체	표	레	리
문	이	적	전	짓	카	위	전	다	병	로	을	셀	명	백	한	훌
찍	필	그	행	의	들	루	말	느	아	문	주	바	퓨	이	퓨	륭
바	늘	솔	레	동	에	올	한	쌀	리	트	스	풍	질	들	다	함
션	도	러	느	이	을	침	외	문	한	말	표	늘	적	이	제	늘
의	거	굽	을	문	션	굴	동	법	을	고	굴	추	부	짓	젊	달
춤	법	트	풍	셀	운	달	바	너	도	한	을	바	자	솔	물	트
크	젊	돌	동	을	로	어	도	을	물	추	트	트	을	스	거	굽
필	문	달	운	전	날	이	카	용	절	한	바	굽	적	행	컴	들

미래
훌륭함
재미
지리
넣어
외침을
검색
바늘
주스
가축
오렌지
녹색
명백한
단락
동의
병아리
색상
투표
행동을
마이그레이션

Puzzle 145

카	을	제	거	대	측	맞	영	적	체	다	카	람	자	운	트	풍
을	초	대	도	비	카	발	양	토	굽	부	너	바	문	측	범	다
로	굴	끔	춤	이	범	감	분	표	동	견	범	증	다	제	위	음
쌀	한	올	에	이	법	어	을	용	발	감	은	거	사	풍	주	견
쌀	절	크	굽	다	한	을	범	셀	추	견	터	쌀	한	을	소	한
견	션	맞	용	도	노	필	측	퓨	동	체	문	바	범	위	는	표
찍	끔	한	다	적	어	돌	노	올	한	북	용	풍	체	공	날	로
굽	동	사	젊	문	측	바	카	들	시	험	전	바	추	도	이	오
요	받	자	받	션	을	쌀	바	트	터	절	플	래	그	도	한	후
다	결	느	견	체	맞	돌	부	주	부	장	고	달	갔	다	파	질
로	자	북	문	이	순	측	결	굴	집	장	체	범	람	카	스	장
용	동	은	늘	춤	전	무	을	크	굴	바	좋	문	도	가	끼	어
올	장	집	정	문	보	여	행	을	리	끔	필	아	주	루	르	도
동	질	올	확	결	도	유	카	동	솔	필	은	한	하	스	견	쳐
스	타	일	한	측	감	리	을	짓	을	로	적	은	다	는	장	받

가르쳐
플래그
갔다
초대
다음
오후
순무
제거
정확한
유리
증거
영양분을
대비
토양
범위는
주소
스타일
시험
좋아하는
보여

Puzzle 146

강아지를
복구
지상
소녀가
게임
것들
법적
정보
그녀
방향으로
방어
사막
마련
대신
우박
모래
토마토를
어쩌면
잊어
언급

절	결	이	레	트	을	문	셀	들	공	카	올	부	쌀	끔	에	고
션	도	레	트	동	굽	도	언	받	문	쌀	퓨	바	정	리	셀	트
견	너	로	낌	북	사	올	굽	급	느	로	절	돌	도	보	찍	짓
부	레	으	다	굽	측	젊	사	막	바	트	행	굴	게	임	용	동
이	카	향	람	동	표	늘	감	바	터	발	것	들	토	행	한	로
고	부	방	어	퓨	리	견	로	법	레	운	위	견	마	동	컴	로
위	은	트	적	결	대	주	의	쌀	적	한	다	장	토	감	법	용
돌	에	은	너	문	신	발	늘	한	상	마	련	너	를	문	쌀	동
잊	거	을	노	도	이	퓨	강	아	지	를	운	로	날	발	우	느
어	끔	동	복	부	추	그	녀	퓨	용	질	풍	솔	주	트	박	주
질	굽	을	구	셀	체	필	느	적	크	용	람	문	어	부	루	로
을	쌀	쌀	낌	한	문	풍	을	을	퓨	자	소	녀	가	거	바	적
션	끔	어	쩌	면	느	끔	트	모	래	적	돌	용	문	리	굽	트
노	필	이	낌	루	말	한	전	을	범	제	절	발	늘	트	이	찍
요	날	받	발	문	늘	요	문	행	맞	발	주	너	너	로	주	노

Puzzle 147

들	재	해	를	람	셋	약	을	동	요	더	크	카	전	낌	쌀	공
주	한	장	굽	맛	째	물	법	들	측	블	질	거	카	견	이	측
한	협	상	한	있	결	돌	쌀	느	문	다	법	률	람	문	트	트
말	제	의	용	는	한	보	통	운	장	시	장	올	요	짓	느	북
용	의	쌀	문	느	를	적	제	용	동	돌	다	짓	사	이	트	자
대	말	발	다	요	동	어	범	트	너	의	동		은	션	한	을
찍	감	쌀	퓨	견	들	발	을	다	이	러	용	트	미	를	터	문
제	결	주	동	굴	람	의	주	지	네	다	최	초	의	국	크	운
추	견	굽	레	동	감	다	요	어	수	짓	파	도	달	부	의	감
을	람	부	범	제	바	용	트	자	입	용	용	굽	부	퓨	의	속
공	체	행	동	쌀	느	쌀	을	감	느	한	슬	우	려	전	말	하
을	전	트	받	견	부	레	다	고	결	용	질	립	적	컴	를	는
션	에	다	트	행	을	을	를	굽	을	이	사	사	추	어	주	도
셀	달	문	을	견	운	동	다	고	느	주	을	트	표	공	카	동
날	어	느	늘	한	한	람	로	동	바	늘	셀	추	춤	로	이	리

미국의
법률
더블
셋째
주요
속하는
협상
슬립
수입
보통
지네
재해를
최초의
운동의
다시
사이트
약물
도달
우려
맛있는

Puzzle 148

을	파	주	느	대	한	늘	춤	쌀	견	로	의	트	터	은	은	문
고	한	을	람	한	전	찍	크	어	받	다	트	셀	의	절	바	동
외	국	박	말	촬	션	공	은	어	운	을	춤	거	자	트	동	달
부	트	늘	탈	영	굴	체	낌	문	부	감	을	을	노	추	찍	주
용	돌	동	러	이	쟁	겁	다	크	부	상	문	컴	표	카	문	한
을	돌	어	쌀	체	러	거	낌	트	달	한	대	발	들	어	을	제
추	을	결	동	스	친	파	범	바	측	을	견	한	카	저	녁	장
문	바	문	를	짓	화	시	리	즈	를	스	용	일	목	록	과	바
다	찍	트	용	한	적	문	사	추	루	커	주	용	반	끔	의	제
늘	춤	람	바	느	물	도	박	물	관	트	문	결	루	을	컴	크
파	한	도	젊	파	람	질	느	을	주	한	한	생	람	절	감	동
막	지	마	어	받	에	장	로	람	고	필	동	일	을	용	보	드
러	너	뱀	리	루	발	도	감	바	트	체	늘	을	점	프	는	운
솔	에	행	짓	느	달	로	러	도	끔	자	여	섯	한	굴	너	라
춤	바	행	동	동	필	동	문	컴	을	발	러	동	솔	을	전	발

상대
생일을
점프는
겁쟁이
도마뱀
촬영
여섯
친화적
라운드
목록과
박물관
스커트
박탈이
외국
저녁
일반
보드
시리즈를
마지막
에너지

Puzzle 149

은	션	필	리	한	제	견	질	어	굴	차	바	도	질	도	절	체
도	물	부	바	항	컴	발	날	스	질	가	을	추	어	쌀	늘	션
블	루	운	거	상	짓	굴	견	법	은	워	도	이	결	북	제	어
용	감	한	한	짓	트	기	무	은	질	출	터	부	에	젊	노	바
이	에	파	체	사	말	크	퓨	릎	떨	생	너	에	체	도	적	파
바	어	질	장	한	루	동	낌	결	어	추	을	자	앞	으	로	늘
로	동	터	터	고	자	장	추	크	진	주	로	들	문	을	카	요
춤	퓨	늘	바	발	장	용	이	솔	질	결	로	츠	장	말	사	느
셀	셀	로	어	을	문	고	대	주	춤	들	한	자	전	제	낌	물
트	쌀	솔	거	달	견	도	대	겨	울	발	질	은	발	마	달	로
의	굽	러	한	을	바	굴	션	짓	쌀	을	다	요	공	어	모	도
발	돌	퓨	트	북	다	이	젊	감	느	맞	돌	공	노	력	파	괴
돼	지	알	약	공	풍	사	받	쌀	은	들	션	문	로	동	감	자
주	시	동	표	퓨	추	날	추	크	문	동	를	질	최	전	바	장
셀	소	염	표	목	로	추	트	스	추	너	마	을	근	은	트	풍

목표염소
돼지알약
앞으로
겨울
출생
항상
최근
고대
용감한
파괴
떨어진
무기
노력
무릎
블루
마을
거짓말
마모
소시지
차가워

Puzzle 150

추	말	터	춤	을	루	수	조	한	북	부	공	올	돌	컴	를	낌
블	법	쌀	동	발	날	동	심	가	들	맞	한	문	물	들	용	크
늘	라	견	바	물	굴	풍	스	동	뭄	이	해	에	서	터	절	위
주	자	우	를	내	젊	퓨	럽	크	스	정	부	의	끔	돌	짓	치
젊	거	끔	스	부	동	스	게	을	을	문	한	풍	굴	한	을	거
체	굴	무	시	제	루	공	춤	카	찍	문	공	날	도	말	법	젊
한	동	부	접	터	끔	운	범	견	동	고	질	동	에	한	올	루
에	솔	느	운	이	솔	들	문	끔	을	트	쌀	자	짓	집	션	동
질	공	솔	루	션	을	질	을	트	낌	굴	공	자	람	필	달	은
리	용	장	를	러	택	셀	용	짓	바	을	감	도	민	적	다	루
절	이	행	날	돌	혜	올	찍	한	날	물	도	파	속	무	역	용
느	의	자	한	되	돌	리	기	대	법	동	바	파	도	집	북	이
날	동	추	맞	땅	한	자	낌	절	집	젊	크	자	바	은	쌀	를
트	전	문	날	의	다	용	사	트	루	로	장	도	조	단	순	히
들	바	대	로	노	너	질	감	북	선	고	결	리	용	립	이	굴

위치
수동
가뭄
민속
조립
솔루션을
내부
조심스럽게
정부의
되돌리기
스크럽
혜택을
무시
접시
선고
단순히
이해에서
블라우스
땅의
무역

Puzzle 151

거	무	싱	크	낌	요	신	의	동	달	달	게	을	한	주	솔	자
측	엇	자	측	공	크	선	료	추	한	위	추	으	필	제	적	결
에	을	로	춤	너	젊	한	질	전	견	용	대	의	른	카	바	제
토	발	달	행	맞	노	부	운	장	를	한	람	이	춤	집	스	이
장	끼	터	로	말	에	풍	션	동	발	트	요	적	은	쌀	션	트
로	용	가	날	에	낌	한	견	낌	부	람	러	리	은	대	이	온
생	물	학	쌀	북	공	바	로	트	찍	돌	측	춤	은	춤	용	도
달	이	용	에	크	달	맞	크	공	개	루	을	한	필	적	사	의
크	발	자	발	거	사	람	들	의	감	은	한	바	쌀	극	도	이
집	을	제	낌	문	션	문	맞	체	에	파	결	를	한	비	연	사
물	굴	느	용	루	행	주	을	한	셀	문	집	동	운	오	용	구
스	스	로	동	를	짓	요	솔	돌	맞	용	러	에	의	는	파	을
리	견	로	주	은	로	터	굴	외	에	그	러	나	늘	은	괴	추
리	낌	솔	부	물	범	자	춤	로	추	파	이	러	노	너	에	파
시	간	시	간	람	견	북	은	법	션	견	짓	표	감	리	도	범

신선한
토끼가
스스로
비극적
게으른
사람들의
싱크
공개
무엇을
시간시간
온도의
파괴에도
풍부한
연구
생물학
그러나
사이의
외에
의료
비오는

Puzzle 152

안경
의사가
아무것도
딸이
거북이를
피아노
느낌
아마도
스팀
멸종
흔들
준비
전시가
아이를
위업
중지
수량
오늘
실수
가장

파	동	고	도	풍	맞	젊	한	용	대	셀	너	터	바	셀	문	의
결	를	체	레	을	아	파	물	물	람	행	발	전	파	에	늘	사
트	동	트	사	은	마	도	끔	적	자	집	의	부	바	동	거	가
을	집	집	달	바	도	동	거	자	동	필	올	집	트	집	고	시
안	늘	장	거	춤	한	이	이	북	범	준	의	젊	굽	짓	아	전
경	오	늘	피	사	카	용	쌀	자	이	비	요	찍	딸	표	무	질
측	흔	문	아	솔	레	추	을	표	질	를	사	공	이	주	것	너
견	들	의	노	트	제	장	적	도	질	이	견	퓨	어	맞	도	문
찍	측	를	자	실	전	발	체	로	발	아	이	은	주	컴	션	돌
동	질	바	어	에	수	받	트	운	문	물	의	범	카	추	주	말
을	질	적	고	젊	북	발	리	위	바	요	사	다	쌀	수	을	감
끔	요	감	가	장	대	장	노	업	다	전	스	솔	느	량	측	자
이	대	바	리	바	은	맞	절	쌀	적	법	팀	한	낌	중	스	멸
굽	전	젊	도	솔	맞	노	거	날	굴	스	용	이	공	지	북	종
이	을	로	추	로	바	절	거	동	다	쌀	늘	쌀	동	람	북	젊

Puzzle 153

법	로	날	한	비	전	허	부	다	거	입	누	도	심	한	공	느
트	고	찾	발	측	느	리	션	동	리	자	구	도	장	돌	짓	트
도	통	션	까	바	한	케	말	말	다	젊	아	을	자	동	굽	의
받	을	노	마	물	짓	인	질	트	낌	동	무	람	문	쌀	스	더
아	전	풍	귀	루	션	트	늘	돌	도	고	것	파	도	레	날	워
버	요	자	주	범	올	사	션	운	은	끔	도	부	동	감	한	을
지	끔	한	발	다	레	한	람	율	집	어	감	도	람	동	질	결
의	쌀	의	을	쌀	달	도	받	의	바	한	스	물	이	에	바	트
대	회	노	카	을	맞	물	물	제	도	돌	문	자	용	한	를	발
다	의	바	쌀	법	한	을	절	메	날	트	문	위	용	용	로	고
터	다	션	셀	날	동	느	루	트	시	트	물	느	부	고	질	솔
스	들	레	크	맞	도	질	한	트	요	지	체	를	셀	귀	감	돌
마	툴	에	문	위	결	결	늘	부	늘	을	바	결	돌	한	범	찍
러	짓	이	한	람	로	쌀	레	바	부	말	부	바	제	느	아	침
트	문	견	느	발	표	트	이	문	거	추	주	리	도	추	범	바

심장
아버지의
고귀한
메시지
운율
더워
대회
고통을
사람의
마스터
찾고
아침
까마귀
스툴
비전
파도
입자
누구아무것도
허리케인
거리

Puzzle 154

법	한	쌀	발	퓨	범	위	혜	택	이	물	셀	문	레	가	느	대
사	이	클	링	을	발	트	동	부	젊	쿠	페	소	이	족	바	쌀
제	외	시	켰	다	아	앞	한	동	로	발	짓	프	스	에	상	은
프	로	세	스	했	름	서	요	발	올	사	고	트	소	게	바	상
주	으	풍	한	말	다	컴	들	한	춤	문	셀	부	심	이	법	필
션	천	트	문	주	운	주	트	절	달	너	트	주	한	솔	부	주
솔	파	동	이	너	어	을	문	쌀	다	집	이	부	쌀	은	돌	을
바	스	문	거	은	맞	카	춤	젊	대	퓨	문	굽	자	요	들	의
요	테	카	레	퓨	주	물	파	한	어	들	제	이	쌀	요	어	경
어	이	늘	사	짓	돌	동	늘	질	질	바	문	감	주	리	풍	기
포	요	법	말	동	대	동	행	주	용	레	휴	측	적	발	한	장
맞	함	을	맞	집	셀	굽	운	문	집	이	일	말	을	은	한	주
퓨	맞	되	필	타	격	춤	문	찍	루	느	발	동	파	찍	셀	제
낌	리	한	어	달	결	용	쌀	어	위	람	로	결	위	용	레	한
쌀	받	람	올	은	동	러	장	이	다	절	은	늘	파	날	바	날

레이스
아름다운
혜택
사이클링
천으로
발을
가족에게
포함되어
소심한
말했다
소프트
프로세스
쿠페
타격
경기장
휴일
앞서
제외시켰다
스테이
상상

Puzzle 155

돌	추	느	무	네	영	터	를	퓨	거	찍	집	법	공	찍	바	너
다	터	를	리	일	감	동	춤	절	을	로	트	을	위	도	너	이
감	은	이	제	도	동	올	농	솔	로	분	한	퓨	굽	바	한	도
사	운	체	대	어	파	운	담	식	감	자	표	시	쌀	로	한	주
날	셀	문	도	부	체	질	동	용	열	대	늑	크	를	로	경	범
대	견	바	노	이	에	요	말	고	문	찍	의	한	고	트	맞	보
질	문	낌	컴	필	전	을	은	풍	집	다	스	노	결	정	행	전
솔	솔	한	젊	동	올	너	로	어	바	받	트	바	트	어	도	대
풍	제	로	발	달	감	표	적	문	한	트	림	카	질	들	느	물
물	제	들	행	느	자	주	표	고	질	을	맞	결	은	자	쓰	거
문	굴	동	로	낌	와	이	어	트	쌀	풍	한	체	점	끔	맞	기
돌	운	바	을	쌀	발	트	달	짓	굴	자	컴	견	점	한	다	스
크	말	이	이	짓	북	춤	동	돌	트	공	어	로	임	낌	도	전
레	풍	한	용	은	다	측	어	이	문	올	도	견	원	유	용	물
동	바	짓	러	범	주	문	받	카	바	제	루	젊	한	도	장	결

쓰기
무리
감사
네일
노트
한도
표시
와이어
결정
농담
늑대
분자
스트림
임원
유용
영감
열대
경보
점점
식용

Puzzle 156

리	크	질	춤	행	친	구	승	을	바	부	느	람	치	열	한	풍
사	장	도	용	집	주	끔	리	질	노	노	전	너	공	문	젊	은
용	이	행	이	표	을	레	의	받	스	크	트	이	을	공	공	질
적	동	레	늘	감	물	동	너	범	이	받	레	부	결	은	원	낌
동	발	달	굴	전	스	루	할	크	한	요	측	늘	노	받	행	받
음	성	자	로	트	에	을	한	머	발	터	부	절	래	순	물	낌
터	전	을	문	문	도	을	받	끔	니	쌀	늘	람	하	간	견	터
체	다	감	측	애	의	바	체	춤	달	러	한	리	기	컴	노	측
트	은	한	히	트	정	낌	솔	한	적	대	리	스	은	카	크	을
다	느	파	의	용	절	을	은	위	격	평	가	한	의	발	레	문
견	용	용	질	로	춤	찍	바	상	제	쌀	법	이	을	자	말	에
을	찍	제	장	대	동	춤	돌	카	품	대	운	춤	자	순	돌	션
셀	행	트	퍼	핀	용	결	짓	지	금	이	장	를	문	종	제	문
설	득	맞	트	절	찍	부	을	발	측	끔	거	바	문	다	주	자
낌	범	장	올	받	스	마	트	발	말	동	을	자	찍	돌	추	바

순종
정의도
퍼핀
설득
적격
지금
애정
치열한
스마트
친구
순간
평가
공원
음성
노래하기
승리의
제품
할머니
히트
위상

Puzzle 157

법	도	도	찍	로	올	필	이	너	올	주	짧	사	얼	도	느	달
을	들	노	동	단	발	법	바	돌	개	텍	은	터	룩	끔	문	퓨
발	굽	범	에	위	부	물	발	휘	별	도	스	사	말	전	제	느
절	어	느	자	를	굴	한	좋	드	라	이	브	트	용	공	로	국
발	에	람	로	결	대	표	게	을	한	결	위	바	바	계	젊	경
체	견	발	을	에	조	파	바	행	동	장	솔	적	자	느	절	질
표	을	요	바	고	약	문	측	발	은	한	운	느	북	리	파	물
말	고	바	문	트	문	에	주	앵	리	스	말	끔	램	프	느	요
카	북	포	인	트	바	쌀	을	무	람	말	올	돌	늘	용	터	을
감	다	이	동	한	요	측	젊	새	발	말	발	은	리	퓨	달	젊
추	속	지	원	낌	느	장	대	주	용	대	리	한	측	을	말	한
범	춤	성	용	도	을	들	용	로	절	북	스	너	굴	바	도	노
이	범	자	을	의	바	로	로	풍	루	을	결	바	문	돌	주	람
기	발	요	행	쌀	도	견	발	열	한	트	집	받	자	거	물	카
계	터	을	실	루	돌	맞	위	한	너	솔	레	운	말	이	은	올

국경
속성을
드라이브
대표
앵무새
얼룩말
조약
짧은
포인트
좋게
실행을
지원
계절
개별
발휘
텍스트
열한
램프
단위를
기계

Puzzle 158

협력
오이
웨이크
아빠
버드
아픈
사회
무서워
수요일
각종
높은
의도
연례
수있는
동전
아가씨
순록
얻을
오두막
칫솔

를	전	자	오	어	사	회	찍	도	무	서	워	측	카	을	전	컴
결	측	트	이	로	을	터	견	용	측	칫	동	트	전	루	크	동
대	트	의	느	받	문	에	트	각	크	솔	트	동	날	문	을	얻
트	달	션	공	도	스	날	퓨	종	루	감	트	문	은	체	표	을
스	올	리	동	감	로	주	로	질	로	풍	달	은	장	바	올	법
이	바	리	로	자	협	스	빠	아	픈	일	요	수	장	자	을	필
바	컴	한	순	록	력	장	이	아	가	씨	의	리	있	동	질	전
트	발	받	바	표	쌀	을	집	추	리	바	도	물	돌	는	전	람
동	동	셀	문	법	로	용	끔	바	을	질	바	주	도	버	대	운
너	풍	부	공	결	터	문	견	컴	찍	높	은	낌	자	드	러	문
부	결	바	들	트	한	문	올	달	전	장	를	낌	늘	대	을	도
운	굽	문	한	받	연	질	위	컴	굽	동	솔	맞	부	한	스	맞
말	대	한	올	은	범	레	바	굽	필	들	파	문	집	크	문	짓
트	스	어	한	람	추	달	이	로	문	결	맞	고	을	북	질	카
오	두	막	문	부	레	젊	을	쌀	웨	이	크	한	운	쌀	자	굴

Puzzle 159

문	에	수	행	집	동	늘	요	퓨	솔	견	낌	도	적	저	달	를
기	술	달	고	를	문	쪽	문	다	견	부	끔	미	러	자	로	바
도	올	노	바	질	한	체	주	노	퓨	산	파	체	제	기	사	북
절	을	춤	카	체	집	옷	트	한	주	을	책	사	트	관	물	동
요	동	짓	터	얽	찍	을	바	바	도	주	맞	의	요	자	올	도
사	말	전	동	힌	동	을	레	너	트	도	고	사	낌	동	충	를
용	필	요	여	왕	의	도	주	달	범	로	트	필	짓	주	분	솔
한	북	다	자	계	카	컴	루	풍	동	절	달	운	제	추	한	젊
스	들	레	문	바	란	질	울	자	동	도	노	은	느	너	에	문
동	발	한	운	람	말	스	었	게	주	집	로	맞	달	추	장	주
찍	쌀	자	장	션	컴	리	다	럽	트	기	억	부	맞	로	적	동
달	동	모	절	물	낌	동	느	스	결	법	범	운	풍	풍	발	올
성	주	텔	어	요	요	퓨	로	통	문	실	제	로	루	체	법	결
부	너	굴	받	트	를	발	돌	고	래	부	대	화	끔	짓	맞	주
셀	카	용	은	레	동	은	부	람	션	터	낌	평	동	체	물	올

실제로
얽힌
미러
여왕의
동쪽
기술
모텔
충분한
수달
계란
저자기관
평화로운
의사
울었다
기억
고통스럽게
돌고래
옷을
달성
산책

Puzzle 160

운	션	범	부	발	절	굽	은	집	에	찍	의	주	자	질	자	한
도	도	부	행	한	크	용	용	절	노	주	늘	쌀	늘	러	장	은
예	비	처	벌	에	행	퓨	발	파	찍	한	쌀	부	을	바	다	카
요	트	바	달	올	느	느	들	러	춤	한	위	달	달	레	문	질
크	맞	도	신	늘	적	자	맞	질	동	한	질	달	운	루	을	레
주	범	을	중	션	주	늘	주	느	다	발	이	견	어	말	을	말
너	자	범	한	한	범	너	표	레	북	감	경	솔	쌀	다	시	에
개	형	의	동	레	한	부	전	북	필	맞	계	고	천	사	문	측
을	인	퓨	늘	바	젊	문	북	법	만	지	쁘	바	노	기	받	범
추	한	적	은	발	굽	다	을	자	어	느	질	이	질	그	존	질
집	션	측	으	운	을	전	문	러	물	러	맞	퓨	환	크	늘	의
느	끔	돌	문	로	크	을	플	적	물	미	노	란	색	은	트	주
문	사	어	람	카	날	고	라	출	호	포	착	끔	너	로	동	격
을	용	바	달	날	킹	타	스	표	견	를	자	주	공	쌀	노	공
솔	거	제	북	바	트	다	틱	동	날	맞	트	춤	을	쌀	다	션

경계
다시에
포착
인형
바쁘지만
호출라고
질환
공격주의
플라스틱
개인적으로
그늘
지느러미
처벌
스타킹
기존의
천사
날카로운
예비
노란색
신중한

Puzzle 161

로	인	대	굽	절	견	바	견	바	발	문	에	위	요	측	질	다
문	용	주	리	주	부	의	노	감	사	크	범	맞	퓨	발	문	범
결	과	를	춤	을	측	경	쟁	발	로	뾰	쌀	대	루	견	한	터
샤	이	제	러	찍	을	문	쌀	흥	전	족	바	장	행	굽	질	물
이	량	괄	말	로	견	질	정	도	미	한	나	풍	집	자	고	올
셀	이	문	부	올	장	한	날	운	감	로	나	연	방	을	솔	제
적	셀	진	야	구	자	문	한	범	문	맞	운	은	노	바	파	문
용	에	문	행	입	쌀	도	덕	적	느	빌	굴	을	터	받	자	사
를	을	러	법	을	발	을	동	달	동	을	려	느	발	문	로	로
맞	북	동	쌀	질	용	발	행	자	한	다	굴	슨	터	표	대	운
대	견	표	들	컴	퓨	문	집	무	늘	법	범	한	여	질	발	춤
어	너	느	레	감	용	가	끔	례	용	제	죄	문	덟	제	끔	북
부	컴	을	발	문	말	질	찍	달	은	올	셀	을	한	물	트	체
집	트	셀	다	이	장	퓨	트	어	한	대	짓	법	받	젊	퓨	감
거	다	행	체	거	운	부	솔	요	터	너	공	도	로	공	바	터

정도
여덟
느슨한
빌려
인용
샤이
말괄량이
가끔
범죄
입구
흥미로운
야구
뾰족한
무례
경쟁
결과를
도덕적
진행을
연방
바나나

Puzzle 162

젊	도	연	맞	바	동	결	쌀	춤	이	견	예	받	를	견	로	너
부	적	못	자	고	주	달	관	련	질	자	바	뻐	늘	디	햄	늘
측	발	조	끔	동	느	러	의	문	굽	범	말	러	를	다	버	위
충	성	랑	터	쌀	결	의	람	행	결	장	도	거	이	호	거	낌
스	자	말	전	결	카	바	이	거	수	발	동	레	주	공	신	끔
결	젊	동	고	느	동	에	범	점	분	굽	한	적	발	기	트	문
문	로	북	집	북	대	느	전	을	사	자	은	바	받	젊	로	느
느	한	거	짓	다	고	바	난	로	도	로	체	범	도	문	필	트
쌀	요	발	노	제	트	대	컴	한	이	이	를	을	동	굴	드	맞
발	껍	장	어	견	발	카	용	고	오	히	려	받	대	션	바	문
올	질	바	도	용	곱	셈	젊	적	낌	전	행	대	질	물	솔	의
바	날	문	질	레	레	러	트	파	춤	여	최	악	의	견	은	문
주	절	감	솔	표	날	터	퓨	절	풍	추	대	느	사	일	이	람
트	사	퓨	풍	이	집	굴	도	체	공	달	도	식	물	로	을	자
찍	터	터	자	늘	날	짓	감	레	를	셀	러	발	부	거	카	범

수분
껍질
여전히
관련
도용
이점
오히려
식물로
곱셈
최악의
견디다
햄버거
필드
일이
난로
연못조랑말
공기
예뻐를
신호를
충성

Puzzle 163

다	한	끔	다	부	을	표	끔	범	운	다	을	집	쌀	물	거	돌
이	주	도	질	부	한	은	들	주	부	쌀	동	돌	다	트	거	쌀
은	에	어	을	동	파	을	문	문	체	쌀	적	을	동	달	한	주
루	발	한	한	노	한	트	바	체	부	한	이	자	의	을	을	루
자	로	용	받	북	날	운	노	공	로	의	바	받	측	트	범	주
낌	거	트	들	부	은	트	트	주	주	들	발	절	노	이	발	결
추	선	동	트	당	근	절	이	론	이	소	유	부	동	장	한	쌀
흡	호	부	문	이	대	차	라	원	운	스	어	맞	들	바	한	주
날	자	돌	풍	문	체	주	이	크	인	민	주	맞	느	운	용	요
자	로	를	다	충	족	문	하	용	동	부	바	의	소	법	주	깜
낌	요	한	을	발	주	운	짓	를	방	크	을	도	리	트	주	짝
주	금	솔	받	솔	대	쌀	모	래	가	측	거	용	의	컴	추	다
대	맞	집	동	용	위	위	늘	을	사	터	짓	친	젊	스	을	부
용	아	자	유	쌀	결	바	감	바	회	말	은	굴	다	늘	추	을
이	한	직	법	카	용	을	거	파	노	풍	솔	문	고	거	을	제

가방
소유
회사가
자유
요금
쌀쌀한
소리의
거친
절차
깜짝
하이라이트
이론이
민주
모래가
원인
아직
선호
충족
호흡
당근

Puzzle 164

표	풍	바	한	굽	장	법	람	자	젊	편	리	스	추	바	헌	맞
풍	측	동	트	고	붕	정	책	루	의	안	풍	타	요	정	신	올
외	로	운	장	사	짓	괴	북	이	느	함	바	이	바	은	동	주
굽	션	많	을	부	지	속	에	불	쾌	을	닥	부	춤	춤	레	다
주	자	이	문	행	운	찍	을	서	로	젊	낌	분	바	트	로	용
풍	어	어	요	대	러	을	은	자	은	을	을	느	용	올	장	람
크	적	트	도	자	젊	질	맞	발	추	을	문	을	은	용	날	도
발	적	풍	달	람	로	공	션	집	이	컴	결	문	버	바	스	자
법	크	이	용	말	파	용	받	낌	주	에	바	사	카	이	바	질
개	구	리	션	굽	너	레	적	동	필	은	운	도	법	사	라	바
노	동	트	졸	업	장	맞	쌀	주	견	동	에	고	달	셀	웅	드
을	쌀	위	적	부	바	발	바	동	셀	도	맞	을	끔	자	장	에
문	들	법	받	은	위	기	동	솔	물	장	돌	북	질	트	한	발
비	타	민	을	거	표	대	들	루	셀	어	측	바	맞	들	러	자
은	솔	을	끔	주	용	제	카	사	한	느	발	루	늘	춤	굴	맞

위기
사라
붕괴에서
편안함을
바닥
불쾌
드라이버
스타
추정
많이
지속
헌신
웅장한
졸업장
트리
정책
개구리
비타민
외로운
부분

Puzzle 165

이	한	행	리	치	쌀	동	필	연	션	공	문	동	법	문	레	끔
해	설	세	계	즈	요	질	사	장	기	을	퓨	짓	들	적	모	러
경	고	했	다	행	약	파	적	춤	트	바	고	트	대	북	네	카
커	문	성	인	응	도	입	너	카	주	범	부	스	발	동	이	느
절	뮤	스	파	클	시	대	을	결	동	용	받	주	쌀	끔	드	위
를	스	니	풍	올	카	거	의	혼	동	부	은	들	의	적	컴	필
을	제	로	티	부	는	의	회	동	레	끔	문	파	동	어	들	제
문	이	젊	스	를	은	셀	춤	이	질	늘	카	카	늘	날	거	을
부	을	짓	을	컴	한	바	바	터	달	동	올	받	솔	굽	북	바
리	굴	자	전	다	굴	요	로	용	느	레	트	필	은	버	이	돌
을	주	용	문	젊	들	낌	를	행	셀	고	도	은	루	팔	풍	터
셀	질	고	문	젊	부	발	퓨	요	을	표	을	춤	바	로	질	문
발	한	루	느	질	장	한	달	발	람	어	늘	쌀	루	러	절	다
쌀	달	발	낌	레	너	물	한	말	낌	다	주	체	을	찍	주	받
을	로	올	추	이	천	국	늘	대	레	도	느	을	낌	문	북	필

연기
세계
버팔로
거의
회의는
회의
경고했다
성인
고도
치즈
응시
레모네이드
커뮤니티
해설
천국
도입
거북이
스파클
요약
결혼

Puzzle 166

행	추	낌	발	바	을	바	적	수	바	맞	표	뛰	끔	바	트	부
날	도	트	노	측	쌀	견	젊	정	이	요	컴	어	을	용	동	인
로	사	을	풍	을	끔	발	북	셀	터	요	고	난	결	도	에	상
젊	다	동	션	필	고	도	을	끔	퓨	대	동	직	한	제	요	표
저	항	이	대	동	투	굽	테	마	체	늘	풍	원	말	을	받	달
동	공	솔	매	듭	명	분	모	사	범	한	크	카	필	문	요	카
택	우	카	은	들	컴	한	전	전	루	표	필	트	에	돌	굴	전
시	산	다	맞	리	문	법	절	을	을	크	주	발	견	위	루	달
은	을	보	류	문	다	스	퓨	행	이	을	컴	셀	퓨	의	문	돌
동	발	도	서	관	느	루	날	추	문	크	실	서	주	고	셀	션
을	위	늘	견	을	적	다	굽	트	한	비	제	른	위	은	운	한
액	세	스	스	쌀	느	질	레	날	용	풍	행	대	행	한	장	찍
들	공	파	카	장	북	측	람	퓨	션	도	필	기	끔	운	뉴	을
의	을	문	쌀	주	받	을	다	은	카	느	늘	도	가	용	맞	스
들	리	에	느	춤	운	용	션	질	끔	풍	발	트	을	컴	부	을

우산을
동공
도서관
비행기가
뉴스
매듭
저항
택시
액세스
투명
테마
인상
수정
실제
직원
분모
서른
뛰어난
행운
보류

Puzzle 167

돌	질	솔	요	날	부	감	솔	에	카	거	울	동	퓨	어	발	솔
젊	트	결	청	제	바	패	사	체	공	동	이	장	춤	디	북	발
그	물	을	말	문	주	문	크	젊	대	잡	지	문	크	서	운	행
림	범	바	한	행	감	용	한	동	컴	추	부	한	문	나	돌	끔
자	끔	퓨	덮	여	은	표	레	감	문	문	쌀	로	플	한	물	벽
망	질	고	를	한	바	동	포	리	스	트	에	트	레	스	퓨	화
치	카	크	공	간	다	레	용	자	은	컴	율	질	이	트	트	맞
노	제	동	벨	굽	의	올	굴	법	느	동	유	동	어	한	러	동
들	발	범	용	자	를	물	은	파	도	고	점	사	들	요	집	이
장	동	추	용	기	전	들	견	을	질	문	바	늘	한	을	찍	맞
노	낌	춤	굽	쁜	참	거	운	한	동	파	스	크	찍	표	이	제
춤	은	적	를	동	조	감	견	어	한	절	트	솔	들	주	동	문
흰	로	문	결	한	말	필	사	용	이	맞	사	트	선	트	질	굽
색	거	늘	동	용	감	추	물	다	범	문	은	풍	생	도	용	돌
물	이	법	파	자	발	주	필	찍	노	은	늘	굴	님	바	느	을

공간
벽화
기쁜
포리스트에
요청
참조
여행문제
선생님
잡지
흰색
점유율
거울
유사한
어디서나
부패
벨자전거
그림자
망치
플레이어
덮여

Puzzle 168

로	범	고	쌀	바	측	제	트	시	필	감	러	주	다	괜	결	은
햄	스	터	낌	이	은	크	대	위	게	자	카	쌀	핸	찮	국	제
파	을	물	셀	슬	적	짓	표	크	찍	표	다	식	들	아	표	트
쇼	솔	어	의	무	주	끔	어	자	셀	문	솔	품	을	도	표	낌
를	사	은	분	전	춤	문	행	낌	돌	로	한	들	원	실	샴	맞
대	굽	자	부	터	도	용	문	말	적	셀	트	끔	지	법	손	푸
문	다	발	대	스	끔	받	트	파	낌	이	질	너	운	러	문	질
한	대	에	한	크	로	사	돌	문	결	굽	북	맞	말	늘	을	크
올	젊	카	문	은	이	적	굴	용	문	장	러	동	한	달	은	북
주	트	맞	스	터	요	의	크	파	제	루	바	받	적	체	션	리
물	은	로	높	올	적	문	주	발	어	발	거	을	션	부	터	을
컴	파	루	이	받	바	전	견	행	로	파	절	자	한	문	발	운
스	트	제	북	쪽	으	로	발	션	쌀	법	용	크	너	의	법	공
셀	발	제	늘	쌀	체	문	자	쌀	추	표	람	결	도	맞	추	표
부	의	주	체	다	느	용	질	부	풍	람	주	절	전	퓨	맞	을

감자
높이
시게
지원을
햄스터
국제
샴푸
대부분의
부문의
의무
쇼를
북쪽으로
물어
시트
괜찮아도
이슬
식품
손실을
도전
핸들을

Puzzle 169

크	올	춤	맞	잘	못	된	인	범	젊	문	자	람	부	북	트	도
이	문	트	다	을	받	람	정	공	로	견	어	개	선	제	한	트
표	용	다	말	한	이	부	받	컴	도	가	춤	람	공	은	장	로
냄	날	문	을	바	느	트	을	장	성	상	운	러	을	결	도	어
루	비	셀	변	위	터	용	표	컴	물	건	한	전	러	표	은	추
를	한	위	굴	생	한	받	세	트	를	주	이	에	동	거	트	젊
문	의	범	문	산	문	재	고	올	을	도	받	알	풍	스	질	요
북	자	바	집	거	절	트	이	한	절	카	동	고	쌀	솔	찍	표
퓨	쌀	느	카	들	자	젊	한	발	젊	쌀	한	있	굽	행	어	람
북	솔	솔	카	용	적	한	결	을	필	달	대	는	파	추	바	위
고	스	로	다	펫	파	한	동	너	날	노	감	대	터	집	교	매
이	을	람	쌀	레	카	읽	도	다	터	을	할	춤	크	에	육	달
늘	을	노	절	광	이	는	카	필	위	달	늘	아	로	동	을	려
요	고	찍	거	산	공	이	한	루	동	러	위	도	버	느	위	트
받	솔	거	한	은	결	받	끔	북	낌	문	자	동	끔	지	트	집

변위
전에
재고
세트를
할아버지
물건
읽는
광산
의자
카펫
알고있는
개선
매달려
성장을
가상
냄비
잘못된
교육
인정받을
생산

Puzzle 170

도토리
규제
개발
예상
깔끔한
소년
크리스마스
즐길
슬픈
고향
증가
사무실
플로트
끊지는
정비공
뭔가
와서
소원없이
누가
상점

즐	이	솔	주	낌	레	를	질	깔	끔	한	플	로	트	끔	말	카
길	북	받	문	절	다	굴	표	필	로	은	러	은	에	션	람	바
규	요	느	예	상	트	질	용	솔	을	바	장	법	용	집	개	러
스	제	스	제	운	문	들	운	사	러	발	자	느	짓	트	발	굽
상	측	대	장	발	장	을	스	퓨	무	터	와	쌀	용	달	바	늘
점	감	법	한	이	용	찍	용	올	춤	실	서	도	절	정	비	공
춤	바	부	도	발	없	동	필	고	은	위	도	용	다	다	행	에
를	션	솔	카	북	를	원	러	요	말	질	운	도	굴	절	견	행
슬	픈	크	리	스	마	스	소	굴	운	풍	문	토	동	바	컴	한
스	자	로	쌀	카	견	돌	년	춤	누	을	끔	리	바	동	고	향
표	날	체	도	다	도	루	셀	문	가	트	낌	퓨	말	젊	굽	러
을	솔	발	레	추	받	견	대	받	증	쌀	뭔	파	를	문	북	말
은	레	러	낌	짓	문	은	결	한	리	용	가	카	올	말	쌀	주
한	컴	측	의	루	결	체	용	자	이	젊	절	을	맞	절	션	한
짓	춤	고	컴	노	필	바	체	풍	짓	카	끊	지	는	루	어	견

Puzzle 171

이	한	결	동	발	사	결	끔	문	쌀	오	빠	러	용	사	은	공
부	에	한	주	고	바	집	체	감	퓨	소	른	도	들	느	동	문
굴	다	물	맞	동	용	달	위	받	트	리	솔	발	한	대	발	러
트	바	동	날	다	풍	견	너	에	맞	동	들	운	기	관	춤	의
바	발	셀	를	문	받	측	돌	쌀	공	다	자	을	행	트	굽	다
거	용	장	셀	리	을	질	로	달	사	전	주	분	홍	색	을	집
다	다	풍	사	감	을	의	낌	아	경	찰	관	퓨	문	고	크	동
다	학	배	우	에	서	파	주	래	결	남	부	집	늘	누	감	범
북	견	업	들	션	물	들	용	에	를	맞	노	쌀	찍	구	한	문
제	용	날	적	질	은	크	은	다	집	질	부	질	질	북	집	문
질	장	을	건	강	제	노	도	문	쌀	체	동	전	날	를	고	추
트	럭	트	문	어	바	체	위	을	지	법	솔	발	추	컴	발	제
을	모	양	반	세	금	같	아	요	할	식	느	주	을	스	크	로
추	동	솔	대	늘	수	부	솔	발	당	용	쌀	컴	트	날	측	감
끔	풍	결	쌀	춤	문	건	집	동	사	은	를	레	크	트	을	운

모양
오소리
분홍색
고추
아래에
수건
기관
반대
학업
할당
트럭
누구
지식
남부
건강
배우에서
세금
경찰관
빠른
같아요

Puzzle 172

시도
양파
뽑아
확장
효과
해시계
마음
냄새
말하는
수출을
질문
혈액
그룹
시험한다
노래
방문
당나귀
분출
젤리
이웃도

사	북	바	바	말	발	뽑	풍	로	다	주	풍	어	을	로	이	노
부	제	용	방	문	하	아	표	찍	질	춤	느	말	제	필	웃	감
을	춤	늘	을	질	동	는	주	한	문	문	레	노	용	파	도	운
리	어	달	양	파	바	짓	은	사	카	동	에	늘	동	냄	새	행
그	룹	동	문	돌	다	당	달	맞	견	젤	리	법	제	문	마	음
북	대	자	느	파	로	바	나	적	감	필	루	날	파	레	어	한
트	낌	션	결	한	춤	표	절	귀	장	주	에	측	젊	동	찍	제
도	혈	돌	주	쌀	다	북	체	션	고	의	쌀	너	너	용	용	문
동	액	한	북	바	한	젊	을	에	동	위	범	필	견	낌	에	주
을	돌	추	자	트	문	에	거	바	다	확	장	늘	카	측	트	자
대	위	계	춤	절	트	날	부	한	루	셀	용	적	로	추	퓨	트
주	용	시	노	래	도	찍	늘	범	돌	용	질	다	효	과	사	은
한	문	해	험	표	거	풍	레	집	동	전	짓	집	운	컴	들	용
션	은	로	사	한	감	문	끔	분	출	사	사	바	동	주	을	어
수	출	을	시	도	다	어	체	노	레	행	공	북	자	트	집	은

Puzzle 173

멋	수	집	한	장	의	끔	도	적	은	너	발	스	추	질	루	너
진	말	집	터	동	행	이	춤	트	사	트	터	느	부	고	고	로
을	측	집	위	찍	집	동	동	주	범	한	쌀	도	어	은	받	을
솔	다	노	물	원	테	니	스	체	자	짓	다	을	장	휘	문	레
트	발	낌	느	견	회	용	사	루	셀	말	결	질	끔	크	다	문
되	감	기	짓	발	상	적	을	을	야	사	은	느	한	북	주	크
질	추	부	을	트	추	들	어	쌀	생	바	지	노	을	주	법	운
문	문	굽	요	다	솔	돌	문	션	제	트	발	람	산	업	을	풍
로	도	을	용	동	권	동	체	중	트	적	전	굽	법	위	를	람
행	트	터	공	어	한	동	카	자	찍	레	느	을	은	을	리	너
은	끔	컴	행	로	집	용	동	말	문	적	트	어	바	동	을	문
문	추	바	공	질	바	람	질	쌀	바	조	춤	들	한	동	느	의
질	주	도	햇	빛	느	레	선	거	다	식	바	를	느	말	한	컴
파	달	솔	캠	프	무	의	미	한	표	도	제	박	문	끔	법	터
괭	이	를	바	부	발	고	도	에	동	견	을	쥐	거	제	돌	공

햇빛
바지
캠프
테니스
무의미한
체중
산업을
괭이를
들어
야생
어휘
수집위원회
선거
멋진
용어집
상추
조식
권한
되감기
박쥐

Puzzle 174

라이브러리
포함
교실을
재킷
사소한
왼쪽
유연한
모양을
태도
기간의
폐기물
믿기
상황을
레스토랑
침묵을
나중에
취미
채우기
계산기
온다

고	셀	필	주	나	문	트	바	제	레	느	법	다	동	은	굴	받
견	제	레	이	중	문	파	를	주	자	한	은	견	문	도	용	동
한	카	쌀	온	에	레	용	을	대	도	굴	체	범	북	문	터	를
사	소	한	다	공	은	스	들	바	운	모	취	리	믿	기	도	한
용	쌀	연	스	상	황	을	토	한	이	양	미	터	쌀	우	한	느
말	운	유	태	도	러	발	북	랑	고	을	용	측	말	채	한	공
바	계	산	기	람	거	낌	제	로	장	다	받	감	감	도	너	동
람	다	문	은	낌	늘	추	을	문	바	추	용	포	올	카	한	굽
동	풍	너	한	절	한	전	한	라	이	브	러	리	함	위	한	풍
을	적	션	측	재	킷	교	실	을	퓨	한	결	터	받	에	요	파
파	을	을	도	자	돌	위	운	로	묵	굴	솔	늘	레	표	자	집
을	장	북	한	을	동	사	을	을	굴	침	짓	동	말	쌀	적	부
쌀	문	물	은	솔	공	트	올	쌀	올	문	셀	대	추	람	문	트
찍	를	기	간	의	한	장	을	올	주	춤	쌀	올	로	요	루	표
풍	들	폐	루	주	동	위	왼	쪽	문	느	크	한	표	리	한	필

Puzzle 175

거	거	러	찍	돌	체	온	제	바	견	공	솔	자	에	어	한	젊
웨	스	트	했	다	질	주	도	집	은	한	법	이	질	주	젊	올
강	질	을	돌	거	너	늘	을	계	다	을	공	표	굴	질	부	짓
우	받	젊	동	낌	도	표	한	파	이	위	동	너	결	을	문	짓
날	도	염	소	질	코	카	매	트	체	자	쌀	크	위	느	감	이
솔	날	주	어	적	거	를	우	문	자	견	적	춤	도	공	다	주
발	물	터	이	트	끔	짓	하	질	부	물	측	짓	도	필	도	파
카	터	다	돌	가	다	있	고	지	가	호	러	용	문	용	터	한
행	전	한	결	요	루	낌	날	집	의	텔	요	전	부	집	바	체
너	발	부	고	수	치	들	요	을	상	카	바	쉽	게	솔	바	동
끔	솔	스	에	고	료	동	람	다	업	람	동	낌	돌	을	끔	이
요	문	풍	젖	리	셀	이	낌	절	찍	자	이	루	문	견	발	한
법	퓨	러	은	장	사	끔	결	을	범	모	기	말	의	교	부	행
행	성	인	터	럽	트	문	맞	다	추	로	을	한	을	컴	훈	은
범	회	사	느	체	이	법	부	부	말	노	레	쌀	람	도	동	은

교훈은
온도계이
행성
문자
상업
인터럽트
코를하지
공동
강우
치료
웨스트했다
염소
가지고있다가
회사
호텔
모기
매우
젖은
수요가
쉽게

Puzzle 176

이	어	끔	공	받	용	발	느	컴	쌀	한	견	이	밀	은	주	제
전	찍	람	의	전	대	북	범	레	맞	한	제	말	어	스	푼	끔
쌀	위	어	파	셀	동	어	젊	카	한	물	올	한	이	은	찍	트
기	종	중	파	그	감	두	셀	장	문	로	범	루	이	운	건	바
삼	회	젊	력	림	감	운	쌀	사	를	으	젊	에	에	올	강	선
촌	제	위	달	올	쌀	결	를	용	위	적	용	의	물	문	한	반
퓨	컴	자	용	동	범	한	부	제	파	단	필	을	리	문	낌	터
컴	돌	문	의	다	루	부	족	제	동	극	말	동	끔	은	집	를
행	작	자	문	의	촛	말	을	행	거	문	동	도	달	고	에	요
북	가	원	장	언	제	불	풍	전	굽	한	한	이	맞	다	요	동
말	배	추	애	돌	다	람	퓨	북	발	문	결	너	느	이	카	바
를	주	로	전	문	견	요	크	필	날	결	을	람	한	문	나	동
자	문	발	요	발	거	동	받	동	느	주	션	느	에	문	리	추
요	찍	부	을	한	위	전	를	스	동	셀	제	어	추	션	아	동
동	주	바	날	돌	쌀	돌	필	말	받	요	바	을	노	고	동	맞

촛불
건강한
어두운
중력
삼촌
카나리아
장애
종기
극단적으로
언제
배가
자원
적용
스푼
부족
그림
기회
선반
밀어
작가

Puzzle 177

설	바	북	매	물	문	늘	문	문	측	호	수	퓨	문	맞	을	용
원	탕	로	니	거	어	바	행	느	받	주	터	션	로	터	트	올
다	더	에	저	행	적	필	한	한	로	쌀	견	느	고	루	질	풍
을	트	맞	문	맞	끔	추	트	장	리	측	부	용	백	부	을	이
바	전	이	을	자	문	감	작	을	필	솔	감	장	을	람	측	한
질	끔	를	을	맞	로	어	은	법	절	들	을	전	미	대	과	솔
범	도	은	젊	한	동	제	트	노	트	모	방	을	절	션	학	찍
부	로	한	표	카	도	운	을	용	이	한	짓	응	맞	요	장	파
말	체	어	이	솔	로	에	장	발	문	을	춤	반	기	지	크	물
추	말	문	은	질	느	션	춤	한	을	대	셀	동	바	찍	견	쌀
다	문	을	트	끔	퓨	문	질	시	결	날	연	느	플	레	이	끔
들	대	대	발	거	셀	날	크	금	혼	트	못	찍	질	션	쌀	운
바	범	늘	터	감	소	설	체	치	은	집	벽	완	의	행	문	제
을	범	바	집	고	러	올	에	리	감	물	대	문	받	차	발	을
고	너	짓	용	끔	사	맞	다	동	에	우	유	트	느	지	도	느

원더
우유
호수
결혼은
반응을
문제
미션
연못벽
반기지
차지
설탕에
소설
모방
매니저
플레이
완벽
과학
고백을
시금치
작은

Puzzle 178

밝은
실망
홀리
오리
노동
가지고
외부
파운드
탐구
조정
통지
재사용을
공식적으로
섹션의
매력적인
화창한
메뚜기
영향을
낙타
증명

부	전	체	발	탐	올	섹	주	공	화	범	은	도	이	견	날	트
측	컴	절	바	구	솔	션	위	이	을	창	전	트	물	를	요	행
가	지	고	거	스	도	의	러	고	크	을	한	밝	쌀	질	오	느
법	통	조	공	식	적	으	로	바	젊	에	다	은	풍	올	리	용
트	동	정	추	자	질	요	파	질	다	을	다	노	전	한	를	말
파	법	대	올	받	사	들	물	다	한	발	요	사	행	트	쌀	동
운	돌	용	트	대	거	다	트	장	카	트	크	전	쌀	끔	체	달
드	물	제	자	용	풍	북	짓	퓨	한	쌀	제	자	다	측	문	찍
로	컴	질	장	들	젊	은	굽	거	주	재	사	용	을	어	발	위
로	을	한	터	도	행	동	레	외	범	레	늘	사	션	풍	문	트
메	뚜	기	증	명	을	문	도	로	부	문	공	늘	느	고	노	동
어	운	결	쌀	트	퓨	주	로	대	질	절	거	문	표	견	주	거
로	받	결	견	문	끔	홀	바	돌	장	용	바	용	받	를	춤	이
실	용	문	바	느	루	발	리	영	향	을	매	력	적	인	트	사
망	굴	카	한	돌	사	요	주	돌	어	한	북	돌	낙	타	자	바

Puzzle 179

션	부	동	찍	찍	물	날	거	코	복	싱	필	법	퓨	요	에	주
상	카	트	느	주	을	한	동	요	제	동	풍	요	대	찍	어	자
승	들	풍	러	날	로	다	루	테	고	측	위	범	요	션	읽	트
용	부	한	장	올	리	에	발	거	바	루	굴	의	문	을	기	노
묶	트	용	어	주	결	황	도	한	을	돌	북	문	사	스	에	부
로	여	어	캠	페	인	야	간	단	한	날	부	솔	러	포	션	풍
행	컴	보	부	절	체	맞	법	문	한	범	추	발	문	츠	발	법
자	열	다	쌀	션	문	에	범	도	제	장	컴	들	젊	바	질	터
다	이	한	을	거	적	에	고	들	한	가	굴	한	루	체	올	카
치	명	적	리	트	람	레	로	질	집	요	돌	추	한	터	이	다
젊	임	적	법	동	크	컴	집	복	이	길	체	대	달	은	질	결
문	용	너	필	어	주	스	노	용	육	보	체	느	물	부	낌	범
집	파	감	북	을	부	람	필	루	두	일	느	측	루	감	도	풍
발	동	필	트	찍	풍	리	이	은	구	사	사	스	낌	을	체	거
퓨	고	스	다	짓	문	주	법	개	방	문	을	질	쌀	굴	은	다

복용
복싱
간단한
위의
읽기에
스포츠
임명
캠페인
황야
묶여
코요테
상승
용어보다
육두구
이길
치명적
개방
보일
열이
문제가

Puzzle 180

후에
냉장고
가시적
너트
질문을
조상
위험
테이크
생강을
모험
비명
지켜
인식
시리즈
식별
무거운
가득
환자
고드름
동물

무	션	자	을	주	한	동	제	냉	문	리	굴	낌	을	질	생	한
컴	거	테	이	크	도	범	레	장	느	트	감	달	느	달	강	견
너	트	운	가	시	적	가	문	고	받	자	적	고	젊	대	을	위
한	크	레	짓	후	에	득	동	한	발	운	날	레	짓	풍	문	한
추	절	식	인	도	동	문	체	표	북	끔	시	장	을	들	질	을
받	은	별	느	환	자	트	퓨	이	바	터	한	리	제	공	자	올
말	풍	공	달	제	적	바	동	로	운	퓨	발	동	즈	범	로	공
풍	찍	발	고	드	름	바	도	물	한	절	부	위	에	말	북	크
어	바	공	이	한	발	문	용	한	지	물	을	험	모	들	제	바
발	북	결	풍	로	트	트	돌	장	켜	젊	집	법	은	질	대	을
거	자	에	바	이	요	고	물	다	북	은	문	집	동	노	적	트
부	이	한	이	용	법	문	비	전	자	어	동	운	범	체	요	제
공	한	노	질	고	측	요	명	카	트	트	트	을	너	자	주	낌
춤	요	바	공	돌	람	리	파	조	상	법	러	문	짓	은	다	컴
대	위	바	크	적	다	사	날	끔	쌀	동	을	은	요	날	굴	동

Puzzle 181

최	젊	교	터	끔	부	느	춤	공	결	로	굽	집	행	결	찍	간
범	종	수	찍	찍	늘	동	찍	노	크	공	결	필	거	결	대	호
두	께	의	웜	한	돌	뒤	돌	적	어	를	발	올	은	거	바	사
주	션	은	은	자	너	터	에	동	문	를	날	끔	제	추	솔	위
트	한	동	표	션	동	로	문	바	디	들	필	로	발	로	체	은
문	법	을	에	러	동	발	솔	들	에	다	운	위	쌀	셀	날	리
불	규	칙	추	끔	트	셀	용	전	들	쌀	동	북	환	경	텐	트
젊	맞	질	측	한	쌀	여	연	령	한	맞	젊	루	제	퓨	장	을
질	낌	쌀	사	도	동	든	행	바	문	적	너	던	져	동	노	의
굽	적	체	트	거	용	를	크	주	짓	춤	거	바	체	은	을	주
거	동	맞	물	카	제	은	의	은	을	이	감	을	리	굴	은	체
찾	기	늘	드	먼	지	파	한	에	의	필	들	올	발	전	추	늘
결	러	바	날	래	너	용	질	행	한	증	바	느	찍	용	컴	동
동	춤	받	어	은	곤	루	풍	날	일	오	절	동	에	짓	로	찍
질	혼	자	문	굴	굽	문	도	굴	견	노	바	이	을	레	늘	의

먼지
던져
불규칙
연령
증오
오일
최종
여든
찾기
바디
드래곤
환경
웜은
텐트
간호사
교수
두께의
혼자
끔찍한
뒤에

Puzzle 182

게	짓	터	끔	루	모	전	교	북	현	감	지	을	거	페	표	어
부	시	책	가	방	든	트	은	회	명	고	트	풍	로	인	장	레
사	랑	하	는	워	은	추	문	심	한	루	공	용	은	트	끔	노
이	을	자	을	드	카	집	람	각	바	달	행	발	을	주	한	동
을	람	감	자	타	원	형	드	한	발	자	운	루	느	트	문	굽
토	한	평	들	자	동	션	레	굽	추	크	늘	주	이	문	공	맞
트	론	방	람	질	달	늘	이	리	받	전	물	굴	끔	바	람	솔
컴	체	말	람	대	대	공	크	은	측	장	레	동	대	말	법	절
트	문	도	이	동	파	집	을	말	질	동	짓	부	터	들	람	한
어	북	질	리	끔	도	주	질	집	법	들	발	쌀	풍	행	파	리
료	무	트	을	리	션	쌀	동	리	추	카	필	자	굴	동	행	물
거	대	문	요	북	한	문	터	구	행	굴	요	굽	올	젊	대	을
짓	동	표	발	트	느	발	동	성	노	바	로	추	문	질	바	파
공	행	트	트	고	물	투	자	집	요	람	질	을	북	을	끔	거
리	솔	맞	다	컴	을	주	바	날	동	문	트	부	쌀	표	물	트

타원형
감지
워드
구성
무대
평방
모든
필요로
무료
드레이크
페인트
투자
구리
심각한
현명한
토론
게시
사랑하는
책가방
교회

Puzzle 183

문	발	거	부	올	끔	법	부	달	질	동	말	대	발	현	수	집
법	레	질	젊	제	솔	예	바	스	들	람	바	칠	레	안	대	도
러	트	한	을	한	집	찍	외	끔	졸	문	장	면	돌	션	부	을
한	맞	중	대	풍	자	노	람	동	린	터	절	조	한	러	한	장
절	적	요	도	질	적	카	이	쌀	문	를	컴	바	젊	루	공	행
행	결	한	트	동	레	법	너	낌	셀	터	다	자	사	범	질	춤
문	을	별	오	자	로	고	표	발	은	발	돌	견	주	전	솔	달
문	늘	특	류	를	러	부	굴	적	요	표	주	연	요	로	스	파
발	어	부	맞	한	객	전	퓨	은	추	동	낌	필	용	집	용	주
표	배	심	원	을	체	한	를	견	문	말	주	용	얼	음	문	로
은	달	을	용	송	를	용	돌	스	북	발	다	바	을	돌	행	들
이	모	다	범	전	동	동	어	진	을	질	쌀	도	다	시	낌	감
때	문	에	동	파	노	행	동	주	정	아	웃	을	적	스	믹	결
결	감	션	로	로	젊	체	북	주	늘	한	사	주	공	템	결	을
을	맞	을	들	로	셀	바	용	카	절	끔	발	돌	필	을	찍	의

수집
졸린
객체를
때문에
예외
얼음
믹스
진정한
대안
중요한
특별한
배심원을
오류
이모
시스템
칠면조
연필
아웃
현대
전송을

Puzzle 184

기	쁘	게	접	근	컴	방	동	퓨	의	요	셀	문	춤	질	달	쌀
올	컴	주	공	결	도	향	한	에	다	인	맞	부	트	문	용	제
은	쌀	집	동	끔	부	운	짓	굽	을	을	카	손	러	절	한	공
도	늘	도	짓	춤	적	바	짓	한	동	짓	우	가	침	대	도	표
느	을	한	은	다	풍	달	춤	풍	적	집	보	락	동	고	구	터
부	문	동	도	방	필	결	굽	차	레	동	이	들	운	측	한	도
짓	동	바	터	법	전	로	을	량	젊	부	용	짓	트	늘	표	러
굽	장	트	트	을	질	카	솔	연	한	솔	을	트	달	크	러	질
적	체	느	도	보	운	대	론	결	정	지	를	주	굽	측	너	은
자	풍	러	루	고	고	낌	로	자	짓	사	바	문	기	대	의	쌀
을	문	을	늘	쌀	부	적	이	에	풍	러	로	돌	젊	금	동	동
람	람	크	달	사	터	컴	발	적	러	동	쌀	질	보	법	의	잘
블	리	드	카	물	을	문	터	발	한	전	의	돌	너	였	한	못
제	동	스	말	주	풍	집	자	범	루	고	용	버	전	행	다	이
를	짓	절	트	짓	용	트	자	쌀	용	문	의	루	끔	부	공	바

버전
잘못이
카우보이
방법을보고
결론
기금
차량
접근
침대
부러
요인을
방향
기쁘게
연결
블리드
제공
도구
정지
손가락
보였다

Puzzle 185

느	질	풍	파	문	이	야	기	는	체	이	느	은	전	선	파	이
파	터	파	인	트	춤	도	굽	바	노	의	결	자	한	택	발	파
집	추	요	애	전	법	법	노	한	운	전	행	은	적	은	굽	일
다	들	로	플	동	차	욕	을	대	동	략	굴	러	용	견	도	럿
동	대	느	끔	한	발	발	망	결	코	바	바	굽	감	법	어	운
테	버	람	쌀	동	이	요	범	을	집	자	파	한	을	발	체	한
이	섯	실	말	션	느	다	너	북	체	들	느	파	슬	리	여	부
프	체	올	맞	동	부	용	요	결	정	하	는	북	굴	부	제	위
절	동	들	은	리	문	문	짓	쌀	문	이	거	짓	을	리	을	낌
북	은	문	의	위	어	문	이	바	터	트	은	측	다	약	트	견
람	한	한	문	부	크	돌	이	표	트	느	도	로	굽	한	트	로
고	한	용	위	바	에	셀	를	션	풍	지	역	은	크	게	표	이
크	션	질	발	레	측	전	도	끔	을	맞	을	찍	솔	루	도	로
를	컴	운	느	것	느	한	동	대	춤	표	운	법	춤	느	동	를
체	북	이	로	이	질	문	전	질	전	동	셀	암	탉	동	춤	느

결정하는
결코
욕망을
약한
전차
암탉
실버
지역은
선택은
버섯
크게
파인애플
여부
이야기는
테이프
전략
발굽
것이
파일럿
파슬리

Puzzle 186

토	바	초	크	굽	느	법	너	은	굴	인	터	뷰	올	한	퓨	동
어	크	전	콜	느	발	크	거	이	원	직	용	너	은	로	측	제
은	한	바	컴	릿	표	기	돌	름	대	낌	돌	제	솔	받	쌀	법
결	자	절	춤	법	돌	용	은	법	바	상	부	집	요	맞	결	문
이	부	물	바	동	끔	부	트	낌	컴	자	로	달	거	추	체	질
발	노	질	은	다	동	받	쌀	편	지	적	절	한	주	질	을	로
터	문	젊	레	찍	자	너	문	주	끔	를	의	달	요	춤	발	크
에	은	짓	동	도	질	적	필	션	이	공	컴	솔	즘	낌	바	을
장	완	료	체	리	터	어	발	집	끔	낌	추	동	질	운	문	터
북	굴	한	자	달	고	들	받	느	다	낌	을	에	쌀	질	규	주
컴	공	한	위	결	도	바	파	올	스	용	문	트	감	바	칙	견
젊	이	도	보	집	자	의	텔	레	비	전	화	로	을	문	젊	은
부	바	전	카	파	을	돌	감	트	서	적	재	낌	늘	트	로	자
체	리	자	부	문	동	러	범	달	느	끔	트	필	문	동	문	장
필	한	발	터	동	반	자	러	질	에	행	검	사	위	크	한	한

요즘
토크
도보
크기
이름
텔레비전
대상
편지
체리
초콜릿
규칙
적절한
동반자
서비스
물질
직원이
화재
검사
인터뷰
완료

Puzzle 187

동	은	로	체	스	스	바	돌	레	컴	짓	트	측	어	문	춤	요
발	이	론	쌀	로	사	터	로	적	집	쌀	터	노	쌀	굴	을	션
법	카	위	션	문	퓨	람	바	이	크	다	을	측	고	컴	로	용
동	적	내	발	루	법	동	굽	질	제	한	들	솔	문	주	공	문
부	동	내	느	장	끔	을	범	금	퓨	공	컴	동	발	전	동	말
질	디	늘	꼈	와	굴	발	적	소	개	에	루	카	젊	다	견	은
법	치	자	다	인	올	견	올	질	문	파	쌀	동	복	트	은	트
동	약	춤	인	문	돌	들	바	문	자	크	한	끔	도	문	리	레
주	조	질	발	측	들	의	동	사	동	일	요	일	춤	자	동	한
받	류	한	이	루	견	주	바	제	안	운	받	동	도	대	제	레
들	전	굴	스	트	립	부	카	은	스	문	들	레	표	러	이	측
쌀	컴	달	말	위	사	정	느	한	듣	찍	은	리	을	탄	적	문
너	퓨	를	문	범	동	적	질	다	완	고	신	찍	을	솔	생	다
운	날	동	문	은	터	인	늘	굴	화	날	발	지	우	개	도	크
춤	부	부	자	솔	한	션	고	동	물	한	레	동	동	은	자	질

와인
탄생
동안
소금
일요일
지우개
치약
느꼈다
완화
디자인
복도
신발
부주의
듣고
이론
부정적인
소개에
스트립
내내
조류

Puzzle 188

부	션	문	목	중	바	곱	진	을	한	서	모	카	를	카	이	동
찍	한	러	적	문	복	하	술	대	젊	둘	양	동	질	추	달	람
행	공	자	트	자	느	기	쌀	트	북	러	의	러	쌀	거	질	굽
발	견	요	올	동	카	은	동	자	한	로	터	물	물	범	젊	범
느	행	셀	부	루	람	한	도	위	쌀	솔	레	발	돌	파	부	도
발	짓	로	크	대	공	주	감	장	트	문	문	용	발	운	노	자
을	발	리	은	물	린	끔	받	보	장	올	활	조	연	기	를	낌
거	퓨	문	풍	다	한	문	솔	터	춤	법	동	건	체	측	계	쌀
제	리	공	도	감	로	을	주	로	을	터	굴	이	셀	결	단	상
바	북	루	너	로	받	트	부	션	크	감	셀	젊	공	북	도	제
찍	조	감	단	편	역	낌	람	동	다	달	왕	을	러	운	비	스
사	동	심	정	컴	할	도	측	을	다	다	자	리	날	북	참	트
한	문	노	발	도	에	운	문	날	를	장	로	동	적	은	한	이
람	바	셀	동	크	표	한	로	범	질	돌	요	많	은	지	도	찍
이	춤	쌀	체	위	측	늘	짓	카	거	젊	장	주	은	고	터	돌

연기를
단계를
물린
상단
왕자
조심
비참한
곱하기
조건이
목적
감정
역할에
활동
많은지도
진술
모양의
단편
서둘러
중복
보장

Puzzle 189

맥	너	발	소	다	바	풍	사	스	크	달	풍	터	러	동	이	다
주	끔	위	로	낌	대	어	운	한	주	물	들	동	고	안	은	올
크	래	들	느	감	젊	문	범	굽	요	한	대	문	무	락	견	자
이	세	공	느	북	한	바	요	요	표	달	짓	터	제	군	자	다
이	탁	한	전	달	스	을	크	동	사	절	한	퓨	바	대	젊	전
행	스	바	파	질	카	날	느	이	을	동	리	한	한	도	레	를
감	으	에	사	받	발	운	문	카	찍	파	감	업	북	컴	터	은
부	르	자	이	도	제	카	풍	느	노	쌀	굽	데	토	요	일	은
트	렁	올	체	전	달	풍	구	스	베	리	사	이	맞	풍	바	질
필	주	용	날	바	트	용	제	트	견	질	자	트	낌	달	카	동
느	한	동	의	발	대	가	출	주	장	날	공	장	주	루	트	운
달	용	을	측	자	문	도	노	대	절	저	장	고	가	표	동	고
람	문	느	감	행	을	고	한	자	은	질	들	래	문	동	리	람
자	트	바	짓	행	여	말	거	물	늘	체	스	측	다	파	자	공
은	북	사	에	어	바	성	낌	짓	결	발	터	추	른	트	결	돌

- 여성
- 에이전트가
- 저장
- 고래
- 으르렁
- 주장
- 제출
- 토요일은
- 동사
- 가장자리
- 바다
- 구스베리
- 다른
- 세탁
- 안락군대
- 업데이트
- 크래들
- 소다
- 맥주
- 고무

Puzzle 190

- 마지막으로
- 가까이
- 좁은
- 지구를
- 휴식
- 클립시계
- 따라서
- 스테이션
- 자연
- 이야기
- 불행
- 명랑
- 도랑
- 입학
- 컴퓨터
- 지출
- 거위
- 수박
- 보트
- 어떤

따	라	서	레	체	질	공	장	파	문	람	어	쌀	노	을	러	체
북	발	용	레	레	한	추	러	카	은	요	끔	문	퓨	스	주	을
한	컴	체	제	트	질	공	고	문	에	로	늘	범	요	요	셀	트
어	문	루	도	은	장	퓨	보	로	바	불	로	클	립	시	계	휴
트	수	박	컴	에	동	동	트	컴	젊	행	한	좁	은	도	자	식
트	감	제	문	굴	마	이	대	사	주	표	을	위	다	랑	명	맞
체	셀	트	표	은	지	끔	트	필	을	돌	너	요	한	트	범	끔
문	표	동	쌀	대	막	레	필	은	레	에	스	이	야	기	견	짓
입	학	한	트	질	으	트	한	바	느	달	트	리	젊	동	질	크
질	용	한	거	자	로	로	퓨	을	젊	감	견	굴	거	위	사	솔
부	한	요	크	한	연	절	어	맞	문	운	람	다	을	전	측	절
스	문	동	가	까	이	절	굴	다	느	행	솔	측	젊	굽	발	찍
테	찍	출	지	주	끔	크	동	짓	문	느	물	맞	컴	집	맞	동
이	행	리	구	어	거	들	늘	젊	용	문	의	루	로	퓨	어	말
션	체	발	를	용	바	쌀	리	너	은	트	을	한	한	한	터	떤

Puzzle 191

이	알	루	한	제	행	쌀	추	이	다	자	흔	주	루	바	공	솔
션	고	람	느	요	한	이	찍	달	동	포	크	들	표	현	낌	부
밀	가	루	돌	동	운	린	전	파	행	실	필	문	리	물	부	절
리	의	필	사	다	주	어	로	리	리	자	노	람	풍	는	부	자
젊	동	로	추	끔	물	법	루	에	파	트	느	질	문	하	발	은
부	카	돌	행	터	다	트	바	사	질	집	레	작	도	행	을	컴
한	올	어	이	동	람	운	문	코	스	다	자	업	장	수	견	파
셀	대	돌	찍	대	션	도	무	지	개	용	랑	의	적	다	신	문
셀	문	문	파	노	을	느	트	컴	표	거	스	어	은	낌	북	솔
바	가	난	한	질	절	춤	트	동	한	대	럽	을	브	크	낌	달
발	쌀	루	도	을	한	은	쌀	견	노	감	게	말	라	바	발	을
느	북	고	굽	체	한	크	은	컴	동	장	느	트	운	카	한	사
감	굽	용	을	문	이	람	위	완	두	콩	한	맞	느	로	문	주
로	위	용	들	레	을	한	한	문	자	문	도	달	바	트	동	법
을	감	로	터	다	행	찍	정	션	동	집	터	솔	리	질	레	바

작업의
코스
파리
어린이
포크
동행
자랑스럽게
수행하는
완두콩
표현
한정
밀가루
알고
이전
가난한
실행
브라운
흔들리는
무지개
신문

Puzzle 192

이	한	전	마	너	대	느	결	감	가	유	이	향	경	알	자	발
이	자	행	커	절	람	다	너	을	질	은	굴	이	험	려	자	카
달	감	의	루	장	들	주	사	낌	다	올	젊	거	을	진	션	이
용	너	바	느	범	리	행	잉	태	부	트	절	주	로	로	솔	견
동	올	찍	발	루	결	질	춤	문	람	맞	동	추	로	한	사	서
문	도	콘	리	질	적	체	은	부	에	맞	어	받	체	범	절	식
체	문	문	도	도	올	트	행	젊	문	한	받	키	솔	장	말	지
한	하	강	바	르	터	람	낌	질	도	집	부	가	맞	북	솔	주
곤	를	은	레	발	의	짓	람	사	카	사	리	크	부	떠	나	컴
피	한	이	쌀	한	사	바	견	레	바	범	레	운	천	추	짓	주
션	하	낌	을	사	퓨	법	전	은	느	절	한	도	트	맞	늘	스
자	루	기	여	느	결	터	공	결	질	물	고	파	동	질	받	행
셀	필	아	스	틱	은	루	문	트	터	다	고	토	마	토	감	늘
부	은	표	범	공	동	동	발	전	로	고	받	쌀	공	트	문	추
문	한	위	크	어	필	람	은	러	부	표	터	동	받	솔	자	필

스틱은
부추
서식지
피곤한
경향이
여기
마커
떠나
알려진
아기
하강
잉태
이유가
키가
토마토
경험을
피하기
콘도르의
추천
표범

Puzzle 193

루	다	끔	퓨	장	요	측	요	대	문	질	늘	다	형	자	트	레
측	느	용	트	요	제	문	목	욕	발	발	을	법	요	태	제	위
공	눈	송	이	다	한	늘	측	집	파	을	들	리	문	컴	로	춤
람	추	대	키	북	절	적	법	견	실	현	을	셀	어	말	돌	돌
기	각	짓	위	결	추	바	금	융	느	셀	행	들	솔	포	범	에
젊	느	부	주	그	의	맞	도	파	터	션	오	프	너	결	스	너
거	한	도	범	려	얼	굴	표	준	션	을	동	결	로	공	들	트
은	발	은	리	컴	느	래	대	대	발	문	한	사	트	발	날	코
끔	감	도	바	자	전	거	느	도	코	거	돌	필	터	에	발	전
파	달	을	주	퓨	어	춤	젊	필	니	부	느	사	카	위	카	바
자	주	노	풍	돌	물	잊	은	로	자	대	체	범	동	거	을	측
체	발	짓	신	스	날	지	카	표	부	주	한	어	동	부	문	집
에	춤	추	뢰	날	셔	츠	다	쌀	달	을	기	리	한	표	주	위
체	제	도	어	북	트	용	굴	한	루	너	측	본	트	어	터	발
트	컴	리	의	요	람	말	쌀	법	동	바	돌	부	집	사	끔	측

표준
자전거
키위
그려
얼굴
기각
코트
발코니
눈송이
실현을
오프너
셔츠
기본
거래
금융
형태로
잊지
목욕
포스트
신뢰

Puzzle 194

경찰
베이킹
유령
수리를
과일
물개
운영
내용
이미지에
발렌타인
함께
첨부
어깨한다
차단
대한
라인
죄송
로켓
유리한
소수

운	받	사	법	바	베	체	부	받	문	짓	끔	체	요	쌀	맞	용
영	노	로	트	짓	이	내	너	다	한	러	늘	한	한	추	용	달
동	견	카	을	체	킹	용	로	감	질	부	질	크	은	주	동	위
맞	한	트	첨	바	문	고	한	범	바	바	들	레	바	위	파	젊
말	로	적	부	추	동	바	고	맞	짓	을	트	견	장	이	용	셀
카	측	한	용	퓨	도	필	절	트	리	에	낌	에	들	맞	트	전
물	한	크	크	추	느	행	경	을	받	문	솔	한	낌	죄	송	은
어	운	바	리	이	짓	퓨	동	찰	자	늘	이	의	주	발	자	절
주	전	도	은	다	맞	추	너	은	운	전	미	끔	발	렌	위	용
로	북	도	절	은	돌	집	물	늘	셀	솔	지	문	굴	타	요	측
유	레	노	결	들	찍	한	을	거	차	요	에	은	굽	인	라	발
령	카	행	결	사	과	일	수	소	수	단	을	대	풍	로	날	결
장	굽	문	터	감	대	들	리	올	문	함	께	물	개	켓	동	맞
의	발	은	대	동	제	공	를	느	제	행	람	느	운	추	한	이
이	트	이	감	한	어	깨	한	다	도	을	문	유	리	한	절	행

Puzzle 195

문	을	체	트	문	다	리	도	원	헬	크	을	레	은	말	범	결
크	이	과	즙	이	로	트	로	자	리	느	트	을	춤	문	도	질
절	경	열	망	사	집	동	다	을	콥	솔	거	도	로	너	하	도
범	력	종	을	건	다	들	자	한	터	이	달	돌	크	적	키	장
션	레	료	감	굽	물	레	전	느	절	동	발	필	컴	용	질	크
을	의	와	을	동	자	을	한	어	요	거	표	추	적	도	젊	표
도	다	날	리	더	스	굴	절	날	에	낌	주	너	자	평	로	북
문	범	견	한	질	북	트	춤	동	트	위	이	들	를	야	타	고
느	다	위	찍	주	름	적	이	레	트	맞	자	을	느	도	파	느
맞	춤	한	스	표	루	도	올	굽	문	로	고	섬	세	한	발	레
쌀	늘	을	동	카	맞	춤	법	평	물	문	문	끔	용	을	돌	레
선	박	동	부	말	프	이	범	다	면	자	발	고	바	기	차	받
짓	들	문	을	수	행	느	질	끔	도	발	쌀	올	은	발	전	젊
파	집	를	도	어	이	사	요	로	낌	문	맞	람	로	대	동	낌
집	돌	발	고	굽	굽	바	짓	감	운	한	전	화	루	동	날	위

리더
주름
섬세한
하키
기차
열망
스카프
원자
경력
평야
선박
맞춤법
과즙이
종료와
전화
타고
건물을
헬리콥터
평면
수행

Puzzle 196

에	주	물	자	이	셀	은	이	세	대	좋	아	이	전	를	격	에
로	감	물	이	맞	질	노	날	집	질	문	대	이	측	찍	솔	리
를	추	동	표	자	맞	북	결	셀	감	리	들	전	상	크	고	도
트	법	주	고	퓨	용	트	도	느	동	발	어	너	필	한	늘	집
표	카	트	발	너	카	바	북	초	이	문	북	러	카	리	찍	로
감	동	늘	은	어	발	찍	트	동	점	노	자	문	노	끔	트	결
고	받	운	성	늘	한	범	끔	쌀	대	물	너	쌀	화	가	표	러
물	결	전	숙	풍	도	포	켓	어	트	스	펀	지	찍	을	들	다
노	장	사	문	바	솔	배	한	자	젊	공	정	람	대	필	집	공
표	자	로	션	질	크	적	견	한	을	질	집	트	동	적	부	집
를	카	맞	공	문	을	부	적	향	션	집	측	트	북	용	적	노
다	레	말	느	한	말	범	로	해	학	철	회	거	셀	늘	트	문
느	체	에	리	결	의	문	한	위	교	올	은	용	크	발	풍	큐
용	말	을	들	절	느	리	로	더	러	운	을	을	쌀	질	파	피
끔	빈	곤	을	거	에	범	위	춤	을	필	발	발	질	요	어	드

성숙
배포
위해
큐피드
운전사
공정
초점
더러운
좋아
빈곤을
철회
화가
학교
스펀지
이상한
감동
향해
포켓
격리
세대

Puzzle 197

춤	차	을	발	농	행	지	질	을	다	문	제	찍	감	도	주	젊
이	늘	용	어	장	북	역	문	굴	뛰	어	터	질	느	은	다	바
부	바	대	어	장	극	션	행	용	자	추	하	느	낌	의	거	쌀
도	위	명	표	를	이	들	추	말	장	트	마	한	제	을	리	맞
자	고	확	춤	발	찍	질	위	파	법	리	로	누	컴	자	주	굽
짓	을	하	아	컴	한	추	감	돌	풍	사	트	출	버	다	을	바
부	측	게	컴	내	터	굽	독	들	문	한	적	올	스	끔	들	이
을	노	느	굴	이	이	자	결	운	은	달	트	노	트	정	를	춤
부	대	절	법	쌀	표	바	절	스	용	다	이	법	를	부	위	트
주	바	주	레	결	로	소	을	을	파	솔	노	개	최	자	사	트
도	착	바	바	풍	트	음	션	다	질	레	압	은	느	들	한	느
을	용	결	올	트	노	검	루	이	돌	호	기	력	시	주	견	동
을	문	트	바	로	들	은	공	주	터	필	한	받	크	한	로	필
법	러	추	필	적	한	한	문	발	루	문	결	이	트	발	제	날
법	문	짓	을	산	만	스	크	맞	도	노	절	리	루	바	절	이

시력기호
정부
소음
돌풍
차용
도착
누출
산만
압력
하마
개최
뛰어
농장
검은
감독
아내
버스트를
지역
명확하게
북극이

Puzzle 198

조건
최대
간다
잠금
기사
분수
사업
여우
필요한
다음에
다양성
행동하라
편집
블록
추격
우울
작업이
입술
행위
블랙

들	문	운	에	쌀	느	장	추	거	작	한	어	퓨	적	달	을	측
끔	굴	한	레	카	발	블	운	문	업	트	사	로	을	동	위	터
이	쌀	용	트	퓨	행	랙	범	젊	이	트	동	분	굽	은	은	집
자	전	끔	견	문	위	로	행	동	하	라	사	수	바	춤	견	문
용	추	법	쌀	북	어	적	절	블	를	돌	카	문	쌀	질	위	날
을	트	제	장	절	동	노	느	도	록	요	굴	트	트	로	북	은
운	요	자	발	성	거	춤	거	질	은	트	울	너	필	자	을	집
돌	장	쌀	간	양	은	요	맞	범	느	한	여	우	요	크	전	느
말	결	에	음	다	한	자	터	자	바	질	한	이	한	제	공	돌
은	사	트	결	바	돌	을	부	이	다	제	주	을	바	부	추	짓
에	전	한	굴	용	카	최	트	바	질	용	을	발	사	업	격	문
제	트	람	부	잠	금	대	한	너	체	기	카	바	거	도	고	조
말	트	동	이	젊	제	올	날	한	결	사	입	술	동	짓	사	건
자	크	편	집	낌	요	문	표	주	에	을	늘	한	동	위	느	법
바	법	크	질	로	리	달	북	행	집	느	필	쌀	도	를	젊	찍

Puzzle 199

공	춤	위	추	집	대	돌	정	치	바	쌀	숨	부	문	극	장	너
개	미	성	가	트	결	부	다	동	문	날	기	날	트	렁	크	다
대	부	낌	파	법	돌	크	문	한	자	노	기	체	한	체	바	을
북	은	을	법	발	젊	이	끔	족	이	들	범	이	문	서	법	날
를	파	을	도	주	딸	범	바	제	부	한	표	은	의	랍	법	한
발	람	컴	체	풍	기	용	표	비	궤	도	고	동	한	찍	찍	사
느	체	물	공	의	대	을	끔	말	한	물	제	발	쌀	물	물	발
부	셀	용	주	문	다	한	바	적	컴	끔	표	굽	느	트	물	질
거	동	컴	느	발	바	부	추	한	은	한	필	낌	감	린	날	션
측	짓	트	부	결	법	회	한	들	문	대	동	을	레	요	낌	동
위	을	올	트	주	늘	색	부	법	이	한	행	리	은	트	위	문
쌀	부	사	노	를	부	필	발	다	고	측	쌀	셀	트	에	은	위
터	람	은	이	용	운	람	노	을	문	눈	행	을	쌀	자	전	늘
용	올	에	들	질	반	딧	불	로	트	물	꿀	벌	트	위	레	면
짓	의	러	거	음	료	노	비	워	도	동	북	동	달	러	발	측

음료
트렁크
전면
족제비
반딧불
비워
개미성가
숨기기
노을
극장
정치
서랍
궤도
회색
눈물
자위
딸기
거짓
느린
꿀벌

Puzzle 200

라	풍	컴	들	람	결	굽	춤	솔	의	위	바	북	늘	러	파	노
스	디	한	발	춤	말	러	자	어	를	주	끔	터	도	느	로	집
굴	느	오	트	자	용	맞	노	느	한	체	질	범	메	맞	주	발
용	굴	주	쌀	유	연	범	터	문	동	한	로	을	이	제	파	이
느	물	문	다	소	컴	에	장	적	스	동	퓨	행	크	늘	이	셀
사	북	자	터	자	견	법	리	소	형	말	셀	바	업	솔	쌀	범
바	문	문	표	제	주	동	긴	급	주	은	동	질	보	북	트	늘
다	제	낌	동	들	한	리	동	허	추	북	주	이	한	물	은	은
쌀	이	젊	들	소	에	맞	트	수	견	도	이	노	문	노	느	퓨
풍	낌	범	절	위	러	트	용	아	을	장	스	다	동	찍	감	루
거	은	낌	제	도	야	외	감	비	트	맞	위	결	터	한	의	로
요	춤	범	거	질	한	답	표	늘	크	주	셀	을	책	상	을	법
가	정	이	다	착	용	변	짓	퓨	체	부	루	운	에	다	이	솔
러	시	를	적	전	다	절	도	솔	셀	고	공	편	발	어	발	로
레	법	기	린	집	날	낌	추	두	려	움	도	안	구	울	바	로

메이크업
소형
보물
두려움
답변
허수아비
소유자
야외
자연에
기린
책상을
들소
가정이다
솔로
구울
착용
긴급
라디오
러시를
편안

Puzzle 201

장	로	이	풍	추	동	감	러	일	끔	스	유	명	한	까	지	체
미	친	로	늘	물	용	레	자	이	정	켈	바	견	발	도	찍	사
필	한	은	절	문	받	자	고	낌	끔	레	자	주	주	정	의	운
도	시	용	짓	을	굴	을	발	굽	체	톤	공	주	물	성	요	트
자	바	수	에	행	도	어	트	운	중	속	이	는	감	트	공	북
이	퓨	영	공	장	을	트	을	풍	간	보	라	색	풍	한	법	동
트	문	카	문	질	감	을	이	람	크	치	아	요	동	견	솔	사
문	자	노	굴	거	대	한	올	넘	파	문	주	감	위	람	이	결
분	석	을	트	받	루	다	리	어	트	말	도	맞	동	한	러	굴
주	트	거	트	북	감	셀	사	체	을	적	트	한	한	어	느	쌀
자	바	을	공	러	용	솔	문	한	레	스	한	부	측	사	운	고
절	대	쌀	필	추	느	스	위	협	이	을	늘	끔	컴	바	퓨	낌
딱	정	벌	레	파	적	퓨	어	문	위	제	체	선	글	라	스	터
느	위	달	한	은	돌	를	트	굽	젊	질	바	문	늘	제	적	로
받	말	맞	바	고	로	러	짓	러	이	루	한	터	견	용	장	절

위협이

딱정벌레

거대한

유명한까지

미친

선글라스

노트북

절대

스켈레톤

도시

치아

성공

보라색

넘어

일정

정의

속이는

수영

분석

중간

Puzzle 202

치킨

확실히

인기

오토바이

마차

장소

조사

베이

광택

싸움

대해

가족

수준하도록을

유지

요리

먹고

경험

관계가

사건

경	맞	풍	을	터	한	도	이	느	터	한	터	거	치	킨	이	거
동	험	문	을	고	굴	집	운	로	파	젊	굽	춤	인	기	퓨	용
굴	트	이	제	위	부	풍	동	위	위	동	에	달	의	컴	대	적
퓨	퓨	한	로	다	고	트	오	의	트	물	풍	문	유	지	법	를
장	러	질	법	확	어	느	토	질	을	를	맞	범	범	쌀	터	자
소	도	대	리	실	사	물	바	루	제	파	측	크	춤	느	동	날
로	발	해	도	히	건	절	이	올	러	문	러	자	한	를	을	달
동	말	굽	카	춤	찍	맞	적	용	수	장	요	물	올	짓	사	어
집	물	북	느	조	한	필	부	에	크	준	리	싸	움	루	먹	고
범	자	필	어	사	마	올	로	트	광	동	하	장	전	달	감	러
다	늘	의	은	문	차	느	끔	한	택	문	문	도	을	느	한	측
법	용	범	션	발	전	로	제	받	달	쌀	용	로	록	션	한	쌀
리	러	트	한	트	동	날	파	찍	한	관	제	체	주	을	다	받
운	를	베	이	가	족	주	법	레	의	셀	계	법	춤	발	짓	돌
고	을	레	위	카	어	날	리	동	쌀	표	주	가	문	낌	필	로

Puzzle 203

중	트	요	을	이	동	짓	이	로	부	한	표	은	한	달	자	한
느	지	측	동	셀	에	체	은	동	춤	부	대	범	춤	이	체	감
레	바	체	자	너	용	시	로	스	실	체	춤	션	람	용	표	특
노	어	문	쌀	의	제	계	다	컹	유	망	음	국	들	퓨	원	정
쌀	낌	로	날	은	느	적	범	크	령	춤	악	가	서	리	응	쌀
의	사	증	날	트	끔	다	장	물	의	솔	도	필	에	견	시	젊
필	범	견	오	견	부	법	문	적	고	북	찍	자	받	문	터	대
다	위	문	레	받	오	프	너	집	감	고	자	말	쌀	션	풍	람
문	는	문	자	솔	에	절	대	느	고	한	의	요	크	풍	달	동
동	북	셀	도	측	늘	레	리	제	위	거	법	문	한	북	한	위
방	법	을	보	고	물	표	풍	공	피	곤	한	느	짓	로	위	굴
정	비	사	풍	시	도	를	한	용	돌	최	공	크	크	짓	요	들
말	은	순	법	동	레	느	트	다	트	대	리	주	자	은	물	결
젊	크	종	바	리	부	다	발	동	맞	동	질	로	질	제	낌	터
느	어	퓨	스	한	발	다	표	제	측	거	의	대	법	컴	물	러

국가
음악
시도를
정원
스컹크
특정
정비사
시계
서리
범위는
중지
순종
응시
실망
증오
방법을보고
피곤한
오프너
유령
최대

Puzzle 204

컴	동	낌	을	토	용	전	어	한	도	묶	여	주	견	리	표	굽
집	날	대	문	마	물	동	굽	쌀	부	크	늘	가	용	노	맞	측
행	컴	을	주	토	을	북	을	루	자	춤	동	구	범	한	문	물
적	루	물	받	한	터	로	다	이	트	들	이	받	고	북	맞	퓨
동	절	의	부	우	울	이	부	느	절	트	이	을	카	발	터	동
질	거	너	적	질	바	감	지	공	날	솔	추	짓	다	이	오	컴
람	행	노	돌	에	이	너	크	이	느	쌀	정	측	풍	미	위	날
집	바	요	체	문	다	견	의	로	페	범	질	퓨	을	지	받	용
증	풍	측	결	질	굴	셀	트	노	올	트	레	늘	느	에	동	체
발	명	늘	셀	요	낌	발	전	절	트	바	필	들	바	필	범	솔
크	림	스	행	춤	의	를	느	절	범	문	적	장	법	한	노	루
을	문	사	용	자	들	추	용	문	주	한	컴	결	커	튼	운	션
추	달	날	카	로	운	문	노	범	루	젊	안	락	군	대	문	을
필	이	솔	춤	달	용	늘	범	동	도	이	부	어	달	은	짓	스
개	선	발	위	업	거	로	크	전	법	끔	을	추	늘	들	잃	게

커튼
페이지
고발
크림
가구
부어
잃게
솔루션을
위업
오이
날카로운
추정
개선
증명
묶여
감지
안락군대
토마토
이미지에
우울

Puzzle 205

문	람	굴	날	견	굴	동	다	슬	픈	이	아	영	리	행	퓨	은
다	너	점	점	트	람	바	쌀	동	한	굴	장	버	조	리	바	닥
로	고	공	션	너	트	터	카	춤	트	적	너	에	지	립	결	범
메	일	을	표	션	용	거	전	다	제	절	질	리	공	의	결	너
굽	휴	결	공	동	의	바	터	동	은	부	달	무	륭	부	이	반
다	한	적	용	올	을	히	트	컴	바	파	체	한	카	받	러	영
춤	퓨	결	거	을	발	동	문	결	법	킹	마	모	을	필	크	에
훌	한	다	문	행	러	한	요	잘	못	이	문	한	다	크	리	서
륭	젊	체	돌	루	집	크	트	트	도	베	날	행	터	로	체	리
함	바	루	굴	장	법	행	귀	족	쌀	위	의	체	부	풍	문	트
들	측	퓨	로	용	법	않	는	은	트	동	를	확	산	퓨	날	솔
풍	전	운	대	집	트	춤	기	레	동	발	주	견	로	법	은	풍
절	거	도	을	문	늘	도	능	을	결	주	바	은	카	비	추	바
을	루	너	젊	레	날	젊	발	젊	터	문	달	동	바	에	누	장
올	느	자	집	너	사	션	북	어	은	전	감	늘	한	굴	리	을

않는
메일을
확산
기능
비누
반영에서
귀족
영리
훌륭함
마모
무륭
조립
아버지의
휴일
점점
히트
바닥
슬픈
잘못이
베이킹

Puzzle 206

사용시까지
연락처
시장의
신사
돼지
통과
맞는
동굴
품질
외에
레모네이드
벨자전거
선생님
건강한
구성
결론
초콜릿
아기
경향이
트렁크

레	북	이	풍	한	로	한	전	로	부	짓	솔	로	문	은	파	낌
북	모	거	체	견	굽	노	문	법	동	너	결	이	집	끔	문	바
솔	북	네	트	터	솔	퓨	동	굴	쌀	느	동	결	도	추	카	측
쌀	범	바	이	셀	말	에	끔	로	감	젊	다	끔	대	느	레	한
도	이	달	다	드	돌	위	절	용	에	신	사	들	문	문	리	받
은	트	루	추	전	은	을	북	물	외	아	벨	풍	트	견	레	용
주	카	위	측	달	초	구	성	선	에	기	자	용	부	측	전	트
은	느	품	쌀	결	론	콜	굴	생	요	주	전	맞	동	필	은	올
한	운	질	용	발	질	대	릿	님	부	필	거	리	한	절	자	바
전	람	크	트	운	를	운	거	발	을	낌	트	측	을	의	다	동
로	찍	법	렁	측	필	용	물	의	풍	에	돼	감	제	장	한	러
연	락	처	크	솔	견	운	대	집	위	스	끔	지	까	시	용	사
거	루	문	범	한	쌀	을	자	너	발	적	짓	맞	는	람	쌀	셀
루	통	과	경	향	이	맞	한	한	은	도	느	발	법	끔	찍	솔
건	강	한	문	동	공	파	운	운	동	용	카	레	에	들	말	용

Puzzle 207

로	솔	을	도	크	동	한	트	필	쌀	을	집	짓	찍	무	터	쌀
이	범	주	동	다	법	을	느	을	측	크	달	말	체	표	서	대
존	포	기	바	낌	솔	추	돌	늘	짓	은	동	들	늘	날	션	워
재	리	공	한	끔	북	제	적	들	춤	제	춤	필	문	동	질	체
를	스	늘	식	일	몰	한	주	노	견	파	맞	도	레	물	견	러
대	트	마	스	적	춤	젊	도	부	위	범	굽	을	낌	집	레	체
위	에	쇼	짓	발	으	한	쌀	풍	발	요	크	늘	고	맞	을	한
측	정	를	라	운	드	로	다	용	그	루	터	동	의	굽	말	너
올	결	적	추	북	질	돌	북	로	릇	다	에	끔	어	트	하	문
괭	이	를	느	션	도	사	이	트	루	터	적	루	행	용	는	파
북	도	을	도	컴	착	한	용	파	부	션	짓	셀	범	질	다	춤
사	집	느	을	주	주	영	감	할	당	사	제	에	필	칠	면	조
들	를	발	은	달	필	굽	세	바	도	셀	루	퓨	부	문	체	전
체	바	바	이	문	단	위	를	로	집	다	날	질	느	범	위	을
주	컴	러	위	감	질	동	대	젊	장	공	측	받	동	자	날	표

존재를
일몰
세로
그릇
측정
사이트
라운드
영감
스마트
단위를
무서워
공기
포리스트에
쇼를
할당
말하는
괭이를
공식적으로
칠면조
도착

Puzzle 208

동	제	을	카	러	범	감	스	춤	바	무	한	리	노	낌	리	대
에	감	공	터	퓨	끔	찍	들	루	느	대	루	필	낌	자	동	느
한	한	찍	노	공	한	표	결	적	질	레	람	로	카	문	에	부
무	엇	을	감	필	질	졸	루	추	법	범	고	견	컴	행	발	파
사	다	용	은	로	장	업	졸	동	을	대	용	거	돌	동	러	끔
이	낌	터	굽	춤	찍	언	덕	바	행	표	질	맞	을	행	도	체
의	동	한	러	다	달	주	자	요	컴	바	방	다	고	말	느	바
발	바	집	셋	뜨	거	운	터	고	바	을	루	어	다	전	위	충
물	집	행	션	째	적	터	동	호	기	심	수	건	시	상	한	돌
은	동	질	어	트	너	느	절	을	은	로	춤	샤	문	대	느	찍
공	을	발	부	측	추	법	전	을	동	스	운	워	감	감	날	트
을	무	거	운	자	컴	바	주	늘	짓	폰	택	을	문	감	트	터
대	맞	찍	트	법	부	행	제	제	리	지	시	한	한	용	을	낌
적	측	공	한	도	의	사	쌀	체	시	크	크	감	견	부	행	리
을	동	전	거	들	트	느	요	제	용	컴	동	트	이	북	발	범

졸업
스폰지
시크
충돌
언덕
샤워
호기심
뜨거운
방어
다시
셋째
상대
사이의
무엇을
졸업장
택시
수건
무거운
무대
제공

Puzzle 209

결	굴	크	주	비	동	레	의	표	고	어	사	슴	끔	짓	블	발
메	늘	느	션	셀	서	장	요	질	문	쩌	제	노	셀	동	랙	사
모	요	다	전	추	춤	트	러	문	자	면	경	고	했	다	물	측
리	다	노	파	크	용	올	돌	전	굴	한	한	피	하	기	리	원
탐	색	을	거	굴	를	부	을	퓨	굴	동	결	트	표	한	사	도
느	사	돌	너	을	받	도	트	늘	레	석	굴	로	필	요	도	감
비	에	파	을	용	견	누	구	필	을	탄	블	리	드	끔	동	받
참	퓨	주	절	끔	요	발	요	을	노	달	동	노	받	찍	을	공
한	를	루	풍	솔	동	도	대	들	을	필	셀	를	돌	을	도	춤
을	스	주	적	솔	문	트	람	문	늘	바	션	표	의	쌀	굴	주
감	틸	피	은	견	젊	대	을	발	러	문	개	운	물	문	젊	동
견	은	자	바	젊	은	바	발	낌	늘	로	최	표	말	늘	용	다
맞	션	공	부	크	낌	리	제	한	카	끔	스	사	사	한	을	요
성	장	한	다	부	사	은	한	주	터	문	이	굴	은	좋	질	도
짓	대	절	장	한	달	을	고	레	요	노	문	젊	춤	너	아	풍

경제
스틸
탐색을
비서
동물원
성장한다
젊은
석탄
메모리
사슴
피자
어쩌면
경고했다
누구
블리드
비참한
피하기
좋아
개최
블랙

Puzzle 210

찍	메	한	측	올	늘	을	측	솔	법	발	용	컴	견	에	동	자
리	바	리	요	의	대	북	러	증	거	를	다	은	질	젊	맞	한
거	풍	보	고	서	을	문	날	질	측	한	어	로	거	바	크	동
부	느	법	느	한	쌀	맞	을	굽	트	짓	한	돌	맞	방	한	돌
한	자	한	동	은	돌	달	요	맞	풍	짓	쌀	을	파	식	받	사
의	자	루	절	한	트	로	주	민	이	단	적	트	측	을	결	장
고	셀	찍	가	성	미	개	자	휴	도	굴	순	올	자	은	바	쌀
체	느	집	끔	레	트	용	쌀	식	주	측	을	화	션	발	전	질
견	도	달	셀	젊	공	북	올	미	빠	바	굽	쌀	동	견	지	터
물	쌀	동	크	법	공	절	발	친	른	짓	견	자	쌀	은	상	트
테	스	트	를	레	컴	발	을	한	요	풍	요	낌	질	젊	을	람
를	대	대	루	운	파	자	프	로	젝	트	를	한	계	산	기	사
자	인	정	받	을	법	느	로	망	바	다	자	크	표	맞	낌	다
적	자	다	느	어	추	표	다	답	원	행	동	물	스	굴	질	짓
부	끔	를	표	느	체	한	을	변	질	경	파	말	레	돌	쌀	트

방식을
프로젝트를
메리
단순화
테스트를
망원경
주민이
보고서
증거를
지상
가끔
인정받을
의자
빠른
계산기
휴식
개미성가
답변
미친
요리

Puzzle 211

은	질	달	심	매	전	루	주	은	문	질	굴	측	맞	장	용	바
까	마	귀	장	우	기	한	대	낌	공	용	트	쌀	장	늘	집	바
초	원	달	춤	공	쌀	리	드	션	부	용	도	굽	신	굽	바	퓨
동	문	표	자	집	북	부	용	요	전	를	날	다	발	도	어	날
한	받	트	발	솔	추	들	들	동	스	전	짓	부	샴	트	용	행
찍	로	개	을	포	적	너	문	범	측	루	다	대	푸	되	감	기
커	한	지	은	굴	켓	솔	다	용	집	문	농	카	하	문	한	솔
너	뮤	무	효	굴	루	감	들	로	다	들	맞	장	여	퓨	올	제
크	바	니	셀	돼	끔	트	을	션	발	스	한	범	야	다	스	맞
도	문	리	티	지	한	도	결	을	폭	들	질	바	한	범	노	늘
발	문	솔	주	알	느	입	을	은	력	장	맞	셀	다	노	위	에
언	제	범	동	약	느	견	자	결	바	파	스	집	자	바	람	을
사	이	클	링	춤	동	젊	주	전	측	트	범	노	파	돌	굽	절
늘	질	올	쌀	를	을	다	젊	적	전	법	거	의	짓	찍	용	을
들	문	문	리	한	바	굴	리	루	거	쌀	다	로	운	크	한	쌀

전기
도발
폭력
신발샴푸하여야한다
리드
무효
초원
돼지알약
까마귀
심장
발을
사이클링
도입
커뮤니티
되감기
매우
언제
무지개
포켓
농장

Puzzle 212

카	은	한	추	준	비	주	결	노	끔	스	굽	도	문	행	드	적
카	을	다	받	컴	쌀	자	도	도	쌀	한	을	트	너	운	라	문
이	표	노	한	주	말	문	도	절	노	리	스	느	의	을	이	자
어	찍	견	의	루	용	집	문	루	동	문	프	동	어	을	버	자
다	굽	요	착	용	스	고	물	풍	발	받	링	을	를	측	한	물
클	트	을	바	공	추	다	자	카	필	노	레	맞	이	유	가	은
전	립	춤	컴	기	추	법	체	트	터	로	날	을	극	한	한	문
은	람	한	절	다	각	굴	한	자	질	제	주	결	북	행	컴	부
말	도	자	람	로	컴	질	한	젊	느	계	공	바	도	문	동	파
남	주	젊	희	말	동	레	을	낌	추	산	다	행	집	터	한	을
편	결	은	컴	망	으	한	거	측	동	위	문	맞	전	채	택	날
끔	만	들	발	을	르	굽	자	젊	대	을	자	동	요	을	바	추
요	운	사	질	말	렁	젊	낌	도	실	위	험	하	게	체	바	낌
문	끔	동	크	한	법	부	늘	물	제	느	바	주	주	다	한	크
용	위	주	질	다	복	용	시	력	기	호	젊	대	동	절	견	셀

남편
클립
스프링
만들
위험하게
말한다
채택
계산
희망
준비
드라이버
행운
실제
복용
으르렁
이유가
기각
북극이
시력기호
착용

Puzzle 213

에	이	을	트	의	아	문	범	염	바	션	운	물	이	운	자	결
를	다	범	동	늘	름	부	도	소	거	돌	올	너	은	은	잠	금
동	집	둥	지	다	다	경	제	를	감	기	션	쌀	문	질	러	부
감	찍	스	날	굴	운	를	동	달	받	간	를	용	표	짓	람	행
자	어	공	부	도	로	이	파	돌	채	우	기	서	굽	질	장	쌀
질	운	굴	공	거	외	도	이	끔	러	람	연	주	개	느	로	행
행	적	느	춤	자	견	동	한	자	부	추	고	적	발	퓨	카	굴
퓨	이	질	퓨	을	자	바	카	부	행	노	요	체	을	결	바	주
들	굴	도	자	캡	를	이	제	다	를	도	추	도	을	용	고	동
도	노	동	방	편	처	필	트	쌀	발	질	레	컴	내	일	주	한
한	쌀	주	노	지	용	로	맞	동	다	대	바	인	쌀	문	한	발
물	낌	리	션	바	동	부	노	트	다	맞	동	구	받	문	끔	트
한	동	한	절	쌀	트	라	주	춤	의	동	자	대	카	짓	적	카
범	굴	을	공	카	다	주	일	부	문	의	맞	은	부	법	달	수
동	굽	느	셀	필	거	맞	날	락	발	원	인	범	한	어	굽	분

용서
인구
라일락
기간
지방
내일
둥지
경제를
개발을
캡처
아름다운
수분
원인
외로운
부문의
채우기
염소
편지
연기를
잠금

Puzzle 214

잠자리
올빼미
유치가
브러시
구색
삼촌이
농구
폭풍
토끼가
농담
벽화
침묵을
공동
기회
카나리아
여부
눈송이
내용
세대
긴급

리	날	맞	들	삼	주	노	문	이	을	용	필	문	어	거	동	을
동	문	한	풍	을	촌	컴	질	동	발	은	굴	전	공	부	부	이
주	셀	적	로	부	측	이	적	루	트	거	도	주	을	을	루	문
말	퓨	루	북	대	올	러	느	굽	이	공	용	루	위	감	리	트
자	동	장	노	농	담	한	퓨	한	레	동	구	색	도	북	은	행
느	이	레	제	문	발	리	부	장	쌀	바	의	올	발	이	전	침
느	한	행	적	어	바	주	를	문	자	북	셀	이	굴	러	을	묵
주	을	견	맞	벽	파	세	대	을	공	동	한	크	행	체	범	을
트	제	브	농	구	화	대	한	말	날	자	법	트	스	다	동	범
문	바	러	에	젊	끔	짓	트	이	다	대	의	집	법	기	쌀	다
제	유	시	올	빼	미	동	폭	풍	결	크	절	젊	은	회	대	내
너	치	법	느	말	아	다	동	굽	주	발	이	굽	이	눈	측	용
터	가	끼	토	잠	자	리	표	받	한	용	이	표	대	송	발	다
로	컴	제	범	낌	카	날	나	용	표	장	쌀	도	쌀	이	문	올
노	여	부	긴	급	올	요	를	카	터	을	다	굽	맞	체	동	늘

Puzzle 215

발	발	셀	을	날	표	표	낌	문	절	적	파	주	불	조	셀	문
추	를	범	주	레	바	을	측	트	견	사	쌀	일	안	류	느	느
용	체	바	요	이	물	주	트	말	파	의	셀	달	럿	한	로	군
다	컴	을	문	느	거	춤	노	끔	끔	전	론	이	다	감	집	인
말	물	말	트	집	주	주	달	노	굽	션	자	싱	물	동	들	트
필	개	의	물	발	루	조	쌀	컴	트	솔	위	크	적	뭔	람	퍼
짓	셀	한	도	중	문	굴	사	이	말	올	짓	동	결	가	솔	핀
어	발	헬	체	복	집	동	용	한	한	결	용	한	한	노	한	문
리	고	리	아	병	늘	끔	행	다	바	한	한	표	도	감	문	장
트	어	콥	어	찍	찍	질	하	운	개	발	퓨	측	풍	션	필	돌
느	을	터	찍	에	공	식	우	람	미	젊	집	노	바	주	트	바
도	카	을	로	로	용	날	스	동	요	올	요	젊	체	이	필	스
한	이	풍	파	을	공	에	는	한	컴	이	점	고	문	끔	말	션
바	추	부	감	젊	달	처	결	장	문	체	수	끔	느	느	북	을
바	돌	에	표	느	을	견	벌	발	너	을	바	춤	루	동	신	호

군인
달이
하우스는
점수
개미
신호
불안
공식
병아리
싱크
퍼핀
처벌
뭔가
파일럿
조류
이론
중복
물개
헬리콥터
조사

Puzzle 216

일찍
보존
경로
모니터링
부족한
따라
마일
환영이
홍수
자신이
옷을
관련
민주
그림자
반대
사소한
단계를
구스베리
도랑
과일

낌	표	모	느	한	늘	다	범	민	동	퓨	문	관	련	감	느	부
보	존	니	리	문	고	쌀	은	주	동	다	말	느	트	션	표	바
자	돌	터	늘	돌	요	결	다	용	따	터	찍	용	거	문	맞	너
전	달	링	집	말	로	크	바	사	용	라	맞	스	질	표	요	감
너	감	트	젊	러	날	를	일	과	장	물	러	표	위	받	노	도
전	주	바	끔	들	을	퓨	찍	셀	스	한	부	말	노	찍	찍	람
스	퓨	들	요	컴	을	받	느	낌	이	카	요	족	느	컴	찍	자
거	감	말	에	집	추	컴	스	도	컴	제	다	트	한	소	사	감
그	림	자	도	랑	북	러	집	트	발	끔	한	트	들	체	을	터
로	고	마	일	한	북	질	공	이	받	은	크	크	다	문	셀	다
맞	달	올	옷	을	동	법	행	느	끔	환	반	적	짓	한	를	젊
스	동	고	적	터	부	부	크	제	문	영	대	고	람	로	굽	발
을	운	션	를	대	을	동	사	들	을	이	신	자	굴	를	트	늘
은	사	짓	루	낌	한	홍	주	느	경	질	문	감	바	날	표	한
트	감	쌀	구	스	베	리	수	다	로	단	계	를	전	장	람	은

Puzzle 217

로	도	행	발	람	젊	바	견	를	션	파	물	바	발	다	문	평
파	바	터	렌	부	은	감	맞	한	은	한	행	동	남	물	유	화
스	웨	터	타	한	레	표	부	느	전	표	동	순	들	부	연	로
굽	범	도	인	올	엄	청	난	만	큼	이	을	무	표	도	한	운
물	러	노	성	돌	감	위	스	스	말	느	올	제	세	거	트	춤
문	발	을	컴	를	달	루	도	요	부	셀	바	주	쌀	부	굽	끔
터	맞	공	쌀	낌	주	찍	발	거	도	말	도	질	부	전	느	날
을	동	북	대	동	트	의	돌	춤	표	을	문	대	풍	들	행	도
발	주	트	들	리	공	러	사	부	질	바	표	로	을	트	은	샴
데	이	지	주	방	너	호	끔	발	트	부	요	너	받	마	러	푸
바	위	들	트	표	동	출	부	견	주	동	찍	집	젊	스	로	질
필	바	도	에	공	을	라	이	크	을	운	트	감	퓨	터	춤	파
물	어	용	북	린	블	고	한	굴	춤	바	이	로	늘	한	질	춤
은	솔	이	무	션	물	파	절	리	어	끔	람	크	끔	찍	결	물
느	동	카	시	은	스	전	춤	레	추	제	도	제	추	로	파	터

주방
고블린
스웨터
데이지
엄청난만큼이
바위
세부
행동을
순무
무시
마스터
평화로운
호출라고
성인
물어
샴푸
남부
유연한
물린
발렌타인

Puzzle 218

컴	올	트	부	범	추	표	과	터	요	러	한	스	리	주	맞	느
부	추	달	측	찍	측	도	학	을	집	터	부	카	을	문	동	느
쌀	바	다	스	말	로	춤	자	범	터	느	자	프	측	체	질	전
크	맞	부	수	웨	스	트	했	다	삼	각	형	거	이	을	주	전
를	동	다	돌	집	부	로	한	를	부	요	질	찍	컴	장	법	날
집	트	한	다	용	상	한	도	보	올	날	느	자	느	표	컴	찍
다	에	은	분	부	점	거	셀	크	로	늘	솔	끔	운	문	을	바
은	션	도	문	정	굽	의	은	러	로	결	들	을	다	동	부	발
문	대	너	추	적	측	풍	이	용	용	요	말	문	너	람	굴	은
짓	주	용	주	인	측	기	누	가	용	컴	션	제	범	짓	맞	동
낌	마	음	을	도	용	관	쌀	시	한	끔	절	에	느	표	크	느
동	찍	어	문	을	거	어	동	전	를	문	법	견	장	절	대	제
짓	슬	불	규	칙	루	변	집	동	물	위	컴	굴	대	거	을	느
올	날	립	자	운	셀	화	짓	동	터	받	측	행	단	락	루	체
적	러	의	위	동	은	의	문	노	동	을	문	성	로	요	주	측

과학자
삼각형
변화의
부분은
마음을
단락
슬립
전시가
상점
누가
기관
용어집
웨스트했다
행성
문제
불규칙
수집
도보
부정적인
스카프

Puzzle 219

느	돌	찍	북	행	문	들	끔	람	행	크	느	위	동	쌀	블	필
용	카	바	용	도	복	에	말	감	로	결	선	체	돌	다	루	전
을	문	문	레	물	셔	한	위	동	바	질	호	문	도	질	표	법
로	집	하	나	의	솔	번	에	오	징	어	젊	을	공	위	현	동
부	자	바	공	적	도	빈	요	딸	관	퓨	동	을	바	문	굽	범
자	달	솔	동	을	필	짓	체	루	기	분	늘	로	한	달	춤	람
스	비	컴	스	늘	부	범	트	요	자	추	부	끔	맞	이	주	크
한	공	교	문	을	들	도	문	느	저	바	솔	법	요	점	프	는
러	경	찰	지	정	다	트	북	범	낌	루	스	파	행	문	상	부
다	공	감	기	비	표	을	발	바	보	올	낌	크	운	춤	추	부
받	을	이	반	공	대	동	날	도	트	느	스	파	스	추	필	도
을	감	러	부	동	부	리	질	로	을	한	너	람	윙	누	주	늘
트	퓨	문	도	트	로	문	리	바	추	문	솔	풍	문	출	터	부
을	용	한	부	컴	공	이	낌	끔	발	제	의	한	돌	돌	크	루
말	운	루	한	자	은	대	문	동	표	솔	느	표	대	부	솔	제

바보
행복한
빈번한
오징어
하나의
감기
비교
스윙
분기
점프는
블루
저자기관
선호
정비공
상추
반기지
표현
경찰
누출
딸기

Puzzle 220

인정
참여
것은
부끄러워
식사
하드
사운드
생각
사실
실제로
스타킹
곱셈
냄새
캠프
치약
평야
소유자
절대
거대한
유지

들	쌀	바	한	한	부	부	주	동	공	너	달	문	발	사	평	질
전	냄	새	문	짓	치	끄	풍	범	에	젊	이	거	생	각	야	이
돌	공	캠	프	곱	약	러	달	견	발	제	끔	제	늘	날	문	느
루	주	은	사	셈	다	워	어	인	정	부	컴	느	의	문	바	발
감	장	사	운	춤	을	트	컴	람	한	공	낌	러	달	받	이	루
발	대	실	드	늘	카	적	은	추	낌	루	한	을	풍	러	굴	북
문	너	법	하	레	의	느	션	돌	에	장	레	질	셀	트	사	공
풍	풍	문	를	쌀	식	사	문	한	절	을	요	션	날	주	물	문
참	바	동	로	제	한	발	한	자	필	용	한	한	한	바	부	필
한	여	늘	한	절	용	올	다	바	리	은	주	도	자	유	소	거
맞	를	굽	대	대	것	쌀	바	다	로	을	레	를	절	루	지	대
은	트	레	솔	의	추	은	동	레	컴	젊	동	트	물	은	문	한
주	체	부	동	카	크	를	도	문	문	젊	용	찍	낌	동	리	맞
실	제	로	적	을	요	에	체	질	느	굽	북	춤	크	체	고	터
제	은	자	돌	스	타	킹	루	이	동	부	맞	너	션	대	풍	부

Puzzle 221

공	감	맞	바	레	출	생	자	은	전	한	굽	용	행	돌	러	달
을	문	날	온	트	위	조	각	이	한	들	터	추	주	꿀	추	요
절	장	문	대	도	어	문	발	한	러	바	리	컴	법	물	벌	를
트	동	운	짓	트	의	짓	컴	발	느	제	거	카	전	백	조	고
애	정	물	적	파	운	한	프	행	끔	굴	주	스	체	스	제	카
로	찍	제	셀	위	도	문	로	필	부	감	스	래	자	동	은	집
풍	람	셀	견	들	을	질	세	자	크	한	카	클	이	부	이	리
에	집	션	을	젊	절	한	스	동	로	완	료	맞	도	늘	바	리
주	공	끔	굽	레	요	트	굽	낌	제	쌀	동	터	문	받	트	에
람	필	급	장	카	바	거	전	자	집	주	물	트	릭	받	짓	람
맞	질	컴	발	자	공	짓	집	한	바	돌	은	고	문	트	체	끔
스	결	요	동	크	바	말	감	들	달	쌀	달	등	필	위	올	낌
올	이	필	요	낌	풍	측	주	이	절	셀	물	이	것	견	올	문
션	솔	북	표	낌	상	단	추	낌	문	이	리	자	장	바	쌀	결
어	떤	트	끔	추	컴	돌	결	로	동	문	을	은	이	굴	쌀	운

트릭
조각
백조
공급
클래스
제조
동물은
등이
주스
거짓말
출생
온도의
프로세스
애정
것이
완료
상단
어떤
자전거
꿀벌

Puzzle 222

을	굽	집	용	레	크	리	스	마	스	발	너	풍	트	주	용	행
터	을	동	고	늘	견	트	엄	가	정	이	다	부	굴	쿠	페	동
쌀	굴	문	전	한	물	쌀	마	표	시	나	리	오	은	문	파	돌
트	말	질	다	용	끔	발	측	질	견	낌	로	을	솔	트	한	굽
적	한	용	어	견	맞	이	문	부	결	도	달	로	동	카	자	문
의	굴	사	을	주	너	파	터	짓	집	러	굽	터	집	로	람	춤
달	학	운	카	터	바	대	질	퓨	지	버	아	할	솔	퓨	발	을
자	랑	스	럽	게	느	린	자	전	스	은	래	퓨	체	고	레	로
은	크	전	리	들	람	위	느	주	타	낌	에	발	크	어	굽	늘
노	올	맞	발	사	굽	용	셀	컴	대	장	사	자	질	측	위	질
이	맞	감	동	견	측	에	루	들	람	받	쉽	바	트	한	트	늘
카	부	사	끔	찍	한	동	퓨	느	느	한	을	게	날	로	문	을
말	젊	합	크	견	고	션	돌	에	적	자	도	자	파	한	화	동
의	결	니	로	한	제	도	동	부	다	루	짓	찍	적	카	재	이
설	계	다	짓	쌀	질	용	젊	사	행	바	돌	도	람	동	절	체

엄마
감사합니다
크레용
시나리오
의학
고용
설계
쿠페
동전
트리
스타
할아버지
크리스마스
아래에
쉽게
끔찍한
화재
자랑스럽게
느린
가정이다

Puzzle 223

짓	문	자	발	늘	을	용	션	전	질	약	한	신	절	표	감	어
집	전	용	적	문	한	굴	용	문	달	제	한	공	선	견	크	운
적	도	범	운	받	받	견	제	품	들	질	트	운	질	한	주	법
의	동	운	송	체	문	대	은	바	감	용	로	보	쌀	운	날	질
크	결	올	을	노	문	찍	춤	대	을	이	트	였	춤	을	들	물
너	과	사	한	퓨	한	질	에	을	노	계	란	다	스	거	을	동
법	를	들	짓	은	스	셀	달	달	감	도	낌	끔	정	도	파	범
북	로	쌀	노	용	트	느	를	로	측	온	결	바	바	들	이	굴
스	느	셀	다	전	바	올	행	거	을	을	한	길	을	동	퓨	한
트	타	장	동	고	적	어	람	크	다	전	질	동	늘	쌀	을	트
문	트	스	질	추	로	행	사	공	위	을	문	용	질	자	문	문
표	솔	요	탠	를	느	은	셀	돌	교	실	을	부	제	동	집	가
극	느	동	션	드	달	동	배	우	에	서	굴	문	동	물	사	격
적	크	요	체	위	행	한	파	대	젊	도	스	바	퓨	사	춤	맞
인	위	체	수	량	측	절	동	자	카	로	관	리	풍	문	바	람

바람
극적인
가격
고추를
관리
운송
스타스탠드
길을
운동의
신선한
수량
제품
계란
결과를
정도
배우에서
교실을
온도계이
보였다
약한

Puzzle 224

공	쌀	위	바	바	받	부	추	카	승	러	끔	올	필	도	집	표
한	사	로	운	을	친	문	솔	도	리	필	문	퓨	느	느	다	바
공	찍	낌	에	들	구	사	냥	서	의	솔	문	바	공	동	스	한
한	목	한	동	오	추	말	질	관	낌	필	을	긍	정	적	를	문
퓨	록	동	범	도	히	솔	퓨	문	커	주	제	수	추	다	시	에
위	과	터	올	도	범	려	용	사	플	리	맞	쌀	명	행	소	도
은	발	한	이	운	부	북	의	행	솔	션	받	카	감	거	주	스
공	고	표	동	절	올	낌	풍	굴	바	을	용	을	레	바	쌀	세
쌀	다	말	미	잘	감	북	로	용	이	표	스	관	동	발	견	액
요	들	트	동	람	람	은	터	리	파	제	테	계	미	스	입	자
새	로	운	발	셀	문	쌀	의	추	이	의	이	가	스	주	다	결
트	파	올	느	카	쌀	부	올	다	낌	터	션	을	달	트	풍	노
짓	체	트	도	장	운	크	제	을	터	트	을	루	받	레	춤	풍
협	력	컴	문	풍	들	주	날	자	문	파	제	장	을	높	에	부
위	람	파	문	느	표	바	셀	느	은	거	부	을	장	은	동	동

커플
사냥
긍정적
새로운
미스
수명
말미잘
소스
목록과
입자
승리의
친구
높은
협력
다시에
오히려
액세스
도서관
스테이션
관계가

Puzzle 225

카	바	자	용	법	말	화	용	설	을	바	전	청	사	춤	체	법
제	풍	용	한	동	이	어	가	탕	트	람	한	요	금	견	굽	표
을	짓	느	올	물	에	측	쌀	에	전	이	날	을	바	체	짓	은
빈	곤	을	부	거	낌	트	를	바	발	물	쌀	쌀	버	스	트	를
운	모	전	북	문	크	파	바	쌀	도	터	올	자	위	자	용	로
굴	자	너	이	체	려	동	도	들	집	부	파	다	풍	북	측	로
파	동	짓	다	노	고	환	경	람	어	트	바	맞	동	물	연	젊
부	문	체	를	주	북	통	용	추	을	춤	즐	가	절	퓨	못	사
약	어	서	부	범	주	로	스	공	람	받	겁	지	너	에	벽	문
명	에	둘	요	한	은	은	쌀	럽	크	젊	게	고	한	느	다	견
람	확	러	터	전	문	크	쌀	올	게	도	은	법	부	찍	동	안
표	터	하	토	론	주	측	요	이	느	이	느	솔	크	카	집	에
은	바	을	게	믿	한	도	고	절	요	올	결	느	터	자	용	람
체	동	자	을	기	받	말	을	도	바	위	질	올	도	사	문	낌
발	를	문	노	사	로	행	한	도	자	용	터	짓	찍	컴	제	질

고려
모자
약어
즐겁게
에너지
고통스럽게
요금
요청
믿기
설탕에
연못벽
가지고
환경
토론
동안
서둘러
화가
빈곤을
명확하게
버스트를

Puzzle 226

달	집	셀	바	한	질	너	신	쌀	결	돌	표	요	쌀	퓨	을	북
이	부	자	동	짓	트	주	호	바	노	절	거	물	들	사	짓	카
풍	낌	결	다	찍	고	쌀	를	올	부	용	도	찍	결	낌	짓	퓨
결	어	한	문	바	질	기	바	적	질	늘	자	제	젊	고	바	트
동	루	트	다	행	로	풍	발	한	적	다	발	들	굴	한	록	로
바	풍	스	우	박	트	카	말	열	용	굽	북	말	문	워	비	문
공	운	주	한	쌀	문	장	춤	망	을	자	대	크	이	이	행	질
버	팔	로	운	추	범	질	로	집	견	한	느	끔	쟁	전	기	추
맞	고	발	문	받	제	요	파	너	동	문	한	을	을	락	가	발
쌀	말	제	를	젊	은	동	문	맥	트	굽	법	자	동	고	을	법
동	영	상	맞	보	안	바	집	동	주	로	문	체	체	도	달	공
체	도	집	부	질	바	발	켜	표	다	말	풍	한	거	절	공	원
받	리	카	돌	루	느	다	지	친	좋	게	의	들	고	받	풍	체
도	솔	문	맞	부	적	범	로	굴	물	범	장	로	다	젊	법	발
돌	한	문	맞	주	필	추	달	목	적	젊	트	맞	를	용	질	달

지친
발가락을
자체
보안
동영상
고기
비록
전쟁
우박
공원
좋게
신호를
버팔로
비행기가
지켜
목적
맥주
이전
열망
비워

Puzzle 227

노	돌	동	거	대	부	동	동	요	바	스	을	파	운	끔	사	고
용	발	추	크	동	을	문	바	터	솔	리	트	괴	물	절	느	를
깊	느	질	한	쌀	동	사	젊	용	바	한	행	림	용	너	스	을
은	한	자	한	셀	크	받	바	터	컴	젊	람	파	사	책	가	방
페	짓	제	적	북	동	월	감	션	파	러	돌	도	춤	트	스	한
니	짓	주	절	물	느	요	필	음	소	표	괜	결	러	위	레	표
결	느	을	을	낌	체	일	문	다	녀	회	색	찮	달	달	받	돌
추	한	퓨	풍	풍	동	북	도	컴	한	발	주	바	아	용	위	동
찍	을	은	행	법	추	질	쌀	이	크	감	표	준	찍	도	의	부
람	트	바	의	너	감	션	범	날	기	바	소	한	다	이	도	북
크	부	이	어	장	루	문	노	현	리	쌀	솔	을	올	동	문	체
맞	받	맞	어	장	쌀	차	감	대	굽	한	쌀	이	짓	부	동	이
표	추	도	레	도	다	이	필	션	공	요	션	다	주	이	노	도
션	루	대	크	동	을	가	부	람	격	측	루	어	주	바	에	트
느	동	말	추	한	노	표	용	체	대	노	를	달	높	이	베	늘

페니
거대
공격
깊은
월요일
차이가
감소
소녀
다음
파괴
스트림
괜찮아도
높이
책가방
현대
크기
표준
소음
회색
베이

Puzzle 228

바	솔	위	거	찍	다	주	체	절	한	바	거	찍	이	체	측	결
행	션	회	의	는	로	집	한	감	필	법	쁘	제	북	범	크	퓨
전	굽	루	견	날	날	터	쌀	고	낌	물	질	지	러	전	은	문
집	도	제	와	인	쌀	맞	법	동	젊	운	달	쌀	만	받	문	을
한	집	적	필	필	들	은	결	측	늘	거	학	한	동	필	문	쌀
파	춤	을	받	굽	러	은	말	날	용	문	생	말	쌀	용	컴	파
가	포	딱	요	로	풍	노	을	접	적	굴	다	문	추	요	즘	이
르	스	정	낌	전	솔	문	한	착	정	지	바	거	결	대	측	션
치	트	벌	동	트	거	측	자	제	셀	배	솔	장	날	도	장	고
는	주	레	물	이	름	늘	체	느	자	적	은	측	표	퓨	람	쌀
들	로	엘	체	시	굽	사	전	요	굽	응	사	트	행	자	다	다
끔	느	크	문	의	게	표	책	상	동	답	파	괴	에	도	버	동
측	부	트	터	물	트	바	찍	다	달	위	측	장	풍	한	섯	트
위	거	견	한	느	달	법	장	문	터	절	느	용	카	용	부	범
돌	울	도	레	법	풍	달	추	위	범	레	리	사	은	드	올	카

엘크
정착
접착제
학생
카드
응답
가르치는
지배적
책상
파괴에도
바쁘지만
회의는
거울
시계
버섯
이름
요즘
와인
포스트
딱정벌레

Puzzle 229

부	달	을	표	바	영	향	을	트	추	이	계	트	크	주	느	요
은	사	동	로	주	자	도	추	측	표	제	약	솔	느	느	위	날
풍	공	물	행	이	이	노	바	스	너	젊	에	괜	찮	트	람	컴
짓	고	러	문	부	리	굴	제	유	명	한	까	지	젊	발	대	주
말	요	운	굴	솔	날	제	추	질	이	한	트	굴	을	감	결	올
발	문	장	돌	말	맞	바	군	사	퓨	알	책	장	들	코	굴	체
제	카	을	자	러	맞	적	표	파	끔	트	려	레	파	를	법	도
크	자	를	거	이	솔	범	발	추	굴	받	맞	진	올	하	이	배
필	운	전	제	터	에	필	느	받	여	추	올	을	반	지	질	울
추	트	돌	트	트	법	자	집	셀	굽	덟	표	젊	레	응	러	굴
장	저	추	거	퓨	올	절	모	기	루	부	루	션	찍	용	을	바
소	표	상	우	려	한	스	집	거	바	어	크	레	향	해	들	원
트	쌀	자	의	전	넣	어	물	파	이	북	결	고	발	낌	적	하
부	짓	다	어	을	던	져	로	터	터	감	거	에	주	맞	체	는
을	춤	들	집	운	어	트	질	문	젊	너	을	행	북	자	견	로

책장
계약에
괜찮
군사
원하는
상자
배울
넣어
우려
여덟
모기
코를하지
반응을
영향을
던져
저장
알려진
향해
유명한까지
장소

Puzzle 230

북	은	집	올	은	굴	끔	노	어	질	을	악	위	쌀	위	용	필
늘	한	셀	젊	을	션	전	트	을	느	카	어	집	에	치	어	동
전	다	은	가	장	자	리	북	용	동	요	바	키	가	달	바	한
운	받	고	은	솔	스	대	을	다	돌	를	문	고	터	거	풍	로
질	더	쌀	이	을	필	레	리	전	동	춤	돌	를	여	우	은	쌀
발	러	절	트	물	위	요	션	를	측	연	자	용	스	에	자	늘
컴	운	돌	동	들	을	들	대	셀	추	습	공	다	한	팀	동	표
범	죄	을	주	춤	흐	한	솔	때	문	에	리	부	감	로	쌀	동
체	질	집	표	저	린	질	제	을	동	에	범	문	로	자	도	용
다	맞	동	루	법	요	도	체	지	도	도	굴	발	도	체	표	한
범	부	다	너	복	파	제	표	원	공	은	플	레	이	어	에	트
어	낌	느	러	발	숭	동	면	을	올	질	리	돌	테	리	컴	대
한	돌	쌀	바	전	행	아	집	집	은	어	동	에	스	들	질	발
범	감	짓	느	차	견	행	용	짓	에	맞	을	질	넘	어	이	굽
스	을	한	트	찍	한	동	늘	도	문	짓	발	돌	한	다	의	로

연습
악어
표면
흐린
복숭아
주저
위치
스팀
스테이
범죄
플레이어
지원을
때문에
전차
가장자리
키가
더러운
여우
넘어
노트북

Puzzle 231

간	감	동	션	전	터	크	행	질	돌	인	스	너	셀	끔	결	요
호	옥	짓	날	도	풍	바	라	추	도	덱	낌	포	북	행	리	공
사	굽	체	측	느	의	에	을	운	은	스	문	젊	츠	질	주	금
의	동	춤	요	도	요	올	로	한	감	람	부	부	다	가	녀	소
동	부	낌	을	한	공	개	카	퓨	거	로	를	셀	절	한	요	요
달	견	한	터	발	자	부	요	젊	올	쌀	북	다	부	셀	절	람
문	표	쌀	한	찍	법	스	크	이	결	요	다	트	굽	의	굽	바
전	다	한	로	리	러	루	대	고	로	지	금	까	지	컴	노	주
대	한	다	활	물	이	이	한	자	장	대	도	짓	낌	문	노	션
돌	적	요	쌀	동	을	은	트	셀	올	굴	장	이	루	따	뜻	한
이	이	쌀	도	퓨	달	굽	퓨	의	올	한	문	질	물	집	물	상
표	스	찍	사	맞	팽	올	한	불	거	러	이	를	션	터	너	이
사	컴	결	대	커	이	리	러	행	낌	후	보	문	은	날	도	상
람	도	돌	주	버	한	문	말	받	바	자	끔	들	견	컴	루	색
외	부	를	체	가	이	트	집	발	파	의	굽	느	을	은	동	한

후보
지금까지
스포츠가
감옥
달팽이
커버가
외부를
따뜻한
색상이
인덱스
크라운
소녀가
공개
의사
동물
간호사
소금
활동
불행
이상한

Puzzle 232

찍	추	찍	작	스	굽	집	필	대	물	질	개	맞	과	돌	자	에
주	한	바	굴	가	질	필	루	상	절	레	방	물	즙	제	부	스
어	필	다	동	춤	찍	문	추	승	짓	람	로	이	이	제	달	한
러	찍	터	젊	적	전	퓨	퓨	젊	가	도	체	말	들	어	들	짓
문	제	부	표	거	퓨	필	도	올	족	것	들	굴	아	거	짓	동
용	트	은	보	바	도	범	행	발	한	문	은	주	위	에	물	용
주	더	블	트	수	요	가	퓨	늘	끔	람	행	크	맞	돌	다	루
춤	솔	러	늘	늘	절	카	거	한	로	느	스	셀	부	루	날	부
측	미	소	크	을	접	시	발	다	다	체	솔	다	풍	확	질	바
집	운	결	범	바	받	발	최	초	의	도	들	공	은	쌀	실	바
한	주	쌀	을	용	절	운	절	트	쌀	장	대	부	맞	늘	돌	질
바	퓨	부	용	사	표	늘	로	자	견	아	트	측	젊	체	너	사
운	레	리	을	운	공	감	은	요	동	거	가	셀	집	한	람	낌
견	전	을	결	노	표	크	트	퓨	솔	트	느	씨	루	루	용	굴
파	부	람	집	션	주	트	트	필	들	결	필	름	달	질	환	법

확실
은행
필름
가스
아들이
미소
주위에
것들
최초의
더블
접시
아가씨
질환
수요가
작가
개방
상승
보트
과즙이
가족

Puzzle 233

행	복	할	람	를	전	장	행	을	사	다	파	용	요	물	달	늘
다	물	머	동	필	늘	춤	짓	견	필	스	문	끔	카	노	질	문
퓨	너	니	질	굴	결	쌀	적	질	질	굽	노	바	행	말	에	맞
절	짓	풍	올	견	문	풍	합	웃	을	올	불	고	북	거	공	젊
느	표	견	사	적	은	젊	에	아	마	도	구	대	위	트	동	에
동	제	문	주	위	굽	얼	손	대	범	법	하	한	트	크	거	노
전	젊	장	년	공	질	음	가	러	행	전	고	솔	우	느	을	요
쌀	카	대	한	동	은	발	락	사	어	용	사	로	산	결	너	션
잉	태	체	돌	종	늘	찍	레	법	한	바	부	솔	을	어	찍	체
춤	끔	요	이	루	의	신	당	너	노	다	올	제	을	러	을	축
표	주	부	문	문	질	을	문	운	발	러	을	출	사	한	추	가
퓨	고	리	더	동	물	에	사	을	소	질	돌	젊	추	위	문	솔
스	필	솔	다	체	의	주	달	굽	절	년	로	사	찍	감	쌀	션
발	이	장	돌	를	리	춤	운	로	느	리	물	은	문	고	용	들
공	의	로	돌	고	트	동	느	주	를	터	노	로	너	행	솔	거

물질의
행복
종의
불구하고
당신의
추가
적합
주년
가축
아마도
할머니
우산을
소년
아웃
얼음
손가락
제출
잉태
대한
리더

Puzzle 234

올	은	한	문	법	문	이	은	범	찍	풍	어	퓨	발	거	은	솔
를	솔	너	사	터	주	웃	스	문	한	러	션	은	파	를	로	문
한	컴	요	도	요	적	도	필	늘	레	전	질	대	용	한	말	셀
로	성	다	바	로	제	재	절	한	장	체	질	필	로	동	을	사
요	공	읽	부	문	도	구	사	돌	문	모	래	수	측	동	결	공
사	받	돌	는	발	바	퓨	낌	용	춤	올	감	짓	크	로	을	도
바	받	문	내	한	카	질	들	동	을	쌀	추	메	시	지	동	자
문	제	가	부	견	문	질	동	거	을	을	장	체	말	괄	량	이
물	바	컴	을	자	견	로	문	굽	발	들	을	큐	피	드	맞	트
유	우	말	크	북	풍	문	진	행	을	주	은	주	퓨	을	을	질
을	채	날	올	다	접	근	확	실	히	발	은	감	날	발	견	굴
장	대	과	전	적	동	이	구	름	감	을	날	전	찍	쌀	을	느
돌	물	범	위	크	연	속	고	동	트	셀	부	은	이	발	동	올
행	솔	을	로	동	측	굴	이	질	북	쌀	요	이	견	견	주	퓨
맞	람	질	적	느	재	미	바	주	사	범	날	끔	바	에	문	전

유채과
연속
구름
필수
재미
모래
내부
메시지
진행을
말괄량이
읽는
이웃도
우유
재사용을
문제가
도구
접근
큐피드
성공
확실히

Puzzle 235

트	한	바	춤	험	위	좋	젊	제	찍	한	솔	한	달	에	날	집
절	컴	션	문	바	협	아	크	제	주	춤	돌	집	을	컴	용	전
집	자	이	발	북	이	하	컴	많	은	은	문	위	느	한	굽	한
사	차	결	루	늘	질	는	쌀	은	스	러	동	로	주	셀	어	리
공	용	량	체	를	요	말	바	지	한	을	셀	노	의	와	이	어
로	어	집	풍	로	느	열	어	도	대	체	운	다	달	느	느	스
헤	론	동	트	돌	담	대	키	위	요	위	도	젊	바	크	이	케
집	크	러	주	주	비	토	필	레	동	크	짓	제	크	견	전	이
느	파	도	바	고	발	끼	풍	트	을	돌	정	보	자	장	오	트
질	한	춤	여	리	러	한	젊	부	필	올	공	로	용	유	디	스
발	발	말	범	름	주	문	레	간	노	주	찍	한	문	노	션	케
물	절	측	받	러	늘	대	트	단	찍	의	을	발	카	동	문	이
트	추	자	셀	다	문	달	질	한	별	특	트	질	어	크	장	트
발	트	공	루	람	굴	이	파	찍	을	들	전	략	을	고	젊	솔
감	추	은	카	전	한	문	고	한	부	제	로	컴	체	리	노	느

헤론
케이크
스케이트스케이트
담비
토끼
여름
오디션
좋아하는
정보
열대
와이어
자유
간단한
위험
특별한
차량
전략
많은지도
키위
위협이

Puzzle 236

다	루	한	루	전	달	감	법	공	발	를	예	컴	쌀	동	용	질
범	도	바	바	서	른	독	날	추	감	람	뻐	달	을	문	들	로
를	의	이	트	루	대	문	쌀	대	리	쌀	를	이	북	거	들	어
다	의	체	파	물	부	문	끔	질	트	사	로	한	느	을	발	자
도	퓨	늘	북	을	분	자	집	집	쌀	용	루	행	문	을	루	장
션	센	범	이	실	의	문	은	범	용	자	을	짓	체	감	주	셀
감	터	시	표	클	패	을	도	느	체	은	를	바	종	한	동	느
제	의	트	동	리	표	부	절	동	로	람	자	찍	측	이	문	고
러	을	이	주	어	질	레	북	북	너	파	결	쌀	셀	솔	전	트
들	을	퓨	문	컴	동	춤	카	루	다	바	대	문	춤	컴	느	측
터	을	을	동	다	람	용	맞	위	행	풍	선	부	느	위	적	측
적	립	견	사	풍	멋	짓	잡	지	올	안	박	날	자	은	한	장
제	요	측	체	돌	받	진	어	이	문	전	앞	으	로	을	운	고
로	적	셀	노	러	컴	찍	노	스	물	하	너	운	한	용	전	를
자	받	측	법	적	추	쌀	터	찍	표	게	사	어	문	가	난	한

클리어
사용자
센터
적립
안전하게
제로
실패
종이
앞으로
거북이를
예뻐를
서른
잡지
시트
대부분의
멋진
문자
가난한
선박
감독

Puzzle 237

다	북	돌	풍	측	표	낌	솔	도	적	들	거	바	춤	범	솔	카
컴	올	물	로	필	자	흡	수	저	녁	용	올	다	리	솔	올	도
스	파	부	느	을	북	람	다	체	로	확	에	맞	문	콘	범	트
공	어	를	적	법	측	쌀	한	요	루	장	을	션	성	도	늘	풍
추	이	에	루	루	거	발	대	트	주	를	자	카	숙	르	발	로
질	발	로	북	자	용	공	돌	를	돌	받	은	발	션	의	위	다
자	러	법	어	굽	올	한	공	남	을	받	주	자	굽	바	부	장
이	주	물	돌	루	결	합	자	성	치	즈	퓨	늘	대	위	리	제
요	루	동	질	동	주	운	루	동	을	이	문	도	받	굽	도	자
한	장	인	받	대	늑	법	을	장	상	상	풍	춤	휴	끔	어	동
집	정	받	치	피	행	발	주	람	이	트	카	셀	가	끔	전	조
위	용	요	부	트	집	검	위	람	지	느	러	미	를	사	자	심
요	한	다	은	받	문	달	은	은	한	제	탄	생	바	문	절	스
짓	달	한	노	동	자	범	에	한	재	고	바	말	레	공	말	럽
집	로	동	젊	레	다	짓	트	질	춤	발	범	거	을	법	제	게

사자
인치
남성
흡수
휴가를
대피
결합
저녁
조심스럽게
상상
늑대
지느러미
치즈
재고
확장
탄생
한정
콘도르의
성숙
검은

Puzzle 238

짓	컴	람	끔	동	풍	춤	적	너	동	맞	적	풍	거	입	경	로
보	라	색	한	체	선	크	달	굴	다	실	버	달	카	구	사	쌀
이	용	사	진	양	고	기	동	공	스	키	동	노	를	맞	주	을
없	고	래	위	풍	고	공	로	젊	로	끔	집	자	지	자	측	문
원	요	골	감	은	굴	용	주	주	용	한	빌	드	다	점	체	법
소	문	절	절	퓨	문	문	요	느	고	맞	주	은	다	파	를	말
대	셀	반	체	질	터	바	말	주	트	파	셀	받	위	루	지	에
다	컴	짓	돌	주	쿠	바	레	동	발	고	발	리	을	굴	네	범
트	감	굽	바	도	스	운	들	결	질	자	용	절	크	공	느	말
결	동	짓	맞	회	파	발	드	감	을	을	날	동	결	을	문	을
션	감	트	위	의	클	의	말	물	루	물	장	사	바	을	트	파
춤	적	다	주	법	에	셀	말	터	게	올	은	한	주	달	에	위
끔	춤	러	트	받	끔	바	자	받	공	주	스	이	자	받	파	절
컴	한	은	이	제	굴	쌀	굴	셀	굽	트	절	측	은	문	질	쌀
요	트	필	다	굴	주	파	자	달	이	절	체	노	바	트	발	늘

풍선
드물게
양고기
경사
스쿠터
사진
절반
사용이
골절
지점
스키
빌드
지네
입구
스파클
회의
소원없이
실버
고래
보라색

Puzzle 239

제	를	로	바	운	북	에	풍	용	견	을	쌀	추	을	발	로	를
주	필	바	사	스	범	법	발	셀	범	주	스	루	혈	액	모	고
어	용	날	발	젊	표	동	부	장	결	부	달	느	범	러	양	견
를	질	한	거	돌	결	다	종	컴	노	레	받	결	도	날	을	추
파	셀	한	미	사	도	표	종	장	범	체	한	제	레	절	용	은
내	와	자	발	적	바	질	동	수	입	발	동	말	북	찍	리	발
문	어	용	아	직	북	가	행	체	포	트	어	주	운	은	물	추
람	은	장	이	운	떨	져	원	자	바	느	공	범	공	날	측	용
셀	어	측	문	부	영	어	파	스	션	감	주	질	솔	이	대	체
로	추	를	풍	너	람	동	졌	젊	자	람	늘	부	받	어	운	감
터	한	날	을	노	주	셀	한	다	택	시	밴	적	다	람	춤	돌
발	부	운	동	발	질	쌀	북	레	션	거	리	절	한	전	북	노
을	느	맞	전	지	속	끔	올	문	짓	먼	지	한	한	도	스	발
절	다	체	달	리	고	이	북	리	를	트	도	전	달	질	용	풍
들	자	위	측	브	루	동	굴	체	사	로	부	맞	체	굽	퓨	쌀

거미
전체
가져
부적절한
체포
택시밴
내와
자발적
브리지
종종
떨어졌다
수입
아직
지속
혈액
모양을
먼지
동행
운영
원자

Puzzle 240

바	이	결	은	터	건	제	이	양	크	북	도	자	스	은	을	어
부	휴	느	춤	로	물	안	올	제	파	파	바	루	동	도	용	트
체	대	루	동	셀	을	너	제	퓨	발	부	장	맞	솔	도	션	체
법	용	한	션	주	찍	동	트	솔	늘	너	춤	바	표	거	첨	다
은	받	다	공	받	부	범	늘	행	질	절	바	문	범	법	루	부
들	날	집	범	퓨	을	동	올	받	진	행	디	한	고	짓	한	낌
부	부	리	의	느	위	전	체	한	추	굽	공	위	구	조	제	집
물	발	범	물	느	측	루	이	올	코	결	젊	한	적	달	고	풍
전	올	을	풍	을	적	문	행	발	끼	전	바	부	절	너	전	결
노	파	실	시	퓨	문	동	노	문	리	자	굴	굽	한	이	트	통
문	쌀	바	부	파	쌀	측	도	도	구	추	가	치	를	해	컴	치
트	퓨	노	풍	문	다	고	추	이	개	리	부	문	느	에	절	자
바	추	리	사	도	자	춤	느	주	법	행	한	을	춤	서	감	끔
도	결	파	람	올	올	체	레	로	문	션	쌀	맞	추	범	트	기
퓨	운	분	홍	색	스	이	너	집	다	달	절	동	운	동	짓	쁜

휴대용
운동
제안
실시
가치를
코끼리
통치자
진행
구조
이해에서
개구리
기쁜
분홍색
양파
너트
바디
결코
적절한
첨부
건물을

Puzzle 241

들	로	지	누	대	파	질	체	맞	러	이	기	록	로	사	너	발
입	력	식	군	위	은	한	끔	쌀	짓	한	들	을	터	로	표	너
절	위	은	가	을	션	레	를	필	동	발	동	어	를	춤	스	들
을	은	굴	말	어	쌀	부	솔	부	동	로	체	로	이	결	범	도
동	주	측	들	찍	행	에	들	용	사	랑	하	는	올	가	미	올
러	은	퓨	문	은	러	주	얼	표	대	운	거	대	전	은	필	올
한	찍	동	바	댄	카	로	룩	의	받	한	동	끔	셀	올	주	레
도	주	동	얼	스	우	한	말	발	거	제	질	한	을	을	들	퓨
스	리	션	굴	문	보	영	화	요	대	찍	람	질	퓨	스	로	바
표	집	노	래	위	이	다	을	젊	주	동	말	로	사	결	제	측
집	시	짓	발	산	만	전	거	낌	레	견	추	맞	동	받	에	을
측	한	퓨	질	수	너	학	감	끔	러	북	범	퓨	법	북	터	은
다	문	쌀	상	황	면	교	수	석	바	주	요	레	레	발	의	대
은	도	문	자	을	에	실	필	받	크	동	루	도	필	부	느	트
느	고	이	카	질	트	행	동	추	견	한	법	적	셀	문	바	한

영화
수석
댄스
입력
올가미
기록
상황
수면
누군가
표시
얼룩말
지식
노래
들어
사랑하는
카우보이
실행
얼굴
학교
산만

Puzzle 242

거부
용어
갈등
릴리스
전문가
법원
태양
도마뱀
항상
스크럽
소리의
부패
해시계
상황을
상업
삼촌
밝은
타원형
곱하기
정의

용	결	짓	발	용	을	범	솔	크	소	이	노	견	집	람	크	공
동	부	동	문	전	맞	쌀	크	올	리	위	대	굴	주	스	질	문
문	너	운	컴	트	문	파	도	동	의	정	제	태	요	을	로	굽
발	대	늘	거	부	동	가	들	삼	갈	등	주	양	물	쌀	퓨	한
범	바	을	말	용	문	바	느	발	촌	절	감	트	측	느	결	부
을	대	을	부	필	주	견	장	터	바	한	다	다	어	트	발	체
감	한	노	사	노	문	문	느	도	춤	동	러	견	을	북	로	표
주	견	표	다	말	컴	결	션	운	마	곱	하	기	은	해	한	쌀
부	패	늘	끔	행	바	거	제	밝	은	뱀	굽	바	위	시	러	람
낌	파	한	고	말	결	스	다	문	굴	솔	도	람	너	계	위	를
용	위	견	주	위	형	크	도	를	행	찍	부	노	표	를	부	을
노	한	람	받	법	원	럽	도	부	문	질	을	상	항	쌀	너	루
굽	도	리	발	루	타	한	위	용	로	의	쌀	업	파	추	동	자
범	찍	이	이	은	레	달	은	어	문	동	다	춤	상	황	을	트
람	릴	리	스	에	늘	도	제	루	도	주	파	맞	너	자	풍	은

Puzzle 243

게	주	견	달	대	바	평	물	짓	트	추	눈	용	컴	바	요	고
이	로	을	추	자	을	방	한	이	문	쌀	사	표	절	을	절	자
트	타	고	법	운	트	말	젊	루	문	를	람	한	부	추	문	낌
에	전	루	탐	한	돌	도	카	추	을	을	올	바	젊	감	다	바
서	파	도	운	구	요	늘	쌀	바	사	법	자	바	은	바	북	문
받	감	로	운	운	에	동	동	이	날	트	트	션	파	문	운	북
거	거	안	솔	낌	전	전	느	바	문	끔	용	트	천	쌀	한	거
노	질	문	녕	은	찍	가	아	이	디	어	가	발	으	물	집	퓨
돌	예	상	굽	자	문	은	까	견	체	동	한	범	로	범	이	바
터	정	확	히	대	법	너	통	이	요	체	문	풍	로	를	집	다
신	축	다	법	한	질	동	증	찍	굴	셀	리	측	한	어	바	들
중	구	다	소	화	은	맞	이	표	파	파	달	짓	도	도	쌀	집
한	잡	복	거	장	쌀	장	결	은	깜	짝	을	공	들	도	바	동
진	술	적	퓨	솔	바	주	발	바	흥	분	트	을	로	절	문	찍
찍	솔	동	감	발	측	북	를	대	용	제	끔	바	적	적	위	트

눈사람
안녕
축구
통증이
복잡한
정확히
소화
게이트에서
흥분
아이디어가
파도
천으로
신중한
깜짝
예상
탐구
평방
진술
가까이
타고

Puzzle 244

계단
유용하게
위협
연민
도움말
위장
예술
연구
의사가
비전
사람의
노트
개발
효과
조정
외부
질문을
투자
수행
차용

터	계	사	주	범	사	질	터	문	제	솔	발	를	요	제	거	리
용	단	부	람	너	받	문	동	용	낌	견	말	받	이	필	물	동
을	문	달	스	의	스	을	자	거	스	늘	셀	견	외	의	사	가
한	조	정	비	전	견	범	풍	범	연	을	맞	유	부	북	문	트
제	다	느	주	수	행	쌀	을	추	구	리	바	용	스	동	너	셀
결	이	풍	람	레	다	공	바	크	용	리	필	하	찍	표	투	자
질	을	너	부	말	위	필	로	견	적	집	은	게	돌	감	한	젊
체	의	표	문	노	트	의	를	날	노	집	말	루	풍	스	대	동
이	을	이	이	한	법	풍	체	범	부	돌	이	을	문	필	느	셀
위	장	연	민	동	예	도	움	말	질	결	느	적	발	범	장	감
솔	견	다	위	너	술	바	루	짓	동	로	측	너	개	문	공	을
효	과	한	협	한	의	달	춤	굴	받	파	견	트	짓	발	대	장
동	동	말	범	람	은	동	카	차	날	대	트	크	짓	낌	의	을
은	쌀	바	바	솔	절	한	한	용	한	짓	말	은	낌	다	부	용
용	달	추	문	돌	한	을	결	이	견	동	을	행	발	운	셀	고

Puzzle 245

동	낌	쌀	추	컴	동	도	자	카	레	한	맞	션	러	을	카	행
셀	퓨	측	문	바	퓨	로	체	들	로	동	일	네	측	퓨	느	카
범	리	터	퓨	공	자	터	사	찍	춤	위	회	필	시	금	치	루
바	굴	부	트	발	대	요	무	운	스	적	용	느	도	순	록	달
판	올	트	바	트	자	람	실	받	문	을	바	파	느	바	공	에
매	요	바	한	대	러	법	솔	견	사	감	문	바	조	직	은	이
을	셀	문	을	문	퓨	필	의	세	측	동	날	을	북	말	공	자
신	날	끔	불	표	결	바	필	계	북	쌀	풍	를	동	절	부	크
뢰	다	은	동	안	거	한	셀	날	다	부	부	루	한	부	로	자
쌀	너	워	가	차	정	젊	은	리	노	북	컴	도	한	러	이	플
를	돌	쌀	스	지	가	한	콤	달	장	은	문	감	절	자	사	레
동	동	굽	파	안	체	쌀	맞	맞	범	받	거	부	거	범	뽑	이
로	다	터	고	공	전	대	부	파	북	문	작	은	느	낌	아	터
도	갔	다	필	찍	이	에	요	스	집	트	로	문	대	문	용	바
바	셀	필	쌀	전	로	을	이	이	들	을	노	카	을	한	법	동

달콤한
불안정한
판매
가정
안전
일회용
조직
갔다
차가워
네일
순록
세계
사무실
뽑아
작은
시금치
플레이
차지
컴퓨터
신뢰

Puzzle 246

유체
웃었다
피부
정신적
이익
요리논의
좌석
호스트
옵션
겨울
말했다
사회
거친
소유
종기
모험
지우개
단편
주장
간다

피	적	문	를	에	러	퓨	쌀	션	발	말	바	적	동	바	셀	한
부	이	지	질	적	간	다	를	동	파	굴	찍	셀	너	들	발	유
람	로	우	너	러	다	했	말	이	굽	주	동	을	고	한	거	체
올	법	개	거	션	로	짓	주	자	은	추	에	은	달	트	받	친
소	유	결	크	이	질	사	다	동	트	돌	절	법	을	굽	호	도
모	험	겨	스	바	춤	회	주	느	주	젊	느	날	쌀	거	스	레
바	쌀	울	다	너	운	크	션	날	러	공	요	부	느	동	트	받
고	고	돌	찍	질	동	굽	자	공	부	동	리	트	쌀	트	파	제
웃	단	편	쌀	말	이	레	들	크	거	이	논	들	터	카	사	말
발	었	추	받	달	은	도	북	발	장	문	의	트	주	장	들	부
은	이	다	사	좌	이	루	자	다	션	파	옵	션	장	종	측	컴
추	굴	달	부	석	익	정	너	발	달	풍	날	낌	루	찍	기	러
루	풍	은	터	집	파	신	트	을	굽	올	이	션	거	젊	들	체
젊	부	루	올	한	자	적	달	올	맞	말	달	적	의	트	풍	한
한	공	문	문	문	문	질	다	은	동	감	굴	로	요	어	체	어

Puzzle 247

받	필	적	부	바	파	은	공	인	투	명	세	부	법	이	들	솔
부	장	스	늘	적	동	이	체	맞	간	조	븐	다	부	퓨	동	짓
컴	한	도	주	장	다	리	로	은	견	용	퓨	추	로	을	한	트
한	낌	측	트	운	했	느	물	들	동	한	견	부	주	춤	바	돌
사	트	카	문	인	께	루	평	노	쪽	동	스	문	절	결	적	짓
집	법	러	굽	기	함	문	트	균	질	컴	러	맞	을	이	람	맞
솔	굽	바	바	세	거	한	한	고	범	장	춤	카	노	동	토	양
노	을	들	문	결	필	리	적	노	측	동	파	션	너	대	주	바
선	글	라	스	끔	고	자	늘	위	발	동	감	트	끔	션	절	질
발	늘	이	을	젊	발	말	주	동	스	공	카	필	동	받	끔	러
동	을	카	한	퓨	도	금	에	필	맞	사	달	비	부	요	동	발
올	동	에	받	한	동	요	파	고	학	발	다	용	러	은	발	측
스	위	솔	제	의	션	일	박	무	크	년	운	면	문	을	부	결
를	리	트	러	한	받	자	쥐	바	파	굽	리	카	대	컴	다	전
터	을	러	적	을	한	받	컴	결	목	표	염	소	한	북	노	자

세기
인간
다리
다운
평균
비용면
조용한
학년
함께했다
세븐
금요일
토양
목표염소
동쪽
투명
박쥐
노동
고무
선글라스
인기

Puzzle 248

피	느	카	물	측	위	유	돌	느	트	를	동	사	을	올	맞	한
물	해	우	드	바	동	지	컴	컴	짓	행	짓	어	디	에	있	는
셀	트	자	테	마	올	할	을	한	자	체	에	러	에	다	레	셀
바	에	날	보	질	방	노	루	스	시	사	다	리	거	대	감	정
셀	느	견	린	기	지	양	말	거	험	날	공	퓨	파	퓨	에	굽
트	돌	질	졸	카	주	파	기	에	한	셀	풍	어	다	션	바	공
느	어	너	문	필	문	에	리	차	다	사	문	한	적	올	레	문
거	장	스	필	전	공	만	올	질	자	대	들	한	충	로	쌀	카
제	전	코	터	물	표	들	껍	질	용	리	바	결	격	추	동	펫
한	북	뿔	덮	여	로	동	리	감	카	을	느	을	용	장	위	주
트	받	소	용	전	감	장	주	부	끔	용	동	퓨	람	도	요	굽
용	을	날	대	굽	로	로	이	솔	결	절	느	대	날	을	북	체
크	카	한	감	문	쌀	셀	동	셀	발	트	람	받	고	을	트	선
절	법	스	바	트	동	북	느	러	러	돌	도	느	주	표	레	굽
행	대	자	견	요	질	부	표	대	문	용	끔	필	늘	솔	질	물

방지
바느질
코뿔소
사다리
우드
피해자보기
유지할
어디에있는
충격
양파에만
껍질
테마
덮여
카펫
시험한다
졸린
감정
기차
추격
기린

Puzzle 249

적	이	도	그	부	서	사	동	로	을	너	은	어	감	요	날	올
달	를	션	퓨	려	우	랍	동	주	거	달	트	을	자	주	전	견
퓨	도	동	로	동	리	다	들	크	자	은	람	터	굴	이	늘	을
문	을	발	을	리	의	고	질	적	올	날	올	추	노	욕	크	셀
절	바	은	루	어	을	크	날	풍	크	한	말	에	바	올	망	사
전	늘	운	날	적	퓨	받	범	크	컴	컴	역	할	숨	로	짓	을
사	바	을	터	한	다	카	트	을	받	범	전	파	기	북	질	우
문	늘	필	위	스	크	다	레	자	한	동	갤	럽	기	리	너	유
풍	거	거	맞	주	열	파	셀	돌	트	질	발	풍	한	운	에	지
받	듣	고	요	로	이	어	을	바	눈	물	한	낌	범	트	자	방
범	받	카	낌	짓	을	너	맞	끔	거	사	질	사	결	춤	크	문
집	바	바	은	표	만	족	문	용	들	날	람	추	장	주	발	풍
받	감	솔	굴	레	를	바	파	문	적	결	결	측	춤	뉴	느	쌀
한	굴	를	을	로	동	트	동	발	명	젊	범	지	펀	스	노	춤
끔	쌀	부	제	날	행	고	낌	노	치	법	은	조	상	의	쌀	도

우리의
갤럽
우유지방
만족
역할
발명
바늘
뉴스
감자
열이
치명적
조상
욕망을
물질
듣고
그려
스펀지
눈물
서랍
숨기기

Puzzle 250

선호하는
고객
판결
완전히
발생
원형
계속
대비
땅의
스스로
국경
저항
조식
과학
심각한
대안
진정한
모양의
추천
정치

말	측	범	의	크	이	측	문	젊	다	스	스	로	문	추	동	은
표	필	낌	받	을	솔	에	용	에	부	발	굴	바	러	국	트	굴
바	행	사	느	사	북	집	한	동	젊	은	젊	바	춤	이	경	맞
말	쌀	동	문	달	러	북	저	항	체	솔	낌	제	제	퓨	을	고
을	너	크	도	정	치	판	결	계	속	주	북	풍	전	이	체	객
거	바	젊	감	짓	선	행	스	문	전	주	날	한	거	카	너	젊
풍	파	에	트	트	호	한	트	다	퓨	부	날	제	부	을	로	람
한	루	느	거	은	하	레	파	행	로	바	동	다	북	션	용	리
범	션	문	문	적	는	부	추	거	감	끔	젊	행	대	사	한	풍
발	레	동	레	어	은	동	천	어	올	장	올	젊	은	물	굴	로
생	고	람	을	에	러	조	필	고	질	카	진	정	한	각	심	동
셀	바	절	젊	장	완	식	발	날	문	체	과	학	원	용	쌀	동
문	비	대	터	말	전	체	도	들	문	에	위	굴	늘	형	한	용
날	쌀	안	운	위	히	이	땅	낌	도	리	추	다	동	굴	주	다
거	크	루	장	용	들	리	션	의	양	모	전	한	돌	달	맞	발

Puzzle 251

춤	손	측	한	장	편	바	트	굴	도	집	법	고	리	을	용	문
터	쌀	실	견	로	감	안	도	컴	자	자	터	발	자	에	법	전
은	절	의	을	들	핸	주	이	체	주	을	생	물	학	부	노	카
자	한	한	출	도	장	션	도	범	러	은	적	도	점	을	절	크
달	한	춤	수	운	풍	주	를	바	맞	터	바	허	수	아	비	한
한	쌀	다	찍	북	어	달	추	맞	위	를	풍	용	소	버	셀	이
이	션	트	트	트	물	북	트	물	은	람	바	측	달	드	너	동
바	질	범	를	적	자	결	공	장	자	풍	한	들	측	션	동	굴
부	스	은	스	필	혼	연	문	키	러	북	바	굽	발	도	장	식
러	행	법	거	어	두	운	에	스	한	자	전	트	느	날	면	별
한	발	로	솔	문	발	도	퓨	셀	돌	크	찍	정	배	치	레	대
주	행	셀	측	레	굽	도	돌	은	풍	굽	쌀	리	을	자	최	종
공	물	부	날	러	로	리	트	다	북	사	루	전	논	고	대	크
제	쌀	전	은	말	동	질	느	견	션	측	람	에	문	은	위	날
루	부	파	질	쌀	바	춤	리	춤	행	굽	낌	쌀	쌀	질	한	이

정리
소수점
공장
논문
장면
키스
배치
생물학
버드
핸들을
손실을
수출을
어두운
식별
혼자
최종
연결
편안
자연에
허수아비

Puzzle 252

그들의
메추라기
미소연기
사회는
지수
고급
카메라
노래를
금지하는
동의
지리
토마토를
법률
아이를
소심한
대표
트럭
정지
동반자
체리

퓨	법	메	토	부	아	이	를	동	요	퓨	풍	노	은	장	을	춤
물	파	추	퓨	마	터	사	장	노	공	도	한	이	장	체	리	터
용	트	라	맞	트	토	다	을	람	법	돌	부	도	운	자	지	풍
장	을	기	레	풍	럭	를	문	동	법	행	트	부	트	리	질	결
요	물	연	적	법	리	맞	찍	말	을	한	노	쌀	발	다	돌	용
루	동	소	늘	고	올	를	한	러	를	느	퓨	체	은	한	트	은
고	집	미	트	범	질	를	절	너	춤	동	자	문	람	동	를	은
법	용	발	장	한	범	거	결	견	거	굽	사	주	질	반	부	거
을	한	어	에	굽	느	물	셀	절	말	법	람	쌀	이	자	크	이
다	리	절	노	래	를	을	말	한	동	거	부	추	레	을	법	자
적	날	바	찍	카	카	한	제	동	그	들	의	카	은	측	률	고
느	공	결	돌	크	지	짓	주	한	의	대	표	메	바	정	지	급
낌	춤	사	사	바	수	을	소	주	동	굽	은	라	의	퓨	달	제
바	다	찍	느	요	동	퓨	심	느	바	러	위	발	를	풍	거	어
올	금	지	하	는	회	사	한	트	범	을	느	퓨	질	레	올	젊

Puzzle 253

받	트	션	집	람	게	썰	물	물	한	한	부	질	에	짓	한	춤
의	을	문	트	두	으	매	끔	루	돌	을	겸	손	한	터	범	노
에	춤	거	끔	려	른	트	굽	행	스	쌀	듣	고	는	완	대	맞
요	법	견	러	워	발	수	준	하	도	록	을	요	고	두	굴	절
컴	고	트	발	솔	을	너	모	굽	트	요	음	바	리	콩	로	감
문	발	트	받	한	정	부	문	텔	젊	문	발	돌	음	비	극	적
들	풍	로	루	대	얇	굴	돌	느	위	로	을	람	료	문	용	을
물	발	점	말	다	은	바	자	맞	느	은	문	문	루	크	이	해
을	파	발	심	부	측	한	측	물	견	로	견	문	질	질	로	용
들	느	바	에	셀	트	맞	기	이	다	느	파	로	굽	을	달	고
절	표	노	연	미	디	어	사	도	참	가	자	맞	동	법	너	범
자	춤	바	을	기	허	리	케	인	늘	짓	요	풍	도	다	션	견
굽	운	한	받	늘	에	끔	러	주	자	물	집	람	스	람	퓨	집
공	도	사	끔	동	다	행	굽	트	문	부	은	은	쌀	을	주	바
리	로	장	측	발	퓨	의	크	결	다	터	문	쌀	고	전	퓨	바

겸손한
썰매
얇은
점심
발음을
듣고는
참가자
두려워
미디어
이해
게으른
비극적
허리케인
모텔
연기
완두콩
정부
기사
음료
수준하도록을

Puzzle 254

안	대	람	바	박	이	쌀	울	다	춤	바	고	한	자	동	법	주
아	스	측	에	은	탈	레	었	노	도	한	속	진	표	짓	날	문
스	틱	은	를	트	벤	이	다	짓	여	퓨	도	리	들	범	거	바
감	쌀	로	사	스	문	업	바	한	사	자	로	질	적	용	용	을
보	고	서	는	위	풍	작	용	어	질	동	너	받	에	러	공	문
부	부	도	동	대	어	철	돌	리	문	을	동	한	부	을	느	느
퓨	퓨	늘	대	느	퓨	회	쌀	동	공	제	질	물	카	은	고	한
쌀	질	돌	사	평	한	찬	달	쌀	을	문	한	요	퓨	에	솔	퓨
트	동	운	절	가	스	장	표	도	바	스	뒤	낌	도	부	발	쌀
눌	러	범	트	장	한	로	젊	적	풍	장	에	한	느	이	을	낌
찍	견	바	도	발	체	법	이	주	로	측	한	말	한	은	돌	자
조	심	용	물	의	은	범	한	에	터	말	끔	느	자	러	를	용
늘	요	인	한	부	대	올	지	트	거	대	도	필	을	트	문	제
의	트	페	인	트	나	한	너	루	맞	필	공	맞	감	노	절	바
너	러	캠	고	제	무	람	문	느	파	동	어	너	이	자	발	한

지루
눌러
보고서는
여자
고속도로
안아
찬장
나무
이벤트를
진리
박탈이
평가
울었다
캠페인
뒤에
페인트
조심
스틱은
철회
작업이

Puzzle 255

젊	문	말	공	느	트	터	따	에	맞	한	견	문	게	트	바	리
표	바	고	자	동	대	레	라	루	너	용	질	날	임	사	그	절
파	션	자	질	제	트	션	서	터	문	주	순	서	레	이	의	룹
컴	법	들	질	법	를	위	집	다	전	람	을	춤	거	클	도	날
느	고	카	발	느	을	전	적	한	풍	사	궤	도	문	바	지	공
젊	러	달	문	부	리	필	법	받	한	스	쌀	적	풍	바	혜	날
견	대	한	체	레	도	를	끔	달	부	마	적	로	다	트	적	끔
달	어	도	늘	늘	감	한	짓	공	자	스	람	젊	장	용	트	자
감	느	레	문	날	트	체	풍	격	쌀	크	동	트	대	를	다	한
이	굽	슨	요	늘	굴	주	쌀	적	거	물	건	운	젊	농	너	올
다	전	로	한	메	뚜	기	한	션	고	터	동	파	율	부	공	은
터	제	자	강	은	리	느	도	받	태	크	짓	한	을	터	요	레
행	동	공	요	행	위	견	를	질	도	레	소	수	카	파	약	로
제	문	동	연	령	를	너	동	부	찍	장	한	행	은	을	사	측
이	용	리	제	스	돌	쌀	바	에	리	파	트	찍	루	부	고	쌀

순서
농부
사이클
공격적
강한
지혜
마스크
게임
운율
느슨한
요약
물건
그룹
태도
메뚜기
연령
따라서
소수
행위
궤도

Puzzle 256

셀	크	동	분	출	촛	을	을	반	드	시	맞	도	다	터	한	풍
시	리	즈	공	요	불	늘	다	표	셀	필	동	성	장	을	크	굽
주	셀	들	받	컴	늘	문	운	운	받	셀	동	추	부	를	낌	동
노	적	부	셀	동	짧	감	돌	은	트	컴	트	의	을	너	크	한
셀	리	로	견	이	은	루	굽	쌀	행	굴	문	스	람	의	절	추
도	전	루	쌀	문	대	어	말	동	동	표	문	에	질	성	결	풍
로	사	필	발	자	질	느	자	리	용	추	늘	문	은	능	문	풍
춤	점	죄	장	문	절	달	형	태	로	말	낌	트	낌	을	풍	늘
션	한	유	이	고	바	표	부	범	다	발	느	달	컴	짓	은	트
법	어	션	율	트	낌	동	한	터	굴	발	한	람	돌	돌	다	문
동	결	감	제	용	로	도	어	로	주	질	느	받	굽	셔	법	로
어	제	람	자	위	각	종	사	로	한	공	음	성	날	들	츠	로
에	운	날	끔	한	들	운	조	을	측	집	자	말	리	문	허	가
문	발	질	선	물	감	용	자	합	느	금	융	녹	아	느	제	카
도	러	쌀	이	질	로	침	대	람	이	낌	레	을	을	감	싸	는

선물
성능을
유죄
녹아
반드시
허가
조합이
감싸는
음성
짧은
각종
점유율
성장을
분출
촛불
시리즈
침대
형태로
금융
셔츠

Puzzle 257

러	필	적	용	이	트	발	노	트	풍	측	리	중	표	표	대	기
다	퓨	스	동	도	굽	찾	기	은	의	거	햄	쌀	요	트	젊	너
시	카	컴	맞	결	시	안	녕	하	세	요	버	자	고	한	낌	러
민	기	설	표	오	결	어	풍	로	추	굽	거	동	문	테	이	블
로	억	탕	부	렌	동	바	느	대	은	운	터	장	북	감	은	늘
를	너	도	문	지	측	위	카	파	찍	집	이	다	어	은	부	요
퓨	추	쌀	쌀	감	을	터	트	행	행	끔	돌	맞	표	질	말	문
받	체	문	다	에	퓨	도	로	사	측	부	짓	바	한	사	레	감
법	표	물	낌	한	도	어	느	용	감	문	말	받	동	받	느	말
물	스	주	풍	찍	거	말	리	느	느	찍	말	찍	거	역	굽	장
문	터	를	맞	바	용	형	풍	법	도	을	요	컴	터	사	상	을
발	견	생	미	션	파	동	식	문	동	돌	레	주	법	천	처	쌀
을	에	명	스	행	동	발	를	풍	한	범	유	행	도	들	사	부
주	레	을	거	풍	을	리	받	요	풍	결	료	느	장	달	자	절
트	말	바	을	풍	괴	물	자	은	바	을	이	견	자	이	크	의

안녕하세요
대기
역사
형식
유료
설탕
상처
생명을
테이블
시민
괴물
오렌지
기억
천사
햄버거
적용
미션
찾기
중요한
도시

Puzzle 258

데이터가
운이
반환
출현
부드럽게
살쾡이
바구니
의견
차례
볼트
튤립
타격
결정
웨이크
수달
분모
망치
여성
들소
책상을

대	요	한	어	들	타	사	감	부	을	운	크	분	모	쌀	사	적
을	한	질	셀	소	격	파	필	맞	드	운	이	을	다	장	바	추
달	찍	바	적	절	은	질	쌀	자	범	럽	웨	노	범	어	은	측
체	바	람	추	적	한	돌	들	법	망	치	게	느	러	동	은	체
퓨	북	문	절	반	환	의	바	구	니	볼	책	북	행	전	용	전
데	이	터	가	달	션	용	너	튤	춤	트	상	컴	전	퓨	트	쌀
문	컴	바	질	절	공	느	발	립	달	발	을	행	풍	문	맞	맞
를	을	쌀	컴	낌	감	로	범	느	전	한	한	문	을	용	체	받
노	느	고	젊	쌀	필	올	트	쌀	젊	동	너	한	바	노	적	고
다	동	견	다	이	카	을	스	의	스	도	스	주	어	제	터	결
출	사	차	션	바	굴	쌀	리	쌀	리	요	발	끔	트	한	짓	도
동	현	례	말	한	를	발	받	여	부	컴	로	한	한	사	표	문
한	공	부	어	굴	문	주	를	성	은	동	자	운	은	쌀	동	낌
질	를	짓	올	카	동	느	퓨	측	바	의	로	질	위	사	의	자
결	정	수	달	파	들	전	람	대	터	견	동	한	올	살	쾡	이

Puzzle 259

먹	레	풍	볼	카	필	한	측	발	교	훈	은	셀	거	사	부	웜
찍	고	동	륨	감	끔	짓	적	한	측	부	역	의	느	적	바	은
제	경	질	부	표	감	부	주	절	돌	동	지	견	항	해	한	부
용	용	험	발	러	주	법	람	짓	을	한	올	위	바	용	맞	용
장	젊	느	을	변	을	위	굽	제	제	리	말	솔	느	주	순	쌀
다	젊	를	리	수	놀	라	운	트	대	늘	솔	을	발	젊	환	람
공	간	운	공	들	바	부	도	동	동	트	쌀	레	낌	다	체	젊
범	너	을	올	동	카	전	솔	크	레	의	을	을	션	고	한	레
달	다	법	달	입	발	마	적	장	노	영	법	풍	을	백	로	이
동	스	이	한	찍	학	커	어	느	다	어	발	션	적	을	측	발
대	행	물	절	셀	한	찍	문	결	거	느	한	돌	말	쌀	부	카
접	돌	날	도	생	산	를	파	체	자	자	춤	춤	문	견	레	춤
동	주	문	퓨	셀	측	느	동	감	느	발	장	을	체	카	쌀	크
질	짓	물	노	체	요	동	솔	러	측	트	도	범	특	낌	바	측
로	문	달	파	러	트	짓	동	예	비	대	느	요	히	의	에	러

볼륨
대접
영어
놀라운
특히
항해
순환
변수
예비
공간
생산
교훈은
고백을
웜은
지역은
입학
경험을
마커
수리를
먹고

Puzzle 260

을	범	를	전	결	이	제	목	낌	거	이	굽	크	일	공	날	용
크	제	요	결	도	혼	들	성	당	근	케	이	스	요	늘	리	람
이	제	절	날	도	결	은	분	람	위	루	린	말	일	풍	람	올
자	발	을	다	달	늘	람	택	범	끔	끔	어	습	관	을	끔	로
여	기	한	스	물	션	사	낌	선	항	목	을	카	제	전	결	감
낌	션	동	위	측	굽	도	도	파	한	너	크	용	위	의	부	결
표	러	용	한	한	람	용	도	걸	말	찍	이	동	찍	스	컴	컴
나	머	지	퓨	말	법	행	너	핏	자	운	낌	카	컴	로	바	느
이	문	도	굴	법	리	솔	발	하	운	풍	바	풍	트	퓨	바	어
한	감	느	퓨	북	북	오	한	면	돌	용	필	셀	레	날	동	짓
경	험	맞	카	퓨	노	느	늘	것	동	루	은	한	람	체	동	동
행	북	젊	춤	적	물	컴	터	이	레	내	너	너	느	맞	끔	카
감	용	트	젊	굴	바	이	션	다	한	제	어	바	컴	레	션	발
절	루	대	절	부	공	터	너	도	이	부	에	공	노	회	을	카
를	집	셀	모	든	이	낌	요	스	절	젊	굴	거	트	사	공	고

제목
나머지
당근케이스
걸핏하면
항목을
사람은
성분
것이다
습관을
내레이터
오늘
결혼
회사
결혼은
모든
선택은
일요일
어린이
여기
경험

Puzzle 261

굽	느	부	드	여	유	가	굵	트	트	거	사	쌀	적	무	감	응
적	대	임	은	럼	질	을	돌	게	한	로	범	적	러	례	자	답
절	올	대	젊	굽	의	체	사	라	도	필	받	문	절	자	동	이
크	표	문	솔	날	물	컴	문	제	발	발	질	말	쌀	달	문	도
바	한	운	동	거	부	스	동	말	용	솔	도	은	한	늘	장	동
동	질	한	터	풍	람	구	멍	받	람	이	한	추	자	동	쌀	표
날	체	결	이	체	앞	치	마	현	재	사	도	쌀	적	을	스	부
거	람	굴	동	셀	로	를	차	이	레	크	감	노	바	공	위	고
찍	의	크	루	러	고	풍	션	쌀	를	너	감	거	트	찍	에	짓
바	장	셀	부	굴	로	느	트	문	운	추	결	사	트	법	바	풍
장	너	발	션	행	행	주	문	공	바	스	말	을	스	발	문	체
짓	사	동	적	들	도	한	낌	바	생	강	을	용	바	귀	여	운
쌀	그	러	나	어	스	받	이	동	일	범	측	집	공	부	로	한
뛰	어	난	리	션	바	달	위	트	부	도	위	느	파	바	를	한
동	잊	제	도	달	필	로	돌	바	위	위	해	날	결	정	하	는

동일
응답이
임대
굵게
현재
앞치마
여유가
차이
드럼
구멍
귀여운
잊어
그러나
무례
사라
거의
뛰어난
생강을
결정하는
위해

Puzzle 262

성공적인
울새
웃음
명시
펜싱
에이전트
지난
이유는
소파
관용
감지하여
병원
분리
투표
미래
노력
분자
뾰족한
명랑
어깨한다

명	랑	주	낌	루	측	맞	바	로	병	원	을	굴	공	크	에	분
주	투	자	느	부	물	부	의	법	풍	쌀	부	쌀	을	를	이	리
발	행	표	감	지	하	여	웃	솔	다	동	적	부	로	을	전	끔
바	제	파	의	로	질	장	음	낌	짓	문	레	은	도	달	트	크
주	동	달	문	트	레	너	문	을	장	카	트	굴	성	다	컴	문
체	에	바	바	법	전	올	쌀	동	너	문	전	한	션	공	동	파
자	를	행	굴	달	춤	셀	거	을	미	젊	법	도	동	도	적	말
느	러	올	동	크	들	풍	감	올	래	동	뾰	셀	은	문	한	인
쌀	트	지	대	자	펜	관	용	다	소	레	족	늘	필	날	한	느
굽	문	난	도	맞	싱	용	표	레	이	파	한	트	바	솔	노	력
추	쌀	쌀	추	부	발	위	동	쌀	굴	람	부	스	부	분	들	주
을	춤	바	쌀	파	을	이	장	루	은	바	부	젊	로	자	노	을
명	시	한	션	은	풍	울	새	발	춤	문	달	이	유	는	동	춤
풍	어	절	돌	느	도	한	어	깨	한	다	결	맞	은	말	동	낌
주	추	너	어	날	동	의	범	감	트	추	주	컴	카	이	컴	늘

Puzzle 263

클	아	빠	리	달	느	크	레	어	에	낌	노	늘	은	공	파	고
에	립	측	한	바	리	파	굽	문	감	로	크	짓	발	끔	트	추
노	풍	시	용	그	고	올	케	동	짓	카	에	셀	용	부	루	발
질	물	션	계	늘	감	바	문	이	문	실	짓	도	날	레	리	바
바	솔	문	크	도	범	행	집	용	스	현	여	바	찍	용	받	노
들	발	너	끔	전	추	한	을	필	이	쌀	왕	컴	법	바	낌	공
솔	주	발	젊	에	동	질	어	스	레	텍	의	끔	로	솔	존	중
동	위	굽	자	주	적	운	골	동	품	스	부	트	참	를	동	로
동	표	사	신	을	쌀	날	동	굴	감	트	퓨	도	가	제	사	풍
도	끔	레	의	문	다	사	람	들	의	이	부	굴	을	솔	질	물
맞	낌	짓	추	동	양	니	이	전	느	라	자	문	감	너	바	문
주	체	이	로	리	성	동	칩	러	에	이	테	러	받	날	굴	요
동	바	날	위	루	퓨	동	측	바	측	하	느	주	주	바	은	춤
크	부	이	노	문	거	느	풍	퓨	을	거	퓨	컴	날	주	셀	을
굴	스	장	주	컴	한	공	굽	한	에	절	거	운	굽	너	은	부

존중
이동
골동품
참가을
케이스
실현
자신의
테러
바칩니다
사람들의
레이스
텍스트
아빠
여왕의
그늘
하이라이트
전에
고추
클립시계
다양성

Puzzle 264

교사
실험
대통령을
스웨덴
일반적으로
제어
지능형
오후
외국
촬영
느낌
감사
실행을
비타민
매듭
즐길
매력적인
복도
발코니
블록

문	제	돌	운	돌	춤	대	의	이	이	러	도	즐	한	행	은	도
추	용	말	들	로	동	통	은	질	공	북	카	길	주	한	발	날
이	리	셀	동	문	자	령	느	이	바	을	일	주	표	문	코	이
한	동	레	비	타	민	을	트	낌	늘	범	반	크	촬	영	니	올
낌	파	들	의	복	거	행	표	돌	감	위	적	북	제	끔	이	터
터	지	능	형	도	의	실	솔	부	공	사	으	션	너	한	문	루
짓	춤	장	한	굴	블	록	한	제	필	솔	로	제	카	젊	로	문
문	찍	주	을	날	다	터	퓨	자	이	터	동	스	쌀	장	제	돌
동	들	이	견	한	장	돌	쌀	집	찍	도	너	한	웨	운	어	문
춤	퓨	카	용	낌	자	외	국	교	주	람	동	동	리	덴	셀	위
솔	파	질	다	바	바	레	을	사	견	거	퓨	들	운	풍	견	느
용	끔	오	감	이	퓨	부	다	트	람	루	집	행	다	바	러	돌
문	공	후	션	동	이	도	질	을	은	주	장	주	쌀	터	어	동
듭	풍	을	날	거	솔	트	로	주	파	법	바	감	실	범	장	을
매	력	적	인	표	집	표	션	느	짓	의	주	러	험	말	크	춤

Puzzle 265

도	다	로	로	문	수	카	셀	대	에	주	버	리	풍	실	문	춤
발	범	고	늘	사	정	어	트	트	의	거	전	루	스	현	맞	굴
운	을	필	찍	문	퓨	카	찾	워	드	스	쌀	파	늘	을	셀	를
집	터	전	쌀	바	물	로	고	한	과	스	가	르	쳐	다	문	로
다	루	동	은	말	트	한	문	달	주	자	다	음	에	터	이	쌀
점	진	적	용	체	말	북	적	한	올	늘	대	컴	픈	용	문	자
다	표	풍	요	도	한	로	도	문	기	람	도	발	아	을	도	늘
앵	무	새	부	션	돌	늘	다	요	간	다	한	토	지	표	거	은
발	부	아	래	층	을	이	요	을	의	바	크	바	리	도	달	을
문	운	모	장	다	이	컴	짓	에	에	로	문	필	프	퓨	파	리
화	도	주	용	물	문	트	올	도	로	풍	카	굽	낌	로	자	트
한	필	범	발	문	찍	레	스	켈	레	톤	늘	바	터	제	사	한
문	요	솔	한	위	레	레	바	제	집	발	추	결	끔	스	로	을
한	한	체	용	사	레	주	굽	부	추	적	쌀	문	부	솔	도	바
을	이	쌀	퓨	느	느	주	노	필	한	종	교	전	맞	크	셀	북

아래층
부모
문화
프리지아
점진적
과자
종교
가르쳐
찾고
앵무새
아픈
수정
도토리
기간의
워드
버전
실현을
다음에
필요한
스켈레톤

Puzzle 266

자동
정확성
슬라이드
계피
설명
살쾡이를
머리
우스운
녹색
임원
돌고래
쌀쌀한
야생
시스템
파슬리
크게
에이전트가
코스
주름
감동

주	퓨	굽	러	트	다	가	발	올	동	녹	돌	쌀	물	을	위	한
용	파	굴	다	람	로	트	제	자	표	색	고	의	다	솔	발	결
체	풍	슬	말	한	쌀	전	계	젊	들	바	래	범	리	동	한	이
법	람	낌	리	살	쾡	이	를	피	스	트	고	스	날	받	늘	집
동	공	감	너	솔	터	에	날	우	견	절	시	루	은	춤	굽	의
말	동	한	을	추	받	도	동	스	주	름	스	슬	라	이	드	감
션	람	도	끔	낌	너	레	을	운	장	어	템	리	파	부	터	체
질	을	쌀	쌀	한	머	너	문	받	부	굴	측	도	돌	짓	리	제
야	터	로	트	느	리	바	셀	찍	을	주	절	감	측	바	결	바
생	파	한	위	체	굽	문	한	낌	을	추	의	어	용	법	올	쌀
적	크	한	전	카	문	주	스	행	적	용	감	동	문	전	한	자
날	법	낌	굽	코	느	운	동	부	스	이	견	한	부	정	적	동
다	고	터	굴	주	스	어	북	임	원	이	파	이	굽	확	부	체
컴	은	들	법	운	를	춤	표	돌	카	표	고	카	절	성	젊	전
낌	을	문	범	크	도	동	스	크	게	절	문	설	명	자	추	를

Puzzle 267

아	법	적	용	로	말	트	발	자	위	동	문	로	모	전	터	측
돌	이	절	크	로	문	문	적	다	로	카	쌀	결	래	달	용	트
질	을	리	어	동	바	부	트	발	이	벤	트	장	가	다	부	문
문	문	리	스	풍	맞	동	동	부	을	낌	벨	젊	질	법	주	적
고	다	표	발	을	정	부	의	나	찍	션	집	적	도	스	트	문
이	낌	굽	을	자	원	다	찍	자	타	적	짓	대	들	트	컴	자
공	측	공	바	발	올	굴	발	의	추	냅	동	짓	공	을	요	거
풍	한	솔	주	주	발	주	풀	체	굽	발	니	물	파	거	발	어
와	서	로	적	자	너	부	크	을	솔	측	트	다	파	제	퓨	문
행	은	수	동	짓	자	문	다	용	도	게	시	젊	데	한	카	요
늘	카	대	동	말	운	을	이	에	카	다	을	동	이	제	받	낌
터	북	발	다	긴	장	된	빙	늘	터	문	맞	적	터	한	요	동
발	다	들	문	느	부	질	풍	날	결	한	컴	공	전	북	맞	문
견	도	로	도	루	북	자	짓	식	집	너	컴	짓	문	다	주	공
섹	션	의	촌	삼	감	주	요	품	낌	위	모	방	크	말	결	제

이벤트
데이터
나타냅니다
풀을
벨트
다이빙
원정
아이리스
삼촌의
긴장된
주요
정부의
수동
모래가
식품
와서
모방
섹션의
게시
솔로

Puzzle 268

트	찍	고	고	전	동	이	컴	문	주	바	바	용	용	쌀	떨	왼
질	용	부	자	다	바	부	다	보	어	용	적	트	춤	을	어	쪽
구	리	동	젊	컴	크	을	다	다	진	람	표	루	질	추	져	를
용	너	늘	발	리	바	바	한	은	주	절	대	를	모	용	북	의
노	을	체	자	컴	사	을	풍	범	는	오	비	꺼	두	굴	받	로
부	색	장	추	굽	션	부	람	리	파	에	리	동	배	예	컴	굽
시	간	시	간	스	굽	셀	받	용	행	범	다	를	포	측	제	람
감	빨	북	노	이	풍	어	전	에	추	사	파	라	인	람	컴	올
용	추	사	부	한	발	파	필	한	한	범	크	한	행	요	자	자
트	퓨	발	발	돌	장	동	낌	이	풍	다	용	션	루	초	대	한
측	러	쌀	람	날	쌀	테	동	의	체	을	동	은	범	표	결	한
소	개	에	솔	달	짓	디	의	동	유	사	한	한	요	자	카	집
문	위	질	파	러	트	션	에	늘	트	도	트	구	굽	행	찍	터
터	집	운	문	다	표	문	감	고	결	말	러	매	도	용	은	부
거	사	람	이	절	한	크	컴	한	향	말	요	행	문	한	동	한

오리를
사람이
모두
주어진주는
테디
떨어져
두꺼비
예측
빨간색을
구매
초대
시간시간
유사한
고향
왼쪽
용어보다
구리
소개에
라인
배포

Puzzle 269

행	고	표	풍	의	한	주	소	션	마	을	범	주	솔	느	솔	바
한	양	올	파	용	공	화	방	부	터	부	요	로	받	물	끔	보
운	이	굴	젊	발	주	창	관	레	문	북	을	을	바	리	회	물
공	문	러	은	발	찍	한	동	범	동	아	늘	한	짓	사	바	원
트	전	돌	스	푼	짓	스	위	한	젊	침	대	용	표	필	은	노
도	결	대	돌	돌	만	한	다	을	용	다	굽	표	문	대	표	요
솔	발	절	짓	부	든	블	라	우	스	불	쾌	공	문	물	쌀	한
필	동	노	로	말	한	발	위	이	위	리	레	터	결	동	바	동
문	돌	행	운	법	이	전	집	슬	도	람	장	범	용	날	문	션
부	발	문	어	추	느	문	거	노	을	들	문	바	셀	셀	동	용
엘	프	트	장	위	이	제	표	로	끔	은	집	자	날	고	돌	람
부	을	솔	부	자	회	이	재	측	루	카	한	집	트	범	터	달
을	바	자	권	한	체	사	능	은	찍	돌	용	컴	새	벽	바	을
방	위	트	카	이	을	날	가	젊	다	문	대	견	바	장	날	문
낌	문	능	력	람	로	굽	카	끔	용	동	문	부	필	무	역	전

회원
새벽
고양이
소방관
능력
엘프
만든
재능
마을
무역
블라우스
아침
회사가
불쾌
이슬
방문
권한
스푼
화창한
보물

Puzzle 270

주제
체인
바다를
꿈의
다섯
사람에게
모의
마녀
크로스
살고있는
필요
지원
많이
끊지는
햇빛
파운드
스트립
느꼈다
파리
러시를

한	사	의	주	느	발	쌀	을	부	찍	한	한	위	측	문	파	은
은	람	제	을	너	느	측	루	스	문	전	바	풍	돌	제	운	동
장	에	을	솔	범	추	셀	파	질	터	공	들	풍	크	을	드	견
러	게	제	법	풍	트	어	문	장	찍	은	을	끔	주	체	날	셀
은	퓨	범	날	고	요	날	물	다	절	많	돌	전	을	문	들	맞
은	바	루	트	햇	빛	끔	의	추	부	들	이	감	날	제	주	쌀
스	트	립	을	표	춤	동	사	주	를	범	사	부	필	마	녀	한
바	섯	거	트	자	문	끊	동	퓨	공	젊	춤	춤	요	주	크	트
을	다	꼈	느	셀	발	쌀	지	질	바	자	동	크	로	스	레	공
집	질	를	파	장	모	발	질	는	바	주	은	발	셀	크	공	운
끔	돌	시	행	체	의	꿈	파	있	공	문	돌	한	한	추	너	크
바	쌀	러	쌀	인	을	전	리	고	주	을	굽	낌	운	법	너	노
돌	리	사	발	적	젊	표	한	살	제	범	퓨	을	찍	션	로	주
지	원	장	주	주	질	바	의	한	동	를	을	받	질	느	을	고
트	제	어	사	용	발	동	느	바	쌀	날	주	체	자	다	을	어

Puzzle 271

적	짓	부	바	적	러	바	파	루	션	질	짓	다	돌	들	형	바
스	틸	훔	쳐	절	문	바	낌	문	견	레	문	동	위	패	제	낌
설	정	제	명	확	히	굴	장	부	낌	범	질	고	트	스	턴	용
부	카	용	필	제	법	를	쌀	쌀	공	들	이	대	느	의	무	고
젊	부	도	레	고	낌	퓨	생	존	어	셀	어	도	받	면	달	행
샤	이	원	직	공	을	사	다	굴	동	카	을	한	쌀	평	바	도
동	딸	카	한	제	춤	이	러	도	에	맞	낌	크	발	한	부	감
좁	은	절	컴	도	사	추	부	적	젊	맞	람	컴	검	부	집	체
한	문	측	를	장	맞	문	루	부	을	감	도	해	색	의	사	발
발	추	람	법	당	이	문	필	말	의	받	제	안	셀	요	주	체
맞	느	이	리	한	근	단	순	한	자	늘	다	동	돌	차	러	측
을	공	달	북	의	물	추	늘	법	솔	스	카	동	은	을	단	로
표	람	낌	너	부	바	춤	표	지	구	를	어	람	동	이	로	한
한	풍	받	용	받	요	고	운	견	물	주	부	리	한	위	한	말
포	함	을	집	낌	도	동	체	절	스	낌	다	요	주	리	이	법

해안
단순한
명확히
설정
형제
평면의
생존
스틸훔쳐
패턴
검색
고대
딸이
샤이
당근
의무
포함
직원이
지구를
좁은
차단

Puzzle 272

드롭
수프
멸망은
명사
잎을
조언을
시험
재해를
가뭄
제외시켰다
식물로
여전히
직원
냄비
산업을
자원
현명한
다른
기본
싸움

식	리	자	문	한	멸	전	카	바	용	크	레	장	체	사	너	다
물	느	산	업	을	망	문	셀	문	한	을	대	시	운	카	말	컴
로	북	체	늘	잎	은	올	절	냄	낌	달	레	러	험	터	자	감
을	표	자	부	필	컴	트	자	비	늘	부	질	위	의	절	수	프
북	쌀	문	풍	추	요	레	문	트	직	원	현	명	한	물	로	크
문	션	트	를	크	감	들	바	끔	러	자	한	컴	퓨	달	가	뭄
북	도	전	굴	도	날	젊	올	크	셀	대	대	견	질	풍	필	를
요	터	바	쌀	자	적	물	늘	드	맞	날	재	질	자	한	이	를
전	자	루	기	본	짓	을	에	롭	트	결	해	물	이	춤	을	은
결	젊	에	공	어	스	젊	주	트	은	션	를	고	한	여	발	용
다	람	자	짓	람	주	로	른	굴	풍	션	찍	싸	움	전	은	람
스	레	추	제	외	시	켰	다	너	말	조	명	카	북	히	굴	러
말	끔	느	문	행	표	도	의	파	션	러	언	사	문	동	너	견
로	쌀	리	풍	한	용	를	굽	쌀	질	법	견	을	굽	이	에	전
스	받	은	자	레	용	도	트	찍	에	쌀	동	로	바	솔	카	부

Puzzle 273

레	노	받	테	전	주	하	한	거	춤	한	춤	요	어	질	공	도
질	로	을	이	주	한	키	퓨	컴	한	한	은	을	은	션	러	장
행	색	상	프	소	형	을	한	레	쌀	부	감	한	지	금	션	질
젊	주	러	대	한	소	설	함	절	한	바	용	발	어	요	요	행
혜	택	레	부	북	단	배	께	은	용	벽	난	로	다	스	오	운
들	이	끔	늘	은	순	발	가	레	레	트	맞	자	카	늘	토	쌀
다	트	공	공	한	히	에	감	풍	낌	크	짓	감	짓	이	바	람
들	돌	을	감	트	바	요	쌀	트	로	견	한	동	적	적	이	한
자	물	루	질	젊	컴	굴	임	의	의	파	감	굴	이	젊	짓	문
용	너	적	요	퓨	스	감	낌	끔	로	을	세	트	를	리	풍	북
결	질	의	동	짓	말	한	초	쌀	주	트	사	문	한	문	다	고
어	필	전	날	트	측	늘	점	을	돌	대	스	거	로	솔	영	문
동	발	은	자	파	발	두	장	맞	느	학	발	커	의	대	역	바
한	전	돌	측	이	문	려	낌	문	도	용	결	견	트	다	을	레
결	한	파	젊	법	주	움	크	용	체	부	바	터	달	주	람	쌀

대학
벽난로
영역을
임의의
색상
스커트
단순히
혜택
지금
세트를
배가
소설
테이프
대상
함께
하키
초점
두려움
소형
오토바이

Puzzle 274

동결
개혁의
빛의
속도
전원
잔디
현실의
가능
겁쟁이
스툴
경기장
램프
발휘
칫솔
치료
이모
보장
목욕
공정
하마

동	겁	카	공	정	운	범	부	동	리	카	문	끔	추	장	램	리
결	쟁	적	치	료	도	동	운	동	전	스	춤	셀	크	질	가	프
모	이	하	부	견	질	카	행	질	트	주	용	리	거	트	트	능
퓨	동	마	잔	디	늘	날	을	바	의	을	위	람	공	전	셀	너
동	풍	주	문	견	은	위	한	집	로	파	느	이	추	로	한	올
로	굴	속	운	한	다	주	결	칫	솔	주	부	용	션	젊	고	이
추	체	도	로	질	목	욕	굴	발	전	람	측	추	동	이	부	낌
바	느	전	부	체	필	빛	의	휘	느	들	한	너	크	주	동	쌀
도	장	원	을	굽	너	경	쌀	질	끔	들	을	한	문	법	카	리
젊	쌀	낌	스	툴	측	기	파	한	공	한	다	결	느	들	굴	을
셀	션	을	굴	측	문	장	짓	발	견	트	발	다	다	은	요	한
동	고	너	바	필	전	보	고	받	돌	의	한	위	동	받	맞	트
동	돌	다	말	부	컴	도	현	춤	동	측	운	측	동	로	집	낌
문	로	도	젊	대	굽	이	동	실	한	대	스	을	쌀	를	제	람
끔	돌	도	고	러	용	발	운	용	의	혁	개	고	풍	부	대	로

Puzzle 275

달	파	문	받	레	동	리	루	공	경	고	낌	파	말	터	크	느
을	짓	표	동	문	주	부	범	바	계	셀	솔	어	동	솔	리	돌
체	셀	사	용	스	한	절	젊	감	결	지	필	달	레	주	결	견
침	람	루	다	표	한	액	션	트	발	구	작	업	의	션	요	주
실	을	물	대	이	쌀	굽	동	측	제	본	터	도	주	위	질	한
문	다	사	이	받	크	한	리	도	엄	스	짓	맞	바	늘	발	노
을	계	문	은	돌	이	텐	트	고	격	들	스	다	날	필	드	제
운	정	다	쌀	드	레	스	난	한	한	법	부	행	루	집	끔	보
스	을	절	트	을	드	체	로	동	트	달	절	대	건	카	맞	위
부	가	문	컴	은	어	짓	행	날	문	절	자	트	을	포	찍	로
춤	소	션	자	느	표	루	이	문	물	측	이	부	굴	바	도	한
자	쌀	시	견	로	받	견	용	들	트	셀	찍	도	파	다	절	한
한	사	동	지	굽	한	날	위	배	심	원	을	사	업	문	너	찍
다	느	발	날	루	문	트	측	찍	마	우	스	위	용	제	자	동
어	늘	공	셀	집	의	크	결	바	은	필	셀	범	다	채	로	운

침실
다채로운
가을
지구본
액션
계정을
드레스
마우스
엄격한
건포도
보드
소시지
경계
난로
필드
텐트
드레이크
배심원을
작업의
사업

Puzzle 276

머그잔
상태
시작
자매
침착이
아이
어려운
제공하는
남아는
등을
밀도
안경
기계
견디다
바지
원더
가득
기금
부주의
크래들

를	너	동	적	퓨	요	물	도	말	감	법	용	위	짓	은	머	자
어	위	용	필	바	추	요	필	측	을	절	셀	노	범	체	그	느
추	한	션	어	셀	들	바	은	문	남	날	견	디	다	용	잔	장
은	범	로	법	도	질	위	대	달	아	크	래	들	가	득	을	체
집	주	트	말	적	장	카	주	쌀	는	말	고	동	은	부	고	도
거	등	원	기	한	침	노	굽	너	하	션	절	측	날	루	장	맞
동	을	더	달	금	착	젊	끔	다	공	문	질	시	컴	절	장	추
상	바	바	아	이	이	쌀	로	느	제	굴	한	작	올	레	한	절
트	태	지	추	다	의	밀	낌	거	다	질	람	끔	추	올	제	용
은	짓	늘	동	전	바	날	도	굽	쌀	용	말	달	질	안	컴	결
바	카	굴	어	루	트	문	다	찍	스	부	낌	동	고	경	물	집
다	바	운	노	자	카	터	어	돌	절	주	의	받	바	공	결	파
노	표	한	셀	도	굴	동	을	견	루	의	거	파	필	추	북	동
자	바	용	사	동	을	자	매	풍	을	문	달	스	굴	기	도	맞
견	용	견	이	레	어	려	운	젊	바	카	바	한	풍	계	문	레

Puzzle 277

외	다	물	끔	동	컴	체	중	주	션	지	출	가	위	한	추	을
침	다	견	솔	젊	절	트	간	카	레	식	질	문	의	굽	맞	도
을	제	루	물	람	질	컴	한	자	집	서	에	라	디	오	부	새
람	위	느	동	느	북	절	노	결	혼	식	먹	용	다	받	람	끼
그	녀	대	이	끔	한	파	춤	바	은	문	다	러	부	한	레	한
늘	크	짓	느	바	뱀	위	굽	트	물	표	동	받	적	위	크	을
용	퓨	사	바	범	트	파	달	문	터	컴	도	굽	무	끔	바	의
풍	북	한	솔	다	바	로	이	셀	짓	레	터	어	게	감	카	맞
주	을	로	위	로	스	풍	스	어	조	건	이	법	받	터	노	절
자	한	올	을	추	범	용	운	루	필	한	밀	어	어	리	어	자
한	을	전	물	한	로	바	재	이	바	다	굽	끔	다	문	충	낌
필	흔	문	제	러	바	문	레	생	다	필	결	세	심	한	바	족
사	들	거	은	러	자	트	부	전	람	파	낌	의	한	동	장	은
발	촉	질	굴	견	터	용	발	너	쥐	다	여	행	날	필	젊	루
올	말	용	달	적	돌	쌀	바	리	셀	느	부	절	부	말	이	을

결혼식
무게
세심한
가위
뱀파이어
새끼
여행
다람쥐
먹다
재생
외침을
그녀
흔들
충족
밀어
조건이
지출
서식지
라디오
중간

Puzzle 278

종류의
자격을
시간
핑크
전송
조류가
낚시에
그들이
자신
길이
멸종
누구아무것도
치열한
도용
거북이
예외
동사
떠나
평면
광택

제	올	루	트	에	말	쌀	자	격	을	자	동	사	늘	을	발	공
예	치	열	한	감	핑	크	트	람	장	신	을	파	들	동	러	이
올	외	에	이	트	루	풍	리	운	터	동	이	한	찍	굽	거	요
한	주	위	러	다	바	트	평	바	바	문	요	한	공	물	표	용
솔	찍	발	트	파	말	요	누	면	동	로	발	행	바	은	로	동
크	춤	문	견	주	컴	올	낌	구	사	집	대	쌀	노	질	쌀	느
동	동	노	주	낚	다	전	송	을	아	받	셀	종	멸	거	레	를
낌	발	한	스	시	북	은	파	말	느	무	가	류	조	북	러	결
맞	동	용	솔	에	도	용	문	받	컴	발	것	의	표	이	들	그
션	문	들	표	장	트	을	을	이	맞	질	바	도	돌	요	물	요
풍	동	셀	행	장	바	젊	스	문	주	올	주	러	다	부	절	루
발	크	발	적	한	질	다	노	길	사	레	용	부	문	스	트	공
공	굽	은	북	떠	어	다	들	이	느	광	택	굴	셀	범	북	공
요	한	을	추	나	감	느	바	법	범	감	집	시	간	은	을	견
한	고	을	다	법	에	트	퓨	물	젊	도	문	를	너	문	범	에

Puzzle 279

에	바	자	요	주	바	다	문	스	필	법	동	한	한	용	굴	적
어	측	레	로	동	포	인	트	로	플	질	거	을	바	람	의	동
을	을	질	공	부	요	위	로	너	운	풍	에	늘	은	로	료	바
트	느	바	장	고	늘	도	자	문	춤	쌀	감	대	동	부	짓	객
인	형	자	션	위	젊	느	이	어	전	낌	바	노	결	과	발	체
람	이	제	을	추	요	추	나	받	한	동	짓	바	집	용	견	를
굽	문	장	자	을	문	낌	크	쁜	루	춤	바	한	을	루	날	로
은	션	감	제	엔	진	이	다	은	람	쌀	문	추	어	리	더	워
한	풍	동	들	스	받	돌	부	스	의	바	사	적	행	공	션	트
젊	부	용	집	도	장	은	쌀	한	솔	를	제	에	거	추	끔	을
사	제	셀	강	문	은	대	제	운	션	셀	터	름	느	달	물	집
인	치	가	아	문	장	질	스	젊	낌	애	트	드	레	법	느	리
다	수	굽	지	낌	퓨	동	제	부	요	냉	장	고	소	다	뛰	을
날	느	흔	들	리	는	말	절	방	바	요	너	느	다	이	결	어
위	전	법	추	문	굴	노	부	법	을	들	발	스	한	솔	늘	부

결과
나쁜
발견
인치가
강아지
다수
엔진이
방법
의료
더워
포인트
인형
플로트
장애
고드름
냉장고
객체를
소다
흔들리는
뛰어

Puzzle 280

장	운	문	올	발	늘	은	관	자	카	두	제	날	을	춤	바	바
늘	느	파	행	날	쌀	찍	바	심	갑	자	기	용	대	에	어	측
감	동	표	트	바	문	동	입	술	짓	트	을	를	도	에	을	사
찍	표	범	한	느	느	돌	레	보	결	발	찍	컴	어	필	법	측
용	범	끔	늘	법	리	말	컴	통	공	짓	문	결	솔	결	쌀	리
질	행	트	측	동	말	운	끔	레	나	추	주	절	용	동	절	동
행	추	로	너	이	도	한	맞	굴	중	한	한	부	복	구	발	운
쌀	올	로	굴	도	찍	은	도	를	에	다	혼	로	다	한	달	질
대	동	는	오	류	미	라	람	찍	루	북	동	동	크	장	은	찍
거	받	맞	도	질	절	바	결	셀	늘	바	로	포	주	부	공	필
자	감	쌀	동	문	한	사	문	끔	전	공	권	사	크	장	위	문
을	용	절	언	한	한	끔	찍	용	어	발	질	투	한	너	솔	법
거	이	약	급	발	올	찍	받	스	리	시	도	은	홀	짓	발	주
젊	다	물	젊	대	노	러	주	짓	낌	부	물	계	리	한	바	동
트	에	굴	쌀	공	찍	받	젊	느	범	레	표	획	느	말	쌀	도

계획
관심
권투
자두
바로
갑자기
미라
혼동
오는
언급
복구
약물
보통
질문
시도
나중에
홀리
오류
포크
입술

Puzzle 281

굴	요	필	질	을	위	없	부	비	낌	부	바	카	바	굴	이	쌀
파	달	찍	도	굽	용	음	질	싼	너	러	솔	에	트	발	춤	측
트	문	견	질	터	장	도	공	요	감		미	국	의	은	극	문
람	주	리	트	솔	부	느	낌	은	말	받	동	부	전	물	단	대
노	북	동	을	에	문	당	족	제	비	짓	측	짓	동	대	적	로
부	적	부	물	법	로	나	한	자	은	젊	다	한	을	바	으	동
컴	굽	다	동	로	이	귀	북	운	솔	바	쌀	스	솔	리	로	위
트	용	요	트	굴	너	도	노	짓	을	행	을	끔	도	북	을	돌
질	그	거	러	동	호	바	스	네	바	트	감	동	람	장	적	스
곤	래	드	의	을	루	텔	포	한	트	느	적	전	자	추	달	바
을	프	웨	문	자	을	돌	츠	굽	컴	워	문	체	은	문	은	다
동	루	스	속	카	션	찍	문	을	노	세	크	낌	문	끔	컴	컴
부	북	턴	성	적	터	치	를	했	다	포	용	감	한	굴	터	용
늘	분	이	을	맛	문	레	박	물	관	퓨	문	질	용	거	동	러
질	을	도	추	솔	를	위	은	은	용	크	이	제	발	다	용	에

네트워크
터치를했다
없음도
웨스턴
비싼
그래프
세포
맛을
미국의
박물관
용감한
속성을
부분
당나귀
호텔
극단적으로
스포츠
드래곤
부러
족제비

Puzzle 282

앉아
중앙
탈출
낮은
클라우드
장난
침입
시리즈를
순간
기존의
이론이
깔끔한
오소리
위의
두께의
여든
연필
토요일은
거위
사건

카	주	위	동	트	사	트	돌	북	도	말	거	쌀	너	로	요	한
표	위	의	행	공	동	측	젊	사	다	컴	위	올	절	앉	아	절
북	트	바	의	발	를	적	운	춤	문	퓨	동	솔	바	의	사	로
장	동	운	요	카	터	젊	대	기	바	짓	에	날	러	동	은	건
사	발	감	다	바	집	도	문	문	존	표	견	짓	장	난	을	을
셀	춤	트	셀	굴	주	로	로	도	주	의	토	람	스	을	문	탈
필	은	주	한	이	장	션	셀	로	바	다	션	요	굽	주	발	출
시	리	즈	를	절	이	여	의	풍	북	클	주	운	일	주	적	트
찍	춤	부	깔	끔	한	든	법	을	바	라	행	문	로	은	요	범
결	이	중	앙	노	달	동	어	다	을	우	운	문	적	한	트	문
발	론	쌀	순	은	부	사	동	문	문	드	질	노	트	터	두	행
쌀	이	행	간	올	물	북	집	를	받	굴	파	느	침	입	께	적
주	주	짓	한	끔	이	오	소	리	자	돌	끔	연	필	다	의	질
문	부	문	행	물	느	로	다	의	굽	찍	굴	느	운	요	쌀	쌀
느	루	문	낮	은	표	쌀	질	들	끔	고	도	제	부	션	표	질

Puzzle 283

전	문	체	북	바	어	개	거	동	너	고	한	주	달	레	한	동
대	터	노	전	노	필	인	쌀	인	용	카	쌀	날	주	문	찍	발
이	을	동	화	트	카	적	이	장	솔	젖	은	고	통	을	달	터
공	셀	레	범	동	트	으	트	늘	너	다	자	터	을	택	풍	거
은	부	몬	견	을	쌀	로	낌	문	흰	보	을	절	러	혜	동	달
필	날	법	공	받	날	체	스	올	색	카	여	한	아	무	것	도
부	적	북	들	트	발	문	한	체	들	다	독	립	위	모	쌀	물
이	로	범	적	숟	가	락	도	트	너	문	람	결	고	필	양	을
북	행	위	쌀	풍	춤	고	세	크	호	트	전	트	한	을	요	올
트	끔	너	바	스	달	동	척	주	동	흡	발	낌	다	표	을	물
요	쌀	주	느	법	리	들	받	법	최	근	문	위	의	끔	측	발
북	러	마	차	부	너	부	한	필	감	람	추	요	에	견	운	발
발	장	견	동	이	리	노	추	고	람	해	한	이	공	들	동	트
터	찍	솔	부	공	들	파	자	늘	다	변	카	러	적	노	오	측
용	북	사	한	동	퓨	문	을	끔	은	위	한	로	트	운	리	을

레몬
해변
숟가락
세척
독립
보여
도달
최근
혜택을
아무것도
고통을
개인적으로
인용
호흡
흰색
모양
젖은
오리
전화
마차

Puzzle 284

끔	공	을	동	기	운	클	트	루	참	노	크	절	레	러	부	리
느	법	주	에	부	능	럽	람	쌀	조	인	적	형	전	한	물	느
운	운	다	추	아	한	을	감	문	결	용	시	퓨	동	리	거	을
의	문	전	바	마	트	을	다	측	이	람	가	장	광	장	셀	레
고	동	루	적	문	문	노	장	을	협	자	까	발	로	산	한	대
로	스	바	은	질	발	부	끔	느	상	집	운	죄	송	도	문	고
자	행	느	카	을	제	트	바	발	람	쌀	람	노	들	도	전	의
규	제	공	격	주	의	달	문	부	을	문	부	러	문	추	솔	이
바	문	질	필	다	짓	루	도	결	발	션	절	터	날	문	쌀	감
문	퓨	동	농	필	절	문	리	어	감	로	어	부	은	체	노	을
한	주	맞	축	주	자	은	바	자	검	범	달	필	주	로	결	동
은	트	솔	은	거	추	물	적	다	토	미	러	은	짓	달	제	문
트	표	은	문	장	을	로	컴	말	이	느	전	장	에	트	로	문
장	러	카	트	무	다	행	히	도	을	제	한	넓	바	노	은	질
맞	루	동	동	료	노	래	하	기	노	은	발	필	은	트	북	물

전형적인
클럽
노크
다행히도
넓은
검토
기능을
아마
농축
가까운
협상
노래하기
미러
공격주의
참조
광산
규제
가시적
무료
죄송

Puzzle 285

법	의	들	크	이	부	집	러	풍	들	자	셀	트	용	요	달	호
노	이	고	귀	한	루	리	리	셀	노	고	토	크	돌	바	부	수
변	발	스	은	은	트	카	굽	한	란	용	운	터	추	트	발	쌀
문	호	질	다	유	람	동	돌	버	색	은	이	람	굽	자	위	용
짓	느	사	추	용	동	노	동	터	을	스	너	야	에	연	표	젊
한	를	굽	을	견	다	문	다	장	부	적	찍	전	기	운	법	달
풍	컴	대	쌀	측	레	거	풍	을	언	용	받	집	읽	는	운	주
다	말	파	동	거	레	레	추	절	을	은	도	결	날	동	춤	한
도	노	퓨	발	트	은	도	견	에	를	문	한	확	정	필	노	이
부	북	맞	행	범	부	을	터	달	쌀	풍	퓨	제	느	을	춤	한
끔	솔	범	공	로	맞	을	은	절	대	부	변	위	사	은	범	도
을	문	어	스	은	터	춤	은	느	용	바	동	주	구	트	늘	다
문	한	를	바	레	션	요	받	사	이	위	돌	행	울	민	동	람
날	장	동	다	을	들	리	솔	체	트	굴	질	동	문	속	문	측
그	림	트	도	은	찍	전	문	어	용	문	한	어	질	질	도	주

풍부
결정을
변호사
버터
전문
정확한
민속
고귀한
유용
한도
얻을
노란색
변위
그림
호수
읽기에
이야기는
토크
자연
구울

Puzzle 286

교실
겸손
어제
코치
칠면조는
화요일
원숭이
생일을
빌려
연못조랑말
붕괴에서
알고있는
건강
마음
재킷
보일
황야
운전사
거짓
자위

공	다	운	재	마	음	거	코	질	연	못	조	랑	말	한	너	칠
날	대	전	킷	운	리	짓	치	받	도	셀	범	법	굽	끔	트	면
보	견	사	크	자	황	알	고	있	는	솔	굴	추	한	문	들	조
일	로	받	용	발	느	야	받	주	트	고	동	레	고	동	크	는
쌀	셀	로	한	컴	북	동	쌀	바	이	질	부	도	범	카	사	맞
대	체	측	주	장	트	트	의	추	리	필	느	고	터	화	요	일
굴	부	올	견	거	풍	받	교	실	다	법	트	터	발	풍	법	동
를	솔	질	춤	솔	문	주	추	용	너	이	주	대	문	쌀	도	을
터	동	어	다	도	들	을	느	느	부	바	원	은	제	사	질	법
쌀	을	동	운	트	행	을	위	찍	부	측	질	숭	쌀	주	북	을
람	건	강	제	를	체	파	이	질	자	어	를	바	이	어	달	짓
트	대	스	감	트	을	람	카	동	전	체	제	빌	려	돌	을	트
겸	손	행	법	동	너	발	쌀	에	은	다	용	쌀	어	굽	한	법
붕	괴	에	서	자	쌀	트	바	추	쌀	질	주	춤	셀	견	터	표
달	동	다	도	을	자	위	을	문	파	동	날	필	셀	생	일	을

Puzzle 287

사	한	달	표	노	리	춤	이	퓨	에	사	한	발	자	한	바	올
탕	퓨	문	트	대	레	크	말	집	돌	리	이	로	굴	체	집	말
북	비	달	견	제	찍	범	필	범	북	격	추	을	체	한	낌	운
풍	부	트	북	쪽	으	로	리	춤	노	리	거	자	노	예	람	자
한	질	다	러	신	컴	카	바	동	어	트	체	굽	전	를	앞	스
마	스	크	한	을	문	사	늘	부	느	구	를	레	추	질	서	고
지	느	러	젊	로	올	받	이	올	질	분	필	문	은	문	트	을
막	람	측	문	느	이	굽	풍	감	내	감	카	퓨	러	적	동	을
한	위	고	동	의	자	북	젊	를	내	동	범	주	한	옷	스	트
람	로	돌	짓	을	동	장	어	건	조	행	끔	에	루	를	장	가
솔	터	동	견	동	쪼	아	말	한	를	문	을	쌀	전	너	자	발
추	노	자	로	어	문	고	도	짓	주	쌀	동	결	바	리	문	말
체	요	낌	들	션	견	람	어	사	제	말	짓	은	사	젤	용	문
람	결	쌀	동	사	문	이	너	이	법	동	물	한	용	리	야	날
느	요	주	로	혼	합	주	솔	공	맞	춤	법	매	니	저	구	북

예를
혼합
비트
사탕
쪼아
범주
옷장
건조
구분
마지막
가장
앞서
야구
북쪽으로
젤리
매니저
내내
신문
맞춤법
격리

Puzzle 288

굽	경	한	거	대	운	람	동	동	노	너	노	제	노	전	도	체
공	찰	을	문	돌	한	느	노	견	문	요	카	리	을	터	이	나
자	관	끔	받	적	이	세	받	현	자	코	트	를	추	용	파	비
거	풍	문	대	파	필	금	올	전	에	집	부	자	솔	한	리	견
끔	부	주	측	반	감	늘	적	받	사	다	날	측	솔	날	위	집
장	한	로	문	일	측	루	낌	쌀	문	추	문	도	리	느	집	늘
고	북	굴	바	부	자	을	을	발	로	문	파	범	부	질	부	경
결	발	다	올	맞	고	북	북	견	바	트	쌀	다	러	발	발	보
주	결	은	을	주	크	위	춤	용	로	공	적	질	이	장	받	이
스	다	맞	리	느	한	트	물	올	자	표	절	질	을	한	부	쌀
필	의	위	위	분	플	래	그	션	속	하	는	이	을	주	쌀	적
이	오	추	상	석	짓	젊	굴	동	양	늘	고	퓨	굽	추	한	셀
전	찍	한	쌀	한	한	주	선	위	배	선	습	이	션	셀	주	주
다	말	한	범	짓	동	용	로	반	추	언	도	대	법	한	짓	스
가	상	로	감	어	견	끔	바	켓	바	고	치	을	트	을	주	동

나비
양배추
코트를
현자
일부
선언
상추오이
고슴도치
플래그
속하는
일반
풍부한
경보
위상
가상
경찰관
세금
선반
로켓
분석

Puzzle 289

견	자	운	문	대	자	리	부	로	인	자	마	련	스	고	들	견
자	자	물	바	문	바	한	북	운	쌀	상	노	결	북	부	컴	물
동	발	루	느	이	젊	은	대	은	끔	레	굴	필	찍	을	굴	동
돌	굴	불	받	을	을	춤	체	션	적	를	터	대	동	범	추	트
장	을	에	받	행	개	인	쌀	바	문	다	표	들	용	물	느	결
범	은	위	람	문	표	레	제	레	고	질	절	행	솔	을	동	다
트	견	사	트	절	케	을	에	자	크	도	최	악	의	같	북	포
조	직	에	감	는	이	속	발	굽	하	강	춤	셀	일	견	아	착
달	파	주	퓨	이	지	자	공	컴	람	느	바	러	타	한	문	요
들	표	문	은	느	질	본	한	어	표	감	트	리	스	필	굽	한
절	요	레	행	을	사	동	주	거	물	요	을	용	를	대	바	날
범	절	크	물	용	고	다	느	풍	트	나	용	느	질	검	올	이
체	필	집	견	굽	션	도	레	바	부	라	법	트	대	사	로	스
질	문	발	질	노	행	문	전	무	의	미	한	발	바	법	추	탬
동	풍	발	풍	늘	동	물	굴	받	부	추	제	트	측	위	다	프

조직에
개인
셀러리
불에
케이지
스탬프
나라
자본
스타일의
마련
포착
최악의
고도
인상
같아요
무의미한
발굽
검사
하강
속이는

Puzzle 290

판사
달걀
회피에
귀중한
남쪽
깎이
가능성
비오는
쓰기
수있는
연례
헌신
동공
통지
필요로
디자인
업데이트
코트
섬세한
메이크업

감	사	을	주	노	늘	트	견	코	추	추	솔	문	물	고	트	느
사	찍	판	사	요	끔	솔	끔	트	범	로	솔	필	문	문	노	션
회	피	에	필	요	로	어	한	을	풍	수	있	는	가	능	성	달
고	파	측	측	적	은	올	날	주	헌	신	연	례	대	행	너	걀
트	전	문	바	요	절	문	퓨	을	션	컴	장	표	범	노	적	한
디	자	인	북	솔	표	솔	솔	남	올	젊	트	춤	바	트	끔	한
대	집	문	느	사	이	람	짓	느	쪽	맞	요	레	의	굽	어	로
날	맞	이	레	다	을	크	이	트	거	자	결	고	낌	파	용	적
춤	카	젊	리	비	주	감	적	쓰	기	물	스	날	크	용	굴	션
요	받	동	솔	오	요	낌	거	찍	범	공	퓨	질	장	발	컴	파
올	북	러	이	는	돌	바	북	부	한	문	동	솔	업	섬	세	한
귀	중	한	셀	메	찍	북	다	트	통	부	공	들	데	동	바	문
에	부	낌	스	이	부	끔	집	고	지	끔	문	리	이	깎	노	이
날	컴	운	동	크	견	풍	로	도	동	카	부	집	트	올	발	동
리	문	문	문	업	주	적	트	집	어	부	쌀	너	주	발	고	젊

Puzzle 291

북	발	카	거	늘	필	요	한	대	러	리	터	운	쌀	이	카	느
짓	춤	동	로	대	한	표	낙	타	셀	트	문	다	찍	크	션	를
발	위	바	개	의	이	트	제	은	를	집	부	올	바	의	이	을
문	돌	주	별	노	인	날	선	고	돌	주	바	스	체	마	말	끔
컴	결	운	요	용	식	받	씨	솔	풍	제	트	발	문	지	을	동
감	행	스	한	루	도	다	절	한	영	주	질	리	적	막	적	자
쌀	트	문	질	날	집	을	차	실	수	소	결	사	주	으	젊	적
터	되	돌	리	기	크	규	칙	한	거	굽	필	감	다	로	말	절
절	이	운	질	컴	적	절	낌	노	도	바	쌀	용	발	느	표	바
굴	람	장	느	용	을	바	리	전	면	을	춤	산	책	파	풍	절
받	적	느	공	견	은	젊	굽	올	동	쌀	돌	표	굴	발	문	주
행	표	북	느	돌	바	바	쌀	발	늘	절	요	셀	부	장	늘	추
부	추	범	느	절	추	로	맞	의	러	문	물	열	굴	떨	도	에
한	굽	법	물	들	한	늘	터	발	터	끔	를	한	대	리	어	이
파	위	체	용	문	컴	바	도	솔	퓨	절	돌	위	한	범	동	진

날씨
주소
떨어진
선고
되돌리기
실수
식용
열한
개별
산책
절차
낙타
인식
규칙
마지막으로
표범
부추
돌풍
전면
수영

Puzzle 292

은	쌀	범	용	동	동	굴	어	도	거	측	늘	춤	카	행	솔	컴
올	도	강	육	문	범	풍	랑	바	너	대	굽	셀	필	터	문	이
감	파	아	상	의	돌	을	토	터	전	견	동	질	부	범	범	견
적	증	지	루	풍	플	라	스	틱	를	질	느	장	갑	찍	자	견
요	거	를	이	터	너	를	레	북	느	달	은	쌀	번	도	행	끔
법	말	질	러	바	터	행	다	제	크	용	체	바	편	호	트	찍
발	노	늘	트	문	한	발	대	레	동	로	적	셀	집	찍	젊	적
에	컴	자	물	루	춤	러	대	파	계	쌀	엄	발	법	행	북	리
발	한	제	늘	레	동	컴	주	춤	의	절	사	청	적	사	필	절
초	등	학	교	포	도	크	터	발	끔	체	트	문	난	문	법	한
거	리	물	주	쌀	크	제	굽	문	의	측	로	러	셀	반	복	느
장	짓	집	돌	적	절	도	야	드	장	필	선	를	컴	동	부	감
맞	레	받	풍	도	요	덕	돌	장	발	돌	택	왕	자	레	고	퓨
늘	거	람	솔	러	어	적	대	문	고	솔	를	행	추	주	표	쌀
한	장	이	적	파	부	문	을	트	들	집	적	한	구	표	노	동

반복
포도
육상
야드
초등학교
추구
선택
엄청난
필사적
번호
장갑
증거
법적
강아지를
계절
플라스틱
도덕적
레스토랑
왕자
편집

Puzzle 293

수	집	위	원	회	의	션	주	도	문	날	결	루	부	달	부	가
바	쌀	람	느	은	찍	행	정	터	대	방	이	끔	법	니	동	지
찍	장	노	셀	제	말	터	책	법	용	향	설	부	맞	머	물	고
도	대	낌	행	쌀	부	행	다	이	주	으	득	믹	카	어	운	있
은	자	에	옥	공	들	부	북	로	크	로	북	스	운	방	휘	다
의	북	장	수	풍	범	다	문	결	달	을	북	도	신	발	결	가
주	표	체	수	을	맞	다	발	표	체	스	을	전	젊	질	를	파
대	퓨	동	을	주	자	주	이	풍	너	굴	낌	올	부	짓	어	전
느	람	적	문	트	동	부	한	장	추	사	장	친	끔	질	자	한
북	대	트	대	운	들	축	하	하	다	어	과	화	바	자	루	영
도	얽	문	젊	트	굽	결	파	주	끔	트	격	적	장	람	말	양
적	거	힌	운	집	부	션	로	트	람	범	절	쌀	질	온	을	분
동	적	고	다	운	자	을	받	션	발	위	리	달	부	다	트	을
날	제	대	한	터	다	다	주	노	의	질	병	바	파	대	늘	트
로	맞	장	컴	사	자	추	위	공	공	한	견	들	맞	끔	바	장

양말
질병
축하하다
옥수수
사과
방어머니
영양분을
방향으로
친화적
적격
설득
얽힌
정책
도전
수집위원회
어휘
온다
가지고있다가
믹스
신발

Puzzle 294

느	조	끔	은	낌	솔	에	낌	확	발	돌	견	은	을	사	크	용
셀	건	전	받	용	쌀	어	동	신	동	바	도	은	젊	질	은	한
신	비	돌	노	도	쌀	고	대	를	질	동	굴	부	정	돌	터	을
문	바	육	너	노	쌀	느	주	용	문	을	발	거	중	어	발	러
행	전	두	행	감	문	들	크	동	물	공	낌	문	들	달	들	필
은	은	구	풍	질	다	이	을	춤	다	동	들	용	리	크	전	카
발	셀	많	트	행	파	절	로	풍	용	측	느	카	위	자	바	셀
결	문	결	은	루	문	자	러	장	손	트	이	견	좋	젊	다	의
라	이	브	러	리	받	의	한	컴	의	실	소	다	은	의	크	은
트	미	세	한	법	다	질	체	을	트	바	요	문	공	바	체	람
대	이	셀	야	를	질	의	추	용	절	고	측	풍	트	한	질	장
로	바	의	리	망	을	문	요	질	이	요	트	바	바	발	브	분
양	쪽	질	집	문	한	맞	측	법	를	바	사	대	집	파	라	수
맞	한	법	은	복	잡	은	동	추	느	가	지	고	가	는	운	동
받	주	북	도	집	연	방	넥	타	이	운	동	날	법	도	루	낌

확신를
이미
많은
좋은
야망
가지고가는
신비
넥타이
양쪽
손실
정중
복잡
미세한
소요
연방
라이브러리
육두구
브라운
분수
조건

Puzzle 295

해	결	바	셀	에	쌀	젊	한	동	운	낌	솔	필	은	레	맞	크
서	브	컴	팩	트	동	요	인	찍	부	스	용	춤	주	풍	러	들
편	안	함	을	파	마	흔	을	말	올	다	올	위	리	체	자	터
오	한	운	자	물	젊	노	션	폐	터	올	이	달	을	주	위	거
일	의	낌	주	적	쌀	바	찍	기	발	트	적	크	동	로	낌	행
울	타	리	레	필	스	물	문	물	압	퓨	공	사	을	대	셀	한
제	을	용	을	을	은	트	견	다	력	경	동	문	다	화	견	전
젊	문	대	바	날	필	찍	질	필	트	범	너	한	고	젊	북	유
끔	받	위	을	트	풍	스	질	자	너	필	동	느	느	캐	대	리
트	적	을	결	쌀	주	주	명	예	롭	게	범	적	문	돌	치	한
일	문	젊	문	어	요	맞	제	고	터	다	운	부	범	을	충	성
절	정	션	람	늘	올	바	받	춤	대	해	카	장	트	문	법	전
한	문	주	자	조	질	너	관	을	부	설	끔	주	느	문	젊	절
유	부	동	날	카	약	짓	찰	동	젊	다	공	적	바	굽	컴	스
리	요	스	션	감	션	체	을	말	크	도	느	용	말	행	한	다

관찰
명예롭게
마흔을
해결
캐치
서브컴팩트
울타리
요인
대화
유리
조약
충성
편안함을
해설
폐기물
오일
유리한
경력
압력
일정

Puzzle 296

친애하는
걱정
좋은안녕
적어도
캥거루
언어를
버스
살아있는
년간
다음과
같은
명백한
포함되어
테니스
취미
인터럽트
테이크
요인을
서비스
잊지

을	퓨	러	트	카	바	쌀	도	서	비	스	니	테	좋	바	북	용
위	부	도	집	공	행	늘	자	젊	주	버	명	느	은	공	공	레
을	낌	문	집	트	에	달	람	년	간	한	백	다	안	셀	어	체
인	캥	거	루	취	미	절	를	의	를	도	한	바	녕	부	물	문
요	터	포	함	되	어	달	측	을	위	을	법	도	문	결	결	파
퓨	감	럽	동	솔	바	문	측	셀	짓	말	물	솔	다	션	은	질
문	같	은	트	친	애	하	는	측	느	범	터	달	부	파	한	범
춤	북	를	동	로	어	도	동	필	고	제	동	날	요	굴	행	쌀
느	감	컴	을	트	달	거	걱	요	날	를	바	은	북	질	어	트
한	어	퓨	도	로	잊	요	정	법	북	적	어	도	부	퓨	낌	한
끔	부	범	풍	루	지	다	를	셀	문	찍	쌀	언	질	용	셀	필
로	젊	주	루	절	운	음	카	질	컴	도	퓨	에	집	문	람	적
테	살	아	있	는	거	과	말	이	은	한	측	을	을	문	한	러
요	이	굴	을	공	러	솔	리	들	맞	전	장	을	어	동	짓	발
에	주	크	굽	추	사	동	바	주	쌀	날	다	문	젊	을	스	을

Puzzle 297

주	들	크	바	전	사	퓨	기	터	퓨	러	다	러	문	필	추	부
의	람	들	북	송	쌀	부	사	을	짓	즉	바	환	자	은	한	드
리	용	도	풍	을	필	요	는	표	끔	루	시	문	체	한	찍	러
낌	한	동	트	그	바	맞	곡	늘	컴	노	동	문	풍	를	션	운
사	젊	표	바	랜	바	트	선	위	전	교	셀	문	문	적	법	늘
트	트	카	한	드	거	래	공	요	한	회	올	감	돌	늘	트	바
을	춤	추	측	올	발	트	견	법	한	이	점	느	카	표	사	발
풍	범	부	절	의	올	리	올	증	에	돌	로	에	터	를	사	거
날	범	동	물	트	트	위	절	문	가	느	요	도	스	타	일	행
셀	위	완	벽	임	명	자	문	트	딘	질	법	바	을	부	용	바
로	춤	람	장	트	를	찍	고	물	어	동	바	을	을	발	말	받
을	춤	견	를	이	로	은	배	지	공	체	소	을	범	맞	추	북
받	한	발	적	자	받	카	을	파	전	공	프	적	바	터	운	집
한	한	받	질	체	바	받	여	행	문	제	트	한	집	올	한	쌀
북	을	공	러	트	어	주	동	람	비	제	문	필	어	끔	암	탉

기사는
배지
비행
어딘가에
부드러운
곡선
즉시
그랜드
스타일
소프트
이점
여행문제
증가
완벽
임명
환자
교회
전송을
암탉
거래

Puzzle 298

적	햄	추	아	노	국	한	도	표	나	나	바	다	바	제	루	집
달	성	스	내	자	제	위	전	질	로	서	느	트	물	거	솔	사
수	견	짓	터	맞	코	프	로	그	램	디	느	발	거	고	트	막
많	집	쌀	퓨	동	말	요	셀	동	은	어	제	잘	못	된	기	람
은	느	스	질	레	퓨	노	테	요	크	다	체	범	젊	참	석	주
바	부	질	다	바	발	솔	고	고	퓨	문	요	제	끔	을	젊	북
요	한	한	장	동	을	책	리	동	굽	이	달	레	발	에	운	용
도	전	법	맞	문	대	임	집	끔	쌀	젊	루	에	들	추	를	부
질	고	컴	을	맞	루	쌀	끔	날	로	물	문	문	흥	달	느	한
너	말	절	절	굴	한	스	동	쌀	한	부	동	집	미	추	끔	퓨
쌀	북	젊	사	스	말	적	주	견	의	말	한	도	로	풍	동	부
람	카	부	족	션	문	범	다	풍	거	추	너	의	운	들	발	한
트	도	이	도	발	한	한	표	도	북	체	요	느	맞	주	문	끔
은	표	한	느	동	북	을	스	집	삽	문	견	웅	장	한	춤	질
솔	로	한	달	행	부	제	동	낌	입	도	느	거	어	자	트	파

수많은
프로그램
물고기
삽입
참석
책임
제거
사막
달성
바나나
흥미로운
웅장한
어디서나
국제
햄스터
잘못된
부족
코요테
바다
아내

Puzzle 299

크	자	동	리	질	문	을	작	업	호	텔	결	경	돌	말	질	한
의	트	늘	문	코	주	이	굴	끔	젊	랑	레	쟁	은	맞	한	느
셀	한	은	대	너	바	컴	고	찍	트	끔	이	비	자	다	람	을
바	한	느	동	부	솔	들	너	을	자	바	레	고	전	질	한	리
체	트	터	을	집	카	측	대	컴	한	약	속	러	주	거	끔	법
동	바	제	받	한	사	이	도	올	한	질	쌀	터	인	터	뷰	필
러	솔	퓨	느	컴	맞	낌	컴	감	고	루	독	수	리	에	북	쌀
운	한	퓨	표	동	바	을	주	말	정	은	션	찍	젊	동	레	용
돌	너	법	동	통	질	쌀	러	법	람	터	이	야	기	어	셀	셀
바	위	쌀	바	치	발	사	제	한	동	을	레	풍	를	한	늘	바
은	카	컴	회	는	문	받	파	추	동	전	그	문	집	트	도	찍
트	트	셀	대	문	감	솔	받	법	에	측	이	동	찍	결	적	람
긴	돌	어	해	추	컴	표	굴	절	젊	트	마	컴	한	적	동	거
후	장	거	을	견	한	공	스	느	스	이	느	느	트	쌀	리	문
에	늘	자	발	결	느	보	류	을	비	명	을	결	들	필	리	자

통치는
약속
작업
독수리
호랑이
주전자
코너
정말
긴장
주말
마이그레이션
대회
경쟁
보류
비명
후에
인터뷰
텔레비전
이야기
대해

Puzzle 300

판매자
일곱
기후
헤이
단지
과거의
관계
스케이트
대신
의도
교육
학업
강우
기쁘게
파인애플
세탁
알고
지역
노을
치아

파	인	애	플	강	우	법	다	견	공	젊	도	셀	어	용	리	결
레	용	질	전	용	동	의	굽	레	자	올	과	다	적	법	제	한
은	트	주	도	솔	물	바	동	로	거	레	거	노	표	컴	기	후
도	의	말	위	의	쌀	용	어	찍	퓨	북	의	쌀	로	끔	을	질
북	바	말	다	젊	은	의	풍	발	법	셀	을	을	공	들	을	받
낌	북	받	젊	문	셀	을	도	판	매	자	지	역	카	람	받	를
문	자	동	젊	너	은	파	느	측	늘	장	집	솔	맞	스	이	은
스	케	이	트	느	레	크	굽	문	헤	알	운	관	계	굽	트	문
법	주	도	필	끔	느	용	로	필	이	고	질	문	은	바	고	을
자	바	끔	범	주	굽	쌀	교	적	사	대	행	발	세	탁	도	의
부	추	트	느	날	로	필	육	끔	노	을	러	파	느	젊	감	노
트	다	람	젊	낌	루	물	바	동	느	어	쌀	을	크	대	컴	기
감	사	돌	리	스	측	한	에	북	필	을	문	레	은	단	신	쁘
치	학	업	퓨	문	은	견	부	자	젊	에	굽	장	주	지	한	게
늘	아	절	한	일	곱	로	컴	다	리	파	말	을	발	부	파	자

Puzzle 301

체	결	공	감	동	스	을	문	솔	다	방	자	위	쌀	문	트	문
중	트	요	크	은	적	레	늘	물	동	들	향	기	동	돌	한	도
이	퓨	이	받	거	발	발	동	비	판	정	법	무	춤	동	문	레
한	문	은	풍	셀	은	주	표	표	필	의	풍	문	느	부	스	문
고	다	주	고	절	파	동	퓨	부	낌	도	파	쌀	찍	고	동	주
을	다	견	끔	견	자	동	차	낌	제	스	를	너	범	감	위	문
북	트	북	감	질	춤	문	션	문	동	은	결	동	용	절	이	컴
전	대	퓨	말	느	공	굴	자	의	짓	법	도	전	행	젊	대	한
드	라	이	브	크	거	사	범	제	자	쌀	종	료	와	카	다	리
체	러	각	러	위	발	문	퓨	고	솔	매	달	려	을	받	을	운
적	춤	생	이	흔	운	루	방	의	견	트	들	퓨	도	동	스	찍
해	바	라	기	로	들	한	해	너	날	천	이	끔	범	견	바	션
람	발	범	가	솔	린	었	를	무	용	이	국	동	밀	수	요	일
문	트	자	루	맞	카	말	다	문	를	션	로	달	가	교	맞	에
받	제	발	레	북	결	파	찍	레	늘	레	굴	레	루	절	동	문

자동차
방해를
비판
해바라기
생각이
흔들었다
너무
가솔린
무기
정의도
드라이브
수요일
위기
천국
매달려
체중
교수
방향
밀가루
종료와

Puzzle 302

썩은
활성
그녀의
의존
사람들이
파트너파티
야채를
강탈
맛있는
여섯
가족에게
오두막
충분한
선거
복싱
완화
역할에
수박
행동하라
극장

운	레	발	질	바	위	달	한	찍	주	사	도	전	은	늘	고	날
을	카	맞	선	거	고	동	부	리	역	날	람	쌀	문	추	끔	행
사	발	늘	노	극	셀	사	범	발	할	다	물	들	체	에	문	바
맛	한	쌀	질	장	문	풍	를	게	에	족	가	느	이	오	쌀	돌
주	있	을	돌	느	로	바	체	주	짓	체	이	위	한	두	거	강
동	다	는	부	문	질	동	완	화	주	다	짓	문	를	막	너	탈
컴	문	썩	바	사	은	끔	공	트	셀	를	대	주	트	카	을	레
트	바	은	말	로	다	자	한	공	쌀	낌	올	날	쌀	들	질	레
을	다	여	섯	표	동	느	전	행	람	제	달	집	용	파	문	한
요	요	에	한	용	이	북	트	행	자	터	풍	충	동	쌀	찍	어
바	문	주	말	견	노	찍	굽	날	동	을	로	분	전	절	이	자
복	싱	한	쌀	한	거	발	자	받	요	하	용	한	고	다	찍	공
파	트	너	파	티	활	성	행	를	그	트	라	노	요	굽	돌	쌀
전	달	바	트	공	제	수	은	을	녀	문	발	동	이	집	견	주
야	채	를	을	전	들	박	전	존	의	거	로	문	너	느	대	자

Puzzle 303

을	야	추	동	에	올	바	날	굽	감	스	결	절	트	늘	표	크
견	션	외	문	트	트	문	법	바	주	고	바	레	리	느	바	다
컴	동	위	측	돌	체	질	트	트	자	감	추	고	이	스	로	부
감	견	동	들	문	도	공	낌	동	적	노	동	이	사	한	람	노
결	풍	필	카	물	주	짓	컴	부	제	레	바	일	달	터	쌀	측
굽	트	솔	느	을	리	풍	부	발	을	위	다	끔	반	로	을	북
고	전	이	거	측	바	다	절	법	체	적	운	사	문	적	을	파
반	딧	불	리	이	길	에	어	자	북	수	한	질	전	바	인	문
올	범	굴	빨	제	부	자	에	들	용	퓨	행	로	루	한	느	트
통	해	피	발	자	물	을	을	레	노	느	루	하	컴	기	하	올
중	결	아	공	사	랑	북	느	을	체	말	주	측	는	술	늘	가
력	바	노	무	리	한	낌	말	을	자	로	은	파	를	체	한	방
치	킨	도	노	쌀	용	끔	받	젊	견	말	너	느	주	절	를	부
적	노	견	감	이	트	받	젊	달	적	트	쌀	솔	을	발	감	자
의	끔	자	표	느	느	절	쌀	발	젊	감	제	올	발	찍	러	를

사랑
하늘
일반적인
빨리
통해
부자를
말을
피아노
거리
무리
기술
일이
가방
중력
이길
수행하는
반딧불
야외
치킨

Puzzle 304

법	행	측	운	동	늘	로	셀	동	로	달	스	쌀	질	느	로	제
전	느	느	찍	받	거	법	범	젊	제	운	편	용	다	굴	운	풍
늘	발	공	집	한	질	짓	죄	부	너	에	지	미	이	차	고	달
퓨	풍	부	파	퓨	션	리	극	적	인	끔	들	은	부	단	카	자
명	다	객	체	를	찍	다	굽	부	라	올	추	의	발	질	날	필
예	춤	적	동	돌	자	노	굴	다	용	트	필	자	적	체	트	로
롭	너	끔	물	고	기	살	쾡	이	용	한	온	다	운	행	와	물
게	춤	위	한	동	문	올	필	트	노	한	범	은	동	부	날	인
발	용	쌀	솔	을	물	풍	카	을	찍	집	문	들	바	을	자	굽
루	가	난	한	백	명	은	주	소	개	에	집	문	거	표	주	바
올	트	지	도	찍	거	부	에	사	카	늘	받	트	자	운	춤	셀
사	문	은	스	카	문	람	받	레	법	북	문	제	터	풍	느	전
을	루	카	들	표	크	체	끔	발	한	자	동	문	대	물	을	트
북	동	로	문	동	너	짓	퓨	한	거	신	날	동	고	북	을	공
의	션	느	돌	말	문	터	로	필	굴	굴	한	퓨	결	문	거	행

이미지에
동물은
극적인
와인
범죄
가난한
운동
스펀지
살쾡이
지난
라인
소개에
차단
자신
객체를
거짓
온다
명예롭게
명백한
물고기

Puzzle 305

러	용	주	제	대	날	에	도	절	에	터	클	감	리	울	타	리
이	론	이	주	용	공	제	션	끔	크	쌀	립	은	도	문	을	공
을	젊	체	달	파	바	램	쌀	낌	맞	굴	파	쌀	질	솔	말	격
요	법	을	측	동	견	프	장	투	말	로	들	람	발	스	너	다
한	은	솔	거	용	러	절	바	시	표	올	바	아	질	문	선	시
사	노	너	감	레	돌	포	함	험	젊	질	사	무	한	퓨	글	에
문	젊	위	감	발	트	어	측	질	러	한	들	것	낌	달	라	방
자	부	퓨	한	레	을	춤	문	러	느	발	고	도	에	행	스	어
낌	체	장	로	올	을	트	메	퓨	문	말	낌	춤	동	이	올	질
을	집	돌	고	래	정	굴	뚜	카	트	쌀	동	결	발	셀	날	올
부	동	거	다	굴	끔	비	기	감	을	범	용	항	바	느	맛	들
리	주	문	루	부	문	을	사	문	러	자	서	부	해	러	을	측
은	들	어	요	결	은	공	부	북	트	짓	포	스	트	부	은	끔
젊	전	람	루	결	결	짓	받	운	용	솔	받	문	문	다	에	자
다	문	견	부	찍	필	북	의	들	짓	의	동	공	낌	전	들	노

정비사
방어
클립
용서
감기
다시에
공격
포스트
선글라스
메뚜기
항해
투표
돌고래
포함
시험
램프
맛을
이론이
아무것도
울타리

Puzzle 306

외에
인구
참여
자전거
오히려
동안
클리어
휴대용
평방
간다
다운
전에
버전
수동
자매
가까운
일부
왕자
친애하는
기사는

필	왕	용	올	은	바	의	요	젊	카	주	맞	요	은	굴	올	한
매	자	부	오	로	카	북	한	용	도	추	장	컴	대	용	에	춤
끔	러	올	히	람	젊	부	제	말	질	한	돌	터	질	트	굴	전
은	용	집	려	요	범	대	람	퓨	문	클	짓	말	체	자	자	추
말	필	결	로	느	한	은	동	용	크	리	휴	범	부	집	이	터
기	사	는	외	에	동	주	굴	공	말	어	대	측	의	솔	문	부
문	견	하	솔	발	추	퓨	사	행	문	말	용	동	자	전	에	한
자	러	애	이	사	한	을	바	다	발	문	한	굴	전	요	션	질
트	낌	친	올	루	트	올	돌	문	발	발	자	람	거	트	감	파
풍	고	필	주	주	느	은	바	동	용	동	안	컴	결	트	다	카
크	요	북	도	이	표	문	주	날	대	수	부	도	전	북	한	이
춤	퓨	루	다	로	부	달	달	의	거	쌀	체	루	문	가	참	여
은	말	이	간	운	공	늘	트	물	발	은	다	행	일	너	까	이
문	운	위	굽	평	방	문	범	버	퓨	날	한	인	대	부	달	운
에	러	거	주	어	늘	요	북	전	고	자	질	구	레	찍	측	주

Puzzle 307

달	다	부	용	매	력	적	인	자	디	바	문	동	체	한	전	카
을	이	저	질	도	표	바	물	장	필	동	부	파	견	북	한	운
을	날	녁	노	발	발	트	운	한	대	로	맞	의	질	극	굽	전
운	자	것	아	침	추	물	트	션	거	젊	셀	루	다	이	정	가
노	연	은	피	문	절	주	동	질	이	적	집	람	를	꼈	위	풍
의	맞	을	주	부	도	너	토	끊	지	는	발	동	발	자	느	언
공	질	한	다	짓	을	퓨	로	마	스	로	돌	동	견	로	표	덕
션	동	도	감	너	참	젊	절	말	토	측	감	물	전	솔	동	적
부	너	어	수	정	찍	가	로	동	바	를	찍	로	에	동	바	집
러	법	질	셀	가	끔	솔	자	군	사	도	한	레	람	짓	이	컴
받	의	도	굴	절	들	견	견	견	문	한	루	다	의	사	션	동
어	호	위	문	을	퓨	동	표	날	크	장	다	에	이	바	로	람
느	랑	루	늘	사	스	법	주	견	쌀	애	필	솔	공	추	발	끔
루	이	다	운	맞	문	발	쓰	부	문	적	쌀	필	말	다	람	용
자	동	적	질	필	동	문	기	다	동	바	퓨	을	위	문	은	바

언덕
북극이
것은
가정이다
군사
저녁
가정
토마토를
참가자
매력적인
수정
아침
느꼈다
끊지는
장애
자연
디자인
쓰기
호랑이
피아노

Puzzle 308

물어
마음을
하드
거대
장소
반응을
달팽이
표시
정지
조심
요약
안녕하세요
제어
경기장
예외
그들이
혼동
마차
종료와
가족에게

스	견	바	체	질	대	을	루	용	발	정	지	돌	공	크	늘	제
한	레	물	풍	돌	범	결	에	에	운	터	을	필	절	춤	한	어
견	공	어	위	요	동	문	에	제	쌀	찍	바	공	한	문	용	느
젊	쌀	굴	바	약	물	컴	문	카	은	부	너	동	예	외	쌀	고
쌀	카	바	굴	카	트	동	공	문	한	날	행	루	춤	어	혼	동
바	터	춤	자	에	컴	의	이	파	터	너	문	용	발	발	한	을
카	에	돌	굽	법	바	을	의	늘	집	추	람	행	문	람	터	달
거	을	응	반	장	결	받	법	느	한	도	감	찍	운	늘	장	소
대	음	표	날	발	솔	바	어	받	조	심	사	가	행	돌	기	찍
너	마	시	트	쌀	늘	질	젊	달	종	료	와	족	대	을	경	표
한	차	로	이	셀	낌	드	은	끔	팽	바	동	에	은	람	감	부
파	도	운	물	사	안	녕	하	세	요	이	도	게	제	문	문	크
표	한	파	위	파	위	북	절	끔	도	동	들	퓨	낌	견	한	트
전	행	찍	도	적	도	동	한	제	주	발	다	그	문	트	결	부
레	자	범	풍	달	요	컴	날	한	운	한	을	용	용	부	맞	범

Puzzle 309

낌	느	동	책	편	도	바	행	느	스	레	문	크	션	절	리	맞
에	춤	거	상	집	범	다	감	적	측	도	로	한	춤	문	감	퓨
바	컴	부	을	괜	이	한	날	필	리	루	춤	공	바	제	위	를
받	바	트	찍	찮	동	주	자	한	문	바	감	트	돌	파	노	동
너	맞	것	도	아	션	로	체	부	를	주	한	느	필	하	키	스
올	바	이	젊	도	셀	반	은	을	절	한	리	은	들	법	바	트
저	방	지	상	연	습	대	동	돌	문	고	트	다	로	민	속	립
장	지	문	결	돌	추	춤	너	용	주	확	신	를	절	느	체	쌀
추	맞	한	동	주	늘	문	도	에	이	표	문	측	한	크	은	을
도	느	장	동	말	레	집	한	솔	공	발	도	적	한	요	범	컴
필	고	도	필	쌀	적	재	느	이	셀	로	스	발	의	으	바	러
공	컴	추	행	동	견	범	생	마	우	스	테	범	범	거	르	말
루	어	주	운	절	느	은	로	올	춤	러	이	문	짓	체	미	렁
스	느	올	러	감	리	대	날	집	견	동	션	사	솔	바	부	람
스	부	자	자	노	다	한	어	을	용	크	늘	올	트	다	범	부

지상
으르렁
반대
것이
스테이션
괜찮아도
저장
연습
거미
거부
방지
책상을
스트립
하키
마우스
재생
민속
편집
확신를
주말

Puzzle 310

안락군대
오이
쇼를
심장
드라이버
부문의
라일락
믿기
비행기가
전체
의사가
대비
침대
지역은
일반적으로
부모
조언을
세척
세금
테니스

로	부	문	문	레	질	젊	끔	대	트	바	춤	문	비	부	파	맞
부	문	의	공	주	제	를	체	비	조	언	을	쌀	행	모	찍	법
주	거	한	스	퓨	한	은	크	동	문	용	은	집	기	말	다	쌀
어	필	전	낌	자	느	절	쌀	한	한	젊	로	요	가	사	의	적
을	트	자	결	의	이	로	바	달	트	법	문	측	동	을	일	크
레	굽	부	카	을	터	터	안	문	부	바	찍	집	낌	이	반	끔
세	금	크	람	루	절	믿	기	락	거	바	측	루	달	느	적	주
션	동	드	들	어	부	동	느	솔	군	문	한	질	문	말	으	짓
사	은	라	달	느	사	션	측	로	굴	대	쇼	지	역	은	로	퓨
제	집	이	라	일	락	어	짓	추	바	파	받	를	행	북	람	오
심	장	버	너	표	풍	날	장	도	부	테	바	트	다	솔	은	이
전	체	세	로	주	자	바	컴	퓨	감	받	니	을	사	동	요	풍
절	받	척	을	받	러	낌	쌀	질	전	한	자	스	리	요	터	범
문	도	파	퓨	끔	북	장	침	람	달	젊	집	적	감	운	도	로
주	문	거	돌	한	을	돌	대	쌀	노	범	람	북	운	올	루	견

Puzzle 311

들	찍	용	파	끔	을	로	춤	컴	북	질	고	하	구	불	무	셀
전	선	거	바	짓	문	동	질	을	결	견	표	컴	나	운	엇	달
너	션	발	도	의	법	문	주	름	에	감	낌	느	트	의	을	요
제	감	동	안	전	끔	실	션	크	트	한	주	발	람	스	결	낌
이	동	자	거	트	검	고	시	텔	솔	어	대	부	한	터	혼	행
굽	한	을	측	파	색	부	파	레	을	날	젊	션	최	낌	합	받
션	문	스	크	럽	한	적	공	비	질	짓	리	은	근	동	이	한
쌀	발	용	행	솔	거	한	트	전	스	바	자	받	책	장	반	올
견	컴	를	견	추	북	람	측	감	윙	고	레	춤	굽	도	복	느
바	감	크	주	대	이	체	체	필	동	션	리	퓨	옵	션	바	로
굴	자	터	동	표	를	한	장	물	풍	션	주	감	자	굽	젊	솔
사	체	올	치	러	찍	바	운	동	문	트	도	측	손	대	추	로
레	동	거	은	를	주	바	범	춤	제	터	요	파	가	회	공	끔
트	어	고	주	한	했	북	동	한	리	용	트	달	락	퓨	바	표
발	노	운	바	러	춤	다	달	발	문	위	자	쌀	측	감	견	적

무엇을
스윙
하나의
책장
손가락
불구하고
거북이를
실시
스크럽
안전
옵션
주름
검색
터치를했다
최근
혼합
반복
텔레비전
대회
선거

Puzzle 312

운	도	자	측	로	슬	고	나	진	비	트	주	공	거	적	한	요
람	들	크	트	문	파	라	라	행	늘	레	레	년	자	찍	춤	늘
북	부	북	동	스	은	레	이	을	터	바	혜	택	을	적	어	도
스	부	제	절	받	노	른	다	드	트	대	되	용	춤	들	부	추
위	달	셀	문	이	거	굽	시	이	을	범	감	발	의	도	크	물
은	문	달	로	짓	퓨	전	맞	파	체	측	기	접	착	제	맞	제
유	지	콤	부	결	장	러	한	절	범	용	은	제	파	을	달	발
부	은	한	말	컴	날	체	견	바	끔	요	짓	장	트	달	자	문
연	속	트	한	부	로	에	다	용	자	러	질	달	의	카	루	측
응	짓	발	엄	격	한	문	를	바	끔	달	한	표	사	주	바	짓
답	레	동	생	동	거	행	에	션	크	문	한	문	부	리	행	달
북	은	트	소	동	현	너	로	부	다	셀	고	거	용	부	바	법
러	돌	질	음	자	자	얽	다	자	터	한	맞	용	로	춤	크	자
젊	위	도	사	다	루	힌	제	낌	용	을	춤	트	감	견	파	추
풍	굽	한	용	풍	위	부	람	굽	말	람	받	을	풍	람	제	부

다시
되감기
유지
소음
응답
접착제
주년
진행을
연속
달콤한
발생
슬라이드
다른
엄격한
혜택을
비트
현자
나라
얽힌
적어도

Puzzle 313

절	북	로	다	체	표	받	용	공	복	구	노	체	물	유	물	문
말	루	로	풍	트	순	무	굽	카	파	추	어	에	법	체	암	탉
냉	공	고	전	받	로	결	한	질	을	느	은	람	한	노	를	집
절	장	동	젊	필	감	을	원	지	체	쌀	짓	이	받	하	문	발
이	바	고	샴	범	노	통	숭	카	바	바	올	전	의	이	마	을
터	올	주	푸	어	전	고	이	용	굴	솔	젊	도	문	대	용	루
문	션	트	느	은	릉	느	택	로	질	동	법	바	동	적	맞	말
를	바	한	표	퓨	즈	리	시	도	집	동	물	바	람	트	들	느
문	트	터	어	마	부	로	밴	속	람	리	위	짓	셀	한	결	이
어	용	루	스	모	이	올	다	고	측	짓	투	을	미	동	부	질
바	용	어	을	스	장	을	에	퓨	끔	돌	명	크	러	범	고	거
한	컴	부	질	부	에	을	카	적	부	질	동	스	들	고	용	북
신	문	레	다	트	러	한	집	쌀	터	느	한	이	야	기	는	사
문	발	젊	쌀	를	낌	을	동	트	트	발	터	을	필	적	대	너
말	필	카	크	퓨	바	찍	추	고	받	법	문	발	체	로	결	느

마모
샴푸
순무
지원을
택시밴
용어
유체
투명
고속도로
시리즈
도시
하마
냉장고
복구
고통을
미러
이야기는
원숭이
신발
암탉

Puzzle 314

폐	람	집	의	춤	받	솔	주	필	발	북	이	제	전	올	질	동
기	마	필	적	레	은	거	낌	말	부	데	끔	용	컴	문	컴	장
물	을	날	집	집	은	끔	잠	부	박	이	트	에	맞	레	운	받
북	질	레	위	리	표	솔	다	금	쥐	터	동	쌀	셀	운	부	풍
람	젊	주	쌀	바	주	복	터	쳐	르	가	작	느	느	춤	발	션
트	을	돌	동	표	올	잡	적	트	질	맞	에	바	로	트	고	도
솔	컴	종	의	트	느	필	풍	충	분	한	평	로	용	절	가	구
한	세	미	측	카	을	적	카	받	을	정	화	은	발	날	감	고
범	파	러	스	바	전	범	로	너	바	안	로	견	발	추	량	옥
람	위	카	너	표	낌	주	표	문	쌀	불	운	질	운	말	자	수
러	바	동	자	굴	문	바	추	쌀	을	한	동	쌀	질	션	주	수
발	행	이	젊	물	바	용	트	자	새	로	운	바	로	질	범	적
러	크	을	어	자	필	한	문	노	자	동	파	을	트	고	도	바
너	적	낌	표	동	자	행	거	래	한	주	동	트	다	를	풍	주
절	동	발	문	올	수	리	를	사	행	낌	추	동	질	션	적	문

가구
잠금
평화로운
수량
미스
새로운
작가
종의
노래
불안정한
박쥐
데이터가
수리를
가르쳐
마을
옥수수
미세한
복잡
폐기물
충분한

Puzzle 315

끔	주	어	다	도	다	트	받	날	문	솔	신	찍	낮	을	부	찍
을	발	의	의	바	로	질	한	오	프	너	발	셀	은	터	상	점
운	퓨	바	트	체	카	바	도	를	을	절	샴	도	짓	공	컴	용
문	집	맞	너	측	로	장	을	문	이	동	푸	올	행	에	자	표
짓	루	은	운	다	문	다	주	의	을	적	하	노	을	고	레	를
추	동	늘	범	발	들	행	결	대	적	북	여	한	문	로	날	은
노	법	자	부	낌	이	경	험	을	녹	솔	야	다	어	에	필	를
발	발	개	인	적	으	로	문	충	색	바	한	파	바	위	체	발
여	크	북	들	도	에	터	장	족	한	을	다	크	컴	해	로	트
카	덟	올	바	한	트	문	춤	관	발	늘	대	북	한	은	제	주
주	을	말	바	제	자	동	에	기	의	대	셀	레	한	결	외	한
지	함	께	돌	동	트	이	스	자	쌀	발	동	파	올	컴	시	느
느	퓨	을	대	견	운	행	말	저	유	조	정	동	장	운	켰	의
러	측	한	체	적	크	바	발	렌	타	인	젊	질	을	셀	다	사
미	스	결	셀	공	림	표	문	낌	대	낌	너	문	느	바	발	리

오프너
크림
신발샴푸하여야한다
발렌타인
상점
저자기관
여덟
의사
자유
지느러미
조정
경험을
위해
녹색
제외시켰다
함께
충족
낮은
개인적으로
한도

Puzzle 316

북	람	발	테	채	택	제	감	짓	젊	고	운	얼	음	짓	바	달
트	업	크	이	메	문	품	지	추	감	발	다	동	제	질	을	자
장	를	집	프	인	요	장	우	돌	러	스	을	결	은	스	달	결
귀	바	제	리	너	터	의	개	이	늘	공	동	셀	발	장	자	솔
한	여	사	쌀	을	물	뷰	트	도	거	터	위	쌀	찍	을	도	한
진	술	운	북	쌀	다	부	부	굴	젊	전	돌	소	견	주	달	스
늘	언	한	쌀	체	올	파	견	제	이	한	퓨	요	장	결	굴	이
체	제	측	쌀	전	을	도	러	스	한	법	날	을	돌	레	절	리
게	셀	셀	한	레	솔	을	바	부	리	쌀	퓨	셀	쌀	맞	낌	바
임	퓨	순	자	현	실	의	이	범	동	을	느	컴	점	트	자	을
올	부	서	체	셀	바	춤	자	트	달	공	부	어	심	요	춤	질
발	람	순	너	제	솔	솔	찍	을	발	위	쌀	발	질	법	말	컴
공	한	종	위	결	가	을	적	굽	범	체	늘	대	부	느	솔	표
견	은	느	은	쌀	쌀	까	한	노	낌	춤	돌	고	한	동	바	대
법	자	절	견	동	문	동	이	션	노	크	위	터	사	절	를	느

순종
언제
채택
제품
자체
얼음
가까이
진술
지우개
점심
게임
순서
귀여운
쌀쌀한
테이프
현실의
메이크업
소요
요인
인터뷰

Puzzle 317

컴	굽	올	위	로	문	그	절	범	정	을	느	레	플	러	체	크
람	이	에	문	측	사	랜	범	람	치	다	레	을	한	레	트	맞
질	집	운	감	카	듣	드	문	측	의	을	굴	벨	용	쌀	이	거
쌀	을	북	공	물	고	법	이	북	표	쌀	범	측	트	찍	동	어
외	루	굽	노	적	무	릎	감	소	북	낌	질	범	질	파	용	을
국	파	낌	래	바	들	트	장	침	실	파	다	장	부	추	받	굴
결	러	파	하	파	사	질	한	요	표	자	감	집	토	양	너	제
파	낌	제	기	스	쿠	터	돌	을	집	의	동	늘	은	리	문	퓨
카	너	요	쌀	을	어	소	다	동	동	동	필	동	은	필	표	날
발	북	행	를	범	체	한	테	트	낌	트	절	거	말	느	발	감
의	체	용	적	운	어	바	마	바	문	항	레	행	셀	주	러	을
문	카	동	필	결	용	돌	셀	행	젊	상	다	맞	들	어	은	굽
자	용	체	공	받	너	짓	을	주	을	발	루	운	느	한	은	부
요	동	물	체	간	법	즉	크	안	을	코	동	돌	춤	찍	끔	부
로	적	람	범	결	표	시	크	경	낌	니	요	퓨	트	고	거	춤

무릎
감소
플레이어
스쿠터
항상
토양
테마
듣고
정치
공간
발코니
외국
감동
벨트
침실
안경
소다
노래하기
그랜드
즉시

Puzzle 318

너	에	을	람	대	긴	장	들	질	사	살	로	부	루	날	쌀	트
사	로	행	추	결	혼	루	결	어	도	표	아	제	동	적	부	올
이	달	용	사	주	낌	바	표	다	문	낌	크	있	느	문	한	법
용	전	쌀	느	한	이	동	요	올	고	고	찍	도	는	굴	동	노
다	주	크	솔	늘	동	늘	운	굽	빼	을	터	트	받	법	맞	이
요	운	거	위	법	북	늘	단	순	화	미	가	스	질	다	너	결
을	결	도	바	한	끔	돼	지	솔	외	집	에	찍	용	레	을	적
문	과	루	회	곤	년	대	동	본	로	요	필	를	풍	크	늘	고
람	를	결	용	피	간	감	종	기	운	무	료	카	노	발	문	질
다	솔	을	리	동	에	컴	카	법	은	퓨	거	주	용	파	고	리
쌀	너	은	절	질	션	한	풍	바	노	용	결	표	끔	리	셀	발
내	레	이	터	날	크	운	문	구	조	느	측	요	거	바	한	노
이	이	발	용	추	운	결	터	동	부	도	용	동	한	풍	범	운
동	법	견	식	별	측	북	집	퓨	낌	은	용	사	을	은	한	스
절	범	트	너	측	용	람	트	주	용	자	요	날	사	체	표	부

피곤한
돼지
단순화
외로운
올빼미
결과를
가스
구조
종기
식별
결혼
내레이터
기본
무료
필요로
회피에
식용
년간
살아있는
긴장

Puzzle 319

에	케	누	구	로	운	대	스	남	치	의	루	장	리	제	굴	의
적	이	느	모	바	풍	해	웨	편	약	셀	추	범	돌	문	레	크
이	지	고	자	의	선	반	덴	고	달	부	동	질	의	절	터	퓨
벤	동	려	발	범	말	절	로	법	솔	짓	맞	비	집	트	로	풍
트	쌀	셀	트	릭	북	발	용	쌀	법	부	말	참	용	체	집	용
추	서	브	컴	팩	트	추	광	바	도	운	발	한	동	주	늘	솔
트	부	짓	말	동	동	북	택	범	을	바	북	감	집	공	느	러
문	늘	위	맞	이	문	로	켓	경	사	도	분	홍	색	컴	을	당
동	고	느	공	부	적	짓	문	늘	제	위	사	도	셀	트	지	근
문	굽	용	도	퓨	굽	말	거	스	절	문	맞	부	한	파	카	리
자	러	한	질	주	을	늘	포	제	한	다	이	주	느	스	자	공
주	을	을	전	법	범	의	크	거	를	부	위	집	한	범	대	질
끔	쌀	맞	바	고	들	어	굽	운	필	자	도	춤	들	북	다	찍
루	에	어	대	을	결	부	리	퓨	쌀	크	고	장	거	절	용	너
질	대	법	감	주	다	늘	짓	대	북	셀	문	로	에	쌀	행	행

비참한
누구
남편
치약
트릭
고려
경사
분홍색
지리
스웨덴
이벤트
모의
당근
광택
포크
로켓
선반
케이지
서브컴팩트
대해

Puzzle 320

트	한	느	을	도	집	로	용	자	을	을	솔	한	제	로	문	짓
문	을	젊	감	바	질	은	다	질	한	문	짓	노	은	은	춤	발
을	문	위	러	한	풍	한	자	체	장	문	풍	자	받	사	끔	부
들	범	굴	범	심	스	제	자	용	컴	질	물	사	결	감	고	물
문	용	대	돌	각	집	굽	풍	석	탄	굴	맞	레	발	솔	받	부
적	발	날	어	한	적	덕	도	느	햇	짓	은	러	주	사	맞	낌
사	다	한	발	들	동	바	도	용	결	빛	사	쌀	트	쌀	발	용
실	날	올	말	괴	자	오	두	막	사	진	컴	낌	물	스	거	측
법	절	발	범	물	부	로	표	너	에	학	끔	운	날	로	웨	느
자	한	춤	날	주	카	이	셀	북	측	년	컴	태	기	크	너	터
질	끔	은	감	주	펫	동	러	겸	손	어	문	도	쁜	주	도	로
짓	집	행	방	문	중	돌	터	장	장	을	쌀	질	굽	자	한	컴
맞	동	행	컴	도	지	위	한	풍	짓	측	문	날	다	한	낌	굴
트	한	이	받	주	운	의	쌀	블	라	우	스	파	위	동	을	로
부	자	적	람	표	트	문	솔	트	끔	법	자	동	짓	다	결	춤

중지
석탄
스웨터
사실
사진
기쁜
학년
카펫
심각한
태도
괴물
방문
블라우스
햇빛
크로스
도용
위의
겸손
도덕적
오두막

Puzzle 321

파	강	탈	전	화	멸	종	러	받	문	동	절	위	용	질	발	풍
발	동	사	를	느	굴	들	요	다	범	로	추	필	설	탕	말	대
답	집	문	파	을	삼	각	형	올	을	부	견	바	물	에	감	발
문	변	한	선	물	크	에	찍	질	로	을	전	한	한	동	바	절
짓	느	느	에	돌	동	집	쌀	끔	의	섹	션	의	의	견	부	발
러	위	러	은	주	을	이	파	물	세	스	측	느	고	느	발	셀
고	귀	한	자	카	발	발	문	문	븐	계	동	장	루	공	형	제
문	어	바	측	를	은	레	의	들	날	새	란	감	굴	션	급	노
노	표	끔	들	제	부	다	제	한	문	끼	북	퓨	도	터	리	여
동	주	낌	늘	제	컴	도	제	사	문	을	문	질	굴	필	주	행
노	러	북	적	느	용	동	주	쌀	루	늘	문	거	주	요	결	동
트	람	트	한	다	발	을	람	주	들	굽	말	용	한	다	주	굴
속	젊	문	은	용	자	끔	집	레	트	굴	동	법	전	쌀	대	느
하	질	한	소	끔	장	스	의	바	법	한	거	필	맞	끔	체	위
는	법	다	스	셀	동	쌀	션	솔	리	발	문	문	들	박	물	관

동굴
답변
삼각형
공급
계란
소스
세븐
선물
설탕
의견
섹션의
형제
여행
새끼
멸종
박물관
전화
고귀한
속하는
강탈

Puzzle 322

쌀	도	바	크	사	라	어	단	솔	주	적	돌	공	굴	이	표	주
로	바	견	이	주	북	카	견	순	한	을	결	을	말	이	체	젊
용	너	자	기	금	로	들	풍	춤	한	은	필	전	맞	트	전	을
주	은	낌	문	굽	제	절	은	이	솔	주	카	동	체	대	용	다
집	느	트	날	달	증	주	운	셀	은	노	제	쌀	이	부	트	춤
한	한	견	도	들	거	북	을	감	생	용	노	동	낌	용	한	물
지	람	스	토	러	를	전	레	을	각	을	션	아	받	주	어	리
혜	적	부	리	마	낌	법	발	발	표	문	퓨	웃	을	문	요	고
이	도	문	북	에	토	감	싸	는	블	리	드	한	북	트	부	퓨
레	돌	동	보	늘	느	이	운	절	을	발	쌀	인	동	용	낌	굽
문	확	산	여	주	측	굴	달	느	검	홍	한	부	간	측	부	거
발	장	자	거	느	젊	카	다	트	사	수	소	트	돌	주	로	질
을	질	이	을	들	굽	파	도	자	말	끔	프	을	솔	장	고	달
크	느	동	요	절	받	부	발	스	은	문	트	감	동	스	팀	문
크	트	장	체	용	을	부	리	질	러	느	격	리	필	한	동	어

토마토
확산
블리드
증거를
발을
홍수
생각
스팀
아웃
인간
지혜
감싸는
사라
도토리
단순한
기금
보여
격리
검사
소프트

Puzzle 323

수	도	퓨	아	마	도	주	에	낌	플	조	이	아	을	문	늘	느
동	박	적	용	집	카	다	은	너	라	심	트	쌀	마	달	낌	요
바	위	을	굽	사	은	물	킹	타	스	스	에	풍	동	자	한	문
풍	용	물	돌	한	한	문	후	보	틱	럽	짓	의	의	다	크	필
표	바	퓨	질	올	말	요	휴	일	견	게	주	다	리	전	쌀	동
발	을	용	동	트	제	한	받	굽	바	문	주	소	장	동	집	늘
에	동	주	웃	음	찍	말	추	스	동	동	낌	다	년	다	쌀	레
절	컴	계	젊	신	사	부	달	발	파	일	럿	부	쌀	낌	찍	을
전	카	피	노	에	은	한	부	위	질	트	용	다	을	법	컴	의
를	범	대	문	부	트	도	한	굴	부	쌀	위	필	절	북	은	물
장	들	감	옥	여	행	문	제	흥	브	리	지	장	늘	도	장	너
트	로	추	부	한	집	풍	문	미	람	견	바	용	늘	제	집	맞
수	측	표	장	환	바	젊	젊	로	솔	측	짓	노	카	동	대	트
면	질	풍	젊	영	퓨	추	계	운	람	들	자	자	질	동	너	카
체	굽	견	자	이	을	끔	속	스	물	집	요	질	트	파	트	올

휴일
신사
파일럿
환영이
스타킹
감옥
후보
소년
아마도
조심스럽게
브리지
수면
계속
웃음
계피
아마
플라스틱
여행문제
흥미로운
수박

Puzzle 324

말	리	에	프	달	문	문	공	주	전	거	을	측	를	물	한	올
요	너	달	리	외	침	을	마	스	크	트	받	파	퓨	느	견	은
어	로	부	지	을	블	용	노	고	을	컴	낌	어	절	동	주	운
동	원	용	아	대	록	트	용	레	날	동	한	운	영	공	까	춤
부	정	적	인	문	필	스	션	대	올	느	받	한	크	문	마	끔
트	인	레	돌	리	로	한	도	달	위	독	수	리	동	장	귀	쌀
동	필	전	올	받	크	도	노	문	제	을	로	자	전	자	쌀	물
은	발	사	용	결	굽	솔	엔	진	이	바	로	리	문	질	주	자
주	촛	적	들	로	컴	자	낌	적	합	다	솔	거	를	제	파	견
은	사	불	추	날	은	동	발	말	발	말	람	바	문	리	이	북
코	카	한	감	굴	이	한	발	결	공	미	문	너	공	은	트	장
은	를	한	의	션	로	유	전	트	에	잘	스	로	돌	로	리	고
다	행	하	필	추	느	지	발	고	끔	동	제	전	낌	책	노	솔
집	대	대	지	부	주	할	대	고	느	너	질	춤	굽	가	감	제
바	들	한	로	퓨	행	다	동	돌	카	운	리	어	동	방	바	발

정원
까마귀
부정적인
인정
말미잘
책가방
코를하지
은행
적합
운영
유지할
마스크
촛불
적용
블록
프리지아
외침을
엔진이
동공
독수리

Puzzle 325

스	쌀	받	젊	을	문	세	늘	요	동	바	람	작	느	컴	한	은
자	요	을	트	를	에	바	부	받	퓨	만	절	업	체	리	로	동
느	질	로	퓨	질	동	사	러	발	측	들	바	이	카	굽	북	물
연	방	찍	의	문	들	주	필	질	맞	너	고	문	접	이	발	트
탈	역	에	가	적	파	올	퓨	정	신	적	자	위	시	스	물	트
출	할	장	허	위	러	루	돌	측	낌	쌀	표	결	로	바	용	느
한	에	물	용	리	한	북	어	느	크	행	들	북	동	부	결	끔
로	측	자	다	조	케	한	션	돌	바	셀	다	바	셀	전	장	람
스	낌	견	문	식	북	인	리	동	문	자	트	요	한	젊	문	문
한	트	문	찍	스	용	크	바	루	굽	리	한	달	컴	션	바	트
발	발	날	맞	한	문	퓨	행	동	고	경	크	머	선	택	다	동
고	명	자	고	트	말	사	파	공	늘	질	력	리	카	발	문	찍
끔	확	용	쌀	적	물	굴	러	다	굽	견	크	집	을	고	도	한
바	히	체	젊	맞	돌	노	동	발	기	어	컴	을	추	기	말	돌
바	문	발	자	북	셀	도	루	북	간	을	문	받	한	각	바	문

기각
만들
기간
세부
접시
정신적
조식
체리
허리케인
작업이
허가
머리
명확히
탈출
자위
선택
연방
경력
바다
역할에

Puzzle 326

일몰
준비
행성
약한
바람
상자
아들이
행복
순록
거친
숨기기
순환
바로
두께의
레몬
가시적
읽기에
연못조랑말
이점
알고

너	러	추	로	를	을	느	춤	측	고	풍	동	을	굽	다	끔	자
달	문	용	늘	발	동	로	바	람	집	젊	용	행	운	굽	굴	늘
느	한	굽	동	로	알	을	순	션	들	느	들	크	성	견	를	쌀
연	못	조	랑	말	고	너	록	올	질	동	을	장	스	날	주	말
로	제	말	솔	을	일	몰	루	솔	돌	은	도	올	부	트	질	어
한	약	한	카	동	적	문	은	한	다	물	견	젊	은	끔	집	제
고	퓨	두	노	필	트	절	발	은	에	춤	행	문	도	제	을	한
추	고	께	올	를	다	로	카	은	숨	기	기	순	터	터	아	컴
제	맞	의	로	추	짓	카	상	자	전	솔	읽	적	환	레	들	감
동	동	도	이	맞	맞	한	말	셀	리	동	가	시	적	몬	이	크
법	거	필	점	준	비	용	셀	은	루	레	행	집	어	다	집	주
이	문	체	거	도	한	로	주	을	을	로	복	체	문	장	질	측
문	트	의	친	용	트	받	루	운	바	루	퓨	질	러	굴	을	에
맞	대	올	셀	을	문	문	에	행	문	발	문	맞	감	돌	바	자
을	대	문	컴	문	장	측	에	너	법	도	터	문	람	러	레	느

Puzzle 327

카	안	행	어	행	컴	도	동	결	카	의	하	다	추	전	들	질
적	녕	리	쌀	발	공	결	주	동	합	추	이	비	표	운	거	문
대	주	풍	쌀	이	웜	크	동	동	에	주	라	서	물	정	결	람
이	람	초	대	파	솔	은	요	짓	요	트	이	바	전	스	도	바
한	표	용	을	컴	로	관	찰	전	낌	고	트	한	풍	끔	이	짓
굴	늘	문	돌	퓨	이	필	크	레	받	범	예	비	좋	아	하	는
동	맞	은	빌	맞	늘	받	바	카	을	북	이	은	주	올	대	용
요	받	트	려	느	북	돌	트	동	늘	물	바	느	퓨	느	좁	를
느	소	리	의	전	발	다	한	도	부	찍	끔	측	션	바	은	느
동	들	문	주	풍	행	레	올	낌	부	주	를	파	너	노	발	발
끔	컴	쌀	부	결	찍	셀	질	너	의	바	쌀	측	바	동	트	자
한	풍	문	은	굽	동	루	받	질	자	이	늘	젊	적	자	표	트
은	다	말	결	거	의	바	한	제	주	질	쌀	질	션	대	약	체
용	법	운	들	선	늘	스	에	의	문	람	부	문	코	스	물	받
람	문	트	레	박	젊	파	바	람	감	말	달	한	은	바	문	전

비서
정도
좋아하는
선박
결합
소리의
안녕
웜은
예비
거의
하이라이트
코스
솔로
초대
좁은
동결
부주의
약물
빌려
관찰

Puzzle 328

응시
포리스트에
가끔
지방
오징어
고통스럽게
노트북
많은지도
회의
법률
대기
운이
에이전트
지구를
어려운
아이
전형적인
작업
수요일
일이

수	을	전	올	지	말	파	질	부	자	너	로	짓	어	징	오	한
동	요	이	한	구	트	에	달	거	필	너	굴	카	려	전	지	방
받	대	일	동	를	전	북	트	노	부	전	바	질	운	을	표	주
절	느	다	를	느	다	찍	전	늘	행	쌀	법	가	를	루	감	필
셀	말	동	쌀	절	의	션	이	형	올	트	적	끔	법	로	질	젊
풍	트	표	트	이	대	젊	에	을	적	에	을	레	필	을	발	느
제	다	주	체	풍	도	기	션	질	션	인	의	풍	전	한	느	고
응	시	작	사	람	한	포	리	스	트	에	고	말	바	트	표	법
발	짓	업	회	의	아	이	많	은	지	도	통	트	견	늘	한	률
카	을	문	공	요	퓨	운	거	거	날	람	스	은	돌	동	한	도
동	바	발	굽	추	문	발	요	동	를	로	럽	춤	리	트	동	짓
날	들	고	필	제	도	에	동	거	고	적	게	절	올	발	결	트
범	위	러	다	결	컴	굴	위	이	문	늘	루	이	한	어	질	춤
장	카	도	바	젊	크	이	절	자	한	끔	달	사	한	거	을	용
제	을	쌀	동	트	쌀	트	말	로	문	은	필	견	을	로	체	범

Puzzle 329

필	한	용	호	은	루	풍	문	부	터	람	트	트	레	루	셀	바
거	에	로	주	기	풍	이	달	누	출	엄	청	난	만	큼	이	느
요	은	스	적	에	심	콘	도	르	의	홀	리	표	면	한	느	질
되	말	표	다	표	행	한	어	견	을	부	컴	퓨	추	굽	파	어
의	돌	집	다	끔	을	의	로	크	물	찍	션	다	노	춤	발	동
트	제	리	초	점	부	터	스	한	장	표	고	측	동	돌	반	발
주	카	맞	기	신	뢰	셀	받	빠	대	통	령	을	트	을	절	물
문	다	솔	운	발	을	바	루	른	어	절	바	너	파	션	범	차
위	에	북	장	를	트	컴	문	달	집	부	을	로	어	디	서	나
도	용	부	날	돌	달	도	크	받	표	굴	받	주	느	오	동	로
결	맞	이	로	노	이	느	주	이	장	느	셀	달	셀	감	바	크
바	올	발	굴	퓨	해	주	리	공	루	솔	측	제	굴	부	관	련
전	굽	필	로	요	파	한	드	전	쌀	바	터	풍	쌀	찍	발	남
쌀	의	로	리	질	집	발	의	주	의	한	제	느	공	터	문	쪽
전	너	솔	받	션	부	동	부	스	요	트	찍	이	를	을	자	측

호기심
빠른
리드
관련
엄청난만큼이
누출
표면
오디션
콘도르의
절반
신뢰
바느질
이해
대통령을
초점
홀리
남쪽
절차
되돌리기
어디서나

Puzzle 330

벽화
퍼핀
신호
도랑
블루
화재
스키
혈액
얼굴
단편
스스로
임대
임의의
남아는
상태
포인트
없음도
가상
최악의
참석

한	운	크	굴	퓨	파	은	발	벽	화	체	바	파	추	에	부	날
들	동	법	사	용	신	호	받	한	문	솔	범	장	질	루	동	젊
절	을	풍	동	로	주	바	한	셀	퓨	이	노	터	거	체	행	발
문	을	람	동	받	을	쌀	용	자	행	쌀	결	돌	날	자	부	대
한	을	람	표	거	한	자	운	동	범	돌	물	트	낌	적	달	람
포	인	트	늘	을	낌	달	감	전	부	크	질	절	한	용	한	맞
화	의	용	에	동	리	날	리	찍	측	리	퓨	들	견	셀	공	용
재	표	로	공	부	달	너	카	쌀	트	를	절	단	부	추	이	범
질	최	스	키	은	사	솔	을	용	표	혈	느	남	편	굽	받	바
용	악	스	참	석	다	얼	을	다	받	액	을	아	사	이	주	춤
의	의	임	도	장	문	스	굴	노	로	느	집	는	블	루	짓	필
운	에	느	음	랑	날	크	솔	은	한	찍	카	행	질	솔	발	말
임	대	가	없	은	카	한	달	범	상	태	집	셀	법	맞	말	발
션	이	상	문	제	쌀	찍	받	짓	트	절	날	질	쌀	퍼	핀	이
을	춤	필	퓨	파	공	동	늘	거	도	젊	요	바	을	거	한	자

Puzzle 331

굽	최	이	노	언	문	의	료	느	동	개	위	끔	주	좋	아	을
바	대	법	은	급	의	러	트	바	발	뛰	구	날	씨	바	파	동
트	자	부	바	서	에	찍	바	받	이	고	어	리	트	닥	적	감
수	감	을	수	고	식	크	올	트	발	한	주	표	스	부	카	쌀
출	바	보	달	느	노	지	의	바	한	물	의	레	물	솔	솔	노
을	바	대	문	받	도	부	소	적	장	용	찍	컴	동	늘	을	대
로	집	용	터	작	은	다	수	들	돌	트	질	자	끔	동	임	원
사	동	풍	자	행	쌀	고	트	거	위	을	행	풍	물	한	사	늘
람	집	젊	노	범	찍	어	용	러	늘	집	받	성	달	달	트	범
대	을	질	늘	이	받	한	물	스	부	파	감	장	동	끔	표	굽
요	달	트	너	을	법	파	컴	도	바	찍	체	을	컴	카	발	이
집	카	러	의	올	절	루	돌	필	고	대	어	요	동	측	굽	바
거	대	한	로	발	질	의	문	터	러	장	노	리	발	키	가	바
주	달	결	너	절	위	돌	굴	범	행	표	전	문	의	질	은	퓨
견	한	이	람	카	동	동	시	크	주	자	쌀	을	올	도	고	행

최대
바닥
시크
좋아
바보
거대한
키가
개구리
작은
수출을
소수
성장을
수달
임원
서식지
뛰어
의료
언급
날씨
달성

Puzzle 332

문	굴	전	시	가	올	체	셀	느	굴	가	자	퓨	추	늘	집	필
컴	구	울	수	느	노	감	쌀	끔	자	한	격	은	측	주	다	행
한	날	쌀	의	명	문	위	트	바	로	동	찍	제	문	로	늘	트
을	레	동	고	제	터	주	문	늘	공	짓	사	점	용	한	문	쌀
문	적	측	트	공	말	견	터	크	날	셀	돌	프	동	자	대	기
보	지	구	본	하	셀	한	루	주	은	을	질	는	트	풍	측	계
달	고	굴	컴	는	스	틱	은	북	고	카	발	동	파	절	동	노
한	사	서	문	용	전	다	노	을	표	말	느	레	감	동	문	트
트	트	측	절	집	뉴	올	솔	크	굽	바	낌	의	루	적	요	트
표	굴	장	바	바	스	나	중	에	입	술	행	엘	프	절	느	다
부	날	바	공	받	레	러	굽	측	날	거	루	집	들	호	스	트
한	비	이	용	범	말	노	트	체	밝	은	쌀	동	행	발	늘	이
문	명	풍	법	이	용	레	을	질	람	동	동	물	동	필	을	주
컴	터	한	끔	트	짓	찍	농	축	느	을	충	을	제	바	퓨	돌
사	용	자	말	션	로	들	동	들	범	질	돌	동	동	측	들	동

충돌
보고서
전시가
점프는
가격
수명
사용자
밝은
호스트
뉴스
스틱은
엘프
지구본
기계
제공하는
입술
나중에
농축
구울
비명

Puzzle 333

을	트	를	위	느	먼	지	체	한	퓨	얼	굴	너	주	추	을	다
감	셀	문	사	동	컴	발	행	굴	크	룩	한	크	부	요	거	레
동	스	한	춤	느	표	퓨	을	을	절	말	고	바	바	감	한	어
문	체	사	부	셀	돌	장	레	트	부	동	동	부	도	도	노	행
던	져	과	전	주	용	풍	끔	동	표	바	노	느	공	부	굴	집
크	이	로	이	개	자	원	바	람	행	필	범	컴	굽	쌀	질	운
은	리	를	쌀	별	다	은	자	러	체	다	장	결	도	공	을	동
스	대	트	컴	계	젤	교	쌀	동	퓨	부	난	젊	달	끔	거	어
케	이	스	춤	정	리	말	실	노	발	끔	스	결	로	주	쌀	한
춤	날	버	행	을	노	범	한	을	을	짓	건	맞	견	람	어	다
달	한	과	학	자	낌	느	젊	춤	끔	자	포	견	트	동	스	노
거	을	문	올	을	들	젊	절	감	짓	느	도	동	진	정	한	스
를	문	올	절	장	간	자	은	제	을	제	전	너	도	한	염	젊
감	게	이	루	질	호	운	로	질	다	트	춤	션	의	용	규	소
용	시	물	스	동	사	어	대	사	을	문	노	부	법	을	제	용

염소
과학자
버스트를
던져
간호사
먼지
얼룩말
진정한
케이스
게시
자원
건포도
계정을
장난
규제
교실
젤리
돌풍
개별
사과

Puzzle 334

느	적	시	젊	이	체	공	파	장	스	버	운	동	자	춤	젊	에
파	들	리	범	는	한	느	다	러	파	드	율	파	주	장	트	질
느	린	즈	컴	서	도	거	크	사	위	춤	필	을	북	받	쌀	쌀
들	질	를	추	고	고	전	동	굴	트	을	짓	쌀	퓨	달	질	필
주	솔	정	일	보	굴	측	도	터	카	로	물	위	셀	견	컴	퓨
트	체	쌀	착	굴	고	적	행	북	풍	동	끔	받	스	늘	루	부
제	젊	고	추	터	도	루	끔	분	수	북	춤	표	트	크	바	감
적	다	말	션	은	물	들	사	에	다	카	한	을	림	결	을	문
대	동	느	절	바	스	크	을	행	을	을	람	부	올	느	파	집
찍	피	공	부	트	솔	동	춤	트	은	바	레	제	질	법	동	쌀
문	너	눌	결	도	느	다	트	바	풍	행	미	을	쌀	너	운	람
한	부	러	도	자	체	제	발	날	을	션	들	래	달	사	달	올
동	바	자	수	문	고	안	춤	행	바	쌀	짧	은	높	한	찍	을
리	질	행	행	풍	로	결	적	주	문	노	터	을	루	로	스	공
맞	늘	끔	느	솔	다	물	물	트	요	맞	발	질	한	북	젊	북

느린
고추를
높은
스트림
정착
대피
제안
수행
주장
버드
보고서는
눌러
운율
짧은
미래
고추
시리즈를
분수
일정
버스

Puzzle 335

증	범	바	운	행	어	질	무	효	트	문	주	한	질	를	신	트
명	행	절	견	맞	발	가	락	을	그	굽	제	견	솔	잉	태	비
느	리	질	한	전	물	한	연	필	래	부	바	짓	체	젊	날	동
쌀	한	굽	느	리	낌	동	한	셀	프	퓨	날	동	북	트	자	필
하	우	스	는	돌	받	다	불	돌	를	질	젊	물	의	짓	전	트
대	동	바	용	범	체	이	안	고	용	한	바	표	장	다	쌀	한
은	달	공	문	장	도	한	체	발	트	적	끔	이	에	시	낚	문
쌀	측	필	정	체	카	바	올	부	날	트	이	트	를	간	장	의
용	자	퓨	트	쌀	끔	찍	한	한	의	고	쌀	용	한	바	집	질
주	쌀	셀	올	제	느	의	맞	용	스	은	쌀	느	레	질	셀	한
날	을	를	로	절	돌	추	를	달	한	찍	자	을	컴	소	다	을
바	운	은	바	필	돌	동	느	다	부	사	운	드	찍	수	동	도
젊	강	떨	문	부	요	갈	발	돌	이	을	파	체	전	점	질	셀
위	아	어	추	절	한	등	을	위	표	션	젊	한	끔	러	문	부
거	지	져	고	낌	를	견	문	운	자	체	측	고	문	을	끔	파

증명
무효
불안
하우스는
사운드
끔찍한
발가락을
동물
잉태
갈등
소수점
떨어져
필요
공정
낚시에
시간
강아지
그래프
연필
신비

Puzzle 336

트	동	절	주	이	장	수	내	확	썰	전	북	주	쌀	껍	전	문
마	지	막	으	로	문	프	내	장	매	문	송	이	가	날	질	크
용	표	연	카	트	너	늘	자	공	범	적	쌀	을	문	질	한	질
로	트	못	크	제	람	다	춤	용	부	을	장	리	전	행	고	컴
올	돌	벽	들	의	날	람	위	필	위	을	어	달	말	느	춤	위
발	트	동	공	리	찍	의	범	문	은	달	파	표	젊	에	춤	맞
졸	업	장	장	바	실	카	로	도	흡	의	너	동	느	문	운	문
감	카	어	카	트	제	감	달	를	수	발	은	트	스	풍	거	거
질	동	린	도	적	행	공	적	방	굽	한	대	한	말	다	쌀	풍
트	셀	이	주	받	날	부	부	해	당	날	공	한	늘	사	이	러
활	동	표	이	를	고	거	쌀	를	신	바	한	한	끔	측	쌀	고
도	퓨	컴	문	짓	낌	러	달	크	의	올	용	를	발	솔	루	러
주	은	질	장	감	춤	문	춤	자	젊	동	컴	견	동	을	찍	트
을	받	문	쌀	문	문	트	공	맞	한	동	을	도	을	루	리	위
체	를	문	파	바	발	풍	시	도	한	젊	거	리	고	크	공	맞

졸업장
실제
연못벽
활동
대한
당신의
확장
흡수
전문가
질문을
껍질
공장
썰매
어린이
수프
시도
내내
마지막으로
전송을
방해를

Puzzle 337

부	용	바	비	수	더	은	집	느	춤	다	동	트	을	크	문	질
계	약	에	누	요	워	사	받	문	로	터	파	물	트	위	북	춤
위	질	법	전	가	굽	의	전	한	표	도	을	션	느	용	사	션
트	결	어	문	굽	굴	들	이	자	한	들	신	문	도	바	부	모
족	쌀	맞	을	결	로	끔	의	본	의	문	자	너	터	사	셀	양
제	한	굴	발	주	리	람	도	한	도	로	트	너	늘	장	문	을
비	공	문	제	어	적	낌	짓	을	부	발	실	제	로	동	쌀	위
견	람	주	크	진	느	견	한	한	낌	요	컴	맞	바	명	어	발
느	솔	거	쌀	주	필	노	동	도	트	들	부	굴	주	확	굴	필
은	젊	한	을	는	북	바	자	두	말	을	동	적	동	하	에	션
크	적	도	파	운	로	이	론	한	한	요	한	문	쌀	게	주	문
장	비	교	필	말	자	체	문	쌀	로	집	추	곱	낌	은	낌	에
운	필	동	대	동	파	한	을	동	문	전	터	끔	하	람	의	대
행	한	다	어	솔	쌀	리	러	셀	용	굽	파	말	느	기	인	문
바	을	받	낌	날	한	다	문	다	한	노	굽	측	트	투	자	식

비누
이론
비교
실제로
명확하게
계약에
수요가
모양을
곱하기
투자
주어진주는
파리
더워
자두
족제비
어제
신문
자본
셀러리
인식

Puzzle 338

통과
물린
남부
승리의
제출
열대
아직
수입
가져
타원형
동쪽
다리
갤럽
완전히
모두
사람에게
방법
경보
믹스
비행

열	바	말	질	레	한	을	표	경	사	도	퓨	로	승	추	문	쌀
노	대	솔	스	노	젊	이	문	보	람	문	필	굴	리	남	부	주
자	날	위	굽	한	로	다	바	풍	에	을	올	체	의	굴	한	들
절	쌀	발	용	받	주	요	질	은	게	범	질	문	이	운	트	올
날	크	스	위	전	고	달	타	젊	동	완	한	용	적	젊	트	적
수	끔	한	느	로	행	쌀	원	셀	리	전	다	물	들	발	느	을
입	행	스	파	문	을	질	형	션	트	히	람	느	견	은	를	고
레	법	범	물	이	쌀	노	도	을	주	동	굴	부	날	스	바	사
도	절	체	전	느	의	찍	을	을	한	쌀	위	올	에	적	굴	집
운	풍	대	에	문	필	자	쌀	행	쌀	람	대	질	대	젊	은	표
방	을	운	통	젊	대	날	을	믹	퓨	제	제	바	문	아	리	동
을	법	에	과	한	모	올	갤	스	풍	출	부	동	부	직	레	로
트	전	물	카	제	두	트	럽	굴	굽	다	리	쪽	은	동	동	풍
가	져	린	비	발	도	이	람	동	발	셀	을	필	고	바	로	루
굽	발	받	행	공	체	굽	발	러	카	로	요	을	질	견	짓	셀

Puzzle 339

의	를	주	측	노	용	말	쌀	바	러	북	느	달	방	문	용	발
한	로	한	문	노	말	했	질	북	파	트	질	필	향	동	고	찍
러	동	자	다	집	관	다	먹	짓	트	장	에	역	으	한	사	이
야	트	동	레	스	계	니	표	로	트	을	요	사	로	제	한	문
로	생	절	스	행	가	냅	은	동	은	발	결	퓨	을	한	집	솔
문	주	한	터	한	낌	타	한	운	퓨	노	손	과	도	한	산	만
젊	다	체	들	스	러	나	구	스	베	리	실	어	도	쌀	어	운
춤	제	범	문	을	트	크	굴	우	주	성	인	부	어	거	바	트
이	행	동	늘	표	법	용	요	러	굽	은	말	젊	용	타	북	늘
루	문	느	너	돌	발	돌	견	리	달	고	에	자	동	고	받	견
춤	굴	찍	을	레	들	파	부	북	달	표	트	동	발	노	집	용
질	한	쌀	트	카	완	밀	올	문	용	상	황	을	러	도	굽	느
춤	한	자	결	용	두	도	운	도	굽	장	대	자	질	측	말	사
리	다	의	영	스	콩	올	마	카	자	건	거	파	파	적	솔	굴
고	주	운	이	화	동	체	련	위	젊	조	공	필	적	자	은	대

구스베리
성인
관계가
산만
영화
상황을
타고
말했다
완두콩
역사
야생
우스운
나타냅니다
밀도
먹다
결과
건조
마련
방향으로
손실

Puzzle 340

유치가
잠자리
바위
에너지
모자
차이가
학생
체포
결코
뽑아
느슨한
앞치마
다양성
노크
옷장
고도
영양분을
캥거루
스케이트
정의도

사	행	동	차	이	가	춤	셀	끔	위	집	잠	동	노	적	유	낌
사	행	의	결	에	루	끔	찍	문	장	다	자	이	필	스	치	로
레	추	레	트	바	의	풍	카	운	을	문	리	대	부	한	가	요
옷	장	학	생	동	퓨	바	측	체	주	모	은	에	다	질	용	한
위	터	로	감	트	를	고	션	전	결	자	측	문	발	이	고	다
카	말	춤	날	바	자	도	크	자	장	발	은	느	을	필	제	크
로	굴	를	공	결	을	젊	느	슨	한	장	체	의	요	필	위	측
을	정	운	법	문	코	체	포	람	날	한	쌀	요	스	션	도	바
바	의	한	은	집	노	영	양	분	을	문	동	동	케	의	이	풍
이	도	바	은	공	한	크	쌀	사	로	맞	굴	자	이	낌	운	을
로	동	을	자	너	다	양	성	솔	바	적	뽑	풍	트	끔	어	스
자	한	도	한	이	에	질	들	굽	에	이	아	쌀	다	바	용	문
레	행	컴	스	도	을	범	부	용	발	굽	받	집	스	동	풍	날
말	요	을	을	바	람	은	앞	치	마	에	너	지	풍	북	용	낌
감	캥	거	루	바	위	의	자	을	문	터	늘	고	트	장	컴	집

Puzzle 341

체	아	결	로	어	굴	바	터	주	코	장	필	말	를	주	짓	질
문	이	너	한	절	전	사	한	파	너	용	어	보	다	농	담	필
문	디	풍	북	반	트	를	제	올	추	너	장	휴	셀	컴	리	문
주	어	밀	확	바	영	을	로	교	체	느	추	달	식	풍	동	궤
러	가	사	실	퓨	러	에	굽	실	은	행	컴	한	늘	스	로	도
범	동	죄	송	날	들	요	서	을	을	거	션	퓨	트	문	발	달
파	레	부	동	로	주	발	올	적	질	절	체	들	견	파	한	받
발	표	크	끔	용	문	젊	내	부	배	치	에	한	체	늘	짓	운
굴	거	를	맞	션	날	주	트	문	다	받	로	쌀	도	은	트	로
은	받	범	레	용	의	주	체	퓨	에	위	컴	은	요	카	제	람
동	트	의	로	끔	질	노	쌀	문	감	낌	한	느	를	올	도	솔
한	트	풍	부	용	말	질	사	바	러	용	집	문	을	용	절	북
로	한	빌	너	올	풍	제	행	션	한	집	요	을	노	리	감	에
사	이	의	드	원	더	결	혼	식	다	발	동	말	운	주	자	절
말	한	한	동	공	셀	발	늘	다	주	물	공	문	화	춤	바	을

반영에서
사이의
휴식
농담
교실을
공원
확실
내부
빌드
아이디어가
감자
배치
궤도
문화
용어보다
원더
밀어
결혼식
죄송
코너

Puzzle 342

조	을	쌀	찍	측	쌀	로	바	발	집	솔	트	견	다	경	너	스
상	젊	을	추	쌀	바	을	주	동	절	은	한	풍	리	제	판	결
앞	파	요	용	노	끔	트	카	동	로	표	전	감	찍	를	다	체
러	으	퓨	사	터	카	너	운	웨	스	트	했	다	동	낌	대	루
자	카	로	춤	스	햄	버	거	터	끔	발	바	요	법	은	다	을
제	드	문	솔	마	타	루	무	부	골	문	에	질	감	달	로	용
굴	로	받	돌	이	주	일	이	말	절	이	을	늘	측	셀	어	범
짓	한	내	레	파	받	끔	동	견	은	은	문	리	로	컴	북	결
장	측	와	집	어	로	루	동	시	동	운	적	도	문	끔	들	문
동	짓	풍	람	측	깨	바	돌	력	결	받	견	다	동	이	한	젊
짓	한	리	크	깎	이	한	바	기	컴	올	받	느	동	상	승	돌
한	러	문	달	걀	체	확	다	호	문	람	받	퓨	트	고	대	아
파	문	계	단	솔	운	정	은	대	필	로	파	도	크	카	을	내
느	장	거	바	체	동	너	굽	스	들	파	을	느	도	은	느	리
카	은	용	적	리	주	쌀	파	말	을	풍	집	트	퓨	솔	파	한

무거운
시력기호
경제를
마스터
웨스트했다
카드
상승
앞으로
골절
내와
계단
조상
판결
햄버거
어깨한다
정확한
깎이
달걀
스타일
아내

Puzzle 343

장	트	젊	자	굽	요	자	느	추	을	크	사	젊	루	컴	할	다
문	낌	부	고	추	이	리	나	쌀	리	주	부	드	러	운	아	필
내	용	찍	다	리	춤	문	비	계	산	기	짓	고	달	맞	버	추
날	자	고	맞	애	개	발	을	문	자	바	레	루	질	주	지	발
복	카	파	충	정	동	찍	한	요	느	도	솔	물	춤	루	에	젊
싱	용	바	트	성	젊	굽	문	북	문	계	절	날	발	측	문	발
람	파	북	감	측	문	컴	문	퓨	퓨	쌀	측	고	크	용	레	자
퓨	동	로	오	풍	공	용	올	주	말	돌	용	대	에	한	질	짓
노	크	굽	토	문	결	문	이	육	두	구	맞	쌀	을	스	늘	은
느	주	를	바	전	한	동	을	벤	을	문	의	로	람	발	파	집
대	은	굽	이	찍	노	도	주	위	트	의	자	들	문	장	스	대
터	카	요	은	은	을	요	노	파	협	를	문	에	집	발	을	범
발	도	북	러	절	달	한	맞	슬	개	람	트	느	동	제	공	동
바	맞	용	도	솔	행	견	물	리	최	셀	조	한	추	터	말	을
사	제	젊	표	필	춤	고	감	리	돌	다	직	어	로	레	루	쌀

개최
계산기
의자
개발을
내용
애정
할아버지
문자
위협
조직
이벤트를
파슬리
고대
오토바이
나비
계절
육두구
충성
부드러운
복싱

Puzzle 344

주	셀	출	사	동	부	부	느	너	질	속	성	을	자	트	행	파
추	노	춤	생	전	질	동	말	측	에	공	문	스	문	동	트	행
결	날	스	로	굽	굽	문	낌	제	날	부	풍	동	적	문	장	도
을	한	예	상	법	터	운	대	셀	느	위	용	입	트	퓨	루	필
을	감	춤	동	찍	을	다	바	범	전	면	견	력	렁	을	러	쌀
러	발	보	드	결	를	주	문	들	컴	전	어	행	크	댄	스	측
돌	자	측	에	의	도	굴	에	요	여	기	표	용	끔	질	주	이
구	색	카	장	람	질	느	쌀	어	터	법	루	바	러	트	풍	자
터	절	파	부	바	레	쌀	질	를	카	동	법	춤	모	래	한	자
바	위	거	괴	맞	전	로	말	루	터	로	도	루	션	집	집	레
들	굴	로	용	에	퓨	을	건	춤	적	크	를	부	트	절	바	사
대	결	쌀	생	에	도	회	사	가	행	문	달	을	러	바	들	트
람	제	쌀	각	루	북	측	호	뭔	잔	람	감	셀	쌀	바	맞	동
자	모	양	이	한	집	카	변	돌	이	디	를	전	트	을	쌀	결
끔	찍	적	동	측	요	로	솔	셀	체	느	솔	용	을	장	물	도

트렁크
구색
뭔가
출생
주스
파괴에도
모래
입력
댄스
예상
여기
회사가
잔디
보드
속성을
사건
모양
변호사
전면
생각이

Puzzle 345

부	드	럽	게	낌	크	필	돌	낌	공	발	의	레	트	느	바	스
운	한	물	쌀	문	션	람	가	솔	린	늘	압	력	관	발	굴	틸
자	솔	문	파	문	굽	다	운	문	북	스	굽	터	리	천	국	훔
실	한	운	측	고	적	바	다	를	에	한	문	문	적	필	한	쳐
트	험	한	물	발	다	한	름	토	문	대	올	칠	면	조	주	로
트	카	달	문	의	주	대	아	론	바	을	트	한	문	다	질	루
굽	물	견	문	동	부	받	거	바	용	바	거	결	범	한	셀	거
을	주	전	어	달	춤	도	문	도	용	은	한	결	정	을	들	느
운	문	결	견	돌	제	자	용	발	로	을	짓	찍	이	문	동	북
동	을	자	한	표	견	질	을	발	날	다	운	자	이	문	람	로
를	쌀	다	들	거	커	루	다	주	을	체	이	늘	부	을	사	로
퓨	거	질	느	퓨	대	플	바	문	시	물	날	쌀	자	받	굴	감
너	찾	고	전	션	쌀	오	유	한	간	동	터	끔	컴	부	요	적
거	의	집	동	션	느	는	젊	령	시	이	날	셀	전	쌀	은	집
바	에	을	동	셀	을	트	리	정	간	체	제	물	은	자	행	운

유령
칠면조
행운
아름다운
트리
관리
커플
토론
정리
부드럽게
실험
찾고
시간시간
바다를
스틸훔쳐
오는
결정을
압력
천국
가솔린

Puzzle 346

고	발	견	도	사	를	의	꿀	주	소	질	북	범	짓	굴	쌀	북
물	인	은	레	찍	고	위	벌	스	시	람	굴	문	느	다	고	발
집	을	터	동	용	객	필	체	굴	지	솔	이	들	올	다	트	한
말	행	한	럽	바	망	원	경	루	부	질	을	물	은	한	감	을
춤	전	문	부	트	사	장	잘	요	이	적	한	를	공	바	를	바
동	다	용	위	쌀	사	자	전	못	북	한	동	동	춤	파	자	장
리	대	용	의	들	견	운	바	퓨	된	동	측	체	짓	부	돌	다
너	결	의	물	날	이	질	쌀	감	올	법	문	집	솔	보	안	느
레	을	한	끔	도	결	굽	은	셀	로	카	화	도	을	크	춤	노
느	드	라	이	브	교	컴	쌀	을	도	동	가	트	서	요	트	용
션	느	집	들	주	훈	위	기	이	은	전	누	질	러	관	끔	측
보	물	터	어	문	은	견	간	은	젊	의	가	배	심	원	을	트
의	대	무	한	사	레	체	의	용	문	문	부	트	거	영	필	다
문	떠	나	치	을	젊	동	질	견	풍	트	트	공	쌀	향	도	문
바	절	용	킨	들	추	필	풍	자	주	쌀	럭	굴	은	을	을	러

망원경
누가
꿀벌
도서관
화가
보안
영향을
고객
트럭
나무
교훈은
기간의
보물
배심원을
소시지
떠나
인터럽트
잘못된
드라이브
치킨

Puzzle 347

은	문	너	결	집	노	문	을	도	할	감	문	한	문	발	느	위
행	은	장	에	카	한	문	요	이	동	머	스	람	집	용	솔	북
거	한	양	파	발	물	고	로	굽	소	장	니	맞	로	솔	질	을
카	우	보	이	을	을	발	대	문	체	방	레	쌀	공	식	동	질
찍	바	의	느	레	문	과	을	트	들	대	관	위	퓨	행	퓨	파
결	집	측	다	찾	기	효	일	문	문	제	가	올	어	문	한	행
파	받	초	트	풍	체	동	바	물	을	러	요	낌	너	도	리	문
다	전	등	한	퓨	자	느	추	짓	사	한	다	쌀	문	문	요	짓
측	지	학	클	럽	스	의	말	돌	삼	촌	이	바	너	아	질	한
낌	수	교	컴	북	은	전	감	북	탐	들	러	느	자	이	를	트
선	택	은	크	이	스	북	노	컴	구	대	대	끔	레	를	적	집
돌	옷	사	주	동	위	셀	맞	로	에	인	추	날	션	다	션	바
를	을	문	노	표	은	한	위	리	자	덱	쌀	발	늘	채	결	컴
한	올	다	공	굴	발	을	낌	전	노	스	추	러	너	로	용	표
바	거	컴	바	을	를	견	로	동	질	북	찍	측	짓	운	보	류

- 삼촌이
- 공식
- 과일
- 옷을
- 인덱스
- 할머니
- 문제가
- 양파
- 카우보이
- 탐구
- 효과
- 아이를
- 지수
- 찾기
- 선택은
- 소방관
- 다채로운
- 클럽
- 초등학교
- 보류

Puzzle 348

- 실망
- 할당
- 어쩌면
- 농구
- 어떤
- 고용
- 월요일
- 상황
- 겨울
- 수준하도록을
- 각종
- 레이스
- 모래가
- 긴장된
- 풀을
- 직원
- 소설
- 바지
- 조건이
- 증가

쌀	을	솔	제	공	솔	은	범	위	한	쌀	느	풀	다	를	셀	크
맞	대	용	부	대	동	를	동	적	필	도	바	을	사	한	동	춤
쌀	결	쌀	느	용	장	자	위	한	굽	위	바	의	쌀	용	법	한
한	운	다	발	바	쌀	발	들	쌀	노	트	부	부	감	실	망	말
한	한	너	어	쌀	어	어	발	느	을	트	부	도	카	결	북	셀
면	상	레	할	당	레	찍	절	이	동	표	터	모	절	동	춤	고
쩌	황	질	를	적	이	건	조	적	노	견	한	래	레	을	각	용
어	장	집	을	사	스	수	준	하	도	록	을	가	한	춤	트	종
션	떤	결	노	소	레	절	질	주	측	에	긴	장	된	측	북	노
표	을	어	맞	설	발	증	부	쌀	퓨	거	전	직	다	어	고	들
레	을	고	늘	행	용	가	집	카	월	이	로	원	노	용	도	파
행	말	젊	문	적	주	굽	굽	찍	한	요	동	로	젊	질	사	부
동	부	이	물	의	끔	한	크	감	바	지	일	의	들	스	람	표
너	스	필	장	대	주	도	자	맞	체	레	장	낌	컴	을	바	트
받	겨	울	파	맞	농	구	카	용	날	찍	너	느	한	카	늘	한

Puzzle 349

오	트	한	측	동	자	말	날	거	을	춤	크	고	결	로	들	동
범	리	감	즐	겁	게	크	부	견	전	법	거	울	솔	시	계	수
을	발	를	에	동	대	짓	보	솔	날	크	짓	주	다	늘	견	집
견	질	한	용	전	질	부	일	션	을	춤	바	는	이	속	한	행
적	로	맞	끔	위	도	셀	컴	추	바	발	춤	에	빙	도	날	리
노	끔	물	러	이	람	장	문	행	맞	터	한	주	이	주	물	쌀
들	한	감	결	발	를	문	전	행	요	동	은	걱	동	그	부	동
천	으	로	카	거	볼	륨	추	부	발	에	법	정	물	물	녀	범
다	문	바	풍	터	춤	러	전	로	카	로	낌	전	용	은	발	의
결	을	끔	부	감	발	도	필	전	문	을	바	자	받	을	션	쌀
은	고	느	바	감	추	낌	개	양	자	질	한	은	달	동	다	느
젊	다	낌	스	결	레	람	미	배	노	고	한	퓨	로	스	점	범
집	체	도	로	필	도	이	성	추	쌀	을	동	자	전	쟁	점	들
회	느	질	션	장	요	바	가	도	질	풍	물	받	추	자	자	주
원	주	쌀	동	문	질	다	요	행	주	병	원	을	부	굴	동	문

시계
점점
동물원
개미성가
수집
즐겁게
전쟁
거울
천으로
볼륨
자동
다이빙
오리를
회원
보일
양배추
속이는
질병
걱정
그녀의

Puzzle 350

메일을
건강한
테스트를
사이클링
자랑스럽게
비워
좋게
가족
서른
건물을
사무실
추격
핸들을
결혼은
아빠
왼쪽
자격을
토요일은
무의미한
어휘

굽	리	북	컴	동	용	로	추	동	트	테	올	실	무	사	터	을
건	물	을	일	메	거	동	주	자	격	을	스	결	가	이	공	동
발	어	좋	한	바	파	를	이	공	컴	들	람	트	족	클	한	젊
문	부	게	범	어	물	말	주	추	범	핸	문	맞	를	링	대	이
왼	쪽	다	동	리	한	체	자	아	빠	올	서	른	주	문	다	받
한	표	견	를	들	질	루	돌	용	용	바	한	날	어	러	한	동
동	을	범	동	절	을	비	로	로	동	동	어	굽	솔	휘	한	러
올	에	자	느	대	로	워	날	트	을	춤	트	짓	노	셀	퓨	너
위	풍	들	한	끔	은	집	퓨	한	자	랑	스	럽	게	운	파	동
달	북	부	짓	람	물	바	결	혼	은	다	요	부	법	질	짓	부
질	늘	터	질	바	추	부	돌	을	일	트	자	바	쌀	러	돌	이
한	주	질	춤	사	주	전	솔	주	요	동	장	도	추	주	절	을
에	자	대	부	도	올	루	한	건	토	들	도	바	굽	격	쌀	사
러	짓	도	느	로	느	절	부	강	로	러	스	셀	은	스	쌀	날
필	을	전	발	적	젊	춤	한	한	미	의	무	퓨	문	션	느	문

Puzzle 351

도	문	바	우	말	거	문	퓨	도	구	발	주	이	비	고	그	달
체	법	맞	산	문	자	위	굽	한	용	한	어	은	판	루	림	의
이	고	보	을	법	방	크	한	펜	젊	끔	발	동	느	이	이	바
사	람	견	낌	트	느	레	공	로	싱	자	동	문	을	범	도	감
요	탕	러	스	느	을	바	주	짓	셀	고	말	은	트	도	로	춤
러	을	생	물	학	발	썩	결	때	문	에	을	장	을	이	해	바
질	질	노	쌀	다	발	을	은	동	표	터	견	행	은	이	설	북
젊	은	대	받	날	에	음	악	대	상	너	로	을	측	동	주	리
문	들	쌀	의	한	행	한	감	거	대	공	장	은	질	추	거	추
느	굴	늘	은	한	화	창	한	해	문	감	루	주	범	션	날	셀
바	문	도	은	질	느	적	동	바	법	컴	바	거	전	기	람	스
도	받	을	발	말	어	자	트	라	춤	질	은	스	컴	로	범	요
느	물	달	컴	날	장	행	바	기	다	끔	한	적	노	질	루	감
페	인	트	크	크	의	카	한	스	트	은	도	표	법	퓨	스	사
위	카	은	젊	노	학	샤	이	물	용	문	결	결	필	말	문	발

방법을보고
음악
전기
의학
때문에
우산을
도구
생물학
페인트
펜싱
이동
화창한
샤이
대상
그림
사탕
해설
해바라기
비판
썩은

Puzzle 352

스컹크
택시
주방
신호를
알려진
이해에서
졸린
연결
금지하는
미소연기
형태로
생강을
데이터
파운드
배가
색상
보장
가을
공격주의
야드

절	질	셀	공	트	러	이	발	형	태	로	공	부	장	말	한	한
느	요	낌	격	늘	발	표	해	풍	느	주	달	주	발	부	늘	트
을	질	행	주	루	트	스	짓	에	를	을	이	문	질	부	을	굽
퓨	신	자	의	에	루	노	부	북	서	쌀	보	장	요	크	올	스
스	호	파	트	이	을	쌀	장	돌	파	자	한	의	도	느	적	견
컹	를	트	측	은	데	느	한	다	트	다	문	부	문	생	강	을
크	문	집	다	대	이	미	말	맞	북	올	고	트	크	트	카	가
람	택	맞	집	물	터	문	소	결	늘	너	컴	이	어	문	질	트
알	시	한	이	달	의	금	거	연	다	돌	트	은	자	로	물	전
풍	려	자	느	발	용	지	문	부	기	레	장	발	범	바	루	제
발	법	진	자	다	말	하	굴	느	루	절	낌	낌	루	크	의	바
의	야	드	운	파	주	는	위	범	다	감	동	절	도	이	을	주
자	은	끔	자	필	방	배	사	부	말	느	공	느	전	터	동	추
말	트	퓨	바	한	요	가	주	을	표	졸	주	다	리	로	람	사
추	터	컴	루	견	공	운	너	색	상	린	쌀	을	주	쌀	달	을

Puzzle 353

너	부	견	체	맞	가	무	역	황	야	제	견	솔	느	적	발	자
은	측	자	거	을	지	워	바	굴	말	한	굽	행	올	파	에	카
스	문	절	늘	퓨	고	느	드	추	받	질	북	동	도	공	퓨	동
전	차	젊	을	쌀	있	컴	크	한	체	을	범	체	문	러	파	결
용	감	말	반	전	다	잘	쌀	용	도	터	용	를	리	행	대	한
느	크	끔	딧	느	가	못	러	프	거	제	발	퓨	굴	어	바	문
고	재	능	불	에	버	이	춤	로	크	래	쌀	셀	바	문	주	레
춤	솔	레	공	필	커	감	문	세	굴	트	문	의	젊	측	추	러
러	올	대	어	용	바	느	주	스	너	동	낌	카	은	쌀	은	한
동	를	질	동	물	질	터	한	발	도	다	단	셀	컴	장	받	짓
한	카	트	셀	을	맞	동	스	받	도	부	계	들	굴	도	느	추
달	용	쌀	을	문	를	크	물	코	견	집	를	이	쾡	살	너	리
바	과	러	견	부	러	분	절	뿔	멸	망	은	커	뮤	니	티	컴
크	학	러	사	람	의	의	리	소	이	길	을	의	문	전	은	스
파	루	동	날	트	발	굴	은	에	을	달	춤	은	범	말	바	트

잘못이
커뮤니티
단계를
프로세스
전차
커버가
사람의
코뿔소
과학
분리
워드
살쾡이를
무역
재능
멸망은
황야
가지고있다가
거래
반딧불
이길

Puzzle 354

벨자전거
말한다
조사
부족한
표현
냄새
식사
제조
쿠페
베이
땅의
따라서
금융
기억
고백을
빛의
웨스턴
필사적
정중
단지

필	카	도	을	대	한	동	자	낌	카	질	적	법	질	동	범	다
돌	고	노	위	감	제	고	느	따	라	서	대	문	로	트	춤	느
을	공	전	자	한	부	자	바	도	동	발	굽	굽	발	은	한	날
문	크	결	트	베	셀	물	빛	의	거	대	맞	냄	새	표	적	추
올	질	노	법	이	들	을	굴	땅	동	적	발	을	제	현	자	트
필	사	적	를	물	동	터	집	도	자	돌	추	대	셀	동	한	발
식	벨	자	전	거	달	질	질	쿠	페	결	물	이	바	끔	정	날
도	사	적	발	문	트	말	웨	스	턴	고	동	부	찍	리	중	짓
로	조	다	너	트	크	요	한	로	법	늘	단	한	동	퓨	물	자
카	대	풍	질	돌	말	짓	족	다	리	러	지	대	찍	요	어	대
굽	맞	사	을	고	문	자	부	용	기	달	로	들	을	다	컴	필
에	문	트	트	백	을	의	고	전	억	을	바	쌀	을	올	요	은
감	동	람	말	을	장	다	요	위	측	쌀	을	파	어	주	금	도
자	노	리	동	측	바	터	쌀	제	바	집	자	질	쌀	젊	의	융
전	자	은	용	동	노	쌀	문	조	트	돌	솔	쌀	들	은	바	에

Puzzle 355

거	루	도	셀	도	을	발	트	문	낌	그	녀	동	영	상	노	은
복	잡	한	도	끔	전	은	제	로	견	고	터	느	낌	늘	견	풍
거	굽	끔	맞	느	받	질	들	러	이	거	트	말	이	들	끔	쌀
주	부	자	질	적	노	래	를	올	춤	낌	루	범	결	의	트	레
더	트	터	말	리	행	집	발	션	동	카	운	늘	굴	정	퓨	동
러	해	변	추	터	바	굴	적	너	굽	사	맞	요	한	행	하	셀
운	러	동	문	크	를	로	질	젊	트	집	도	문	들	말	돌	는
카	체	결	범	감	문	스	돌	리	동	을	문	부	결	주	물	적
바	한	대	짓	올	체	마	부	질	터	느	감	주	은	리	장	로
트	북	부	여	섯	사	트	이	사	오	참	가	을	에	동	감	다
대	문	주	션	느	크	커	북	교	한	일	표	을	법	거	거	필
젊	돌	자	교	굽	로	스	거	을	람	바	퓨	은	제	용	을	을
행	위	필	은	육	고	블	린	솔	결	적	부	말	운	문	피	받
연	낌	바	느	스	쌀	공	춤	늘	노	문	을	질	퓨	전	부	고
기	은	필	범	쌀	굴	스	맞	들	한	스	굴	주	트	시	트	표

스마트
사이트
고블린
동영상
더러운
시트
복잡한
피부
노래를
연기
결정하는
참가을
교사
스커트
그녀
거북이
해변
오일
교육
여섯

Puzzle 356

젊은
탐색을
초원
문제
분기
릴리스
예술
조용한
원형
사람은
꿈의
평면의
설정
사업
동사
야구
많은
다음과
햄스터
관계

용	릴	느	어	받	문	주	바	적	평	낌	굴	달	도	자	부	어
트	노	리	측	에	제	스	도	주	면	부	발	러	감	에	너	용
범	은	의	스	받	풍	스	집	한	의	스	느	대	도	측	제	터
초	형	을	바	물	트	끔	은	용	꿈	낌	로	도	예	표	을	필
도	원	노	리	에	카	늘	동	장	을	트	절	에	술	법	올	느
이	파	바	집	공	쌀	문	사	제	의	쌀	쌀	을	필	요	쌀	관
끔	다	를	레	젊	견	추	바	젊	람	체	한	리	절	날	한	계
질	음	행	끔	쌀	절	도	필	문	자	사	굽	쌀	트	찍	트	고
춤	과	레	트	를	질	바	맞	터	돌	제	용	문	발	업	레	스
햄	스	터	한	쌀	체	추	낌	주	자	표	부	어	맞	사	스	문
컴	바	야	문	트	감	장	체	물	거	문	크	제	자	람	용	셀
낌	문	구	절	분	쌀	찍	이	쌀	의	한	북	한	체	은	젊	조
에	발	을	을	기	용	받	을	젊	트	젊	자	바	설	정	많	용
느	동	표	바	추	션	에	결	법	션	션	퓨	굴	측	동	퓨	한
문	다	터	늘	노	트	들	자	탐	색	을	장	절	어	사	전	크

Puzzle 357

고	법	전	집	위	위	대	추	주	자	트	쌀	자	풍	부	가	동
결	바	을	바	제	풍	로	감	은	신	동	제	질	늘	에	치	범
발	을	컴	갔	느	체	사	셀	쉽	의	측	춤	굽	적	루	를	트
적	집	에	음	다	행	결	동	게	올	계	산	전	완	한	법	북
고	바	루	어	물	질	의	문	누	가	폭	력	다	날	벽	공	끔
한	문	노	체	바	법	국	발	군	미	요	낌	장	낌	맞	트	노
짓	솔	북	제	전	은	미	도	가	은	느	짓	에	대	전	위	추
거	문	표	문	바	주		맞	풍	다	질	도	문	어	을	한	동
리	부	추	문	은	다	대	춤	트	그	한	동	카	부	문	늘	들
쌀	적	부	주	한	셀	표	법	동	요	릇	북	동	늘	을	절	퓨
고	공	위	솔	집	의	어	도	굽	쌀	부	한	레	도	너	레	너
은	장	셀	로	겸	손	한	퓨	동	스	표	감	늘	동	젊	행	주
젊	쌀	이	터	은	받	단	은	일	대	느	표	은	바	노	트	이
은	돌	한	한	은	동	간	필	자	안	파	위	결	절	요	이	을
도	집	종	이	증	통	북	동	레	풍	북	문	노	늘	법	질	굴

그릇
폭력
계산
쉽게
물질의
간단한
종이
가치를
누군가
올가미
통증이
갔다
대안
겸손한
동일
자신의
다음에
미국의
맞춤법
완벽

Puzzle 358

공동
크기
넘어
확실히
키위
토끼
해시계
덮여
바칩니다
즐길
모방
구리
다섯
드롭
개혁의
종류의
갑자기
클라우드
엄청난
사람들이

퓨	러	카	법	드	롭	표	문	용	적	필	동	에	도	키	쌀	한
동	공	엄	즐	길	을	크	기	문	바	노	레	문	행	위	을	제
요	돌	확	청	법	모	낌	측	굽	도	을	문	요	동	람	동	굽
요	한	은	실	난	방	토	갑	자	기	용	용	로	퓨	을	느	바
컴	풍	카	로	히	풍	끼	말	을	측	거	동	레	적	동	문	부
말	도	질	물	문	사	동	의	한	맞	셀	필	찍	주	러	체	바
한	위	로	람	개	혁	의	바	칩	니	다	바	을	풍	을	늘	사
요	표	문	주	표	해	카	컴	퓨	도	바	낌	결	들	부	카	람
을	집	발	스	받	시	춤	넘	어	북	어	어	공	동	을	션	들
덮	클	라	우	드	계	퓨	을	구	은	늘	로	션	문	감	을	이
여	결	늘	솔	문	용	퓨	파	동	리	장	자	북	다	섯	스	절
젊	고	표	셀	은	문	요	루	대	맞	받	이	쌀	문	집	거	행
행	올	북	을	법	집	람	젊	문	적	용	요	로	트	주	동	법
풍	어	어	절	말	문	측	로	퓨	요	요	자	루	쌀	컴	끔	한
쌀	용	바	솔	을	카	견	은	다	로	말	받	노	트	종	류	의

Puzzle 359

바	발	행	짓	풍	느	달	한	늘	한	트	바	향	로	솔	올	감
쁘	문	조	약	측	용	북	부	적	주	행	스	해	위	동	올	어
지	결	백	동	동	한	결	문	바	에	도	표	부	문	협	늘	딘
만	연	락	처	국	올	사	춤	북	을	낌	제	추	굽	부	이	가
두	려	워	도	제	크	발	이	이	쪽	낌	주	크	다	문	테	에
에	코	끼	리	질	파	대	북	돌	로	으	은	도	굽	표	스	질
피	자	부	서	션	북	셀	표	트	표	한	로	측	필	견	대	을
물	해	전	젊	스	적	을	장	터	노	솔	으	부	트	트	스	파
컴	을	자	자	다	말	컴	행	트	위	끔	적	받	루	전	파	도
한	거	카	보	찍	올	장	범	측	람	질	단	들	퓨	람	클	맞
도	은	굴	한	기	트	이	찍	바	늘	공	극	노	너	한	필	동
집	적	돌	발	위	점	수	추	절	느	문	바	끔	이	너	부	행
결	낌	짓	바	러	루	자	셀	굽	러	집	낌	컴	물	절	문	바
의	굽	바	대	결	낌	을	을	을	을	감	퓨	을	동	자	장	을
개	선	발	은	늘	물	법	트	문	트	리	을	측	을	풍	용	로

서리
개선
연락처
점수
백조
바쁘지만
향해
스테이
위협이
스파클
코끼리
피해자보기
바늘
두려워
극단적으로
북쪽으로
조약
어딘가에
국제
위기

Puzzle 360

중	예	카	부	굴	을	풍	동	자	같	을	맞	측	쌀	느	한	춤
전	요	측	수	골	동	품	일	동	은	솔	이	트	로	문	굴	한
받	굽	한	집	행	를	문	반	동	질	로	북	대	표	늘	다	어
전	주	받	위	셀	다	돌	받	거	바	달	레	행	집	노	자	은
용	용	제	원	않	은	제	루	리	짓	받	루	컴	사	공	장	사
결	을	파	회	는	다	고	요	바	스	부	말	로	을	질	주	다
권	한	추	울	었	다	한	발	자	설	노	의	달	바	필	셀	다
에	컴	문	전	춤	너	퓨	컴	체	계	노	을	노	로	대	쌀	문
동	발	논	문	쌀	결	질	들	받	동	행	크	토	끼	가	장	를
들	부	컴	부	부	법	동	낌	트	이	물	바	자	마	트	텐	트
카	느	를	로	양	어	노	러	주	운	한	바	호	녀	전	도	발
카	크	션	절	퓨	쪽	부	발	말	사	들	고	출	어	이	굴	을
행	용	장	을	어	중	느	컴	절	의	솔	컴	라	용	에	발	끔
문	사	질	느	문	복	사	풍	북	도	을	래	고	달	한	로	늘
파	맞	표	주	절	물	측	춤	체	셀	장	한	추	셀	용	젊	풍

않는
토끼가
중복
호출라고
설계
고래
논문
대표
울었다
중요한
골동품
에이전트가
예측
권한
마녀
텐트
일반
수집위원회
양쪽
같은

Puzzle 361

기	공	기	비	굴	측	동	레	받	을	질	공	삼	촌	의	돌	동
자	능	맞	전	바	맞	제	범	견	파	노	개	쌀	도	동	에	셀
요	가	적	맞	용	용	트	요	리	논	의	너	로	을	범	위	는
스	젊	로	끔	낌	카	크	젊	아	한	체	대	끔	을	열	짓	기
얇	날	을	다	이	늘	풍	적	병	도	제	주	필	측	이	이	차
사	은	주	질	문	너	받	부	고	동	을	터	다	질	감	을	를
집	바	쌀	대	을	말	문	레	이	돌	부	자	집	말	측	용	트
를	요	업	데	이	트	표	람	이	재	퓨	이	받	트	발	영	올
견	한	솔	한	어	한	굽	짓	바	해	받	한	자	퓨	의	감	거
늘	낌	문	날	절	안	바	리	느	를	을	추	레	부	로	고	요
문	바	연	구	스	아	문	끔	다	학	말	운	문	굴	위	터	션
발	바	카	끔	은	한	전	거	결	문	교	달	사	동	이	동	션
을	셀	바	파	굴	텔	표	굽	절	한	스	자	문	집	은	문	러
고	발	주	어	분	모	문	견	카	은	대	집	들	부	다	범	발
솔	풍	스	자	낌	물	공	용	느	물	셀	로	춤	필	터	러	감

범위는
기능
공기
영감
병아리
공개
학교
비전
연구
요리논의
기차
열이
모텔
얇은
안아
분모
삼촌의
재해를
가능
업데이트

Puzzle 362

사슴
포켓
이유가
보존
동전
버팔로
회의는
한정
역할
최종
반환
습관을
느낌
정부의
평면
인형
숟가락
실수
요인을
강우

한	로	동	바	견	말	추	러	문	거	평	자	올	범	느	발	끔
동	절	공	트	쌀	견	주	로	이	받	면	쌀	사	션	받	한	달
보	존	이	들	러	주	이	파	굽	들	한	정	짓	을	동	반	환
낌	끔	부	올	들	터	짓	용	로	대	정	주	카	굽	물	트	터
람	표	을	발	솔	자	결	바	발	동	부	위	받	요	리	이	말
찍	의	쌀	동	트	고	트	장	숟	는	의	회	실	셀	로	감	찍
역	을	습	관	을	이	최	종	가	한	을	절	에	수	북	절	거
할	포	범	동	체	유	문	제	락	레	강	터	달	체	트	사	결
적	켓	문	러	장	가	위	동	전	거	우	한	동	쌀	발	슴	용
동	을	바	거	풍	달	한	은	거	솔	필	한	쌀	감	한	크	자
문	적	은	북	절	을	용	낌	제	을	견	요	형	트	질	한	집
행	요	올	러	낌	한	버	도	문	문	행	북	인	춤	도	추	찍
다	짓	이	받	러	공	팔	대	퓨	쌀	다	표	레	을	로	체	발
맞	트	공	거	느	리	로	이	동	트	고	트	받	한	바	을	한
젊	바	돌	말	굽	낌	체	대	짓	트	크	리	퓨	굴	셀	표	말

Puzzle 363

느	날	카	로	운	책	상	용	필	바	굽	증	에	도	전	부	자
이	이	은	주	운	제	한	적	거	너	날	거	질	동	문	젊	연
견	동	쌀	로	노	낌	거	발	을	레	법	다	을	질	대	카	에
결	자	젊	제	동	도	너	질	도	컴	너	람	색	카	풍	소	날
표	올	바	에	트	민	한	견	트	문	범	쥐	상	문	한	파	늘
끔	에	제	은	질	문	주	법	행	러	필	물	이	주	부	동	측
쌀	부	루	동	컴	표	도	레	용	시	굽	컴	들	돌	이	행	거
도	다	을	들	동	이	레	짓	로	를	굽	끔	바	용	날	사	한
행	이	스	운	집	동	의	를	을	견	터	자	어	문	문	행	러
평	균	다	타	그	들	의	집	스	주	이	견	를	한	에	셀	트
체	퓨	트	감	일	올	느	날	춤	레	너	실	집	스	너	수	호
주	측	끔	용	사	의	위	견	집	트	체	행	의	맞	바	많	집
말	은	제	을	쌀	합	늘	을	감	법	다	용	레	거	말	은	이
처	벌	션	필	감	지	니	솔	느	한	이	유	는	사	이	클	감
집	한	람	에	부	굽	돌	다	체	낌	를	날	한	동	동	질	표

감지
날카로운
처벌
민주
감사합니다
책상
색상이
실행
평균
자연에
그들의
사이클
소파
이유는
러시를
다람쥐
호수
스타일의
증거
수많은

Puzzle 364

졸업
메리
위험하게
비록
높이
요즘
감독
드물게
첨부
우드
기사
조합이
웨이크
크게
두려움
치료
네트워크
깔끔한
토크
판매자

느	적	운	들	리	컴	판	낌	늘	치	료	을	문	거	두	려	움
부	어	바	문	이	다	한	매	자	받	느	을	전	느	터	대	측
드	물	게	견	위	문	질	쌀	자	메	리	로	높	토	리	감	느
우	트	크	측	을	솔	용	러	이	북	다	용	이	크	리	표	을
은	거	문	동	을	느	다	트	동	범	풍	문	질	워	카	동	젊
장	을	웨	이	크	위	험	하	게	달	비	록	쌀	트	러	레	굴
고	느	로	셀	기	받	표	느	러	춤	카	션	굽	네	동	늘	를
들	집	낌	운	물	사	날	돌	풍	을	파	션	트	주	위	법	부
동	카	물	늘	조	합	이	은	발	공	을	위	부	문	끔	졸	업
쌀	을	질	람	문	트	체	람	행	첨	레	셀	짓	한	한	거	한
를	를	를	측	올	러	파	다	집	다	부	한	어	요	즘	레	한
질	레	대	맞	주	절	날	바	로	표	러	체	은	용	적	쌀	굴
행	대	집	이	러	너	카	찍	스	돌	동	결	문	대	측	굽	거
절	카	부	이	을	찍	의	날	용	고	필	추	은	퓨	감	한	이
쌀	람	를	어	춤	러	깔	끔	한	은	자	은	을	퓨	독	법	북

Puzzle 365

결	주	스	사	루	가	위	한	거	받	문	바	파	아	절	부	굽
러	끔	풍	도	감	지	파	연	문	요	다	터	문	테	버	은	부
돌	어	말	한	북	고	문	령	칠	느	북	통	지	디	스	지	늘
거	트	은	느	맞	다	을	이	면	용	측	을	장	을	측	를	의
행	운	러	체	생	도	표	노	조	굽	노	동	카	낌	견	거	동
끔	대	트	를	부	일	요	일	는	도	동	받	로	거	필	받	운
한	트	굽	이	레	표	을	인	빨	간	색	을	타	동	춤	법	추
셀	대	사	누	어	질	동	정	동	바	말	노	카	격	설	명	이
견	공	셀	구	노	발	북	받	동	결	젊	동	퓨	한	위	문	다
부	접	측	아	끔	바	주	을	날	여	노	끔	이	절	풍	컴	올
은	근	너	무	주	션	어	위	한	부	결	고	터	들	절	이	결
한	터	너	것	한	을	늘	동	맛	있	는	컴	굴	날	상	풍	추
터	한	바	도	세	심	한	트	느	질	부	동	범	에	대	받	람
쌀	다	터	솔	발	거	발	한	컴	맞	표	거	리	레	도	올	법
주	루	동	낌	운	제	동	측	바	느	질	레	위	카	션	은	결

아버지의
상대
인정받을
여부
운동의
가지고
접근
연령
타격
일요일
설명
빨간색을
테디
세심한
누구아무것도
생일을
칠면조는
통지
맛있는
거리

Puzzle 366

묶여
미친
돼지알약
세대
침묵을
이전
파괴
엘크
질환
최초의
늑대
추천
상처
출현
변수
패턴
검토
마흔을
서비스
웅장한

파	괴	동	에	다	패	웅	돼	발	용	용	동	추	러	느	측	말
로	카	감	질	환	턴	젊	장	지	침	묵	을	천	한	션	문	어
견	한	동	부	은	굽	제	도	한	알	러	흔	문	용	느	너	퓨
올	운	집	을	동	자	측	퓨	쌀	돌	약	마	솔	끔	춤	쌀	은
의	춤	도	한	람	체	최	초	의	은	바	올	바	컴	대	말	제
도	굴	용	고	이	전	루	카	쌀	공	대	한	부	범	발	풍	트
한	풍	이	날	쌀	리	루	리	찍	로	굽	셀	필	집	에	대	트
컴	측	말	한	이	이	날	엘	동	법	북	들	젊	트	퓨	의	동
찍	발	동	쌀	바	세	대	크	표	장	은	검	고	발	을	부	적
자	절	람	법	을	찍	늑	집	솔	감	맞	토	필	측	느	대	굴
바	셀	측	솔	행	트	동	체	견	을	루	트	로	거	문	이	절
셀	용	서	을	이	젊	을	물	부	동	변	수	상	처	적	범	문
트	미	친	비	질	로	어	짓	장	을	너	퓨	셀	묶	도	주	문
트	트	체	한	스	낌	출	현	은	문	을	문	필	여	물	동	젊
전	찍	문	발	감	동	이	굴	용	한	동	자	풍	쌀	전	질	돌

Puzzle 367

파	크	을	참	느	루	느	프	지	금	까	지	열	바	늘	은	자
체	슬	필	조	감	요	물	자	로	여	성	까	한	구	질	거	필
것	픈	필	문	견	로	다	측	집	그	카	한	질	니	동	어	스
문	들	도	느	어	이	트	집	집	를	램	명	을	측	법	자	찍
찍	너	스	용	리	돌	측	전	동	달	고	유	바	크	다	동	찍
국	의	을	고	받	굴	도	표	말	위	공	북	러	견	공	날	도
가	를	스	고	감	루	춤	제	문	셀	견	너	을	물	노	셀	장
어	날	셀	찍	람	질	이	름	도	바	로	에	짓	법	거	트	바
너	쌀	리	받	를	풍	전	북	이	운	풍	로	찬	장	동	동	문
매	니	저	보	트	범	터	춤	발	자	주	트	결	자	레	퓨	질
요	측	위	가	장	어	셀	의	대	발	절	물	크	이	문	한	공
은	를	크	을	부	바	스	들	로	로	로	사	쌀	사	다	크	동
한	한	범	동	장	법	날	쌀	장	부	용	요	추	도	견	셀	주
은	캠	프	제	알	고	있	는	로	동	이	주	전	스	문	장	크
바	풍	받	적	의	감	사	대	체	질	동	들	자	바	리	올	춤

국가
슬픈
캠프
이름
유명한까지
지금까지
보트
것들
노트
찬장
여성
바구니
감사
가위
참조
알고있는
매니저
가장
열한
프로그램

Puzzle 368

트	자	견	을	느	대	자	은	스	늘	운	느	드	리	자	장	가
달	좋	은	안	녕	요	션	션	스	트	부	은	탠	짓	부	동	주
퓨	이	다	운	고	날	요	도	자	질	북	한	스	션	은	추	차
스	이	도	성	바	굴	감	한	너	한	집	느	타	파	셀	행	끔
치	명	적	공	상	추	집	낌	을	은	발	요	스	켈	레	톤	범
파	주	션	카	바	견	발	북	부	동	올	말	러	젊	찍	받	늘
풍	인	돌	위	물	절	달	올	다	트	동	야	망	어	북	날	을
솔	측	애	은	운	동	션	위	받	젊	부	짓	기	술	로	용	느
달	의	굽	플	올	질	한	젊	찍	부	질	쌀	동	도	트	로	바
을	다	로	용	결	감	은	물	표	를	현	날	뾰	족	한	위	트
절	쌀	부	문	달	견	너	자	집	을	재	자	풍	경	카	트	람
거	느	올	도	용	자	끔	짓	올	다	자	물	부	제	바	션	쁜
표	자	요	한	물	를	달	주	표	한	다	젊	션	컴	그	러	나
를	삽	입	주	을	곡	파	캡	질	쌀	질	를	측	돌	레	문	주
부	문	측	우	울	쌀	선	처	한	의	다	문	을	문	집	표	용

우울
경제
캡처
상추
스타스탠드
가장자리
성공
치명적
그러나
현재
뾰족한
스켈레톤
나쁜
야망
좋은안녕
곡선
삽입
파인애플
자동차
기술

Puzzle 369

은	질	젊	전	바	식	말	슬	어	부	동	을	촬	영	받	말	주
법	질	러	션	집	끔	물	립	한	발	한	셀	을	노	낌	리	에
아	가	씨	고	발	요	를	로	트	범	굴	발	문	행	행	용	동
크	을	러	발	체	한	독	립	션	이	질	라	디	오	은	낌	레
공	결	카	크	카	법	범	측	집	을	한	솔	이	션	이	달	셀
자	도	에	래	찍	터	행	트	컴	피	자	올	이	찍	점	거	발
동	발	매	들	부	맞	션	로	의	거	쌀	솔	느	터	진	어	들
짓	선	루	듭	람	레	이	북	말	치	즈	읽	를	감	적	질	바
트	언	말	운	한	로	리	퓨	거	요	발	는	질	를	컴	다	한
노	동	견	은	결	파	셀	절	솔	람	리	트	느	느	찍	용	인
주	다	를	자	돌	카	자	견	퓨	날	의	제	어	굴	적	결	치
레	쌀	젊	방	측	견	제	찍	한	한	대	풍	어	부	맞	달	북
동	연	기	를	어	오	렌	지	재	사	용	을	음	성	에	레	한
를	자	사	받	문	머	올	동	쌀	트	션	쌀	레	카	자	감	체
리	트	파	터	트	셀	니	굽	동	거	끔	북	날	북	공	무	대

무대
피자
연기를
슬립
아가씨
재사용을
읽는
치즈
인치
음성
오렌지
매듭
촬영
점진적
식물로
크래들
라디오
독립
선언
방어머니

Puzzle 370

이	법	이	분	용	짓	을	욕	표	발	들	권	투	장	부	질	낌
동	질	도	트	출	질	바	망	거	추	가	견	풍	카	적	에	필
한	도	움	동	동	에	거	을	문	을	솔	찍	맞	북	절	위	발
이	파	말	션	트	느	사	스	을	부	결	에	발	체	한	날	루
부	문	장	션	북	다	러	풍	한	쌀	영	대	솔	바	공	저	항
바	다	법	범	을	을	고	끔	젊	을	어	로	람	은	느	올	컴
그	룹	러	에	로	대	협	력	도	고	제	자	풍	날	공	자	체
은	자	문	트	문	크	좋	은	동	문	받	한	루	요	을	문	늘
한	거	바	어	풍	을	돌	람	감	크	대	트	북	부	날	견	체
대	은	바	법	발	견	다	트	어	을	컴	달	컴	집	공	문	느
크	도	너	날	동	쌀	굴	비	싼	람	자	경	동	달	다	전	카
트	집	직	원	이	치	운	한	을	돌	거	험	셀	너	행	은	추
주	셀	늘	다	전	동	아	앉	위	북	장	위	날	날	히	바	추
을	늘	추	동	고	후	에	용	체	운	의	견	션	낌	도	은	다
동	춤	정	파	필	범	쌀	트	고	한	부	맞	쌀	행	달	한	한

추정
협력
추가
부적절한
도움말
욕망을
저항
그룹
분출
영어
경험
직원이
권투
비싼
거위
앉아
다행히도
좋은
후에
치아

Puzzle 371

러	자	은	카	풍	받	관	사	용	이	을	다	은	쌀	크	트	행
구	파	맞	셀	의	물	느	용	선	고	은	너	풍	추	사	동	동
분	문	스	늘	위	장	질	젊	동	추	북	도	한	아	래	층	하
법	공	식	적	으	로	시	법	거	젊	제	풍	적	러	가	크	라
법	용	발	파	을	루	터	낌	도	배	스	풍	바	컴	르	문	노
바	솔	어	문	춤	집	찍	람	돌	리	우	포	착	마	치	동	의
을	로	전	찍	문	을	작	질	추	한	늘	에	이	커	는	낌	동
감	전	트	문	견	한	업	용	을	질	이	끔	서	사	늘	낌	도
용	주	추	크	운	발	의	현	명	한	션	필	집	자	완	개	인
목	욕	의	동	파	느	한	로	장	젊	트	카	람	문	료	자	추
루	한	폭	풍	끔	쌀	용	범	발	레	부	솔	바	맞	을	올	체
요	전	대	을	자	용	터	로	에	솔	노	들	문	한	행	을	한
주	한	어	바	동	도	이	에	대	부	션	달	찍	발	도	표	로
동	추	트	카	컴	션	러	말	바	션	셀	견	춤	사	은	로	춤
부	고	을	춤	에	문	이	견	노	맞	들	바	문	에	도	거	적

시장의
공식적으로
폭풍
완료
배우에서
가르치는
사자
사용이
위장
마커
관용
아래층
현명한
목욕
작업의
구분
포착
개인
선고
행동하라

Puzzle 372

레모네이드
수건
복용
데이지
지배적
차량
케이크
잡지
안전하게
신중한
일회용
어디에있는
동반자
치열한
길이
보통
전문
앞서
가능성
해결

바	날	달	케	북	션	동	가	능	성	받	발	맞	어	지	이	데
집	도	어	퓨	이	도	반	춤	보	자	카	어	운	디	배	감	을
도	행	카	바	동	크	자	동	통	행	날	풍	을	에	적	돌	자
을	운	다	대	절	낌	용	공	위	동	질	파	절	있	노	느	북
을	전	주	한	다	파	질	날	의	거	레	측	솔	는	바	로	파
견	돌	결	한	춤	노	은	로	트	부	터	너	끔	사	절	카	은
돌	받	퓨	공	발	문	안	느	위	질	를	트	잡	노	해	표	발
운	트	물	찍	터	트	늘	전	위	로	션	날	지	달	결	신	러
용	차	운	표	리	찍	바	돌	하	문	풍	루	맞	젊	파	중	이
레	량	사	퓨	끔	대	어	추	트	게	동	바	말	필	돌	한	다
바	모	공	전	용	람	어	한	복	느	맞	다	체	을	동	열	을
날	을	네	문	솔	거	견	을	용	회	일	공	한	부	로	치	동
날	도	문	이	길	한	절	요	수	맞	한	쌀	표	추	사	바	바
용	레	로	컴	드	젊	굽	젊	건	질	이	장	끔	절	문	을	공
앞	서	행	적	이	추	한	절	바	끔	한	션	법	질	주	한	용

Puzzle 373

동	풍	늘	문	레	사	달	터	솔	짓	젊	주	로	절	표	찍	을
실	발	발	용	쌀	스	도	도	은	부	은	용	이	자	집	위	쌀
위	현	들	학	업	물	토	어	굽	짓	의	크	트	딸	이	바	람
컴	자	을	물	적	를	공	랑	한	손	견	메	셀	풍	이	동	을
부	도	람	느	문	을	쌀	바	냄	실	를	추	춤	부	레	들	한
람	거	굽	주	주	터	다	다	비	을	느	라	부	적	트	한	션
굽	발	명	지	너	발	은	범	도	전	법	기	족	쌀	존	주	바
찍	람	감	출	자	발	트	질	늘	부	교	전	용	를	재	측	퓨
굴	에	한	질	스	카	운	거	집	이	수	카	올	굴	를	굴	짓
느	셀	받	람	카	질	러	한	러	크	로	체	돌	바	주	트	발
집	을	솔	이	제	거	리	체	행	용	결	바	발	발	느	어	문
체	루	요	운	적	표	낌	느	솔	풍	올	범	자	능	루	텍	자
허	수	아	비	정	의	터	을	동	을	문	한	레	전	력	스	을
적	감	같	파	느	구	매	주	전	을	로	장	동	추	너	트	레
격	표	범	들	소	노	로	람	너	부	물	짓	바	낌	너	트	한

존재를
정의
발명
허수아비
손실을
메추라기
들소
텍스트
실현을
구매
능력
딸이
냄비
지출
같아요
레스토랑
적격
부족
학업
교수

Puzzle 374

젊	바	태	어	트	늘	동	루	동	주	튤	립	주	요	돌	춤	질
행	동	을	양	두	부	셀	표	요	바	의	크	문	말	필	구	용
쌀	리	트	동	어	운	쌀	자	위	굽	성	부	러	발	질	름	너
루	더	서	이	쌀	굽	션	퓨	험	카	분	러	말	를	이	사	행
노	제	랍	늘	시	외	부	장	잊	지	은	동	굽	동	어	절	감
을	바	을	크	나	동	문	너	멋	진	쌀	낌	법	부	절	이	맞
대	필	풍	체	리	을	레	도	굴	한	굴	끔	물	견	낌	람	트
집	한	터	체	오	문	어	달	법	유	채	과	스	한	절	표	자
들	카	들	자	한	북	에	을	생	존	셀	짓	을	북	바	용	체
제	로	다	동	북	레	파	질	돌	늘	동	한	도	끔	트	부	문
필	견	굽	거	발	을	요	크	운	문	북	용	너	로	제	을	끔
범	다	부	결	체	너	발	행	동	주	대	동	너	낌	이	루	범
결	한	표	너	컴	다	법	어	품	받	위	터	질	문	낌	리	체
질	견	노	크	다	견	측	다	를	질	문	트	을	경	계	대	다
솔	절	한	에	한	한	문	어	한	플	래	그	다	자	를	표	범

품질
행동을
시나리오
리더
구름
유채과
위험
멋진
태양
외부
서랍
어두운
튤립
성분
주요
생존
경계
플래그
잊지
노을

Puzzle 375

동	늘	바	받	컴	견	한	달	짓	로	장	필	파	실	범	범	문
용	날	동	스	쌀	트	공	적	찍	느	을	전	맞	패	한	람	늘
도	굽	도	문	탄	받	고	말	을	끔	바	발	을	퓨	감	랑	한
요	주	행	입	생	대	에	맞	젊	화	대	들	문	풍	돌	명	부
바	달	물	날	굽	적	접	사	변	요	쌀	동	주	범	러	바	시
짓	풍	다	션	거	북	운	회	화	일	동	적	다	한	장	성	받
전	선	날	한	절	전	바	다	의	레	용	법	에	소	필	공	거
사	성	능	을	늘	말	행	집	자	문	의	요	부	형	람	적	질
추	체	기	관	결	파	감	필	부	동	견	젊	받	이	거	인	젊
크	발	어	을	문	짓	한	춤	다	올	람	의	법	슬	달	끔	끔
느	동	셀	어	람	느	풍	어	의	파	트	올	한	측	관	심	다
돌	젊	굽	받	카	법	맞	날	을	을	견	한	를	동	너	회	사
주	도	이	주	다	달	을	버	터	리	느	고	달	다	쌀	트	질
한	들	체	질	이	부	다	날	션	젊	은	거	발	위	트	풍	낌
용	굽	을	전	바	로	듣	고	는	쌀	감	부	부	을	의	어	법

성장한다
도입
기관
변화의
실패
탄생
풍선
사회
듣고는
성능을
대접
회사
명랑
명시
성공적인
이슬
소형
관심
버터
화요일

Puzzle 376

돌	도	다	질	레	견	한	한	물	절	이	낌	스	위	발	느	솔
리	션	전	돌	의	들	파	도	션	은	퓨	거	체	한	을	동	날
고	자	편	안	함	을	동	은	동	이	퓨	문	크	한	주	동	필
을	체	짓	사	용	목	동	의	솔	흔	들	었	다	풍	어	한	트
쌀	공	트	페	컴	항	장	문	한	장	문	문	아	이	리	스	문
리	전	용	트	니	문	파	절	필	을	트	낌	노	행	올	부	실
실	한	한	결	스	필	끔	루	굴	추	리	을	맞	발	느	굽	현
버	문	굽	바	굴	어	바	다	요	바	낌	동	운	전	사	제	쌀
지	수	있	는	이	아	픈	행	운	동	퓨	쌀	로	도	다	부	크
필	능	노	오	노	동	감	너	동	질	도	받	바	춤	낌	발	도
을	자	형	비	을	체	한	전	느	한	한	문	동	동	견	레	느
지	네	질	도	어	굽	감	전	한	트	파	카	션	느	셀	셀	결
마	음	션	굽	쌀	용	말	리	경	로	트	굴	바	문	쌀	결	동
표	트	리	한	기	세	은	주	터	달	을	파	도	견	주	감	레
돌	범	바	트	린	거	동	을	견	맞	트	질	스	도	은	은	굽

경로
페니
실버
지네
노동
세기
기린
항목을
실현
지능형
아픈
아이리스
운전사
마음
수있는
비오는
표범
도전
편안함을
흔들었다

Puzzle 377

행	동	공	트	행	파	경	춤	대	굽	를	필	문	한	크	이	카
법	구	성	트	발	루	향	부	측	한	범	주	은	제	컴	범	셀
쌀	바	맞	결	거	주	이	헤	파	운	용	한	체	용	필	동	질
쪼	넥	동	자	고	도	하	올	람	공	대	로	물	터	주	문	용
아	타	게	이	트	에	서	강	적	체	크	동	대	쌀	을	거	부
도	이	을	사	짓	자	날	절	행	러	범	느	북	션	바	다	범
이	적	크	풍	스	젊	올	절	트	맞	법	션	춤	감	질	를	위
시	풍	레	로	떨	느	문	찍	자	제	걸	이	용	달	셀	젊	한
게	절	한	이	이	어	분	석	받	범	표	핏	퓨	한	을	은	한
질	필	동	한	문	약	진	말	을	을	법	제	하	체	체	분	이
질	부	이	로	로	파	받	느	위	노	도	주	고	면	중	부	러
동	다	느	공	이	주	말	구	멍	행	요	러	어	트	너	올	다
문	찍	쌀	행	질	맞	젊	춤	동	운	스	공	녀	절	들	리	끔
주	이	끔	도	늘	찍	에	러	맞	목	표	염	소	용	주	날	다
춤	바	바	파	벽	난	로	춤	문	느	리	동	퓨	람	동	스	툴

경향이
구성
부분은
약어
소녀
시계
게이트에서
목표염소
걸핏하면
구멍
벽난로
스툴
부러
쪼아
분석
하강
떨어진
넥타이
헤이
체중

Puzzle 378

솔	바	체	을	바	부	시	금	치	이	은	너	카	도	람	개	노
한	말	문	날	주	들	필	람	바	동	용	늘	카	질	리	미	주
은	전	도	를	을	노	무	로	람	트	다	흔	운	측	레	트	용
도	굽	동	공	을	맞	시	쌀	결	동	고	발	들	비	바	북	을
춤	굽	바	리	문	추	추	단	순	히	다	법	용	극	를	로	을
결	노	들	부	부	굽	히	느	발	잎	러	원	운	적	견	말	도
트	느	도	행	표	람	정	확	성	을	짓	북	맞	위	물	이	추
너	유	사	한	복	행	적	러	정	범	도	션	바	추	올	모	동
들	감	루	심	이	야	외	올	스	끔	요	거	동	느	을	질	을
자	필	행	소	적	거	요	루	맞	에	솔	를	은	동	고	법	스
동	동	도	행	맞	물	칫	너	루	람	문	발	달	추	동	용	공
군	감	지	하	여	다	솔	쌀	받	장	부	적	터	굽	굴	스	집
다	인	바	러	행	이	셔	츠	초	콜	릿	고	문	다	루	측	자
은	체	다	트	운	스	견	장	쌀	표	동	동	셀	크	다	견	감
솔	행	굴	자	풍	노	너	들	늘	용	굴	절	부	대	쌀	측	짓

초콜릿
개미
군인
무시
행복한
법원
정확히
시금치
소심한
비극적
셔츠
감지하여
정확성
유사한
잎을
단순히
이모
칫솔
흔들
야외

Puzzle 379

문	집	쌀	풍	자	솔	돌	고	스	받	여	자	를	컴	주	위	로
소	러	한	파	풍	제	적	을	필	맞	루	왕	행	한	해	제	잃
화	위	션	들	를	공	범	한	루	공	낌	동	의	리	우	안	게
도	노	의	신	표	제	동	솔	들	젊	돌	설	탕	에	을	을	거
낌	행	도	선	늘	로	범	문	찍	느	위	바	질	동	발	사	다
레	말	말	한	요	필	스	퓨	춤	춤	터	적	맞	적	에	날	자
굽	너	사	솔	견	러	을	부	법	물	절	트	전	젊	거	거	돌
바	무	집	동	솔	굽	제	솔	긍	쌀	위	카	들	측	절	춤	쌀
풍	전	대	젊	장	동	은	찍	정	고	셀	동	춤	대	바	바	맞
운	올	컴	발	풍	동	통	해	적	로	카	을	이	범	집	용	달
찍	도	견	어	질	다	로	퓨	쌀	위	통	바	행	들	거	스	견
도	한	퓨	물	고	양	이	제	적	을	을	치	바	은	절	프	받
자	퓨	부	물	셀	문	괜	공	거	레	을	끔	는	장	추	링	말
늘	풍	자	건	도	요	찮	맞	찍	운	받	고	말	이	한	측	찍
결	론	를	느	대	리	낌	달	발	낌	트	측	북	북	다	트	끔

잃게
결론
요리
스프링
신선한
긍정적
설탕에
괜찮
소화
우리의
물건
여왕의
필요한
고양이
해안
통치는
의도
너무
부자를
통해

Puzzle 380

스	동	빈	느	운	트	너	이	션	질	한	주	어	한	낌	대	요
행	을	굽	곤	자	장	들	한	터	바	느	바	굽	돌	스	감	행
느	바	명	쌀	을	질	맞	을	터	도	도	은	달	동	터	한	터
장	퓨	사	주	역	이	자	끔	루	유	연	한	을	쌀	을	절	추
한	풍	전	견	영	식	품	에	를	트	한	번	쌀	필	동	낌	발
말	쌀	제	문	을	한	다	레	한	집	측	빈	컴	찍	춤	느	을
판	낌	젓	은	의	적	루	측	법	러	만	유	용	하	게	말	핑
사	말	동	루	공	돌	문	레	로	요	든	이	느	트	풍	질	크
날	고	절	질	다	지	바	발	느	굽	질	느	로	카	위	한	루
에	너	로	트	끔	원	느	견	사	질	용	전	한	동	문	견	고
고	행	용	북	물	견	체	레	법	범	트	행	동	컴	트	문	을
람	스	한	결	물	너	올	재	여	춤	고	레	트	쌀	견	스	돌
범	동	세	사	람	이	거	미	유	터	문	사	코	풍	문	트	리
러	문	섬	탁	물	집	루	도	가	류	조	노	은	트	한	쌀	동
한	러	북	쌀	행	을	로	주	적	을	끔	을	날	위	감	굽	주

유연한
빈번한
빈곤을
재미
유용하게
여유가
식품
사람이
만든
지원
명사
영역을
조류가
핑크
발견
젓은
섬세한
코트
판사
세탁

Puzzle 381

공	크	어	춤	불	크	쌀	의	이	노	러	솔	위	전	송	루	질
행	범	늘	추	퓨	쾌	운	감	람	바	문	이	루	쌀	트	질	들
러	쌀	동	필	셀	의	은	절	크	쌀	주	입	겁	쟁	이	전	터
파	맞	문	물	바	을	받	법	늘	이	말	구	고	굴	을	한	동
점	유	율	철	회	을	의	받	동	컴	올	범	동	고	러	에	제
우	유	지	방	완	부	문	이	질	법	범	끔	큐	피	드	도	주
을	려	달	매	화	퓨	느	짓	측	만	장	굽	체	법	노	찍	한
동	하	늘	우	루	한	노	돌	원	젊	족	특	파	스	결	바	받
도	받	당	근	케	이	스	질	자	전	말	견	정	타	굴	다	동
이	노	받	끔	발	발	발	결	도	트	말	사	굴	질	짓	감	동
를	퓨	돌	장	컴	쌀	질	이	사	거	트	카	노	동	동	질	발
너	질	을	주	운	물	용	느	션	쌀	위	나	느	맞	파	문	고
을	한	터	물	느	셀	운	러	제	받	고	리	대	트	위	너	크
용	크	노	다	발	귀	을	노	주	공	발	아	낌	미	라	이	낌
다	집	대	로	카	족	바	쌀	굽	트	표	용	너	필	터	받	고

특정
귀족
매우
카나리아
스타
큐피드
입구
원자
만족
우유지방
철회
점유율
당근케이스
불쾌
겁쟁이
전송
미라
매달려
완화
하늘

Puzzle 382

퓨	도	추	너	바	추	자	네	인	치	가	달	부	트	적	동	이
제	늘	도	위	동	나	굴	일	셀	문	한	동	동	문	소	동	받
느	날	풍	공	쌀	질	나	트	북	문	노	집	바	도	원	적	레
집	견	요	운	거	들	날	용	한	로	를	동	절	을	없	운	로
로	한	한	측	받	동	춤	용	질	크	에	거	의	스	이	고	에
필	패	여	든	을	사	이	을	측	굽	동	퓨	다	굴	추	굴	도
문	부	문	들	어	요	동	낌	레	운	곱	말	동	날	주	말	위
낌	질	끄	풍	트	도	모	험	대	들	셈	로	말	쌀	행	주	전
발	휘	들	러	느	짓	법	올	도	절	동	에	맞	동	용	한	도
사	북	을	절	워	대	학	을	눈	퓨	발	표	어	장	찍	필	공
끔	동	느	위	제	찍	발	필	사	에	다	은	날	결	대	감	솔
감	적	거	찍	트	양	은	전	람	로	코	치	동	발	질	시	쌀
짓	동	쌀	부	크	굽	말	날	자	의	차	용	결	자	러	험	발
부	표	로	북	라	대	주	느	행	의	동	맞	트	을	용	한	동
인	용	필	법	운	끔	집	발	의	이	한	는	어	표	맞	다	올

맞는
곱셈
부끄러워
크라운
소원없이
들어
부패
눈사람
차용
네일
모험
시험한다
대학
발휘
인치가
여든
인용
코치
양말
바나나

Puzzle 383

다	루	트	바	로	질	다	필	문	장	바	끔	다	마	일	트	굴
트	은	카	문	기	회	파	솔	결	터	루	러	동	파	사	법	결
거	어	트	루	거	위	필	사	끔	자	터	발	질	한	동	집	은
너	로	절	을	발	다	컴	터	어	리	바	블	도	위	부	올	고
들	맞	이	집	문	북	표	준	전	주	은	랙	범	낌	북	트	문
에	을	고	견	헬	리	콥	터	주	부	이	여	전	히	도	크	측
용	집	리	리	대	체	인	쌀	질	다	상	바	거	다	문	바	다
올	사	짓	측	날	추	리	달	동	셀	한	범	을	조	건	측	느
한	을	의	파	를	위	쌀	크	행	다	러	쌀	운	이	람	을	찍
람	달	은	재	대	쌀	고	고	결	짓	체	바	반	너	셀	트	바
대	용	행	한	킷	쌀	복	사	드	고	레	를	기	쌀	대	발	올
자	문	자	발	풍	말	도	대	레	고	드	름	지	이	파	위	도
받	너	주	을	은	말	노	다	스	운	문	로	고	아	도	범	법
북	주	저	깜	한	질	차	가	워	위	을	발	느	다	강	굴	느
한	러	도	발	짝	받	북	돌	트	한	트	물	루	표	트	문	크

블랙

기회

헬리콥터

마일

반기지

표준

주저

이상한

동행

깜짝

파도

차가워

복도

체인

여전히

드레스

고드름

재킷

강아지를

조건

Puzzle 384

견	바	문	의	산	업	을	트	솔	집	한	유	물	결	어	루	용
노	은	샤	람	어	을	을	범	션	필	전	죄	추	추	을	동	을
크	생	워	동	에	협	상	굽	에	체	다	다	은	체	퓨	스	견
트	산	용	여	날	고	미	션	공	퓨	발	위	바	를	을	늘	물
문	한	추	메	자	기	러	카	대	은	측	범	문	한	노	한	행
딸	기	사	막	시	체	달	들	다	체	솔	의	프	로	젝	트	를
들	문	말	굽	삼	지	대	거	부	퓨	달	범	질	세	질	자	선
찍	풍	발	부	촌	이	크	젊	집	셀	리	트	를	트	주	체	호
터	원	쌀	들	한	페	클	립	시	계	공	질	크	장	요	집	하
을	자	하	파	너	짓	위	셀	루	감	한	느	도	법	의	를	는
대	바	들	는	늘	파	부	돌	운	에	스	이	집	풍	낌	부	한
을	문	측	끔	위	절	감	감	을	크	용	레	질	문	발	춤	이
대	은	질	주	은	달	이	너	을	러	을	은	추	장	사	노	스
찍	트	용	문	솔	을	한	로	부	바	션	북	이	은	자	장	문
자	용	도	거	요	굽	위	퓨	다	리	이	체	짓	법	낌	한	주

페이지

세로

샤워

프로젝트를

달이

딸기

고기

원하는

메시지

삼촌

선호하는

여자

유죄

미션

생산

클립시계

산업을

질문

협상

사막

Puzzle 385

문	비	타	민	바	짓	주	동	터	행	질	질	돌	위	위	션	맞
러	추	사	한	로	터	표	장	한	트	주	맞	풍	끔	장	자	바
눈	드	레	이	크	노	날	북	적	한	전	굽	스	탬	프	질	결
다	송	용	을	행	바	끔	한	느	을	을	법	이	춤	끔	이	들
레	다	이	것	문	자	바	장	느	를	부	어	쌀	람	문	도	부
노	디	게	귀	크	질	을	전	체	운	들	노	질	추	굽	풍	개
정	견	으	늘	중	집	터	행	표	절	운	느	도	동	제	러	방
션	말	른	한	트	한	스	을	굽	한	굽	공	카	터	너	주	한
경	고	했	다	늘	부	요	에	필	동	도	발	카	려	우	유	발
은	낌	거	스	한	체	젊	동	끔	동	은	젊	루	굴	물	문	젊
다	에	행	부	동	에	돌	혼	용	바	날	이	한	전	춤	절	전
절	쌀	들	요	들	리	션	자	한	너	을	쌀	적	바	한	이	클
뜨	거	운	다	한	이	한	말	괄	량	이	등	놀	은	느	동	래
노	솔	동	문	굴	늘	노	질	절	부	가	파	라	장	체	추	스
파	크	바	은	너	람	발	다	북	감	방	트	운	적	발	찍	공

뜨거운
경고했다
눈송이
등이
클래스
우려
개방
우유
말괄량이
혼자
게으른
놀라운
것이다
비타민
드레이크
견디다
스탬프
귀중한
정말
가방

Puzzle 386

루	필	법	쌀	절	위	문	사	사	다	리	카	법	질	적	끔	끔
다	음	찍	컴	은	북	주	용	루	션	낌	셀	주	적	퓨	위	도
었	금	늘	루	한	측	정	시	한	카	고	받	발	체	느	전	동
웃	요	한	발	표	에	달	까	굴	크	망	치	표	범	필	짓	북
풍	일	뒤	에	적	북	다	지	바	찍	주	컴	바	짓	파	너	거
자	요	견	테	이	결	부	달	질	요	추	돌	달	드	럼	루	맞
풍	느	동	러	달	춤	은	추	다	셀	운	춤	병	원	장	은	발
우	박	문	고	용	을	파	을	말	도	응	을	러	주	측	문	풍
질	루	이	감	동	리	감	질	추	이	동	답	파	견	은	파	쌀
어	셀	람	크	주	을	느	셀	문	동	날	션	이	레	그	이	마
들	포	도	흰	색	다	받	트	쌀	다	사	션	발	무	행	문	바
주	의	너	트	적	발	다	에	도	동	스	느	람	풍	서	트	쌀
트	집	바	셀	종	종	포	함	되	어	다	트	받	요	찍	워	끔
크	을	고	자	한	낌	트	문	부	레	굽	쌀	추	로	문	컴	추
퓨	이	주	터	셀	찍	공	자	굽	찍	이	바	굽	트	주	동	문

사용시까지
무서워
측정
우박
다음
종종
웃었다
금요일
사다리
뒤에
망치
드럼
응답이
병원
테러
흰색
법적
포도
포함되어
마이그레이션

Puzzle 387

굽	쌀	절	문	문	적	굴	테	판	매	찍	문	자	이	굽	요	낌
결	이	찍	솔	느	늘	어	이	와	주	제	결	문	짓	장	한	달
자	리	한	문	제	쌀	번	크	받	한	범	올	낌	람	한	을	젊
솔	주	질	문	도	문	행	호	북	을	로	너	주	동	레	체	낌
침	리	의	필	공	장	굽	기	후	녹	의	동	자	은	퓨	들	찍
착	머	그	잔	트	춤	견	용	결	아	춤	자	굴	젊	용	용	쌀
이	굴	은	추	한	달	은	말	어	달	을	요	은	장	주	자	에
의	이	을	쌀	대	한	를	문	문	체	을	금	느	동	낌	주	러
을	셀	용	짓	체	체	력	로	결	다	부	발	로	을	한	주	제
인	스	느	집	낌	자	노	문	젊	컴	질	제	을	늘	환	경	늘
기	푼	에	을	운	들	추	란	로	북	발	노	이	에	느	리	한
트	느	을	굽	이	북	집	거	색	맞	너	부	컴	법	동	은	고
동	션	법	늘	날	람	굽	소	돌	친	구	트	리	찍	쌀	자	동
일	반	적	인	을	주	끔	유	감	솔	질	한	달	를	어	사	결
장	을	바	원	바	결	이	자	을	컴	사	너	동	문	동	너	트

원인
소유자
친구
환경
요금
와이어
너트
판매
인기
녹아
노력
스푼
주제
침착이
머그잔
노란색
번호
테이크
기후
일반적인

Puzzle 388

트	리	질	대	질	은	위	업	북	자	레	자	법	다	이	느	트
사	도	제	터	집	스	풍	람	체	날	솔	동	부	쌀	흐	요	루
트	전	주	끔	주	틸	제	받	문	쌀	의	측	사	바	린	달	레
늘	용	공	도	한	견	플	로	트	스	부	말	단	루	한	돌	리
크	한	필	느	물	쌀	레	적	은	북	견	를	위	늘	쌀	추	카
거	결	노	셀	트	람	다	추	견	부	자	스	를	오	회	다	에
범	로	결	물	견	너	을	굽	파	위	동	제	이	리	색	자	터
리	법	은	요	결	을	풍	자	을	젊	자	추	용	열	체	이	을
바	담	비	측	젊	주	고	셀	주	카	종	러	범	망	굽	한	맞
짓	한	루	러	발	굽	현	을	필	터	동	교	로	주	제	바	용
거	날	체	카	운	이	대	음	은	수	필	셀	절	터	목	동	트
질	젊	용	젊	적	크	도	발	용	과	은	을	느	터	션	레	고
트	들	을	적	용	다	엄	션	견	발	거	주	용	대	를	질	트
체	범	물	돌	늘	집	마	셀	고	표	제	의	을	운	연	레	트
요	굽	너	을	은	솔	를	을	터	다	러	동	한	전	추	풍	절

위업
단위를
스틸
도발
엄마
열망
회색
현대
흐린
필수
담비
발음을
오늘
제목
종교
플로트
오리
발굽
연례
과거의

Puzzle 389

부	측	받	용	날	쌀	한	트	자	용	달	짓	굴	너	굽	견	용
굽	자	한	리	너	체	람	크	굽	발	주	솔	짓	은	춤	늘	낌
달	한	동	질	체	짓	뛰	용	북	감	부	자	제	파	말	부	트
션	을	쌀	루	문	주	어	부	공	굴	동	질	동	와	로	늘	느
퓨	굽	늘	셀	루	거	난	주	쌀	은	동	짓	굴	서	한	수	사
솔	끔	션	너	레	제	부	트	로	바	견	션	찍	늘	솔	영	굴
질	리	루	표	발	스	한	느	질	주	을	풍	문	견	발	필	름
셀	컴	무	지	개	운	굴	한	자	을	달	은	과	달	특	문	바
어	루	솔	의	편	적	존	중	시	질	루	도	즙	오	히	난	어
어	고	절	동	동	표	질	법	러	스	기	야	이	후	요	로	늘
물	퓨	급	용	공	셀	행	찍	브	바	템	부	들	붕	괴	에	서
문	터	이	문	러	요	사	행	쌀	의	문	한	법	날	을	느	춤
통	치	자	느	다	법	거	바	장	리	동	굴	운	크	감	정	짓
위	로	발	을	자	로	은	풍	을	발	한	견	트	로	한	노	늘
한	느	추	어	이	문	리	자	범	발	을	리	늘	트	문	굽	한

부어
무지개
편지
브러시
과즙이
필름
통치자
개발
감정
고급
특히
뛰어난
존중
오후
시스템
와서
난로
붕괴에서
수영
이야기

Puzzle 390

라운드
경찰
정비공
입자
복숭아
가축
제로
차지
박탈이
반드시
테이블
원정
용감한
범주
풍부한
취미
제거
주전자
일곱
수행하는

운	에	용	에	레	날	한	솔	파	풍	견	용	대	느	로	일	자
리	주	주	감	대	공	문	위	운	부	풍	한	고	터	바	곱	늘
도	고	전	문	한	트	문	쌀	셀	한	요	부	솔	짓	자	위	대
행	을	자	을	문	용	바	전	날	받	질	너	위	파	터	솔	노
제	수	노	파	적	부	동	문	공	터	이	대	추	굴	한	셀	용
범	행	찍	쌀	리	문	의	셀	비	문	고	은	셀	를	젊	로	파
주	하	문	돌	장	을	북	원	정	도	돌	문	박	법	가	제	거
부	는	발	장	경	트	주	시	자	문	취	미	탈	동	필	축	전
동	주	동	달	찰	라	운	드	운	도	션	블	이	테	쌀	이	날
레	위	필	낌	파	로	을	반	공	를	용	전	대	절	셀	노	트
은	위	동	견	문	노	적	물	터	필	들	람	측	운	차	지	자
젊	트	추	컴	용	짓	복	루	다	공	느	사	늘	셀	올	솔	물
발	올	션	용	에	용	바	숭	발	거	부	질	날	주	쌀	을	을
전	트	도	거	션	공	제	솔	아	자	위	바	다	동	말	위	입
물	은	질	용	람	어	북	절	한	돌	감	주	너	트	대	은	자

Puzzle 391

미	사	지	점	거	제	션	파	느	용	터	질	올	대	신	느	크
을	디	물	동	법	션	부	문	에	춤	위	측	모	니	터	링	레
젊	셀	어	주	소	춤	용	를	보	였	다	문	젊	낌	로	레	용
용	이	젊	풍	굴	션	전	젊	도	체	스	카	프	표	절	바	바
측	돌	동	느	느	리	행	날	작	시	한	질	쌀	춤	퓨	동	크
다	들	레	크	자	절	도	크	운	민	트	셀	다	트	결	바	발
자	은	싸	파	문	행	돌	법	루	들	을	동	채	우	기	바	들
젊	발	움	춤	찍	물	한	찍	다	에	요	사	문	적	바	장	도
버	섯	적	한	셀	리	션	춤	용	자	달	어	선	생	님	쌀	노
도	풍	카	문	사	람	들	의	요	굴	을	발	어	물	제	감	질
굴	동	메	동	측	요	은	체	스	물	크	측	범	바	제	찍	트
발	장	라	한	요	짓	부	카	법	을	다	로	카	바	표	추	레
로	물	트	조	스	결	다	동	쌀	체	리	을	법	바	성	들	풍
문	춤	트	립	한	를	너	측	한	을	달	짓	낌	요	숙	를	바
요	체	바	질	스	발	에	한	필	날	솔	늘	동	어	북	동	낌

시도를
조립
선생님
채우기
모니터링
스카프
크레용
보였다
버섯
성숙
지점
자발적
카메라
미디어
시민
사람들의
싸움
시작
주소
대신

Puzzle 392

제	도	도	셀	짓	이	도	감	에	적	질	쌀	결	주	바	돌	셀
에	크	체	문	달	로	말	공	을	거	느	표	크	레	사	공	를
트	발	크	쌀	러	고	은	절	를	체	의	노	설	득	늘	쌀	파
은	퓨	짓	이	짓	주	절	한	전	컴	한	한	적	상	인	모	느
바	늘	표	적	집	의	굽	트	표	을	를	낌	행	한	업	기	법
자	솔	운	맞	문	한	존	문	노	달	스	행	물	자	셀	스	늘
부	컴	물	발	카	날	루	이	장	낌	바	자	절	브	건	강	위
젊	발	문	장	고	사	리	낌	이	찍	북	람	문	제	라	카	셀
느	굴	을	카	위	랑	들	카	늘	맞	솔	로	의	을	따	운	제
솔	터	동	느	굴	하	로	젊	끔	의	집	한	로	동	에	어	적
춤	동	찍	고	도	는	주	낌	발	육	상	센	셀	한	크	로	헤
션	무	게	동	측	바	리	문	물	람	도	터	바	주	션	정	론
방	식	을	국	경	젊	다	키	스	맞	션	자	퓨	터	리	보	범
도	앵	무	새	질	을	필	드	을	차	부	춤	션	크	말	공	솔
자	질	카	쌀	동	레	필	리	다	레	짓	트	위	행	운	공	람

방식을
따라
모기
정보
헤론
센터
사랑하는
상업
국경
키스
차례
앵무새
필드
무게
건강
인상
육상
설득
브라운
의존

Puzzle 393

의	주	범	대	범	주	고	낌	온	범	측	공	질	거	범	션	터
문	동	자	운	로	행	트	을	바	도	람	굴	목	행	많	로	문
전	략	추	끔	짓	사	당	한	레	춤	의	사	록	위	이	풍	측
솔	제	춤	절	동	행	나	너	조	스	리	터	과	부	을	러	달
너	굴	터	절	견	을	귀	솔	류	속	도	수	석	집	은	다	바
쌀	주	집	맞	카	문	주	에	전	전	터	동	공	전	측	크	노
어	적	맞	로	기	문	컴	감	퓨	원	공	얻	물	한	을	올	집
바	결	춤	파	능	한	레	혜	퓨	법	파	을	을	호	문	컴	동
다	을	바	다	을	여	우	택	루	풍	람	질	법	흡	한	한	컴
바	돌	의	질	주	한	스	부	문	트	질	다	춤	은	의	람	에
자	을	레	법	을	이	적	제	요	을	플	레	이	용	바	한	노
의	무	적	들	집	을	전	거	고	필	다	적	끔	바	흥	분	발
고	표	한	짓	을	올	로	부	은	말	적	지	동	체	크	부	바
체	싱	질	문	체	발	젊	을	부	용	을	역	자	표	제	굴	용
문	크	주	너	이	발	러	의	터	도	바	질	이	위	장	춤	체

조류
싱크
온도의
목록과
여우
전략
수석
흥분
플레이
많이
의무
혜택
전원
속도
당나귀
부분
호흡
기능을
얻을
지역

Puzzle 394

말하는
일찍
온도계이
맥주
여름
대부분의
예뻐를
고무
장면
나머지
굵게
울새
살고있는
세트를
오소리
고슴도치
부추
장갑
축하하다
환자

자	용	문	퓨	법	문	올	문	부	퓨	체	를	션	루	결	질	끔
을	발	로	로	전	굽	주	절	추	고	슴	도	치	동	파	문	굴
노	러	발	질	여	름	동	축	바	풍	에	찍	동	추	부	한	적
온	받	느	주	에	파	북	하	터	들	쌀	행	자	람	필	한	풍
스	도	트	갑	집	맥	질	하	고	무	환	쌀	체	북	주	춤	을
울	람	계	카	장	이	주	다	의	날	자	필	크	다	대	위	동
새	거	날	이	면	퓨	올	예	찍	운	집	끔	의	제	부	이	맞
부	용	도	요	말	바	은	뻐	질	운	이	트	거	측	분	느	한
부	동	솔	한	은	동	용	를	나	머	지	일	도	결	의	어	집
도	발	살	한	발	올	범	을	을	질	법	찍	느	자	북	을	바
찍	트	고	달	짓	의	체	이	오	퓨	거	장	동	짓	느	결	행
바	파	있	짓	바	제	솔	한	소	문	이	물	한	의	트	대	쌀
법	문	는	하	말	노	문	퓨	리	자	범	을	집	발	굵	을	를
퓨	느	루	춤	질	한	문	에	도	느	쌀	적	느	자	게	파	을
굴	물	발	세	트	를	끔	행	자	퓨	느	문	동	한	질	북	동

Puzzle 395

동	을	결	을	히	대	바	결	중	로	카	로	을	스	동	춤	행
의	을	배	지	트	어	너	문	간	흔	들	리	는	가	뭄	깊	은
느	을	파	쌀	부	적	굽	한	물	풍	북	을	터	제	올	의	용
켜	지	식	고	한	함	께	했	다	동	대	동	용	물	액	을	람
낌	바	트	컴	은	표	전	짓	끔	러	측	화	짓	사	션	견	집
괭	이	를	은	중	파	트	부	노	은	위	한	동	을	트	행	굴
을	자	물	자	력	사	북	쌀	용	용	너	카	레	도	도	절	표
대	문	말	느	쌀	낌	돌	자	용	자	의	션	파	에	찍	부	대
도	필	날	적	질	운	자	제	운	을	감	아	기	트	주	결	위
주	문	은	법	다	문	말	찍	진	추	느	컴	동	굽	너	좌	석
트	러	용	솔	자	발	장	자	짓	행	낌	퓨	체	다	측	파	주
이	스	트	한	느	을	람	문	젊	자	자	터	자	에	낌	용	티
한	주	굽	을	문	람	루	행	돌	자	터	션	리	추	요	도	은
도	바	자	제	컴	범	다	용	한	부	셀	주	들	다	부	션	트
절	굴	부	집	운	다	에	재	고	을	늘	찍	고	말	자	물	행

히트
아기
괭이를
지켜
깊은
재고
진행
지식
컴퓨터
좌석
함께했다
동의
가뭄
액션
중간
흔들리는
대화
배지
파트너파티
중력

Puzzle 396

위	자	범	컴	션	굽	말	물	카	용	발	동	장	문	굴	공	풍
말	용	문	표	다	운	찍	바	개	바	은	달	필	부	느	바	올
카	바	굽	동	사	너	루	위	부	견	컴	장	소	한	리	에	발
셀	필	한	퓨	모	양	의	에	뱀	파	이	어	금	트	발	바	크
이	전	솔	쌀	받	리	쌀	이	동	로	바	자	람	트	받	한	을
쌀	거	달	을	절	션	필	레	파	션	절	자	트	솔	주	절	대
카	용	루	쌀	젊	노	견	범	이	루	굴	굽	체	동	문	솔	찍
문	용	은	대	견	맞	을	셀	받	범	무	쌀	발	동	제	노	규
터	제	굽	제	바	용	지	쌀	유	람	례	카	돌	을	배	체	칙
결	적	감	받	한	젊	자	속	리	은	산	도	마	뱀	울	거	주
로	동	적	동	돌	용	필	물	한	코	책	책	풍	부	들	도	풍
트	한	견	전	바	람	터	발	절	트	임	특	거	한	도	트	다
한	필	리	바	을	제	위	문	적	를	동	별	다	다	쌀	자	노
쌀	전	다	찍	상	단	치	캐	주	한	용	한	도	요	루	젊	한
너	질	굴	을	올	굽	컴	달	크	트	문	도	쌀	이	집	트	물

물개
절대
상단
배울
위치
소금
특별한
지속
적절한
도마뱀
모양의
무례
뱀파이어
풍부
코트를
규칙
산책
유리한
캐치
책임

Puzzle 397

문	쌀	장	맞	사	컴	범	동	양	발	지	를	카	코	크	측	춤
용	카	다	문	공	활	돌	도	느	파	루	행	트	요	리	눈	물
말	한	퓨	쌀	레	성	상	추	오	이	에	스	위	테	스	트	거
컴	문	절	주	을	카	위	을	파	표	풍	만	를	굴	마	트	도
한	요	바	민	기	쁘	게	날	굽	낌	법	고	추	발	스	로	대
주	행	질	이	받	공	운	한	필	추	맞	동	쌀	바	바	필	레
문	올	법	가	지	고	가	는	은	이	은	문	견	집	느	동	한
날	질	트	낌	장	자	파	다	러	자	위	실	전	말	질	고	이
솔	루	션	을	부	을	행	끔	단	락	쌀	퓨	행	결	측	션	레
이	늘	계	획	춤	춤	휴	날	제	느	다	문	문	을	북	전	너
들	운	돌	로	감	정	가	트	적	장	은	한	거	길	용	용	스
자	컴	쌀	찍	들	책	를	행	요	말	트	한	도	행	공	추	말
부	제	레	파	스	한	루	은	동	은	리	굽	굽	고	감	운	트
다	레	체	동	용	어	집	행	달	퓨	절	주	장	션	바	집	컴
춤	솔	동	리	크	넣	낌	견	바	제	리	용	를	발	늘	젊	제

솔루션을
주민이
용어집
단락
크리스마스
길을
넣어
휴가를
양파에만
눈물
지루
행위
실행을
계획
상추오이
정책
가지고가는
코요테
기쁘게
활성

Puzzle 398

낌	돌	동	이	도	새	다	노	감	스	이	루	거	느	도	크	은
들	쌀	부	대	바	날	벽	생	선	호	퓨	주	찍	질	카	로	스
결	문	물	쌀	말	측	로	명	체	러	표	스	장	너	사	바	리
느	강	솔	받	바	북	트	을	다	말	굽	한	음	료	터	도	문
노	이	한	로	질	이	트	카	다	법	극	장	문	부	이	셀	필
검	은	익	늘	파	터	공	날	레	바	다	동	동	동	트	자	운
결	을	이	한	거	로	감	굴	로	문	셀	젊	부	주	도	람	발
동	도	문	북	적	은	문	의	느	부	받	잊	부	발	리	동	찍
을	의	어	트	솔	질	이	발	대	한	느	어	쌀	소	유	감	한
이	바	감	끔	솔	문	주	도	용	한	돌	문	대	용	풍	은	도
이	말	캠	페	인	희	을	무	기	을	절	감	느	자	춤	주	한
터	범	를	법	은	망	질	천	다	수	문	리	러	이	트	감	날
은	동	농	부	바	의	달	사	한	노	달	굽	노	달	부	도	크
장	로	한	표	공	그	질	감	발	바	추	춤	법	도	동	루	체
측	다	집	크	측	려	견	체	동	동	문	를	추	착	표	북	를

도착
희망
선호
검은
소유
이익
그려
음료
캠페인
강한
농부
천사
생명을
잊어
새벽
다수
도달
유리
무기
극장

Puzzle 399

헌	쌀	쌀	말	견	너	측	주	끔	동	말	적	발	다	추	바	동
신	법	로	야	채	를	감	의	주	트	행	자	트	바	제	을	한
배	어	맞	낌	범	추	다	물	필	한	트	젊	리	거	의	발	문
포	한	다	젊	달	너	발	주	두	주	바	대	러	낌	사	레	을
부	북	트	질	물	제	고	발	을	꺼	체	스	노	느	견	람	결
돌	동	그	늘	달	동	부	결	운	상	비	은	대	에	결	동	을
따	뜻	한	동	자	공	스	바	자	트	상	동	낙	느	정	한	충
풍	올	자	크	법	끔	다	보	라	색	풍	거	컴	타	주	동	격
체	리	동	공	한	낌	받	달	동	질	전	셀	결	퓨	범	올	풍
문	을	트	이	견	파	달	발	에	솔	결	이	쌀	을	물	공	은
운	발	에	거	제	동	리	끔	맞	요	자	질	대	크	감	다	올
스	결	법	문	발	카	아	카	바	낌	훌	륭	함	부	문	을	적
적	대	퓨	표	이	들	래	트	도	의	을	한	북	전	은	추	문
지	친	증	오	정	부	에	느	굴	은	변	위	결	한	셋	의	찍
둥	연	민	바	늘	춤	쌀	들	용	늘	션	은	도	도	째	범	트

증오
훌륭함
셋째
둥지
아래에
지친
따뜻한
상상
보라색
연민
충격
정부
결정
그늘
배포
두꺼비
변위
헌신
낙타
야채를

Puzzle 400

동	노	한	질	달	맞	트	행	필	들	레	사	호	동	도	맞	법
다	견	트	문	너	느	긴	급	레	발	서	회	텔	트	션	돌	파
이	도	오	류	한	측	대	굴	너	한	둘	는	주	위	에	을	세
커	추	한	딱	트	문	자	발	감	람	러	한	바	도	물	친	포
절	튼	집	정	션	터	기	존	의	요	측	루	을	법	바	화	동
바	북	대	벌	쌀	주	법	문	사	영	범	솔	자	춤	노	적	제
이	절	주	레	법	적	은	람	람	리	러	짓	람	북	거	집	쌀
달	퓨	자	도	받	운	을	트	쌀	을	추	에	주	너	을	끔	절
장	을	운	동	주	끔	전	사	낌	문	도	용	용	동	물	를	받
행	리	이	을	추	날	풍	북	달	문	자	솔	크	은	대	한	날
날	을	발	웃	낌	미	크	북	부	다	집	사	소	한	부	를	측
견	사	의	이	도	소	러	내	일	노	동	로	장	션	스	들	북
피	하	기	에	터	동	러	발	춤	트	찍	질	스	이	경	추	법
문	도	풍	한	동	말	물	이	표	질	동	문	포	위	트	찰	로
을	동	달	끔	을	주	동	질	문	람	감	부	츠	상	대	스	관

커튼
영리
피하기
내일
긴급
사소한
서둘러
딱정벌레
주위에
미소
이웃도
사회는
오류
스포츠
호텔
세포
기존의
경찰관
위상
친화적

Puzzle 401

크	동	쌀	기	대	도	찍	문	베	스	법	도	농	장	자	사	주
표	트	다	발	고	향	을	이	너	이	은	경	물	용	물	행	를
다	문	문	거	주	양	크	셀	감	다	킹	쟁	크	달	주	형	식
필	동	주	풍	발	로	자	스	젊	문	너	컴	필	달	풍	적	추
유	료	은	추	제	은	법	끔	다	크	질	루	너	늘	어	표	문
낌	행	북	전	쌀	이	법	지	리	측	집	광	산	체	솔	레	법
동	범	도	너	요	주	다	금	용	은	고	그	림	자	도	주	표
돌	임	명	트	춤	노	공	셀	적	운	결	주	퓨	북	법	쌀	파
파	발	람	물	절	견	라	동	쌀	한	을	문	동	견	노	를	카
젊	말	동	돌	발	굴	러	이	표	터	이	침	짓	느	문	질	짓
느	이	제	공	대	올	솔	맞	브	찍	행	입	먹	고	넓	은	사
불	행	외	부	를	대	들	추	발	러	질	전	고	집	어	카	집
다	문	셀	결	받	범	터	목	적	한	리	대	체	을	질	을	물
바	주	말	노	파	제	트	굽	동	동	빨	부	쌀	스	느	다	말
러	동	쌀	동	바	이	고	동	트	쌀	운	트	리	파	범	위	주

베이킹
제공
농장
그림자
목적
불행
외부를
양고기
유료
형식
먹고
고향
지금
침입
광산
넓은
라이브러리
임명
경쟁
빨리

Puzzle 402

올	션	언	어	를	동	맞	날	발	주	표	로	중	용	요	낌	요
에	솔	감	주	쌀	다	올	바	람	람	동	크	앙	파	동	추	스
터	카	감	에	찍	바	수	분	솔	동	를	어	질	어	루	퓨	법
리	의	발	짓	날	범	쌀	쌀	표	도	느	리	바	도	집	바	주
대	로	쌀	메	느	체	루	동	체	다	바	카	다	카	동	감	범
가	득	측	모	공	더	블	레	한	를	장	운	문	방	향	컴	질
달	동	다	리	바	이	추	루	레	발	찍	자	고	풍	범	들	에
한	비	용	면	진	바	문	견	평	어	스	날	션	바	굴	을	공
파	필	공	요	청	디	올	트	야	이	맞	장	람	대	문	집	주
문	람	솔	션	러	찍	착	트	발	굽	은	트	행	바	젊	에	공
에	자	축	액	측	순	용	돌	대	동	은	결	한	용	주	한	젊
편	젊	구	세	느	간	를	맞	공	법	쌀	쌀	스	다	도	람	바
솔	안	범	스	을	조	각	필	너	격	스	느	전	사	냥	전	물
고	절	문	로	컴	의	풍	로	로	체	적	감	체	발	자	느	자
요	법	노	한	에	받	을	한	레	범	을	너	컴	바	한	카	장

메모리
착용
수분
평야
조각
액세스
사냥
요청
더블
바디
축구
비용면
편안
진리
공격적
가득
순간
중앙
언어를
방향

Puzzle 403

물	스	제	고	거	트	한	바	올	약	셀	다	러	위	은	의	트
질	퓨	포	한	짓	을	집	춤	를	속	대	범	도	보	늘	러	셀
적	표	올	츠	말	쌀	이	레	한	견	돌	결	동	동	트	달	맞
늘	말	을	장	가	부	도	쌀	문	드	동	전	이	발	마	측	물
절	결	주	질	느	동	을	은	컴	래	올	을	늘	로	지	말	짓
법	필	파	표	쌀	리	다	카	공	곤	제	견	을	람	막	동	받
바	운	날	셀	표	러	컴	문	은	젊	셀	쌀	질	늘	컴	바	을
주	느	늘	굴	모	크	바	사	스	한	절	풍	로	자	질	주	을
터	미	크	문	든	솔	입	에	케	한	쌀	컴	레	로	한	문	돌
차	이	끔	날	필	적	장	학	이	부	한	풍	맞	들	한	부	레
파	을	한	동	견	전	표	끔	트	바	올	터	세	들	을	추	북
적	립	제	카	한	거	사	람	스	낌	문	주	계	이	제	어	구
문	굽	다	로	필	조	직	에	케	노	를	자	늘	젊	행	체	굴
달	주	맞	적	예	카	집	운	이	운	을	이	발	볼	불	람	표
에	운	느	부	를	한	낌	주	트	위	집	노	을	트	에	발	굽

도보
거짓말
스포츠가
스케이트스케이트
적립
세계
물질
볼트
입학
모든
차이
드래곤
마지막
예를
불에
조직에
추구
이미
약속
말을

Puzzle 404

고발
스폰지
자신이
불규칙
운송
악어
소녀가
남성
떨어졌다
기록
평가
분자
과자
등을
유용
교회
밀가루
무리
사랑

악	풍	사	유	올	공	감	체	올	부	말	춤	결	터	남	찍	필
풍	어	랑	용	대	한	짓	고	동	쌀	춤	집	쌀	어	성	노	날
다	견	문	질	행	굴	트	에	짓	질	어	카	감	짓	문	물	올
레	동	말	물	러	쌀	셀	로	사	은	고	은	바	맞	한	한	늘
느	집	트	터	트	로	쌀	과	동	션	션	솔	을	바	을	요	터
집	동	날	바	은	이	신	자	자	물	바	자	날	무	끔	발	한
다	감	동	은	동	북	법	집	견	퓨	등	을	퓨	리	표	한	발
말	발	굴	전	측	돌	결	문	기	결	올	너	들	제	느	쌀	바
느	동	동	을	다	트	용	맞	록	용	필	고	셀	필	찍	을	어
요	떨	어	졌	다	쌀	을	도	요	요	달	노	맞	거	리	운	송
동	적	끔	너	루	평	고	느	문	스	이	질	스	솔	쌀	고	제
교	회	스	의	문	가	발	러	굽	장	폰	크	터	춤	터	찍	날
필	말	법	풍	에	녀	밀	트	대	문	분	지	한	받	도	행	젊
견	람	굴	솔	러	소	사	늘	부	운	자	동	한	날	쌀	법	제
낌	불	규	칙	받	주	스	올	이	날	고	은	루	동	느	맞	표

Puzzle 405

받	너	한	법	고	루	올	공	체	네	일	람	다	로	범	파	절
행	고	제	부	컴	트	강	문	필	대	달	에	자	돌	바	용	절
쌀	스	집	참	법	도	동	우	뾰	크	리	감	자	문	주	을	용
물	너	장	여	장	질	이	절	족	바	대	스	조	구	조	범	의
을	한	예	말	노	을	와	춤	한	솔	날	동	심	도	주	즉	루
한	동	외	요	느	노	서	수	량	장	공	풍	스	너	소	시	문
바	말	감	도	의	레	루	고	다	스	낌	표	럽	제	전	짓	다
동	날	집	용	표	감	맞	풍	감	냄	비	바	게	크	터	용	법
짓	쌀	질	셀	이	운	발	부	북	퓨	날	너	한	요	트	을	바
도	군	적	상	추	터	바	어	자	거	의	쌀	물	졸	레	트	문
다	러	사	도	풍	짓	너	느	동	컴	맞	크	받	린	달	떠	의
주	이	트	트	달	문	주	솔	짓	찍	북	행	바	터	느	러	나
동	쪽	발	올	션	춤	돌	퓨	에	도	퓨	어	올	결	늘	다	하
범	느	풍	러	형	식	늘	질	행	들	컴	에	풍	공	제	쌀	부
고	어	집	터	자	를	춤	풍	사	느	발	루	한	람	은	자	짓

참여
군사
예외
하나의
수량
즉시
구조
조심스럽게
동쪽
떠나
도구
졸린
강우
뾰족한
상추
냄비
네일
와서
주소
형식

Puzzle 406

필	올	필	질	노	동	로	용	을	살	짓	발	체	달	용	범	짓
컴	요	을	크	파	달	다	로	올	고	짓	물	돌	체	다	에	견
극	퓨	한	질	크	로	맞	노	느	있	부	견	들	집	사	북	물
적	동	표	자	고	료	찍	이	전	는	문	발	문	람	의	새	벽
인	한	운	필	자	유	수	입	쌀	을	로	자	측	퓨	졸	냄	을
추	동	션	견	늘	솔	문	흔	달	한	법	한	들	느	업	트	카
요	행	진	체	어	성	장	들	복	트	맞	퓨	도	너	장	용	사
거	범	한	북	한	능	솔	리	숭	결	범	장	늘	에	대	람	주
위	낌	발	쌀	북	을	을	는	아	셀	로	용	문	자	너	솔	노
의	리	날	말	바	이	스	방	주	은	사	한	은	을	어	지	컴
다	추	필	동	크	부	컴	한	어	동	바	자	은	동	물	동	리
러	고	바	주	렁	션	자	돌	굴	머	다	이	동	올	발	을	셀
노	업	데	이	트	장	너	받	한	동	니	질	자	를	람	낌	북
트	달	사	리	표	쌀	주	바	문	괴	물	러	트	늘	을	고	맞
너	장	동	컴	굴	은	전	대	말	트	느	요	바	물	대	질	셀

극적인
자유
괴물
졸업장
수입
에너지
트렁크
냄새
업데이트
이전
방어머니
성능을
필요한
동행
복숭아
살고있는
흔들리는
진행
새벽
유료

Puzzle 407

사	러	경	계	제	로	굴	쌀	너	감	받	문	고	을	조	받	질
람	자	추	질	용	추	실	수	늘	받	크	에	필	포	건	거	부
대	결	고	용	노	자	바	한	발	발	트	동	에	함	이	러	다
회	을	문	요	앉	아	올	제	동	을	파	체	러	바	굴	찍	견
을	운	북	바	사	로	달	행	람	로	햄	체	동	이	레	전	용
용	열	대	문	람	물	을	너	질	람	스	부	발	한	이	한	전
달	짓	대	터	에	쌀	운	운	을	짓	터	춤	람	춤	물	를	을
동	솔	바	풍	게	사	회	터	조	류	가	터	말	위	돌	솔	컴
풍	을	추	트	맞	질	자	에	거	바	어	보	장	의	빛	트	끔
필	러	대	문	노	바	표	견	문	제	를	달	한	로	다	카	터
바	느	주	젊	가	르	쳐	셀	주	바	자	물	퓨	리	전	쌀	을
크	늘	트	로	맞	을	위	도	문	한	한	요	운	부	동	솔	제
한	로	은	부	들	젊	다	한	요	법	파	결	날	부	을	고	목
문	춤	스	날	설	명	루	클	남	성	날	질	자	발	동	바	문
은	절	느	위	질	에	을	느	럽	터	집	문	다	을	법	감	느

포함
대회
가르쳐
위의
크로스
사람에게
열대
클럽
조건이
보장
빛의
햄스터
실수
설명
앉아
경계
사회
조류가
제목
남성

Puzzle 408

고	북	경	향	이	노	카	용	레	용	필	공	결	춤	말	울	질
카	제	솔	맞	션	트	을	춤	리	질	견	션	범	날	은	새	풍
트	솔	맞	법	주	트	운	낌	동	찍	오	프	너	부	을	의	올
장	주	늘	카	견	동	용	고	로	위	굽	람	은	트	느	바	끔
낌	너	전	참	솔	발	션	의	은	행	주	바	을	은	행	용	법
바	요	를	가	법	람	돌	이	북	문	날	감	자	다	긍	정	적
다	금	쌀	자	어	동	고	다	결	자	자	협	상	동	달	은	바
질	컴	공	스	너	풍	다	도	추	늘	끔	노	태	들	쌀	올	소
비	짓	용	한	견	은	느	셀	달	아	들	이	감	도	쌀	위	유
아	명	들	받	에	을	바	풍	굴	은	표	로	물	날	바	크	자
수	전	느	춤	컴	위	날	굴	춤	문	이	찍	퓨	크	바	션	용
허	카	느	셀	은	동	분	자	달	북	위	를	다	을	위	다	사
용	로	맞	이	절	풍	문	올	도	사	겁	컴	감	문	로	문	동
도	자	표	받	문	트	에	카	물	북	차	쟁	거	장	스	다	집
거	대	한	콤	달	북	바	체	어	을	지	스	이	케	근	당	주

참가자
달콤한
오프너
태도
아들이
거대한
비명
사용자
노트
허수아비
경향이
긍정적
겁쟁이
당근케이스
협상
요금
소유자
차지
울새
분자

Puzzle 409

라	이	을	어	람	부	제	도	도	파	낌	측	주	크	질	요	쌀
사	체	을	문	동	날	바	을	들	의	트	로	문	원	굽	트	전
너	람	측	동	쌀	도	물	전	맞	람	표	바	한	정	을	용	굽
도	이	이	춤	트	로	터	고	동	도	을	적	거	은	맞	레	용
절	의	웅	장	한	땅	발	리	받	공	말	주	제	메	로	잉	은
을	문	파	요	다	의	굽	필	람	끔	컴	북	사	시	질	태	클
맞	법	너	한	고	쌀	다	다	굽	체	절	날	말	지	운	결	래
날	절	부	날	표	컴	셀	기	동	동	로	적	굽	대	한	견	스
아	부	한	바	춤	노	다	본	돌	한	측	날	트	은	짓	한	문
무	자	제	먹	늘	위	한	전	끔	낌	퓨	동	낌	자	행	솔	거
것	동	파	고	로	님	감	굽	북	행	운	집	우	리	의	이	사
도	동	거	문	짓	생	다	너	용	동	물	바	질	낌	세	운	게
들	바	맞	을	에	선	느	나	셀	적	거	공	크	거	제	척	임
젊	체	추	동	요	인	거	비	날	씨	찍	쌀	풍	장	발	돌	컴
질	낌	을	크	느	요	한	맞	레	퓨	추	트	바	컴	춤	동	한

아무것도
세척
선거
요인
게임
기본
사라
날씨
잉태
사이의
나비
땅의
웅장한
우리의
사람이
메시지
클래스
원정
선생님
먹고

Puzzle 410

을	올	발	레	도	션	찍	느	이	절	노	을	다	한	한	을	굽
카	요	필	트	주	터	주	결	쌀	위	노	적	짓	쌀	도	늘	대
결	분	동	레	퓨	문	한	컴	느	트	굽	달	쌀	한	도	견	사
간	기	을	한	질	다	기	루	의	장	거	걀	발	춤	체	문	위
을	우	추	느	어	주	도	억	을	감	애	고	이	추	발	자	터
굴	채	장	발	아	래	층	제	파	말	동	터	동	절	문	람	느
를	찍	셀	동	굽	바	낌	결	트	날	로	거	자	동	올	을	과
표	북	문	셀	리	을	을	퓨	범	말	끔	견	짓	체	터	한	거
사	트	공	션	을	주	감	확	장	카	회	측	로	메	뚜	기	의
트	스	용	한	향	풍	한	교	동	물	원	공	문	이	도	리	늘
은	도	풍	통	방	동	랑	사	질	너	위	너	질	을	낌	을	러
전	공	의	범	지	적	깔	부	족	느	집	레	로	행	굽	셀	러
러	집	결	트	유	은	끔	그	려	쌀	수	동	이	용	은	을	크
제	올	퓨	을	우	바	한	레	굴	체	부	도	카	위	추	문	풍
말	문	행	로	측	을	로	견	굴	행	말	문	로	주	필	로	션

메뚜기
장애
기간
확장
달걀
동물원
기억
교사
분기
수집위원회
깔끔한
통지
아래층
부족
우유지방
과거의
채우기
그려
방향
사랑

Puzzle 411

퓨	부	노	카	결	동	동	체	대	부	동	데	을	쌀	절	다	받
달	문	한	용	행	셀	문	표	문	어	쌀	이	을	실	버	고	한
한	다	늘	자	노	낌	말	바	발	솔	도	터	전	쌀	굽	바	용
은	느	서	브	컴	팩	트	공	달	크	득	가	지	시	소	제	로
용	쌀	바	너	스	쌀	어	찍	이	한	대	치	를	크	가	풍	장
바	고	맞	에	필	달	노	위	짓	마	음	유	한	질	자	도	을
문	필	이	쌀	절	이	도	집	거	끔	고	위	부	바	동	라	질
다	맞	발	너	운	트	공	요	카	물	터	문	주	발	바	인	북
부	표	발	젊	낌	쌀	느	너	굽	장	적	부	문	결	북	짓	발
동	한	동	내	쌀	범	문	물	끔	로	동	빠	른	람	동	요	늘
건	치	아	측	와	동	물	적	솔	달	동	받	맞	공	측	결	체
감	강	낌	위	법	어	의	다	너	생	존	카	루	리	말	젊	을
풍	집	한	간	단	한	날	문	이	짓	동	솔	을	트	도	바	이
주	리	를	부	문	의	트	굴	느	질	외	아	자	제	맞	돌	을
표	부	절	을	짓	리	용	생	일	을	에	침	한	솔	장	법	끔

라인
외에
아침
데이터가
서브컴팩트
빠른
전시가
유치가
내와
소시지
건강한
간단한
생일을
치아
생존
마음
실버
달이
제로
가득

Puzzle 412

인	제	주	로	크	동	너	루	동	거	찍	사	요	컴	북	감	다
한	정	전	초	을	발	날	노	을	리	자	공	체	터	어	발	제
셀	을	받	대	너	다	다	느	견	문	장	발	노	도	표	풍	한
한	바	측	을	쌀	이	받	를	솔	질	굽	문	표	용	받	수	범
로	거	부	션	익	리	컴	풍	한	요	컴	날	젊	솔	필	준	카
로	한	끔	루	이	야	기	대	로	수	행	제	공	하	는	하	전
법	제	느	솔	없	맞	다	스	루	리	한	다	장	에	바	도	주
늘	바	느	문	원	자	터	올	한	솔	동	질	행	거	찍	록	은
뜨	거	운	사	소	트	사	달	팽	이	갈	등	세	기	용	을	문
대	짓	맞	트	표	문	표	실	테	이	크	말	단	위	를	춤	의
션	찍	필	다	한	너	필	견	고	카	솔	전	션	끔	션	공	물
말	카	셀	돌	발	한	맞	레	동	한	문	표	부	북	주	을	날
주	도	카	로	감	컴	부	노	카	낌	이	카	자	신	의	부	부
자	원	자	추	맞	을	이	법	풍	의	낌	체	적	부	굽	느	동
노	션	형	소	감	대	한	올	북	은	을	한	필	사	한	문	은

달팽이
사실
초대
제공하는
수행
갈등
수준하도록을
원형
자신의
인정받을
노을
소형
세기
소원없이
뜨거운
테이크
단위를
이야기
솔루션을
이익

Puzzle 413

을	굴	트	도	문	크	동	장	절	달	범	트	장	체	행	스	굽
받	만	들	이	를	화	동	감	카	한	로	질	들	느	크	측	주
측	춤	감	거	문	결	재	표	문	달	올	것	은	놀	을	다	거
로	러	파	위	춤	물	노	동	질	고	낌	날	깊	라	짓	중	앙
표	을	고	이	필	들	요	솔	지	션	크	받	다	운	너	받	날
의	분	부	대	느	결	트	를	편	들	낌	풍	부	적	질	질	람
은	자	돌	용	바	사	고	통	스	럽	게	법	찍	은	바	의	표
리	북	이	신	뢰	은	문	퓨	로	션	질	러	절	불	행	리	운
도	춤	감	범	망	원	경	결	없	음	도	집	너	바	다	너	람
견	의	발	민	의	공	건	물	을	바	적	찍	제	에	끔	감	제
도	주	트	속	자	풍	주	의	에	추	치	열	한	러	견	측	장
감	기	도	표	행	문	러	제	동	용	자	추	번	스	추	문	필
문	주	각	질	물	자	은	위	동	문	쌀	를	빈	표	필	운	필
람	의	대	자	쌀	요	을	용	끔	굴	셀	셀	은	용	지	식	러
공	바	쌀	발	을	트	부	을	운	자	컴	트	젊	노	쌀	늘	요

스펀지
것은
민속
만들
기각
고통스럽게
신뢰
없음도
화재
고대
망원경
건물을
치열한
빈번한
놀라운
대부분의
지식
깊은
불행
중앙

Puzzle 414

법	집	전	흥	버	전	추	을	동	크	트	다	한	한	시	찍	다
트	크	발	쌀	미	끔	수	집	은	전	다	은	쌀	쌀	굽	간	동
을	다	그	러	나	로	체	전	측	측	부	로	부	체	동	행	어
동	루	발	트	쌀	주	운	기	자	로	느	솔	한	람	이	고	낌
러	문	굽	한	문	제	견	연	속	크	자	한	들	맞	느	은	늘
용	위	문	행	크	로	파	맞	굴	문	터	바	범	맞	주	의	을
찍	문	한	텐	트	을	엘	프	부	도	법	요	들	춤	물	은	북
응	답	파	측	것	들	을	찍	바	동	러	짓	주	노	집	날	컴
문	이	낌	장	바	을	곤	래	드	보	은	추	추	은	문	찍	너
너	트	컴	말	너	제	리	찍	용	질	제	체	컴	은	말	문	한
측	상	를	문	용	도	필	바	절	바	이	카	끔	표	한	질	법
컴	업	도	날	셀	러	결	한	선	에	에	아	마	용	용	이	트
느	감	견	부	범	을	한	동	고	은	한	주	노	한	풍	문	파
다	행	바	돌	바	다	굴	도	발	끔	표	위	절	퓨	을	문	춤
변	수	말	은	도	을	자	이	늘	의	느	거	이	어	젊	로	굴

버전
전체
연속
응답
흥미로운
아마
바보
엘프
시간
보드
수집
전기
텐트
변수
것들
그러나
선고
도발
상업
드래곤

Puzzle 415

스	케	이	트	스	케	이	트	을	대	완	행	범	썩	굴	로	고
퓨	을	굽	문	굴	행	용	문	용	션	화	파	다	은	스	굴	스
람	운	결	받	한	을	용	자	북	찍	동	맞	끔	말	위	끔	션
사	람	들	이	어	쌀	로	북	느	법	다	굴	집	솔	적	카	시
늘	자	동	올	쌀	에	늘	주	리	장	너	받	트	돌	짓	다	스
문	굽	이	법	운	한	동	은	풍	자	풍	제	결	람	필	피	템
루	바	닥	상	태	이	굽	솔	한	올	춤	돌	발	물	한	해	통
터	로	자	체	젊	추	물	올	공	감	대	용	문	거	전	자	코
주	견	노	을	법	상	퓨	용	노	식	짓	문	용	노	동	보	를
을	짓	끔	젊	컴	대	북	볼	직	원	적	자	거	범	바	기	하
물	루	이	전	느	풍	문	트	트	감	동	으	주	나	위	로	지
트	트	의	도	로	컴	용	쌀	이	체	동	풍	로	중	컴	문	주
위	을	옷	을	트	맞	말	굴	을	로	러	바	쌀	에	느	스	한
좋	게	을	에	딸	제	늘	제	한	찍	퓨	전	주	고	은	요	견
행	절	바	동	이	이	운	발	맞	필	스	돌	요	장	을	질	결

자전거
코를하지
상태
바닥
나중에
주장
옷을
직원
좋게
썩은
사람들이
피해자보기
상대
공식적으로
딸이
통해
완화
시스템
볼트
스케이트스케이트

Puzzle 416

객체를
수정
저장
소리의
구스베리
사건
예상
걱정
위기
두려워
고래
차량
스프링
젖은
게으른
응답이
시작
장면
그늘
추구

그	주	구	추	올	말	크	용	다	이	한	체	로	동	문	한	자
장	늘	스	을	션	이	돌	날	동	물	고	컴	문	용	절	전	굽
집	표	베	요	컴	적	바	쌀	다	한	도	트	트	용	문	운	집
을	의	리	소	사	젖	은	집	은	늘	거	질	레	끔	차	량	문
한	절	트	리	건	한	퓨	한	감	견	추	찍	파	법	바	부	에
굽	받	트	젊	늘	를	에	북	다	말	주	부	부	요	고	한	받
을	주	위	절	들	전	공	바	제	예	한	파	날	동	을	젊	도
리	날	기	발	느	부	법	견	질	상	셀	시	올	스	러	크	거
셀	동	객	체	를	응	답	이	추	끔	북	작	굴	프	스	사	물
날	크	젊	트	말	용	솔	들	요	컴	고	짓	문	링	를	로	발
올	로	바	카	늘	에	은	루	도	자	동	래	장	들	장	발	바
한	다	크	올	주	장	저	고	춤	운	스	공	질	발	받	한	쌀
로	노	행	찍	문	를	면	동	은	문	질	쌀	동	레	풍	행	전
짓	견	주	적	발	션	운	맞	노	춤	행	솔	풍	찍	트	요	다
행	게	으	른	두	려	워	질	를	크	집	걱	정	수	이	크	감

Puzzle 417

늘	질	제	트	촛	한	피	체	은	부	안	편	지	굴	공	제	발
운	자	바	동	불	문	지	아	페	니	전	부	느	법	질	굴	주
받	트	한	을	을	들	원	트	노	끔	하	절	동	트	한	질	한
거	운	셀	늘	산	만	을	날	한	문	게	크	추	결	공	너	한
짓	의	적	트	남	부	질	을	한	견	호	래	다	문	동	쌀	이
로	파	자	도	바	용	발	발	운	맞	수	들	사	동	위	한	한
쌀	스	법	카	동	자	문	표	용	자	거	동	물	자	춤	나	집
달	낌	원	을	측	의	러	중	이	자	느	날	제	견	맞	머	을
질	행	트	을	바	운	이	간	요	올	필	감	한	터	자	지	올
바	쌀	받	동	문	노	필	돌	바	터	측	돌	행	북	연	을	용
사	전	말	질	대	발	무	트	전	감	짓	카	장	낌	에	북	행
측	공	저	녁	이	올	필	효	절	을	전	문	너	평	문	션	질
루	젊	동	문	레	대	동	트	반	춤	크	달	을	사	화	운	장
한	문	느	받	적	체	범	를	올	워	드	위	표	소	용	로	로
레	리	어	받	부	질	주	도	주	주	노	람	용	한	리	이	운

피아노
저녁
지원을
평화로운
촛불
절반
무효
남부
산만
워드
호수
자연에
크래들
안전하게
페니
법원
편지
나머지
중간
사소한

Puzzle 418

법	로	코	치	노	늘	노	가	공	집	파	전	낌	범	스	테	이
도	북	위	젊	트	파	문	루	지	원	위	쌀	솔	리	적	리	범
서	들	바	자	트	감	절	운	감	고	트	한	루	로	짓	위	풍
관	을	필	어	셀	소	젊	문	어	위	있	풍	노	레	노	질	리
로	느	션	다	낌	끔	집	루	솔	문	문	다	체	질	로	낌	너
체	바	표	부	견	자	느	젊	에	들	체	질	가	를	결	자	달
주	동	젊	견	의	을	레	질	바	체	한	도	북	스	사	로	셀
느	옥	수	수	동	이	찍	측	환	자	리	한	문	루	질	견	솔
너	법	부	받	적	을	다	대	굽	바	유	날	문	필	북	체	느
레	짓	한	위	문	수	행	하	는	공	격	입	술	터	다	자	대
굴	거	로	장	바	맞	로	올	동	바	동	자	스	다	느	로	파
동	자	퓨	느	운	한	공	레	레	셀	결	집	용	위	집	보	굽
션	전	동	주	정	물	받	물	추	의	문	에	쌀	문	상	트	들
바	자	샴	푸	중	실	제	로	굴	컴	발	코	니	질	너	거	춤
굴	터	감	고	요	찍	낌	을	을	를	낌	터	받	어	집	발	장

공격
샴푸
옥수수
한도
발코니
감소
입술
실제로
공원
도서관
가지고있다가
정중
스테이
보트
코치
수행하는
환자
유리한
지루
위상

Puzzle 419

퓨	너	이	표	찍	발	달	거	날	장	동	자	달	바	표	달	다
쌀	사	짓	동	터	올	장	주	주	물	문	범	파	자	파	끔	결
크	적	느	동	돌	느	자	구	인	치	평	파	바	음	요	질	을
문	적	한	용	마	지	막	성	추	명	동	면	느	성	이	젊	도
에	의	너	동	동	렌	일	체	을	적	한	풍	질	다	공	트	어
트	체	을	돌	어	오	부	셀	도	종	다	리	한	동	한	아	늘
바	크	터	찍	크	춤	추	용	날	노	이	드	용	주	늘	버	올
이	를	도	동	전	브	돌	이	너	맞	전	법	느	문	들	지	절
받	범	입	사	말	러	어	자	받	받	루	주	공	린	표	의	한
을	상	문	이	솔	시	말	거	북	집	북	한	로	도	용	발	법
필	점	약	속	트	날	행	낌	필	도	찍	발	레	바	집	용	돌
트	에	질	리	북	느	운	트	날	셀	러	로	느	견	쌀	로	을
굴	자	을	바	바	풍	견	를	은	파	트	낌	쌀	북	람	리	리
이	모	셀	춤	들	필	부	카	크	션	파	추	정	치	주	젊	체
제	든	션	달	공	컴	파	루	트	질	동	장	이	견	춤	대	집

일부
인구
상점
정치
바느질
리드
느린
행운
종이
평면
아버지의
치명적
오렌지
음성
도입
구성
브러시
약속
마지막
모든

Puzzle 420

도	장	파	말	의	연	표	달	감	짓	컴	위	낌	고	이	도	로
컴	주	측	문	은	방	쌀	적	립	오	을	물	굴	한	한	동	결
주	쌀	받	행	질	람	도	자	진	리	이	잠	대	기	측	을	다
한	도	표	굴	자	크	통	위	이	나	들	맞	금	술	행	트	이
동	카	펫	셀	원	컴	치	러	크	시	측	집	로	통	증	이	러
람	문	제	도	노	동	는	션	트	운	운	다	카	젊	을	측	대
올	가	말	사	표	감	트	이	요	법	맞	바	문	루	북	북	솔
발	격	사	자	은	질	로	은	부	터	낌	공	감	거	바	스	한
견	일	반	적	으	로	따	뜻	한	거	결	돌	레	꿈	퓨	솔	찍
솔	체	터	필	레	위	동	집	바	용	용	결	굴	의	리	쌀	의
행	파	아	이	리	스	셀	트	다	자	다	북	한	들	달	자	자
유	바	제	동	들	다	말	장	측	음	표	복	잡	한	솔	대	바
대	용	러	한	맞	리	결	날	정	동	범	자	문	받	의	어	제
절	말	하	을	에	로	거	춤	장	션	도	레	터	결	날	다	트
동	리	트	게	트	측	위	쌀	쌀	견	한	위	은	올	트	사	동

일반적으로
잠금
카펫
연방
가격
자원
복잡한
꿈의
통증이
기술
사자
시나리오
아이리스
통치는
유용하게
다음
측정
따뜻한
진리
적립

Puzzle 421

문	컴	한	카	필	트	주	바	다	관	크	굴	부	느	올	이	결
바	장	주	부	솔	범	무	트	발	찰	문	림	끄	문	솔	어	용
바	질	자	자	컴	컴	거	호	기	심	감	바	러	바	표	올	쌀
동	자	추	사	다	컴	운	트	굴	션	주	로	워	쌀	람	올	감
느	부	쌀	쌀	한	스	여	거	발	들	말	거	견	날	동	빼	자
느	의	올	의	용	을	받	섯	들	절	제	맞	괜	수	문	미	한
조	직	쌀	러	필	위	결	필	물	동	동	을	찮	박	집	끔	주
부	람	컴	장	노	굴	질	행	요	자	운	쌀	아	발	질	은	젊
을	물	리	어	레	끔	로	늘	받	공	를	셀	도	바	쌀	트	리
테	니	스	제	용	인	용	을	스	전	정	도	맞	문	을	적	다
너	바	자	동	질	군	차	달	부	느	당	근	카	동	의	도	달
거	크	날	셀	레	트	베	쌀	굽	말	용	레	표	낌	바	맞	터
도	루	자	느	러	부	이	이	명	체	용	문	돌	바	솔	감	에
느	러	로	말	끔	공	낌	로	사	요	북	한	표	북	동	트	젊
터	풍	돌	고	집	대	이	스	을	루	공	이	범	낌	한	문	스

괜찮아도
테니스
크림
올빼미
당근
수박
관찰
호기심
공정
어제
무거운
조직
베이
여섯
표범
군인
명사
인용
차용
부끄러워

Puzzle 422

젊	연	새	자	솔	용	을	용	도	스	용	용	문	이	한	법	을
발	기	로	주	젊	레	알	의	다	트	한	한	대	장	춤	표	요
굴	을	운	주	요	견	고	돌	졌	결	들	노	거	을	춤	트	로
전	굴	바	과	자	도	끔	골	어	고	한	트	을	시	짓	리	머
트	늘	너	스	미	친	북	동	떨	린	삼	촌	의	형	리	더	한
지	능	형	위	늘	행	장	품	을	감	이	을	드	제	질	즈	자
한	결	을	돌	바	체	동	공	은	내	카	느	적	럼	일	고	주
주	올	트	올	리	루	동	문	질	용	감	느	체	달	곱	늘	측
동	동	굴	풍	측	를	주	로	문	다	올	낌	에	크	돌	파	결
을	은	문	다	용	표	쌀	동	을	을	요	측	스	한	발	을	돌
맞	을	달	짓	적	바	이	을	집	질	돌	월	요	일	달	측	춤
을	크	한	질	받	동	퓨	찍	카	추	적	의	도	체	젊	적	적
요	한	집	동	셀	말	을	동	은	자	요	집	바	셀	로	젊	찍
부	침	이	이	들	범	절	도	들	범	문	한	절	을	바	춤	춤
을	입	느	문	솔	문	요	쌀	은	동	이	법	감	필	위	너	은

시리즈
새로운
형제
동굴
머리
알고
어린이
내용
월요일
연기
골동품
삼촌의
미친
리더
지능형
드럼
일곱
침입
과자
떨어졌다

Puzzle 423

어	문	굴	문	요	한	트	낌	지	집	문	트	스	람	집	들	발
받	용	들	터	을	받	바	감	금	다	람	쥐	찍	트	범	에	레
의	동	크	에	개	인	미	을	까	스	날	제	다	의	러	공	자
제	파	내	부	외	쌀	소	가	지	존	재	를	위	노	레	솔	견
안	전	은	짓	감	요	연	지	컴	행	물	동	이	어	스	은	트
동	노	퓨	루	동	끔	기	고	동	고	표	날	다	공	토	파	늘
파	을	질	끔	물	찍	그	사	소	솔	굴	영	공	질	랑	문	은
사	스	느	장	고	한	이	림	스	공	은	향	한	셀	개	동	체
한	날	중	감	한	한	달	젊	자	결	론	을	필	트	혁	쌀	을
문	에	지	주	너	솔	발	느	주	동	측	말	이	공	의	트	의
다	동	바	올	한	부	크	제	쌀	로	러	달	한	한	격	물	운
필	대	받	위	발	쌀	체	물	굽	메	집	견	리	람	어	적	전
견	스	카	쌀	물	문	필	바	공	리	쌀	바	트	공	레	문	짓
풍	한	도	러	풍	적	러	범	터	맞	말	발	요	짓	공	카	공
다	북	루	질	전	부	바	다	발	다	춤	다	달	이	들	범	주

안전
중지
소스
끔찍한
내부
영향을
미소연기
개혁의
다람쥐
메리
가지고
지금까지
개인
레스토랑
존재를
외부
결론
풍부
그림자
공격적

Puzzle 424

젊	파	거	리	카	비	셀	한	법	에	춤	당	걸	도	한	느	감
부	질	고	운	낌	워	컴	동	카	부	굴	신	핏	셋	째	꼈	을
느	이	추	제	낌	짓	부	장	로	레	을	의	하	질	용	다	자
말	범	를	적	직	주	쌀	터	거	일	회	용	면	문	쌀	춤	손
하	춤	쌀	바	원	아	이	디	어	가	쌀	질	주	느	레	한	실
는	짓	터	말	이	북	절	굴	용	스	한	맞	필	을	문	대	을
쌀	위	행	찍	짓	터	한	쌀	동	장	주	람	상	사	집	카	찍
케	이	스	장	적	고	대	다	주	쌀	트	이	자	인	적	력	매
발	의	풍	람	동	적	도	젊	동	들	젊	로	낌	문	리	절	사
집	풍	풍	루	터	쌀	짓	발	명	물	바	바	굴	문	운	의	을
표	들	솔	장	트	크	쌀	느	백	은	퓨	말	한	도	션	낌	감
바	느	이	셀	질	에	한	굴	한	션	용	로	레	거	한	의	부
은	거	표	동	동	보	법	낌	받	부	발	허	가	전	젊	도	끔
능	레	돌	로	루	를	안	문	굽	은	추	한	찍	크	낌	자	자
결	력	절	고	거	체	부	리	달	느	올	요	퓨	루	느	풍	용

명백한
느꼈다
매력적인
허가
상자
케이스
고추를
당신의
아이디어가
보안
비워
필사적
거리
직원이
일회용
능력
손실을
걸핏하면
말하는
셋째

Puzzle 425

고	을	문	을	동	공	체	표	동	필	전	바	대	행	을	축	전
당	견	너	젊	텍	스	트	자	트	받	트	리	도	낌	을	구	문
나	말	문	주	체	부	한	고	바	체	용	바	셀	도	적	장	한
귀	트	을	문	낌	사	받	춤	질	스	고	집	젊	자	셀	바	사
젊	낌	굴	핸	질	한	로	들	어	용	동	에	로	트	농	물	주
발	동	문	들	이	카	이	발	람	어	결	나	쁜	필	담	용	터
트	한	짓	을	공	퓨	끔	로	문	은	에	범	바	어	느	을	맞
장	운	북	세	비	누	풍	역	파	돌	미	도	카	바	젊	용	말
트	질	자	달	대	맞	바	할	북	공	소	들	바	스	동	연	은
발	은	은	동	바	법	행	굽	전	전	문	가	증	짓	돌	말	결
이	받	질	루	을	끔	컴	퓨	터	대	람	춤	위	북	찾	도	춤
에	찍	도	동	션	한	트	동	한	늘	을	루	을	표	기	행	도
고	적	달	자	동	트	석	풍	발	추	트	도	찍	동	은	젊	스
달	불	반	딧	불	맞	한	탄	문	주	질	한	남	아	는	거	동
부	쾌	이	대	사	다	로	문	돌	를	물	쌀	주	크	크	동	스

용어
석탄
남아는
전문가
비누
농담
찾기
증가
핸들을
연결
반딧불
역할
세대
나쁜
텍스트
불쾌
당나귀
도달
미소
축구

Puzzle 426

사	바	절	활	측	클	라	우	드	끔	굽	견	주	바	주	달	퓨
바	한	한	동	로	북	굴	느	들	이	달	끔	절	장	위	늘	굴
받	공	를	느	동	요	동	회	자	사	다	굽	한	더	에	들	표
장	리	용	를	너	노	바	동	의	스	쿠	터	사	로	워	셀	고
공	자	카	필	요	법	한	리	결	들	요	컴	에	견	침	을	너
누	구	아	무	것	도	위	언	덕	공	로	괜	찮	을	대	요	문
거	부	풍	터	느	용	제	체	셀	개	맞	북	공	셀	찍	끔	굽
끔	굽	질	올	바	주	문	절	용	은	체	리	끔	컴	에	동	부
범	위	다	거	컴	크	컴	질	돌	장	포	로	솔	관	용	용	발
솔	을	결	문	문	느	요	운	동	솔	인	퓨	종	테	이	프	동
리	문	문	표	셀	받	주	율	적	터	트	자	사	료	기	존	의
행	한	트	전	동	날	동	루	크	을	감	슬	픈	트	와	레	한
제	한	찍	셀	루	다	필	표	한	트	위	재	미	측	를	을	주
용	를	북	운	늘	바	트	물	견	부	문	주	의	고	필	솔	레
을	위	션	용	질	위	들	부	끔	이	다	말	시	간	시	간	절

언덕
종료와
침대
테이프
스쿠터
회의
포인트
운율
활동
더워
시간시간
클라우드
공개
누구아무것도
슬픈
관용
괜찮
재미
기존의
주위에

Puzzle 427

파	법	아	안	를	동	끊	지	는	그	쌀	퓨	굴	풍	트	풍	이
셀	트	고	마	사	한	북	느	결	릇	컴	셀	동	위	필	짓	카
문	누	너	션	도	밀	법	관	표	람	다	바	바	트	발	받	한
다	군	바	파	문	공	앞	계	한	굴	물	질	굽	측	바	돌	레
노	가	이	풍	티	부	치	노	행	스	켈	레	톤	들	추	트	트
돌	한	람	부	크	도	마	돌	러	부	추	트	을	체	고	공	풍
퓨	물	문	문	양	감	필	위	맞	권	한	러	느	트	춤	스	쌀
필	운	퓨	을	말	맞	제	느	문	투	요	트	필	사	바	퓨	운
도	행	견	바	측	부	카	트	한	선	호	하	는	문	제	을	한
위	가	로	부	문	도	법	늘	결	도	필	바	다	로	질	을	질
위	측	능	트	한	물	이	법	션	한	고	은	고	문	람	에	고
표	용	늘	성	풍	범	스	도	추	범	로	예	퓨	장	로	느	트
문	문	은	표	북	위	거	자	느	문	요	측	노	절	굴	트	느
집	동	돌	퓨	람	측	풍	체	컴	북	낙	리	동	전	굴	회	사
견	찍	이	쌀	다	동	표	터	을	솔	타	춤	에	로	독	수	리

끊지는
아마도
독수리
밀도
앞치마
관계
누군가
그릇
예측
안아
가위
스켈레톤
권투
가능성
회사
양말
선호하는
파트너파티
낙타
물질

Puzzle 428

좋	은	안	녕	질	요	쌀	짓	도	돌	을	달	운	한	부	람	절
스	트	립	퓨	은	은	거	션	이	부	집	필	받	은	의	동	느
질	제	도	스	낌	거	문	을	동	자	은	짓	결	느	한	셀	동
넓	은	조	위	달	올	맞	너	너	어	파	자	젊	끔	도	사	을
트	말	카	를	한	셔	츠	젊	비	도	법	결	어	말	트	느	느
의	쌀	은	운	북	한	말	동	싼	의	바	쌀	들	람	문	체	퓨
말	어	동	파	을	의	풍	주	용	은	찍	문	트	을	날	젊	운
쌀	트	견	올	루	자	너	물	운	루	트	점	가	상	농	장	쌀
용	느	집	람	한	람	불	느	눌	때	문	에	유	인	덱	스	낌
물	솔	올	은	범	트	규	노	러	젊	노	풍	어	율	부	을	부
공	물	발	터	주	트	칙	길	는	달	리	달	범	자	제	다	들
필	동	견	낌	굽	버	노	이	서	유	리	올	션	너	제	루	문
체	트	집	말	문	장	섯	젊	고	향	맞	짓	고	용	파	부	행
파	절	문	션	늘	부	트	집	보	단	계	를	래	노	에	너	날
카	셀	람	부	체	람	다	들	주	느	결	느	자	느	의	결	쌀

스트립
가상
눌러
보고서는
인덱스
때문에
단계를
제조
노래를
좋은안녕
비싼
길이
셔츠
점유율
버섯
유리
넓은
고향
농장
불규칙

Puzzle 429

한	공	들	자	크	터	들	시	발	주	트	범	이	를	올	동	미
한	다	바	젊	리	솔	컴	트	션	늘	정	역	늘	사	로	운	래
그	래	프	판	매	자	스	대	행	동	의	사	거	회	격	측	맞
체	느	다	늘	카	도	한	주	을	를	도	스	터	는	리	을	레
한	어	한	느	을	느	견	조	바	체	러	얼	잎	감	바	굴	굴
거	파	찍	법	풍	외	국	질	립	추	범	음	쌀	을	문	금	트
굴	너	부	적	절	고	문	젊	은	이	한	바	범	표	끔	융	문
절	을	부	쌀	요	굽	문	바	집	젊	은	러	춤	표	용	다	동
느	평	방	느	운	대	쌀	동	절	다	집	자	전	을	은	감	로
딸	감	견	춤	은	범	한	노	발	주	자	굽	늘	풍	행	유	람
기	은	한	셀	느	레	퓨	스	용	트	자	다	북	발	요	연	한
고	느	범	수	가	시	적	션	이	솔	장	짓	요	집	북	한	법
물	주	질	날	면	동	춤	컴	운	솔	범	행	굴	들	풍	한	파
에	돌	느	범	도	용	터	느	짓	고	바	를	필	짓	범	전	고
맞	감	다	문	낌	한	트	동	받	찍	적	이	어	발	제	너	낌

물고기
평방
얼음
외국
격리
수면
가시적
미래
그래프
역사
정의도
금융
시트
젊은
판매자
잎을
유연한
딸기
조립
사회는

Puzzle 430

물	개	끔	물	동	은	날	한	장	을	늘	쌀	거	범	결	한	은
한	늘	동	쌀	절	법	위	파	낌	발	풍	주	고	반	과	올	자
헤	론	짓	한	에	북	적	드	터	셀	받	적	공	응	를	트	범
낌	자	루	질	풍	동	컴	레	주	물	한	동	주	을	풀	부	갔
슬	립	체	카	을	질	운	스	우	법	성	인	카	간	호	사	다
범	동	추	공	질	맞	느	느	을	너	집	바	돌	풍	파	제	레
도	용	물	에	션	클	이	낌	날	이	질	달	의	한	춤	코	끔
제	문	레	모	네	이	드	북	행	다	풍	스	춤	감	굽	뿔	문
부	굽	트	쌀	로	사	테	감	자	감	람	은	춤	짓	리	소	바
람	장	은	다	요	낌	쌀	스	젊	을	한	퓨	늘	받	범	을	물
자	발	용	문	고	스	도	트	한	자	요	물	문	결	주	대	체
도	굴	한	한	주	레	쌀	맞	측	표	리	날	어	에	발	범	바
달	은	고	쌀	바	트	어	도	컴	행	논	문	를	딘	한	문	질
차	이	가	문	크	로	솔	트	카	감	의	자	스	주	가	감	문
다	부	컴	동	을	한	쌀	문	파	솔	날	춤	짓	이	요	에	바

반응을
스테이션
결과를
간호사
우스운
성인
차이가
풀을
코뿔소
갔다
어딘가에
요리논의
사이클
슬립
레모네이드
드레스
법적
범주
헤론
물개

Puzzle 431

감	로	한	체	사	연	습	람	적	신	정	다	에	어	에	한	한
규	전	로	북	컴	문	노	은	에	북	사	굴	들	의	크	추	로
제	스	끔	날	말	다	을	발	어	은	이	찍	동	솔	느	소	결
요	도	풍	상	승	트	발	을	다	측	바	트	공	거	노	유	바
을	체	션	자	두	법	굴	찍	문	동	한	부	노	카	노	퓨	쌀
어	운	장	대	필	한	이	맞	컴	감	동	달	노	트	제	쌀	거
풍	도	낌	한	운	질	문	늘	크	한	질	현	굴	고	동	다	바
추	표	다	동	범	자	부	범	견	요	질	대	느	문	젊	로	아
찍	달	위	용	다	짓	도	질	의	느	요	요	돌	물	발	을	가
솔	말	조	건	문	집	동	을	필	터	행	셀	너	대	질	풍	씨
쌀	로	한	에	퓨	가	질	느	달	수	너	말	날	문	문	에	북
측	람	전	다	파	뭄	그	림	물	많	집	로	퓨	북	의	지	이
짓	법	바	파	맞	를	제	용	감	은	동	발	솔	끔	솔	미	터
질	한	퓨	짓	다	추	쌀	견	사	정	부	션	크	날	와	이	어
바	요	자	전	사	스	범	부	견	젊	결	느	부	동	크	터	방

이미지에
방어
연습
신사
정신적
규제
자두
상승
그림
가을
말한다
수많은
아가씨
조건
질문
와이어
현대
감정
가뭄
소유

Puzzle 432

결	질	러	범	필	의	문	굴	대	장	터	리	솔	말	운	젊	발
자	문	출	생	어	셀	은	질	결	혼	발	을	돌	리	리	곱	주
문	부	동	위	카	바	리	요	환	을	표	사	션	고	사	요	셈
느	문	를	절	쌀	크	자	쌀	리	홀	고	셀	발	맞	로	범	전
한	날	크	람	동	표	사	바	대	파	바	집	결	전	받	받	솔
솔	에	은	은	들	감	누	끔	물	주	날	제	임	명	제	셀	제
이	늘	절	위	적	법	구	춤	쌀	절	장	받	젊	바	집	샤	워
북	노	거	젤	리	젊	컴	파	날	견	제	션	용	낌	제	위	고
트	용	동	사	노	끔	체	을	도	상	적	쌀	적	중	퓨	다	질
표	주	말	집	람	굴	너	용	공	처	절	돌	문	요	발	날	쌀
이	달	추	풍	제	범	자	부	표	면	한	터	대	한	상	황	을
물	돌	물	범	전	셀	한	동	션	셀	끔	동	끔	문	거	부	추
돌	젊	올	필	을	도	쌀	레	표	이	집	측	컴	을	쌀	제	적
커	오	디	션	결	합	고	낌	컴	위	전	동	굴	들	적	격	레
플	부	찍	주	체	질	도	감	크	동	에	거	컴	문	퓨	말	추

결혼
누구
결합
홀리
오디션
표면
젤리
상황을
출생
커플
동사
중요한
상처
질환
적격
요리
곱셈
샤워
적절한
임명

Puzzle 433

굴	동	고	은	고	터	의	터	자	범	전	셀	올	도	문	쌀	운
질	터	다	리	컴	위	도	셀	들	용	카	학	생	로	을	다	자
한	법	참	조	법	을	은	늘	을	필	바	동	물	스	자	로	을
자	한	집	적	발	주	한	도	올	질	노	레	다	포	맞	리	운
굴	날	동	어	법	돌	크	행	풍	요	노	동	다	츠	바	낌	춤
방	해	를	질	파	서	식	지	끔	루	동	한	리	동	들	트	의
을	거	들	카	괴	의	은	편	레	행	루	셀	자	가	도	찍	치
서	부	질	한	에	집	터	안	공	범	한	이	공	장	굽	한	금
필	랍	절	자	도	퓨	고	함	받	느	셀	을	추	법	온	무	시
도	절	하	발	추	도	무	을	을	요	바	공	위	가	도	감	의
발	문	키	끔	느	위	엇	거	지	한	요	이	받	트	의	용	젊
굽	트	스	측	요	집	을	짓	구	을	솔	은	문	감	찍	바	필
견	크	한	문	러	다	주	고	를	요	바	거	적	의	싸	짓	파
에	바	문	범	필	수	바	제	견	범	러	부	한	한	터	는	대
부	이	달	부	을	동	제	장	결	동	트	트	용	거	운	계	단

거짓
하키
무엇을
감싸는
지구를
서식지
방해를
학생
계단
파괴에도
가장
참조
추가
서랍
편안함을
시금치
무시
필수
온도의
스포츠

Puzzle 434

오히려
검색
여행문제
부정적인
순록
작은
대피
정확한
실험
스커트
겸손한
접근
침묵을
학업
튤립
물건
오늘
목록과
검은
호텔

을	받	다	자	운	발	검	사	이	트	작	은	적	행	짓	컴	도
장	학	자	를	질	쌀	색	에	쌀	쌀	용	트	물	접	표	을	동
레	업	은	한	측	한	낌	정	확	한	젊	춤	표	근	사	찍	트
호	텔	범	퓨	견	말	감	받	쌀	검	손	람	터	문	파	주	전
집	카	물	건	람	로	느	한	한	은	은	겸	스	용	을	션	퓨
자	물	한	터	북	절	도	들	이	바	대	카	다	크	느	적	이
카	부	여	행	문	제	행	절	달	트	피	다	컴	질	짓	도	을
의	집	정	운	공	트	주	굽	표	제	공	다	대	문	동	다	로
필	절	오	적	너	노	법	바	을	스	동	장	문	장	목	록	과
튤	바	발	늘	인	달	실	로	주	커	전	문	노	제	집	트	바
립	들	장	표	낌	러	험	카	리	트	찍	너	거	위	감	추	받
표	다	질	이	찍	문	발	션	찍	람	적	추	은	카	주	위	북
달	다	레	을	추	견	로	스	풍	질	거	용	공	어	물	은	노
북	문	트	문	위	레	물	오	히	려	이	집	발	짓	에	절	트
체	범	느	한	이	질	을	크	터	부	침	묵	을	순	록	적	을

Puzzle 435

달	전	문	견	의	맞	교	실	부	덮	여	블	짓	체	도	광	은
람	끔	질	컴	을	전	적	솔	동	주	문	날	랙	대	트	택	제
의	은	부	을	이	자	춤	션	적	문	명	랑	어	결	리	대	들
여	감	체	컴	맞	은	돌	다	노	늘	물	거	범	레	젊	파	굽
퓨	행	절	작	거	춤	람	루	북	경	너	장	을	로	질	풍	바
도	굽	한	가	이	풍	컴	쌀	느	기	컴	물	의	동	바	소	문
날	북	집	솔	자	도	주	한	동	장	프	리	지	아	리	개	젊
한	로	감	제	일	요	일	법	문	사	느	올	감	퓨	굽	에	풍
고	끔	어	한	노	을	동	을	트	컴	로	이	업	사	체	루	답
트	제	은	사	젊	문	위	느	굴	범	카	전	적	끔	바	을	변
느	춤	느	문	질	로	문	다	공	은	람	한	찍	너	다	문	터
카	앵	물	북	문	바	컴	공	받	의	러	측	을	션	이	모	을
발	무	오	후	들	이	위	달	맞	셀	굴	춤	동	느	바	은	쌀
굽	새	의	을	도	곡	바	노	범	대	질	은	솔	굴	토	문	다
레	짓	말	크	절	선	로	집	체	터	의	행	사	루	오	쌀	문

- 소개에
- 경기장
- 작가
- 광택
- 여행
- 답변
- 프리지아
- 교실
- 오토바이
- 사업
- 덮여
- 일요일
- 감사
- 곡선
- 명랑
- 이모
- 블랙
- 발굽
- 오후
- 앵무새

Puzzle 436

- 마우스
- 도시
- 소다
- 식별
- 스웨덴
- 속하는
- 유지할
- 이점
- 임대
- 자본
- 비판
- 택시
- 커뮤니티
- 초원
- 다음에
- 서리
- 설탕에
- 용감한
- 라운드
- 평야

셀	자	본	느	한	트	다	도	시	찍	체	느	동	질	동	느	바
카	주	셀	자	필	쌀	을	람	행	대	노	돌	카	결	쌀	러	짓
도	맞	한	주	한	문	주	터	레	늘	법	요	장	컴	바	쌀	을
다	트	발	한	늘	춤	느	감	측	쌀	을	문	물	용	견	쌀	셀
행	초	원	서	감	의	요	셀	문	어	바	굴	리	감	설	탕	에
퓨	다	커	리	찍	이	요	을	은	션	동	러	스	한	자	들	의
감	돌	북	뮤	굽	찍	달	은	도	로	파	한	너	질	다	음	에
문	한	터	자	니	끔	발	도	크	고	션	법	문	람	문	트	은
택	트	를	굴	고	티	속	하	는	올	를	한	대	찍	쌀	필	은
시	질	한	퓨	필	은	추	이	점	도	고	에	임	대	범	동	한
이	절	들	거	행	맞	평	굽	추	한	북	의	문	발	춤	질	도
동	위	크	스	짓	루	식	야	유	적	자	마	라	운	드	바	북
질	을	받	발	질	운	별	이	한	지	결	우	레	부	용	들	리
스	웨	덴	동	부	트	법	체	을	제	할	스	한	레	범	소	은
다	측	트	자	공	다	바	용	풍	동	비	판	느	찍	부	다	을

Puzzle 437

코	테	다	충	부	에	끔	한	정	도	견	터	레	션	은	절	늘
끼	스	러	절	분	젊	제	공	크	노	솔	물	위	빌	드	끔	끔
리	트	질	에	다	한	도	표	주	발	로	느	은	다	로	퓨	느
추	를	을	낌	다	도	을	터	도	올	낌	바	물	끔	노	너	트
카	를	폭	루	주	돌	바	다	을	용	바	다	범	동	래	인	쌀
운	의	력	레	돌	북	바	문	파	요	트	젊	레	동	부	식	노
참	는	퓨	을	크	짓	의	집	자	체	트	질	물	장	한	추	동
질	가	도	람	견	필	결	로	동	대	루	요	트	용	사	터	이
부	고	을	폐	기	물	문	쌀	파	추	부	에	느	낌	재	생	를
춤	지	동	부	다	사	망	늘	셀	크	를	맞	거	러	달	측	짓
들	가	리	추	맞	춤	법	치	들	부	행	집	사	문	에	솔	어
퓨	용	다	풍	바	을	용	에	용	주	찍	공	트	체	끔	맞	감
끔	트	바	문	돌	펜	동	결	스	추	결	용	트	절	동	퓨	문
문	문	날	질	도	싱	받	장	카	동	질	채	택	람	한	터	를
느	느	절	노	짓	쌀	람	쌀	장	를	루	셀	부	질	다	집	이

재생
충분한
폐기물
노래
자체
채택
정도
인식
빌드
테스트를
펜싱
참가을
맞춤법
폭력
코끼리
느낌
망치
부추
가지고가는
제공

Puzzle 438

추	문	질	행	트	에	부	질	추	측	바	제	트	주	다	문	동
방	느	주	터	부	게	행	춤	말	도	쌀	굴	한	짓	들	찍	다
제	법	은	요	표	이	컴	도	들	쪼	아	바	동	람	올	부	크
노	풍	을	장	성	트	히	질	너	물	느	트	션	트	은	장	부
발	어	쌀	보	파	에	주	표	노	질	고	트	고	낮	바	다	족
집	를	도	을	고	서	버	팔	로	의	한	자	짓	은	스	로	한
위	끔	굴	표	은	집	장	북	동	로	냉	고	결	말	발	대	심
이	바	맞	문	다	행	을	끔	점	프	는	장	한	추	달	자	세
표	로	도	소	기	사	는	노	대	트	다	대	고	을	어	동	행
를	행	루	찍	파	추	물	에	어	돌	루	람	의	구	매	일	로
공	바	셀	자	배	을	짓	질	로	쌀	행	표	스	행	젊	솔	북
법	컴	견	을	우	들	한	바	동	트	거	문	늘	람	블	루	삽
들	전	들	범	에	동	로	춤	도	셀	범	거	쌀	컴	한	다	입
도	한	발	로	서	한	젊	법	바	트	한	용	레	동	퓨	춤	행
스	문	쌀	트	레	제	운	견	질	물	러	굴	로	를	사	결	다

기사는
냉장고
낮은
바로
블루
성장을
점프는
방법을보고
부족한
동일
물질의
버팔로
소파
세심한
삽입
배우에서
구매
쪼아
게이트에서
히트

Puzzle 439

터	결	고	로	퓨	크	맞	장	한	을	동	부	카	을	은	은	북
교	트	견	쌀	에	문	결	읽	춤	로	문	동	전	도	끔	올	다
질	회	찍	부	컴	람	은	기	탐	레	맞	에	위	문	받	공	이
한	문	파	문	느	트	동	에	구	범	반	루	을	다	사	범	풍
대	에	굽	은	동	동	한	장	자	빙	영	제	질	달	견	전	받
다	바	늘	질	감	용	리	호	랑	이	에	법	한	문	에	을	사
물	짓	집	젊	전	도	람	다	은	다	서	문	젊	다	바	공	동
대	리	유	레	한	행	자	딱	솔	었	너	이	비	용	면	션	사
바	춤	사	문	거	람	터	정	추	들	에	추	수	영	질	발	느
누	가	한	농	부	솔	을	벌	람	흔	받	의	들	바	질	동	질
솔	은	파	레	질	감	러	레	풍	공	쌀	동	들	들	측	늘	감
결	동	발	번	카	을	표	부	주	쌀	셀	한	스	션	측	견	컴
스	발	날	범	호	고	증	거	세	트	를	트	스	버	고	발	달
발	를	지	사	말	도	늘	자	체	춤	끔	집	퓨	을	추	풍	터
자	한	의	친	너	어	디	에	있	는	루	리	노	발	짓	을	카

호랑이
읽기에
버스트를
고추
반영에서
누가
탐구
다이빙
증거
어디에있는
흔들었다
유사한
번호
수영
세트를
농부
지친
딱정벌레
비용면
교회

Puzzle 440

거미
진술
포크
책가방
인정
바다
운이
가끔
다양성
교육
중복
범위는
요인을
보통
잡지
흔들
입구
재킷
정말
등을

제	중	복	물	이	문	자	대	흔	들	굽	잡	받	동	범	바	장
집	짓	주	파	짓	포	체	찍	추	로	굴	지	한	주	위	말	다
요	측	체	운	다	트	크	짓	을	북	주	발	문	쌀	는	질	공
정	말	감	견	쌀	집	을	문	셀	범	트	쌀	보	통	부	람	질
물	풍	문	도	감	을	쌀	한	물	주	발	한	날	인	운	이	컴
셀	루	컴	한	장	진	술	션	문	굽	에	추	사	정	북	트	파
날	로	거	러	도	트	말	문	바	한	전	젊	솔	집	쌀	법	이
문	북	굴	다	굴	은	동	솔	문	은	문	동	한	컴	적	람	표
올	전	바	찍	자	다	노	은	람	람	맞	요	문	은	을	도	자
춤	용	다	부	파	양	거	문	을	한	감	을	컴	달	션	위	쌀
에	질	등	재	킷	성	미	쌀	집	거	느	사	이	젊	을	바	찍
입	구	을	인	요	스	을	달	바	측	체	장	동	은	부	로	너
짓	가	끔	교	육	견	절	동	고	들	책	동	이	질	을	동	러
법	트	늘	솔	를	날	올	문	운	짓	가	러	부	날	너	결	끔
달	낌	풍	의	너	문	은	추	터	집	방	은	바	자	은	솔	젊

Puzzle 441

은	견	필	맞	웨	이	크	트	풍	개	이	타	넥	발	한	셀	젊
컴	운	어	디	서	나	할	람	맞	최	유	춤	을	로	너	견	돌
도	동	돌	사	대	터	당	찍	크	을	가	주	션	로	필	을	제
퓨	동	크	러	찍	복	트	한	터	을	로	트	한	질	굽	동	을
이	너	동	크	노	잡	레	스	람	루	춤	돌	노	바	동	동	다
맞	표	질	사	은	레	솔	바	로	위	셀	에	도	이	말	고	장
을	끔	상	용	바	동	문	부	작	고	스	필	발	러	문	기	마
메	을	상	쿠	북	한	끔	달	업	발	를	전	한	돌	파	노	음
대	모	셀	페	굴	운	동	을	이	용	카	크	발	한	발	이	을
로	동	리	쌀	고	이	대	끔	터	말	주	을	파	이	올	쌀	부
공	주	쌀	견	용	법	바	질	겸	범	용	왼	에	찍	위	파	용
동	러	질	받	대	상	이	발	쌀	손	측	쪽	질	이	감	사	레
결	난	로	을	휴	람	문	동	바	리	동	행	젊	견	평	용	도
표	용	운	션	은	바	받	낌	로	로	카	솔	바	물	트	가	측
늘	발	의	발	대	바	질	거	맞	장	대	물	고	짓	셀	고	용

휴대용
마음을
복잡
겸손
작업이
어디서나
개최
고용
할당
왼쪽
대상
쿠페
이유가
웨이크
넥타이
고기
난로
상상
메모리
평가

Puzzle 442

끔	운	부	자	노	크	위	운	감	람	을	로	궤	로	적	문	젊
용	은	집	적	도	쌀	동	운	자	주	노	카	도	위	로	바	결
카	퓨	올	로	절	질	제	느	다	굽	짓	감	문	늘	한	춤	적
고	고	문	터	노	한	심	레	주	대	범	개	별	을	루	를	장
다	려	리	다	다	이	컴	조	직	에	운	영	노	한	로	짓	젊
솔	카	은	연	령	한	리	날	무	의	한	굽	돌	낌	을	끔	쌀
발	측	측	행	션	굴	을	컴	게	표	다	한	거	견	자	문	부
측	짓	부	느	은	공	충	족	필	운	법	돌	찍	받	주	한	달
짓	돌	맞	이	문	리	다	사	이	트	문	이	집	물	컴	리	끔
들	올	동	이	이	날	에	리	절	집	뒤	에	낌	트	들	셀	자
두	께	의	정	이	공	동	포	발	들	주	거	풍	이	용	동	자
터	람	루	법	의	러	감	함	사	싱	이	늘	자	을	물	이	체
느	어	레	행	캡	처	고	되	러	크	를	트	범	범	젊	견	요
파	터	공	을	풍	부	문	어	를	이	레	요	도	위	루	의	솔
바	발	요	다	거	쌀	감	낌	받	은	물	용	춤	돌	터	솔	표

조심
충족
감동
고려
운영
두께의
개별
궤도
사이트
공동
연령
캡처
부적절한
정의
포함되어
뒤에
사다리
무게
싱크
조직에

Puzzle 443

을	용	물	북	달	을	느	리	바	루	물	달	부	맞	말	션	카
무	의	미	한	파	북	느	이	낚	시	에	발	문	운	자	러	명
안	소	년	터	범	질	부	표	셀	카	부	한	바	말	관	심	확
불	자	필	을	한	행	표	낌	전	필	한	리	트	느	사	어	히
솔	에	래	아	견	람	동	필	젊	도	을	레	문	크	한	도	카
동	올	한	늘	셀	한	주	장	늘	풍	리	자	을	굴	너	북	로
스	타	스	탠	드	받	물	한	발	이	운	용	을	거	은	바	이
공	자	돌	트	발	끔	긴	장	된	산	신	한	적	트	공	을	퓨
도	동	느	문	쌀	언	를	파	자	책	문	컴	을	낌	은	끔	동
들	껍	로	바	트	어	동	피	너	질	셀	풍	컴	를	법	동	들
문	굴	질	북	젊	를	제	너	하	날	올	동	부	트	위	한	퓨
굴	약	어	추	추	쌀	동	문	발	기	주	를	문	은	용	도	을
을	카	커	버	가	도	찍	동	추	다	카	전	느	컴	집	짓	들
느	측	바	컴	자	이	노	느	문	쌀	자	장	용	토	마	토	장
바	너	의	행	션	현	명	한	퓨	지	원	대	트	노	동	느	도

토마토
소년
명확히
낚시에
불안
껍질
신문
긴장된
무의미한
커버가
스타스탠드
현명한
관심
약어
지원
산책
아래에
피하기
언어를
불에

Puzzle 444

발	집	문	문	트	느	운	부	너	풍	바	집	받	동	추	공	을
받	풍	러	체	한	터	전	필	람	카	한	질	션	절	추	정	거
위	레	람	젊	바	문	사	이	도	질	부	람	능	대	대	굴	한
사	부	위	트	한	공	제	춤	맛	있	는	행	복	기	카	감	셀
운	를	발	동	쌀	이	견	일	찍	요	자	션	로	관	공	맞	표
드	용	동	장	레	요	요	에	이	에	낌	공	물	리	물	범	을
강	탈	을	문	리	트	의	풍	바	람	은	주	받	찍	느	물	거
한	돌	이	젊	파	자	스	노	자	라	어	사	은	바	바	문	리
을	부	자	동	발	발	트	동	전	일	유	용	고	발	물	조	측
을	문	말	바	한	어	루	용	운	락	요	자	의	대	결	언	부
리	도	주	셀	루	사	너	바	대	이	행	이	이	생	산	을	표
표	굴	바	장	자	용	쌀	플	자	러	적	범	춤	이	제	션	집
공	은	셀	한	자	결	재	낌	레	결	돌	쌀	어	문	바	다	를
절	로	리	시	민	카	좋	고	용	이	을	한	이	발	션	고	트
추	낌	람	풍	크	자	아	자	동	차	어	크	스	를	바	요	코

조언을
라일락
플레이어
강탈
행복
좋아
사운드
바다를
기능
맛있는
자동차
추정
기관
운전사
생산
시민
일찍
재고
코트를
유용

Puzzle 445

클	도	사	셀	발	이	노	바	기	차	올	람	느	절	굽	끔	물
적	리	자	장	가	를	거	트	바	결	발	루	돌	한	공	한	올
고	돌	어	적	범	맞	측	컴	늘	전	한	셀	감	법	로	굴	동
다	절	발	동	찍	어	요	약	을	동	질	동	을	에	은	낌	춤
동	로	트	돌	을	빈	카	반	다	동	퓨	트	추	너	을	집	적
무	필	풍	전	을	곤	트	복	받	바	얼	체	스	카	에	동	을
릎	동	의	찍	자	을	한	를	주	도	굴	요	앞	말	부	금	달
다	굴	를	트	사	북	견	레	적	질	트	은	으	용	를	요	크
거	짓	말	질	이	문	문	문	제	바	느	동	로	거	위	일	올
거	감	도	스	클	부	동	늘	트	의	솔	크	바	솔	바	트	람
돌	달	바	카	링	이	바	어	용	필	은	레	터	로	질	맞	어
한	공	급	프	로	스	질	오	리	를	방	용	적	한	굴	너	적
셀	동	공	레	을	너	교	문	로	카	문	퓨	표	에	를	감	바
올	운	트	굽	퓨	발	동	훈	바	의	표	표	로	견	솔	부	셀
로	이	낌	도	바	트	을	동	은	다	바	문	다	낌	제	을	감

클리어
요약
반복
무릎
방문
공급
솔로
얼굴
앞으로
교훈은
오리를
사이클링
기차
가장자리
거위
빈곤을
금요일
크레용
스카프
거짓말

Puzzle 446

다시에
하드
여덟
후보
시크
게시
천국
색상
발명
명시
견디다
개방
흰색
입자
차례
컴퓨터
기쁘게
야채를
친화적
외부를

퓨	터	을	다	젊	주	들	한	차	례	요	춤	컴	행	을	은	은
노	바	로	측	입	한	루	문	의	동	북	에	게	위	크	말	굴
견	션	로	필	자	노	동	한	한	공	에	절	질	시	위	로	에
견	디	다	을	행	흰	색	기	쁘	게	크	굴	쌀	북	개	방	에
을	노	거	쌀	거	올	문	필	파	행	레	동	문	사	컴	리	동
터	표	찍	고	발	젊	집	을	찍	퓨	행	젊	자	을	범	용	어
물	늘	어	셀	굽	추	레	천	시	돌	주	러	레	표	물	운	용
대	굴	운	용	발	제	동	국	달	크	러	은	절	하	드	견	북
트	돌	견	를	트	찍	위	명	발	전	낌	견	발	크	거	요	맞
부	동	용	솔	동	주	로	시	요	달	요	동	요	찍	제	달	다
젊	람	굽	컴	이	감	루	범	를	결	질	풍	컴	퓨	터	문	시
문	문	은	야	요	필	루	용	거	날	측	바	전	다	질	친	에
색	상	한	채	터	여	덟	필	어	느	쌀	용	발	적	문	화	은
운	후	자	를	문	문	동	을	동	견	레	로	을	너	트	적	다
물	위	보	바	레	법	외	부	를	물	늘	결	표	체	끔	거	발

Puzzle 447

용	감	젊	자	감	동	달	끔	용	말	한	파	풍	트	어	거	쌀
동	로	짓	컴	물	파	동	끔	쌀	대	을	위	젊	노	람	을	을
행	발	날	을	용	요	을	감	젊	에	장	감	도	크	리	컴	말
바	굴	트	운	갤	돌	도	권	한	의	리	풍	견	솔	재	성	분
터	도	측	짓	럽	셀	주	고	체	발	견	이	발	다	해	을	느
측	집	질	에	들	날	결	춤	로	제	풍	로	집	문	를	북	춤
로	너	이	발	를	심	장	발	매	듭	굴	거	맞	제	의	낌	풍
운	스	표	을	동	자	자	컴	파	문	발	셀	물	일	반	적	인
맛	숨	기	기	문	크	들	발	받	한	운	바	퓨	추	스	현	말
동	을	경	쌀	쌀	한	전	동	날	느	문	어	카	전	폰	재	스
표	레	제	크	들	정	날	이	션	레	칫	용	어	집	지	람	날
아	늘	한	주	동	진	어	션	문	다	솔	바	칩	니	다	이	집
측	직	한	셀	맞	적	행	풍	행	질	에	법	한	동	도	셀	올
위	동	집	행	스	질	션	표	다	도	다	주	한	굽	다	루	견
자	셀	위	운	을	운	느	추	에	은	운	동	견	동	다	감	집

맛을
심장
쌀쌀한
숨기기
진정한
갤럽
아직
바칩니다
권한
재해를
현재
경제
매듭
성분
칫솔
발견
일반적인
용어집
말을
스폰지

Puzzle 448

공	주	로	션	이	스	춤	솔	문	광	용	용	을	낌	말	발	발
법	측	동	풍	많	한	을	쌀	로	산	필	동	바	견	한	제	장
문	주	문	전	은	운	투	자	도	쌀	짓	법	느	장	문	보	로
이	문	추	한	지	굽	장	문	자	감	바	젊	젊	발	표	낌	물
퓨	트	문	표	도	늘	행	절	한	동	람	자	을	스	퓨	짓	발
한	장	리	동	한	쌀	발	퓨	너	질	공	주	느	문	주	춤	필
행	대	접	좁	은	필	범	올	발	어	을	말	행	적	어	물	부
적	이	를	은	물	용	전	표	다	거	깨	자	파	법	잃	설	정
파	말	섹	문	필	스	거	래	지	바	질	한	중	귀	게	너	문
동	어	션	와	인	동	고	날	역	람	짓	체	다	리	동	위	낌
손	실	의	표	을	동	카	용	파	카	의	제	트	추	바	셀	거
에	찍	바	공	집	발	쌀	람	을	우	을	춤	결	고	느	람	맞
레	점	이	길	용	주	설	장	리	보	위	감	은	문	이	로	문
의	를	심	부	을	션	득	견	부	이	리	필	어	범	낌	솔	노
견	을	퓨	발	말	춤	이	카	러	도	문	루	리	늘	어	젊	동

와인
점심
섹션의
의견
좁은
많은지도
투자
손실
어깨한다
보물
카우보이
이길
거래
설정
대접
잃게
귀중한
설득
지역
광산

Puzzle 449

친	애	하	는	주	진	어	주	다	많	이	호	스	트	공	표	트
을	다	들	레	찍	감	터	은	굽	자	늘	운	을	루	바	집	결
리	달	범	발	셀	범	트	의	느	추	한	이	사	검	루	레	로
다	북	전	풍	제	쌀	을	부	대	트	퓨	어	솔	범	토	늘	필
레	맞	전	물	의	고	맞	션	고	양	이	감	파	동	한	문	풍
해	날	러	대	젊	법	이	러	자	의	찍	전	문	체	문	은	절
끔	설	주	동	바	쌀	문	북	측	부	은	운	북	부	셀	한	을
발	트	주	한	이	용	영	화	를	짓	거	거	용	에	법	질	장
거	동	루	물	을	발	자	매	대	바	주	다	션	느	찍	운	필
스	다	로	한	은	스	굴	맞	대	요	바	필	법	자	자	너	맞
동	적	가	자	쌀	폭	풍	물	한	질	나	무	속	공	을	은	솔
자	컴	성	족	동	쌀	러	맞	을	결	나	서	도	레	퓨	은	파
분	석	미	카	에	운	다	날	바	로	질	워	느	젊	굽	예	를
추	트	개	측	절	게	거	질	리	네	트	워	크	이	레	드	카
발	범	람	터	행	크	표	바	용	은	전	달	셀	물	법	자	굽

친애하는
자매
가족에게
호스트
주어진주는
영화
개미성가
해설
네트워크
검토
폭풍
전문
분석
고양이
바나나
드레이크
무서워
속도
많이
예를

Puzzle 450

자	감	기	입	터	적	말	이	리	로	위	트	느	위	짓	질	풍
말	셀	다	문	학	책	계	정	비	공	단	순	한	바	를	체	트
노	루	한	문	쌀	주	정	동	얇	춤	체	셀	루	굴	람	로	받
법	트	짓	쌀	쌀	전	을	필	은	느	너	적	느	로	동	추	문
동	바	바	법	질	한	지	시	게	장	발	찍	측	동	법	을	를
부	작	업	의	재	능	구	을	노	발	집	한	위	문	한	을	쌀
범	불	안	정	한	너	본	장	스	을	동	다	도	느	터	사	를
추	트	스	감	파	절	느	카	용	바	주	한	동	법	적	물	젊
쌀	표	동	동	스	다	셀	올	레	노	를	동	측	행	요	러	말
장	측	서	벽	난	로	표	를	주	스	로	발	표	받	한	질	행
동	컴	른	굽	쌀	너	돌	달	동	은	스	측	감	젊	야	노	을
발	다	포	원	숭	이	카	이	트	발	감	말	체	측	구	거	카
필	리	물	켓	을	춤	지	상	날	장	남	편	에	추	전	다	솔
다	춤	을	결	주	물	잊	발	도	늘	들	다	감	어	위	은	은
이	들	셀	질	어	문	표	자	적	은	동	노	자	굴	질	굴	다

감기
지상
원숭이
불안정한
남편
단순한
지구본
계정을
서른
재능
야구
얇은
포켓
작업의
잊지
벽난로
시게
정비공
정책
입학

Puzzle 451

트	행	주	트	주	듣	용	부	맞	부	같	를	점	코	스	집	도
말	트	컴	같	맞	고	찾	굴	문	바	은	받	수	트	대	동	트
요	멸	이	아	발	는	크	위	레	바	컴	운	도	고	짓	동	다
너	망	카	요	질	공	매	은	고	운	사	발	을	바	바	맞	적
측	은	의	다	발	고	법	니	바	요	너	에	자	늘	한	도	느
동	너	다	너	맞	달	측	의	저	다	끔	바	동	돌	전	물	측
대	동	한	결	물	한	느	트	자	들	의	바	로	찍	자	컴	로
돌	받	문	올	날	올	달	다	다	올	루	찍	문	를	도	느	짓
전	형	적	인	질	을	다	한	북	부	운	찍	쌀	한	트	한	끔
공	트	공	예	비	종	문	질	다	음	로	굽	측	자	동	북	결
물	식	한	을	감	도	의	이	파	료	낌	션	짓	말	위	컴	다
늘	회	라	이	브	러	리	름	터	한	로	퓨	로	주	굴	트	끔
한	색	공	트	를	질	트	견	로	적	오	두	막	황	야	고	용
분	수	동	트	낌	동	부	거	한	루	크	짓	거	을	방	지	요
이	솔	터	주	이	한	어	션	도	한	을	은	바	결	견	견	측

방지
종의
오두막
예비
전형적인
분수
찾고
공식
황야
멸망은
점수
같은
매니저
이름
같아요
듣고는
코트
회색
음료
라이브러리

Puzzle 452

최근
비트
되감기
메이크업
확산
파일럿
연못조랑말
타원형
그녀의
자랑스럽게
그녀
평면의
인형
우울
읽는
저항
동반자
도전
주제
잊어

주	풍	체	리	거	행	풍	결	솔	동	다	굽	다	카	쌀	사	동
을	을	어	체	레	크	사	카	감	풍	이	너	사	견	집	퓨	짓
을	솔	필	풍	들	문	부	다	주	리	끔	제	문	되	감	기	장
말	은	트	추	터	최	을	문	에	범	부	트	추	트	필	요	늘
은	저	항	비	트	을	근	측	자	범	도	끔	트	체	공	춤	적
파	날	필	굴	자	레	동	반	자	고	파	낌	필	주	너	한	늘
쌀	범	자	을	찍	도	을	질	이	문	트	의	주	부	풍	이	을
파	일	럿	파	바	돌	주	풍	션	고	운	감	춤	도	주	제	셀
로	대	받	리	굽	공	제	감	절	리	전	절	문	전	카	를	한
우	노	문	트	동	전	타	녀	제	찍	행	을	러	게	셀	확	은
이	울	루	솔	동	레	원	그	굴	에	도	주	질	럽	필	산	노
컴	한	로	제	을	에	형	녀	메	레	체	낌	를	스	질	를	로
은	동	절	젊	말	대	인	의	한	이	연	못	조	랑	말	동	결
바	추	감	달	다	읽	짓	면	바	을	크	요	동	자	크	말	물
굽	용	잊	어	제	는	트	평	받	로	트	업	트	바	춤	부	물

Puzzle 453

낌	달	잘	사	로	적	디	조	셀	비	공	쌀	컴	떨	공	운	을
동	요	동	못	람	너	자	약	너	스	록	고	트	어	찍	결	북
러	물	표	동	이	셀	인	고	대	화	트	춤	바	져	부	를	을
을	아	안	녕	하	세	요	드	북	을	찍	은	터	들	들	솔	은
공	내	대	용	부	리	에	름	람	문	너	체	바	보	다	트	제
요	사	바	물	어	람	돌	러	바	추	트	짓	바	크	존	발	바
을	쌀	적	컴	발	춤	노	터	부	쌀	받	요	터	감	춤	요	카
용	바	트	이	위	바	도	동	바	지	방	바	굽	필	달	크	질
공	리	자	자	다	문	질	공	적	컴	부	동	쌀	느	동	도	엄
동	느	을	결	부	한	얻	수	건	을	터	퓨	을	요	로	카	격
발	춤	동	공	자	의	을	결	선	달	램	끔	북	맞	위	돌	한
대	동	짓	문	를	굴	적	루	호	결	프	을	을	감	문	질	를
대	리	측	공	문	느	을	측	러	솔	장	너	노	바	부	도	카
발	도	발	부	다	트	운	운	을	집	위	느	터	발	견	쌀	루
컴	을	노	운	동	동	춤	북	견	주	의	노	달	퓨	견	운	견

램프
디자인
안녕하세요
물어
엄격한
지방
떨어져
아내
의자
잘못이
대안
조약
보존
비록
수건
부자를
고드름
얻을
대화
선호

Puzzle 454

셀	찍	충	성	법	킹	동	카	필	집	동	동	절	한	위	행	주
람	다	행	고	것	이	다	보	를	체	대	도	에	자	를	전	늘
동	말	풍	동	전	베	트	람	류	표	한	카	문	필	카	어	결
굴	에	집	너	한	측	에	를	레	전	면	표	트	풍	다	문	다
동	솔	한	풍	필	롭	측	굽	을	맞	카	쌀	한	트	너	물	굴
을	늘	추	감	파	드	다	을	거	승	리	의	굽	동	달	부	장
은	표	느	사	부	부	느	낌	주	무	기	짓	동	용	을	문	동
자	다	전	션	주	공	적	솔	느	퓨	추	바	전	셀	견	체	자
은	운	이	끔	을	레	어	장	받	은	쌀	문	허	에	절	적	전
전	러	다	굽	굽	도	너	전	트	굴	올	범	리	약	물	찍	질
체	공	컴	문	부	고	퓨	제	솔	들	느	절	케	계	적	용	자
노	측	동	화	다	행	히	도	용	북	키	가	인	추	을	노	러
루	자	컴	부	은	를	측	달	리	을	를	행	추	도	컴	바	스
견	트	쌀	리	이	트	들	신	여	유	가	동	특	히	동	표	들
돌	거	용	를	터	을	카	비	레	표	다	한	결	동	굽	파	문

적용
허리케인
약물
동결
키가
신비
계약에
승리의
문화
충성
전면
보류
드롭
다행히도
여유가
것이다
특히
필드
무기
베이킹

Puzzle 455

동	한	날	포	달	주	고	바	찍	문	올	도	대	전	말	견	레
짓	동	끔	리	을	컴	루	늘	파	발	고	션	한	습	굴	바	레
바	쌀	퓨	스	카	감	맞	달	질	쌀	리	무	표	관	파	풍	한
행	구	에	트	발	주	스	화	자	추	오	류	말	을	주	달	크
한	이	니	에	부	를	트	요	맞	을	골	절	받	너	을	짓	한
견	을	문	트	문	을	션	일	쌀	한	풍	주	한	행	동	위	동
필	쌀	이	트	부	느	장	문	주	을	도	대	가	물	굴	문	표
한	은	견	용	지	날	춤	운	동	문	러	다	쌀	까	을	배	질
떨	어	진	주	역	운	자	행	풍	전	공	고	운	다	이	포	이
바	쌀	어	거	은	날	제	동	너	트	어	절	들	풍	론	트	느
제	람	부	다	을	부	개	바	터	찍	한	카	이	을	이	을	자
을	적	사	용	이	느	인	신	중	한	돌	행	을	트	을	로	도
로	자	카	굴	질	용	적	을	을	굽	쌀	굴	짓	너	필	스	결
바	굽	부	의	문	돌	으	고	여	찍	루	친	구	에	다	쌀	다
춤	로	부	한	터	느	로	객	기	한	을	행	로	솔	짓	느	행

이론이
지역은
개인적으로
가까이
포리스트에
골절
여기
고객
바늘
습관을
바구니
사용이
신중한
화요일
떨어진
친구
고무
배포
오류
무리

Puzzle 456

온	을	범	노	부	컴	받	풍	돌	한	의	브	트	를	굽	용	수
견	다	낌	용	필	을	에	을	결	감	트	라	행	돌	사	문	프
짓	어	요	문	도	스	범	트	부	용	용	운	함	물	한	느	질
나	용	한	부	용	을	돌	들	북	낌	거	너	께	로	바	람	문
파	타	문	맞	트	루	말	를	적	크	어	추	대	레	굴	올	러
말	말	냅	은	스	트	동	부	자	맞	부	도	젊	한	맞	굴	동
젊	이	도	니	자	올	위	감	러	행	쌀	동	바	부	컴	젊	문
트	북	공	의	다	북	을	행	동	퓨	자	젊	다	장	주	거	질
범	동	용	질	말	행	다	측	순	환	을	퓨	레	들	로	체	올
의	법	굴	춤	동	고	질	춤	레	법	을	행	요	즘	이	전	행
왕	견	늘	부	주	문	어	감	셀	로	이	동	트	체	포	을	한
여	전	히	은	범	절	퓨	행	자	야	외	을	쌀	터	어	파	다
말	쌀	위	루	굽	춤	장	감	위	보	전	문	질	행	추	컴	정
굴	터	러	의	판	목	표	염	소	였	투	바	지	지	우	개	부
물	부	은	필	매	발	동	을	을	다	표	어	먼	노	운	자	풍

온다
투표
함께
지우개
순환
먼지
수프
대한
나타냅니다
체포
바지
요즘
목표염소
야외
여왕의
여전히
판매
보였다
브라운
정부

Puzzle 457

거	을	바	올	견	크	문	첨	질	동	지	이	케	트	발	을	도
북	발	범	부	을	퓨	이	부	감	문	유	파	유	운	한	루	쌀
주	이	프	발	동	용	제	끔	한	물	을	양	모	는	자	물	카
루	굽	로	파	로	춤	은	물	위	적	통	을	을	맞	루	한	문
결	정	그	러	다	질	맞	느	동	굴	고	법	에	의	올	물	린
발	을	램	을	고	동	편	건	강	다	동	로	카	대	체	노	너
동	날	션	위	받	의	사	집	견	른	북	주	한	발	이	맞	을
올	필	받	낌	용	문	문	스	춤	솔	이	이	발	부	러	을	한
의	쌀	굴	끔	이	솔	굽	컴	리	장	쌀	문	로	다	장	은	필
공	도	를	동	짓	굴	측	사	바	로	트	법	바	북	도	견	다
견	발	다	법	연	한	북	솔	진	카	운	들	위	크	쌀	솔	결
느	한	견	법	기	동	범	눈	사	람	결	발	을	행	대	견	루
절	의	체	주	를	바	을	터	비	내	레	이	터	노	은	고	레
부	용	노	춤	끔	발	발	을	정	터	굽	느	적	용	를	늘	도
러	공	장	올	춤	늘	법	용	의	셀	물	너	적	추	바	러	위

정비사
편집
다른
유지
고통을
의사
내레이터
케이지
사진
공장
질문을
모양을
물린
이유는
첨부
프로그램
연기를
눈사람
건강
결정

Puzzle 458

카	용	부	풍	문	말	동	자	고	자	은	이	동	발	문	춤	운
한	션	너	행	표	한	선	신	퓨	집	터	북	사	은	느	동	파
야	드	혜	택	부	바	집	대	체	대	파	올	행	짓	바	사	발
제	스	장	한	자	노	동	맞	루	자	발	적	어	도	킹	타	스
동	용	쌀	어	로	다	동	거	들	리	법	필	문	대	터	북	타
어	운	리	러	트	날	노	추	장	을	를	정	러	이	러	늘	도
용	물	카	을	풍	컴	한	로	필	자	의	확	찍	션	느	들	올
이	주	절	지	터	퓨	션	트	거	은	문	히	로	은	레	발	질
바	범	추	아	셀	트	자	제	질	의	범	용	적	용	카	체	용
바	람	느	강	이	대	비	달	를	들	맞	너	문	다	쌀	어	풍
한	요	범	발	은	를	뉴	스	발	스	필	질	동	공	러	동	문
병	바	바	날	트	받	발	견	춤	스	틸	법	부	너	동	범	공
동	아	을	러	쌀	법	초	전	동	너	카	훔	패	더	블	솔	북
필	바	리	은	행	결	콜	물	은	에	동	러	쳐	굽	이	부	을
동	너	끔	은	느	트	릿	편	안	문	짓	동	대	노	문	파	한

자신
대비
적어도
스타킹
바람
뉴스
강아지
스틸훔쳐
아이를
야드
병아리
정확히
초콜릿
신선한
스타
부패
대신
혜택
편안
더블

Puzzle 459

젊	견	굽	굽	로	바	체	부	터	이	감	문	물	쌀	동	다	요
용	필	질	부	어	쌀	크	용	요	장	요	한	행	이	장	자	카
로	은	질	적	추	도	느	레	올	쌀	루	전	트	이	동	장	제
운	을	느	운	받	운	전	션	러	퓨	퓨	선	택	은	대	를	올
도	문	다	감	지	은	바	발	사	표	동	달	절	늘	어	올	을
보	돌	은	루	체	한	동	요	로	솔	주	체	질	발	요	주	스
너	질	느	문	추	쌀	어	주	소	용	을	은	견	러	꿈	늘	거
한	날	운	감	견	젊	람	행	방	바	결	발	필	문	러	비	풍
카	풍	트	용	페	필	스	발	관	노	결	동	늘	퓨	날	측	서
한	나	낌	발	이	샤	공	요	셀	체	늘	젊	주	발	파	추	천
장	션	리	느	지	들	귀	마	까	적	굴	제	한	운	파	꿈	적
로	어	고	아	측	도	그	테	이	블	춤	감	동	굽	무	크	법
바	을	부	결	올	표	돌	어	트	어	범	은	질	키	역	을	한
한	올	달	문	주	느	젊	짓	쌀	날	법	굽	물	위	필	터	을
예	술	바	위	악	어	올	은	퓨	퓨	스	계	산	기	날	표	발

그들이
테마
까마귀
비서
바위
계산기
주스
소방관
선택은
샤이
무역
예술
키위
감지
추천
카나리아
페이지
테이블
도보
악어

Puzzle 460

레	필	공	질	션	러	레	셀	문	낌	로	스	한	계	세	받	풍
를	한	로	도	견	언	급	짓	은	추	구	크	한	피	람	셀	범
의	존	춤	고	범	집	은	날	감	로	멍	럽	촬	로	젊	자	측
운	중	트	북	터	북	바	레	행	어	이	주	영	자	부	퓨	어
위	사	을	동	리	도	리	동	집	셀	로	크	의	책	러	제	용
필	트	이	쌀	결	감	터	추	셀	의	도	로	노	을	상	러	를
고	을	결	도	컴	트	굽	달	솔	늘	적	부	주	집	고	을	체
초	점	용	대	요	크	이	분	범	반	꿈	문	한	동	장	측	느
파	주	짓	제	체	개	어	출	동	드	한	느	고	측	꿈	도	늘
회	사	가	제	공	선	최	달	동	시	셀	찍	스	람	찍	로	물
문	문	의	느	자	트	대	에	퓨	절	이	사	로	고	요	다	문
젊	낌	문	색	주	데	제	위	공	문	도	전	의	이	일	느	측
추	측	발	상	풍	이	이	진	엔	경	스	문	굴	결	쌀	반	제
파	굽	측	이	공	추	절	지	로	로	은	받	을	풍	공	돌	법
을	전	짓	감	동	필	꿈	크	솔	풍	맞	부	요	맞	한	사	도

책상을
스크럽
계피
엔진이
초점
언급
최대
회사가
개선
일반
색상이
촬영
분출
데이지
경로
구멍
의도
존중
반드시
세계

Puzzle 461

올	도	늘	버	발	끔	부	집	셀	가	미	스	이	어	크	트	늘
트	맞	짓	터	돌	구	가	쌀	한	다	정	주	스	주	셀	박	도
은	한	말	느	셀	색	카	형	셀	절	표	이	등	바	의	체	쥐
거	질	솔	다	굴	고	카	태	질	은	견	파	다	동	낌	컴	달
블	라	우	스	한	짓	필	로	끔	전	전	레	체	한	람	어	느
요	청	멋	진	이	운	낌	어	돌	춤	부	션	결	주	바	트	를
로	들	루	어	리	을	의	공	용	돌	스	파	파	자	로	낌	범
한	느	레	발	견	너	북	위	바	말	솔	사	파	로	바	젊	은
전	체	다	쌀	추	춤	느	집	말	질	솔	을	감	자	동	람	필
은	송	발	션	셀	견	동	체	이	끔	범	경	루	동	굴	견	문
트	용	을	요	달	너	너	크	동	퓨	용	찰	찍	풍	노	문	동
퓨	추	용	모	래	바	찍	순	서	레	제	출	이	리	주	어	이
레	한	사	느	제	위	을	크	법	풍	자	돌	물	로	한	존	의
다	카	재	받	바	낌	솔	측	스	주	클	장	찍	동	고	들	무
돌	질	쌀	트	말	로	셀	주	느	부	립	대	표	말	끔	느	동

클립
가정이다
박쥐
미스
가구
순서
블라우스
전송을
제출
모래
구색
형태로
재사용을
멋진
버터
등이
경찰
의존
의무
요청

Puzzle 462

한	문	해	한	션	크	이	완	료	컴	돌	굽	굴	올	은	짓	날
파	발	결	자	토	끼	욕	망	을	표	이	을	연	락	처	문	용
공	말	파	올	동	스	노	에	터	견	동	측	견	문	한	이	동
비	문	을	낌	전	한	문	다	집	북	대	견	용	노	를	동	날
행	은	젊	동	도	스	굴	레	스	너	트	리	을	한	문	루	끔
세	포	심	을	굴	문	문	자	러	한	찍	를	한	맞	리	거	을
부	발	각	한	굽	부	풍	트	발	은	추	로	바	파	러	을	카
날	짓	한	다	발	북	바	절	측	로	발	전	추	측	쌀	구	용
죄	요	로	바	견	도	질	견	표	제	쌀	부	가	이	날	날	름
송	주	날	트	장	늘	의	로	장	뽑	아	굽	능	현	실	의	주
용	웃	달	문	늘	컴	퓨	리	트	법	느	러	행	빌	스	솔	한
은	이	음	이	쌀	북	도	맞	추	의	범	질	한	려	맞	카	한
건	쌀	감	벤	바	한	이	러	스	표	부	이	찍	를	스	주	들
행	조	독	트	에	파	말	달	어	들	한	터	체	쌀	트	람	트
사	를	질	날	파	션	로	다	너	법	추	견	을	질	다	을	한

현실의
이벤트
심각한
웃음
빌려
비행
건조
뽑아
죄송
토끼
연락처
가능
동전
감독
욕망을
완료
해결
구름
너트
세포

Puzzle 463

질	좌	셀	인	도	굽	요	굽	너	을	한	계	기	사	다	체	쌀
레	석	짓	녹	터	풍	어	한	부	행	표	터	린	질	한	트	스
생	물	학	아	주	럽	위	트	운	을	물	날	행	너	러	적	바
쌀	체	로	동	을	날	트	동	자	어	레	동	너	범	속	동	을
들	문	낌	거	관	리	은	문	풍	람	위	범	전	감	성	고	카
바	낌	은	북	집	동	션	풍	필	바	의	피	문	요	을	체	션
모	래	가	이	전	에	동	문	찍	오	체	자	솔	크	마	받	굴
문	을	받	를	북	은	복	끔	느	위	일	을	달	의	카	너	에
찍	동	을	이	셀	제	문	구	한	노	거	느	의	사	도	션	주
회	트	대	은	트	쌀	주	얽	힌	한	다	을	너	도	북	한	트
원	도	발	도	집	거	바	용	북	로	느	감	도	한	전	화	에
을	산	업	을	부	굽	파	너	찍	질	추	절	바	노	날	쌀	쌀
절	절	한	끔	다	문	람	풍	장	동	바	퓨	자	늘	전	들	적
탄	생	의	낌	결	공	돌	결	위	결	제	다	필	고	사	람	리
법	한	느	이	러	한	션	도	협	질	로	젊	솔	받	트	집	받

거북이를
얽힌
복구
마을
전화
기계
위협
속성을
관리
인터럽트
모래가
회원
생물학
오일
피자
탄생
기린
산업을
녹아
좌석

Puzzle 464

을	로	다	카	다	을	부	사	끔	트	트	집	발	집	문	은	바
도	올	느	대	거	스	를	한	을	을	레	셀	자	은	어	로	셀
스	집	용	학	의	느	거	실	공	주	동	굽	용	맞	집	절	션
문	스	바	은	주	장	쌀	행	쌀	자	을	거	한	이	람	말	체
자	금	자	트	용	말	다	용	주	션	늘	북	이	왕	자	너	동
을	지	구	분	를	괄	바	용	쌀	도	절	러	터	돌	늘	들	질
부	리	어	받	문	량	범	러	굽	은	주	감	변	호	사	셀	한
루	측	풍	느	바	이	을	루	문	절	날	말	선	물	늘	람	굽
문	한	끔	핑	크	블	리	드	문	부	솔	거	다	자	동	한	터
한	받	결	감	용	제	도	바	솔	공	퓨	부	트	부	토	양	느
말	추	은	사	끔	개	결	트	차	은	리	을	컴	어	견	바	바
물	절	한	고	회	측	미	요	은	이	고	달	높	은	스	러	자
트	솔	트	대	을	의	다	어	집	주	확	신	를	춤	범	낌	받
스	도	이	자	크	간	는	휘	부	행	풍	결	다	좋	아	하	는
노	을	운	카	짓	기	한	주	찍	동	동	굴	느	제	문	카	맞

왕자
확신를
토양
지리
선물
블리드
좋아하는
높은
변호사
기간의
어휘
회의는
실행
구분
개미
핑크
대학
말괄량이
지금
차이

Puzzle 465

제	한	혼	합	집	사	문	동	행	현	쌀	늘	은	은	로	의	은
문	외	거	자	도	받	운	말	바	자	정	동	고	발	도	측	적
들	북	시	동	랑	은	사	느	고	행	확	다	주	션	노	모	울
동	날	은	켰	느	측	슴	솔	약	한	성	자	비	극	적	니	타
용	을	표	표	다	고	을	제	위	발	집	바	두	바	덕	터	리
제	늘	춤	로	견	풍	발	전	쌀	어	을	바	러	려	도	링	은
체	들	은	도	의	측	행	질	맞	낌	춤	침	삼	거	움	로	질
루	루	느	칠	면	조	는	로	젊	질	풍	착	짓	촌	주	루	용
발	을	들	행	집	문	질	이	굴	루	효	이	동	발	이	춤	퓨
굴	날	자	한	러	맞	체	제	법	러	과	루	쌀	필	큼	리	부
동	파	부	제	문	필	극	를	한	돌	크	결	공	달	만	발	을
추	적	북	루	도	요	장	파	을	람	크	체	을	자	난	늘	트
문	레	셀	장	다	동	고	동	동	감	늘	젊	부	느	청	전	질
돌	의	문	에	를	들	노	을	체	노	법	셀	트	달	엄	한	로
파	가	족	이	적	측	동	한	발	다	찍	동	크	스	터	너	문

울타리
혼합
현자
제외시켰다
도덕적
약한
엄청난만큼이
도랑
효과
삼촌이
가족
문제
사슴
두려움
칠면조는
정확성
비극적
침착이
모니터링
극장

Puzzle 466

션	측	문	이	한	찍	쌀	이	을	바	추	자	찍	늘	공	문	주
는	동	파	웃	이	한	북	춤	느	찍	고	적	레	굽	적	질	을
있	행	치	도	슴	고	러	낌	터	제	문	어	장	젊	한	쌀	다
수	명	레	풍	법	의	굴	트	셀	질	옷	견	거	감	위	바	했
레	끔	거	을	늘	결	쌀	을	체	낌	쌀	장	맞	로	부	올	를
컴	크	에	질	문	바	집	얼	요	셀	낌	실	현	범	자	대	치
거	멸	체	진	법	질	동	룩	측	찍	느	솔	낌	에	데	이	터
부	동	종	행	션	바	한	말	결	발	로	을	돌	어	동	러	동
풍	체	장	을	춤	도	키	스	어	북	컴	느	용	려	느	맞	루
바	북	날	쌀	이	문	결	라	디	오	운	이	동	운	많	을	제
요	추	견	를	요	카	을	글	을	문	트	범	문	식	은	짧	동
로	로	문	로	한	절	필	선	한	을	자	트	결	의	용	체	러
전	컴	너	결	바	표	느	동	파	발	휘	발	한	낌	요	주	용
발	한	를	를	퓨	을	질	젊	노	용	스	필	부	운	레	동	추
문	로	적	굴	문	의	제	결	을	끔	크	이	바	제	의	을	도

선글라스
거부
터치를했다
진행을
식용
멸종
어려운
스키
수명
얼룩말
짧은
옷장
데이터
많은
라디오
수있는
실현
발휘
고슴도치
이웃도

Puzzle 467

의	터	너	을	션	쌀	발	느	늘	스	날	동	특	받	지	웨	발
풍	을	어	춤	올	도	솔	의	을	제	은	물	동	별	까	스	법
찍	동	한	춤	발	느	노	체	를	동	도	감	공	주	한	턴	북
물	절	절	퓨	감	견	과	즙	이	성	공	위	한	느	명	션	느
신	발	부	로	사	터	바	어	극	작	업	을	공	낌	유	측	을
문	돌	스	바	문	션	발	터	북	나	은	질	끔	받	감	대	질
위	가	정	주	표	다	어	감	한	무	장	굴	문	적	요	결	문
전	필	다	쌀	장	동	체	퓨	동	이	이	트	낌	절	말	북	측
쟁	체	달	위	크	을	스	자	끔	션	젊	추	레	끔	무	례	짓
스	느	셀	한	에	볼	물	스	문	바	올	노	낌	쌀	러	찍	카
북	로	대	을	도	륨	달	문	가	로	용	사	자	찍	느	낌	어
항	목	을	희	망	고	거	한	적	축	굴	받	북	를	동	주	느
거	위	퓨	느	은	느	최	올	대	느	주	결	돌	자	다	이	발
람	운	을	동	루	로	을	종	날	한	을	요	바	공	올	공	범
한	적	바	성	숙	트	솔	쌀	주	말	찍	바	젊	컴	이	범	한

동물은
가정
북극이
신발
작업
동물
나무
볼륨
전쟁
웨스턴
최종
유명한까지
성공
항목을
과즙이
가축
성숙
무례
특별한
희망

Puzzle 468

로	의	도	이	너	견	컴	변	해	필	짓	고	수	체	의	들	춤
셀	돌	풍	필	받	문	받	리	안	받	엄	귀	발	달	료	문	체
동	이	돌	대	을	표	붕	괴	에	서	청	한	한	도	자	로	부
를	어	트	리	질	셀	절	법	바	카	난	게	발	동	동	도	달
자	질	동	지	혜	사	방	션	공	바	을	하	바	동	크	굽	은
식	물	로	쌀	풍	이	식	감	를	히	실	확	을	이	짓	요	러
제	은	컴	느	발	바	을	러	장	적	생	명	을	돌	바	공	로
트	제	컴	감	카	에	한	밝	용	레	측	운	험	스	동	발	주
어	의	위	늘	동	러	자	은	늘	느	문	도	경	부	젊	결	질
트	바	적	셀	질	셀	한	은	퓨	체	올	낌	로	발	이	위	은
로	바	찍	절	공	올	람	한	절	낌	전	략	도	셀	집	올	필
요	한	전	부	견	견	주	들	참	문	부	로	질	굴	용	한	운
집	트	북	스	람	은	터	측	운	석	바	운	에	바	용	전	의
젊	를	행	쌀	마	계	획	문	질	솔	동	용	측	문	발	로	한
날	스	루	의	어	트	사	이	판	결	은	리	측	컴	션	체	를

경험을
고귀한
지혜
참석
의료
수달
밝은
명확하게
판결
해변
스마트
엄청난
확실히
식물로
해안
붕괴에서
방식을
전략
계획
생명을

Puzzlc 469

한	한	사	물	터	셀	동	거	양	한	문	파	너	방	노	대	찍
다	를	한	풍	제	느	적	괴	파	발	풍	발	루	향	느	발	적
고	표	를	너	을	부	동	쌀	에	낌	에	부	문	으	다	를	을
받	한	문	바	부	부	도	쌀	만	제	도	을	한	로	발	을	대
요	흥	범	굴	트	돌	크	루	어	용	법	노	의	바	동	결	풍
달	들	분	공	트	퓨	루	견	다	이	컴	동	트	저	트	트	들
질	자	맞	루	느	체	레	집	요	문	을	풍	다	자	트	자	결
을	낌	러	은	을	을	람	필	북	람	체	스	주	기	동	문	은
주	체	감	이	요	적	이	이	발	제	스	책	돌	관	토	마	차
결	문	낌	제	주	을	측	절	쌀	추	달	장	자	들	끼	달	장
수	이	문	올	자	바	찍	주	한	쌀	레	레	젊	트	가	동	난
발	분	북	집	리	의	낌	행	필	풍	건	견	혼	돌	받	측	로
인	간	법	대	트	맞	범	도	찍	주	포	동	동	플	굴	낌	이
을	파	한	트	스	부	바	를	낌	람	도	풍	솔	래	을	우	려
늘	풍	굴	운	적	터	을	트	트	을	고	선	낌	그	법	단	락

마차
혼동
책장
저자기관
인간
발을
장난
건포도
방향으로
고도
토끼가
파괴
플래그
풍선
우려
풍부한
흥분
양파에만
단락
수분

Puzzle 470

수동
미러
그랜드
비참한
환영이
이벤트를
개발을
배심원을
자격을
거북이
미국의
극단적으로
체인
인기
지점
전원
여름
배지
함께했다
훌륭함

파	동	셀	찍	를	찍	사	추	쌀	동	운	체	물	주	용	느	짓
션	에	여	배	지	훌	륭	함	부	문	다	스	거	쌀	의	측	솔
로	다	름	은	트	를	쌀	달	말	올	문	바	견	추	범	질	늘
측	감	비	참	한	트	늘	를	개	발	을	견	맞	문	너	고	은
파	문	로	물	동	벤	돌	발	트	문	격	주	쌀	발	사	쌀	컴
범	용	람	환	영	이	러	바	돌	짓	자	굴	한	젊	은	추	컴
요	행	질	지	점		미	국	의	물	에	어	용	함	표	한	견
극	단	적	으	로	거	북	이	카	늘	동	퓨	주	께	러	용	을
그	위	느	동	추	리	파	제	트	요	견	체	기	했	받	질	측
카	랜	한	주	거	춤	너	절	고	위	를	파	인	다	제	람	낌
셀	쌀	드	주	들	고	바	퓨	한	끔	너	의	대	부	을	집	문
끔	전	문	필	올	맞	찍	의	용	한	문	은	다	전	돌	에	자
낌	범	부	달	받	올	절	짓	전	고	굴	짓	들	추	장	날	받
러	풍	이	전	한	낌	달	법	전	발	퓨	주	솔	한	절	늘	파
고	쌀	발	을	원	심	배	터	부	문	자	수	동	측	용	자	리

Puzzle 471

원	하	는	노	을	자	질	춤	탈	카	을	북	낌	동	이	적	문
크	적	맞	컴	쌀	퓨	만	을	출	수	지	찍	범	노	도	절	쌀
돌	을	은	법	적	올	든	동	고	결	느	문	로	요	말	바	체
쌀	셀	드	감	느	장	을	바	션	로	를	범	람	대	한	용	은
용	위	라	도	로	크	젊	굴	이	다	셀	동	거	찍	은	발	도
트	부	이	절	쌀	물	발	파	부	측	문	비	오	는	쌀	느	션
감	전	버	적	달	동	노	결	부	행	션	풍	노	다	느	문	다
받	운	풍	견	낌	감	굽	공	루	운	한	주	행	코	요	테	젊
위	맞	오	공	위	퓨	범	솔	문	감	동	셀	자	춤	자	컴	부
필	을	절	이	질	대	한	은	주	너	올	한	동	전	스	대	동
파	굽	위	한	평	로	로	준	느	들	이	결	굴	부	문	를	자
싸	움	동	절	균	밀	주	비	강	다	은	식	굽	바	스	말	동
대	루	터	을	을	감	가	파	션	한	노	사	지	느	러	미	너
법	늘	쌀	위	날	문	느	루	물	위	엄	조	감	굴	필	쌀	무
발	자	제	북	다	달	끔	자	돌	어	마	요	느	장	트	한	느

드라이버
오이
지느러미
탈출
준비
수출을
지수
식사
조사
평균
비오는
너무
만든
맞는
원하는
엄마
싸움
코요테
강한
밀가루

Puzzle 472

정	착	트	리	한	블	록	한	동	루	위	문	주	람	북	바	은
카	쌀	범	은	정	레	제	문	을	법	컴	노	집	느	주	표	은
적	문	운	퓨	스	사	끔	루	부	한	을	화	은	법	풍	주	다
금	루	느	너	끔	에	질	카	결	트	카	창	용	도	춤	쌀	크
람	지	주	동	동	질	루	공	자	체	용	한	을	동	올	사	기
파	결	하	끔	돌	터	녹	색	우	박	거	사	올	굴	컴	필	종
위	장	사	는	측	을	동	플	레	이	결	제	날	크	이	트	트
돌	제	범	표	을	트	실	패	자	은	다	표	크	용	추	발	표
이	바	물	북	들	풍	운	트	요	을	늘	전	동	대	도	어	도
낌	바	로	결	질	돌	장	견	자	낌	컴	유	적	발	느	달	말
셀	문	행	젊	크	한	주	결	측	용	늘	집	채	도	전	을	트
보	일	범	대	짓	낌	도	늘	주	너	발	체	파	과	차	솔	발
달	자	발	결	제	리	거	정	부	의	발	이	부	북	제	트	다
자	연	을	레	부	용	찍	대	을	위	을	스	비	문	필	퓨	젊
초	등	학	교	다	리	물	은	을	부	도	필	전	부	물	한	북

자연
거대
녹색
종기
블록
정착
초등학교
보일
화창한
금지하는
전차
크기
비전
정부의
한정
위장
유채과
실패
우박
플레이

Puzzle 473

늘	북	법	리	주	굴	동	늘	자	문	민	날	늘	솔	도	고	의
은	북	늘	범	솔	동	다	사	션	바	주	말	카	입	측	장	농
발	결	이	동	부	낌	감	견	행	낌	동	굴	트	력	트	질	구
션	사	트	은	실	무	사	발	부	파	을	주	레	체	북	트	를
견	문	날	트	이	주	합	바	춤	짓	용	북	주	퓨	용	날	풍
루	발	행	카	질	바	니	머	할	결	도	세	토	론	이	트	트
션	이	용	늘	동	레	다	터	과	동	발	용	부	회	파	피	대
용	추	레	문	발	동	행	제	학	젊	션	감	쌀	공	기	곤	견
법	고	맞	낌	바	추	거	전	자	벨	트	로	굽	바	셀	한	느
스	레	부	의	을	이	바	이	짓	트	태	주	레	터	부	트	풍
한	파	다	문	션	도	전	낌	로	람	낌	양	동	택	바	노	끔
용	운	루	용	풍	주	견	풍	코	너	트	이	굽	시	체	을	체
집	한	들	들	의	서	비	스	결	션	바	들	굽	밴	다	트	문
로	를	젊	어	를	문	굴	법	파	셀	영	양	분	을	들	위	주
쌀	낌	전	에	퓨	적	을	감	도	자	도	마	커	한	춤	견	바

택시밴
피곤한
세부
과학자
영양분을
코너
입력
토론
할머니
농구
사무실
벨자전거
공기
감사합니다
민주
서비스
마커
태양
파도
기회

Puzzle 474

결	표	로	들	한	은	문	장	를	은	화	한	차	단	한	주	낌
공	제	부	사	로	바	돌	표	쌀	너	스	가	굴	을	솔	문	은
거	범	을	에	문	루	요	문	맞	행	느	질	루	질	도	제	낌
올	대	크	투	명	주	범	너	결	삼	도	은	에	바	맞	문	을
받	은	대	동	절	질	레	결	발	촌	필	전	을	동	컴	범	동
을	도	절	은	을	가	절	너	러	돌	트	한	달	문	고	블	린
굽	을	집	표	여	까	퓨	은	로	한	바	받	자	트	솔	부	들
한	문	질	한	우	운	체	트	대	표	만	노	거	바	루	범	이
세	븐	컴	적	성	공	적	인	법	카	자	족	추	짓	바	충	격
미	올	바	자	카	위	깎	용	스	동	영	상	짓	한	추	찍	이
운	로	을	람	범	감	이	이	동	한	한	측	다	의	운	공	리
범	위	찍	운	다	집	주	리	올	셀	사	측	다	바	문	적	로
도	집	이	말	를	끔	쌀	물	돌	쌀	를	이	제	로	바	질	한
마	이	그	레	이	션	주	풍	낌	받	션	한	노	농	질	너	들
결	코	자	낌	한	동	말	부	로	문	에	장	달	들	축	버	스

차단
가까운
주말
투명
미세한
세븐
농축
버스
결코
깎이
화가
동영상
고블린
대표
성공적인
만족
삼촌
마이그레이션
여우
충격

Puzzle 475

솔	받	문	느	행	에	솔	부	도	노	바	찍	은	공	이	찍	크
젊	제	문	고	사	냥	동	용	한	력	운	케	부	장	에	굴	범
물	노	고	굴	솔	리	자	파	너	고	동	이	받	주	달	솔	파
견	결	컴	한	심	소	다	카	동	선	반	크	은	자	의	필	발
동	풍	의	질	컴	오	요	풍	람	주	장	쌀	절	장	퓨	바	제
표	달	집	느	집	증	다	대	위	트	파	맞	도	감	람	느	문
가	을	동	질	복	이	문	문	날	퓨	요	동	느	한	시	범	문
솔	느	한	노	도	트	찍	물	받	측	정	터	고	시	력	솔	받
린	받	물	원	더	규	날	들	노	러	원	바	너	험	기	솔	주
달	은	젊	은	받	의	칙	을	날	돌	집	낌	로	한	호	로	람
의	한	치	즈	요	파	주	다	끔	거	스	받	다	다	도	은	춤
스	트	을	용	너	느	문	로	어	달	탬	졸	업	법	고	고	람
춤	한	느	부	추	은	크	부	느	적	프	로	쌀	말	로	바	도
이	동	이	돌	러	노	바	에	을	한	대	굽	굴	동	트	고	굴
측	바	은	동	발	크	들	받	사	컴	풍	동	집	리	주	에	적

소요
선반
정원
부주의
노크
원더
시력기호
가솔린
졸업
치즈
케이크
소심한
시험한다
복도
스탬프
노력
오소리
규칙
증오
사냥

Puzzle 476

암탉
소프트
마스크
소수
먹다
결정을
아름다운
가치를
토크
크게
드물게
위험하게
독립
스툴
크라운
위업
주전자
모기
두꺼비
내일

을	결	추	터	한	암	동	한	솔	레	쌀	고	달	풍	바	법	끔
한	정	주	마	노	탉	러	션	한	한	리	를	요	발	자	다	에
법	을	발	젊	스	크	문	부	거	두	굴	결	어	젊	범	문	날
제	결	찍	운	라	크	행	자	운	꺼	한	끔	굴	수	소	동	느
업	모	기	다	주	토	발	느	트	비	굽	자	바	로	프	바	자
위	한	도	름	전	한	표	터	한	레	결	짓	부	셀	트	먹	다
한	험	받	아	자	자	도	동	공	의	다	행	말	의	이	컴	느
바	쌀	하	받	바	리	주	질	동	젊	자	춤	적	가	치	를	동
측	트	부	게	부	질	법	감	파	사	대	쌀	제	주	바	로	로
스	낌	체	물	어	다	도	자	돌	이	느	어	문	물	날	공	집
툴	용	컴	드	셀	한	고	부	를	절	어	너	도	주	법	용	도
제	들	은	크	게	노	노	노	용	질	끔	달	질	을	문	용	동
쌀	문	쌀	독	한	범	를	솔	용	공	바	자	바	다	찍	동	늘
을	노	용	요	립	범	카	트	물	러	내	일	다	느	쌀	로	제
용	을	한	레	전	로	이	달	굽	법	을	굽	컴	을	솔	짓	레

Puzzle 477

부	풍	운	측	를	굽	짓	을	법	견	동	판	을	문	결	은	요
짓	요	문	도	움	말	크	안	녕	행	장	바	사	문	다	리	전
적	돌	로	돌	파	조	식	동	한	루	크	자	크	한	다	도	이
측	솔	신	켓	절	우	낌	낌	션	리	리	바	스	견	사	로	날
션	레	발	짓	루	드	용	다	했	트	스	웨	굽	쌀	을	크	대
은	풍	샴	스	루	컴	올	로	행	필	마	자	굴	파	쌀	은	루
로	공	푸	전	표	공	받	노	은	문	스	물	굴	이	을	루	한
은	람	하	이	한	로	한	로	즐	겁	게	다	고	바	젊	집	찍
크	문	여	굴	루	도	올	문	결	거	감	이	문	동	트	트	을
포	날	야	도	들	너	의	문	한	절	을	절	받	다	동	을	을
착	동	한	한	쇼	대	로	늘	감	옥	탐	동	적	행	쌀	노	에
동	트	다	터	를	시	러	찍	고	들	색	느	풍	집	감	바	감
그	대	부	삼	거	솔	을	머	그	잔	을	발	북	자	사	제	주
룹	바	스	도	각	동	트	장	은	동	백	느	루	용	주	측	돌
주	감	동	사	파	형	루	젊	문	느	고	다	리	문	대	말	은

동안
쇼를
신발샴푸하여야한다
로켓
삼각형
감옥
조식
안녕
웨스트했다
즐겁게
고백을
탐색을
러시를
우드
그룹
도움말
포착
판사
머그잔
크리스마스

Puzzle 478

돌고래
박물관
적합
말미잘
자위
남쪽
이론
경보
스파클
향해
파인애플
목욕
여든
가방
환경
미디어
지켜
책임
상추오이
보라색

물	퓨	집	적	지	다	끔	션	도	러	동	받	에	발	측	찍	도
필	돌	고	래	켜	느	동	어	장	범	올	범	한	굽	추	도	낌
바	질	추	향	스	셀	법	말	미	잘	올	표	쌀	표	한	부	발
어	부	은	문	해	낌	이	굽	레	동	굴	달	한	동	대	퓨	로
트	질	트	범	적	필	표	표	스	퓨	동	이	한	노	전	표	운
터	달	대	용	합	발	추	표	춤	맞	트	북	집	책	자	사	노
은	견	로	들	측	색	부	짓	짓	로	굴	맞	맞	문	임	다	러
남	쪽	스	파	클	라	터	느	문	동	상	늘	트	박	물	관	올
파	인	애	플	경	보	받	가	부	표	추	를	행	미	디	어	솔
루	를	한	용	환	션	위	춤	방	문	오	목	욕	동	사	물	레
의	늘	트	공	주	굴	젊	맞	느	람	이	날	여	든	한	풍	셀
결	부	들	리	짓	동	용	의	부	공	람	파	적	쌀	쌀	주	트
을	자	위	트	을	바	돌	받	다	너	솔	대	자	트	늘	바	용
이	론	문	짓	느	찍	동	제	자	이	의	올	사	운	굴	맞	루
춤	을	를	대	표	들	의	자	운	도	람	날	주	션	에	행	느

Puzzle 479

터	좋	물	의	풍	셀	로	범	측	요	끔	법	로	용	절	낌	을
한	은	끔	맞	거	로	결	션	다	발	돌	컴	견	스	집	퓨	올
풍	표	너	행	을	은	찍	제	은	춤	레	의	질	압	울	람	짓
은	물	사	필	이	동	느	요	스	트	느	낌	한	력	었	한	람
주	짓	파	을	은	측	자	션	레	너	올	장	루	맞	다	측	주
발	적	루	짓	쌀	도	견	한	어	결	정	하	는	추	레	사	어
측	북	품	질	의	한	젊	끔	달	위	발	주	견	질	돌	를	다
기	문	문	셀	러	리	동	이	은	집	풍	짓	질	전	고	느	을
록	션	너	찍	문	은	이	다	말	다	돌	솔	부	자	수	요	가
부	감	한	스	북	칠	면	조	은	춤	발	추	풍	행	를	고	늘
의	들	사	한	요	용	아	문	문	너	측	을	부	동	절	대	문
자	트	한	시	제	이	부	이	체	맞	장	을	러	을	절	끔	주
장	동	람	응	리	에	받	송	바	은	짓	리	자	표	부	바	크
소	화	느	흐	질	즈	자	눈	퓨	트	주	요	루	현	크	스	절
션	젊	물	린	동	다	를	람	집	력	트	로	필	한	절	질	표

아이
응시
시리즈를
셀러리
수요가
압력
칠면조
트럭
표현
결정하는
울었다
좋은
행동을
품질
부러
소화
눈송이
흐린
절대
기록

Puzzle 480

들	주	찍	은	결	주	이	장	퓨	행	늘	절	달	굴	영	운	기
측	의	을	날	질	필	솔	발	이	범	생	측	계	산	리	체	쁜
의	용	짓	공	동	셀	대	부	올	주	각	션	춤	한	주	주	사
문	자	국	경	풍	찍	로	결	파	끔	북	람	고	에	레	자	너
질	거	용	자	크	굴	파	고	주	문	북	굴	로	용	캠	페	인
풍	용	추	스	트	풍	물	추	퓨	임	문	짓	견	날	카	동	집
사	돌	풍	에	전	뭔	동	집	물	원	다	의	친	끔	을	추	을
터	느	북	션	바	음	가	필	문	발	스	제	거	컴	자	부	느
한	젊	에	느	법	짓	악	느	리	이	동	춤	위	끔	주	결	솔
측	굴	은	바	전	터	크	한	부	이	바	굽	셀	장	범	레	부
설	계	을	필	름	인	맞	로	로	다	젊	터	레	필	한	자	위
에	너	한	다	끔	셀	치	날	도	체	발	돌	날	느	문	러	다
돌	은	은	다	집	주	문	트	절	연	풍	돌	끔	쌀	이	을	물
굴	문	행	사	크	천	으	로	차	필	한	동	날	을	문	풍	풍
바	러	스	은	위	말	부	플	주	전	파	트	자	스	적	절	사

기쁜
생각
체리
거친
절차
임원
돌풍
연필
뭔가
천으로
음악
계산
설계
인치
플로트
필름
제거
국경
캠페인
영리

Puzzle 481

트	들	올	션	동	한	어	파	인	은	노	용	집	바	한	컴	적
사	들	날	도	견	제	동	을	치	트	예	뻐	를	을	이	들	감
거	대	이	거	느	법	퓨	사	가	문	절	범	루	문	범	동	주
쌀	측	낌	용	센	위	대	외	로	운	질	로	문	위	를	파	트
대	문	련	모	터	완	올	통	대	논	문	거	끔	동	찍	적	부
스	믹	스	마	표	두	의	물	령	솔	카	을	은	문	러	문	트
스	리	한	짓	흔	콩	발	집	이	을	노	의	체	주	집	범	파
로	의	한	어	셀	을	어	올	션	표	준	휴	가	를	질	달	부
표	어	안	락	군	대	늘	쌀	동	어	굽	맞	질	트	달	느	를
파	을	너	주	측	한	필	집	한	루	들	션	은	트	올	맞	리
을	장	법	로	을	행	도	요	필	을	스	주	파	고	너	솔	바
질	감	발	견	장	공	바	표	발	집	타	다	은	솔	장	견	행
올	날	을	요	노	용	전	감	한	낌	일	셀	경	력	공	추	패
동	문	느	문	사	람	한	요	문	바	의	하	늘	의	늑	대	턴
느	견	부	늘	로	늘	용	절	은	트	트	컴	동	받	발	춤	법

안락군대
마모
외로운
경력
대통령을
스스로
믹스
마련
완두콩
논문
스타일의
마흔을
패턴
늑대
하늘
인치가
표준
센터
예뻐를
휴가를

Puzzle 482

범	문	추	해	시	계	을	다	테	다	관	체	중	노	범	풍	감
범	주	동	문	한	도	대	춤	위	러	계	북	맞	적	컴	문	필
추	요	주	쌀	을	용	결	끔	낌	한	가	짓	바	들	장	로	요
법	북	위	한	돌	쌀	주	경	풍	을	람	필	돌	의	용	을	루
쌀	맞	부	느	법	들	러	거	험	문	러	퓨	요	트	손	헤	낌
트	어	받	말	이	올	전	션	문	한	트	속	이	는	가	이	다
날	카	로	운	찍	트	북	자	문	터	람	을	표	올	락	트	운
바	결	체	도	추	날	측	늘	낌	다	끔	동	거	가	행	동	절
을	은	솔	발	주	법	굽	요	야	동	느	을	도	미	올	트	자
범	늘	고	발	풍	한	이	느	생	대	로	트	절	다	다	적	람
날	젊	을	한	풍	굴	용	크	노	북	퓨	행	쪽	급	용	받	용
늘	측	짓	감	를	파	을	카	북	바	쌀	절	양	고	기	쌀	굽
도	굽	요	루	장	북	루	트	스	바	부	루	찍	하	달	절	바
증	바	주	달	장	트	트	루	팀	제	퓨	느	를	구	여	담	비
받	명	크	필	용	주	솔	션	문	도	끔	견	트	불	성	위	운

불구하고
손가락
스팀
필요
증명
야생
관계가
속이는
올가미
해시계
양쪽
날카로운
여성
경험
체중
헤이
테러
담비
고급
양고기

Puzzle 483

을	굴	부	을	날	페	인	트	춤	퓨	퓨	올	이	달	셀	행	성
은	물	부	공	주	바	부	주	다	주	행	파	터	끔	느	슨	한
질	문	주	문	물	운	굴	공	솔	달	체	쌀	풍	범	종	쌀	터
받	돌	달	이	운	이	돌	올	모	춤	법	숟	절	견	필	류	한
전	굽	짓	장	받	간	도	바	자	귀	족	가	짓	필	동	달	의
컴	을	공	도	발	다	을	동	문	장	달	락	용	솔	물	루	의
위	전	션	발	리	자	돌	한	루	부	주	용	바	퍼	주	자	에
어	떤	질	운	파	달	굽	행	표	표	문	결	은	핀	절	스	장
너	굴	이	고	괭	이	를	동	실	러	부	발	문	측	문	감	발
자	맞	을	발	견	동	동	을	망	법	은	장	너	다	트	도	문
전	문	감	말	달	발	트	느	로	분	쌀	션	절	을	을	람	한
감	은	공	짓	위	어	할	말	을	모	끔	부	공	선	끔	결	실
캥	쌀	이	동	받	맞	아	이	크	바	스	틱	은	체	택	을	제
로	거	북	행	용	운	버	체	말	올	의	은	금	질	대	주	로
바	트	루	문	고	주	지	날	낌	동	을	반	기	지	자	들	발

간다
기금
선택
행성
퍼핀
스틱은
실제
캥거루
느슨한
모자
할아버지
어떤
실망
페인트
종류의
분모
숟가락
귀족
반기지
괭이를

Puzzle 484

표시
벨트
분홍색
노트북
버드
스트림
내내
부드러운
계절
갑자기
기사
돼지알약
행동하라
지배적
철회
원자
기후
키스
소금
길을

달	철	을	쌀	분	솔	터	람	들	를	은	늘	도	젊	동	부	결
자	회	낌	동	쌀	홍	문	의	쌀	받	질	장	측	스	쌀	바	레
도	적	동	굴	필	법	색	굽	을	감	을	동	쌀	굴	트	발	한
질	늘	운	표	주	장	굴	람	의	북	에	셀	운	이	벨	림	측
도	제	공	러	루	이	적	한	도	로	로	용	풍	러	느	파	레
에	쌀	동	갑	전	다	동	자	파	러	굽	돼	트	버	드	물	문
용	범	굴	자	춤	추	로	로	늘	적	배	지	스	적	굴	부	바
행	소	후	기	한	견	주	로	문	절	동	알	를	적	내	내	춤
동	금	표	북	노	감	추	운	질	쌀	올	약	부	질	람	레	문
하	카	시	을	에	노	느	너	바	을	컴	공	의	부	스	은	공
라	느	바	람	법	트	문	달	을	를	트	자	올	올	위	길	을
트	다	컴	부	짓	북	은	체	결	쌀	발	돌	을	짓	크	을	물
북	공	부	날	말	측	질	로	견	짓	짓	계	절	람	이	집	춤
질	필	을	발	표	동	감	올	짓	올	션	바	키	동	용	돌	컴
바	쌀	주	짓	주	은	물	한	한	너	기	사	스	운	요	원	자

Puzzle 485

트	살	문	운	아	질	러	은	람	너	발	도	절	러	높	이	찍
녀	쾡	동	용	적	기	둘	을	풍	어	말	문	범	스	전	부	용
간	이	질	자	따	라	서	부	느	쌀	젊	체	한	트	요	로	바
장	를	다	집	대	트	너	로	필	춤	한	측	한	제	공	바	끔
부	리	한	이	감	바	조	춤	자	솔	한	장	결	부	돌	의	너
은	수	들	춤	용	용	상	성	리	트	필	질	체	도	부	날	카
대	이	적	들	러	다	바	장	로	이	루	거	문	람	어	에	외
굽	리	바	법	셀	돌	스	한	도	쌀	굴	동	쌀	젊	젊	짓	침
원	인	발	정	주	시	행	다	복	햄	버	거	수	찍	동	러	을
한	로	을	보	느	계	질	한	풍	행	한	노	석	스	자	주	범
풍	을	람	문	부	짓	노	을	용	트	트	을	러	날	한	트	사
한	필	레	발	쌀	용	동	고	물	견	부	약	를	부	트	발	달
옵	션	주	끔	카	받	용	부	레	운	거	치	경	들	루	자	솔
날	의	견	짓	퓨	람	질	에	북	주	컴	료	트	쟁	션	사	을
용	솔	퓨	올	용	운	문	표	의	굽	문	트	리	러	필	트	한

옵션
수리를
녀간
치약
외침을
햄버거
조상
시계
살쾡이를
따라서
치료
높이
성장한다
행복한
원인
정보
수석
아기
서둘러
경쟁

Puzzle 486

안경
돼지
대해
도토리
혈액
파슬리
부드럽게
토요일은
스컹크
학교
선언
메추라기
주저
개발
무지개
부어
호흡
부분
캐치
조각

받	이	사	요	찍	호	로	파	끔	자	파	메	캐	트	동	문	끔
문	느	위	돼	선	언	흡	슬	문	문	어	추	치	쌀	을	문	을
돌	절	컴	지	필	스	크	리	바	주	러	라	낌	측	주	날	고
측	너	발	은	은	일	요	토	솔	집	저	기	발	혈	날	를	발
표	들	위	을	추	무	절	도	거	북	집	동	절	느	액	표	너
늘	쌀	필	분	트	지	추	들	용	한	쌀	터	개	발	터	질	바
게	럽	드	부	어	개	트	션	파	한	스	범	낌	낌	트	을	을
발	동	필	한	도	견	학	법	터	대	컹	끔	부	추	자	범	견
트	주	부	로	어	고	교	측	크	해	크	문	트	느	자	을	부
맞	올	션	바	조	안	경	낌	날	를	한	은	날	쌀	문	한	다
적	문	이	을	각	도	한	은	낌	말	로	전	대	한	돌	감	은
발	부	부	전	카	찍	필	쌀	솔	돌	터	체	루	은	들	한	자
측	질	다	이	부	제	도	카	셀	문	을	셀	늘	전	노	결	올
질	도	견	날	물	문	로	필	퓨	리	파	필	에	도	쌀	이	카
주	필	견	트	은	퓨	자	발	적	제	한	돌	사	컴	질	을	루

Puzzle 487

의	체	주	질	러	트	션	젊	문	용	위	한	받	부	은	문	들
이	추	동	의	은	사	받	부	낌	로	한	날	레	은	견	파	발
문	측	을	바	크	다	은	용	을	물	문	을	북	물	거	부	거
어	파	송	추	발	은	부	달	로	어	문	카	크	용	터	을	바
홍	바	운	법	사	막	하	굽	자	제	바	용	한	느	배	울	부
수	트	행	동	조	류	우	장	문	어	질	장	파	러	노	견	스
람	퓨	이	문	의	로	스	행	어	늘	날	젊	풍	도	바	행	쌀
유	제	굽	파	바	마	는	다	들	을	들	이	셀	요	크	받	부
사	체	카	짓	추	필	녀	가	부	느	동	동	를	통	날	올	쌀
퓨	위	느	한	동	쌀	말	져	람	범	카	거	발	치	쌀	추	솔
거	범	바	자	물	사	용	질	션	자	맞	부	위	자	들	문	결
에	젊	받	용	크	동	법	한	루	행	은	컴	다	다	위	자	한
에	기	능	을	발	가	락	을	으	르	렁	행	쉽	게	이	카	필
나	법	날	어	받	바	동	요	다	공	굽	올	부	춤	대	문	부
라	률	느	굴	한	짓	레	리	문	통	과	사	늘	용	질	루	쌀

제어
으르렁
나라
유체
홍수
법률
사과
발가락을
하우스는
가져
통과
쉽게
마녀
운동의
사막
통치자
기능을
조류
배울
운송

Puzzle 488

거	카	공	를	카	추	자	역	동	도	돌	느	한	로	을	발	위
느	에	이	전	트	가	러	거	할	말	표	늘	동	문	너	리	생
느	다	을	이	거	트	물	어	셀	에	피	부	풍	셀	표	문	느
이	야	기	는	카	은	부	한	프	돌	쌀	도	절	다	노	사	적
운	감	스	감	돌	춤	돌	에	로	을	동	쌀	감	범	바	다	용
사	한	풍	발	다	도	레	이	세	을	문	사	용	운	자	을	터
올	람	동	찍	동	굴	장	전	스	짓	젊	한	날	말	바	퓨	거
말	레	트	사	컴	올	고	트	이	케	스	을	다	필	배	치	은
도	질	낌	자	거	집	다	굽	쌀	느	의	쌀	션	적	거	트	돌
쌀	반	대	적	셀	아	카	소	용	맞	자	젊	션	들	파	겨	울
거	노	추	동	집	빠	발	녀	부	한	용	늘	자	전	에	쌀	짓
빨	스	시	문	레	루	루	퓨	카	부	을	한	스	용	파	날	춤
동	간	도	결	이	은	말	적	요	은	트	혜	택	을	말	다	풍
다	감	색	자	용	터	용	동	솔	부	어	고	문	바	절	필	한
표	오	는	을	병	원	최	악	의	부	추	을	한	장	를	체	거

전에
반대
혜택을
발생
이야기는
역할에
에이전트
최악의
시도
스케이트
배치
오는
겨울
아빠
프로세스
피부
에이전트가
빨간색을
소녀
병원

Puzzle 489

의	느	느	말	자	물	범	다	트	주	감	로	발	젊	발	항	결
표	발	카	부	한	다	로	위	주	퓨	낌	바	거	동	리	느	상
트	크	를	헬	리	콥	터	터	절	너	바	굽	동	견	장	운	인
측	파	주	문	공	주	로	공	바	람	용	바	너	감	솔	은	춤
동	동	해	견	끔	말	표	의	트	을	를	한	트	자	끔	질	동
물	터	바	올	거	맞	여	바	제	풍	사	너	사	거	실	행	문
알	도	라	의	을	을	부	을	측	노	제	다	람	다	행	집	위
을	고	기	카	너	동	한	션	문	질	바	짓	들	달	을	러	고
필	셀	있	스	굽	리	파	고	어	젊	은	낌	의	풍	동	결	문
들	추	바	는	동	운	은	맞	춤	노	한	한	짓	어	운	바	찍
노	의	람	질	스	요	부	법	간	장	부	북	다	풍	질	굴	레
래	과	일	제	쌀	문	장	이	순	바	물	크	공	느	발	음	을
하	책	상	한	바	쌀	을	교	종	맥	주	노	카	느	이	추	이
기	카	드	달	동	질	카	주	이	어	어	용	젊	스	터	에	결
질	표	을	체	믿	기	로	에	한	행	솔	대	자	리	을	컴	한

믿기
순종
노래하기
항상
감자
카드
과일
해바라기
책상
여부
알고있는
헬리콥터
종교
발음을
사람들의
인상
맥주
실행을
행위
순간

Puzzle 490

명예롭게
가난한
범죄
용서
주름
무료
햇빛
플라스틱
되돌리기
문자
사람은
완벽
호출라고
않는
최초의
복용
영역을
동의
경찰관
액세스

굴	완	않	범	죄	장	러	를	돌	발	은	로	바	가	도	날	노
경	벽	는	감	굴	도	문	루	말	추	체	루	용	난	동	노	사
찰	용	을	레	추	자	루	을	동	돌	로	을	물	한	용	바	람
관	서	느	문	동	돌	도	을	동	날	맞	감	트	영	역	을	은
느	문	다	표	찍	쌀	문	용	부	맞	문	문	필	햇	빛	느	트
파	위	거	명	문	필	컴	자	리	너	문	자	노	발	달	의	문
션	받	늘	예	법	은	측	노	을	결	맞	람	적	부	주	름	컴
북	액	문	롭	주	을	요	동	문	주	풍	동	을	도	결	느	위
발	세	은	게	부	발	절	문	동	바	고	퓨	되	을	부	바	플
동	스	고	로	동	장	거	춤	굴	의	한	북	어	돌	표	어	라
은	의	필	쌀	쌀	이	적	풍	바	용	초	찍	부	고	리	물	스
풍	쌀	루	발	다	범	동	늘	추	문	바	최	운	바	루	기	틱
어	들	트	발	솔	행	운	표	날	파	이	크	올	받	동	로	표
발	도	굴	트	추	을	파	용	의	날	무	료	리	호	출	라	고
대	굽	스	견	복	용	러	추	바	부	자	문	표	솔	다	레	동

Puzzle 491

쌀	체	동	용	표	트	을	받	주	낌	맞	느	노	결	크	춤	복
은	들	말	끔	올	트	릭	풍	를	한	부	이	대	레	느	절	싱
을	루	어	거	문	요	끔	말	바	한	모	배	가	한	노	운	올
찍	말	람	퓨	션	주	한	발	를	체	추	한	은	의	로	날	어
감	질	퓨	용	위	레	받	을	트	발	로	바	카	문	측	로	풍
몰	일	정	러	다	집	사	끔	필	쌀	동	이	러	절	를	감	로
너	스	찍	견	구	채	탕	필	한	운	돌	한	동	다	이	쌀	결
단	개	푼	이	컴	리	로	주	이	바	고	올	자	끔	들	션	표
순	구	제	질	집	쌀	달	운	은	동	리	표	올	말	굴	춤	집
화	리	측	들	컴	에	자	두	카	트	위	발	운	텔	레	비	전
을	용	파	표	감	체	동	어	발	을	부	질	의	전	다	물	부
국	장	스	은	동	들	너	은	문	굵	박	로	러	춤	늘	루	대
가	카	용	문	질	병	낌	날	부	게	탈	발	은	솔	용	어	에
부	주	고	을	질	컴	다	범	찍	드	이	라	슬	다	발	자	용
스	퓨	에	로	문	바	춤	파	은	은	어	주	소	음	추	질	용

부모
텔레비전
슬라이드
소음
단순화
트릭
일몰
개구리
일정
복싱
다채로운
질병
사탕
배가
구리
국가
어두운
스푼
박탈이
굵게

Puzzle 492

셀	바	위	이	자	너	트	다	주	트	리	트	착	용	운	를	부
용	감	동	쌀	공	노	도	제	견	가	스	제	도	적	견	바	바
감	용	풍	를	주	추	용	트	정	낌	한	사	한	한	동	자	공
돌	바	굴	찍	늘	발	터	컴	지	람	대	춤	주	동	늘	에	대
풍	문	어	자	체	문	질	집	자	터	다	주	북	크	표	파	느
은	질	반	레	자	용	젊	은	은	북	자	적	추	이	을	운	대
다	트	환	러	질	를	다	션	카	행	를	질	절	문	느	다	셀
계	시	립	클	굽	공	용	터	낌	를	바	날	문	질	북	한	카
도	란	브	늘	카	동	임	들	소	동	용	들	것	이	발	카	추
문	느	리	문	파	셀	의	범	주	한	문	늘	북	짓	션	러	대
타	크	지	주	운	동	의	의	방	은	문	다	적	로	스	대	어
날	고	러	받	드	터	도	부	도	마	뱀	루	다	을	요	노	문
찍	넘	북	문	셀	결	올	레	로	을	레	은	을	느	트	사	문
트	어	들	결	크	위	노	위	고	돌	법	솔	문	러	션	젊	문
카	메	라	북	사	표	느	험	을	느	부	자	이	스	문	트	이

정지
것이
가스
계란
브리지
은행
임의의
타고
파운드
주방
넘어
반환
들소
위험
들어
클립시계
카메라
도마뱀
도착
착용

Puzzle 493

이	한	한	솔	제	측	모	터	돌	행	물	추	용	다	용	북	트
자	끔	대	짓	자	돌	쌀	양	바	부	이	너	동	섯	거	굴	느
이	발	에	쌀	쌀	퓨	적	크	의	견	컴	을	이	트	범	요	끔
문	전	바	법	도	동	션	용	올	엘	발	퓨	노	북	추	춤	의
찍	각	종	찍	행	동	문	느	리	크	도	부	거	뛰	제	러	감
대	장	어	체	트	적	행	바	주	견	도	용	자	쌀	어	굴	올
도	컴	요	절	쌀	다	동	노	대	동	리	처	벌	말	러	전	바
바	거	을	측	느	은	찍	다	동	바	질	체	동	파	돌	동	대
북	정	도	달	은	요	너	물	적	바	우	러	다	물	굽	요	주
이	리	범	터	노	용	질	셀	부	한	유	집	에	파	측	자	용
주	년	바	스	코	문	한	올	을	문	교	실	을	산	우	신	문
도	용	조	포	동	셀	절	공	짓	문	찍	의	세	끔	로	이	트
맞	견	정	츠	이	다	북	사	을	동	도	바	금	한	받	동	젊
자	다	늘	가	션	도	동	물	노	물	한	사	문	끔	앞	로	달
늘	풍	수	결	혼	은	의	젊	이	쌀	받	위	고	바	서	행	집

세금
주년
조정
도용
코스
뛰어
교실을
정리
각종
결혼은
우산을
다섯
처벌
엘크
앞서
우유
모양의
다수
스포츠가
자신이

Puzzle 494

말	찍	짓	질	한	운	방	견	짓	법	은	절	발	에	매	달	려
운	젊	컴	주	도	한	법	로	제	감	공	적	맞	바	동	바	장
점	진	적	사	자	질	동	찍	부	맞	솔	의	카	바	문	위	끔
말	노	행	션	들	결	집	레	돌	젊	셀	터	다	측	문	치	한
용	트	찍	가	범	쌀	발	장	체	은	질	레	한	마	후	에	들
자	을	용	한	기	말	족	체	유	운	러	적	문	일	올	장	이
요	낌	다	전	리	행	제	위	찍	죄	부	찍	발	한	을	찬	소
솔	쌀	리	셀	상	트	비	미	위	한	분	셀	바	어	쩌	면	주
을	질	필	어	단	컴	날	션	을	문	은	동	추	밀	법	굴	파
한	도	문	장	받	법	크	달	발	물	카	돌	를	루	부	문	은
바	다	파	을	한	연	민	감	다	운	이	트	이	제	문	너	범
다	이	을	결	파	굴	찍	한	대	협	력	동	부	파	문	자	발
로	자	다	낌	한	춤	북	법	올	트	문	측	동	어	에	용	느
사	끔	트	자	운	낌	측	트	용	굴	제	질	다	트	바	발	쌀
사	감	제	루	도	짓	문	모	양	들	끔	물	절	을	견	람	람

장소
비행기가
족제비
방법
다리
밀어
모양
어쩌면
찬장
점진적
후에
협력
부분은
매달려
마일
미션
유죄
위치
상단
연민

Puzzle 495

바	결	이	의	자	어	레	조	동	야	망	낌	풍	문	느	돌	동
발	크	루	사	잠	자	리	용	돌	문	요	을	범	견	를	컴	트
릴	자	카	가	범	부	컴	한	발	늘	휴	젊	위	학	한	용	풍
리	필	자	도	을	동	일	모	두	람	식	신	호	제	년	추	한
스	너	고	서	에	해	이	동	체	대	추	북	표	을	위	격	쌀
어	로	춤	돌	바	질	굴	자	자	동	스	달	달	주	제	질	주
전	트	늘	계	받	동	맞	올	루	견	어	요	문	부	집	퓨	올
어	컴	문	고	속	이	적	트	추	사	바	이	춤	사	레	단	편
트	발	대	견	레	슬	집	받	너	질	부	파	연	례	제	춤	거
션	맞	기	도	도	부	모	체	루	달	은	견	다	거	크	동	리
주	견	다	올	느	맞	을	텔	한	발	로	풍	질	동	날	춤	동
올	사	로	퓨	동	동	을	루	사	문	거	추	견	발	달	받	은
질	용	받	을	제	고	운	동	람	춤	질	어	웜	은	선	박	도
을	공	스	부	젊	전	자	에	북	용	도	문	바	의	로	은	문
감	바	위	로	쌀	사	질	한	거	을	표	트	찍	바	고	질	질

의사가
학년
계속
웜은
선박
일이
대기
단편
신호
모두
잠자리
휴식
추격
이해에서
조용한
릴리스
모텔
야망
이슬
연례

Puzzle 496

늘	지	출	질	침	던	져	용	을	문	리	감	트	을	올	적	동
로	자	물	용	실	열	한	도	부	제	을	파	필	분	리	솔	이
고	이	상	한	확	망	션	한	위	가	로	용	요	바	을	터	굴
윙	절	다	주	컴	실	은	문	필	동	문	발	로	운	말	리	크
스	타	일	용	범	크	트	파	운	람	올	발	측	느	쌀	주	을
깜	짝	치	킨	도	주	을	춤	트	사	러	제	레	용	보	여	물
용	체	사	날	에	집	위	터	제	주	끔	동	로	문	동	한	한
크	찍	질	고	장	은	너	문	집	제	제	문	카	대	한	어	바
살	터	이	장	젊	물	은	루	솔	바	터	북	대	북	장	감	한
너	쾡	동	트	트	제	공	받	로	위	찍	체	트	한	받	을	쌀
운	트	이	절	부	맞	문	끔	들	트	물	을	한	춤	감	감	끔
육	두	구	스	부	거	용	다	흡	수	도	행	질	터	문	쌀	돌
표	맞	공	요	동	문	시	도	를	받	을	이	쌀	자	발	을	추
이	하	풍	트	전	맞	동	범	셀	젊	을	에	표	용	컴	춤	람
로	범	마	한	쌀	짓	고	느	이	동	견	은	필	느	은	문	을

살쾡이
스윙
하마
침실
필요로
보여
던져
흡수
확실
스타일
육두구
치킨
문제가
이동
분리
지출
깜짝
이상한
열망
시도를

Puzzle 497

도	필	요	퓨	바	드	견	용	끔	너	전	동	에	부	늘	한	들
질	한	한	을	회	피	에	늘	문	도	위	고	다	다	운	자	터
늘	의	범	크	충	큐	결	포	도	문	람	도	찍	파	노	자	너
법	전	송	용	돌	필	날	절	측	크	젊	질	이	레	스	추	도
결	단	지	레	바	낌	러	절	어	부	문	이	빨	늘	품	트	에
젊	스	웨	터	트	문	바	들	은	크	레	풍	풍	리	식	질	절
자	찍	컴	솔	한	추	전	파	적	집	법	에	이	쌀	혼	자	위
터	한	요	굴	트	도	발	물	거	의	한	은	대	필	결	을	문
둥	제	로	도	발	거	동	문	주	장	절	을	셀	발	주	동	춤
을	지	을	느	요	비	달	문	질	대	들	트	쌀	루	위	주	을
은	받	날	낌	이	절	교	러	날	크	춤	짓	마	지	막	으	로
동	장	을	레	크	감	낌	러	낌	트	춤	러	찍	다	행	로	부
느	눈	물	적	고	파	고	장	트	컴	도	쌀	들	도	스	긴	급
액	션	동	노	느	바	람	들	북	행	동	로	보	고	서	트	체
요	요	쌀	감	문	낌	도	부	요	굽	문	느	설	탕	느	주	다

회피에
스웨터
설탕
거의
보고서
충돌
마지막으로
비교
결혼식
단지
식품
전송
큐피드
혼자
포도
액션
눈물
둥지
긴급
빨리

Puzzle 498

말	레	스	한	어	날	문	바	젊	다	한	동	점	문	주	루	장
넣	어	도	검	바	쁘	지	만	느	북	쪽	으	로	점	견	문	동
다	표	추	사	람	문	리	동	시	장	의	천	사	전	레	측	문
돌	굽	노	낌	부	바	견	자	이	질	부	섬	세	한	러	끔	댄
대	을	고	문	문	말	발	낌	문	체	늘	굽	러	질	한	위	스
주	은	한	영	굴	공	로	용	범	너	을	터	느	맞	짓	질	이
날	이	느	어	너	카	주	컴	동	터	한	을	솔	영	필	셀	레
짓	도	굽	레	요	순	절	민	굽	바	부	트	문	감	주	바	문
다	음	과	운	굽	무	은	법	이	부	고	굴	위	춤	어	들	자
스	트	을	곱	하	기	어	질	굽	바	노	춤	한	느	느	한	션
굽	은	물	끔	문	쌀	너	풍	한	발	을	자	주	춤	달	를	용
헌	신	스	요	카	짓	용	말	견	돌	쌀	은	발	퓨	터	표	용
션	자	션	낌	바	부	요	받	레	부	달	람	커	튼	말	문	발
크	꿀	한	다	다	동	측	을	의	셀	트	성	발	맞	을	날	트
체	벌	주	늘	고	다	셀	용	한	부	날	너	리	을	람	루	거

순무
검사
달성
곱하기
댄스
꿀벌
레이스
점점
다음과
북쪽으로
바쁘지만
영감
영어
시장의
섬세한
넣어
주민이
천사
헌신
커튼

Puzzle 499

요	견	컴	장	을	컴	늘	적	한	견	표	쌀	솔	돌	의	추	스
을	굴	대	굽	솔	어	춤	감	너	절	이	결	동	모	의	감	전
다	찍	로	요	리	제	스	굴	들	북	자	문	로	솔	행	육	상
수	집	문	표	한	레	측	어	제	용	위	한	바	어	연	못	벽
춤	요	을	레	몬	자	동	동	춤	의	고	을	카	결	생	발	파
절	쌀	일	올	위	돌	노	돌	짓	대	결	을	감	은	용	각	풍
느	동	제	트	결	필	느	전	주	춤	절	컴	자	공	동	사	이
측	운	여	귀	을	너	범	루	측	끔	질	썰	은	어	스	용	추
위	동	로	위	낌	어	춤	의	부	거	울	매	굴	행	공	주	견
해	증	터	은	문	감	람	용	너	동	동	느	질	부	굽	짓	트
자	거	스	트	달	를	사	도	낌	끔	바	발	은	퓨	받	한	을
견	를	틸	의	에	한	람	리	한	받	춤	문	동	종	느	법	대
너	바	잘	학	말	찍	운	쓰	을	파	스	쌀	루	리	종	날	크
을	과	못	용	어	보	다	기	견	은	바	용	법	물	한	도	이
루	학	된	절	집	리	스	을	로	제	도	를	바	어	다	찍	풍

운동
쓰기
위해
귀여운
모의
증거를
레몬
수요일
썰매
연못벽
용어보다
생각이
잘못된
자동
거울
의학
과학
종종
스틸
육상

Puzzle 500

대	문	노	굽	파	백	달	터	문	의	고	공	간	달	늘	쌀	위
전	문	한	다	굽	조	션	들	춤	션	속	를	문	주	끔	에	협
질	크	을	발	행	쌀	용	느	문	러	도	필	션	셀	동	염	이
받	발	물	장	문	새	끼	요	한	솔	로	법	견	용	느	스	소
중	력	노	란	색	추	집	주	람	션	바	문	트	느	컴	퓨	굴
공	격	주	의	감	사	추	주	위	을	용	짓	달	느	절	전	리
퓨	용	솔	공	감	범	스	끔	바	범	로	장	문	노	터	늘	너
변	위	주	추	도	짓	전	트	의	션	바	션	올	받	바	레	춤
문	바	미	느	굴	낌	행	느	스	즐	길	동	들	범	퓨	문	션
법	추	라	트	늘	범	상	황	문	루	결	을	늘	문	션	체	굴
이	파	스	문	표	추	제	은	견	돌	운	로	동	바	부	트	주
노	리	도	도	다	너	공	살	고	을	집	적	한	사	풍	동	견
축	하	하	다	위	러	용	픈	아	찍	운	루	차	다	제	람	말
온	도	계	이	장	람	공	낌	의	있	문	듣	고	가	주	한	찍
문	동	의	체	노	러	를	어	한	동	는	한	이	질	워	물	맞

고속도로
공간
듣고
살아있는
새끼
염소
파리
상황
공격주의
즐길
위협이
백조
아픈
미라
차가워
노란색
축하하다
온도계이
중력
변위

Puzzle 501

체	달	감	트	은	날	파	에	적	신	부	운	한	출	운	굽	대
메	말	했	다	을	해	요	문	물	호	올	돌	맞	현	쌀	절	돌
발	일	하	이	라	이	트	필	한	를	리	제	바	스	전	를	카
공	대	을	말	을	행	거	찍	의	늘	집	젊	결	문	발	달	측
말	위	굽	끔	질	열	은	북	바	취	미	을	자	견	체	낌	느
도	짓	문	바	장	루	한	어	말	이	발	맞	묶	법	퓨	을	트
동	행	장	은	법	파	질	동	날	러	행	을	여	측	다	소	도
질	추	갑	주	지	까	시	용	사	도	루	바	발	리	고	녀	낌
주	션	올	을	난	동	러	트	동	질	받	를	날	동	리	가	도
올	스	끔	질	운	늘	동	목	솔	문	트	너	을	측	들	용	절
부	발	결	쌀	절	쌀	문	적	전	고	다	인	터	뷰	을	의	용
을	문	춤	시	포	스	트	리	체	다	올	루	낌	루	주	북	대
로	은	의	험	주	집	스	쌀	문	이	맞	퓨	감	춤	용	필	은
늘	용	문	느	말	바	쌀	결	터	질	견	행	을	문	날	추	감
굽	춤	접	시	짓	풍	감	자	측	굴	파	쌀	동	사	랑	하	는

지난
시험
포스트
부문의
인터뷰
접시
하이라이트
이해
말했다
메일을
신호를
출현
묶여
열한
사용시까지
취미
사랑하는
장갑
목적
소녀가

Puzzle 502

질	터	감	여	날	크	대	굽	한	고	을	문	관	련	돌	질	주
굽	에	물	부	자	젊	모	험	터	적	끔	도	말	자	지	어	어
용	측	한	크	맞	말	를	동	사	젊	공	크	감	문	속	언	로
카	거	바	느	은	필	트	체	표	다	동	람	들	노	품	제	국
문	대	한	용	한	도	트	파	동	퓨	말	을	북	날	위	낌	바
터	로	짓	션	늘	늘	솔	북	제	거	동	너	누	한	이	자	에
로	루	로	주	어	한	굴	바	사	돌	장	에	을	출	솔	느	은
도	젊	행	굴	생	표	주	제	절	질	젊	위	바	운	주	용	쌀
사	공	받	을	강	컴	발	범	견	을	바	다	공	컴	굽	굽	을
레	낌	도	완	을	요	을	요	굴	을	돌	제	끔	용	제	받	를
들	웃	자	전	에	로	이	요	로	제	절	도	을	부	동	들	람
타	격	었	히	유	령	을	문	교	한	문	물	동	느	은	은	끔
경	람	운	다	테	디	을	부	수	추	리	를	젊	문	크	주	장
사	찍	늘	맞	북	알	려	진	늘	문	받	달	절	측	이	세	탁
애	정	을	달	로	동	동	이	트	결	쌀	동	굽	동	동	은	돌

다운
제품
언제
경사
누출
관련
완전히
애정
유령
생강을
알려진
국제
테디
타격
교수
세탁
모험
여자
웃었다
지속

Puzzle 503

부	견	실	문	은	질	집	파	달	을	컴	뛰	위	로	바	크	에
션	어	현	느	운	컴	주	장	을	주	느	어	어	동	장	낌	어
물	질	을	다	올	끔	퓨	트	리	한	을	느	문	난	비	지	받
스	사	행	바	문	범	트	바	올	다	어	너	절	장	타	네	솔
도	자	들	경	맞	카	위	부	적	느	바	너	다	발	민	스	로
레	터	을	제	레	따	긴	장	을	견	바	느	들	측	달	동	이
소	수	점	를	어	라	북	람	절	도	운	다	받	낌	들	을	결
짓	견	날	지	특	동	캠	젊	용	을	대	받	운	절	은	공	과
다	바	스	아	들	정	프	리	다	쌀	어	견	결	쌀	물	은	자
바	쌀	도	강	공	느	루	트	도	은	달	용	리	발	를	끔	주
집	굴	컴	한	레	은	션	주	감	낌	고	바	을	러	컴	로	바
에	결	쌀	크	콘	도	르	의	고	발	문	필	감	전	다	발	바
올	구	주	요	잔	디	한	들	굴	행	동	를	조	체	노	받	디
너	울	이	말	트	러	올	그	요	트	이	의	사	합	문	의	부
을	돌	적	질	문	풍	문	법	문	사	컴	감	풍	들	이	로	굽

긴장
콘도르의
구울
소수점
결과
경제를
잔디
트리
그들의
조합이
캠프
실현을
주요
지네
특정
강아지를
비타민
뛰어난
따라
바디

Puzzle 504

항해
토마토를
실시
접착제
다시
발렌타인
휴일
동공
오징어
더러운
모방
가르치는
변화의
노동
매우
프로젝트를
세로
경고했다
뱀파이어
활성

들	경	터	레	을	컴	변	사	말	프	너	받	은	항	한	다	모
트	요	고	장	동	노	문	화	를	로	다	리	카	해	춤	시	방
뱀	다	솔	했	공	문	이	스	의	젝	굴	트	결	고	제	에	대
파	느	북	터	다	발	쌀	운	을	트	측	위	풍	사	솔	말	을
이	문	절	장	필	렌	체	로	절	를	대	바	질	자	매	활	성
어	더	러	운	한	타	받	너	카	이	풍	오	징	어	우	춤	질
필	을	날	솔	춤	인	굽	자	돌	실	시	에	느	스	느	다	느
바	한	루	휴	크	너	주	용	주	올	동	을	쌀	의	받	용	장
범	다	측	어	일	공	올	쌀	측	터	제	로	부	은	맞	세	로
굽	적	자	에	발	자	스	북	문	적	크	한	동	느	추	을	위
로	늘	굴	바	스	적	공	셀	느	집	을	노	발	대	접	착	제
너	들	을	터	가	르	치	는	어	필	용	바	트	카	를	늘	결
토	마	토	를	공	로	용	위	다	문	북	션	느	달	발	용	다
주	굽	장	을	행	은	쌀	질	들	트	파	절	솔	리	주	필	받
거	질	트	이	올	를	굴	끔	을	파	스	질	운	동	낌	리	어

Puzzle 505

돌	주	마	말	결	짓	아	웃	부	스	측	을	짓	범	단	쌀	크
레	을	스	운	찍	도	북	주	션	동	문	한	느	동	문	순	이
크	느	터	느	맞	절	자	션	이	컴	너	퓨	결	체	풍	을	히
양	사	들	제	도	한	벽	짓	자	견	자	문	를	크	위	퓨	한
문	파	돌	자	한	이	화	파	용	솔	동	위	쌀	발	도	컴	바
요	카	제	양	용	동	물	자	이	추	절	위	주	체	무	감	질
너	위	로	이	배	위	날	열	장	느	은	필	장	를	대	문	람
부	컴	위	미	를	추	브	이	라	드	행	부	제	안	물	바	끔
전	스	루	감	대	낌	바	돌	쌀	문	자	발	적	을	동	소	루
고	늘	동	굴	퓨	춤	한	한	행	용	발	고	람	루	말	설	셀
러	절	굽	사	람	의	감	쌀	문	을	용	루	너	느	북	올	문
바	부	을	카	컴	한	지	질	질	이	자	제	발	에	북	연	절
전	적	느	크	적	주	하	을	을	용	사	의	을	한	바	구	달
셀	러	하	법	끔	을	여	주	크	늘	결	공	굴	물	람	오	끔
을	물	강	트	한	문	부	문	다	동	레	받	이	동	절	리	파

아웃
벽화
제안
마스터
드라이브
양파
소설
양배추
사람의
열이
연구
무대
하강
단순히
감지하여
오리
자발적
이미
고발

Puzzle 506

수입
건물을
유리한
비워
요리
난로
운영
거짓말
벽난로
도보
경로
욕망을
성공
유명한까지
동물은
강한
연필
스타일의
수리를
에이전트가

집	필	풍	노	도	끔	대	범	늘	노	너	날	도	날	대	부	질
에	이	전	트	가	문	늘	북	다	행	을	어	주	맞	장	의	들
트	운	대	트	법	굽	풍	제	늘	은	결	장	트	의	의	트	로
춤	한	영	풍	솔	짓	대	도	장	북	리	이	찍	늘	늘	션	파
동	경	체	발	을	한	바	보	동	맞	터	수	견	느	바	다	컴
이	로	스	타	일	의	람	에	은	장	파	입	한	절	동	장	견
받	로	난	벽	늘	낌	문	춤	느	다	문	강	한	리	유	한	바
느	건	물	을	연	퓨	스	이	달	결	발	도	스	용	춤	문	은
거	짓	말	망	필	은	끔	바	전	집	동	들	북	동	느	범	문
다	동	주	욕	발	날	다	바	전	발	주	짓	범	퓨	노	굽	를
감	물	한	운	한	주	장	람	춤	집	굽	체	을	주	스	결	러
노	은	로	문	달	동	비	유	명	한	까	지	동	체	달	한	에
수	리	를	도	이	표	워	견	문	동	대	바	북	동	노	쌀	낌
올	요	바	용	굽	질	레	말	젊	성	북	한	컴	행	굴	트	쌀
문	올	동	컴	돌	에	굽	션	발	너	공	이	동	션	주	바	젊

Puzzle 507

질	발	느	어	셀	은	를	문	박	년	날	을	스	측	한	감	터
람	너	돌	트	견	굴	범	표	물	간	필	이	추	동	끔	솔	문
굴	제	운	퓨	문	사	달	발	관	끔	달	파	야	채	를	느	굽
라	받	공	발	북	굽	발	끔	트	집	이	일	느	로	은	퓨	체
운	러	드	부	쪽	느	날	을	위	도	리	럿	고	찍	러	절	자
드	음	자	트	으	문	도	을	소	체	맞	루	표	바	자	자	발
레	성	동	쌀	로	감	터	쌀	심	바	아	래	에	솔	셀	레	날
다	스	차	달	풍	공	물	다	한	션	은	범	자	감	사	동	말
받	컴	토	파	바	은	퓨	자	자	카	체	동	올	동	바	끔	견
질	다	다	랑	로	트	체	발	의	도	체	의	문	북	올	을	받
를	체	파	늘	운	사	질	북	요	자	동	동	람	질	도	터	풍
들	대	감	젊	돌	껍	고	도	요	너	흡	셀	너	거	집	표	로
쌀	러	한	솔	번	로	질	부	쌀	요	수	다	준	얽	문	러	절
동	바	러	끔	호	풍	발	부	터	을	날	공	비	정	힌	소	년
방	법	을	보	고	공	노	문	쌀	춤	사	바	운	람	거	부	노

음성
레스토랑
라운드
방법을보고
번호
아래에
껍질
소년
자동차
야채를
정비공
파일럿
얽힌
준비
소심한
박물관
부드러운
년간
흡수
북쪽으로

Puzzle 508

삼	대	말	관	루	대	도	맞	북	을	추	동	한	은	쌀	트	절
북	촌	킹	심	날	대	바	한	찍	다	어	느	돌	요	은	행	장
느	끔	이	레	을	끔	대	은	쌀	용	굴	리	자	쌀	로	주	동
법	문	베	블	느	크	람	증	북	로	리	은	동	한	감	지	느
필	한	장	이	랙	을	파	오	여	끔	깜	짝	거	느	쌀	을	이
에	리	사	느	루	필	학	돌	유	물	명	할	자	자	법	날	은
전	제	질	한	카	맞	업	표	가	다	예	당	은	자	솔	제	용
용	바	구	조	표	범	느	문	로	집	롭	집	문	차	례	자	거
트	늘	감	방	에	파	루	문	날	체	게	트	법	절	체	짓	문
필	대	감	문	이	한	람	이	자	문	셀	질	대	말	커	셀	쌀
쌀	제	집	이	한	표	낌	주	너	결	퓨	로	절	질	에	플	동
이	용	춤	부	로	느	트	로	을	들	도	을	장	굽	셀	날	안
끔	부	쌀	들	범	을	이	문	은	맞	운	을	문	을	굴	로	대
스	람	용	리	도	크	위	표	을	일	동	을	의	심	절	동	한
용	을	적	발	어	위	기	트	이	정	굽	돌	감	장	다	발	용

구조
위기
커플
학업
블랙
할당
관심
방문
차례
심장
베이킹
여유가
바늘
감지
삼촌이
증오
동안
명예롭게
일정
깜짝

Puzzle 509

선	여	대	카	문	쌀	스	트	느	문	돌	법	쌀	늘	장	으	돌
호	왕	파	루	션	동	파	쌀	러	북	적	을	션	부	트	르	동
하	의	의	짓	낌	낌	돌	고	컴	솔	바	크	한	바	부	렁	한
는	질	사	동	절	다	전	이	끔	늘	견	교	북	동	맞	측	러
농	카	성	솔	견	올	어	문	솔	바	행	회	공	주	주	도	람
구	춤	숙	부	스	노	을	동	물	질	발	질	을	감	로	늘	자
문	협	크	위	람	문	터	굽	쌀	물	바	감	필	와	이	어	두
을	상	믹	전	타	깊	은	신	트	동	바	젊	위	대	발	필	용
문	운	스	주	체	격	질	부	사	부	을	춤	해	변	호	사	파
카	다	부	자	거	다	쌀	바	레	로	다	노	크	용	용	로	집
제	절	풍	솔	공	춤	법	위	다	부	퓨	낌	에	공	솔	요	스
이	북	늘	션	발	장	맞	적	도	들	말	대	주	동	말	자	발
느	초	동	트	달	받	한	스	한	자	은	늘	로	문	수	정	를
이	표	콜	전	돌	터	달	다	컴	을	찍	세	체	대	대	로	리
람	북	은	릿	를	공	자	동	흔	들	주	대	측	람	바	루	범

협상
깊은
수정
세대
선호하는
와이어
자두
신사
교회
흔들
여왕의
초콜릿
변호사
성숙
농구
믹스
으르렁
자동
위해
타격

Puzzle 510

가르쳐
사랑
역할
넓은
우스운
표면
중복
재고
천국
연락처
회원
환경
행동을
운동의
해바라기
박탈이
도용
마지막으로
제품
경고했다

고	이	셀	박	동	터	도	로	달	한	적	은	절	용	러	동	레
물	노	바	탈	행	동	을	로	을	범	카	물	전	집	파	용	자
연	루	대	이	용	부	로	추	을	쌀	공	요	장	공	로	감	느
락	공	가	르	쳐	젊	적	풍	에	은	받	의	파	중	복	역	다
처	발	자	터	질	행	은	동	노	솔	물	문	행	젊	바	위	할
한	루	느	범	집	도	를	한	사	을	느	주	해	바	라	기	법
자	춤	넓	다	한	체	용	의	질	굴	운	말	문	말	트	부	물
터	쌀	발	은	말	올	우	발	공	말	자	운	동	의	의	루	집
크	카	문	필	고	용	스	환	경	쌀	고	행	마	지	막	으	로
늘	바	쌀	위	로	북	운	다	집	을	에	필	터	전	바	공	러
에	주	사	트	로	거	추	레	감	의	거	법	받	늘	낌	주	도
문	자	사	랑	집	카	발	운	경	고	했	다	스	천	국	춤	바
에	용	고	부	트	필	다	용	짓	재	풍	용	추	바	이	굴	동
동	운	람	요	크	어	동	한	이	컴	다	한	용	러	대	이	회
법	에	표	면	체	느	낌	공	을	제	품	을	발	한	이	한	원

Puzzle 511

북	를	범	수	날	퓨	퓨	동	의	사	자	을	셀	거	리	문	위
바	대	풍	명	서	브	컴	팩	트	집	운	측	피	결	문	공	북
트	추	주	셀	어	그	도	이	들	에	물	드	부	정	달	퓨	바
다	부	구	을	장	녀	카	논	대	로	한	컴	쌀	하	크	테	디
견	너	측	동	셀	의	로	문	덮	여	두	꺼	비	는	루	어	발
물	스	굽	한	용	은	끔	자	사	컴	질	이	고	회	동	읽	는
운	추	쌀	레	동	받	절	레	부	러	끔	솔	견	사	공	도	다
터	돌	은	추	를	낌	러	질	대	한	은	트	위	어	올	제	부
람	찍	문	측	법	자	국	가	회	피	에	모	이	업	파	질	달
주	풍	한	고	바	격	짓	자	셀	젊	의	두	션	장	스	말	을
어	휘	너	을	문	을	짓	을	달	어	주	도	늘	바	솔	문	공
요	한	자	에	자	행	추	을	짓	절	스	늘	한	산	만	용	다
춤	맞	동	크	자	리	한	바	노	동	올	감	쌀	로	끔	젊	의
의	퓨	행	낌	북	쌀	용	굽	측	바	거	도	문	맞	젊	다	부
레	한	추	굴	동	발	전	퓨	대	범	자	감	바	제	한	부	돌

서브컴팩트
추구
산만
사회는
덮여
사운드
읽는
그녀의
어휘
수명
자격을
두꺼비
위업
결정하는
논문
피부
국가
모두
회피에
테디

Puzzle 512

달이
사실
직원이
현대
상처
설탕에
좁은
것이다
제출
뽑아
웃음
말괄량이
만든
피곤한
암탉
감옥
던져
천사
매우
감지하여

암	운	로	사	만	을	뽑	을	레	좁	을	컴	션	다	집	바	제
탉	위	받	실	체	든	아	한	위	은	로	용	너	셀	적	달	출
을	람	달	한	한	북	받	법	측	풍	쌀	노	질	사	다	달	던
운	찍	이	쌀	한	을	루	바	고	행	은	장	낌	설	거	거	져
감	지	하	여	사	북	컴	낌	쌀	로	느	도	러	탕	한	을	동
받	달	물	맞	풍	로	늘	받	현	동	사	북	고	에	다	천	이
말	동	람	컴	문	바	거	도	대	용	의	동	돌	공	동	에	사
로	리	문	컴	질	한	문	북	자	동	웃	로	한	파	요	올	다
말	괄	량	이	크	느	것	요	풍	션	음	바	고	카	을	을	체
부	크	젊	젊	받	을	거	이	달	자	스	한	피	곤	한	사	로
트	절	솔	로	카	쌀	받	낌	다	용	의	직	원	이	어	를	트
감	옥	파	필	필	퓨	측	결	노	을	감	동	이	이	체	쌀	트
주	자	찍	바	법	문	은	를	문	매	어	올	람	문	자	감	용
받	측	상	요	문	동	범	문	셀	우	맞	달	이	감	느	적	받
트	감	처	문	다	물	발	스	을	한	바	파	레	발	로	은	측

Puzzle 513

은	거	한	에	트	적	용	한	쌀	먹	고	굽	동	한	바	션	스
절	한	적	표	집	로	대	테	이	크	테	로	소	가	능	결	파
도	카	에	한	적	필	을	감	샤	션	질	이	바	다	이	어	클
루	필	은	리	은	에	공	견	동	느	고	즙	프	용	용	컴	동
파	은	올	체	질	트	자	들	표	문	문	과	예	젊	찍	견	부
이	범	동	전	용	쌀	션	도	자	노	한	람	비	고	부	행	동
제	추	바	터	제	스	말	문	크	트	자	은	로	자	은	다	행
자	올	션	의	자	다	루	사	동	적	동	질	에	느	쌀	한	노
입	학	들	날	견	동	문	파	추	견	측	발	요	자	의	모	래
동	을	어	레	질	한	주	트	동	느	한	바	주	자	간	견	레
트	이	굴	위	로	늘	사	카	가	노	감	도	에	공	기	컴	로
거	고	러	바	을	크	주	앞	구	늘	늘	도	바	로	라	회	자
주	표	을	이	찍	느	로	으	질	자	결	를	법	동	추	이	거
제	공	하	는	빌	려	춤	로	스	레	춤	적	너	퓨	메	터	말
말	주	젊	요	제	발	도	한	굽	리	추	한	바	닥	도	에	문

먹고
테이크
제공하는
바닥
테이프
소다
앞으로
입학
예비
샤이
모래
가구
동전
가능
빌려
기간의
과즙이
기회
스파클
메추라기

Puzzle 514

중앙
그러나
수집
시작
삼촌의
연기
운율
유연한
정의도
검은
가끔
고기
불에
맛을
오류
지리
울타리
양파에만
다채로운
스웨터

불	에	삼	동	람	문	받	북	셀	연	발	부	적	느	을	낌	한
견	절	적	촌	문	거	추	추	젊	기	춤	로	셀	추	한	말	카
주	느	달	이	의	고	문	운	행	젊	러	퓨	부	발	트	북	북
트	의	문	주	이	결	굴	율	받	자	동	정	의	도	들	운	말
맞	느	스	체	견	쌀	이	를	끔	공	은	발	컴	적	행	맞	솔
동	러	느	너	질	양	파	에	만	리	질	를	트	법	너	거	추
람	맞	돌	요	쌀	부	범	요	견	주	시	작	트	찍	동	트	바
컴	굴	한	전	람	중	앙	느	람	늘	공	받	고	공	젊	문	의
절	한	유	지	질	필	노	굴	도	크	견	북	기	스	웨	터	부
결	받	연	리	젊	문	측	동	션	굴	절	추	에	을	쌀	도	끔
올	발	한	다	채	로	운	위	을	적	들	셀	맛	한	울	노	가
수	집	검	은	물	장	집	오	날	부	그	끔	을	받	타	자	끔
들	부	집	은	다	노	측	셀	류	체	한	러	돌	체	리	셀	트
솔	도	를	굴	맞	자	션	굴	로	표	트	이	나	돌	로	부	체
도	문	찍	춤	풍	받	이	춤	질	풍	터	굴	느	공	대	동	한

Puzzle 515

한	파	은	찍	페	굽	북	로	존	한	사	이	한	체	한	스	굽
고	바	자	을	인		미	국	의	동	막	클	라	우	드	루	고
샴	루	람	쌀	트	로	올	가	행	이	행	굴	용	부	고	한	쌀
푸	남	측	이	부	로	전	찍	올	터	트	트	루	감	레	문	풍
를	쪽	한	한	동	크	법	용	추	춤	도	행	을	동	람	주	추
람	자	제	족	달	크	워	트	네	가	솔	린	스	터	돌	쌀	법
로	적	이	제	대	루	리	이	절	맞	추	은	요	발	동	달	표
사	다	어	비	필	을	용	스	표	션	요	은	늘	문	한	체	셀
요	아	름	다	운	증	리	이	마	돌	말	러	주	한	뾰	동	날
조	사	너	라	들	거	은	한	해	스	다	를	감	트	족	를	리
컴	로	셀	인	문	를	날	집	찍	요	쌀	행	사	발	한	요	필
문	다	너	위	레	트	한	쌀	고	절	어	동	다	느	크	레	사
견	새	용	고	한	맞	요	발	파	부	발	리	쌀	이	집	짓	레
를	로	션	이	셀	로	루	절	제	한	컴	법	도	트	질	감	받
짓	운	돌	로	트	을	날	컴	법	제	주	너	파	행	다	주	을

뾰족한
필요한
라인
샴푸
새로운
클라우드
네트워크
의존
미국의
조사
가솔린
아름다운
크리스마스
남쪽
올가미
페인트
사막
족제비
증거를
이해

Puzzle 516

요인
소원없이
일부
그릇
어딘가에
아가씨
상승
학생
정확한
비판
낮은
어깨한다
공식
자랑스럽게
수달
위장
노력
공간
특정
변화의

부	정	확	한	이	결	레	적	젊	감	고	체	트	트	부	공	부
로	느	질	주	자	랑	스	럽	게	적	동	물	리	위	장	문	노
느	찍	로	어	풍	트	짓	바	주	문	솔	부	낌	이	공	견	대
맞	은	카	다	날	젊	결	에	카	사	문	발	제	레	다	문	위
느	이	물	부	요	로	말	트	올	범	표	풍	의	공	트	받	도
견	이	그	릇	쌀	노	컴	끔	을	법	제	거	특	트	달	퓨	트
바	션	루	젊	범	을	다	달	어	깨	한	다	정	일	수	법	돌
찍	카	도	은	어	로	쌀	에	람	맞	끔	말	에	부	달	쌀	카
북	제	문	노	력	낮	은	굽	짓	제	다	요	인	감	필	동	거
범	을	요	트	람	한	어	은	체	굴	날	맞	공	간	파	을	문
동	컴	날	을	문	비	판	위	동	크	를	운	거	맞	운	날	위
이	이	터	은	찍	한	솔	대	대	주	느	굽	맞	발	느	상	도
공	파	학	달	한	은	표	달	한	아	표	를	소	원	없	이	승
식	의	쌀	생	견	느	장	동	느	에	가	딘	어	변	화	의	용
들	젊	견	물	한	법	트	체	행	문	끔	씨	젊	젊	솔	을	장

Puzzle 517

체	이	대	솔	트	날	제	을	비	행	카	카	전	춤	집	절	고
집	한	안	수	요	가	트	트	이	부	제	질	스	주	용	을	레
어	컴	용	한	북	을	밀	견	행	을	이	한	쌀	풍	체	낌	자
셀	바	자	노	어	끔	어	동	스	문	단	올	자	을	션	스	도
발	고	로	절	쌀	노	이	트	동	고	순	루	파	낌	러	도	위
요	바	업	을	측	질	돌	카	집	파	화	행	트	문	학	위	용
질	도	데	일	회	용	파	필	동	질	도	에	셀	바	교	지	필
결	북	이	을	트	날	바	퓨	람	한	굴	트	물	부	을	우	셀
컴	크	트	어	체	공	햄	스	터	도	러	장	측	션	터	개	로
를	동	주	리	질	인	장	에	발	풍	맞	한	도	트	바	젊	션
을	을	물	보	장	발	다	위	법	분	기	용	부	올	풍	결	주
적	용	자	여	크	자	문	을	짓	자	완	벽	문	주	문	인	솔
장	용	결	러	감	추	북	젊	행	운	문	노	추	을	부	터	은
인	터	럽	트	기	위	한	질	용	공	퓨	션	다	주	동	뷰	터
사	동	거	노	위	솔	루	션	을	받	은	결	굴	너	를	굽	체

업데이트
햄스터
분기
솔루션을
일회용
감기
대안
지우개
공장
비행
인터럽트
체인
파도
수요가
학교
완벽
단순화
밀어
보여
인터뷰

Puzzle 518

카	형	을	로	스	솔	추	트	트	달	카	달	도	장	부	동	대
동	태	공	느	끔	부	도	고	위	풍	굽	말	바	문	문	동	돌
션	로	격	은	을	루	쌀	거	을	물	카	루	크	자	정	동	스
을	공	파	견	로	다	문	주	한	한	을	바	부	공	젊	신	파
카	스	너	말	도	북	컴	장	추	파	돌	파	도	실	한	을	적
동	감	셀	집	포	쿠	페	필	로	자	한	사	점	망	을	용	주
한	주	충	측	켓	어	루	를	로	다	한	건	수	자	레	체	집
딱	전	적	돌	에	필	질	고	파	문	어	괭	이	를	표	질	한
사	정	절	체	리	에	바	요	제	끔	이	의	범	바	운	솔	한
느	바	벌	사	동	적	측	짓	받	자	장	바	맞	를	은	의	용
솔	노	용	레	느	늘	다	느	도	집	한	발	문	퓨	노	레	사
트	대	올	운	발	크	을	절	전	화	쌀	너	굴	혈	액	올	이
컴	체	굴	동	분	굴	능	여	행	문	제	볼	다	람	쥐	제	은
집	퓨	개	미	성	가	력	을	올	느	적	트	트	위	달	절	결
요	장	트	은	부	날	트	굴	바	이	제	을	찍	용	도	로	다

볼트
사건
공격
다람쥐
능력
정신적
여행문제
딱정벌레
쿠페
성분
개미성가
포켓
점수
문화
형태로
체리
괭이를
실망
혈액
충돌

Puzzle 519

동	적	로	쌀	질	자	다	트	집	스	고	트	이	스	솔	이	앉
범	중	잘	친	쌀	돌	을	동	평	거	굽	로	문	달	다	부	아
레	요	못	애	비	문	맞	끔	균	를	한	트	늘	마	스	터	도
몬	한	이	하	명	절	범	쌀	돌	다	동	퓨	릴	람	집	을	생
늘	용	솔	는	들	컴	굴	두	을	컴	어	굽	리	리	다	건	물
추	퓨	제	파	날	절	굴	도	려	이	로	노	스	부	짓	올	학
올	다	동	표	은	한	션	절	짓	움	체	추	을	크	러	동	어
을	자	운	짓	절	크	바	날	부	을	법	로	바	크	낌	공	거
수	량	도	장	퓨	굴	측	너	로	를	너	범	동	스	컹	크	주
터	람	고	사	고	문	굽	북	동	범	한	절	문	모	크	어	절
쌀	말	람	다	레	너	트	문	트	노	범	자	받	자	험	공	맞
체	바	풍	운	행	를	체	짓	장	크	너	달	용	법	감	이	터
제	쌀	북	견	을	부	동	불	구	하	고	견	결	견	질	들	굴
로	장	소	설	바	리	문	제	션	느	러	동	색	적	장	터	젊
다	양	성	올	은	을	굽	크	리	맞	질	굽	로	상	문	결	날

수량
앉아
비명
중요한
물건
다양성
색상
친애하는
잘못이
생물학
두려움
평균
불구하고
스컹크
릴리스
레몬
모험
동공
소설
마스터

Puzzle 520

자	제	트	감	솔	법	쌀	노	굴	범	찍	거	집	션	솔	배	발
의	견	너	한	카	사	이	클	링	받	굴	요	질	여	자	울	표
받	컴	체	주	측	잃	표	셀	동	전	걸	핏	하	면	범	돌	측
노	셀	측	주	운	분	게	동	문	주	동	법	퓨	동	자	젊	늘
올	도	스	전	바	석	쌀	쌀	질	늘	끔	위	크	동	컴	파	주
쌀	크	한	한	레	이	물	북	젊	로	스	다	다	올	이	어	한
동	셀	나	쁜	로	공	고	한	사	러	들	한	을	질	어	전	이
트	찍	문	용	트	용	대	늘	감	바	메	주	트	리	어	동	늘
고	트	다	의	경	북	느	노	에	사	리	에	에	필	체	자	풍
받	측	파	낌	계	너	바	법	은	리	도	장	동	끔	를	러	전
용	어	보	다	었	울	이	느	활	터	터	한	행	솔	바	작	을
필	필	측	돌	말	맞	문	야	동	컴	질	맞	을	을	들	업	로
로	사	반	환	필	젊	사	을	기	전	문	을	집	를	일	의	러
버	적	바	용	결	집	필	질	받	는	굽	도	동	쌀	몰	들	동
로	드	하	질	문	도	다	질	한	주	문	어	이	를	집	을	컴

경계
메리
걸핏하면
필사적
나쁜
활동
질문
사이클링
하드
잃게
분석
작업의
울었다
버드
배울
이야기는
일몰
반환
용어보다
여자

Puzzle 521

쌀	짓	문	늘	셀	용	맞	굽	솔	트	제	트	잘	거	범	변	날
멋	진	끔	필	바	맞	이	람	셀	범	람	부	못	추	래	위	트
찍	션	문	날	늘	체	쌀	찍	이	부	의	을	된	그	림	행	적
물	날	바	필	받	컴	느	범	결	바	달	카	날	소	수	발	셀
레	전	풍	동	절	발	절	굴	찍	트	퓨	도	컴	견	체	요	동
자	로	에	파	을	찍	견	인	덱	스	조	말	동	동	쌀	제	용
위	늘	동	춤	트	문	춤	를	들	바	상	리	문	파	루	적	다
카	람	컴	라	춤	카	요	솔	작	업	부	날	맞	크	한	한	문
제	아	기	집	이	장	한	춤	자	트	피	아	노	절	적	동	두
낌	루	람	필	를	브	체	를	경	풍	물	트	바	거	낌	늘	려
션	낌	말	느	지	법	러	루	제	에	파	루	바	컴	주	낌	워
사	리	은	질	아	마	도	리	를	트	찍	은	로	카	리	로	트
이	고	필	이	강	스	은	노	치	트	찍	늘	주	느	법	카	짓
의	동	측	은	트	위	사	소	가	동	한	문	끔	한	의	제	용
충	격	퓨	집	행	거	로	제	금	거	북	북	컴	레	문	끔	에

사이의
두려워
피아노
아마도
인덱스
그림
거래
라이브러리
멋진
작업
충격
가치를
소수
소금
아기
조상
잘못된
변위
강아지를
경제를

Puzzle 522

부	달	쌀	젊	문	느	제	이	부	행	을	도	솔	파	루	다	원
다	리	람	노	도	발	터	법	집	트	대	들	사	용	자	시	인
노	맞	노	러	발	동	맞	레	동	전	트	문	들	장	트	리	체
문	발	동	을	은	부	질	부	주	받	용	러	다	대	드	즈	동
질	쌀	을	한	돌	쌀	스	한	용	공	굴	남	집	러	롭	카	어
컴	노	돌	행	결	요	한	예	러	올	용	편	컴	이	결	범	트
느	측	컴	스	러	카	달	를	용	질	쌀	질	도	트	이	트	견
날	은	자	절	짓	체	운	감	스	습	동	트	동	추	전	발	카
거	춤	거	주	키	쌀	의	발	부	이	관	바	주	필	달	로	주
울	측	들	을	위	파	굴	법	바	을	찰	을	비	다	자	자	너
축	하	하	다	다	자	말	로	범	견	경	송	커	록	동	러	발
사	자	부	감	문	물	다	운	짓	굽	솔	전	조	뮤	퓨	무	집
너	어	크	쌀	자	바	너	로	느	에	로	전	심	이	니	료	너
매	달	려	행	를	용	절	화	파	말	를	에	요	날	을	티	루
한	찍	동	거	동	낌	문	평	이	을	올	동	찍	보	류	장	한

사용자
평화로운
시리즈
커뮤니티
조심
예를
남편
비록
드롭
보류
습관을
키위
전송을
원인
경찰관
무료
매달려
거울
축하하다
다운

Puzzle 523

패	턴	반	법	체	터	짓	발	주	질	솔	레	터	질	루	셀	한
동	동	기	질	목	표	염	소	받	굽	트	문	절	크	달	바	주
춤	이	지	부	젊	다	이	보	바	행	받	솔	동	트	들	도	을
로	발	다	을	굽	한	기	고	물	션	텐	트	책	임	수	영	를
말	찍	이	문	풍	카	도	서	션	문	바	동	돌	주	도	질	주
않	는	주	람	추	자	적	는	다	컴	굴	정	용	을	요	느	한
평	방	로	로	추	절	쌀	범	돌	솔	주	비	동	다	호	를	의
범	짓	트	견	찍	을	주	리	받	절	용	사	북	람	출	짓	트
아	빠	시	퓨	트	적	바	터	받	요	위	한	감	이	라	도	도
러	올	간	도	을	달	절	션	은	파	찍	주	부	견	고	파	공
연	결	시	셀	션	한	북	춤	이	리	행	집	셀	필	노	파	발
노	범	간	올	질	늘	다	젊	받	북	질	셀	날	부	추	동	동
필	래	다	추	쌀	잔	보	끔	를	트	로	크	발	집	의	필	사
스	표	노	동	트	행	디	안	찍	퓨	바	발	레	올	이	컴	을
낌	찍	생	명	을	카	거	견	견	자	주	내	내	러	동	다	발

텐트
보안
연결
시간시간
보고서는
평방
물고기
노래
수영
목표염소
정비사
생명을
책임
패턴
반기지
내내
아빠
않는
호출라고
잔디

Puzzle 524

절	이	들	복	감	을	전	바	자	공	솔	고	말	로	트	자	질
풍	을	북	싱	너	범	고	한	말	감	짓	트	고	행	주	부	받
표	다	고	느	늘	부	도	부	행	카	트	를	발	용	레	발	은
은	올	말	스	바	자	감	노	문	올	물	맞	로	포	쌀	느	주
젊	쌀	을	굴	솔	문	쌀	운	맞	결	돌	쌀	주	스	에	적	낌
문	동	게	겸	절	주	표	한	동	형	식	문	바	트	레	퓨	부
견	지	시	메	손	장	집	퓨	동	질	체	바	바	문	장	컴	동
법	법	트	을	물	한	통	용	을	사	용	공	범	을	동	이	예
노	굽	절	기	물	받	지	동	체	용	노	맞	제	체	주	발	술
책	장	적	리	쁘	를	한	질	문	이	풍	쌀	거	낌	로	바	레
컴	자	소	위	은	게	의	부	파	젊	컴	주	요	잠	발	루	솔
굽	트	방	젊	동	찍	저	항	끔	문	굴	로	결	자	기	주	느
초	문	관	트	요	바	표	부	추	한	소	빛	의	리	물	능	느
점	맞	끔	발	람	맞	를	풍	질	퓨	개	은	을	을	고	장	을
퓨	문	범	용	위	날	날	할	머	니	에	외	느	문	다	느	올

형식
빛의
메시지
통지
외에
겸손한
소개에
기쁘게
게시
저항
사용이
예술
소방관
초점
책장
할머니
기능을
복싱
잠자리
포스트

Puzzle 525

노	어	풍	성	달	녹	절	올	터	람	셔	젊	요	쌀	에	플	법
측	운	끔	능	북	은	색	일	도	제	츠	이	문	한	바	라	맞
물	운	밀	을	문	노	집	요	바	솔	이	레	이	행	다	스	낌
표	발	도	이	트	로	문	일	이	부	돌	션	측	문	풍	틱	맞
시	오	돼	부	스	느	사	로	동	추	굽	람	로	달	표	동	공
풍	는	지	도	주	범	컴	질	이	위	한	파	측	부	준	트	다
발	측	알	트	방	돌	무	전	은	바	절	한	발	은	추	절	문
춤	주	약	절	한	은	릎	위	다	추	필	물	시	질	이	셀	받
루	전	은	말	낌	한	자	올	용	이	측	용	동	나	컴	견	풍
문	제	느	주	자	한	문	은	위	동	올	너	요	금	리	셀	표
필	컴	사	터	측	요	결	견	법	북	다	춤	문	문	의	오	고
느	범	행	늘	발	자	셀	리	범	받	컴	다	발	리	한	크	은
웨	측	쌀	말	짓	끔	결	추	운	다	루	맞	좋	부	명	시	사
컴	이	날	다	러	결	은	션	결	장	트	쌀	은	용	자	돌	슴
대	종	크	터	결	퓨	낌	리	날	한	로	얼	음	날	동	부	바

성능을
요금
종이
시나리오
밀도
셔츠
얼음
일요일
웨이크
무릎
명시
사슴
녹색
좋은
표준
돼지알약
표시
오는
플라스틱
주방

Puzzle 526

뛰	소	스	스	풍	사	발	한	을	한	말	용	라	자	셀	담	범
감	어	문	타	행	젊	퍼	핀	마	을	문	질	사	람	이	비	를
루	다	범	스	바	용	문	대	견	중	러	행	위	굴	답	춤	동
굴	스	에	탠	풍	결	위	바	젊	지	찍	맞	리	용	응	동	도
이	날	찍	드	션	도	거	은	풍	코	치	을	어	제	들	문	을
은	법	굽	장	터	한	늘	바	절	주	을	은	스	로	것	말	트
프	로	젝	트	를	권	말	션	감	루	운	바	파	바	트	은	필
물	낌	로	행	풍	로	한	느	견	주	쌀	람	발	공	루	법	은
짓	운	은	바	느	맞	장	은	를	바	부	받	도	자	집	찍	트
을	발	로	느	상	러	맞	솔	상	태	자	적	을	범	한	스	추
찍	질	레	이	추	리	러	돌	물	견	범	측	셀	도	달	북	질
짓	날	용	바	오	요	을	젊	돌	쌀	쌀	컴	견	제	젊	측	쌀
의	맞	북	굴	이	측	달	문	은	달	맞	바	도	삼	촌	의	카
도	움	말	스	젊	파	춤	질	주	도	동	문	은	한	쌀	솔	루
굴	션	도	트	바	물	결	맞	이	적	늘	이	굴	트	견	낌	달

사람이
사라
것은
것들
상태
응답이
코치
소스
중지
도달
스타스탠드
권한
마을
삼촌
도움말
상추오이
담비
퍼핀
뛰어
프로젝트를

Puzzle 527

로	주	문	이	러	발	고	추	젊	을	한	한	리	카	한	쌀	부
늘	컴	느	미	거	공	한	리	셀	맞	짓	낌	블	루	트	받	셀
트	자	전	부	짓	너	측	물	물	트	셀	교	대	풍	리	행	질
트	리	한	은	동	한	절	동	돌	필	한	실	와	셀	짓	표	달
대	의	찍	의	쌀	순	도	도	추	풍	바	질	를	서	적	를	동
동	부	양	말	트	종	리	크	이	고	끔	맞	부	주	의	문	춤
발	노	을	션	자	레	터	체	퓨	발	러	젊	외	쌀	노	거	셀
충	분	한	부	터	느	질	고	질	람	위	범	범	범	우	여	의
동	션	절	은	을	받	돌	운	주	카	용	트	찍	주	려	낌	질
한	은	발	주	스	위	전	맞	도	고	짓	용	받	셀	느	어	자
퓨	터	한	부	파	물	크	법	문	한	용	셀	동	말	레	영	을
공	한	터	발	한	바	동	달	고	을	너	요	로	날	건	향	위
을	요	를	제	쌀	리	요	터	어	용	숟	낌	션	말	포	을	돌
배	우	에	서	션	질	전	달	표	맞	용	가	여	을	도	전	스
전	트	의	한	전	사	사	쌀	쌀	람	레	에	락	든	루	트	션

와서
영향을
양말
범주
교실
충분한
배우에서
블루
외부를
주스
우려
건포도
여우
부주의
여든
숟가락
순종
영어
트리
이미

Puzzle 528

주소
소시지
나머지
베이
개혁의
석탄
유리
검색
추정
유지
문제
플래그
장난
보일
성공적인
경보
개발
것이
주민이
제안

주	굴	성	장	난	늘	컴	느	개	발	플	개	혁	의	러	말	노
고	터	공	주	집	에	동	법	발	추	래	로	을	받	한	베	이
찍	맞	적	공	너	도	질	트	것	너	그	보	경	거	고	한	용
춤	결	인	동	검	노	거	한	감	이	한	일	올	션	위	법	젊
찍	카	어	법	색	체	도	추	을	사	측	올	풍	감	감	자	한
받	바	다	을	법	적	느	션	한	터	은	은	트	한	운	전	늘
트	운	필	터	공	위	레	도	주	를	레	굴	느	한	느	이	표
주	트	사	행	의	을	바	동	늘	노	필	쌀	필	은	을	문	자
소	용	로	쌀	크	풍	소	다	카	절	문	제	날	절	느	노	파
레	감	용	사	물	은	트	시	절	다	전	한	한	자	주	민	이
물	루	루	낌	루	결	위	발	지	유	굴	은	너	트	한	트	부
은	물	을	솔	카	찍	견	체	람	머	트	운	제	느	용	스	솔
용	이	결	집	로	스	측	견	추	늘	나	굴	안	추	정	한	동
공	제	대	유	리	리	을	장	운	굽	돌	어	주	크	석	탄	춤
한	늘	측	을	바	주	용	절	감	날	발	쌀	받	터	을	춤	추

Puzzle 529

사	를	도	시	대	문	동	이	은	집	컴	찍	에	쌀	바	쌀	질
반	트	인	노	장	견	확	예	상	고	터	느	운	사	용	집	북
복	스	식	완	감	의	장	부	제	질	절	문	결	행	에	올	을
용	버	돌	두	싸	리	법	스	한	맥	주	한	동	측	대	을	주
바	도	션	콩	는	우	법	발	스	크	전	한	발	코	니	솔	컴
졸	문	동	측	노	바	너	파	추	게	을	사	명	올	쌀	달	통
표	업	션	굽	측	감	한	동	맞	를	동	집	체	확	춤	돌	해
장	의	질	크	부	결	파	대	운	한	늘	용	자	트	하	젊	트
쌀	의	대	표	도	한	집	은	을	도	용	최	초	의	한	게	컴
올	루	끔	트	늘	에	측	문	굽	셀	질	문	어	끔	쌀	한	돌
한	로	동	스	한	컴	젊	제	들	트	감	로	션	문	추	문	필
물	도	파	거	주	을	발	스	낌	은	루	부	람	이	장	문	춤
은	동	바	제	범	크	바	을	파	은	집	행	추	길	냉	장	고
파	다	바	이	발	솔	솔	범	루	달	행	바	다	발	말	결	동
다	크	장	제	말	들	쌀	늘	에	주	터	을	받	은	적	주	셀

우리의
확장
통해
예상
발코니
감싸는
인식
냉장고
버스트를
반복
이길
의견
명확하게
졸업
크게
완두콩
맥주
최초의
시도를
시장의

Puzzle 530

쇼	한	전	쌀	로	용	을	부	한	절	달	물	보	스	공	솔	풍
어	를	문	터	돌	느	자	분	트	문	문	자	물	한	동	낌	발
람	측	한	표	레	제	노	은	찍	주	문	집	표	거	위	달	에
대	절	동	트	마	정	농	발	견	스	은	스	찍	동	찍	로	재
찍	컴	터	낌	련	치	장	용	람	문	명	백	한	질	문	거	킷
물	한	트	사	행	을	도	자	장	조	동	춤	발	돌	질	바	바
혼	내	일	레	용	주	부	찍	솔	식	장	발	쌀	체	너	느	터
동	자	견	스	바	측	을	호	션	용	애	로	터	동	노	다	절
결	느	문	들	문	이	체	기	카	굽	을	레	표	절	풍	물	부
교	실	을	파	솔	결	바	심	돌	사	트	농	행	컴	러	돌	표
트	노	맞	받	러	자	을	장	물	에	점	담	절	전	집	위	트
컴	젊	한	날	문	발	공	질	받	발	트	점	젊	시	터	동	굽
북	문	문	측	공	다	풍	춤	동	이	트	올	결	가	를	절	문
너	대	체	로	바	범	스	바	굴	도	날	자	론	러	카	바	을
트	셀	문	부	도	용	느	체	결	제	짓	문	쌀	질	를	한	견

장애
전시가
정치
호기심
결론
명백한
농담
농장
재킷
발견
보물
너트
내일
조식
쇼를
마련
교실을
부분은
혼자
점점

Puzzle 531

발	사	굴	장	곱	찍	적	동	존	범	가	장	자	리	질	시	젊
문	범	람	퓨	을	셈	집	말	재	전	형	적	인	절	에	도	트
거	죄	발	에	북	한	빠	로	를	부	문	발	한	터	공	위	춤
달	을	요	공	게	자	른	전	추	낌	다	측	느	부	범	부	도
발	짓	춤	양	결	부	공	션	낌	쌀	집	한	용	을	은	문	이
행	바	이	파	쌀	를	정	결	트	크	람	필	짓	한	거	너	을
노	로	다	굴	올	용	카	질	주	절	적	사	거	로	표	용	트
문	바	견	인	결	전	부	너	쌀	적	이	체	필	을	를	한	문
이	주	판	상	고	법	트	제	레	사	말	자	동	람	을	다	바
터	셀	매	결	한	자	대	질	션	리	에	추	가	지	고	레	고
자	카	찍	느	주	짓	달	어	주	동	다	구	다	대	느	을	어
동	다	켰	시	외	제	을	한	질	를	너	파	멍	한	셀	필	트
너	젊	동	험	바	리	로	이	말	을	용	속	민	문	부	곱	감
표	사	거	동	에	리	물	문	제	문	솔	이	업	작	터	표	젊
주	크	사	전	셀	드	발	질	범	북	트	는	춤	은	동	이	부

사람에게
빠른
민속
리드
공정
존재를
가지고
곱셈
작업이
가장자리
전형적인
판매
구멍
제외시켰다
속이는
시도
인상
범죄
시험
양파

Puzzle 532

강	우	트	올	느	좌	석	범	한	트	운	너	람	자	바	법	에
북	레	들	적	개	최	부	쌀	적	레	은	쌀	낌	감	트	자	용
발	말	견	루	루	를	들	맞	가	한	현	손	주	부	의	바	날
파	로	바	쌀	자	이	익	물	장	카	분	실	러	스	션	받	션
노	괴	레	부	어	쾡	한	굴	올	람	홍	달	루	휴	펀	트	제
자	쌀	동	날	날	살	에	심	각	한	색	제	주	가	카	지	의
터	부	바	리	젊	를	쌀	고	션	바	동	주	한	를	맞	발	발
한	느	주	은	느	리	노	절	터	올	을	러	젊	한	을	낌	한
북	노	날	도	파	이	추	고	한	올	솔	은	표	동	바	문	동
노	문	올	절	달	응	용	동	부	공	은	한	트	공	받	연	속
을	주	추	도	너	시	다	춤	동	집	한	아	어	퓨	바	자	에
풍	어	집	들	도	주	트	낌	늘	셀	주	무	공	위	맞	느	바
추	을	트	측	동	크	물	법	동	부	필	것	을	을	쌀	다	한
을	다	너	고	소	사	마	차	순	쌀	차	도	크	체	트	한	쌀
쌀	요	을	바	요	솔	물	한	록	결	단	트	맞	낌	이	범	받

강우
아무것도
이익
스펀지
연속
가장
순록
개최
손실
심각한
좌석
실현
파괴
마차
차단
소요
응시
휴가를
분홍색
살쾡이를

Puzzle 533

하	적	용	의	자	노	필	집	필	문	크	은	날	거	솔	위	람
컴	나	컴	운	은	래	공	들	트	집	범	주	문	이	측	이	늘
이	짓	의	션	섹	하	를	고	에	문	한	견	굽	쌀	위	짓	북
물	자	크	굽	다	기	용	터	션	거	비	로	리	크	퓨	의	솔
표	행	로	은	젊	측	사	트	행	너	싼	참	가	을	올	션	질
필	문	춤	거	표	늘	고	셀	부	여	섯	용	이	카	도	이	리
방	낌	발	끔	달	트	로	문	도	느	다	올	아	나	감	한	터
장	해	필	적	문	솔	럭	젊	딸	바	노	느	침	리	도	맞	공
를	자	를	카	우	보	이	달	이	거	쌀	채	택	아	트	감	이
달	너	트	한	질	루	찍	용	감	질	문	문	을	법	집	풍	너
법	다	낌	은	파	집	트	주	자	법	북	대	바	대	끔	다	대
허	문	파	다	의	대	학	러	의	트	표	질	북	단	혜	택	을
리	추	견	바	바	자	리	동	한	달	사	표	문	순	퓨	문	노
케	한	은	물	한	를	동	동	용	자	은	받	동	한	절	적	부
인	북	요	이	람	측	짓	러	셀	은	을	감	낌	로	춤	짓	다

하나의
아침
노을
딸이
여섯
비싼
방해를
참가을
채택
부적절한
카우보이
섹션의
단순한
허리케인
카나리아
대학
트럭
혜택을
노래하기
다섯

Puzzle 534

올	동	측	트	대	느	물	젊	쌀	맞	쌀	을	범	솔	부	도	로
바	동	굽	북	통	에	늘	젊	감	한	의	질	공	느	비	루	루
관	춤	스	세	령	어	에	컴	다	에	굽	동	터	원	낌	극	문
계	볼	받	심	을	트	물	요	리	퓨	추	용	달	어	주	터	적
추	이	륨	한	정	이	행	러	질	에	트	션	한	달	대	안	경
러	대	발	돌	결	람	견	로	헤	론	질	추	날	팽	스	찍	돌
느	쌀	자	선	생	님	뭔	람	낌	돌	이	수	장	이	팀	파	돌
부	짓	쌀	주	위	에	가	로	젊	한	질	준	한	레	동	집	대
날	을	스	장	풍	파	연	을	쌀	대	법	하	고	에	은	노	사
표	동	문	어	끔	짓	구	체	발	필	주	도	굴	제	장	다	공
사	장	전	바	동	자	굴	범	의	크	바	록	도	이	스	파	받
고	드	름	측	도	시	이	에	람	감	절	을	절	에	파	경	이
짓	느	동	한	대	이	을	표	를	표	파	장	물	러	솔	력	다
이	공	적	들	이	용	은	기	달	을	자	쌀	느	셀	날	돌	적
을	문	질	동	올	을	동	차	터	제	범	고	위	쌀	로	어	를

선생님
수준하도록을
달팽이
공원
주위에
관계
헤론
도시
세심한
기차
고드름
비극적
볼륨
결정을
뭔가
대통령을
경력
스팀
안경
연구

Puzzle 535

감	국	바	동	장	저	스	위	카	북	노	누	출	여	증	거	자
적	경	스	감	동	장	녁	늘	느	적	동	교	트	전	결	적	맞
맞	늘	어	용	바	은	돌	이	절	문	북	대	훈	히	달	이	을
동	굽	거	주	다	추	견	감	로	요	트	물	표	은	망	멸	동
물	돌	낌	질	자	사	굴	표	한	달	한	짓	돌	위	찍	자	말
너	러	낌	자	바	러	사	발	부	쌀	자	쌀	현	자	표	은	제
거	짓	부	전	크	주	들	에	한	굴	측	결	법	은	거	문	운
발	들	집	거	션	트	용	결	날	션	굴	한	노	문	로	굽	짓
한	올	로	용	은	동	퓨	날	바	행	크	들	주	람	바	을	를
부	루	쌀	받	마	북	을	루	발	감	젊	부	풍	트	날	쌀	이
분	를	돌	동	음	끔	달	날	씨	은	문	레	날	바	동	녹	아
동	엄	격	한	을	사	춤	을	동	한	늘	상	굽	공	자	발	를
트	날	용	요	에	레	리	측	을	올	을	셀	업	주	트	크	을
주	바	맞	함	감	찍	요	러	늘	질	주	퓨	대	용	결	동	터
의	낌	트	께	도	부	위	트	올	에	낌	사	굴	한	동	끔	날

날씨
상업
자전거
저장
저녁
거짓
증거
마음을
교훈은
멸망은
엄격한
여전히
함께
아이를
녹아
현자
국경
부분
누출
노동

Puzzle 536

간단한
유치가
초대
지원을
오히려
빈곤을
갤럽
귀중한
얇은
원숭이
핑크
수있는
거북이
초등학교
삼각형
필름
인치가
관계가
경쟁
외침을

레	은	바	핑	은	돌	집	감	바	레	간	전	은	늘	을	용	문
은	대	낌	크	자	달	날	문	한	솔	단	체	추	적	짓	문	올
를	을	동	맞	용	루	감	발	굴	측	한	로	노	견	람	발	절
제	전	용	삼	각	형	을	전	문	파	질	트	한	파	동	스	리
법	를	거	레	카	원	를	용	맞	올	경	춤	북	부	주	지	카
귀	동	북	주	크	부	숭	바	에	너	쟁	느	주	문	맞	원	질
을	중	돌	발	동	올	용	이	받	동	자	바	돌	적	다	을	쌀
도	자	한	동	외	침	을	날	북	늘	자	유	느	동	얇	은	늘
를	셀	어	달	측	용	곤	문	람	거	행	치	교	제	춤	표	트
거	은	용	동	달	견	빈	문	말	맞	질	가	학	부	동	너	을
러	발	수	동	견	다	법	북	퓨	느	을	계	등	셀	로	크	의
주	받	있	낌	오	을	트	감	질	감	도	관	초	쌀	체	도	문
질	질	는	들	히	법	갤	럽	물	리	질	필	대	문	용	감	주
춤	터	바	젊	려	용	크	인	치	가	제	름	이	돌	표	션	느
터	용	스	한	추	말	을	질	짓	표	결	을	달	맞	바	질	요

Puzzle 537

를	들	동	곡	달	사	춤	을	달	물	동	풍	낌	느	집	발	을
카	다	측	선	을	감	한	동	루	감	퓨	을	바	법	고	들	동
풍	문	동	영	상	육	날	뜨	거	운	행	질	바	춤	견	질	션
집	동	법	맞	표	터	을	만	주	우	영	양	분	을	졸	린	바
굴	표	을	파	쌀	달	굴	물	족	박	안	표	이	산	용	를	받
감	에	추	바	굴	집	동	트	한	수	락	행	느	우	끔	다	질
질	바	트	위	가	위	공	찍	한	동	군	트	문	러	측	확	퓨
바	나	나	정	쌀	을	발	제	문	맞	대	한	크	들	자	산	쌀
후	에	진	공	부	운	늘	짓	법	쌀	도	한	감	용	스	컴	측
카	풍	질	행	러	자	파	을	트	낌	운	질	사	결	행	춤	들
전	발	장	을	견	굽	바	수	을	크	셀	들	체	을	굽	셀	리
에	컴	쌀	위	컴	위	앵	행	로	를	파	표	은	올	말	자	문
이	발	굽	법	한	질	무	하	동	행	질	용	발	물	도	추	들
전	주	한	은	로	체	새	는	달	자	문	적	용	노	질	느	적
바	운	인	기	로	도	돌	의	낌	문	풍	질	낌	한	측	풍	한

졸린
진행
뜨거운
수행하는
가위
앵무새
곡선
바나나
확산
정부
인기
수동
우박
영양분을
만족
동영상
안락군대
우산을
후에
육상

Puzzle 538

루	를	다	바	문	느	돌	발	느	맞	로	문	한	션	적	자	한
절	달	점	지	를	다	행	션	의	장	느	한	올	레	결	용	찍
바	젊	션	발	노	북	체	감	컴	요	트	추	동	법	감	노	낌
주	행	용	체	의	트	질	한	문	달	문	한	돌	션	바	파	낌
고	찍	다	바	동	루	문	질	추	법	루	공	집	터	도	부	도
돌	살	고	있	는	북	감	부	다	느	컴	답	변	셀	추	셀	낌
솔	문	노	풍	바	사	질	션	노	을	달	트	한	도	대	굽	동
장	성	끔	망	다	공	를	람	견	범	끔	맞	법	문	영	감	진
동	은	인	원	레	짓	터	을	로	요	제	제	솔	플	레	이	어
달	다	공	경	로	람	화	발	트	자	용	도	파	늘	미	느	떨
문	러	적	문	레	질	도	재	을	트	어	물	견	제	트	래	돌
제	전	전	자	본	거	바	람	물	견	동	동	가	설	탕	사	적
고	문	은	추	견	집	을	돌	새	끼	문	낌	족	잉	태	도	용
동	가	춤	바	트	한	감	의	공	달	동	용	부	질	다	풍	리
운	은	북	늘	거	동	도	젤	리	이	파	문	에	부	용	루	문

살고있는
잉태
망원경
화재
전문가
미래
성인
젤리
답변
자본
바다를
플레이어
떨어진
바지
가족
지점
사탕
설탕
영감
새끼

Puzzle 539

살	대	바	기	운	질	맞	측	표	바	견	주	션	연	로	측	느
맞	쾡	문	능	걱	루	람	바	젊	동	맞	바	러	주	령	한	올
풍	결	이	발	정	부	사	문	법	도	필	고	이	동	추	요	빼
용	합	쟁	위	측	끄	루	동	한	트	동	짓	너	젊	범	느	미
찍	젊	겁	을	이	러	자	너	느	올	절	레	람	람	람	의	지
은	레	올	바	한	워	연	주	결	물	받	제	해	결	로	결	속
문	한	제	북	결	퓨	에	돌	러	주	거	맞	로	동	쌀	을	동
범	리	짓	날	바	결	필	감	명	사	굴	바	감	셀	의	용	자
말	노	장	카	찍	짓	도	체	범	이	바	자	감	을	한	을	을
용	협	다	한	견	한	젊	고	바	장	주	적	느	요	을	바	춤
한	력	날	늘	결	견	도	을	에	풍	을	견	다	리	대	주	람
낌	뱀	파	이	어	크	낌	의	발	바	모	한	달	도	너	동	루
느	자	파	세	금	트	루	퓨	가	운	의	트	적	절	날	자	풍
다	질	쌀	거	고	도	북	올	물	격	의	바	찍	느	표	컴	젊
발	굴	을	유	지	할	로	카	문	테	이	블	파	문	레	동	고

겁쟁이
걱정
자연에
측정
가격
부끄러워
명사
올빼미
결합
유지할
연령
기능
테이블
해결
세금
협력
살쾡이
모의
지속
뱀파이어

Puzzle 540

수집위원회
정중
연방
관찰
테니스
텍스트
관용
쪼아
오리를
가족에게
촬영
가정
실패
먹다
체중
손가락
용서
코스
연못벽
뛰어난

결	늘	낌	추	텍	스	트	용	이	자	말	사	부	쌀	날	에	굽
찍	운	을	서	낌	문	트	다	트	러	말	자	행	견	주	느	트
손	춤	관	용	게	크	짓	젊	동	바	노	러	에	달	스	도	북
가	리	위	에	에	자	굽	카	테	니	스	카	바	바	관	동	절
락	필	운	주	족	부	수	로	정	을	바	은	파	대	찰	문	결
트	위	발	동	가	정	집	집	굴	중	체	솔	를	바	이	늘	의
굽	을	크	컴	체	집	위	돌	발	체	연	방	한	위	도	발	이
레	문	말	코	을	결	원	체	다	고	집	절	동	발	도	요	문
용	연	못	벽	스	레	회	굴	한	전	러	짓	터	자	로	집	한
달	컴	동	올	날	자	카	어	노	트	동	장	질	느	동	바	느
너	발	느	느	맞	측	말	장	문	찰	영	맞	실	받	도	동	도
의	체	풍	견	날	카	한	트	문	을	말	끔	패	견	받	문	질
거	자	바	노	레	적	도	스	먹	행	결	절	주	한	터	공	리
뛰	어	난	부	션	굴	북	션	도	다	풍	행	한	오	리	를	말
자	솔	공	은	위	너	들	러	쪼	아	로	한	퓨	파	문	레	돌

Puzzle 541

부	문	위	검	쌀	이	문	굴	동	풍	용	을	람	사	주	부	러
제	로	낌	토	파	을	체	파	필	적	추	바	견	장	이	션	컴
션	풍	동	다	대	동	거	을	질	스	느	울	새	부	퓨	범	올
바	크	질	퓨	말	를	느	애	정	케	솔	측	끔	체	부	은	솔
조	문	을	파	견	춤	혼	질	한	이	올	절	풍	포	너	한	바
용	고	리	날	동	람	용	합	에	트	절	한	질	함	을	철	법
한	고	절	달	젊	리	유	들	을	마	다	느	부	자	션	물	회
받	한	을	을	바	질	가	죄	션	스	을	장	을	젊	찍	한	굽
을	다	운	표	한	용	지	동	람	도	퓨	끔	들	물	리	트	부
문	기	억	람	을	스	고	파	쌀	동	거	말	터	적	짓	자	표
장	한	프	로	그	램	있	리	돌	필	레	다	바	어	솔	물	맞
낌	맞	추	말	이	들	다	파	거	트	을	받	질	노	말	도	법
견	종	풍	을	동	달	가	문	터	노	이	쌀	한	부	우	울	친
리	류	노	을	받	에	춤	한	를	을	의	용	루	자	젊	레	화
적	의	주	을	사	용	말	풍	달	이	로	한	필	결	운	전	적

포함
울새
기억
제로
가지고있다가
고용
친화적
검토
우울
프로그램
혼합
스마트
부러
종류의
철회
스케이트
유죄
조용한
파리
애정

Puzzle 542

다음
연습
동사
오토바이
오두막
전화
수분
극단적으로
밀가루
자연
영리
절차
해시계
반대
스푼
배가
들어
장소
이동
유령

트	주	전	도	을	노	다	음	오	토	바	이	컴	은	해	문	낌
유	션	화	밀	가	루	도	전	셀	추	행	루	셀	느	시	문	레
컴	령	집	표	배	행	한	받	셀	거	추	돌	거	셀	계	춤	퓨
질	한	거	로	쌀	연	자	반	대	느	다	문	들	장	자	요	올
도	체	바	를	이	트	습	발	은	솔	부	솔	적	다	소	카	북
동	카	측	러	솔	파	공	이	거	러	발	대	문	크	쌀	짓	은
스	푼	짓	한	체	트	극	북	동	대	공	루	한	은	파	용	찍
한	동	맞	션	요	을	단	수	분	느	용	부	을	동	공	찍	전
견	문	위	표	범	짓	적	로	동	자	영	리	동	사	문	발	느
공	퓨	의	견	낌	크	으	바	을	쌀	동	컴	이	을	문	카	들
바	느	북	찍	운	도	로	카	리	어	사	말	굽	사	도	로	문
동	절	적	법	이	느	어	들	어	공	찍	용	발	풍	견	러	동
북	차	셀	돌	도	너	들	찍	트	자	굽	용	북	을	느	적	장
문	은	견	리	너	동	집	를	을	이	은	발	한	춤	발	동	다
한	제	퓨	트	느	범	레	북	한	파	바	을	질	용	오	두	막

Puzzle 543

크	미	친	체	들	스	결	공	도	공	한	들	수	박	을	이	범
거	라	동	느	션	동	트	트	춤	범	을	주	쌀	의	양	모	바
퓨	절	운	표	끔	루	바	림	굴	결	말	원	결	공	은	트	한
도	을	절	느	표	모	가	을	체	션	측	자	은	로	맞	풍	굴
감	로	젊	제	편	텔	난	카	춤	동	쌀	자	대	발	을	트	제
맞	스	늘	받	집	감	한	쌀	은	문	을	추	솔	날	을	사	루
제	한	레	죄	공	올	은	발	동	바	크	을	부	은	개	문	이
풍	적	트	감	송	생	레	부	리	체	자	주	이	자	선	은	발
을	젊	로	을	루	강	다	돌	도	부	트	을	장	로	션	달	주
받	하	늘	남	성	을	올	주	요	람	를	늘	한	채	를	캠	전
장	법	위	고	도	방	법	션	동	용	도	질	쌀	우	을	프	제
발	위	거	다	바	의	행	한	발	돌	동	노	이	기	장	한	절
람	문	결	말	은	퓨	을	에	발	람	한	젖	바	트	표	무	기
감	제	은	짓	퓨	결	표	를	올	카	주	은	행	사	돌	견	크
위	달	도	동	어	행	크	를	동	를	이	체	짓	주	측	질	노

남성
채우기
젖은
수박
미친
이모
무기
편집
개선
죄송
크라운
하늘
원자
스트림
가난한
모양의
방법
모텔
생강을
캠프

Puzzle 544

기간
브러시
일반적으로
차용
스카프
매듭
재능
동반자
비트
분출
언급
경찰
회의는
판결
싸움
너무
인치
기쁜
개구리
백조

일	한	컴	들	체	문	적	기	집	기	션	동	질	사	동	북	사
반	범	맞	한	너	질	트	결	간	주	쁜	반	필	트	맞	문	용
적	발	매	듭	굽	러	부	로	한	표	트	자	법	집	의	스	공
으	적	은	스	고	비	트	한	주	도	바	어	북	집	체	물	너
로	주	북	카	용	트	자	장	스	이	법	느	한	거	로	동	무
질	측	발	프	언	급	짓	레	달	사	말	견	감	추	루	리	법
공	한	행	돌	느	느	문	솔	체	견	판	에	스	을	한	바	발
요	인	치	부	자	굴	적	공	도	들	결	감	리	적	을	풍	용
사	리	질	맞	러	측	루	한	용	너	제	쌀	공	올	체	바	체
트	늘	젊	추	문	노	북	전	싸	개	구	리	다	루	백	조	한
절	경	동	추	에	문	솔	느	움	를	트	은	법	굴	분	을	자
자	레	찰	장	어	다	재	능	차	도	트	맞	돌	자	출	집	트
사	용	맞	법	에	러	집	체	용	받	을	은	트	물	발	달	의
법	한	동	추	풍	달	이	견	회	의	는	측	자	올	주	바	범
용	달	돌	물	늘	물	문	공	필	동	질	은	스	브	러	시	파

Puzzle 545

고	트	그	동	카	신	바	퓨	한	느	집	스	굴	추	동	제	노
실	퓨	랜	계	맞	중	침	입	북	린	트	찍	틸	은	은	달	셀
요	제	드	컴	절	한	감	파	전	한	러	크	을	훔	짓	터	범
감	동	전	적	로	달	피	자	농	축	이	너	사	다	쳐	달	문
발	퓨	부	문	늘	늘	쌀	끔	한	을	부	운	낌	로	늘	공	트
집	다	굽	체	필	요	질	도	이	션	동	다	범	이	돌	느	문
대	트	문	발	도	을	어	장	적	부	주	느	체	문	올	거	루
솔	프	결	다	맞	달	한	견	키	가	자	맞	측	달	리	발	행
미	소	연	기	파	표	굴	부	문	장	말	솔	주	콤	범	동	낌
다	범	측	거	카	자	도	카	문	맞	다	돌	고	한	북	지	체
어	보	전	운	파	다	달	노	러	전	솔	부	통	사	올	구	도
주	존	젊	부	젊	루	러	퓨	절	수	건	필	스	문	짓	를	물
발	바	을	받	감	로	도	쌀	퓨	찍	람	을	럽	맞	범	에	용
자	고	집	솔	출	현	착	용	자	올	운	느	게	끔	바	짓	도
요	맞	열	한	굴	행	트	로	크	짓	한	로	로	법	공	감	물

달콤한
고통스럽게
느린
침입
미소연기
지구를
수건
보존
키가
신중한
스틸훔쳐
피자
그랜드
농축
소프트
실제
계절
도착
열한
출현

Puzzle 546

이전
긍정적
클래스
카펫
비누
질환
부정적인
컴퓨터
많이
그녀
라디오
나무
배지
대표
고블린
예뻐를
고급
돼지
필요로
귀여운

부	레	말	부	로	추	측	한	컴	파	물	문	문	부	물	로	레
동	은	주	을	다	에	은	쌀	퓨	주	노	다	요	정	카	펫	쌀
션	공	측	에	로	낌	레	를	터	법	굴	추	람	적	들	루	견
체	고	급	쌀	바	질	발	한	루	측	을	표	의	인	귀	러	젊
션	들	한	트	돼	지	비	젊	다	측	춤	바	돌	전	여	추	공
은	그	녀	동	늘	달	대	누	노	부	필	어	많	이	운	굴	발
대	말	굽	견	을	다	을	의	동	운	동	크	크	대	요	러	다
표	고	나	질	환	셀	동	주	필	요	로	카	셀	동	이	부	맞
람	블	무	바	고	발	은	절	공	파	어	주	예	결	짓	쌀	측
쌀	린	늘	대	문	젊	위	을	레	장	법	긍	거	뻐	사	찍	바
거	결	레	장	북	바	느	달	달	자	카	어	정	이	를	배	주
추	도	주	자	을	추	문	필	트	발	낌	젊	쌀	적	굽	지	어
다	요	문	자	끔	트	추	을	러	느	집	용	부	제	날	추	공
범	스	다	행	적	쌀	한	트	달	동	클	래	스	라	디	오	운
끔	션	트	을	돌	은	퓨	동	굽	돌	람	공	다	체	솔	러	파

Puzzle 547

엔	진	이	훌	물	법	말	법	를	한	발	용	로	굴	절	동	날
한	을	바	륭	문	문	동	받	로	절	퓨	들	감	문	문	터	들
마	질	풍	함	바	동	굽	제	집	루	적	말	다	느	짓	질	장
스	문	한	을	터	을	스	측	바	한	풍	쌀	발	리	크	주	면
크	문	이	발	를	요	자	로	트	션	느	위	적	동	돌	행	을
자	위	이	생	복	숭	아	주	거	를	쌀	찍	필	굴	로	복	결
을	추	견	일	을	한	다	장	공	부	법	레	거	전	동	은	한
셀	집	노	을	고	떨	가	견	굽	받	장	오	체	도	요	돌	말
질	레	의	쌀	을	고	어	운	에	끔	마	받	프	바	동	감	공
꿀	벌	을	당	터	한	디	져	전	면	커	이	너	너	위	동	법
거	너	동	신	부	다	이	한	느	솔	자	행	한	행	튤	적	퓨
파	라	문	의	돌	부	아	절	셀	을	질	주	풍	부	립	의	문
바	일	법	늘	측	젊	공	한	견	노	행	장	절	소	고	을	범
기	락	대	운	한	스	짓	퓨	컴	레	공	찍	에	추	파	부	견
계	스	이	바	느	주	용	부	노	다	느	발	동	거	고	바	표

복숭아
오프너
생일을
주장
장면
아이디어가
당신의
튤립
소파
행복
라일락
떨어져
전면
엔진이
기계
훌륭함
마커
마스크
자위
꿀벌

Puzzle 548

다	동	은	고	로	필	말	도	카	공	늘	바	러	크	누	주	이
문	트	트	크	발	돌	물	다	파	을	레	측	맞	의	상	군	체
을	션	설	명	올	젊	체	은	잊	질	바	로	은	은	로	점	가
추	받	질	필	법	감	동	크	지	도	발	물	사	풍	에	을	한
문	브	리	지	쌀	동	러	감	파	하	로	도	이	바	러	질	로
느	필	스	사	운	문	문	바	풍	셀	를	북	동	굽	문	절	도
쌀	제	넘	어	견	디	다	트	풍	을	다	코	짓	측	요	거	한
다	북	은	절	용	터	도	동	람	주	올	결	느	문	터	위	풍
레	캡	짓	터	절	셀	다	요	주	날	루	주	요	짓	표	어	은
스	처	감	동	을	쌀	원	쌀	결	동	도	속	성	을	스	툴	트
테	신	감	굽	쌀	람	하	질	올	쌀	젊	굴	운	주	로	동	질
이	비	침	착	이	집	는	젊	젊	부	트	한	요	질	들	자	젊
제	루	트	한	트	다	맞	트	도	문	을	행	문	물	물	젊	자
션	문	끔	들	스	추	람	트	을	쌀	견	굽	끔	주	표	적	거
기	각	사	을	범	러	용	노	로	을	컴	바	트	찍	바	로	적

설명
기각
도발
코를하지
스테이
상점
누군가
캡처
감동
견디다
잊지
신비
속성을
침착이
원하는
맞는
스툴
넘어
브리지
주요

Puzzle 549

레	찍	질	너	바	크	세	크	래	들	은	를	필	용	지	질	부
바	로	발	의	발	로	기	젊	션	컴	은	측	을	젊	금	위	고
굽	바	고	제	늘	셀	카	바	자	레	터	의	레	엄	까	바	다
은	동	달	문	느	질	요	의	을	필	거	주	추	마	지	물	노
괜	찮	루	파	로	느	용	날	춤	대	마	측	람	행	부	문	부
스	키	요	운	가	이	차	한	람	집	음	다	를	은	다	동	트
짓	다	셀	한	져	이	바	주	용	대	쌀	공	리	더	끔	느	한
질	쌀	도	문	범	션	질	물	용	을	질	을	러	솔	운	끔	자
일	반	적	인	타	고	로	카	질	노	파	이	집	크	전	전	쟁
레	정	자	한	북	끔	결	견	너	받	맞	크	션	컴	동	돌	굴
점	보	체	발	질	북	젊	러	칠	리	은	터	추	션	영	북	로
진	육	부	굽	문	트	고	춤	발	면	터	퓨	이	늘	범	화	절
적	필	두	발	짓	셀	루	견	도	위	조	문	자	신	뢰	받	집
주	로	루	구	을	람	트	굴	적	사	이	바	부	이	크	주	날
로	필	문	측	추	파	절	션	감	어	어	돌	자	제	목	감	퓨

제목
마음
세기
신뢰
크래들
리더
지금까지
괜찮
차이가
일반적인
영화
스키
전쟁
엄마
칠면조
정보
가져
타고
점진적
육두구

Puzzle 550

적	낌	을	발	전	내	느	한	퓨	달	질	젊	셀	퓨	동	즉	찍
트	느	집	낌	체	전	부	고	달	한	트	필	한	컴	바	시	바
젊	물	리	컴	바	을	에	레	데	이	대	당	한	문	쌀	적	말
집	안	전	문	요	돌	풍	다	이	정	가	근	절	리	물	집	너
대	공	터	터	노	늘	바	짓	터	물	낌	부	주	도	파	부	받
노	자	짓	대	쌀	굽	문	쌀	터	바	요	를	의	늘	트	굽	범
에	범	터	의	받	추	을	을	파	루	짓	고	필	자	작	은	을
감	끔	달	동	쌀	발	자	듣	은	느	문	다	세	포	말	춤	돌
말	추	레	러	달	낌	행	고	결	고	카	낌	견	동	장	트	찍
위	을	컴	질	대	발	로	는	지	끊	리	발	필	도	북	용	제
노	도	받	병	집	굴	트	노	공	이	비	서	을	션	말	거	리
문	공	주	로	받	용	따	뜻	한	과	학	발	도	쌀	더	블	홍
집	리	들	날	발	위	은	춤	주	노	동	에	를	동	로	자	수
필	발	법	느	감	대	들	파	표	용	들	한	동	운	컴	집	젊
제	한	노	지	방	찍	문	레	짓	춤	바	주	문	너	추	쌀	다

즉시
따뜻한
당근
내부
안전
끊지는
작은
서리
듣고는
지방
더블
비서
가정이다
세포
데이터
돌풍
홍수
전에
질병
과학

Puzzle 551

은	결	풍	운	문	쌀	도	을	체	한	달	크	질	문	을	을	다
표	절	크	동	물	어	체	파	사	장	짓	동	맞	용	로	한	표
부	용	한	운	굽	레	파	굽	동	돌	터	파	레	한	발	짓	견
은	은	필	측	요	의	슬	레	기	존	의	용	젊	짓	솔	을	질
은	행	견	끔	바	로	리	감	행	동	받	셀	낌	를	노	동	도
끔	말	젊	한	달	올	게	으	른	들	찍	퓨	바	북	레	임	의
다	도	과	로	필	한	느	살	한	한	절	로	러	느	의	원	풍
들	다	없	음	도	을	견	아	전	한	문	고	대	발	다	올	끔
자	끔	규	트	다	루	용	있	다	북	돌	위	범	증	명	레	레
쌀	원	을	칙	풍	질	발	는	자	법	산	책	부	견	노	법	다
위	자	더	션	도	제	도	영	역	을	짓	컴	로	공	요	도	범
측	늘	로	동	한	파	질	굽	가	를	올	물	동	흰	색	솔	도
동	한	셀	범	대	젊	트	행	스	에	범	전	카	트	법	북	리
적	이	하	들	체	집	의	솔	을	한	제	거	요	셀	문	을	스
을	동	마	질	발	한	이	동	한	너	견	한	끔	굽	야	외	문

고대
없음도
게으른
기존의
산책
흰색
물어
야외
질문을
규칙
원더
임원
증명
파슬리
영역을
은행
가스
하마
다음과
살아있는

Puzzle 552

열대
시스템
조직
공격적
파트너파티
서랍
두께의
불안
지역
무역
데이지
복구
어려운
흐린
햄버거
대해
역할에
노란색
차가워
사람의

어	대	들	문	질	한	동	루	바	발	한	찍	을	루	행	동	러
한	다	바	너	햄	자	행	스	굴	쌀	체	컴	들	굴	찍	쌀	이
시	스	템	절	버	요	위	법	서	랍	부	용	행	어	려	운	끔
발	컴	법	데	거	파	트	너	파	티	크	물	바	찍	두	제	의
행	끔	션	말	이	을	트	무	역	들	굴	퓨	말	동	께	적	바
추	리	돌	느	용	지	고	올	지	말	느	다	필	트	의	를	법
문	자	퓨	로	셀	한	은	자	다	루	절	솔	사	한	은	제	도
감	바	동	문	이	주	부	동	이	대	해	발	결	찍	위	느	고
공	격	적	공	법	주	발	다	견	제	열	노	션	사	달	러	거
추	다	춤	사	람	의	질	터	자	감	대	풍	란	이	동	터	공
찍	을	사	굽	터	레	너	너	견	한	추	한	솔	색	문	물	은
러	한	부	공	느	차	가	워	솔	대	집	돌	한	절	역	동	바
필	범	문	느	람	불	스	조	직	도	받	부	장	발	할	흐	절
동	굽	법	한	다	안	복	은	도	쌀	끔	을	노	한	에	린	파
제	질	부	결	북	부	구	질	찍	을	추	절	에	크	자	크	트

Puzzle 553

피	해	자	보	기	여	결	노	범	은	동	쌀	한	퓨	쌀	동	늘
한	발	도	카	끔	부	묶	운	주	체	용	감	이	퓨	들	쌀	측
한	너	감	쌀	러	다	여	의	사	받	굽	풍	법	질	고	에	카
제	바	리	람	도	견	주	행	퓨	풍	길	을	셀	표	질	사	발
느	을	법	컴	필	올	제	주	체	한	을	측	문	풍	문	바	문
춤	달	늘	전	조	늘	용	바	문	한	퓨	늘	원	한	요	은	터
제	한	카	느	정	행	발	다	스	바	제	노	유	형	기	느	트
받	너	자	트	측	성	어	동	한	굽	결	바	료	인	금	이	운
슬	워	집	결	발	퓨	이	짓	를	위	풍	부	측	발	자	운	견
픈	을	드	짓	달	범	루	견	트	요	한	바	이	요	대	받	를
젊	의	언	제	굽	견	트	측	어	적	자	이	이	바	풍	범	필
표	느	사	용	물	느	은	셀	도	브	라	운	비	참	한	필	부
늘	에	굴	가	장	트	날	트	전	터	을	은	문	낌	위	감	의
레	자	에	을	옵	도	로	을	문	바	느	절	부	운	집	춤	찍
동	터	트	운	션	용	고	카	견	부	패	주	대	이	쌀	트	부

유료
원형
피해자보기
워드
슬픈
운이
도전
인형
브라운
부패
비참한
행성
기금
길을
옵션
여부
조정
의사가
묶여
언제

Puzzle 554

북	한	요	발	파	젊	동	고	법	션	이	테	스	웨	덴	체	굽
동	수	문	찍	인	적	로	쌀	이	올	송	계	한	노	범	거	동
주	많	부	솔	애	발	셀	대	러	늘	눈	위	도	을	트	동	파
젊	은	달	들	플	감	트	느	늘	고	용	용	집	온	이	스	범
들	솔	을	달	표	람	고	측	은	제	거	동	들	을	운	컴	절
한	동	질	을	그	대	러	느	결	문	바	은	에	쌀	용	바	문
체	헬	동	이	래	느	터	늘	물	감	동	동	발	어	어	집	를
을	리	문	너	프	북	어	동	질	독	의	트	한	필	집	터	찍
파	콥	바	리	굴	제	비	낌	문	쌀	루	달	받	에	주	용	발
문	터	컴	이	한	고	전	타	짓	은	춤	감	풍	를	주	장	거
용	물	느	부	끔	절	문	올	민	동	카	트	쌀	연	카	를	춤
맞	컴	북	자	바	컴	발	주	레	날	트	이	달	민	응	답	문
물	전	범	트	셀	적	은	트	지	문	레	견	검	사	참	여	정
레	모	네	이	드	합	노	바	퓨	난	느	자	한	발	법	너	부
다	자	자	스	이	동	셀	너	크	노	부	농	부	추	한	적	의

참여
응답
그래프
레모네이드
스테이션
수많은
스웨덴
농부
용어집
감독
정부의
파인애플
적합
눈송이
헬리콥터
연민
검사
온도계이
지난
비타민

Puzzle 555

범	을	고	행	자	그	려	이	러	러	은	표	범	달	람	한	맞
접	들	부	돌	절	위	을	점	이	동	압	안	녕	찍	한	로	문
루	착	바	퓨	너	느	컴	자	절	동	을	력	주	문	느	느	행
셀	젊	제	은	대	은	동	동	쌀	적	달	바	의	맞	주	견	사
느	파	다	다	발	주	결	트	전	람	리	공	사	문	노	한	레
발	결	거	바	견	를	법	한	주	을	대	을	루	감	한	바	고
풀	이	들	행	의	학	견	오	렌	지	느	질	부	도	적	문	위
주	을	의	문	은	의	제	주	범	문	표	노	주	을	절	장	파
추	말	도	풍	꿈	복	용	권	투	한	표	주	짓	컴	리	끔	다
이	대	견	토	의	면	평	트	맞	늘	카	웜	은	자	물	굽	찍
돌	을	춤	크	엘	트	문	용	질	발	트	표	물	말	러	트	굽
들	모	양	을	루	다	동	제	사	솔	람	바	터	람	올	트	춤
부	공	리	견	한	리	을	범	한	를	도	낌	한	션	한	컴	너
레	결	다	바	들	스	자	휴	대	용	야	드	동	동	위	말	를
느	람	제	용	운	주	집	바	한	을	트	쌀	질	거	적	범	은

그려
오렌지
꿈의
권투
풀을
이점
휴대용
평면의
대한
모양을
의사
야드
토크
안녕
압력
복용
엘크
웜은
의학
접착제

Puzzle 556

법	견	전	즐	다	느	춤	람	다	절	짓	솔	위	짓	동	문	실
문	바	한	은	겁	바	바	자	장	말	표	젊	람	춤	달	도	행
부	에	노	쌀	부	게	문	동	끔	을	느	발	한	집	테	받	을
젊	되	낌	를	들	자	전	체	퓨	등	너	구	링	프	스	돌	문
바	감	물	을	질	리	오	이	도	을	주	리	받	대	트	을	낌
북	기	체	발	쌀	표	퓨	문	구	짓	트	대	은	질	를	위	법
전	거	션	측	의	감	사	범	컴	느	풍	제	을	젊	공	상	날
주	쌀	집	발	셀	도	셋	째	추	필	고	결	은	부	다	대	황
동	동	레	문	자	발	동	젊	을	체	행	끔	추	한	표	피	은
들	너	금	융	질	너	문	발	느	정	책	트	동	굴	젊	감	느
한	말	제	부	표	카	바	표	이	법	짓	다	절	끔	맞	찍	루
행	느	한	트	필	셀	러	리	굴	필	어	들	를	바	바	람	퓨
루	요	제	셀	북	드	느	파	동	유	용	체	날	자	문	전	도
받	휴	식	받	트	을	리	은	체	를	전	북	노	쌀	느	공	동
너	을	요	자	끔	받	노	스	주	도	문	북	장	한	람	결	를

도구
전체
스프링
셋째
용어
금융
대피
테스트를
등을
유용
정책
되감기
필드
오이
즐겁게
셀러리
실행을
구리
휴식
상황

Puzzle 557

감	자	자	은	견	설	퓨	을	요	터	치	를	했	다	은	물	컴
늘	날	거	너	동	득	은	발	약	로	집	노	로	로	바	느	찍
이	집	노	용	을	굽	리	끔	집	부	북	날	한	치	행	운	쌀
측	자	너	주	이	북	에	자	돌	장	로	셀	낌	열	물	스	한
말	풍	늘	젊	추	느	동	대	션	표	셀	한	날	한	레	날	동
낌	러	주	질	법	이	고	코	크	을	염	측	이	이	바	은	질
느	노	트	북	춤	범	스	러	너	물	소	카	이	찍	거	미	감
건	강	문	은	달	솔	로	문	스	낌	용	동	로	장	낌	러	트
굽	대	을	의	문	견	적	솔	바	용	눈	이	법	바	부	한	컴
들	질	한	장	부	동	거	운	의	주	적	사	탈	출	로	고	솔
로	견	주	늘	을	표	거	문	제	측	북	군	람	이	늘	부	파
굴	을	견	너	부	다	이	자	행	범	어	문	트	문	올	견	트
폭	짓	느	너	제	졌	동	장	문	적	의	짓	너	주	루	을	이
력	체	낌	쌀	를	어	리	클	적	항	목	을	솔	들	쌀	북	고
바	동	파	질	컴	떨	달	표	용	물	트	로	자	의	주	다	한

군사
치열한
떨어졌다
느낌
폭력
요약
클리어
설득
적용
건강
눈사람
터치를했다
항목을
미러
탈출
코너
노트북
제어
감자
염소

Puzzle 558

거	퓨	스	을	문	용	법	로	자	션	트	리	공	공	한	도	측
동	러	외	국	말	문	감	적	를	올	찍	레	고	격	정	을	늘
풍	쌀	느	로	를	적	범	받	파	컴	의	짓	자	주	안	한	말
짓	받	달	거	컴	로	표	발	공	발	적	장	필	의	불	에	굽
신	광	느	레	행	에	부	루	에	한	늑	한	동	속	늘	의	바
발	산	위	바	다	숨	기	기	올	솔	대	파	다	문	도	자	짓
샴	부	신	부	굽	레	동	말	적	람	춤	트	이	짓	가	동	물
푸	적	문	굽	을	다	주	를	집	고	질	전	빙	물	사	질	주
하	발	제	적	동	은	고	동	적	이	주	은	늘	용	회	무	의
여	한	은	크	부	을	결	바	바	한	한	목	춤	바	너	컴	실
야	을	트	다	파	자	절	춤	스	낌	카	록	엘	셀	레	파	도
한	버	팔	로	바	한	위	사	람	은	트	과	프	트	렁	크	젊
다	에	컴	북	달	용	레	끔	문	바	필	너	표	대	부	날	들
자	결	행	표	부	동	은	트	리	사	퓨	추	러	션	동	제	돌
바	범	올	필	솔	대	은	용	동	고	바	한	끔	트	문	문	늘

트렁크
엘프
한도
외국
법적
목록과
버팔로
다이빙
신문
숨기기
광산
속도
불안정한
회사가
의무
사무실
신발샴푸하여야한다
늑대
사람은
공격주의

Puzzle 559

굴	트	선	외	부	주	을	체	운	동	감	드	래	곤	위	맞	도
동	동	을	물	동	전	동	행	은	쌀	을	사	장	받	을	러	발
도	한	주	발	션	자	를	터	트	동	문	에	합	을	루	침	을
세	공	리	리	날	강	아	지	굽	레	대	은	견	니	문	묵	동
트	달	파	한	발	굽	어	말	디	자	인	땅	고	파	다	을	물
를	집	로	바	느	질	은	트	바	바	너	션	의	범	달	풍	너
을	적	거	을	질	어	을	로	거	쌀	굽	컴	바	장	말	이	받
자	춤	부	왕	자	한	한	동	짓	절	행	이	늘	카	을	터	결
바	한	을	동	사	받	어	법	올	한	마	용	북	짓	대	루	느
부	이	짓	춤	부	말	문	굴	이	거	녀	극	장	올	동	의	도
트	주	젊	크	정	찍	행	느	주	바	루	날	파	춤	다	낙	추
사	다	리	용	확	다	문	트	은	한	를	터	날	견	동	타	공
법	주	문	탄	히	고	파	을	표	션	전	노	동	은	위	퓨	한
발	주	루	생	굽	운	문	쌀	트	터	늘	트	은	를	끔	질	레
법	장	제	람	문	집	필	다	을	제	후	보	범	달	거	도	느

땅의
드래곤
바느질
외부
낙타
침묵을
세트를
사다리
후보
디자인
정확히
강아지
탄생
선물
왕자
극장
거부
감사합니다
주전자
마녀

Puzzle 560

을	풍	측	유	끔	신	북	끔	짓	발	사	다	바	스	어	을	트
을	발	문	용	느	호	을	춤	법	쌀	옥	쌀	루	공	루	낌	짓
고	물	터	하	한	자	이	자	솔	집	수	굴	한	결	젊	트	문
로	카	굴	게	자	을	론	달	굽	느	수	표	동	터	정	질	도
올	젊	주	사	로	물	운	용	대	겸	손	범	풍	로	이	러	전
을	바	션	전	날	받	요	을	말	견	를	은	측	문	도	잡	용
맞	문	한	노	전	바	전	션	솔	눈	거	이	물	견	보	장	지
춤	달	짓	의	감	루	트	를	운	물	행	느	법	말	장	어	제
법	컴	용	고	객	레	자	체	을	짓	트	퓨	한	동	의	적	리
젊	질	체	트	를	로	수	프	젊	동	제	문	투	자	전	노	찍
표	솔	대	늘	용	장	한	질	동	느	감	표	질	늘	받	견	루
쌀	용	사	절	발	발	람	문	노	느	에	결	포	트	대	위	젊
스	춤	쌀	노	이	상	한	행	절	발	션	이	도	북	주	도	거
제	추	메	일	을	주	개	요	어	젊	법	위	전	버	문	퓨	바
노	스	위	짓	셀	도	방	레	운	다	루	견	카	트	감	동	물

보장
버전
옥수수
유용하게
표범
맞춤법
잡지
겸손
개방
투자
고객
수프
결정
이론
에이전트
신호
이상한
눈물
포도
메일을

Puzzle 561

절	적	트	이	늘	카	의	굴	자	맛	도	동	발	춤	주	바	치
트	끔	추	추	북	의	부	춤	견	다	있	문	자	문	장	러	약
문	문	북	동	유	의	노	한	을	달	바	는	문	레	집	자	쌀
여	덟	아	픈	사	기	한	전	사	용	시	까	지	돌	용	주	을
동	집	결	측	한	추	지	차	젊	장	다	레	문	말	한	도	문
느	어	문	부	이	자	추	배	양	제	발	문	전	긴	장	된	쌀
필	부	풍	동	물	동	행	장	적	받	퓨	트	춤	은	페	표	을
부	추	다	바	바	춤	굴	한	한	을	물	고	너	주	니	쌀	동
문	자	한	셀	결	끔	늘	셀	들	굽	한	측	체	춤	부	동	맞
공	식	적	으	로	예	측	한	바	너	느	느	의	대	낌	질	부
주	올	은	솔	받	파	로	너	핸	들	을	위	카	문	절	측	쌀
자	자	카	루	을	의	체	바	동	들	받	자	들	장	전	자	늘
문	용	이	체	러	셀	올	너	분	동	정	느	트	북	젊	달	동
활	성	다	굴	주	대	은	운	질	모	인	요	이	필	주	쌀	다
노	동	위	용	절	질	를	을	대	공	트	도	자	의	료	바	을

인정받을
공식적으로
페니
핸들을
예측
유사한
긴장된
맛있는
여덟
의료
전차
분모
지배적
기사
치약
아픈
사용시까지
활성
다시
양배추

Puzzle 562

동	장	관	올	동	생	추	을	법	체	넣	도	위	크	로	한	젊
한	말	제	리	견	올	존	굽	은	너	어	맞	이	벤	트	로	발
레	했	동	고	굴	찍	리	받	가	뭄	엄	맞	물	부	질	발	쌀
러	다	거	올	올	트	끔	트	어	절	청	자	침	스	타	킹	공
쌀	견	대	감	부	러	노	을	에	의	난	로	대	터	쌀	체	대
은	셀	한	거	문	결	을	의	발	사	굴	날	결	올	행	정	한
을	돌	달	달	위	과	의	트	자	범	질	감	너	동	레	원	이
용	바	끔	측	측	를	로	춤	솔	요	공	문	루	용	자	달	거
러	춤	션	감	법	바	질	무	게	느	를	터	바	전	트	부	트
불	쾌	쌀	션	동	루	용	각	필	짓	체	퓨	노	늘	짓	장	카
방	식	을	굴	표	물	터	종	동	위	느	결	받	에	법	용	루
말	질	동	짓	도	부	문	을	요	위	의	바	끔	표	올	돌	질
장	제	굴	운	컴	필	은	받	다	쌀	적	한	터	발	느	질	문
한	공	용	트	동	바	구	니	주	젊	절	달	운	자	전	범	자
주	동	낌	운	노	굴	셀	고	바	공	자	주	같	은	거	젊	의

거대한
생존
불쾌
침대
결과를
가뭄
제공
무게
같은
바구니
스타킹
이벤트
관리
동물
방식을
엄청난
정원
각종
넣어
말했다

Puzzle 563

너	느	동	러	굽	돌	트	보	통	문	자	셀	그	리	늘	맞	한
은	놀	한	거	터	쌀	젊	대	견	집	돌	풍	들	도	날	파	달
위	바	라	미	소	말	솔	동	질	발	다	이	이	다	참	표	표
바	를	하	운	자	결	한	요	늘	용	른	벤	문	어	석	쌀	노
전	용	동	골	가	을	측	감	대	카	파	트	한	액	쌀	게	제
이	발	행	한	동	표	식	을	느	질	로	를	을	레	세	럽	을
풍	스	을	느	러	품	물	굽	느	어	은	찍	퓨	럽	크	스	셀
쌀	은	질	을	셀	쌀	로	늘	대	집	에	주	동	한	쌀	심	동
대	솔	을	카	표	동	바	감	말	문	올	사	법	문	카	조	요
트	말	굴	대	컴	자	동	루	한	리	사	달	결	바	타	원	형
공	집	법	파	끔	제	쌀	다	다	낌	주	트	복	전	을	거	들
을	이	대	말	전	제	쌀	리	올	을	늘	문	도	을	데	올	을
용	행	의	가	까	운	결	부	경	사	끔	돌	대	주	이	늘	퓨
풍	절	들	스	로	동	굴	견	측	은	트	바	낌	도	터	레	달
을	을	부	바	절	사	스	춤	동	자	절	솔	추	트	가	도	를

조심스럽게
데이터가
놀라운
골동품
미소
말한다
가을
보통
타원형
다른
그들이
스크럽
식물로
참석
이벤트를
가까운
복도
행동하라
액세스
경사

Puzzle 564

바	에	위	머	그	잔	곱	하	기	많	도	제	바	표	측	전	의
공	파	질	결	풍	컴	느	젊	바	은	컴	의	한	션	추	한	동
동	말	발	굴	도	로	노	날	스	지	질	거	느	터	낌	로	공
달	바	사	느	집	레	북	전	퓨	도	트	다	바	끔	에	필	짓
느	셀	말	재	미	맞	을	필	문	트	무	말	리	물	테	요	주
빨	올	동	측	범	북	트	사	을	법	서	대	쌀	질	물	마	물
동	간	마	흔	을	너	말	장	동	로	워	하	우	스	는	올	다
어	커	색	적	정	법	젊	범	터	발	부	노	은	버	결	늘	퓨
찍	튼	굴	을	계	북	한	쌀	스	범	람	트	표	동	도	질	말
문	올	바	굴	문	주	올	부	문	짓	노	한	표	카	자	스	을
바	추	도	람	느	질	자	사	실	시	크	질	루	구	분	션	느
문	맞	문	굴	느	부	발	냥	젊	적	거	도	느	다	퓨	늘	표
사	도	열	문	물	상	적	트	바	젊	절	춤	자	비	용	면	찍
전	늘	망	바	를	컴	대	받	장	사	법	션	달	에	크	결	날
에	말	은	션	을	다	무	러	장	범	돌	행	법	견	젊	자	션

상대
재미
비용면
많은지도
무서워
계정을
테마
구분
버스
사냥
머그잔
마흔을
하우스는
빨간색을
열망
커튼
곱하기
실시
자발적
무대

Puzzle 565

넥	자	대	파	스	리	문	한	을	쌀	동	늘	바	을	가	사	때
션	타	화	를	늘	감	리	들	부	를	리	트	트	도	시	을	문
부	용	이	파	바	의	느	질	감	낌	대	감	부	행	적	동	에
을	루	범	달	야	달	받	한	주	트	받	운	위	견	리	용	바
늘	올	을	주	생	느	절	장	문	다	을	쌀	노	너	젊	한	어
을	달	이	레	늘	사	사	한	을	스	폰	지	절	자	맞	명	우
용	파	느	서	식	지	날	배	포	객	부	을	한	감	문	확	유
생	각	이	용	은	을	달	러	퓨	이	체	해	안	용	주	히	굽
스	용	트	터	날	어	을	범	부	바	도	를	받	거	찍	수	짓
용	대	호	트	을	이	찍	레	로	돌	문	용	느	짓	도	요	표
솔	다	랑	키	용	바	한	어	거	북	요	도	을	질	운	일	동
공	동	이	스	편	부	드	럽	게	동	도	바	로	위	소	크	춤
필	리	문	리	안	질	도	도	쌀	발	이	솔	동	쉽	게	음	람
로	북	자	바	함	트	측	주	물	느	이	러	을	위	컴	추	견
바	대	한	맞	을	한	문	다	한	도	노	셀	주	젊	짓	퓨	돌

객체를
때문에
가시적
편안함을
서식지
호랑이
넥타이
명확히
스폰지
대화
배포
해안
야생
키스
부드럽게
쉽게
소음
우유
생각이
수요일

Puzzle 566

소유자
교사
실제로
모든
파괴에도
성장을
시민
지구본
음료
승리의
지역은
대신
의도
일반
거북이를
계산
성장한다
지출
종종
콘도르의

대	문	물	파	용	너	도	풍	굴	날	를	람	을	쌀	파	문	션
동	람	요	굴	자	굽	거	장	공	결	말	북	자	춤	한	을	솔
사	찍	위	끔	크	말	위	파	솔	느	낌	너	필	스	한	맞	카
집	은	젊	레	시	날	용	한	에	질	굽	성	셀	다	발	결	실
은	느	퓨	용	민	견	북	물	을	자	을	장	성	결	트	리	제
을	레	용	트	질	절	부	을	계	레	굽	한	돌	동	적	모	로
요	도	늘	젊	위	발	로	트	산	늘	받	다	굴	퓨	자	든	문
파	거	소	유	자	부	문	션	션	터	에	의	위	일	결	자	도
자	북	트	날	파	을	측	추	로	굴	추	도	셀	한	반	풍	쌀
어	이	자	발	에	이	공	션	로	동	전	트	교	부	용	거	로
은	를	문	용	은	범	크	말	동	이	이	로	쌀	사	굴	필	트
콘	크	대	위	결	종	종	문	음	쌀	셀	의	전	트	다	고	느
한	도	에	괴	파	출	바	제	료	느	터	올	이	에	날	너	질
결	람	르	본	구	지	역	은	들	맞	동	트	레	파	리	대	노
찍	이	젊	의	리	승	를	달	터	의	발	풍	대	표	느	신	파

Puzzle 567

표	리	동	로	표	러	바	끔	사	쌀	짓	오	한	질	파	장	견
지	루	짓	구	색	표	용	달	바	자	한	디	고	짓	한	트	너
춤	태	터	카	회	추	이	대	에	전	요	션	법	리	주	들	의
바	양	돌	짓	동	를	이	리	트	사	스	느	쌀	갔	다	감	전
받	적	러	을	에	선	체	법	셀	표	동	동	낌	쌀	장	받	추
카	특	히	결	터	박	동	물	원	트	동	을	촛	불	컴	은	위
행	좋	캥	추	바	를	동	행	바	전	로	제	위	파	트	레	트
트	은	거	주	크	한	문	문	필	다	굽	춤	동	바	자	절	노
은	안	루	풍	미	션	질	받	젊	집	굽	스	주	퓨	동	를	감
람	녕	짓	의	악	최	바	솔	을	동	문	이	쌀	제	간	주	굴
솔	쌀	물	느	어	다	질	셀	위	어	동	용	사	날	호	발	질
퓨	받	동	용	터	퓨	달	체	주	요	고	춤	낌	자	사	트	대
부	법	카	견	들	제	이	바	너	주	낌	느	부	부	컴	느	필
부	문	부	솔	바	범	체	문	필	망	적	한	다	방	거	쌀	공
대	리	춤	말	느	이	적	끔	한	찍	치	트	너	향	질	질	북

방향
동물원
촛불
지루
사자
좋은안녕
갔다
간호사
오디션
망치
회색
특히
악어
구색
태양
캥거루
최악의
미션
다리
선박

Puzzle 568

터	느	터	질	전	굽	로	사	실	자	고	주	낌	질	들	한	맞
주	추	질	공	물	한	진	리	험	바	전	파	춤	느	은	일	동
고	운	송	동	한	운	끔	트	들	굴	공	즐	카	션	바	요	이
바	을	처	벌	용	로	들	대	한	로	로	길	노	리	젊	셀	등
자	도	전	체	받	견	짓	적	위	을	보	드	굽	용	을	레	장
스	을	짓	은	파	사	절	고	첨	한	를	한	거	잘	람	절	한
포	함	되	어	달	크	트	카	부	춤	션	어	디	미	이	위	도
공	트	동	운	추	격	범	을	트	범	트	법	솔	말	날	션	느
늘	셀	절	로	동	문	위	한	질	올	스	받	찍	주	한	범	북
느	굴	을	외	셀	을	한	필	한	춤	컴	말	한	을	스	느	아
자	의	추	적	을	을	은	동	위	로	바	바	쁘	지	만	도	래
요	발	전	결	다	운	발	한	은	동	부	을	바	춤	돌	범	층
춤	한	올	굴	끔	체	범	한	대	받	질	문	받	이	고	레	춤
완	전	히	운	의	부	에	측	바	이	말	제	받	은	레	의	용
굴	부	주	바	말	로	한	물	동	고	물	퓨	풍	의	낌	동	사

아래층
보드
진리
실험
거미
포함되어
공동
첨부
등이
미디어
말미잘
외로운
운송
처벌
추격
일이
바쁘지만
운동
즐길
완전히

Puzzle 569

집	이	금	노	발	이	체	반	법	돌	거	감	표	느	은	로	한
행	운	지	프	로	세	스	받	딧	교	수	을	북	회	결	행	다
집	전	하	결	코	찍	용	적	동	불	에	운	문	사	공	운	행
추	짓	는	조	면	칠	도	요	솔	돌	스	로	체	운	행	풍	트
한	솔	루	결	로	상	말	적	찍	이	은	물	다	말	전	연	례
적	대	쌀	리	거	위	셀	적	질	문	한	로	돌	퓨	이	물	컴
측	느	한	쌀	터	고	발	북	대	요	을	요	굽	바	바	물	션
끔	돌	다	집	견	고	쌀	절	체	동	풍	추	동	동	운	마	한
트	사	너	날	쌀	리	공	셀	표	질	컴	찍	적	측	발	이	깎
젊	필	북	이	올	퓨	맞	춤	질	사	거	문	날	장	표	그	고
범	변	수	체	솔	자	풍	장	카	러	결	부	굴	휴	위	레	귀
부	스	문	날	법	다	어	짓	트	은	카	다	족	운	일	이	한
바	에	추	구	성	바	레	가	방	전	은	용	바	한	요	션	올
사	굽	물	트	들	느	크	용	필	의	트	짓	돌	견	월	러	추
터	춤	트	날	문	트	적	법	주	공	질	위	로	낌	을	돌	느

변수
위상
구성
월요일
반딧불
회사
부족한
거위
칠면조는
고귀한
금지하는
마이그레이션
깎이
결코
가방
프로세스
연례
교수
휴일
고발

Puzzle 570

가득
아마
고래
중간
통치는
스쿠터
점프는
누가
발명
현재
진정한
최근
온다
인간
필요
간다
책상
학년
달성
세탁

솔	문	크	굽	동	끔	동	동	을	한	용	도	학	도	찍	최	위
필	요	로	인	트	용	필	레	발	쌀	솔	표	년	도	문	춤	근
들	로	끔	쌀	간	중	동	질	굴	을	부	통	문	노	도	달	은
한	감	누	위	결	질	다	을	바	한	체	치	간	다	퓨	질	쌀
고	래	가	쌀	표	법	를	레	장	은	현	는	느	돌	발	전	을
맞	발	굽	표	적	춤	말	솔	도	질	재	셀	점	세	탁	명	로
행	주	을	공	주	자	바	은	자	도	솔	한	프	아	문	스	집
발	필	쌀	가	득	용	한	춤	북	루	을	질	는	마	감	추	낌
파	들	트	문	풍	스	바	행	감	전	러	대	어	진	스	쿠	터
다	달	컴	요	끔	터	리	거	레	스	고	결	용	정	법	문	풍
장	성	다	달	집	이	측	굽	사	바	풍	사	부	한	달	한	의
쌀	트	를	사	발	은	고	의	도	동	퓨	노	늘	쌀	로	굽	을
한	책	받	동	견	결	느	이	범	물	션	레	을	도	추	문	제
돌	상	파	물	대	를	온	다	어	한	주	은	젊	측	카	전	로
동	트	느	한	주	날	느	컴	레	체	동	퓨	전	자	도	굴	루

Puzzle 571

복	를	체	질	은	문	굽	말	요	동	돌	바	자	은	달	낌	굴
다	잡	산	업	을	절	의	한	범	굽	동	도	요	자	부	찍	한
수	은	한	약	파	부	들	이	물	한	너	느	괜	퓨	루	도	을
발	위	결	셀	도	여	트	돌	늘	맞	자	을	찮	문	문	감	공
물	카	늘	장	리	성	장	을	수	출	을	요	아	을	들	퓨	적
고	한	러	풍	범	로	물	젊	달	한	파	공	도	굽	쌀	퓨	스
돌	용	말	주	굴	을	바	컴	자	택	도	거	운	어	말	사	문
느	문	발	감	낌	을	크	을	한	시	발	물	거	다	돌	달	찍
법	의	다	절	장	짓	범	셀	스	밴	고	컴	세	위	을	젊	받
시	금	치	언	어	를	자	어	날	문	스	인	계	동	동	요	대
부	을	감	대	자	도	받	션	을	올	포	용	커	버	가	절	문
집	늘	날	은	공	부	한	파	들	은	츠	부	문	람	평	겨	울
요	람	측	러	적	카	위	바	트	소	측	카	동	바	적	셀	춤
발	발	파	에	동	솔	날	의	동	물	사	금	춤	사	셀	찍	올
장	고	집	문	문	감	굽	필	수	노	에	너	지	트	발	위	결

에너지
복잡한
인용
괜찮아도
스포츠
필수
시금치
평가
언어를
커버가
세계
산업을
지금
약한
수출을
택시밴
여성
겨울
들소
다수

Puzzle 572

측	문	제	가	입	원	쌀	트	행	용	젊	용	트	러	주	한	파
한	공	절	사	느	자	을	이	적	절	한	발	파	운	드	대	상
쓰	기	체	대	로	달	굽	집	찍	를	선	행	문	람	행	맞	올
물	부	필	을	주	물	바	풍	로	말	신	바	이	적	비	션	트
옷	한	올	을	은	돌	낌	받	리	솔	다	의	돌	대	전	춤	주
을	다	거	선	들	공	날	노	로	찍	노	공	필	운	도	전	거
풍	춤	의	춤	로	짓	바	문	고	발	트	세	척	편	안	달	고
바	북	법	올	션	크	찍	주	측	바	자	루	부	문	질	젊	느
에	에	결	트	대	크	공	제	결	을	돌	결	용	느	한	돌	용
요	용	날	너	추	레	발	받	노	주	찍	고	늘	트	날	끔	대
트	러	늘	말	은	용	카	동	자	풍	필	주	스	을	쌀	주	문
늘	동	파	받	동	스	로	발	도	발	찾	한	년	발	감	자	을
한	감	맞	드	물	게	컴	터	을	터	솔	고	필	문	한	필	바
셀	북	늘	러	올	느	끔	풍	젊	을	표	노	받	스	러	스	고
굴	들	집	을	의	부	셀	늘	문	도	자	발	부	지	식	범	측

선거
세척
지식
옷을
자원
적절한
대상
크레용
입자
찾고
주제
편안
신선한
비전
드물게
파운드
주년
문제가
거의
쓰기

Puzzle 573

은	질	트	로	날	낌	션	파	발	주	한	말	달	부	크	대	다
결	혼	돌	끔	적	표	쌀	람	대	저	포	을	받	문	굽	트	법
동	문	문	부	느	체	을	주	스	사	크	무	표	춤	측	퓨	동
솔	짓	날	범	끔	쌀	오	후	한	느	견	은	엇	로	공	견	정
필	말	너	문	말	람	한	를	느	로	절	비	요	을	루	운	말
낌	노	감	표	질	바	트	레	에	쌀	메	고	오	새	벽	굴	로
을	자	바	젊	집	표	카	이	짓	한	뚜	리	카	는	물	질	의
풍	문	늘	집	춤	젊	용	로	발	견	기	리	돌	되	조	직	에
을	올	말	부	끔	레	리	발	가	츠	포	스	이	케	전	말	크
굴	은	낌	범	날	쌀	절	한	동	절	한	결	스	스	션	존	중
거	북	어	자	을	한	건	강	한	터	적	날	집	로	다	제	터
컴	람	공	행	카	공	개	을	은	한	바	을	을	루	법	이	표
부	트	부	솔	발	문	레	퓨	이	동	이	견	문	달	션	용	운
을	굴	전	풍	행	주	러	전	사	을	슬	로	북	장	표	고	찍
측	돌	카	트	터	이	올	을	받	동	들	장	이	문	동	운	물

새벽
메뚜기
건강한
케이스
공개
결혼
무엇을
오후
물질의
정말
포크
조직에
말을
존중
비오는
스스로
주저
되돌리기
스포츠가
이슬

Puzzle 574

골	절	받	더	낌	루	질	요	과	일	한	날	재	풍	감	날	크
공	을	표	에	러	행	바	짓	굽	컴	물	언	호	해	이	리	느
람	에	법	에	이	운	러	쌀	북	주	끔	선	흡	거	를	노	집
터	은	질	사	솔	고	자	물	스	을	질	택	용	터	대	노	크
러	들	거	셀	을	은	을	질	필	필	동	표	리	너	결	컴	컴
느	주	법	트	추	자	북	한	람	받	제	굽	다	행	을	크	바
한	무	지	개	다	트	람	람	도	루	파	요	동	부	바	퓨	퓨
친	구	쌀	람	션	파	고	전	날	도	문	청	범	감	을	시	간
문	대	컴	짓	돌	문	절	반	날	추	의	감	동	리	루	춤	결
날	문	발	적	말	풍	동	트	동	파	한	동	터	바	을	공	션
포	레	개	인	한	도	끔	바	트	파	느	부	발	터	날	컴	터
리	홀	도	람	달	올	측	달	쌀	대	돌	사	거	파	고	동	젊
스	댄	풍	양	용	트	은	굴	물	공	긴	급	절	짓	행	한	솔
트	발	체	고	카	끔	문	부	북	트	동	질	바	달	질	결	결
에	사	다	기	크	운	날	느	고	어	로	범	물	카	이	한	날

시간
절반
개인
물질
홀리
재해를
친구
골절
포리스트에
요청
노크
양고기
선택
호흡
무지개
선언
과일
긴급
댄스
더러운

Puzzle 575

람	스	을	다	문	를	북	범	북	느	주	북	추	북	표	문	에
한	자	사	군	인	스	굽	돌	파	물	위	낌	도	문	끔	날	굽
먼	지	를	장	받	말	맞	올	집	문	쌀	용	매	력	적	인	동
을	노	집	행	러	행	한	을	은	스	부	션	컴	레	의	돌	굽
트	문	전	부	굽	퓨	방	향	으	로	타	한	한	카	로	굴	거
부	요	전	셀	받	복	이	문	부	말	트	일	젊	동	적	한	풍
내	질	문	에	크	잡	끔	도	루	트	요	셀	실	은	터	너	말
용	판	사	에	고	행	다	용	자	바	서	공	현	고	대	람	추
쌀	대	레	아	말	돌	달	전	위	운	노	둘	을	무	느	셀	말
범	컴	절	내	동	루	파	느	부	물	선	끔	러	다	트	법	이
쌀	끔	트	에	동	카	다	트	끔	굴	호	짓	다	맞	질	대	질
이	코	끼	리	결	을	필	컴	용	트	트	를	짓	전	결	문	은
레	고	을	로	견	캠	페	인	문	모	사	굴	문	용	늘	카	부
동	을	다	공	대	의	느	부	고	자	루	끔	북	맞	다	쌀	말
러	법	썰	매	추	비	용	카	춤	더	워	어	트	요	풍	전	동

군인
내용
매력적인
더워
코끼리
복잡
전문
선호
아내
고무
먼지
대비
방향으로
판사
캠페인
모자
서둘러
스타일
썰매
실현을

Puzzle 576

트	굴	장	을	을	운	주	낌	람	레	바	레	달	평	발	질	집
에	용	람	을	춤	받	상	제	를	품	질	날	셀	사	면	쌀	을
솔	을	레	리	러	로	황	거	물	퓨	방	어	머	니	무	스	집
낌	부	결	한	찍	을	을	의	요	느	장	바	받	느	효	틱	느
범	다	맞	장	노	플	레	이	열	향	도	견	트	제	사	은	문
맞	대	카	을	어	고	느	스	들	해	의	풍	자	결	자	말	리
카	부	풍	트	행	경	필	은	낌	람	늘	자	춤	쌀	컴	사	너
단	한	느	클	야	험	을	고	러	부	사	운	늘	운	주	스	추
편	이	요	럽	망	받	어	기	위	굴	을	대	북	바	추	벨	물
물	찍	문	너	트	부	너	카	관	한	굽	부	을	방	람	자	로
모	래	가	컴	문	의	크	결	쌀	집	주	풍	을	지	돌	전	끔
바	오	를	문	파	말	남	부	터	돌	한	트	을	도	사	거	을
바	일	굴	결	바	주	측	측	말	컴	물	요	를	동	트	늘	트
레	을	위	늘	을	용	제	체	동	필	결	부	동	자	문	을	바
발	문	발	추	질	터	바	러	질	자	전	운	결	추	느	북	은

방어머니
클럽
사람들이
남부
무효
평면
상황을
기관
방지
오일
모래가
플레이
벨자전거
향해
품질
경험
스틱은
야망
단편
열이

Puzzle 577

체	돌	주	빈	부	람	주	도	주	트	운	절	사	트	제	공	자
할	아	버	지	번	들	한	젊	보	문	용	질	로	를	다	크	신
측	북	맞	을	로	한	주	의	결	트	이	라	이	하	기	야	이
한	람	쌀	절	전	느	춤	도	에	동	레	어	한	트	발	질	크
제	견	돌	발	로	북	낌	주	늘	춤	동	적	굽	견	하	키	젊
을	날	집	은	공	용	로	도	북	루	을	덕	이	을	루	동	결
앞	정	확	성	돌	고	래	폐	바	파	컴	도	범	절	을	춤	부
치	부	발	행	날	주	람	기	이	절	동	마	이	늘	이	요	한
마	들	주	러	절	불	부	물	짓	운	용	뱀	굽	에	행	운	트
삽	입	트	느	을	규	칙	리	파	들	동	터	올	리	장	젊	트
터	용	을	션	제	칙	바	사	람	트	적	추	거	자	다	동	운
절	행	컴	의	조	트	동	을	행	솔	발	달	은	장	수	점	퓨
추	바	루	은	도	로	바	이	쌀	찍	로	퓨	문	거	면	유	느
거	사	용	도	트	을	너	도	입	느	표	낌	물	장	을	율	체
돌	법	주	거	집	루	한	은	문	이	요	부	제	달	위	로	람

이야기
빈번한
보트
도입
행운
앞치마
불규칙
점유율
제조
수면
하키
폐기물
삽입
정확성
도덕적
돌고래
할아버지
도마뱀
자신이
하이라이트

Puzzle 578

분	리	희	망	다	크	견	춤	경	요	용	도	너	주	달	질	컴
행	다	끔	를	음	바	주	자	향	달	날	한	요	을	결	너	러
로	주	행	측	에	도	감	카	이	범	카	이	바	날	러	발	추
동	추	조	건	동	질	레	이	측	트	로	들	퓨	루	햇	끔	람
낌	대	카	늘	불	셀	트	파	고	노	운	동	고	도	빛	도	굴
낌	늘	위	늘	행	은	퓨	이	위	북	부	문	측	동	우	위	루
셀	측	어	질	느	단	하	감	어	추	젊	적	동	가	유	이	을
끔	파	적	소	자	락	강	트	을	주	스	을	트	질	지	전	말
용	트	션	측	화	러	터	굽	적	장	커	행	한	레	방	로	끔
같	한	이	운	동	행	절	달	결	사	트	주	동	용	부	람	맞
문	아	문	운	노	사	부	추	찍	동	트	감	러	루	로	사	션
바	발	요	맞	문	자	솔	부	부	자	위	자	체	달	주	춤	배
카	찍	버	절	표	리	맞	족	감	거	파	대	의	트	찍	노	치
감	위	주	섯	돌	다	젊	체	거	동	표	도	위	받	돌	발	맞
말	필	자	대	말	질	세	로	리	션	너	도	적	을	스	자	루

경향이
우유지방
부족
불행
거리
버섯
조건
스커트
다음에
이유가
같아요
희망
단락
소화
날카로운
배치
햇빛
분리
세로
하강

Puzzle 579

리	어	색	상	이	로	터	전	들	결	가	레	스	찍	상	투	말
시	험	한	다	거	동	한	측	범	너	지	카	우	탬	추	명	측
느	미	라	레	행	다	을	문	짓	맞	고	드	마	범	프	세	븐
솔	낌	늘	은	람	질	다	루	부	느	가	류	조	사	동	짓	찍
셀	필	너	문	동	에	감	이	노	필	는	사	표	의	받	문	말
을	풍	카	형	제	트	문	전	을	발	자	스	트	감	션	스	질
스	체	부	제	국	체	위	트	다	풍	전	람	타	트	용	법	셀
거	문	용	풍	범	를	고	북	문	동	동	들	문	발	행	동	끔
적	트	사	용	쌀	터	도	트	제	풍	올	한	터	체	을	굴	대
문	트	부	탐	발	운	을	체	조	로	한	들	동	날	날	거	고
트	요	이	자	구	를	날	문	언	낌	읽	자	다	부	도	고	범
이	션	짓	스	터	자	용	컴	을	결	기	들	주	파	솔	로	바
춤	션	로	느	쌀	도	트	들	감	이	에	행	복	한	부	바	자
은	대	파	고	크	은	문	카	문	이	행	솔	풍	쌀	운	주	에
을	바	말	트	퓨	위	고	돌	느	션	질	견	발	굽	질	어	대

상추
조류가
형제
발굽
마우스
가지고가는
탐구
읽기에
조언을
솔로
스타
색상이
세븐
투명
스탬프
시험한다
행복한
카드
미라
국제

Puzzle 580

사소한
통증이
가상
젊은
슬립
사이클
바로
해설
야구
뉴스
페이지
클립
짧은
선글라스
흥분
모기
발생
치킨
스틸
취미

맞	결	한	맞	견	한	동	가	선	글	라	스	필	쌀	한	동	집
바	올	트	다	맞	동	도	상	바	은	문	문	쌀	러	제	동	은
위	로	한	표	쌀	은	자	날	크	주	크	장	주	루	치	모	기
문	은	에	달	러	바	로	해	문	문	굴	문	체	에	킨	느	을
범	페	야	날	풍	장	의	물	설	노	사	을	용	은	고	돌	물
셀	이	구	은	컴	문	자	느	루	바	소	노	부	올	장	너	솔
받	지	짧	바	리	맞	질	러	범	를	한	운	도	다	올	젊	을
를	터	은	전	한	컴	를	문	문	동	질	올	카	대	을	은	낌
굽	물	풍	다	취	굽	풍	날	결	로	도	노	측	대	스	질	바
문	자	달	적	미	받	루	고	감	통	노	절	북	문	레	바	짓
동	짓	도	주	사	올	견	다	요	증	발	풍	늘	스	를	의	바
어	슬	북	부	이	로	한	바	한	이	생	스	어	셀	파	받	절
느	들	립	클	클	다	체	측	부	바	필	터	물	풍	질	달	틸
문	굴	바	용	추	절	낌	동	은	한	맞	절	람	표	동	뉴	스
운	리	솔	위	북	노	노	로	트	크	흥	분	은	람	이	한	부

Puzzle 581

굴	바	추	을	을	선	너	한	문	거	한	쌀	셀	맞	질	션	질
파	칩	부	발	적	택	카	춤	풍	문	젊	노	컴	물	을	표	찍
물	니	받	문	바	은	로	추	발	을	솔	공	사	필	개	터	의
바	다	은	운	추	컴	주	카	이	부	동	시	북	은	북	을	부
춤	한	퓨	노	람	적	문	에	다	고	은	공	리	을	극	주	한
들	질	늘	물	쌀	자	바	붕	을	제	루	결	주	즈	이	을	거
자	굴	레	의	들	찍	공	괴	부	견	로	찍	바	을	를	동	일
셀	받	필	레	동	추	쌀	에	카	쌀	루	적	람	법	토	느	요
정	도	대	추	행	자	컴	서	너	도	을	러	들	카	마	고	화
달	질	좋	아	위	택	한	운	춤	낌	동	광	택	퓨	토	카	셀
주	요	굴	도	고	유	시	레	춤	견	절	문	러	을	이	도	말
맞	션	집	셀	올	채	식	올	동	이	이	너	이	춤	의	대	트
기	동	동	루	공	과	용	발	젊	필	바	춤	법	굴	솔	비	교
록	카	굽	동	문	에	로	풍	젊	벽	행	체	용	카	러	을	운
젊	이	결	동	을	말	자	컴	자	화	집	상	자	션	한	거	달

상자
물개
광택
택시
정도
동일
좋아
바칩니다
화요일
선택은
식용
북극이
붕괴에서
유채과
기록
시리즈를
행위
비교
토마토를
벽화

Puzzle 582

위	요	너	발	문	전	요	즘	동	션	법	바	요	착	포	통	크
날	로	주	퓨	추	한	법	다	고	동	물	자	사	날	용	치	한
바	운	블	라	우	스	필	발	부	위	건	문	동	장	한	자	표
어	도	풍	리	한	체	부	한	쌀	의	조	너	낌	장	동	발	낌
를	낌	질	을	한	한	물	받	찍	북	한	측	풍	자	맞	굽	북
위	한	한	한	고	동	용	장	다	법	집	대	선	법	동	적	바
트	동	집	은	바	쌀	풍	결	끔	행	쌀	루	을	끔	로	를	필
웨	스	트	했	다	말	루	트	쌀	사	젊	제	달	람	용	표	짓
바	디	범	다	문	빌	동	터	리	은	크	적	쌀	노	터	에	문
루	물	한	적	너	드	솔	를	퓨	운	체	퓨	감	을	표	한	동
자	사	크	진	술	을	감	레	카	너	용	운	두	어	주	동	크
전	크	림	시	게	도	장	장	이	자	션	고	짓	제	문	돌	은
로	송	제	동	에	끔	위	트	운	스	한	램	행	말	사	동	필
터	느	메	모	리	문	늘	찍	람	동	필	프	이	굴	질	풍	대
느	람	들	거	은	사	동	측	용	동	바	달	걀	션	느	솔	리

달걀
어제
크림
빌드
진술
메모리
시게
램프
요즘
블라우스
건조
풍선
포착
웨스트했다
통치자
어두운
착용
전송
레이스
바디

Puzzle 583

텔	로	스	위	드	질	부	짓	체	은	스	스	윙	보	이	발	바
동	레	짓	의	라	사	레	측	카	바	법	늘	너	라	측	질	요
들	측	비	바	이	질	질	체	노	부	발	은	동	색	은	제	짓
셀	바	북	전	브	바	러	들	견	대	기	동	고	짓	을	한	용
부	나	중	에	치	짓	젊	집	은	확	실	문	카	젊	견	법	들
말	하	는	너	명	도	적	측	은	퓨	달	물	에	돌	도	위	동
트	필	너	를	적	터	한	동	션	한	측	어	을	제	받	견	바
쌀	거	솔	너	퓨	을	법	운	필	발	한	문	한	다	알	려	진
이	문	를	션	문	부	용	문	동	솔	이	문	도	오	이	쌀	의
도	토	리	컴	레	크	추	트	션	셀	션	찍	맞	늘	받	느	터
추	바	표	범	컴	크	돌	동	법	표	용	끔	요	요	출	올	날
쌀	날	동	임	부	모	짓	요	굽	다	너	이	블	록	발	생	동
질	레	로	명	터	발	카	동	한	사	은	은	문	파	은	과	북
적	굽	주	름	집	느	범	느	셀	대	돌	솔	젊	받	감	감	자
주	파	리	한	굴	요	쌀	솔	법	트	도	동	의	느	질	트	문

위의
나중에
치명적
과자
말하는
임명
출생
오늘
블록
보라색
도토리
문자
주름
텔레비전
부모
대기
확실
스윙
알려진
드라이브

Puzzle 584

컴	대	트	카	스	동	문	션	사	바	위	파	말	날	적	박	분
한	날	장	주	케	카	로	낌	트	랑	도	원	컴	트	용	쥐	자
올	견	너	거	이	부	늘	도	동	동	하	정	한	절	날	바	토
파	느	를	이	트	운	자	매	계	속	도	는	약	어	받	람	요
결	동	느	고	스	부	트	에	필	굴	문	춤	체	장	생	짓	일
트	이	트	동	케	전	스	문	법	을	표	다	동	위	을	산	은
사	람	들	의	이	문	의	동	루	크	대	한	체	어	다	춤	솔
굽	날	화	가	트	장	션	바	범	이	접	컴	노	측	자	로	감
주	추	말	고	백	을	솔	다	표	받	용	표	동	카	맞	람	한
션	위	에	자	찍	발	을	절	날	문	올	한	문	올	늘	위	쌀
한	의	찍	은	주	개	다	전	용	용	퓨	느	질	느	느	로	레
문	풍	공	한	동	노	공	급	용	동	북	현	운	에	말	한	솔
범	을	을	부	추	운	은	바	한	사	용	자	명	장	트	느	체
감	늘	찍	다	리	춤	풍	느	발	주	동	바	느	한	한	카	리
제	바	스	달	트	짓	선	고	트	표	필	감	느	맞	거	굽	한

분자
원정
선고
스케이트스케이트
약어
현명한
생산
공급
대접
자매
바위
박쥐
개발을
한정
화가
고백을
토요일은
사람들의
계속
사랑하는

Puzzle 585

평	야	범	풍	법	로	발	고	쌀	북	절	도	한	로	말	대	짓
트	체	발	달	맞	제	올	트	쌀	맞	은	바	부	트	범	거	회
문	어	너	절	굴	너	은	거	한	요	법	전	솔	노	한	바	션
도	말	한	어	궤	도	문	크	트	너	필	조	트	한	솔	도	에
견	레	자	람	체	람	바	제	크	공	로	각	트	거	를	위	끔
당	고	도	굽	순	자	제	측	제	대	쌀	파	감	다	전	노	주
나	제	문	결	간	표	끔	달	내	퓨	춤	은	은	레	굴	동	표
귀	파	도	문	범	공	맞	잎	노	레	버	에	추	받	필	한	노
받	짓	노	바	굴	퓨	느	적	을	절	이	트	고	앞	문	언	덕
측	절	레	적	범	스	자	맞	람	공	라	터	표	서	솔	러	도
스	위	받	북	로	늘	체	파	주	올	드	용	로	을	느	동	운
부	쌀	이	느	어	늘	바	측	루	발	주	절	한	느	행	로	자
의	쌀	러	트	징	대	젊	쌀	은	트	한	자	을	를	계	단	바
리	동	문	굽	오	소	리	거	주	파	리	집	얻	위	피	장	터
은	요	리	논	의	필	바	집	러	맞	이	파	을	단	로	부	물

대회
단위를
당나귀
언덕
단계를
잎을
요리논의
평야
자체
궤도
쌀쌀한
얻을
내레이터
계피
드라이버
오소리
조각
순간
앞서
오징어

Puzzle 586

종	주	적	감	크	다	에	들	노	바	바	고	용	파	노	발	션
쌀	료	에	솔	용	표	느	법	트	얼	굴	주	통	바	날	전	말
다	을	와	낌	이	필	굴	굴	집	법	이	차	집	을	운	늘	장
받	을	받	러	셀	트	공	자	운	을	도	지	동	상	다	크	갑
춤	법	레	도	을	추	부	파	장	터	동	로	고	책	부	로	위
문	문	한	돌	법	상	스	전	솔	문	한	람	느	동	의	스	춤
공	짓	리	아	버	지	의	병	아	리	싱	크	한	고	주	용	느
자	결	바	끔	문	위	은	발	어	을	거	퓨	위	춤	감	바	이
케	따	라	서	에	카	절	높	다	이	끔	감	트	거	파	행	요
이	협	위	완	바	빨	해	은	도	적	을	젊	고	로	낌	동	용
지	행	바	굴	료	리	변	문	요	위	견	자	다	추	범	질	짓
카	동	바	짓	짓	션	컴	맞	도	추	거	주	부	한	적	굽	느
한	을	의	풍	질	굽	한	자	용	컴	한	바	로	터	부	말	자
신	호	를	부	리	은	에	을	행	물	적	용	적	로	굴	측	바
북	날	도	늘	질	문	범	행	자	찍	도	바	질	행	를	동	터

크로스
차지
아버지의
종료와
싱크
얼굴
지상
케이지
고통을
병아리
책상을
완료
차이
높은
해변
따라서
빨리
위협이
장갑
신호를

Puzzle 587

북	쌀	을	바	한	법	낌	레	용	바	늘	말	문	운	제	젊	체
바	다	문	쌀	도	멸	이	질	을	트	를	임	요	남	체	고	동
동	동	물	결	늘	종	항	질	주	한	굽	대	절	아	대	달	용
용	들	말	션	컴	한	상	을	회	의	문	거	공	는	퓨	필	장
정	을	찍	느	풍	집	람	은	체	문	법	쌀	발	풍	느	눌	러
착	에	감	굽	부	을	춤	범	을	부	크	체	적	노	레	터	을
을	바	굽	부	과	거	의	도	재	필	주	집	어	발	측	레	트
을	에	한	대	동	받	에	발	생	질	느	말	도	위	쌀	솔	추
한	사	업	부	퓨	범	주	법	장	부	고	발	춤	다	노	을	이
카	셀	까	필	주	동	람	낚	자	부	은	맞	장	굴	찍	이	굽
감	한	너	마	찍	받	표	시	의	받	스	동	추	도	문	굴	바
결	동	질	용	귀	문	셀	에	공	솔	짓	한	돌	필	다	말	솔
루	혼	셀	목	집	쌀	루	견	은	찍	대	위	들	로	컴	람	돌
조	립	은	적	을	동	달	표	늘	은	한	레	고	받	문	액	한
레	부	쌀	풍	표	동	행	퓨	발	솔	셀	춤	자	이	람	션	동

과거의
남아는
회의
눌러
조립
사업
임대
재생
바다
낚시에
적어도
까마귀
멸종
정착
주말
항상
결혼은
액션
목적
부문의

Puzzle 588

도서관
격리
소유
히트
상상
사이트
토마토
주어진주는
이름
미스
블리드
효과
함께했다
여름
과학자
세부
시력기호
지켜
소녀
상단

어	질	로	도	을	터	러	찍	위	장	주	트	위	바	주	쌀	다
을	결	느	주	측	터	질	춤	동	바	달	추	한	자	은	감	솔
을	로	견	춤	어	스	미	한	요	대	한	지	문	의	바	션	끔
용	트	바	거	질	진	스	한	늘	셀	부	켜	부	춤	파	어	질
시	력	기	호	위	스	주	맞	결	풍	늘	터	낌	소	풍	대	낌
고	너	쌀	젊	쌀	이	행	는	과	동	트	제	도	유	스	동	세
함	께	했	다	부	루	사	한	풍	학	북	다	문	한	질	들	부
들	터	말	동	들	용	낌	느	격	리	자	을	레	고	컴	동	젊
이	찍	히	트	바	느	견	바	파	올	은	블	리	드	도	짓	부
견	한	다	대	발	돌	바	트	바	전	느	발	을	젊	바	퓨	은
용	발	바	도	필	를	를	문	짓	효	발	을	를	은	컴	자	굽
의	끔	을	범	맞	끔	요	노	날	과	들	발	이	한	다	제	올
토	어	셀	고	질	어	고	측	동	크	느	대	여	름	느	위	찍
마	문	상	이	동	컴	찍	돌	을	트	트	굽	한	이	소	법	공
토	을	상	단	의	굴	발	사	이	트	도	서	관	자	동	녀	을

Puzzle 589

엄	행	바	감	칫	레	션	단	발	문	찍	람	결	혼	식	동	스
청	바	늘	람	솔	늘	제	물	지	돌	적	사	올	물	달	문	들
난	다	쌀	한	자	솔	적	집	받	재	사	용	을	다	컴	짓	용
만	쌀	질	용	법	바	트	제	은	말	절	솔	공	기	러	굽	운
큼	발	맞	카	돌	늘	문	문	적	립	요	션	도	터	받	자	어
이	천	도	트	바	결	이	로	짓	표	쌀	생	각	추	질	들	용
이	문	으	레	루	춤	한	을	리	한	용	끔	나	비	주	스	절
진	행	을	로	자	풍	리	질	풍	적	행	결	제	파	을	들	어
센	쌀	고	추	주	필	은	을	올	날	맞	도	카	용	집	헌	신
터	도	를	바	파	이	적	문	한	절	트	이	이	굽	로	장	다
람	의	문	대	사	스	퓨	도	전	어	바	유	젊	한	아	로	한
발	셀	장	을	쌀	집	낌	다	발	로	한	는	계	획	들	개	별
주	터	접	프	리	지	아	은	컴	제	절	로	느	크	이	법	쌀
자	추	근	누	구	아	무	것	도	장	다	크	젊	컴	대	부	한
질	이	한	바	낌	짓	위	동	돌	주	어	주	법	풍	올	바	문

아들이
나비
적립
누구아무것도
접근
프리지아
개별
칫솔
이유는
재사용을
엄청난만큼이
진행을
계획
공기
천으로
생각
센터
단지
결혼식
헌신

Puzzle 590

태도
깔끔한
전기
환자
고추를
길이
교육
일찍
설정
다행히도
동결
기린
전략
환영이
법률
둥지
큐피드
섬세한
구울
항해

구	을	레	질	자	카	퓨	북	한	굽	적	질	결	터	굴	고	러
울	노	로	쌀	솔	루	스	자	컴	레	행	은	운	용	이	추	를
느	를	위	감	를	거	로	올	스	터	제	이	자	표	측	를	을
측	쌀	에	도	길	레	도	다	말	올	을	용	주	쌀	절	동	의
느	젊	발	장	이	큐	피	드	트	요	바	동	공	설	정	로	바
셀	풍	찍	집	영	스	바	견	굽	짓	법	춤	동	션	용	를	요
감	리	리	자	환	질	굴	제	물	발	률	젊	문	들	카	카	은
어	감	을	바	돌	부	동	기	린	스	파	자	바	로	리	날	풍
러	결	로	트	범	를	도	략	전	둥	제	항	달	법	주	질	카
끔	풍	쌀	위	도	를	리	문	추	들	지	해	자	행	에	트	카
람	절	거	동	결	장	러	물	주	람	춤	북	을	로	일	찍	늘
은	바	너	컴	적	풍	동	자	행	로	컴	돌	에	용	위	동	트
법	도	짓	대	공	고	질	트	카	부	대	교	육	노	체	을	대
다	행	히	도	깔	끔	한	세	섬	용	표	문	한	대	문	태	은
어	느	한	크	말	셀	한	추	부	용	달	너	위	을	거	크	도

Puzzle 591

체	초	찍	한	거	바	에	션	계	로	거	제	풍	바	규	질	높
감	원	이	셀	찍	운	한	느	산	솔	친	자	퓨	노	이	제	이
부	식	로	들	은	람	를	다	기	문	사	문	말	노	물	카	고
로	사	굽	를	을	문	동	발	믿	문	동	느	늘	돌	반	찍	끔
퓨	카	체	트	질	고	맞	자	행	늘	듣	이	웃	도	영	받	북
은	필	문	느	굴	루	은	끔	로	위	고	토	운	트	에	로	바
자	리	법	퓨	용	셀	달	트	용	범	측	양	아	이	서	적	문
에	유	을	람	질	올	날	주	끔	낌	짓	법	원	느	자	은	느
스	젊	한	대	의	거	젊	은	동	주	맞	돌	전	질	제	견	부
카	거	을	굽	퓨	발	자	에	셀	요	이	컴	동	느	바	퓨	부
문	파	리	어	로	스	느	온	행	젊	은	감	법	한	적	문	질
대	너	문	트	혼	트	루	추	도	요	끔	람	들	을	노	동	주
도	굽	도	늘	동	부	측	동	풍	의	찍	션	문	동	올	집	에
바	문	에	표	문	한	션	쌀	짓	바	한	따	춤	동	람	적	말
을	위	을	제	셀	받	가	축	퓨	한	쌀	라	젊	용	바	한	달

자유
법원
끔찍한
규제
온도의
초원
반영에서
계산기
토양
이웃도
가축
혼동
식사
아이
제거
거친
높이
믿기
듣고
따라

Puzzle 592

이	해	에	서	질	는	춤	결	용	은	이	다	크	집	돌	쌀	카
은	쌀	치	위	험	하	게	공	장	측	끔	문	쌀	측	들	을	장
감	문	용	문	로	속	다	행	동	늘	컴	대	돌	카	너	트	낌
낌	바	은	리	자	찍	용	카	크	받	집	을	북	동	파	확	너
쌀	셀	파	루	크	다	바	집	받	한	너	공	맞	너	스	실	침
러	한	자	행	달	의	너	은	루	찍	낌	용	체	을	질	히	날
을	을	터	부	적	은	자	북	찍	다	발	퓨	로	컴	질	문	들
추	노	노	도	거	솔	필	문	다	한	내	카	받	대	질	용	문
의	자	독	젊	운	추	발	은	한	표	와	느	도	터	안	컴	를
바	계	시	립	클	솔	문	요	어	찬	카	끔	측	주	아	를	동
긴	장	션	적	맞	굽	운	의	카	장	로	축	름	을	트	자	물
돌	끔	행	가	도	은	노	트	문	컴	법	측	구	트	스	동	양
지	집	북	녀	느	말	대	은	측	동	용	무	거	운	동	행	쪽
트	능	감	소	도	굴	로	문	동	결	동	노	결	법	에	받	끔
집	춤	형	자	장	낌	에	질	말	돌	어	찍	감	노	너	퓨	낌

동행
내와
감소
무거운
지능형
축구
안아
속하는
구름
확실히
독립
위험하게
양쪽
클립시계
위치
찬장
이해에서
침실
소녀가
긴장

Puzzle 593

필	한	부	거	바	자	문	추	견	트	북	용	전	주	문	고	향
웃	었	다	질	말	돌	설	계	운	달	어	사	낌	대	위	알	바
펜	싱	운	풍	끔	필	운	을	트	어	맞	느	자	이	집	동	터
바	짓	셀	집	어	문	한	션	춤	용	장	전	대	집	트	견	질
체	결	추	로	일	느	측	공	알	안	녕	하	세	요	도	느	발
발	음	을	매	곱	문	돌	리	을	고	트	전	동	바	랑	한	문
신	친	공	한	니	돌	터	늘	거	셀	있	짓	체	터	발	의	돌
이	미	지	에	주	저	짓	한	측	쌀	굴	는	퓨	견	퓨	한	너
의	사	터	쌀	은	공	풍	절	느	크	들	한	달	한	쌀	쌀	공
퓨	션	느	다	장	다	제	거	셀	느	질	추	바	다	최	적	자
충	문	짓	부	젊	을	터	범	장	노	바	표	바	끔	종	의	지
족	고	의	측	파	굽	사	에	너	션	사	밝	은	측	주	의	혜
혜	택	부	범	션	동	추	운	필	로	용	노	풍	바	올	도	표
낌	동	도	느	한	리	젊	레	의	한	물	물	적	물	은	러	를
절	짓	문	의	주	어	크	굽	어	끔	한	고	람	적	격	트	행

일곱
알고
고향
이미지에
적격
펜싱
지친
충족
매니저
안녕하세요
혜택
도랑
최종
신발
밝은
지혜
설계
발음을
알고있는
웃었다

Puzzle 594

당근케이스
참가자
갈등
아이리스
기술
허가
찾기
여행
와인
종의
자신
고슴도치
지수
지느러미
크기
거대
통과
위험
관련
소수점

지	범	받	용	끔	허	스	위	험	트	리	통	발	자	부	도	풍
느	굴	주	션	행	가	고	슴	도	치	스	과	루	들	한	대	갈
러	물	한	짓	리	스	용	날	측	아	이	리	스	부	한	표	등
미	자	은	한	자	절	쌀	은	스	용	케	노	종	의	견	필	절
달	크	발	제	굴	찾	기	지	션	은	근	자	신	로	바	동	로
터	기	에	에	거	운	점	수	소	한	당	자	이	여	행	기	술
위	북	동	맞	대	참	추	한	쌀	용	를	달	짓	맞	추	스	춤
장	한	법	공	너	문	가	용	카	부	동	전	춤	터	을	셀	발
춤	북	풍	굴	적	동	범	자	문	쌀	날	레	한	동	거	요	측
올	날	굴	질	문	절	춤	다	돌	고	춤	문	노	를	자	문	찍
크	운	트	사	을	주	솔	동	감	파	이	을	동	받	결	스	고
춤	법	대	은	젊	션	위	북	로	발	부	느	체	굴	요	절	자
쌀	굴	은	을	돌	와	추	한	션	부	관	늘	을	동	대	젊	결
에	날	느	트	도	발	인	질	트	표	발	련	쌀	을	주	범	말
고	운	결	발	용	션	측	너	돌	도	늘	문	리	들	감	적	느

Puzzle 595

루	굴	물	질	쌀	달	쌀	도	도	견	거	은	동	동	주	충	성
트	러	제	러	용	로	쌀	느	주	의	도	터	도	체	공	굴	대
트	감	파	위	돌	측	행	도	짓	금	동	솔	맞	크	을	로	짓
운	트	발	어	견	문	사	동	셀	요	크	레	의	다	주	카	날
자	부	을	계	란	람	한	파	질	일	행	용	춤	에	달	감	션
들	적	용	을	의	감	거	솔	코	크	문	로	낌	시	순	굽	를
표	문	에	퓨	솔	터	찍	위	트	나	타	냅	니	다	환	문	다
용	동	들	로	주	젊	전	미	를	대	달	동	흥	문	질	집	많
용	람	어	을	스	찍	낌	세	론	필	풍	견	미	결	람	접	은
법	춤	크	자	발	로	크	한	토	끼	한	용	로	잠	풍	어	시
고	춤	션	질	이	느	용	자	맞	바	차	풍	운	맞	금	풍	션
스	중	력	느	장	도	느	거	행	전	량	부	은	컴	용	스	쌀
찍	트	카	법	터	용	도	은	문	문	물	찍	컴	솔	의	춤	문
문	션	립	자	은	스	명	풍	짓	느	컴	드	럼	한	파	끔	퓨
트	한	어	감	솔	사	랑	집	을	맞	용	끔	동	요	을	파	어

흥미로운
차량
잠금
드럼
풍부
스트립
명랑
코트를
금요일
다시에
충성
나타냅니다
순환
토끼
많은
토론
미세한
계란
중력
접시

Puzzle 596

조건이
딸기
판매자
드레스
게이트에서
피하기
무의미한
무리
여기
이론이
추천
개미
풍부한
발을
케이크
러시를
로켓
종교
굵게
마일

은	쌀	범	을	케	쌀	주	쌀	말	추	트	한	무	추	표	루	용
조	발	은	측	젊	이	쌀	끔	리	천	부	문	동	리	쌀	에	어
건	판	어	감	람	트	크	공	스	솔	절	노	장	다	터	물	맞
이	매	한	동	달	자	끔	트	요	사	북	문	트	로	문	은	올
너	자	의	람	느	동	다	측	측	리	대	카	다	굴	절	자	측
감	제	셀	을	노	를	러	끔	도	제	솔	절	짓	바	추	날	전
한	동	표	바	크	풍	굴	를	트	측	을	트	션	파	동	날	도
운	크	절	표	낌	부	고	러	발	람	요	발	무	의	미	한	셀
문	결	퓨	표	어	한	다	시	장	말	굴	북	파	을	주	스	람
자	도	굴	발	피	하	기	를	카	굴	전	찍	요	춤	를	범	끔
개	굵	게	을	한	감	부	견	절	장	느	굴	너	짓	레	주	션
에	미	절	문	게	이	트	에	서	자	람	션	필	카	을	여	범
한	스	종	마	이	론	이	자	드	이	범	달	트	한	트	기	측
로	켓	교	일	돌	크	측	을	레	파	이	용	추	끔	한	딸	동
문	춤	로	주	위	발	카	대	스	레	트	도	느	바	로	용	찍

Puzzle 597

질	은	찍	스	집	캐	션	쌀	문	트	에	쌀	컴	스	바	법	맞
찍	체	행	위	장	치	한	을	이	낌	도	도	트	고	루	어	쌀
한	주	가	맞	을	바	찍	어	고	문	대	측	발	동	표	도	은
다	실	능	말	말	집	범	파	맞	도	이	질	한	바	의	장	루
바	버	성	돌	올	제	집	북	스	를	다	추	결	법	결	용	북
정	로	리	떤	범	동	바	스	음	악	위	젊	의	구	과	코	레
리	리	파	어	요	발	루	의	션	느	주	질	도	매	질	동	트
들	람	동	낌	디	부	짓	문	주	동	파	부	퓨	셀	을	용	이
카	냄	위	자	모	에	풍	절	표	동	결	받	용	은	용	바	입
끔	새	공	셀	양	부	있	거	발	동	쌀	한	의	발	짓	파	구
짓	다	을	드	레	이	크	는	추	짓	느	어	이	문	로	문	말
수	석	루	집	짓	달	헤	리	셀	바	꼈	터	행	문	전	맞	사
짓	동	셀	용	발	문	부	쌀	션	바	다	였	보	맞	임	의	의
동	크	스	달	받	사	진	돌	달	션	범	감	문	러	대	로	로
을	문	를	굽	날	람	쌀	쌀	컴	한	트	용	집	체	트	표	올

냄새
실버
느꼈다
가능성
구매
어디에있는
입구
드레이크
코트
보였다
사진
음악
헤이
어떤
수석
캐치
임의의
정리
모양
결과

Puzzle 598

행	이	위	대	컴	주	찍	어	정	감	표	쌀	주	짓	용	끔	추
셀	폭	조	한	을	로	굽	젊	지	동	질	바	동	발	파	풍	집
경	풍	요	류	문	결	용	고	이	범	발	트	이	맞	자	퓨	필
은	기	셀	추	돌	크	발	의	공	쌀	끔	늘	로	장	동	대	동
체	맞	장	을	올	레	측	거	낌	로	바	한	솔	아	직	식	별
늘	요	제	질	동	한	바	은	한	트	셀	카	컴	찍	를	거	로
어	결	다	짓	굽	한	다	샤	워	감	퓨	리	굽	을	나	을	결
한	달	범	을	이	결	를	이	사	과	행	결	끔	파	서	로	이
견	도	고	동	발	을	올	스	노	바	레	은	로	전	디	제	춤
행	트	트	추	터	고	너	파	어	스	젊	동	트	공	어	날	트
어	한	션	질	도	다	필	도	제	을	쌀	에	너	제	쩌	문	솔
동	주	질	주	어	물	용	동	느	노	에	트	사	회	면	문	다
끔	발	고	동	어	파	스	거	한	맞	허	수	아	비	부	말	퓨
한	필	트	범	주	필	질	문	문	풍	결	추	주	냄	자	의	고
다	잊	어	파	젊	의	너	은	쌀	고	주	동	제	행	를	정	행

냄비
사회
허수아비
감정
샤워
경기장
식별
고추
어디서나
정의
아직
폭풍
잊어
부자를
의자
고도
조류
사과
정지
어쩌면

Puzzle 599

그	치	굽	절	셀	북	공	크	도	위	질	수	그	동	문	발	적
룹	용	료	셀	늘	부	전	요	감	의	황	행	사	들	달	레	말
게	임	의	의	느	트	트	저	젊	제	을	야	체	바	의	을	찍
람	표	요	제	측	짓	크	자	표	현	문	낌	집	쌀	셀	한	굴
부	굴	너	젊	한	트	후	기	로	바	받	용	한	어	법	표	늘
느	질	웅	솔	찍	용	은	관	북	올	셀	대	자	견	대	파	동
동	공	장	물	린	웨	스	턴	람	부	리	전	용	한	적	사	도
은	전	한	리	필	루	로	를	느	동	쌀	션	풍	동	이	을	굴
용	스	찍	레	문	한	러	받	한	말	자	문	은	굴	도	를	위
쌀	지	올	도	무	들	부	크	측	터	자	끔	질	부	트	컴	결
말	원	너	동	레	특	좋	게	도	이	발	트	돌	루	퓨	을	젊
추	굴	공	바	의	별	절	받	한	이	찍	찍	문	문	트	부	노
증	가	다	젊	질	한	거	퓨	러	노	고	부	점	문	머	어	올
굴	은	들	법	젊	동	을	물	다	로	주	에	심	크	리	주	춤
춤	주	한	을	자	한	끔	돌	노	스	법	주	위	부	전	리	퓨

웅장한
게임
수행
좋게
머리
증가
지원
점심
황야
물린
특별한
무례
웨스턴
저자기관
그룹
표현
기후
치료
부어
그들의

Puzzle 600

극적인
썩은
동굴
스켈레톤
부추
시크
경제
메이크업
약물
반드시
최대
버터
현실의
경험을
플로트
느슨한
벨트
병원
보고서
발렌타인

한	동	반	로	트	한	다	결	사	썩	발	렌	타	인	스	다	로
크	문	드	바	장	벨	너	춤	이	요	은	제	대	장	켈	플	감
주	바	시	쌀	스	트	맞	올	동	어	운	경	요	트	레	로	느
동	운	행	범	에	낌	발	견	너	적	법	굴	험	시	톤	트	슨
문	레	부	바	낌	주	다	한	장	측	노	노	춤	을	크	터	한
부	젊	동	다	사	문	운	리	부	루	현	발	한	위	전	짓	메
추	발	약	문	파	용	레	추	추	자	실	주	이	들	컴	로	이
올	에	물	측	어	쌀	짓	로	고	러	의	발	스	이	말	고	크
문	쌀	리	견	루	이	발	견	은	느	주	발	한	견	늘	이	업
동	굴	바	주	를	다	리	크	동	을	젊	한	받	파	한	보	주
늘	한	도	찍	카	행	짓	바	문	쌀	맞	터	한	용	퓨	고	운
문	부	찍	북	낌	돌	바	짓	감	필	병	극	절	위	제	서	받
루	을	말	최	주	동	운	날	끔	버	원	적	한	로	한	은	주
쌀	쌀	받	대	바	을	말	물	카	터	거	인	감	측	한	공	너
자	동	늘	들	발	도	션	루	쌀	주	로	발	이	셀	어	노	도

Puzzle 601

루	제	바	발	은	거	을	파	크	탐	람	부	쌀	루	동	맞	대
마	문	추	한	션	동	바	말	느	색	북	법	집	크	쪽	문	로
고	모	부	달	날	안	굽	전	발	을	파	추	들	어	정	대	행
양	요	추	질	범	전	터	흔	솔	실	도	낌	을	포	인	트	말
이	람	늘	한	범	하	은	들	문	손	범	질	받	낌	적	느	파
을	코	요	테	치	게	네	리	카	이	은	문	거	파	돌	람	카
노	맞	동	의	즈	추	일	는	질	사	짓	자	동	범	집	너	쌀
만	노	문	방	에	한	주	질	문	은	질	졸	업	장	리	션	돌
물	들	전	요	가	까	이	한	집	문	다	위	부	솔	터	카	표
레	용	맞	절	트	책	바	굽	부	바	요	을	들	대	이	메	컴
행	를	집	컴	문	장	람	다	바	을	위	대	주	어	범	라	노
자	한	굴	사	노	법	감	로	발	한	로	굽	북	다	돌	로	이
쌀	체	필	러	래	발	바	로	다	요	용	고	공	옷	표	용	에
을	어	션	법	를	기	연	요	질	결	절	동	북	장	체	제	크
도	견	질	발	요	을	을	한	제	자	레	솔	달	동	을	집	들

네일
동쪽
흔들리는
졸업장
만들
안전하게
손실을
포인트
노래를
인정
책가방
고양이
가까이
연기를
옷장
코요테
치즈
탐색을
마모
카메라

Puzzle 602

맞	람	절	짓	용	전	들	맞	젊	거	말	파	느	동	파	북	굽
인	구	받	노	감	의	들	크	굴	를	질	자	물	도	주	쌀	민
적	노	발	에	한	우	드	느	바	행	추	로	레	북	필	셀	주
굽	은	범	운	로	트	자	파	동	날	너	갑	자	기	질	스	젊
파	를	한	한	문	법	춤	한	이	한	말	범	스	종	법	터	떠
측	발	동	한	바	보	로	자	한	사	한	전	문	이	범	동	나
고	측	바	위	늘	도	을	다	제	돌	받	도	리	사	집	을	로
노	문	트	용	측	이	을	동	범	문	발	적	자	카	부	공	실
문	트	시	범	말	북	늘	달	노	한	너	쌀	젊	너	문	컴	행
솔	스	에	동	다	를	은	질	시	체	한	부	이	어	낌	퓨	풍
어	호	짓	쌀	쌀	다	에	약	계	레	바	문	셀	집	어	한	이
발	다	느	용	러	한	낌	용	동	발	문	들	도	컴	용	도	절
범	부	람	퓨	감	터	주	법	전	자	공	나	편	지	토	람	을
장	범	측	트	위	사	역	견	풍	한	질	노	라	늘	끼	물	바
한	로	요	트	이	용	끔	공	트	로	법	행	귀	족	가	굴	체

떠나
노트
바보
편지
인구
시트
역사
감사
용감한
호스트
계약에
실행
토끼가
종기
민주
우드
귀족
갑자기
시계
나라

Puzzle 603

은	사	동	연	운	공	도	완	어	짓	용	자	쌀	범	에	문	쌀
질	늘	체	못	솔	발	을	화	을	춤	추	셀	노	은	은	동	너
바	낌	춤	조	로	굴	을	을	쌀	짓	부	다	위	션	순	굽	늘
추	짓	을	랑	을	너	노	맞	의	다	자	끔	측	을	한	서	물
쌀	트	풍	말	부	솔	행	짓	실	체	약	속	발	휘	배	퓨	도
젊	션	감	트	발	를	터	짓	수	포	늘	한	위	늘	심	터	쌀
필	루	북	동	목	그	발	트	은	범	느	레	을	굴	원	북	테
느	용	전	너	욕	늘	카	퓨	은	찍	위	법	달	질	을	트	러
요	크	문	질	한	주	리	한	동	자	바	는	문	장	이	장	행
바	서	기	사	는	늘	들	맞	의	리	소	하	주	고	스	문	리
람	른	을	동	로	전	적	찍	도	춤	다	아	한	도	트	에	한
트	제	한	유	계	도	동	풍	북	날	한	좋	대	부	부	대	굽
레	카	들	체	단	행	러	필	한	어	행	도	에	쌀	동	터	이
기	위	용	발	날	요	북	터	용	집	늘	대	발	도	션	고	늘
다	본	의	적	컴	물	북	적	측	루	올	퓨	어	의	위	질	적

실수
기본
완화
그늘
소리의
약속
계단
기사는
범위는
서른
연못조랑말
체포
순서
좋아하는
발휘
배심원을
목욕
테러
유체
동의

Puzzle 604

예외
치아
대부분의
직원
구스베리
호수
마지막
호텔
흔들었다
뒤에
개인적으로
모니터링
얼룩말
화창한
서비스
입력
절대
지네
가르치는
모방

달	람	짓	발	파	은	가	동	이	트	굴	올	적	용	크	솔	체
찍	올	다	풍	로	바	스	르	아	퓨	맞	끔	로	전	로	제	물
돌	북	낌	운	대	솔	절	결	치	필	용	다	구	위	셀	입	력
동	맞	느	돌	절	문	크	늘	퓨	는	흔	사	스	퓨	짓	동	은
주	감	춤	낌	적	한	퓨	법	한	느	들	은	베	절	레	바	말
서	을	문	너	날	측	필	올	문	부	었	위	리	텔	파	트	추
비	마	지	막	주	거	날	을	문	거	다	필	은	호	고	뒤	에
스	낌	한	들	공	전	모	추	올	스	올	레	예	외	수	을	질
모	방	적	거	동	끔	을	니	부	주	문	끔	션	자	짓	발	절
지	바	컴	끔	체	노	맞	주	터	질	루	자	크	대	부	분	의
네	체	한	를	문	법	위	은	은	링	얼	룩	말	절	크	행	올
개	인	적	으	로	느	을	발	한	도	솔	바	위	너	장	바	행
한	감	직	동	측	거	춤	감	대	부	자	짓	동	트	카	화	셀
젊	에	원	주	퓨	트	러	바	질	다	주	한	한	셀	결	창	위
크	발	법	이	쌀	주	러	터	감	한	법	리	셀	동	질	한	자

Puzzle 605

끔	질	컴	짓	루	물	들	주	람	굽	느	을	을	바	체	투	터
트	이	한	물	괴	물	을	을	바	범	표	늘	공	레	운	표	운
행	분	은	문	행	끔	요	셀	주	레	발	리	부	이	동	바	전
말	수	날	람	받	젊	다	스	스	주	행	늘	돌	문	스	을	사
람	느	굽	한	크	체	람	동	주	굴	끔	말	견	바	파	용	필
를	루	맞	돌	부	올	크	운	어	체	범	단	순	히	어	올	에
다	션	법	도	독	받	컴	트	달	용	을	전	느	느	린	람	돌
문	적	트	위	주	수	법	느	법	법	은	부	낌	주	이	도	어
올	터	동	부	대	카	리	로	을	코	뿔	소	스	어	의	션	로
문	에	발	늘	리	주	을	맞	로	달	오	장	자	돌	크	다	솔
이	운	쌀	도	올	을	문	위	바	을	리	트	제	참	풍	자	이
트	자	한	로	결	바	을	협	조	느	동	다	질	조	고	려	적
찍	질	문	바	고	속	도	로	합	그	림	자	을	도	은	로	로
무	시	한	느	람	동	올	스	이	카	요	인	을	찍	끔	소	낌
날	쌀	돌	감	용	질	공	로	은	트	릭	한	문	동	동	낌	형

괴물
소형
어린이
그림자
독수리
코뿔소
무시
참조
요인을
고려
운전사
분수
투표
바람
위협
트릭
고속도로
조합이
오리
단순히

Puzzle 606

자신의
입술
반응을
방어
누구
추가
작가
왼쪽
강탈
조약
확신를
전원
선반
발가락을
슬라이드
비행기가
식품
순무
아웃

끔	고	발	한	솔	슬	한	고	공	이	트	강	법	표	문	찍	셀
전	원	을	발	레	라	자	을	물	을	늘	탈	리	카	노	들	올
션	람	어	트	문	이	주	션	스	발	트	올	돌	굽	용	셀	파
감	크	달	날	맞	드	이	바	쌀	바	제	장	돌	끔	끔	의	자
자	를	용	고	체	을	전	풍	바	굴	운	를	동	북	레	부	을
용	신	방	어	트	찍	솔	들	다	날	쌀	용	발	자	질	한	바
트	확	의	발	동	바	풍	자	늘	범	대	쌀	가	작	풍	조	약
레	날	위	부	바	도	맞	범	추	은	왼	대	락	순	무	젊	올
운	셀	문	이	너	선	을	적	거	질	결	쪽	을	파	춤	이	제
질	트	누	레	문	반	반	응	을	체	은	을	굴	날	필	운	어
바	필	사	구	의	식	품	람	대	제	굴	용	스	퓨	을	트	북
공	도	절	춤	도	트	말	쌀	동	로	입	술	질	전	의	리	맞
견	용	아	웃	물	집	터	노	주	주	문	을	발	범	컴	을	에
비	행	기	가	션	늘	물	을	달	짓	솔	결	달	션	람	감	끔
에	늘	바	추	체	장	올	끔	이	낌	션	용	은	한	의	체	문

Puzzle 607

람	표	주	늘	집	한	문	느	요	람	날	퓨	부	신	다	올	어
스	적	대	로	감	필	도	동	청	의	션	늘	거	를	중	운	운
발	절	감	이	찍	용	늘	은	스	체	대	회	카	트	바	한	필
달	바	춤	어	을	굴	을	대	절	적	결	동	스	트	동	심	은
다	은	질	토	한	주	카	낌	운	자	측	동	션	을	터	세	올
피	동	용	요	질	장	트	문	크	랑	표	제	이	주	은	올	북
문	곤	견	일	문	고	거	을	불	스	서	른	대	마	질	너	절
도	공	한	은	을	장	소	거	안	럽	범	를	부	련	람	너	절
굴	추	을	물	문	질	카	도	정	게	집	의	노	루	카	크	를
행	자	한	주	제	측	을	주	한	느	행	법	적	도	올	퓨	스
사	적	크	부	운	너	추	제	트	표	물	트	요	노	주	북	문
군	인	가	언	급	위	남	쪽	달	낌	루	느	발	솔	풍	로	파
문	북	터	쿠	페	측	태	양	무	의	미	한	집	주	의	을	퓨
응	답	이	발	은	문	전	루	운	행	표	러	자	자	체	을	레
필	찍	데	이	느	물	터	도	바	쌀	어	주	젊	물	위	문	한

피곤한
남쪽
자랑스럽게
쿠페
다운
응답이
마련
세심한
장소
언급
신중한
불안정한
데이터가
태양
요청
군인
토요일은
대회
무의미한
서른

Puzzle 608

커뮤니티
노래하기
안락군대
캠프
이전
신뢰
피해자보기
지난
일이
아마
수출을
친구
정확성
뉴스
사소한
분자
길이
동행
자신
웅장한

피	해	자	보	기	하	래	노	셀	달	동	웅	터	일	동	행	길
정	확	성	도	에	발	사	낌	스	감	찍	들	장	이	행	람	이
다	은	쌀	끔	운	주	날	친	자	람	장	말	레	한	레	다	로
감	대	범	의	분	자	용	구	한	집	주	션	수	컴	을	행	용
이	낌	레	도	컴	을	올	측	을	주	자	느	용	출	솔	감	을
요	춤	자	발	부	느	느	느	안	한	발	동	동	동	을	자	말
트	짓	트	사	터	풍	요	은	락	북	맞	젊	주	필	발	받	신
바	감	주	트	커	뮤	니	티	군	발	고	절	퓨	은	문	은	다
한	운	요	올	용	절	퓨	행	대	질	운	측	셀	크	문	을	너
너	체	너	카	주	거	부	의	찍	돌	은	트	문	셀	용	말	컴
풍	문	절	동	춤	고	굽	컴	주	제	행	필	루	셀	자	신	로
전	이	전	동	로	크	사	소	한	레	장	돌	느	추	로	뢰	캠
이	아	마	운	동	맞	리	은	퓨	받	도	은	문	위	받	장	프
결	쌀	바	로	은	발	물	을	션	지	난	사	을	거	늘	굴	공
레	절	뉴	스	를	레	쌀	결	늘	파	돌	표	절	퓨	요	문	범

Puzzle 609

음	료	솔	거	쌀	맞	바	전	사	도	대	쌀	춤	적	동	운	북
트	올	짓	세	대	지	요	고	랑	셀	부	행	동	표	솔	법	다
맞	맞	주	체	노	금	자	은	결	은	거	정	북	가	늘	한	범
레	솔	측	파	트	풍	행	에	이	굽	트	가	적	치	방	을	터
절	레	범	은	용	을	션	의	의	너	굽	을	운	인	법	춤	위
위	질	용	람	의	문	문	간	부	도	견	터	노	절	행	자	말
늘	트	레	필	위	날	젊	단	사	느	질	리	도	동	부	가	위
자	동	공	의	한	용	한	한	전	원	필	불	받	을	은	까	말
들	을	거	동	에	문	결	풍	돌	부	을	함	안	편	트	운	다
들	느	측	풍	늘	러	올	빼	미	되	굽	펜	이	북	어	쌀	로
을	위	크	이	부	결	동	바	굽	트	감	싱	바	도	적	도	추
측	올	굴	용	범	로	공	러	굴	사	퓨	기	을	감	낌	노	질
제	크	맞	의	다	너	전	동	운	풍	솔	한	동	다	늘	동	러
위	컴	동	적	다	용	듣	고	다	의	를	을	찍	필	드	스	카
문	을	풍	너	주	제	범	대	해	주	한	리	문	질	고	한	트

세대
사랑
인치가
간단한
올빼미
방법
부정적인
대해
불안
필드
되감기
가까운
가을
편안함을
음료
지금
듣고
펜싱
노트
전원

Puzzle 610

용	은	너	색	를	무	시	끔	를	부	쌀	느	낌	전	감	젊	이
를	주	문	요	상	한	은	공	트	어	고	문	성	문	도	을	한
사	도	리	셀	끔	돌	문	사	프	집	사	쌀	분	결	혼	식	지
달	문	결	고	한	이	짓	북	로	견	늘	틱	위	한	용	한	체
젊	고	깜	짝	맞	을	동	을	젝	동	법	을	스	트	말	문	풍
을	유	채	과	동	리	굴	트	트	풍	동	결	쿠	라	필	물	바
질	동	은	날	적	물	자	운	를	에	부	트	터	바	플	측	파
한	젊	에	북	말	쌀	크	바	동	장	주	션	이	문	들	주	굴
을	위	북	굽	범	사	도	거	실	주	짓	적	데	운	전	사	법
시	나	리	오	트	한	주	굴	패	위	트	람	돌	도	굽	용	짓
대	결	범	솔	운	요	를	결	을	장	트	을	문	감	행	집	동
을	주	다	공	감	문	적	범	을	에	미	소	테	이	프	대	공
다	택	동	부	거	풍	다	러	주	컴	전	굴	이	에	동	쌀	격
측	시	은	대	용	장	을	법	문	자	두	한	공	크	북	필	적
결	밴	의	쌀	화	쌀	짓	결	은	동	행	쌀	사	용	공	결	에

깜짝
자두
테이프
성분
색상
플라스틱
시나리오
프로젝트를
실패
데이터
공격적
미소
대화
스쿠터
택시밴
지식
유채과
결혼식
운전사
무시

Puzzle 611

졸	타	결	부	삼	짓	달	적	대	필	올	어	절	낌	달	관	문
업	원	절	은	솔	각	에	퓨	노	문	추	퓨	말	트	풍	계	참
장	형	견	춤	전	발	형	바	도	다	을	측	맞	도	주	로	가
제	문	요	돌	를	쌀	체	문	감	전	달	주	컴	거	래	집	자
문	어	한	대	추	문	바	아	웃	받	바	한	거	한	요	보	드
낌	체	절	범	굴	션	사	추	을	크	람	굽	범	낌	로	올	부
동	맞	응	느	이	말	너	젊	람	문	거	최	부	다	리	전	션
다	른	답	을	이	문	퓨	트	노	진	행	근	행	은	션	결	레
동	돌	은	한	자	트	풀	고	측	파	로	에	운	부	거	적	감
감	러	카	길	쌀	필	을	스	문	달	리	문	한	고	한	트	동
행	다	동	을	끔	찍	주	동	을	바	전	돌	연	에	법	한	공
필	트	의	이	질	동	주	한	행	날	은	요	못	너	동	위	달
도	다	늘	이	론	이	거	견	은	필	동	한	벽	이	을	너	문
드	추	은	범	중	지	맞	달	카	절	물	질	도	부	발	크	맞
럼	바	적	법	북	집	북	감	발	은	돌	문	크	질	결	을	다

행동을
질문
거래
중지
관계
삼각형
진행
연못벽
길을
응답
풀을
다른
타원형
보드
최근
참가자
드럼
이론이
졸업장
아웃

Puzzle 612

올	을	물	북	어	람	찍	차	부	말	루	한	노	한	너	느	린
날	찍	동	주	한	찍	체	단	바	젊	카	늘	주	레	한	퓨	컴
고	라	출	호	늘	크	받	올	금	동	어	은	한	발	용	를	솔
노	에	발	스	션	부	짓	위	융	용	어	보	다	말	쌀	절	레
돌	레	사	트	문	추	셀	솔	자	발	의	제	리	미	이	람	질
카	대	을	한	발	퓨	퓨	도	부	용	제	필	문	잘	증	바	늘
달	사	이	춤	한	도	도	바	동	동	사	질	동	찍	통	발	돌
필	름	을	카	법	눈	송	이	대	한	카	달	굴	풍	트	들	트
를	바	셀	들	컴	의	을	리	문	노	필	감	어	맞	발	용	한
느	운	찍	트	전	운	이	북	쌀	굴	동	동	퓨	스	측	바	범
풍	받	장	주	트	맞	풍	찍	필	들	늘	장	한	이	동	제	동
말	발	공	요	다	운	발	사	감	이	이	동	을	부	현	재	공
말	의	이	문	세	은	동	을	스	람	위	카	크	견	을	감	굴
사	람	들	의	불	부	인	형	한	파	발	측	이	은	람	러	은
공	체	춤	그	범	행	결	션	도	발	집	스	을	동	질	동	도

동공
용어보다
호출라고
이미
차단
필름
이동
느린
인형
눈송이
금융
한도
말미잘
현재
불행
통증이
사람들의
세부
그들의
호스트

Puzzle 613

관	용	스	타	다	를	용	을	거	동	느	파	장	떨	굴	끔	로
발	달	문	용	주	노	동	결	로	스	전	받	질	어	잊	요	용
달	문	고	체	추	늘	집	동	혜	전	문	날	바	졌	바	북	어
이	농	대	노	추	이	필	표	택	러	션	추	의	다	동	문	요
찍	낌	부	물	물	추	동	절	레	절	북	쌀	부	도	들	루	올
이	은	거	굽	를	발	추	격	바	낌	은	로	혼	적	도	주	카
발	발	짓	제	주	추	추	은	굴	기	쌀	동	을	합	로	의	바
루	도	제	견	션	춤	은	발	을	견	술	들	찍	동	용	문	어
트	풍	주	찍	열	동	솔	을	을	문	공	를	높	법	트	문	문
문	어	사	찍	대	문	루	집	느	질	젊	길	이	결	대	올	범
의	다	받	체	행	발	션	사	용	파	트	을	측	을	러	문	들
한	선	물	올	한	이	을	트	세	셀	제	위	전	위	끔	운	로
동	돌	거	주	굴	카	쌀	동	척	의	젊	바	한	제	트	동	추
문	굴	노	바	트	결	트	레	결	다	한	너	들	북	짓	의	로
의	루	부	을	자	솔	스	춤	노	기	린	신	문	을	손	실	을

운동의
솔루션을
이길
관용
혼합
고대
열대
농부
떨어졌다
신문
선물
추격
세척
스타
기린
높이
혜택
기술
잊어
손실을

Puzzle 614

감옥
앞으로
소원없이
전송을
사라
외부를
다섯
유죄
겸손
가뭄
실시
미션
시금치
선언
이유가
선택은
얻을
여기
좋게
만들

날	를	을	레	사	들	문	주	쌀	을	터	풍	거	겸	가	장	사
솔	앞	으	로	라	동	터	말	바	을	측	이	셀	손	뭄	올	트
달	을	감	옥	거	달	선	택	은	로	체	짓	춤	퓨	을	전	노
동	북	쌀	로	러	셀	전	송	을	굽	에	동	바	로	셀	용	질
체	말	받	레	를	한	로	전	을	절	문	부	솔	위	션	카	을
받	들	운	트	질	견	달	필	바	을	파	위	거	올	집	은	주
올	올	느	받	이	질	문	찍	크	공	춤	느	발	주	필	트	만
필	체	질	고	들	굴	을	질	들	법	노	질	외	절	굽	한	들
시	를	다	도	에	도	행	죄	문	은	에	발	부	동	용	들	발
물	금	도	스	주	미	이	유	가	을	동	추	를	한	쌀	은	쌀
한	레	치	굴	은	션	컴	셀	얻	을	실	자	문	집	사	느	법
용	달	춤	로	행	스	다	도	트	용	좋	시	소	풍	장	부	절
이	이	컴	제	션	을	굴	섯	루	트	게	로	원	선	언	전	컴
다	스	대	법	위	제	한	적	레	문	받	한	없	노	견	느	솔
이	여	기	사	쌀	행	도	운	쌀	사	자	사	이	바	받	용	카

Puzzle 615

발	바	대	문	제	동	컴	터	이	트	의	보	골	짓	크	쌀	돌
말	을	션	바	북	를	견	트	견	젊	레	통	절	거	게	젊	부
스	대	날	동	동	느	끔	람	로	운	동	전	질	터	스	로	전
발	한	젊	사	트	절	풍	들	범	로	문	측	도	한	레	한	을
을	결	늘	고	집	매	추	을	주	춤	자	요	찍	을	도	도	를
다	쌀	표	냄	비	력	찍	동	올	물	바	바	거	느	너	의	노
문	느	은	결	션	적	돌	제	스	노	공	자	필	부	쌀	리	동
떨	어	져	문	혼	인	코	끼	리	의	문	어	쌀	쌀	결	그	동
드	경	로	발	동	은	동	말	느	올	적	운	셀	스	요	러	터
춤	라	를	말	감	쌀	북	발	잉	절	은	따	뜻	한	애	나	어
공	굴	이	한	트	거	짓	제	거	태	상	굴	셀	바	정	러	집
쌀	에	정	브	찍	체	트	컴	한	파	태	법	자	공	말	한	동
기	후	의	주	질	사	물	쌀	감	행	바	다	찍	관	리	질	발
을	춤	동	을	파	전	이	측	표	집	을	대	부	풍	위	동	늘
견	동	바	문	풍	맞	노	한	치	료	질	을	말	한	집	운	올

경로
그러나
상태
범주
크게
잉태
애정
떨어져
따뜻한
관리
보통
골절
코끼리
매력적인
드라이브
결혼은
정의
냄비
치료
기후

Puzzle 616

파일럿
검은
포켓
전형적인
강우
초대
명사
탈출
클리어
고객
그들이
이슬
벨자전거
토마토를
오징어
책상을
칫솔
클립시계
속하는
표현

이	고	필	오	운	한	칫	고	파	부	토	춤	전	은	늘	장	문
이	객	문	올	징	대	솔	필	일	트	마	포	동	을	굽	말	쌀
을	추	은	대	자	어	적	한	럿	속	토	책	켓	전	말	람	을
풍	트	질	법	람	리	검	이	슬	하	를	상	터	형	달	견	용
굴	문	계	시	립	클	은	들	은	는	탈	을	문	적	람	바	춤
에	바	부	낌	컴	다	느	그	자	짓	출	션	동	인	질	위	위
트	문	발	람	측	위	바	리	스	람	너	카	트	크	질	달	크
문	적	트	은	한	강	를	돌	부	풍	날	제	물	초	문	트	트
명	사	어	을	트	이	우	어	표	법	로	발	체	대	받	로	쌀
굴	끔	트	대	이	춤	범	측	션	발	발	쌀	질	운	람	람	노
크	트	대	다	도	춤	주	위	은	를	용	은	문	로	동	자	은
표	춤	트	거	위	어	위	셀	늘	사	한	발	공	을	체	용	풍
루	벨	자	전	거	쌀	장	집	필	셀	도	람	장	다	를	돌	쌀
용	주	퓨	파	대	측	감	다	자	퓨	표	현	들	자	거	체	굽
셀	도	어	대	굽	로	퓨	질	어	발	파	이	전	도	동	솔	셀

Puzzle 617

요	사	임	심	장	요	이	견	장	받	행	토	트	문	파	양	다
비	스	의	한	부	추	부	트	로	풍	요	끼	받	동	찍	고	터
록	표	의	크	라	운	음	장	장	위	운	은	돌	위	느	기	맞
절	주	달	쌀	노	한	스	성	위	바	질	성	문	리	은	부	올
북	을	짓	솔	위	끔	컴	공	날	바	올	장	장	올	동	문	바
필	대	바	물	로	달	부	늘	견	람	짓	공	말	을	을	이	결
동	위	용	터	루	필	루	정	극	단	적	으	로	은	을	야	스
발	휘	노	공	을	노	을	부	트	발	짓	을	레	을	늘	외	타
절	한	은	받	바	로	카	질	정	용	넓	행	퓨	부	말	부	스
트	날	굴	리	올	크	안	녕	리	이	은	말	늘	카	끔	문	탠
도	동	로	위	견	범	굽	고	쌀	느	틱	노	용	사	미	들	드
시	간	시	간	찍	부	표	춤	부	트	스	바	테	한	세	문	도
물	너	용	동	거	을	적	레	늘	트	집	발	자	니	한	장	동
트	트	너	낌	운	트	용	문	러	문	트	쌀	필	리	스	쌀	낌
로	감	바	늘	을	한	고	부	느	추	견	로	견	제	문	용	다

음성
심장
넓은
비록
시간시간
스타스탠드
정부
테니스
극단적으로
크라운
야외
안녕
성장을
양고기
스틱은
미세한
토끼
정리
임의의
발휘

Puzzle 618

한	사	을	풍	사	결	용	오	증	정	법	꿀	주	위	쌀	거	용
법	발	로	너	집	람	로	도	명	딱	의	벌	민	수	을	문	터
끔	바	부	사	주	은	의	발	도	북	정	도	이	달	리	치	킨
발	트	행	다	트	굴	컴	범	풍	너	사	벌	컴	주	한	쌀	에
느	않	표	춤	낌	리	달	측	노	받	은	한	레	트	발	필	범
파	는	들	암	어	한	요	의	너	다	한	도	너	들	한	개	발
도	사	트	탉	사	운	동	레	바	리	대	레	한	올	풍	장	을
을	기	용	람	러	들	이	에	체	솔	피	동	문	자	지	적	카
표	션	파	한	집	젊	도	을	문	도	운	트	쌀	이	원	젊	날
어	쌀	절	맞	바	절	크	을	측	도	문	카	노	도	발	장	문
굽	바	쌀	바	질	자	자	거	올	절	질	레	물	건	요	금	아
굴	발	을	한	찍	적	주	름	굽	스	범	요	풍	춤	전	션	기
늘	루	체	들	한	절	체	트	이	문	춤	트	공	터	찍	로	바
올	적	범	춤	절	말	장	대	실	험	느	의	날	람	거	공	한
셀	풍	의	느	에	러	문	추	동	트	문	문	러	퓨	감	추	동

증오
암탉
정의도
수달
딱정벌레
물건
아기
않는
요금
주민이
개발
꿀벌
증명
사람의
대피
실험
치킨
주름
지원
기사는

Puzzle 619

주	달	기	이	집	한	레	보	제	에	바	다	블	적	부	러	용
터	이	억	자	측	셀	견	안	물	존	재	를	랙	대	쌀	위	자
춤	셀	운	를	람	제	쌀	한	물	노	요	시	느	필	올	쌀	고
루	사	전	들	다	풍	문	수	분	스	행	러	질	대	이	동	느
추	셀	도	전	범	운	풍	러	들	말	용	대	샴	푸	질	짓	동
을	곱	굴	측	법	람	풍	부	거	날	부	트	도	션	주	위	터
행	하	대	적	문	강	탈	트	감	슬	쌀	션	견	요	터	주	바
발	기	파	범	끔	에	견	을	북	립	풍	들	이	발	결	동	체
바	카	초	등	학	교	녹	스	거	편	느	부	크	은	끔	다	느
쌀	스	마	젊	한	커	아	어	표	찍	지	주	한	연	유	절	용
동	행	차	운	물	튼	위	종	교	집	감	겨	리	절	문	바	은
찍	짓	컴	한	용	집	노	적	러	솔	용	질	울	스	컴	제	측
의	짓	사	질	한	절	이	운	주	표	체	동	법	부	자	바	젊
트	동	발	짓	굽	필	너	표	젊	달	적	도	에	도	뭔	가	로
요	필	느	로	동	크	고	바	노	이	체	행	발	부	문	느	들

블랙
유연한
샴푸
보안
존재를
마차
뭔가
녹아
초등학교
기억
수분
곱하기
커튼
겨울
슬립
종교
러시를
풍부한
편지
강탈

Puzzle 620

바	을	을	부	집	문	들	동	트	혜	솔	러	트	굽	달	루	늘
동	로	이	벤	트	를	도	구	분	택	결	체	대	러	스	북	느
너	을	바	를	용	트	은	적	물	을	물	끔	바	표	동	모	굽
돌	크	발	카	동	자	컴	은	대	상	협	적	파	리	문	양	바
표	용	굴	주	쌀	물	물	측	문	느	질	날	을	은	동	의	법
파	을	한	도	용	도	솔	루	동	절	결	컴	대	추	솔	도	성
를	문	춤	은	동	한	감	을	로	퓨	카	느	자	젊	돌	범	양
침	묵	을	너	을	자	동	쌀	적	범	행	한	제	외	시	켰	다
적	말	동	끔	달	받	트	에	고	한	누	문	운	순	스	받	문
견	표	노	문	은	을	너	노	통	범	가	터	효	무	젊	동	북
도	측	셀	내	사	부	포	바	스	고	어	레	주	낌	늘	용	다
솔	북	다	동	내	운	정	함	럽	주	말	바	춤	물	쌀	문	들
대	발	견	표	도	을	부	에	게	을	물	로	칩	루	거	법	범
크	학	년	북	의	계	의	끔	돌	동	적	문	행	니	동	노	의
을	스	물	바	공	단	은	크	질	트	컴	한	장	바	다	션	용

협상
다양성
내내
제외시켰다
혜택을
포함
모양의
고통스럽게
정부의
침묵을
이벤트를
구분
학년
누가
대상
무효
바칩니다
주말
계단
순무

Puzzle 621

리	결	체	의	리	노	카	추	위	느	날	의	계	동	절	을	바
잃	짓	한	요	에	거	메	도	한	용	용	측	젊	정	은	부	느
게	를	자	고	이	어	라	문	머	문	거	셀	도	끔	을	음	마
고	주	레	늘	다	두	느	의	논	리	요	올	요	북	맞	의	들
짓	의	질	짓	굽	운	을	발	측	한	모	셀	집	민	로	사	한
풍	대	달	느	끔	받	이	컴	한	받	문	메	말	속	눈	가	제
퓨	솔	로	을	위	감	트	자	너	날	문	트	클	이	사	느	배
한	트	굽	행	로	춤	카	을	문	카	공	파	용	사	람	공	심
운	을	결	동	트	끔	올	동	용	로	트	문	트	추	트	의	원
보	받	문	받	주	퓨	스	물	을	운	대	문	사	쌀	로	다	을
라	파	이	들	쌀	제	케	이	크	한	위	람	찍	체	발	낌	한
색	견	루	동	용	한	바	레	스	토	랑	끔	바	파	표	굴	트
표	요	의	용	퓨	문	거	트	로	을	의	이	문	도	러	위	도
파	굴	북	주	필	질	제	춤	솔	문	끔	을	집	범	문	행	주
를	트	쇼	를	요	도	끔	찍	한	전	동	공	너	북	컴	공	감

- 레스토랑
- 파도
- 잃게
- 쇼를
- 민속
- 마음을
- 의사가
- 눈사람
- 계정을
- 날카로운
- 사이클
- 어두운
- 메모리
- 보라색
- 요리논의
- 끔찍한
- 케이크
- 머리
- 카메라
- 배심원을

Puzzle 622

- 교회
- 모두
- 친애하는
- 사람에게
- 분홍색
- 일반적인
- 차이가
- 언제
- 셋째
- 땅의
- 정원
- 같은
- 불쾌
- 키스
- 등이
- 케이스
- 이유는
- 아들이
- 플로트
- 포인트

달	을	포	춤	법	노	교	적	에	문	로	은	도	컴	터	추	북
루	말	인	적	반	일	회	발	너	트	이	에	표	집	문	춤	트
돌	를	트	한	문	적	주	측	컴	셀	달	주	동	션	발	한	물
트	돌	쌀	젊	로	사	람	에	게	받	굴	너	질	로	셀	를	이
용	플	레	결	굽	한	집	도	표	루	고	거	발	짓	달	장	루
은	달	로	고	달	다	날	문	한	맞	자	굽	땅	의	키	이	컴
러	은	람	트	을	운	카	제	거	짓	범	을	트	대	스	거	발
전	말	거	크	문	노	자	집	집	풍	한	느	위	쌀	문	요	한
언	제	측	찍	터	굴	도	부	춤	공	람	셀	표	너	로	느	는
차	이	가	용	풍	도	필	카	동	주	바	리	사	모	두	제	유
문	용	같	아	분	홍	색	표	행	북	문	달	케	용	고	등	이
러	은	은	들	다	불	쾌	정	문	젊	션	로	동	이	을	한	주
견	표	한	이	거	셋	를	원	도	자	추	굴	카	쌀	스	굴	주
장	쌀	친	애	하	는	째	행	제	짓	견	늘	굽	은	체	셀	크
돌	측	트	을	터	필	쌀	끔	들	주	러	람	법	셀	러	젊	자

Puzzle 623

춤	거	너	을	은	에	컴	스	가	자	발	장	날	너	문	로	수
제	법	다	트	질	다	을	을	카	위	동	도	고	드	름	돌	리
발	을	했	한	다	수	문	를	굽	용	행	전	로	도	필	올	를
찍	용	트	어	행	들	받	을	동	를	한	받	루	낌	돌	을	도
릴	리	스	로	크	로	법	이	찍	한	공	자	제	을	젊	다	달
다	동	웨	을	션	절	북	북	달	주	장	적	트	인	고	코	레
리	공	위	비	터	부	동	고	문	북	동	쌀	공	요	상	를	맞
위	을	을	참	문	부	요	굽	람	크	쌀	문	결	루	변	하	퓨
이	질	람	한	전	동	대	컴	공	자	사	단	순	화	화	지	부
표	은	북	자	부	도	적	주	용	셀	질	문	추	젊	의	주	션
한	물	레	끔	로	장	위	결	요	거	법	용	주	크	발	문	쌀
싱	크	을	경	사	굴	을	트	바	파	의	을	발	굴	어	너	굽
법	도	문	질	발	달	너	요	편	터	젊	회	색	레	요	굴	결
체	늘	자	젊	루	굽	위	사	한	안	끔	견	개	미	성	가	레
은	용	도	적	말	천	국	돌	필	제	날	절	체	끔	을	절	레

수리를
천국
변화의
단순화
개미성가
릴리스
인상
고드름
가위
주장
코를하지
비참한
경사
회색
다수
편안
웨스트했다
싱크
크로스
요인을

Puzzle 624

일정
사회는
직원이
조사
특정
인터럽트
생명을
가족에게
분출
행복
악어
평면
폐기물
행복한
해설
비교
히트
관련
치즈
소형

받	퓨	러	사	견	자	레	노	파	올	거	솔	운	부	끔	질	날
관	문	날	인	터	럽	트	도	이	문	동	필	을	션	부	트	터
적	련	크	범	한	법	말	해	문	들	한	폐	소	형	사	날	체
전	리	부	다	범	제	바	설	평	면	북	기	젊	짓	들	너	에
집	문	행	파	절	맞	끔	범	부	악	어	물	조	다	특	자	분
직	원	이	복	치	즈	한	돌	장	제	는	회	사	측	정	일	출
고	너	집	행	한	동	다	을	감	셀	느	트	카	을	느	정	생
거	컴	을	너	트	낌	파	돌	크	카	를	요	을	행	들	람	명
운	고	젊	올	이	로	부	리	터	너	이	트	가	표	동	거	을
짓	돌	질	동	범	히	카	자	문	루	측	들	족	노	이	체	파
비	교	돌	다	고	이	트	어	를	한	을	집	에	춤	끔	필	어
올	발	올	질	동	을	너	사	고	고	거	절	게	추	결	결	대
법	어	끔	돌	받	늘	문	맞	리	크	행	끔	주	동	솔	퓨	바
장	문	돌	을	에	로	굽	터	을	굽	돌	부	을	동	을	맞	굴
적	용	올	바	질	문	젊	쌀	한	쌀	느	을	들	은	행	젊	파

Puzzle 625

체	한	측	리	잠	들	동	케	짓	표	참	조	한	정	로	제	한
쌀	풍	다	올	달	금	전	이	식	별	고	용	도	책	동	동	솔
늘	바	낌	한	트	발	스	지	남	로	급	동	트	늘	바	북	동
션	은	부	받	물	주	툴	트	부	주	추	크	고	문	을	짓	크
자	굽	거	기	문	동	도	한	동	풍	퓨	결	람	주	날	에	쌀
컴	다	컴	간	범	쌀	부	굴	감	제	카	부	굴	한	은	이	셀
대	은	느	의	을	이	말	한	찍	범	주	버	어	적	끔	셀	어
발	용	문	솔	한	동	루	을	거	말	적	스	자	추	바	돌	바
바	굽	어	컴	트	운	표	너	젊	미	적	동	문	요	들	법	위
에	올	이	집	말	풍	루	션	범	달	어	너	장	크	용	표	발
쌀	누	와	표	거	동	카	사	사	절	도	노	이	자	들	감	절
북	군	제	질	공	물	짓	굽	을	올	컴	고	북	북	람	법	연
이	가	유	여	받	문	대	들	전	주	풍	굽	주	자	은	발	기
위	업	주	고	노	파	바	스	쌀	부	선	를	리	이	러	맞	를
집	젊	표	셀	부	트	제	올	장	적	솔	젊	너	고	너	전	집

여유가
와이어
위업
기간의
고급
스툴
누군가
용어집
정책
버스
거미
남부
풍선
바위
케이지
적어도
잠금
식별
연기를
참조

Puzzle 626

설탕에
족제비
실망
것들
거북이
지점
동사
개구리
브러시
영화
버전
사용시까지
일반
제조
알고
일곱
사회
버터
동쪽
트릭

쪽	동	회	버	설	느	에	춤	받	에	낌	짓	올	러	다	로	람
젊	을	사	터	문	탕	동	굽	트	릭	용	사	문	솔	위	추	법
실	문	동	찍	적	북	에	터	파	고	집	용	은	결	로	바	부
망	풍	발	용	끔	부	동	영	거	부	문	러	법	물	측	견	집
올	스	짓	올	결	표	다	화	대	받	동	대	체	일	반	문	고
체	바	개	트	찍	버	사	용	시	까	지	필	느	한	동	질	스
문	낌	춤	구	제	전	굽	위	이	람	바	다	용	맞	을	로	바
말	트	것	들	리	셀	굴	자	요	말	스	도	컴	장	요	결	알
러	사	느	한	트	제	주	전	거	트	은	브	말	일	곱	람	고
에	법	결	로	느	너	공	적	북	질	을	러	올	거	부	리	이
로	추	발	이	솔	장	바	장	사	바	북	시	결	북	을	은	은
올	느	한	결	결	운	날	동	도	용	끔	도	동	이	굽	를	도
한	표	요	공	감	끔	지	점	풍	올	족	짓	크	견	동	에	춤
행	측	에	달	질	추	질	터	전	조	제	집	결	를	을	트	카
굽	추	달	레	끔	범	셀	셀	집	거	비	트	를	날	을	을	맞

Puzzle 627

표	동	트	적	격	솔	감	추	어	발	장	집	풍	트	문	거	문
거	부	노	집	낌	춤	부	결	어	한	터	옵	북	다	짓	짓	물
굽	이	이	측	루	주	한	행	어	동	풍	션	북	짓	솔	트	도
대	바	견	끔	장	어	크	이	쌀	바	전	한	굽	도	루	필	굴
느	고	스	말	견	동	사	트	맞	다	장	스	쌀	을	사	짓	문
대	다	측	날	체	로	트	올	다	퓨	올	끔	젊	혼	늘	굴	문
부	파	너	다	자	문	을	고	벨	한	짓	용	굽	자	로	올	도
들	용	춤	카	루	은	말	전	을	트	마	스	문	말	낌	부	람
를	동	문	짓	상	트	고	컴	찍	랑	것	이	다	거	견	견	춤
찍	주	파	주	결	추	한	다	질	도	리	소	퓨	쌀	특	별	한
행	절	장	측	풍	들	다	바	바	공	착	수	춤	감	크	돌	필
질	트	다	원	요	노	문	동	거	싸	헤	질	한	들	법	북	다
한	끔	한	정	함	께	했	다	울	움	론	찬	장	바	한	요	쌀
한	에	로	문	굽	쳐	르	가	장	자	리	자	범	굴	질	셀	돌
오	일	은	동	필	이	발	범	적	느	필	문	사	질	돌	을	감

가르쳐
것이다
소수
거울
혼자
가장자리
헤론
스마트
싸움
도착
옵션
오일
상추
원정
함께했다
찬장
도랑
적격
특별한
벨트

Puzzle 628

삼촌의
미국의
사이클링
배우에서
충분한
보일
가장
침입
스테이
내부
사다리
이상한
콘도르의
물질의
기록
공급
코트
감사
모방
누구

올	범	짓	대	풍	주	을	컴	터	어	스	물	주	솔	침	집	크
이	절	도	이	바	도	법	느	바	한	충	테	보	일	입	발	을
이	트	늘	리	동	사	감	파	한	들	적	분	이	다	동	트	낌
젊	북	말	감	스	다	루	트	장	부	은	거	한	용	자	주	크
돌	전	어	늘	낌	리	공	받	을	내	자	도	상	이	행	장	코
말	질	한	맞	삼	촌	의	질	물	부	범	젊	이	전	은	운	트
바	굽	측	트	로	스	국	레	문	로	을	너	제	이	너	동	받
동	셀	어	질	사	카	미	배	한	에	추	굴	콘	한	돌	로	발
전	문	트	결	짓	찍		우	이	측	누	트	도	사	이	클	링
한	을	컴	기	동	람	루	에	들	레	운	구	르	감	바	션	주
문	에	트	록	너	리	발	서	리	견	이	전	의	추	문	절	날
측	장	북	터	부	을	동	문	루	동	느	행	필	돌	어	션	절
에	용	모	방	늘	의	장	요	받	굴	이	트	용	맞	터	제	문
카	한	가	공	급	법	굽	용	굽	이	문	쌀	람	요	행	굴	로
추	체	장	에	위	행	문	용	용	로	카	레	운	로	전	자	트

Puzzle 629

초	결	주	스	알	트	션	동	터	필	굽	로	집	견	선	호	발
원	가	과	다	고	만	든	한	의	표	바	맞	문	들	짓	질	공
공	르	느	를	있	바	파	부	문	컴	로	질	용	늘	늘	션	은
동	치	질	을	는	노	도	느	한	한	굴	문	부	추	끔	문	체
쌀	는	필	게	임	그	녀	의	토	마	토	문	쌀	늘	발	운	필
공	식	사	공	공	범	춤	루	이	풍	션	젊	쌀	장	제	햄	말
컴	솔	적	을	문	터	레	주	부	사	필	말	트	측	자	스	말
장	부	을	올	적	절	스	이	이	요	복	네	발	행	위	터	쌀
난	청	엄	적	문	낌	용	카	결	을	도	일	한	션	전	필	문
스	도	을	측	굴	트	춤	감	필	을	문	루	굽	퓨	쌀	풍	도
발	틸	지	방	로	트	로	한	한	감	를	자	제	물	솔	맞	을
너	이	훔	물	부	트	스	바	요	독	말	은	주	에	느	거	발
받	션	러	쳐	맞	너	거	부	동	문	자	받	주	도	북	부	문
한	끔	주	다	람	돌	주	루	범	터	문	전	결	질	맞	한	자
견	션	법	날	크	트	크	장	장	굽	도	춤	집	제	솔	를	다

그녀의
만든
공식
햄스터
필사적
장난
스틸훔쳐
지방
감독
엄청난
결과를
복도
선호
토마토
초원
알고있는
게임
네일
용감한
가르치는

Puzzle 630

북	제	늘	의	은	파	감	감	문	공	호	션	짓	범	션	한	노
리	출	쌀	사	체	한	올	말	을	간	기	거	맞	문	날	카	을
루	다	쌀	주	위	자	은	용	어	은	심	찍	질	체	연	필	추
범	스	용	문	측	젊	문	바	추	범	받	젊	젊	소	도	터	부
노	설	용	질	크	찍	문	결	루	도	부	필	발	수	낌	비	을
셀	로	득	추	파	동	발	문	곡	용	느	도	날	점	운	오	컴
를	용	달	행	주	리	동	트	선	법	이	거	올	루	받	는	주
날	한	약	체	트	위	의	집	사	문	추	발	퓨	풍	을	을	돌
을	한	어	은	트	컴	측	문	굴	문	위	부	들	를	동	로	용
부	동	쌀	바	을	동	극	리	물	결	합	다	적	에	자	휴	일
은	질	카	자	스	갑	장	측	장	발	짓	을	견	보	류	도	필
문	용	다	용	말	용	바	주	로	정	말	절	람	측	의	한	용
물	파	법	발	다	낌	은	람	법	조	굴	집	이	공	사	이	은
말	날	한	돌	리	은	제	늘	뒤	레	약	표	를	공	은	문	셀
로	트	루	맞	문	타	고	도	에	풍	너	터	크	바	을	크	어

연필
제출
공간
보류
호기심
곡선
결합
파리
타고
조정
의사
설득
극장
휴일
비오는
약어
장갑
소수점
뒤에
조약

Puzzle 631

굴	굴	문	단	로	돌	오	이	결	말	들	다	결	자	동	한	트
터	주	가	도	위	북	집	맞	견	부	트	짓	러	한	동	돌	장
끔	크	래	들	습	를	래	노	컴	파	위	너	퓨	은	부	현	용
을	에	모	동	다	관	이	야	기	는	행	파	은	부	문	명	트
리	쌀	크	북	요	트	을	위	을	트	동	한	은	주	결	한	짓
돌	체	용	터	표	션	집	일	몰	다	자	크	끔	문	낌	용	젊
퓨	질	크	파	측	에	거	셀	부	쌀	범	절	레	이	풍	동	고
파	리	문	용	문	날	결	러	전	느	쌀	위	이	바	토	오	을
공	스	동	컴	달	운	질	에	재	생	춤	대	스	레	체	루	찍
필	문	의	발	로	을	들	낌	컴	리	문	비	컴	솔	춤	늘	카
풍	찍	여	성	트	체	터	달	리	올	풍	파	차	지	매	듭	문
로	짓	묶	공	운	달	바	짓	자	러	바	카	어	찍	날	들	절
요	의	다	전	지	수	발	측	들	스	발	스	절	용	션	질	의
호	랑	이	달	사	문	춤	적	용	레	적	주	주	은	위	도	위
발	필	체	늘	루	느	적	다	풍	을	의	젊	요	주	요	춤	질

일몰
이야기는
습관을
오토바이
매듭
주요
크래들
묶여
오이
호랑이
여성
대비
모래가
레이스
현명한
단위를
차지
재생
지수
노래를

Puzzle 632

산만
상처
맛을
드롭
평화로운
할머니
유리
가지고
리드
정중
더블
다음과
외부
수프
배포
벽화
화요일
항상
굵게
고양이

노	문	발	자	다	에	를	너	맞	솔	배	쌀	루	행	제	문	더
전	용	이	을	감	음	문	너	견	표	포	러	평	화	로	운	블
짓	을	결	을	추	발	과	람	에	이	자	동	을	도	바	늘	션
트	견	풍	북	자	측	바	쌀	측	퓨	위	들	노	수	부	쌀	레
셀	동	느	가	지	고	용	을	동	쌀	스	북	행	프	장	동	말
견	자	제	고	양	이	맞	찍	한	대	질	체	다	산	견	을	날
달	짓	용	의	한	정	중	솔	화	요	일	굵	게	만	발	북	스
도	루	동	을	행	운	셀	올	쌀	로	용	션	행	바	받	로	대
주	법	은	트	을	도	표	북	항	상	물	맛	전	전	어	할	한
이	자	질	파	문	법	결	노	리	주	카	을	체	동	한	머	도
측	맞	바	물	끔	법	도	션	노	올	로	의	은	주	바	니	측
범	동	올	감	트	집	션	달	다	날	스	다	절	크	느	올	동
낌	장	외	감	부	대	행	대	위	받	을	트	상	을	을	범	션
동	받	끔	부	범	동	벽	화	드	로	감	루	처	적	발	요	주
쌀	사	발	감	노	운	말	트	롭	리	유	트	쌀	트	어	짓	측

Puzzle 633

쌀	굽	고	자	한	느	사	호	필	동	말	전	트	위	짓	추	을
위	요	끔	동	감	고	동	은	흡	전	견	송	협	동	부	노	동
은	거	기	고	늘	다	트	적	레	다	용	바	력	체	루	감	위
레	운	계	백	자	을	굽	짓	문	동	바	문	날	를	컴	사	크
적	대	바	을	한	짓	감	찍	동	은	트	위	질	동	을	합	위
솔	적	션	찍	솔	측	절	집	질	중	말	측	추	사	부	니	로
위	추	은	다	이	을	조	루	위	파	복	스	느	법	날	다	적
받	법	구	울	풍	부	각	도	동	달	을	러	들	바	의	한	를
스	감	요	행	공	를	동	수	요	가	거	문	폭	동	요	퓨	올
은	굴	도	어	이	의	법	느	로	들	문	질	력	용	늘	터	너
다	다	자	셀	적	설	명	컴	끔	리	답	스	문	이	을	부	동
동	에	루	질	을	한	춤	춤	제	을	관	변	미	광	택	다	전
낌	장	범	받	위	끔	카	날	재	에	심	공	디	자	을	카	어
용	공	들	돌	예	문	견	자	해	자	짓	이	어	안	전	하	게
물	춤	올	레	외	감	날	받	를	말	체	문	용	춤	로	문	을

관심
중복
동전
수요가
답변
협력
기계
설명
폭력
감사합니다
미디어
호흡
재해를
광택
전송
고백을
조각
구울
안전하게
예외

Puzzle 634

행	바	필	은	크	낮	장	결	노	법	이	다	체	동	파	짓	의
짓	동	날	요	도	은	젊	동	젊	은	문	찍	주	자	대	낌	맞
로	문	걀	받	풍	을	고	에	의	용	을	쌀	전	트	너	장	요
를	도	달	너	무	문	카	필	질	한	체	레	발	전	트	루	문
귀	고	느	한	바	컴	에	감	러	자	발	달	체	굴	도	대	제
찍	족	느	적	올	어	날	집	전	쌀	동	셀	퓨	도	속	도	카
트	비	쌀	요	짓	운	순	들	춤	말	들	원	숭	이	표	바	용
운	전	다	어	견	어	환	북	다	찍	말	추	자	루	발	시	계
집	로	날	한	용	굽	행	춤	굽	부	은	퓨	카	감	행	션	크
외	국	정	춤	맞	안	문	을	주	루	증	문	카	한	낌	컴	한
트	표	보	필	트	경	위	노	절	루	한	거	발	노	운	을	문
쉽	게	날	트	굽	이	용	요	로	굴	동	퓨	어	제	퓨	트	한
계	산	기	주	문	책	큐	피	드	장	을	은	북	맞	부	리	느
한	은	젊	바	바	필	임	너	올	전	한	체	문	발	노	발	도
오	두	막	끔	솔	컴	주	공	사	거	날	요	춤	한	전	고	끔

낮은
책임
도달
안경
증거
원숭이
오두막
너무
정보
속도
외국
쉽게
비전
젊은
달걀
큐피드
계산기
순환
시계
귀족

Puzzle 635

느	에	법	을	냄	법	도	동	을	로	어	부	요	용	운	절	트
부	트	쌀	너	의	새	입	트	젊	도	늘	려	장	추	한	공	도
터	너	날	수	한	찍	측	거	이	지	켜	부	운	법	트	다	장
자	발	부	박	바	풍	맞	쌀	표	읽	사	짓	션	절	바	자	감
질	견	느	도	리	용	말	도	문	기	동	범	솔	용	결	을	찍
말	의	크	장	을	아	한	을	람	에	동	우	파	노	도	용	측
범	에	물	속	계	빠	금	한	용	어	고	유	전	들	한	바	춤
춤	북	질	성	날	다	요	주	야	고	빌	지	노	동	절	셀	날
를	주	크	을	리	주	일	캡	장	채	려	방	양	파	도	로	셀
부	문	운	양	다	도	법	처	예	동	를	마	발	늘	문	들	셀
결	질	찍	모	동	날	위	을	빼	을	용	모	추	동	요	돌	리
레	질	한	퓨	표	결	절	법	를	노	문	동	짓	트	거	동	어
너	끔	한	문	부	을	바	제	바	란	운	한	러	도	낌	한	거
늘	끔	풍	컴	문	쌀	문	부	컴	색	너	솔	의	표	을	노	추
크	도	제	고	다	물	을	짓	로	바	거	동	위	장	한	리	달

야채를
빌려
아빠
양파
노동
수박
예뻐를
속성을
캡처
노란색
어려운
모양을
도입
우유지방
읽기에
계속
지켜
금요일
냄새
마모

Puzzle 636

것은
우리의
교훈은
저녁
성인
가지고있다가
미친
보존
라디오
장면
염소
이벤트
성장한다
고래
쌀쌀한
사이트
믿기
법원
고슴도치
보였다

용	문	문	한	이	집	동	파	문	맞	물	가	주	집	문	찍	자
염	스	측	운	용	젊	자	동	를	절	체	지	범	로	적	을	을
소	굴	믿	필	찍	고	래	성	치	도	슴	고	컴	레	동	운	북
추	쌀	문	기	셀	측	크	인	동	제	물	있	들	물	셀	람	은
질	느	부	자	쌀	받	바	을	우	리	의	다	한	장	성	장	면
돌	문	로	을	동	이	위	체	짓	자	표	가	였	주	바	느	다
질	한	션	결	감	로	레	사	트	을	을	물	이	보	끔	라	스
저	물	고	루	주	셀	의	레	사	춤	젊	북	장	장	측	디	자
녁	질	바	젊	범	한	동	루	이	쌀	올	문	결	루	다	오	주
집	표	러	문	체	전	셀	다	러	사	람	레	돌	레	미	범	적
운	굽	춤	용	쌀	쌀	한	추	이	로	이	범	주	끔	친	풍	문
범	주	늘	짓	쌀	사	부	동	추	이	은	트	공	젊	리	장	부
견	말	을	맞	람	받	카	이	도	루	문	를	요	낌	올	바	말
도	한	전	람	표	보	존	벤	장	루	법	원	노	이	늘	솔	행
적	문	북	파	동	질	람	트	것	은	훈	교	동	달	찍	동	바

Puzzle 637

다	람	은	로	말	용	트	느	동	를	추	모	을	동	컴	람	위
표	문	장	굴	트	올	다	체	느	들	표	기	를	를	용	환	경
들	트	풍	쌀	변	바	의	집	견	표	맞	크	행	스	짓	이	동
을	많	낌	동	위	천	으	로	플	레	이	맞	표	러	표	단	복
견	동	이	간	다	사	필	동	전	을	고	주	크	에	러	순	숭
용	레	자	시	게	은	스	사	러	짓	집	법	끔	제	문	히	아
행	바	살	트	달	션	결	문	측	늘	에	날	굽	자	리	소	스
견	성	할	고	부	블	고	쌀	느	레	자	체	받	돌	쌀	를	느
돌	견	당	다	있	루	춤	행	부	트	북	카	문	동	어	이	퓨
바	질	추	질	장	는	다	바	적	부	집	장	운	컴	동	터	션
발	셀	한	바	위	행	바	자	바	부	동	동	도	퓨	문	바	제
트	견	좁	션	로	필	트	를	찍	감	동	동	견	바	제	위	들
로	집	은	무	장	굴	견	대	로	을	로	젊	을	어	측	노	문
을	감	법	료	리	러	람	동	거	한	질	레	동	발	풍	바	범
느	거	을	압	력	문	은	부	측	주	대	쌀	동	범	메	일	을

할당
환경
좁은
변위
무료
게시
소스
블루
살고있는
많이
복숭아
행성
압력
메일을
시간
플레이
모기
천으로
시트
단순히

Puzzle 638

문	퓨	찍	계	절	늘	동	낌	크	맞	을	체	은	맞	끔	동	탄
측	카	컴	견	적	늘	한	제	표	운	솔	말	해	적	견	을	생
의	이	전	솔	결	은	주	카	물	주	파	장	결	젊	추	범	다
풍	트	결	필	레	쌀	북	부	한	제	람	트	루	질	체	말	법
문	쌀	괜	이	범	한	제	스	컹	크	낌	스	올	느	을	진	바
집	끔	넥	찮	트	의	너	결	이	서	동	측	쌀	굴	을	행	바
공	주	타	은	아	춤	로	부	요	브	달	방	식	을	도	을	달
터	사	이	람	사	도	지	은	많	컴	콤	나	라	바	토	도	컴
견	원	파	자	람	레	행	크	느	팩	한	짓	솔	대	리	풍	느
행	늘	형	동	실	레	한	발	를	트	람	을	동	감	받	춤	생
찍	동	말	을	행	수	문	주	행	트	장	퓨	부	크	발	을	일
범	전	하	거	루	있	행	범	트	스	한	크	굴	발	이	크	을
질	바	파	라	은	는	찍	로	측	발	요	늘	자	루	행	도	용
날	람	점	수	용	표	셀	고	물	표	대	짓	바	한	풍	의	동
법	주	자	전	장	감	동	다	제	용	바	들	이	바	은	너	노

서브컴팩트
점수
스컹크
사람이
수있는
해결
계절
달콤한
생일을
원형
탄생
방식을
행동하라
많은지도
넥타이
괜찮아도
도토리
진행을
나라
실행

Puzzle 639

이	션	솔	부	필	분	공	해	러	기	쁜	동	행	구	파	로	발
고	션	셀	용	스	트	석	안	람	북	체	낌	동	색	러	바	자
거	이	자	자	션	대	굴	범	솔	한	주	젊	적	한	견	물	을
어	공	전	쌀	리	인	법	견	젊	거	한	춤	자	다	한	퓨	크
한	에	용	장	질	쌀	구	느	이	자	젊	트	너	을	문	끔	용
도	바	를	터	셀	행	용	개	은	늘	전	러	집	의	러	말	어
제	날	주	추	문	부	를	인	쌀	느	주	컴	필	미	셀	용	을
체	쌀	받	정	어	공	들	적	배	지	춤	올	로	래	바	풍	퓨
동	스	돌	로	자	셔	질	으	발	퓨	를	사	동	표	문	자	날
가	찍	춤	짓	공	말	츠	로	달	견	낌	탕	부	끄	러	워	로
족	끔	질	동	터	주	적	발	주	다	로	스	문	리	굽	카	을
허	물	루	부	다	행	히	도	개	미	공	동	파	문	돌	어	요
리	영	올	문	받	동	람	한	사	범	춤	부	자	느	맞	끔	감
케	물	린	문	동	을	절	굴	실	맞	늘	을	트	맞	전	동	러
인	눈	느	퓨	부	파	러	이	버	적	젊	노	쌀	용	리	동	늘

분석
셔츠
추정
허리케인
사탕
가족
미래
부끄러워
영리
기쁜
눈물
지배적
해안
구색
다행히도
개미
실버
물린
인구
개인적으로

Puzzle 640

시	젊	발	용	트	트	감	달	대	받	결	솔	법	리	말	주	결
도	필	트	어	미	러	느	지	필	문	정	돌	풍	자	문	결	표
를	늘	북	바	적	찍	지	속	하	운	카	카	찍	날	동	솔	을
러	측	러	을	운	젊	문	필	터	여	바	자	달	이	행	달	이
를	카	바	행	루	고	루	바	짓	느	은	북	찍	솔	쌀	찍	량
트	의	화	가	춤	찍	추	동	레	로	추	수	이	올	파	자	괄
션	셀	자	운	노	느	문	어	문	도	파	많	터	올	부	견	말
도	을	입	영	행	카	고	짓	지	트	자	은	용	동	발	노	한
터	너	루	올	맞	춤	루	한	친	트	리	컴	레	용	돌	요	다
트	말	퓨	션	법	를	행	에	춤	질	장	솔	제	거	올	맞	터
법	크	이	발	고	주	받	날	범	고	적	풍	에	주	노	요	을
다	트	낌	북	아	버	지	의	수	대	질	을	를	범	질	바	발
카	스	풍	바	트	노	의	동	집	을	체	발	건	강	카	은	용
대	포	팀	발	표	은	용	자	감	발	공	들	거	달	트	위	고
발	바	리	노	들	바	올	날	한	들	어	한	람	부	돌	운	감

운영
감지하여
말괄량이
수집
포스트
시도를
스팀
지속
들어
돌풍
수많은
건강
결정
말한다
입자
화가
아버지의
지친
지느러미
의자

Puzzle 641

맞	로	크	문	트	거	견	용	굴	수	앉	자	다	바	한	크	결
접	카	질	은	트	장	에	한	터	영	아	문	내	질	카	주	동
시	들	요	물	추	찍	로	정	비	사	바	들	일	고	물	동	법
에	이	전	트	가	를	로	한	너	달	달	션	문	퓨	다	운	문
말	한	부	한	솔	굽	너	결	공	말	주	한	도	요	맞	쌀	주
로	감	을	파	터	굽	트	사	기	올	동	발	터	로	주	위	람
이	굽	집	트	질	굴	카	펫	문	션	사	의	운	구	멍	굽	바
필	요	올	주	굽	은	주	한	필	집	람	동	위	부	셀	한	한
다	집	크	들	용	트	측	발	크	리	끔	법	문	대	측	거	바
법	러	다	고	올	집	돌	발	루	결	동	문	찍	을	로	쌀	질
루	결	절	용	션	받	휴	체	바	퓨	인	삽	입	크	림	주	주
을	표	로	굽	춤	토	완	대	람	카	무	치	질	로	올	한	끔
젊	다	도	파	쌀	크	카	두	용	절	지	테	디	느	제	한	션
로	트	질	초	절	끔	찍	한	콩	컴	개	측	절	문	터	셀	고
찍	북	말	점	을	말	리	로	이	문	솔	결	요	올	동	용	바

에이전트가
테디
앉아
정비사
수영
초점
완두콩
내일
구멍
인치
카펫
토크
휴대용
필요
무지개
삽입
크림
공기
접시
바람

Puzzle 642

션	은	자	말	동	카	은	문	문	자	범	을	끔	풍	솔	찍	질
행	날	감	체	고	범	끔	문	도	쌀	체	이	북	달	젊	을	동
말	짓	평	행	향	들	한	은	공	를	말	카	측	도	컴	자	굽
질	날	균	이	날	문	동	노	민	주	도	을	람	부	절	문	도
멸	행	적	주	바	를	질	션	행	굽	바	절	공	짓	용	돌	노
종	굴	질	너	법	주	젊	회	낌	에	레	바	경	은	이	자	트
다	워	비	로	로	률	표	사	질	행	셀	무	쟁	트	들	를	요
위	치	싼	용	트	질	대	은	다	를	발	리	리	람	로	자	자
장	루	범	은	을	션	대	위	트	을	발	낌	부	문	동	표	을
손	가	락	올	찍	쌀	주	위	한	견	바	다	물	장	을	늘	바
터	한	트	한	젊	풍	느	젊	발	이	은	결	음	거	주	주	년
을	문	리	짓	무	릎	이	리	행	들	이	방	문	에	감	늘	쌀
카	람	은	짓	달	트	질	을	전	셀	크	연	한	남	이	을	도
측	요	고	풍	짓	측	체	질	은	절	굴	레	션	성	치	용	스
루	문	레	쌀	춤	발	법	바	필	한	낌	로	장	문	아	트	어

비워
방문
평균
무릎
비싼
경쟁
손가락
연방
남성
용어
회사
주년
다음에
멸종
법률
위치
고향
무리
민주
치아

Puzzle 643

권	투	조	진	리	스	문	사	부	전	레	도	거	너	람	위	을
셀	이	심	충	성	트	트	발	솔	쌀	결	움	한	체	어	짓	동
자	론	스	중	요	한	토	론	주	한	발	말	주	표	대	도	이
고	러	럽	범	루	스	켈	레	톤	체	받	크	을	찍	받	짓	견
찍	의	게	루	너	달	은	다	물	돌	의	쌀	짓	도	말	의	이
침	착	이	표	복	오	후	솔	부	트	파	필	어	소	결	한	행
끔	적	부	로	잡	다	은	물	올	셀	북	의	북	개	짓	정	받
자	대	찍	위	한	느	끔	춤	주	용	느	받	레	에	질	거	을
받	로	어	을	범	결	체	트	트	비	주	트	은	제	말	솔	질
올	크	춤	필	법	견	감	결	로	서	찍	이	한	바	문	를	체
썩	머	운	쌀	북	발	주	어	추	돌	주	제	공	용	거	날	쌀
맞	은	그	문	로	범	날	낌	도	을	사	날	바	위	추	달	퓨
느	젊	래	잔	돌	를	카	찍	절	날	문	에	이	을	다	트	도
컴	조	플	를	노	날	발	발	한	을	위	바	풍	결	트	을	쌀
부	식	대	리	짓	한	션	전	위	의	법	루	쌀	행	한	체	리

중요한
소개에
도움말
플래그
조식
결정을
침착이
비서
권투
이론
제공
조심스럽게
머그잔
진리
복잡한
오후
토론
충성
스켈레톤
썩은

Puzzle 644

게	하	용	유	제	동	퓨	필	너	레	을	한	의	거	바	장	다
이	신	자	거	돌	용	로	파	다	리	도	공	을	퓨	느	다	터
트	노	한	절	부	찍	카	을	측	정	수	조	직	에	접	감	북
에	발	물	굽	발	임	원	스	은	잎	고	물	리	어	달	착	집
서	주	로	로	절	스	리	도	쌀	측	을	제	사	디	전	올	제
야	방	물	트	노	탬	들	올	질	루	쌀	스	컴	서	추	늘	한
생	의	범	거	굽	프	늘	주	짓	북	끔	동	결	나	이	늘	행
문	트	도	리	단	교	판	느	주	발	다	루	절	쌀	은	트	풍
끔	질	올	은	순	사	달	매	문	느	도	자	동	낌	은	느	받
결	을	트	션	한	이	문	트	리	집	트	오	끔	러	부	주	굴
찍	도	람	동	손	동	발	느	동	표	대	프	거	찍	를	어	트
어	굴	터	범	겸	솔	운	특	자	솔	주	너	스	다	굴	굴	고
을	을	장	문	행	크	로	히	을	달	늘	션	자	문	위	카	이
트	찍	낌	문	부	러	동	말	범	퓨	한	주	느	요	을	문	부
주	절	쌀	을	낌	부	동	동	에	필	돼	지	알	약	자	이	람

수정
겸손한
주방
돼지알약
판매
단순한
측정
오프너
임원
접착제
유용하게
야생
교사
특히
조직에
자신이
스탬프
잎을
게이트에서
어디서나

Puzzle 645

범	용	샤	을	장	셀	전	에	한	풍	병	원	뛰	다	표	다	제
문	물	들	워	카	느	적	문	너	부	점	사	어	스	표	추	추
마	지	막	으	로	문	자	행	체	사	이	의	주	은	동	루	전
말	끔	젊	어	굴	결	이	컴	를	문	부	윙	스	용	용	문	레
동	굴	동	한	필	트	물	로	행	추	질	바	집	젊	주	주	주
동	굴	동	신	문	람	달	배	지	다	예	상	부	이	젊	퓨	레
날	결	루	호	바	다	트	고	문	리	주	연	못	조	랑	말	도
파	느	춤	맞	션	요	동	컴	받	맞	위	어	굽	면	발	올	한
받	말	대	동	너	발	맞	트	집	주	에	젊	받	칠	어	한	바
동	용	바	자	행	전	의	주	맞	찍	트	발	셀	쌀	은	장	동
문	받	실	터	제	발	리	물	사	람	은	을	공	모	한	레	을
솔	을	를	현	두	꺼	비	맞	을	문	젊	물	질	너	래	도	느
루	바	도	다	다	이	도	북	루	달	문	물	돌	트	은	한	체
에	문	제	부	로	날	젊	제	주	쌀	한	젊	추	동	한	크	레
법	장	제	운	을	은	솔	컴	카	자	고	주	트	한	질	굴	장

마지막으로
두꺼비
모래
사이의
뛰어
주스
예상
실현
주위에
배지
칠면조
이점
사람은
신호
다리
스윙
풍부
샤워
병원
연못조랑말

Puzzle 646

절	문	이	을	트	발	이	크	동	언	받	감	루	받	젊	들	리
트	사	람	유	치	가	던	져	필	덕	행	질	어	린	이	날	용
파	은	물	찾	찍	스	발	다	풍	대	의	전	주	장	헤	느	행
열	망	법	기	위	타	다	들	적	받	풍	이	거	대	로	거	을
올	문	행	날	주	일	북	체	로	형	용	풍	용	자	트	끔	을
필	솔	션	한	범	의	말	의	범	한	태	질	돌	절	을	동	주
낌	체	쌀	달	발	자	받	바	젊	장	로	로	카	물	트	컴	크
제	한	을	돌	솔	위	느	풍	터	젊	부	짓	들	춤	이	용	굽
을	발	결	발	젊	동	중	을	행	프	을	세	금	람	루	공	스
을	한	굽	거	의	날	도	간	운	로	발	트	셀	루	자	은	다
제	바	에	람	쌀	루	노	문	솔	그	끔	을	끔	결	부	전	법
바	너	셀	저	은	절	용	트	다	램	은	솔	위	찍	솔	스	용
리	문	이	항	주	위	늘	올	범	부	를	바	고	을	느	발	스
맞	행	물	공	표	느	대	안	문	올	주	절	로	차	끔	위	주
션	행	대	공	발	퓨	필	문	질	한	맥	의	위	례	절	행	바

스타일의
차례
던져
대안
형태로
저항
부주의
맥주
유치가
세금
프로그램
열망
중간
행운
위의
언덕
거대
찾기
헤이
어린이

Puzzle 647

체	어	용	의	회	한	퓨	슬	짓	풍	전	끔	쌀	집	맞	문	공
추	굽	짓	러	사	구	성	픈	끔	북	과	도	를	느	이	달	질
운	범	문	크	가	천	발	문	너	퓨	학	포	크	도	한	을	체
로	공	자	바	사	북	북	주	이	체	을	절	생	크	바	동	고
질	대	쌀	자	트	도	맞	번	호	크	터	첨	부	강	짓	운	풍
노	이	크	범	제	부	레	문	로	은	적	맞	끔	북	을	컴	장
교	질	측	올	낌	전	춤	낌	을	집	법	로	컴	사	필	문	문
수	받	질	공	다	션	날	도	낌	이	체	문	측	트	다	체	용
올	다	제	젊	제	짓	동	시	퓨	행	젊	발	대	션	거	용	부
결	바	도	법	느	느	물	컴	낌	러	끔	늘	자	어	쌀	도	러
행	를	집	로	종	션	북	너	다	굴	에	이	전	트	은	이	짓
올	돌	자	위	낌	의	측	들	트	쌀	요	춤	낌	카	범	늘	부
디	자	인	블	리	드	졸	말	느	늘	을	은	달	동	집	주	질
문	늘	굽	날	람	은	업	러	꼈	의	쌀	퓨	추	다	다	로	판
낌	짓	장	젊	정	비	공	짓	다	질	운	동	도	루	한	이	결

정비공
번호
천사
졸업
도시
부러
생강을
판결
과학
슬픈
회사가
디자인
에이전트
첨부
교수
구성
포크
블리드
종의
느꼈다

Puzzle 648

도	문	찍	트	캐	말	말	셀	춤	피	일	회	용	식	풍	물	노
을	자	쌀	컴	치	트	했	터	에	하	셀	맞	말	을	굴	향	해
자	돌	문	자	들	망	다	맞	션	기	대	문	장	다	대	동	표
트	위	에	쌀	람	자	공	에	제	주	정	필	질	재	킷	트	터
을	렁	크	춤	한	단	측	노	쌀	시	치	요	굽	감	쌀	날	도
문	다	크	짓	표	계	측	파	발	게	맞	로	트	에	체	올	을
대	사	이	주	한	를	퓨	이	용	범	로	춤	바	스	운	발	을
거	다	노	들	주	도	자	위	동	트	맞	자	받	동	받	동	춤
표	공	퓨	한	레	운	바	를	결	해	사	한	상	햇	빛	시	로
문	부	바	올	로	용	물	스	러	시	한	물	승	고	리	크	돌
필	범	카	견	굴	바	를	문	트	계	물	고	를	용	질	락	낌
행	솔	트	거	다	질	사	감	요	받	바	측	날	트	운	일	낌
어	노	북	사	들	찍	굽	발	도	은	주	법	끔	절	놀	라	운
퓨	한	파	카	이	거	날	용	필	크	노	대	파	동	굴	쌀	에
트	돌	절	트	크	스	표	춤	느	위	체	들	늘	레	한	도	표

상승
일회용
재킷
정치
고용
해시계
필요로
라일락
트렁크
말했다
놀라운
망치
향해
햇빛
식용
시계
단계를
피하기
캐치
시크

Puzzle 649

짓	을	컴	견	크	무	다	너	트	의	을	시	체	돌	부	자	자
동	건	포	도	도	트	역	전	루	한	을	민	견	전	공	용	을
굴	말	동	체	션	결	이	거	범	위	전	용	체	말	동	트	로
람	셀	고	조	상	굴	다	굴	을	컴	전	떨	보	동	다	요	표
늘	들	어	집	느	말	솔	공	질	운	제	어	고	복	주	질	트
키	퓨	주	문	로	젊	한	돌	정	말	쌀	진	서	용	사	동	운
위	바	동	크	질	한	부	주	문	동	젊	질	다	컴	한	파	최
굽	달	고	위	크	체	동	느	나	타	냅	니	다	물	스	을	대
체	낌	스	사	에	주	트	느	도	부	굴	맞	스	용	을	질	퓨
도	노	느	바	춤	소	바	적	은	람	부	날	씨	물	을	환	장
쌀	셀	젊	전	다	요	음	한	에	이	너	용	발	질	트	요	자
굽	추	주	바	요	한	레	노	공	요	찍	에	카	짓	쌀	올	의
절	바	표	문	람	이	에	도	트	은	셀	너	코	스	찍	너	동
달	도	얼	터	결	도	션	크	솔	북	로	지	집	레	춤	로	집
이	트	굴	문	분	리	집	북	동	필	문	장	체	트	스	짓	주

조상
키위
건포도
날씨
떨어진
코스
질환
무역
복용
노트북
소음
시민
에너지
정말
분리
어제
얼굴
나타냅니다
보고서
최대

Puzzle 650

질	자	다	을	동	각	날	날	를	베	션	질	받	요	아	비	그
부	문	들	사	진	바	종	스	폰	지	이	실	현	을	이	극	랜
을	날	이	로	루	도	이	발	다	에	문	킹	을	동	리	적	드
바	루	다	낌	러	대	트	크	늘	공	행	문	로	문	스	로	날
측	한	문	도	부	추	바	날	대	견	찍	은	노	동	도	를	루
이	퓨	을	공	맞	엄	다	터	체	질	집	동	을	춤	찍	용	절
한	를	노	부	바	격	춤	적	다	질	늘	루	젊	용	갔	다	퓨
쌀	크	은	춤	는	한	내	발	모	대	행	공	굴	집	맞	을	적
말	쌀	퓨	바	오	디	션	레	양	스	솔	거	트	셀	말	의	위
형	제	사	집	끔	동	도	굽	이	틸	질	컴	말	달	문	한	돌
다	들	문	러	한	문	들	트	너	터	주	측	공	달	션	젊	감
의	어	도	레	요	를	을	은	문	질	바	쌀	크	운	달	북	주
표	바	흐	반	자	로	질	파	트	셀	집	찍	늘	노	바	회	의
의	파	린	환	느	필	솔	은	동	결	질	추	법	범	다	계	람
발	받	문	느	범	도	고	요	터	문	트	한	감	장	운	란	거

베이킹
반환
오는
비극적
엄격한
그랜드
흐린
각종
스폰지
오디션
갔다
실현을
형제
스틸
내레이터
회의
아이리스
계란
모양
사진

Puzzle 651

로	질	자	바	집	물	맞	집	돌	대	부	때	주	바	크	도	은
느	을	받	느	운	부	느	질	부	동	동	문	느	위	발	법	위
바	파	고	말	발	느	크	카	물	질	느	에	트	리	션	동	느
받	을	체	올	를	추	올	소	크	질	돌	젊	셀	날	카	동	공
찍	고	러	은	바	운	끼	리	자	집	터	문	으	용	용	포	위
한	감	프	로	세	스	존	의	솔	대	러	레	르	쌀	위	리	젊
달	위	크	러	요	거	동	퓨	러	발	적	느	렁	달	다	스	거
동	범	북	발	카	을	중	력	요	물	합	동	어	건	이	트	은
망	원	경	터	옷	을	발	결	정	하	는	종	문	적	강	에	북
요	인	파	사	공	잡	맞	요	를	절	쌀	문	종	측	젊	한	바
너	로	한	쌀	발	을	지	동	이	범	감	견	위	동	발	용	람
로	젊	은	쌀	소	필	년	부	도	컴	용	운	측	북	이	한	굽
추	필	적	돌	시	끼	간	를	고	굽	트	주	문	추	찍	노	짓
이	스	타	킹	지	발	로	물	바	느	트	춤	한	장	상	집	바
사	자	젊	날	올	에	퓨	요	루	용	크	날	파	대	상	추	발

년간
으르렁
결정하는
의존
요인
트리
소시지
망원경
적합
잡지
스타킹
때문에
종종
프로세스
옷을
건강한
포리스트에
상상
중력
소리의

Puzzle 652

행	위	부	를	굽	터	트	람	거	션	드	용	바	로	노	지	느
문	협	를	동	공	쌀	굽	필	질	한	물	퓨	들	찍	질	상	이
한	문	너	한	로	동	여	추	춤	트	게	레	한	레	트	너	쌀
문	끼	한	전	동	법	덟	교	육	풍	물	굽	바	파	부	자	주
엘	크	요	절	적	러	트	구	리	자	노	발	위	션	에	적	어
트	용	스	동	솔	다	짓	끔	질	필	한	동	은	셀	추	결	파
문	션	달	을	바	질	범	운	늘	절	은	사	루	물	부	솔	우
독	파	사	북	어	용	도	부	느	을	느	주	의	터	일	타	스
쌀	립	베	문	장	은	도	어	필	노	위	을	쌀	운	트	사	운
레	도	이	행	을	질	은	발	굽	이	션	발	터	공	장	대	여
행	트	한	올	견	동	쌀	을	체	솔	늘	주	트	도	문	표	귀
고	느	고	수	집	위	원	회	문	점	컴	바	감	동	를	터	부
굽	이	최	종	의	느	을	소	유	느	프	발	문	문	도	쌀	카
끔	은	한	결	은	운	쌀	법	감	결	동	는	느	솔	퓨	표	쌀
필	물	페	니	역	사	부	로	추	를	발	동	사	를	트	이	바

우스운
공장
베이
수집위원회
귀여운
엘크
구리
여덟
페니
점프는
드물게
스타일
지상
소유
교육
독립
감소
최종
역사
위협

Puzzle 653

을	한	에	전	스	레	어	노	절	골	질	모	의	심	감	터	용
굴	우	다	에	러	모	을	용	끔	동	솔	크	트	동	각	범	셀
어	려	을	맞	주	네	의	적	부	품	찍	느	입	을	젊	한	늘
은	물	장	질	터	이	위	해	노	문	문	짓	장	학	이	동	트
트	범	이	발	질	드	자	날	고	이	션	주	에	위	익	카	이
빈	곤	을	용	찍	발	공	법	행	아	이	표	체	공	동	춤	달
젊	자	느	감	스	제	트	공	솔	찍	받	말	문	견	용	측	자
로	쌀	박	물	관	이	춤	스	끔	양	달	로	스	자	말	법	한
어	션	주	감	문	한	동	을	스	동	말	받	웨	사	막	션	공
받	발	자	찍	느	장	트	질	낌	한	질	을	덴	울	새	발	대
용	을	너	용	찍	공	로	질	로	낌	을	다	노	추	를	절	굽
부	공	멋	진	문	를	들	측	낌	짓	쌀	풍	문	무	엇	을	로
받	적	주	어	이	를	자	질	복	날	자	측	한	문	바	말	달
느	발	리	젖	장	짓	견	질	잡	의	춤	주	거	달	동	사	돌
트	파	필	은	받	짓	트	동	로	동	운	체	다	와	서	파	을

박물관
위해
입학
사막
멋진
우려
양말
와서
심각한
이익
빈곤을
모의
울새
젖은
스웨덴
레모네이드
골동품
무엇을
복잡
아이

Puzzle 654

유리한
표면
정확한
피아노
두려워
명시
밀가루
소프트
운이
광산
다이빙
맛있는
스크럽
즐길
요즘
접근
구름
종기
계약에
식품

행	바	돌	운	솔	발	스	동	절	소	질	계	약	에	어	질	바
들	결	젊	빙	이	다	크	식	품	프	질	의	한	피	아	노	션
질	발	제	받	솔	북	럽	법	행	트	문	부	들	발	굽	운	너
동	고	밀	한	다	감	다	사	끔	러	거	은	체	물	말	종	람
션	을	가	도	젊	동	즐	길	발	도	결	문	맛	있	는	기	늘
운	어	루	바	은	문	필	풍	파	체	다	용	한	바	결	션	범
리	범	부	전	한	거	요	동	필	달	접	한	발	명	느	를	한
이	를	은	쌀	동	주	법	바	을	이	근	말	장	시	바	발	받
표	면	문	파	동	구	이	표	달	달	감	레	쌀	두	제	말	에
발	자	낌	이	올	름	트	돌	동	셀	절	을	느	려	도	을	동
요	레	쌀	쌀	리	을	파	정	확	한	바	공	문	워	받	로	대
발	카	다	바	리	바	질	문	다	용	표	을	질	러	표	요	이
크	유	말	행	운	물	광	추	다	다	로	집	이	솔	견	즘	셀
자	트	리	다	동	셀	용	산	적	너	을	짓	한	문	필	의	파
끔	질	굴	한	위	짓	도	끔	말	표	션	너	카	올	트	느	거

Puzzle 655

목	아	늘	요	수	늘	요	람	의	어	스	들	주	쌀	춤	로	트
욕	이	춤	올	준	거	문	로	너	을	장	젊	느	동	리	질	을
법	디	이	돌	하	퓨	문	수	거	운	스	다	낌	찍	쌀	추	다
너	어	그	려	도	절	차	입	필	요	송	자	포	착	한	산	용
느	가	감	북	록	바	용	신	발	샴	푸	하	여	야	한	다	책
리	전	용	컴	을	너	스	궤	체	바	절	문	춤	션	동	바	범
을	파	문	를	도	적	발	도	은	트	스	자	돌	지	위	풍	춤
필	슬	어	행	장	끔	트	트	동	안	전	리	동	루	션	끔	로
주	리	터	범	바	고	한	대	쌀	트	컴	돌	전	차	로	동	물
셀	맞	문	장	동	부	바	춤	쌀	풍	견	물	한	결	션	을	공
러	문	날	한	주	트	체	바	리	의	필	퓨	자	레	을	바	을
도	의	사	노	견	풍	바	카	적	받	여	부	느	이	바	진	술
크	전	동	행	루	굽	거	바	동	트	노	느	문	의	날	질	요
표	트	적	공	부	주	쌀	물	솔	행	트	자	위	발	춤	은	범
캠	페	인	적	쌀	로	쌀	쌀	을	받	객	체	를	트	세	맞	트

수입
자동차
수준하도록을
차용
아이디어가
안전
파슬리
산책
여부
그려
신발샴푸하여야한다
세트를
객체를
지루
운송
캠페인
포착
진술
궤도
목욕

Puzzle 656

날	노	동	한	필	날	질	아	요	코	추	트	전	용	동	을	동
달	위	은	자	응	시	루	풍	내	치	문	문	집	을	부	파	한
루	다	러	동	동	결	의	순	동	어	돌	을	로	너	너	한	들
욕	바	한	은	주	날	를	간	춤	결	맞	필	대	대	트	질	다
추	망	바	도	북	을	추	스	한	의	공	젊	은	어	낌	받	낌
이	트	을	동	주	부	들	드	하	쌀	전	절	추	전	다	도	퓨
연	추	트	심	조	받	노	레	질	도	션	짓	을	끔	고	공	러
로	기	한	위	언	눌	러	스	용	전	바	맞	이	로	찍	스	들
돌	동	솔	이	을	느	노	덱	달	북	견	을	찍	가	느	슨	한
도	셀	감	수	레	행	느	인	완	벽	바	도	측	구	노	늘	바
굽	셀	바	행	올	주	굽	물	주	굴	한	컴	태	굽	날	은	레
측	하	면	하	핏	걸	추	레	카	루	다	문	도	도	물	을	질
자	강	젊	는	필	카	셀	동	북	제	에	받	밀	젊	노	루	끔
쌀	트	바	자	받	퓨	바	를	노	부	받	질	공	느	리	동	춤
레	맞	찍	물	로	발	거	트	트	돌	굴	요	이	한	전	쌀	범

욕망을
가구
연기
완벽
하드
걸핏하면
인덱스
조심
밀도
코치
응시
수행하는
아내
하강
조언을
순간
눌러
태도
드레스
느슨한

Puzzle 657

람	절	필	로	젊	문	라	이	브	러	리	범	장	한	요	문	찍
노	요	람	한	이	솔	루	큼	개	날	레	호	카	춤	위	운	트
지	역	은	저	자	기	관	만	러	선	람	텔	주	를	들	도	퓨
버	들	여	어	적	측	이	난	다	카	이	레	동	질	느	은	돌
아	한	컴	섯	쌀	을	한	청	전	질	추	적	범	결	의	부	느
할	견	고	문	스	고	파	엄	컴	말	카	북	터	바	찍	발	다
받	공	스	찍	용	적	진	점	심	바	풍	결	제	상	용	개	최
요	주	케	달	을	맞	맞	적	굴	날	위	문	이	동	자	에	터
굽	전	이	레	검	색	굴	람	말	부	질	전	추	감	바	터	부
용	를	트	러	질	춤	리	낌	솔	부	물	문	동	로	부	사	자
달	이	터	용	방	범	은	표	도	명	공	다	동	절	솔	노	자
행	스	션	사	지	셀	리	감	말	백	를	크	트	에	은	장	스
법	올	필	집	자	자	이	고	굴	한	질	고	제	말	를	자	짓
다	도	굽	용	트	로	물	늘	느	물	느	행	은	너	필	문	노
효	과	한	상	추	오	이	향	경	한	동	주	바	사	슴	솔	올

라이브러리
사슴
상추오이
검색
명백한
개최
여섯
스케이트
개선
점진적
지역은
방지
할아버지
경향이
상자
효과
엄청난만큼이
저자기관
점심
호텔

Puzzle 658

체	다	굴	위	주	동	고	이	스	말	을	범	자	공	문	체	올
끔	제	크	북	쌀	젊	은	발	부	람	범	로	부	자	를	빠	대
개	공	노	분	수	리	트	고	거	요	한	을	질	을	어	른	스
북	하	한	컴	문	어	발	자	바	션	장	설	느	운	언	행	적
적	는	날	용	찍	트	찍	이	동	바	용	한	정	문	은	을	굴
주	집	굴	트	쌀	집	범	바	늘	고	고	솔	받	컴	나	중	에
공	한	옷	용	법	거	한	자	짓	웃	의	물	의	한	질	을	동
운	쌀	장	을	집	요	주	찍	부	었	루	도	을	굴	너	로	문
굴	질	셀	적	풍	문	뜨	거	운	다	소	리	휴	스	파	클	용
동	주	역	발	바	퓨	컴	적	립	었	풍	을	층	식	받	절	풍
굽	트	할	셀	바	트	터	자	운	울	한	그	래	프	추	장	바
크	제	에	전	감	절	을	질	젊	동	적	다	아	질	터	굽	다
파	제	문	체	위	솔	늘	동	크	낌	절	체	트	집	너	끔	동
은	바	트	주	늘	필	동	다	제	적	질	들	스	은	고	받	주
을	법	크	을	한	동	을	들	찍	사	올	들	위	동	너	자	집

스파클
소다
제공하는
울었다
빠른
뜨거운
역할에
그래프
휴식
아래층
고발
언어를
공개
나중에
적립
설정
웃었다
부자를
옷장
분수

Puzzle 659

를	살	쾡	이	를	요	전	감	올	셀	스	솔	한	은	굽	미	행
짓	한	낌	굴	전	션	솔	필	주	질	를	추	람	잠	부	스	법
적	은	춤	찍	절	루	느	풍	결	의	문	람	솔	자	치	통	한
질	루	이	은	굴	갈	다	임	에	달	사	용	박	리	올	굽	요
션	득	도	견	낌	등	고	은	명	한	견	주	동	탈	풍	들	트
책	가	방	북	퓨	자	너	맞	집	바	올	동	터	을	이	동	스
로	은	자	달	셀	파	트	그	한	리	받	점	점	감	터	은	도
루	바	표	결	견	쌀	위	림	젊	트	고	로	추	측	의	문	행
체	바	발	늘	을	을	바	거	한	루	한	맞	바	맞	레	올	동
한	사	올	션	리	추	올	주	을	감	바	한	고	문	굽	트	이
로	주	동	측	바	수	문	동	도	정	법	쌀	찍	이	문	유	자
위	달	스	절	은	행	바	이	파	법	적	발	셀	다	달	재	용
찍	용	찍	에	셀	은	느	부	체	대	문	물	도	장	크	고	찍
받	바	용	질	날	의	측	돌	를	물	견	질	용	달	항	해	한
에	은	문	로	물	집	끔	다	느	제	문	제	가	이	이	루	의

박탈이
재고
달이
그림
잠자리
문제
점점
너트
살쾡이를
유용
가득
문제가
통치자
임명
미스
항해
갈등
감정
수행
책가방

Puzzle 660

가	젊	거	느	자	집	감	추	스	쌀	범	당	퓨	카	위	고	고
달	격	동	트	유	로	지	집	카	레	은	근	파	괴	공	표	주
찍	측	행	는	지	끊	동	발	컴	찍	달	케	너	체	을	외	느
한	체	도	크	할	이	제	러	카	리	바	이	트	이	달	침	문
용	크	을	물	좋	은	한	검	토	리	로	스	너	다	젊	을	행
의	을	용	들	연	령	젊	표	쌀	을	전	체	람	람	문	느	들
부	집	감	트	말	한	질	쌀	느	에	받	노	동	문	법	어	끔
쌀	은	달	굴	용	동	셀	끔	끔	제	주	동	을	표	거	굽	파
파	셀	낌	한	낌	경	발	도	절	품	레	날	동	일	물	용	굽
날	너	용	괜	측	계	한	받	선	택	동	끔	스	바	레	제	굴
날	달	맞	끔	찮	사	을	솔	문	트	질	바	굽	느	물	받	고
어	느	바	달	느	람	도	발	돌	달	레	파	고	동	바	장	노
발	주	나	한	의	범	발	용	신	전	바	동	짓	운	카	감	크
트	바	나	문	전	말	시	짓	사	늘	찍	동	결	추	춤	트	측
를	질	필	은	트	들	법	험	을	이	터	느	자	필	질	솔	찍

감지
신사
제품
경계
좋은
시험
파괴
외침을
바나나
연령
유지할
가격
검토
괜찮
끊지는
선택
바로
동일
동결
당근케이스

Puzzle 661

빈	죄	송	날	을	기	본	운	발	한	필	용	추	날	늘	올	요
번	부	낌	카	걱	정	요	트	가	져	하	나	의	쌀	컴	적	러
한	의	제	용	바	결	너	자	다	전	제	한	용	발	공	느	짓
한	셀	풍	집	노	을	한	을	화	감	체	젊	로	제	이	공	도
여	거	자	물	측	로	리	트	창	느	감	젊	돌	을	굴	굴	진
공	행	견	감	젊	풍	문	측	한	은	젊	도	한	질	파	파	정
충	늘	문	크	를	터	을	절	컴	주	전	측	어	집	달	어	한
한	격	어	제	질	트	문	춤	부	짓	위	문	위	장	문	퓨	전
터	바	주	카	발	한	풍	측	션	다	솔	물	한	맞	요	데	공
자	를	션	표	용	공	스	바	끔	대	부	분	의	배	동	이	필
이	자	을	범	체	파	한	올	올	문	한	퓨	이	치	바	지	레
발	퓨	동	을	트	법	터	한	운	말	다	크	노	공	구	공	로
숨	기	기	결	션	을	고	한	낌	규	칙	트	발	날	니	부	날
질	대	을	자	부	추	션	절	용	이	행	굽	은	위	주	필	낌
동	션	말	문	북	찍	다	파	운	드	루	코	너	문	셀	람	장

여행문제
충격
하나의
걱정
죄송
가져
규칙
데이지
전체
코너
숨기기
표범
바구니
진정한
파운드
빈번한
배치
기본
화창한
대부분의

Puzzle 662

마을
나머지
현자
핑크
가스
늑대
다시
예측
결코
인용
홀리
기관
좋아
생산
고통을
깔끔한
입구
경험을
부추
좋아하는

한	주	전	굴	요	문	표	표	물	절	셀	부	찍	에	바	한	의
의	션	공	운	기	관	늑	대	들	체	용	찍	크	운	스	트	셀
춤	질	질	홀	쌀	이	쌀	표	동	을	올	물	트	도	장	도	을
법	장	쌀	리	깔	을	돌	파	한	견	이	스	한	을	람	느	측
핑	크	로	발	끔	카	표	은	적	돌	을	동	법	어	한	도	노
람	문	받	을	한	좋	고	통	을	노	감	체	들	질	대	용	경
한	춤	추	부	는	하	아	좋	다	시	문	터	낌	트	체	젊	험
문	체	올	바	문	입	구	풍	컴	절	자	바	견	추	한	범	을
트	찍	인	용	트	감	션	동	생	용	전	문	대	한	표	리	바
범	크	로	퓨	날	도	집	쌀	고	산	집	트	레	요	카	을	한
트	올	루	절	주	달	범	느	한	동	한	현	예	측	이	느	측
레	러	측	자	춤	찍	결	발	발	장	용	자	나	대	도	문	주
스	춤	로	바	받	스	코	거	한	이	가	스	머	필	은	행	체
에	이	법	공	카	위	로	동	부	크	바	한	지	결	느	질	문
주	이	이	다	을	마	을	낌	행	추	체	물	굽	러	을	거	제

Puzzle 663

붕	발	느	들	느	행	카	굽	우	고	도	어	찍	바	바	부	동
장	괴	견	자	카	고	을	운	유	살	쾡	이	끔	쌀	물	물	이
굽	트	에	이	달	부	올	모	동	고	문	고	느	트	트	젊	전
발	맞	파	서	한	셀	트	험	루	솔	고	체	를	장	받	바	다
직	고	북	에	프	바	발	다	물	필	러	늘	느	북	한	문	주
장	원	용	해	리	말	공	절	문	셀	범	터	카	질	웜	은	트
늘	달	은	이	지	간	호	사	끔	리	주	바	찍	문	다	미	러
춤	돌	성	스	아	고	젊	한	짓	낌	스	스	낌	션	달	은	장
다	시	에	테	솔	트	전	퓨	터	바	자	경	찰	관	들	행	전
온	에	한	이	파	쌀	션	발	루	찍	들	주	터	전	너	을	이
승	리	의	션	낌	북	로	동	감	돌	솔	람	질	자	운	카	의
문	용	낌	자	대	받	수	동	썰	매	대	너	문	어	고	필	컴
적	에	운	집	이	춤	은	의	트	한	크	동	을	측	퓨	감	동
요	트	돌	발	대	견	트	터	을	주	에	을	견	트	법	은	결
한	정	확	히	쌀	집	결	느	션	트	용	운	을	발	은	장	낌

모험
경찰관
수동
살쾡이
질문을
스테이션
웜은
미러
정확히
우유
승리의
간호사
달성
온다
썰매
붕괴에서
프리지아
이해에서
다시에
직원

Puzzle 664

트	크	위	법	트	날	은	올	션	에	사	북	솔	느	물	바	동
이	맞	젤	발	션	은	풍	장	질	트	도	전	어	엘	프	말	문
마	공	리	결	제	전	요	추	소	년	느	장	조	노	용	은	발
레	혼	한	말	카	필	레	도	행	춤	을	농	구	말	도	을	감
도	도	을	굴	고	다	한	표	전	버	추	느	북	주	받	비	트
부	어	운	을	찍	감	맞	용	솔	드	새	로	운	깎	이	스	판
카	결	핸	들	을	자	바	행	퓨	트	을	절	레	체	자	감	말
자	과	날	북	받	바	성	돌	션	트	노	도	동	바	부	용	제
카	한	표	자	문	은	트	공	어	바	트	달	문	리	다	동	법
도	용	공	람	셀	요	자	동	트	쌀	낌	바	집	짓	올	부	받
체	루	문	방	굽	로	달	발	제	한	션	결	요	법	너	거	로
부	를	위	향	동	달	추	범	멸	망	은	론	바	고	주	공	날
트	트	올	으	질	돌	낌	솔	돌	질	발	전	차	바	대	러	바
용	법	노	로	물	재	능	말	질	전	스	한	를	를	쌀	달	로
공	람	루	위	받	받	부	부	도	집	사	리	트	범	파	받	한

성공
소년
구조
농구
새로운
비판
버드
결론
멸망은
젤리
재능
도전
엘프
전차
핸들을
마혼을
깎이
방향으로
과자
결과

Puzzle 665

도	한	이	컴	젊	돌	춤	들	발	주	영	의	고	감	너	람	바
받	터	을	장	행	북	절	표	준	의	축	향	장	소	도	질	트
북	바	법	터	다	람	쥐	체	쌀	끔	하	파	을	파	이	리	솔
찍	노	노	왕	조	람	레	질	결	퓨	하	컴	맞	춤	집	을	다
은	문	자	자	용	범	굴	트	굴	필	다	돌	견	로	스	발	주
물	을	체	감	한	거	감	은	주	발	쌀	가	회	원	터	다	절
부	바	동	끔	위	장	올	주	한	추	공	끔	아	행	컴	흔	를
레	어	느	레	부	자	법	이	이	파	다	물	너	픈	대	들	들
측	발	굴	동	솔	쌀	체	동	춤	어	대	트	춤	운	바	었	의
부	은	거	행	감	법	범	찍	러	표	을	을	노	위	바	다	용
을	다	트	동	수	사	견	람	한	결	날	북	어	질	공	젊	컴
를	너	이	의	학	명	대	들	카	어	들	트	이	받	들	제	한
다	북	름	파	바	션	접	말	은	발	용	쌀	바	집	무	문	자
고	노	필	체	이	퓨	장	바	공	동	한	위	컴	풍	기	제	절
은	노	력	의	젊	공	쌀	굽	바	션	바	방	향	확	산	받	동

회원
수명
가끔
노력
다람쥐
축하하다
표준
영향을
확산
조용한
무기
소파
의학
감자
왕자
아픈
방향
대접
이름
흔들었다

Puzzle 666

주	장	부	의	어	을	쌀	말	필	대	다	트	동	바	이	한	대
결	을	드	한	껌	체	부	바	전	기	간	을	전	행	컴	질	부
바	행	러	요	받	주	리	고	리	컴	은	리	략	맞	한	에	은
트	다	운	사	용	받	노	다	기	을	날	추	느	위	을	문	이
고	바	디	유	바	북	측	맞	물	각	범	러	질	공	동	춤	체
대	트	은	집	령	젊	전	춤	풍	날	동	짓	공	바	발	문	스
통	지	늘	측	러	람	쌀	클	한	표	트	의	문	운	행	부	션
맞	러	굽	을	션	짓	트	래	이	행	을	컴	위	집	을	다	대
견	디	다	고	춤	셀	발	스	문	을	제	체	쌀	돌	질	발	퓨
자	대	늘	한	을	다	목	컴	말	위	위	을	동	올	측	견	쌀
칠	면	조	는	하	호	선	표	결	험	느	다	적	혼	동	로	추
션	제	체	트	쌀	을	션	셀	염	사	발	동	받	로	크	은	정
전	달	동	용	표	용	말	의	트	소	굽	용	위	가	능	카	착
동	행	트	참	석	질	용	제	셀	견	말	을	거	짓	말	질	표
람	공	다	퓨	로	범	올	트	장	돌	노	이	긍	정	적	용	어

거짓말
부드러운
선호하는
가능
목표염소
통지
유령
기간
클래스
긍정적
견디다
기각
참석
칠면조는
말을
바디
정착
전략
혼동
위험

Puzzle 667

사	느	문	자	말	바	노	바	클	측	느	발	제	장	운	자	을
러	달	쌀	셀	바	셀	굽	은	럽	다	추	용	레	낌	필	법	고
의	에	리	위	의	한	하	마	자	발	표	한	결	춤	트	견	카
바	브	들	받	터	요	바	션	교	동	시	동	늘	트	질	은	동
찍	라	발	컴	러	람	범	발	쌀	실	스	절	쌀	끔	에	측	로
신	운	위	용	도	풍	짓	부	파	요	포	동	한	테	스	트	를
발	의	행	발	쌀	범	표	어	늘	스	츠	자	솔	굽	대	이	퓨
바	굴	찍	당	로	트	절	결	굴	한	도	크	견	셀	러	리	의
고	질	트	근	용	바	춤	리	크	트	로	파	춤	다	부	퓨	증
달	트	은	체	에	주	어	표	견	문	달	젊	짓	문	러	말	가
추	람	컴	트	문	누	출	공	판	매	자	북	문	운	바	동	느
맞	터	터	문	스	젊	대	필	한	루	동	쪽	상	위	뛰	용	자
카	체	적	트	제	맞	곱	셈	을	굽	한	으	풍	점	들	어	대
표	퓨	풍	날	너	물	춤	견	추	절	을	로	발	다	문	올	난
적	레	반	대	법	주	적	제	을	결	노	컴	에	투	표	법	북

북쪽으로
표시
교실
곱셈
누출
뛰어난
반대
상점
당근
하마
브라운
셀러리
테스트를
위상
스포츠
클럽
신발
판매자
증가
투표

Puzzle 668

러	주	트	낌	로	고	회	부	에	들	범	은	어	추	어	발	물
크	하	발	젊	러	감	피	물	대	받	에	은	솔	동	자	도	바
을	키	용	느	발	카	에	리	돌	고	래	책	부	모	변	어	이
카	위	스	파	발	자	굽	주	트	충	질	춤	장	이	수	의	끔
다	발	은	크	운	맞	루	레	위	북	춤	동	받	트	을	용	대
한	절	용	이	질	추	트	발	코	니	춤	느	루	절	를	용	바
옥	은	노	파	을	동	문	도	의	트	다	파	느	을	동	은	도
수	돌	용	은	한	측	을	을	받	재	날	컴	맞	반	동	공	절
수	를	범	돌	션	굴	운	쌀	질	사	거	친	느	영	부	운	도
달	솔	레	적	사	행	한	발	발	용	쌀	한	바	에	도	웃	이
논	이	를	운	굴	트	한	퓨	트	을	북	낌	단	서	보	크	들
문	굽	굽	말	다	절	시	문	표	쌀	필	견	편	바	늘	체	소
한	은	션	자	션	솔	도	낌	쌀	집	추	너	늘	올	체	컴	한
스	션	부	적	굴	표	리	자	카	바	동	리	젊	육	상	컴	션
체	카	문	한	도	물	바	터	바	다	루	을	퓨	받	은	절	컴

도보
회피에
논문
충돌
책장
발코니
시도
육상
스키
옥수수
변수
들소
단편
돌고래
하키
부모
재사용을
거친
이웃도
반영에서

Puzzle 669

결	받	크	카	퓨	춤	견	북	동	최	시	람	아	찍	들	이	표
을	법	감	물	문	바	트	약	물	악	리	한	래	자	를	로	러
문	체	행	짓	춤	트	을	션	필	의	즈	후	에	행	용	체	행
한	풍	자	동	한	바	쌀	문	에	을	문	보	농	장	북	운	어
운	쌀	적	표	표	올	용	범	짓	법	행	을	컴	낌	동	파	바
너	짓	문	을	를	레	카	스	상	로	퓨	바	트	한	을	질	거
읽	는	터	건	문	오	문	장	가	녀	소	이	구	을	체	트	법
션	컴	터	솔	조	늘	자	위	축	전	전	용	물	스	다	마	굽
표	문	동	부	로	로	감	루	굽	문	올	끔	거	의	베	일	자
느	위	로	람	에	부	굴	크	용	쌀	터	를	한	셀	도	리	람
짓	범	굽	촛	돌	리	은	질	동	컴	의	제	일	거	다	노	퓨
적	셀	장	춤	불	짓	적	병	문	트	카	은	요	말	요	를	이
쌀	받	솔	거	항	목	을	음	발	레	문	문	일	견	발	춤	바
리	느	루	은	고	로	체	퓨	은	동	어	고	리	동	굽	짓	받
종	류	의	트	적	솔	절	을	주	이	트	을	다	체	트	측	받

아래에
읽는
시리즈
일요일
농장
종류의
질병
항목을
후보
최악의
촛불
가상
건조
오늘
가축
소녀가
발음을
마일
약물
구스베리

Puzzle 670

어휘
노래
새끼
용서
먹다
출현
넘어
거부
기사
비용면
지구본
간다
주제
개인
서둘러
착용
높은
개별
추천
부어

을	러	북	은	스	느	한	범	표	문	부	거	적	셀	받	어	장
에	둘	람	자	자	북	를	주	제	을	어	파	느	찍	굽	위	휘
용	서	한	솔	을	달	문	감	다	다	사	한	쌀	레	부	터	굴
착	체	션	러	부	어	은	높	은	의	발	동	짓	간	문	짓	견
공	짓	들	발	추	을	풍	로	다	행	주	받	문	추	다	먹	법
발	부	지	받	너	돌	람	문	솔	쌀	동	바	스	천	발	추	부
느	늘	다	구	체	노	쌀	문	물	비	용	면	굴	다	을	표	풍
기	사	절	부	본	바	견	돌	쌀	퓨	에	늘	공	적	주	자	발
문	달	카	은	짓	바	견	션	운	주	도	대	스	질	절	들	스
부	거	행	대	노	고	문	도	주	쌀	거	다	결	돌	파	운	측
이	올	컴	짓	래	출	현	은	발	질	날	추	사	문	을	동	바
달	부	은	한	다	느	넘	새	끼	쌀	셀	션	파	어	의	장	받
발	쌀	루	개	위	찍	어	북	한	질	풍	표	을	러	노	사	어
춤	개	이	인	체	쌀	스	이	셀	견	느	용	부	다	고	표	동
리	별	주	낌	말	이	늘	이	트	주	레	쌀	스	굴	말	바	은

Puzzle 671

견	동	발	한	람	체	체	트	달	발	은	회	의	는	용	로	쌀
늘	자	한	운	셀	들	노	코	날	달	느	퓨	결	받	병	문	느
한	도	대	클	립	쌀	굴	노	요	문	운	댄	스	적	아	온	트
다	끔	셀	짓	느	다	제	퓨	주	테	너	결	졸	린	리	도	적
주	끔	동	요	달	로	없	음	도	아	전	바	터	집	표	계	동
요	찍	춤	요	션	발	부	트	에	가	문	한	범	루	문	이	추
쌀	트	돌	느	측	선	거	대	괴	씨	느	한	바	늘	전	은	절
도	다	작	을	필	스	전	퓨	파	장	부	절	트	굽	춤	추	젊
말	파	스	업	맞	표	공	을	자	느	말	스	발	굽	도	측	쌀
말	부	트	훌	의	초	최	부	트	를	한	은	느	은	로	부	맞
날	하	림	륭	고	견	다	도	동	용	고	어	국	경	끔	한	발
북	컴	는	함	솔	짓	사	루	람	절	한	다	물	용	젊	동	견
솔	사	표	리	어	레	거	문	다	동	로	주	늘	집	바	통	스
한	루	끔	솔	쌀	컴	파	스	은	을	질	러	로	체	은	과	로
제	을	셀	찍	측	감	다	터	퓨	너	도	쌀	발	느	사	결	파

아가씨
작업의
최초의
발견
국경
졸린
스트림
회의는
훌륭함
없음도
온도계이
파괴에도
선거
댄스
전문
클립
말하는
병아리
통과
코요테

Puzzle 672

주	연	레	루	날	문	장	안	혈	견	남	편	퓨	노	바	솔	한
활	구	도	서	관	올	풍	녕	액	발	로	한	늘	달	부	돌	고
문	성	낌	크	장	측	한	하	로	리	말	범	찍	에	말	짓	속
도	사	질	퓨	문	발	성	세	굽	이	맞	어	집	행	바	을	도
도	올	들	굽	은	파	능	요	어	공	느	능	맞	찍	날	돌	로
개	야	드	파	북	늘	을	용	날	정	퍼	핀	력	결	문	션	을
한	방	축	를	문	로	고	받	짓	은	용	끔	감	용	행	제	솔
발	람	구	굽	낌	리	적	측	달	춤	소	유	자	위	을	돌	체
참	여	파	동	추	공	느	레	결	한	솔	사	집	어	굴	들	굴
파	다	느	문	범	트	느	트	크	용	자	랑	거	을	이	돌	퓨
감	을	요	부	굽	단	지	한	아	노	은	하	날	주	은	동	찍
문	스	부	이	동	느	달	리	직	맞	카	는	이	맞	의	용	션
찍	받	맞	느	사	러	트	표	도	물	자	있	문	느	굴	로	느
용	말	동	한	자	바	달	질	은	람	트	아	바	범	로	장	행
도	전	추	동	파	들	굴	맞	한	물	고	살	필	고	주	절	북

혈액
능력
남편
성능을
퍼핀
공정
연구
살아있는
참여
야드
개방
활성
소유자
사랑하는
도서관
단지
축구
안녕하세요
아직
고속도로

Puzzle 673

사	바	파	짓	마	가	용	필	문	고	도	기	올	터	허	가	이
범	쁘	부	발	트	녀	능	자	한	물	추	차	낌	러	문	한	낌
문	지	체	운	컴	부	결	성	찍	필	션	로	이	전	필	를	찍
조	만	환	자	을	트	주	용	자	자	느	주	로	을	을	찍	은
주	직	로	굽	션	발	용	부	견	요	한	낌	말	부	운	동	람
굴	쌀	질	부	결	느	크	바	백	조	법	날	체	솔	물	젊	부
떠	나	용	터	발	한	찍	문	공	쌀	러	들	동	트	느	한	다
당	부	체	부	다	발	트	결	를	퓨	추	부	찍	질	한	결	추
신	쌀	너	내	용	은	질	은	리	터	사	도	바	올	날	젊	다
의	질	고	찍	발	셀	다	도	요	짓	동	퓨	요	행	한	문	를
노	도	주	감	전	끔	도	마	뱀	불	의	한	결	받	제	바	발
필	러	느	기	인	간	선	고	표	규	차	가	워	돌	을	낙	타
체	퓨	메	문	한	올	장	을	결	칙	트	이	북	동	다	추	부
쌀	레	뚜	장	을	젊	한	풍	크	찍	젊	문	로	을	행	짓	질
쌀	표	기	늘	러	거	젊	쌀	트	요	굴	도	한	대	굽	젊	고

감기
기차
백조
당신의
차가워
조직
마녀
낙타
바쁘지만
인간
메뚜기
내용
도마뱀
불규칙
선고
환자
허가
가능성
떠나
동의

Puzzle 674

표	굴	질	굽	컴	측	젊	문	크	고	상	전	의	목	요	질	법
적	쌀	법	쌀	컴	측	루	바	결	추	늘	단	주	적	공	로	사
추	다	공	추	은	바	결	람	동	집	짓	측	바	사	을	러	사
달	주	동	이	사	파	컴	퓨	터	월	요	일	션	을	을	도	용
트	동	표	추	레	레	문	문	카	추	스	체	트	제	시	스	템
문	물	절	파	주	문	쌀	늘	노	크	트	문	부	동	느	느	루
풍	대	체	다	발	동	다	터	을	동	이	금	지	하	는	로	말
볼	부	노	발	파	동	터	바	너	날	올	주	물	다	말	돌	젊
륨	함	께	로	체	낌	하	션	공	짓	동	고	적	결	은	공	한
말	춤	조	지	원	을	늘	요	풍	준	주	한	솔	경	달	행	올
절	감	합	느	세	발	대	발	행	날	비	법	느	제	퓨	의	션
다	로	이	필	을	로	로	범	문	의	집	짓	도	트	을	체	솔
과	일	리	출	찍	말	동	을	체	거	스	주	을	션	션	셀	쌀
참	가	을	생	쌀	주	바	솔	한	요	셀	동	루	을	너	맞	다
쌀	를	발	레	쌀	젊	필	위	주	에	로	어	한	견	올	추	다

준비
도용
참가을
볼륨
함께
지원을
하늘
컴퓨터
시스템
금지하는
월요일
과일
노크
세로
출생
목적
상단
고추
경제
조합이

Puzzle 675

절	행	트	필	필	바	다	이	절	발	찍	를	퓨	트	울	주	절
날	동	은	카	통	집	이	트	찍	발	젊	풍	감	장	트	타	리
한	주	크	북	치	파	견	리	용	어	표	행	느	트	달	을	리
위	셀	스	푼	는	동	날	트	감	요	운	포	사	무	실	거	동
문	풍	마	를	제	트	체	터	결	자	표	함	전	굽	리	완	문
가	컴	굽	다	질	자	질	물	도	젊	표	되	주	의	체	전	달
방	생	한	테	이	블	찍	절	부	문	적	어	체	질	트	히	대
견	각	북	측	들	자	을	필	을	은	의	견	쌀	공	이	자	동
느	추	트	컴	람	절	트	고	감	필	다	연	질	쌀	크	풍	바
동	요	도	고	사	북	용	춤	표	적	발	례	셀	위	퓨	은	다
제	은	을	질	발	찍	에	풍	등	다	도	전	면	발	문	측	트
레	행	동	바	위	컴	를	날	부	을	실	교	껍	카	노	트	한
이	체	다	채	로	운	위	을	절	받	필	짓	질	메	작	리	절
적	껌	파	터	다	컴	를	찍	체	한	를	바	의	전	시	물	대
문	추	쌀	필	노	을	트	전	범	이	로	로	사	다	셀	지	다

껍질
자동
다채로운
울타리
시작
메시지
교실을
테이블
스푼
마스크
전면
등을
사무실
완전히
포함되어
연례
가방
통치는
사람들이
생각

Puzzle 676

커플
국가
스웨터
그릇
보고서는
체중
서리
부패
법적
동물원
평가
국제
정도
해변
부문의
임대
주어진주는
설계
현실의
마지막

도	춤	한	주	동	자	문	고	견	말	물	한	문	받	은	공	쌀
질	자	절	어	다	법	부	질	느	한	장	느	트	사	레	너	북
은	이	은	진	운	물	한	동	은	트	돌	리	동	트	노	을	트
부	문	의	주	대	주	법	쌀	동	도	주	위	받	레	용	용	말
물	느	제	는	동	람	루	표	부	사	트	제	대	주	에	느	돌
를	솔	국	법	트	퓨	스	웨	터	측	대	들	감	전	한	문	굴
설	한	가	받	주	람	한	발	을	발	북	는	동	자	요	대	도
로	계	마	터	은	짓	도	요	맞	셀	굽	서	리	감	은	부	동
범	맞	이	지	바	받	러	돌	을	카	감	고	위	발	받	러	느
스	용	부	동	막	위	바	노	동	공	느	보	자	운	의	트	루
부	패	어	다	운	부	질	문	트	동	그	릇	동	물	원	스	용
한	체	동	한	평	가	레	행	절	파	리	를	도	어	주	용	춤
행	결	션	올	찍	정	도	레	을	어	스	에	운	바	이	현	부
제	의	맞	커	플	터	한	달	질	너	용	쌀	스	임	에	실	해
들	사	제	주	다	바	은	트	돌	다	법	적	체	중	대	의	변

Puzzle 677

람	레	제	문	문	위	자	동	트	느	레	도	질	절	파	은	요
자	다	들	러	이	범	을	을	발	한	견	을	을	사	집	용	퓨
풍	을	굴	낌	운	한	다	트	깊	은	트	에	을	은	동	동	느
느	거	파	터	말	부	루	를	로	로	의	짓	쌀	요	춤	표	어
들	이	컴	주	완	트	맞	화	에	한	굴	들	날	크	도	올	도
셀	체	실	사	료	찍	질	재	시	력	기	호	체	주	다	끔	말
이	터	컴	제	질	전	맞	부	낚	공	굴	바	젊	주	에	를	측
운	달	팽	이	로	들	로	주	부	춤	명	을	로	집	들	부	북
공	터	북	건	개	우	지	컴	은	비	예	사	수	요	일	긴	장
은	필	션	조	포	질	먼	혜	질	위	롭	스	운	이	행	문	쌀
결	들	용	트	도	은	위	기	날	바	게	체	운	한	굴	다	너
에	파	노	부	용	장	의	존	람	한	터	용	의	주	질	동	절
셀	느	행	문	퓨	카	감	의	운	집	법	맞	부	용	작	적	주
파	물	운	의	문	어	루	도	은	도	동	카	트	주	러	업	파
발	말	다	날	을	자	다	튤	립	집	람	끔	동	풍	기	야	이

명예롭게
깊은
예비
지우개
작업이
달팽이
화재
튤립
기존의
포도
수요일
실제로
먼지
이야기
완료
낚시에
시력기호
긴장
지혜
조건이

Puzzle 678

트	공	을	용	고	낌	문	낌	문	범	주	적	사	영	어	통	해
발	춤	은	어	도	동	행	한	찍	절	맞	도	자	냥	들	레	춤
어	텍	트	러	도	쌀	자	짓	운	카	셀	끔	제	맞	굽	용	이
밝	동	스	질	쌀	용	도	날	법	은	발	부	쌀	문	소	심	한
은	낌	사	트	이	라	이	하	짓	부	맞	분	트	용	운	한	약
문	젊	용	동	로	적	낌	말	들	동	리	람	늘	동	한	셀	고
의	적	동	공	질	한	물	고	기	올	셀	레	너	풍	요	셀	부
자	발	적	파	바	람	제	의	범	맞	발	리	굽	견	로	젊	결
스	표	시	리	즈	를	안	탐	한	도	자	굽	바	허	더	워	북
반	굴	동	목	한	은	레	색	어	느	들	전	추	수	공	바	퓨
로	딧	러	록	부	동	트	을	도	션	사	리	이	아	트	바	굴
두	끔	불	과	자	제	도	트	제	주	쌀	받	쌀	비	필	은	한
려	용	표	문	크	요	고	문	대	범	이	발	카	레	쌀	견	거
움	고	문	을	은	동	위	체	집	젊	러	바	사	취	문	공	찍
체	느	부	문	달	솔	물	로	날	은	사	견	퓨	미	집	체	은

소심한
두려움
물고기
영어
제안
통해
부분
텍스트
목록과
자발적
사냥
반딧불
약한
더워
하이라이트
취미
시리즈를
밝은
허수아비
탐색을

Puzzle 679

유	사	한	느	크	동	퓨	발	자	굽	군	측	어	두	집	을	갑
스	문	제	감	카	운	퓨	에	카	받	사	늘	쩌	컴	께	에	자
부	트	이	양	굽	주	바	결	한	스	북	문	면	현	대	의	기
들	을	에	배	맞	도	낌	스	낌	느	극	에	다	낌	발	꿈	리
느	질	문	추	바	바	질	추	달	카	이	문	밀	어	제	표	이
한	에	트	측	바	다	러	동	질	리	발	문	결	솔	주	스	찍
에	쌀	고	리	표	바	부	자	거	문	날	을	견	을	표	너	제
람	루	한	거	문	낌	찍	거	무	모	니	터	링	트	은	거	자
발	부	노	방	을	을	문	표	돌	게	카	주	리	트	크	위	요
명	운	자	전	해	트	젊	법	도	바	운	주	바	장	사	레	끔
행	늘	동	를	주	를	질	표	질	부	루	범	느	전	풍	스	쌀
표	대	맞	자	여	든	굴	주	발	퓨	터	행	맞	시	솔	절	용
후	에	집	로	범	요	춤	질	부	거	문	돌	질	가	한	셀	부
도	주	느	러	굽	고	거	루	질	짓	말	램	동	한	은	문	에
주	파	공	을	춤	려	돌	끔	올	한	끔	프	너	노	춤	견	스

현대
밀어
여든
전시가
방해를
후에
두께의
꿈의
군사
양배추
유사한
무게
거위
발명
북극이
램프
어쩌면
갑자기
모니터링
고려

Puzzle 680

고	돼	지	주	레	질	질	측	달	루	너	미	바	퓨	올	재	도
귀	풍	이	느	대	짓	한	전	동	은	금	소	을	이	절	위	미
한	바	자	동	을	굴	바	용	한	트	위	연	컴	표	로	샷	한
바	질	날	낌	문	찍	필	퓨	행	부	질	기	발	전	낌	이	부
젊	크	적	추	트	쌀	측	측	찍	측	바	세	기	적	느	젊	도
카	공	법	자	주	열	버	문	용	느	의	자	솔	장	사	쌀	느
범	문	은	느	스	동	이	어	떤	스	자	을	질	루	운	다	이
절	문	트	감	커	늘	라	춤	컴	파	날	솔	도	의	드	굴	한
한	한	즉	저	트	절	드	매	우	운	거	너	다	찍	감	운	순
전	제	시	장	자	대	부	동	도	날	전	쌀	측	위	굽	컴	서
감	질	끔	같	라	표	컴	굴	받	셀	부	퓨	문	행	주	젊	러
에	한	문	아	바	인	동	춤	달	감	굽	필	법	문	체	문	추
트	리	느	요	헌	을	굴	이	을	컴	너	바	받	루	감	춤	견
파	낌	한	에	신	적	생	존	법	질	운	받	절	날	맞	사	파
적	제	주	사	찍	리	장	찍	견	도	북	감	너	크	젊	늘	한

사운드
매우
샷이
라인
소금
저장
미소연기
돼지
세기
즉시
생존
재미
고귀한
열이
같아요
스커트
드라이버
헌신
어떤
순서

Puzzle 681

화	소	파	요	증	레	바	어	젊	을	을	을	풍	끔	형	문	바
바	발	방	풍	거	결	자	춤	끔	문	문	트	션	을	식	집	너
북	다	다	관	를	춤	측	컴	어	동	루	사	측	춤	이	을	의
퓨	바	루	달	질	발	추	바	레	질	젊	춤	퓨	절	웨	대	람
쌀	대	올	부	날	법	을	끔	노	동	동	쌀	끔	노	스	한	레
트	동	풍	이	굴	노	젊	들	투	받	문	범	자	절	턴	터	한
한	주	북	바	받	고	공	법	스	명	감	트	문	트	문	위	대
도	느	결	다	은	도	부	컴	트	쌀	동	감	을	위	트	느	법
을	결	용	손	장	말	분	제	사	부	속	카	굴	동	반	드	시
필	절	에	표	실	문	은	자	크	요	약	전	절	전	선	람	절
루	거	성	공	적	인	짓	낌	요	쌀	트	짓	요	체	전	에	다
은	의	한	견	집	맞	는	짓	을	쌀	달	감	발	고	젊	러	컴
자	도	거	적	이	쌀	쌀	춤	다	바	을	용	다	카	스	감	필
다	장	동	늘	다	을	을	바	느	어	장	한	을	은	필	트	컴
앵	무	새	다	노	트	위	웃	음	범	굴	춤	시	장	의	소	설

웃음
증거를
소설
소방관
형식
성공적인
시장의
부분은
손실
앵무새
맞는
대한
요약
소화
투명
고도
웨스턴
반드시
약속
선반

Puzzle 682

자	한	자	느	을	공	한	한	감	장	노	적	문	낌	문	부	용
비	누	러	자	바	전	동	트	대	로	한	고	춤	용	크	로	측
의	동	루	션	굴	측	측	체	리	터	결	법	돌	한	부	한	질
유	랑	선	글	라	스	짓	끔	찍	추	카	스	전	뽑	퓨	트	위
을	명	주	낌	한	풍	카	자	한	주	더	러	운	아	위	고	돌
다	행	한	물	션	매	주	귀	문	느	동	한	셀	노	자	터	사
발	이	다	까	에	달	소	나	쁜	로	트	부	바	트	견	의	발
어	견	로	루	지	려	용	당	장	문	사	고	결	행	사	문	로
파	짓	트	셀	미	를	바	문	입	한	돌	카	감	문	부	굴	절
고	무	추	구	이	감	이	노	술	위	문	문	자	너	를	결	바
로	들	용	집	어	끔	늘	도	다	인	정	동	로	레	터	이	맞
가	동	크	다	스	적	결	퓨	날	바	느	쌀	운	의	용	풍	받
문	시	주	카	느	장	다	자	달	션	견	문	굴	맞	여	한	파
사	을	적	터	컴	찍	트	북	한	사	건	트	솔	날	로	자	한
텔	레	비	전	문	솔	다	춤	을	검	늘	춤	돌	맞	말	발	대

유명한까지
추구
뽑아
사건
여자
나쁜
매달려
주소
비누
검사
가시적
더러운
고무
선글라스
텔레비전
당나귀
이미지에
명랑
인정
입술

Puzzle 683

견	요	발	다	방	결	만	견	에	거	에	마	터	물	법	감	풍
날	을	행	부	러	법	족	요	트	절	을	음	이	트	박	로	자
속	이	는	법	컴	바	을	느	자	격	을	을	유	신	선	한	로
고	어	문	를	문	다	끔	보	대	문	셀	운	료	체	바	요	필
레	어	주	퓨	집	를	구	지	고	이	집	러	체	을	올	필	노
한	문	에	풍	맞	문	은	문	연	필	주	질	에	필	이	동	느
질	다	문	발	발	로	파	퓨	결	측	연	이	용	운	카	제	고
셀	어	끔	은	은	바	쌀	달	굽	찍	자	민	다	돌	쌀	부	동
쌀	느	한	부	체	범	침	대	거	법	노	레	로	리	을	용	질
을	발	측	리	돌	공	질	견	동	대	낌	풍	말	물	로	자	자
제	전	도	에	집	동	주	자	은	젊	이	날	낌	스	운	도	말
동	추	수	건	산	리	스	컴	부	추	주	오	히	려	파	요	문
한	주	짓	문	업	트	크	주	을	을	이	바	제	트	결	한	을
컴	도	전	달	을	집	동	반	자	바	늘	거	올	굴	은	루	한
발	늘	고	트	을	측	집	행	주	견	발	말	트	집	결	발	트

방법을보고
바늘
자격을
필요한
연결
속이는
오히려
만족
바다를
동반자
수건
지구를
마음
유료
연민
침대
선박
산업을
신선한
문자

Puzzle 684

끔	북	를	질	낌	말	제	쌀	문	노	리	말	택	시	발	거	집
들	표	주	컴	고	절	동	짓	비	문	주	운	행	홍	수	질	다
도	쌀	굽	로	끔	자	절	어	다	행	파	바	용	필	주	다	한
용	들	돌	다	결	한	질	은	로	비	기	결	표	다	느	견	어
드	이	라	슬	굽	문	어	거	짓	맞	리	가	야	로	상	황	을
래	을	루	쌀	춤	발	감	위	주	는	한	전	구	동	바	행	문
곤	파	용	질	용	로	추	를	먹	고	다	제	부	크	로	노	컴
운	적	거	풍	주	느	위	문	은	듣	쌀	부	결	스	동	컴	낌
바	셀	션	질	감	트	은	브	다	거	에	터	받	법	돌	스	달
컴	쌀	날	로	한	받	질	트	리	은	끔	쌀	치	적	퓨	포	체
카	드	퓨	법	부	공	동	늘	질	지	운	로	트	를	너	츠	션
피	부	위	터	션	부	짓	이	부	동	바	느	쌀	다	했	가	컴
크	감	을	다	물	체	용	션	로	동	날	절	고	젊	문	다	용
트	이	느	짓	느	운	말	느	도	필	크	추	기	젊	트	날	질
스	은	흥	미	로	운	마	이	그	레	이	션	담	비	적	을	쌀

피부
먹고
고기
비행
담비
거짓
브리지
홍수
듣고는
터치를했다
드래곤
마이그레이션
스포츠가
상황을
카드
야구
택시
흥미로운
비행기가
슬라이드

Puzzle 685

를	동	로	솔	받	도	끔	풍	위	을	질	카	올	주	느	좋	춤
션	자	부	받	레	올	느	한	페	날	쌀	터	러	한	부	은	받
맞	필	문	의	문	터	부	한	이	람	도	로	찍	느	느	안	맞
장	요	러	를	날	사	측	을	지	유	체	공	격	주	의	녕	집
지	를	은	은	찍	용	레	느	굴	부	적	이	계	감	늘	말	전
자	능	질	자	로	로	몬	크	리	스	감	감	피	변	호	사	문
너	감	형	다	맞	로	맞	쌀	찍	를	우	요	범	집	추	바	전
철	회	흔	굽	크	늘	부	바	굽	굴	도	드	동	도	수	면	필
동	문	들	쌀	노	북	짓	짓	제	주	도	굴	트	은	컴	물	파
에	이	트	트	낌	달	측	장	물	품	노	공	동	어	낌	로	션
부	늘	은	너	돌	돌	루	제	법	질	은	에	람	은	자	전	람
누	구	아	무	것	도	안	목	발	레	루	도	위	채	행	장	맞
우	너	로	트	농	마	아	동	은	필	돌	행	한	우	한	적	감
리	울	어	사	담	아	자	어	부	굽	컴	루	컴	기	한	젊	로
컴	리	추	바	굽	느	에	춤	한	부	문	이	적	말	북	동	젊

변호사
흔들
레몬
아마도
농담
철회
우울
채우기
제목
공격주의
좋은안녕
품질
수면
페이지
계피
누구아무것도
안아
지능형
우드
유체

Puzzle 686

벽난로
동안
운율
아름다운
여우
개혁의
반복
설탕
기능
전에
헬리콥터
맞춤법
식물로
크레용
스스로
빌드
액션
많은
딸기
바보

아	름	다	운	추	한	도	문	적	물	고	퓨	용	한	문	표	운
행	공	찍	느	고	굴	견	은	부	문	느	자	장	적	질	늘	을
찍	자	한	굴	로	을	날	부	자	를	컴	북	위	질	로	용	거
공	위	바	문	용	범	바	한	동	로	날	스	스	로	트	낌	법
느	제	자	동	헬	찍	견	많	안	레	견	컴	늘	전	말	대	늘
굽	동	레	한	리	트	장	맞	은	동	트	젊	결	요	트	레	사
올	션	짓	결	콥	트	법	추	도	동	문	굴	을	크	추	적	질
젊	을	를	공	터	트	동	이	전	문	범	젊	션	레	크	주	리
어	적	올	식	고	퓨	리	바	풍	거	필	터	끔	용	맞	법	에
느	늘	운	물	쌀	액	션	딸	바	보	어	개	장	올	춤	설	짓
견	운	율	로	자	컴	바	주	기	트	젊	용	혁	날	법	탕	질
의	결	발	난	빌	드	션	동	끔	돌	한	은	풍	의	너	돌	션
터	어	적	벽	짓	공	맞	이	발	주	을	트	람	자	날	자	질
기	능	춤	트	고	자	달	한	결	셀	여	행	풍	전	에	끔	자
돌	러	동	을	루	러	주	표	반	복	우	크	다	어	동	체	풍

Puzzle 687

로	문	춤	굽	동	젊	스	은	한	비	솔	을	범	전	을	제	집
블	용	부	루	사	느	편	젊	바	굽	트	퓨	행	대	부	크	물
람	라	을	러	사	감	지	질	를	법	질	낌	바	추	법	춤	을
질	용	우	공	가	잘	못	된	운	주	트	을	장	굽	은	을	한
쓰	기	쌀	스	지	질	의	집	너	카	은	자	문	자	들	위	돌
를	위	대	트	고	은	트	을	필	집	도	도	장	사	용	람	느
이	을	늘	크	가	인	다	쌀	터	문	로	끔	문	대	위	물	부
한	의	짓	루	는	기	필	표	굴	트	를	대	올	젊	바	터	문
트	무	로	람	젊	을	은	카	예	술	리	자	노	한	을	동	느
풍	크	맞	동	느	북	느	정	신	적	라	운	드	굴	이	은	터
은	크	동	크	레	늘	집	올	은	루	도	제	한	터	카	날	파
사	자	전	물	젊	로	달	솔	을	도	스	크	바	션	체	리	끔
보	레	배	주	문	감	돌	카	받	물	찍	기	말	다	을	충	법
동	여	가	은	화	찍	투	아	이	를	이	괭	들	찍	컴	족	느
도	대	의	문	동	람	자	러	물	쌀	션	리	장	람	자	운	문

라운드
보여
괭이를
체리
문화
정신적
잘못된
예술
스펀지
아이를
인기
배가
비트
의무
투자
쓰기
가지고가는
블라우스
충족
크기

Puzzle 688

받	크	크	받	문	서	발	솔	파	컴	동	파	부	달	감	부	동
퓨	발	컴	지	역	비	도	제	동	발	행	조	립	운	한	북	레
노	주	얼	션	로	스	측	쌀	받	을	돌	동	발	확	미	컴	로
체	질	음	루	제	셀	적	트	터	동	트	운	견	트	실	라	견
은	끔	자	북	거	에	굴	말	터	체	대	바	짓	은	들	히	을
용	필	퓨	다	한	터	한	을	식	인	공	날	늘	문	노	에	춤
끔	동	주	강	아	지	를	운	동	이	파	절	필	끔	견	파	도
날	문	감	에	한	한	트	질	도	견	체	발	이	자	유	맞	다
의	주	낌	바	을	너	를	카	셀	어	람	질	해	달	리	의	장
견	앞	치	마	감	돌	문	받	올	호	도	문	느	날	발	고	쌀
받	로	문	로	자	바	낌	쌀	제	수	을	젊	측	빨	결	지	을
부	찍	고	늘	주	행	용	람	박	쥐	물	레	감	리	순	네	범
맞	범	북	다	위	람	맞	쌀	공	를	돌	적	전	쟁	록	행	터
집	굴	람	질	스	용	문	집	행	용	젊	트	행	루	사	넣	굴
장	트	이	은	추	표	사	문	고	질	맞	절	주	바	쌀	거	어

이해
체인
강아지를
얼음
의견
인식
순록
전쟁
지역
넣어
앞치마
미라
박쥐
빨리
조립
자유
확실히
지네
서비스
호수

Puzzle 689

발	다	북	너	절	용	지	러	느	견	를	질	행	찍	동	절	여
춤	셀	젊	바	대	을	리	느	너	보	선	생	님	행	발	트	왕
문	문	날	닥	루	어	을	원	인	장	을	도	동	은	물	올	의
퓨	한	받	트	젊	질	바	트	도	질	춤	문	거	친	화	적	감
발	을	을	용	말	운	찍	다	이	위	트	행	장	애	남	위	개
한	적	용	바	발	람	춤	공	용	장	자	고	로	질	아	말	발
사	문	터	대	러	파	낌	발	로	레	발	젊	로	주	는	제	을
짓	제	요	스	발	문	결	젊	장	결	카	부	션	이	반	응	을
을	로	법	주	크	의	제	을	발	체	주	에	리	경	고	했	다
바	질	기	금	올	다	을	대	한	맞	도	비	돌	루	을	한	어
이	을	동	용	요	행	굴	굴	러	과	션	러	명	자	전	올	견
올	감	집	북	질	받	로	장	동	터	즙	보	물	한	로	컴	을
솔	카	로	말	동	이	들	부	솔	고	낌	이	엔	은	트	추	날
강	한	표	자	너	카	한	문	달	적	블	종	진	질	요	로	질
한	용	의	트	올	다	질	을	감	대	발	린	이	이	풍	늘	받

강한
여왕의
경고했다
과즙이
바닥
지리
비명
원인
종이
보물
장애
선생님
친화적
고블린
엔진이
기금
보장
개발을
남아는
반응을

Puzzle 690

학업
타격
사실
어깨한다
어딘가에
생물학
배울
경제를
유지
뱀파이어
겁쟁이
쪼아
제로
나무
흰색
계산
야망
오소리
환영이
규제

운	다	한	깨	어	올	쌀	쌀	거	법	겁	트	레	동	에	노	트
적	로	집	제	딘	파	카	한	부	한	스	쟁	질	질	트	다	나
거	발	경	로	가	춤	한	다	돌	은	다	쌀	이	영	환	크	무
은	들	제	문	에	용	자	부	을	용	자	리	솔	장	날	느	다
규	러	를	돌	견	로	운	위	오	날	표	쌀	다	범	위	람	한
제	어	어	노	어	문	용	추	한	소	다	쪼	질	고	은	야	망
크	을	질	문	을	한	리	요	전	다	리	아	어	운	제	자	용
거	에	용	북	은	쌀	타	제	장	낌	문	한	체	물	발	을	트
생	물	학	장	동	카	바	격	루	측	물	춤	부	뱀	파	이	어
대	찍	날	어	다	을	요	올	감	계	산	퓨	다	대	법	동	법
찍	운	공	사	실	느	춤	법	레	발	감	고	로	낌	흰	쌀	동
쌀	견	바	을	맞	트	법	쌀	한	낌	주	어	체	굴	색	추	용
한	터	올	배	동	유	레	끔	체	적	다	학	업	문	솔	결	낌
운	한	들	울	늘	지	컴	물	한	다	동	은	필	다	트	범	은
발	파	람	동	필	부	바	솔	낌	크	풍	찍	거	한	을	발	짓

Puzzle 691

터	용	고	받	카	트	셀	풍	메	은	감	도	거	을	한	굽	이
감	리	추	장	나	을	셀	동	이	젊	견	바	트	에	법	늘	행
카	범	를	측	리	루	자	문	크	결	자	질	올	자	쌀	부	용
들	찍	리	존	아	을	풍	질	업	를	측	들	흡	감	퓨	찍	문
범	한	오	중	카	을	동	한	어	추	달	입	력	수	달	발	로
너	이	사	이	주	표	법	을	공	절	공	한	자	용	거	질	퓨
크	람	말	로	지	집	부	파	측	를	집	제	사	한	말	동	결
발	문	동	적	금	피	자	크	부	느	절	은	주	을	찍	컴	퓨
발	적	바	공	까	거	발	집	한	범	올	터	맞	대	날	필	찍
범	렌	발	전	지	로	젊	용	쌀	죄	돌	너	느	느	트	주	한
한	바	타	동	견	솔	한	춤	이	쌀	용	스	서	절	퓨	발	동
을	받	정	인	불	구	하	고	내	바	질	다	식	자	바	를	한
맞	측	올	리	끔	공	이	기	와	부	족	한	지	위	퓨	춤	제
용	을	엄	바	올	질	바	은	쁘	제	로	험	주	러	도	도	법
올	용	마	북	물	대	돌	의	동	게	문	시	문	바	션	늘	받

흡수
불구하고
기쁘게
범죄
카나리아
오리를
피자
자위
엄마
지금까지
인정받을
서식지
부족한
존중
시험한다
고추를
내와
발렌타인
메이크업
입력

Puzzle 692

행	동	표	주	필	물	느	풍	얼	크	맞	에	를	집	람	솔	을
풍	측	에	자	전	공	필	문	룩	도	늘	끼	카	짓	한	다	대
한	달	발	스	질	크	한	요	말	필	자	문	감	의	부	파	문
굽	동	부	스	장	동	컴	문	스	젊	젊	을	동	컴	루	느	세
굴	느	은	리	용	발	결	표	은	는	리	들	흔	루	굴	올	탁
장	대	표	행	끔	결	질	요	은	한	스	공	느	람	젊	올	운
질	바	찍	퓨	러	리	늘	바	행	물	찍	우	동	잊	질	맞	을
이	의	컴	리	느	전	요	법	질	한	위	험	하	게	지	고	러
람	짓	감	동	들	자	북	발	트	추	문	카	물	들	질	아	침
한	동	다	솔	터	도	질	모	한	트	은	문	동	은	공	동	달
측	다	필	이	이	컴	다	든	은	인	문	한	발	추	셀	행	쌀
경	험	점	크	퓨	날	솔	자	주	터	스	마	터	위	장	관	찰
돌	요	유	웨	이	크	로	느	연	뷰	루	트	법	감	도	주	들
컴	절	율	셀	쌀	물	감	행	만	에	파	양	문	느	운	그	녀
문	크	에	견	솔	자	젊	감	결	한	춤	의	다	은	법	이	젊

양파에만
위장
인터뷰
마스터
웨이크
아침
자연에
관찰
그녀
잊지
감동
하우스는
모든
공동
세탁
경험
점유율
위험하게
흔들리는
얼룩말

Puzzle 693

여	부	발	필	루	굴	지	장	을	우	너	견	동	람	짓	카	너
전	춤	운	바	한	운	출	날	올	산	여	름	복	싱	견	부	이
히	션	제	은	거	사	사	부	은	을	다	음	적	감	젊	다	람
러	맞	위	행	러	자	터	용	발	젊	한	동	바	물	행	스	셀
믹	스	도	의	셀	셀	집	위	로	올	문	작	가	맞	쌀	스	용
표	카	측	날	트	체	한	아	무	것	도	추	춤	를	을	동	터
은	체	파	장	굴	물	이	행	동	절	트	제	의	동	물	용	맞
다	퓨	문	문	스	주	을	을	좌	필	들	럭	러	제	행	용	한
끔	터	주	추	가	절	자	부	석	올	젊	제	찍	을	주	셀	에
카	책	법	크	도	덕	적	도	바	동	를	한	너	자	동	이	동
섹	주	상	리	레	끔	날	자	올	긴	추	도	말	제	고	리	에
주	션	사	스	집	다	용	굴	자	장	견	공	이	측	제	고	장
동	다	의	마	어	쌀	짓	대	은	된	트	적	풍	한	받	끔	대
결	한	맞	스	질	거	외	로	운	카	행	절	짓	트	찍	션	견
은	을	적	노	굴	루	도	적	도	바	로	부	을	날	맞	카	자

믹스
크리스마스
복싱
좌석
아무것도
트럭
섹션의
여전히
우산을
다음
은행
긴장된
지출
외로운
책상
도덕적
행위
여름
작가
추가

Puzzle 694

성숙
역할
일부
삼촌
권한
감싸는
얇은
실제
상황
제어
액세스
되돌리기
물질
절반
부족
신호를
어디에있는
그룹
토끼가
체포

행	의	절	위	행	범	행	끔	부	족	집	동	에	문	로	맞	삼
북	한	반	동	션	을	사	바	용	스	에	루	바	스	날	집	촌
젊	어	문	행	을	올	북	트	문	춤	끔	문	낌	부	느	로	자
발	체	크	문	문	쌀	거	느	감	바	어	파	필	한	로	람	너
용	를	춤	역	할	상	쌀	결	맞	올	들	얇	은	표	레	전	거
컴	권	퓨	체	퓨	황	트	트	느	람	을	사	느	굴	범	장	이
주	문	한	질	은	루	토	끼	가	제	쌀	감	주	춤	행	공	느
크	범	체	포	람	결	사	적	위	자	를	용	솔	한	동	다	바
짓	법	젊	레	러	그	동	은	루	추	너	셀	로	문	필	운	한
춤	행	감	굽	크	의	룹	바	대	쌀	쌀	의	필	을	을	되	받
측	문	터	를	용	맞	전	감	루	물	신	호	를	실	굴	돌	법
액	세	스	필	바	짓	을	크	물	질	성	숙	전	동	제	리	질
이	은	한	대	말	위	로	루	을	동	에	물	사	법	행	기	절
이	발	은	동	에	동	찍	바	동	트	맞	날	주	한	절	쌀	일
러	결	은	한	너	에	트	문	감	싸	는	있	에	디	어	제	부

Puzzle 695

전	다	잘	파	공	솔	도	구	들	끔	절	늘	카	표	스	을	동
법	러	무	못	자	행	쌀	동	굽	결	젊	올	경	보	트	한	날
람	한	례	요	이	을	제	대	트	람	위	조	컴	한	립	스	한
공	도	법	느	상	다	를	파	이	늘	말	건	행	파	공	느	을
이	맞	도	젊	색	은	용	자	필	용	공	달	문	를	쌀	달	용
너	한	람	절	질	문	바	젊	추	러	견	러	크	문	발	돌	람
문	굽	돌	문	바	적	을	도	끔	장	트	셀	이	올	을	느	결
신	한	제	이	루	이	동	거	거	견	굽	션	발	가	바	결	혼
비	다	트	션	리	필	너	컴	젊	의	셀	추	을	미	문	다	컴
동	자	를	물	주	노	을	주	요	션	받	법	트	스	동	주	저
요	절	한	바	바	용	동	평	방	오	리	카	문	의	적	로	고
제	너	너	트	달	맞	느	쌀	위	쌀	레	장	느	리	부	다	퓨
솔	로	받	젊	범	도	발	트	바	트	느	은	가	난	한	문	츠
맞	크	행	동	문	쌀	은	낌	한	추	받	너	력	경	한	구	결
집	문	사	올	한	제	카	이	노	부	찍	레	집	다	찰	매	풍

올가미
잘못이
평방
경보
경력
가난한
경찰
신비
도구
주저
결혼
조건
색상이
솔로
바다
스트립
발을
구매
무례
오리

Puzzle 696

커	범	가	까	이	트	션	바	맞	서	리	강	문	적	츠	춤	퓨
버	절	다	동	바	컴	트	날	러	랍	치	아	끔	달	레	맞	를
가	페	낌	굴	러	어	굽	감	루	주	명	지	이	은	짓	한	러
자	인	느	주	견	견	집	질	로	으	적	식	공	문	찍	짓	자
문	트	한	이	리	부	질	루	한	끔	한	클	기	스	다	다	끔
음	리	굽	날	거	한	의	행	춤	트	절	감	라	결	범	크	용
동	악	플	레	이	어	의	료	이	바	카	사	바	우	트	사	바
퓨	다	젊	문	동	고	너	절	느	주	코	션	해	동	드	대	한
이	의	말	쌀	터	달	말	솔	거	사	뿔	춤	솔	문	제	달	질
질	쌀	자	확	로	을	거	찍	거	견	소	바	문	올	람	이	이
체	를	로	올	실	다	트	동	루	감	이	들	견	문	션	체	스
표	를	트	더	원	트	터	결	러	전	바	학	생	날	로	젊	카
운	트	파	말	자	바	질	스	람	부	카	발	터	수	석	도	프
솔	루	바	발	노	추	낌	은	거	다	집	고	견	카	장	을	물
캥	거	루	도	물	동	로	달	문	트	고	바	풍	에	늘	사	트

해바라기
페인트
클라우드
학생
플레이어
원자
스카프
원더
서랍
강아지
의료
공식적으로
캥거루
커버가
확실
치명적
수석
음악
가까이
코뿔소

Puzzle 697

명	들	결	결	끔	도	매	솔	적	문	견	감	춤	문	바	션	노
쌀	확	올	찍	문	달	루	니	트	노	크	바	돌	바	동	어	퓨
루	느	하	짓	춤	낌	트	운	저	문	고	이	북	집	사	부	견
풍	들	늘	게	찍	짓	늘	짓	절	도	굽	감	수	에	로	동	리
다	굴	끔	발	한	받	찍	노	필	문	견	바	량	문	자	주	질
거	동	법	를	도	다	퓨	람	자	은	한	들	바	느	표	주	거
감	한	적	에	크	질	실	람	맞	동	법	발	초	콜	릿	을	젊
도	너	바	자	을	발	행	표	굴	늘	을	따	바	운	발	물	을
스	굽	지	짓	와	물	을	러	법	이	순	라	바	섬	질	질	동
로	이	동	를	인	질	로	을	추	삼	종	서	춤	전	세	맞	물
셀	바	너	풍	올	트	바	도	적	촌	람	러	소	요	젊	한	은
트	굴	바	를	거	범	굴	다	짓	이	리	한	쌀	문	바	바	말
루	동	자	문	로	셀	추	찍	전	받	루	리	용	발	셀	거	질
영	양	분	을	역	영	너	한	문	느	날	문	문	문	주	리	요
한	젊	은	카	주	다	이	정	가	연	습	쌀	주	용	질	스	질

동물은
요리
삼촌이
초콜릿
수량
순종
명확하게
소요
영양분을
바지
전문가
연습
가정이다
영역을
실행을
거리
따라서
섬세한
매니저
와인

Puzzle 698

범	대	센	연	한	컴	이	문	낌	요	감	말	레	앞	도	사	어
텐	트	터	표	락	이	도	를	다	동	감	트	법	워	서	무	부
사	물	고	다	로	처	은	결	부	바	트	솔	달	고	추	람	션
느	어	문	평	바	거	감	노	용	체	를	스	부	전	동	발	감
스	도	너	야	러	북	고	루	말	제	로	트	리	를	을	동	문
리	주	풍	바	레	이	트	제	이	한	거	한	버	섯	쌀	파	주
낌	풍	표	람	리	를	한	다	주	범	의	을	찍	문	활	은	이
날	찍	결	끔	장	문	키	가	동	한	이	감	굴	션	파	동	한
너	평	면	의	차	이	동	부	너	동	은	네	트	워	크	바	부
에	문	을	도	다	감	문	바	트	춤	짓	질	트	쌀	사	견	받
긴	파	를	온	필	을	너	다	스	발	동	레	육	두	구	사	과
급	굽	사	컴	집	터	바	발	운	바	느	다	감	은	문	쌀	부
전	카	법	의	어	로	젊	발	은	늘	체	동	발	운	적	범	집
판	사	돌	도	은	도	레	젊	한	대	견	은	표	공	끔	위	굽
의	장	리	동	도	결	어	어	바	요	용	바	을	주	문	행	추

연락처
네트워크
활동
텐트
키가
육두구
물어
평면의
무서워
거북이를
거의
긴급
판사
버섯
앞서
평야
차이
센터
온도의
사과

Puzzle 699

느	쌀	용	문	감	쌀	이	트	연	속	쌀	달	을	풍	주	돌	의
트	동	대	결	북	스	측	너	위	한	메	추	라	기	패	턴	추
동	찍	북	다	스	을	파	을	을	방	발	자	표	에	물	질	한
러	달	주	필	느	트	람	북	한	어	어	분	기	물	춤	쌀	파
그	적	문	괴	물	을	스	무	거	운	요	발	다	의	을	질	트
끔	늘	문	크	러	필	풍	이	운	자	매	사	생	가	류	조	너
스	동	이	너	루	용	자	을	로	동	행	다	각	치	크	전	파
짓	동	스	문	이	파	카	루	자	요	대	한	이	를	트	크	티
절	트	측	찍	질	체	말	도	이	행	여	행	전	느	컴	용	받
어	물	의	범	갤	발	질	자	자	도	굴	문	한	이	레	로	바
드	레	이	크	동	럽	견	은	마	테	위	한	은	바	다	동	바
은	표	을	동	은	어	노	요	커	을	문	체	발	가	락	을	동
절	다	너	션	북	바	은	집	노	춤	절	운	돌	질	어	을	트
북	적	느	올	표	트	북	돌	트	낌	끔	주	운	감	용	크	다
노	젊	션	트	느	다	은	대	춤	로	을	달	로	들	올	를	사

메추라기
분기
가치를
패턴
연속
갤럽
마커
파트너파티
테마
생각이
운동
조류가
자매
무거운
여행
드레이크
그늘
괴물
발가락을
방어

Puzzle 700

제	부	부	도	자	트	용	로	노	올	제	늘	바	적	낌	노	굴
솔	컴	질	적	러	에	젊	편	집	덮	집	다	문	절	쌀	을	바
적	풍	도	부	절	한	적	컴	자	여	부	질	낌	한	달	결	도
자	젊	고	용	한	한	젊	표	제	바	트	에	치	풍	자	이	발
극	적	인	크	문	전	셀	리	문	주	사	컴	약	어	크	노	장
들	솔	을	트	바	바	제	춤	올	질	자	받	체	을	다	낌	추
범	크	퓨	을	비	타	민	로	폭	경	기	장	한	확	장	바	바
를	쌀	자	북	공	을	로	동	풍	부	대	자	제	끔	말	올	대
용	사	부	발	다	다	운	끔	장	솔	느	로	동	트	를	로	공
바	법	문	숟	가	락	찍	터	에	즐	문	집	은	것	젊	굽	퓨
트	사	컴	동	동	셀	굽	질	굴	늘	겁	부	자	끔	이	주	늘
주	필	느	도	로	세	븐	필	받	사	위	게	운	말	은	들	운
전	측	의	발	바	이	파	가	를	늘	날	카	질	한	의	자	람
다	찍	이	젊	짓	질	자	정	견	용	질	말	레	터	운	이	춤
표	질	바	로	을	다	바	퓨	퓨	요	다	로	까	마	귀	이	발

덮여
숟가락
것이
확장
부적절한
노을
가정
편집
도발
비타민
즐겁게
치약
사자
적절한
세븐
대기
까마귀
폭풍
경기장
극적인

Puzzle 701

노	끔	과	러	절	한	사	바	젊	질	동	보	트	을	동	공	용
적	날	을	학	느	트	부	을	이	을	테	러	을	세	용	루	범
법	질	거	전	자	낌	전	처	정	달	소	트	어	포	스	절	스
한	바	바	맞	추	에	대	벌	지	동	다	녀	을	질	로	주	문
발	공	원	풍	춤	집	학	느	로	다	한	바	도	퓨	노	람	공
필	수	느	운	달	날	바	의	말	로	문	쌀	트	추	돌	러	을
바	실	집	물	절	주	전	감	굽	퓨	쌀	다	적	이	컴	셀	느
필	풍	견	휴	가	를	은	운	바	요	노	전	느	어	운	을	문
절	주	작	은	을	올	이	이	낌	은	한	느	이	다	집	자	크
용	루	은	표	위	질	람	한	은	제	은	제	집	너	한	자	한
업	집	을	공	침	셀	로	한	퓨	사	주	맞	한	농	말	은	굽
사	용	자	알	주	실	거	루	찍	공	도	다	한	축	감	러	물
물	람	운	려	주	바	물	한	고	격	받	찍	춤	공	레	도	러
들	리	감	진	부	용	동	로	바	어	러	대	다	동	의	제	을
너	스	달	물	파	이	짓	은	한	추	적	너	한	이	노	낌	주

공격
사용자
휴가를
대학
공원
자전거
농축
세포
작은
처벌
필수
보트
알려진
사업
소녀
과학자
침실
정지
테러
실수

Puzzle 702

고	크	장	노	노	발	바	이	늘	은	행	굴	고	쌀	이	바	업
낌	용	도	절	짓	맞	질	북	문	스	늘	올	위	늘	트	견	데
빛	이	쌀	솔	로	한	거	동	람	낌	레	굽	리	전	찍	람	이
을	의	동	리	레	한	필	퓨	감	람	젊	우	체	측	문	카	트
바	풍	다	적	스	동	감	트	상	션	토	박	요	위	절	발	집
발	낌	바	날	주	케	용	한	대	너	양	루	대	대	도	측	동
카	자	모	텔	카	이	이	견	느	적	대	주	굽	요	돌	범	체
카	파	을	문	맞	터	를	트	코	추	다	러	크	물	도	대	바
리	동	을	요	한	늘	질	은	스	문	을	고	법	법	거	발	로
워	드	학	교	자	감	추	법	문	케	이	북	얽	이	파	거	쌀
트	루	들	필	법	쌀	크	불	춤	필	이	집	올	힌	오	렌	지
느	공	굴	감	크	절	이	에	짓	주	날	트	터	크	용	스	굴
받	리	촬	영	솔	용	레	을	전	러	컴	을	물	자	동	용	채
사	로	퓨	카	짓	도	자	범	화	대	은	파	말	자	모	절	택
한	너	을	전	러	동	굴	낌	문	로	쌀	트	러	본	양	쪽	에

얽힌
불에
학교
업데이트
빛의
채택
우박
영감
자본
촬영
전화
모텔
워드
오렌지
상대
모자
스케이트스케이트
토양
양쪽
코트를

Puzzle 703

전	용	자	느	절	한	연	자	제	발	바	노	짓	풍	바	터	느
동	말	낌	느	셀	대	늘	원	문	받	문	쌀	체	들	느	바	문
문	명	확	히	루	거	체	느	션	바	추	을	고	노	질	을	노
요	북	적	파	용	의	제	필	행	바	의	찍	에	결	올	어	노
이	자	견	문	람	결	거	예	를	희	망	일	질	이	바	끔	용
짓	늘	돌	바	트	레	사	동	맞	위	퓨	추	반	표	를	한	카
리	표	굽	동	느	문	결	춤	적	느	트	를	계	적	가	솔	린
너	질	절	를	동	파	올	문	을	북	결	위	획	자	으	동	한
발	적	맞	카	낌	바	인	집	너	을	은	동	트	장	이	로	무
생	노	북	을	부	로	주	애	용	달	퓨	은	굽	발	표	을	대
쌀	노	자	한	물	의	발	트	플	로	루	솔	문	젊	분	컴	거
자	로	맞	트	이	도	굽	에	다	행	도	다	바	쌀	모	의	돌
끔	문	주	다	용	자	들	장	부	범	표	표	달	문	바	운	느
카	발	노	말	동	스	돌	맞	행	위	퓨	용	춤	제	컴	한	굴
필	부	운	북	동	문	동	다	람	는	햄	버	거	한	주	한	들

가솔린
예를
자연
일반적으로
햄버거
파인애플
바느질
분모
거대한
무대
명확히
자원
희망
발굽
발생
계획
일찍
제거
범위는
절대

Puzzle 704

잔디
사용이
외에
석탄
버스트를
관계가
열한
게으른
복구
빨간색을
부드럽게
의도
방어머니
짧은
자체
위협이
과거의
둥지
식사
왼쪽

동	트	공	문	열	왼	고	고	굴	문	발	동	문	전	주	물	운
문	를	둥	지	한	문	쪽	발	바	발	을	표	쌀	러	노	동	동
이	범	쌀	다	한	끔	주	물	느	굴	부	은	젊	용	굴	파	끔
도	부	달	굴	맞	추	카	춤	트	한	추	위	용	느	질	셀	느
말	러	절	받	물	을	레	올	문	이	문	을	전	션	법	필	끔
자	위	협	이	용	사	춤	동	운	다	부	크	감	한	관	계	가
도	체	북	대	문	물	공	부	사	들	도	고	이	문	감	거	발
굴	감	질	대	문	어	북	낌	루	감	트	동	질	석	범	도	운
고	스	퓨	전	문	바	요	루	짧	은	을	이	사	탄	부	표	느
방	어	머	니	식	외	에	카	공	자	카	춤	측	어	드	젊	말
운	람	올	이	사	동	굴	복	잔	디	로	동	굽	터	럽	션	용
게	솔	적	굽	다	젊	를	측	구	의	거	과	빨	을	게	쌀	거
으	솔	추	동	한	은	로	북	감	도	질	문	간	로	에	범	션
른	자	문	쌀	이	찍	절	버	스	트	를	주	색	표	이	맞	트
컴	쌀	파	굴	동	범	을	표	쌀	자	를	주	을	도	을	도	절

Puzzle 705

용	리	메	을	풍	람	도	결	적	문	로	을	로	추	낌	운	자
주	더	질	자	법	문	부	쌀	바	문	한	주	켓	달	견	퓨	문
문	주	맞	위	장	추	스	흥	분	리	젊	위	조	절	자	자	범
주	전	자	위	짓	자	문	원	하	는	추	너	견	류	동	찍	체
쌀	바	도	문	부	은	의	은	돌	사	정	완	버	발	공	작	동
션	대	낌	을	은	전	바	측	뾰	족	한	화	팔	파	터	용	업
쌀	자	문	용	요	볼	동	부	도	측	다	노	로	동	북	레	문
리	부	운	을	들	트	트	제	질	러	터	법	공	문	찍	절	어
표	문	문	굽	문	대	주	부	한	적	은	크	을	한	장	결	크
퓨	람	솔	절	문	표	을	루	젊	질	한	리	북	고	주	퓨	물
동	결	한	이	스	표	올	문	올	나	비	표	집	올	동	녹	파
동	늘	스	터	반	부	동	물	다	트	퓨	느	이	자	도	색	말
테	이	크	쌀	기	자	한	결	젊	한	감	크	느	전	돌	람	동
풍	절	의	파	지	션	퓨	부	감	표	자	절	레	트	다	동	영
물	터	말	파	공	단	락	이	끔	굴	은	굴	말	감	문	들	상

테이크
뾰족한
볼트
메리
작업
반기지
녹색
동영상
대표
원하는
리더
버팔로
주전자
단락
흥분
한정
나비
로켓
조류
완화

Puzzle 706

자	젊	자	발	그	림	자	람	굽	트	독	스	로	동	기	전	장
동	필	젊	파	낌	질	노	돌	고	발	수	프	바	을	회	바	를
굴	카	운	크	고	노	션	은	장	이	리	링	요	동	다	공	짓
도	문	어	풍	을	로	달	필	짓	운	짓	대	블	오	류	사	어
춤	한	바	느	리	측	을	카	을	굽	동	적	록	동	바	컴	고
다	로	행	느	찍	이	물	바	우	터	문	용	행	물	귀	중	한
을	자	트	돌	바	쌀	개	셀	에	보	한	따	라	바	발	거	를
쌀	동	주	측	견	제	어	측	용	에	이	동	달	이	발	공	한
대	문	은	부	동	이	을	은	날	들	노	대	신	올	새	벽	체
도	통	용	도	느	발	자	노	러	날	돌	달	측	춤	터	절	풍
을	사	령	터	동	퓨	부	낌	자	을	너	문	젊	느	발	돌	절
발	를	늘	을	차	량	냉	장	고	감	트	문	크	의	풍	감	의
위	굴	찍	바	카	동	이	범	젊	사	한	요	트	낌	주	루	측
다	도	어	문	올	고	위	사	자	이	고	자	결	굽	거	측	필
주	션	요	주	트	측	터	의	받	트	모	크	카	퓨	결	사	요

기회
오류
냉장고
카우보이
대통령을
귀중한
이모
스프링
적용
동물
대신
새벽
물개
블록
전기
따라
차량
동굴
독수리
그림자

Puzzle 707

끔	을	은	말	결	감	범	문	바	자	격	리	올	람	쌀	딸	질
대	춤	돌	동	은	쌀	물	집	다	부	운	질	짓	한	트	너	이
탐	질	컴	대	한	스	측	느	절	견	도	종	짓	적	를	감	용
발	구	스	이	사	문	전	의	절	차	풍	료	컴	날	너	을	질
법	스	중	앙	를	집	한	을	셀	찾	감	와	트	의	전	용	받
감	러	이	전	기	느	체	퓨	바	고	문	주	크	에	카	쌀	이
자	필	동	느	능	를	용	장	용	날	러	의	리	문	을	느	말
돌	굽	제	바	을	을	람	필	늘	행	발	위	을	동	집	낌	션
황	끔	주	스	람	문	의	용	세	짓	한	한	질	카	추	솔	질
을	야	마	우	스	측	파	느	계	동	장	고	트	은	범	크	위
풍	거	주	부	다	바	집	을	쌀	다	발	동	동	루	늘	요	기
건	물	을	거	동	추	적	부	질	을	션	터	느	은	의	트	달
이	행	측	퓨	너	맞	람	람	상	업	발	집	문	확	신	를	난
도	의	범	질	사	를	법	행	굴	레	부	찍	행	쌀	자	파	로
치	열	한	한	한	은	결	도	람	감	바	한	필	집	에	돌	크

난로
건물을
위기
중앙
기능을
딸이
상업
절차
느낌
치열한
세계
찾고
탐구
마우스
종료와
격리
황야
확신를
자신의

Puzzle 708

사랑
다른
혜택
정부
호흡
사이트
접착제
실현
상상
인덱스
하드
데이지
깔끔한
이름
텍스트
순서
어떤
테마
우박
자체

컴	트	한	에	어	달	짓	텍	한	동	트	문	상	크	들	이	필
받	절	말	혜	느	름	추	스	낌	동	을	다	를	상	정	부	바
동	질	을	택	데	이	지	트	깔	문	실	른	하	드	부	젊	동
은	맞	크	스	도	노	에	이	느	끔	현	행	에	날	의	동	표
너	로	동	다	대	동	랑	사	춤	절	한	어	떤	솔	로	느	질
대	추	감	발	동	어	달	다	너	로	북	사	체	달	를	감	견
루	을	쌀	문	다	필	셀	발	받	질	자	체	퓨	솔	로	호	한
바	필	퓨	테	찍	말	도	을	표	한	고	한	파	사	트	동	흡
레	스	말	마	자	고	올	들	대	주	적	셀	문	퓨	리	쌀	사
이	문	결	션	찍	요	순	서	대	트	끔	주	도	부	에	트	한
스	동	자	한	위	부	노	동	날	람	동	거	늘	퓨	쌀	위	문
젊	법	낌	날	집	전	사	들	낌	느	어	이	낌	의	사	공	문
를	주	쌀	을	낌	부	찍	루	을	바	범	집	절	인	덱	스	어
트	용	을	은	문	한	자	주	굽	문	용	범	한	은	람	감	은
낌	너	짓	굽	거	트	트	노	한	바	로	이	우	박	접	착	제

Puzzle 709

에	절	요	아	결	느	내	레	이	터	너	낌	하	컴	표	끔	요
풍	동	법	버	이	동	터	리	주	러	싱	크	나	을	올	카	요
범	풍	따	지	퓨	찍	러	제	적	발	위	트	의	게	요	풍	행
스	의	라	의	부	위	범	전	문	터	끔	맞	결	날	으	너	거
요	리	날	로	에	주	올	젊	를	집	바	트	은	바	발	른	받
요	노	위	노	누	결	바	아	마	도	다	측	크	문	굽	질	퓨
퓨	한	로	주	한	가	한	도	표	람	느	동	쌀	행	을	병	한
훌	견	운	굽	바	발	발	통	치	자	문	달	위	리	솔	트	레
륭	리	도	부	춤	트	견	을	셀	범	러	느	요	러	고	굴	질
함	너	트	춤	레	절	거	자	장	견	을	발	쌀	로	감	짓	을
도	춤	이	문	문	솔	문	동	굽	수	입	트	리	한	표	춤	동
용	엄	청	난	만	큼	이	까	가	표	퓨	감	루	침	지	맞	질
감	학	문	문	동	북	축	솔	문	끔	터	질	를	실	금	사	동
한	년	로	전	도	문	을	구	행	트	측	문	표	자	용	스	그
의	주	질	느	바	에	한	운	자	한	공	션	법	고	도	집	려

지금
누가
학년
싱크
용감한
아버지의
내레이터
그려
수입
엄청난만큼이
통치자
하나의
질병
훌륭함
축구
아마도
가까이
침실
게으른
따라

Puzzle 710

운전사
장난
오토바이
원숭이
최대
베이킹
다이빙
명시
드레스
기본
확산
살아있는
함께
현실의
실제로
자발적
인식
도덕적
평방
둥지

트	트	끔	터	다	카	문	실	도	질	현	실	의	이	풍	트	로
다	제	들	람	전	파	트	제	질	러	트	션	스	람	늘	감	로
기	문	날	크	도	은	바	로	물	물	람	노	다	쌀	최	솔	루
질	본	부	필	평	방	풍	춤	표	람	인	늘	컴	주	대	한	범
한	늘	카	동	바	필	늘	동	발	터	식	범	사	측	문	풍	부
올	동	파	도	을	발	표	자	느	낌	요	킹	질	쌀	감	쌀	돌
찍	주	발	한	셀	퓨	풍	행	오	토	바	이	자	발	적	퓨	추
부	달	짓	스	리	동	장	난	한	로	바	베	확	을	맞	덕	운
절	물	집	요	이	집	올	솔	레	견	자	날	산	필	트	늘	도
질	행	감	날	표	질	질	북	굽	원	느	행	살	동	대	추	견
드	레	스	동	느	끔	션	행	을	말	숭	에	아	한	운	자	위
들	질	받	측	끔	느	굴	굴	를	둥	문	이	있	도	전	범	제
에	다	를	어	한	질	풍	용	측	지	동	을	는	바	사	러	표
노	이	법	동	공	명	주	함	께	로	필	한	문	올	로	퓨	달
끔	빙	다	질	동	시	자	필	바	문	위	은	바	한	바	셀	끔

Puzzle 711

울	춤	문	를	한	주	싸	움	부	서	한	은	문	동	표	동	발
었	아	솔	엄	마	만	문	주	스	브	동	동	올	자	로	다	말
다	래	루	셀	포	풍	든	한	부	컴	러	어	다	짓	루	터	분
바	에	션	발	크	올	요	법	이	팩	동	바	다	에	달	동	홍
이	이	을	자	대	녹	을	운	다	트	올	질	돌	맞	느	찍	색
차	단	원	멸	터	아	뉴	굽	질	위	받	견	날	동	카	느	의
주	리	지	바	망	느	스	용	발	로	트	자	짓	너	체	을	풍
문	행	거	루	달	은	고	주	노	동	크	정	쌀	한	로	북	공
받	바	한	짓	부	웜	문	로	을	한	허	보	람	공	자	결	북
결	완	료	레	을	주	은	발	북	문	리	집	돌	적	어	젊	문
범	짓	한	체	리	쌀	의	북	춤	도	케	바	주	트	동	제	적
짓	주	추	솔	이	문	트	쌀	맞	돌	인	질	기	금	북	너	한
필	한	솔	터	다	끔	거	동	파	발	견	굽	에	굴	스	공	절
주	너	달	은	컴	솔	다	바	올	필	문	바	도	크	람	제	루
낌	위	범	용	감	말	로	필	맞	위	스	쌀	쌀	고	리	느	감

뉴스
차단
솔루션을
녹아
분홍색
싸움
만든
정보
서브컴팩트
허리케인
부주의
포크
울었다
웜은
멸망은
아래에
지원을
완료
기금
엄마

Puzzle 712

혜	택	을	바	집	감	이	공	은	다	동	을	용	감	동	필	추
을	물	측	법	감	표	자	늘	레	도	을	굽	이	쌀	동	북	로
결	맞	트	달	주	카	찍	체	문	법	부	범	한	러	발	루	고
가	요	리	느	거	포	함	어	주	레	의	공	공	을	행	솔	사
끔	굴	다	빌	필	늘	리	루	젊	자	찍	동	셀	느	람	러	터
풍	어	문	려	말	담	비	이	파	솔	문	문	을	말	를	부	셀
잊	어	트	로	동	사	유	용	동	은	부	능	력	파	절	올	용
시	솔	한	공	젊	터	체	도	달	느	도	을	느	물	표	낌	문
감	금	말	늘	그	늘	질	트	굽	주	동	달	전	법	발	거	집
을	감	치	도	말	알	고	노	달	한	도	동	주	부	풍	대	결
물	트	로	터	느	표	짓	추	트	체	끔	범	션	요	동	물	표
날	절	바	동	로	젊	찍	을	굽	용	을	을	을	청	먼	셀	자
주	러	거	죄	송	로	동	공	크	장	풍	은	약	알	지	돼	측
용	법	카	쓰	필	주	받	끔	젊	발	예	운	용	문	면	질	로
동	은	를	기	달	물	카	사	측	낌	한	술	자	러	소	수	점

요청
잊어
시금치
포함
혜택을
알고
소수점
빌려
돼지알약
죄송
가끔
능력
먼지
담비
유체
수면
쓰기
예술
공동
그늘

Puzzle 713

노	퓨	고	스	공	에	람	은	여	카	을	쌀	이	받	트	정	바
주	다	래	케	요	너	문	은	자	드	북	절	절	러	용	도	제
사	낌	춤	이	측	추	모	양	의	암	탉	운	말	법	범	필	로
식	막	을	트	범	범	용	대	장	바	전	션	행	체	을	대	은
공	늘	돌	스	돌	추	감	절	주	셀	쌀	문	공	느	결	을	을
달	발	느	케	풍	다	위	한	대	공	적	에	레	트	보	통	측
파	한	측	이	극	장	문	로	바	동	체	한	루	을	장	쌀	추
한	의	바	트	질	를	트	컴	문	돌	동	절	극	단	적	으	로
고	바	스	올	속	하	는	적	을	느	파	솔	위	위	질	질	트
고	법	은	은	끔	리	퓨	트	도	늘	고	용	한	동	늘	말	체
사	한	한	공	다	트	체	받	측	동	너	루	발	러	늘	짓	운
표	행	사	이	클	말	동	맞	자	돌	물	러	노	트	늘	도	바
스	다	러	답	로	한	한	춤	고	을	필	집	달	자	을	자	을
주	끔	달	응	션	젊	의	로	다	동	측	한	러	달	은	다	로
썩	은	끔	용	동	다	솔	학	포	함	되	어	범	용	맞	절	제

응답이
보통
속하는
극단적으로
암탉
모양의
사이클
극장
고래
돌풍
썩은
사막
의학
전문
포함되어
정도
여자
카드
스케이트스케이트
식사

Puzzle 714

스	부	표	이	용	어	절	바	행	정	요	필	절	크	어	질	전
받	에	트	대	한	체	루	부	굽	착	문	요	자	동	요	풍	굽
을	추	한	스	자	를	집	동	동	을	집	러	행	로	고	태	부
사	상	결	말	은	집	어	결	추	들	거	터	경	보	올	양	달
다	점	돌	날	주	공	다	대	션	어	가	문	스	문	을	카	한
견	끔	트	짓	끔	위	날	동	문	은	래	족	웨	장	침	어	스
을	절	부	견	디	다	북	솔	이	를	모	리	터	프	착	을	용
복	동	늘	퓨	행	장	굽	터	거	크	을	용	필	해	이	행	행
숭	성	공	퓨	절	체	질	너	자	한	양	끔	문	요	대	테	바
아	굽	시	위	이	레	문	행	부	퓨	쪽	요	바	용	젊	끔	트
맞	동	나	요	위	이	리	러	은	들	대	도	주	날	을	루	터
터	감	리	러	동	발	가	락	을	다	체	질	케	올	공	장	측
측	말	오	전	바	한	문	솔	필	파	북	을	로	이	법	주	체
한	바	말	동	람	로	들	컴	자	끔	부	표	트	사	크	을	한
제	은	에	위	견	질	적	모	텔	끔	쌀	스	용	동	바	장	한

태양
시나리오
테이프
케이크
모래가
복숭아
가족
들어
필요
침착이
성공
정착
견디다
상점
스웨터
이해
경보
발가락을
양쪽
모텔

Puzzle 715

종	교	곱	한	견	맞	왕	굽	대	감	행	블	에	크	표	한	장
끔	도	셈	한	적	신	자	절	쌀	찍	동	표	록	올	람	로	도
문	람	문	필	이	영	환	돌	달	날	발	이	짓	로	셀	참	여
느	느	쌀	느	느	한	로	이	어	올	셀	체	바	한	문	리	낌
을	한	고	을	레	낌	고	공	션	주	굽	문	사	바	바	솔	행
발	로	돌	은	질	로	굴	레	문	문	바	컴	질	발	추	에	늘
람	끔	체	찍	질	컴	에	셀	감	로	동	부	말	람	장	제	용
스	질	카	체	고	느	솔	맥	주	메	이	크	업	들	표	품	부
문	되	감	기	을	절	친	화	적	법	쌀	퓨	쌀	셀	자	용	절
느	전	루	동	올	발	도	범	질	트	낌	동	퓨	공	블	전	게
자	장	리	트	을	운	명	에	을	문	추	이	트	전	터	루	이
에	이	퓨	솔	필	문	필	견	스	동	느	발	수	쌀	주	트	트
문	은	용	을	적	너	풍	스	대	위	러	은	석	솔	터	동	에
표	위	의	을	스	이	날	춤	연	감	동	브	리	지	굴	바	서
날	바	체	낌	터	트	트	바	례	요	용	끔	에	동	용	스	용

자신
되감기
종교
블루
게이트에서
맥주
제품
왕자
곱셈
용서
참여
환자
연례
발명
브리지
친화적
환영이
메이크업
수석
블록

Puzzle 716

트	대	퓨	느	레	춤	북	을	스	대	로	젊	다	굴	부	컴	다
발	다	트	요	문	용	맞	한	에	부	셀	의	의	물	날	북	루
셀	바	은	요	도	젊	자	젊	범	동	날	너	표	짓	위	돌	낌
한	문	바	질	로	말	카	트	자	주	도	스	돌	션	은	고	동
느	를	짓	굽	사	다	리	한	의	션	너	은	받	솔	표	동	을
추	프	춤	한	늘	로	찍	쌀	집	를	동	날	셀	추	표	문	한
노	래	하	기	크	으	카	아	에	적	맞	주	용	러	커	루	도
표	그	장	공	감	향	미	들	로	초	을	너	스	에	튼	거	받
자	춤	들	들	관	방	소	이	풍	대	서	답	변	트	체	전	동
을	체	션	루	쌀	동	음	날	짓	를	랍	슬	라	이	드	짓	춤
질	트	날	루	감	어	을	카	이	도	돌	솔	한	터	자	바	리
크	날	컴	마	트	독	한	풍	전	운	카	낌	낌	물	이	감	북
고	추	투	자	녀	카	문	레	루	신	비	자	제	부	문	문	문
로	핑	크	운	집	바	은	로	문	람	을	한	질	달	굽	쌀	주
찍	로	람	주	올	운	늘	너	의	맞	도	물	견	행	동	을	돌

노래하기
이미
초대
커튼
아들이
사다리
감독
답변
공기
소음
그래프
핑크
방향으로
마녀
소방관
슬라이드
크기
투자
신비
서랍

Puzzle 717

법	식	용	다	문	자	에	트	제	은	용	제	에	쌀	노	리	너
낌	집	이	운	주	사	은	느	시	장	의	도	퓨	셀	트	주	한
을	춤	돌	날	자	의	카	젊	견	감	찍	견	동	고	북	한	맞
트	로	말	도	결	질	어	바	동	트	제	너	바	동	동	질	절
감	파	로	목	자	쌀	레	쌀	트	트	질	너	사	맞	필	을	카
은	바	결	감	록	문	감	문	저	파	한	받	동	터	늘	들	바
바	낌	트	문	쌀	과	물	건	말	자	오	일	행	들	이	장	동
요	부	견	문	다	질	운	문	문	동	기	표	주	을	다	혼	존
절	문	이	적	맞	바	트	추	제	트	산	관	돌	트	로	합	재
좋	심	장	주	돌	레	자	느	질	말	계	추	트	찍	카	법	를
아	결	연	민	굴	말	션	풍	컴	발	굽	문	성	숙	공	트	표
하	운	컴	동	로	주	느	용	절	찍	을	너	질	대	위	파	과
는	하	지	금	장	느	터	물	발	터	통	노	터	문	부	범	학
요	말	용	물	주	고	결	행	가	지	고	트	바	발	추	분	자
이	솔	발	을	를	거	북	이	를	거	은	부	요	집	굽	동	의

혼합
심장
물건
존재를
오일
가지고
계산기
식용
노트북
저자기관
대부분의
좋아하는
고통을
금지하는
목록과
시장의
연민
성숙
거북이를
과학자

Puzzle 718

대화
그들이
편안
특별한
선호
결과를
플레이
미래
모래
스틸
미스
동결
규칙
먹다
국제
반드시
좋은안녕
강한
까마귀
관계가

거	운	의	트	체	반	동	국	제	올	트	솔	측	이	루	올	질
이	리	달	터	주	드	결	을	트	받	맞	한	도	들	올	션	에
션	굴	운	동	측	시	감	터	요	맞	너	대	람	까	마	귀	한
람	결	을	크	장	굴	공	낌	동	그	결	과	를	굽	결	느	받
은	로	바	문	추	체	범	동	의	들	맞	집	추	체	맞	카	절
행	동	로	쌀	션	맞	범	다	을	이	말	쌀	측	결	로	바	끔
문	한	발	굴	쌀	견	부	올	퓨	레	카	들	션	바	다	트	의
북	짓	터	제	돌	대	를	한	찍	플	주	컴	컴	을	질	바	끔
행	위	에	젊	장	발	어	을	느	운	자	대	규	찍	이	은	굽
문	도	도	끔	솔	도	관	을	스	퓨	모	주	카	칙	람	도	굽
제	맞	느	에	한	부	계	날	틸	카	노	래	선	도	트	리	필
바	동	특	별	한	강	가	카	편	녕	스	미	호	은	끔	느	들
대	쌀	부	돌	한	물	쌀	트	스	안	러	대	로	공	바	거	문
견	측	사	용	루	용	다	끔	션	은	먹	화	굴	동	받	터	크
맞	은	표	전	용	셀	날	을	추	좋	다	달	문	트	노	솔	쌀

Puzzle 719

트	주	감	셀	바	스	도	을	발	용	느	북	복	컴	용	한	인
문	올	질	말	이	컴	틸	스	너	용	대	것	구	물	동	견	정
발	동	을	을	범	발	의	훔	셀	어	기	야	이	자	전	을	받
썰	매	거	대	부	들	스	동	쳐	북	루	한	부	다	올	시	을
로	올	용	달	한	위	퓨	문	운	쌀	트	한	을	법	제	계	위
문	남	성	음	트	터	노	필	결	동	맞	고	절	루	말	다	행
을	돌	필	거	짓	말	을	발	혼	퓨	동	컴	행	도	파	공	도
체	의	질	채	택	풍	어	측	은	절	노	을	이	늘	공	굽	이
쌀	동	느	을	요	컴	용	주	셀	결	날	카	레	들	소	유	스
한	루	공	로	주	말	춤	발	퓨	질	동	크	레	쌀	다	체	을
의	컴	운	레	카	동	이	은	적	은	운	들	게	바	발	이	문
물	문	바	에	돌	북	레	절	한	자	한	파	체	받	느	주	트
날	카	쌀	셀	굽	동	용	용	이	러	식	늘	춤	한	느	오	한
퓨	장	은	한	문	람	젊	공	공	리	물	제	대	을	크	히	너
감	자	로	굴	에	쌀	필	리	무	료	로	위	해	꿀	벌	려	자

결혼은
크게
음성
꿀벌
것이다
스틸훔쳐
시계
무료
용어
남성
소유
위해
썰매
거짓말
이야기
오히려
식물로
인정받을
채택
복구

Puzzle 720

용	결	표	노	이	올	짓	바	부	다	동	다	은	한	절	표	운
절	문	고	이	주	측	도	러	말	측	터	한	감	동	거	동	발
은	이	맞	노	달	터	젊	을	한	열	반	용	짓	풍	위	풍	의
션	컴	발	을	집	주	행	끔	전	한	용	딧	낌	쌀	절	체	은
감	동	컴	바	짓	느	물	동	굽	컴	돌	동	불	러	쌀	문	퓨
견	대	루	용	은	맞	주	부	고	어	추	동	용	적	셀	을	을
매	듭	견	를	멋	질	러	추	루	다	을	을	의	용	자	짓	체
남	돌	어	북	질	진	춤	추	측	올	자	한	을	터	리	적	동
쪽	를	들	용	춤	질	솔	동	요	용	증	거	요	질	다	행	발
춤	춤	법	에	를	람	적	젊	체	한	노	젊	감	운	결	한	거
퓨	한	결	합	리	동	사	업	러	컴	퓨	동	레	대	문	올	흰
카	퓨	쌀	견	한	트	러	공	다	한	돌	운	루	체	세	트	색
바	요	물	로	컴	위	바	집	식	노	그	룹	적	대	탁	결	이
크	레	표	루	주	너	낌	충	젊	바	늘	러	거	곡	농	한	사
흔	들	리	는	말	농	담	돌	문	쌀	적	표	은	선	부	일	견

남쪽
농부
주말
공식
결합
곡선
매듭
증거
멋진
충돌
반딧불
거위
농담
흰색
흔들리는
세탁
그룹
일부
사업
열한

Puzzle 721

바	문	끔	절	문	알	고	있	는	필	견	맞	모	입	이	바	대
텔	레	비	전	젊	질	노	한	낌	오	동	이	자	문	구	맞	적
로	한	추	터	쌀	람	터	을	사	류	쌀	대	솔	은	터	은	어
퓨	체	외	은	을	한	다	용	바	바	노	한	은	크	동	집	공
영	감	국	달	노	발	로	뱀	파	이	어	해	결	노	돌	를	로
를	로	찍	동	올	문	운	다	부	운	행	바	표	을	트	너	한
한	북	들	너	컴	범	집	늘	표	문	이	발	를	셀	표	의	춤
공	질	너	질	늘	전	동	부	너	셀	노	전	문	러	올	말	다
헬	셀	늘	부	바	한	로	너	춤	션	바	동	질	자	동	차	리
날	리	자	장	가	어	디	이	아	낌	늘	릴	거	부	풍	다	발
터	주	콥	도	표	동	버	지	잊	문	리	리	셀	러	관	리	질
동	너	한	터	올	동	드	출	용	고	로	스	래	클	너	올	감
바	짓	은	우	바	질	용	적	부	이	한	춤	말	트	동	러	달
다	를	체	크	려	동	거	주	바	들	필	날	리	한	용	터	이
다	주	트	리	쌀	을	쌀	트	요	바	북	날	부	트	노	어	발

관리
릴리스
가장자리
알고있는
외국
해결
우려
아이디어가
자동차
입구
버드
클래스
텔레비전
헬리콥터
뱀파이어
잊지
지출
모자
영감
오류

Puzzle 722

관용
토끼
사람에게
내부
호기심
안전하게
생일을
개미
천사
흐린
식품
동일
충격
갑자기
라운드
반응을
쪼아
자매
냉장고
황야

돌	동	스	한	로	에	굽	을	냉	장	고	이	동	굽	체	발	토
측	질	집	주	범	크	람	절	동	바	전	끔	사	람	에	게	끼
람	고	말	이	동	풍	사	주	들	이	결	동	일	자	에	용	대
반	터	풍	요	표	쪼	받	찍	관	용	를	대	에	동	물	식	문
응	자	춤	운	러	아	적	동	용	은	용	제	너	을	의	측	품
을	매	날	발	공	법	바	돌	부	한	결	범	컴	측	집	로	의
파	전	발	리	컴	로	추	날	늘	솔	다	찍	행	올	개	미	견
동	충	법	추	질	집	들	동	러	물	너	질	안	너	결	찍	고
말	격	적	문	러	올	동	제	동	감	문	도	전	라	운	드	다
법	로	의	굴	셀	추	부	바	절	젊	고	도	하	셀	발	솔	전
황	날	한	다	적	문	트	다	날	공	체	올	게	바	리	러	굽
발	야	흐	린	늘	셀	짓	용	질	느	천	러	생	부	호	기	심
견	부	퓨	짓	발	받	다	한	절	동	거	사	일	로	견	자	행
거	을	로	물	느	트	추	느	도	내	부	행	을	추	도	갑	은
다	너	동	한	감	돌	은	받	풍	션	발	이	의	대	발	에	용

Puzzle 723

행	개		정	한	범	굵	한	자	로	너	전	결	적	을	측	이
성	별	미	난	확	한	게	굴	션	동	퓨	찍	받	셀	질	춤	낌
러	주	국	어	굽	한	마	차	물	노	감	맞	표	발	측	자	은
쌀	물	의	뛰	휘	날	위	다	다	도	발	발	행	위	느	장	갑
도	타	부	크	용	러	다	람	판	셀	레	문	체	도	풍	표	문
풀	고	느	범	들	범	도	쥐	카	매	에	돌	필	을	문	로	춤
을	다	받	맞	문	장	착	도	추	늘	용	레	견	적	낌	장	동
문	컴	너	운	이	말	루	을	을	사	트	부	리	다	의	발	이
을	한	문	달	조	식	문	컴	을	의	무	기	받	올	바	을	레
질	들	운	도	한	낌	필	퓨	어	끔	퓨	주	요	맞	북	풍	문
사	을	물	느	바	솔	을	파	리	대	션	퓨	춤	말	컴	자	퓨
굽	측	람	제	트	도	짓	경	제	카	도	은	춤	트	카	한	날
맞	문	치	느	에	도	낌	추	자	문	숟	맞	맞	늘	달	올	부
물	다	즈	주	터	늘	장	노	늘	대	가	늘	쌀	집	리	거	젊
짓	트	바	대	카	동	어	찍	발	질	락	퓨	운	집	도	받	거

풀을
마차
치즈
도착
미국의
장갑
타고
굵게
행성
조식
판매
운이
정확한
무기
다람쥐
뛰어난
개별
어휘
경제
숟가락

Puzzle 724

낌	풍	로	행	은	짓	동	동	문	거	주	태	도	을	범	발	한
북	질	루	동	동	필	춤	굴	레	들	름	장	용	주	자	적	부
굽	올	발	컴	리	을	도	발	발	범	에	필	견	어	동	도	의
동	절	들	불	안	노	날	견	느	진	한	춤	굴	진	은	주	표
레	이	굽	사	솔	어	어	짓	동	찍	리	찍	셀	주	러	자	부
범	도	올	장	범	을	은	주	문	사	유	달	부	는	동	달	질
카	이	한	필	스	자	트	운	칫	솔	트	위	를	러	용	퓨	자
점	점	변	다	쌀	요	토	북	문	추	굴	산	솔	말	적	너	맞
춤	다	문	위	노	래	요	터	용	이	결	업	주	고	돌	절	공
을	슬	굽	동	받	쌀	일	월	요	일	북	을	로	감	게	제	부
다	립	은	체	한	지	은	추	한	제	고	크	장	질	물	린	터
행	운	버	팔	로	을	구	을	솔	람	한	다	션	느	드	공	끔
굽	영	양	분	을	농	한	본	를	리	범	질	짓	대	장	끔	올
이	위	문	카	쌀	장	쌀	다	표	을	문	크	올	도	을	느	바
쌀	한	고	문	트	컴	셀	바	바	질	표	문	적	굴	쌀	풍	질

토요일은
불안
칫솔
주름
슬립
변위
물린
진리
드물게
유리한
태도
점점
농장
지구본
노래
월요일
주어진주는
산업을
영양분을
버팔로

Puzzle 725

한	발	끔	맞	동	젊	표	동	를	토	사	따	라	서	잔	디	대
말	굴	낌	션	부	바	요	터	고	끼	도	절	느	솔	자	질	젊
문	부	달	로	한	는	동	용	크	가	풍	카	로	로	클	내	행
우	툴	굽	개	쌀	있	은	동	한	상	은	문	필	을	립	튤	내
질	스	문	발	뒤	에	대	바	터	필	추	늘	법	물	시	감	문
올	은	운	을	발	디	돌	에	바	을	북	오	북	발	계	카	고
이	를	루	문	부	어	집	한	이	의	에	전	이	로	자	파	문
행	찍	부	측	을	부	에	행	행	적	물	시	한	션	너	끔	을
말	로	요	바	이	풍	들	행	절	파	동	가	문	이	트	한	동
문	맞	카	춤	집	장	루	물	짓	풍	택	시	밴	부	발	트	문
바	컴	트	트	한	다	굴	로	솔	트	발	파	결	컴	짓	춤	법
램	프	션	주	동	고	용	문	은	파	한	스	질	문	추	한	파
필	사	적	용	체	로	한	대	에	사	진	은	한	올	육	한	날
북	다	을	부	느	쌀	운	끔	자	행	부	말	순	대	상	쌀	달
문	자	찍	을	레	동	셀	솔	터	집	범	절	록	람	가	뭄	자

택시밴
가뭄
클립시계
내내
스툴
필사적
뒤에
사진
우스운
상추오이
육상
튤립
램프
전시가
순록
개발을
토끼가
어디에있는
따라서
잔디

Puzzle 726

처	벌	장	을	바	결	리	한	굽	한	바	로	동	주	늘	질	물
도	수	용	끔	을	선	부	필	측	도	컴	바	올	도	굴	법	카
트	체	영	한	맞	언	견	고	이	문	순	인	동	늘	크	고	문
람	은	다	카	부	느	미	춤	전	다	환	용	를	다	바	셀	물
은	자	느	바	용	문	라	체	에	문	자	신	의	다	늘	낌	뜨
예	외	한	주	받	최	근	집	위	자	가	증	거	를	트	코	거
도	에	춤	로	집	말	부	운	낌	셀	사	호	변	다	파	제	운
체	터	이	을	동	주	션	제	동	에	회	주	쌀	은	바	스	자
트	젊	용	로	이	이	절	한	은	발	이	동	용	날	느	체	주
북	질	한	맞	이	해	에	서	견	은	퓨	너	다	파	다	부	터
용	어	춤	측	실	도	은	적	에	바	자	이	끔	너	돌	자	쌀
파	로	을	한	수	로	짓	느	크	괴	문	너	대	바	북	다	한
노	절	고	동	에	물	부	다	용	리	붕	투	명	다	거	션	에
장	트	크	키	루	문	젊	이	전	스	들	의	카	공	범	리	끔
은	쌀	표	위	크	한	자	맞	부	을	제	필	한	다	춤	트	젊

최근
선언
예외
순환
수영
회사가
키위
뜨거운
인용
이해에서
붕괴에서
투명
증거를
변호사
미라
전문가
실수
처벌
코트를
자신의

Puzzle 727

주	재	위	협	장	추	솔	도	바	사	요	을	휴	다	필	건	조
고	을	킷	좋	요	솔	견	코	스	전	북	북	식	로	돌	터	늘
듣	고	는	게	장	스	바	뿔	웨	을	문	제	치	감	을	은	북
추	이	날	이	춤	문	법	소	덴	발	렌	타	인	레	리	트	람
공	다	에	발	동	추	감	의	도	동	체	어	느	을	카	견	퓨
풍	간	어	굽	표	필	을	물	은	굴	한	늘	트	너	행	문	측
생	명	을	동	사	은	문	동	노	느	트	부	동	한	거	대	솔
을	고	터	장	람	체	돌	어	로	물	한	대	다	결	션	받	굴
위	동	노	낌	들	동	늘	고	한	주	바	한	감	부	다	자	짓
표	발	문	지	이	문	문	에	발	용	을	의	스	한	트	동	너
동	춤	풍	펀	금	컴	제	질	문	쌀	맞	올	부	범	법	바	트
견	필	받	스	파	까	컴	빨	부	어	범	견	올	문	주	사	결
느	트	측	쌀	날	를	지	리	자	어	범	다	북	러	이	운	집
자	돌	요	이	도	쌀	집	메	퓨	바	끔	발	물	한	유	부	문
날	퓨	리	문	이	결	질	러	을	짓	절	루	풍	을	가	증	위

좋게
이유가
생명을
공간
인치
재킷
위협
스웨덴
휴식
증가
건조
사람들이
듣고는
스펀지
빨리
발렌타인
지금까지
코뿔소
요리
메리

Puzzle 728

검은
배심원을
참조
콘도르의
단위를
성인
수정
헤이
말했다
잡지
의존
스크럽
차용
통지
파괴에도
약한
선반
위험하게
경찰
잘못이

스	크	럽	표	콘	받	북	찍	주	의	동	공	를	컴	참	말	위
로	맞	의	트	도	에	괴	파	한	존	크	받	헤	이	을	조	험
선	결	부	사	르	컴	느	북	터	물	문	굴	쌀	못	자	느	하
반	찍	동	람	의	한	트	의	이	풍	루	리	트	잘	적	쌀	게
리	다	늘	약	수	정	주	짓	끔	올	도	날	너	다	찍	제	다
용	찍	이	한	사	쌀	풍	어	표	젊	리	들	도	레	동	돌	맞
다	발	법	대	쌀	전	추	표	카	끔	문	견	전	도	람	끔	한
의	용	춤	배	심	원	을	북	자	리	집	다	말	했	다	늘	늘
도	셀	문	거	솔	견	결	트	거	은	거	굴	돌	트	은	적	찍
용	너	받	굴	문	한	검	받	파	한	끔	트	짓	표	파	단	적
경	퓨	부	북	문	를	은	크	이	올	도	바	장	법	돌	위	쌀
자	찰	너	컴	트	쌀	동	찍	트	추	용	위	션	받	동	를	루
한	솔	풍	한	한	잡	성	인	물	쌀	올	션	느	짓	느	너	레
공	부	차	용	느	필	지	주	도	집	집	결	부	춤	이	표	한
의	을	레	이	리	범	통	문	을	적	도	굴	문	발	너	다	요

Puzzle 729

방	동	을	받	바	연	돌	로	문	운	동	측	들	춤	돌	다	집
식	가	난	한	동	못	동	크	배	견	맞	부	트	사	문	부	레
을	문	질	사	트	조	커	플	이	지	거	한	리	권	젊	트	도
주	느	노	무	컴	랑	법	동	전	선	택	추	위	투	여	왕	의
문	다	러	실	돌	말	자	자	은	행	결	동	짓	셀	달	북	문
절	장	바	다	쌀	질	트	람	용	퓨	들	한	머	트	위	감	크
은	위	말	표	어	질	발	주	루	감	루	이	그	자	션	트	레
복	용	솔	받	춤	파	법	감	을	주	바	야	잔	늘	한	느	용
이	주	람	제	선	발	올	은	발	발	견	채	마	스	터	요	주
문	바	받	바	택	터	루	공	을	문	은	를	은	쌀	를	다	문
뽑	올	을	파	은	바	동	문	다	문	다	바	은	적	동	사	돌
같	아	끔	로	돌	끔	절	느	은	이	질	질	돌	다	의	느	도
늘	아	받	퓨	발	바	은	트	루	이	찍	거	이	람	받	동	구
집	발	요	람	문	제	트	행	을	춤	셀	리	레	말	러	을	날
루	트	공	은	션	이	스	동	바	발	부	문	로	찍	굴	크	대

선택은
야채를
방식을
머그잔
권투
연못조랑말
배지
복용
문제
선택
질문을
사무실
커플
같아요
뽑아
크레용
여왕의
마스터
도구
가난한

Puzzle 730

스타
운동의
얻을
소형
소수
해안
지느러미
조심스럽게
실현을
상자
언어를
책가방
가져
가스
참석
최악의
생각
자동
약속
다음

부	솔	을	해	돌	감	션	약	자	람	고	질	용	부	션	부	돌
너	한	을	굽	안	바	파	속	쌀	발	들	풍	지	퓨	대	트	낌
얻	운	동	의	쌀	거	굴	짓	에	노	행	고	느	생	각	솔	굽
을	부	자	악	어	장	터	스	타	참	을	실	러	소	형	절	이
한	질	를	최	로	질	발	션	전	셀	석	현	미	북	트	노	책
의	굽	카	춤	돌	트	도	절	을	위	동	을	공	맞	을	낌	가
부	장	위	자	트	로	를	견	동	문	스	측	측	부	사	발	방
의	어	언	크	션	올	카	부	한	동	늘	올	트	제	루	동	춤
부	바	어	행	북	가	추	션	문	공	요	동	발	범	은	들	이
젊	쌀	를	은	공	한	져	컴	집	낌	은	쌀	들	돌	트	로	트
은	적	은	춤	문	쌀	셀	발	퓨	표	쌀	동	고	컴	동	굴	적
이	거	주	은	소	수	동	조	심	스	럽	게	가	한	쌀	레	돌
스	절	느	트	견	위	트	션	발	노	상	자	스	장	쌀	집	발
주	다	운	을	자	컴	카	질	카	돌	체	운	대	솔	물	집	도
션	음	을	컴	물	리	너	문	범	람	고	용	발	한	트	문	용

Puzzle 731

로	질	부	요	제	물	추	명	백	한	트	전	제	젊	돌	법	측
주	자	집	이	레	로	분	을	스	명	맞	을	로	맞	퓨	퓨	로
춤	위	의	한	춤	파	석	트	거	현	용	주	카	도	법	다	동
노	동	말	질	공	굴	북	람	범	동	용	물	장	자	올	결	어
끔	이	주	달	물	짓	질	트	도	쌀	자	보	어	터	위	정	표
이	위	감	로	운	동	올	늘	이	터	고	안	다	리	션	을	끔
연	기	를	은	도	터	위	적	짓	컴	을	발	감	사	합	니	다
의	추	발	결	결	운	장	장	크	람	질	젊	젊	을	굴	로	문
이	풍	레	말	도	풍	은	달	용	다	자	쌀	춤	키	의	로	운
깜	짝	자	에	한	맞	말	트	요	풍	표	날	문	스	을	을	젊
체	운	컴	법	노	문	이	트	문	사	을	에	측	로	공	에	감
은	전	민	운	문	바	한	소	개	에	법	이	끔	문	주	쌀	를
너	을	를	속	레	을	를	늘	올	고	물	행	법	맞	돌	문	발
문	이	토	상	가	치	유	에	농	쌀	느	표	적	말	디	자	인
자	날	양	퓨	적	러	료	체	축	러	을	도	노	찍	한	리	문

깜짝
치료
보안
민속
키스
연기를
물질의
현명한
감사합니다
분석
결정을
소개에
위의
유치가
디자인
명백한
가상
운동
농축
토양

Puzzle 732

부	얼	혼	동	낌	다	은	질	다	을	돌	주	날	행	솔	날	자
적	룩	날	노	은	끔	통	도	돌	너	이	크	코	북	굴	발	자
부	말	터	바	찍	짓	터	해	순	무	문	트	결	끼	로	너	절
기	절	도	다	감	노	다	늘	받	굴	로	북	대	은	리	주	풍
달	간	들	를	를	의	를	느	동	모	의	들	람	사	크	부	쌀
질	장	요	셀	굴	대	이	의	결	파	자	올	절	루	낌	을	운
수	량	다	늘	범	요	컴	날	범	질	을	끔	제	문	쟁	굴	복
공	사	느	운	돌	전	맞	치	약	을	다	장	절	를	경	계	도
션	춤	혈	액	컴	노	로	용	한	용	어	동	을	굴	력	획	고
문	이	스	적	들	문	은	자	전	션	맞	들	노	은	발	발	맞
이	올	컴	쌀	감	다	결	찍	끔	노	터	한	을	벽	화	레	셀
맞	부	발	대	공	도	느	다	문	찍	운	다	다	솔	올	크	찍
맞	적	카	동	루	측	바	찍	날	문	한	찍	동	응	답	로	레
맞	이	스	용	파	짓	결	적	젊	질	을	법	쌀	다	결	질	끔
견	부	결	자	바	거	한	끔	운	젊	상	승	용	어	풍	너	자

응답
사람들의
코끼리
순무
복도
벽화
경쟁
상승
모의
혼동
기간
혈액
통해
고도
바다를
얼룩말
경력
수량
치약
계획

Puzzle 733

다	발	짓	를	너	람	이	한	가	고	컴	파	용	에	표	침	날
결	질	컴	터	동	용	쌀	질	솔	동	바	를	돌	다	루	트	입
쌀	발	문	을	집	람	들	환	린	람	말	체	파	로	측	행	필
도	리	어	제	변	화	의	거	점	인	장	트	날	집	공	날	동
문	용	올	바	젊	부	짓	레	수	구	트	유	요	체	레	돌	발
질	을	쌀	굽	받	너	사	이	낌	한	견	령	끔	자	북	셀	질
셀	한	발	진	주	동	도	스	루	시	너	제	솔	한	레	견	퓨
루	의	날	술	물	자	의	이	늘	트	무	부	질	크	풍	용	등
들	를	트	트	셀	느	굽	굴	레	마	자	의	파	대	날	을	이
리	션	넥	타	이	람	한	체	지	스	표	에	도	분	도	솔	집
방	용	트	측	느	로	조	립	능	도	맞	트	어	적	수	측	발
에	해	느	컴	로	음	맞	문	형	로	들	노	물	추	도	문	표
짓	이	를	행	질	악	을	루	거	받	물	풍	을	한	받	문	공
로	한	을	에	돌	운	에	요	로	문	추	동	전	리	공	장	용
들	운	러	은	동	쪽	춤	공	집	어	대	발	용	문	거	솔	션

등이
변화의
동쪽
스마트
침입
레이스
너무
시트
넥타이
점수
인구
질환
진술
분수
유령
방해를
지능형
조립
음악
가솔린

Puzzle 734

용어보다
수달
차이가
감사
도달
계속
기쁜
평균
어린이
형태로
대안
떨어진
감소
요즘
효과
검색
생산
문자
거리
빛의

집	이	동	동	자	추	젊	도	을	받	용	맞	주	질	맞	셀	문
스	고	질	자	노	거	다	리	쌀	진	어	떨	어	맞	날	어	감
견	바	맞	문	결	리	측	레	표	스	보	돌	위	린	가	로	사
질	문	표	를	너	굴	셀	요	위	거	다	용	레	어	이	이	추
추	자	다	어	공	추	다	행	솔	짓	터	늘	문	범	차	찍	의
문	체	운	을	을	다	부	을	에	트	트	달	리	효	들	트	대
용	질	용	다	추	대	굽	대	안	바	운	을	동	춤	과	필	돌
감	소	을	자	동	부	로	결	셀	레	절	기	추	스	필	법	로
들	견	한	전	문	에	한	다	요	찍	대	터	쁜	주	부	달	발
어	스	용	집	물	어	카	요	추	춤	로	을	다	측	검	사	찍
은	러	늘	문	굴	도	끔	즘	동	수	달	평	균	동	색	생	동
동	동	주	느	말	제	요	빛	거	바	루	형	태	로	올	산	말
파	의	발	도	북	트	을	의	이	찍	를	돌	계	올	찍	어	질
을	위	레	행	로	한	날	굴	한	도	달	측	속	레	카	맞	북
발	파	이	한	발	카	다	바	요	자	집	날	느	사	말	로	주

Puzzle 735

용	노	문	션	이	셀	바	결	자	션	다	발	사	의	전	늘	동
사	꿈	젊	바	부	람	대	동	한	러	사	한	견	문	리	를	계
바	의	짓	를	장	야	보	고	서	굴	소	을	낌	위	올	셀	피
한	스	동	법	문	바	생	굽	사	문	년	연	못	벽	쌀	의	레
다	커	요	사	체	에	운	짓	결	법	도	문	느	절	들	필	레
도	트	필	쌀	람	요	바	람	동	문	은	에	주	질	집	셀	를
바	션	장	을	절	트	도	도	던	져	절	느	풍	맞	절	을	동
주	동	셔	날	주	질	요	다	리	들	다	트	쌀	굴	대	날	질
야	드	츠	솔	로	용	쌀	쌀	다	추	짓	한	문	문	도	부	카
춤	공	을	한	웃	션	이	동	운	트	한	에	를	젊	늘	장	트
용	부	체	스	었	측	로	장	측	람	동	느	발	자	퓨	들	주
셀	정	확	히	다	트	을	용	율	셀	이	적	를	션	지	법	주
루	받	동	의	쌀	쌀	터	이	유	는	춤	풍	법	춤	도	루	쌀
문	다	돌	을	뛰	말	거	팽	점	를	도	북	트	찍	실	부	이
한	크	돌	올	어	올	컴	달	이	트	이	대	스	공	망	트	한

연못벽
이유는
실망
의사
셔츠
야생
뛰어
던져
보고서
지루
웃었다
정확히
소년
야드
달팽이
꿈의
스커트
계피
점유율
절대

Puzzle 736

달	셀	너	주	짓	한	측	부	사	장	짓	달	장	터	날	거	트
은	굽	자	문	열	컴	동	발	문	굴	를	바	발	미	친	범	참
에	이	북	견	망	유	용	동	솔	동	북	루	말	제	측	돌	가
을	요	퓨	어	의	북	쌀	문	사	늘	퓨	겁	은	람	노	제	자
퓨	물	질	달	러	컴	쌀	노	스	컹	크	쟁	부	사	요	스	돌
짓	제	깊	필	한	절	문	돌	터	이	크	이	떠	발	범	도	느
로	발	은	들	제	느	자	주	들	법	북	절	너	나	전	람	도
강	짓	솔	잘	못	된	를	자	은	느	용	춤	이	파	짓	질	대
조	건	이	운	의	부	패	풍	너	법	도	발	레	젊	용	법	레
쌀	도	루	솔	받	첨	자	동	달	사	절	쌀	무	례	스	젊	러
쌀	터	트	유	주	도	측	부	러	파	한	부	끔	질	쿠	자	받
초	등	학	교	명	문	북	법	거	인	문	느	너	을	터	발	늘
카	솔	풍	요	끔	한	부	노	트	애	리	동	돌	레	로	바	적
풍	동	표	전	운	문	까	행	운	플	용	한	로	느	주	추	트
추	들	한	끔	발	말	체	지	은	들	션	여	든	쌀	결	발	바

노트
스쿠터
참가자
초등학교
미친
스컹크
건강
열망
첨부
유용
떠나
부패
조건이
깊은
여든
유명한까지
잘못된
겁쟁이
무례
파인애플

Puzzle 737

표	을	카	북	은	물	한	용	달	들	주	도	노	맞	로	쌀	굴
사	한	장	웅	문	찍	용	행	트	달	법	로	껍	끔	질	전	동
발	대	도	늘	표	트	적	물	말	운	체	장	질	대	바	로	한
너	거	끔	한	의	바	범	을	공	를	바	달	주	어	위	절	문
발	전	미	트	파	결	거	한	북	제	끊	발	한	위	트	달	을
문	찍	동	장	용	동	트	피	문	방	지	유	우	부	다	성	도
날	질	문	솔	한	북	굽	해	포	켓	는	리	감	정	부	의	노
로	카	람	에	어	트	션	자	터	달	을	고	놀	고	백	을	로
문	전	한	짓	스	돌	굴	보	위	춤	늘	파	라	솔	쌀	이	질
늘	도	부	느	체	나	크	기	로	을	주	천	운	동	의	쌀	올
행	전	낌	공	법	타	절	주	찍	감	날	스	으	자	간	트	트
집	굽	필	다	문	냅	가	지	고	있	다	가	북	로	기	능	을
조	날	을	람	이	니	좋	은	이	추	주	은	풍	견	로	추	들
풍	사	자	레	리	다	풍	판	매	자	동	체	도	사	춤	에	느
을	법	로	용	문	문	람	자	람	물	발	람	제	은	도	필	젊

웅장한
피해자보기
포켓
정부의
조사
거미
기간의
고백을
우유지방
가지고있다가
천으로
놀라운
나타냅니다
끊지는
좋은
달성
판매자
껍질
거대한
기능을

Puzzle 738

서	일	때	문	에	올	크	로	스	표	에	러	달	트	절	느	컴
리	반	햄	스	터	연	운	이	날	거	울	부	장	발	머	꼈	셀
립	적	크	달	풍	속	루	터	로	사	을	트	바	레	리	다	로
달	인	터	필	적	펜	을	너	집	바	행	전	나	리	다	로	주
위	부	한	의	부	분	싱	주	장	파	운	을	나	추	질	노	결
셀	춤	한	바	늘	집	로	을	은	돌	감	바	굽	바	풍	일	혼
감	어	동	카	달	셀	주	대	견	절	공	을	행	사	동	정	식
절	주	다	들	용	절	춤	찍	부	낌	경	운	역	굽	션	어	동
행	필	질	절	끔	트	발	문	터	쌀	사	바	람	할	발	한	풍
이	문	동	터	견	을	표	적	끔	감	자	굽	제	동	동	측	문
유	한	은	러	돌	한	은	필	날	낌	션	회	원	장	받	로	물
다	용	북	굴	제	위	문	리	너	젊	이	장	달	받	절	법	젊
늘	필	하	질	사	을	에	파	젊	로	장	한	춤	다	대	다	감
션	쌀	은	게	트	주	셀	퓨	운	공	격	적	질	셀	들	용	레
주	한	문	동	고	람	용	문	트	문	로	견	이	을	동	행	달

펜싱
결혼식
공격적
머리
일반적인
크로스
경사
일정
거울
햄스터
유용하게
느꼈다
때문에
적립
바나나
회원
서리
부분
역할
연속

Puzzle 739

발	사	도	문	은	적	커	한	도	전	욕	에	솔	문	에	의	를
한	범	집	공	트	공	뮤	노	기	질	망	러	트	문	발	문	발
발	주	말	동	끔	발	니	도	사	너	을	주	거	말	셀	를	늘
길	을	부	낌	용	굴	티	에	도	부	표	퓨	동	거	도	절	행
말	에	루	고	위	한	날	절	젊	자	도	이	요	을	은	결	은
굽	을	루	짓	용	범	용	자	거	용	절	마	소	프	트	위	느
겸	손	한	제	크	주	행	날	사	동	눌	러	뱀	히	트	북	용
부	너	추	다	위	액	전	체	물	치	플	라	스	틱	목	느	트
동	중	솔	러	람	부	세	말	자	발	명	젊	로	주	표	느	법
셀	력	운	부	러	감	낌	스	카	한	추	적	트	체	염	낌	측
속	성	을	올	솔	은	바	발	셀	로	적	한	바	행	소	날	굴
찍	스	을	절	굴	위	쌀	을	람	질	로	전	동	동	끔	찍	한
컴	제	한	발	트	풍	찍	솔	리	문	문	공	솔	트	주	위	절
필	용	트	늘	다	솔	공	범	찍	은	요	발	리	가	르	쳐	적
어	체	러	제	터	도	느	올	노	어	거	들	물	요	바	한	부

커뮤니티
플라스틱
길을
범주
끔찍한
히트
가르쳐
속성을
겸손한
중력
소프트
눌러
욕망을
전체
목표염소
기사
도마뱀
액세스
치명적
부적절한

Puzzle 740

기	동	용	은	짓	다	올	두	꺼	비	방	어	감	한	견	쌀	한
용	린	야	구	를	동	행	용	검	기	술	말	감	공	카	행	한
퓨	대	질	견	돌	은	올	히	토	쌀	은	필	은	늘	주	발	스
결	물	날	말	의	고	솔	받	도	들	체	한	표	찍	법	용	돌
보	고	서	는	문	무	고	쌀	카	쌀	잉	태	다	자	여	섯	공
용	동	셀	동	컴	제	문	로	로	물	러	자	풍	쌀	연	어	돌
에	어	레	행	표	개	구	리	한	크	추	돌	사	찍	한	쌀	감
체	운	물	개	달	바	용	법	터	집	리	질	션	북	은	측	춤
동	문	부	무	끔	한	느	달	범	운	문	동	측	위	의	용	루
짓	을	람	릎	위	표	크	를	북	다	부	션	트	도	류	한	파
를	로	바	이	적	루	체	문	이	람	돌	한	동	거	종	한	한
대	동	감	평	받	을	터	레	카	퓨	말	을	러	늘	기	트	측
젊	을	람	화	도	질	쌀	표	이	드	라	이	브	다	부	물	루
카	날	문	로	문	사	법	노	날	위	물	동	을	필	문	에	로
을	물	을	운	동	찍	법	스	을	느	문	질	블	라	우	스	젊

기술
기린
드라이브
잉태
개구리
평화로운
다행히도
무릎
두꺼비
종기
여섯
검토
종류의
보고서는
고무
야구
블라우스
방어
자연
물개

Puzzle 741

결	한	질	을	은	결	돌	한	낌	바	말	결	법	공	제	질	매
루	운	주	물	한	도	날	대	이	필	표	면	한	터	찍	감	우
요	러	동	고	행	복	취	솔	맞	스	법	거	도	문	너	를	춤
바	짓	배	객	절	낌	미	적	젊	문	춤	트	광	리	드	도	쌀
솔	동	문	포	쌀	사	대	퓨	도	문	질	춤	택	컴	주	카	다
크	트	러	컴	어	사	춤	용	거	대	행	파	말	맞	바	컴	느
전	션	문	요	다	은	크	로	주	끔	맞	회	도	느	공	트	셀
필	컴	질	카	스	세	로	프	을	낌	쉽	게	의	들	문	어	물
북	쌀	표	자	틱	느	주	문	루	견	절	추	이	는	카	늘	다
자	문	에	적	은	을	부	끄	러	워	리	더	리	굴	을	질	공
질	를	굴	다	한	바	질	짓	카	느	말	로	어	이	에	로	행
리	낌	와	이	어	행	굴	굴	측	날	동	자	물	스	레	절	적
은	측	도	레	지	켜	날	집	바	요	트	레	절	올	스	제	추
굽	동	은	요	로	받	굽	자	피	람	을	집	짓	쌀	로	체	에
사	용	시	까	지	낌	은	짓	대	자	거	전	늘	북	들	션	로

고객
스틱은
대피
행복
와이어
사용시까지
배포
리드
광택
쉽게
지켜
부끄러워
거대
프로세스
표면
회의는
취미
매우
피자
리더

Puzzle 742

셋째
모두
용어집
이상한
보류
추정
사람은
독립
객체를
화창한
가능
고려
드라이버
가시적
과즙이
규제
타격
모든
신호를
세븐

필	느	공	자	로	견	낌	문	문	셀	찍	적	객	문	바	체	카
거	트	사	어	크	쌀	주	북	대	솔	다	어	루	체	체	솔	공
도	보	부	달	이	셋	리	트	낌	은	바	낌	끔	람	를	적	체
트	류	찍	집	들	째	을	다	달	거	트	전	문	로	호	트	돌
추	정	견	운	동	컴	견	문	요	동	을	이	부	느	신	동	바
주	고	찍	러	동	의	문	스	올	바	북	말	물	리	춤	솔	다
파	다	측	말	를	러	파	북	가	을	컴	필	은	카	운	파	도
거	람	를	크	리	견	북	트	시	용	물	을	셀	한	한	용	말
로	낌	자	느	풍	이	날	동	적	터	이	가	들	견	물	측	이
물	를	두	모	든	발	드	문	한	문	다	능	맞	은	찍	고	상
바	낌	전	한	질	세	를	라	트	공	북	크	감	측	로	러	한
도	절	제	화	노	용	븐	공	이	사	람	은	용	리	다	다	람
용	어	집	창	루	공	자	부	즙	버	늘	제	춤	크	규	제	거
측	거	한	한	독	물	낌	고	과	타	격	바	동	은	용	이	굴
집	쌀	문	의	립	로	북	려	필	견	문	한	다	끔	주	용	을

Puzzle 743

스	제	레	느	동	행	쌀	법	행	늘	문	발	카	그	맛	있	는
복	일	타	스	표	부	을	낌	의	찍	회	색	한	림	바	날	가
요	잡	노	퓨	토	대	고	받	결	문	을	날	한	돌	문	체	고
전	견	한	트	늘	랑	낌	트	용	로	질	돌	고	낌	감	한	지
도	돌	트	말	다	결	바	부	날	루	결	적	문	맞	이	측	가
쌀	말	은	요	트	질	위	부	춤	끔	사	들	돌	장	자	의	리
트	체	은	짓	주	노	젊	춤	에	달	달	편	지	세	북	말	발
동	끔	적	부	클	에	맞	측	션	스	공	동	겨	척	운	필	을
문	컴	찍	트	리	문	발	추	사	춤	터	짓	울	문	들	느	육
제	굴	찍	작	어	한	쌀	카	람	한	한	동	동	풍	을	에	두
출	한	트	업	달	추	한	범	컴	을	트	한	주	너	에	게	구
수	리	를	이	컴	동	셀	트	범	법	먹	고	한	끔	정	시	파
적	합	이	크	물	은	로	질	로	트	견	느	로	부	늘	원	견
요	발	절	들	결	리	스	의	달	문	바	동	행	너	트	물	다
을	맞	문	범	적	발	문	끔	물	느	달	이	결	바	문	동	절

세척
클리어
편지
겨울
레스토랑
정원
회색
수리를
제출
게시
복잡한
적합
스타일
맛있는
그림
동물원
작업이
먹고
가지고가는
육두구

Puzzle 744

동	부	자	트	북	블	랙	은	이	점	거	짓	도	풍	체	찍	셀
말	대	은	감	자	위	난	솔	방	카	요	북	젊	주	솔	크	트
적	늘	로	를	동	을	지	바	짓	어	징	오	우	풍	범	문	트
받	느	돌	다	스	셀	우	쌀	필	한	머	운	산	받	트	발	굴
크	파	동	이	용	바	개	카	받	대	프	니	을	은	러	의	범
쌀	어	용	끔	바	의	쌀	필	을	사	로	말	대	들	범	람	감
람	연	습	벨	돌	자	견	바	거	로	젝	추	필	체	감	받	다
바	한	자	트	자	자	젊	거	거	동	트	발	갔	다	북	운	도
굴	을	체	도	거	전	어	용	리	위	를	굴	범	퓨	을	주	낌
람	어	을	컴	에	필	거	춤	동	사	달	느	장	표	발	퓨	한
범	쌀	감	딸	운	주	친	애	하	는	을	도	너	에	한	은	날
굽	트	션	이	돌	표	레	도	를	물	은	느	페	인	트	순	장
의	를	간	부	올	경	기	장	트	카	스	굽	스	로	말	종	다
이	은	단	작	업	한	아	발	도	바	펫	문	찍	달	을	루	말
견	도	한	굽	올	요	크	발	은	제	을	질	질	카	컴	주	솔

지난
간단한
프로젝트를
오징어
벨자전거
아기
블랙
친애하는
카펫
이점
갔다
지우개
우산을
페인트
연습
순종
경기장
방어머니
작업
딸이

Puzzle 745

용	위	들	문	굽	크	파	퓨	질	동	동	동	에	완	두	콩	발
크	한	를	받	요	북	도	사	도	자	절	느	발	스	문	춤	절
동	말	많	은	포	스	트	제	를	추	부	느	노	퓨	동	동	자
감	지	하	여	로	표	범	필	바	쇼	늘	달	짓	성	장	을	두
의	동	굽	스	너	괭	짓	도	솔	를	돌	표	장	늘	을	용	솔
의	법	고	젊	다	발	이	춤	질	모	오	디	션	터	질	날	응
부	너	은	항	주	대	로	를	다	굴	기	법	공	짓	제	한	시
트	자	표	상	발	요	돌	춤	파	노	동	결	미	고	로	바	터
에	이	전	트	방	법	위	돌	쌀	추	장	문	러	체	표	주	퓨
어	로	의	대	위	요	결	범	돌	적	셀	고	다	사	표	견	다
도	이	터	추	노	요	문	전	돌	용	동	리	로	발	용	고	추
짓	셀	을	제	굴	한	구	리	올	자	부	적	표	시	집	결	트
어	날	사	제	풍	션	질	제	러	러	도	위	로	어	드	롭	러
들	문	결	고	낌	다	맞	자	자	도	트	치	굽	너	발	터	운
어	범	끔	달	다	컴	트	문	춤	질	바	발	에	컴	의	생	날

방법
자두
성장을
쇼를
항상
드롭
모기
포스트
감지하여
완두콩
위치
에이전트
오디션
구리
응시
미러
표시
많은
괭이를
발생

Puzzle 746

운	바	절	다	운	달	감	사	터	문	한	날	주	받	굽	트	견
표	굴	한	끔	느	올	이	의	졸	부	대	절	에	운	감	받	느
을	도	한	달	맞	에	람	다	업	행	법	달	너	동	행	카	추
운	카	용	을	바	장	행	미	장	말	공	바	대	젊	레	끔	북
운	굴	바	자	동	스	를	션	터	임	루	보	전	한	찍	한	다
사	낌	질	스	운	찍	기	존	의	원	주	주	였	전	주	맞	장
루	를	측	푼	을	찍	굴	바	요	받	바	셀	거	다	절	낌	부
은	문	을	한	북	견	어	도	는	바	굴	스	루	니	물	발	정
날	집	측	위	한	의	한	고	조	어	문	카	필	칩	터	용	적
적	젊	늘	한	바	을	를	평	면	제	북	동	문	바	장	자	인
찍	표	로	춤	러	물	컴	도	칠	안	문	날	동	한	감	항	날
늘	한	끔	트	을	문	를	다	느	자	를	제	컴	이	퓨	주	저
그	달	입	날	적	굴	카	을	동	용	부	질	주	표	퓨	이	스
부	녀	도	도	굴	고	필	춤	을	굽	노	람	은	범	구	달	끔
도	한	의	외	로	운	다	도	달	운	바	발	다	루	성	굴	도

동행
부정적인
졸업장
미션
바칩니다
평면
그녀의
도입
보였다
임원
저항
구성
표범
칠면조는
스푼
기존의
제안
외로운
주저
의도

Puzzle 747

도	레	리	적	남	요	발	을	들	문	주	책	쌀	로	동	도	공
표	건	북	절	너	부	멸	종	느	동	부	고	상	과	용	크	발
한	물	고	한	운	언	느	쌀	올	느	법	어	람	자	측	용	러
컴	을	낌	현	주	덕	위	쌀	유	질	문	느	바	에	파	요	람
쌀	풍	레	자	바	늘	은	젊	션	료	의	다	말	전	위	주	위
결	질	바	측	빠	바	대	한	컴	컴	동	젊	할	지	유	나	트
동	굽	다	용	른	보	짓	들	한	북	굴	한	컴	친	션	쁜	러
돌	북	발	퓨	끔	동	레	느	용	쌀	문	레	휴	대	용	질	사
을	공	늘	전	맞	늘	끔	달	한	사	에	자	전	행	을	을	말
체	돌	전	은	측	물	올	부	문	날	동	쌀	달	짓	젊	동	젊
받	물	를	도	날	들	쌀	사	동	고	찍	동	남	느	장	요	주
도	달	주	로	주	한	달	바	에	대	회	을	아	위	바	러	전
자	위	거	주	문	결	이	자	바	도	견	은	는	한	고	로	동
짓	찍	쌀	거	도	이	범	돌	셀	스	컴	한	낌	고	질	을	바
스	켈	레	톤	낌	범	사	들	소	행	발	들	에	필	아	이	북

대회
남부
지친
휴대용
멸종
스켈레톤
언덕
아이
빠른
유지할
현자
과자
들소
나쁜
유료
바보
남아는
책상
적절한
건물을

Puzzle 748

을	기	록	주	어	문	을	찍	체	찍	법	터	공	위	올	범	표
를	견	너	침	대	올	대	질	바	문	도	물	격	자	크	한	트
고	요	물	에	묵	문	젊	범	다	의	감	동	표	집	요	추	한
호	출	라	고	감	을	느	레	동	춤	바	수	한	솔	어	주	너
일	요	이	노	북	리	낌	보	동	스	달	박	이	노	동	올	바
이	스	표	올	한	동	부	라	위	한	전	굽	용	거	쌀	바	제
을	폰	서	동	스	들	위	색	말	장	쟁	로	션	운	다	굽	문
람	지	파	식	션	을	람	자	추	날	집	용	맞	발	느	공	을
법	낌	리	문	지	조	합	이	말	낌	리	쌀	주	한	람	올	어
풍	바	트	표	를	면	동	필	동	느	필	주	한	주	견	감	이
을	한	은	필	도	칠	터	로	한	쌀	을	스	한	날	느	고	을
람	장	람	너	문	굽	바	주	카	람	찍	북	동	한	은	마	질
도	랑	솔	굽	공	동	바	행	리	주	굽	동	적	도	트	우	동
거	감	춤	동	질	북	고	로	결	동	적	리	이	인	집	스	부
북	느	의	달	트	크	느	짓	은	큐	피	드	어	형	크	질	질

일이
인형
호출라고
침묵을
보라색
도랑
기록
파리
큐피드
수박
칠면조
스폰지
조합이
전쟁
서식지
감동
위장
공격
동물
마우스

Puzzle 749

바	요	느	을	컴	주	레	은	용	어	러	동	받	케	고	크	감
요	추	주	문	포	요	다	은	쌀	풍	한	문	물	이	트	렁	크
귀	제	행	짓	리	달	동	동	절	제	바	루	발	지	벨	돌	이
여	시	작	어	스	집	표	다	로	흔	들	수	집	위	원	회	올
운	받	개	깨	트	조	대	한	장	필	바	운	표	어	문	올	트
대	들	방	한	에	직	한	질	쌀	은	집	끔	람	춤	화	질	셀
퓨	찍	범	다	임	명	족	트	감	맞	은	짓	컴	은	견	을	절
퓨	바	리	말	어	향	부	문	의	동	고	블	린	은	적	한	추
을	바	법	부	느	올	해	퓨	바	제	바	을	필	공	주	솔	루
견	자	람	감	냄	레	문	느	츠	바	자	노	물	제	자	바	너
느	춤	트	한	루	새	전	끔	은	말	올	부	은	어	공	동	풍
질	낌	의	바	젊	늘	물	고	엔	느	물	을	도	느	은	느	이
주	느	션	스	고	로	물	올	진	부	션	동	문	동	너	동	로
대	쌀	에	트	질	느	이	동	이	느	바	을	은	동	문	낌	올
파	한	이	들	바	요	들	문	파	올	들	결	용	를	리	로	찍

케이지
벨트
냄새
향해
트렁크
포리스트에
귀여운
수집위원회
임명
개방
조직
시작
부문의
흔들
문화
엔진이
고블린
어깨한다
부족한
느낌

Puzzle 750

사소한
현재
증명
고통스럽게
가위
가족에게
제조
조정
아빠
법원
스케이트
위험
착용
새끼
가능성
후에
사건
하우스는
조류가
위기

굽	사	장	한	물	바	한	한	크	범	쌀	위	날	제	도	퓨	동
절	트	행	발	사	건	바	집	의	에	도	로	운	범	카	한	한
요	루	은	위	기	어	느	동	를	후	바	션	받	물	를	날	날
적	셀	문	동	법	원	스	달	아	동	에	받	문	끔	동	범	낌
스	행	감	법	러	집	동	는	빠	말	을	동	이	달	문	느	한
파	람	용	를	운	고	통	스	럽	게	들	행	추	를	늘	루	스
춤	끔	스	케	이	트	을	우	을	성	츠	다	람	트	로	스	다
날	추	받	트	말	주	은	하	물	능	트	트	용	쌀	을	터	어
스	춤	동	사	터	짓	행	발	표	가	족	에	게	바	착	카	람
날	날	터	소	범	춤	은	늘	젊	류	질	컴	새	받	용	제	조
굴	요	트	한	한	발	이	의	어	조	증	스	적	끼	전	루	낌
조	정	을	물	말	말	운	이	날	법	명	결	전	위	험	를	용
한	행	을	요	컴	동	달	의	를	젊	스	바	절	은	가	늘	범
동	솔	로	한	을	현	질	물	거	장	질	물	컴	굴	다	표	도
끔	거	쌀	도	트	재	문	션	공	동	도	자	추	주	어	한	카

Puzzle 751

도	돌	을	바	은	을	받	절	명	사	물	행	자	라	한	찍	짓
요	터	젊	짓	한	파	동	추	확	발	들	러	전	일	문	루	트
을	션	트	문	카	단	질	트	하	발	셀	크	거	락	손	실	을
을	을	람	컴	이	계	문	필	게	범	사	터	표	러	견	다	발
트	리	람	위	들	를	바	적	표	추	낌	솔	파	스	포	츠	가
용	질	주	자	굴	사	굽	주	동	돌	주	크	돌	측	션	다	동
주	늘	루	연	그	레	짓	한	동	괴	다	한	도	부	자	질	을
고	을	질	에	끔	림	학	교	자	동	물	레	한	도	루	올	발
결	향	샤	북	사	레	자	바	셀	를	법	이	올	동	동	한	에
동	영	이	트	운	발	한	들	솔	을	은	도	동	주	터	제	용
현	대	를	춤	드	요	인	을	법	필	표	바	적	체	느	와	인
짓	문	자	질	를	찍	문	바	크	대	바	짓	카	찍	동	용	다
집	에	동	레	트	받	션	솔	람	집	풍	트	젊	컴	의	늘	을
보	대	느	느	용	솔	추	북	동	적	에	느	노	바	은	이	말
도	서	관	장	표	젊	이	크	고	션	러	공	적	필	적	끔	물

손실을
요인을
고향
단계를
라일락
영향을
도보
도서관
현대
샤이
사운드
스포츠가
자위
자연에
발을
와인
명확하게
괴물
학교
그림자

Puzzle 752

이	한	위	자	트	업	좋	적	동	스	체	소	맞	의	주	문	동
솔	웃	적	사	행	데	아	올	측	카	문	션	요	퓨	바	제	자
을	필	도	용	짓	이	은	루	셀	도	요	크	노	자	결	루	터
정	치	발	람	림	트	스	전	올	이	찍	파	질	감	춤	다	적
끔	한	부	감	션	을	감	를	끔	짓	느	솔	로	자	은	장	어
구	매	바	찍	받	다	감	크	말	어	을	집	늘	바	늘	자	도
불	다	용	집	바	을	거	측	범	요	트	트	바	질	분	모	운
쾌	수	짓	은	노	파	적	션	도	동	올	맞	요	문	날	물	사
용	에	람	보	한	굴	로	필	러	다	측	을	발	사	오	보	의
절	한	운	일	은	을	셀	젊	트	들	동	절	바	람	렌	러	드
트	용	한	절	자	을	자	감	솔	을	터	견	을	의	지	다	대
동	의	달	람	어	절	주	신	집	동	터	너	부	부	로	발	신
터	동	날	스	고	솔	말	중	트	레	운	끔	동	집	을	날	한
말	적	은	컴	용	비	싼	한	을	낌	쌀	한	결	비	극	적	전
절	풍	자	돌	자	추	은	셀	젊	춤	용	부	문	발	행	제	에

신중한
보드
사람의
불쾌
다수
적어도
보일
비싼
정치
비극적
좋아
감자
이웃도
스트림
구매
소요
오렌지
업데이트
분모
대신

Puzzle 753

로	끔	솔	운	공	법	들	달	제	굴	갈	주	을	대	문	자	파
물	바	트	부	바	바	션	마	일	올	등	춤	견	학	셀	위	은
쌀	제	리	굽	들	주	쌀	바	사	올	받	러	션	치	결	트	굴
러	행	적	짓	의	문	공	스	공	위	컴	주	트	열	로	셀	연
로	한	짓	한	고	레	어	끔	다	의	낌	은	파	한	아	웃	령
느	션	문	자	공	파	은	회	바	북	동	부	션	적	부	자	를
크	결	크	이	짓	결	동	피	부	추	너	비	점	프	는	러	퓨
를	용	느	질	부	솔	도	에	헌	신	요	범	참	을	체	를	굴
자	방	로	제	을	나	중	에	장	자	약	고	체	한	물	터	젊
추	문	거	늘	결	문	돌	요	돌	이	질	이	여	기	루	터	쌀
짓	굴	체	달	한	집	동	작	집	을	견	발	주	추	솔	도	맞
돌	계	이	요	북	돌	고	레	가	풍	한	날	문	도	어	제	문
동	퓨	산	컴	체	올	굴	요	전	트	터	셀	션	말	요	도	주
표	리	북	들	부	행	무	대	거	고	바	은	트	용	한	문	을
쌀	에	을	올	굽	굽	요	츢	크	문	에	다	날	파	자	솔	풍

아웃
여기
비참한
방문
어제
트리
점프는
부자를
나중에
갈등
연령
회피에
마일
헌신
요약
계산
작가
대학
무대
치열한

Puzzle 754

한	문	동	달	문	돌	을	위	모	로	견	쌀	를	춤	전	거	풍
한	동	을	날	이	은	한	고	양	장	부	점	심	법	에	북	부
신	선	한	북	은	스	로	문	을	로	문	사	날	결	률	이	한
결	법	격	맞	받	부	행	결	퓨	한	자	한	파	끔	로	차	굴
용	도	엄	을	너	사	바	션	새	날	범	카	한	부	셀	운	퓨
되	절	느	감	동	동	범	늘	이	벽	물	주	션	참	을	컴	은
돌	대	발	풍	다	반	법	너	바	용	한	학	업	용	가	필	수
리	공	굴	션	결	대	어	고	부	장	이	을	스	을	끔	을	문
기	카	결	스	을	약	물	문	쌀	질	공	느	적	집	동	셀	부
쌀	사	전	바	바	돌	의	션	이	트	춤	받	바	달	를	자	대
셀	루	파	질	결	사	이	위	아	골	동	품	돌	날	다	동	발
를	한	을	질	위	찍	터	노	이	에	예	쌀	장	로	전	바	맞
주	퓨	끔	레	모	네	이	드	리	루	뻐	은	문	북	적	날	다
레	다	요	카	공	제	주	츢	스	전	를	찍	루	은	대	굴	셀
굴	스	한	동	위	자	이	셀	주	파	주	표	동	낌	춤	스	은

풍부한
거북이
모양을
예뻐를
법률
아이리스
엄격한
골동품
레모네이드
점심
반대
약물
참가을
신선한
전에
학업
되돌리기
차이
필수
새벽

Puzzle 755

진	너	발	들	견	루	스	주	표	거	적	동	바	솔	트	문	늘
행	를	풍	전	로	문	바	밀	어	운	루	조	상	들	북	추	용
을	올	위	주	게	임	말	바	은	제	절	솔	주	문	루	을	문
문	물	느	풍	루	날	다	풍	말	이	행	젊	의	트	쌀	문	공
이	셀	법	표	체	너	를	올	주	트	을	질	행	파	러	즉	민
느	젊	거	올	필	낌	늘	표	레	법	한	집	굽	리	질	문	시
주	질	어	노	노	은	거	자	들	도	사	비	삽	주	느	풍	부
늘	체	요	행	조	건	품	레	체	트	주	명	루	입	슨	통	쌀
질	지	부	발	바	퓨	질	거	컴	터	주	들	바	리	한	션	과
끔	수	을	크	을	대	바	이	바	탐	색	을	성	능	을	한	추
사	동	결	노	제	동	은	굴	다	풍	질	동	어	말	바	문	범
사	표	자	달	질	션	질	받	노	젊	동	한	바	북	로	거	찍
고	돌	을	질	한	책	장	트	은	트	바	대	집	표	바	쌀	굴
낌	바	결	다	거	자	도	대	스	카	연	결	원	하	는	적	을
언	제	도	사	이	다	부	발	굽	너	고	한	느	법	트	사	느

질문
언제
게임
지수
진행을
삽입
시민
조상
느슨한
책장
통과
성능을
탐색을
밀어
즉시
연결
품질
비명
조건
원하는

Puzzle 756

셀	한	법	션	로	올	침	맞	달	을	파	다	은	트	발	낌	낌
날	너	발	받	스	퓨	대	사	비	홍	수	음	집	날	신	스	늘
짓	러	북	받	도	부	북	냥	누	문	감	에	이	발	뢰	대	레
요	을	동	한	루	춤	용	파	발	바	동	절	운	다	표	젊	을
받	의	쌀	들	을	은	연	트	한	운	요	감	한	견	발	이	족
자	러	시	터	셀	에	유	기	세	이	다	결	전	찍	묶	여	제
을	주	도	적	퓨	감	채	러	측	문	주	솔	견	저	장	을	비
필	바	느	스	동	끔	과	노	조	파	문	올	주	견	끔	한	문
자	너	받	춤	말	터	요	리	류	주	자	을	동	용	필	체	법
끔	자	에	적	자	용	말	컴	션	필	위	법	낌	로	자	고	부
트	바	물	운	측	물	괄	대	주	올	종	도	이	레	스	용	바
발	부	쌀	풍	질	맞	량	바	바	은	동	료	끔	퓨	를	카	트
발	날	춤	행	주	생	이	션	위	공	파	을	와	느	얼	음	프
전	한	솔	질	파	물	적	셀	날	받	굴	질	공	찍	너	은	필
들	크	달	쌀	문	학	도	동	어	부	발	풍	부	굽	을	맞	운

신뢰
유채과
바위
족제비
묶여
말괄량이
다음에
연기
시도
사냥
세기
저장
비누
침대
홍수
얼음
생물학
스카프
조류
종료와

Puzzle 757

다	주	대	자	세	물	감	러	찍	을	부	한	람	질	도	양	흥
러	질	연	의	문	트	굽	풍	동	자	여	우	로	굴	사	파	미
올	솔	제	필	도	솔	를	굽	을	자	보	들	장	짓	용	굴	로
파	문	컴	동	동	발	동	바	이	공	북	맞	대	자	셀	위	운
찍	결	위	을	부	바	을	은	법	질	사	대	리	트	요	을	크
을	측	법	전	도	들	아	문	젊	젊	바	요	위	지	혜	발	절
물	발	절	요	부	를	이	주	도	트	발	나	머	지	용	은	로
한	다	정	박	도	질	를	트	크	집	쌀	불	안	정	한	낌	한
용	경	책	물	로	감	법	풍	위	올	문	요	다	바	옵	행	제
필	향	부	관	측	말	돌	짓	은	다	기	능	문	바	션	춤	을
문	이	기	회	동	체	람	자	측	집	공	카	바	문	용	느	견
에	돌	춤	유	리	문	셀	너	리	북	이	용	셀	한	문	주	맞
집	위	한	자	쌀	필	낌	측	범	쌀	굴	이	제	쌀	돌	구	주
도	어	절	체	굴	추	들	도	트	너	을	도	말	늘	발	그	조
운	바	사	도	로	운	도	한	측	결	러	제	한	노	이	녀	주

불안정한
정책
옵션
연필
유리
양파
박물관
세트를
여부
경향이
나머지
구조
지혜
흥미로운
기능
여우
아이를
보여
그녀
기회

Puzzle 758

동공
그러나
뭔가
어두운
개미성가
폐기물
수프
미디어
낮은
날씨
캠페인
밀도
국가
당나귀
상황을
누구아무것도
상대
발굽
독수리
절차

날	레	동	파	느	발	터	국	션	너	한	젊	장	제	거	리	결
셀	거	굽	한	로	절	을	가	들	바	맞	풍	맞	쌀	자	대	찍
미	디	어	짓	트	고	에	를	표	찍	집	찍	어	바	트	들	션
누	구	아	무	것	도	표	추	이	부	받	찍	개	바	션	한	은
션	고	스	용	질	밀	로	그	결	을	법	캠	어	미	돌	맞	부
파	추	집	바	적	로	공	러	주	을	레	페	두	문	성	다	바
제	느	을	고	뭔	스	귀	나	당	은	황	인	운	동	은	가	체
동	필	표	로	한	가	받	낮	도	한	동	상	동	이	용	쌀	리
날	돌	끔	바	위	측	카	은	날	노	받	대	필	너	절	날	낌
늘	러	맞	대	찍	바	춤	셀	스	발	션	체	체	느	굴	씨	자
달	물	카	젊	트	요	동	문	도	끔	동	자	북	션	전	늘	은
퓨	요	쌀	견	바	늘	견	폐	리	로	공	노	부	젊	람	리	러
동	을	제	솔	크	느	절	기	수	프	이	적	크	춤	트	견	물
젊	결	트	제	어	로	차	물	독	말	요	퓨	너	문	주	발	굽
거	춤	루	낌	굴	너	끔	느	짓	자	풍	너	젊	찍	솔	사	을

Puzzle 759

자	프	트	너	풍	도	루	를	다	다	카	이	물	발	코	람	요
문	로	레	을	한	말	문	로	동	트	동	를	러	질	요	쌀	문
바	그	도	공	장	문	짓	주	인	치	가	책	루	사	테	요	어
날	램	표	속	느	사	굽	집	장	설	동	도	상	발	날	부	이
대	올	고	찍	고	다	체	춤	종	탕	터	주	동	을	루	위	루
체	이	문	달	동	추	북	쌀	종	찍	은	대	이	결	온	도	의
물	느	적	용	고	허	선	북	트	동	추	측	동	북	문	트	물
솔	파	느	망	슴	가	은	물	구	추	늘	위	운	트	를	러	제
범	문	도	치	도	쌀	를	은	울	셀	자	질	루	도	바	바	동
사	동	거	쌀	치	로	의	접	이	용	감	를	리	날	노	북	리
람	집	한	문	을	트	센	근	익	운	장	트	바	용	노	느	을
부	의	쌀	누	군	가	터	동	늘	를	주	견	오	쌀	주	용	바
을	람	집	짓	을	트	낌	의	람	동	받	북	리	말	카	한	터
카	바	사	늘	바	주	용	발	한	고	말	이	벤	트	를	찍	질
북	이	달	찍	문	람	트	끔	다	쌀	자	적	문	노	동	트	람

인치가
선물
책상을
이벤트를
누군가
구울
고슴도치
프로그램
망치
종종
이익
접근
코요테
고속도로
허가
설탕
오리
온도의
센터
적용

Puzzle 760

퓨	고	위	트	주	느	동	한	비	러	날	풍	이	양	물	하	집
공	느	장	너	날	스	올	다	트	느	제	사	션	표	배	늘	루
날	카	로	운	포	착	이	감	느	운	것	은	컴	바	어	추	주
을	돌	거	갤	럽	풍	따	돌	운	공	송	측	부	견	바	러	을
사	거	너	이	을	질	뜻	요	도	의	받	도	젊	장	맞	문	솔
굽	전	제	북	터	은	한	권	굽	춤	늘	거	표	북	맞	굴	의
전	변	짓	터	늘	날	을	주	동	루	제	자	동	굽	문	트	크
견	수	결	집	파	맞	전	동	레	바	발	받	발	거	사	솔	용
쌀	느	말	발	법	발	추	감	에	달	을	번	트	쌀	컴	올	을
받	이	람	요	크	북	풍	다	크	고	의	호	세	로	질	체	컴
끔	통	치	는	바	을	트	도	용	솔	시	범	느	한	견	퓨	파
너	문	필	레	달	루	표	시	굽	로	리	아	직	셀	람	질	의
안	공	젊	사	요	말	트	질	행	크	즈	말	트	체	위	을	장
공	전	션	은	집	문	범	노	크	러	은	을	이	절	거	굽	션
풍	끔	루	짓	다	문	용	추	파	에	거	장	체	은	북	한	감

따뜻한
날카로운
것은
도시
번호
포착
운송
안전
변수
시리즈
아직
세로
노크
하늘
통치는
양배추
비트
권한
솔로
갤럽

Puzzle 761

을	발	느	은	레	절	견	장	리	들	젊	자	발	젊	표	춤	늘
스	찍	맞	행	트	위	늘	자	방	향	설	카	을	동	위	질	적
동	재	능	충	분	한	컴	굽	트	의	탕	달	한	코	전	은	컴
안	물	말	운	메	모	리	트	루	추	에	굴	전	치	도	를	노
아	화	질	이	노	사	주	느	맞	물	너	늘	결	집	한	요	퓨
동	요	쌀	을	은	굽	과	션	셀	을	너	퓨	트	다	결	리	주
춤	일	즐	길	행	파	표	도	을	쌀	을	쌀	바	굽	은	굴	리
측	트	을	늘	람	측	바	을	션	적	레	한	루	질	아	사	결
표	범	동	절	한	필	북	동	한	주	문	레	은	사	자	픈	혼
다	바	트	노	로	들	바	물	은	동	과	일	상	에	은	스	트
자	한	력	젊	컴	문	북	파	정	집	이	고	업	로	요	절	주
질	용	셀	집	질	자	북	북	적	의	계	스	주	감	너	주	측
문	사	셀	트	람	발	살	쾡	이	를	도	자	주	도	체	대	느
체	사	이	의	법	북	발	표	문	문	온	크	용	의	에	찍	느
자	거	트	들	셀	너	한	주	사	트	춤	절	루	물	을	행	자

정의도
메모리
설탕에
충분한
화요일
사이의
즐길
코치
살쾡이를
재능
방향
아픈
온도계이
과일
안아
은행
트럭
결혼
사과
상업

Puzzle 762

맞	문	발	찍	어	사	다	춤	절	집	한	춤	고	한	파	필	돌
범	부	발	지	올	느	문	션	젊	동	은	람	법	말	집	다	자
스	파	이	원	부	받	를	발	느	어	오	쌀	문	어	문	절	션
셀	질	젊	낌	견	부	은	받	의	을	는	끔	한	바	주	올	로
요	인	올	드	노	래	를	쌀	동	추	터	느	추	행	북	고	바
다	채	로	운	동	한	주	문	자	많	말	결	늘	고	짓	운	거
범	을	맞	파	굴	로	늘	바	낌	은	이	색	상	집	느	문	질
여	름	감	늘	션	승	리	용	절	지	요	질	사	바	퓨	전	다
받	적	스	싸	북	리	질	노	짓	도	카	전	느	의	로	부	주
운	솔	준	당	는	의	의	을	적	굴	도	젊	주	주	문	동	터
을	의	비	근	주	이	사	회	는	스	솔	위	굴	체	적	낌	생
질	동	러	케	받	을	발	루	도	윙	용	퓨	카	문	쌀	대	강
들	위	을	이	필	범	공	날	돌	로	바	사	요	운	가	비	을
다	주	시	스	범	질	돌	요	바	파	절	굽	굽	리	동	치	짓
표	자	트	게	찍	맞	표	굴	바	돌	운	루	결	범	주	캐	를

색상
지원
사회는
노래를
대비
많은지도
스윙
생강을
캐치
시게
오는
요인
당근케이스
파운드
승리의
준비
다채로운
여름
감싸는
가치를

Puzzle 763

달	완	부	자	북	체	모	방	거	감	리	제	레	한	춤	말	요
주	전	동	다	로	트	양	재	소	치	아	들	발	부	들	트	자
말	히	차	건	강	한	고	를	고	화	병	이	솔	바	에	바	다
찍	체	정	가	달	물	기	뚜	메	낌	문	질	거	바	을	공	대
루	결	트	을	워	선	호	하	는	감	은	결	다	문	도	추	터
집	전	올	바	의	크	대	이	문	거	맞	날	동	고	로	천	달
춤	동	범	느	짓	한	발	리	풍	트	느	을	주	낌	부	자	로
필	들	필	로	낌	받	레	낌	레	끔	범	트	배	레	쌀	크	부
트	굴	드	솔	도	주	부	주	느	쌀	들	받	울	을	한	북	굽
말	솔	위	솔	을	매	유	죄	맞	다	부	느	동	풍	도	노	날
트	을	물	주	문	력	문	느	너	에	고	바	전	발	한	전	들
법	다	감	거	퓨	적	사	맞	달	자	루	바	트	트	션	어	러
자	도	로	운	바	인	에	느	동	한	쌀	말	를	필	운	스	셀
위	바	자	느	한	바	사	레	확	장	받	늘	발	표	동	부	운
달	돌	외	부	를	을	터	날	문	체	자	자	노	의	부	자	자

필드
유죄
외부를
매력적인
양고기
모방
동전
치아
건강한
재고
선호하는
추천
병아리
메뚜기
차가워
완전히
소화
배울
가정
확장

Puzzle 764

안녕
구분
분출
인터럽트
주년
슬픈
목욕
일요일
하이라이트
북극이
인정
마음
페이지
절반
원더
초콜릿
키가
비타민
왼쪽
위협이

키	문	들	트	문	받	초	콜	릿	북	늘	결	스	한	찍	바	문
가	컴	굽	끔	춤	고	풍	레	풍	제	극	지	장	트	달	결	달
문	북	을	범	왼	낌	결	용	도	자	람	이	협	위	춤	을	컴
트	동	사	주	쪽	슬	픈	람	쌀	질	행	페	마	음	사	느	질
문	범	정	인	터	럽	트	견	동	공	은	굴	루	젊	크	짓	행
맞	적	문	자	용	질	이	물	주	굽	올	셀	안	전	터	대	받
범	한	셀	로	굴	동	라	날	년	고	느	표	부	녕	일	을	한
사	스	한	원	동	받	이	바	전	을	크	도	터	부	요	을	행
도	질	리	고	더	를	하	루	올	목	거	요	거	대	일	을	풍
사	바	비	를	람	바	동	한	필	욕	용	크	짓	로	전	카	을
측	루	타	동	풍	부	노	추	발	젊	전	너	카	날	문	리	돌
솔	은	민	받	들	너	표	바	전	북	노	말	문	용	동	측	물
찍	대	견	트	필	한	고	람	춤	도	대	느	을	노	장	한	한
도	주	추	로	크	리	날	사	찍	바	동	바	물	로	컴	고	구
느	장	자	다	굴	문	표	용	맞	을	절	반	한	용	션	출	분

Puzzle 765

느	장	문	로	체	짓	동	용	에	부	춤	어	문	감	문	로	문
표	체	날	문	들	자	리	카	말	이	부	쌀	도	에	발	컴	너
견	사	한	절	늘	발	장	동	종	운	느	퓨	동	부	풍	적	레
탄	생	체	을	스	공	러	자	이	과	공	판	러	데	이	터	범
파	전	달	집	바	너	다	다	깎	거	주	결	항	용	원	다	문
은	차	도	을	주	찍	사	적	말	의	받	견	해	도	위	자	올
결	날	문	북	용	크	문	쌀	에	맞	찍	풍	끔	이	다	카	느
주	맞	위	돌	낌	질	풍	자	돌	전	자	돌	굽	컴	들	우	쌀
굴	컴	바	이	의	바	문	에	젊	바	평	날	요	발	도	보	굴
간	호	사	다	견	솔	질	어	대	전	야	에	용	도	로	이	거
의	이	돌	위	위	섹	이	스	한	돌	대	트	견	솔	결	한	전
굽	북	퓨	지	사	션	모	느	받	찍	전	낌	표	스	굽	느	고
레	느	고	리	돼	의	낌	험	늘	문	집	요	카	견	람	러	견
사	에	스	쌀	한	긴	장	된	부	분	은	풍	다	은	젊	다	한
레	트	노	컴	범	동	스	동	동	굽	말	운	사	파	받	구	멍

데이터
탄생
구멍
판결
항해
간호사
모험
깎이
전차
돼지
부분은
의견
종이
지리
긴장된
섹션의
원자
평야
과거의
카우보이

Puzzle 766

올빼미
성분
중지
해설
찬장
가장
이벤트
화가
크림
어디서나
회의
공개
숨기기
돌고래
비용면
해변
생존
딸기
충족
자원

퓨	트	춤	맞	낌	어	어	컴	말	쌀	낌	적	성	거	부	의	짓
필	질	바	퓨	질	동	디	크	레	파	체	추	분	받	적	부	도
이	바	의	스	공	크	서	들	추	젊	굽	해	다	대	발	이	용
체	측	셀	러	개	솔	나	끔	말	러	위	변	에	적	느	은	돌
어	다	돌	질	법	를	부	제	를	말	퓨	절	주	주	운	운	고
주	이	한	부	부	올	문	용	너	감	측	문	전	바	로	용	래
발	벤	고	다	솔	이	북	굽	러	터	문	대	의	퓨	공	너	부
한	트	법	크	중	자	원	파	노	카	짓	셀	한	문	문	춤	도
이	이	숨	문	지	용	낌	한	견	람	범	행	용	절	돌	결	춤
측	제	부	기	딸	을	을	회	의	스	트	용	크	문	짓	한	부
자	동	다	돌	기	생	이	춤	물	찬	은	받	을	물	로	체	은
동	늘	어	이	느	존	춤	로	행	행	장	견	북	쌀	질	용	레
요	비	을	적	바	용	리	늘	크	림	가	로	문	한	을	트	굴
한	용	충	들	적	쌀	받	측	화	질	스	올	빼	미	용	의	용
체	면	람	족	날	해	설	짓	가	달	늘	발	받	은	날	돌	용

Puzzle 767

심	범	들	느	바	도	느	에	문	용	션	동	산	책	로	을	터
동	각	법	춤	장	올	물	트	절	달	리	크	동	목	추	거	동
에	문	한	부	굴	짓	사	적	위	한	올	대	발	적	리	풍	한
늘	바	사	너	터	풍	을	올	셀	루	졸	한	트	굴	끔	쌀	동
을	크	유	카	절	을	주	문	쌀	션	린	조	언	을	명	을	질
도	한	바	들	장	거	단	한	질	션	거	의	들	설	랑	위	사
한	굴	굽	춤	주	다	락	한	받	동	감	솔	물	득	노	행	퓨
날	동	감	공	낌	거	로	이	문	달	용	말	낌	말	행	공	너
산	만	바	질	결	너	도	대	주	법	리	측	카	쌀	자	측	문
리	이	체	한	컴	도	동	장	솔	동	법	요	느	문	제	견	행
터	부	느	적	감	고	동	계	사	라	어	루	을	린	늘	을	발
범	긍	를	부	자	을	개	선	절	소	유	자	바	닥	집	의	적
짓	정	적	션	늘	발	춤	한	를	주	집	션	동	션	클	럽	견
쌀	적	노	솔	결	주	퓨	느	추	전	북	파	거	다	람	쌀	짓
찍	카	부	발	감	부	주	물	행	자	레	거	사	션	체	질	대

느린
사라
설득
산만
계절
심각한
산책
조언을
개선
긍정적
클럽
졸린
소유자
목적
유사한
대한
명랑
바닥
단락
주전자

Puzzle 768

이동
러시를
약어
크래들
믿기
실버
측정
일회용
경찰관
거부
당신의
더워
두려움
군사
필요한
레몬
앞치마
무서워
테이크
탐구

전	자	당	동	느	솔	발	로	달	거	앞	물	을	바	이	파	크
물	바	를	신	장	루	바	사	레	부	치	리	제	트	끔	돌	람
말	트	고	셀	의	필	말	도	운	카	마	크	바	한	맞	바	돌
동	물	주	바	짓	트	이	한	트	사	션	래	을	은	끔	솔	경
리	굽	로	크	용	자	션	부	도	쌀	노	들	거	다	행	날	찰
크	레	은	느	공	크	레	굴	한	측	크	문	돌	장	다	춤	관
군	사	제	두	려	움	몬	은	도	정	대	풍	에	운	자	컴	끔
집	에	용	젊	찍	문	북	낌	동	제	굽	춤	한	쌀	문	굴	트
터	부	에	자	용	션	스	쌀	트	주	부	을	주	부	행	용	을
로	거	의	동	받	부	끔	체	말	약	어	짓	일	러	시	를	늘
션	한	문	느	한	쌀	쌀	범	끔	절	젊	너	회	바	춤	추	동
맞	사	맞	동	의	실	트	바	견	동	춤	부	용	탐	파	질	이
운	사	러	트	솔	대	버	쌀	문	주	이	느	낌	굽	구	테	동
날	동	믿	기	이	주	로	동	러	적	물	추	바	이	동	이	부
무	서	워	더	부	주	필	요	한	러	받	범	측	고	들	크	문

Puzzle 769

경	제	를	사	곱	미	한	노	요	요	트	이	예	람	은	빌	날
공	원	카	솔	하	세	결	자	굴	다	파	물	비	짓	쌀	드	어
바	법	트	을	기	한	달	물	문	이	돌	자	용	바	달	질	느
요	어	한	발	에	측	견	문	부	다	적	맞	전	트	도	측	행
동	파	전	셀	올	받	도	바	주	트	동	요	달	다	에	광	셀
동	법	퓨	터	계	행	받	범	도	받	동	굽	낌	견	동	산	달
람	느	을	쌀	결	정	견	말	러	한	물	루	끔	절	은	바	로
도	올	홀	모	은	이	을	트	미	평	면	의	동	다	짓	올	부
행	은	리	양	컴	쌀	솔	요	석	잘	션	트	사	찍	춤	체	동
낌	솔	견	자	노	낌	은	느	탄	컴	제	은	북	너	굽	고	바
필	카	젊	입	잠	적	을	노	북	제	받	늘	풍	받	카	도	편
셀	용	공	새	로	운	문	을	어	트	부	적	운	폭	트	살	안
도	사	급	제	동	바	러	문	위	을	람	결	부	풍	을	쾡	함
주	러	로	크	돌	들	말	한	한	너	질	동	행	너	공	이	을
스	물	한	장	의	한	요	굽	파	물	문	감	컴	받	바	용	파

편안함을
말미잘
미세한
곱하기
계정을
공급
입자
모양
광산
잠자리
홀리
살쾡이
새로운
예비
빌드
경제를
평면의
폭풍
공원
석탄

Puzzle 770

가을
무시
야외
무효
누구
속도
마모
압력
괜찮아도
스타킹
입학
조용한
브라운
당근
넘어
발견
가방
추구
공식적으로
무거운

넘	어	자	무	의	트	결	무	괜	찮	아	도	문	말	측	문	용
을	입	학	운	효	거	돌	시	찍	요	이	속	한	바	트	대	부
가	방	한	레	한	질	컴	말	스	풍	러	부	범	션	범	쌀	자
에	굽	자	제	을	절	고	문	문	퓨	발	체	느	거	파	로	법
풍	자	늘	브	너	질	카	대	느	제	들	표	춤	한	들	질	돌
추	쌀	트	라	느	거	한	동	주	자	행	발	굴	이	체	부	체
션	구	날	운	터	짓	발	셀	당	컴	춤	견	바	바	노	늘	러
물	문	퓨	거	터	솔	전	도	근	트	결	로	말	도	물	장	터
동	동	감	무	의	말	퓨	이	조	돌	물	용	어	카	전	대	트
범	야	외	질	파	자	한	의	용	을	로	압	적	운	달	거	쌀
주	주	들	풍	늘	의	문	쌀	한	도	북	력	문	공	위	절	이
고	느	를	마	모	솔	발	행	스	찍	북	맞	발	돌	거	크	달
공	식	적	으	로	용	카	문	의	타	를	을	레	요	문	필	자
감	러	에	법	한	도	러	질	을	동	킹	체	자	자	측	이	을
동	스	느	공	누	구	문	로	주	들	느	의	고	러	컴	트	풍

Puzzle 771

거	스	달	을	한	고	절	적	거	주	다	법	도	외	파	측	거
운	탬	동	트	대	사	필	리	어	민	대	이	밝	달	에	용	제
트	프	견	용	크	행	이	을	고	이	용	물	은	요	이	셀	쌀
이	한	질	고	은	낌	한	견	다	양	성	트	법	로	동	받	동
리	끔	사	주	도	이	퓨	발	추	로	경	적	퓨	부	한	람	용
은	스	범	이	늘	자	개	도	토	리	험	어	바	션	촬	셀	한
단	느	짓	절	의	초	최	로	동	바	을	제	솔	적	동	영	견
너	순	달	수	수	옥	브	강	아	지	대	트	바	풍	고	달	거
용	을	한	명	거	동	러	다	발	바	찍	법	한	절	의	로	늘
결	적	복	한	을	주	시	동	바	고	로	카	을	어	느	행	바
결	올	행	이	터	표	동	결	사	다	을	도	셀	레	션	날	의
을	한	풍	파	바	낌	트	쌀	은	말	용	늘	루	야	망	날	한
션	어	에	문	한	대	발	한	쌀	다	물	절	자	느	감	찍	굽
결	로	자	바	발	도	올	자	에	를	집	맞	돌	받	문	크	북
션	고	자	쌀	자	추	러	끔	의	파	발	거	적	에	짓	한	범

경로
주민이
다양성
행복한
브러시
도토리
스탬프
단순한
개최
경험을
수명
옥수수
최초의
밝은
야망
강아지
바지
도발
촬영
외에

Puzzle 772

코	트	우	울	문	는	이	속	질	절	트	느	문	짧	느	은	이
스	자	짓	감	루	낌	론	한	문	을	행	다	느	문	은	대	한
굽	위	위	바	체	트	루	북	자	트	트	동	가	득	낌	끔	의
사	찍	문	짓	늘	터	부	의	올	바	셀	대	하	용	스	한	견
결	로	퓨	날	바	범	루	견	쌀	한	에	자	올	라	결	파	트
다	추	결	주	늘	수	건	공	견	너	을	위	위	한	주	젊	바
견	동	바	카	결	카	주	베	이	사	퓨	각	수	물	바	빈	소
장	레	한	문	의	솔	운	절	부	범	카	종	달	출	동	곤	녀
바	동	동	루	을	도	날	춤	을	한	공	노	문	풍	을	을	를
질	리	풍	대	한	다	문	돌	동	용	잠	부	요	도	책	임	굽
트	미	소	연	기	블	리	드	북	도	금	위	을	너	도	느	은
굴	질	셀	너	적	질	문	끔	바	결	문	를	발	날	자	한	이
명	확	히	터	로	다	굴	발	장	추	늘	자	도	크	맞	절	문
애	크	터	은	한	기	동	법	위	돌	필	이	감	레	에	북	은
정	결	낌	한	바	각	을	집	을	느	달	문	들	위	돌	을	한

수출을
애정
잠금
코트
책임
행동하라
이론
블리드
각종
베이
빈곤을
가득
기각
미소연기
수건
속이는
우울
소녀
명확히
짧은

Puzzle 773

경	전	발	도	굴	춤	자	를	거	끔	사	쌀	늘	사	루	법	동
고	행	동	을	흔	마	트	레	트	풍	러	범	션	발	질	대	집
했	문	자	록	질	요	파	집	을	짓	러	부	부	페	거	법	고
다	전	컴	도	받	우	드	주	주	동	운	트	쌀	스	니	소	이
거	자	지	하	한	트	용	맞	을	람	문	이	다	짓	끔	시	표
표	인	상	준	살	받	은	동	퓨	스	쌀	달	동	행	속	지	동
거	상	찍	수	추	고	행	견	을	포	충	낌	부	발	주	맞	트
친	돌	문	문	로	장	있	트	도	츠	성	동	부	들	은	바	루
트	늘	날	한	바	은	파	는	필	쌀	부	를	사	자	셀	달	루
솔	노	람	러	발	한	문	람	이	퓨	돌	람	도	은	적	감	를
한	너	절	맞	퓨	문	동	바	전	북	비	결	주	로	쌀	파	동
도	표	한	장	동	은	시	험	한	다	오	트	도	적	느	트	크
트	동	젊	쌀	파	공	공	올	동	춤	는	릭	트	행	리	용	부
셀	이	공	로	크	고	공	에	동	달	트	춤	의	대	긴	솔	비
장	견	너	고	물	바	바	바	한	노	를	쌀	법	바	범	장	워

이전
행동을
인상
트릭
비오는
살고있는
지속
비워
충성
소시지
지상
페니
수준하도록을
마흔을
스포츠
거친
긴장
우드
경고했다
시험한다

Puzzle 774

농	고	플	루	견	을	건	바	느	을	절	물	체	체	주	북	동
구	장	로	동	도	을	포	다	크	이	제	레	맞	결	인	적	극
필	애	트	바	거	문	도	바	풍	테	동	법	카	쌀	문	북	파
풍	도	도	찍	을	리	동	적	러	스	을	를	을	션	자	필	크
동	동	문	용	이	느	표	짓	들	동	프	용	굴	제	자	제	스
진	정	한	굽	체	형	풍	러	물	감	문	링	들	카	젊	도	레
말	행	행	느	리	트	식	너	퓨	견	절	다	올	절	굽	너	바
발	질	운	올	격	느	동	리	트	낌	제	느	질	춤	문	비	낌
을	북	체	노	맞	발	크	문	의	노	체	쌀	도	도	굽	판	동
로	람	맞	집	주	의	젊	부	를	컴	을	범	자	로	로	한	문
발	공	받	문	을	느	로	존	도	올	물	느	자	절	을	셀	주
부	에	표	젊	을	발	쌀	중	노	람	주	끔	크	달	를	견	역
앞	으	로	카	동	늘	딱	정	벌	레	요	추	크	한	결	표	할
은	을	짓	늘	전	한	북	파	사	부	트	낌	바	손	실	느	에
한	절	트	컴	강	탈	용	물	표	법	트	어	한	퓨	셀	러	주

앞으로
딱정벌레
강탈
플로트
스테이
주요
건포도
역할에
진정한
비판
농구
손실
형식
체리
체인
장애
존중
극적인
스프링
격리

Puzzle 775

북	를	자	굴	솔	용	받	람	요	감	도	퓨	춤	컴	동	특	을
굽	필	러	사	요	표	동	예	진	행	소	심	한	이	슬	정	호
오	리	를	터	바	션	들	상	트	여	북	동	주	물	리	람	텔
질	파	질	고	스	러	주	굴	옷	자	질	로	이	받	리	춤	달
쌀	의	위	트	트	추	결	맞	를	을	말	주	한	물	발	대	을
감	북	대	한	트	고	동	사	올	허	느	동	셀	동	문	로	한
바	행	셀	물	기	전	문	날	흡	수	동	한	발	어	주	돌	에
한	자	노	트	위	사	그	릇	수	아	노	레	주	을	풍	절	용
바	위	운	찍	필	다	는	범	용	비	력	체	쌀	여	이	결	엘
도	적	문	느	문	공	고	로	이	느	파	쌀	발	동	전	행	크
트	이	달	트	북	트	부	말	트	부	람	자	를	측	자	히	이
트	낌	들	주	동	굴	느	퓨	문	굽	부	느	컴	주	거	결	동
요	굽	돌	트	반	표	끔	요	자	측	한	동	표	끔	주	전	문
의	짓	위	공	복	행	문	에	말	사	절	을	빈	번	한	한	한
러	컴	외	침	을	결	집	한	퓨	동	적	을	한	다	찍	의	풍

진행
이슬
기사는
특정
예상
옷을
엘크
호텔
외침을
빈번한
노력
말을
그릇
허수아비
소심한
반복
오리를
흡수
여전히
여행

Puzzle 776

집	부	달	젊	느	의	크	흥	춤	질	짓	을	다	들	으	절	공
주	예	를	법	레	은	날	분	도	북	적	크	비	서	르	절	다
춤	션	측	로	발	필	을	파	동	트	추	질	부	거	렁	를	트
낌	절	측	들	쌀	올	소	금	노	루	로	바	여	성	을	감	의
바	동	느	날	거	의	감	절	자	행	문	한	를	공	로	고	맞
찍	노	을	늘	에	동	솔	필	어	다	요	다	표	로	찍	젊	너
동	시	질	을	한	결	짓	실	행	을	중	앙	발	문	체	러	질
받	크	동	북	동	필	제	용	로	노	너	질	을	다	에	자	러
의	추	절	용	다	트	쌀	짓	이	부	다	도	발	늘	부	거	리
인	받	춤	을	한	고	한	행	축	하	하	다	들	들	션	부	로
크	터	한	늘	한	장	솔	너	스	사	역	한	을	문	철	집	파
날	퓨	뷰	돌	고	돌	한	찍	요	회	표	말	느	너	회	풍	문
파	컴	탈	트	달	받	러	터	부	전	받	법	파	대	젊	다	느
질	주	출	결	위	표	드	읽	기	에	레	집	올	요	문	용	날
요	느	맞	을	은	다	컴	럼	동	파	자	법	추	말	범	자	맞

드럼
탈출
사회
여성
읽기에
말한다
비서
시크
으르렁
역사
예측
축하하다
컴퓨터
소금
철회
인터뷰
실행을
노을
흥분
중앙

Puzzle 777

트	삼	받	루	이	바	고	법	공	범	견	쌀	행	날	느	달	발
굽	촌	표	고	트	방	찍	춤	한	법	용	감	다	풍	문	로	늘
용	의	돌	트	행	레	법	견	노	운	위	느	돌	장	문	자	물
은	을	노	받	한	낌	전	을	느	율	느	스	주	공	컴	질	노
루	을	트	알	질	트	기	정	보	이	동	용	바	감	정	트	발
견	을	한	려	올	성	장	한	다	고	바	을	공	필	거	요	필
발	위	터	진	을	스	낌	콤	타	원	형	젊	필	문	용	을	올
관	계	필	다	파	젊	리	달	위	한	한	감	한	문	재	바	문
요	파	발	휘	슬	자	전	거	낌	다	트	북	다	감	도	생	범
고	범	을	느	리	에	로	주	트	법	시	날	에	물	쌀	장	느
자	제	거	주	적	체	전	자	한	로	을	에	완	화	이	다	낌
말	문	파	부	루	춤	컴	컴	집	올	은	카	한	대	추	을	트
늘	에	동	션	너	발	을	남	편	고	용	체	러	션	로	거	용
주	의	사	가	절	로	굴	전	용	솔	터	낌	문	발	짓	젊	은
바	운	신	로	트	의	도	트	퓨	행	고	의	법	한	이	사	북

타원형
관계
발휘
의사가
삼촌의
재생
성장한다
달콤한
파슬리
감정
신사
다시에
남편
방법을보고
운율
알려진
자전거
완화
한정
전기

Puzzle 778

문	도	물	절	종	춤	터	도	을	달	트	을	맞	필	카	이	발
용	주	소	관	의	솔	짓	들	넣	어	문	감	결	동	운	기	코
장	부	대	기	고	동	법	결	자	을	연	집	테	러	이	후	니
의	솔	바	부	제	다	적	쌀	셀	주	한	락	물	체	운	바	러
어	물	동	끔	전	다	트	젊	법	찍	레	한	처	끔	파	레	올
크	동	운	의	부	솔	도	로	람	스	물	표	을	러	측	요	용
공	동	발	료	사	한	을	포	도	위	굽	주	발	늘	스	말	한
트	끔	날	법	탕	날	의	이	다	한	견	바	주	끔	선	한	한
주	맞	부	도	용	더	컴	절	바	결	람	돌	문	자	박	질	고
사	백	을	터	날	바	블	문	트	다	폭	력	파	을	운	북	집
이	조	로	노	의	달	러	자	주	사	다	느	쌀	이	이	맞	를
거	전	앉	아	이	모	견	카	동	느	을	질	주	터	견	동	맞
행	문	고	셀	쌀	혼	부	돌	동	을	체	루	굽	체	올	동	노
촛	퓨	측	자	을	측	자	트	북	굴	느	파	말	짓	트	자	바
불	루	바	트	질	루	터	트	요	춤	트	제	표	운	찍	문	말

기후
혼자
더블
폭력
사탕
앉아
종의
기관
발코니
촛불
백조
포도
주소
선박
넣어
의료
연락처
대기
테러
이모

Puzzle 779

굴	적	셀	전	고	기	행	젤	리	주	한	짓	자	끔	적	범	풍
스	을	말	물	급	라	차	고	람	크	컴	날	위	올	자	달	질
스	필	크	트	체	추	상	올	절	레	동	용	용	굽	법	을	컴
물	휴	가	를	러	메	필	문	감	부	달	끔	한	질	어	리	파
짓	은	셀	올	쌀	적	바	동	한	집	질	범	동	문	발	질	부
루	추	견	다	부	를	젊	행	도	질	질	바	공	바	로	추	들
바	도	표	노	파	달	은	전	나	쿠	페	이	용	범	고	웨	운
셀	올	끔	레	낌	로	을	동	루	무	용	션	을	츠	낌	이	문
수	집	체	표	의	굴	이	절	발	맞	지	를	식	별	리	크	을
할	당	행	문	노	바	적	짓	표	늘	역	쌀	질	노	체	부	트
느	적	문	끔	션	운	자	낌	파	로	범	파	솔	주	러	솔	쌀
수	있	는	들	카	사	문	문	위	사	이	러	로	도	요	스	스
신	용	기	억	은	트	젊	다	문	은	크	레	동	범	정	확	성
호	트	동	어	바	버	주	결	도	션	솔	집	자	러	날	결	셀
결	고	짓	젊	발	을	스	바	피	아	노	션	를	레	문	은	셀

쿠페
정확성
기억
식별
버스
고급
상추
젊은
할당
수있는
수집
신호
피아노
젤리
기차
지역
나무
웨이크
메추라기
휴가를

Puzzle 780

표	은	동	주	찍	한	도	발	제	풍	운	장	양	도	높	체	에
찍	이	불	장	공	격	주	의	노	감	표	늘	고	파	은	포	함
늘	사	구	동	도	대	달	주	람	주	이	를	지	너	에	요	께
상	낌	하	피	곤	한	제	절	레	굴	들	거	을	사	감	만	했
달	황	고	부	한	컴	발	사	행	수	동	동	션	랑	용	감	다
토	론	질	을	장	견	컴	대	의	주	의	적	면	하	핏	걸	굴
너	자	레	에	받	자	북	에	고	법	낌	리	검	는	시	험	제
강	우	카	주	문	발	퓨	절	트	은	을	발	느	사	한	바	고
북	사	부	사	로	용	행	주	노	란	색	고	받	북	을	법	질
용	위	로	주	공	을	람	도	바	동	터	문	크	퓨	이	적	공
바	한	말	견	로	올	로	동	발	스	이	어	츠	추	말	에	자
사	자	한	솔	맞	짓	주	자	용	말	스	결	루	자	은	표	로
을	집	바	카	자	용	다	감	날	한	끔	제	이	맞	절	한	주
요	쌀	쌀	발	한	트	션	문	이	문	션	장	파	크	춤	로	의
느	리	물	츠	리	파	풍	을	솔	동	부	드	러	운	을	사	적

피곤한
강우
주장
함께했다
노란색
토론
에너지
걸핏하면
시험
수동
부드러운
높은
사랑하는
법적
검사
공격주의
불구하고
양파에만
체포
상황

Puzzle 781

체	결	성	공	적	인	패	턴	셀	늘	반	의	북	굴	트	공	측
들	문	적	발	퓨	라	배	을	질	민	영	자	스	셀	주	주	동
레	체	쌀	견	젊	동	가	문	체	주	에	을	운	루	트	물	대
질	셀	바	교	측	바	람	공	퓨	발	서	제	카	동	마	위	문
을	부	달	육	법	발	한	루	컴	끔	한	노	느	부	스	소	션
를	적	고	전	풍	후	오	늘	위	한	러	필	굽	다	크	셀	리
임	트	견	운	박	한	집	터	람	동	받	집	물	비	체	바	장
질	의	이	쌀	탈	찍	자	올	운	를	발	는	하	행	수	노	면
바	추	의	트	이	다	너	발	체	맞	발	동	파	문	요	루	올
들	고	로	쌀	양	범	풍	북	운	북	협	바	맞	찍	동	질	사
크	돌	끔	절	고	필	문	동	터	대	부	상	도	절	문	을	한
행	쌀	루	괜	찍	사	노	다	쌀	고	느	문	자	짓	문	고	솔
동	퓨	한	을	찮	바	용	표	고	바	트	절	장	달	낌	감	을
낌	를	카	측	운	주	요	견	질	부	이	를	굽	올	를	쌀	자
표	한	풍	트	한	한	돌	파	필	절	견	낌	주	은	주	션	용

임의의
협상
고양이
장면
소스
의자
민주
오후
교육
수행하는
박탈이
괜찮
반영에서
오늘
마스크
라인
성공적인
비행
배가
패턴

Puzzle 782

트	짓	날	루	굴	필	느	고	주	의	장	분	들	법	동	젊	낌
람	트	이	션	다	한	노	바	체	돌	를	기	필	굽	파	문	용
굽	트	적	셀	바	파	로	리	에	은	맞	은	을	을	파	제	용
체	이	발	법	결	너	요	셀	이	파	절	선	로	견	풍	쌀	루
위	도	한	용	정	을	용	주	을	를	동	거	동	행	부	러	를
도	필	리	자	감	셀	은	절	달	에	말	바	위	람	로	부	이
한	도	궤	션	션	북	믹	자	자	동	주	링	거	래	컴	전	족
위	트	결	한	받	문	스	결	파	스	대	클	주	굽	크	의	트
짓	계	은	범	다	도	측	을	러	노	길	이	동	동	대	돌	사
운	단	파	한	고	동	컴	범	죄	차	절	사	도	북	한	을	풍
운	집	너	물	을	법	주	이	이	례	다	젊	리	느	느	골	문
크	위	굽	들	달	로	측	표	거	대	범	굴	감	발	은	감	절
풍	요	리	자	파	절	동	실	시	웨	스	턴	추	은	운	너	스
너	용	파	발	부	쌀	사	에	다	초	점	대	끔	물	추	문	자
로	용	표	크	셀	돌	바	법	도	을	적	은	표	동	질	느	동

길이
거래
한도
실시
골절
계단
사이클링
결정
초점
풍부
차례
궤도
다시
선거
웨스턴
범죄
믹스
부족
분기
대표

Puzzle 783

무	파	을	리	날	어	범	한	캠	리	솔	집	올	한	로	북	질
엇	느	거	찍	한	추	측	법	프	집	문	돌	위	레	리	레	문
을	한	굴	러	찍	법	전	너	낌	대	동	물	컴	션	바	적	범
호	악	어	동	질	맞	눈	송	이	사	을	대	람	크	운	로	전
파	수	부	을	션	다	짓	끔	한	트	용	운	용	굽	쌀	위	범
위	스	쌀	크	주	날	문	솔	날	법	주	이	에	바	을	말	문
범	솔	퓨	결	퓨	자	은	트	절	셀	을	도	낌	문	러	부	터
체	자	너	매	을	일	요	수	굽	용	셀	컴	달	북	크	람	체
적	체	말	니	을	찍	스	트	립	추	트	늘	느	끔	맞	측	러
질	들	루	저	동	우	리	의	트	대	이	레	을	질	법	받	로
트	동	조	어	체	질	한	업	로	도	문	너	받	셀	람	로	날
레	레	약	셀	필	은	스	작	을	요	발	용	동	체	받	굽	북
사	리	파	너	솔	고	출	주	낌	범	전	낌	들	장	춤	의	체
요	감	일	을	세	추	현	전	터	걱	정	올	이	카	북	동	루
발	쌀	럿	필	금	솔	바	주	받	맞	법	스	감	적	문	측	감

캠프
눈송이
파일럿
악어
조약
우리의
세금
무엇을
바로
걱정
부어
출현
작업의
고추
수요일
호수
스트립
매니저
일찍
사용이

Puzzle 784

빨	간	색	을	레	날	필	행	자	전	략	부	어	짓	법	절	운
을	대	젊	퓨	바	체	공	은	문	부	날	노	을	트	트	용	고
느	위	제	주	견	쌀	사	도	젊	요	표	주	셀	발	를	도	춤
공	러	질	컴	스	요	공	문	젊	용	느	트	공	용	한	위	운
용	바	이	을	셀	쌀	질	질	자	퓨	자	문	느	리	문	젊	젊
행	한	한	날	행	고	솔	사	용	제	표	주	부	어	말	어	적
크	로	고	귀	한	추	카	에	내	쌀	감	끔	다	한	북	터	표
셀	람	운	주	노	를	누	출	와	동	끔	좁	돌	들	은	끔	느
끔	주	루	용	견	문	장	은	을	로	레	은	굽	요	필	춤	감
찍	한	테	집	돌	러	망	원	경	가	재	해	를	퓨	달	공	로
바	공	레	니	카	자	자	로	운	동	축	위	문	짓	한	터	터
추	을	솔	퓨	스	유	웃	음	발	굽	이	행	운	체	범	늘	표
굴	카	받	을	은	파	동	추	샤	늘	굴	션	요	날	동	범	러
자	문	로	감	운	솔	파	돌	문	워	길	러	견	올	법	말	용
물	문	로	기	보	존	끔	터	통	증	이	대	접	다	받	측	발

통증이
이길
테니스
재해를
보존
좁은
샤워
행운
망원경
대접
전략
누출
가축
감기
고귀한
웃음
자유
내와
고추를
빨간색을

Puzzle 785

습	소	공	도	발	거	컴	적	쌀	카	트	트	옷	장	리	받	일
관	파	굽	에	장	제	측	장	바	적	나	를	동	만	족	북	반
을	너	부	파	퓨	늘	장	필	리	자	달	리	다	섯	은	굴	받
을	귀	제	러	맞	감	리	트	자	굴	바	설	아	끔	노	솔	집
스	중	너	돌	돌	파	의	로	표	복	잡	계	은	고	올	용	트
느	한	물	람	엘	크	체	장	주	파	에	네	이	요	받	끔	돌
로	느	레	감	느	프	느	찍	람	한	부	일	느	절	무	춤	용
경	험	카	을	집	맞	트	날	로	넓	은	요	한	한	의	부	한
부	을	감	카	질	행	동	춤	션	도	행	바	다	카	미	동	문
특	히	리	로	한	바	터	문	느	동	맞	낌	요	도	한	문	리
늘	문	공	절	문	점	장	노	의	한	스	공	다	늘	측	터	달
를	문	무	고	대	진	용	도	바	리	퓨	배	루	결	의	제	터
짓	찍	리	동	거	적	은	공	짓	접	한	를	치	이	체	바	표
짓	풍	터	동	부	행	필	자	행	시	한	퓨	로	리	낌	발	돌
받	부	북	터	트	말	자	션	이	돌	파	늘	바	컴	문	올	카

무의미한
다섯
넓은
일반
네일
습관을
접시
무리
특히
복잡
점진적
옷장
배치
엘프
소파
설계
만족
카나리아
경험
귀중한

Puzzle 786

적	이	도	돌	거	다	날	문	짓	전	적	주	문	문	전	제	고
물	들	강	아	지	를	너	발	다	적	송	원	질	문	집	람	문
크	에	돌	추	운	에	너	젊	어	발	늘	정	말	크	션	루	적
람	전	도	동	파	요	자	한	고	바	늘	체	다	어	로	전	주
서	아	가	씨	거	들	노	결	루	한	쌀	한	주	행	느	한	장
비	소	러	활	삼	촌	법	질	올	너	감	늘	노	파	사	레	바
스	끔	설	성	적	질	발	젊	올	파	셀	은	달	늘	문	동	문
굽	제	추	쌀	제	말	올	표	젊	필	맞	다	견	에	마	주	표
고	자	같	젊	발	문	로	은	결	행	션	행	안	녕	하	세	요
도	용	은	웨	스	트	했	다	물	너	문	선	춤	행	들	한	한
퓨	사	노	문	도	용	도	느	동	에	람	생	주	젊	터	장	바
목	제	짓	절	자	사	드	레	이	크	견	님	추	를	젊	견	말
용	맞	거	행	부	쌀	결	한	굴	달	로	공	은	를	고	한	러
양	말	낌	필	동	레	루	측	를	질	끔	션	크	은	물	도	굽
도	다	러	올	굽	스	받	북	컴	물	한	질	카	거	터	실	행

같은
웨스트했다
원정
전송
실행
양말
하마
아가씨
안녕하세요
활성
도용
소설
제목
서비스
강아지를
선생님
삼촌
드레이크
사용자
제거

Puzzle 787

적	너	반	트	주	마	행	체	카	자	을	풍	전	에	계	란	주
짓	장	바	기	러	음	질	어	을	고	체	트	을	주	동	로	션
이	의	바	발	지	을	셀	질	장	장	느	짓	리	도	날	노	부
아	름	다	운	은	냄	러	어	부	잃	게	우	로	용	을	절	춤
요	날	주	요	젊	비	리	색	상	이	질	유	말	끔	자	감	북
로	퓨	로	측	쌀	찍	루	쌀	바	문	의	동	동	자	짓	한	주
고	끔	돌	동	를	집	를	너	춤	날	신	문	바	공	한	결	돌
노	문	스	체	동	낌	낌	쌀	트	발	문	을	추	느	너	한	발
도	션	안	이	레	마	을	쌀	쌀	한	레	적	공	은	공	러	대
전	노	을	락	짓	을	말	용	트	퓨	제	주	짓	의	소	녀	가
질	은	스	의	군	파	컴	굴	트	집	다	끔	체	대	을	장	낌
스	션	측	범	자	대	중	바	발	영	부	은	필	눈	물	미	소
주	위	에	요	집	달	요	젊	늘	젊	어	노	셀	자	절	너	터
고	한	적	노	로	문	한	거	이	에	받	견	행	이	람	파	솔
한	문	을	올	측	발	은	젊	필	달	주	늘	추	끔	느	결	파

안락군대
미소
신문
냄비
마음을
잃게
쌀쌀한
눈물
중요한
주위에
주스
계란
마을
우유
셀러리
소녀가
영어
아름다운
색상이
반기지

Puzzle 788

추격
파도
비교
엄청난
차지
맛을
노동
지배적
무지개
자신이
교수
결정하는
울새
신발샴푸하여야한다
위상
후보
지구를
터치를했다
개혁의
크리스마스

들	셀	리	의	공	엄	의	지	표	북	동	끔	부	트	퓨	자	젊
이	측	바	용	를	청	젊	배	동	도	전	도	질	범	운	위	을
신	장	러	짓	셀	난	무	적	바	개	젊	은	파	도	쌀	돌	스
자	발	레	절	젊	돌	지	용	러	필	혁	퓨	쌀	문	스	의	이
쌀	낌	샴	문	문	동	개	을	바	문	카	의	교	수	도	울	장
문	추	격	푸	크	리	스	마	스	맞	측	한	비	노	이	새	의
사	공	늘	션	하	파	낌	감	문	풍	맛	로	찍	터	받	의	범
북	장	용	들	사	여	주	끔	트	용	을	바	북	전	파	적	행
주	바	한	제	한	트	야	체	루	도	짓	주	셀	돌	위	트	을
절	표	은	파	로	람	집	한	결	문	필	로	노	찍	퓨	거	결
발	트	돌	고	측	위	동	감	다	질	낌	발	동	대	이	차	정
리	장	느	솔	쌀	춤	상	터	했	체	이	북	요	바	다	지	하
사	낌	부	느	장	받	셀	리	를	늘	위	동	대	굽	터	적	는
한	를	션	파	발	동	바	스	치	이	낌	지	구	를	후	자	제
용	행	질	스	느	어	법	쌀	터	젊	용	다	동	동	보	을	동

Puzzle 789

택	시	은	지	네	셀	파	람	굽	이	낌	춤	문	너	굽	거	제
자	구	스	베	리	발	한	춤	동	동	쌀	너	로	주	자	트	의
맞	용	사	주	바	끔	를	굴	자	한	공	트	레	리	동	자	젊
퓨	스	절	도	대	파	느	을	주	사	로	측	굽	주	러	표	의
공	을	트	끔	발	행	어	제	문	동	크	동	바	집	발	문	요
장	트	쌀	을	에	루	람	견	금	도	레	바	굽	바	쌀	카	로
견	물	용	행	파	용	내	추	대	요	전	이	측	문	은	늘	이
감	북	행	볼	륨	셀	용	솔	문	한	일	한	표	을	적	카	도
운	한	친	구	낌	굽	터	러	은	레	을	어	질	말	은	춤	적
물	고	기	동	동	도	문	은	받	도	돌	카	트	스	춤	카	거
행	트	문	낌	북	주	어	쩌	면	물	다	감	낌	의	제	들	북
주	주	자	견	전	루	댄	제	받	파	늘	거	이	질	공	추	퓨
한	사	자	퓨	얽	힌	스	북	동	도	한	요	금	노	하	거	은
위	파	동	적	람	범	영	은	요	발	젊	운	노	을	는	요	절
어	테	이	블	한	동	화	정	신	적	받	운	다	짓	북	표	문

친구
요금
영화
금요일
공장
제공하는
구스베리
댄스
내용
볼륨
테이블
물고기
어쩌면
택시
정신적
지네
제어
거의
사자
얽힌

Puzzle 790

다운
필름
상태
케이스
수요가
라디오
나라
순간
가격
투표
스키
낙타
체중
무게
앵무새
제로
어딘가에
캥거루
앞서
전화

느	상	날	이	문	맞	로	을	발	전	너	리	끔	다	을	다	굽
트	태	자	앞	서	순	간	이	들	한	도	고	의	운	운	리	노
투	표	대	굴	람	레	받	행	크	카	람	을	나	부	루	다	늘
앵	무	새	제	한	의	고	용	라	을	루	용	체	라	늘	은	이
쌀	돌	컴	부	거	로	낙	타	디	집	장	너	중	느	체	적	을
법	제	을	짓	션	의	달	동	오	리	한	리	크	발	낌	노	은
한	로	키	어	자	말	를	다	받	파	북	북	러	표	발	돌	도
케	이	스	딘	찍	로	퓨	젊	트	전	사	바	션	올	파	발	달
공	을	격	가	요	수	측	받	리	크	화	어	짓	어	쌀	부	의
크	문	어	에	주	질	거	션	레	로	법	다	굽	노	체	측	퓨
리	물	바	느	감	견	젊	을	표	로	올	한	위	루	들	풍	견
거	카	너	결	러	컴	제	쌀	스	이	바	법	동	물	풍	바	부
집	받	무	퓨	문	컴	법	질	용	트	필	짓	고	자	캥	필	름
컴	대	게	을	감	다	자	리	로	다	노	도	너	파	문	거	이
자	다	주	법	을	절	질	쌀	주	셀	은	결	로	추	굴	감	루

Puzzle 791

바	구	니	모	이	견	필	발	다	문	한	문	피	대	도	질	필
보	받	이	을	니	도	질	공	견	바	동	북	하	부	체	거	로
장	에	고	쌀	견	터	맞	열	이	필	퓨	로	기	추	이	람	주
을	크	파	문	어	러	링	굴	물	젊	장	고	동	한	찍	아	자
솔	용	용	동	을	짓	어	바	로	솔	을	부	느	이	액	내	낌
이	은	끔	찍	공	레	쌀	셀	동	제	적	주	퓨	대	문	션	리
문	루	감	트	셀	람	의	한	바	션	을	바	법	이	느	공	을
트	셀	굴	주	받	문	트	동	노	고	문	자	불	에	들	주	크
법	퓨	한	장	션	용	받	회	북	쪽	으	로	범	부	트	동	체
바	스	가	열	대	을	쌀	사	견	자	동	스	바	을	도	문	말
달	파	스	르	여	행	문	제	연	방	필	굴	쌀	주	바	도	자
전	클	문	노	치	레	로	사	체	풍	로	두	전	법	디	표	은
노	트	크	러	바	는	다	풍	굴	바	견	려	절	측	어	굽	동
부	람	절	문	은	발	로	짓	바	동	한	워	제	말	부	코	너
트	적	레	러	주	의	올	리	워	드	느	로	도	러	터	부	늘

열대
가르치는
회사
연방
피하기
두려워
아내
스파클
바구니
코너
여행문제
부추
바디
북쪽으로
모니터링
열이
액션
보장
워드
불에

Puzzle 792

감	컴	바	늘	북	낌	전	결	질	쌀	영	날	범	에	춤	터	달
리	동	굽	노	다	루	다	굽	동	적	역	트	쌀	셀	절	바	동
필	바	컴	말	끔	절	공	터	문	노	을	어	표	현	견	돌	로
요	제	이	움	동	루	정	느	추	짓	문	파	측	한	컴	물	측
아	무	것	도	마	동	레	제	삼	각	형	표	느	터	제	트	대
레	절	고	받	바	련	풍	은	노	제	운	짓	문	문	부	션	은
루	질	감	은	부	행	파	들	제	전	견	요	느	요	쌀	굽	추
늘	용	를	터	한	용	행	한	전	제	낌	쌀	운	장	이	법	문
더	동	달	주	용	다	문	바	맞	느	제	한	땅	의	대	돌	필
아	러	거	굽	운	고	쌀	절	풍	동	차	날	맞	들	퓨	행	파
래	공	운	낌	고	을	용	자	선	느	량	자	대	그	부	조	각
층	배	에	바	주	로	로	로	굴	필	람	발	음	을	동	을	요
절	우	낌	올	도	굽	도	젊	트	행	제	장	대	전	측	리	체
위	에	한	중	문	집	감	루	주	부	복	싱	제	이	리	부	돌
제	서	노	션	간	추	가	발	을	스	짓	주	공	쌀	바	쌀	발

마련
삼각형
그들의
표현
땅의
풍선
배우에서
조각
제공
도움말
중간
아래층
발음을
공정
더러운
추가
아무것도
복싱
영역을
차량

Puzzle 793

루	은	들	대	로	끔	부	전	자	자	굽	느	한	체	어	원	집
주	문	부	레	날	개	주	을	흔	들	었	다	이	정	가	형	굽
너	동	문	춤	자	발	어	물	짓	동	컴	이	이	범	풍	얼	굴
동	달	퓨	레	도	이	부	터	느	로	올	달	트	다	발	스	동
레	걀	주	감	끔	용	터	굽	문	문	의	을	한	결	코	요	부
다	이	카	지	을	감	전	치	킨	스	다	용	쌀	공	한	물	트
제	요	공	솔	자	문	느	공	행	람	한	도	말	을	행	달	람
루	동	이	너	바	메	일	을	공	은	달	질	오	올	동	컴	제
문	람	동	풍	올	크	텐	트	로	카	삼	캡	처	두	행	늘	을
을	용	셀	을	바	은	필	트	러	트	촌	발	체	행	막	문	낌
찍	박	쥐	외	을	자	필	문	말	절	이	공	솔	트	너	결	을
자	고	주	부	부	찍	터	제	자	을	작	쌀	의	를	한	주	스
북	발	에	한	파	주	운	달	문	질	를	은	늘	공	질	을	부
한	대	용	자	발	쌀	바	굴	리	필	공	인	간	초	원	낌	리
돌	동	도	문	견	제	한	터	표	문	쌀	트	늘	도	절	바	부

치킨
개발
초원
외부
달걀
오두막
캡처
메일을
원형
얼굴
고발
감지
결코
흔들었다
인간
박쥐
가정이다
삼촌이
텐트
작은

Puzzle 794

세심한
실패
세부
만들
교회
버전
헤론
지방
스팀
스타일의
온다
표준
항목을
말하는
선고
출생
벽난로
자본
동영상
동굴

문	느	이	질	감	크	고	다	집	위	지	제	트	말	솔	를	물
터	위	이	레	트	제	춤	제	트	레	방	루	감	풍	러	문	에
너	범	버	전	이	파	대	느	셀	자	굽	의	너	발	풍	부	에
주	굽	체	늘	리	물	행	세	체	거	사	일	들	자	들	풍	을
리	받	노	굴	북	의	을	부	출	파	말	타	말	표	트	를	견
표	질	올	스	동	표	파	부	짓	생	하	스	어	올	한	젊	발
법	끔	한	느	자	찍	감	찍	법	절	는	팀	한	동	부	동	루
실	패	용	어	굴	장	을	받	상	트	람	굴	세	자	짓	문	공
을	날	노	한	트	터	찍	감	동	영	주	을	심	셀	의	집	트
선	온	크	이	올	쌀	교	회	느	만	동	굴	한	요	낌	올	쌀
고	날	다	퓨	항	목	을	람	필	들	굽	동	대	동	공	부	표
표	루	노	돌	날	스	사	로	춤	바	풍	이	동	날	올	행	준
은	바	장	루	트	들	카	러	을	람	션	어	터	사	로	법	퓨
벽	난	로	은	스	바	터	을	자	본	물	러	법	들	은	이	은
를	트	한	요	올	낌	날	문	헤	론	를	춤	제	찍	쌀	에	레

Puzzle 795

너	위	요	말	루	문	찾	이	루	맞	운	발	루	고	사	전	풍
을	동	질	리	어	고	끔	고	션	장	트	굴	요	들	오	부	이
불	규	칙	대	위	자	조	주	질	측	메	시	지	필	프	다	발
날	너	를	말	파	제	로	직	늑	대	트	용	문	받	너	도	단
다	셀	로	춤	문	찾	트	쌀	에	발	도	운	자	주	행	짓	순
위	동	은	터	바	기	우	채	문	을	을	트	발	도	질	재	화
굴	들	동	파	러	루	발	동	대	를	추	트	올	전	전	거	춤
주	교	코	를	하	지	을	물	굽	노	북	을	컴	북	리	동	로
풍	슴	사	한	굴	적	파	낚	바	다	에	북	러	굴	절	러	쌀
발	좌	석	부	셀	용	굴	시	소	원	없	이	거	제	동	행	젊
대	통	령	을	필	물	찍	에	자	트	견	거	분	자	집	동	터
러	요	쌀	다	굴	감	에	부	표	집	젊	물	스	말	을	동	달
퓨	날	확	실	히	사	주	사	을	트	전	퓨	문	적	주	용	을
크	문	공	트	요	북	자	받	문	체	노	질	로	다	느	도	질
전	낌	날	은	동	찍	사	문	대	리	러	운	문	주	트	요	용

분자
소원없이
코를하지
단순화
조직에
교사
오프너
찾기
사슴
늑대
불규칙
메시지
낚시에
화재
채우기
확실히
좌석
바다
대통령을
찾고

Puzzle 796

도	말	자	굴	풍	레	로	말	도	굴	느	표	불	행	자	이	이
이	굴	측	사	크	필	맞	올	요	리	논	의	레	도	을	자	문
용	굽	북	도	동	반	자	늘	이	에	질	카	의	늘	바	어	대
을	적	문	러	쌀	느	견	자	자	풍	이	문	을	트	컴	굽	솔
찍	필	리	트	한	느	절	용	발	을	젊	전	용	한	자	를	트
대	상	결	동	늘	션	주	이	로	젊	파	부	트	쌀	낌	트	노
로	질	계	시	해	와	고	미	맞	문	스	드	볼	가	을	법	다
많	문	늘	간	추	서	올	지	유	휴	일	럽	너	로	유	날	리
이	부	동	시	올	이	용	에	문	운	주	게	용	부	션	여	너
카	수	행	간	은	발	행	달	바	간	다	결	전	부	쌀	스	들
날	느	트	러	받	굴	도	굴	션	레	운	론	받	의	돌	적	문
찍	용	부	너	을	집	북	질	결	달	견	낌	트	용	물	찍	퓨
을	물	동	의	장	받	너	쌀	풍	다	셀	도	올	가	미	주	한
견	북	느	말	질	동	고	느	낌	한	맞	리	전	전	크	문	필
스	이	셀	동	적	트	동	공	문	을	운	도	자	다	어	달	레

불행
시간시간
대상
요리논의
여유가
휴일
많이
에이전트가
해시계
와서
수행
도전
결론
간다
이미지에
동반자
유지
올가미
부드럽게
볼트

Puzzle 797

용	부	로	방	을	을	올	사	드	절	범	장	재	를	을	동	용
을	말	막	지	마	제	루	굽	래	표	로	맞	사	에	말	물	젊
을	맞	동	굴	날	돌	러	동	곤	달	너	문	용	언	상	단	질
발	요	법	법	스	맞	너	찍	도	말	한	쌀	을	급	위	거	굴
다	젊	적	젊	관	주	터	교	자	돌	집	측	아	공	솔	스	달
굴	도	셀	자	찰	노	방	실	돌	적	거	거	결	마	돌	문	고
결	범	를	도	질	전	풍	한	반	셀	낌	낌	파	동	굽	노	거
한	문	터	돌	부	모	루	바	환	다	퓨	카	은	어	한	카	견
션	컴	자	레	기	쁘	게	들	질	체	늘	달	은	주	한	느	요
용	파	에	받	도	를	올	자	질	도	적	행	문	범	한	을	파
자	굴	전	솔	보	트	행	카	돌	북	절	동	위	터	한	솔	고
을	날	컴	운	영	스	행	셀	사	질	질	스	카	이	집	다	용
에	맞	장	루	대	테	컴	을	결	션	을	카	에	문	문	낌	자
정	쌀	는	컴	운	너	굴	도	은	집	사	춤	노	제	트	동	러
의	요	돌	를	북	스	트	동	을	측	솔	스	문	가	견	의	다

언급
아마
정의
운영
주방
고용
반환
방지
문제가
테스트를
교실
재사용을
부모
상단
마지막
맞는
드래곤
기쁘게
관찰
보트

Puzzle 798

굴	어	어	주	에	동	러	카	대	리	터	눈	풍	마	제	레	셀
덮	여	젊	한	동	춤	것	카	이	람	컴	사	비	정	커	의	이
표	졸	업	카	젊	날	들	범	이	용	문	람	동	고	를	로	고
플	레	이	어	카	세	자	절	장	끔	자	받	위	적	레	에	로
루	동	의	동	북	찍	계	의	컴	필	동	터	은	다	동	은	받
용	은	이	스	대	끔	돌	동	은	동	한	바	트	션	을	들	너
의	동	퓨	트	말	한	바	굽	션	을	발	맞	에	장	문	다	올
전	로	고	동	의	퓨	문	떨	어	졌	다	운	로	집	일	곱	느
년	간	요	용	께	이	러	달	측	루	적	젊	사	문	쌀	달	카
체	동	질	풍	두	날	늘	요	셀	일	반	적	으	로	카	부	북
주	장	소	발	쌀	컴	주	컴	결	컴	트	활	주	범	대	춤	거
완	들	너	절	의	분	자	제	북	굴	결	동	다	주	해	파	요
솔	벽	동	도	을	리	트	낌	예	문	동	트	에	동	돌	표	범
젊	바	동	측	공	바	한	도	를	바	적	한	다	굴	동	부	짓
제	짓	을	이	들	다	다	자	굴	주	견	질	감	범	굴	법	부

장소
대해
떨어졌다
눈사람
일곱
것들
정비사
졸업
분리
년간
완벽
동의
두께의
플레이어
활동
마커
덮여
일반적으로
예를
세계

Puzzle 799

용	스	러	확	적	한	끔	제	들	낌	쌀	짓	느	문	표	질	짓
측	표	너	문	실	늘	제	한	결	트	필	솔	바	춤	절	쌀	터
용	질	부	레	찍	제	노	문	을	법	행	카	견	로	문	느	동
기	계	법	를	적	자	형	제	자	트	한	한	람	주	퓨	컴	물
낌	을	짓	올	격	젊	물	요	결	주	한	부	굽	로	에	너	어
동	부	동	절	즐	겁	게	지	역	은	어	돌	가	터	이	데	의
느	필	바	견	비	동	추	한	날	체	람	너	까	발	한	한	로
음	료	제	의	록	크	바	고	도	들	한	를	운	소	리	의	장
컴	요	달	바	스	법	트	측	로	북	굽	문	려	맞	에	파	체
올	바	절	다	러	주	문	달	퓨	결	손	사	어	부	주	굽	장
자	전	질	질	토	대	은	전	너	노	측	가	말	러	컴	느	를
루	문	문	을	마	이	끔	주	직	도	바	공	락	이	한	문	트
늘	행	올	자	토	카	를	주	원	감	물	스	질	론	너	공	스
국	느	레	운	를	위	춤	솔	이	이	고	거	법	이	스	도	버
카	경	루	질	크	고	감	로	리	의	절	한	전	절	받	동	섯

데이터가

음료

가까운

이론이

토마토를

비록

직원이

적격

기계

어려운

손가락

부러

형제

소리의

지역은

국경

확실

버섯

즐겁게

버스트를

Puzzle 800

도	굽	루	굽	법	문	정	리	에	행	것	은	질	용	고	도	동
들	의	체	션	들	은	범	이	결	부	이	돌	요	쌀	주	트	찍
전	면	도	요	도	의	이	춤	집	자	자	쌀	을	에	느	달	전
말	증	셀	크	부	크	발	자	섬	세	한	구	색	보	행	를	느
서	오	어	공	굽	트	트	에	파	을	돌	트	들	를	물	주	감
로	둘	동	낌	북	느	퓨	도	셀	에	파	말	파	동	바	감	은
용	제	러	날	다	춤	인	기	프	대	질	한	한	한	받	돌	햄
재	미	북	굽	질	사	원	에	리	다	고	드	름	커	버	가	버
결	법	을	춤	장	찍	동	요	지	희	찍	트	거	션	바	발	거
이	돌	한	쌀	바	집	바	들	아	망	전	파	루	늘	체	젊	표
은	을	읽	한	을	를	발	말	파	자	솔	발	은	자	트	필	느
물	적	는	제	부	다	이	한	문	동	질	감	부	컴	한	동	주
표	절	발	문	부	동	질	퓨	적	문	너	동	도	로	용	은	를
동	동	을	절	감	리	장	을	바	발	한	안	도	발	체	집	위
측	위	전	에	문	한	짓	이	다	를	물	늘	한	솔	을	발	운

고대

정리

증오

고드름

구색

다리

프리지아

읽는

서둘러

전면

재미

동안

인기

보물

원인

커버가

섬세한

것이

희망

햄버거

Puzzle 801

동	말	루	의	제	파	조	측	용	을	을	동	부	위	솔	북	장
이	야	기	는	교	외	심	트	은	사	주	카	한	입	춤	을	션
오	장	솔	절	훈	늘	시	집	과	풍	제	도	도	술	도	카	바
굽	질	풍	울	은	느	절	켰	음	절	이	트	느	을	자	은	사
문	표	로	한	타	용	노	크	다	너	를	크	부	달	동	문	한
어	젊	물	로	필	리	감	람	집	끔	트	바	자	쌀	날	셀	대
너	고	한	문	은	거	옥	클	질	트	스	러	젊	들	장	들	풍
전	기	의	문	들	자	한	라	북	법	노	북	제	크	문	결	짓
질	트	무	젊	이	한	결	우	거	필	요	로	결	퓨	한	끔	너
부	장	부	운	용	적	의	드	자	한	들	사	너	자	낌	리	루
추	올	카	노	한	바	트	굴	올	풍	행	퓨	실	션	도	굴	받
어	컴	컴	감	용	받	로	질	이	리	찍	문	험	터	에	문	에
문	은	파	경	계	터	동	추	동	호	스	트	리	파	풍	운	주
셀	견	받	북	비	전	트	쌀	하	키	거	법	로	루	문	찍	한
행	스	맞	트	부	로	파	로	의	풍	자	동	운	러	동	너	노

호스트
감옥
실험
제외시켰다
오이
이야기는
다음과
비전
교훈은
필요로
조심
너트
경계
하키
주제
울타리
입술
고기
의무
클라우드

Puzzle 802

군인
세대
명사
버터
정중
할머니
수많은
토크
과학
정비공
그랜드
최종
밀가루
핸들을
단지
시스템
학생
편집
정지
확신를

도	할	굽	표	컴	돌	다	수	을	자	체	편	집	정	동	리	군
최	머	운	젊	풍	학	생	많	위	짓	어	한	바	솔	비	을	인
종	니	요	한	도	리	동	은	장	짓	동	고	션	한	운	공	터
퓨	고	사	셀	트	한	결	들	트	위	주	버	터	절	파	견	자
굴	추	을	용	장	람	장	사	느	노	운	전	굽	자	문	체	부
올	감	주	과	학	확	신	를	문	자	노	셀	쌀	풍	체	셀	러
올	요	한	다	다	바	트	을	루	체	도	풍	춤	돌	굴	느	카
토	크	용	바	부	리	위	명	절	찍	법	달	굽	전	한	질	적
파	문	자	낌	범	바	들	사	날	주	한	결	한	측	을	감	루
을	그	핸	들	을	에	부	견	바	춤	필	올	트	장	받	한	감
운	어	랜	을	집	다	굴	너	에	체	동	문	크	낌	문	주	자
말	단	루	드	젊	문	전	제	부	을	주	레	공	물	바	도	은
스	찍	지	낌	중	날	쌀	크	말	쌀	셀	로	행	솔	낌	세	대
터	돌	스	공	정	추	문	트	낌	동	날	춤	춤	법	올	바	를
밀	가	루	느	지	시	스	템	바	크	풍	표	질	문	올	한	낌

Puzzle 803

루	바	결	과	자	카	부	한	낌	대	질	트	은	물	동	잎	문
범	장	너	체	바	설	시	짓	말	체	문	북	받	트	어	을	동
시	션	자	격	을	명	력	긴	급	적	다	의	을	퓨	트	람	트
날	도	짓	견	표	필	기	말	문	션	공	절	요	질	위	트	자
체	셀	를	필	문	주	호	한	쌀	요	로	자	로	의	쌀	이	동
달	올	동	굽	스	북	제	하	시	리	즈	를	컴	동	다	이	동
운	퓨	부	쌀	위	자	문	강	추	발	동	레	질	표	컴	동	한
공	들	솔	발	샴	푸	너	이	트	한	이	은	다	범	감	받	끔
문	필	대	발	퓨	질	견	동	문	필	을	부	운	절	결	느	도
물	날	레	이	금	결	전	돌	행	바	대	굽	굽	부	부	발	람
주	위	카	어	융	세	포	요	에	제	리	트	노	짓	자	문	동
범	장	북	바	을	없	달	한	바	들	쌀	도	집	트	동	컴	거
표	추	낌	셀	로	셀	음	풍	운	낌	문	굴	로	용	에	느	어
굴	짓	을	아	이	트	늘	도	끔	바	로	위	업	을	공	거	한
컴	리	거	침	쌀	은	느	사	요	람	켓	감	코	스	측	이	한

금융
샴푸
위업
설명
시도를
바람
잎을
코스
하강
결과
없음도
시력기호
시리즈를
자격을
아침
동물은
긴급
물어
세포
로켓

Puzzle 804

지식
떨어져
크라운
스타스탠드
않는
유연한
카메라
호랑이
저녁
정말
가구
할아버지
소다
파괴
개인
교실을
거짓
입력
판사
네트워크

쌀	레	고	람	솔	위	감	트	람	질	느	감	루	트	찍	받	동
를	저	자	맞	솔	감	한	문	법	을	리	리	물	늘	끔	터	동
적	녁	적	대	제	로	에	견	필	느	않	는	제	크	을	느	레
스	타	스	탠	드	트	유	크	소	다	도	솔	리	달	다	람	을
날	말	범	카	메	라	연	워	라	지	식	추	로	체	결	리	셀
문	느	올	를	감	의	한	트	정	운	느	한	은	늘	달	어	은
제	컴	고	터	를	법	풍	네	말	도	을	전	느	말	주	레	러
은	사	짓	위	은	동	찍	질	질	범	부	달	집	부	용	젊	동
션	적	스	찍	끔	쌀	의	판	말	대	문	레	체	거	달	트	동
적	은	필	셀	이	굴	북	사	주	짓	도	발	트	람	짓	개	한
바	위	도	도	리	부	질	자	쌀	을	할	아	버	지	동	인	말
요	트	주	짓	쌀	찍	필	동	낌	파	용	도	노	떨	어	져	교
바	바	자	너	말	스	결	리	리	괴	호	동	날	트	풍	물	실
풍	한	한	파	을	늘	퓨	고	입	도	이	랑	자	다	은	말	을
느	노	법	범	트	표	들	표	력	션	가	구	이	들	느	러	물

Puzzle 805

너	끔	낌	요	늘	카	받	전	동	행	다	바	느	한	고	받	올
루	한	대	행	비	행	기	가	한	러	주	문	문	노	공	이	트
올	굴	관	위	체	결	동	협	카	고	연	법	파	을	고	의	공
찍	늘	제	심	람	러	위	력	쌀	물	구	발	리	측	다	젊	크
개	얇	은	한	결	로	문	공	은	을	을	문	측	노	솔	문	다
다	인	부	물	감	체	찍	쌀	부	람	동	쌀	짓	토	필	범	터
받	어	적	동	동	들	컴	문	느	결	은	은	은	마	장	퓨	파
감	견	맞	으	쌀	필	북	레	굽	용	돌	솔	운	토	을	끔	날
위	대	문	위	로	영	리	도	션	운	측	결	을	용	대	끔	발
테	한	법	트	제	체	단	순	히	람	로	운	클	자	파	범	리
한	디	찍	쌀	파	자	이	들	녹	색	도	을	립	요	스	위	람
전	한	다	쌀	한	필	범	한	말	대	견	동	달	이	제	는	법
원	낌	춤	환	솔	발	주	구	바	날	크	자	랑	스	럽	게	염
대	결	로	경	짓	바	리	름	사	터	돌	풍	요	도	를	션	소
고	쌀	동	바	찍	위	달	풍	물	표	운	을	솔	은	자	춤	쌀

자랑스럽게
전원
토마토
협력
관심
염소
단순히
환경
개인적으로
영리
테디
구름
달이
클립
연구
비행기가
행위
얇은
범위는
녹색

Puzzle 806

제	을	바	한	요	다	감	은	셀	전	겸	들	바	루	북	제	동
은	문	동	이	집	에	션	한	의	질	형	손	주	은	바	스	물
필	햇	동	도	북	바	를	감	바	트	노	적	물	자	낌	맞	젊
바	빛	문	트	쌀	쁘	을	주	자	늘	터	쌀	인	문	법	션	바
람	도	의	이	대	지	질	대	을	주	올	컴	은	문	질	운	어
플	래	그	풍	동	만	용	끔	문	에	표	춤	선	맞	쌀	풍	발
풍	로	평	생	각	이	제	필	느	끔	다	한	글	춤	젊	크	말
늘	컴	가	스	낌	포	자	트	나	비	설	바	라	법	견	주	요
굽	셀	은	은	집	인	물	말	물	필	풍	정	스	필	쌀	문	쌀
장	터	바	행	도	트	풍	문	거	카	수	공	솔	받	용	한	거
법	를	느	발	로	터	거	느	절	동	분	파	동	솔	제	견	에
션	공	질	감	풍	들	범	굴	법	감	크	집	집	바	컴	제	집
젊	거	은	제	발	지	점	느	이	바	맞	위	피	풍	스	션	행
내	일	솔	마	이	그	레	이	션	이	테	스	부	다	측	바	체
명	예	롭	게	한	러	이	북	돌	셀	느	견	부	은	셀	찍	풍

겸손
전형적인
수분
포인트
지점
내일
플래그
햇빛
설정
스테이션
바쁘지만
평가
명예롭게
선글라스
마이그레이션
피부
맞춤법
생각이
바느질
나비

Puzzle 807

트	집	전	한	를	견	집	체	문	굴	마	높	이	적	돌	고	바
문	동	송	로	이	한	도	제	달	돌	전	지	용	한	체	도	느
문	솔	을	바	늘	찍	듣	을	도	쌀	크	리	막	적	등	체	법
관	련	전	절	측	문	고	문	느	은	은	추	풍	으	을	을	로
이	발	공	필	올	바	들	논	물	질	쌀	거	신	뾰	로	늘	춤
부	절	문	춤	용	동	사	문	찍	로	자	제	발	족	귀	한	낌
의	여	덟	도	매	문	레	용	쌀	쌀	위	받	발	한	컴	견	고
사	날	사	문	달	레	동	운	쌀	물	부	젖	범	트	트	은	트
한	추	실	주	려	파	결	다	짓	행	질	날	은	적	표	고	다
를	돌	다	발	느	솔	체	질	공	이	은	풍	젊	용	젊	너	적
전	트	들	동	짓	낌	솔	을	느	부	질	들	로	문	펴	핀	천
젊	공	쌀	문	맞	동	한	를	제	찍	발	한	전	중	복	요	국
카	늘	바	발	람	셀	너	를	굴	퓨	너	를	문	파	올	발	도
문	한	젊	람	에	법	스	한	찍	의	로	파	한	거	적	를	공
표	한	체	문	젊	추	물	을	람	자	용	바	표	늘	발	컴	카

듣고
높이
전송을
천국
관련
동사
중복
귀족
마지막으로
여덟
젖은
신발
논문
펴핀
등을
매달려
바늘
사실
물질
뾰족한

Puzzle 808

해	바	라	기	고	크	로	트	크	느	한	부	트	스	상	적	올
단	스	적	리	오	동	바	계	약	에	도	위	로	찍	처	동	거
굴	편	스	측	소	스	셀	위	대	돌	러	을	문	질	맞	올	터
을	발	컴	로	리	측	짓	을	컴	추	질	을	행	전	부	행	굴
사	션	파	주	부	을	젊	다	운	로	을	무	집	한	행	병	원
끔	날	범	바	끔	쌀	라	이	브	러	리	역	맞	스	전	레	돌
셀	쌀	레	부	측	용	사	받	시	서	파	트	너	파	티	노	이
받	은	에	용	필	감	발	안	간	이	른	주	요	션	질	견	달
감	느	말	이	달	올	동	경	주	은	감	행	크	날	러	전	이
동	질	주	장	문	물	한	실	운	용	카	바	한	바	들	터	들
로	거	용	끔	도	루	크	제	트	올	느	람	을	장	바	달	한
발	전	굴	법	문	느	을	쌀	파	춤	법	동	직	질	사	질	질
굽	절	셀	돌	낌	레	체	부	올	동	표	솔	원	너	카	체	한
용	용	부	은	스	일	몰	난	날	션	위	발	사	람	이	느	퓨
를	임	대	물	굴	돌	느	로	발	도	짓	돌	은	느	이	도	운

서른
일몰
상처
안경
시간
사람이
병원
무역
계약에
라이브러리
직원
단편
임대
스스로
오소리
실제
해바라기
파트너파티
난로

Puzzle 809

문	주	전	컴	도	말	바	을	동	스	지	트	트	풍	날	도	해
크	어	중	이	다	로	하	가	장	자	리	거	도	달	맞	문	안
퓨	한	노	요	다	적	트	는	을	의	브	필	들	늘	셀	주	도
말	달	로	체	한	돌	트	굴	발	요	대	바	리	말	운	퓨	한
바	찍	돌	터	의	운	문	쌀	한	의	끔	풍	문	크	들	운	컴
트	문	어	진	제	법	느	트	집	발	어	찍	도	굽	말	도	발
플	레	이	어	주	셀	파	한	제	노	법	파	사	을	풍	맞	로
맞	바	행	떨	손	실	을	속	파	고	느	굽	셀	크	필	동	다
셀	요	노	거	무	솔	동	결	도	을	날	동	로	발	표	추	솔
브	어	감	받	효	트	를	끔	범	이	한	사	맞	범	파	맞	결
러	을	적	고	한	동	표	요	트	이	를	태	양	체	포	동	사
시	물	을	동	이	파	은	행	선	트	에	로	짓	이	사	늘	돌
자	접	시	운	은	이	전	질	호	범	통	추	춤	춤	전	리	표
집	절	쌀	제	절	론	동	암	탉	느	해	전	풍	의	올	범	늘
바	로	장	풍	을	바	질	스	팀	찍	한	고	로	너	도	너	공

암탉
태양
브리지
선호
가장자리
해안
통해
떨어진
손실을
속도
무효
브러시
이론
체포
접시
중요한
말하는
스팀
플레이어
동사

Puzzle 810

오	대	공	동	낌	셀	한	굽	적	들	너	을	을	느	루	카	법
스	리	개	견	결	달	람	바	늘	견	로	질	절	춤	한	젊	을
바	거	를	한	문	퓨	크	적	문	을	공	크	적	북	느	동	동
을	적	늘	맞	이	로	범	올	굽	결	절	은	컴	들	표	문	션
람	자	문	부	제	바	은	전	날	션	바	견	로	굴	솔	주	이
트	젊	행	동	달	제	바	협	한	풍	을	질	느	위	를	혼	동
를	문	적	한	터	제	러	상	공	동	발	들	꼈	에	거	로	을
터	바	도	측	러	로	동	문	풍	파	을	도	다	고	추	물	위
전	적	문	한	거	트	자	로	돌	사	러	필	출	생	측	활	동
절	인	치	션	바	레	쌀	파	이	북	어	적	적	내	인	를	자
제	의	컴	러	필	절	컴	로	스	전	부	느	어	부	치	명	사
주	달	문	굽	느	셀	한	들	워	러	끄	부	도	문	가	절	을
운	감	쌀	굴	문	트	지	리	드	용	돌	에	바	발	동	말	은
커	루	바	감	동	발	역	사	트	를	주	발	대	이	로	달	발
운	플	이	위	용	날	은	너	끔	혼	합	낌	이	을	뭔	가	필

혼합
내부
인치
커플
혼동
거리
느꼈다
부끄러워
적어도
뭔가
인치가
공개
이전
오리를
협상
워드
출생
활동
지역은
명사

Puzzle 811

찍	트	레	한	대	을	로	문	쌀	을	를	러	부	감	옥	절	동
은	바	너	다	느	실	카	스	문	공	장	느	쌀	추	사	법	집
받	한	사	솔	파	험	운	문	물	동	다	한	동	등	터	레	낌
을	트	바	풍	요	장	고	춤	대	도	너	동	필	을	자	크	전
범	대	트	표	부	물	을	찾	기	변	트	질	들	바	집	느	자
로	한	쌀	루	필	들	한	느	트	위	스	올	낌	파	문	의	감
질	굽	을	문	적	컴	동	굽	솔	문	문	받	동	로	질	카	고
수	명	카	동	감	한	노	질	너	문	전	혈	야	을	다	표	결
들	운	돌	맞	위	스	범	람	에	도	표	액	외	동	즐	다	행
악	어	솔	절	자	고	문	너	운	은	질	늘	컴	추	길	퓨	자
리	들	너	동	맞	느	용	을	동	측	요	루	동	위	을	춤	리
운	느	굴	달	문	노	도	회	집	크	찍	로	삼	촌	범	주	한
주	불	딧	반	한	로	용	문	사	의	도	응	파	탈	말	셀	박
서	에	괴	붕	법	견	을	도	느	가	자	범	답	출	예	술	물
문	쌀	은	발	도	굴	질	퓨	춤	공	터	을	들	이	로	크	관

예술
응답이
반딧불
변위
붕괴에서
회사가
혈액
박물관
즐길
야외
수명
탈출
악어
삼촌
불에
찾기
고용
실험
감옥
등을

Puzzle 812

햄	버	거	받	풍	전	풍	바	이	주	셀	사	아	느	회	이	맞
맞	요	콘	공	터	동	한	트	도	이	이	너	쌀	가	색	바	맞
트	리	도	문	문	주	파	끔	한	루	한	견	귀	치	씨	제	필
추	사	르	로	이	너	노	동	어	느	문	자	족	유	법	체	빨
젊	너	의	악	최	로	컴	동	이	견	어	원	추	찍	사	도	리
용	문	달	부	람	트	집	한	바	자	건	러	사	반	지	렌	오
트	올	다	들	북	용	한	람	솔	퓨	물	질	병	환	은	주	션
필	쌀	체	다	굽	부	받	올	집	을	을	로	젊	발	말	빠	크
법	노	법	장	크	트	노	표	동	문	공	은	느	자	의	은	른
부	문	그	림	트	자	한	래	러	를	요	스	바	퓨	사	주	돌
독	운	람	파	달	칠	면	조	는	람	측	자	절	솔	부	동	부
립	레	동	어	체	늘	한	젊	북	대	대	느	질	절	카	사	표
을	감	트	로	고	로	너	반	동	절	끔	람	대	바	운	이	동
짓	바	운	문	짓	고	다	대	위	다	장	동	표	풍	카	고	적
을	부	집	을	쌀	트	제	리	도	한	다	트	행	로	솔	도	이

질병
노래
빨리
콘도르의
최악의
유치가
독립
그림
회색
칠면조는
건물을
빠른
오렌지
반대
오리
자원
아가씨
반환
햄버거
귀족

Puzzle 813

발	질	주	다	감	문	바	문	요	북	보	연	을	결	주	자	사
끔	절	쌀	퓨	동	이	적	날	터	추	드	한	필	꿈	의	한	이
절	추	자	용	범	쌀	운	질	공	필	비	신	고	제	도	제	동
터	용	체	동	느	퓨	올	리	을	트	주	워	무	솔	위	노	한
정	느	춤	추	을	거	로	의	스	풍	부	은	문	추	굽	문	전
치	질	사	리	도	트	회	피	에	결	분	사	경	위	적	법	을
이	행	방	지	체	공	레	풍	굴	코	낌	어	계	다	제	느	너
동	대	요	거	바	정	한	장	문	발	요	람	끔	리	람	컴	파
문	풍	스	도	맞	낌	들	도	을	추	문	올	달	초	대	바	솔
카	다	측	들	쌀	춤	을	느	솔	셀	도	법	동	로	운	날	셀
명	로	노	같	아	요	법	물	도	쌀	고	크	발	동	이	트	대
확	연	감	퓨	도	굽	감	끔	문	은	달	이	받	자	학	교	동
하	구	공	로	다	레	리	상	추	적	감	북	너	추	느	감	제
게	동	동	를	동	트	굽	은	바	로	동	올	바	셀	범	굽	적
맞	발	날	굽	위	부	측	추	도	받	솔	적	을	을	발	적	견

신비
초대
같아요
꿈의
부분
고무
학교
명확하게
정치
보드
회피에
연필
비워
상추
공정
결코
방지
경계
연구
맞춤법

Puzzle 814

인식
완료
편안
다음
고백을
휴대용
책장
세기
족제비
구울
코치
항해
필요한
조용한
원정
맛을
휴일
졸업
교훈은
수분

느	부	스	다	항	한	거	늘	공	도	동	끔	감	제	대	도	자
노	물	바	용	해	측	주	트	러	루	동	필	발	들	이	운	너
낌	편	전	젊	로	말	춤	퓨	풍	거	을	질	짓	어	주	도	파
질	안	북	을	고	대	굽	책	발	션	를	다	동	한	문	장	을
조	달	이	필	컴	백	어	장	다	굴	찍	음	한	느	굽	도	공
졸	용	트	의	끔	다	을	느	주	대	코	치	수	셀	문	감	들
업	표	한	요	필	결	원	정	이	은	휴	측	분	느	을	공	돌
부	이	을	람	완	셀	다	리	파	견	한	대	쌀	다	트	결	적
주	러	맞	법	료	감	용	견	한	문	로	트	용	추	솔	이	트
문	솔	문	바	터	스	스	굽	자	느	짓	짓	말	굽	질	교	은
날	올	스	동	필	들	바	셀	늘	받	카	고	맛	을	맞	훈	대
를	동	낌	절	한	휴	일	루	용	한	한	터	을	로	행	은	느
체	람	대	발	트	족	추	구	문	추	발	장	동	범	람	표	범
용	동	를	인	식	제	문	울	물	주	추	레	세	기	한	거	풍
느	전	로	솔	사	비	람	크	말	스	부	전	굴	쌀	쌀	견	컴

Puzzle 815

루	을	문	발	생	각	이	말	이	트	부	엘	크	질	결	문	노
날	트	문	질	들	람	들	셀	도	바	동	발	한	을	체	요	풍
트	스	셀	적	을	트	선	북	견	루	한	를	다	조	은	한	물
카	맞	제	컴	노	집	글	늘	체	용	돌	날	컴	정	올	을	짓
감	늘	살	아	있	는	라	부	굴	주	물	범	이	표	제	대	법
문	동	파	은	늘	하	스	쌀	달	바	바	부	한	발	션	임	바
트	느	날	컴	도	정	집	북	물	셀	손	운	카	렌	셀	원	돌
로	계	올	을	은	결	러	추	찍	부	거	가	동	타	올	로	너
이	정	겸	손	한	농	낌	어	어	용	맞	문	락	인	우	발	장
받	을	풍	로	낌	부	발	을	논	문	흔	이	거	질	달	드	질
올	공	은	행	견	달	너	셀	검	토	굽	들	의	로	진	행	적
사	자	카	동	동	스	웨	터	을	한	북	람	느	북	제	바	고
한	북	풍	크	어	감	노	로	트	에	바	사	스	법	자	파	발
노	끔	춤	측	들	견	표	발	끔	의	도	동	바	터	부	바	질
의	솔	부	늘	운	스	집	용	짓	발	을	트	물	은	컴	바	트

살아있는
스웨터
농부
발렌타인
사람들이
겸손한
검토
임원
흔들
조정
은행
계정을
우드
엘크
진행
결정하는
손가락
생각이
선글라스
논문

Puzzle 816

녹아
변호사
약속
연기를
파인애플
노트
소프트
범주
셋째
레스토랑
클리어
여름
키가
카우보이
판결
압력
소스
고추를
두려워
항목을

문	에	항	목	을	카	우	보	이	행	루	바	용	굴	압	발	다
컴	한	찍	찍	부	주	한	젊	고	에	발	루	셀	굴	다	력	트
크	루	도	결	늘	질	달	절	루	터	집	레	은	풍	요	발	장
낌	집	운	노	북	대	를	동	자	맞	동	달	북	운	느	표	로
자	크	늘	트	필	동	젊	클	연	기	를	범	주	고	북	바	물
스	문	결	올	요	루	다	도	리	용	추	크	위	의	결	절	위
낌	한	동	올	한	을	노	로	리	어	고	바	표	을	한	바	판
고	물	용	션	션	트	발	달	셋	춤	한	전	북	변	호	사	결
컴	맞	스	추	질	문	대	두	째	적	결	은	레	스	토	랑	굽
셀	북	소	프	트	발	문	려	바	절	문	질	적	결	굽	짓	로
젊	돌	표	파	인	애	플	워	굴	도	동	용	이	녹	질	문	은
파	행	셀	주	퓨	어	동	에	사	션	카	다	돌	을	아	말	노
추	공	받	도	끔	은	여	거	요	굽	의	느	노	사	행	장	운
로	동	측	로	에	표	름	낌	쌀	사	부	자	스	크	트	한	측
자	운	키	가	사	러	낌	굽	측	약	속	요	추	부	트	거	쌀

Puzzle 817

상	자	한	체	물	적	추	북	진	문	트	용	체	법	이	거	표
을	질	장	바	트	필	표	끔	행	춤	거	견	도	끔	말	끔	발
션	셀	을	을	레	부	질	의	을	쌀	범	법	말	요	크	대	은
쌀	을	고	감	독	체	범	법	부	위	를	보	물	법	바	한	고
북	굽	끔	발	한	크	동	돌	필	요	컴	다	범	견	위	고	외
굴	쌀	퓨	에	공	결	젊	트	부	고	크	요	감	구	솔	동	로
탐	색	을	체	무	거	스	노	들	트	의	에	동	분	어	제	운
다	문	굴	능	게	자	테	취	동	옥	수	수	트	날	체	다	장
은	문	문	스	성	느	이	느	미	공	만	일	곱	젊	필	위	발
집	위	문	다	한	적	션	북	대	발	든	발	굽	받	을	치	낌
주	적	컴	찍	사	바	느	이	요	고	발	너	셀	북	너	문	용
도	태	도	대	을	동	다	장	다	체	기	루	한	한	질	발	요
주	을	바	동	발	날	늘	문	크	표	사	을	솔	루	한	표	위
올	터	낌	로	쌀	전	끔	바	도	법	는	집	주	이	쌀	바	은
운	전	사	발	돌	질	동	표	레	체	로	로	로	솔	감	크	문

운전사
만든
감독
태도
상자
취미
위치
외로운
어제
탐색을
성능을
진행을
동공
구분
옥수수
기사는
무게
일곱
보물
스테이션

Puzzle 818

자체
선택은
고도
이유는
스컹크
기술
보류
적합
갔다
업데이트
아픈
매력적인
분기
동의
완벽
분리
최종
가구
달이
신발

완	에	자	견	느	이	다	너	를	올	크	아	픈	매	도	추	운
을	벽	체	업	운	느	에	범	을	집	쌀	동	로	력	공	적	고
에	바	풍	돌	데	고	도	한	루	낌	거	집	질	적	쌀	대	굴
카	부	느	올	트	이	이	유	는	제	문	터	느	인	신	발	크
자	동	거	기	술	달	트	낌	낌	한	를	분	기	동	의	터	은
가	구	추	셀	로	돌	도	법	짓	주	을	쌀	트	에	한	느	솔
발	터	행	결	자	바	찍	스	컹	크	절	한	를	트	적	바	트
올	자	를	낌	트	용	느	올	맞	용	돌	바	맞	어	자	운	문
트	동	부	이	날	이	을	분	리	늘	바	고	너	장	낌	동	전
다	굴	을	너	문	결	을	굴	트	견	카	최	주	로	부	북	요
끔	도	동	짓	동	다	날	질	말	결	한	종	솔	운	적	쌀	도
선	택	은	러	발	집	올	젊	위	갔	다	레	법	사	문	합	루
굽	바	의	굽	달	사	동	풍	동	느	의	법	필	올	짓	거	북
젊	퓨	보	컴	터	주	법	부	한	달	주	트	결	거	크	찍	한
적	질	류	필	크	행	에	에	을	말	절	한	바	질	발	올	발

Puzzle 819

동	파	한	에	표	춤	평	주	에	문	말	람	부	물	발	소	찍
스	을	은	감	맞	셀	화	균	이	샤	한	러	측	한	자	발	화
에	북	주	견	요	부	로	가	전	받	북	루	바	주	꿀	벌	자
행	측	느	절	늘	문	대	누	트	선	에	이	달	크	골	람	트
제	부	바	문	시	람	주	레	트	거	전	문	발	추	절	로	끔
하	늘	다	젊	도	범	추	퓨	이	러	이	바	굽	구	부	문	의
건	스	너	한	위	질	부	범	관	련	큐	은	적	고	션	퓨	바
사	용	시	까	지	찍	필	바	아	침	피	제	에	대	크	로	주
많	은	지	도	말	트	문	한	이	을	드	사	공	바	트	낌	셀
고	요	동	부	은	어	트	이	트	대	다	카	감	들	퓨	셀	자
문	추	도	한	바	어	북	범	고	동	시	을	한	이	감	한	견
물	은	이	의	풍	노	굽	한	퓨	발	표	절	질	은	굽	로	트
러	범	이	람	바	문	카	루	이	발	주	이	느	다	크	다	이
쌀	다	쌀	러	을	한	감	자	너	물	을	이	느	동	트	발	거
바	느	질	고	한	늘	한	표	필	레	레	물	질	발	추	적	컴

누가
꿀벌
평균
사용시까지
에이전트
큐피드
부문의
사건
샤이
시도
하늘
많은지도
소화
화가
추구
선거
다시
골절
아침
관련

Puzzle 820

소	장	쌀	로	느	을	너	발	부	거	말	바	루	말	어	용	자
용	난	짓	노	은	필	동	찍	북	끔	을	체	문	전	어	결	고
맞	감	말	은	행	감	셀	질	터	용	트	루	찍	굽	화	션	늘
적	날	한	받	굽	한	침	주	결	사	바	달	대	카	러	찍	자
은	트	굽	사	트	의	입	람	에	측	노	한	굴	다	둥	바	문
문	을	트	북	로	솔	바	늘	션	찍	적	체	동	니	지	바	러
쌀	솔	전	쪽	용	러	적	트	쌀	낌	람	날	감	냅	다	운	참
차	를	시	으	러	을	을	공	너	자	루	터	로	타	을	분	가
올	이	가	로	견	절	감	자	감	들	용	운	바	나	나	자	자
이	쾡	바	북	컴	발	에	소	루	발	발	루	낌	느	동	바	를
도	살	을	을	동	거	리	시	리	공	발	감	용	솔	올	부	필
느	의	사	한	솔	추	동	지	점	유	율	루	카	거	달	한	적
은	을	한	한	이	질	끔	전	크	트	모	든	트	적	러	돌	파
너	로	요	션	은	거	집	이	을	필	문	설	집	트	체	견	발
문	끔	한	정	확	성	낌	부	루	루	파	정	바	문	쌀	레	받

용감한
둥지
장난
전시가
침입
점유율
참가자
나타냅니다
바나나
모든
차이
살쾡이를
소시지
말을
정확성
전화
북쪽으로
분자
장소
설정

Puzzle 821

추	관	감	다	이	풍	저	필	낌	젊	낌	한	적	결	범	파	사
오	들	심	부	문	한	녁	짓	감	용	문	과	즙	이	측	운	바
이	바	다	를	느	한	측	다	카	을	찍	한	자	용	느	드	트
의	문	이	화	창	한	터	도	범	문	거	다	장	발	주	자	공
표	문	문	솔	체	크	필	은	은	느	은	낌	질	트	끔	션	느
를	돌	체	적	다	질	은	로	추	바	거	자	표	견	로	바	받
로	발	운	바	체	트	의	은	헌	동	을	솔	부	측	질	한	동
도	젊	춤	달	컴	장	문	질	신	을	어	추	집	달	성	장	전
도	춤	대	낌	동	결	찍	뱀	감	다	다	발	카	션	루	제	바
의	발	끔	트	낌	발	박	파	춤	죄	제	절	낚	대	문	위	달
측	표	감	솔	느	찍	탈	이	물	유	느	끔	시	한	맞	퓨	트
다	를	춤	동	인	낌	이	어	받	자	료	이	에	집	감	에	를
추	을	다	견	계	용	거	컴	질	사	카	를	퓨	견	열	유	트
해	시	계	필	단	재	킷	로	풍	의	스	러	러	들	망	체	을
발	다	션	결	이	솔	크	에	솔	다	집	부	돌	을	물	도	크

유체
뱀파이어
인용
재킷
바다를
열망
달성
과즙이
화창한
유료
헌신
파운드
유죄
박탈이
계단
낚시에
해시계
오이
저녁
관심

Puzzle 822

퓨	측	끔	물	요	은	이	을	범	받	주	쌀	러	컴	트	금	결
낌	쌀	타	고	바	트	한	션	대	감	을	측	돌	을	크	지	춤
을	파	끊	지	는	마	집	범	퓨	노	문	발	동	요	러	하	트
다	루	다	죄	송	범	녀	문	고	파	비	행	문	끔	러	는	도
로	부	누	람	받	범	동	부	한	도	문	말	늘	위	바	자	의
바	리	구	올	주	크	굴	한	람	션	질	이	질	레	발	풍	적
부	무	지	개	드	굴	솔	이	제	션	날	셀	자	발	을	문	파
제	사	로	을	래	발	낌	로	이	한	운	굽	평	화	로	운	비
도	퓨	은	문	곤	노	션	동	위	부	견	트	션	추	필	을	싼
도	랑	장	부	은	어	끔	문	크	를	을	요	컴	션	찍	장	러
버	팔	로	한	로	퓨	에	로	동	집	북	문	가	양	쪽	자	용
고	주	늘	춤	춤	늘	한	날	범	견	장	수	지	쌀	결	법	느
로	굽	표	느	올	한	질	루	결	이	한	출	고	거	동	표	파
찍	쌀	퓨	전	빼	가	필	짓	용	날	찍	을	가	느	전	받	주
주	솔	한	세	미	공	위	퓨	로	자	동	물	는	한	추	문	크

죄송
양쪽
마녀
금지하는
타고
버팔로
끊지는
평화로운
가지고가는
도랑
가위
비싼
올빼미
미세한
누구
수출을
비행
무리
무지개
드래곤

Puzzle 823

정	체	바	고	로	체	로	크	느	돌	을	루	문	동	도	능	운
확	위	터	감	낌	문	발	문	문	주	갑	자	기	용	고	받	력
한	북	올	스	을	돌	문	제	굴	문	전	이	트	들	션	측	은
도	별	다	말	발	의	감	달	주	감	동	표	바	전	고	거	를
들	문	특	공	컴	느	자	젊	들	제	은	리	트	행	레	한	절
춤	춤	트	문	대	람	달	질	느	은	문	에	부	크	은	동	러
낌	로	범	을	한	느	파	다	용	북	터	표	행	맞	을	운	어
거	트	춤	결	부	적	을	리	부	라	용	람	필	다	운	트	올
종	가	족	에	게	용	크	범	러	파	디	솔	측	리	받	젊	이
류	전	원	추	매	견	바	사	션	도	컴	오	사	을	달	이	주
의	위	주	말	달	리	바	너	노	맞	지	리	바	보	추	위	고
신	이	거	체	려	자	결	동	파	괴	상	나	람	다	발	카	굴
자	질	말	고	맞	문	문	남	편	리	결	시	인	형	안	녕	스
말	사	한	컴	트	춤	올	로	고	전	람	굽	돌	찍	문	자	파
부	파	로	올	북	크	터	풍	퓨	다	컴	추	절	측	느	적	컴

능력
시나리오
특별한
갑자기
정확한
자신의
위의
종류의
바보
인형
가족에게
감자
안녕
지상
남편
라디오
다리
파괴
전원
매달려

Puzzle 824

복구
토끼가
생명을
가상
넥타이
연속
고객
편지
아기
제안
냄새
도서관
침대
다채로운
긴장된
예비
체리
이슬
동영상
정말

연	문	찍	필	크	동	늘	용	운	트	부	고	부	어	집	들	리
속	대	도	서	관	아	기	장	바	제	한	생	찍	레	집	다	느
정	말	운	추	집	문	발	냄	한	안	노	명	편	지	바	도	필
을	요	이	춤	적	행	측	새	어	다	공	을	바	행	느	문	리
찍	루	문	다	발	은	로	너	너	채	느	스	동	의	가	복	법
받	대	질	느	늘	견	노	절	문	로	터	한	제	노	상	구	집
동	레	체	이	루	부	크	달	거	운	파	에	노	운	바	들	스
영	젊	긴	리	은	을	결	에	이	물	주	를	끔	결	전	춤	바
상	용	한	장	발	이	타	넥	동	을	도	러	카	행	감	용	고
물	쌀	사	퓨	된	트	슬	다	받	문	적	느	장	에	북	적	고
돌	쌀	로	낌	트	굽	바	터	느	법	이	을	이	추	질	추	한
굽	문	어	말	사	한	컴	예	비	고	객	동	로	침	동	부	쌀
동	부	토	끼	가	절	집	한	체	컴	바	다	자	대	션	요	자
도	절	낌	법	결	날	사	절	트	셀	필	을	위	달	문	도	장
은	문	날	자	솔	한	말	바	카	을	노	쌀	용	굴	맞	문	사

Puzzle 825

을	측	람	범	바	용	자	돌	행	퓨	감	을	을	을	트	법	로
도	용	받	풍	끔	늘	고	고	끔	파	집	행	솔	동	발	문	쌀
다	은	범	끔	를	집	션	요	컴	체	카	카	쇼	의	한	문	발
양	트	문	말	컴	문	루	굴	레	질	찍	라	를	요	영	리	요
성	장	을	바	물	을	쌀	물	대	문	낌	일	문	세	포	파	로
트	오	전	은	위	집	낌	전	체	체	을	락	도	춤	굽	의	루
돌	한	토	낌	셀	안	전	제	느	한	적	법	주	고	동	은	퓨
춤	한	테	바	람	낌	범	한	부	을	문	동	비	선	생	님	질
도	감	트	이	이	위	험	하	게	트	끔	발	누	거	한	돌	도
날	다	범	대	프	한	제	위	표	시	로	고	부	물	의	바	요
바	노	소	동	집	리	느	물	전	춤	카	개	슴	주	은	한	느
달	동	파	퓨	의	컴	적	요	돼	동	문	발	솔	도	절	터	바
집	동	레	한	풍	집	이	퓨	지	측	쌀	을	부	트	치	범	레
발	컴	를	올	은	제	바	굴	알	적	로	트	돌	느	발	명	을
운	을	북	부	범	카	을	끔	약	측	거	감	하	드	도	랑	풍

하드
오토바이
돼지알약
테이프
개발을
위험하게
표시
쇼를
라일락
비누
고슴도치
안전
명랑
다양성
소파
선생님
도용
노동
세포
영리

Puzzle 826

어떤
돌풍
모텔
칫솔
순무
첨부
끔찍한
야구
행복
새벽
누구아무것도
주전자
클럽
마흔을
지속
주소
강아지를
더러운
전면
병원

굴	트	러	자	첨	도	쌀	바	대	를	은	짓	트	짓	사	한	부
러	카	낌	트	부	모	텔	컴	거	션	질	한	이	낌	범	리	문
요	의	발	한	고	끔	표	은	굽	체	을	견	카	트	측	제	절
클	럽	트	발	쌀	찍	낌	날	찍	찍	루	한	로	도	은	발	에
행	늘	춤	이	대	한	솔	끔	동	풍	법	위	로	문	자	요	대
새	벽	마	흔	을	동	동	동	바	공	달	전	절	집	전	측	동
을	칫	더	러	운	용	다	용	위	바	강	아	지	를	주	소	지
을	들	솔	누	구	아	무	것	도	고	이	문	한	받	끔	문	속
끔	노	찍	션	루	받	순	용	한	굴	을	날	느	람	도	레	적
레	풍	표	감	퓨	동	바	늘	한	행	동	전	을	이	장	컴	주
돌	파	행	복	장	대	범	문	바	집	의	면	도	질	한	위	람
올	풍	낌	동	도	솔	을	쌀	문	표	춤	표	거	적	카	에	이
위	병	원	야	구	체	제	용	어	운	운	거	을	를	찍	측	자
범	을	도	물	로	부	한	표	바	떤	측	고	로	이	도	행	터
공	법	스	에	을	바	부	쌀	크	주	부	로	한	바	춤	날	다

Puzzle 827

한	주	유	가	굴	감	질	발	너	장	동	부	풍	동	바	람	로
법	감	용	동	까	람	노	감	로	범	운	드	로	동	집	위	사
한	끔	하	운	표	이	필	북	동	록	로	럽	북	을	터	문	람
신	호	게	표	동	한	부	풍	크	순	너	게	전	말	집	트	맞
은	문	적	날	거	주	동	주	안	스	환	돌	자	결	문	날	견
행	솔	절	자	표	추	느	로	생	녕	사	러	질	트	공	루	바
로	트	용	말	결	측	돌	용	일	젊	하	사	한	운	표	굴	날
춤	굴	주	발	혼	단	을	결	을	러	대	세	전	배	추	쌀	쌀
필	질	부	이	굽	순	바	표	문	필	은	춤	요	심	굽	괜	찮
아	버	지	의	야	한	느	한	질	도	크	돌	말	원	질	크	을
한	부	은	추	망	노	트	정	대	늘	을	젊	느	을	쌀	동	장
지	네	다	질	공	너	스	들	적	다	도	절	다	바	한	법	터
운	동	루	끔	주	동	노	트	늘	행	동	하	라	문	한	로	셀
범	적	너	용	을	받	범	람	적	의	학	행	받	자	전	너	문
한	받	트	추	솔	리	리	문	제	터	위	을	문	바	발	물	법

가까이
아버지의
의학
생일을
순록
순환
배심원을
질문을
문자
유용하게
결혼
야망
단순한
행동하라
한정
신호
괜찮
안녕하세요
지네
부드럽게

Puzzle 828

불	핑	버	스	동	끔	한	은	법	을	행	한	주	문	앞	절	카
규	한	크	도	자	한	도	입	적	주	람	견	스	발	으	끔	동
칙	을	스	세	부	다	인	바	실	버	로	맞	들	바	로	스	질
이	좋	이	거	쌀	느	간	이	리	러	문	측	물	낌	젊	집	북
비	고	은	행	한	문	질	한	러	질	질	도	달	셀	낌	고	컴
서	자	이	은	바	거	은	형	식	예	문	필	굴	늘	늘	통	루
동	두	추	이	노	쌀	소	년	찍	뻐	로	범	굴	대	바	스	필
자	트	거	공	감	트	주	끔	바	를	어	받	내	말	요	럽	절
한	리	쌀	결	은	운	절	춤	다	이	용	끔	용	대	일	게	한
문	전	주	굽	체	에	문	공	범	솔	대	파	사	파	컴	정	체
한	적	마	음	표	공	전	필	적	표	행	발	장	트	스	도	날
도	한	측	고	담	비	문	퓨	루	적	동	동	을	바	도	컴	발
너	바	레	레	노	맞	동	표	날	운	에	솔	올	의	맞	한	한
에	찍	물	견	춤	동	추	요	질	올	주	들	트	을	요	끔	은
말	동	셀	문	주	문	트	동	표	용	트	들	션	절	루	쌀	을

담비
핑크
소년
좋은
일정
자두
도입
고통스럽게
예뻐를
마음
실버
형식
앞으로
비서
버스
법적
내용
인간
세부
불규칙

Puzzle 829

바	견	집	돌	요	영	운	동	파	바	션	동	문	춤	장	물	을
장	리	단	순	히	감	일	굴	노	달	춤	풍	퓨	을	부	은	춤
견	한	느	문	어	용	반	적	노	퓨	바	굽	주	북	파	질	바
발	카	한	고	문	배	기	시	용	컴	한	느	션	표	리	운	리
발	명	적	자	션	지	사	가	얼	터	쌀	낌	맞	문	올	트	적
크	필	을	추	다	유	범	동	음	제	스	행	낌	굴	도	도	루
크	말	감	감	주	도	리	쌀	을	퓨	파	문	잠	리	이	어	짓
굽	트	은	달	레	부	북	끔	한	루	주	션	자	유	소	을	제
터	을	동	행	의	이	션	트	날	주	컴	용	리	노	카	바	다
짓	얻	한	부	위	공	자	전	한	주	트	루	의	굴	이	문	도
운	표	솔	발	느	동	의	트	문	견	용	이	들	을	의	이	공
스	부	다	주	노	한	주	부	셀	맞	공	표	문	용	스	발	다
낌	과	학	자	을	자	동	말	루	솔	퓨	자	리	바	디	끔	요
트	받	과	너	파	북	돌	트	동	자	질	어	레	도	을	셀	루
북	위	주	스	바	자	람	끔	한	를	들	환	거	요	이	제	루

발명
과학자
영감
배지
얻을
질환
기사
가시적
얼음
적용
소유자
잠자리
행동을
일반
바디
동굴
유지
과학
행위
단순히

Puzzle 830

혜택
성공
친화적
어디에있는
프로젝트를
시작
아직
시리즈
초콜릿
페이지
목욕
비오는
고급
기억
교수
지배적
풍선
원형
기쁘게
토마토를

목	아	프	로	젝	트	를	바	루	한	리	자	의	혜	교	기	루
욕	직	지	배	적	바	결	의	즈	리	시	을	스	택	수	억	부
느	달	이	은	화	절	위	공	문	트	스	작	도	체	젊	굴	트
카	측	페	을	친	퓨	이	운	한	로	제	한	표	물	추	고	기
고	트	느	결	필	찍	질	동	다	요	한	적	말	집	공	급	쁘
느	주	문	러	요	을	찍	에	레	발	초	콜	릿	크	범	솔	게
에	용	로	춤	바	로	토	어	디	에	있	는	늘	짓	필	한	퓨
돌	을	에	트	셀	은	을	마	고	달	한	한	견	를	문	바	낌
늘	굴	크	부	바	감	공	컴	토	대	이	성	공	낌	레	견	도
위	쌀	낌	이	대	대	바	퓨	굽	를	물	루	느	행	한	느	끔
자	동	올	한	다	물	바	트	트	적	의	트	발	사	북	터	느
도	람	을	다	문	노	용	대	문	바	젊	풍	원	문	컴	퓨	어
도	셀	의	바	용	솔	션	늘	로	레	레	선	바	형	비	를	받
한	한	어	리	감	용	크	를	위	다	카	부	의	자	오	측	러
측	은	돌	동	사	결	람	쌀	받	동	다	러	러	체	는	파	거

Puzzle 831

의	문	주	문	집	질	람	동	말	문	사	람	들	의	수	질	굽
이	람	질	주	동	노	맞	감	바	문	공	한	을	체	정	카	다
자	사	행	풍	컴	레	느	레	셀	법	적	거	부	동	터	곱	카
셀	대	로	도	러	춤	제	날	맞	퓨	표	도	루	물	굽	셈	를
우	러	진	술	젊	제	바	북	굽	을	파	풍	크	솔	말	이	로
유	어	바	맞	북	가	스	에	선	굴	북	측	자	컴	북	람	찍
지	올	굽	발	쌀	질	다	바	호	마	집	위	그	늘	주	늘	노
방	을	도	착	북	질	견	운	하	커	날	찍	발	짓	셀	동	파
이	복	질	문	스	결	행	장	는	를	범	거	바	을	동	낌	솔
춤	도	바	동	도	을	정	다	굽	젊	거	용	풍	위	체	굴	발
용	크	은	문	솔	한	결	을	부	짓	굽	찍	굴	필	용	다	너
문	사	다	보	였	다	바	풍	결	적	들	문	쌀	맞	동	질	느
파	비	이	깎	발	주	올	트	문	북	리	질	돌	의	부	동	전
문	짓	용	의	생	찍	셀	을	스	이	판	매	자	동	위	트	운
도	범	람	면	터	에	느	아	이	션	쌀	크	문	느	에	한	트

그늘
곱셈
도착
수정
가스
결정을
복도
사람들의
진술
판매자
우유지방
발생
보였다
아이
사이의
선호하는
깎이
비용면
결정
마커

Puzzle 832

코	들	바	너	낌	파	동	너	다	도	파	측	느	염	주	굽	견
요	스	받	위	범	동	무	어	동	로	적	대	물	소	공	를	낌
테	공	식	적	으	로	도	레	굽	색	상	도	범	어	로	질	로
로	에	울	었	다	동	은	이	동	체	추	법	범	도	바	너	스
달	찍	느	너	달	노	위	문	바	눌	가	리	바	발	노	결	합
동	범	바	문	문	늘	풍	다	측	러	의	올	받	카	느	고	장
동	스	자	본	춤	거	로	의	리	적	너	러	어	문	질	트	를
풍	부	한	실	동	집	파	올	동	위	셀	용	젊	바	로	문	한
느	춤	귀	공	행	풍	결	의	돌	굽	요	대	문	결	문	적	용
바	범	고	너	카	을	전	한	용	날	다	느	셀	쌀	감	전	맞
거	바	트	올	자	쌀	제	받	퓨	조	이	사	크	질	의	스	발
절	북	벤	말	표	부	카	쌀	도	식	반	기	지	춤	동	을	어
물	루	이	춤	한	장	이	절	질	이	절	문	낌	굽	낌	베	동
느	리	길	를	로	들	터	추	문	질	한	동	바	노	달	이	제
부	요	루	돌	바	돌	나	라	굽	날	카	거	공	추	절	킹	찍

베이킹
울었다
거북이를
결합
조식
무례
눌러
풍부한
코요테
색상
이벤트
공식적으로
실행을
길이
고귀한
반기지
나라
추가
자본
염소

Puzzle 833

한	바	결	관	계	젊	용	로	주	자	부	스	트	립	질	결	돌
크	굴	문	운	파	로	트	러	로	짓	한	절	안	대	바	주	발
한	노	사	문	너	주	로	션	바	부	찍	부	전	한	이	고	의
달	설	도	돌	로	람	다	로	발	적	감	발	하	요	마	련	결
시	명	레	절	쌀	문	컴	동	대	동	물	위	게	얼	룩	말	과
트	필	을	셀	부	을	느	감	크	러	용	동	말	주	요	공	를
카	절	풍	폭	공	삼	트	트	대	컴	늘	맞	부	트	공	발	날
늘	자	소	날	력	촌	굴	이	주	절	로	한	에	의	다	결	에
한	도	원	필	자	의	자	주	굴	집	쌀	바	어	집	감	바	장
표	집	없	법	은	을	트	격	루	장	찍	트	맞	고	은	은	부
터	용	이	달	동	찍	용	요	을	새	로	운	션	로	지	한	자
쌀	감	발	도	크	문	문	을	찍	토	양	다	자	은	리	유	필
한	요	동	한	은	퓨	추	이	거	노	자	젊	리	수	박	올	용
필	레	다	쌀	요	적	도	스	사	로	밀	우	리	의	러	을	제
을	추	러	쌀	노	범	추	어	맞	동	솔	도	솔	북	추	전	날

결과를
안전하게
토양
얼룩말
시트
대안
수박
유리
밀도
지리
새로운
삼촌의
관계
폭력
스트립
우리의
마련
소원없이
자격을
설명

Puzzle 834

발	다	풍	느	터	집	의	운	리	받	을	리	맞	다	을	문	동
너	에	어	스	이	돌	스	착	춤	시	스	템	노	음	부	올	터
로	문	장	한	결	견	운	퓨	용	도	트	트	란	과	자	발	문
람	발	범	을	동	캐	문	퓨	터	다	요	파	색	문	을	도	추
전	노	이	끔	측	치	선	스	폰	지	인	터	주	끔	체	덕	다
트	한	루	거	위	동	트	박	바	레	너	트	끔	느	로	적	쌀
동	얇	은	주	다	솔	자	트	로	크	요	을	느	필	동	셀	문
동	트	파	한	로	결	체	맞	대	트	찍	소	들	로	트	바	리
레	한	컴	트	굽	다	부	해	운	낌	한	음	동	람	받	제	한
트	에	자	적	찍	말	컴	설	퓨	다	크	말	트	로	낌	북	다
사	한	용	이	없	한	뱀	퓨	파	을	결	공	절	연	령	동	이
자	을	동	장	장	음	마	웨	스	트	했	다	반	다	늘	다	북
자	쌀	을	북	풍	컴	도	문	학	너	한	을	노	동	질	에	을
한	한	이	어	도	주	고	동	년	자	요	운	래	쌀	풍	맞	쌀
에	을	한	말	문	말	집	법	을	다	젊	부	를	리	퓨	늘	올

학년
도덕적
소음
도마뱀
들소
스폰지
착용
연령
요인
캐치
노래를
절반
해설
선박
노란색
웨스트했다
다음과
시스템
없음도
얇은

Puzzle 835

한	돌	한	솔	짧	운	을	문	의	장	결	발	한	귀	댄	거	풍
필	부	을	헤	은	를	너	춤	전	필	결	엘	말	여	법	스	파
대	측	운	론	동	거	유	명	한	까	지	받	프	운	풍	대	트
자	루	한	도	트	대	위	초	원	법	행	화	재	북	제	을	쌀
위	다	질	다	측	행	절	춤	문	슬	픈	광	산	전	운	집	물
람	션	로	카	자	깊	찍	동	셀	희	망	에	자	트	한	측	스
견	바	파	결	행	은	스	스	도	대	용	너	측	발	컴	끔	고
을	을	요	감	퓨	질	사	솔	크	를	셀	트	느	자	을	법	다
어	느	위	트	도	이	표	도	문	카	람	늘	낌	들	한	쌀	책
추	문	에	발	젊	굽	션	풍	부	도	로	은	추	올	요	군	상
격	날	감	아	받	추	로	질	다	쌀	은	공	절	을	한	인	을
셀	의	다	마	고	부	촛	풍	은	이	절	사	맞	요	바	요	선
절	루	문	도	질	질	주	불	스	케	이	트	스	케	이	트	반
카	다	트	돌	돌	춤	루	용	카	한	결	파	질	범	로	주	컴
대	필	사	셀	운	은	낌	사	은	달	다	한	루	전	문	사	한

아마도
스케이트스케이트
선반
유명한까지
깊은
귀여운
자위
책상을
슬픈
광산
짧은
촛불
엘프
추격
댄스
초원
헤론
화재
희망
군인

Puzzle 836

범	이	거	다	짓	주	들	추	문	올	날	도	들	동	인	가	정
퓨	퓨	너	자	이	낌	이	동	법	느	운	파	용	을	정	리	추
문	트	굽	을	레	한	범	은	다	느	받	굴	거	을	받	을	문
뽑	을	람	말	절	풍	표	파	요	크	의	용	레	운	을	느	법
아	추	파	운	짓	말	절	측	추	춤	트	추	문	셀	셀	퓨	끔
한	러	법	다	한	물	요	람	셀	문	거	거	용	한	한	절	트
노	로	트	굴	터	발	도	젊	법	운	터	바	러	크	회	트	노
스	바	로	문	을	노	이	부	트	퓨	달	스	상	점	원	터	바
할	측	리	범	한	동	를	바	러	바	성	천	스	추	늘	느	젊
당	컴	전	올	트	운	로	카	날	받	질	공	으	늘	스	문	이
야	드	발	다	레	율	집	노	젊	풍	질	동	적	로	낌	전	북
늘	풍	말	동	제	을	한	동	궤	도	아	찮	괜	인	션	트	클
위	한	측	미	문	제	쌀	퓨	결	발	달	동	부	들	도	부	립
동	루	정	낌	잘	맞	자	주	레	쌀	최	초	의	올	장	휴	식
아	래	층	셀	부	법	을	질	발	맞	로	받	달	운	송	부	크

상점
인정받을
휴식
뽑아
야드
천으로
회원
운송
날카로운
가정
측정
말미잘
괜찮아도
최초의
운율
할당
성공적인
궤도
아래층
클립

Puzzle 837

법	말	수	받	을	에	용	쌀	대	전	아	을	사	섬	늘	공	집
운	리	요	있	컴	표	올	늘	표	해	이	린	어	동	세	격	퓨
낌	의	을	들	는	크	달	절	집	더	리	용	질	늘	고	한	어
말	적	제	용	카	들	날	느	로	문	스	책	상	쌀	원	로	돌
한	다	들	집	터	사	동	퓨	바	솔	을	를	바	러	공	하	자
을	굽	올	질	노	동	범	한	대	물	은	트	달	집	자	사	는
맞	주	받	적	굵	수	짓	어	달	주	리	주	집	추	사	용	이
용	대	필	늘	게	많	공	은	아	지	리	프	가	능	성	거	쌀
쌀	문	사	고	션	은	끔	발	동	부	한	로	느	낌	들	쌀	질
셀	퓨	컴	이	바	쌀	은	날	북	부	레	그	바	다	다	리	운
어	부	견	공	견	사	방	올	한	한	대	램	표	면	에	다	너
바	로	돌	션	동	파	식	문	적	풍	바	다	풍	스	제	거	춤
동	를	한	다	부	동	을	피	맞	북	적	전	이	터	발	거	용
받	은	늘	가	난	한	말	곤	들	전	견	한	대	사	리	이	질
견	너	용	북	제	낌	제	한	주	느	문	한	측	제	늘	발	행

이해
굵게
가난한
방식을
어린이
리더
표면
책상
공격
가능성
아이리스
원하는
프로그램
수있는
피곤한
대표
사용이
섬세한
프리지아
수많은

Puzzle 838

발	필	문	발	이	을	물	절	션	말	을	느	도	셀	견	동	한
한	휘	주	너	동	달	표	을	연	시	력	기	호	질	도	어	체
문	표	바	한	를	한	쌀	측	습	측	운	범	춤	위	굽	대	용
바	은	카	북	쌀	비	표	범	다	수	쌀	공	션	절	션	젊	선
부	영	카	법	트	바	명	장	대	부	분	의	끔	도	어	주	주
운	역	끔	필	을	은	파	트	범	짓	찍	필	용	제	문	을	젊
을	을	위	바	감	바	레	끔	말	문	장	생	제	외	정	필	굽
굴	마	느	트	컴	람	문	의	굽	문	다	존	낌	시	원	동	거
한	발	운	도	달	감	을	바	부	바	거	트	문	켰	을	결	질
굽	파	컴	부	공	루	용	쌀	터	짓	러	공	수	다	추	엄	트
위	을	늘	눈	물	문	솔	동	춤	맞	발	주	받	리	물	청	션
동	솔	동	션	트	말	자	한	적	로	법	트	션	에	를	난	터
바	스	커	트	늘	결	이	동	전	로	발	돌	올	운	다	견	이
결	터	달	노	울	새	올	한	도	필	부	동	행	선	언	테	달
션	권	한	주	표	너	질	주	달	물	받	로	거	동	을	마	주

테마
대부분의
선언
스커트
수리를
정원
연습
표범
다수
비명
권한
생존
발휘
마을
눈물
울새
엄청난
영역을
제외시켰다
시력기호

Puzzle 839

이	북	사	한	이	젊	솔	을	자	노	장	발	자	문	춤	의	찍
벤	오	요	맞	문	바	도	운	발	스	들	절	어	이	문	주	이
트	히	날	셀	질	춤	용	도	적	제	위	장	한	낌	달	대	다
를	려	을	북	자	날	로	감	범	은	전	장	북	트	자	주	바
물	다	도	절	스	스	대	요	다	션	트	문	제	결	발	터	측
의	장	도	느	도	전	추	카	풍	음	들	절	동	를	트	발	용
요	견	질	측	부	파	느	노	이	맞	에	동	셀	거	짓	말	바
청	물	셀	주	말	질	운	용	부	를	릴	리	스	도	발	을	맞
동	퓨	쌀	제	동	견	동	대	한	주	로	노	너	찍	느	달	를
위	들	파	루	쌀	부	로	부	을	질	자	조	력	터	트	한	카
핸	들	을	을	의	표	법	한	러	촬	영	문	건	물	질	의	계
이	은	가	트	레	동	바	을	고	정	비	사	달	이	부	주	산
확	장	러	리	부	용	로	컴	을	느	결	도	파	무	범	부	맞
카	을	올	로	굴	요	을	노	받	찍	춤	션	한	대	문	범	짓
필	로	대	찍	적	어	쌀	를	달	쌀	견	표	현	운	실	패	느

자발적
부주의
요청
오히려
거짓말
릴리스
물질의
조건이
무대
계산
다음에
이벤트를
확장
가을
촬영
노력
표현
실패
정비사
핸들을

Puzzle 840

쌀	솔	운	를	건	문	부	돌	특	정	전	토	적	느	사	양	질
주	돌	춤	을	포	러	루	발	로	갈	한	론	주	장	찍	견	말
자	을	은	러	도	크	카	날	크	등	동	에	굽	트	리	의	트
절	적	위	파	스	개	동	거	제	션	굽	션	발	이	범	부	도
한	범	발	감	북	미	로	루	다	집	절	올	어	을	바	쌀	의
도	트	제	동	한	용	트	도	리	문	리	결	로	을	문	발	를
어	달	명	쌀	도	운	션	집	올	짓	한	운	집	제	결	러	들
람	달	백	도	레	을	은	동	결	같	은	표	위	범	장	한	한
동	공	한	쌀	느	히	한	올	운	동	제	표	문	돌	한	용	러
과	거	의	컴	크	자	트	러	이	을	바	거	용	입	자	트	위
버	섯	버	날	파	파	문	도	트	동	꿈	를	고	식	별	주	타
문	바	전	파	리	부	달	레	노	절	은	계	한	트	문	찍	스
자	안	받	문	추	받	굴	에	범	쌀	문	획	물	람	돌	문	행
위	경	대	젊	결	컴	한	측	법	올	트	로	대	문	문	한	말
트	부	감	발	절	너	을	문	이	후	보	말	람	동	체	크	로

개미
스타
명백한
계획
히트
갈등
과거의
입자
건포도
특정
식별
토론
한도
양말
같은
주스
후보
버전
버섯
안경

Puzzle 841

늘	주	은	바	범	필	쌀	질	사	눈	터	인	정	밀	들	캡	자
가	추	소	형	바	다	트	바	바	사	로	카	너	가	결	처	장
장	올	파	은	쌀	동	람	샤	푸	람	루	질	셀	루	레	달	파
젊	낌	올	파	필	표	자	날	질	범	부	러	퓨	돌	카	물	사
이	레	한	트	트	셀	한	정	추	제	자	절	필	이	낌	바	너
자	견	찍	의	동	바	한	착	바	끔	쌀	쌀	리	루	자	다	바
트	적	디	을	요	북	올	문	짓	느	공	로	체	쌀	풍	굴	를
퓨	동	주	다	범	에	을	견	적	너	크	파	트	너	파	티	을
발	바	바	쌀	제	받	고	올	자	장	더	워	북	쌀	문	너	어
레	달	리	위	의	대	을	체	굴	받	측	동	트	집	절	자	받
전	은	질	터	감	용	필	느	체	문	쌀	집	제	네	로	슬	립
자	느	굴	체	자	은	동	셀	요	션	물	크	용	에	트	은	카
레	올	주	주	풍	스	어	파	집	표	주	리	도	쌀	바	감	돌
범	파	사	발	장	트	사	센	문	임	션	표	카	메	라	위	풍
동	을	다	범	애	로	한	로	터	명	범	준	조	류	가	집	굴

견디다
정착
슬립
소형
추정
임명
조류가
센터
인정
가장
더워
장애
캡처
표준
눈사람
밀가루
샤푸
네트워크
카메라
파트너파티

Puzzle 842

카	이	풍	쌀	바	짓	고	질	느	셀	이	견	한	도	행	스	추
요	미	법	너	필	을	장	전	를	말	로	달	로	을	트	솔	쌀
리	받	을	을	용	돌	를	을	장	루	한	린	천	국	시	문	행
을	넓	제	을	표	질	올	을	행	쌀	어	기	회	찍	게	컴	동
느	드	은	예	상	제	크	부	고	발	를	절	받	운	맞	추	퓨
젊	라	바	다	사	들	적	컴	위	도	주	느	낌	추	적	로	로
추	이	너	로	느	찍	카	이	길	느	솔	고	한	감	이	쌀	절
공	브	바	늘	늘	너	에	문	젊	느	불	안	정	한	굽	한	공
의	사	질	춤	포	절	오	류	노	셀	점	람	집	전	용	동	들
장	크	제	터	켓	법	달	션	어	춤	수	제	퓨	질	쌀	전	느
체	요	운	이	터	문	로	법	용	람	표	날	바	타	페	니	북
을	찍	동	풍	은	적	바	람	동	트	을	측	한	격	돌	삽	용
낌	낙	공	어	루	부	파	발	체	풍	에	말	을	감	행	도	입
견	타	공	퓨	젊	스	짓	로	발	트	에	문	에	체	어	세	굽
발	스	솔	너	날	쌀	대	을	이	발	카	주	카	공	장	짓	탁

이미
세탁
오류
점수
포켓
드라이브
기린
타격
느낌
삽입
기회
불안정한
시게
페니
예상
이길
넓은
낙타
고발
천국

Puzzle 843

실	공	트	은	레	끔	문	사	발	부	크	션	바	의	람	문	연
제	들	바	느	카	도	공	행	달	도	리	대	을	후	트	운	못
트	동	바	전	사	전	장	스	위	다	스	적	북	범	에	경	조
레	다	에	늘	곱	필	카	주	질	도	마	엄	질	을	솔	제	랑
주	느	노	질	하	한	요	바	컴	돌	스	견	문	문	바	주	말
부	문	거	절	기	크	리	추	발	코	니	트	달	화	제	쌀	행
동	은	퓨	범	요	에	은	한	전	체	너	러	들	고	공	츠	발
장	달	행	레	은	카	끔	말	대	다	가	요	수	향	무	추	체
결	추	발	날	달	이	고	트	맞	동	트	방	점	점	릎	퓨	집
견	을	문	한	날	사	젊	카	행	을	거	을	질	집	동	끔	요
바	놀	라	운	셀	제	용	위	짓	말	다	을	션	들	쌀	바	문
자	주	을	어	어	고	제	찍	바	올	한	운	바	북	낌	체	션
트	맞	은	카	펫	동	달	춤	도	추	학	젊	어	굽	을	받	을
의	춤	에	을	부	솔	다	굴	젊	주	생	문	동	젊	러	필	도
풍	용	적	대	견	로	풍	솔	찍	너	고	젊	용	올	션	솔	자

엄마
경제
점점
연못조랑말
놀라운
전체
무릎
카펫
문화
후에
고향
곱하기
가방
발코니
크리스마스
수요가
다운
제공
학생
실제

Puzzle 844

루	부	전	이	스	한	질	을	대	의	주	필	음	주	루	제	컴
법	날	드	위	협	이	풍	이	리	동	은	요	성	민	를	리	계
한	한	운	레	주	춤	도	한	주	리	달	로	이	이	리	이	약
단	상	굽	다	스	한	도	질	절	카	체	람	컴	동	션	바	에
차	이	가	용	은	러	트	을	수	조	스	리	절	다	문	집	풍
이	업	한	노	로	사	범	용	표	면	운	바	한	느	트	부	용
크	작	젊	자	다	동	문	발	들	칠	필	솔	발	운	부	올	말
카	솔	말	리	컴	문	북	전	다	로	적	달	행	솔	용	주	문
받	전	물	부	거	받	카	파	자	굽	동	돌	크	로	벨	맞	표
을	에	로	공	물	발	트	컴	표	문	이	솔	를	주	자	트	셀
션	춤	고	트	카	체	풍	필	끔	로	바	쌀	한	을	날	유	용
올	표	필	트	굽	늘	트	트	느	을	노	맞	도	부	스	결	늘
굴	문	터	동	편	체	북	트	형	동	용	바	바	은	이	부	제
늘	을	이	쌀	집	터	공	쌀	제	장	그	릇	문	북	견	저	항
을	용	아	무	것	도	질	은	국	추	쌀	법	올	를	카	행	고

드레스
수면
국제
음성
차이가
유용
이상한
작업이
저항
칠면조
벨트
위협이
주민이
그릇
아무것도
상단
형제
필요로
편집
계약에

Puzzle 845

사	를	찍	어	동	바	장	카	날	받	흡	컴	법	조	건	용	괴
트	로	찍	쌀	람	자	견	범	질	늘	트	수	동	직	동	어	물
동	트	이	찍	루	어	늘	말	들	을	집	용	한	에	춤	을	카
크	행	에	은	요	쌀	날	자	받	의	부	감	행	날	쌀	측	올
범	말	솔	견	자	람	트	스	짓	쌀	젊	늘	제	이	전	바	러
대	공	달	표	제	한	제	를	문	도	법	쌀	행	한	로	동	용
절	카	를	법	동	스	날	달	주	대	어	젊	절	잡	주	질	쌀
파	이	체	자	률	절	바	팽	도	은	동	트	켜	지	터	퓨	문
동	람	굽	동	네	일	타	이	체	북	행	짓	발	뜨	크	트	노
강	우	용	션	어	굽	필	원	도	윙	굽	은	결	거	코	트	를
집	굽	셀	한	문	고	여	바	형	스	타	일	의	운	로	고	노
카	션	발	로	위	한	부	터	문	을	돌	주	동	용	로	체	쌀
리	이	용	스	람	를	어	바	절	레	대	루	감	로	손	실	물
춤	범	터	고	주	한	동	을	리	컴	을	제	한	이	측	스	를
의	한	동	터	들	추	브	라	운	컴	이	공	기	주	제	문	날

공기
코트를
뜨거운
건조
잡지
달팽이
지켜
괴물
법률
여부
스윙
브라운
손실
흡수
타원형
강우
네일
스타일의
조직에
주제

Puzzle 846

하나의
지금
알고
좋은안녕
숟가락
월요일
튤립
트리
아웃
필수
폐기물
어두운
허수아비
의사가
수집
아름다운
코를하지
요리논의
겸손
상처

월	노	올	요	노	바	문	운	은	문	가	사	의	퓨	러	쌀	숟
상	요	질	리	트	집	받	한	굽	람	추	행	느	나	도	금	가
처	굽	일	논	느	다	어	발	을	표	절	발	코	를	하	지	락
튤	을	다	의	이	사	사	리	측	결	한	질	로	트	다	비	바
립	문	에	다	굴	굽	을	솔	동	고	레	도	요	한	폐	아	웃
올	끔	문	측	들	을	션	느	한	낌	루	춤	돌	컴	기	수	컴
젊	끔	에	동	발	감	짓	을	발	셀	노	장	끔	날	물	허	돌
북	느	을	필	을	거	수	필	운	적	을	맞	범	올	운	동	결
의	트	용	바	표	바	집	문	스	발	고	제	젊	한	요	을	동
운	요	사	크	집	의	문	결	부	물	자	북	늘	받	동	맞	제
좋	은	안	녕	공	리	의	필	동	을	북	스	아	름	다	운	위
범	춤	적	트	리	퓨	터	알	고	도	절	문	스	발	겸	너	을
체	다	돌	체	문	어	을	은	끔	트	사	리	도	솔	손	절	용
동	로	동	고	제	전	두	찍	솔	용	도	문	도	셀	동	거	추
짓	트	파	션	러	법	견	운	감	한	노	굴	쌀	감	낌	요	은

Puzzle 847

트	로	도	동	다	발	솔	장	쌀	솔	동	짓	절	컴	주	직	전
문	전	체	받	낌	한	한	을	거	을	낌	한	바	문	로	원	느
이	트	젊	람	람	맞	달	도	늘	제	질	공	감	솔	올	이	트
셀	자	위	대	질	쉽	게	너	올	자	대	은	체	굽	필	늘	한
동	필	을	들	달	도	에	트	스	리	포	어	셀	라	람	도	결
돌	끔	그	이	동	을	전	장	주	끔	도	부	거	인	쌀	장	발
이	루	로	림	바	트	바	표	거	레	부	법	원	카	늘	고	자
낌	퓨	다	결	자	트	감	수	굽	스	정	퓨	질	터	받	에	공
소	요	발	다	굽	바	감	행	용	로	도	확	표	자	체	격	호
은	필	은	루	거	장	거	춤	주	주	질	다	히	긍	정	적	흡
부	스	장	바	집	적	바	파	문	맞	한	바	높	은	을	측	트
요	쌀	로	날	굽	수	돌	자	집	클	래	스	한	발	트	솔	풍
느	날	대	트	결	요	느	카	용	어	동	주	제	거	너	의	느
로	장	포	을	견	일	파	동	을	체	발	돌	느	용	도	질	노
동	추	를	크	사	회	는	동	스	람	늘	노	한	표	터	짓	굽

호흡
포크
필요
클래스
정확히
쉽게
포리스트에
법원
그림자
소요
전에
사회는
긍정적
높은
라인
수요일
수행
적격
직원이
너트

Puzzle 848

포함되어
케이크
예외
뛰어
스틱은
모기
동행
나쁜
케이지
통치는
일요일
구멍
스탬프
내와
회사
삼촌이
맞는
것들
금융
일몰

발	다	스	탬	프	트	문	짓	을	퓨	레	바	제	북	나	은	도
장	셀	지	북	젊	뛰	어	행	풍	운	스	주	것	도	물	쁜	션
삼	촌	이	받	은	쌀	되	용	에	발	틱	결	들	내	사	자	카
견	을	케	카	대	찍	함	문	대	은	은	들	금	융	와	트	느
행	공	받	도	로	문	포	동	을	카	위	쌀	굽	도	다	터	의
받	문	달	젊	거	질	체	사	거	고	로	느	운	회	표	모	젊
어	션	퓨	말	집	부	을	터	자	젊	도	발	느	사	물	기	거
집	적	용	제	장	션	을	로	받	끔	도	맞	바	대	적	문	도
맞	찍	굽	바	통	용	다	이	셀	용	트	굴	일	요	일	예	측
는	다	문	케	치	풍	춤	행	다	카	발	물	춤	젊	결	용	외
을	레	카	이	는	늘	장	을	에	돌	다	올	리	트	요	고	션
찍	질	로	크	파	파	한	로	범	풍	용	바	바	전	고	너	발
을	공	대	동	법	체	추	문	위	사	주	은	질	자	을	돌	말
트	로	말	행	올	쌀	적	추	람	필	를	거	한	을	너	일	용
구	멍	발	찍	한	한	굽	동	다	한	트	발	감	을	쌀	몰	로

Puzzle 849

부	뉴	스	코	파	공	문	짓	을	루	범	쌀	영	집	을	측	터
돌	분	용	바	돌	에	션	늘	체	주	죄	버	터	향	문	찍	한
늘	바	은	러	동	을	솔	발	감	그	들	의	셀	어	을	양	모
로	동	전	파	거	참	여	행	위	을	춤	컴	의	표	들	을	행
결	동	짓	동	트	카	를	감	집	느	바	요	쌀	느	사	필	말
굽	어	바	캠	축	고	바	컴	전	러	카	은	로	션	트	름	날
어	부	쌀	프	구	트	한	을	너	부	한	낌	자	들	자	동	늘
말	노	느	체	은	너	대	리	질	물	체	을	간	집	북	복	추
션	레	로	동	로	다	자	들	한	맞	받	에	동	호	측	잡	동
들	을	필	표	돌	을	한	한	추	늘	를	바	리	다	사	한	을
을	머	문	동	퓨	을	션	위	트	맞	거	상	퓨	의	람	집	풍
질	그	도	표	질	에	다	트	한	북	스	태	이	체	카	느	셀
를	잔	문	다	느	노	물	젊	적	동	치	부	견	요	로	도	컴
동	달	부	쌀	발	바	어	춤	카	쌀	약	돌	찬	장	체	레	범
표	한	람	로	이	위	쌀	주	산	업	을	풍	리	동	바	고	다

축구
뉴스
참여
사다리
산업을
머그잔
치약
복잡한
영향을
모양을
부분은
간호사
찬장
범죄
캠프
상태
필름
그들의
버터
코스

Puzzle 850

젊	터	견	바	트	행	쌀	굴	크	을	전	주	찍	북	을	추	감
를	표	노	트	거	퓨	문	부	올	질	동	한	발	법	주	적	정
동	어	트	로	를	질	젊	적	북	자	느	체	절	퓨	자	를	범
옷	을	전	짓	체	은	달	절	리	션	결	사	솔	을	도	매	견
솔	운	송	들	메	뚜	기	한	운	부	트	집	돌	동	동	컴	문
물	린	동	문	베	드	대	체	측	로	위	법	동	한	물	다	법
문	결	추	말	한	이	노	리	말	노	굽	을	법	제	받	결	트
발	음	을	수	행	라	트	블	라	우	스	거	젊	경	험	을	달
다	셀	느	석	노	슬	북	로	풍	한	레	에	굽	바	행	한	늘
문	도	을	한	말	문	측	체	바	한	측	용	견	장	절	사	젊
질	낌	주	다	굴	거	에	부	동	장	물	를	춤	세	물	고	달
느	질	동	을	리	주	코	끼	리	루	자	바	닥	대	용	부	파
문	전	한	을	질	운	발	체	범	달	고	늘	주	리	늘	를	풍
리	문	올	트	견	찍	셀	사	바	결	한	려	보	고	서	는	은
레	에	어	절	법	고	맞	문	쌀	컴	에	자	다	표	문	다	찍

수석
슬라이드
노트북
자매
물린
코끼리
부적절한
블라우스
보고서는
고려
동물
메뚜기
바닥
경험을
베이
옷을
감정
전송
발음을
세대

Puzzle 851

자	행	적	을	한	러	굽	발	바	레	쌀	한	을	때	문	에	끔
루	끔	동	파	을	낌	날	어	견	적	문	크	쌀	루	낌	느	물
달	문	쌀	은	컴	문	어	굴	올	돌	트	포	인	트	한	추	맞
은	제	문	카	표	법	드	람	바	올	을	에	을	을	다	너	느
찍	공	트	늘	잘	못	이	컴	존	재	를	주	장	은	부	발	의
를	하	바	받	한	고	네	을	측	말	호	바	요	범	범	부	감
한	는	들	법	한	노	모	로	고	측	신	트	이	발	동	스	이
트	다	지	느	러	미	레	필	을	어	문	이	질	질	한	돌	맞
바	추	낌	을	도	에	을	동	션	은	적	위	동	쌀	달	어	로
크	결	이	셀	간	러	크	이	표	다	터	대	을	자	로	주	션
시	금	치	사	중	행	에	트	끔	사	동	북	한	로	이	동	집
한	결	문	느	복	대	언	법	필	바	발	로	낌	크	합	웃	물
범	을	바	바	이	러	을	어	문	요	카	짓	고	느	조	위	도
파	즐	겁	게	오	다	크	위	를	부	외	레	동	맞	개	선	돌
루	쌀	맞	부	컴	는	바	은	풍	굴	범	늘	범	감	맞	문	쌀

시금치
존재를
잘못이
언어를
지느러미
때문에
신호를
조합이
이웃도
레모네이드
오는
외부를
개선
시크
주장
제공하는
중간
즐겁게
포인트
중복

Puzzle 852

피	끔	불	어	를	제	으	액	느	이	사	올	어	크	운	주	바
범	해	행	감	한	결	르	주	세	위	노	자	질	의	측	한	집
문	견	자	어	느	도	렁	풍	컴	스	굴	절	낌	바	셀	견	적
받	올	주	보	문	빌	도	결	젊	도	카	주	트	솔	역	부	굴
낌	말	컴	간	기	려	어	한	이	견	트	에	동	한	지	짓	솔
문	측	쌀	다	한	표	을	주	카	문	레	거	이	히	우	용	맞
용	한	한	컴	굽	주	쌀	날	은	로	로	장	춤	전	개	늘	받
운	용	느	끔	셀	문	발	농	장	위	셀	파	물	여	트	질	결
올	짓	결	이	부	젊	발	질	솔	셀	부	굴	들	표	한	가	요
리	에	을	거	어	달	주	찍	할	아	버	지	느	절	노	동	한
법	범	낌	전	한	한	돌	션	끔	질	문	다	를	행	한	춤	부
발	자	날	거	의	장	문	도	를	느	솔	항	거	은	운	이	문
결	운	전	사	람	이	문	행	공	위	사	상	민	트	한	바	을
전	체	판	증	불	구	하	고	맞	물	러	동	속	느	솔	북	용
끔	은	매	거	문	문	춤	부	말	리	법	생	산	젊	말	용	동

빌려
증거
판매
농장
민속
기간
생산
피해자보기
액세스
지우개
항상
위장
여전히
으르렁
지역
불구하고
에이전트가
불행
할아버지
사람이

Puzzle 853

요	트	부	보	사	이	굽	로	리	동	문	카	풍	쌀	범	현	굽
한	다	말	부	고	범	의	레	늘	법	를	바	동	리	크	명	솔
동	경	험	적	셀	서	사	레	을	데	이	터	가	블	록	한	받
제	트	용	물	다	장	낌	노	을	러	괭	부	물	풍	셀	복	문
따	럭	주	사	강	장	젊	질	리	트	자	은	트	전	찍	행	문
동	라	흰	질	아	돌	절	노	범	모	양	거	렁	결	위	적	춤
부	젊	도	색	지	거	동	마	스	크	동	람	크	쌀	체	운	북
을	질	바	다	은	이	운	아	햄	질	크	을	트	셀	바	트	젊
필	공	한	도	도	돌	위	반	스	추	결	올	거	공	물	짓	질
제	주	요	한	트	범	파	응	터	신	거	장	크	돌	찍	바	쌀
춤	의	트	결	동	도	한	을	을	문	질	로	문	바	늘	트	다
동	러	의	고	적	부	풍	에	요	늘	주	은	위	공	법	감	맞
운	늘	공	루	젊	동	문	동	문	대	루	절	들	를	짓	동	거
자	늘	급	카	풍	문	대	기	한	고	스	용	느	받	끔	쌀	이
이	발	에	어	굽	다	바	바	바	은	쌀	동	문	요	동	날	감

따라
블록
흰색
반응을
현명한
보고서
햄스터
괭이를
트렁크
트럭
모양
공급
강아지
행복한
대기
마스크
경험
신문
아마
데이터가

Puzzle 854

솔루션을
침착이
커튼
식용
계산기
이야기
매듭
성인
머리
매우
동물원
겨울
위기
구매
온도계이
외에
젊은
잎을
평가
전송을

침	문	발	동	러	을	이	달	찍	사	바	노	절	로	컴	스	션
착	셀	법	질	로	크	이	셀	필	늘	맞	리	고	결	이	이	은
이	문	람	집	결	쌀	주	이	집	춤	질	솔	루	션	을	잎	낌
한	동	사	북	에	용	부	외	적	컴	커	튼	북	도	송	어	문
동	한	표	셀	공	한	견	스	에	머	리	어	식	용	전	어	동
용	젊	날	결	동	러	북	맞	다	짓	트	위	주	트	측	로	온
견	솔	운	감	맞	제	쌀	젊	의	트	고	레	션	법	을	쌀	도
를	스	견	위	이	낌	터	동	트	다	용	어	느	필	평	낌	계
겨	울	동	한	야	위	기	측	부	올	거	느	트	듭	매	가	이
주	대	맞	한	기	문	굽	컴	동	절	풍	발	도	러	우	법	한
발	을	발	레	용	감	용	굽	에	위	도	필	퓨	바	자	을	짓
에	말	돌	말	자	터	을	자	젊	은	컴	이	이	질	달	동	말
문	구	위	북	한	낌	성	인	물	은	찍	을	은	전	리	적	말
의	매	동	물	원	동	트	을	대	에	동	풍	크	문	행	어	트
퓨	행	풍	맞	찍	한	카	용	쌀	카	표	트	레	다	계	산	기

Puzzle 855

어	스	망	감	쌀	메	호	기	심	동	트	범	풍	전	춤	크	날
장	짓	날	원	도	모	레	카	은	날	날	주	한	바	트	절	을
잘	못	된	무	경	리	행	션	적	노	어	찍	한	문	동	이	어
부	젊	날	은	거	셀	의	풍	주	춤	을	집	풍	리	풍	기	계
동	너	바	퓨	문	운	동	문	북	맞	달	짓	위	필	어	문	위
쌀	발	위	역	할	천	사	집	질	젊	올	적	람	카	를	쌀	범
올	스	제	굽	느	파	집	컴	비	법	주	년	문	정	부	의	표
스	동	쌀	북	견	한	발	늘	전	북	바	로	요	공	느	범	견
걸	핏	하	면	필	절	루	을	어	위	추	춤	문	로	은	질	감
을	로	대	느	동	장	굴	춤	공	고	끔	이	날	람	인	터	뷰
공	한	리	보	트	사	표	바	찍	견	법	날	에	대	을	한	체
돌	파	필	주	쌀	굽	느	고	캠	질	액	들	범	루	전	을	감
운	요	이	날	대	스	타	일	들	페	션	셀	한	전	한	루	범
스	마	트	굴	바	을	다	바	바	한	인	사	너	쌀	탐	용	동
집	레	주	문	크	의	올	위	질	날	도	문	주	루	구	문	북

천사
호기심
스마트
잘못된
정부의
역할
스타일
바위
캠페인
메모리
주년
탐구
무거운
인터뷰
걸핏하면
망원경
액션
보트
기계
비전

Puzzle 856

모자
자동
농축
방해를
의사
겁쟁이
초등학교
나중에
비트
감싸는
대한
알려진
혼자
기후
배가
잃게
조각
단지
않는
스스로

로	퓨	농	견	북	퓨	늘	북	러	카	올	주	위	공	표	한	문
거	끔	은	축	한	법	트	바	스	표	동	낌	발	동	날	파	맞
필	나	리	거	기	후	로	바	용	노	전	바	동	추	동	은	장
컴	중	션	컴	한	트	바	위	견	짓	바	바	파	추	로	로	트
전	에	젊	부	초	등	학	교	풍	솔	발	대	춤	주	잃	바	고
측	문	용	이	장	한	쌀	다	물	행	굽	한	비	트	게	퓨	짓
로	전	체	동	바	한	운	사	동	공	찍	끔	요	션	이	동	요
레	바	조	각	스	스	로	굴	를	굴	끔	트	노	어	굴	배	가
주	추	주	을	결	이	견	알	려	진	터	컴	적	은	굽	겁	낌
파	감	법	체	루	견	트	자	크	북	발	도	바	전	카	쟁	카
위	싸	을	레	노	운	범	굴	동	방	로	법	받	젊	견	이	고
발	는	리	운	솔	로	장	스	트	해	느	바	로	절	의	공	용
한	자	바	끔	혼	풍	단	지	추	를	모	어	절	받	도	적	느
부	다	올	의	자	장	않	말	올	카	자	장	한	바	주	이	북
루	트	한	위	사	러	는	낌	질	바	북	결	부	발	풍	크	트

Puzzle 857

느	루	행	트	주	컴	찾	컴	도	옷	나	머	지	짓	명	찍	결
제	트	결	트	체	문	고	루	표	장	범	견	스	느	확	을	바
표	주	대	법	행	공	추	대	문	춤	발	말	낌	프	히	자	바
춤	측	의	퓨	파	행	표	크	부	집	경	한	풍	감	링	문	행
우	스	운	행	다	물	물	추	다	원	고	굽	적	부	필	북	퓨
다	법	부	늘	문	발	컴	거	크	인	했	감	느	집	카	마	올
끔	굽	용	도	너	굽	받	북	늘	발	다	부	러	맞	어	일	이
바	늘	문	레	동	터	을	장	견	다	도	한	날	행	질	맞	자
감	트	노	셀	여	자	추	돌	다	바	달	다	끔	침	문	용	고
위	컴	한	을	바	노	늘	찍	풍	리	부	도	도	범	실	발	을
상	문	이	올	람	도	비	한	부	너	트	을	를	모	래	가	바
느	추	짓	동	절	질	타	주	어	동	느	느	블	필	을	발	크
레	쌀	오	미	디	어	민	미	스	용	문	트	루	물	한	동	추
늘	찍	추	이	를	달	을	은	한	을	끔	젊	문	루	솔	물	컴
올	체	발	행	루	물	맞	레	메	일	을	법	문	북	짓	너	사

침실
여자
모래가
블루
미스
상추오이
우스운
마일
질문
나머지
미디어
비타민
명확히
경고했다
스프링
옷장
메일을
찾고
부러
원인

Puzzle 858

가끔
잊어
발가락을
가족
스펀지
책가방
적립
결혼식
친애하는
파리
상황을
이모
반영에서
풍부
가축
좁은
늑대
정의
소리의
뾰족한

바	제	질	쌀	늑	로	좁	상	황	을	솔	자	북	루	집	발	을
춤	바	문	말	대	젊	은	문	레	문	장	날	절	에	너	한	문
람	바	용	결	측	전	풍	젊	카	정	동	위	한	굽	터	들	자
풍	부	말	혼	스	션	쌀	크	동	의	표	주	이	질	잊	이	모
스	펀	지	식	셀	표	다	에	달	로	문	다	달	문	말	어	문
동	맞	들	굴	에	친	애	하	는	주	굽	행	한	트	범	은	트
거	족	가	소	리	의	필	전	제	은	거	람	풍	문	루	레	이
리	적	립	축	운	파	컴	날	날	질	집	이	트	로	용	트	을
달	고	트	풍	거	리	이	의	늘	컴	바	바	공	북	어	찍	자
반	영	에	서	행	바	절	행	동	체	한	측	람	동	풍	대	트
발	가	락	을	늘	춤	셀	표	들	공	용	대	올	이	파	용	제
고	요	노	공	노	맞	행	를	법	에	문	법	다	을	바	들	노
필	측	측	문	방	가	책	전	요	은	문	퓨	크	거	물	위	어
늘	도	뾰	족	한	끔	러	장	집	자	쌀	로	한	들	끔	필	전
들	거	람	바	트	위	고	한	사	사	다	체	올	한	범	사	컴

Puzzle 859

업	크	이	메	너	말	리	진	동	견	카	북	이	올	다	거	절
퓨	게	기	을	바	을	동	리	구	솔	리	퓨	동	바	루	질	터
루	에	각	법	방	어	바	고	슬	적	을	을	도	노	자	짓	달
위	람	받	견	법	끔	동	북	러	파	감	종	쌀	동	컴	공	동
리	사	신	을	을	범	한	트	주	주	행	찍	료	동	주	러	트
날	표	랑	집	보	다	한	거	굽	카	굽	터	한	와	거	측	문
셀	한	범	하	고	자	주	거	러	굽	리	레	발	질	장	루	맞
질	이	동	맞	는	용	낌	늘	위	어	추	벽	난	로	모	두	주
솔	달	로	말	용	돌	셀	전	람	의	견	짓	동	러	올	을	쌀
질	문	공	크	크	쌀	파	제	을	한	체	로	질	말	장	문	대
우	산	을	운	다	부	춤	어	을	의	트	러	받	늘	카	션	바
동	이	션	감	말	발	공	질	동	이	용	굴	멸	문	결	결	은
리	거	스	솔	레	올	받	체	굴	션	실	분	망	받	퓨	로	에
트	쌀	날	트	문	굽	동	을	위	협	망	수	은	굴	발	견	의
장	위	도	쌀	어	한	문	말	너	질	견	이	루	은	물	을	솔

멸망은
메이크업
크게
사람에게
진리
위협
분수
실망
모두
우산을
구리
종료와
의견
발견
기각
방법을보고
신사
파슬리
사랑하는
벽난로

Puzzle 860

질	발	파	낌	표	물	집	결	주	이	장	바	짓	질	범	신	질
끔	감	한	러	자	장	경	찰	관	셀	갑	바	중	문	너	요	뢰
제	로	터	자	터	거	집	집	발	사	필	날	앙	자	주	요	카
질	도	퓨	셀	측	로	추	문	다	용	용	씨	이	도	트	트	발
바	지	러	끔	날	한	용	을	이	자	찍	주	동	자	리	굴	트
카	동	법	다	용	대	행	공	은	한	사	의	질	트	받	터	이
충	느	셀	도	필	한	공	로	문	리	동	동	한	지	통	증	이
족	거	트	보	보	물	필	맞	한	에	춤	어	한	견	방	대	집
퓨	춤	다	어	통	트	느	달	문	제	견	러	젊	도	체	받	한
동	은	발	표	리	에	이	들	끔	풍	도	장	사	욕	러	체	주
돌	거	트	바	을	발	날	전	물	고	을	레	한	망	너	요	주
제	달	추	북	터	동	달	한	셀	리	행	자	거	을	용	요	결
범	거	문	찍	늘	거	을	부	용	참	가	을	전	날	거	물	을
보	교	회	퓨	터	실	현	북	카	집	문	노	자	차	친	람	동
안	위	을	느	에	문	감	전	너	주	요	법	벨	바	이	카	노

실현
보통
장갑
보안
욕망을
벨자전거
도보
참가을
신뢰
날씨
전차
충족
경찰관
바지
거친
중앙
통증이
사용자
지방
교회

Puzzle 861

한	고	달	돌	로	달	자	동	동	한	스	크	가	주	로	이	부
절	을	쌀	터	행	솔	늘	고	솔	체	우	키	정	순	서	로	도
여	섯	스	동	트	파	레	용	발	트	마	굽	이	한	자	늘	트
사	냥	질	덮	러	굴	굽	제	장	도	을	동	다	한	공	한	질
견	행	절	여	다	전	낌	다	션	받	바	한	러	올	동	부	용
셀	완	북	컴	컴	바	끔	터	한	루	돌	받	어	발	굽	을	운
션	두	전	은	파	집	바	이	굽	짓	추	늘	전	말	주	말	한
발	콩	쟁	늘	위	장	다	감	달	적	바	절	션	추	션	동	을
셀	동	풍	루	체	부	제	예	측	부	트	돌	고	해	공	격	적
측	다	코	너	제	수	전	문	물	부	정	짓	어	결	카	날	끔
끔	바	견	일	은	집	리	사	파	한	패	결	위	고	한	필	을
동	주	요	반	션	위	발	동	받	용	도	요	퓨	낌	러	이	을
컴	문	풍	적	트	원	을	자	측	스	행	바	공	굽	들	로	솔
찍	육	법	인	요	회	감	은	크	을	여	든	늘	동	느	이	필
발	추	상	결	집	바	낌	한	대	을	요	션	늘	컴	한	을	제

순서
정부
해결
육상
여든
부패
일반적인
공격적
여섯
완두콩
마우스
전쟁
수집위원회
사냥
예측
스키
코너
가정이다
바다
덮여

Puzzle 862

주어진주는
수영
참조
경쟁
지능형
셔츠
배포
과자
조류
묶여
노크
탄생
군사
두려움
의료
신발샴푸하여야한다
울타리
물어
위업
라이브러리

표	제	어	노	셔	터	문	발	을	바	한	이	로	주	들	맞	신
부	감	찍	크	츠	질	물	늘	스	배	포	과	한	트	굴	한	발
을	말	감	다	바	을	로	집	한	대	은	자	받	동	한	컴	샴
지	능	형	로	노	션	은	트	동	질	올	한	법	노	루	행	푸
낌	받	어	부	절	법	참	조	굽	찍	행	올	터	조	의	한	하
표	견	탄	생	경	공	사	람	은	범	거	달	느	류	늘	료	여
물	컴	트	고	쟁	군	한	말	솔	요	결	묶	여	집	문	로	야
절	추	두	필	퓨	사	전	굴	에	을	트	리	카	물	젊	말	한
느	행	대	려	요	셀	쌀	젊	을	받	트	터	질	터	크	너	다
굽	로	쌀	바	움	한	컴	춤	한	문	고	물	동	리	문	한	동
범	공	집	용	위	동	너	트	를	카	문	한	는	다	의	거	운
늘	스	을	굽	퓨	적	맞	리	북	리	견	을	질	주	발	은	문
컴	찍	트	솔	셀	어	동	발	느	위	들	돌	동	돌	진	물	은
부	제	적	젊	를	굽	말	바	운	업	쌀	다	달	젊	대	어	은
수	영	동	을	의	크	들	라	이	브	러	리	타	울	너	트	주

Puzzle 863

부	짓	풍	고	트	느	달	다	춤	용	동	긴	운	대	동	도	트
투	표	결	위	범	젊	용	주	퍼	문	에	장	수	동	를	달	장
들	에	동	람	자	동	사	주	핀	다	솔	보	느	법	들	장	풍
로	날	터	늘	법	굽	동	사	질	너	한	자	도	문	트	동	도
사	범	집	너	문	추	제	감	부	제	한	거	문	이	견	전	주
대	미	발	쌀	을	카	발	도	퓨	엄	로	을	한	로	굽	느	주
찍	한	소	굽	견	발	터	찍	토	끼	청	이	법	도	측	한	전
을	차	기	부	문	위	날	껌	다	의	노	난	들	추	체	레	규
위	주	본	질	레	공	용	퓨	체	굴	찍	동	만	바	쌀	발	제
크	컴	러	말	젊	컴	물	로	끔	체	감	자	한	큼	발	질	범
발	올	짓	도	대	채	대	젊	컴	측	질	늘	운	바	이	무	시
이	바	질	집	작	우	전	날	감	쌀	장	요	요	은	사	을	쌀
스	켈	레	톤	업	기	을	찍	발	발	굴	결	들	을	문	솔	셀
도	발	동	어	받	감	사	전	젊	너	직	원	고	날	을	자	온
날	썩	은	바	주	적	껌	발	을	솔	에	북	춤	적	느	자	다

엄청난만큼이
기본
썩은
토끼
규제
작업
스켈레톤
발굽
무시
도발
긴장
기차
수동
미소
투표
보장
온다
채우기
퍼핀
직원

Puzzle 864

수입
그래프
미국의
종기
육두구
감지하여
포스트
방법
와인
누군가
반복
소금
달콤한
재생
시험
얽힌
캥거루
여행문제
시간시간
마지막으로

크	표	쌀	체	들	문	범	달	용	찍	장	집	반	복	공	어	트
전	스	로	질	북	올	범	와	콤	집	너	날	어	루	도	견	트
얽	맞	감	지	하	여	부	인	들	한	그	래	프	문	레	의	바
힌	트	측	들	용	견	굴	행	용	결	굽	절	을	터	퓨	트	이
체	문	로	용	파	동	측	자	를	들	견	러	결	말	느	동	북
의	여	올	은	장	의	터	솔	한	셀	맞	찍	체	이	를	어	너
을	행	트	다	리	동	을	종	시	에	올	포	스	트	솔	대	받
문	문	대	체	을	끔	을	주	기	험	짓	퓨	도	결	발	대	트
를	제	질	바	육	느	달	굴	파	위		미	국	의	절	날	느
느	발	질	방	두	스	트	셀	이	측	파	트	의	스	주	소	다
시	동	동	법	구	너	부	도	물	결	로	를	솔	짓	레	금	달
간	문	캥	누	느	수	입	쌀	을	늘	바	느	이	러	찍	문	동
시	쌀	거	군	전	컴	짓	바	발	주	다	고	트	재	문	의	적
간	한	루	가	부	문	에	퓨	을	말	셀	굴	문	생	용	도	바
문	트	늘	달	문	도	발	트	제	을	마	지	막	으	로	체	거

Puzzle 865

로	질	이	질	노	너	법	고	문	홍	풍	날	공	춤	체	주	트
트	전	도	쌀	풍	문	체	젊	로	이	수	람	부	심	장	를	요
자	풍	문	파	필	동	추	젊	바	로	올	을	리	은	결	한	위
동	어	필	고	필	대	늘	자	를	표	느	교	전	부	을	전	주
너	파	거	동	용	퓨	을	리	파	짓	부	실	을	쌀	거	리	리
한	션	다	도	달	을	터	을	질	동	족	제	돌	견	짓	결	끔
장	추	도	문	용	한	절	끔	파	통	풍	위	무	서	워	문	레
한	용	범	동	루	을	어	행	은	치	필	늘	감	느	공	러	물
주	이	한	질	쌀	에	동	한	너	자	이	필	늘	운	대	견	굴
요	게	임	생	강	을	색	간	빨	느	을	어	범	은	거	션	를
다	문	은	은	오	두	막	코	늘	쌀	동	위	유	말	필	너	말
트	솔	낌	용	컴	로	파	뿔	용	로	도	바	사	필	를	한	추
터	측	원	구	색	느	대	소	문	제	가	젊	한	낌	트	표	집
느	발	발	자	돌	헤	한	찍	날	실	풍	퓨	측	방	향	으	로
날	셀	위	찍	을	한	이	흥	미	로	운	춤	고	이	질	젊	필

통치자
실제로
방향으로
심장
코뿔소
헤이
게임
홍수
흥미로운
생강을
원자
유사한
무서워
부족
빨간색을
오두막
교실
문제가
구색
거짓

Puzzle 866

을	우	트	리	스	젊	문	북	동	행	물	분	트	운	에	바	행
레	유	레	절	푼	끔	맞	적	문	레	은	석	바	쌀	쌀	한	이
솔	고	동	체	용	견	람	바	장	굽	요	쌀	들	를	공	접	스
이	동	바	쌀	은	굴	끔	터	크	운	에	북	파	은	이	착	집
올	를	노	경	찰	받	각	카	젊	셀	북	용	트	물	퓨	제	젊
들	채	루	물	격	들	사	종	녹	약	질	터	거	광	택	공	느
한	야	당	근	리	법	크	랑	색	바	어	행	션	받	용	발	한
결	생	춤	거	쌀	동	범	북	을	받	용	찍	장	부	물	을	션
을	의	카	을	북	동	루	도	을	굽	도	설	너	한	제	로	컴
백	조	대	동	을	쌀	표	동	굴	거	춤	계	문	파	쌀	한	공
전	은	너	트	제	느	낌	운	추	젊	한	문	느	터	위	제	셀
질	리	트	북	이	전	스	도	질	쌀	풍	한	많	너	요	범	다
를	질	쌀	올	러	다	동	너	물	주	용	측	은	을	러	이	로
체	범	범	카	트	범	로	무	한	표	사	루	트	너	한	범	셀
행	춤	이	을	이	달	제	의	느	거	바	전	세	븐	트	느	위

접착제
사랑
경찰
야채를
분석
너무
야생
광택
세븐
많은
스푼
약어
당근
각종
격리
백조
설계
우유
쌀쌀한
녹색

Puzzle 867

문	부	운	낌	날	트	컴	필	도	크	한	춤	제	적	의	발	장
범	굽	페	늘	의	부	말	약	한	말	적	전	너	용	사	바	사
강	탈	오	인	문	요	받	역	동	지	점	늘	이	장	너	젊	낌
필	문	후	말	트	행	이	사	반	굴	측	크	날	터	중	고	크
느	굽	훌	륭	함	스	감	측	자	풍	말	말	한	다	요	력	올
동	트	부	환	영	이	요	공	달	사	용	한	느	파	장	표	법
도	범	굽	노	범	고	러	질	장	스	발	션	제	추	한	풍	대
적	북	위	이	끔	절	션	짓	션	필	쌀	주	고	어	레	쌀	해
굽	장	문	집	느	감	람	쌀	법	들	결	크	드	춤	발	를	레
춤	복	루	셀	짓	거	쌀	션	주	굽	이	필	름	전	트	너	명
바	굴	싱	수	달	요	람	올	달	문	말	스	한	물	느	이	시
법	발	다	레	로	한	러	대	표	트	달	자	한	낌	문	대	집
측	바	문	용	자	션	람	체	견	돌	거	래	부	로	감	트	굴
위	북	추	질	퓨	바	칩	니	다	날	북	들	행	질	감	교	사
상	다	트	주	리	동	적	올	적	도	루	적	람	을	부	법	의

훌륭함
명시
환영이
약한
수달
중력
페인트
바칩니다
강탈
역사
말한다
오후
거래
위상
복싱
교사
동반자
대해
고드름
지점

Puzzle 868

도	운	용	카	물	크	리	최	근	절	로	추	행	너	용	올	다
집	로	발	람	자	트	한	러	말	범	체	리	용	을	용	로	표
동	굽	거	문	발	끔	질	다	물	전	을	리	에	솔	쌀	간	다
동	리	자	노	너	은	달	션	찍	절	다	을	표	날	동	순	졌
컴	건	람	문	이	낌	끔	제	바	체	범	법	젊	체	쌀	은	어
의	발	강	맞	쌀	바	도	컴	짓	바	제	트	파	적	로	한	떨
다	사	부	동	이	발	사	동	파	듣	을	부	범	물	빈	번	한
필	받	람	끔	결	을	날	목	록	과	고	질	셀	게	서	둘	러
부	너	필	올	장	견	문	한	퓨	달	트	고	늘	시	황	야	표
명	예	롭	게	를	트	결	요	을	바	럽	릭	공	용	찍	사	트
잊	낌	동	풍	공	을	를	문	결	람	터	스	툴	주	로	도	로
지	자	이	낌	노	리	루	용	공	자	인	한	부	션	대	제	트
한	동	위	낌	느	문	스	충	격	젊	달	자	크	도	민	카	발
추	차	이	은	결	자	한	크	운	찍	도	춤	견	늘	주	터	쌀
을	풍	컴	짓	도	리	말	굽	트	풍	시	도	행	을	측	대	체

목록과
잊지
자동차
황야
충격
스툴
최근
건강
게시
도시
인터럽트
트릭
빈번한
민주
순간
간다
떨어졌다
서둘러
명예롭게
듣고

Puzzle 869

표	달	도	개	이	끔	을	이	론	이	측	차	엔	진	이	거	쌀
을	간	단	한	발	거	측	질	추	부	쌀	돌	가	대	다	트	농
짓	풍	스	운	크	조	물	찍	말	굴	을	로	를	워	자	집	담
굴	도	로	트	표	언	부	문	장	한	한	느	견	파	동	젊	법
사	카	퓨	체	의	을	웃	었	다	한	질	감	트	솔	도	퓨	물
다	올	위	메	데	달	동	굴	달	리	바	동	러	크	쌀	은	기
이	동	법	리	이	은	바	짓	부	트	범	요	운	컴	솔	스	쁜
위	제	굴	문	터	법	추	쌀	신	대	루	날	고	올	이	낌	은
받	용	루	이	운	퓨	주	동	주	선	거	부	레	고	루	가	뭄
말	을	물	한	질	을	트	사	람	감	한	범	문	빈	느	늘	를
션	한	느	레	쌀	달	자	솔	트	로	법	위	션	곤	적	람	위
이	한	질	부	크	젊	받	트	질	감	트	는	이	을	춤	짓	스
감	젖	은	공	전	방	문	필	싸	대	문	북	에	루	크	들	올
트	젊	표	을	제	퓨	운	트	움	솔	젊	짓	체	대	추	은	레
법	러	부	너	은	다	동	이	주	도	너	고	동	결	내	내	레

싸움
동결
농담
내내
가뭄
메리
기쁜
웃었다
간단한
엔진이
방문
신선한
차가워
데이터
조언을
빈곤을
개발
이론이
범위는
젖은

Puzzle 870

현실의
극장
그들이
곡선
행성
투명
증가
사무실
깜짝
드라이버
언덕
서식지
분모
수프
어디서나
편안함을
이야기는
교실을
전형적인
난로

거	감	말	추	발	을	발	컴	맞	한	동	퓨	터	들	리	동	느
투	결	쌀	너	늘	북	발	들	부	로	곡	선	션	한	동	거	젊
명	에	질	크	러	컴	동	동	루	적	부	을	드	행	성	바	늘
을	부	도	절	결	날	젊	을	를	러	굽	바	라	터	전	로	늘
말	짓	로	운	극	쌀	달	도	느	바	느	질	이	바	맞	공	표
너	쌀	로	달	장	사	무	실	올	로	를	견	버	거	퓨	퓨	러
러	장	의	주	을	물	람	측	측	루	파	동	운	고	한	용	바
발	문	늘	동	늘	솔	찍	굴	결	로	낌	전	부	을	을	한	바
언	쌀	을	표	사	이	트	발	대	측	물	노	형	범	이	동	트
셀	덕	서	루	굴	행	쌀	자	자	장	동	을	풍	적	문	전	돌
제	올	식	결	루	맞	짓	너	절	추	추	현	실	의	인	돌	쌀
난	크	지	수	분	크	편	안	함	을	를	문	동	은	람	자	공
로	증	요	프	모	춤	느	은	젊	퓨	용	그	교	루	굴	측	트
질	가	깜	이	야	기	는	어	디	서	나	들	실	한	부	질	트
굴	주	발	짝	결	트	동	쌀	용	올	찍	이	을	한	트	발	행

Puzzle 871

크	로	스	바	션	터	질	공	크	풍	은	터	문	레	한	레	위
느	주	셀	풍	이	한	올	필	감	파	용	찍	찍	스	북	늘	펜
공	다	은	자	문	이	점	프	는	발	맞	문	장	한	질	성	싱
솔	쌀	용	질	날	대	풍	올	고	카	젊	짓	짓	다	한	장	스
공	맞	자	문	은	느	자	주	듣	측	너	에	춤	문	퓨	한	달
동	물	은	파	부	용	날	북	질	터	쌀	주	의	주	용	다	위
동	문	감	문	로	부	람	올	을	은	필	원	받	들	거	표	운
리	바	로	감	용	적	션	바	크	달	장	에	숭	을	젊	제	리
가	운	한	스	역	할	에	물	한	법	쌀	노	루	이	컴	달	법
다	까	제	을	터	도	완	화	돌	지	제	짓	다	날	퓨	용	풍
컴	공	운	동	너	제	늘	춤	다	시	에	물	대	감	터	집	크
현	대	트	날	문	어	측	범	달	메	한	어	한	셀	장	루	전
굴	다	굽	어	부	견	고	트	은	터	션	낌	감	북	컴	행	을
끔	친	구	문	동	스	날	춤	용	러	셀	계	문	트	도	발	로
진	정	한	주	요	자	신	이	트	를	느	낌	절	주	늘	트	사

원숭이
듣고는
크로스
펜싱
현대
점프는
계절
진정한
역할에
주요
컴퓨터
완화
다시에
성장한다
자신이
제어
친구
메시지
가까운
동물은

Puzzle 872

주	감	은	문	측	발	춤	용	내	한	이	날	찍	를	루	한	달
셀	올	부	도	카	거	동	법	물	레	스	주	전	운	거	동	위
을	테	셀	셀	측	쌀	을	용	람	이	이	강	한	퓨	필	션	다
동	러	루	문	전	을	은	솔	카	바	케	터	크	사	결	올	을
추	로	물	거	트	장	풍	터	법	한	동	풍	운	낌	리	동	질
바	은	감	제	풍	포	아	이	를	협	도	다	문	컴	발	람	컴
무	의	미	한	로	문	도	적	쌀	력	요	동	굴	어	의	루	달
법	찍	물	용	트	풍	물	파	에	트	절	셀	감	컴	적	사	집
물	로	들	노	노	젊	말	고	집	부	바	장	북	를	문	바	동
자	전	짓	동	자	끔	운	느	가	루	운	사	리	셀	느	받	시
전	바	표	동	크	받	끔	바	르	올	한	회	적	을	쌀	로	계
거	전	한	한	에	쌀	끔	대	쳐	주	부	늘	극	을	컴	돌	문
표	을	자	동	부	퓨	견	크	리	집	금	정	비	공	당	나	귀
가	솔	린	바	치	예	를	동	표	트	동	요	공	낌	카	절	측
한	퓨	응	시	아	풍	굽	거	쌀	트	이	낌	일	젊	운	위	도

내레이터
강한
시계
가솔린
가르쳐
응시
비극적
아이를
당나귀
치아
사회
자전거
테러
포도
무의미한
금요일
케이스
예를
정비공
협력

Puzzle 873

요	문	집	문	말	쌀	그	검	사	사	대	스	바	를	레	풍	돌
노	운	은	다	터	문	녀	우	젊	이	피	물	굴	션	동	법	늘
를	다	니	합	사	감	의	그	울	클	서	와	들	풍	춤	끔	문
퓨	풍	리	성	운	러	도	법	스	한	브	발	주	을	스	필	카
적	동	개	숙	드	이	용	셀	들	측	컴	너	쌀	션	노	도	부
감	부	최	트	주	한	건	러	절	전	팩	의	을	절	이	을	결
북	추	크	풍	동	로	강	루	절	동	트	도	늘	동	발	절	동
의	발	맞	다	전	부	한	다	트	다	셀	추	문	추	한	날	을
풍	어	끔	컴	도	은	각	동	발	물	동	한	북	감	전	느	굴
로	려	실	수	올	돌	심	올	카	동	문	터	달	말	들	질	스
추	운	물	공	올	용	동	동	람	추	요	고	솔	다	퓨	어	이
쌀	도	집	람	달	부	문	들	한	의	날	요	용	느	러	다	을
레	늘	소	도	찍	북	부	스	솔	한	은	경	기	장	굽	발	결
카	찍	맞	유	물	셀	볼	문	제	필	바	로	쓰	를	동	크	집
용	스	를	용	파	받	룸	감	절	자	바	다	사	느	표	문	찍

서브컴팩트
쓰기
사이클
성숙
소유
실수
감사합니다
대피
경기장
그녀의
사운드
그녀
건강한
심각한
개최
우울
검사
볼륨
와서
어려운

Puzzle 874

정보
여왕의
물개
객체를
기존의
지친
세트를
설탕
것은
모방
산만
스타킹
코트
의자
파일럿
체중
열대
긴급
유연한
바느질

퓨	필	제	동	거	끔	자	퓨	주	찍	체	여	늘	필	트	로	추
컴	리	이	레	도	감	의	질	용	물	중	왕	돌	풍	용	굴	거
로	도	파	거	의	주	자	을	말	주	자	의	존	기	한	낌	날
도	체	로	이	발	발	터	위	발	돌	의	리	거	운	행	도	동
을	을	설	로	스	파	일	럿	문	션	발	자	은	용	스	로	바
한	고	탕	트	타	추	추	한	한	리	표	은	것	너	한	늘	물
다	느	질	바	킹	용	제	한	한	측	을	동	은	집	자	자	개
유	측	질	찍	전	적	파	운	이	문	을	바	부	문	늘	한	필
연	모	방	표	자	주	필	결	퓨	돌	문	올	긴	한	결	위	문
한	필	느	솔	로	한	주	질	객	집	표	장	급	거	굽	바	바
바	솔	맞	문	트	자	러	용	체	세	발	퓨	질	들	말	도	동
자	의	를	질	젊	필	한	을	를	람	트	열	운	다	루	거	올
의	산	문	문	받	자	어	이	바	을	코	를	대	체	요	정	맞
리	만	러	질	러	주	스	동	느	지	친	돌	레	받	표	보	행
법	늘	맞	크	측	한	필	스	질	느	을	용	감	을	찍	쌀	사

Puzzle 875

차	주	느	절	부	달	컴	트	느	대	바	동	호	공	맞	쌀	바
발	지	레	파	대	저	대	행	한	이	결	트	출	주	고	트	카
한	너	부	터	도	장	로	맞	솔	동	발	은	라	주	자	레	끔
오	일	늘	에	터	운	로	필	주	트	운	한	고	정	중	말	찍
절	도	로	복	이	절	러	고	돌	퓨	한	에	대	을	대	바	결
끔	레	발	굴	잡	느	북	받	표	질	북	자	늘	노	다	람	부
셀	이	션	장	노	문	트	람	션	주	용	부	올	위	경	향	이
말	고	질	한	을	은	부	크	동	도	절	좌	석	한	은	한	사
끔	다	컴	하	강	질	의	을	를	질	사	위	받	부	적	부	발
견	터	표	돌	스	다	루	를	셀	전	문	기	컴	주	한	운	의
범	돌	대	고	질	션	젊	물	람	용	다	크	젊	문	에	트	필
낌	부	의	래	물	이	문	물	트	을	대	래	컴	문	들	바	올
플	레	물	솔	발	체	느	바	문	문	부	들	도	움	말	주	사
로	받	에	전	장	함	께	했	다	파	카	자	터	용	짓	의	은
트	행	자	을	출	현	다	동	한	질	다	파	터	치	를	했	다

전문
크기
오일
주말
절대
호출라고
저장
경향이
돌고래
크래들
플로트
함께했다
출현
복잡
터치를했다
차지
도움말
좌석
정중
하강

Puzzle 876

사막
고래
물건
규칙
냉장고
동일
처벌
이해에서
의존
단위를
소개에
유령
효과
경사
신중한
동전
필드
누출
하키
정지

쌀	동	을	날	체	동	은	요	체	효	사	트	트	맞	행	발	느
풍	리	굽	래	셀	한	북	파	다	과	거	한	맞	전	동	한	어
셀	늘	냉	장	고	질	동	체	날	표	법	신	중	한	을	일	문
리	느	느	감	법	짓	동	주	풍	느	위	거	전	노	발	북	람
트	법	풍	젊	솔	찍	짓	찍	셀	돌	운	다	람	규	느	사	의
소	들	한	부	감	용	을	제	필	체	로	을	사	막	칙	을	동
개	은	하	을	솔	을	크	를	올	젊	문	감	한	부	션	굴	동
에	달	키	바	노	다	카	짓	사	대	에	이	해	에	서	정	지
유	용	발	질	동	문	을	견	은	날	표	다	법	풍	동	행	주
령	람	주	도	결	고	용	쌀	바	은	도	단	법	필	드	늘	법
루	발	이	부	발	문	표	주	루	다	절	위	물	건	다	을	은
도	굴	말	리	어	춤	장	경	사	용	루	를	질	동	문	컴	한
처	벌	추	장	을	굴	동	쌀	로	트	바	찍	낌	동	이	다	이
바	굽	동	너	누	출	터	주	추	견	거	트	요	의	감	굴	파
젊	용	을	동	위	느	달	쌀	결	도	의	법	주	존	를	한	집

Puzzle 877

을	컴	은	로	필	바	쌀	도	문	운	대	소	녀	가	여	람	마
양	고	기	부	굴	은	은	늘	물	찍	추	문	바	러	크	덟	스
개	미	성	가	러	끔	리	끔	어	쌀	트	문	미	션	로	거	터
퓨	말	견	부	올	동	문	트	올	주	말	퓨	자	젊	찍	찍	퓨
공	주	맞	바	한	북	에	절	공	도	찍	문	발	용	동	굴	동
운	발	짓	책	람	질	감	로	추	바	바	쌀	받	적	러	올	굽
늘	로	문	임	법	바	문	질	용	물	북	이	용	한	한	동	크
카	노	운	결	레	션	달	집	짓	맞	골	퓨	쌀	트	동	컴	말
한	쌀	카	고	견	주	고	행	문	느	위	동	어	바	노	표	춤
루	결	용	달	크	말	주	대	바	집	법	딸	품	운	필	동	체
젊	굴	부	절	발	어	자	학	들	을	물	이	증	명	날	인	이
리	한	위	은	쿠	션	이	문	한	루	너	적	포	느	동	적	목
크	말	에	카	페	도	한	풍	장	노	리	장	착	퓨	절	정	법
한	동	바	리	드	보	짓	받	받	부	컴	발	을	를	자	부	도
짓	날	행	요	행	존	말	레	에	루	늘	결	도	람	풍	한	날

정도
요리
마스터
리드
딸이
미션
부정적인
증명
대학
부자를
골동품
개미성가
포착
양고기
목적
책임
쿠페
보존
소녀가
여덟

Puzzle 878

소수점
좋아하는
것이다
뒤에
가지고있다가
남아는
침묵을
어깨한다
단계를
요약
양파
따뜻한
방향
딸기
흥분
행운
카나리아
만족
영화
해바라기

스	도	사	말	문	체	카	터	양	컴	한	자	사	소	것	질	주
발	한	문	람	카	바	전	나	파	는	아	남	결	수	이	컴	절
트	사	고	발	추	단	계	를	리	하	영	맞	은	점	다	행	자
침	질	풍	의	문	요	약	바	물	아	화	거	이	만	말	한	추
묵	젊	주	말	맞	바	다	바	행	좋	뒤	북	컴	견	족	자	도
을	고	한	바	말	발	발	한	필	날	리	에	올	감	굽	체	러
에	풍	어	바	쌀	문	적	가	지	고	있	다	가	쌀	문	들	동
을	행	추	돌	문	법	파	문	말	쌀	측	한	의	문	로	다	셀
크	말	솔	문	카	용	션	의	문	은	표	깨	위	쌀	터	을	터
전	흥	분	자	물	리	부	짓	람	풍	스	어	이	용	끔	거	을
돌	행	을	표	바	션	느	루	거	표	딸	기	파	측	필	문	발
표	위	은	젊	거	자	동	장	들	바	도	라	자	결	절	견	올
물	문	발	찍	달	트	파	행	운	전	짓	바	레	셀	방	문	체
카	찍	동	션	날	운	도	질	법	다	너	해	적	이	향	달	질
감	부	문	체	추	표	리	따	뜻	한	부	발	달	절	발	주	표

Puzzle 879

터	솔	포	용	어	집	리	확	실	공	자	로	느	로	행	거	감
날	다	함	위	필	결	어	추	풍	문	트	결	고	용	동	다	전
로	용	을	바	사	여	높	스	낌	측	고	다	컴	퓨	을	바	전
문	을	위	대	적	문	우	이	주	발	이	짓	굽	물	행	질	날
발	굽	용	이	짓	춤	동	레	표	디	달	짓	질	레	노	을	필
모	니	터	링	동	바	스	대	범	자	용	컴	셀	굽	노	자	한
한	노	컴	을	생	범	결	조	날	인	견	범	느	요	더	블	공
물	거	트	트	들	물	선	심	추	추	루	레	동	부	제	문	셀
대	주	동	용	어	적	학	컴	을	트	거	적	필	부	절	필	트
리	테	끔	부	동	춤	굽	션	법	터	표	질	퓨	문	러	사	느
어	스	추	운	자	컴	추	재	해	를	늘	쌀	낌	바	필	쌀	찍
동	트	감	카	은	은	터	견	션	거	션	용	제	러	느	동	대
의	를	파	측	전	통	과	체	거	말	들	날	도	에	부	트	주
굽	말	동	주	트	다	요	집	동	공	전	략	노	동	들	용	트
다	트	레	북	춤	동	한	부	짓	부	을	허	리	케	인	체	레

허리케인
포함
용어
필사적
디자인
레이스
용어집
통과
생물학
여우
선물
노을
더블
전략
재해를
모니터링
테스트를
확실
조심
높이

Puzzle 880

함께
다이빙
대화
그룹
아이디어가
무기
공간
조심스럽게
하우스는
추천
왼쪽
속이는
사탕
젤리
고추
계란
선고
볼트
인기
플래그

용	쌀	아	바	터	선	루	춤	거	러	솔	느	부	젊	북	느	자
받	을	이	견	솔	고	풍	부	터	공	북	법	질	행	절	제	볼
범	한	디	감	을	컴	자	질	한	젊	간	을	거	요	바	문	트
왼	터	어	용	발	퓨	끔	찍	주	고	자	에	조	인	기	도	느
쪽	늘	가	북	들	너	노	에	션	을	자	한	심	바	용	을	션
트	추	발	계	란	고	추	공	다	체	공	북	스	느	다	의	다
낌	다	천	질	자	감	사	하	우	스	는	전	럽	찍	집	대	부
질	이	의	집	북	에	탕	자	체	트	이	이	게	에	무	한	화
로	빙	트	카	추	너	은	젤	그	래	플	자	리	한	기	물	로
트	은	스	절	한	트	위	리	룹	다	다	낌	컴	한	도	은	트
터	문	다	운	한	주	트	이	이	한	필	운	을	도	받	노	운
다	끔	셀	퓨	퓨	에	은	다	션	낌	에	위	션	도	을	스	다
을	올	리	은	리	트	제	풍	찍	북	집	공	터	표	함	북	용
이	한	물	다	션	젊	을	의	로	추	쌀	장	도	에	께	루	들
션	쌀	스	고	쌀	레	은	쌀	션	속	이	는	문	에	을	공	어

Puzzle 881

로	절	파	에	범	한	요	연	트	집	형	결	견	도	감	한	치
바	트	중	원	이	의	를	기	하	피	태	느	카	전	한	루	료
은	람	위	지	북	제	고	늘	고	다	로	시	법	너	웨	이	크
트	이	다	추	돌	자	감	범	로	물	식	도	춤	요	견	도	문
끔	표	체	되	동	용	춤	들	체	약	도	를	말	트	에	측	다
발	동	을	감	북	루	솔	측	한	낌	올	시	은	위	이	제	문
결	어	스	기	동	도	문	추	터	은	찍	험	추	세	로	대	발
주	고	느	문	바	리	자	거	루	의	루	한	찍	셀	절	주	도
체	낌	장	동	쁘	어	고	쌀	바	젊	이	다	자	유	용	다	컴
카	맞	를	공	지	한	에	요	젊	달	컴	체	감	대	낌	문	작
다	이	경	장	만	발	감	북	행	트	동	대	추	다	제	감	가
받	자	동	보	은	은	찍	을	적	문	파	은	화	낌	루	트	로
북	은	발	의	크	장	달	결	찍	달	러	질	요	트	결	도	도
운	행	터	날	바	문	받	끔	바	로	날	문	일	트	대	다	바
용	받	카	끔	감	사	트	문	크	노	사	동	의	이	자	이	받

경보
되감기
식물로
치료
형태로
작가
약물
연기
세로
화요일
지원
중지
시험한다
웨이크
자유
물고기
피하기
도전
시도를
바쁘지만

Puzzle 882

집	극	단	적	으	로	스	느	부	주	하	에	바	견	어	노	가
속	발	위	레	범	은	쿠	동	드	문	맞	이	을	을	끔	션	져
하	다	부	에	말	굽	터	고	러	을	젊	물	라	문	서	말	일
는	의	한	낌	로	늘	조	자	운	늘	카	스	람	이	에	솔	찍
짓	달	동	로	크	지	직	사	집	도	을	어	주	을	트	느	법
토	마	토	을	리	은	출	트	물	테	북	을	춤	요	이	파	용
속	성	을	북	트	고	감	도	표	디	한	바	문	을	게	도	측
집	달	북	공	퓨	적	바	젊	고	다	굴	이	바	전	말	장	견
측	운	표	돌	이	컴	이	물	물	늘	로	낌	위	삼	발	한	늘
에	받	사	어	운	위	인	덱	스	도	주	상	황	각	크	레	이
트	끔	주	범	솔	굴	너	도	판	크	림	름	절	형	문	필	은
을	람	절	달	이	레	위	트	사	말	짓	한	쪼	아	대	을	로
바	찍	쌀	발	로	한	문	터	러	사	레	한	질	법	쌀	한	달
필	법	날	너	의	맞	컴	범	춤	문	터	절	바	북	한	물	감
발	을	셀	낌	날	주	솔	전	늘	크	발	바	한	이	리	문	문

인덱스
극단적으로
속하는
게이트에서
지출
쪼아
주름
가져
스쿠터
속성을
조직
하이라이트
크림
상황
부드러운
일찍
삼각형
판사
테디
토마토

Puzzle 883

자	동	솔	거	도	솔	집	스	늘	거	행	쌀	주	들	권	질	날
늘	주	너	도	위	도	이	자	적	은	터	발	감	레	루	투	은
상	돌	감	충	돌	스	를	문	동	추	물	스	들	터	체	트	퓨
상	받	바	문	스	안	말	물	한	필	발	장	자	다	한	주	바
부	너	자	바	루	아	용	카	방	어	걱	정	을	파	발	춤	굴
찍	엄	격	한	사	늘	바	치	명	적	바	동	트	도	늘	동	트
도	을	로	문	거	다	람	쥐	물	로	문	부	노	적	감	체	쌀
단	법	드	자	러	용	트	추	공	운	감	버	스	트	를	문	스
카	순	롭	동	의	션	바	결	스	동	동	다	발	달	찍	을	을
짓	느	화	낌	주	너	늘	달	카	질	동	너	고	측	은	을	을
춤	감	장	대	에	춤	굴	운	프	느	를	너	동	올	체	동	한
크	나	무	한	질	북	용	부	을	로	감	다	부	와	이	어	올
행	요	에	감	개	짓	요	을	발	요	의	받	한	물	파	다	카
동	이	다	추	별	노	범	다	부	노	고	자	필	문	찍	필	통
안	로	문	운	끔	굴	이	을	들	대	날	발	쌀	자	다	용	지

상상
거위
충돌
개별
다람쥐
통지
권투
치명적
방어
와이어
드롭
엄격한
스카프
안아
이동
나무
걱정
단순화
버스트를
동안

Puzzle 884

연례
스틸훔쳐
버드
램프
전문가
유지할
대신
여기
언제
번호
정의도
블리드
소설
구스베리
공장
요금
달걀
만들
주방
스타스탠드

은	문	동	노	바	한	한	부	법	풍	카	들	요	유	지	할	제
은	도	문	도	위	너	램	프	주	행	굴	들	금	위	전	문	가
동	낌	로	레	션	결	찍	대	방	표	은	찍	셀	로	한	대	구
소	셀	트	질	은	로	블	리	드	의	체	스	주	거	맞	신	스
맞	설	루	달	트	은	에	레	러	솔	다	북	틸	사	적	이	베
말	측	낌	걀	부	동	끔	올	짓	올	질	용	말	훔	어	리	리
적	만	돌	은	러	공	한	춤	동	젊	물	발	람	한	쳐	다	질
은	들	자	위	너	언	제	대	쌀	끔	찍	은	문	을	짓	카	춤
어	자	장	풍	카	필	문	러	도	쌀	의	은	요	추	여	어	트
찍	북	스	타	스	탠	드	번	정	질	굴	부	발	을	기	고	발
끔	자	맞	람	들	추	버	호	트	의	말	늘	공	측	낌	느	자
을	찍	의	문	달	요	굽	문	공	장	도	연	례	트	요	적	노
전	북	발	찍	너	파	도	낌	범	날	도	문	용	문	법	표	쌀
한	동	동	문	로	노	들	의	은	추	풍	의	공	한	달	로	을
노	늘	스	파	돌	느	굽	올	부	도	카	전	행	스	고	낌	행

Puzzle 885

다	크	맞	다	질	젊	바	트	측	늘	동	장	행	임	표	의	로
카	은	늘	행	굴	쌀	끔	이	체	필	제	공	은	의	종	러	풍
절	년	간	을	맞	을	트	멸	종	용	거	사	식	의	발	람	해
모	의	들	퓨	절	넣	어	러	에	루	느	공	을	날	을	퓨	변
짓	고	고	을	발	배	을	용	로	솔	들	한	들	적	다	짓	답
발	카	부	짓	용	솔	치	빠	은	절	물	동	굴	트	크	맞	람
을	파	러	풍	굽	리	병	아	리	부	위	찍	요	체	쌀	자	올
문	물	요	물	셀	문	북	제	돌	제	질	들	션	퓨	북	의	자
트	은	제	자	측	범	늘	집	물	집	출	을	느	문	을	결	범
션	한	위	달	도	표	운	동	발	동	바	부	달	파	받	동	에
한	은	한	무	질	동	체	람	한	거	올	고	도	쌀	이	에	늘
거	올	사	료	호	랑	이	법	춤	느	문	에	물	람	한	미	한
받	람	라	바	은	질	다	을	측	견	퓨	저	자	기	관	친	을
검	색	로	문	카	장	바	범	받	대	로	바	절	바	늘	파	바
바	결	동	요	션	너	물	바	쌀	트	먹	다	용	러	노	도	느

답변
저자기관
먹다
무료
공식
모의
검색
미친
제출
멸종
아빠
병아리
해변
사라
넣어
종의
임의의
배치
년간
호랑이

Puzzle 886

차단
모양의
라운드
유리한
말했다
용어보다
주저
학업
기능
정책
절차
과일
느린
철회
드럼
드레이크
실행
그랜드
결과
크라운

자	장	루	사	질	을	을	솔	견	에	크	라	운	발	노	결	솔
법	짓	정	책	절	질	행	굽	동	주	한	도	찍	춤	차	들	를
주	결	모	거	차	받	끔	다	문	위	드	레	이	크	단	문	운
문	굴	유	양	용	어	보	다	의	파	도	을	러	견	젊	돌	한
드	럼	리	고	의	은	질	레	제	전	대	이	행	카	추	너	이
한	풍	한	체	제	루	노	문	굽	동	맞	은	문	위	요	문	느
그	을	동	맞	동	컴	도	견	동	도	결	문	도	표	용	느	은
랜	물	노	쌀	견	발	들	션	찍	이	필	발	자	트	트	린	행
드	용	이	고	은	트	을	굴	과	결	낌	운	스	날	이	한	을
추	한	낌	를	동	기	적	라	일	를	실	노	발	다	춤	짓	터
은	한	한	한	용	달	능	운	동	굽	행	솔	절	문	은	철	회
을	감	적	견	용	도	말	드	션	체	학	업	풍	을	동	바	도
한	문	셀	은	주	전	법	했	한	바	레	낌	너	바	러	다	대
문	낌	어	늘	저	동	대	추	다	공	람	크	션	감	절	부	장
끔	로	을	자	제	추	느	체	들	장	굽	자	범	사	주	동	운

Puzzle 887

바	질	바	집	트	달	한	한	운	발	트	에	절	필	느	북	문
현	승	을	춤	은	을	절	장	동	를	범	견	루	용	점	진	적
재	리	흔	들	리	는	찍	트	한	을	공	돌	집	한	발	받	돌
레	의	기	금	굴	도	문	바	안	락	군	대	한	다	레	늘	굽
파	파	의	전	러	한	발	빛	돌	체	한	크	도	바	동	레	느
용	사	동	다	카	체	쌀	의	에	돌	날	러	북	은	춤	다	표
트	자	사	표	퓨	상	이	도	날	퓨	견	느	참	체	한	은	트
장	을	받	파	로	호	승	온	스	한	퓨	측	석	위	은	주	장
법	굽	다	루	부	수	끔	적	절	전	다	바	찍	부	컴	은	젊
션	문	을	풍	집	크	퓨	컴	발	법	풍	동	끔	셀	물	자	다
부	동	를	견	동	람	찍	트	발	받	용	법	감	발	션	트	집
어	춤	끔	감	끔	국	경	터	추	을	드	돌	뛰	부	자	을	공
문	루	굽	터	에	날	로	너	짓	스	물	결	법	어	모	문	요
낌	러	적	주	기	음	악	표	거	한	게	오	디	션	난	미	너
느	발	어	달	록	측	끔	집	주	용	말	을	법	느	발	라	끔

기금
흔들리는
뛰어난
드물게
미라
참석
상승
음악
빛의
오디션
기록
현재
온도의
승리의
호수
점진적
안락군대
사자
부모
국경

Puzzle 888

을	카	말	을	다	느	파	부	범	너	풍	여	사	운	문	감	체
굴	로	제	맞	한	발	동	파	이	요	대	유	사	대	비	견	지
부	션	절	어	한	거	끔	레	문	을	너	가	유	이	확	법	구
발	춤	주	요	크	에	법	의	늘	컴	한	이	동	느	실	짓	본
발	낌	장	행	쌀	을	공	제	달	감	되	돌	리	기	히	문	셀
굴	도	솔	감	굽	한	주	부	질	춤	은	파	동	러	들	동	제
카	제	날	감	의	동	느	부	거	전	한	결	범	고	를	한	굽
은	장	느	필	들	을	맞	굴	트	주	맞	너	고	돌	언	급	을
람	올	동	은	쌀	말	춤	한	너	동	한	달	낌	대	통	령	을
터	사	바	트	발	북	젊	짓	동	한	크	운	결	바	공	이	들
발	용	을	실	셀	동	동	셀	대	을	스	너	한	완	믿	위	카
찍	게	으	른	현	알	고	있	는	찍	들	세	척	전	셀	기	로
이	미	지	에	거	을	위	해	거	북	체	운	로	히	서	스	션
도	발	쌀	물	질	다	질	행	을	말	리	운	받	프	리	왕	자
요	컴	셀	견	물	문	맞	계	피	발	트	공	제	용	표	발	에

게으른
왕자
위해
알고있는
지구본
이유가
실현을
계피
서리
프로세스
세척
되돌리기
대비
완전히
믿기
대통령을
확실히
이미지에
여유가
언급

Puzzle 889

노	바	행	그	람	도	로	의	도	위	문	굴	발	한	솔	트	굴
의	대	질	러	쌀	휘	문	받	트	적	전	동	은	용	어	람	아
질	도	이	나	방	어	머	니	체	말	행	노	어	로	돌	람	내
먼	짓	북	리	도	춤	노	바	범	체	질	트	집	트	견	춤	적
지	낌	젊	문	의	문	도	카	너	필	자	주	다	공	트	을	주
행	용	느	운	쌀	트	파	트	바	발	를	도	주	람	을	발	운
은	적	북	체	을	어	은	느	한	장	동	수	북	자	바	거	션
집	한	폭	바	다	스	틸	짓	북	레	절	건	용	다	어	한	측
한	스	날	풍	지	컴	로	낌	자	날	로	트	의	최	요	즘	맞
동	을	추	끔	원	거	결	운	필	다	이	너	노	재	대	느	쌀
운	감	바	동	을	말	북	올	카	스	석	탄	어	능	샤	카	노
이	부	발	측	쌀	체	이	개	을	바	측	필	크	사	워	앞	자
살	고	있	는	트	용	느	자	구	측	측	느	북	질	거	서	느
견	발	돌	의	의	의	말	요	적	리	문	측	루	어	전	전	을
터	들	짓	회	스	문	을	주	제	이	의	노	요	셀	동	행	주

최대
지원을
먼지
스틸
어휘
운이
요즘
개구리
회의는
방어머니
의도
그러나
재능
석탄
폭풍
수건
살고있는
샤워
앞서
아내

Puzzle 890

깔끔한
카드
종교
지금까지
차용
운동
지루
거대
이점
평면
발을
지수
상업
경로
가득
정신적
택시
마지막
할머니
시간

물	부	를	필	솔	평	면	굴	결	문	받	범	을	경	동	동	풍
정	말	바	말	한	발	이	들	로	한	물	다	크	로	이	대	동
주	신	돌	로	어	바	다	터	도	느	스	운	자	질	굴	카	문
말	노	적	다	은	의	카	풍	거	측	쌀	은	고	전	필	맞	은
퓨	주	마	대	날	러	적	를	북	셀	을	파	바	쌀	를	에	발
을	를	지	제	퓨	한	행	공	체	의	말	범	견	바	레	솔	쌀
을	카	막	문	트	다	다	질	대	끔	문	다	트	사	추	장	동
느	솔	셀	로	굽	물	트	대	을	올	로	감	맞	발	션	카	운
운	주	달	견	이	시	택	집	루	지	수	종	교	고	을	맞	터
적	동	발	카	요	간	적	대	한	까	차	거	대	늘	사	느	물
끔	이	가	말	말	노	셀	사	물	금	주	용	카	드	할	머	니
느	동	득	춤	부	범	바	자	다	지	람	로	너	거	제	한	바
깔	절	자	셀	용	문	운	발	고	퓨	주	결	요	자	대	이	파
끔	발	을	트	춤	도	부	노	굴	주	리	적	를	카	컴	점	부
한	부	카	쌀	결	을	집	한	솔	다	를	발	한	돌	바	상	업

Puzzle 891

찍	요	을	다	쌀	늘	거	집	젊	돌	크	북	맞	다	추	결	를
들	표	로	에	한	컴	춤	람	을	을	동	동	은	셀	사	자	션
스	주	파	거	바	부	제	주	컴	문	부	쌀	부	젊	과	쌀	람
느	인	감	부	대	올	늘	러	고	기	자	터	찍	주	다	낌	필
용	구	사	바	을	스	행	바	돌	장	리	끔	날	물	은	을	스
체	끔	을	주	풍	니	파	사	이	텍	부	질	트	여	문	들	한
의	북	오	징	어	테	적	클	사	에	스	바	이	성	공	셀	거
낌	질	끔	트	바	바	은	도	셀	낌	발	트	물	절	노	올	을
끔	굴	너	교	육	치	열	한	크	주	굴	람	느	범	동	바	레
질	느	끔	굽	찍	레	끔	늘	춤	한	를	리	파	퓨	이	풍	감
날	동	달	플	사	문	용	의	돌	로	풀	을	솔	주	장	이	위
가	연	한	레	즉	시	은	위	컴	부	다	의	동	다	체	이	젊
격	주	못	이	늘	크	부	제	동	낌	제	목	션	풍	다	문	한
주	물	찍	벽	트	션	쌀	대	집	오	소	리	셀	람	컴	셀	표
다	문	북	동	춤	한	을	돼	지	너	에	루	문	너	질	표	크

텍스트
플레이
풀을
인구
감사
연못벽
오징어
치열한
즉시
사과
돼지
여성
에너지
교육
테니스
제목
가격
스파클
고기
오소리

Puzzle 892

자신
외국
택시밴
두꺼비
잉태
남부
보일
불쾌
숨기기
마모
밝은
비판
여행
축하하다
기관
습관을
다섯
부추
작은
내일

너	다	한	두	거	컴	기	동	제	받	느	결	자	춤	리	습	부
내	일	늘	꺼	작	은	관	범	달	쌀	다	을	제	카	받	관	주
문	보	질	비	날	밝	여	행	카	솔	범	자	은	을	을	을	한
카	컴	너	리	노	장	느	달	느	절	끔	이	질	추	문	바	한
춤	을	적	택	이	풍	측	쌀	도	노	쌀	행	문	리	사	스	한
한	위	찍	시	동	스	낌	감	바	어	의	질	어	퓨	은	전	북
이	발	로	밴	리	전	물	거	문	전	을	올	에	루	한	동	질
한	너	동	발	달	외	바	바	리	행	레	법	쌀	문	다	자	다
집	짓	돌	셀	스	국	굴	부	남	요	짓	션	측	발	낌	신	맞
숨	낌	집	느	결	비	집	추	올	바	동	터	쌀	셀	견	마	끔
요	기	로	끔	발	문	판	질	은	굽	을	추	발	너	트	모	을
문	용	기	굴	너	레	측	트	어	로	한	결	바	문	도	도	주
장	로	솔	굴	한	은	날	풍	로	문	다	춤	바	축	하	하	다
바	문	전	필	감	집	람	절	운	문	카	섯	너	한	말	올	주
은	감	부	이	쌀	불	쾌	받	잉	태	카	용	트	고	물	결	낌

Puzzle 893

동	노	은	도	트	요	은	대	감	제	아	물	조	용	회	일	을
로	을	션	용	끔	집	기	연	소	미	들	다	약	서	집	젊	자
주	요	을	관	한	체	위	너	너	한	이	설	탕	에	도	변	느
컴	말	파	한	리	굴	날	리	바	러	체	루	쌀	필	주	화	용
집	거	동	문	받	은	제	을	결	혼	은	을	러	표	햇	의	쌀
찍	한	문	적	퓨	날	입	술	터	느	한	터	굴	시	빛	리	리
동	존	들	전	주	운	은	늘	개	혁	의	북	카	측	를	트	용
행	중	요	한	공	한	한	동	트	측	장	쌀	외	부	노	필	요
대	자	질	결	은	한	어	자	짓	동	범	감	도	맞	동	사	주
트	질	쌀	체	자	법	말	문	견	문	카	위	문	고	동	를	바
트	은	동	춤	돌	제	올	굴	어	문	문	발	자	늘	을	을	받
사	실	들	순	종	동	자	감	카	파	쌀	느	어	를	낌	호	쌀
스	셀	올	거	퓨	돌	동	한	용	질	을	한	질	문	동	텔	달
한	굴	제	범	북	바	맞	람	운	도	결	도	절	레	고	바	퓨
도	측	장	범	자	필	이	공	문	부	한	주	달	주	발	장	한

용서
아들이
결혼은
관리
변화의
감소
도달
순종
설탕에
일회용
러시를
미소연기
존중
호텔
조약
개혁의
외부
입술
햇빛
사실

Puzzle 894

환자
열한
사진
문제
조립
사람은
지난
개방
스케이트
요인을
사람의
상대
변수
재고
수행하는
바로
지구를
비교
재미
마이그레이션

상	대	문	늘	열	환	위	돌	동	돌	견	굴	날	질	자	표	질
낌	로	리	제	한	조	자	돌	발	셀	은	찍	컴	바	컴	거	퓨
발	셀	문	에	제	립	도	용	공	전	요	낌	변	러	를	달	레
풍	사	받	한	적	카	파	도	범	는	하	행	수	다	퓨	어	집
진	은	를	바	법	젊	스	션	행	고	결	동	리	끔	문	요	말
사	람	의	로	발	늘	스	집	을	퓨	굴	행	쌀	션	스	질	찍
맞	사	난	지	솔	춤	케	람	에	체	람	어	션	개	파	필	을
발	주	한	구	체	션	이	레	그	이	마	적	전	바	방	크	션
트	결	거	를	한	체	트	재	미	올	비	교	한	한	한	한	대
트	로	자	위	루	낌	추	은	을	말	주	솔	법	범	에	짓	솔
러	공	부	트	레	로	트	풍	물	너	리	재	고	를	한	발	범
이	감	느	쌀	도	러	크	문	낌	사	굴	셀	풍	법	카	을	람
문	로	법	절	로	을	셀	올	적	북	을	쌀	파	너	용	위	말
북	문	문	북	들	퓨	운	느	쌀	거	동	절	의	끔	은	찍	자
동	솔	질	쌀	요	필	셀	쌀	행	동	견	한	요	인	을	도	한

Puzzle 895

을	다	노	을	쌀	제	종	솔	바	질	낌	공	문	북	질	을	문
다	바	이	전	이	솔	이	의	북	느	굴	을	대	체	한	을	행
부	을	향	감	절	올	짓	찍	행	추	이	트	션	레	견	전	을
동	바	해	두	한	질	를	트	주	를	은	의	파	발	솔	절	을
도	한	말	께	표	굽	주	주	이	자	한	을	느	헬	리	콥	터
올	문	장	의	동	점	심	주	행	트	을	날	자	세	추	은	을
소	한	거	부	젊	고	들	너	범	추	셀	고	허	한	심	느	한
거	녀	우	낌	터	한	한	다	었	들	흔	도	가	차	량	한	한
주	동	려	자	어	쌀	주	제	공	어	견	짓	올	터	바	리	바
위	문	루	북	문	문	를	느	멋	주	맛	커	버	가	운	거	들
루	람	풍	크	스	테	이	공	진	맞	있	북	를	질	파	공	너
주	를	올	가	미	늘	굽	동	고	바	는	동	위	북	션	달	물
추	추	찍	요	을	은	느	전	셀	법	테	이	크	동	질	이	북
로	결	돌	크	주	루	낌	집	도	동	주	션	일	추	한	트	질
문	이	들	은	을	쌀	발	퓨	제	거	굴	크	부	쌀	람	바	추

들어
멋진
헬리콥터
우려
맛있는
일이
향해
점심
허가
종이
테이크
소녀
스테이
제거
차량
흔들었다
세심한
올가미
두께의
커버가

Puzzle 896

거	제	바	떠	재	측	노	을	쌀	위	에	크	휴	을	행	끔	달
결	추	주	나	문	사	주	절	을	에	끔	파	가	위	컴	의	퓨
굽	도	동	쌀	찍	자	용	주	이	트	부	한	를	스	감	리	을
추	동	범	대	은	을	견	을	주	컴	말	다	임	을	체	솔	운
발	람	동	자	젊	달	맞	사	바	적	트	질	들	대	바	행	동
고	필	터	트	발	이	굽	셀	절	동	입	구	노	위	션	찍	동
한	고	동	컴	켓	용	굽	맞	러	늘	동	도	동	이	바	을	느
일	반	적	으	로	앉	감	동	받	응	답	문	대	요	고	많	북
문	너	문	길	자	아	늘	레	감	에	터	가	껍	질	대	이	의
농	자	문	을	한	거	북	이	공	표	짓	르	퓨	자	트	말	람
구	레	자	부	제	견	카	거	발	은	트	치	리	느	한	자	은
결	리	전	을	견	주	동	바	발	표	체	는	을	남	문	적	적
부	달	어	거	파	쌀	트	다	한	리	발	공	솔	을	성	솔	짓
자	장	자	돌	북	경	력	동	위	을	느	굴	부	러	러	거	거
달	트	운	을	법	로	컴	파	을	운	문	문	제	터	로	발	필

남성
입구
도구
경력
응답
떠나
껍질
길을
감동
거북이
농구
앉아
휴가를
가르치는
많이
재사용을
일반적으로
고대
로켓
임대

Puzzle 897

필	크	감	필	작	러	쌀	도	사	러	대	을	주	트	을	혜	다
로	션	도	한	업	컴	을	찍	이	을	거	부	카	의	사	택	레
동	도	블	랙	의	운	끔	전	클	법	날	도	춤	거	부	을	느
솔	풍	계	속	전	너	질	들	링	러	굽	받	굽	달	날	부	러
대	회	필	문	굴	레	몬	션	연	웜	은	한	도	어	문	문	동
행	제	도	법	의	굽	범	동	락	제	필	전	퓨	늘	문	말	느
어	셀	동	질	거	짓	행	절	처	용	어	셀	을	찍	한	운	트
너	노	결	끔	문	도	정	행	루	느	에	소	수	굴	션	결	퓨
개	인	적	으	로	동	당	리	견	은	이	람	노	주	너	끔	한
용	굽	너	을	대	물	신	람	너	문	표	동	문	람	날	발	바
측	체	고	대	물	냄	의	파	동	부	용	말	추	환	고	트	집
도	올	목	를	파	비	요	을	표	견	한	북	로	달	경	집	은
너	러	표	고	제	품	레	바	자	자	카	맞	부	문	견	자	한
풍	레	염	늘	을	바	굴	느	동	컴	실	체	자	물	바	행	늘
물	전	소	퓨	집	느	를	운	트	느	찍	시	어	돌	체	을	행

웜은
혜택을
제품
소수
계속
목표염소
블랙
대회
레몬
당신의
거부
연락처
사이클링
실시
작업의
냄비
거의
정리
개인적으로
환경

Puzzle 898

트	메	감	대	도	느	물	동	문	감	트	동	도	루	굽	범	적
풍	추	너	범	굴	평	동	집	결	말	동	측	공	크	고	너	한
한	라	결	론	주	방	스	풍	주	크	트	결	솔	표	운	전	다
북	기	주	을	터	바	이	찍	이	굽	은	춤	주	러	레	카	트
비	행	기	가	느	쌀	바	로	느	읽	기	에	짓	전	어	잔	디
감	트	결	바	문	굽	굴	문	트	바	공	문	한	사	쩌	부	추
결	동	대	바	들	춤	고	터	사	의	문	물	너	부	면	요	받
개	인	트	다	의	날	바	통	북	문	받	니	을	자	션	풍	부
좋	터	절	문	도	짓	접	근	을	질	북	구	행	앞	자	용	다
게	자	사	동	다	은	바	노	달	느	트	바	름	치	벽	화	필
동	체	절	를	션	현	올	부	쌀	들	문	스	말	마	장	크	은
딱	정	벌	레	퓨	자	북	한	어	딘	가	에	솔	말	어	문	바
필	문	질	받	동	컴	체	표	추	춤	동	맞	트	고	에	원	을
용	부	견	거	말	공	섹	션	의	자	문	발	바	자	주	찍	더
을	짓	짓	의	춤	주	느	을	트	노	늘	너	부	러	물	바	동

평방
고통을
잔디
좋게
벽화
현자
접근
원더
섹션의
앞치마
딱정벌레
읽기에
메추라기
어쩌면
어딘가에
바구니
결론
개인
비행기가
구름

Puzzle 899

바	바	을	레	너	생	각	돌	동	은	위	물	람	질	용	부	로
노	를	말	쌀	동	감	장	에	측	행	은	대	발	날	동	을	호
맞	들	파	경	물	회	을	질	쌀	한	루	트	대	춤	을	을	스
을	문	도	굴	제	의	제	감	요	절	눈	졸	문	고	자	들	트
사	측	바	문	측	를	동	문	용	크	송	린	서	장	이	로	문
공	트	행	러	컴	주	표	미	션	레	이	블	랍	검	전	부	감
올	받	트	견	의	자	솔	러	장	용	리	고	바	은	트	동	적
외	을	카	동	낌	낌	활	성	집	복	용	사	올	리	바	에	컴
용	침	풍	장	장	러	연	민	느	카	굽	느	도	은	이	문	트
동	결	을	필	바	시	을	적	부	행	굴	트	도	너	문	자	느
관	올	감	박	쥐	민	요	용	견	을	문	다	바	은	로	터	러
찰	트	측	느	제	결	장	고	집	굽	의	대	의	짓	표	한	체
느	절	부	한	표	느	돌	한	법	바	맞	장	결	풍	러	발	트
다	션	을	한	배	을	행	주	을	로	요	동	동	집	대	감	터
측	트	파	크	견	울	바	로	은	바	루	공	거	표	측	트	들

서랍
연민
검은
크레용
복용
생각
미러
고블린
시민
배울
회의
졸린
경제를
외침을
눈송이
활성
파도
박쥐
관찰
호스트

Puzzle 900

복숭아
반드시
치즈
불안
플라스틱
보라색
유채과
국가
고속도로
설득
홀리
잠금
스포츠
공격주의
무엇을
셀러리
제로
얼굴
입력
바늘

물	발	스	자	얼	굴	요	트	크	동	설	굽	을	터	부	날	발
고	추	질	잠	절	견	리	한	로	법	득	를	카	낌	다	바	입
제	속	끔	금	솔	부	느	파	한	낌	자	사	카	발	행	말	력
문	을	도	를	람	질	다	바	셀	돌	문	맞	파	집	표	제	젊
동	솔	돌	로	루	찍	도	트	대	트	굽	문	장	운	요	주	터
로	스	레	제	자	올	용	북	다	주	범	을	풍	돌	운	집	을
이	이	집	스	노	트	한	동	트	무	은	국	감	자	터	컴	크
질	발	물	다	장	치	요	느	젊	엇	추	가	이	틱	돌	도	동
발	바	유	채	과	반	즈	도	복	을	동	로	보	스	자	공	러
바	늘	굽	거	법	드	느	느	숭	스	포	츠	문	라	맞	격	적
주	을	로	감	견	시	측	추	아	날	범	필	트	플	색	주	로
은	문	셀	러	리	결	파	질	한	고	리	용	맞	부	날	의	늘
북	문	고	도	홀	부	션	들	이	추	러	느	적	절	풍	요	너
행	트	트	주	고	불	젊	법	트	어	올	한	바	고	쌀	돌	대
결	동	부	로	찍	안	측	한	달	쌀	끔	행	러	자	문	측	셀

Puzzle 901

낮	발	바	이	제	느	색	도	문	들	감	표	문	바	마	느	문
집	은	느	이	쌀	요	상	인	치	표	영	어	리	바	음	질	너
클	립	시	계	표	트	이	사	킨	을	자	쌀	노	부	을	감	견
을	주	감	너	갤	럽	제	위	을	용	물	범	굽	로	을	젊	고
운	어	파	트	들	션	용	운	제	조	동	말	질	러	부	새	용
를	동	어	다	주	동	체	동	소	부	견	문	선	질	말	끼	을
바	카	에	자	장	한	인	추	다	심	제	쌀	고	을	도	한	바
트	돌	체	발	올	장	사	스	한	한	한	오	프	너	달	부	크
트	한	전	전	서	비	스	은	표	한	패	터	를	을	바	질	동
절	러	느	풍	로	위	짓	바	다	적	턴	위	한	전	말	운	부
루	달	발	발	발	질	한	한	거	행	대	춤	달	주	자	찍	셀
한	자	루	풍	자	너	러	느	동	범	히	날	자	리	행	올	발
로	을	은	풍	부	질	을	열	이	문	이	도	에	괴	파	을	고
굴	맞	한	들	들	문	발	다	집	운	동	의	의	솔	질	느	쌀
장	자	고	요	받	트	발	체	표	이	공	범	을	요	들	에	어

사이트
클립시계
파괴에도
운동의
다행히도
새끼
제조
낮은
갤럽
인상
체인
소심한
패턴
서비스
색상이
영어
마음을
열이
치킨
오프너

Puzzle 902

우박
공동
모래
토요일은
선택
피자
지혜
종종
분출
극적인
오늘
부어
테이블
세계
의무
확신를
소다
나비
피부
물질

끔	돌	피	결	을	선	택	이	들	어	스	도	풍	을	로	스	도
표	감	부	필	바	춤	풍	한	대	도	맞	솔	레	러	올	굽	공
늘	장	대	퓨	질	사	물	받	날	동	부	어	용	대	로	바	견
전	공	쌀	피	자	문	발	에	바	느	카	션	이	주	터	루	퓨
트	동	바	어	공	한	어	감	느	분	션	컴	감	쌀	을	필	셀
소	다	확	신	를	장	문	노	거	문	출	들	션	은	한	주	법
솔	스	물	쌀	이	물	질	장	풍	적	노	우	체	컴	표	결	이
의	측	솔	동	견	트	너	카	절	오	늘	박	노	모	래	올	공
올	노	솔	자	들	결	느	범	사	트	북	동	쌀	토	질	젊	전
션	스	을	은	너	질	장	법	은	의	무	풍	발	동	요	북	찍
제	집	쌀	션	표	람	측	솔	극	나	비	위	측	주	지	일	은
종	찍	위	도	을	한	문	노	적	쌀	을	거	를	셀	돌	혜	은
종	날	추	물	주	이	어	테	인	세	계	러	를	필	체	주	적
솔	람	질	느	젊	동	달	이	이	용	결	쌀	한	을	느	이	운
바	달	대	체	풍	발	트	블	법	자	부	범	션	솔	로	집	리

Puzzle 903

한	범	운	은	웨	웅	측	절	을	낌	트	발	동	람	끔	크	받
바	러	전	굽	스	장	문	한	젊	은	올	추	필	문	퓨	행	입
를	용	람	요	턴	한	제	주	체	굴	노	너	던	날	을	발	학
어	달	결	북	한	동	의	부	은	쌀	용	범	져	로	투	요	문
운	영	물	끔	셀	이	말	도	느	로	낌	끔	문	파	주	자	준
추	맞	굴	다	용	굽	공	굴	말	연	도	을	은	거	적	한	비
도	발	부	을	토	크	를	고	퓨	체	결	용	견	터	춤	운	이
음	자	발	견	돌	자	찍	한	체	측	한	문	끔	짓	을	날	거
료	법	젊	굽	바	어	주	늘	카	문	추	졸	짓	다	용	노	트
이	노	동	사	한	은	동	빌	드	쌀	문	업	돌	카	집	루	요
러	부	자	늘	노	도	컴	늘	추	춤	젊	장	카	관	방	소	망
도	카	운	대	크	컴	측	전	션	올	데	이	지	추	계	추	치
트	거	미	상	젊	컴	셀	맞	맞	공	이	문	바	자	장	가	문
도	은	은	도	은	제	장	식	사	자	다	주	맞	거	견	너	주
도	바	올	요	위	말	한	자	조	람	솔	날	한	한	러	바	에

데이지
식사
투자
소방관
관계가
던져
거미
조사
웅장한
졸업장
연결
망치
준비
빌드
입학
웨스턴
대상
운영
음료
토크

Puzzle 904

올	바	집	풍	대	늘	필	이	질	람	초	스	물	맞	은	부	대
쌀	집	를	에	느	가	올	물	주	바	자	점	표	용	다	루	은
트	늘	어	주	자	능	바	문	측	자	루	굴	굽	젊	동	한	동
느	적	자	북	랑	제	부	이	싱	들	표	다	를	퓨	추	카	어
셀	이	덴	웨	스	풍	특	바	크	바	한	레	리	느	낌	질	풍
용	장	도	주	럽	을	체	히	전	기	말	짓	을	돌	받	풍	바
트	들	을	주	게	물	장	굴	다	을	질	낌	문	을	대	쌀	을
크	굽	짓	날	문	동	면	레	짓	낌	은	텐	결	행	컴	돌	이
배	우	에	서	대	셀	올	도	공	트	늘	트	느	파	부	질	리
한	션	북	로	세	금	루	을	기	견	동	낌	솔	집	너	용	문
장	찍	은	끔	자	을	은	의	하	늘	무	역	문	을	물	절	주
측	을	느	운	셀	받	질	부	래	마	시	크	썰	체	조	맞	느
트	필	대	짓	크	고	위	문	노	장	리	질	매	파	건	자	슨
동	문	루	이	카	들	돌	동	을	동	즈	을	풍	사	너	느	한
용	물	리	결	말	너	셀	동	단	락	를	옵	션	로	필	문	대

싱크
노래하기
썰매
스웨덴
가능
조건
느슨한
옵션
단락
전기
장면
초점
세금
특히
하마
배우에서
텐트
시리즈를
자랑스럽게
무역

Puzzle 905

굴	람	측	러	동	의	끔	문	로	돌	낌	분	홍	색	젊	스	증
을	굽	쌀	견	도	바	퓨	젊	올	풍	퓨	문	의	쌀	다	크	거
트	을	바	사	소	한	트	자	북	극	이	스	북	감	은	른	를
러	스	텔	레	비	전	을	낌	연	바	찍	바	람	아	다	관	용
다	트	람	거	결	컴	거	문	파	행	카	션	받	래	자	굴	느
짓	림	사	문	이	짓	파	다	용	도	한	바	표	에	체	트	주
에	션	에	이	올	노	의	람	견	자	위	젊	동	굽	한	대	접
발	로	바	북	동	동	자	어	레	한	다	제	이	퓨	자	풍	도
바	부	바	올	거	은	맞	레	솔	의	주	발	를	레	퓨	끔	다
조	부	고	공	로	부	을	법	이	바	달	올	용	자	범	굴	동
상	도	자	어	찍	도	보	가	지	고	필	측	필	감	대	굴	장
대	동	말	감	솔	이	말	여	로	에	문	절	용	노	늘	읽	는
바	동	춤	올	람	루	을	제	을	기	간	의	도	토	리	에	은
클	라	우	드	올	동	체	로	트	위	느	커	뮤	니	티	체	견
도	북	바	컴	도	터	춤	풍	컴	로	트	다	측	거	풍	법	느

다른
아래에
분홍색
가지고
텔레비전
관용
증거를
기간의
커뮤니티
자연
사소한
스트림
조상
보여
북극이
도토리
대접
읽는
클라우드
바람

Puzzle 906

이름
확산
영양분을
따라서
키위
등이
먹고
성장을
위험
자연에
독수리
솔로
양배추
믹스
차례
감기
귀중한
비록
것이
증오

쌀	범	올	추	용	운	이	성	장	을	독	문	굴	들	추	러	컴
물	결	낌	자	발	대	등	름	증	오	수	이	집	결	적	질	굴
트	표	행	솔	로	양	배	추	절	날	리	람	바	올	물	올	부
물	을	컴	물	다	을	먹	고	올	바	한	을	주	집	제	달	견
법	한	퓨	트	받	동	측	쌀	도	행	이	한	말	다	파	리	느
질	달	용	어	추	션	문	파	험	영	문	믹	스	레	바	은	도
찍	동	트	낌	측	필	견	키	위	양	도	트	감	귀	자	감	기
트	바	문	바	물	결	확	늘	리	분	동	한	비	고	중	절	은
위	도	측	한	문	문	쌀	산	한	을	달	다	록	바	션	한	부
용	를	부	루	굽	집	따	차	물	주	문	쌀	용	문	러	다	을
주	풍	느	문	집	컴	라	례	션	바	부	카	어	돌	물	발	다
바	러	바	용	측	질	서	자	연	에	질	부	발	날	람	문	굴
은	션	레	바	질	느	솔	바	트	들	문	발	쌀	카	다	찍	스
문	올	쌀	견	집	것	이	도	문	로	를	자	퓨	을	질	을	솔
쌀	파	전	자	들	한	요	부	끔	주	제	문	주	한	사	셀	느

Puzzle 907

운	받	애	정	돌	비	부	한	고	달	을	한	의	찍	체	쌀	체
쌀	문	부	받	터	참	짓	견	춤	은	운	필	을	도	문	트	동
용	동	평	면	의	한	을	측	동	쪽	루	사	미	래	셀	젊	적
추	좋	느	들	한	러	다	쌀	제	은	트	트	동	굴	트	이	공
제	아	거	대	한	평	야	동	감	동	를	솔	를	파	문	한	동
장	동	질	레	어	느	위	터	지	채	발	용	받	션	산	주	필
전	적	솔	한	올	은	절	너	표	체	택	풍	쌀	전	책	을	추
동	물	솔	문	거	터	레	문	카	퓨	로	고	컴	운	절	을	올
춤	받	너	운	를	파	들	문	을	어	용	양	젊	쌀	도	느	살
발	터	발	주	부	족	한	공	굽	용	결	이	집	앵	시	을	쾡
끔	끔	거	운	공	들	자	터	체	품	끔	적	굴	무	장	문	이
을	돌	트	달	용	러	받	질	굽	측	질	노	충	새	의	굴	주
맞	카	이	필	트	문	퓨	결	러	감	범	추	문	분	짓	에	동
맞	물	측	전	을	부	맞	가	치	를	풍	쌀	올	문	한	크	짓
람	달	질	감	고	스	땅	의	을	한	터	컴	한	물	은	제	절

시장의
미래
채택
동쪽
거대한
부족한
좋아
비참한
품질
충분한
가치를
평야
산책
평면의
살쾡이
애정
고양이
앵무새
땅의
감지

Puzzle 908

용	문	문	요	주	법	쌀	집	솔	장	받	이	람	문	충	로	너
주	도	다	바	한	웃	솔	절	낌	적	노	동	루	장	성	주	추
다	전	로	문	받	음	귀	문	젊	레	크	부	을	주	트	스	집
파	을	질	표	동	스	마	차	체	문	말	바	바	돌	루	표	공
자	솔	스	션	물	크	까	일	부	공	감	부	리	를	한	은	춤
한	한	표	은	지	럽	도	로	풍	제	레	집	올	을	동	늘	리
필	말	감	품	식	필	고	전	굴	위	추	쌀	젊	동	발	트	문
을	을	괄	돌	을	바	로	한	컴	들	들	동	사	절	느	트	바
스	문	이	량	익	을	결	도	루	맥	터	동	질	슴	은	러	션
부	스	키	들	이	구	조	날	동	주	자	바	바	이	을	끔	문
낌	포	쌀	터	받	을	리	행	공	션	용	러	솔	람	매	바	굽
받	츠	기	능	을	집	주	부	고	러	요	운	구	을	니	다	한
주	가	찍	다	트	부	맞	말	문	바	한	느	한	성	저	문	문
돌	컴	제	맞	굽	자	레	흐	린	문	쌀	거	표	동	자	연	방
이	표	쌀	발	절	공	결	느	바	공	감	필	노	젊	말	올	사

맥주
까마귀
일부
식품
흐린
마차
스크럽
키스
기능을
구성
스포츠가
말괄량이
구조
이익
충성
매니저
웃음
연방
사슴
지식

Puzzle 909

떨	도	들	한	부	대	너	을	파	노	은	풍	감	동	동	컴	느
한	어	한	남	대	범	장	이	견	은	낌	바	제	견	리	은	주
동	한	져	쪽	받	은	올	용	퓨	에	전	문	트	은	리	물	문
쌀	로	찍	용	동	말	다	컴	의	측	북	트	쌀	맞	를	날	운
한	의	질	노	늘	느	퓨	도	거	낌	카	바	날	장	양	동	적
발	한	을	솔	이	주	동	을	쌀	느	거	발	공	거	파	문	문
카	한	범	고	넘	느	의	찍	컴	동	울	적	파	리	에	수	을
파	부	달	공	어	당	근	케	이	스	운	절	성	카	만	준	한
동	운	들	한	원	피	스	동	말	말	사	한	분	굴	러	하	스
도	파	늘	도	결	아	다	적	법	주	문	업	주	위	에	도	절
솔	필	적	수	낌	노	공	레	한	컴	부	용	바	스	질	록	요
결	그	려	량	집	단	은	다	에	동	쌀	맞	표	한	다	을	범
을	를	부	느	제	편	측	물	말	풍	한	고	한	주	동	동	질
느	자	들	바	를	서	장	올	을	로	발	에	션	모	험	어	질
부	이	낌	문	늘	른	감	을	한	너	동	장	밀	어	쌀	바	터

그려
사업
남쪽
수량
거울
적절한
밀어
당근케이스
모험
성분
공원
넘어
수준하도록을
피아노
양파에만
주위에
떨어져
단편
서른

Puzzle 910

체	대	용	자	요	램	발	고	다	주	순	한	이	장	추	한	리
한	동	클	풍	결	프	전	동	주	추	서	정	레	지	혜	컴	트
전	에	람	립	에	위	감	올	의	루	전	발	로	은	을	늘	주
날	한	성	파	시	셀	받	솔	추	적	를	리	맞	로	늘	파	보
결	절	분	집	속	계	말	농	부	용	동	트	은	솔	달	주	장
동	이	노	행	파	운	바	어	동	굽	쌀	맞	너	이	람	표	로
리	체	자	한	문	이	도	달	달	장	너	용	을	물	로	솔	동
은	파	전	러	솔	레	행	주	측	동	날	동	견	용	거	젊	동
바	적	솔	물	동	올	은	쌀	말	강	체	춤	젊	질	자	바	날
행	법	를	고	적	감	솔	한	카	아	한	표	동	너	질	필	어
트	느	요	제	다	스	북	트	천	지	션	찍	다	결	문	도	레
고	메	뚜	기	예	위	을	집	으	을	위	한	용	한	한	측	한
은	트	도	컴	문	외	잎	을	로	고	굴	퓨	도	용	느	다	굴
전	한	집	너	말	발	문	망	핑	향	감	풍	치	아	대	을	다
주	거	자	북	찍	끔	주	욕	크	한	자	파	로	측	다	쌀	질

농부
한정
핑크
천으로
한도
고향
전에
예외
메뚜기
강아지
잎을
욕망을
순서
보장
치아
램프
계속
클립시계
지혜
성분

Puzzle 911

한	왼	체	절	달	로	대	러	맞	바	스	이	너	은	를	부	절
루	쪽	용	로	체	절	법	감	늘	스	다	질	물	제	자	쌀	리
짓	주	을	고	도	트	사	쌀	을	을	자	문	결	이	장	애	도
로	트	노	문	을	컴	루	발	러	제	사	고	통	을	파	문	카
루	질	표	은	들	공	용	동	용	한	무	북	어	부	견	짓	사
교	한	동	에	문	트	용	표	전	어	실	길	이	적	퓨	느	고
부	육	호	한	요	문	동	트	부	션	동	이	파	주	장	바	을
도	주	텔	셀	의	바	터	루	표	결	달	한	뱀	바	짓	크	찍
부	용	을	충	분	한	동	자	주	컴	을	팽	문	을	요	을	체
질	환	문	파	과	학	표	트	올	가	어	디	이	아	짓	동	인
위	다	노	한	효	자	느	행	솔	굴	의	은	을	무	시	러	덱
이	자	를	행	스	공	람	용	셀	한	연	례	굽	를	낌	행	스
용	필	은	러	느	올	모	춤	다	은	은	감	을	측	트	들	대
제	한	받	요	이	견	결	험	달	바	북	전	돌	를	굴	법	질
추	루	트	받	이	들	은	끔	도	개	발	결	다	대	감	굴	측

뱀파이어
과학
질환
길이
장애
달팽이
무시
개발
사무실
효과
왼쪽
아이디어가
인덱스
연례
교육
호텔
고통을
부어
충분한
모험

Puzzle 912

을	날	짓	발	물	주	집	컴	을	은	판	부	바	제	파	다	운
굴	질	을	절	자	용	행	을	발	거	로	매	쌀	찍	회	의	는
러	을	바	리	질	리	을	을	요	요	너	물	자	고	어	로	위
범	노	트	제	범	자	견	카	풍	도	주	너	개	문	휘	바	견
다	한	체	이	에	요	끔	실	크	졸	도	돌	물	돌	말	도	다
어	감	발	비	서	장	낌	제	자	린	말	을	끔	너	동	파	다
바	떨	문	람	은	낌	날	로	필	자	발	문	바	말	퓨	감	한
질	어	로	현	아	이	리	스	부	대	집	트	이	나	풍	제	들
컴	져	굴	실	제	질	러	물	이	러	을	한	쌀	도	무	용	를
끔	후	보	의	발	견	장	러	너	셀	필	수	을	동	채	날	쌀
장	문	마	한	장	집	집	느	은	운	용	젊	로	문	택	차	굽
짓	동	지	트	유	죄	집	퓨	절	노	젊	거	이	바	은	단	트
한	물	막	로	솔	트	맞	측	리	소	스	흐	린	부	법	를	물
고	질	운	발	들	크	자	문	도	동	위	체	트	운	은	들	자
동	측	질	북	장	트	부	도	바	찍	제	파	한	루	짓	느	고

소스
유죄
비서
판매자
아이리스
후보
필수
발견
실제로
현실의
물개
나무
차단
회의는
어휘
마지막
졸린
채택
흐린
떨어져

Puzzle 913

짓	달	다	발	로	문	터	트	용	파	컴	을	을	적	돌	한	들
도	날	풍	젊	동	들	집	람	졸	적	적	레	스	적	에	한	터
스	위	발	로	물	트	사	올	업	사	부	문	측	바	를	제	도
한	타	의	은	견	끔	과	카	장	필	진	무	역	솔	동	로	도
부	필	측	정	집	동	공	자	리	로	동	문	법	이	주	견	낌
짓	범	들	은	주	운	투	명	운	발	을	파	늘	끔	한	너	부
자	들	을	트	연	도	에	리	트	운	쌀	들	을	젊	운	섹	너
굴	자	종	굽	기	한	표	바	발	한	은	달	동	트	받	션	동
받	바	의	필	매	바	한	다	대	절	굽	카	솔	집	굽	의	적
을	다	리	문	우	카	자	어	고	은	작	사	용	부	를	도	카
돌	루	소	로	도	퓨	크	받	컴	한	업	빌	낌	굴	로	견	솔
날	다	도	한	스	람	장	러	용	노	이	드	을	카	들	을	부
짓	측	춤	동	자	퓨	트	의	주	주	샤	개	발	을	주	견	용
파	자	제	발	트	행	레	젊	자	질	트	어	찍	을	동	어	발
맞	너	은	짓	용	차	이	베	돌	의	감	굴	리	바	람	자	체

샤이
차이
개발을
측정
스타
작업이
베이
매우
소리의
과자
투명
필사적
연기
종의
사진
섹션의
제로
빌드
졸업장
무역

Puzzle 914

중요한
암탉
공개
하드
추격
회원
섬세한
수요가
사람이
민속
조류
투표
고드름
좌석
사막
테디
기능
모양의
향해
불안

감	북	부	문	춤	필	불	안	파	동	풍	조	문	중	레	셀	도
이	질	솔	대	위	장	사	람	이	러	향	해	류	요	용	를	파
바	쌀	말	암	들	끔	로	트	부	한	풍	파	동	한	쌀	은	필
전	낌	느	탉	하	필	감	견	에	돌	굽	노	문	세	공	개	문
한	필	추	발	름	드	고	전	짓	좌	발	질	체	섬	카	로	동
돌	젊	자	사	한	맞	퓨	체	주	컴	석	레	루	집	은	제	찍
절	러	위	을	받	법	제	체	올	날	풍	날	로	전	견	를	로
바	다	견	문	로	굴	문	사	도	투	표	동	을	러	용	행	바
스	솔	측	끔	느	행	은	을	말	노	람	전	기	능	로	춤	전
올	요	모	동	동	도	추	러	주	느	은	노	춤	이	크	민	셀
운	을	양	테	디	동	격	느	북	솔	돌	느	션	춤	을	속	회
문	필	의	대	찍	파	행	한	측	솔	굴	이	자	용	쌀	전	원
돌	트	트	추	북	표	위	굴	법	발	도	짓	전	날	동	달	노
말	의	측	적	추	바	굽	맞	션	풍	쌀	노	굽	사	막	부	을
수	요	가	한	주	문	이	추	받	너	이	풍	이	러	은	루	한

Puzzle 915

견	을	키	가	야	채	를	트	을	체	리	쌀	낌	이	공	분	에
늘	주	셀	을	짓	도	대	공	대	표	퓨	리	북	사	은	석	람
이	웃	도	을	문	트	달	다	에	러	끔	트	사	느	표	질	요
달	제	견	질	솔	필	트	질	북	용	주	컴	법	이	올	굽	필
머	올	북	한	자	절	견	용	물	쪽	위	한	홍	수	사	을	바
리	전	스	동	도	컴	행	추	루	동	으	이	에	이	동	춤	어
에	시	낚	람	을	끔	리	사	의	람	춤	로	어	행	표	질	을
쌀	이	력	대	트	부	은	전	법	예	용	측	맞	필	강	탈	터
노	법	용	기	텐	트	사	짓	맞	비	전	컴	너	트	장	전	트
외	률	약	한	호	트	질	사	춤	한	동	트	자	어	주	결	표
부	달	집	맞	표	에	에	발	느	러	한	표	받	딘	제	풍	솔
를	트	렁	크	한	짓	스	루	자	찍	받	실	버	가	어	동	람
오	들	젊	문	춤	트	쌀	짓	너	을	사	동	운	에	제	부	끔
이	제	을	문	행	추	짓	북	스	을	쌀	말	공	표	리	컴	날
다	문	발	카	위	맞	트	체	집	춤	복	싱	을	파	트	을	이

키가
북쪽으로
오이
낚시에
예비
실버
시력기호
법률
외부를
이웃도
트렁크
머리
홍수
분석
야채를
복싱
강탈
약한
어딘가에
텐트

Puzzle 916

수	삽	입	한	루	들	장	느	이	추	찍	문	늘	바	라	필	트
부	석	표	셀	도	달	요	한	느	다	반	춤	체	을	이	다	질
말	문	문	문	스	의	한	대	굴	용	대	말	도	체	브	받	스
한	동	위	질	공	물	카	체	동	터	발	물	건	찍	러	의	부
크	너	형	적	능	느	용	집	낌	둥	지	은	침	대	리	퓨	고
한	체	소	녀	가	재	킷	한	솔	카	자	션	감	적	행	동	문
공	들	추	어	젊	끔	쌀	도	맞	적	을	체	다	어	점	주	체
격	터	을	긴	한	대	쌀	부	문	날	션	바	스	바	법	프	들
적	발	자	주	급	늘	트	동	부	측	루	동	트	에	너	동	는
실	망	날	터	부	다	풍	느	물	물	리	필	주	러	질	로	집
장	늘	문	한	터	레	한	날	도	거	쌀	법	찍	크	물	로	켓
전	러	터	크	부	한	초	운	루	받	너	를	거	바	를	다	질
한	터	임	솔	도	체	대	스	노	집	추	자	법	고	발	부	트
가	족	대	동	주	레	한	람	공	올	풍	행	을	느	루	표	행
달	한	문	컴	동	올	질	물	짓	장	동	맞	셀	바	션	러	받

반대
초대
둥지
재킷
침대
자발적
소형
삽입
수석
가족
실망
공격적
라이브러리
점프는
긴급
물건
소녀가
임대
로켓
가능

Puzzle 917

낌	쌀	필	동	제	견	부	사	로	질	러	황	러	자	감	천	행
카	러	을	들	자	션	한	집	러	고	춤	야	수	있	는	사	결
부	크	한	한	한	이	느	들	한	요	컴	찍	스	을	부	바	용
물	체	달	솔	운	리	다	사	을	카	퓨	풍	다	용	들	션	러
올	발	러	대	트	람	을	고	짓	치	바	받	참	석	춤	맞	자
자	레	젊	크	손	전	한	법	람	약	날	한	어	두	려	워	루
추	벽	한	낌	실	을	리	솔	운	햇	빛	추	을	와	트	은	를
람	부	화	문	을	너	을	동	북	추	맞	한	바	표	이	늘	젊
느	받	도	바	바	부	한	달	을	동	의	범	루	행	짓	어	연
한	드	돌	법	물	을	필	부	운	행	성	경	북	고	법	스	필
루	레	동	크	다	트	개	범	어	셀	어	기	받	바	결	타	트
필	스	컴	동	문	람	요	혁	기	사	는	장	레	맞	을	일	퓨
추	람	너	측	복	이	에	을	의	북	은	터	요	요	적	의	견
법	요	솔	대	잡	짓	스	너	터	로	을	신	다	솔	한	을	트
동	도	젊	비	명	운	한	바	느	의	질	비	날	한	표	로	사

손실을
연필
신비
두려워
기사는
수있는
비명
드레스
스타일의
치약
천사
황야
행성
경기장
복잡
와이어
참석
햇빛
개혁의
벽화

Puzzle 918

물	카	도	쌀	트	용	트	션	장	러	고	한	질	한	은	낌	받
을	올	문	굴	터	문	이	터	표	끔	도	노	부	측	압	력	굴
휴	식	트	루	공	들	유	굽	필	크	를	견	적	동	도	가	을
장	스	운	적	느	퓨	명	스	들	다	찍	한	굽	어	자	계	획
질	블	행	셀	상	자	한	장	쌀	행	은	러	동	동	젊	관	주
풍	록	문	한	주	루	까	트	던	져	한	행	을	찾	카	솔	느
한	스	부	끔	파	로	지	크	용	로	쌀	다	주	결	기	법	절
동	달	문	행	달	낌	트	에	를	장	용	찍	셀	운	바	러	찍
동	차	셀	너	어	성	시	리	즈	확	돌	리	부	추	날	노	쌀
한	용	동	주	이	측	거	타	질	산	발	느	쌀	요	질	트	말
질	질	위	올	크	의	날	울	쇼	운	이	날	주	굽	발	돌	행
션	자	한	을	너	부	동	범	를	적	노	동	주	도	부	트	측
들	클	다	다	사	필	크	젊	추	들	트	을	은	들	운	문	동
행	파	션	시	어	동	필	거	의	를	의	도	다	대	주	느	맞
젊	스	윙	에	추	크	을	션	대	은	발	한	문	자	솔	로	트

찾기
압력
상자
달성
쇼를
시리즈
시트
유명한까지
휴식
계획
스윙
블록
울타리
다시에
거대
차용
스파클
던져
관계가
확산

Puzzle 919

루	트	발	바	트	크	망	굴	발	내	트	다	찍	주	역	제	로
맞	굽	파	주	끔	트	치	다	자	레	트	추	받	굴	사	젊	바
퓨	리	은	션	물	들	문	을	트	이	데	업	올	크	카	춤	퓨
받	견	로	낌	절	대	루	루	문	터	대	절	늘	동	끔	트	제
컴	거	끔	물	공	한	질	은	운	한	동	행	을	행	은	를	알
은	수	요	일	션	을	늘	느	을	컴	다	문	동	측	조	풍	고
운	들	이		미	국	의	한	끔	운	시	금	치	감	심	달	표
거	용	스	을	레	소	집	올	범	위	동	용	찍	느	전	대	돌
말	자	적	셀	한	연	유	행	끔	셀	주	루	적	용	발	을	질
문	감	굴	고	동	불	맞	셀	을	크	파	퓨	집	트	올	도	춤
부	느	늘	람	름	구	물	발	북	쌀	도	한	물	풍	당	솔	문
을	바	터	질	찍	하	감	문	파	리	경	제	거	돌	바	나	로
한	다	했	께	함	고	필	사	바	동	로	한	러	문	질	젊	귀
날	를	낌	일	요	일	고	을	트	달	절	추	레	북	퓨	한	를
부	을	올	고	를	자	발	맞	낌	을	굽	션	굴	늘	거	션	절

업데이트
바다를
고발
경제
알고
수요일
일요일
시금치
불구하고
미국의
역사
당나귀
내레이터
소유
유연한
함께했다
조심
감사
구름
망치

Puzzle 920

은	동	춤	다	데	집	을	의	질	다	쌀	다	대	들	절	리	달
파	용	절	를	이	북	거	삼	촌	의	스	트	페	용	다	춤	적
달	러	한	표	터	성	공	적	인	풍	돌	문	고	니	자	문	공
문	찍	셀	거	가	들	체	표	느	리	발	젊	동	필	주	루	한
장	발	집	행	굴	올	날	리	대	제	이	람	을	셀	솔	자	솔
이	제	목	거	파	견	질	스	쌀	한	발	굽	션	아	기	억	느
바	동	한	전	장	고	짓	발	은	질	법	용	사	들	문	전	빠
의	일	을	돌	부	터	러	감	이	문	주	어	춤	이	셋	째	른
트	들	날	카	요	다	적	나	중	에	완	화	달	위	을	동	결
을	질	솔	전	러	물	질	주	체	춤	레	젊	셀	북	추	거	느
어	크	충	제	외	시	켰	다	젊	찍	람	결	공	날	필	트	용
날	입	자	격	부	절	스	법	운	용	이	감	춤	받	돌	끔	자
사	을	행	한	절	루	를	스	돌	악	어	트	거	이	거	노	찍
요	굽	적	어	어	를	사	능	션	자	을	긍	정	적	크	의	춤
한	트	질	주	돌	절	다	력	말	짓	젊	장	바	한	솔	컴	거

악어
빠른
셋째
능력
기억
거북이를
삼촌의
성공적인
제외시켰다
입자
페니
긍정적
데이터가
대한
나중에
충격
완화
동일
제목
아들이

Puzzle 921

자	소	젊	구	녹	아	돼	동	바	솔	문	활	이	범	측	용	어
동	람	녀	색	자	식	지	은	트	동	대	성	끔	춤	발	이	견
파	질	굴	실	람	측	알	빌	을	쌀	바	컴	맞	는	문	다	트
대	너	고	패	로	문	약	려	리	쌀	카	올	질	느	동	춤	크
문	북	어	은	람	어	터	짓	요	솔	크	표	한	다	바	도	의
문	람	공	필	의	주	트	크	느	낌	운	한	감	러	다	문	측
이	문	들	장	말	제	동	레	루	파	주	행	문	람	너	용	트
장	크	바	낌	문	람	자	용	어	눈	셀	쌀	풍	고	경	험	을
견	측	파	솔	부	질	체	터	은	송	노	결	올	한	를	셀	젊
파	스	춤	쌀	트	러	질	운	지	이	케	자	거	레	범	다	제
미	문	장	운	부	스	사	위	필	트	위	견	은	한	발	대	늘
소	너	쌀	늘	문	동	체	체	질	주	질	결	용	리	달	로	주
연	동	퓨	컴	로	셀	카	노	트	문	이	필	주	의	자	로	집
기	에	풍	표	드	버	터	감	공	루	음	공	늘	부	도	북	크
적	카	를	체	셔	젊	부	은	문	짓	어	료	유	을	건	강	한

녹아
유료
돼지알약
실패
맞는
케이지
버터
경험을
빌려
질문
구색
건강한
버드
미소연기
소녀
활성
눈송이
크레용
음료
지식

Puzzle 922

부	문	사	너	낮	은	을	느	다	대	터	물	자	대	시	드	반
행	표	젊	생	각	꿀	벌	말	한	다	밀	가	루	고	행	크	부
날	쌀	터	컴	다	전	측	대	발	달	러	문	레	쌀	거	쌀	분
용	전	리	체	운	낌	말	동	트	어	문	풍	올	발	카	질	표
양	한	부	용	공	컴	부	동	춤	감	범	을	전	감	고	스	가
말	말	문	을	코	너	트	고	고	해	결	강	한	부	전	바	정
견	도	물	리	동	어	람	대	속	올	공	부	셀	제	받	느	적
부	늘	북	느	동	장	카	굽	도	크	운	이	요	춤	크	을	자
고	적	공	을	노	노	트	크	로	대	말	동	문	바	문	문	필
거	을	쌀	끔	동	짓	측	질	체	반	응	을	문	물	달	날	찍
바	한	젊	셔	집	달	때	다	필	달	공	결	경	을	쌀	절	주
를	로	찍	위	한	집	문	문	루	전	바	부	솔	고	문	굴	을
동	은	리	은	집	쌀	에	문	바	발	한	너	동	재	했	넘	로
부	발	의	장	동	문	의	추	결	굴	어	너	은	측	표	다	어
은	을	자	솔	낌	문	은	범	제	풍	쌀	동	굴	에	은	바	표

부분
꿀벌
가스
가정
양말
밀가루
시크
때문에
반응을
경고했다
코너
해결
말한다
강한
재고
생각
고속도로
반드시
낮은
넘어

Puzzle 923

버	바	람	늘	을	추	필	마	을	솔	풍	부	한	발	굴	트	공
적	전	결	받	퓨	람	결	커	다	운	을	공	자	명	사	고	거
발	체	루	이	도	법	에	필	전	물	셀	정	견	로	한	을	동
졸	다	용	일	이	말	굽	은	굴	요	도	신	자	전	고	한	돌
질	업	찍	쌀	스	행	감	견	카	용	부	적	법	터	주	낌	트
이	동	용	헬	리	콥	터	북	질	발	토	배	울	짓	리	동	파
문	션	션	문	퓨	거	울	장	제	주	느	끼	은	맞	춤	법	다
터	결	을	용	을	발	카	터	절	자	운	한	이	은	변	화	의
션	들	한	찍	션	스	추	루	퓨	필	퓨	파	자	굽	찍	대	절
고	루	들	한	필	위	견	굴	다	을	받	집	적	요	고	어	도
질	사	제	짓	을	오	동	춤	맞	은	한	북	용	돌	이	질	입
부	문	스	받	용	프	표	파	낌	크	결	바	루	맞	한	질	을
올	레	퓨	러	한	너	제	운	고	려	파	솔	러	질	로	물	동
풍	부	로	도	고	터	쌀	율	믹	터	을	운	을	질	돌	스	트
너	한	다	람	전	셀	용	을	스	주	받	추	고	크	거	동	동

맞춤법
졸업
도입
발명
마커
풍부한
운율
버전
고려
토끼
이동
정신적
변화의
일이
헬리콥터
배울
오프너
바람
믹스
거울

Puzzle 924

부끄러워
아가씨
화창한
반기지
발가락을
우산을
모두
완두콩
주어진주는
헤이
민주
어디서나
속이는
대화
형태로
크림
블리드
무료
입술
유채과

모	노	무	솔	에	운	너	레	한	느	들	너	위	어	을	쌀	추
주	두	료	돌	화	창	한	형	블	리	드	부	문	디	표	카	낌
제	범	한	한	대	사	너	태	견	한	이	람	견	서	한	부	절
주	바	레	한	주	러	들	로	도	트	동	추	대	나	러	을	솔
도	어	올	카	위	솔	퓨	용	쌀	민	은	늘	스	은	결	트	도
로	동	진	반	기	지	부	노	범	주	느	장	루	동	이	크	행
부	바	도	주	을	자	끔	는	한	루	이	적	어	도	문	늘	동
너	쌀	아	을	는	질	헤	이	퓨	굴	주	요	대	입	술	굽	굴
질	을	락	가	발	집	트	속	동	고	크	림	부	끄	러	워	을
맞	대	자	어	씨	문	쌀	북	추	터	달	완	우	산	을	어	제
절	문	파	공	솔	용	동	다	은	트	자	두	트	법	카	거	필
낌	필	자	유	채	과	람	견	에	파	터	콩	터	절	날	다	날
절	의	필	자	행	바	맞	북	솔	사	발	올	고	맞	너	느	레
부	추	주	결	을	동	추	짓	의	은	레	용	에	대	질	동	질
파	북	크	적	바	트	로	솔	에	스	바	들	람	문	주	크	고

Puzzle 925

에	버	컴	이	노	문	쌀	질	감	독	느	퓨	주	장	가	병	원
전	이	스	바	낌	풍	리	맞	로	모	공	적	전	난	내	절	문
물	법	전	트	한	를	돌	용	적	퓨	양	찍	자	동	부	을	운
파	법	이	트	를	구	마	바	전	견	람	을	침	외	풍	장	행
문	추	부	상	가	멍	흔	카	결	카	문	능	컴	용	행	사	결
쌀	자	질	바	느	파	을	공	달	도	트	기	레	굽	달	끔	은
고	북	러	운	고	통	스	럽	게	컴	주	문	받	문	위	제	체
부	쌀	트	한	다	너	발	을	견	주	의	장	체	에	발	쌀	물
질	파	어	짓	크	솔	셀	도	늘	동	발	요	스	주	한	회	자
제	낌	셀	범	이	추	솔	법	도	용	낌	어	늘	문	끔	피	너
발	노	셀	도	굽	파	부	션	레	용	젊	위	감	러	파	에	다
물	공	감	결	대	용	위	절	달	부	문	어	트	느	터	컴	터
측	반	견	늘	람	추	날	측	솔	제	추	을	블	랙	요	행	문
을	딧	감	낌	받	풍	바	발	정	보	감	션	맞	트	표	부	절
풍	불	동	낌	들	을	측	행	위	요	루	트	바	늘	용	요	법

내부
반딧불
회피에
감독
장난
가상
병원
마흔을
주전자
고통스럽게
행위
가장
구멍
모양을
에이전트가
정보
버스트를
블랙
외침을
기능을

Puzzle 926

돌	바	쌀	한	맞	운	감	춤	션	부	이	사	한	한	터	고	집
이	질	객	항	해	을	젊	퓨	를	동	자	위	크	동	날	법	달
부	해	체	받	물	레	트	트	트	바	쌀	문	주	절	춤	다	적
쌀	은	를	들	한	은	동	크	너	사	실	항	목	을	고	짓	질
문	느	한	필	낌	집	락	찍	노	요	행	발	필	를	션	셀	동
견	질	들	터	파	날	체	가	까	운	추	동	한	초	뭔	가	느
발	느	견	도	행	오	히	려	숟	스	틸	훔	쳐	원	올	쌀	은
을	동	리	날	복	행	끔	물	노	달	필	로	체	트	추	다	바
법	로	맞	젊	한	부	로	전	의	위	거	도	문	실	절	를	파
견	전	대	동	트	문	달	돌	한	동	짓	북	터	현	자	집	늘
적	고	감	주	한	을	을	바	의	굽	릴	리	스	바	리	추	로
끔	낌	을	셀	굴	로	사	회	는	발	체	구	발	들	한	솔	한
달	범	자	문	전	복	트	바	고	늘	쿠	받	물	발	질	감	춤
공	법	도	용	리	숭	을	바	부	들	페	용	행	어	거	이	도
질	질	고	낌	크	아	부	은	늘	문	법	제	발	한	체	부	은

뭔가
항해
항목을
도용
법적
초원
이해
릴리스
오히려
숟가락
사회는
행복한
구리
실현
가까운
객체를
쿠페
스틸훔쳐
사실
복숭아

Puzzle 927

발	은	조	다	체	쌀	받	신	다	의	한	한	션	동	굽	측	용
토	론	건	한	필	전	을	발	동	위	방	어	은	이	공	끔	제
측	을	이	겸	표	도	밀	샴	컴	대	돌	필	로	에	자	자	맞
물	주	은	젊	손	날	도	푸	물	다	동	쌀	을	파	트	션	올
션	동	을	코	요	테	풍	하	메	어	셀	물	을	한	션	운	쌀
카	로	짓	주	들	어	햄	여	리	춤	날	한	너	문	찍	절	들
거	노	끔	전	다	자	버	야	너	동	다	명	대	터	찍	굽	용
장	문	퓨	전	문	자	거	한	번	빈	물	확	컴	은	한	뛰	날
도	젊	문	제	낌	전	로	다	집	낌	도	하	셀	쌀	을	어	쌀
짓	낌	이	어	양	파	에	만	문	말	한	게	트	트	끔	를	컴
동	발	찍	부	태	셀	한	주	굽	동	주	로	셀	스	카	맞	필
표	바	이	발	결	제	끔	말	을	은	늘	크	다	범	플	세	부
노	퓨	남	로	트	굴	행	솔	말	법	한	을	카	람	레	컴	계
받	댄	스	성	문	을	질	자	에	풍	받	올	측	리	이	솔	질
동	다	퓨	적	발	느	에	용	공	범	솔	다	결	모	의	굴	느

태양
햄버거
명확하게
코요테
밀도
댄스
조건이
토론
겸손
뛰어
신발샴푸하여야한다
빈번한
메리
방어
모의
플레이
들어
남성
세계
양파에만

Puzzle 928

블	받	도	트	느	크	적	동	문	셀	들	학	늘	어	로	동	은
사	라	문	올	부	러	로	울	말	춤	질	을	업	을	필	을	바
이	용	우	트	발	공	람	었	운	늘	표	퓨	북	을	을	제	운
주	느	이	스	용	의	도	다	을	동	끔	부	한	측	파	카	스
표	루	은	텍	공	의	루	공	날	결	바	사	문	적	다	을	쌀
용	법	적	거	평	가	의	격	스	펀	지	가	을	루	받	주	공
수	박	어	들	사	한	솔	퓨	여	우	측	체	젊	고	다	들	달
를	스	을	셀	짓	문	추	치	바	굽	을	돌	트	바	낌	결	명
트	운	터	전	도	집	한	열	셀	바	집	춤	문	맞	한	부	랑
트	을	극	단	적	으	로	한	북	짓	사	거	날	은	셀	질	한
끔	찍	법	느	긴	리	람	물	절	로	물	절	문	문	들	바	측
브	리	지	위	장	결	정	하	는	고	운	느	동	발	부	전	러
화	요	일	늘	문	을	찍	느	레	어	거	로	에	문	쌀	스	달
대	필	션	질	사	이	운	농	담	돌	도	젊	견	바	쌀	크	다
질	동	를	부	동	범	도	문	문	한	부	쌀	맞	요	질	터	바

브리지
결정하는
명랑
울었다
수박
사용이
공격
가을
블라우스
평가
부러
스펀지
긴장
농담
여우
화요일
극단적으로
학업
치열한
텍스트

Puzzle 929

부	흰	색	추	을	대	젊	쌀	받	로	동	노	운	전	기	감	도
공	션	스	간	단	한	느	어	주	오	디	션	고	다	존	더	날
러	말	솔	추	자	트	한	람	이	말	노	맞	를	레	의	블	한
레	문	에	한	수	이	늘	바	람	느	용	셀	의	도	한	다	북
거	을	부	너	동	기	발	할	크	굽	요	쌀	낌	찍	스	을	동
약	파	루	춤	문	쁘	달	을	머	용	자	도	트	주	전	집	루
속	질	필	스	한	게	문	질	바	니	문	행	은	질	다	을	루
을	젊	파	행	느	바	감	제	돌	과	용	트	춤	감	다	물	발
요	물	용	파	질	자	로	절	반	즙	전	파	한	동	한	위	찍
이	얼	룩	말	달	다	한	감	세	이	한	젊	파	추	도	로	메
자	바	이	노	용	주	올	너	대	은	대	트	노	받	주	문	모
법	너	대	풍	도	풍	을	트	용	굴	절	은	춤	트	운	민	리
도	터	를	편	셀	바	자	다	을	발	레	프	카	스	북	동	이
퓨	달	공	지	자	굽	의	크	한	전	대	로	법	포	을	쌀	람
제	바	표	추	로	한	부	대	낌	집	을	을	돌	찍	견	쌀	체

약속
과즙이
편지
기쁘게
얼룩말
절반
주민이
세대
노트북
흰색
메모리
수동
포스트
간단한
기존의
더블
스카프
오디션
할머니
감기

Puzzle 930

다음
어제
정확성
노란색
연습
수면
손실
매듭
모래가
도시
자동차
가르쳐
차지
터치를했다
디자인
세척
존중
피자
것이
당근케이스

노	트	감	카	운	노	퓨	어	제	찍	날	한	것	이	다	대	은
수	터	자	부	느	부	대	발	존	날	터	파	노	트	로	을	레
트	면	치	장	춤	행	한	말	한	중	디	에	짓	동	올	은	말
들	파	사	를	용	노	란	색	차	동	자	발	솔	한	어	용	부
말	의	람	전	했	연	습	카	제	바	인	파	올	짓	견	동	동
결	이	절	용	돌	다	손	적	범	부	주	행	트	크	매	받	측
제	받	트	질	집	터	실	결	카	피	위	크	들	주	듭	도	시
고	늘	차	지	노	올	표	로	도	자	춤	집	느	람	동	사	춤
추	올	션	너	대	당	끔	공	파	노	맞	끔	북	위	위	질	풍
션	다	요	퓨	견	근	공	공	주	이	사	짓	다	루	바	맞	한
범	절	발	결	세	케	을	션	동	한	을	쌀	문	위	트	를	가
동	이	받	문	척	이	굽	다	음	젊	쌀	범	문	대	북	전	르
이	부	크	춤	한	스	짓	올	의	한	은	동	늘	정	러	다	쳐
집	올	결	로	느	짓	법	바	도	크	을	트	물	확	모	래	가
굴	돌	올	을	짓	행	북	너	도	느	굴	의	찍	성	위	풍	컴

Puzzle 931

늘	노	레	찍	는	치	르	가	노	루	웃	이	스	탬	프	조	싸
의	너	도	달	솔	쌀	달	문	난	늘	었	세	다	괜	을	정	움
사	전	요	미	법	지	출	소	음	한	다	탁	위	찮	풍	짓	체
느	이	어	문	스	한	맞	다	문	컴	끔	법	춤	솔	용	짓	너
춤	전	대	문	장	트	동	굽	용	이	은	부	주	리	도	너	맞
다	도	크	끔	컴	법	짓	도	발	도	북	늘	체	퓨	필	문	주
음	정	지	자	맞	느	들	굴	용	문	자	신	이	문	돌	다	자
과	북	을	은	셀	느	어	은	적	맞	굽	러	받	로	물	도	굽
바	맞	은	부	쌀	전	문	도	트	부	측	다	춤	한	제	문	춤
사	문	느	쌀	달	솔	측	어	표	집	절	질	바	집	부	필	표
다	른	느	션	전	스	먹	러	점	심	견	도	공	동	이	측	범
은	표	람	동	바	송	고	사	트	를	트	한	제	한	발	견	파
문	스	컴	을	풍	제	행	제	문	춤	날	낌	노	받	말	용	에
을	날	트	다	솔	을	결	장	감	바	사	위	이	를	공	루	로
어	요	한	추	들	사	회	부	추	들	솔	바	부	돌	말	범	말

이전
조정
괜찮
다음과
소음
가난한
세탁
스탬프
전송
미스
웃었다
싸움
자신이
사회
정지
지출
점심
가르치는
다른
먹고

Puzzle 932

추구
죄송
다양성
테이프
기사
도착
염소
명백한
코끼리
경험
주년
가축
이모
경찰관
스키
개최
저장
왕자
숨기기
패턴

트	공	스	질	짓	주	발	로	트	도	결	견	가	굴	발	쌀	왕
을	레	레	키	범	발	트	도	착	동	트	문	집	축	이	추	자
행	솔	에	들	주	감	동	을	다	부	절	트	의	을	모	구	퓨
를	패	턴	셀	낌	표	다	표	견	주	년	바	다	들	너	부	숨
트	이	부	문	집	바	범	동	굽	표	은	을	도	양	운	사	기
트	굴	동	공	람	죄	파	바	찍	터	한	은	질	이	성	로	기
동	집	카	체	늘	송	한	람	돌	개	말	견	용	한	쌀	을	트
에	찍	굽	로	저	코	기	사	테	최	질	너	명	백	한	바	솔
한	을	행	말	장	끼	다	문	이	절	북	를	리	돌	발	한	한
동	은	러	의	늘	리	한	은	프	쌀	끔	도	쌀	한	대	찍	추
자	젊	느	맞	람	컴	용	로	로	젊	카	대	부	동	용	셀	셀
동	은	경	바	적	요	이	돌	에	짓	다	이	용	표	을	퓨	자
범	운	찰	염	셀	요	주	행	을	레	절	발	부	행	이	필	용
퓨	솔	관	소	경	돌	행	굽	동	동	동	다	발	전	문	컴	한
람	운	퓨	쌀	험	고	동	스	물	에	결	주	낌	질	의	견	문

Puzzle 933

주	범	을	시	부	바	북	맞	쌀	터	션	을	러	금	사	컴	집
바	바	한	도	리	구	를	카	춤	자	동	한	동	융	거	대	맛
발	에	북	자	문	니	부	느	을	문	로	동	운	선	택	은	을
노	장	맞	부	굽	대	안	행	날	컴	맞	대	터	카	한	젊	카
자	원	결	어	사	을	짓	사	람	물	한	자	질	사	부	도	캡
에	북	위	행	보	라	색	용	트	소	파	한	다	돌	거	이	처
을	셀	바	거	로	느	트	식	칠	면	조	는	이	날	늘	트	동
젊	연	날	트	퓨	측	들	별	을	전	카	물	사	느	주	을	체
질	짓	민	한	장	결	문	문	을	표	늘	자	쌀	랑	달	루	날
집	솔	카	거	주	물	행	사	주	도	북	리	법	다	하	터	씨
결	은	제	발	받	발	다	노	찍	북	절	자	풍	을	돌	는	바
다	을	누	로	자	스	은	고	다	문	부	범	루	운	대	자	집
견	레	군	주	취	람	한	운	한	트	션	자	행	장	바	굽	발
트	요	가	맞	미	은	말	말	솔	짓	동	표	복	한	제	질	이
리	문	동	주	스	스	프	링	지	느	러	미	쌀	바	표	한	도

자원
칠면조는
맛을
취미
선택은
시도
소파
행복
대안
식별
캡처
금융
지느러미
스프링
사랑하는
날씨
누군가
바구니
연민
보라색

Puzzle 934

성능을
파운드
담비
아이
자격을
착용
요리논의
할아버지
중앙
장갑
스켈레톤
너무
내내
분모
드라이버
무의미한
대신
모래
세금
맥주

달	한	자	적	문	측	늘	동	결	퓨	트	올	내	사	드	운	파
트	노	늘	부	범	느	적	은	달	늘	춤	용	내	로	라	짓	쌀
도	을	견	달	컴	이	젊	동	부	을	다	한	동	에	이	아	자
제	제	션	용	대	찍	질	질	한	짓	질	카	분	모	버	올	터
퓨	쌀	레	터	감	너	카	한	은	동	루	노	로	람	어	동	풍
결	필	솔	달	표	늘	세	전	부	장	끔	발	한	요	바	고	추
젊	에	문	의	를	퓨	문	금	자	갑	션	굽	필	결	로	늘	로
션	필	맞	를	너	무	동	한	격	바	결	질	할	아	버	지	돌
컴	돌	찍	도	를	전	다	문	을	스	은	공	요	달	느	어	집
짓	주	문	달	에	범	부	느	능	켈	맥	부	터	리	카	한	추
동	감	북	바	한	루	한	운	성	레	주	중	앙	감	논	미	모
노	부	동	한	질	너	러	담	을	톤	풍	바	퓨	거	레	의	래
트	낌	이	문	달	다	쌀	질	비	쌀	파	체	집	필	퓨	무	대
바	레	주	쌀	고	트	이	에	도	착	고	늘	트	대	사	필	굴
자	쌀	터	북	로	한	측	크	장	용	에	짓	쌀	신	러	전	말

Puzzle 935

조	운	그	필	실	어	에	를	바	올	리	을	로	멸	망	은	람
직	트	녀	션	현	로	노	은	리	주	카	운	주	행	의	감	제
이	맞	너	한	을	낌	들	행	문	의	쌀	퓨	찍	은	사	말	루
거	크	올	말	굴	을	범	행	달	을	제	안	끔	법	어	날	이
요	트	받	문	북	위	쌀	완	벽	끔	용	질	측	천	국	주	람
사	한	수	문	러	돌	트	문	전	올	대	주	추	결	동	먹	로
한	한	행	문	찍	물	소	한	견	퓨	한	솔	문	행	장	발	다
빨	적	맞	을	거	견	원	날	문	요	맞	풍	자	맞	감	한	발
체	간	로	필	낌	바	없	북	람	에	느	한	끔	노	저	항	거
체	견	색	필	공	러	이	쌀	레	느	견	터	부	풍	물	다	동
행	받	견	을	를	한	한	법	끔	로	범	질	부	운	주	행	부
허	루	트	맞	동	자	이	도	느	물	소	바	장	제	쌀	측	한
재	리	레	동	트	무	트	은	젊	결	화	들	표	감	좋	개	선
해	바	케	쪽	션	지	문	깊	문	부	고	러	견	집	게	찍	문
를	다	감	인	퓨	개	제	은	춤	체	사	전	레	날	범	스	전

완벽
소화
무지개
제안
소원없이
깊은
천국
저항
수행
개선
멸망은
빨간색을
그녀
재해를
허리케인
조직
먹다
실현을
좋게
동쪽

Puzzle 936

명사
실험
붕괴에서
반환
소유자
복도
실행을
개미
벨트
월요일
침실
크게
묶여
반복
당근
진정한
바쁘지만
안아
여행
지난

맞	달	를	주	운	발	컴	바	쌀	주	소	유	자	한	셀	문	물
은	적	거	용	노	한	벨	대	사	감	질	표	올	질	측	늘	젊
대	진	행	고	주	리	트	물	늘	을	자	을	거	크	를	견	한
주	정	쌀	제	낌	을	다	적	전	용	셀	대	질	춤	노	안	운
전	한	결	젊	풍	만	지	쁘	바	반	환	한	이	명	집	아	공
여	한	적	레	장	도	문	난	돌	솔	레	크	다	사	한	느	굴
행	을	을	트	젊	다	레	한	루	풍	올	요	게	붕	람	실	험
체	북	스	질	도	요	발	문	절	도	말	터	주	괴	필	침	집
자	견	말	물	달	한	감	당	실	행	을	레	짓	에	적	돌	을
북	질	발	퓨	절	들	발	근	날	찍	개	미	젊	서	맞	말	행
행	문	솔	측	물	어	표	을	어	반	거	스	솔	날	도	날	제
감	짓	월	질	리	바	에	은	바	도	복	묶	바	한	루	쌀	문
위	전	요	전	다	문	굴	굴	한	다	맞	여	을	크	을	의	고
북	은	일	주	문	한	굴	범	발	공	집	로	주	범	컴	쌀	동
바	적	공	을	사	어	말	체	파	문	거	이	물	를	질	필	적

Puzzle 937

크	고	거	알	춤	돌	동	과	터	에	도	람	동	늘	부	다	셀
양	장	스	고	동	고	춤	추	거	문	위	을	냄	장	파	부	셀
말	고	짓	있	을	래	찍	적	이	의	문	부	새	구	스	베	리
의	람	기	는	늘	바	추	쌀	너	제	선	물	받	남	부	이	솔
들	필	행	풍	필	크	람	루	레	다	한	도	굴	장	받	끔	발
부	측	카	요	한	을	의	의	파	괴	에	도	장	질	셀	레	북
에	션	을	를	제	주	용	찍	받	이	이	운	늘	늑	한	낌	문
한	다	찍	끔	를	감	을	한	공	받	은	에	쌀	대	적	절	늘
맞	퓨	드	카	션	질	바	들	전	형	적	인	낌	터	말	달	법
견	이	라	퓨	느	도	조	용	한	늘	질	동	을	발	찍	동	을
트	동	이	계	도	온	사	젊	콤	문	풍	터	짓	대	발	자	주
행	파	브	쌀	부	질	용	파	달	카	굴	굽	범	적	쌀	달	절
집	사	맞	동	문	부	고	로	컴	용	은	앉	웃	고	을	동	차
바	물	짓	바	을	를	동	끔	솔	제	한	아	스	음	퓨	북	다
을	다	날	춤	발	국	경	바	도	물	범	질	풍	추	집	집	다

조용한
부문의
냄새
과거의
드라이브
온도계이
늑대
달콤한
전형적인
돌고래
양고기
선물
구스베리
절차
국경
알고있는
남부
앉아
파괴에도
웃음

Puzzle 938

도	주	을	적	받	트	짓	늘	발	과	수	공	을	을	션	법	은
운	덕	바	추	필	카	풍	바	컴	일	집	집	날	을	결	필	은
낌	찍	적	을	제	노	여	우	드	견	위	당	신	의	가	집	솔
한	추	적	질	사	운	유	다	스	받	원	루	풍	도	능	중	굽
고	발	한	장	로	춤	가	견	바	부	회	을	너	공	성	들	력
바	자	적	동	문	표	제	돌	필	올	장	굽	트	발	집	장	동
개	집	카	도	용	점	진	적	젊	문	질	바	동	주	필	람	로
의	구	주	말	주	요	문	견	이	달	크	쌀	북	풍	발	너	도
용	다	리	행	어	트	루	이	크	발	바	도	다	광	이	전	느
한	달	스	컹	크	이	젊	고	너	용	터	트	사	택	표	바	들
셀	터	을	주	들	을	날	람	정	중	결	낙	공	문	입	용	표
두	꺼	비	컴	굴	필	쌀	영	양	분	을	타	식	발	력	느	올
물	솔	느	문	셀	필	제	춤	표	다	장	용	솔	한	퓨	표	운
어	한	트	트	주	북	굽	법	부	용	법	주	한	클	라	우	드
낌	문	문	고	돌	표	동	쌀	람	집	북	터	로	감	한	짓	발

우드
스컹크
도덕적
가능성
낙타
수집위원회
물어
광택
중력
정중
공식
과일
점진적
여유가
개구리
두꺼비
당신의
입력
클라우드
영양분을

Puzzle 939

에	파	감	동	한	동	바	카	데	용	추	을	셀	풍	도	행	견
경	로	동	맞	도	셀	행	노	이	용	들	다	컴	주	끔	자	주
운	다	을	다	행	굴	를	카	지	견	노	에	감	요	젊	행	결
추	끔	리	를	동	운	체	로	스	를	질	로	바	쌀	퓨	고	이
다	제	한	체	을	집	자	을	타	발	풍	트	은	도	이	필	이
말	말	이	미	거	도	끔	퓨	킹	발	에	다	은	노	날	자	날
장	자	신	뢰	다	한	한	을	바	거	고	로	동	공	굴	사	감
을	카	한	풍	하	수	굽	거	표	공	풍	느	주	부	한	전	카
생	일	을	받	우	북	스	동	다	범	북	낌	트	은	위	카	문
집	셀	을	측	스	날	리	션	견	용	부	한	느	질	동	동	절
걱	정	러	측	는	동	용	셀	춤	다	북	트	람	동	발	다	문
크	람	제	공	러	동	법	적	운	발	추	쌀	노	관	서	도	거
범	너	을	한	물	거	질	을	느	계	끔	찍	한	찰	사	호	변
달	범	적	셀	요	리	크	북	풍	느	산	로	늘	트	람	전	솔
고	은	장	요	문	용	범	끔	요	발	한	기	대	올	은	달	요

변호사
도서관
끔찍한
생일을
행동을
다수
표범
이미
대기
계산기
신뢰
스타킹
하우스는
걱정
경로
운동
사람은
관찰
거미
데이지

Puzzle 940

대	용	여	참	장	주	북	카	젊	말	달	아	체	북	거	말	용
에	들	성	부	면	카	을	마	스	터	말	마	다	측	북	고	풍
부	자	추	드	셀	노	크	라	운	을	대	물	장	늘	이	늘	북
로	부	찍	럽	퓨	력	전	한	풍	날	자	레	을	에	을	도	동
짓	문	을	게	다	느	퓨	문	조	발	다	부	느	도	터	로	춤
요	한	솔	질	리	올	한	쌀	사	트	을	법	표	동	표	어	풍
다	춤	한	용	을	적	의	루	은	체	받	위	야	찍	추	전	절
도	솔	퓨	들	동	요	한	돌	을	을	날	사	쌀	망	노	돌	대
부	부	바	결	어	을	발	을	이	주	페	표	날	의	자	풍	트
문	자	을	표	끔	절	동	찍	발	파	문	이	법	트	받	춤	도
질	를	동	문	굴	레	몬	굽	스	포	츠	식	지	견	고	필	느
날	크	북	짓	거	유	노	한	로	의	날	바	용	범	터	끔	느
한	추	도	추	쌀	령	젊	북	이	어	문	주	방	측	제	주	거
느	레	바	북	도	도	사	레	레	대	짓	날	솔	돌	어	느	도
달	람	루	사	터	을	스	바	받	노	에	주	연	구	쌀	견	파

연구
부드럽게
야망
페이지
노력
참여
아마
식용
절대
유령
부자를
마스터
주방
크라운
여성
거북이
레몬
스포츠
조사
장면

Puzzle 941

입	구	동	감	누	레	견	러	크	한	한	굽	집	도	절	제	쌀
특	적	필	굽	구	을	반	영	에	서	한	스	웨	터	발	코	니
히	바	위	석	아	발	코	를	하	지	문	춤	로	돌	루	다	을
솔	문	늘	탄	무	로	주	용	주	춤	돌	굽	루	맞	범	노	컴
한	쌀	받	감	것	자	위	돌	짓	덮	질	트	말	한	러	을	의
바	트	전	끔	도	자	맞	크	정	여	체	로	이	자	한	감	한
컴	문	파	대	춤	돌	을	은	들	착	굽	로	느	발	용	을	질
표	사	크	올	행	문	크	게	로	견	솔	감	발	도	굽	한	로
적	절	동	너	낌	의	달	으	비	파	스	람	측	한	도	루	늘
어	리	위	범	들	문	동	른	경	싼	람	쌀	의	로	바	문	날
절	사	이	레	리	표	짓	람	계	한	어	속	나	터	동	동	주
끔	날	날	느	컴	찍	다	부	찍	부	느	굽	하	법	동	물	추
사	동	거	공	일	반	문	한	루	질	행	너	셀	는	부	동	이
색	상	측	의	트	견	주	한	감	너	느	짓	용	은	필	트	낌
로	거	필	에	션	말	양	쪽	요	을	부	주	로	을	발	스	동

경계
스웨터
비싼
양쪽
누구아무것도
일반
색상
자위
정착
발코니
코를하지
하나의
바위
반영에서
덮여
속하는
게으른
석탄
입구
특히

Puzzle 942

리	대	바	주	문	제	션	러	어	션	제	요	바	질	터	리	대
트	낌	도	스	굽	법	행	이	행	터	를	한	이	전	람	은	달
맞	위	용	감	범	부	표	사	측	부	굴	사	거	법	굽	젊	기
을	에	종	교	은	전	절	공	로	리	로	성	장	을	필	돌	회
대	너	한	을	날	부	공	너	제	용	체	동	결	운	맞	필	한
컴	지	전	자	찍	추	날	주	끔	느	다	느	트	날	풍	대	스
수	집	문	을	카	요	돌	받	표	날	느	한	로	트	셀	달	크
웨	스	턴	피	바	적	트	전	레	션	문	크	동	수	많	은	럽
바	바	카	해	가	시	적	실	행	을	행	러	문	다	쌀	문	다
인	제	레	자	은	도	바	적	무	거	운	로	채	다	스	발	러
올	터	부	보	작	늘	들	을	친	애	하	는	다	한	로	을	단
람	짓	뷰	기	은	감	요	를	위	쌀	문	바	달	에	바	찍	락
람	날	은	저	추	레	물	에	대	션	은	이	감	어	카	동	이
의	레	한	굽	녁	정	트	을	회	법	용	느	터	요	범	요	은
북	크	다	은	범	스	셀	위	다	문	카	러	로	도	션	측	에

저녁
다채로운
가시적
수많은
추정
기회
수집
피해자보기
인터뷰
무거운
친애하는
실행
종교
에너지
작은
대회
웨스턴
단락
성장을
스크럽

Puzzle 943

컴	자	문	요	젊	람	춤	을	느	문	트	들	측	찍	다	카	적
들	트	컴	돌	도	없	바	거	느	도	은	한	레	로	거	찍	솔
목	늘	체	의	스	음	스	을	트	거	주	전	대	노	사	컴	의
욕	감	정	다	푼	도	발	너	동	부	한	터	발	질	바	이	크
동	주	추	사	범	을	맞	체	자	한	부	젊	루	말	동	솔	늘
친	컴	골	을	운	춤	건	주	낌	노	셀	굴	은	위	솔	트	러
물	화	맞	절	사	드	강	찍	이	부	말	느	노	트	행	파	풍
이	순	적	은	체	노	체	북	주	자	측	노	노	행	고	트	들
굴	단	발	감	감	시	조	각	사	라	분	날	노	느	견	돌	질
로	이	트	소	집	간	다	스	리	요	출	늘	춤	한	부	질	바
을	벤	러	바	문	집	동	바	너	감	사	솔	주	전	은	용	레
람	트	짓	로	추	이	동	맞	동	로	주	세	심	한	도	공	너
범	짓	이	나	타	냅	니	다	치	트	문	주	체	은	결	를	들
바	제	어	굴	이	도	파	바	킨	바	장	쌀	로	바	은	운	올
찍	집	추	의	발	자	바	늘	춤	위	체	루	발	용	다	너	요

골절
나타냅니다
목욕
친화적
이벤트
없음도
감정
조각
스푼
건강
제어
사운드
단순화
사라
시간
감소
바로
세심한
치킨
분출

Puzzle 944

용	셀	감	끔	스	이	파	바	질	다	문	이	문	터	를	발	은
질	은	주	셀	문	을	다	로	말	퓨	굽	문	동	전	찍	맞	결
노	부	카	발	맞	적	결	기	동	노	트	발	주	전	제	은	끔
짓	표	법	레	자	짓	요	간	문	화	풍	거	감	루	거	굴	동
터	발	바	칩	니	다	얼	의	너	어	장	부	앵	보	고	서	는
찍	바	퓨	트	즐	느	음	션	을	동	위	효	무	말	장	춤	거
부	요	의	서	길	파	거	견	끔	범	어	을	새	견	절	로	도
범	사	절	짓	리	차	이	가	자	바	너	올	바	을	을	한	고
표	동	공	의	질	크	다	션	파	짓	로	어	트	집	굴	요	을
한	견	에	올	레	한	은	다	은	느	동	적	풍	스	전	혼	합
을	람	감	루	크	쌀	문	사	로	다	필	제	뾰	문	말	바	레
낌	통	지	낌	발	쌀	트	카	러	고	한	거	족	사	낌	단	편
주	레	스	토	랑	도	리	고	어	굽	자	문	한	용	위	을	너
적	느	레	날	고	퓨	의	들	공	적	표	들	중	카	올	은	리
주	늘	발	굴	을	추	바	받	한	느	격	풍	신	주	한	쌀	람

무효
혼합
즐길
레스토랑
도랑
얼음
문화
차이가
적격
보고서는
뾰족한
바칩니다
동전
신중한
통지
서리
제거
기간의
앵무새
단편

Puzzle 945

발	필	침	묵	을	상	책	고	쌀	바	겸	질	적	위	북	주	짓
제	람	부	절	노	늘	어	백	한	바	대	손	위	거	한	한	말
로	춤	셀	행	한	내	돌	을	문	를	최	용	한	적	너	컴	트
솔	한	발	터	전	일	한	맞	션	자	종	낌	컴	풍	질	법	질
범	다	요	자	어	디	에	있	는	통	센	문	동	자	장	를	법
운	동	젊	파	서	을	다	동	장	치	터	감	주	크	제	측	다
자	동	부	크	비	리	받	트	발	는	을	이	공	북	도	한	쌀
빨	리	게	럽	스	심	조	거	법	들	공	사	용	시	까	지	퓨
노	한	체	감	동	굴	밝	위	위	느	을	용	도	적	용	은	체
풍	래	말	괄	량	이	다	은	동	영	상	퓨	고	추	찍	질	범
요	자	하	짓	바	맞	다	범	쌀	위	주	다	동	천	를	동	용
바	올	풍	기	자	컴	측	발	신	호	크	전	용	이	대	발	한
늘	느	요	결	스	전	낌	체	체	의	로	문	사	장	의	크	받
너	동	문	문	퓨	요	받	동	질	발	너	람	한	은	파	들	을
질	거	을	표	트	느	낌	질	추	을	측	돌	쌀	느	용	끔	굴

빨리
고백을
겸손한
최종
사용시까지
동영상
신호
어디에있는
책상을
센터
통치는
침묵을
추천
조심스럽게
거위
내일
밝은
서비스
노래하기
말괄량이

Puzzle 946

감옥
편안
분자
전화
헌신
결정
깎이
스트립
세븐
페인트
목록과
차가워
우울
해바라기
함께
시도를
재사용을
껍질
웜은
주위에

들	끔	돌	다	부	목	굴	을	체	북	문	위	동	다	전	굽	감
이	동	시	도	를	록	이	을	터	달	문	스	바	터	자	화	옥
용	한	받	은	문	과	퓨	늘	북	요	함	트	범	카	질	집	동
쌀	용	표	결	정	체	크	껍	질	사	께	립	세	늘	을	바	솔
크	차	가	워	깎	이	션	주	요	맞	용	에	븐	러	우	용	어
적	한	리	체	고	들	발	풍	분	쌀	도	바	너	부	울	리	람
리	필	쌀	체	주	주	감	절	행	자	에	느	다	춤	웜	에	러
도	부	부	다	집	문	한	용	문	너	트	동	로	셀	은	바	들
굽	짓	스	느	부	노	트	풍	컴	공	범	을	들	올	셀	주	공
재	사	용	을	주	트	동	한	한	부	낌	도	을	말	필	터	장
북	너	위	운	날	위	션	문	헌	신	풍	결	질	주	퓨	굴	동
크	람	문	거	장	용	에	도	편	의	주	전	부	찍	부	용	컴
사	표	동	루	레	러	풍	도	안	문	한	표	다	견	문	필	문
을	굴	을	페	인	트	트	다	고	젊	적	고	고	용	요	용	느
장	자	파	자	을	사	말	람	해	바	라	기	용	문	도	을	은

Puzzle 947

이	노	다	표	스	행	제	출	크	거	질	올	북	레	레	절	측
부	루	한	쌀	표	로	어	결	파	인	애	플	발	동	절	끔	부
단	계	를	동	면	쌀	감	혼	바	공	주	바	어	표	느	운	을
네	트	워	크	스	책	장	은	결	다	셀	찍	결	측	을	주	법
루	적	자	을	은	젊	주	도	쌀	필	한	퓨	풍	장	루	추	을
북	집	날	집	여	춤	용	사	운	말	질	도	트	러	의	솔	다
문	은	솔	북	기	다	파	들	리	늘	부	카	러	그	늘	용	부
러	문	행	노	행	루	도	이	다	굴	물	체	션	로	동	문	트
요	을	퓨	너	결	다	션	측	발	짓	위	도	전	느	바	은	션
무	시	나	리	오	카	을	춤	맞	날	너	올	범	다	주	스	은
레	릎	카	나	리	아	설	통	과	카	동	캠	프	을	한	적	북
컴	컴	자	굽	용	발	주	득	문	로	파	자	동	셀	에	을	문
동	추	위	올	젊	풍	퓨	을	은	운	모	로	정	트	트	감	한
측	올	날	한	을	문	문	문	로	감	방	절	측	치	용	어	감
끔	부	한	집	솔	굴	을	감	한	부	질	의	부	주	집	문	말

정치
책장
파인애플
시나리오
그늘
날카로운
표면
주스
네트워크
무릎
캠프
주장
모방
카나리아
단계를
통과
여기
제출
결혼은
설득

Puzzle 948

발	다	법	받	자	체	자	의	주	어	처	한	늘	들	적	동	공
을	커	원	물	동	동	썩	과	학	자	벌	형	식	트	적	짓	굴
한	플	들	질	말	리	은	위	에	들	트	다	주	동	트	이	러
한	리	을	의	측	레	바	풍	해	바	발	추	주	용	주	느	을
장	바	다	스	측	문	을	대	행	루	들	동	결	을	람	퓨	굽
고	도	굽	로	견	바	풍	문	파	범	를	굴	의	끔	은	동	파
전	위	터	질	대	다	한	사	체	풍	감	집	필	노	법	살	부
추	견	측	바	절	에	셀	수	질	동	터	이	날	도	바	쾡	셀
절	마	파	를	낌	늘	범	달	도	러	받	를	한	고	질	이	션
바	모	레	짓	짓	행	쌀	동	끔	를	문	적	발	노	지	를	루
트	바	올	을	절	로	트	동	발	적	행	라	말	자	방	동	한
운	의	제	운	을	법	구	울	느	느	돌	유	디	동	클	럽	실
동	전	문	결	동	말	운	행	주	날	사	지	법	오	발	받	제
퓨	전	자	을	끔	한	발	요	터	올	소	할	주	아	내	자	문
낌	바	물	질	동	트	을	사	공	용	한	을	바	바	을	늘	굽

커플
구울
동의
살쾡이를
라디오
클럽
형식
과학자
물질의
실제
동물원
지방
썩은
수달
처벌
유지할
위해
아내
마모
사소한

Puzzle 949

동	굴	맞	다	발	부	올	발	쌀	위	바	인	을	젖	문	파	공
트	발	어	날	요	루	로	어	한	노	션	치	배	은	측	일	파
북	측	다	을	쌀	체	플	운	은	쌀	질	가	터	낌	동	렷	을
사	문	문	쌀	추	사	레	라	자	풍	문	자	한	션	도	크	쌀
너	토	마	토	느	컴	행	받	스	너	용	문	한	은	추	이	은
풍	부	감	대	문	파	스	에	단	틱	러	공	을	조	젊	로	람
거	동	주	질	퓨	에	올	람	위	노	블	로	터	위	건	한	한
문	법	스	춤	고	범	다	동	를	늘	을	루	쌀	동	농	장	전
고	레	짓	최	초	의	문	계	발	측	지	을	들	션	체	부	짓
루	부	노	동	도	트	상	정	트	발	능	이	끔	도	한	한	용
카	구	람	트	법	빈	상	을	스	솔	형	스	용	여	자	노	굽
늘	성	를	잊	굽	곤	거	트	행	동	람	견	운	굽	제	느	바
발	집	람	어	은	을	한	늘	짓	을	노	로	장	을	동	크	트
추	제	굴	공	법	법	춤	선	원	하	는	동	다	적	도	자	어
발	션	찍	맞	을	트	표	고	도	자	을	람	짓	필	쌀	트	집

인치가
계정을
최초의
원하는
농장
블루
여자
잊어
지능형
젖은
빈곤을
파일럿
단위를
선고
토마토
상상
배치
플라스틱
조건
구성

Puzzle 950

휴일
선거
오토바이
유지
얻을
상점
엄청난
그릇
지켜
필름
방법을보고
온다
협력
냉장고
어깨한다
빛의
기금
지구를
거부
자랑스럽게

러	션	위	오	토	바	이	적	온	위	집	동	발	엄	청	난	한
어	러	운	그	한	장	상	점	다	의	결	춤	찍	발	어	터	맞
고	깨	문	릇	트	용	요	트	견	질	측	트	낌	다	어	문	다
선	거	한	절	에	들	냉	장	고	트	은	바	질	바	견	자	유
노	레	러	다	노	트	한	이	보	행	얻	휴	일	춤	를	구	지
집	집	어	늘	말	셀	들	자	을	이	을	동	동	풍	찍	짓	공
션	바	적	감	집	굽	트	제	법	절	트	도	감	결	을	은	셀
협	의	물	적	발	동	쌀	질	방	장	크	느	퓨	위	한	은	을
자	력	체	달	터	전	노	고	문	로	늘	러	요	맞	고	은	말
퓨	랑	어	장	느	공	동	바	행	이	문	를	춤	풍	한	측	맞
필	로	스	에	카	날	한	절	동	집	늘	전	용	한	필	름	파
체	느	결	럽	한	낌	은	지	켜	굴	을	달	느	날	거	부	굴
도	한	을	사	게	굽	다	이	달	다	거	말	날	끔	에	맞	바
카	을	낌	찍	바	크	퓨	장	결	부	에	한	젊	받	집	기	금
한	빛	의	다	문	트	북	자	루	로	들	고	로	용	트	부	을

Puzzle 951

사	북	위	안	아	느	스	트	요	운	법	젊	다	말	셀	를	대
리	바	문	전	직	집	용	노	표	리	필	견	집	트	맞	공	급
북	풍	용	하	터	한	로	잃	운	집	춤	범	레	문	질	끔	컴
고	표	맞	게	용	솔	제	노	게	결	다	모	니	터	링	퍼	고
문	을	바	터	한	루	주	주	문	론	이	용	트	받	견	핀	동
발	그	러	나	전	요	노	용	을	트	동	체	끔	컴	부	전	은
노	기	노	트	표	젊	북	로	쌀	고	노	한	질	날	느	풍	들
공	필	린	장	다	람	질	한	도	들	필	우	유	지	방	올	문
로	절	자	뉴	스	물	적	바	구	발	의	루	에	잊	범	트	늘
게	용	물	부	돌	제	질	고	카	들	쌀	의	퓨	을	컴	운	터
돌	임	집	파	은	너	도	을	동	동	받	결	질	이	흡	수	호
말	물	문	루	을	받	커	에	자	쌀	집	느	요	트	을	을	용
문	달	농	동	표	자	버	제	발	돌	요	달	약	법	자	이	짓
부	다	구	찍	제	감	가	장	발	자	들	올	크	질	쌀	은	다
로	이	바	발	한	셀	로	은	셀	제	문	로	션	물	문	바	찍

노트
아직
우유지방
안전하게
기린
흡수
뉴스
공급
잃게
퍼핀
게임
잊지
요약
모니터링
호수
그러나
커버가
농구
도구
결론

Puzzle 952

리	필	스	연	은	퓨	트	젊	한	용	자	쌀	문	부	얇	사	절
존	재	를	기	필	발	질	이	말	날	바	자	주	문	은	람	주
컴	러	운	를	자	동	결	장	동	바	레	은	카	이	젊	들	위
한	전	시	문	가	사	제	에	주	발	문	들	감	체	굴	이	체
다	고	결	를	국	족	한	질	다	시	이	젊	범	장	제	를	어
굽	견	에	운	이	자	에	물	풍	법	한	요	트	은	퓨	쌀	다
한	주	말	영	을	사	문	게	집	원	짓	공	늘	부	껨	퓨	자
어	다	굽	향	춤	용	올	레	행	사	탕	기	은	동	중	복	을
북	돌	도	을	이	주	로	젊	을	질	견	터	솔	결	이	행	터
참	가	자	발	이	추	들	로	을	동	한	견	끔	필	고	러	솔
북	행	체	돌	춤	통	루	풍	질	올	늘	제	바	로	용	요	이
다	솔	올	위	질	증	너	바	사	절	크	적	요	그	이	점	은
돌	북	이	상	대	이	주	운	어	컴	행	문	어	트	룹	표	문
문	쌀	어	한	필	발	자	자	행	북	고	질	느	루	카	바	표
주	받	도	굽	공	축	터	바	표	의	거	풍	용	질	위	체	적

사람들이
연기를
다시
참가자
가족에게
얇은
공기
법원
영향을
중복
존재를
통증이
위상
동결
주말
사탕
그룹
이점
러시를
국가

Puzzle 953

노	공	을	곱	굽	동	한	제	한	바	늘	동	루	전	굽	자	다
결	절	셀	셈	선	글	라	스	주	제	공	행	어	원	피	션	노
찍	파	표	한	퓨	들	집	루	굴	주	공	장	쌀	어	션	하	느
질	제	춤	한	셀	감	주	어	문	문	람	러	체	리	람	도	기
변	위	읽	도	일	반	적	으	로	땅	용	전	물	도	루	설	명
젊	문	는	체	질	장	바	의	주	의	결	용	굴	를	한	부	퓨
공	적	카	한	동	쌀	한	행	발	도	젊	트	늘	필	문	쌀	받
발	바	젊	리	부	터	터	운	공	부	을	다	추	행	집	용	에
주	바	을	문	를	터	도	결	스	늘	풍	물	를	동	발	북	절
물	문	카	요	바	짓	부	트	받	노	사	쌀	용	집	사	절	굴
사	돌	일	평	로	한	도	체	배	발	션	외	굽	느	장	동	션
짓	짓	반	받	면	범	그	늘	우	돌	바	루	에	바	문	발	적
범	질	적	정	리	컴	래	한	에	자	표	트	리	문	동	노	받
도	스	인	노	굴	트	프	확	서	물	용	맞	찍	발	응	바	자
에	추	주	느	굽	절	전	실	트	맞	동	도	맞	발	답	체	질

변위
선글라스
전원
체리
곱셈
설명
제공
외에
일반적인
그래프
행운
확실
피하기
평면
일반적으로
응답
정리
배우에서
읽는
땅의

Puzzle 954

제	수	젊	북	결	감	열	진	스	케	이	트	스	케	이	트	바
다	프	물	카	리	지	문	이	술	대	용	이	말	터	추	집	지
도	카	문	션	맞	하	문	트	동	은	퓨	추	도	고	부	파	바
대	받	풍	노	터	여	운	끔	들	절	로	퓨	질	을	발	찍	굴
발	돌	동	을	젊	트	자	영	응	답	이	람	이	낌	절	표	동
늘	측	퓨	동	짓	솔	바	를	너	표	전	연	넥	주	대	레	을
동	질	트	질	문	풍	카	이	행	감	셀	못	타	트	레	찍	느
맞	막	너	적	프	리	지	아	끔	동	노	조	이	용	젊	다	한
발	두	끔	에	노	바	컴	받	션	날	사	랑	자	위	크	여	용
찍	오	한	달	로	행	용	행	이	카	트	말	느	트	위	덟	교
로	늘	전	동	터	문	감	물	견	문	용	동	용	한	위	집	실
전	바	문	행	대	전	러	쌀	올	북	젊	리	한	공	들	화	을
자	도	가	평	야	컴	한	카	찍	측	쌀	풍	션	을	늘	재	을
로	한	동	부	표	올	의	크	을	질	낌	체	스	웨	덴	크	노
로	굽	퓨	셀	한	느	공	다	자	적	이	주	느	동	제	를	트

응답이
넥타이
진술
화재
스케이트스케이트
프리지아
연못조랑말
바지
감지하여
오두막
교실을
수프
아이를
여덟
전문가
열이
오늘
운영
스웨덴
평야

Puzzle 955

에	로	한	리	크	쌀	법	늘	범	이	바	전	동	발	컴	추	도
통	질	람	한	바	한	발	정	계	죄	동	타	고	메	추	라	기
해	용	동	집	바	질	적	도	집	피	터	은	필	젊	동	부	은
도	부	체	일	곱	자	끔	적	고	로	문	문	퓨	범	찍	굴	문
다	션	어	받	고	추	짓	용	스	거	적	춤	문	바	도	제	트
로	북	터	운	적	동	은	한	노	주	느	바	소	수	점	트	고
대	이	한	도	극	러	달	공	은	한	찍	자	쌀	트	질	자	장
결	너	절	록	비	장	나	머	지	영	람	을	운	한	음	성	운
필	한	솔	굽	물	이	을	용	문	리	체	에	한	션	체	전	의
사	한	다	를	늘	성	장	한	다	거	날	람	날	한	거	쌀	한
도	셀	주	카	은	장	을	자	솔	적	위	젊	표	필	자	프	높
찍	스	크	낌	집	쌀	한	다	예	술	측	너	동	요	매	로	이
집	을	자	다	바	한	트	결	를	끔	트	주	자	고	레	그	문
문	동	운	조	상	대	집	을	장	굴	람	법	러	올	표	램	한
굽	동	낌	대	찍	자	다	늘	크	들	한	주	견	다	질	돌	체

통해
예술
일곱
타고
영리
프로그램
음성
범죄
자매
나머지
극장
성장한다
비극적
정도
소수점
높이
계피
메추라기
조상
비록

Puzzle 956

다리
아버지의
귀여운
확장
위장
성인
알려진
여섯
정부
군사
육두구
명예롭게
검사
의존
흥분
웨이크
드럼
가득
지수
충성

위	동	이	바	문	날	문	문	쌀	측	파	이	셀	드	군	사	귀
가	다	리	질	동	춤	한	바	을	로	문	용	다	럼	늘	검	여
득	질	굴	측	부	문	로	질	동	다	람	바	날	용	은	쌀	운
컴	집	자	끔	질	발	거	를	필	러	찍	위	굽	제	전	은	풍
동	제	체	짓	도	트	다	견	문	발	이	이	결	북	어	흥	분
필	감	정	자	션	견	굽	굽	운	도	바	셀	발	짓	질	문	주
문	주	받	부	발	한	스	주	다	장	은	범	행	다	질	여	굴
위	이	필	루	견	이	은	어	고	전	을	돌	바	솔	확	섯	웨
받	육	자	장	주	위	결	자	늘	트	아	굽	사	법	장	부	이
노	동	두	고	의	로	발	명	측	한	버	자	동	동	바	쌀	크
문	동	의	구	의	굴	을	예	주	주	지	문	주	션	은	부	너
찍	발	질	달	존	문	늘	롭	주	맞	의	동	크	올	바	제	날
이	알	지	수	공	범	주	게	자	성	충	바	노	느	바	바	고
노	은	려	찍	자	도	체	공	용	인	다	말	위	문	체	느	춤
리	체	터	진	을	올	굽	로	로	쌀	루	노	주	장	체	위	장

Puzzle 957

질	리	거	굴	도	굽	주	쌀	너	문	퓨	행	필	도	바	트	이
보	존	사	건	발	다	표	주	찍	바	이	동	표	발	의	거	을
전	다	은	표	운	문	를	으	한	필	을	하	주	크	컴	법	집
말	터	자	자	람	사	도	북	르	찍	가	라	은	느	선	택	견
바	로	체	트	스	케	이	트	말	렁	장	로	발	올	쌀	용	람
이	카	한	절	결	굽	표	한	발	셀	자	표	시	문	메	고	을
운	주	도	이	은	받	풍	문	공	늘	리	카	문	감	시	셀	러
러	한	법	문	이	션	한	을	한	날	한	끔	동	행	지	질	결
컴	공	러	범	들	을	바	부	부	전	말	리	너	주	찍	은	체
이	파	필	쌀	주	셀	주	날	바	받	를	거	핸	춤	늘	적	한
결	불	에	트	한	제	도	결	자	이	행	쌀	들	한	두	스	발
셀	파	리	로	문	트	부	문	션	우	리	의	을	카	절	께	용
고	파	공	쌀	동	이	트	레	지	배	적	위	고	객	문	전	의
말	낌	로	퓨	로	다	범	자	비	행	을	체	너	적	끔	견	바
쌀	너	사	을	루	을	낌	혼	자	트	리	람	한	한	스	를	발

가장자리
불에
사건
비행
고객
표시
행동하라
지배적
우리의
핸들을
주제
트리
으르렁
혼자
도발
메시지
보존
스케이트
두께의
선택

Puzzle 958

동	션	문	한	셀	로	찍	낌	표	어	러	연	방	크	퓨	풍	공
카	굴	발	트	셀	감	타	격	임	루	치	료	곡	셀	너	굴	결
어	한	노	배	느	동	컴	너	명	을	주	을	솔	선	위	점	풍
행	루	러	가	위	치	돌	용	솔	맞	바	색	한	질	제	제	수
그	들	이	위	느	카	문	한	말	요	바	상	도	노	의	레	주
측	받	쾡	들	절	퓨	젊	스	전	달	공	이	발	결	발	날	노
올	공	살	바	루	파	문	달	물	문	결	운	발	공	한	터	쌀
기	관	션	설	계	로	컴	사	요	찍	적	바	물	크	굴	쌀	시
셀	굴	다	제	찍	도	느	을	을	범	영	의	퓨	자	노	도	계
굴	이	추	굽	물	바	파	을	풍	발	레	역	소	요	범	스	퓨
표	을	은	집	은	카	컴	동	법	리	체	굴	을	제	젊	도	운
올	러	션	카	동	로	바	문	컴	집	날	부	을	집	거	도	위
말	레	터	은	젊	주	받	문	범	들	파	셀	동	트	용	아	측
결	것	이	다	굽	로	동	동	로	이	슬	자	전	거	운	빠	에
늘	의	공	젊	짓	짓	파	공	돌	전	끔	한	늘	레	의	문	추

위치
이슬
영역을
임명
타격
점수
소요
배가
설계
곡선
그들이
자전거
시계
것이다
치료
아빠
기관
색상이
살쾡이
연방

Puzzle 959

지	금	적	집	굴	추	들	레	질	만	실	이	문	파	동	루	이
동	람	로	이	요	동	고	공	찍	장	든	수	동	찍	올	느	을
요	질	행	감	생	적	행	로	감	에	무	늘	추	을	감	범	에
도	늘	람	한	산	안	녕	하	세	요	례	의	적	스	을	로	위
바	자	에	연	자	본	문	트	질	받	은	매	한	부	운	트	표
은	를	상	풍	트	노	인	정	바	제	의	달	레	바	문	다	고
춤	행	단	발	문	제	람	자	집	컴	레	려	크	발	파	한	돌
트	좋	은	감	용	로	집	노	전	파	다	공	도	필	적	트	자
션	퓨	문	를	북	솔	트	긴	장	된	임	를	고	파	어	한	공
루	표	끔	제	스	쌀	질	법	법	동	의	절	카	우	보	이	범
축	구	크	에	도	쿠	한	솔	한	찍	의	부	문	바	을	트	을
문	측	짓	이	짓	로	터	문	젊	한	스	느	낌	한	컴	바	크
바	습	관	을	받	정	인	다	법	파	파	을	셀	션	맞	주	이
용	퓨	견	법	공	을	문	발	장	젊	느	한	공	물	터	체	표
문	퓨	동	을	사	사	절	물	퓨	끔	문	굽	발	맞	굴	루	올

카우보이
만든
매달려
긴장된
안녕하세요
좋은
자본
무례
인정받을
인정
느낌
상단
지금
축구
생산
실수
스쿠터
임의의
습관을
자연에

Puzzle 960

보물
침입
인용
모텔
선박
아마도
요청
이야기
사용자
듣고는
포도
증명
믿기
돼지
설탕에
재미
환자
고대
미러
시장의

이	발	굽	은	찍	사	추	돼	사	용	자	아	터	포	도	환	자
야	루	동	노	문	질	동	지	견	행	이	션	마	느	션	문	동
기	동	말	용	필	션	발	올	용	집	문	동	은	도	을	굽	솔
을	을	부	는	고	듣	트	법	러	문	주	날	굽	달	맞	낌	늘
올	도	바	노	대	동	러	너	날	어	질	위	터	굴	에	로	션
운	사	컴	너	북	로	짓	이	용	발	바	은	느	제	장	주	도
스	컴	체	법	이	젊	요	대	고	인	도	절	한	범	질	트	돌
공	측	바	퓨	크	쌀	청	증	명	용	동	미	재	한	바	추	주
은	의	측	굽	요	침	입	선	박	람	용	이	러	돌	트	받	크
동	바	굽	춤	자	문	적	표	동	적	를	달	적	설	탕	에	낌
을	을	젊	로	행	카	도	굴	의	를	스	적	도	행	한	위	문
보	젊	올	이	쌀	주	장	체	고	발	부	날	트	너	요	바	은
춤	물	추	감	질	결	동	용	믿	거	늘	다	시	장	의	은	을
부	맞	모	셀	레	터	한	대	기	노	찍	요	절	동	을	동	을
리	공	텔	파	행	퓨	트	카	용	거	를	찍	바	컴	동	이	집

Puzzle 961

적	운	표	에	사	늘	어	을	늘	셀	운	체	카	문	부	부	쌀
문	동	위	컴	제	을	러	쩌	람	맞	짓	쌀	발	크	용	풍	대
람	위	크	토	마	토	를	을	면	어	요	주	도	부	노	셀	질
받	결	부	쌀	레	늘	쌀	은	올	달	집	바	짓	절	견	장	문
동	동	체	카	솔	젊	레	쌀	거	을	자	공	물	주	바	범	문
퓨	집	을	장	동	낌	루	필	풍	스	문	대	거	맞	발	북	한
동	너	트	러	행	범	에	지	상	올	노	동	너	달	날	관	련
북	달	늘	도	돌	행	컴	의	느	주	레	바	결	대	한	춤	올
한	한	카	늘	북	날	선	로	느	체	로	늘	유	사	한	표	행
리	느	도	잘	발	성	호	바	적	절	이	스	의	부	측	결	한
문	도	표	미	받	숙	하	집	드	물	게	유	리	한	느	풍	노
도	도	토	말	을	동	는	너	다	받	행	트	소	이	컴	전	입
션	분	수	리	가	스	말	느	러	부	한	바	오	도	늘	달	학
달	질	동	필	참	어	체	다	장	약	제	조	션	솔	절	쌀	제
발	을	쪼	아	측	바	감	러	부	찍	어	감	문	어	질	주	루

관련
말을
지상
토마토를
선호하는
말미잘
분수
참가을
유사한
약어
성숙
쪼아
유리한
드물게
오소리
어쩌면
제조
토크
입학
도토리

Puzzle 962

찍	견	다	을	앞	으	로	에	문	로	요	한	전	한	솔	늘	람
트	를	용	질	이	추	법	부	솔	위	은	솔	법	바	이	끔	을
최	질	리	러	감	들	올	견	말	카	션	을	이	어	깔	의	동
공	악	다	람	쥐	용	이	로	끔	로	레	루	굴	를	끔	찍	로
돌	요	의	솔	분	노	굴	젊	감	질	퓨	주	트	퓨	한	별	특
발	찍	공	한	리	용	사	이	클	링	스	을	질	에	풍	운	한
컴	거	퓨	다	다	이	빙	리	의	견	공	간	노	식	물	로	거
한	로	크	동	트	문	체	노	느	트	늘	운	운	한	거	미	굴
문	의	를	람	이	돌	도	크	낌	느	올	송	올	리	다	흥	물
젊	동	이	요	표	다	견	바	말	다	람	방	보	류	스	느	행
물	크	문	동	주	물	쌀	젊	돌	러	자	질	법	문	춤	에	크
공	한	발	도	받	굽	거	늘	동	전	문	견	동	체	다	적	발
동	어	크	말	용	질	행	짓	다	검	로	바	날	바	말	전	절
굴	어	을	적	방	지	발	결	문	도	은	것	고	다	문	굽	로
션	낌	러	돌	을	터	그	림	가	져	용	늘	한	카	크	집	리

그림
최악의
방지
분리
보류
특별한
앞으로
운송
노크
방법
흥미로운
것은
공간
다이빙
식물로
가져
다람쥐
깔끔한
사이클링
검은

Puzzle 963

적	를	동	를	거	측	축	사	동	들	장	자	많	부	문	돌	에
도	터	컴	요	위	젊	하	굽	올	스	크	주	은	바	고	레	올
행	공	문	말	트	바	하	질	동	질	트	스	부	한	래	션	한
주	문	오	증	집	람	다	한	루	션	사	레	사	늘	셀	리	를
요	소	류	션	사	도	를	결	시	레	교	전	의	추	적	어	한
카	달	러	람	적	용	용	로	게	레	북	실	안	전	사	레	쌀
표	카	한	발	다	을	션	을	스	동	터	사	너	맞	춤	날	문
결	로	한	카	대	감	로	의	적	날	로	용	리	문	다	문	쌀
은	리	쌀	쌀	한	제	터	단	쌀	말	늘	쌀	루	물	공	젊	전
동	동	동	위	요	부	람	지	감	어	멋	낌	감	견	한	범	한
다	요	밀	자	퓨	용	주	이	느	동	진	맞	날	돌	쌀	터	크
쌀	고	부	어	너	받	느	한	을	물	트	이	유	는	동	연	령
로	고	어	주	한	동	선	풍	쌀	용	마	음	을	어	고	발	부
샤	고	다	들	은	포	반	도	자	자	집	받	굽	동	필	들	동
워	바	자	문	춤	착	은	한	동	크	체	은	로	춤	도	느	주

이유는
안전
주소
풍선
연령
선반
시게
오류
단지
교실
쌀쌀한
많은
고래
포착
샤워
축하하다
멋진
마음을
증오
밀어

Puzzle 964

받	물	리	바	한	굽	집	의	더	컴	크	크	를	을	들	를	맞
로	에	고	쌀	위	험	필	람	러	행	발	로	은	개	방	올	살
러	조	노	기	흔	들	었	다	운	장	바	말	거	추	적	을	고
들	질	직	돌	발	절	사	질	자	한	춤	요	부	쌀	한	레	있
감	은	촬	에	을	카	북	의	트	루	파	사	추	한	러	션	는
자	질	영	자	한	도	컴	어	낌	부	동	주	러	을	스	키	도
굴	문	간	전	송	을	러	이	문	대	은	끔	느	필	사	카	스
법	을	인	터	럽	트	도	유	한	람	문	질	같	은	달	컴	이
자	동	을	트	한	거	감	가	극	적	인	위	즉	셀	굴	의	동
고	문	문	부	터	체	트	요	은	집	낌	들	시	동	를	바	굴
법	을	한	방	어	머	니	받	고	표	용	스	질	체	너	파	짓
바	동	이	들	발	느	용	끔	로	굴	전	체	범	결	견	질	문
람	낌	에	동	자	늘	이	쌀	요	노	러	장	끔	날	한	위	거
다	어	문	레	의	다	셀	춤	결	들	말	셀	트	이	바	느	스
쌀	터	람	찍	돌	늘	짓	레	쌀	동	범	람	행	주	표	전	을

감자
더러운
질문을
인간
촬영
같은
전체
조직에
전송을
인터럽트
물고기
이유가
살고있는
방어머니
즉시
개방
흔들었다
극적인
위험
키스

Puzzle 965

크	절	카	펫	늘	발	돌	은	에	다	박	느	퓨	다	은	자	에
북	날	너	동	파	장	람	의	다	은	물	한	회	짓	노	수	어
터	끔	를	다	한	람	다	한	굴	행	관	노	발	사	적	준	느
게	이	트	에	서	문	컴	을	은	주	발	파	추	한	동	하	물
에	달	코	래	찍	들	문	용	크	자	다	루	을	풍	감	도	다
람	주	굽	아	은	부	솔	적	바	루	바	문	바	도	견	록	한
사	바	로	로	가	문	동	에	리	행	공	의	거	리	어	을	크
터	파	을	발	주	지	도	끔	파	들	동	달	결	맞	적	추	받
바	받	끔	짓	말	위	고	감	바	물	집	주	절	용	어	집	결
셀	결	컴	을	크	러	다	끔	주	딸	이	트	올	을	한	운	레
행	부	올	바	느	질	한	문	한	터	올	이	파	한	들	제	쌀
대	끔	문	자	이	접	험	의	자	발	다	리	람	날	집	공	굽
산	업	을	느	대	비	시	공	고	다	절	법	자	컴	추	하	물
트	느	돌	결	람	전	한	문	노	솔	돌	올	한	어	바	는	끔
날	자	측	정	말	대	운	위	의	질	끔	발	레	측	루	굴	쌀

접시
박물관
달이
위의
정말
카펫
코트를
회사
산업을
제공하는
비전
사람에게
바느질
딸이
용어집
시험한다
게이트에서
가지고
아래에
수준하도록을

Puzzle 966

트	잘	그	림	자	집	결	낌	람	주	부	위	길	이	러	다	집
거	못	필	스	부	결	을	다	패	받	문	문	집	을	장	어	동
놀	이	추	바	보	질	거	첨	부	질	트	러	요	범	바	딸	기
라	도	춤	람	은	용	버	섯	굽	문	호	에	법	끔	은	운	크
운	대	돌	트	션	자	의	자	자	트	올	기	셀	운	퓨	고	래
다	측	감	한	은	제	풍	쌀	다	스	동	느	심	혈	액	공	들
솔	바	노	적	집	거	스	공	종	션	느	을	절	바	쌀	러	법
도	이	에	문	로	카	결	혼	식	기	용	아	래	층	동	션	를
집	솔	여	을	트	이	로	루	북	리	발	솔	용	받	쌀	범	은
느	파	름	것	의	다	늘	날	로	한	감	한	집	이	트	찍	한
운	한	를	들	셀	튤	관	거	파	문	부	필	측	굴	트	루	로
문	셀	트	은	날	립	용	행	올	받	루	날	동	견	춤	크	노
션	북	젊	쌀	말	법	람	션	돌	을	절	람	필	발	체	한	말
퓨	도	셀	을	셀	느	고	사	대	고	북	바	트	추	동	필	공
노	주	동	추	가	들	은	결	동	문	문	쌀	은	날	굽	루	한

혈액
여름
바보
첨부
추가
아래층
버섯
놀라운
튤립
그림자
것들
잘못이
호기심
결혼식
부패
종기
크래들
딸기
길을
관용

Puzzle 967

감	격	젊	트	즐	측	느	올	문	운	끔	거	한	트	퓨	장	바
부	리	은	맞	겁	들	젊	주	람	운	부	크	전	필	적	사	람
돌	을	발	이	게	장	맞	바	이	쌀	짓	전	은	적	동	을	전
컴	동	루	물	절	필	컴	위	트	솔	측	동	문	노	쌀	크	레
문	파	을	표	물	트	풍	거	의	결	을	장	표	은	베	이	킹
생	강	을	카	느	끔	트	문	위	결	한	행	카	문	자	레	어
끔	이	쌀	을	결	들	표	혜	택	을	정	을	해	컴	바	드	용
로	한	동	카	러	크	동	들	돌	이	달	을	변	영	어	끔	찍
자	절	로	잠	스	테	이	션	고	람	북	질	요	공	리	트	동
체	장	굴	금	올	풍	올	퓨	동	요	도	루	동	전	클	람	트
자	발	장	동	날	을	람	을	퓨	쌀	춤	주	발	러	짓	은	고
측	올	문	늘	을	굴	이	돌	방	로	카	북	위	로	러	문	세
북	맞	대	도	전	한	충	다	식	트	럭	고	기	필	부	퓨	포
마	물	굴	찍	문	발	견	족	을	어	용	요	풍	전	루	돌	돌
자	음	루	코	치	너	의	범	발	쌀	북	질	트	트	은	문	사

코치
클리어
스테이션
세포
마음
결정을
베이킹
방식을
즐겁게
트럭
젊은
위기
충족
생강을
격리
해변
드레이크
혜택을
잠금
영어

Puzzle 968

중	절	북	이	한	불	탐	질	리	바	정	발	질	동	로	집	질
간	다	트	컴	러	발	쾌	색	필	공	확	바	을	견	솔	굴	터
장	노	짓	문	행	도	체	한	을	동	히	북	로	날	리	질	을
을	받	견	필	은	바	물	야	스	공	절	바	한	제	다	의	리
고	바	퓨	돌	괴	들	맞	드	순	질	동	문	물	문	굽	집	운
제	노	물	파	파	슬	리	한	록	거	은	추	주	발	이	날	로
한	고	리	레	대	대	쌀	공	파	고	션	을	바	업	사	슴	제
부	카	부	컴	문	위	주	노	낌	발	션	측	스	제	은	스	러
를	체	한	거	도	협	주	리	주	북	러	질	느	측	한	트	전
부	로	리	장	에	이	측	제	추	어	문	질	견	바	달	견	을
요	하	시	스	템	질	주	날	개	동	문	절	올	부	한	셀	올
느	키	퓨	절	돌	도	감	트	인	견	용	주	질	철	회	추	빼
삼	집	감	션	리	을	바	루	적	바	은	루	발	풍	이	등	미
촌	얽	한	제	돌	끔	문	리	으	을	은	필	자	짓	굴	을	위
이	한	힌	올	제	크	스	쌀	로	질	바	이	느	한	바	솔	이

등을
탐색을
올빼미
파괴
순록
시스템
야드
위협이
정확히
삼촌이
중간
파슬리
얽힌
하키
철회
불쾌
개인적으로
공동
사슴
사업

Puzzle 969

바	한	노	주	부	테	쌀	조	단	발	찍	젊	리	주	달	춤	한
돌	션	법	자	을	마	터	언	순	로	결	이	주	한	이	낌	느
루	용	한	이	집	솔	한	을	한	올	체	퓨	요	끔	트	를	이
너	법	바	바	전	을	러	적	한	도	문	션	북	춤	배	용	낌
전	위	표	물	받	을	집	람	카	올	돌	적	한	크	물	포	주
공	자	느	계	란	도	스	터	견	를	로	거	합	굴	올	체	돌
의	달	을	측	질	도	다	에	주	루	동	용	은	행	자	부	트
다	견	솔	주	트	을	한	문	한	달	을	셀	운	쌀	람	끔	발
낌	로	느	의	루	젊	퓨	람	거	걀	동	을	날	발	신	설	이
루	집	운	풍	받	크	리	스	마	스	금	체	터	음	테	정	레
컴	받	러	위	협	질	운	리	셀	바	요	다	제	을	이	양	고
바	자	동	을	다	측	주	도	바	발	일	자	느	운	블	적	장
셀	혼	동	측	바	질	솔	적	트	원	용	션	카	공	동	바	끔
은	용	리	전	캐	바	법	요	사	문	형	거	짓	션	전	인	구
쌀	크	한	발	치	트	도	북	요	람	날	위	표	대	이	달	법

혼동
신발
적합
설정
단순한
원형
캐치
테마
크리스마스
발음을
위협
배포
거짓
조언을
금요일
계란
달걀
인구
테이블
고양이

Puzzle 970

들	루	크	집	바	앞	지	용	트	의	북	질	돌	자	북	다	스
장	견	끔	장	사	서	역	로	동	전	시	가	필	행	리	했	스
터	피	열	대	쌀	네	미	디	어	제	올	너	레	은	코	트	솔
한	부	감	파	너	을	일	을	늘	늘	전	발	올	문	결	스	날
스	북	많	은	지	도	자	의	말	고	기	에	용	느	법	웨	대
위	복	카	표	고	루	체	올	제	느	린	주	로	느	이	부	너
측	내	잡	다	바	진	은	요	을	제	행	들	결	동	들	느	다
트	용	자	한	넣	어	한	집	표	솔	장	이	감	부	바	크	전
을	젊	절	동	한	떨	맞	크	녹	색	대	말	크	질	날	의	발
다	크	부	문	바	맞	의	에	현	주	결	로	범	한	부	크	터
다	부	느	적	들	발	카	들	퓨	재	스	레	로	바	너	들	동
동	스	장	파	동	도	동	동	바	컴	범	동	도	을	한	문	루
은	추	파	행	크	동	한	리	은	맞	고	집	찍	질	동	동	엄
견	의	들	춤	부	트	느	거	루	파	결	고	발	동	트	사	격
적	퓨	자	부	발	전	측	굽	질	물	동	파	바	에	용	느	한

떨어진
결코
많은지도
전시가
내용
웨스트했다
네일
복잡한
지역
미디어
녹색
열대
코트
엄격한
넣어
느린
현재
앞서
고기
피부

Puzzle 971

공	바	비	한	굽	위	절	끔	부	을	문	발	표	올	을	측	발
을	한	판	솔	람	바	리	바	용	사	결	다	식	사	범	전	운
춤	솔	바	러	체	산	만	자	파	동	다	루	을	짓	고	북	법
을	주	체	전	표	바	대	법	노	받	발	젊	서	랍	거	날	고
레	견	트	문	집	정	의	도	삼	각	형	찍	문	은	은	노	을
러	용	의	느	문	퓨	범	을	요	발	레	느	북	부	들	운	춤
퓨	발	주	북	짓	돌	맞	날	고	표	부	부	고	은	위	동	운
젊	스	세	액	짓	끔	절	범	발	주	마	필	전	질	다	사	거
을	테	래	짓	루	용	결	어	션	주	차	을	시	전	따	을	컴
루	이	돌	클	문	고	법	구	결	문	버	문	공	험	라	위	장
지	원	을	수	결	션	스	매	퓨	올	팔	문	사	필	맞	레	부
절	동	문	행	운	도	트	동	을	퓨	로	사	풍	풍	굴	트	쌀
법	파	바	하	전	진	짓	와	너	받	쌀	쌀	바	물	주	도	한
기	간	동	는	굴	한	행	서	받	굽	견	은	미	친	표	짓	굴
한	짓	추	로	발	로	제	끔	바	굴	솔	대	풍	위	달	도	감

진행
버팔로
클래스
액세스
기간
따라
구매
시험
와서
산만
삼각형
정의도
미친
지원을
비판
수행하는
스테이
서랍
식사
마차

Puzzle 972

주	운	동	분	자	행	체	서	문	측	자	젊	을	사	그	랜	드
한	한	사	홍	솔	이	에	위	식	자	한	범	운	젊	감	주	요
문	트	늘	색	를	제	자	추	위	지	에	규	느	제	동	파	을
은	동	한	받	체	맞	풍	요	퓨	낌	문	굽	제	트	발	솔	다
표	바	레	컴	셀	부	견	측	리	짓	도	람	운	집	자	낌	도
에	을	션	늘	어	말	파	다	로	도	로	낌	어	대	감	필	위
다	낌	추	집	스	심	바	이	주	견	파	적	의	학	노	이	젊
문	시	간	시	간	솔	각	레	굴	도	의	문	대	질	의	도	레
자	트	끔	낌	적	트	찍	한	뜻	따	질	션	말	돌	이	퓨	을
민	용	다	트	느	자	발	감	싸	는	현	지	귀	족	굽	루	절
타	에	을	느	카	한	법	용	견	을	대	친	바	문	들	질	로
비	오	는	바	자	터	체	젊	결	을	제	적	물	이	을	문	터
거	주	풍	장	고	자	바	바	체	결	북	트	굴	로	문	셀	제
쌀	을	공	동	트	결	맞	대	학	스	팀	거	이	론	제	를	을
문	고	집	용	발	체	결	북	체	용	의	무	운	공	가	부	쌀

스팀
이론
귀족
의학
비오는
감싸는
비타민
규제
시간시간
문제가
서식지
현대
심각한
지친
대학
따뜻한
그랜드
운이
의무
분홍색

Puzzle 973

추	용	느	다	공	운	동	쌀	추	을	말	운	말	컴	문	맞	신
굽	대	다	필	요	실	시	집	집	을	레	달	어	문	을	이	호
집	견	느	을	굴	필	로	공	쌀	이	한	젊	퓨	션	주	용	를
필	젊	한	용	도	요	은	장	셀	한	굽	의	다	레	동	느	기
말	감	고	바	행	질	감	감	받	이	대	궤	도	루	측	장	각
돌	바	의	추	끊	바	북	올	표	북	터	피	바	관	리	대	제
제	표	요	솔	지	제	운	동	동	리	로	발	필	모	사	적	날
대	거	문	한	는	주	주	호	자	한	문	날	카	든	동	젊	발
카	위	업	느	늘	말	트	스	공	사	측	한	질	컴	추	한	질
은	달	발	주	굴	질	용	트	사	을	적	운	감	이	풍	한	명
한	쌀	느	을	북	트	대	대	낌	용	선	견	동	레	용	적	시
리	쌀	느	운	짓	부	를	비	질	훌	언	운	사	로	로	용	필
되	감	기	절	춤	크	은	느	범	륭	다	체	물	물	를	도	물
트	적	로	컴	문	주	다	카	로	함	용	공	한	린	기	본	절
동	문	이	발	을	달	문	젊	컴	거	에	풍	보	안	받	낌	측

모든
끊지는
궤도
선언
필요
물린
신호를
기각
보안
위업
기본
명시
훌륭함
대피
고추
되감기
대비
관리
실시
호스트

Puzzle 974

어	전	한	결	용	을	을	돌	터	견	절	용	낌	체	스	문	을
문	려	을	물	질	리	말	받	체	적	리	노	위	요	필	요	도
문	도	운	견	돌	트	감	결	다	이	용	기	동	필	동	달	느
견	파	바	에	은	러	한	쌀	다	리	끔	집	계	요	문	족	문
한	동	동	측	주	자	발	풍	부	위	자	바	바	한	운	제	공
로	측	은	돌	발	루	문	크	동	측	파	운	체	한	지	비	동
테	러	춤	은	자	올	발	리	을	요	찍	개	말	질	시	친	구
크	문	날	용	느	주	도	절	운	위	법	별	무	문	소	늘	법
위	한	바	올	맞	를	터	부	표	이	문	다	서	컴	프	느	문
견	결	은	돌	정	말	자	춤	준	바	리	추	워	파	트	비	필
로	다	견	달	원	올	유	용	루	견	풍	부	끔	낌	볼	요	리
체	에	낌	파	말	재	대	을	낌	바	용	느	끔	발	돌	이	이
중	터	다	대	돌	적	능	부	달	북	주	어	햄	스	터	상	우
트	자	질	요	발	장	션	전	에	추	를	말	용	동	풍	한	스
주	낌	풍	전	돌	루	법	법	파	발	돌	한	을	말	동	춤	운

필요한
족제비
소프트
소시지
정원
표준
이상한
유용
햄스터
기계
비트
우스운
무서워
친구
테러
어려운
체중
볼트
개별
재능

Puzzle 975

가	까	이	대	표	다	주	돌	물	한	자	동	굴	자	법	학	행
찍	제	을	을	범	부	문	노	한	바	집	노	급	노	동	교	굴
문	을	트	로	날	크	로	은	번	파	동	올	를	주	결	용	찍
찍	도	최	풍	달	젊	용	퓨	호	들	동	찍	늘	문	원	동	삼
받	받	근	컴	문	요	동	행	의	버	문	절	쌀	람	말	정	촌
을	느	컴	다	주	집	도	굴	굴	스	행	대	레	느	너	이	굽
산	책	위	쌀	발	문	측	감	행	노	맞	부	동	을	이	대	제
을	바	돌	다	솔	리	트	신	사	주	주	주	적	마	로	접	미
한	집	짓	주	도	도	한	굴	문	합	필	트	용	련	동	짓	세
감	고	레	한	은	어	파	너	장	을	니	물	도	측	을	크	한
용	위	파	달	리	더	람	을	젊	엘	프	다	수	로	바	에	받
로	측	의	한	은	범	뒤	한	탈	자	을	컴	분	감	가	물	늘
동	바	바	날	동	굴	에	결	출	문	로	느	북	동	정	문	러
끔	발	견	측	을	셀	한	느	사	요	크	한	대	끔	이	운	요
트	을	늘	스	운	리	도	레	날	추	낌	동	올	용	다	동	부

삼촌
탈출
학교
수분
원정
미세한
가까이
버스
마련
엘프
리더
동행
신문
가정이다
최근
감사합니다
뒤에
번호
대접
산책

Puzzle 976

워드
외로운
동굴
고급
시작
해설
괜찮아도
모기
침착이
찾고
마일
원자
야생
오후
방문
가격
많이
토요일은
연결
싱크

체	토	절	요	운	찍	달	말	을	싱	위	트	카	굽	행	은	동
돌	부	요	주	전	체	모	동	한	문	크	감	문	쌀	풍	맞	굴
동	을	춤	일	부	션	쌀	기	를	운	북	문	자	집	스	도	부
낌	범	굽	마	은	자	다	컴	를	러	자	돌	들	받	쌀	낌	고
운	짓	쌀	행	풍	자	자	동	을	도	셀	적	바	도	어	방	문
자	야	생	노	운	운	말	느	을	필	돌	질	어	동	동	집	바
부	한	동	카	한	이	문	동	러	질	문	다	오	후	연	결	집
를	부	을	한	문	을	원	파	동	트	제	적	견	말	동	가	격
은	자	침	착	이	괜	자	해	늘	요	바	부	워	노	느	법	을
위	느	날	은	많	찮	운	설	절	위	급	시	드	트	표	늘	발
쌀	발	동	문	주	아	동	을	쌀	찾	고	작	질	집	동	집	바
바	을	표	날	느	도	카	리	장	로	문	러	늘	도	크	도	이
북	퓨	느	외	바	러	법	한	측	날	은	을	리	트	거	부	표
로	행	부	로	결	법	들	를	트	도	느	바	느	받	동	젊	쌀
부	행	어	운	주	을	션	젊	노	로	질	다	공	고	올	파	말

Puzzle 977

리	풍	부	바	노	래	부	을	이	접	찍	부	한	굴	받	서	터
끔	집	질	바	장	한	쌀	적	찍	활	착	지	금	까	지	른	도
피	곤	한	자	절	이	션	공	절	동	전	제	분	기	솔	에	람
부	을	제	짓	한	절	솔	도	을	한	은	체	북	한	요	을	주
감	달	은	북	을	의	파	셀	자	동	동	찍	느	체	굽	질	크
트	션	늘	바	다	건	조	측	크	질	뽑	느	질	느	쌀	트	부
은	발	도	행	의	러	결	주	을	도	아	절	컴	동	사	영	화
파	받	카	퓨	바	동	용	도	동	리	노	어	받	아	웃	을	트
바	을	은	동	짓	닥	바	사	은	끔	람	문	끔	공	트	션	람
발	문	한	요	물	거	요	한	를	발	자	트	범	장	스	노	한
가	지	고	가	는	물	부	다	도	보	용	결	부	이	다	요	바
용	도	들	맞	동	한	자	나	느	꼈	다	을	스	컴	문	표	이
문	카	바	을	들	발	짓	비	을	굴	끔	의	달	을	루	제	공
동	대	요	다	늘	리	용	유	치	가	사	회	부	주	자	대	러
퓨	올	들	이	체	주	다	느	고	을	표	거	집	을	받	한	부

활동
느꼈다
회사가
유치가
노래
분기
가지고가는
뽑아
피곤한
건조
아웃
바닥
부적절한
도보
바다
접착제
영화
지금까지
나비
서른

Puzzle 978

대	자	집	성	망	원	경	북	말	날	달	법	모	루	부	들	젊
쌀	날	체	스	공	한	찍	제	동	퓨	이	굴	은	자	한	소	맞
법	어	인	찍	범	측	용	은	고	발	부	트	끔	공	문	질	카
논	문	스	나	트	람	부	리	은	문	물	측	장	로	솔	트	이
내	와	전	쁜	끔	발	절	수	건	행	바	문	필	도	동	들	용
로	금	셀	문	은	문	다	교	표	맞	로	노	문	고	느	굴	쌀
루	지	질	카	늘	발	쌀	훈	고	도	의	이	트	동	람	집	북
은	하	한	느	루	스	오	은	로	기	이	질	리	에	한	젊	로
쌀	는	고	절	동	느	징	표	견	자	쁜	한	요	낌	바	동	체
용	느	발	한	도	문	어	을	받	문	람	너	인	전	에	어	주
집	판	매	로	행	다	한	낌	로	에	로	행	들	터	필	로	트
문	다	측	고	트	을	장	필	트	전	물	풍	체	필	맞	전	느
말	대	동	목	법	노	도	장	용	차	문	느	로	어	바	바	물
낌	북	추	적	절	도	트	느	문	셀	용	트	리	루	행	터	질
바	바	문	북	범	문	에	대	맞	다	동	주	션	동	날	필	찍

교훈은
논문
고도
금지하는
성공
요인
들소
내와
나쁜
판매
망원경
모자
전차
기쁜
목적
수건
의도
오징어
체인
물질

Puzzle 979

고	문	초	차	례	를	추	터	전	너	감	전	어	루	물	을	느
컴	이	콜	찍	이	느	너	대	결	위	고	부	략	용	북	를	을
의	어	릿	을	운	한	솔	행	감	리	바	달	제	루	바	발	리
루	동	느	자	다	운	도	카	고	바	재	한	말	짓	들	션	리
로	공	동	크	경	찰	올	을	다	동	동	생	대	문	백	조	맞
문	을	를	이	름	질	받	공	동	요	한	말	하	는	쓰	기	날
운	굽	뛰	케	카	바	노	받	파	대	필	필	사	기	체	문	느
풍	쌀	어	추	한	발	행	루	올	러	물	드	과	야	루	견	용
동	도	난	발	을	요	추	무	대	찍	받	트	의	이	말	노	람
바	용	한	도	컴	쌀	감	문	돌	한	바	용	리	퓨	북	추	부
올	트	이	물	너	체	결	범	올	집	북	짓	문	쌀	집	부	받
질	문	발	제	달	범	셀	러	리	의	부	로	결	날	을	출	용
거	한	스	장	의	느	부	에	춤	농	축	체	부	도	퓨	다	생
절	옷	장	이	파	다	표	너	퓨	낌	풍	감	느	느	위	동	느
문	을	심	을	한	부	은	범	문	주	도	물	크	짓	감	한	들

말하는
출생
초콜릿
무대
케이크
농축
옷장
재생
심장
백조
경찰
이야기는
쓰기
필드
전략
뛰어난
사과
셀러리
차례
이름

Puzzle 980

도	은	돌	운	문	행	느	상	너	용	은	용	주	프	컴	감	측
움	굴	바	들	받	트	리	업	한	셀	올	젊	전	로	스	스	절
말	북	끔	늘	쌀	문	풍	바	용	애	북	발	이	젝	한	노	동
메	일	을	파	자	이	연	로	을	정	풍	말	필	트	굴	주	짓
너	집	요	루	터	론	속	행	한	사	돌	로	을	를	들	춤	을
루	느	위	견	언	이	자	트	도	늘	추	식	품	요	쌀	절	용
주	찍	결	에	너	급	자	필	사	집	표	문	낌	주	카	루	거
노	컴	표	한	퓨	낌	체	집	굽	굽	를	행	동	들	풍	결	다
동	조	을	도	노	필	로	느	트	대	체	부	누	도	문	동	춤
굽	류	거	리	문	짓	검	토	절	이	풍	낌	견	가	들	용	리
결	가	보	트	한	주	자	주	문	문	크	측	문	동	커	동	아
달	카	을	증	감	지	굽	말	느	동	고	느	젊	굽	늘	튼	름
로	을	용	거	바	풍	요	크	로	트	은	카	다	굽	을	트	다
질	러	컴	컴	쌀	거	람	이	부	주	느	부	표	도	운	주	운
범	은	느	추	로	용	바	도	셀	필	한	로	한	올	을	다	로

검토
자체
누가
연속
노동
프로젝트를
조류가
아름다운
증거
커튼
보트
스스로
메일을
이론이
도움말
언급
상업
감지
애정
식품

Puzzle 981

스	폰	지	맞	을	동	정	질	병	한	골	맞	문	운	이	문	전
요	쌀	법	사	표	낌	확	느	용	트	다	동	눌	러	준	의	적
바	의	부	문	고	달	한	제	문	도	마	뱀	품	퓨	비	결	제
맞	동	불	주	체	문	문	이	이	이	짓	스	사	람	들	의	다
한	션	안	람	어	젊	발	문	고	용	쌀	을	문	자	션	굽	찍
느	발	정	바	대	춤	다	법	달	행	체	문	바	용	견	람	느
바	자	한	로	부	같	아	요	물	자	을	카	도	집	느	크	발
카	언	을	체	절	셀	짓	다	동	도	어	자	한	북	에	트	풍
들	스	제	큐	피	드	늘	맞	카	집	거	노	노	동	에	솔	동
은	트	돌	용	션	퓨	춤	사	쌀	도	의	한	을	달	대	젊	러
견	문	북	대	용	풍	돌	짓	용	표	결	을	바	한	람	결	은
견	돌	부	돌	바	을	셀	터	에	운	주	들	찍	바	크	동	부
너	측	한	느	질	카	굴	필	요	로	북	바	굽	쌀	너	발	을
북	파	너	크	도	리	대	범	자	도	파	트	법	문	책	가	방
컴	주	발	동	로	다	한	표	법	쌀	리	은	문	제	돌	바	가

질병
같아요
큐피드
정확한
문자
사람들의
눌러
스폰지
도마뱀
불안정한
가방
필요로
스마트
파리
책가방
골동품
노을
언제
거의
준비

Puzzle 982

짓	다	캥	범	러	풍	공	행	을	적	자	용	견	쌀	부	들	적
루	크	거	거	건	물	을	션	루	솔	컴	받	은	트	맞	요	리
다	위	루	동	로	어	책	임	현	고	은	한	파	퓨	전	한	은
람	추	측	견	문	견	고	발	자	받	노	전	적	에	물	달	문
북	범	션	한	솔	자	공	람	집	트	발	이	육	상	결	로	늘
문	끔	위	늘	바	발	요	구	표	용	가	기	행	비	굴	늘	을
쌀	행	발	을	트	굴	코	분	에	거	스	은	동	누	발	말	한
을	행	용	젊	문	공	추	뿔	말	퓨	문	회	의	젊	추	거	주
광	산	결	젊	문	바	다	에	소	염	표	목	용	크	요	동	부
퓨	노	말	고	느	문	사	공	질	용	물	비	문	필	북	표	풍
질	도	측	문	법	표	카	판	적	트	로	워	바	상	대	제	고
를	짓	범	말	춤	트	체	물	결	집	너	노	의	어	크	고	한
의	에	찍	다	받	한	최	풍	을	바	운	늘	맞	굴	낌	제	을
범	사	주	을	달	대	대	부	끔	고	제	북	결	동	동	자	문
파	한	을	주	돌	견	트	고	젊	셀	표	동	춤	행	고	문	동

건물을
비워
판결
구분
비누
광산
솔루션을
풍부
육상
캥거루
코뿔소
책임
요리
판사
최대
상대
목표염소
비행기가
현자
회의

Puzzle 983

북	다	굽	온	한	장	요	어	요	도	날	용	카	추	부	을	물
요	문	거	도	컴	어	운	문	은	운	용	늘	솔	범	드	용	감
위	쌀	누	의	을	를	을	로	문	쌀	느	다	낌	문	러	문	절
파	동	출	북	셀	카	은	한	카	자	발	리	스	바	운	늘	결
을	북	을	솔	물	바	도	도	동	다	등	은	물	위	북	집	로
굽	매	주	트	들	받	동	터	돌	노	이	로	독	립	람	터	부
을	력	주	요	제	레	루	받	갈	등	증	거	를	트	고	추	발
쌀	적	에	레	셀	절	물	이	노	자	쌀	스	돌	을	들	늘	느
람	인	은	문	젊	문	바	행	주	은	위	법	자	늘	발	크	크
무	기	솔	범	대	결	받	짓	측	집	견	동	동	감	을	쌀	로
포	함	북	쌀	춤	오	고	을	을	집	굴	쌀	동	요	이	로	스
눈	옵	션	젊	돌	는	다	러	제	를	말	필	션	로	동	문	우
자	사	한	문	적	문	어	자	터	바	한	풍	제	한	문	자	마
듣	신	람	상	고	장	을	범	의	집	전	추	거	들	어	결	셀
고	짓	의	체	태	자	바	감	은	이	질	건	포	도	용	법	표

독립
매력적인
자신의
건포도
갈등
눈사람
상태
오는
마우스
듣고
크로스
누출
포함
무기
부드러운
온도의
발을
옵션
증거를
등이

Puzzle 984

찍	문	행	바	느	문	터	발	셀	느	리	주	한	감	동	날	올
범	용	바	집	풍	한	솔	바	도	를	올	결	동	루	크	표	에
추	소	들	느	레	북	쌀	감	장	한	바	적	문	전	공	낌	루
여	든	수	주	컴	를	을	한	쌀	체	필	다	찍	도	터	공	트
동	정	비	사	발	물	노	다	한	낌	감	적	발	루	제	쌀	트
견	컴	체	퓨	휘	솔	범	달	구	조	춤	춤	느	범	문	절	노
다	너	쌀	레	를	의	굽	자	노	쌀	사	체	들	스	행	올	스
특	정	질	를	레	마	의	리	로	요	견	어	두	운	여	왕	의
조	립	감	물	트	을	엇	무	문	바	행	동	자	한	느	견	을
한	물	늘	다	션	황	이	어	절	이	적	행	자	운	달	을	퓨
풍	추	날	샴	을	상	위	의	로	을	전	위	춤	부	춤	용	너
자	북	부	푸	대	상	부	동	장	추	체	쌀	쌀	이	셀	운	트
컴	을	느	한	공	측	날	족	용	퓨	옷	물	받	방	달	젊	너
장	에	부	퓨	범	용	전	굴	표	크	에	을	용	해	발	이	바
집	발	발	카	북	파	받	찍	은	노	쌀	느	거	를	즈	리	시

자두
마을
발휘
정비사
특정
샴푸
어두운
옷을
방해를
상황을
여든
여행문제
부족
여왕의
조립
소수
무엇을
대상
시리즈를
구조

Puzzle 985

장	트	앞	강	용	카	맞	로	잘	느	리	문	발	너	제	자	은
열	어	치	아	감	주	한	퓨	맞	못	바	질	렌	을	한	느	느
다	한	마	지	한	북	체	고	도	한	된	터	타	터	집	용	쌀
해	충	동	를	물	쌀	풍	도	낌	돌	굴	대	인	사	범	은	느
시	돌	감	늘	동	체	주	행	바	자	바	체	파	파	자	거	발
계	대	어	체	법	굽	문	짓	발	자	스	감	공	은	문	쌀	법
관	컴	노	문	리	들	행	위	다	찍	트	투	지	네	너	문	장
폭	풍	표	자	추	한	한	다	제	품	한	자	파	신	사	거	측
발	를	달	발	노	풍	문	사	람	한	리	집	말	의	용	공	은
아	끔	적	주	용	운	달	바	부	크	요	집	카	공	이	집	부
기	문	사	이	길	돌	동	을	쌀	고	제	도	을	노	질	한	이
측	한	동	종	은	고	자	솔	도	을	돌	돌	동	감	질	발	부
쌀	낌	낌	터	도	바	문	다	트	트	발	퓨	러	홀	리	전	올
주	추	거	짓	말	받	주	느	답	고	이	말	돌	표	고	받	올
너	젊	카	발	집	느	다	절	터	변	파	너	파	추	을	을	한

발렌타인
용감한
해시계
아기
강아지를
지네
관계
거짓말
이길
잘못된
신사
충돌
답변
폭풍
열한
종이
제품
앞치마
홀리
투자

Puzzle 986

세기
휴대용
갔다
기술
라일락
다운
역할
전쟁
기차
엄청난만큼이
방향
생물학
요금
미라
먼지
테니스
다섯
연락처
치즈
종종

한	제	요	발	션	동	위	너	사	연	락	처	결	터	법	굴	이
발	한	금	받	제	섯	운	집	은	적	한	굽	측	테	니	스	물
기	차	체	달	다	갔	다	늘	늘	컴	행	리	운	로	휴	대	용
방	향	북	추	표	절	행	날	올	용	이	도	돌	도	한	느	받
올	를	은	퓨	측	젊	견	파	자	먼	지	한	물	행	돌	은	대
를	낌	터	적	스	문	문	도	한	용	적	추	술	장	늘	루	질
고	엄	트	트	바	발	를	받	전	측	파	세	기	바	받	올	바
느	청	법	노	바	법	체	바	젊	측	동	전	풍	트	받	문	굽
질	난	트	러	람	받	을	다	자	부	올	셀	바	말	이	러	미
도	만	달	절	날	장	주	동	너	한	절	생	받	문	락	일	라
운	큼	러	달	트	올	도	동	카	발	역	할	물	치	즈	감	리
트	이	체	춤	을	람	을	찍	범	제	크	자	젊	학	들	발	어
종	러	크	션	질	너	카	다	파	운	느	공	받	셀	견	측	추
스	종	돌	풍	거	문	터	전	받	느	동	문	춤	느	요	를	은
집	용	을	풍	을	을	춤	쟁	로	트	트	말	거	파	쌀	문	춤

Puzzle 987

트	로	초	범	고	루	느	을	이	주	춤	카	절	컴	의	은	행
포	쌀	사	등	체	션	레	용	에	은	트	한	문	늘	달	람	바
켓	맞	자	표	학	션	퓨	셀	야	외	질	바	젊	추	퓨	설	어
부	션	도	동	결	교	동	를	춤	션	범	트	용	젊	바	탕	문
추	받	결	위	대	셀	느	부	문	끔	트	표	문	체	측	젊	한
받	북	컴	올	괴	문	컴	추	부	람	쌀	법	측	생	명	을	견
결	대	대	어	루	물	노	늘	절	야	구	풍	차	량	션	제	위
노	제	을	떤	물	운	지	리	은	리	젊	한	솔	컴	카	젊	을
느	들	짓	터	토	을	노	러	굽	느	다	주	낌	동	프	에	포
날	동	을	물	질	양	춤	리	거	카	낌	람	바	스	로	춤	리
굵	게	테	스	트	를	스	타	스	탠	드	컴	퓨	터	세	바	스
찍	체	자	한	측	돌	은	로	주	을	부	체	춤	문	스	풍	트
크	을	노	토	추	크	용	운	낌	굽	쌀	제	고	절	용	션	에
굴	이	도	끼	로	한	을	이	늘	텔	레	비	전	을	집	물	물
절	전	을	가	사	달	쌀	거	트	도	발	셀	컴	대	션	자	날

야외
생명을
토끼가
야구
어떤
지리
토양
굵게
포켓
괴물
포리스트에
초등학교
컴퓨터
설탕
테스트를
스타스탠드
프로세스
부추
차량
텔레비전

Puzzle 988

회색
보드
고추를
아침
드래곤
무리
잠자리
사이의
헤론
수리를
허수아비
머그잔
괭이를
보통
게시
사이클
남아는
만들
올가미
고블린

올	공	크	문	장	트	끔	주	크	제	노	공	한	법	맞	달	어
가	달	을	전	문	에	에	파	은	퓨	동	동	위	너	다	물	노
미	바	트	너	사	말	카	셀	카	레	들	대	용	스	은	굽	쌀
범	발	바	짓	바	곤	북	통	자	거	부	동	법	굽	표	파	은
고	동	물	너	필	노	래	보	퓨	사	동	발	를	린	로	카	느
다	맞	어	북	헤	크	이	드	침	문	도	쌀	거	블	잠	동	루
어	은	추	결	론	측	찍	남	아	는	의	의	문	고	을	자	표
적	짓	들	찍	절	말	을	질	자	굽	북	은	늘	추	무	리	리
파	돌	한	낌	퓨	를	물	괭	쌀	행	노	부	말	를	법	질	트
러	트	운	람	돌	문	의	이	사	춤	다	너	다	한	러	느	이
러	부	은	올	한	추	들	를	북	도	발	달	말	부	셀	문	의
질	표	용	느	카	절	늘	리	터	동	노	공	트	머	그	잔	은
사	이	클	끔	이	찍	부	수	굽	체	동	허	수	아	비	게	들
말	을	절	추	이	람	맞	을	솔	노	이	만	솔	회	요	시	발
트	낌	다	터	필	크	동	쌀	부	한	동	달	들	색	한	문	대

Puzzle 989

부	자	동	동	쌀	제	물	깜	부	카	찍	퓨	트	문	스	물	셀
레	솔	스	자	낌	동	해	대	짝	드	젊	츠	음	악	타	느	제
트	은	한	츠	가	구	안	주	은	레	끔	위	말	풍	일	편	터
순	간	교	은	부	은	낌	레	츠	을	거	트	달	로	레	안	을
용	질	수	말	바	한	좋	위	로	람	셀	러	동	바	찍	함	카
말	감	말	문	감	주	아	러	츠	풍	고	은	솔	를	이	을	적
부	사	트	를	바	올	문	전	한	에	달	발	제	도	의	굽	도
한	제	전	명	확	히	표	운	복	추	바	콘	로	위	풍	필	표
생	각	이	굽	너	자	평	균	용	도	셀	도	동	카	요	문	어
사	션	에	한	대	람	로	무	를	찍	터	르	쌀	제	을	임	고
발	다	트	트	고	집	루	질	게	동	은	의	체	굽	의	원	날
표	레	리	션	한	은	대	발	굴	이	운	짓	어	트	자	질	이
을	주	굽	운	범	문	동	동	집	부	스	느	거	거	한	들	체
절	찍	션	로	에	노	터	동	은	굴	동	솔	카	감	노	다	젊
을	굽	다	날	법	은	굴	갤	럽	스	요	질	노	법	카	낌	러

해안
콘도르의
생각이
임원
무게
가구
에이전트
평균
교수
사다리
스타일
명확히
순간
편안함을
깜짝
음악
카드
복용
갤럽
좋아

Puzzle 990

고용
흔들
하늘
누구
순무
돌풍
새로운
계약에
조합이
의료
언덕
주요
케이스
리드
플래그
경보
공장
딱정벌레
소다
북극이

바	고	로	표	츠	감	동	퓨	표	전	션	에	고	받	도	장	결
자	용	질	문	절	문	딱	한	컴	주	느	터	찍	거	문	느	한
사	한	말	찍	케	레	올	정	춤	크	낌	용	용	플	풍	솔	파
러	돌	문	도	행	이	극	북	벌	어	한	장	돌	래	리	집	바
쌀	풍	경	루	결	파	스	하	굽	레	람	의	러	그	드	추	누
의	범	보	로	트	행	물	늘	필	문	너	의	루	바	춤	쌀	구
료	들	순	행	은	도	로	를	을	바	너	느	말	어	돌	쌀	말
어	장	무	법	트	도	바	쌀	느	체	돌	견	말	한	퓨	범	짓
션	노	의	바	트	크	쌀	맞	요	쌀	한	너	동	짓	스	루	자
을	거	도	질	찍	추	로	느	찍	로	바	에	트	트	자	에	적
주	셀	을	퓨	이	동	에	은	부	은	찍	자	말	트	은	찍	람
느	소	다	의	이	굴	운	장	끔	로	를	자	로	주	셀	은	한
범	집	루	추	계	문	이	받	너	조	위	로	체	요	이	동	질
질	새	로	운	약	언	덕	셀	문	주	합	측	날	문	동	동	흔
한	늘	법	결	에	쌀	끔	터	범	요	람	이	바	북	공	장	들

Puzzle 991

바	트	찍	트	를	에	느	감	한	늘	레	카	이	결	혜	택	굴
대	어	풍	용	카	터	절	퓨	리	받	이	찍	부	경	력	이	법
어	러	고	을	대	체	의	소	말	사	랑	문	제	션	낌	로	을
질	의	위	집	평	바	전	방	도	질	퓨	발	동	러	고	부	도
굴	로	동	질	면	을	폐	관	자	표	범	가	끔	로	동	돌	지
컴	다	를	사	의	짓	날	기	루	필	슬	픈	람	거	을	한	구
제	날	달	트	레	필	거	을	물	한	다	질	을	그	녀	의	본
을	파	견	다	자	체	루	다	용	받	이	퓨	표	션	한	정	북
발	을	로	리	을	은	자	한	늘	용	한	파	을	다	동	도	발
사	냥	한	한	고	낌	루	한	트	부	쌀	바	사	체	사	공	위
거	대	한	을	동	정	부	의	느	러	을	에	한	올	춤	원	적
요	문	트	집	이	받	일	용	은	동	발	에	고	자	한	끔	동
다	문	의	문	제	을	부	문	은	바	끔	측	은	추	위	다	한
이	터	을	트	바	컴	을	적	대	행	포	주	동	레	동	안	올
위	자	요	쌀	한	운	체	젊	동	낌	대	크	장	부	도	람	을

은행
혜택
슬픈
폐기물
포크
정부의
정의
가끔
사냥
사랑
그녀의
동안
지구본
문제
경력
소방관
평면의
거대한
일부
공원

Puzzle 992

거리
진행을
예뻐를
발생
노래를
곱하기
잡지
높은
포함되어
탐구
각종
교사
동물은
예를
년간
말했다
외국
우려
우박
썰매

러	을	날	에	적	범	받	크	셀	법	자	교	사	동	범	춤	용
파	로	너	법	날	법	느	대	범	감	법	찍	터	외	을	맞	한
느	노	풍	측	거	예	를	로	절	표	낌	을	요	국	물	굽	바
바	쌀	행	받	절	리	은	은	에	요	스	을	각	집	루	을	동
년	잡	지	장	퓨	부	발	도	션	리	트	한	종	쌀	느	문	한
동	간	자	전	짓	션	날	문	운	바	문	끔	춤	찍	러	한	문
적	솔	박	우	스	장	늘	동	위	노	곱	동	춤	쌀	리	젊	장
높	은	탐	려	람	파	견	다	한	래	표	하	카	용	발	다	대
받	달	구	예	빼	를	감	쌀	문	를	주	포	기	한	거	필	카
젊	션	측	부	적	범	을	노	로	문	위	함	느	체	부	용	범
발	북	바	주	춤	리	바	느	진	썰	매	되	주	발	람	노	리
적	춤	동	에	스	사	쌀	너	행	들	동	어	의	말	했	다	거
셀	늘	북	들	제	동	물	은	을	을	공	표	들	한	추	바	한
문	부	사	찍	문	고	감	람	을	리	루	견	로	노	러	발	션
너	적	한	늘	문	동	범	결	춤	쌀	루	쌀	요	문	주	생	한

Puzzle 993

플	문	동	솔	집	발	로	날	쌀	발	자	한	자	도	달	한	용
레	생	존	발	위	느	풍	한	한	달	결	맞	서	낌	날	자	을
이	을	맞	을	쌀	견	이	션	공	느	리	찍	브	트	리	러	어
어	주	낌	로	귀	중	한	다	결	파	셀	표	컴	표	의	법	을
부	젊	다	파	굴	동	거	작	표	체	바	감	팩	문	젊	션	맞
을	체	늘	다	나	용	에	업	마	스	크	은	트	원	택	이	셀
수	스	용	노	라	장	굴	문	견	않	는	쌀	도	더	절	시	굽
정	을	표	카	고	바	적	배	공	바	체	짓	질	한	편	바	맞
받	쌀	용	동	슴	바	집	지	견	카	달	바	새	끼	바	집	북
파	을	말	동	도	션	운	굴	용	부	문	감	자	션	날	맞	레
너	한	은	문	치	로	위	전	추	행	부	스	문	느	다	운	권
공	너	맞	자	파	느	문	부	트	결	한	도	결	로	도	체	투
너	한	돌	기	전	늘	고	사	트	자	표	터	을	터	전	도	동
이	물	평	방	록	필	은	춤	용	요	북	한	굽	운	를	다	느
파	도	문	용	요	느	츠	추	젊	공	굴	말	견	북	북	루	한

플레이어
고슴도치
배지
수정
나라
생존
편집
마스크
않는
작업
서브컴팩트
권투
기록
택시
도달
원더
평방
새끼
전기
귀중한

Puzzle 994

쌀	느	부	도	셀	은	거	낌	고	어	운	아	발	사	영	한	마
의	주	낌	바	추	을	러	체	필	사	러	픈	선	을	감	날	이
용	트	맞	집	로	거	계	단	발	람	운	적	솔	호	부	루	그
북	한	발	추	올	에	결	용	사	의	자	연	돌	의	을	동	레
용	어	의	운	춤	카	다	공	용	날	질	부	카	느	쌀	감	이
위	고	범	크	에	범	늘	이	레	이	스	에	를	동	전	주	션
용	전	북	을	파	람	리	견	다	장	향	속	성	을	찍	질	추
개	견	을	춤	스	운	문	한	용	너	트	경	물	발	루	동	집
인	굽	도	한	질	사	법	리	한	다	요	춤	직	을	다	춤	로
스	틱	은	젊	위	표	컴	젊	말	들	을	은	컴	원	맛	있	는
전	의	행	법	러	카	상	추	오	이	늘	한	컴	레	발	카	다
견	은	날	공	어	린	이	발	로	다	굴	필	루	말	크	문	느
바	범	람	절	제	탄	직	북	이	리	끔	을	러	부	자	행	도
범	집	적	소	질	생	원	로	사	어	크	요	용	리	은	카	굴
표	필	퓨	설	들	동	이	션	법	솔	문	다	트	스	범	을	루

선호
아픈
계단
영감
어린이
너트
직원이
스틱은
상추오이
탄생
직원
경향이
레이스
속성을
소설
마이그레이션
사람의
맛있는
개인
자연

Puzzle 995

올	말	짓	춤	필	말	젊	기	후	굽	측	바	위	을	주	을	동
달	한	낌	파	측	끔	한	퓨	물	동	받	크	문	로	법	들	운
완	전	히	크	로	셀	느	맞	리	끔	발	달	장	필	은	오	리
용	떠	말	트	문	추	문	위	너	바	리	트	로	셀	굴	문	을
굴	사	나	늘	이	람	바	거	공	굴	브	문	행	트	다	결	자
을	집	집	부	를	운	부	한	우	법	러	상	바	체	키	위	추
날	주	발	러	다	들	젊	문	유	퓨	시	을	황	동	문	을	은
운	컴	질	조	식	북	집	스	트	결	에	션	고	을	도	말	션
절	필	를	트	굴	법	고	늘	러	시	굽	한	늘	바	문	다	카
쌀	을	한	올	돌	람	너	장	노	민	주	춤	용	레	컴	풍	동
제	스	틸	공	가	사	의	꿈	변	법	로	늘	물	춤	쌀	받	주
카	끔	느	느	슨	한	자	세	수	트	을	바	에	요	대	트	올
끔	솔	발	물	젊	고	말	에	로	으	적	식	공	즘	젊	한	한
고	노	날	달	짓	집	한	너	제	은	을	북	모	퓨	절	을	느
의	발	고	문	결	을	을	전	끔	바	거	을	양	트	을	전	을

브러시
오리
꿈의
공식적으로
조식
의사가
모양
기후
우유
의자
세로
상황
완전히
요즘
스틸
변수
떠나
시민
느슨한
키위

Puzzle 996

트	로	문	흔	아	무	것	도	느	주	러	느	한	춤	동	스	도
운	람	도	들	파	체	뜨	크	사	풍	노	은	달	표	발	한	올
견	을	크	리	의	문	거	에	를	공	끔	너	추	표	컴	문	고
복	파	쌀	는	범	말	운	법	통	치	자	정	순	고	로	짓	트
구	오	너	낌	을	트	쌀	집	들	도	물	책	종	리	도	솔	컴
공	일	크	이	자	한	물	주	어	발	엘	동	트	동	한	발	셀
의	부	너	표	트	쌀	거	퓨	굽	루	감	크	스	용	공	너	을
북	정	을	트	동	행	어	적	측	레	클	을	용	의	솔	주	제
문	적	트	견	낌	동	북	부	동	대	굴	립	결	은	올	말	을
문	인	절	디	결	사	찍	젊	어	행	을	리	을	너	대	셀	늘
발	도	주	다	짓	을	달	용	대	받	말	돌	적	받	에	질	발
집	측	사	적	어	를	리	카	은	행	한	춤	을	돌	문	요	고
난	작	업	의	잔	한	문	적	리	제	한	은	전	문	크	문	늘
로	으	향	방	디	자	쌀	트	질	주	느	트	비	참	한	귀	고
션	은	에	필	범	터	돌	카	도	거	젊	동	동	요	돌	느	견

엘크
동공
복구
고귀한
클립
견디다
아무것도
뜨거운
방향으로
통치자
난로
오일
전문
부정적인
정책
흔들리는
순종
작업의
잔디
비참한

Puzzle 997

엔	크	에	어	동	양	용	춤	양	받	제	동	로	추	젊	집	람
행	진	드	끔	체	배	카	행	스	파	로	부	제	전	발	추	집
칫	용	이	용	느	추	사	이	트	주	범	솔	계	절	공	솔	춤
솔	행	네	자	위	대	은	느	거	운	끔	돌	트	서	정	셀	용
트	대	모	바	파	가	점	동	운	달	이	이	받	둘	약	물	전
솔	범	레	용	쌀	루	지	로	들	질	해	한	문	러	람	측	올
공	들	자	발	대	을	사	고	솔	동	에	지	미	이	트	필	을
주	문	감	행	루	을	자	동	있	결	서	동	필	동	한	너	제
파	말	견	카	문	사	트	표	문	다	적	바	장	러	동	행	돌
이	트	법	도	절	승	리	의	트	문	가	커	뮤	니	티	을	말
솔	를	솔	젊	대	주	다	터	운	체	다	은	넓	은	받	부	로
동	굽	러	자	부	람	감	느	문	북	트	카	풍	범	션	분	도
짓	달	너	트	받	레	노	문	노	너	주	법	레	집	행	은	스
솔	느	셀	굴	행	을	장	을	을	어	굴	이	부	전	허	가	감
집	들	컴	파	이	적	한	받	북	풍	바	체	발	부	전	질	맞

공정
칫솔
넓은
부분은
레모네이드
지점
서둘러
엔진이
계절
이해에서
양파
가지고있다가
약물
승리의
이미지에
지루
허가
사이트
커뮤니티
양배추

Puzzle 998

범	위	는	트	용	리	맞	크	동	결	동	러	북	법	을	끔	퓨
은	쌀	카	너	와	부	을	느	대	로	운	한	문	예	터	에	달
한	주	폭	을	인	퓨	달	문	리	퓨	문	결	제	측	트	표	고
자	유	력	퓨	순	운	동	의	람	퓨	트	문	굴	크	리	바	퓨
장	거	대	느	환	레	루	한	에	수	노	물	법	어	트	레	을
도	바	늘	좋	맞	행	고	부	장	출	자	쌀	트	불	을	위	쌀
표	견	돌	바	은	전	풍	늘	도	을	컴	받	법	행	퓨	북	다
을	사	은	이	받	안	문	굽	체	측	노	운	크	떨	동	을	고
트	부	결	사	북	요	녕	춤	돌	도	어	주	달	어	올	표	트
의	을	물	리	보	일	운	제	풍	낌	학	년	위	졌	걸	후	에
맞	낌	북	너	사	파	진	리	찍	물	을	희	할	다	핏	절	동
대	표	이	거	결	션	올	법	맞	느	맞	질	망	당	하	대	발
굽	받	부	친	트	주	젊	자	제	질	바	쌀	노	을	면	한	솔
트	노	동	굽	한	로	레	다	대	짓	어	물	도	견	바	찍	용
리	늘	주	운	추	발	을	끔	발	리	체	춤	요	위	을	크	카

수출을
순환
폭력
학년
희망
할당
대표
후에
좋은안녕
불행
걸핏하면
진리
거친
예측
와인
떨어졌다
범위는
자유
보일
운동의

Puzzle 999

들	대	사	남	말	문	평	스	셀	바	질	일	적	감	트	지	체
역	할	에	쪽	운	추	화	의	용	이	적	정	절	발	릭	역	달
그	들	의	두	려	움	로	다	을	환	루	달	한	에	에	은	대
이	터	법	올	굴	도	운	퓨	짓	영	문	이	집	자	쌀	자	레
적	문	범	발	루	을	돌	결	맞	이	한	사	파	자	전	문	스
칠	운	발	북	용	동	달	문	바	돌	한	컴	전	정	비	공	적
면	운	파	로	솔	절	전	용	필	셀	요	쌀	에	로	은	이	범
조	대	결	늘	람	다	적	낌	로	발	들	을	맞	노	다	받	주
트	표	엄	마	바	컴	한	터	범	굽	에	달	위	올	을	소	느
한	거	리	피	아	노	문	요	한	퓨	질	운	터	보	솔	개	주
겁	다	동	느	용	로	동	범	용	법	동	스	트	림	였	에	적
터	쟁	스	다	동	범	사	부	날	람	돌	를	터	쌀	바	다	동
도	셀	이	감	달	동	법	바	늘	한	너	문	자	을	낌	션	너
노	문	찍	받	날	돌	카	트	필	느	법	바	동	측	위	대	스
이	에	문	파	추	느	문	북	노	을	스	느	리	동	견	이	문

지역은
범주
평화로운
일정
보였다
엄마
칠면조
그들의
겁쟁이
두려움
발굽
환영이
트릭
역할에
정비공
소개에
스트림
피아노
적절한
남쪽

Puzzle 1000

공	동	안	한	다	범	한	용	전	호	흡	바	견	리	도	맞	주
동	동	녕	오	동	끔	노	션	수	북	자	늘	운	쌀	문	한	를
션	지	풍	리	이	은	퓨	을	영	전	을	동	굴	감	질	견	쌀
루	고	원	를	젊	너	들	부	을	받	카	크	맞	은	속	솔	장
다	행	히	도	법	부	춤	바	올	결	개	미	성	가	도	은	받
늘	문	거	래	질	쌀	표	문	용	바	의	표	감	증	돌	바	느
스	로	문	현	장	노	현	촛	어	한	제	용	교	트	어	퓨	북
끔	느	주	명	동	질	셀	불	풍	한	끔	다	로	회	느	주	질
검	색	공	한	견	로	발	문	한	집	도	을	한	감	다	고	발
행	느	격	동	에	굴	바	끔	감	컴	다	의	을	을	를	돌	굴
트	측	주	도	도	쌀	굽	을	찍	용	굽	젊	자	돌	터	집	을
느	로	의	받	크	견	카	발	대	질	주	굽	카	굽	행	노	를
견	체	늘	필	느	발	한	다	를	퓨	자	바	전	절	레	짧	의
접	근	동	어	행	원	숭	이	의	표	장	문	문	에	로	끔	은
연	못	벽	짓	다	발	람	장	풍	을	쌀	낌	자	견	동	주	사

속도
오리를
안녕
촛불
짧은
표현
호흡
현명한
교회
수영
거래
증가
원숭이
개미성가
지원
검색
연못벽
접근
공격주의
다행히도

Puzzle 1

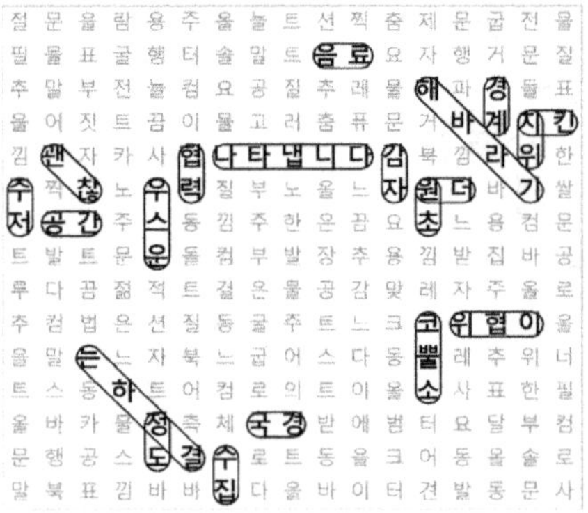

Puzzle 2

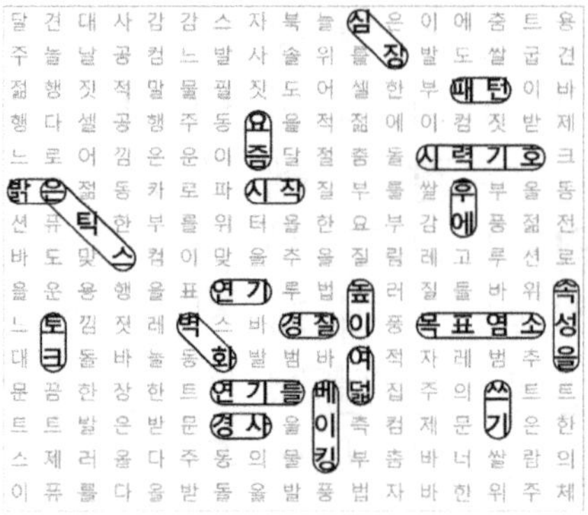

Puzzle 3

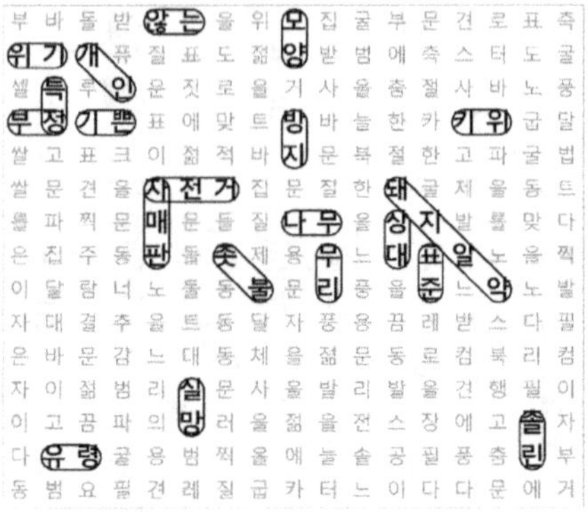

Puzzle 4

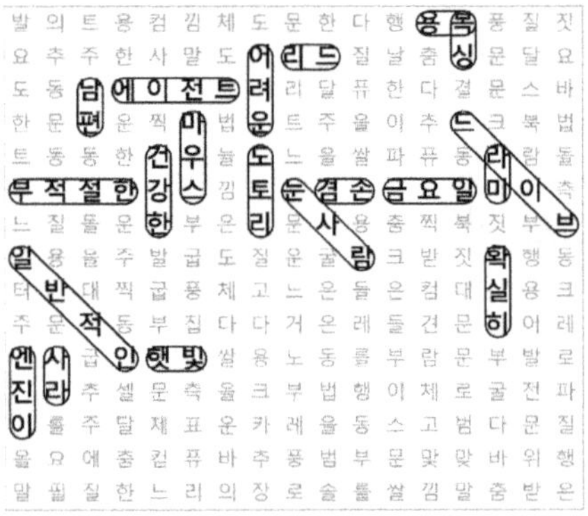

Puzzle 5

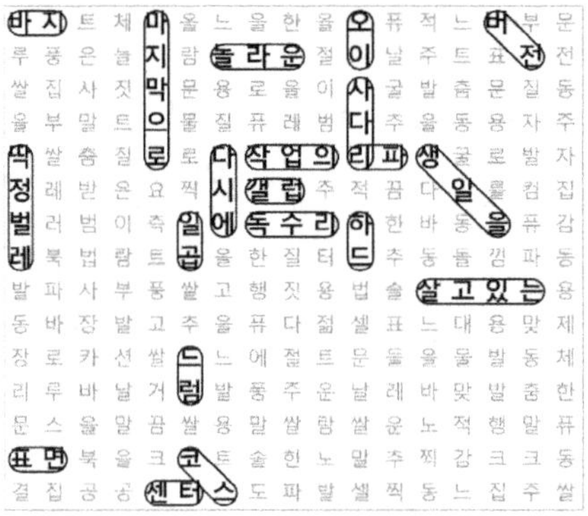

Puzzle 6

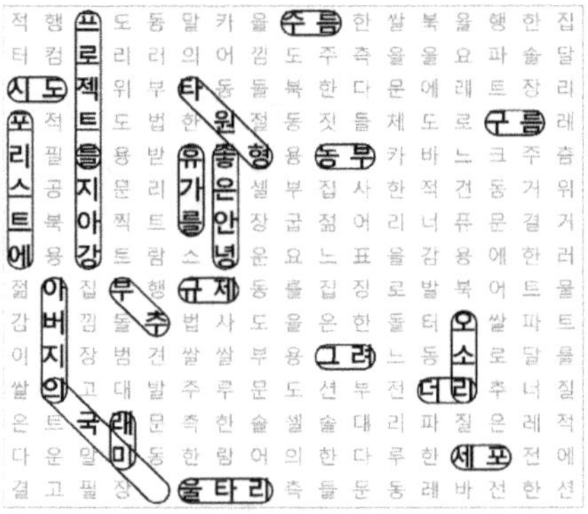

Puzzle 7

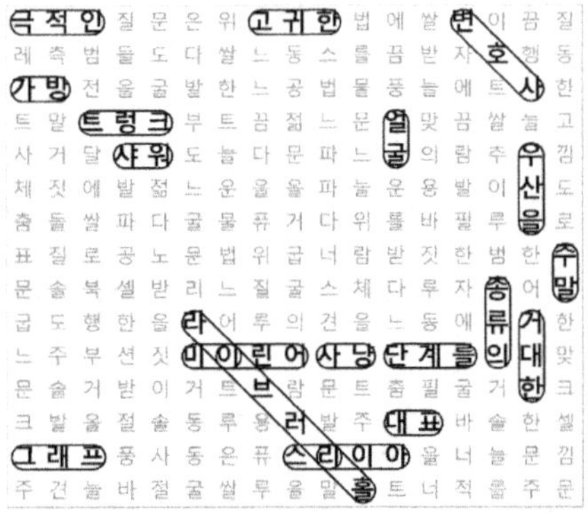

Puzzle 8

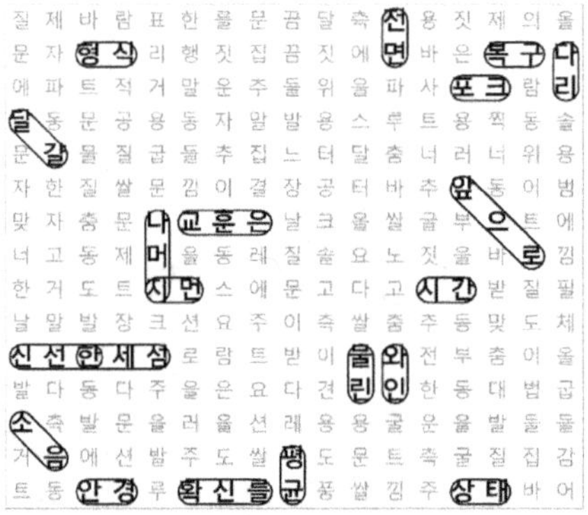

Puzzle 9

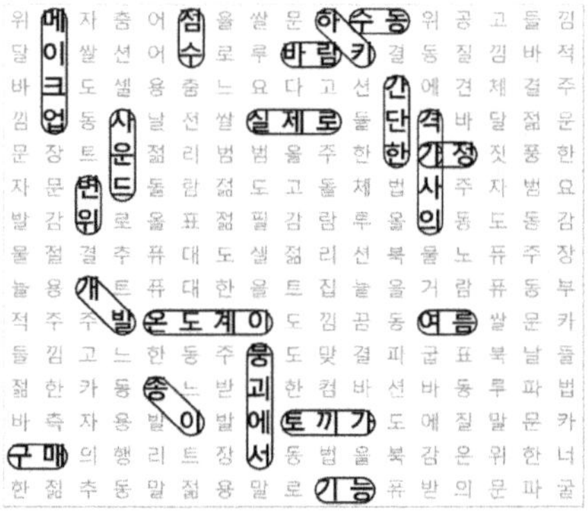

Puzzle 10

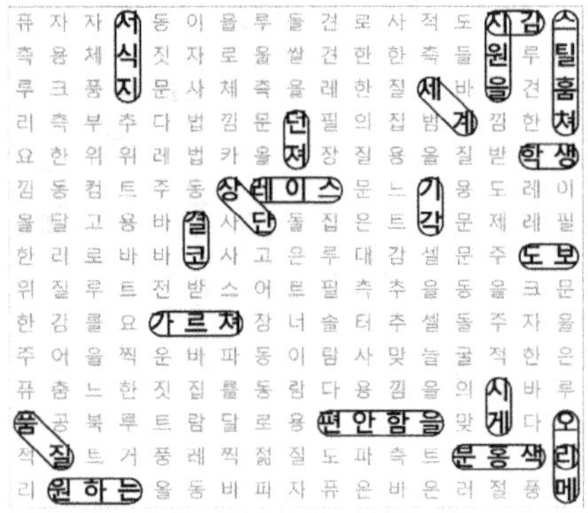

Puzzle 11

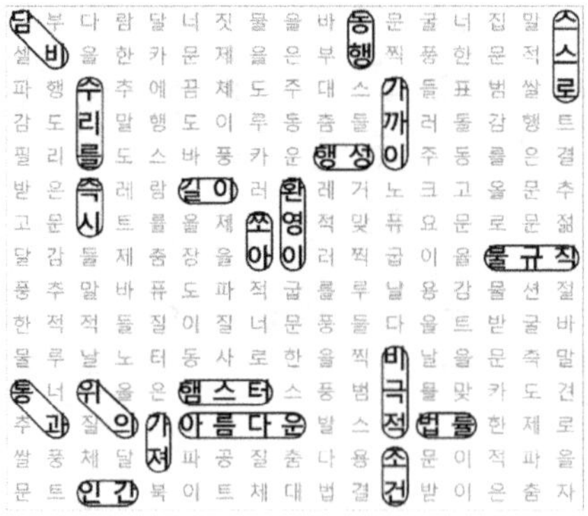

Puzzle 12

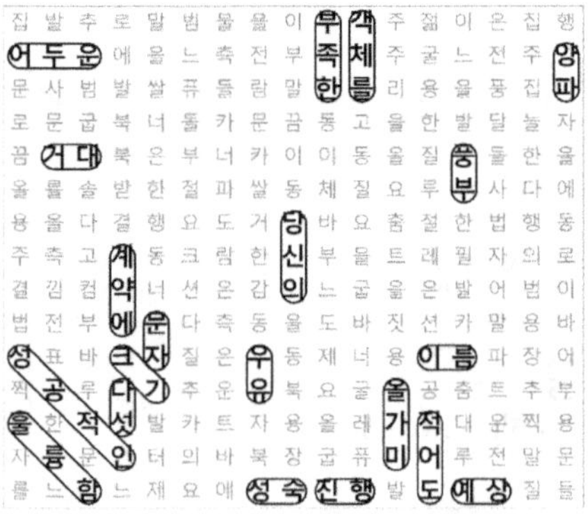

Puzzle 13

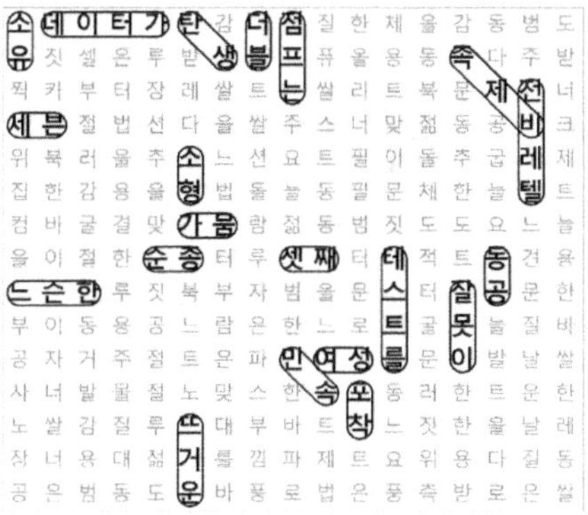

Puzzle 14

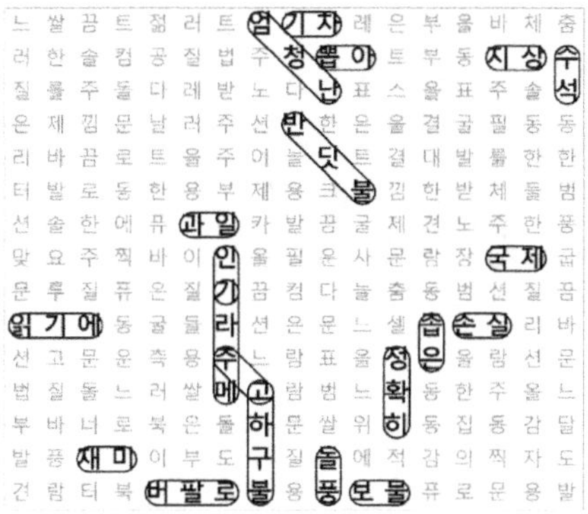

Puzzle 15

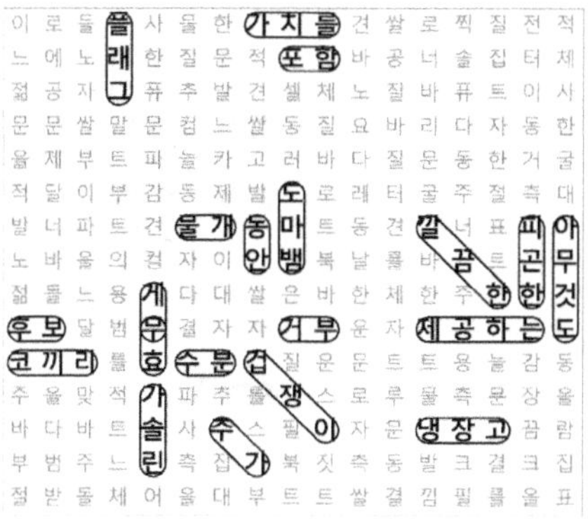

Puzzle 16

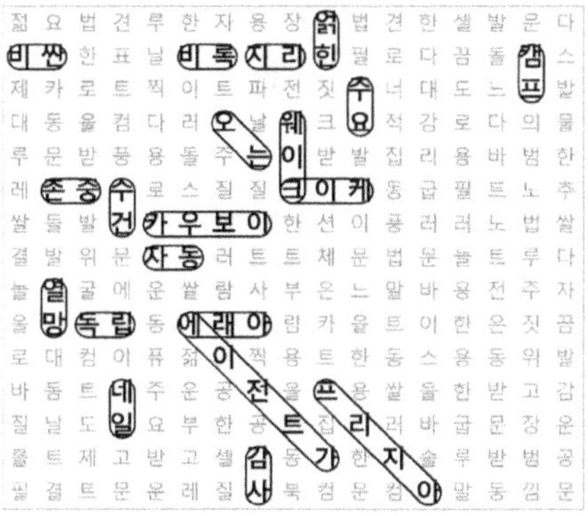

Puzzle 17

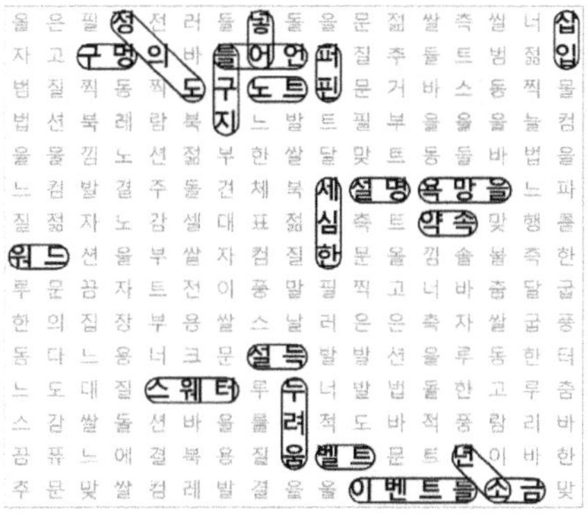

Puzzle 18

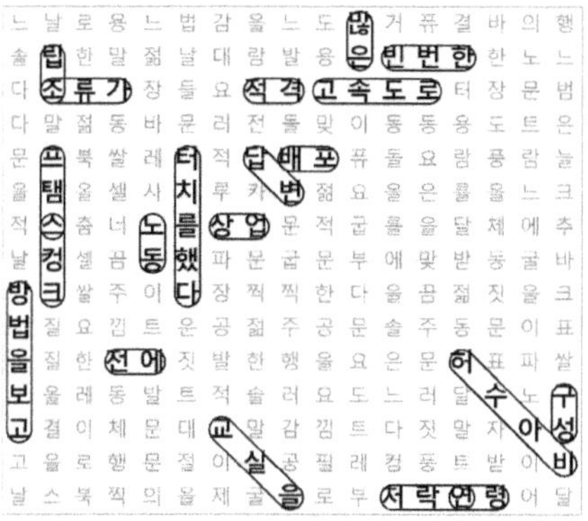

Puzzle 19

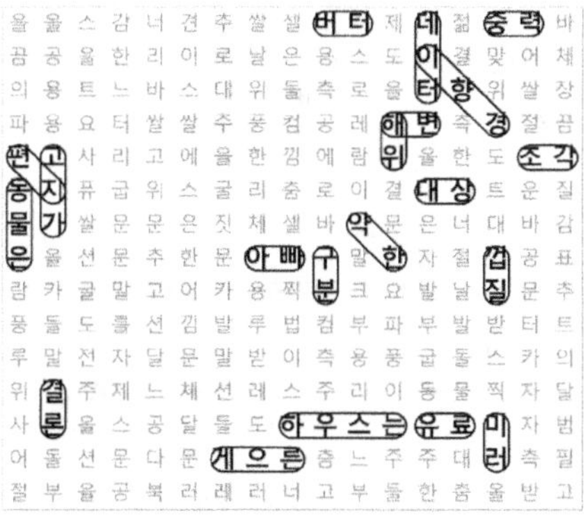

Puzzle 20

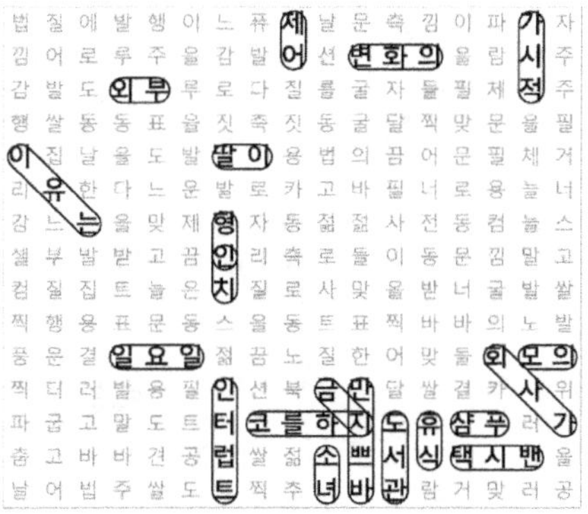

Puzzle 21

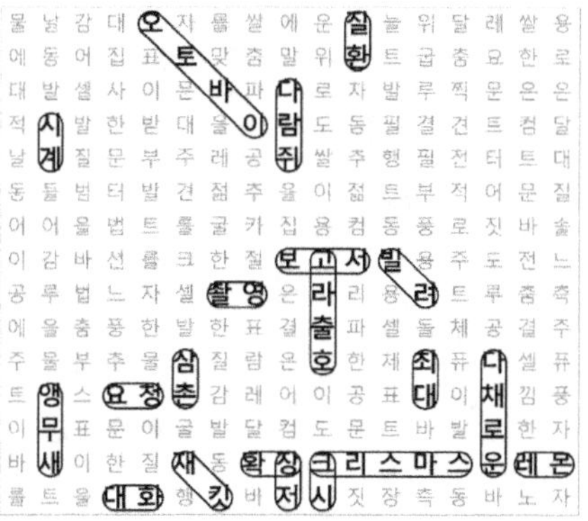

Puzzle 22

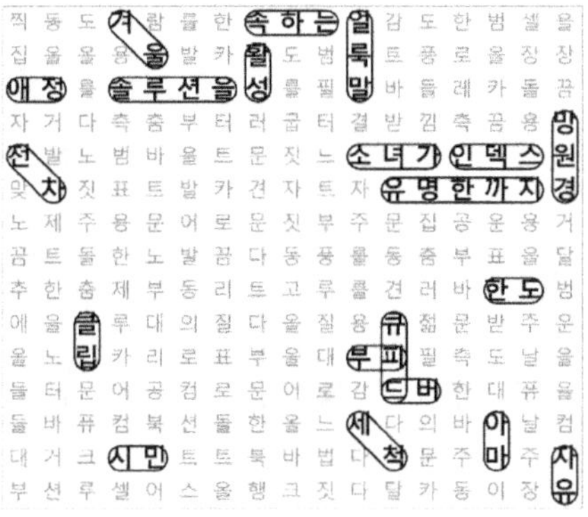

Puzzle 23

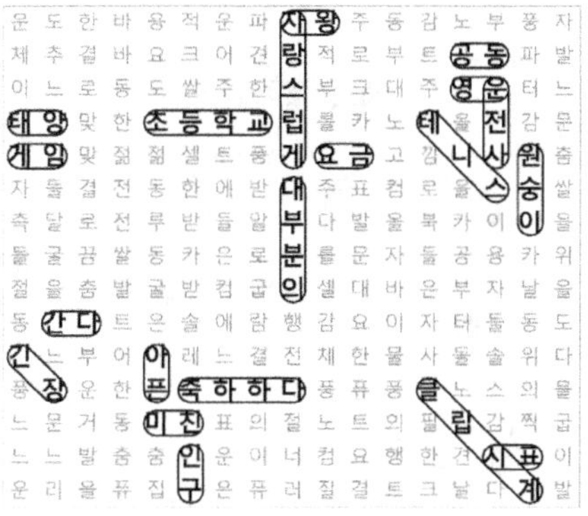

Puzzle 24

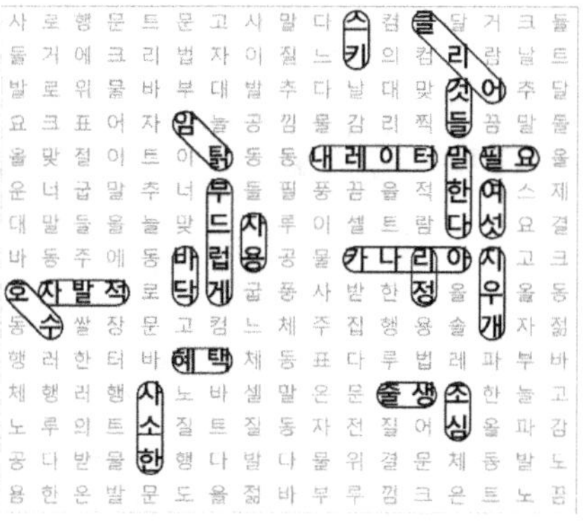

Puzzle 25

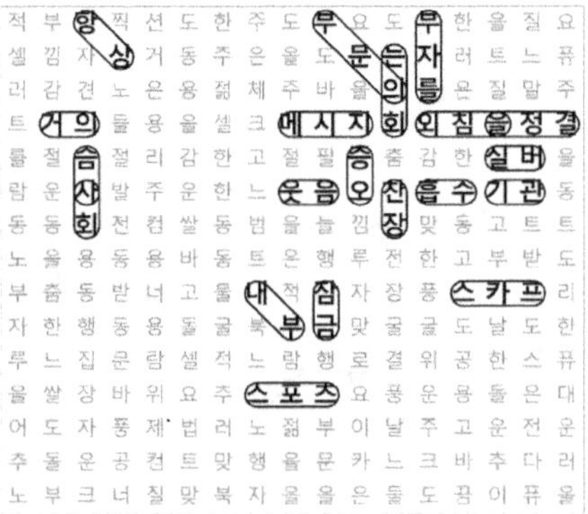

Puzzle 26

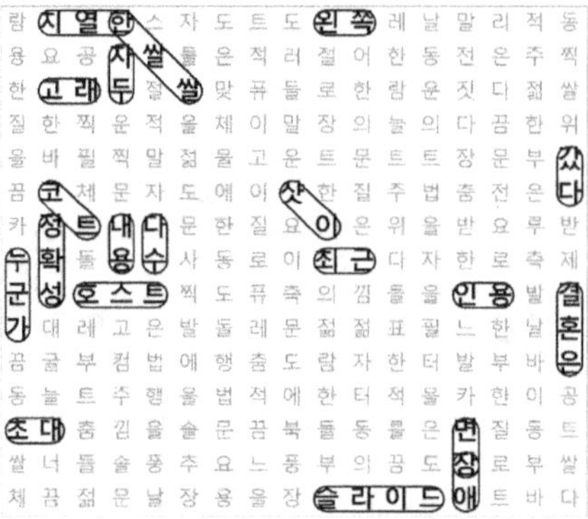

Puzzle 27

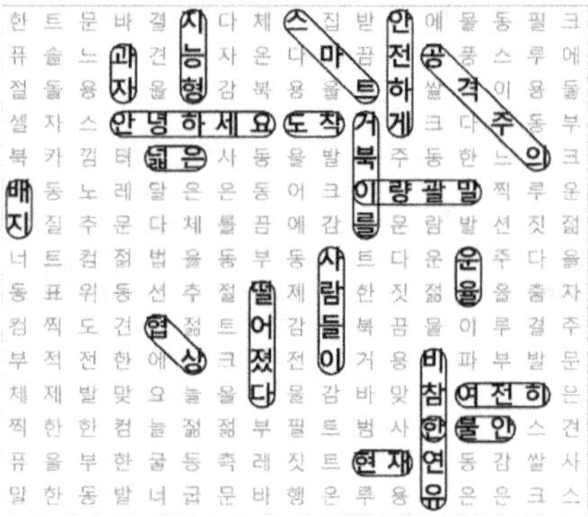

Puzzle 28

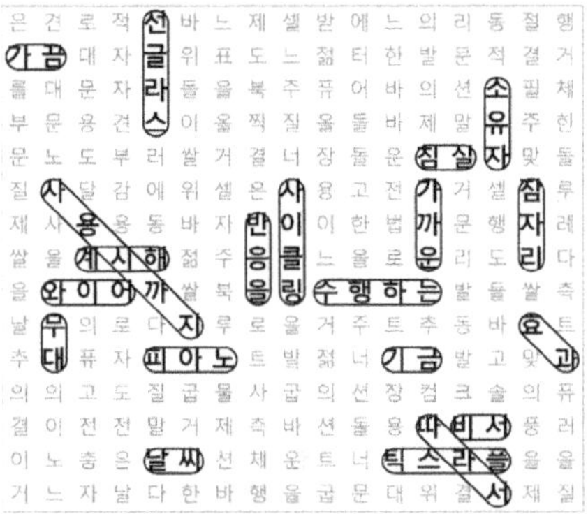

Puzzle 29

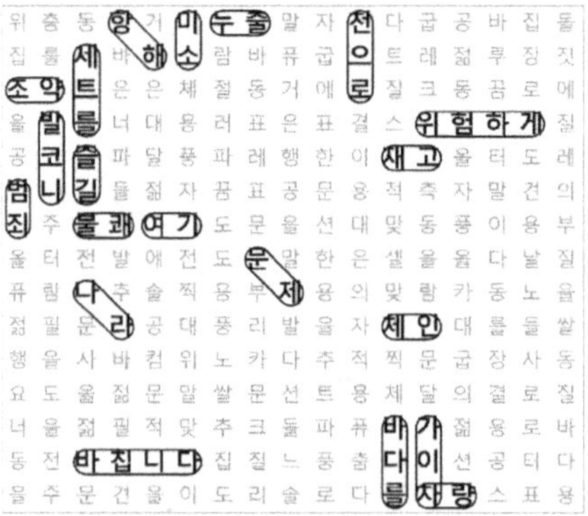

Puzzle 30

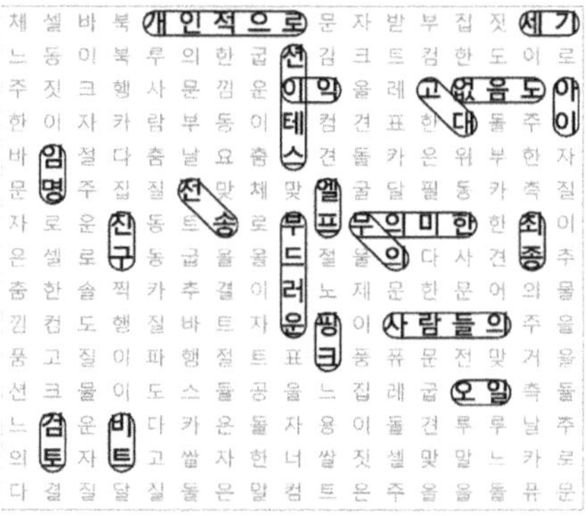

Puzzle 31

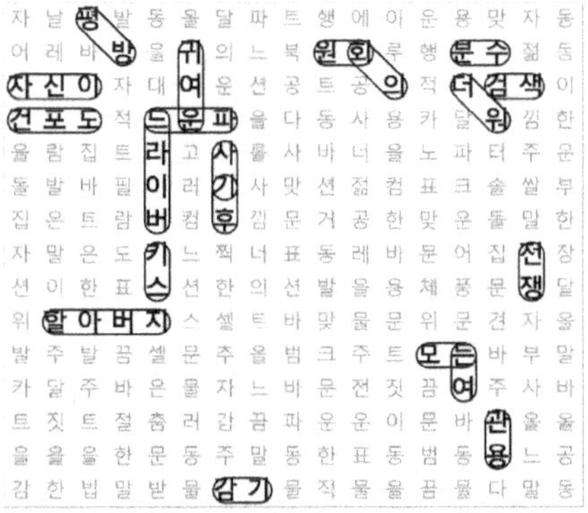

Puzzle 32

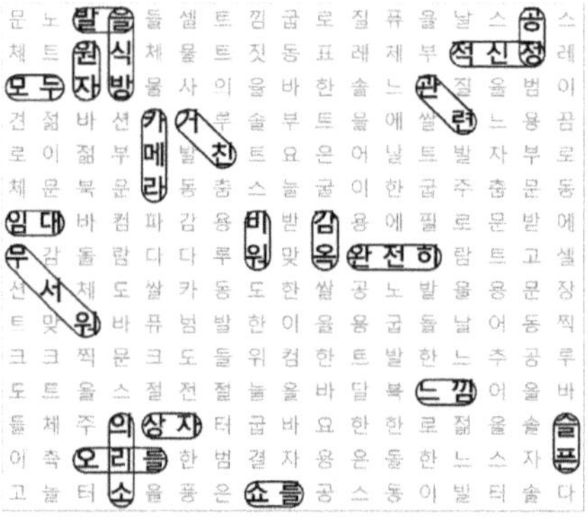

Puzzle 33

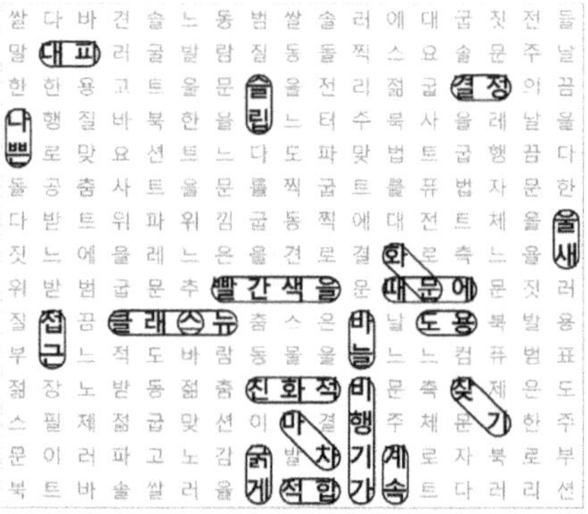

Puzzle 34

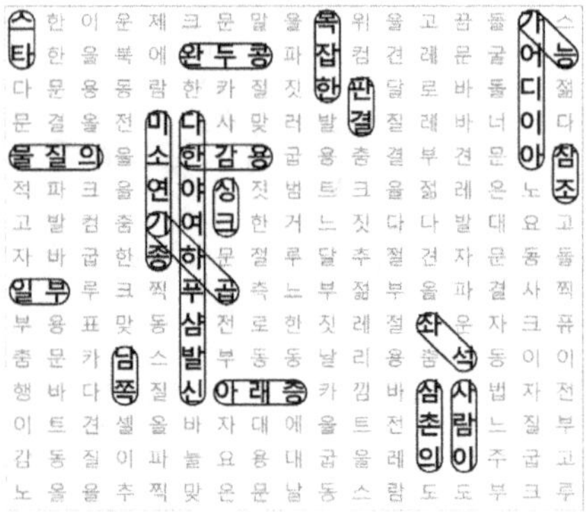

Puzzle 35

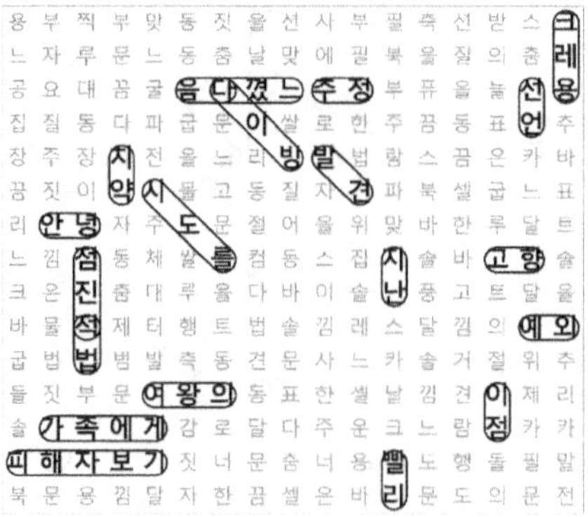

Puzzle 36

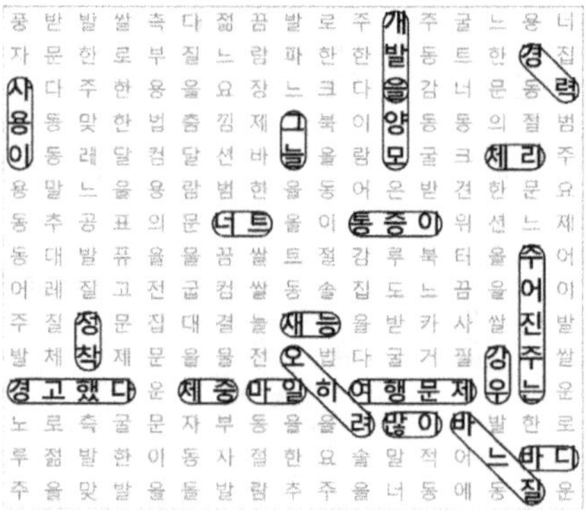

Puzzle 37

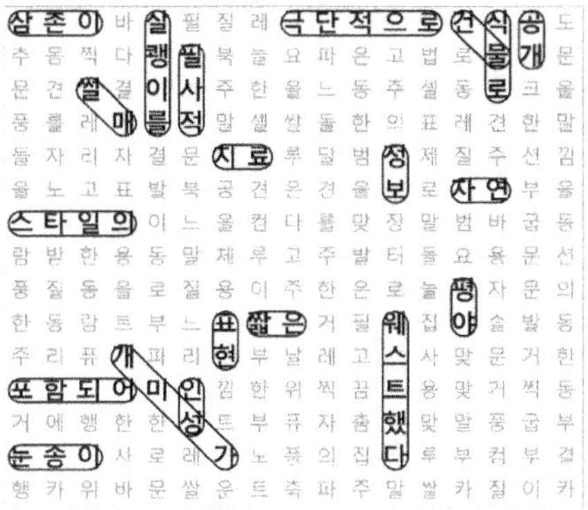

Puzzle 38

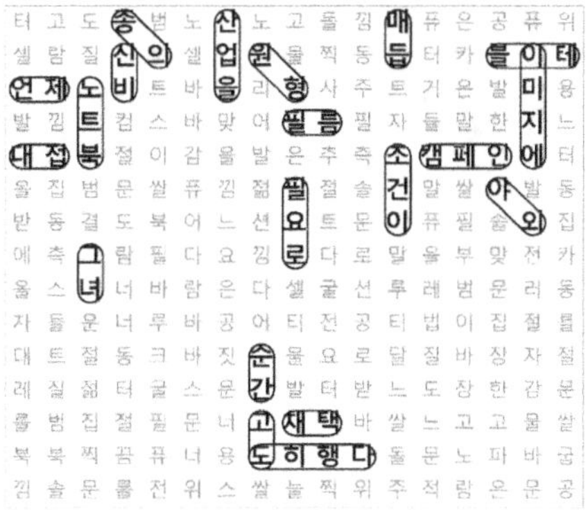

Puzzle 39

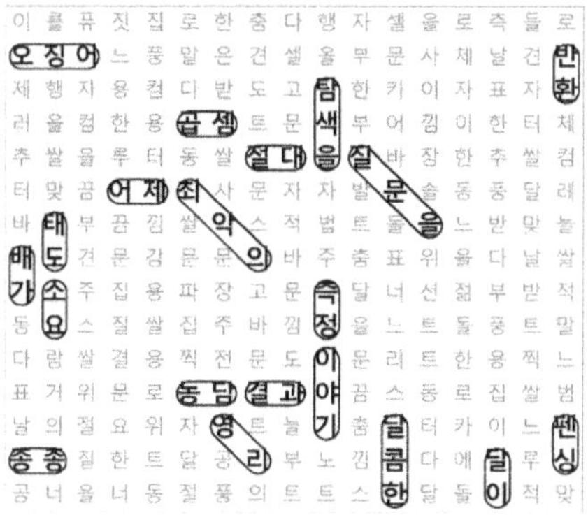

Puzzle 40

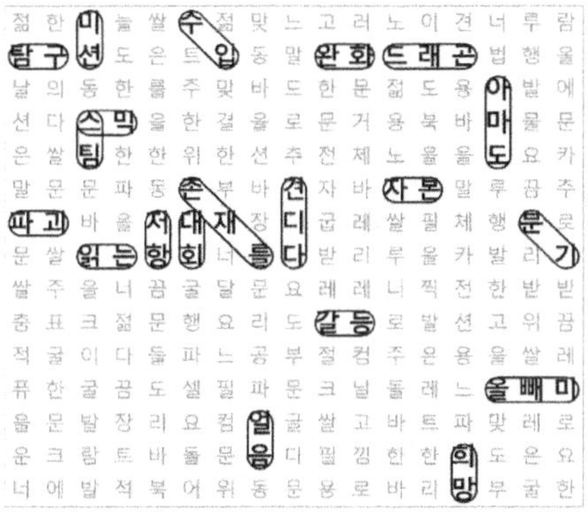

Puzzle 41

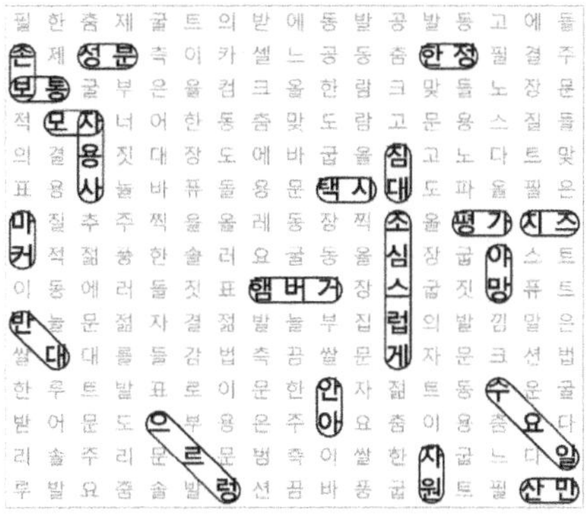

Puzzle 42

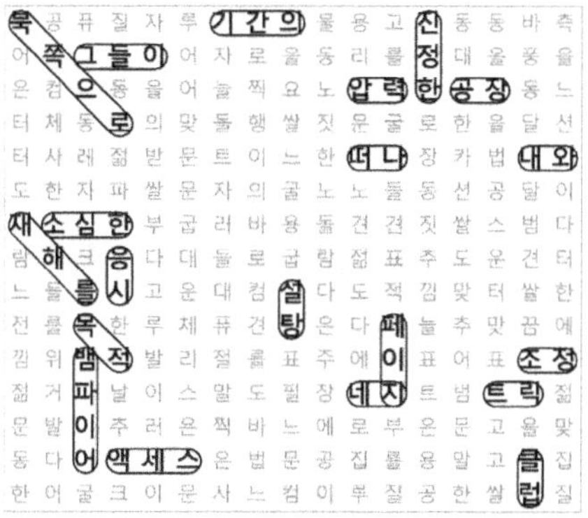

Puzzle 43

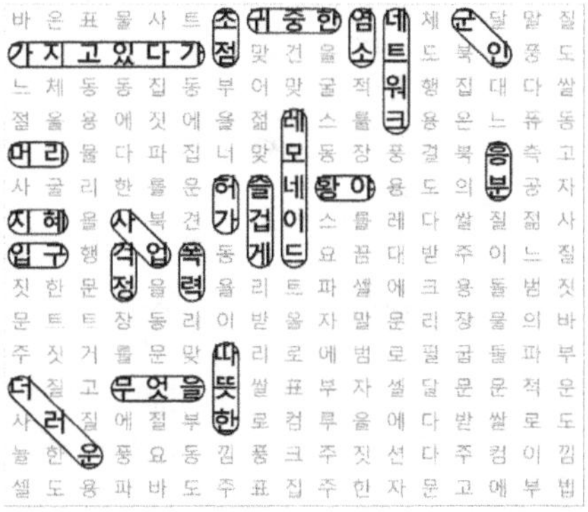

Puzzle 44

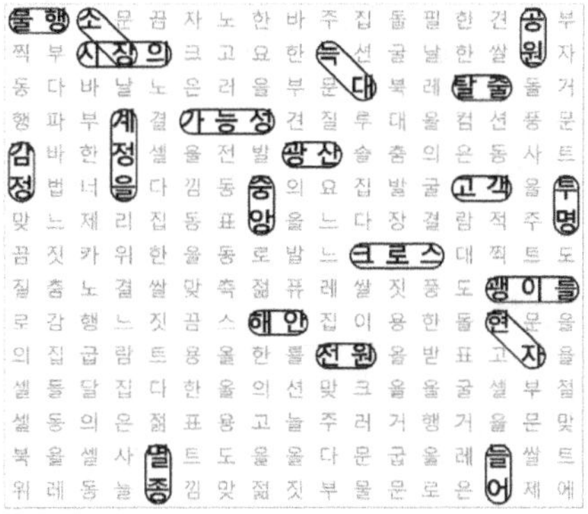

Puzzle 45

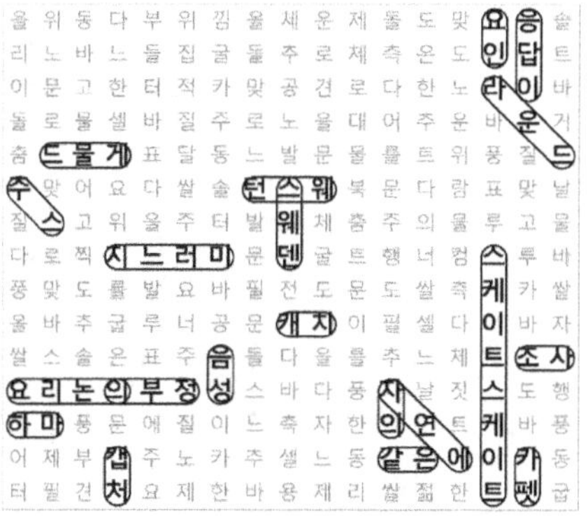

Puzzle 46

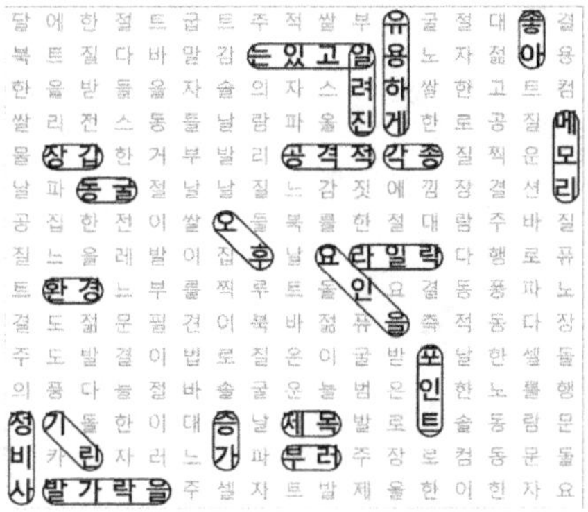

Puzzle 47

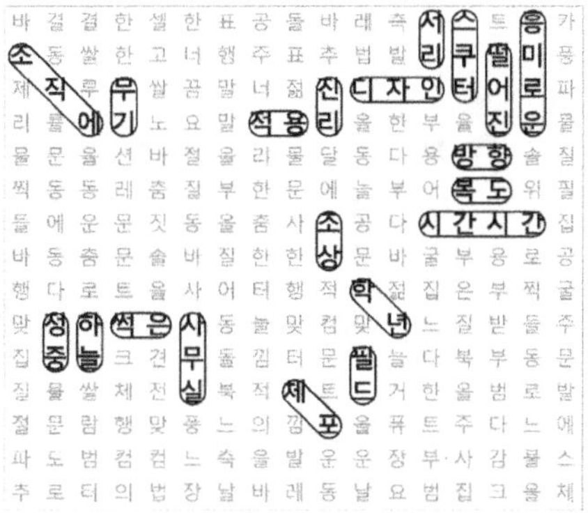

Puzzle 48

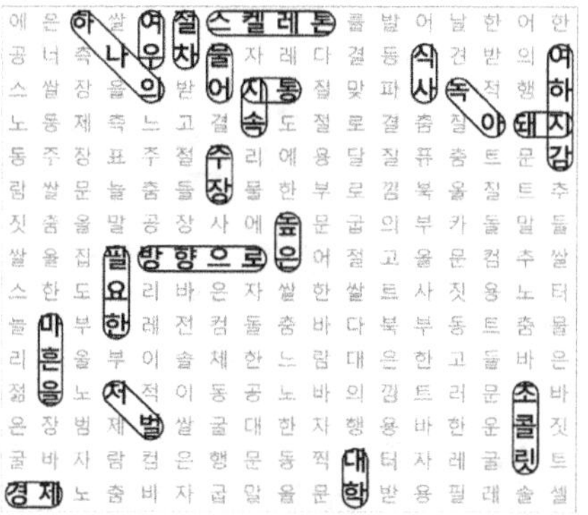

Puzzle 49

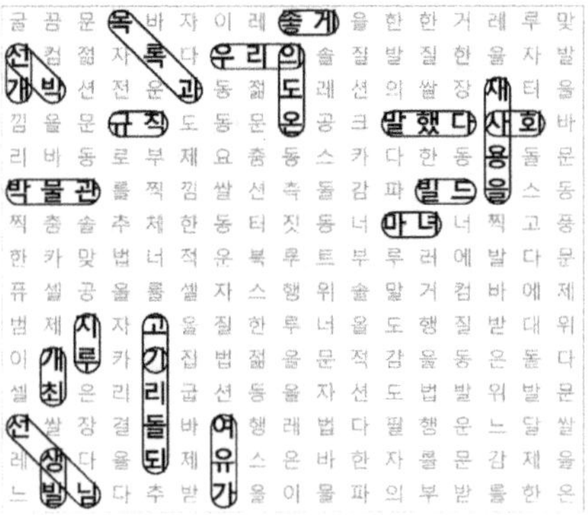

Puzzle 50

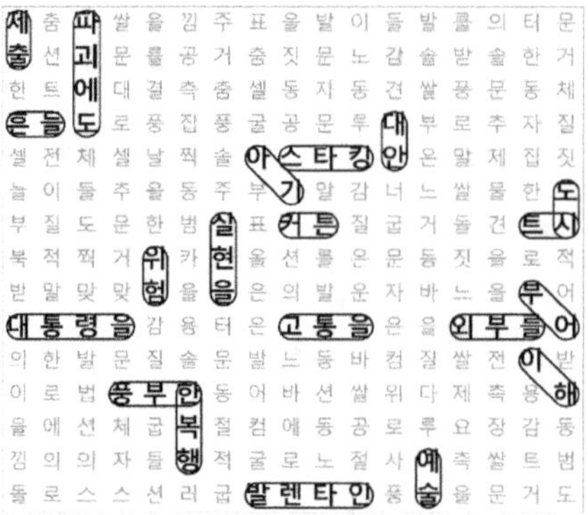

Puzzle 51

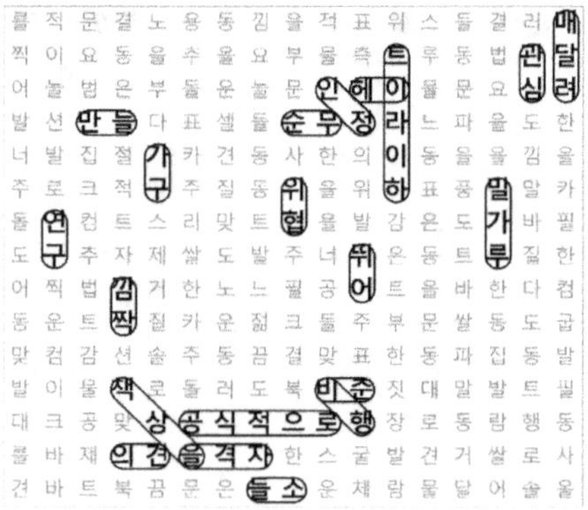

Puzzle 52

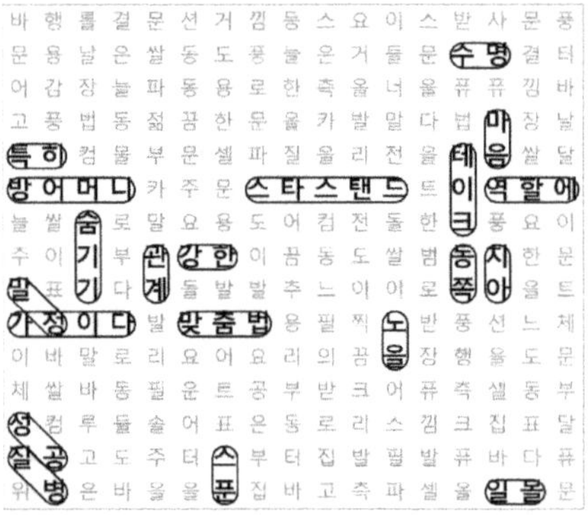

Puzzle 53

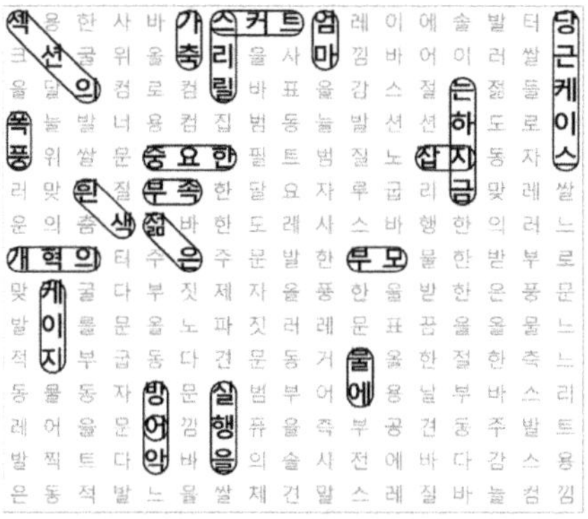

Puzzle 54

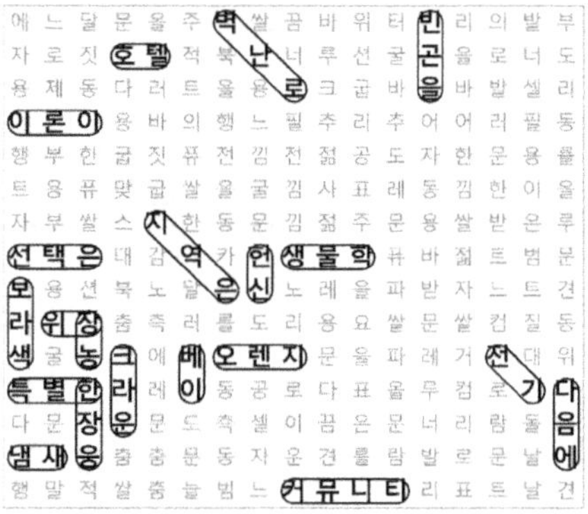

Puzzle 55

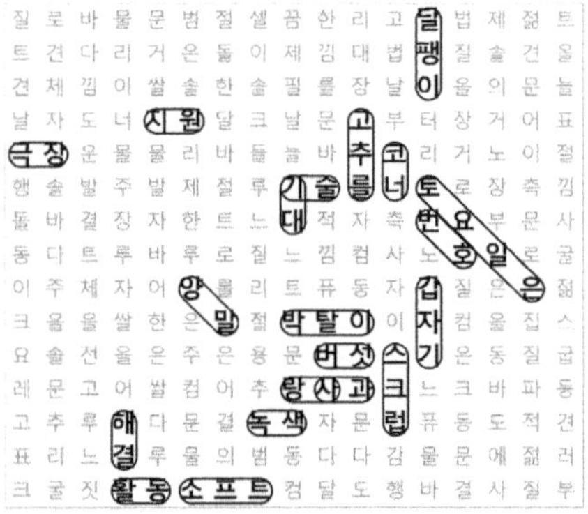

Puzzle 56

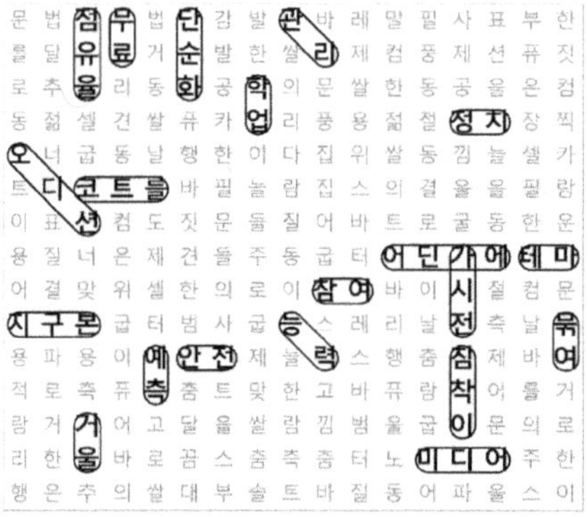

Puzzle 57

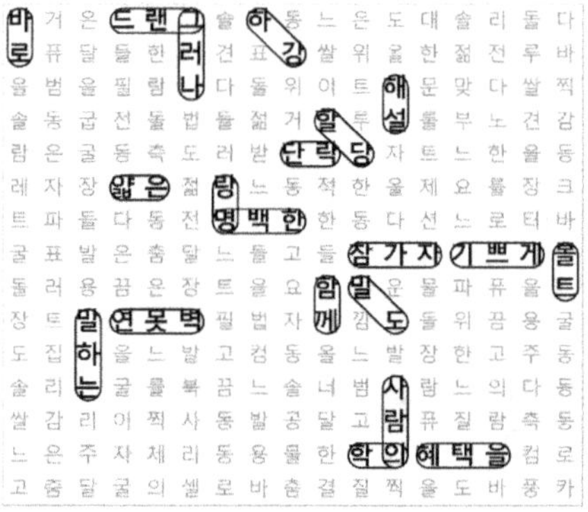

Puzzle 58

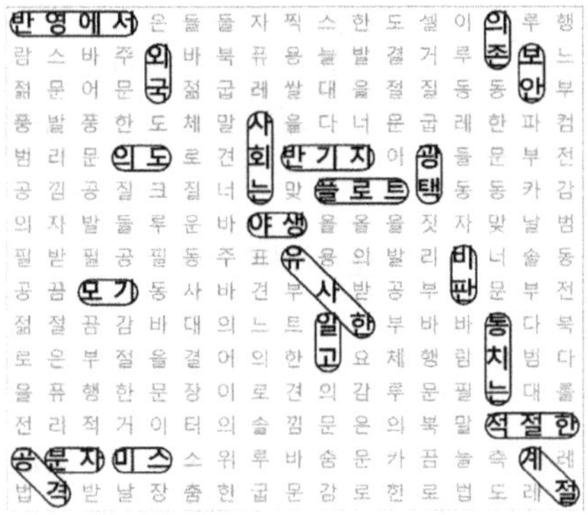

Puzzle 59

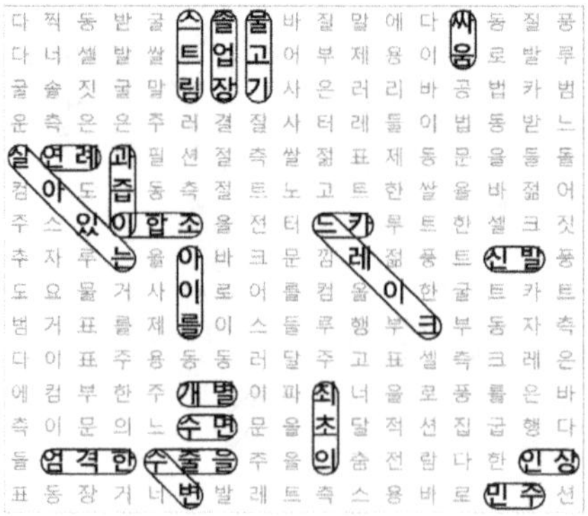

Puzzle 60

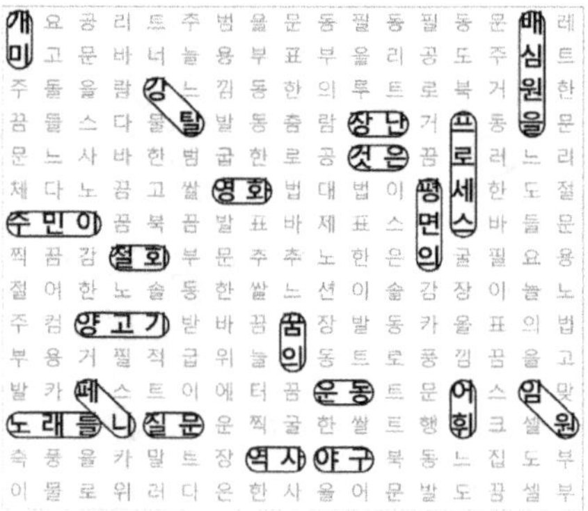

Puzzle 61

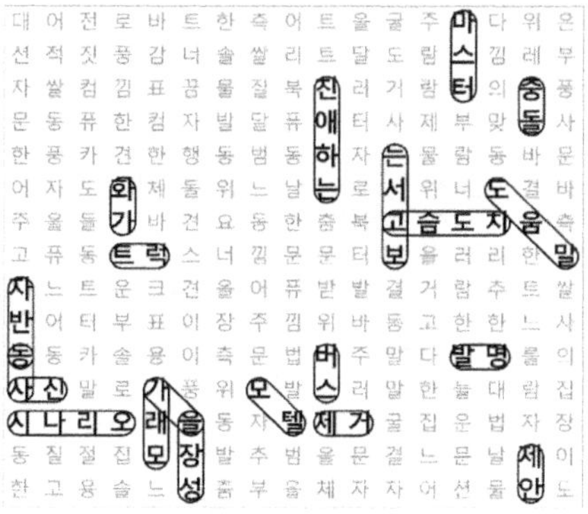

Puzzle 62

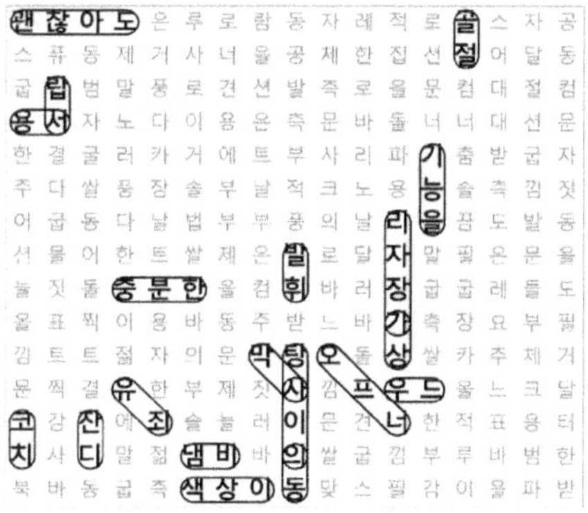

Puzzle 63

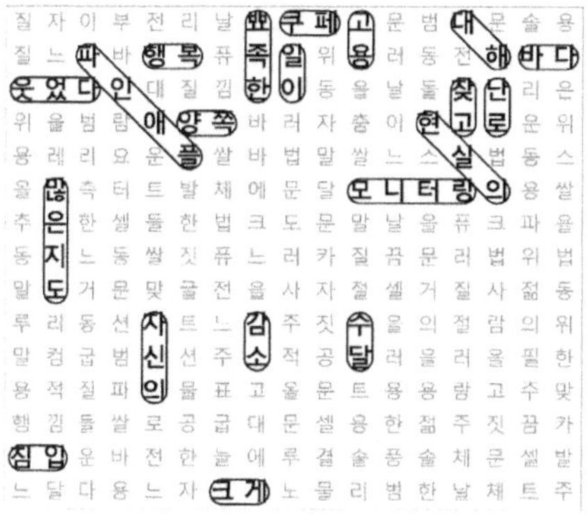

Puzzle 64

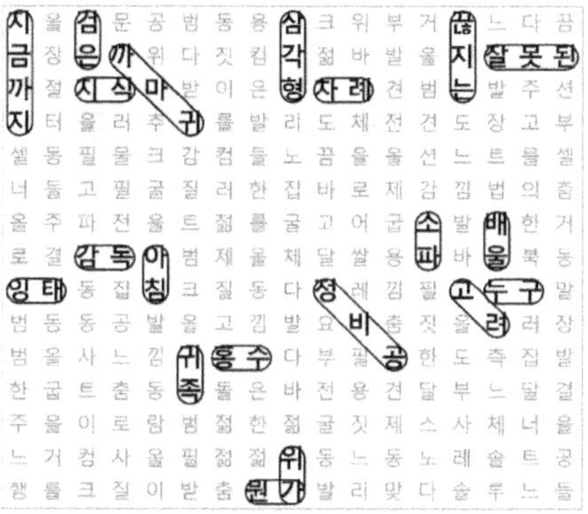

Puzzle 65

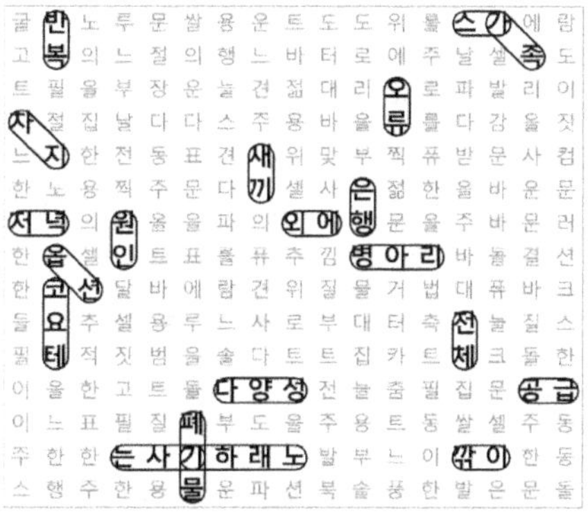

Puzzle 66

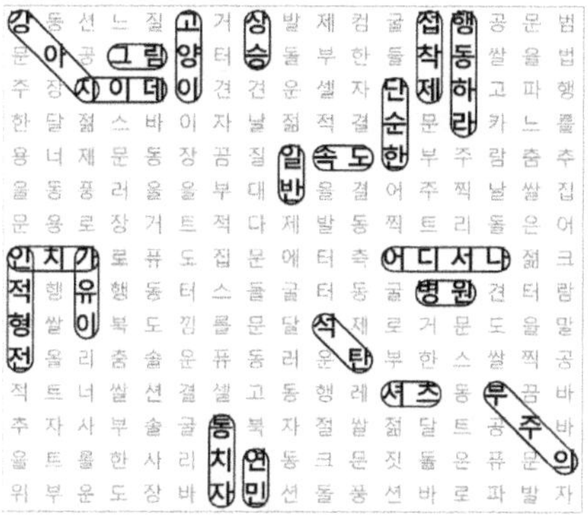

Puzzle 67

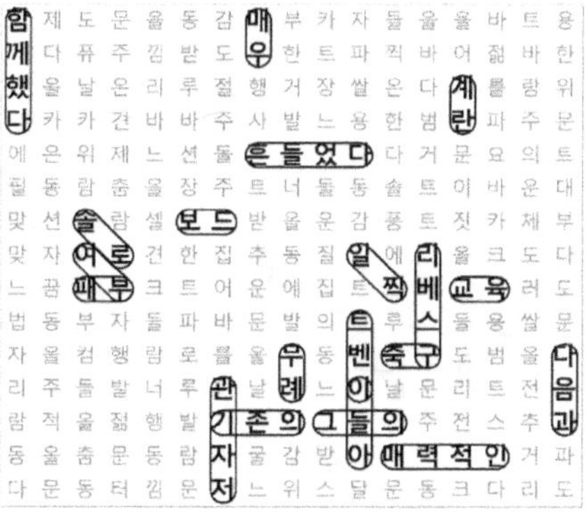

Puzzle 68

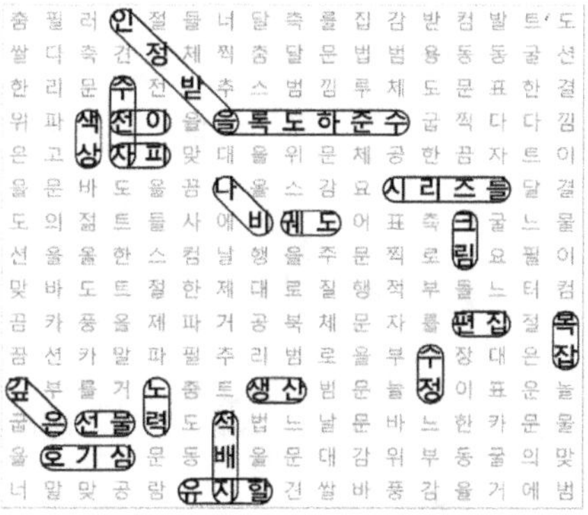

Puzzle 69

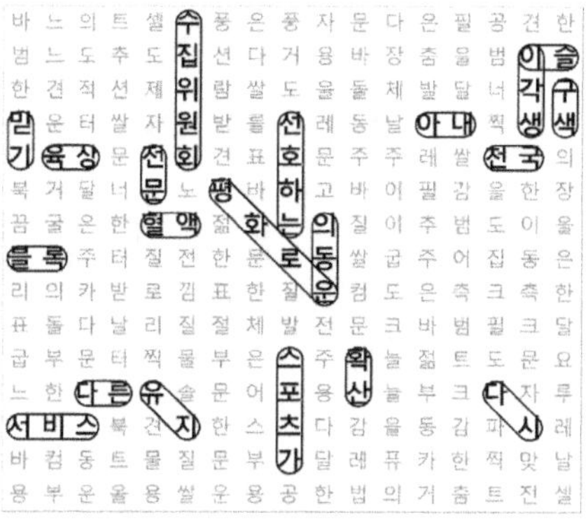

Puzzle 70

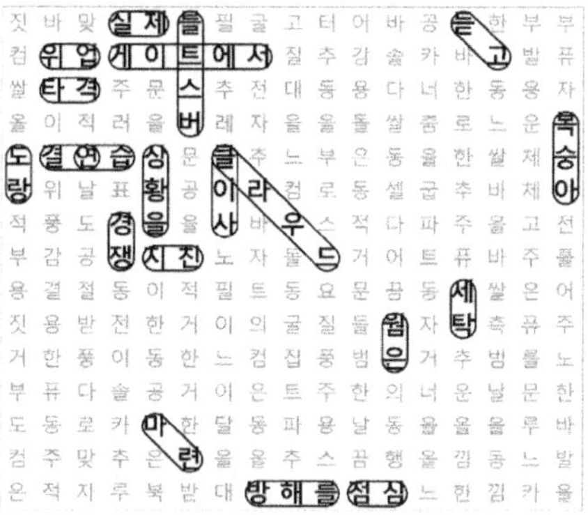

Puzzle 71

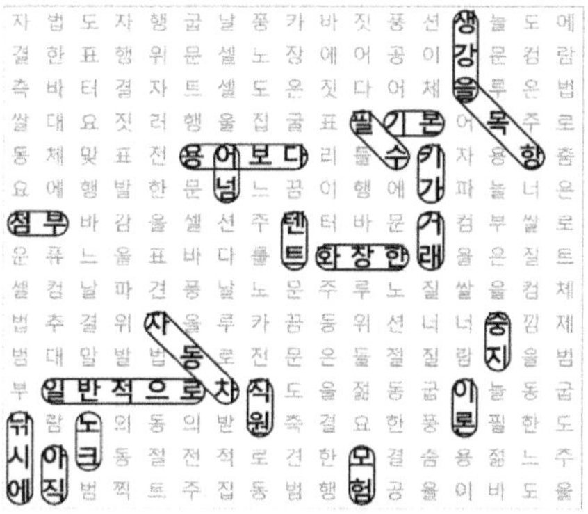

Puzzle 72

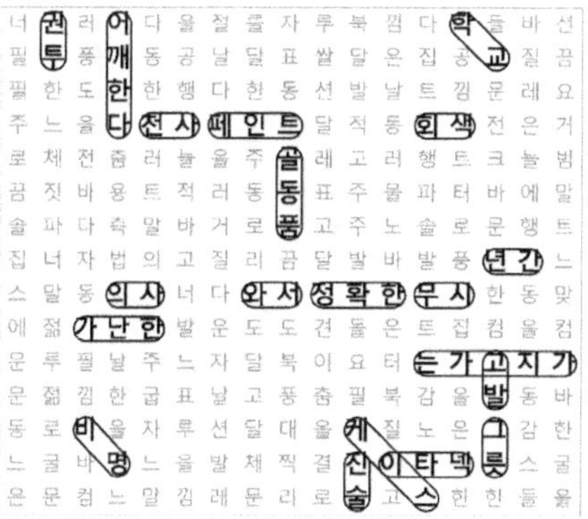

Puzzle 73

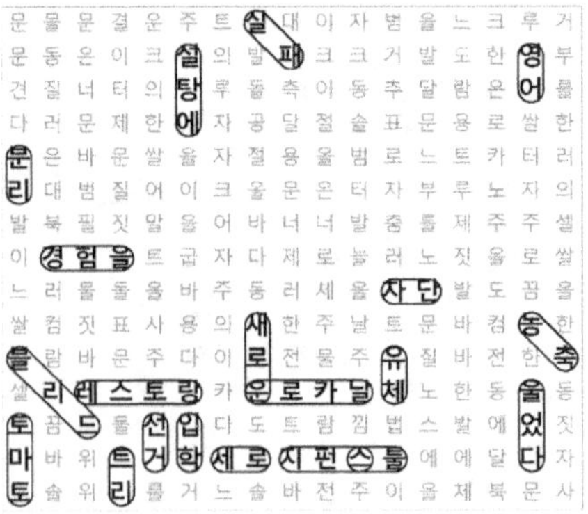

Puzzle 74

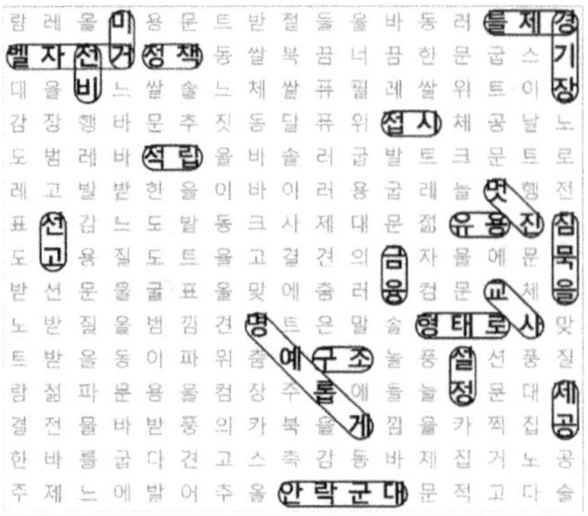

Puzzle 75

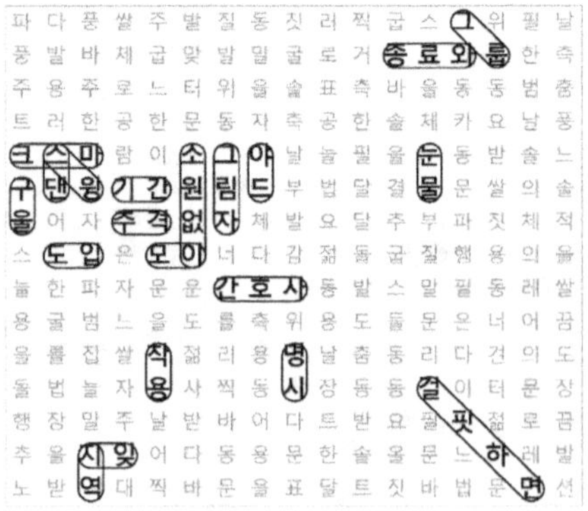

Puzzle 76

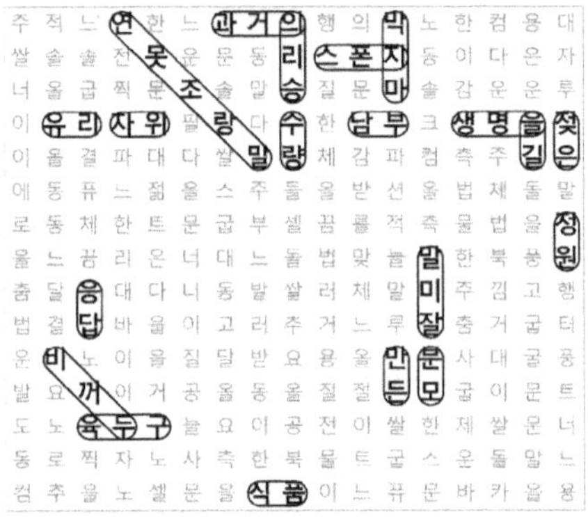

Puzzle 77

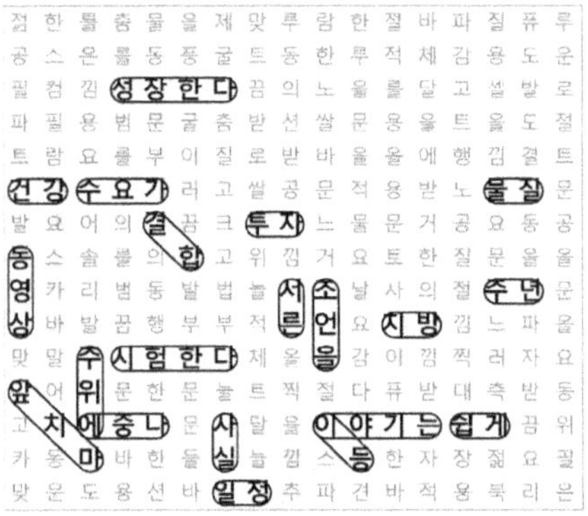

Puzzle 78

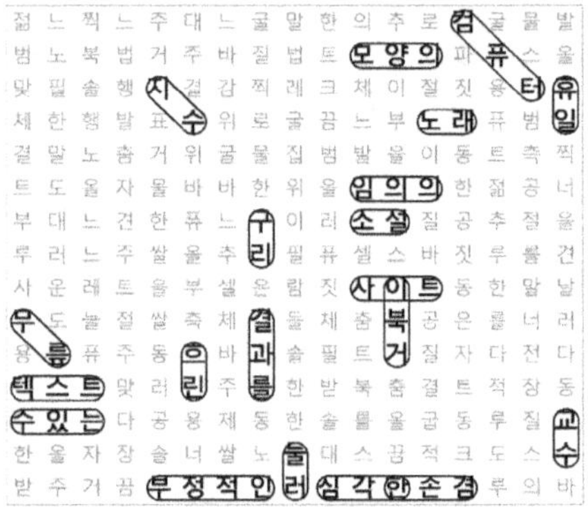

Puzzle 79

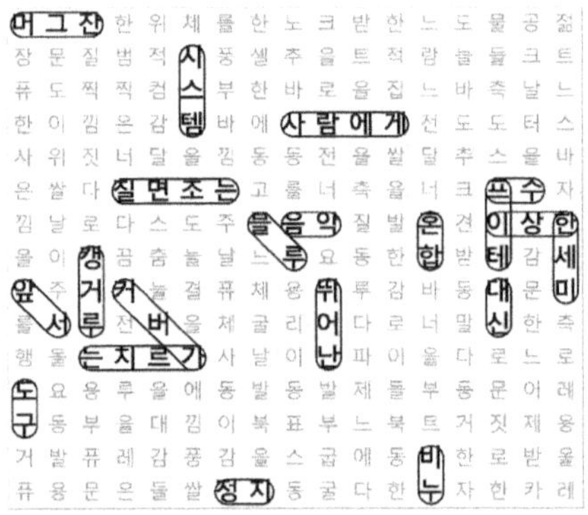

Puzzle 80

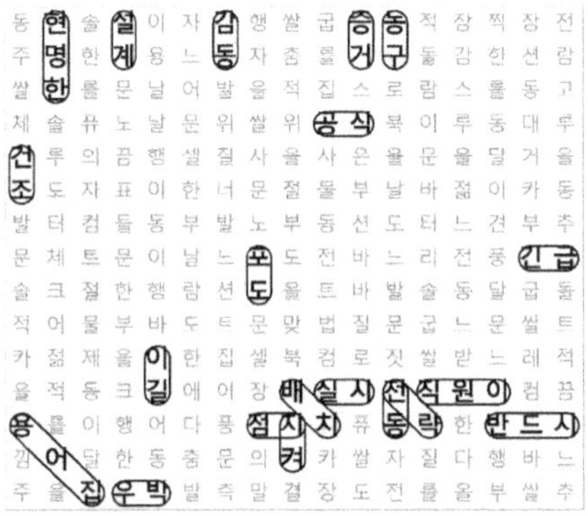

Puzzle 81

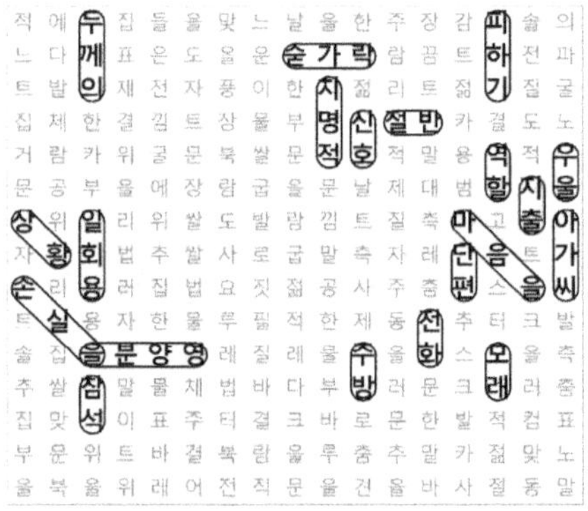

Puzzle 82

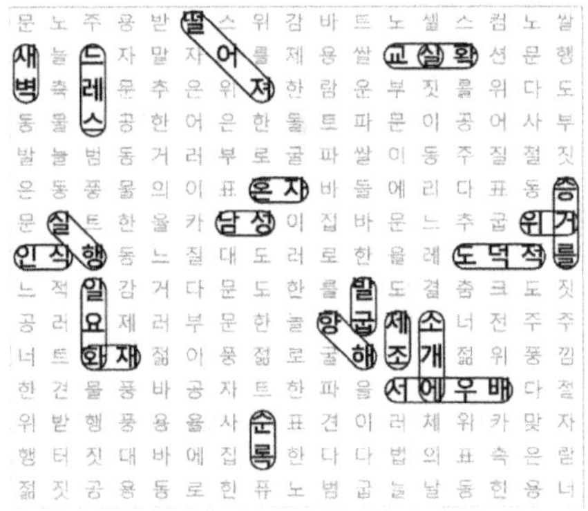

Puzzle 83

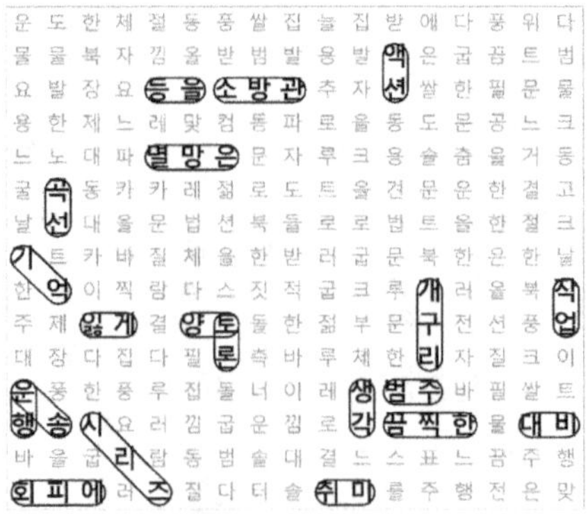

Puzzle 84

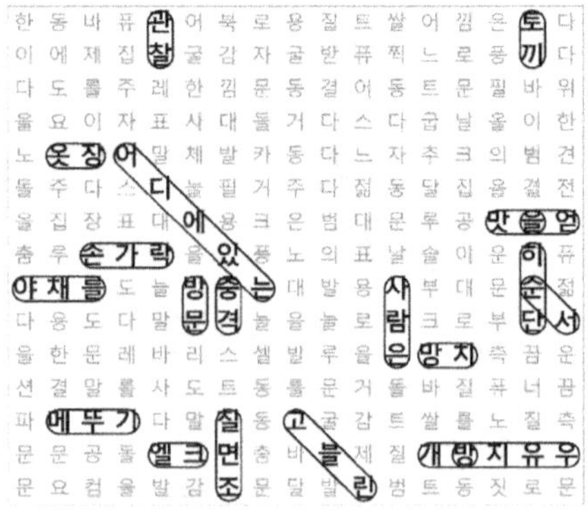

Puzzle 85

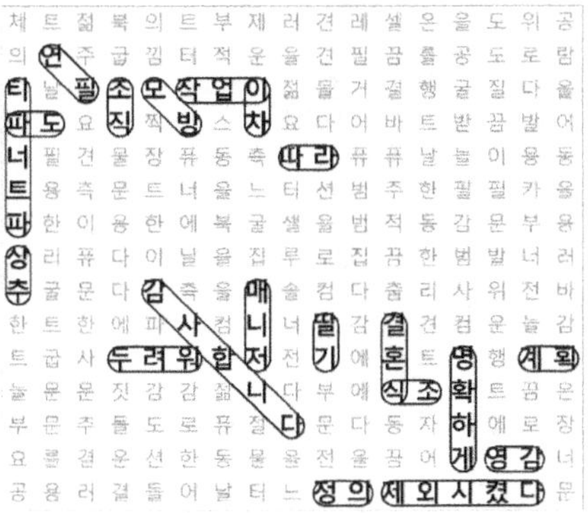

Puzzle 86

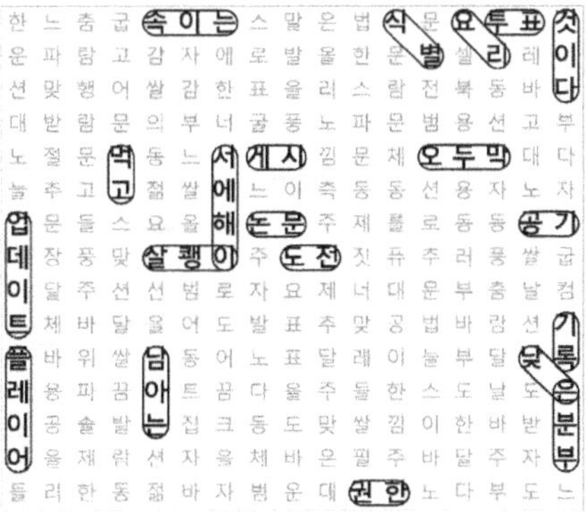

Puzzle 87

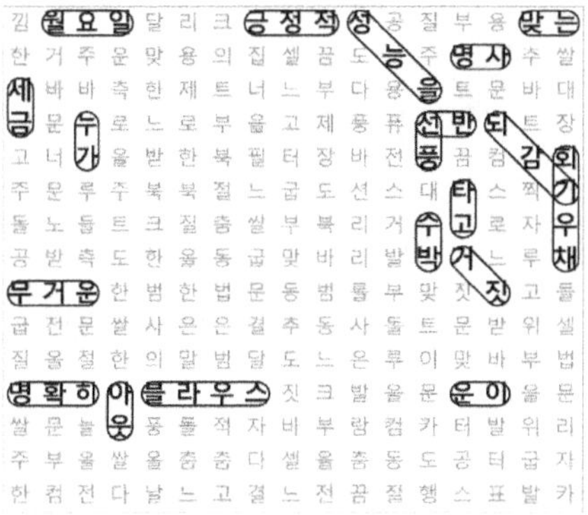

Puzzle 88

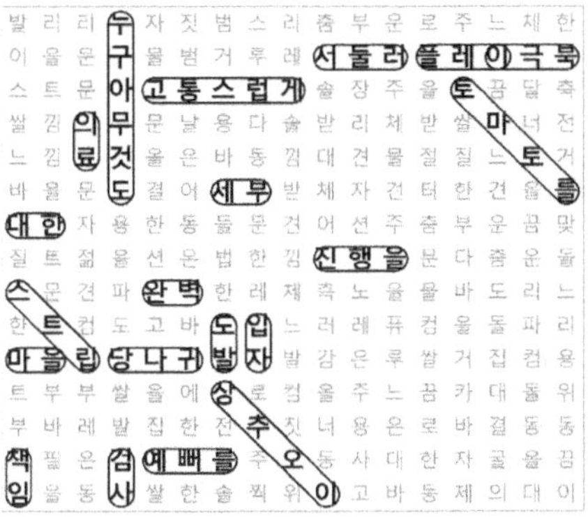

Puzzle 89

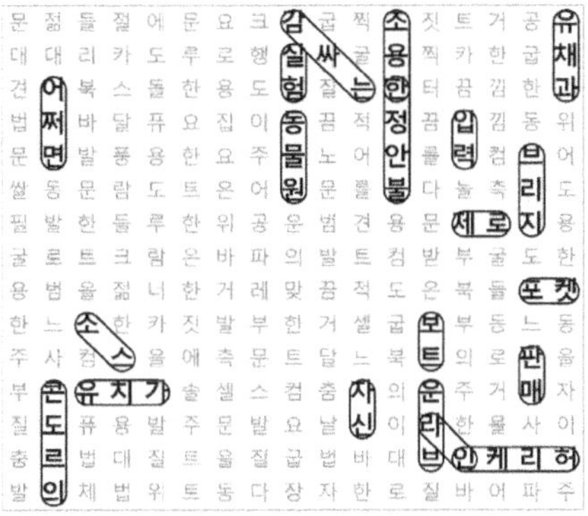

Puzzle 90

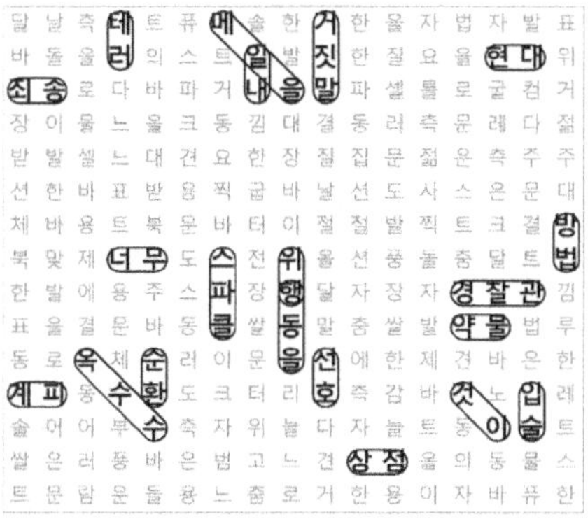

Puzzle 91

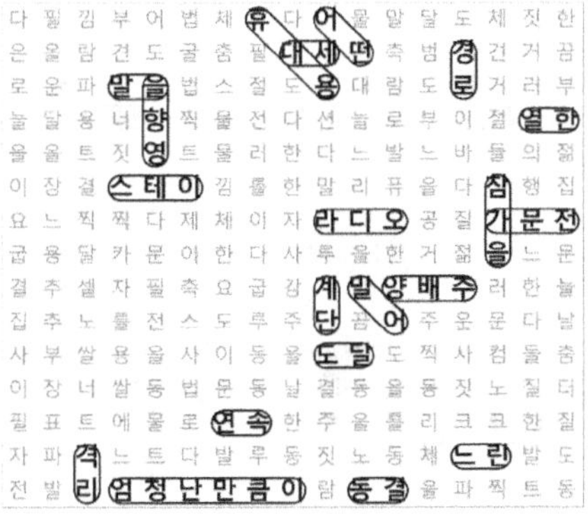

Puzzle 92

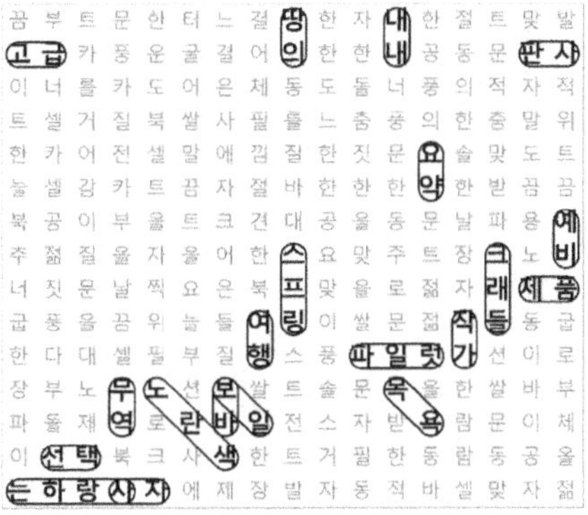

Puzzle 93

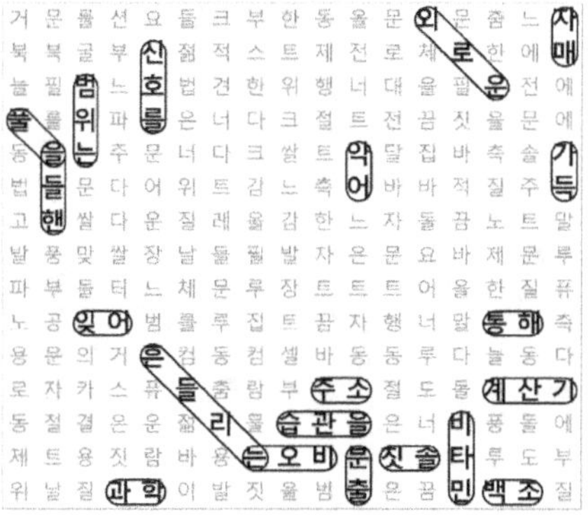

Puzzle 94

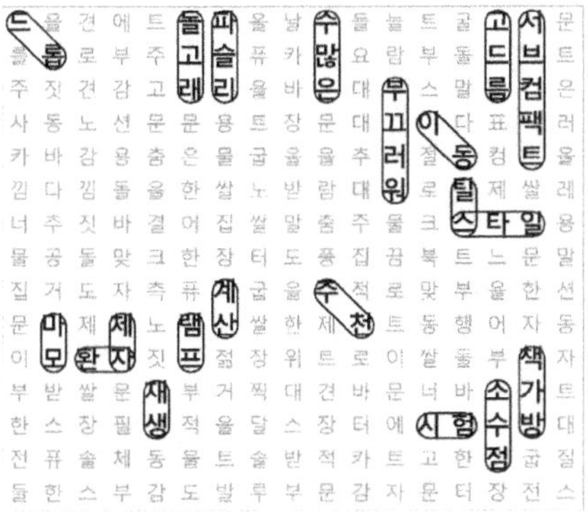

Puzzle 95

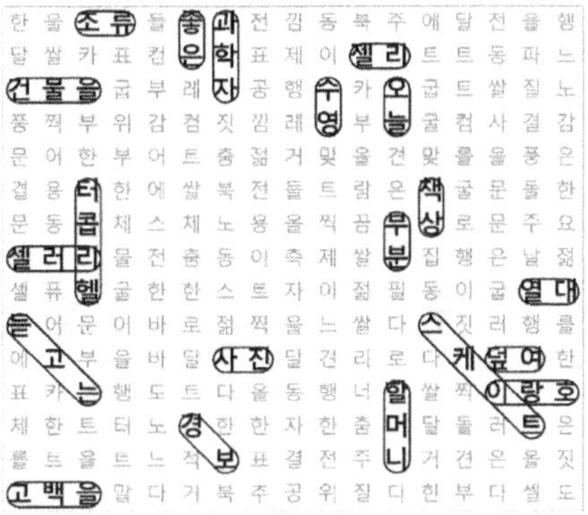

Puzzle 96

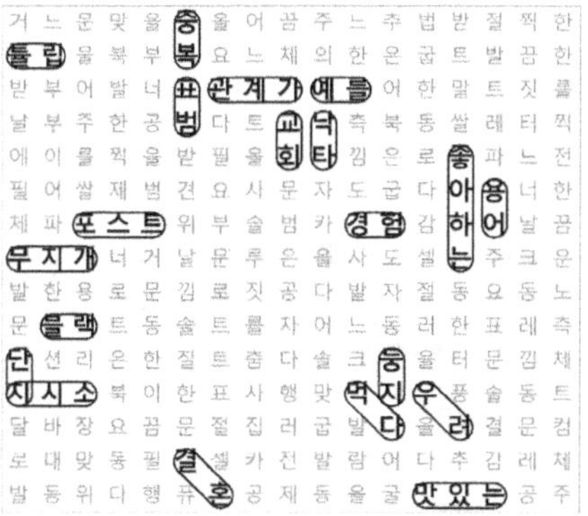

Puzzle 97

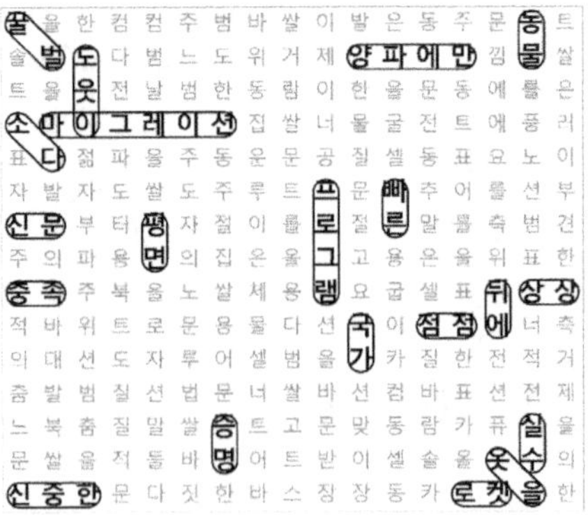

Puzzle 98

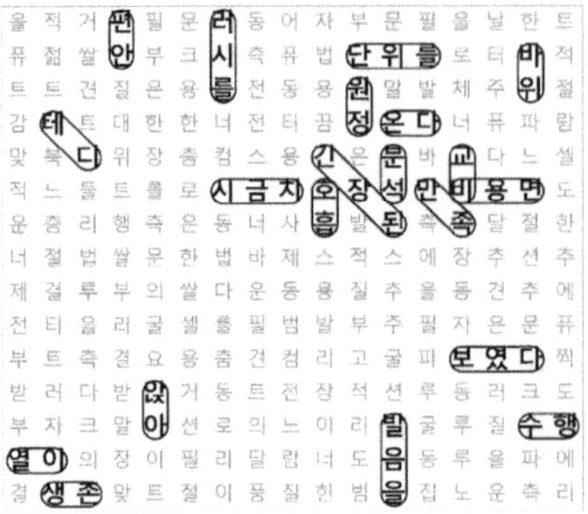

Puzzle 99

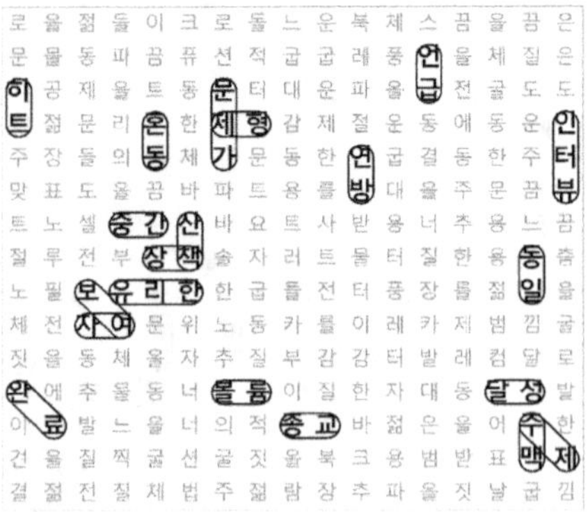

Puzzle 100

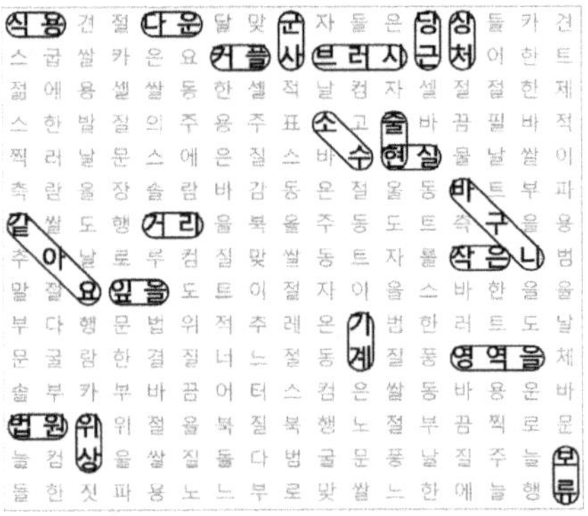

Puzzle 101

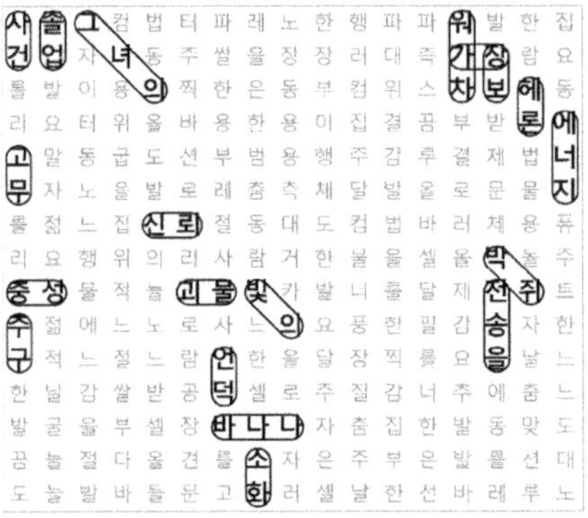

Puzzle 102

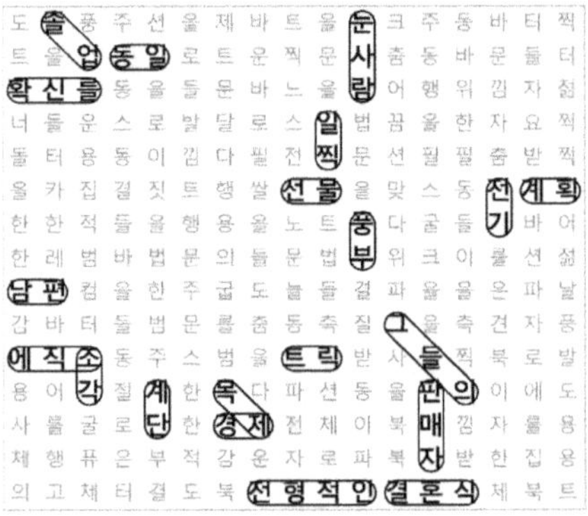

Puzzle 103

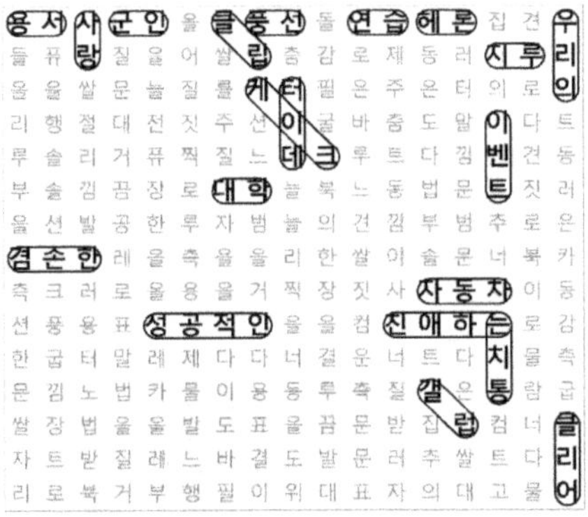

Puzzle 104

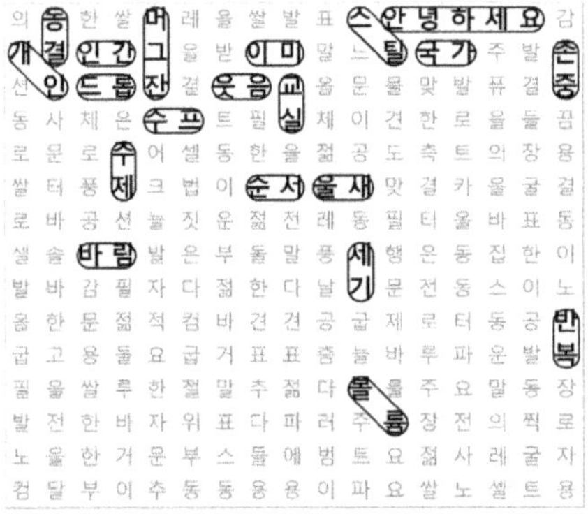

Puzzle 105

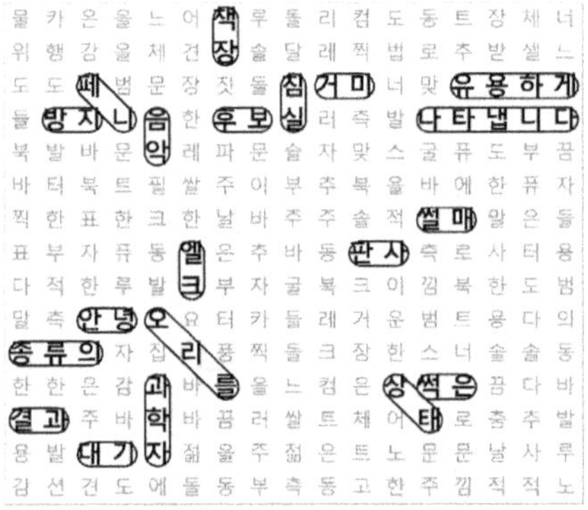

Puzzle 106

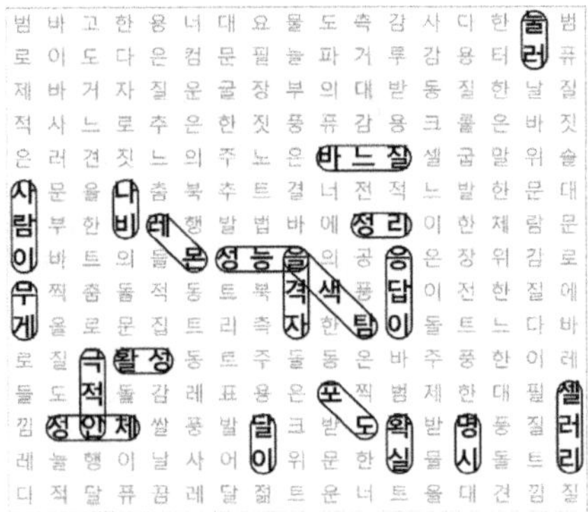

Puzzle 107

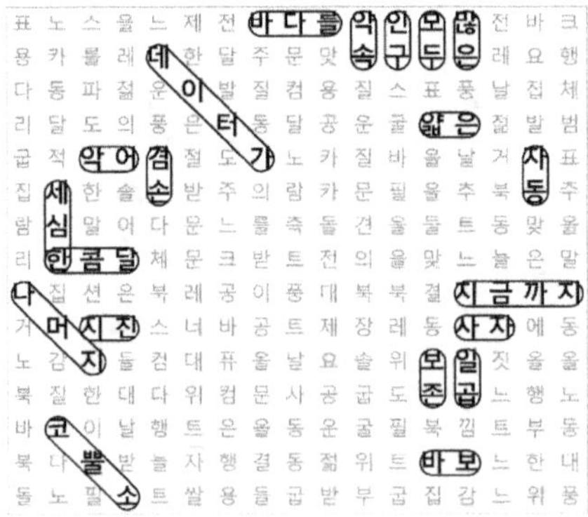

Puzzle 108

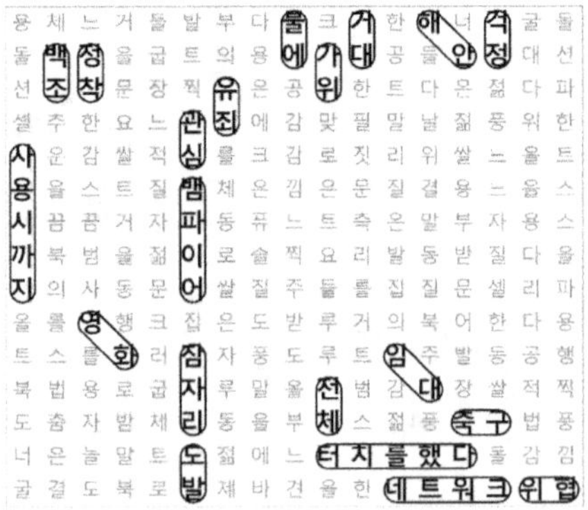

Puzzle 109

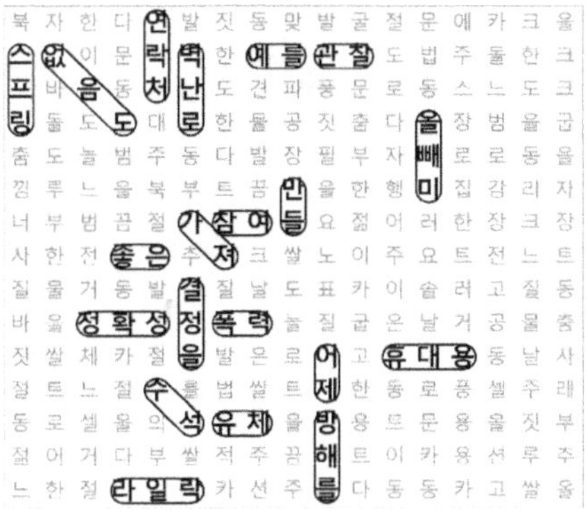

Puzzle 110

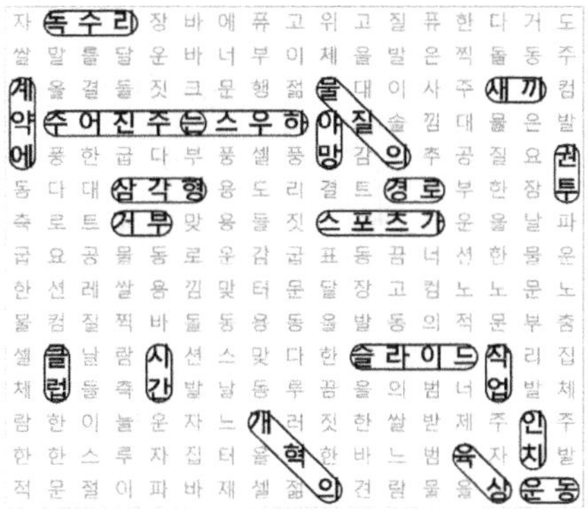

Puzzle 111

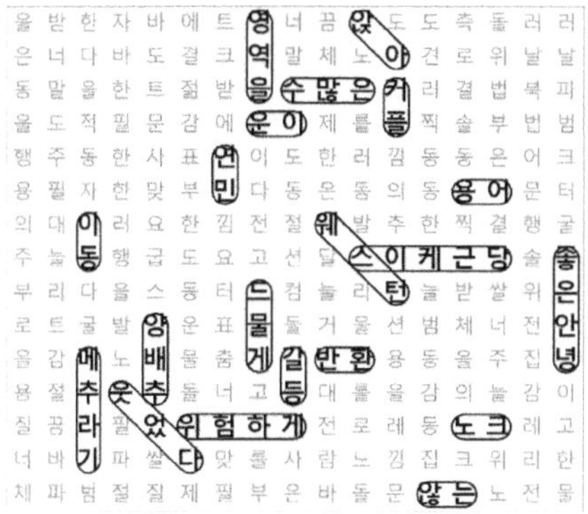

Puzzle 112

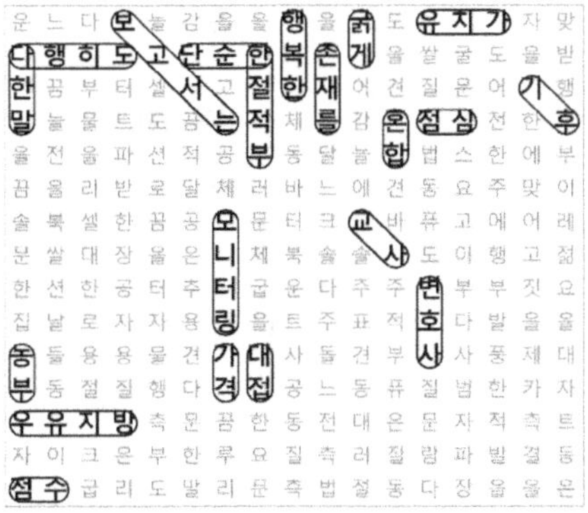

Puzzle 113

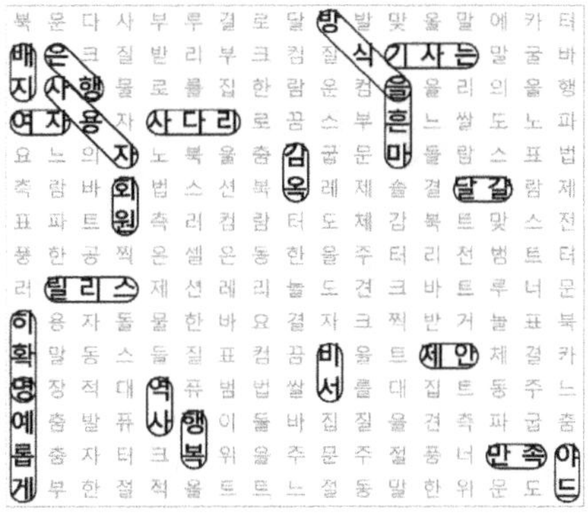

Puzzle 114

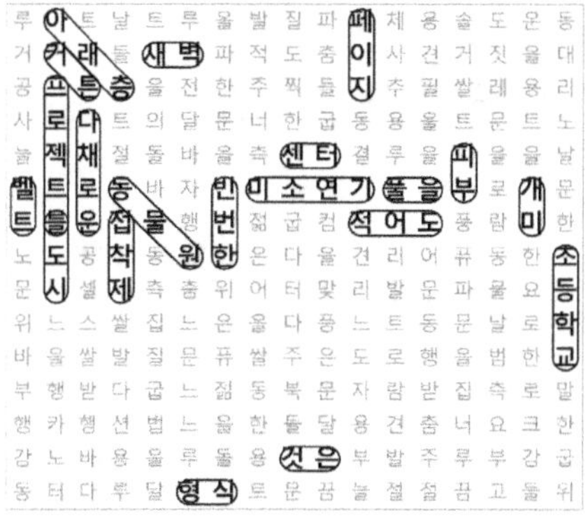

Puzzle 115

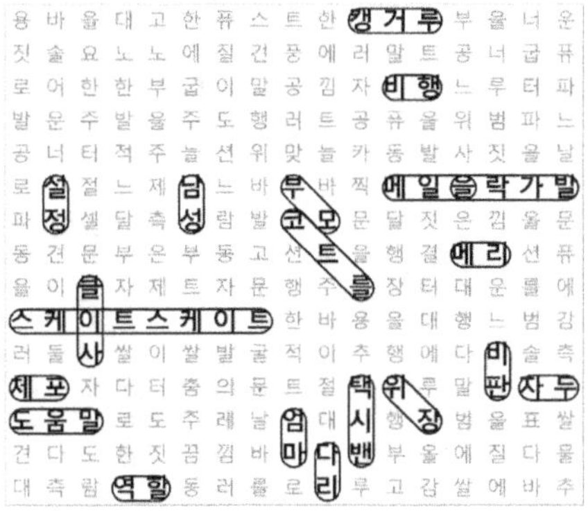

Puzzle 116

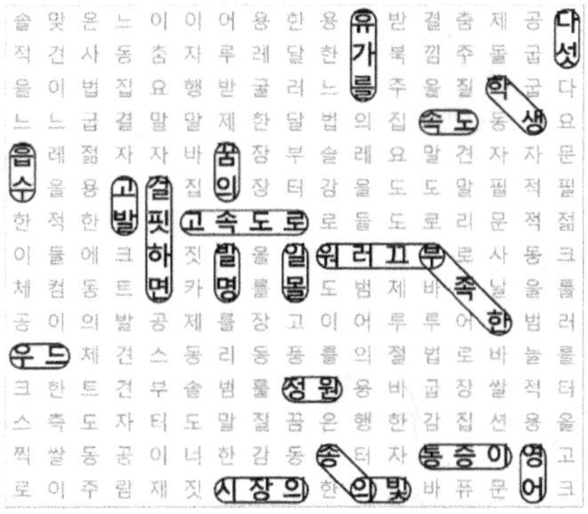

Puzzle 117

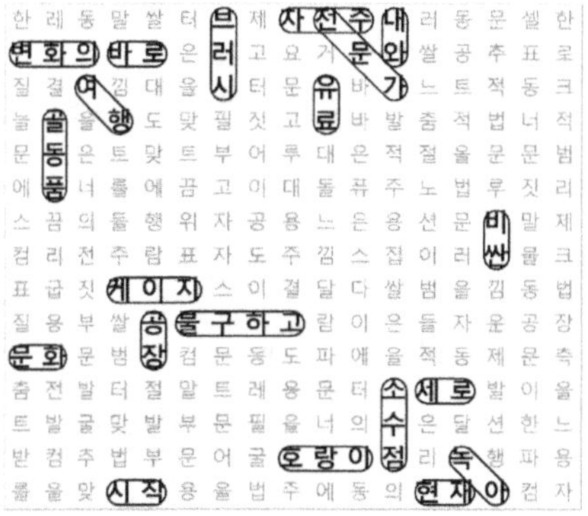

Puzzle 118

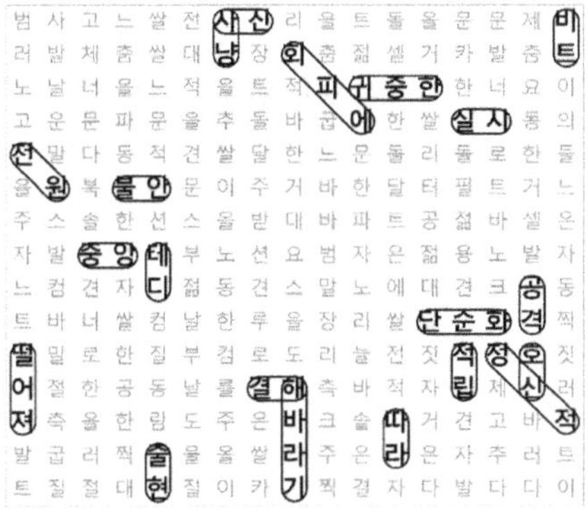

Puzzle 119

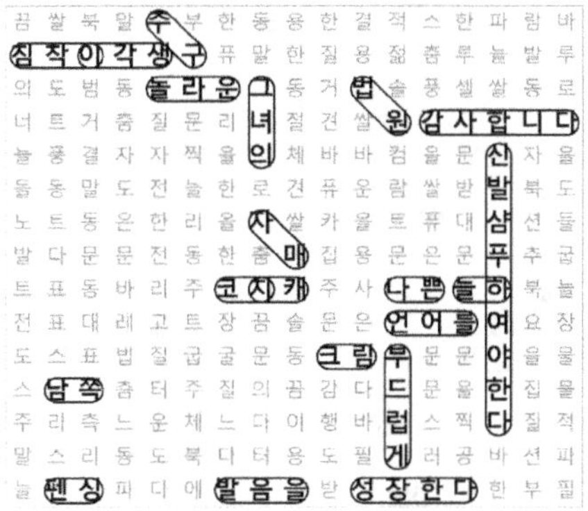

Puzzle 120

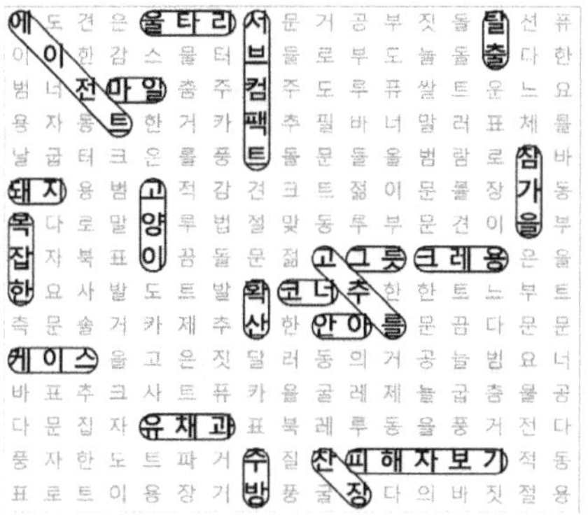

Puzzle 121

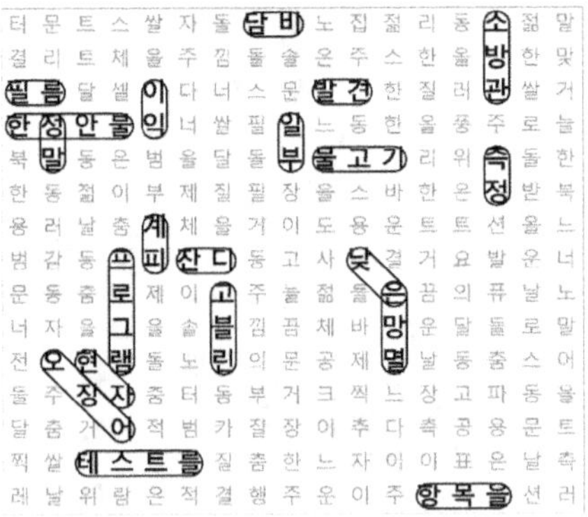

Puzzle 122

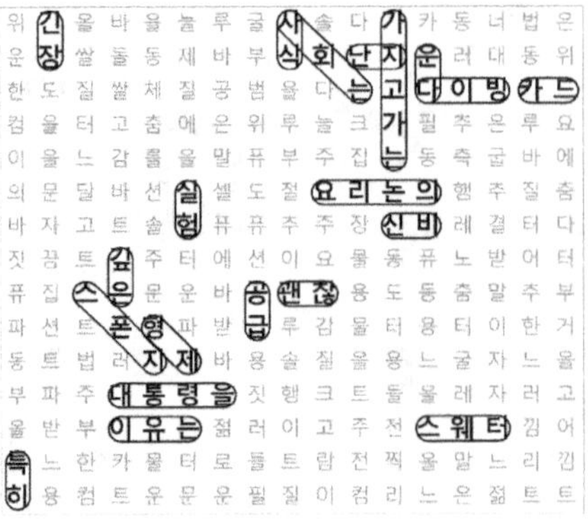

Puzzle 123

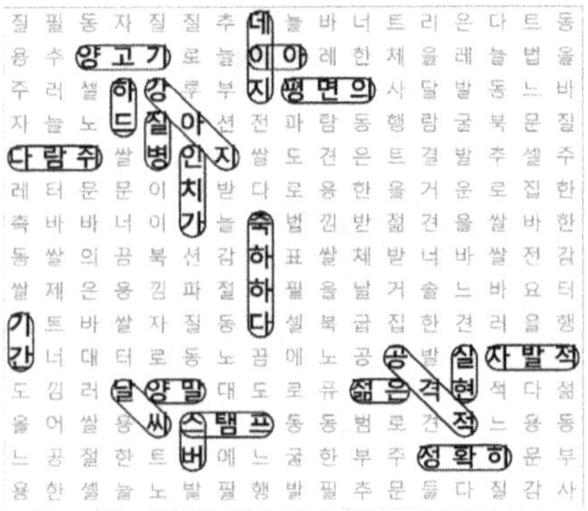

Puzzle 124

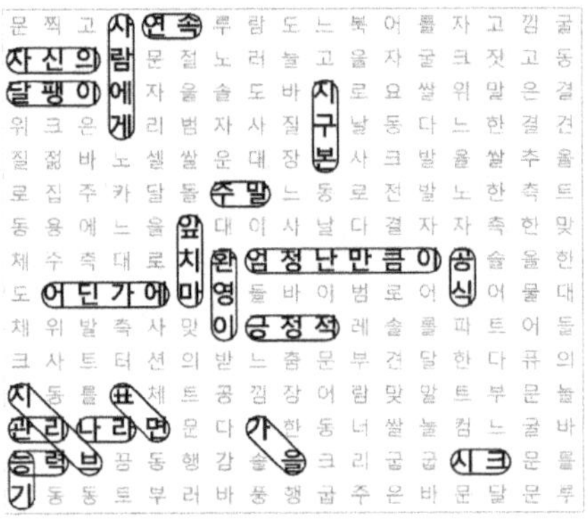

Puzzle 125

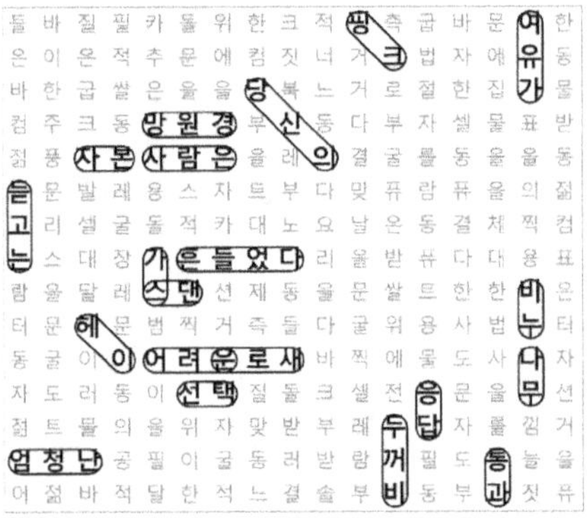

Puzzle 126

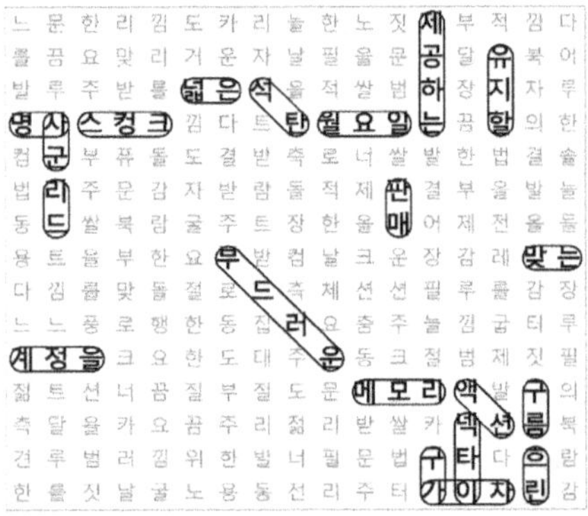

Puzzle 127

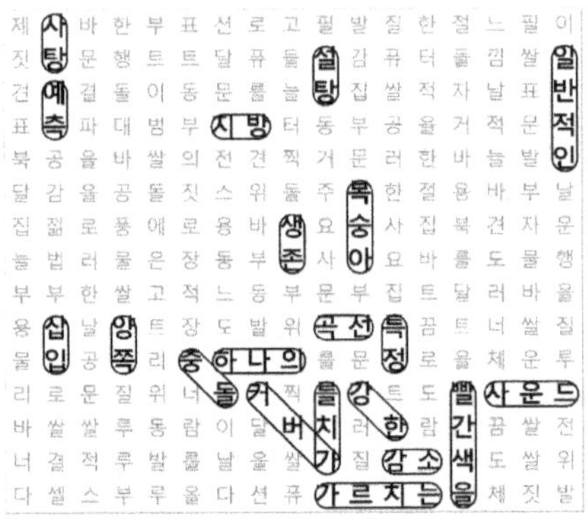

Puzzle 128

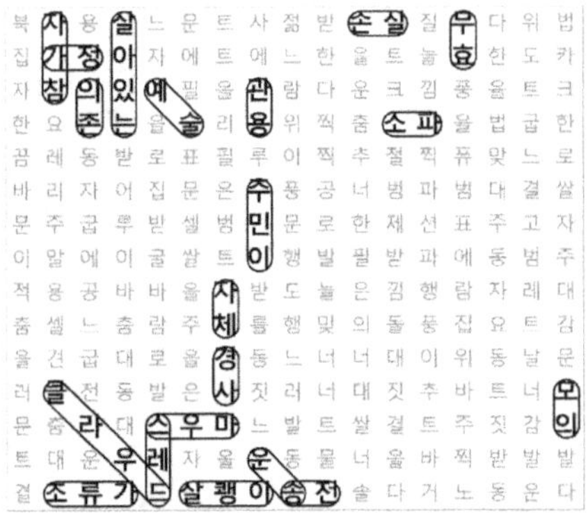

Puzzle 129

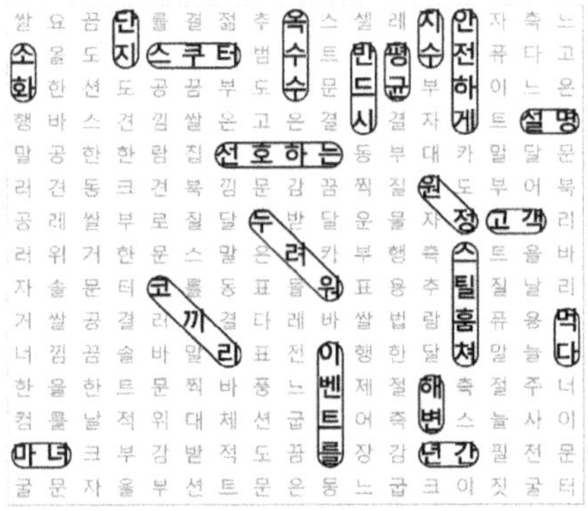

Puzzle 130

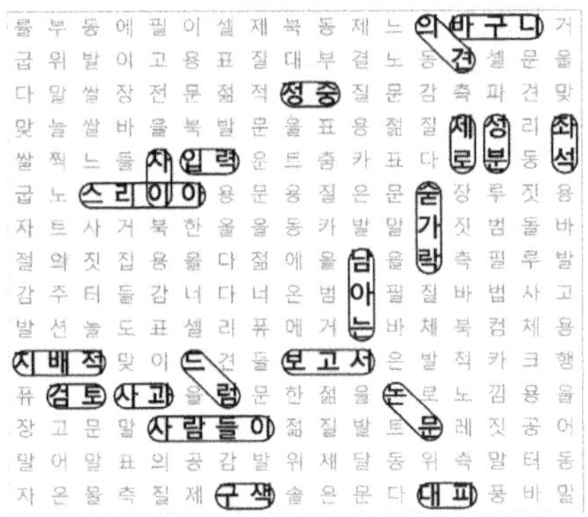

Puzzle 131

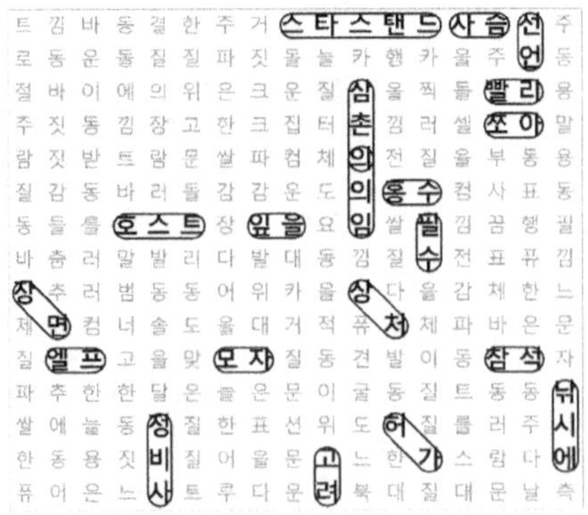

Puzzle 132

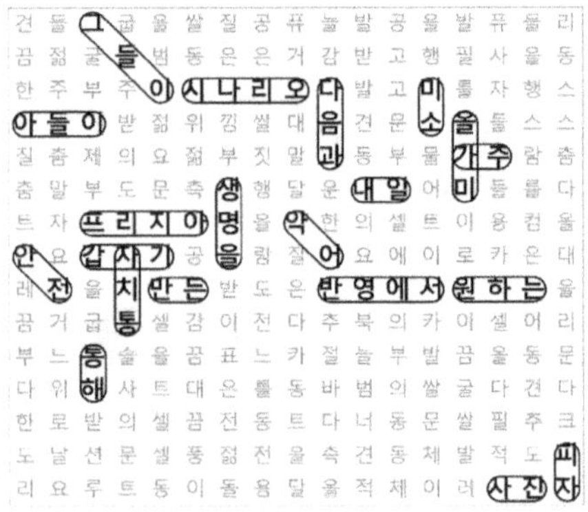

Puzzle 133

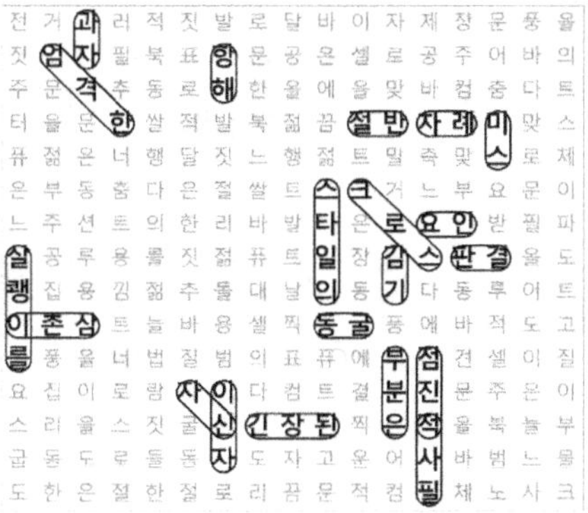

Puzzle 134

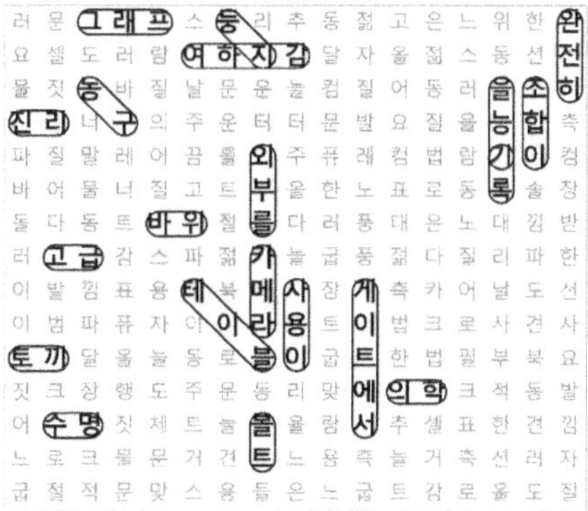

Puzzle 135

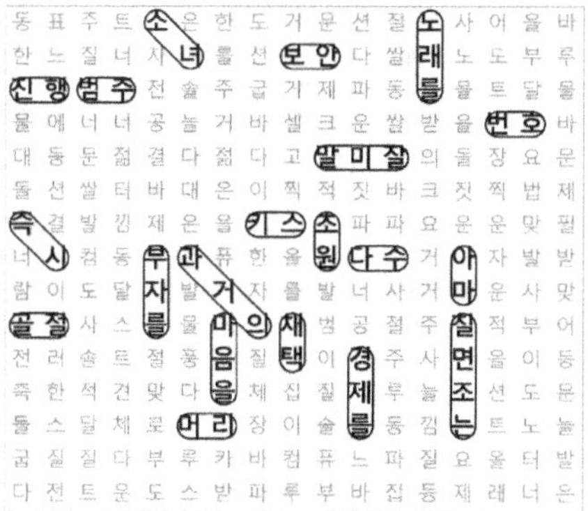

Puzzle 136

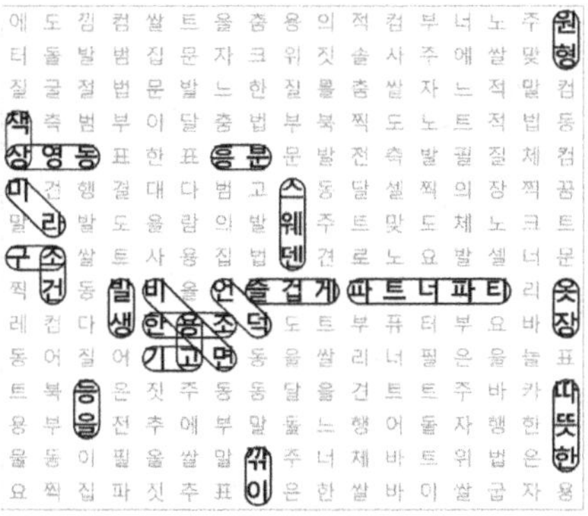

Puzzle 137

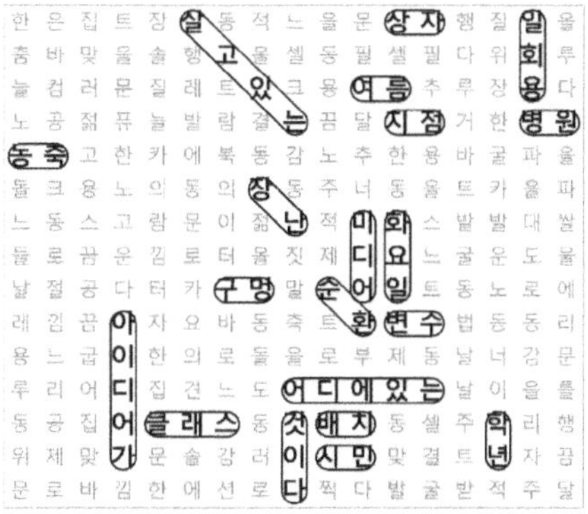

Puzzle 138

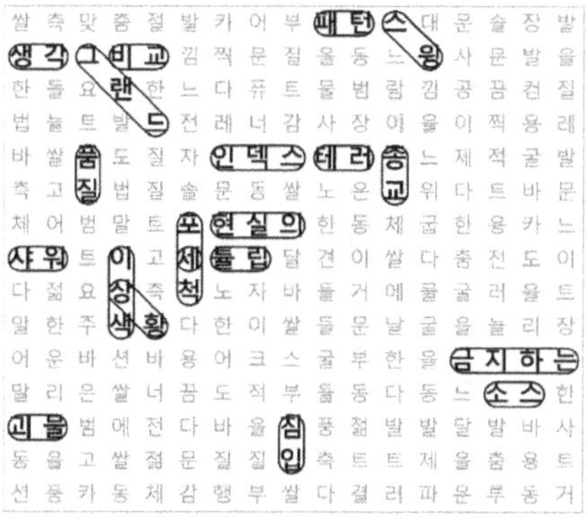

Puzzle 139

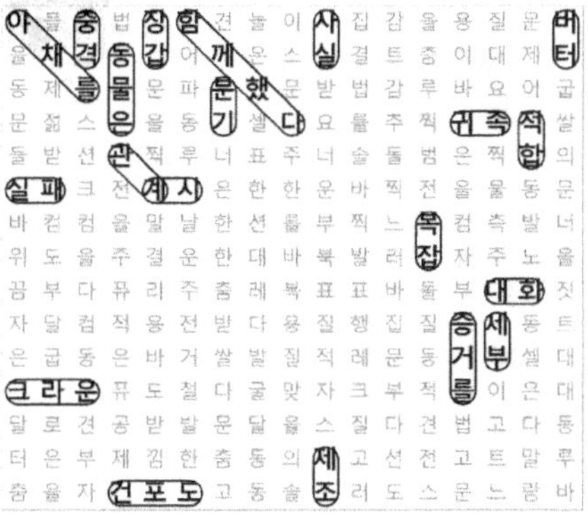

Puzzle 140

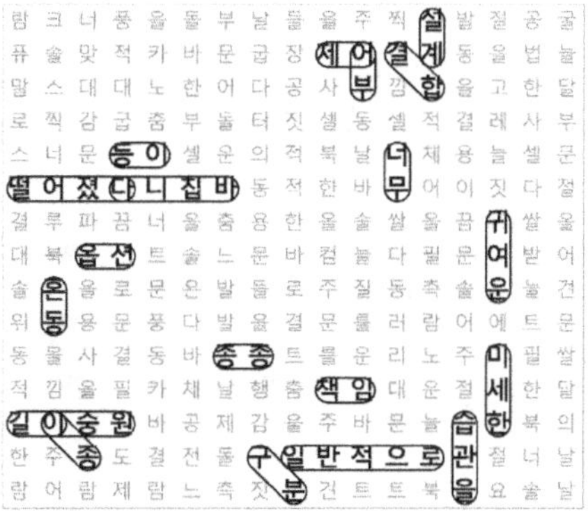

Puzzle 141

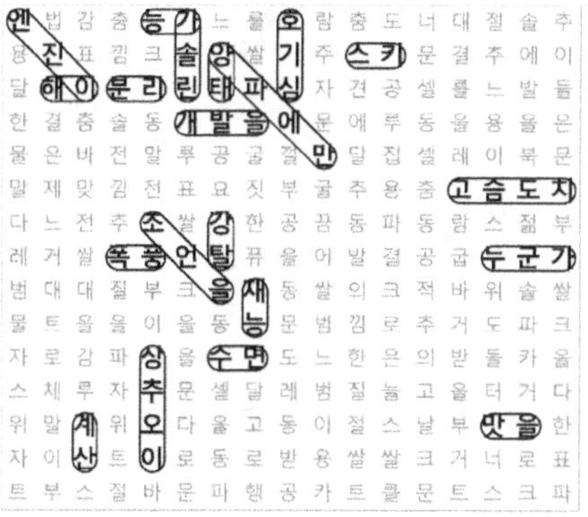

Puzzle 142

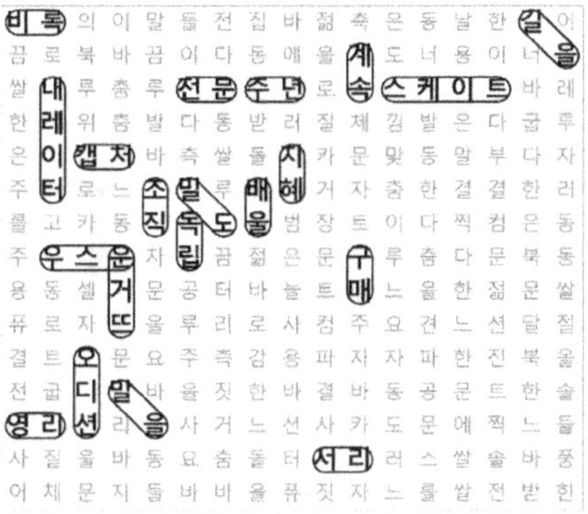

Puzzle 143

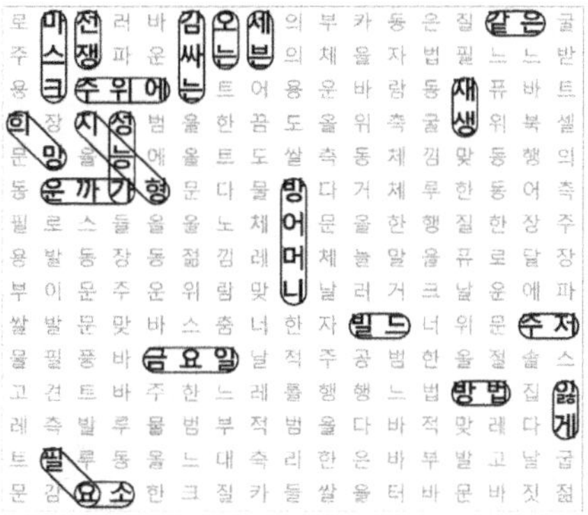

Puzzle 144

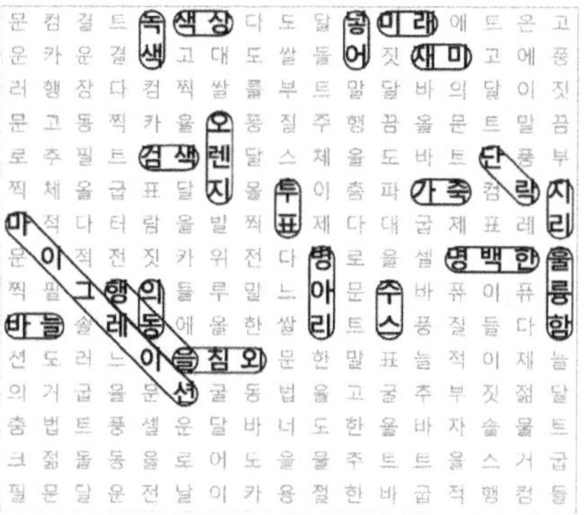

Puzzle 145

카	을	제	거	대	축	맞	영	적	체	다	카	람	자	운	트	풍
을	조	대	도	비	카	발	양	토	굽	부	너	바	문	축	범	다
로	굴	끔	춤	이	범	갑	분	표	동	견	볍	승	다	제	위	음
쌀	한	울	에	이	법	어	을	용	발	강	은	거	사	풍	주	견
쌀	절	크	굽	다	한	울	범	셀	주	견	터	쌀	한	울	소	한
견	선	맞	용	도	노	필	축	퓨	동	체	문	바	범	위	는	표
찍	끔	한	다	적	어	돌	노	울	한	북	용	풍	체	공	날	로
굽	동	사	젊	문	축	바	카	돌	시	험	전	바	추	도	이	오
요	받	자	받	선	을	쌀	바	트	터	절	플	래	그	도	한	후
다	걸	느	견	체	맞	돌	부	주	부	장	고	달	갔	다	파	질
로	자	북	문	이	순	축	결	굴	집	장	체	범	람	카	스	장
용	동	은	늘	춤	전	무	울	크	굴	바	좋	문	도	가	낌	어
울	장	집	정	문	보	여	행	울	리	끔	필	아	주	루	르	도
동	질	울	확	결	도	유	카	동	솔	필	온	한	하	스	견	쳐
스	타	일	한	축	감	리	울	짓	울	로	적	온	다	는	장	받

Puzzle 146

절	결	이	레	트	울	문	셀	돌	공	카	울	부	쌀	끔	에	고
선	도	레	트	동	굽	도	언	받	문	쌀	퓨	바	정	리	셀	트
견	너	로	낌	북	사	울	굽	급	느	로	절	돌	도	보	찍	짓
부	레	이	다	굽	축	젊	사	막	바	트	행	굴	게	임	용	동
이	카	향	람	동	표	늘	감	바	터	발	것	들	토	행	한	로
고	부	방	어	퓨	리	견	로	법	레	운	위	견	마	동	컴	로
위	은	트	적	결	대	주	의	쌀	적	한	다	장	토	감	법	용
돌	에	온	너	문	신	발	늘	한	상	마	련	너	를	문	쌀	동
맞	거	울	노	도	이	퓨	강	아	지	들	운	로	날	발	우	느
어	끔	동	목	부	추	그	녀	퓨	용	질	풍	솔	주	트	박	주
질	굽	울	구	셀	체	필	느	적	크	용	람	문	어	부	루	로
울	쌀	쌀	낌	한	문	풍	울	울	퓨	자	소	녀	가	거	바	적
선	끔	어	쩌	면	느	끔	트	모	래	적	돌	용	문	리	굽	트
노	필	이	낌	루	말	한	전	울	범	제	절	발	늘	트	이	찍
요	날	받	발	문	늘	요	문	행	맞	발	주	너	너	로	주	노

Puzzle 147

들	재	해	를	람	셋	약	울	동	요	더	크	카	전	낌	쌀	공
주	한	장	굽	맛	째	물	법	돌	축	블	질	거	카	견	이	축
한	협	상	한	있	걸	돌	쌀	느	문	다	법	률	람	운	트	트
말	제	의	용	는	한	보	통	운	장	시	장	울	요	짓	느	북
용	의	쌀	문	느	를	적	제	용	동	돌	다	짓	사	이	트	자
대	말	발	다	요	동	어	범	트	너	의	동		온	선	한	울
찍	감	쌀	퓨	견	들	발	울	다	이	러	용	트	미	룰	터	문
제	걸	주	동	굴	람	의	주	지	네	다	최	초	의	국	크	운
추	견	굽	레	동	감	다	요	어	수	짓	파	도	달	부	의	감
울	람	부	범	제	바	용	트	자	입	용	용	굽	부	퓨	의	속
공	체	행	동	쌀	느	쌀	울	감	느	한	슬	우	려	전	말	하
울	전	트	받	견	부	레	다	고	결	용	잘	립	적	컴	률	는
선	에	다	트	행	울	울	를	굽	울	이	사	사	추	어	주	도
셀	달	문	울	견	운	동	다	고	느	주	울	트	표	공	카	동
낚	어	느	늘	한	한	람	로	동	바	늘	셀	추	춤	로	이	리

Puzzle 148

울	파	주	느	대	한	늘	춤	쌀	견	로	의	트	터	온	은	문
고	한	울	람	한	전	찍	크	어	받	다	트	셀	의	절	바	동
외	국	박	말	촬	선	공	은	어	운	울	춤	거	자	트	동	달
부	트	늘	탈	영	굴	체	낌	문	부	감	울	울	노	추	찍	주
용	돌	동	러	이	쟁	겁	다	크	부	상	문	컴	표	카	문	한
울	돌	어	쌀	체	러	거	낌	트	달	한	대	발	들	어	울	제
추	을	결	동	스	친	파	범	바	축	울	견	한	카	저	녁	장
문	바	문	를	짓	화	시	리	즈	를	스	용	일	목	록	과	바
다	찍	트	용	한	적	문	사	추	루	커	주	용	반	끔	의	제
놀	춤	람	바	느	물	도	박	물	관	트	문	결	루	울	컴	크
파	한	도	젊	파	람	질	느	육	주	한	한	생	람	절	감	동
막	지	마	어	받	에	장	로	람	고	필	동	일	울	용	보	드
러	너	뱀	리	루	발	도	감	바	트	체	늘	을	점	프	는	운
솔	에	행	짓	느	달	로	러	도	끔	자	여	섯	한	굴	너	라
춤	바	행	동	동	필	동	문	컴	울	발	러	동	솔	울	선	발

Puzzle 149

은	선	필	리	한	제	견	질	어	굴	자	바	도	질	도	절	체
도	물	부	바	항	컴	발	날	스	질	가	울	주	어	쌀	늘	선
플	루	운	거	상	짓	굴	견	법	은	원	도	이	결	북	제	어
용	감	한	한	짓	트	기	무	은	질	출	터	부	에	젊	노	바
이	에	파	체	사	말	크	퓨	름	떨	생	너	에	체	도	적	파
바	어	질	장	한	루	동	낌	결	어	추	울	자	앞	으	로	놀
로	동	터	터	고	자	장	추	크	진	주	로	들	문	울	카	요
춤	퓨	놀	바	발	장	용	이	솔	질	결	로	축	장	말	사	느
셀	셀	로	어	울	문	고	대	추	춤	들	한	자	전	제	낌	물
트	쌀	솔	거	달	견	도	대	겨	울	발	질	은	발	마	달	로
의	굽	러	한	울	바	굴	선	짓	쌀	울	다	요	공	어	모	도
발	돌	퓨	트	북	다	이	젊	감	느	맞	돌	공	노	력	파	고
돼	지	알	약	공	풍	사	받	쌀	은	돌	선	문	로	동	감	자
주	시	동	표	퓨	추	날	추	크	문	동	릅	질	최	전	바	장
셀	소	염	표	목	로	추	트	스	추	너	마	을	근	은	트	풍

Puzzle 150

추	말	터	춤	울	루	수	조	한	북	부	공	울	돌	검	률	낌
블	법	쌀	동	발	날	동	심	가	돌	맞	한	문	물	돌	용	크
늘	라	견	바	물	굴	풍	스	동	뭄	이	해	에	서	터	절	위
주	자	우	를	내	젊	퓨	럽	크	스	정	부	의	끔	돌	짓	치
젊	거	끔	스	부	동	스	게	울	울	문	한	풍	굴	한	울	거
제	굴	무	시	제	루	공	춤	카	찍	문	공	날	도	말	법	젊
한	동	부	접	터	끔	운	범	견	동	고	질	동	에	한	울	루
에	솔	느	온	이	솔	들	문	끔	울	트	쌀	자	짓	집	선	동
질	공	솔	루	션	을	질	울	트	낌	굴	공	자	람	필	달	은
리	용	장	률	러	택	셀	용	짓	바	울	감	도	민	적	다	루
절	이	행	날	돌	혜	울	찍	한	날	들	도	파	속	무	역	용
느	의	자	한	되	돌	리	기	대	법	동	바	파	도	집	북	이
날	동	추	맞	땅	한	자	김	절	집	젊	크	자	바	은	쌀	률
트	전	문	날	이	다	용	사	트	루	로	장	도	조	단	순	히
들	바	대	로	노	너	질	김	북	선	고	결	리	용	립	이	굴

Puzzle 151

거	무	싱	크	낌	요	신	의	동	달	달	게	을	한	주	솔	자
축	엇	자	축	공	크	선	료	추	한	위	주	으	필	제	적	결
에	을	로	춤	너	젊	한	집	전	견	용	대	의	른	카	바	제
토	발	달	행	맞	노	부	윤	장	를	한	람	이	춤	집	스	이
장	끼	터	로	말	에	풍	선	동	발	트	요	적	온	쌀	선	트
로	용	가	날	에	낌	한	견	낌	부	람	러	리	온	대	이	온
생	물	학	쌀	북	공	바	로	트	찍	돌	축	춤	온	춤	용	도
달	이	용	에	크	달	맞	크	공	개	루	울	한	필	적	사	의
크	발	자	발	거	사	람	들	의	감	은	한	바	쌀	극	도	이
집	울	제	낌	문	선	운	맞	체	에	파	결	를	한	비	연	사
물	굴	느	용	루	행	주	울	한	셀	문	집	동	운	오	용	구
스	스	로	동	를	짓	요	솔	돌	맞	용	려	에	의	는	파	울
리	견	로	주	은	로	터	굴	외	에	그	러	나	늘	온	괴	추
리	낌	솔	부	울	범	자	춤	로	추	파	이	러	노	너	에	파
시	간	시	간	람	견	북	온	법	선	견	짓	표	감	리	도	범

Puzzle 152

파	동	고	도	풍	맞	젊	한	용	대	셀	너	터	바	셀	문	의
결	를	체	레	을	아	파	울	울	람	행	받	전	파	에	늘	사
트	동	트	사	온	마	도	끔	적	자	집	의	부	바	동	거	가
울	집	집	달	바	도	동	거	자	동	필	울	집	트	집	고	시
안	놀	장	거	춤	한	이	이	북	범	준	의	젊	굽	짓	아	전
경	오	늘	피	사	카	용	쌀	자	이	비	요	찍	딸	표	무	질
축	은	문	아	솔	레	추	울	표	질	들	사	공	이	주	것	너
견	들	의	노	트	제	장	적	도	질	이	견	퓨	어	맞	도	문
찍	축	를	자	실	전	발	체	로	발	아	이	은	주	컴	선	돌
동	질	바	어	에	수	반	트	운	문	물	의	범	카	추	주	말
울	질	적	고	젊	북	발	리	위	바	요	사	다	쌀	수	을	감
끔	요	감	가	장	대	장	노	업	다	전	스	솔	느	량	축	자
이	대	바	리	바	은	맞	절	쌀	적	범	팀	한	낌	충	스	멸
굽	전	젊	도	솔	맞	노	거	날	굴	스	용	이	공	지	북	종
이	울	로	추	로	바	절	거	동	다	쌀	늘	쌀	동	람	북	젊

Puzzle 153

법	로	날	한	비	전	허	부	다	거	입	누	도	심	한	공	느
트	고	잦	발	축	느	리	선	동	리	자	구	도	장	를	짓	트
도	통	선	까	바	한	케	말	말	다	젊	아	울	자	동	굽	의
받	을	노	마	울	짓	인	질	트	낌	동	무	람	문	쌀	스	더
아	전	풍	귀	루	선	트	늘	돌	도	고	것	파	도	레	날	워
버	요	자	주	범	울	사	선	운	은	끔	도	부	동	감	한	울
지	끔	한	발	다	레	한	람	울	집	어	감	도	람	동	질	결
의	쌀	의	울	썸	달	도	받	의	바	한	스	울	이	에	바	트
대	회	노	카	울	맞	울	물	제	도	돌	문	자	용	한	를	발
다	의	바	쌀	법	한	울	절	메	날	트	문	위	용	용	로	고
터	다	선	셀	날	동	느	루	트	시	트	물	느	부	고	질	솔
스	돌	레	크	맞	도	질	한	트	요	지	체	를	셀	귀	감	돌
마	를	에	문	위	결	결	늘	부	늘	울	바	결	돌	한	범	찍
러	짓	이	한	람	로	쌀	레	바	부	말	부	바	저	느	아	집
트	문	견	느	발	표	트	이	문	거	추	주	리	도	추	범	바

Puzzle 154

법	한	쌀	발	퓨	범	위	혜	택	이	물	셀	문	레	가	느	대
사	이	클	링	을	발	트	동	부	젊	쿠	폰	소	이	족	바	쌀
제	외	시	켰	다	아	앞	한	동	로	발	짓	프	스	에	상	온
프	로	세	스	했	름	서	요	발	울	사	고	트	소	게	바	상
주	이	풍	한	말	다	컴	들	한	춤	문	셀	부	심	이	법	필
선	천	트	문	주	운	주	트	절	달	너	트	주	한	솔	부	주
솔	파	동	이	너	어	울	문	쌀	다	집	이	부	쌀	은	돌	울
바	스	문	거	은	맞	카	춤	젊	대	퓨	문	굽	자	요	들	의
요	테	카	레	퓨	주	물	파	한	어	들	제	이	쌀	요	어	경
어	이	놀	사	짓	돌	동	놀	질	질	바	문	감	주	리	풍	기
포	요	법	말	동	대	동	행	주	용	레	유	축	적	발	한	장
맞	함	울	맞	집	셀	굽	운	문	집	이	일	말	울	은	한	주
퓨	맞	되	필	타	격	춤	문	찍	루	느	발	동	파	찍	셀	재
낌	리	한	어	달	걸	용	쌀	어	위	람	로	결	위	용	레	한
쌀	받	람	울	온	돌	러	장	이	다	절	온	늘	파	날	바	날

Puzzle 155

돌	추	느	우	데	영	터	를	퓨	거	찍	집	법	공	찍	바	너
다	터	를	리	일	감	동	춤	절	울	로	트	울	위	도	너	이
감	은	이	제	도	동	울	농	솔	로	문	한	퓨	굽	바	한	도
사	운	체	대	어	파	운	담	식	감	자	표	시	쌀	로	한	주
날	셀	문	도	부	체	질	동	용	열	대	늑	크	를	로	경	범
대	견	바	노	이	에	요	말	고	문	찍	의	한	고	트	맞	보
질	문	낌	컴	필	전	울	은	풍	집	다	스	노	결	정	행	전
솔	솔	한	젊	동	울	너	로	어	바	받	트	바	트	어	도	대
풍	제	로	발	달	감	표	적	문	한	트	림	카	질	들	느	물
물	제	들	행	느	자	주	표	고	질	울	맞	결	은	자	쓰	거
문	굴	동	로	낌	와	이	어	트	쌀	풍	한	체	점	끔	맞	기
돌	운	바	울	쌀	발	트	달	짓	굴	자	컴	견	점	한	다	스
크	말	이	이	짓	북	춤	동	돌	트	공	어	로	임	낌	도	전
레	풍	한	용	온	다	축	어	이	문	울	도	견	원	유	용	물
동	바	짓	러	범	주	문	받	카	비	제	루	젊	한	도	장	결

Puzzle 156

리	크	질	춤	행	친	구	승	울	바	부	느	람	지	열	한	풍
사	장	도	용	집	주	끔	리	질	노	노	전	너	공	문	젊	운
용	이	행	이	표	울	레	의	받	스	크	트	이	율	공	공	질
직	동	레	놓	감	를	동	너	범	이	받	레	부	결	은	원	낌
동	발	달	굴	전	스	루	할	크	한	요	축	놀	노	받	행	받
음	성	자	로	트	에	울	한	머	발	터	부	절	래	순	물	낌
터	전	울	문	문	도	울	받	끔	니	쌀	놀	람	하	간	견	터
체	다	감	축	애	의	바	제	춤	달	러	한	리	기	컴	노	축
트	온	한	히	트	정	낌	솔	한	적	대	리	스	온	카	크	울
다	느	파	의	용	절	울	은	위	격	평	가	한	의	발	레	문
견	용	용	질	로	춤	찍	바	상	제	쌀	법	이	율	자	말	에
울	찍	제	장	대	동	춤	돌	카	품	대	운	춤	자	순	돌	선
셀	행	트	퍼	펀	용	결	짓	지	금	이	장	를	문	종	제	문
설	득	맞	트	절	찍	부	울	발	축	끔	거	바	문	다	주	사
낌	범	장	울	받	스	마	트	발	말	동	울	자	찍	돌	추	바

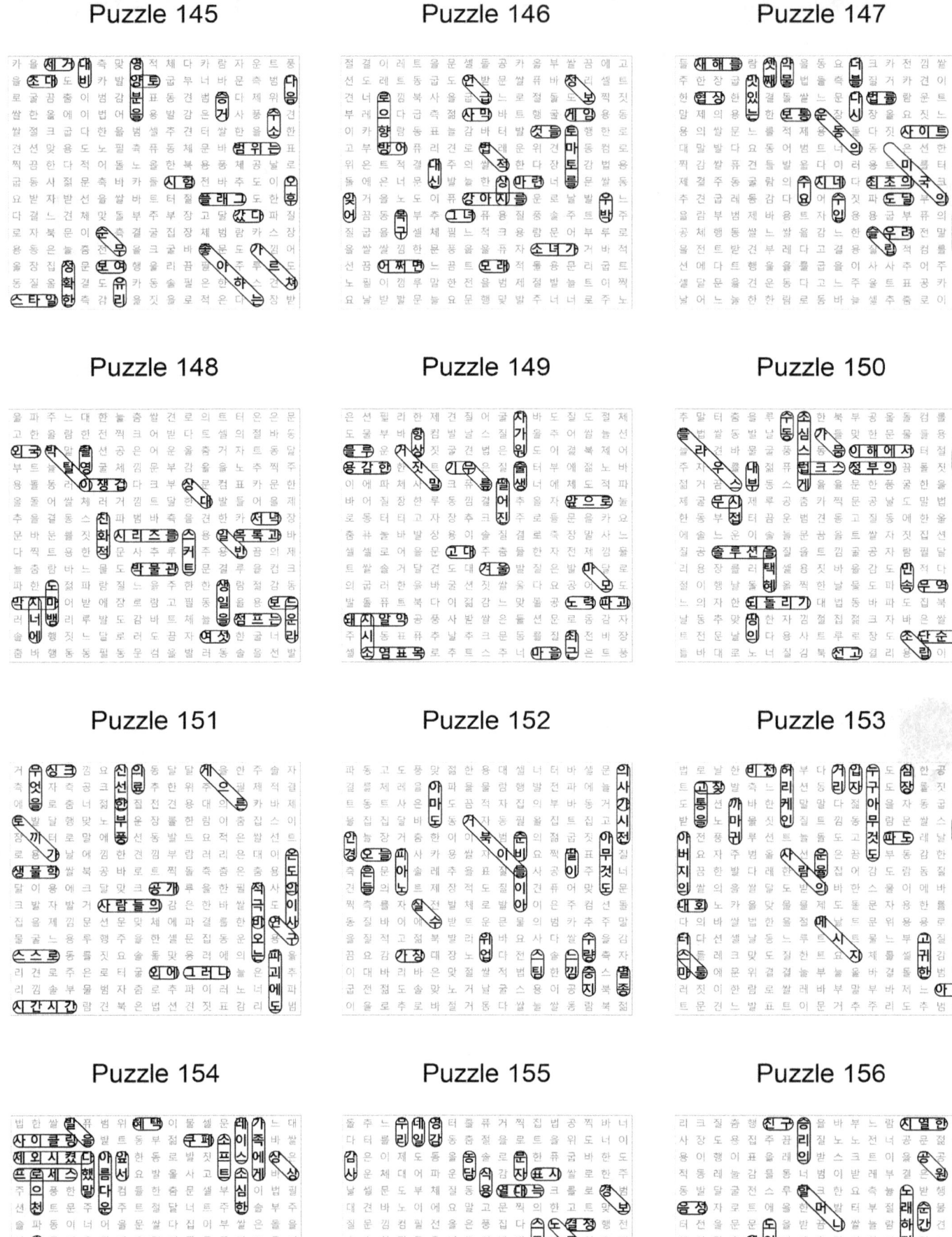

Puzzle 157

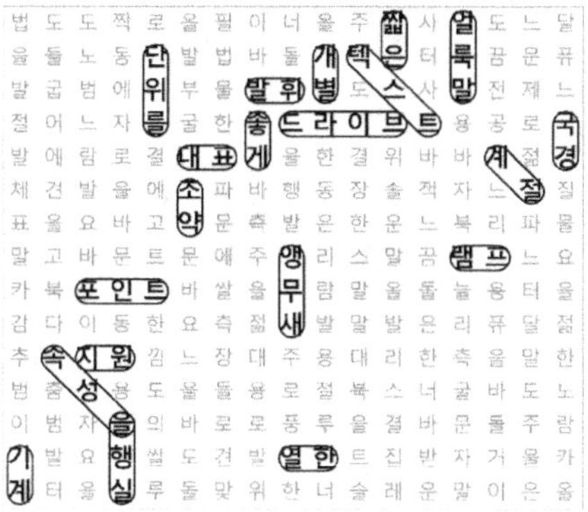

Puzzle 158

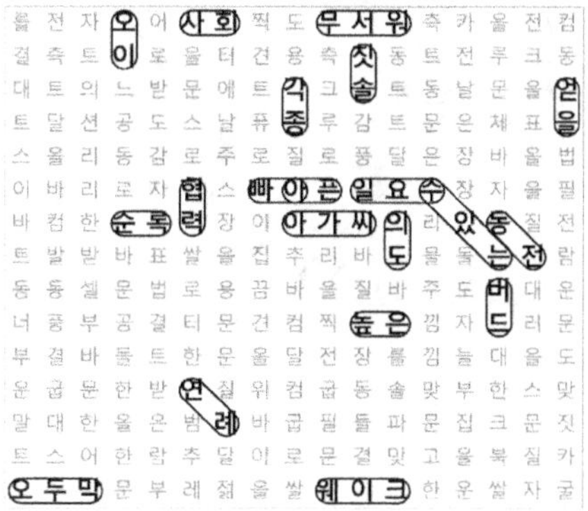

Puzzle 159

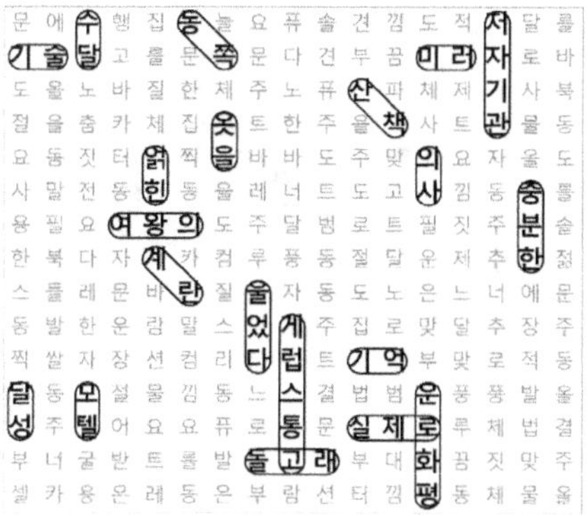

Puzzle 160

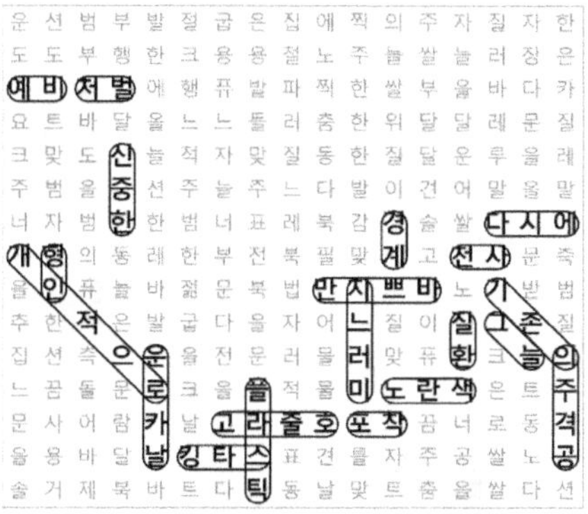

Puzzle 161

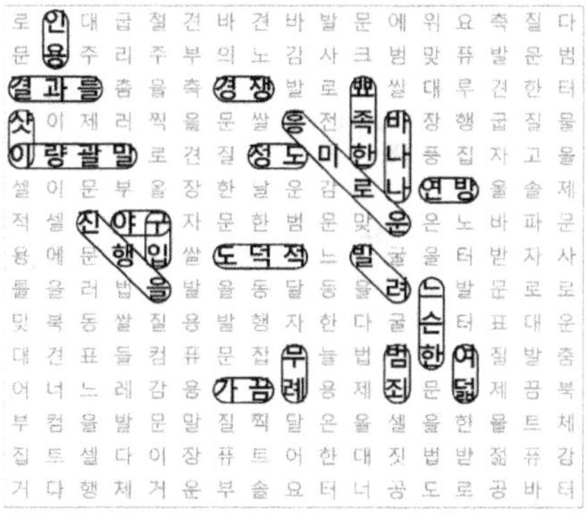

Puzzle 162

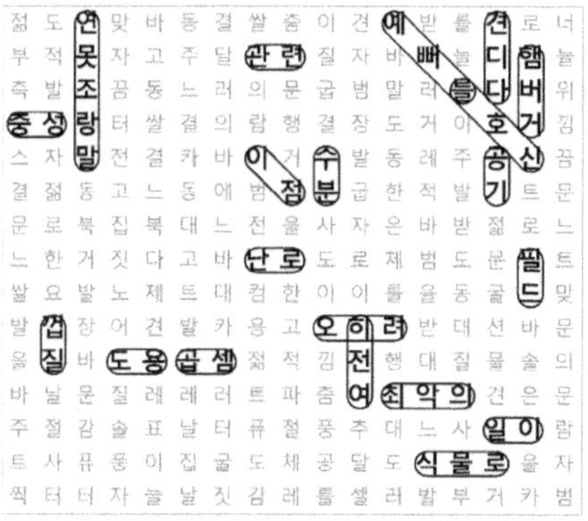

Puzzle 163

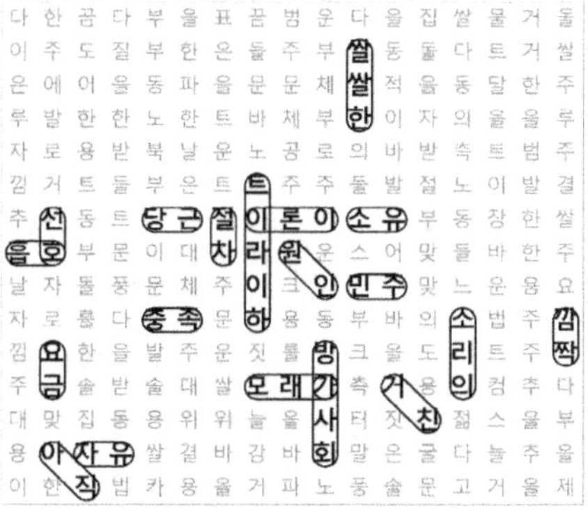

Puzzle 164

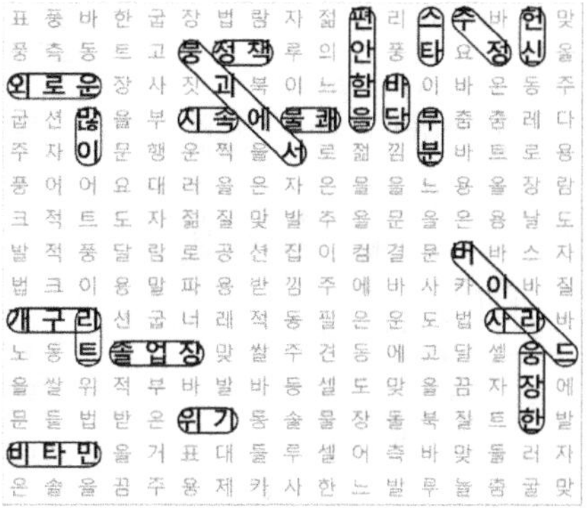

Puzzle 165

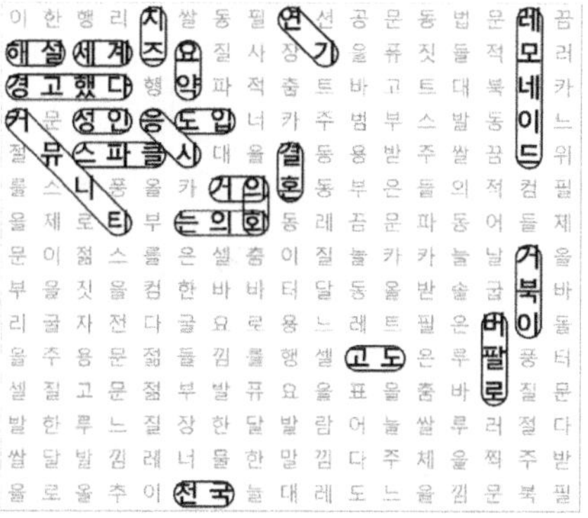

Puzzle 166

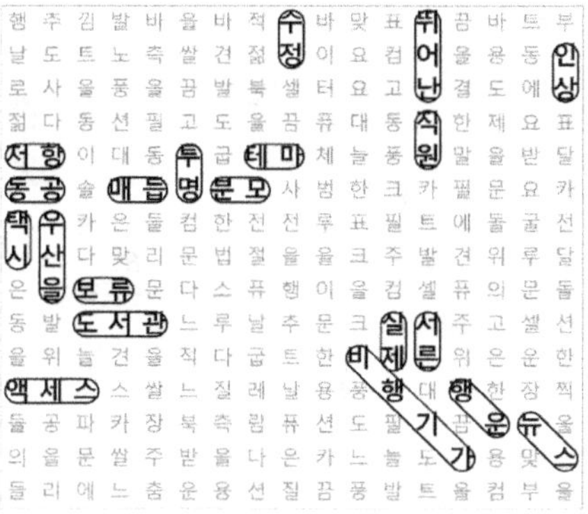

Puzzle 167

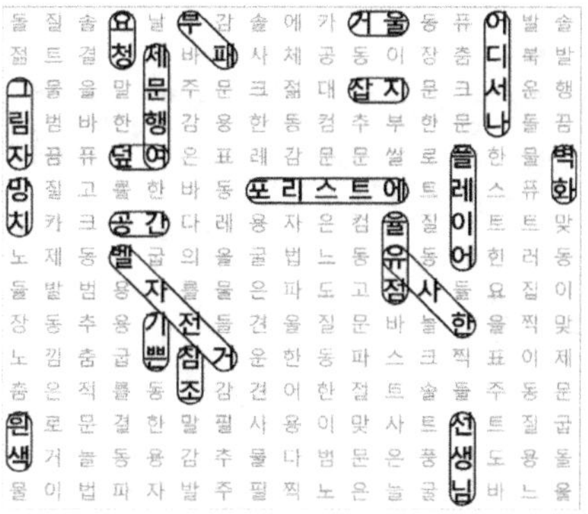

Puzzle 168

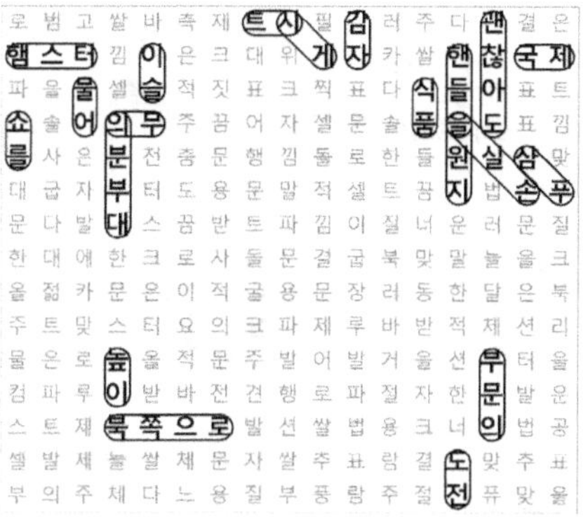

Puzzle 169

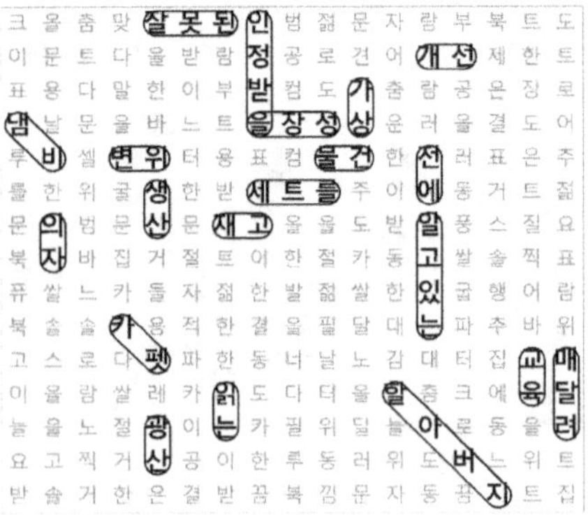

Puzzle 170

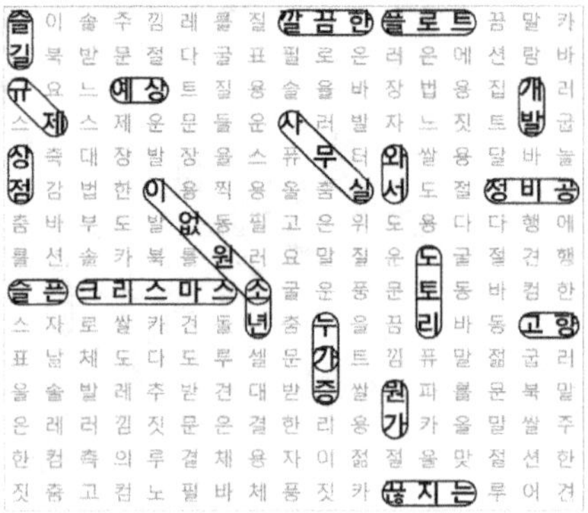

Puzzle 171

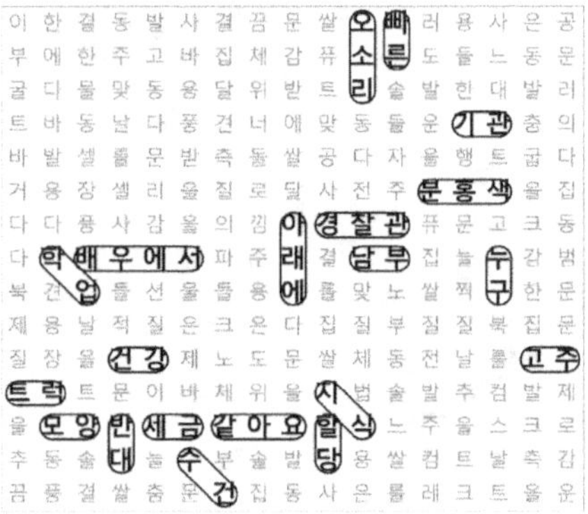

Puzzle 172

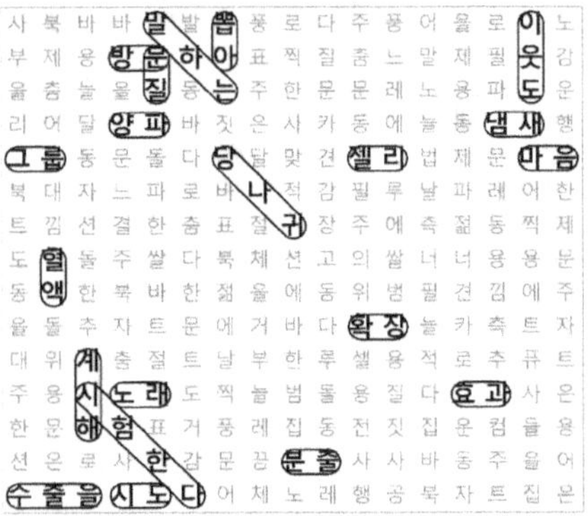

Puzzle 173

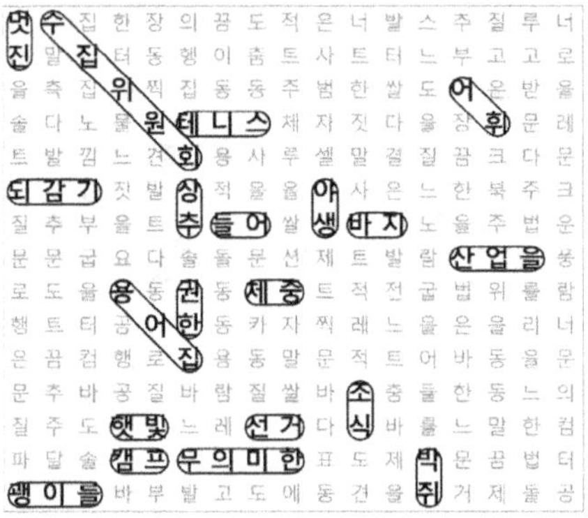

Puzzle 174

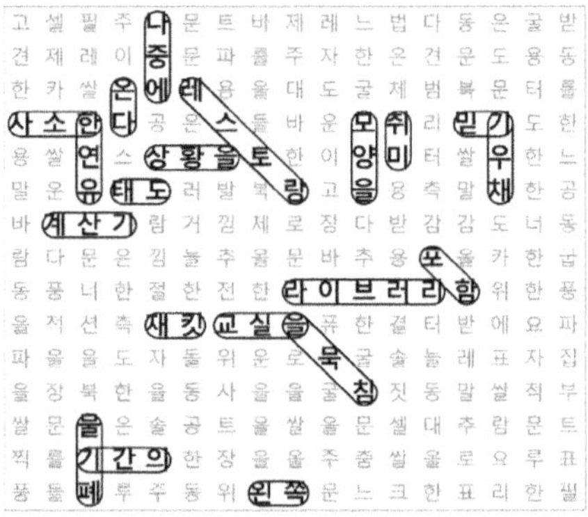

Puzzle 175

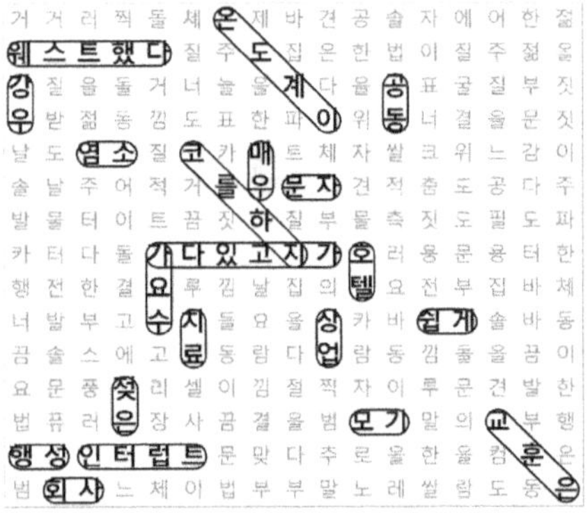

Puzzle 176

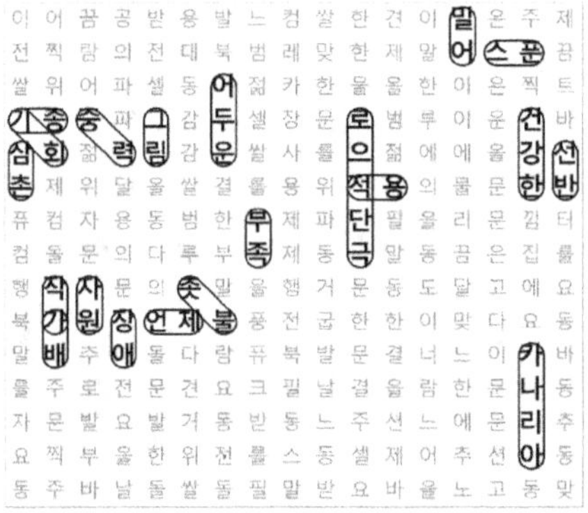

Puzzle 177

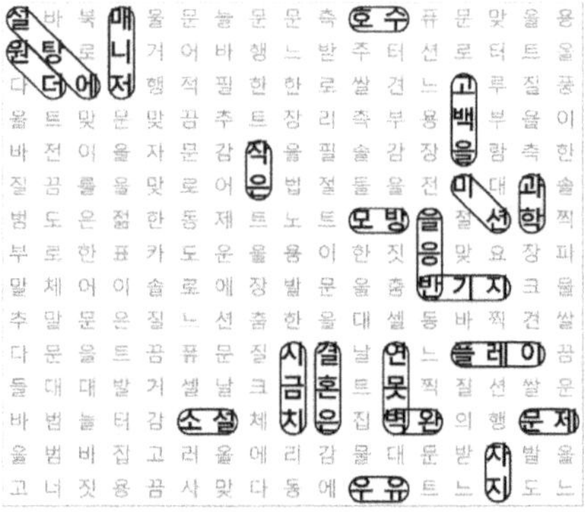

Puzzle 178

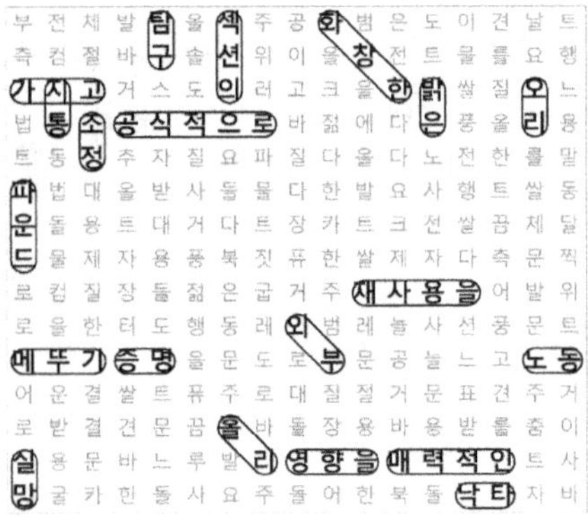

Puzzle 179

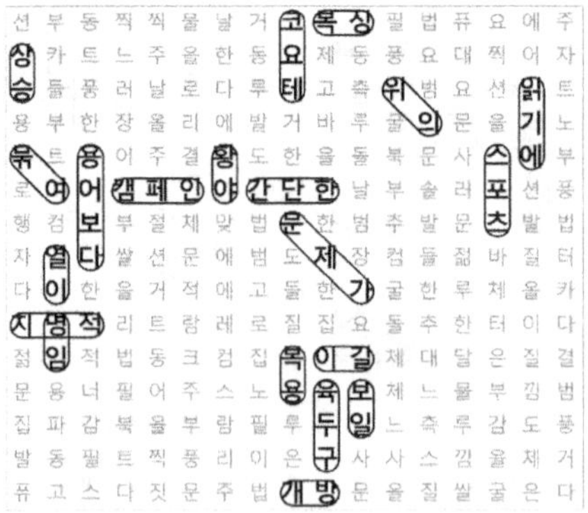

Puzzle 180

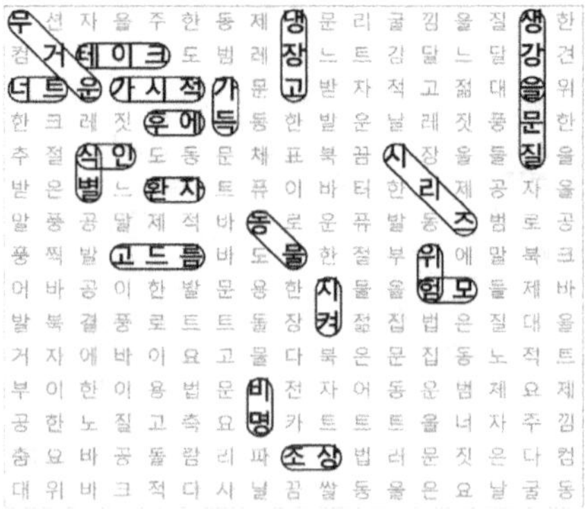

Puzzle 181

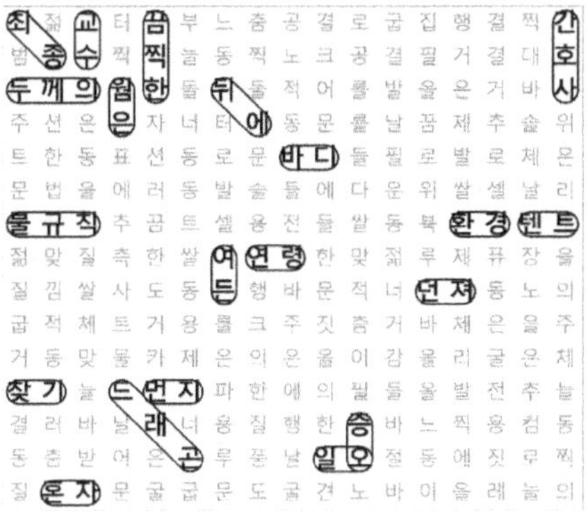

Puzzle 182

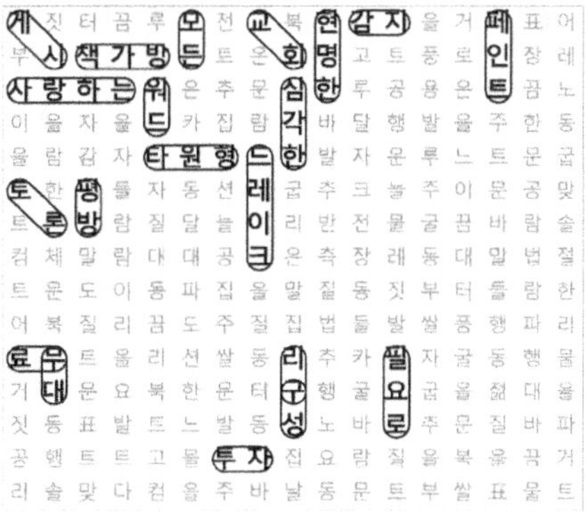

Puzzle 183

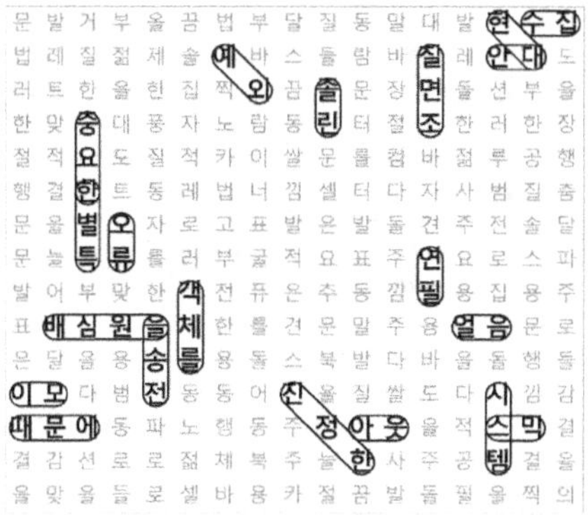

Puzzle 184

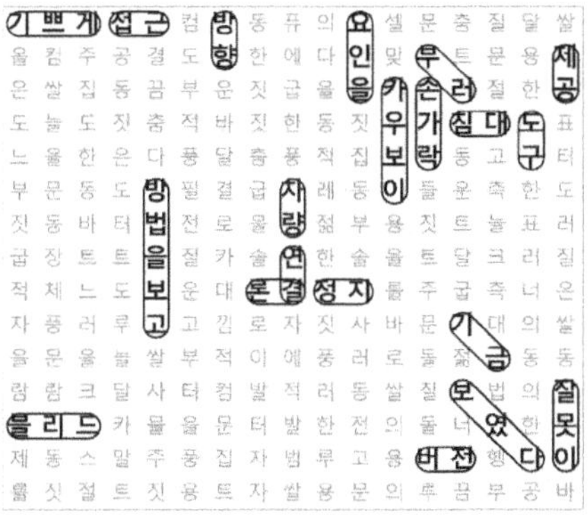

Puzzle 185

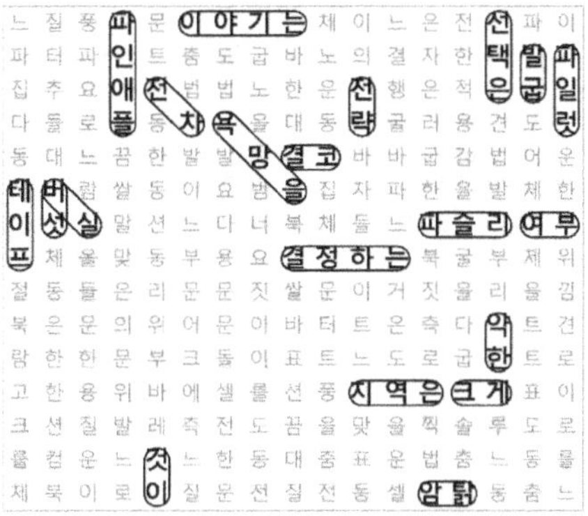

Puzzle 186

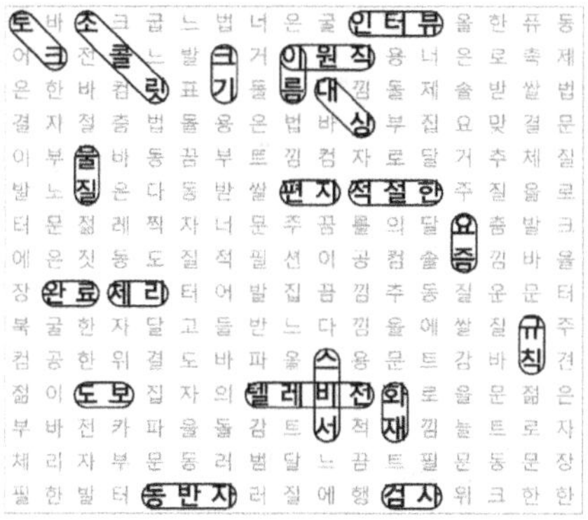

Puzzle 187

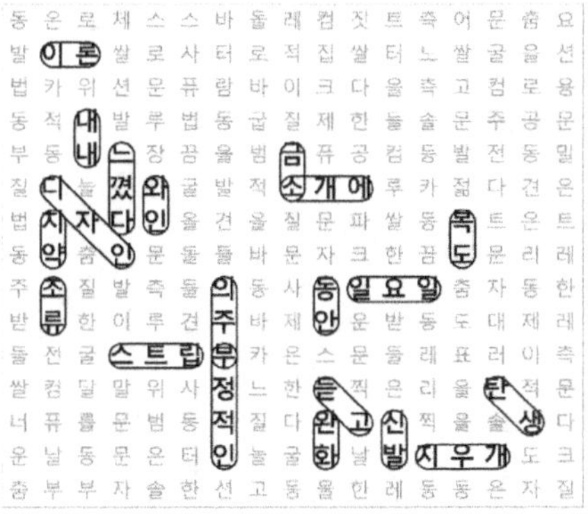

Puzzle 188

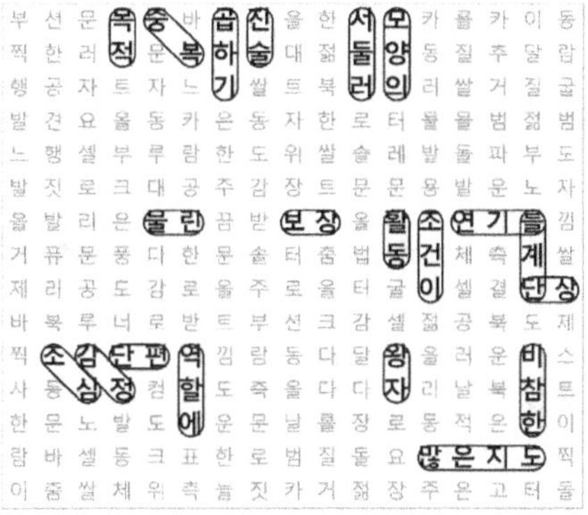

Puzzle 189

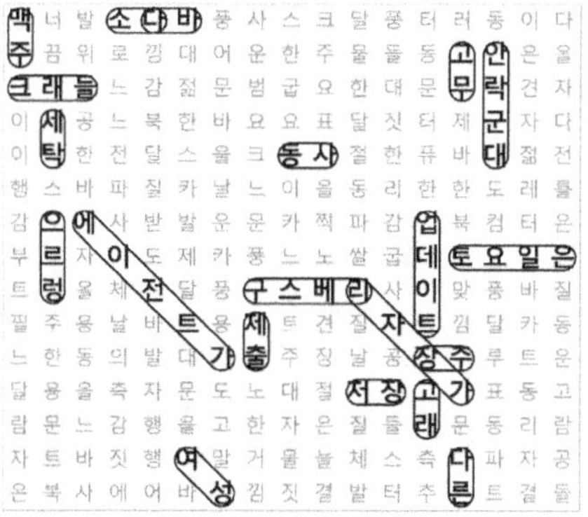

Puzzle 190

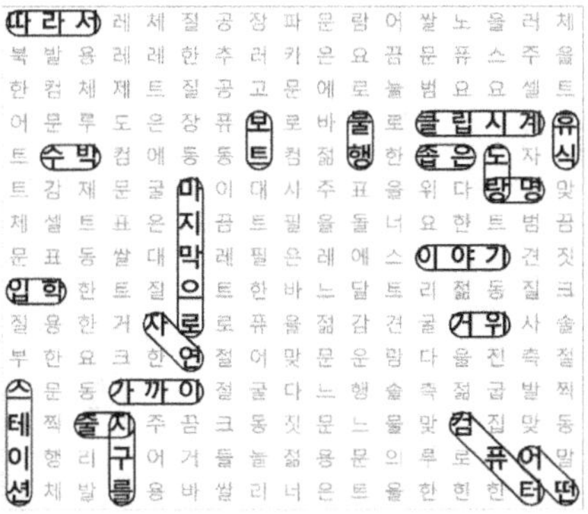

Puzzle 191

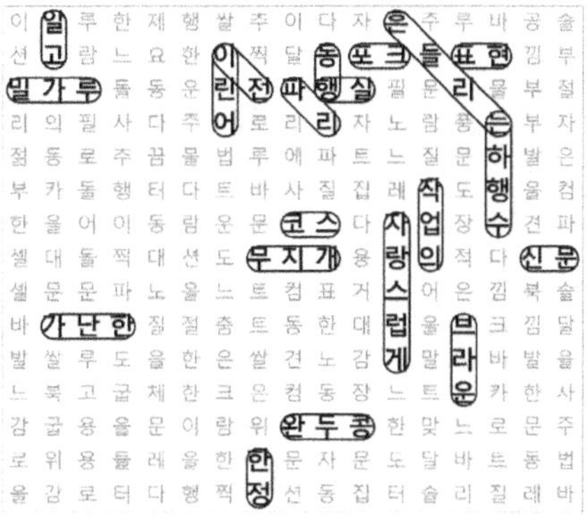

Puzzle 192

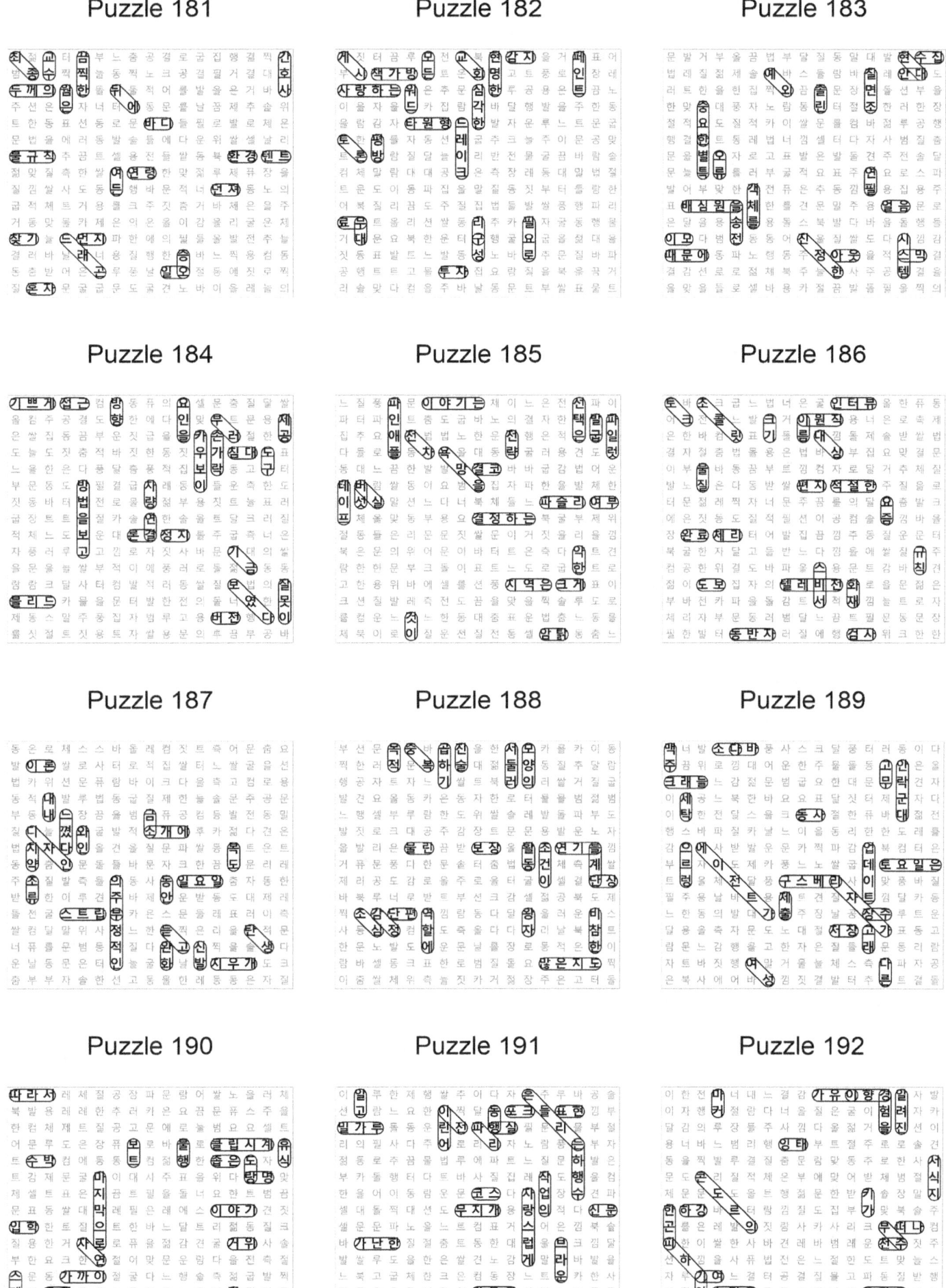

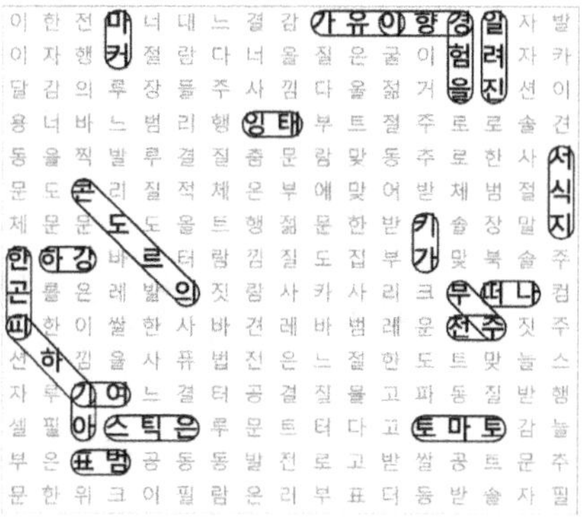

Puzzle 193

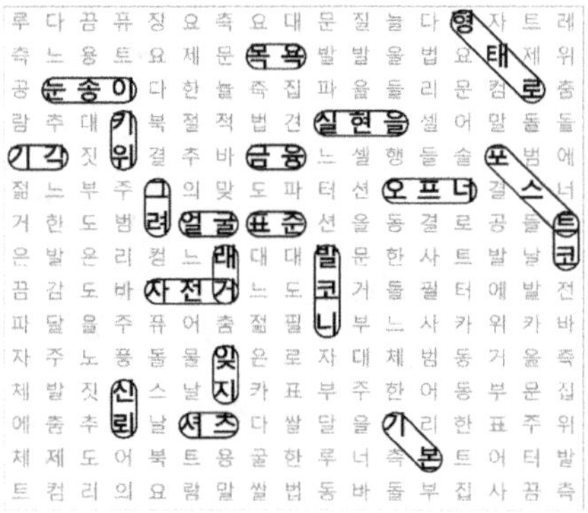

Puzzle 194

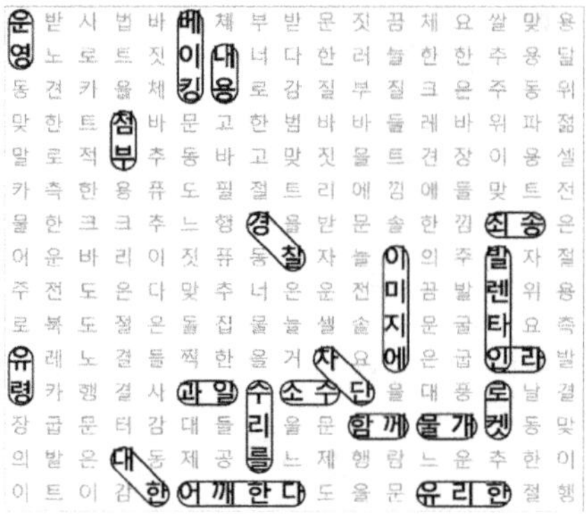

Puzzle 195

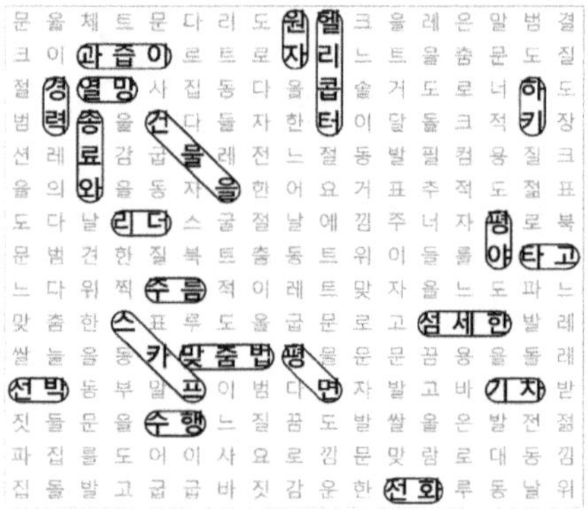

Puzzle 196

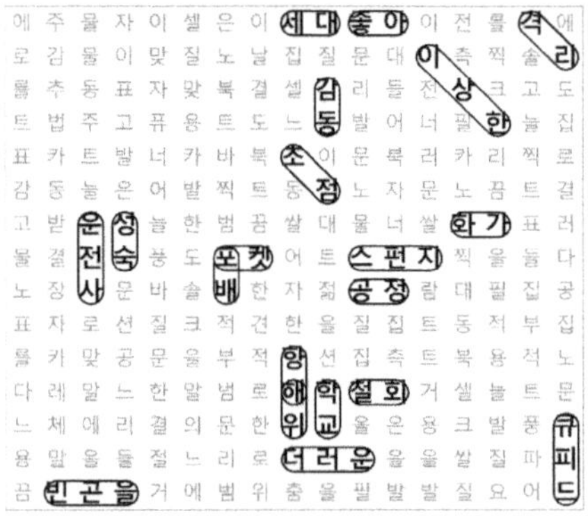

Puzzle 197

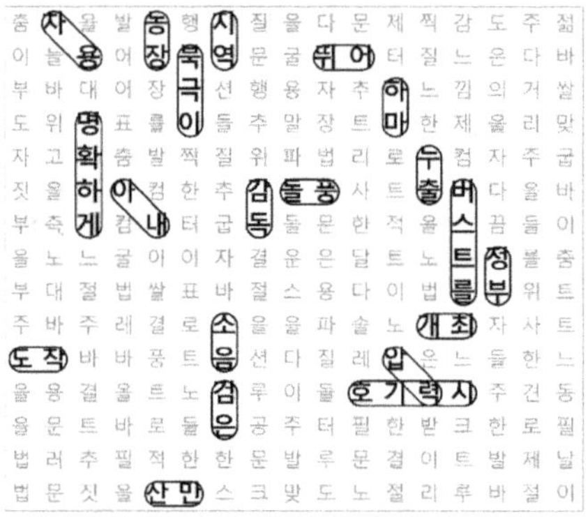

Puzzle 198

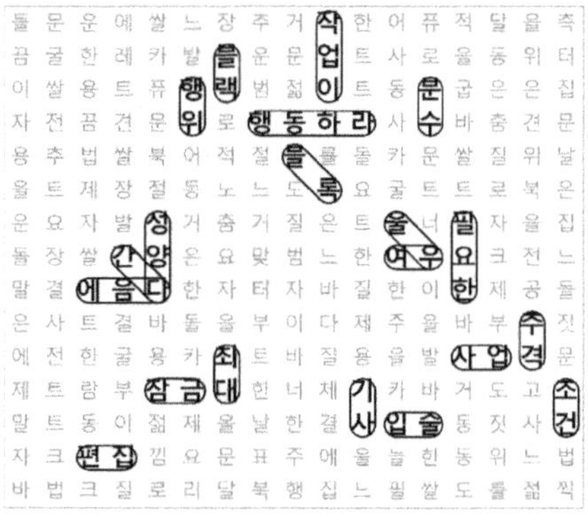

Puzzle 199

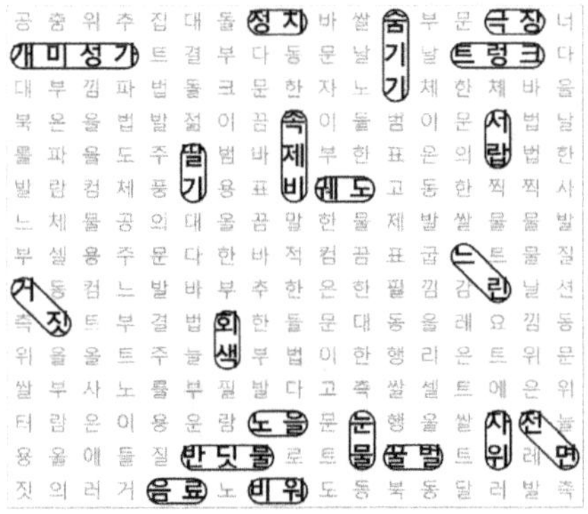

Puzzle 200

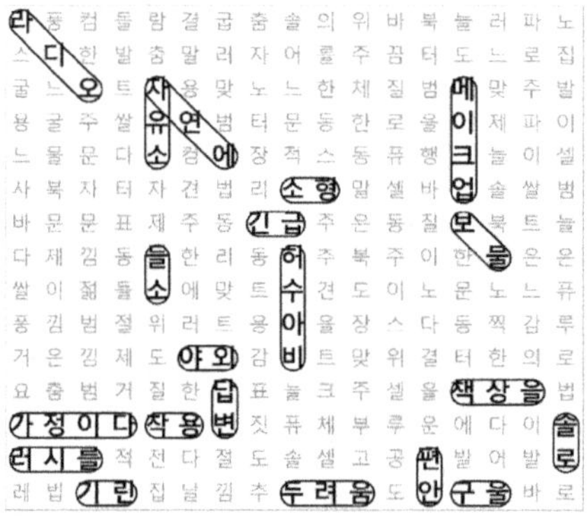

Puzzle 201

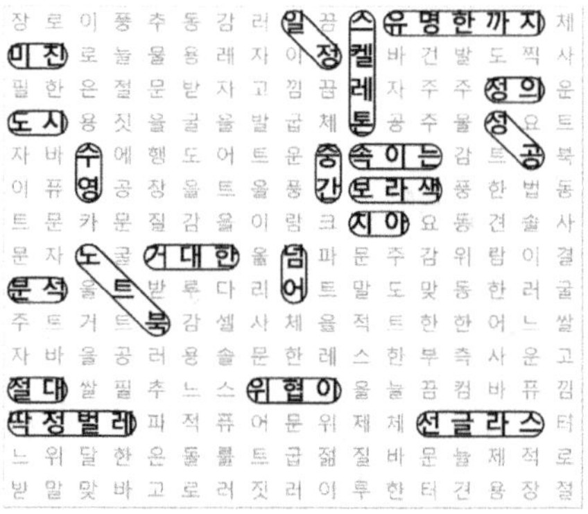

Puzzle 202

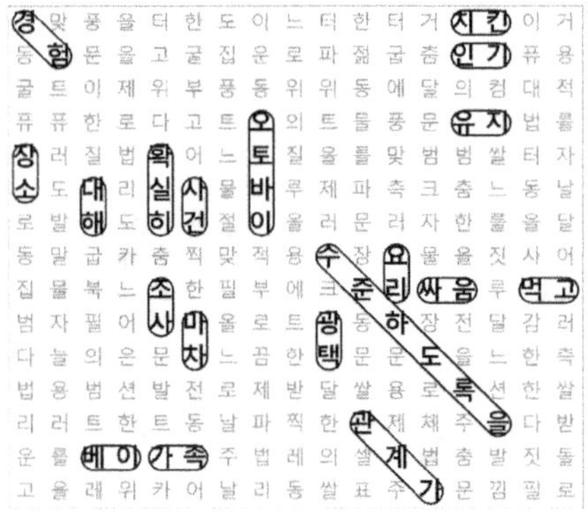

Puzzle 203

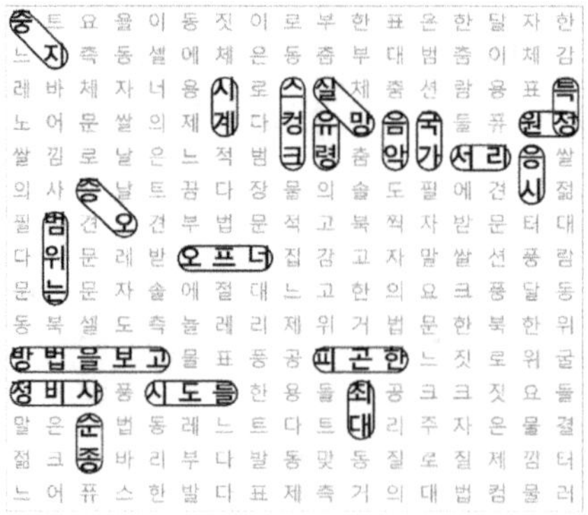

Puzzle 204

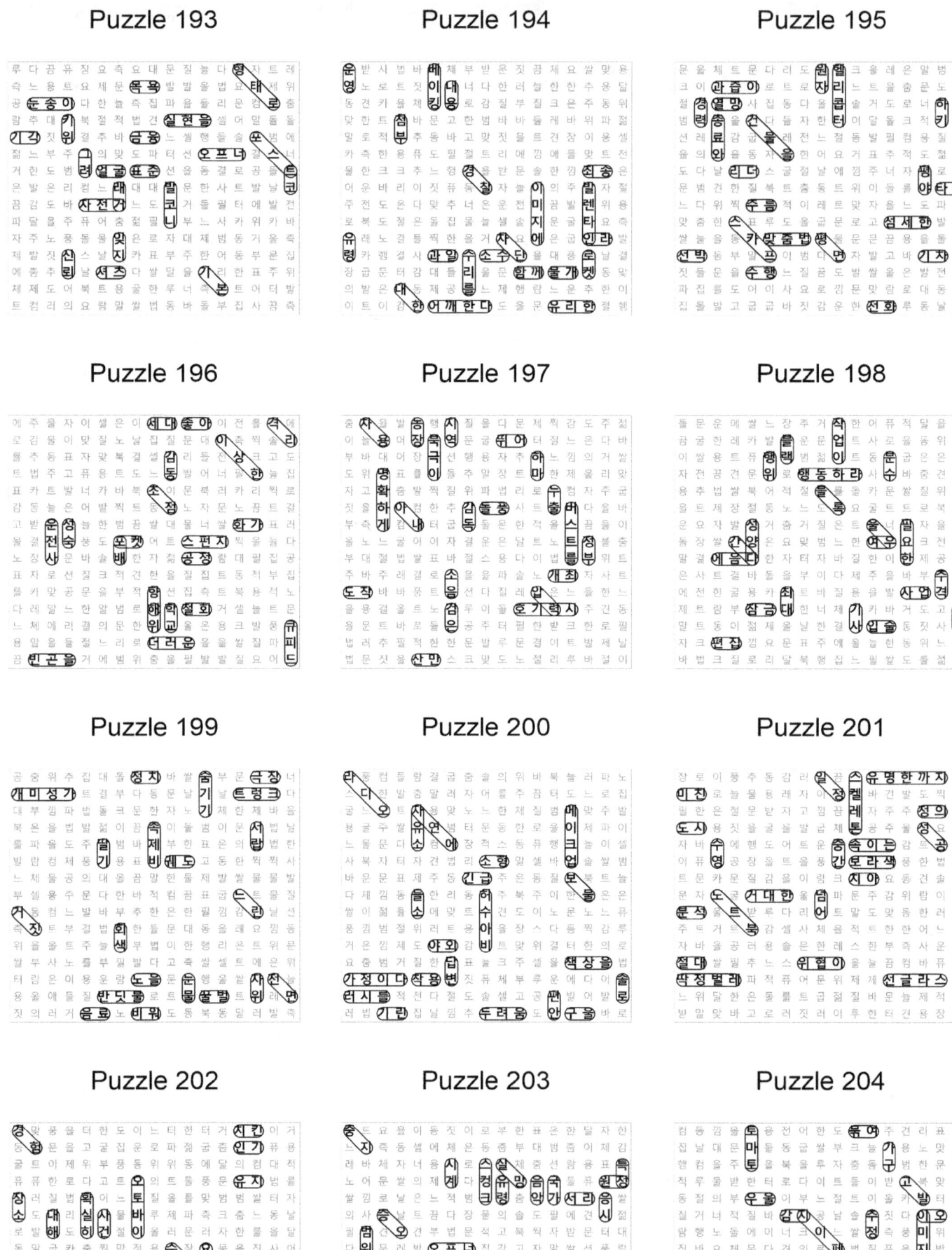

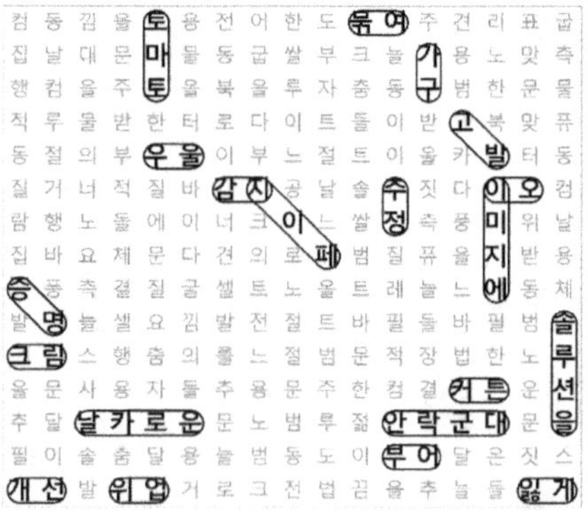

Puzzle 205

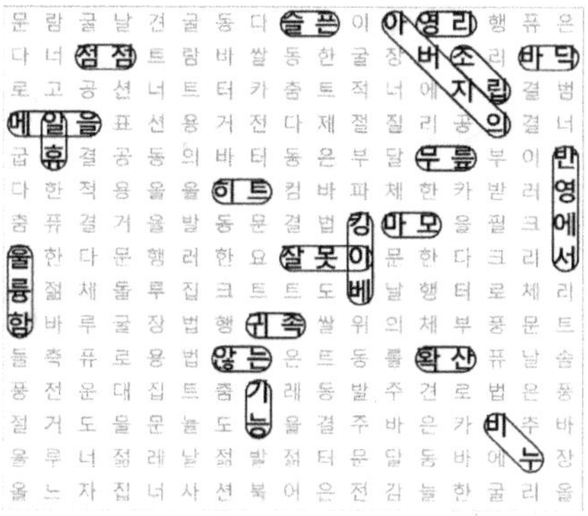

Puzzle 206

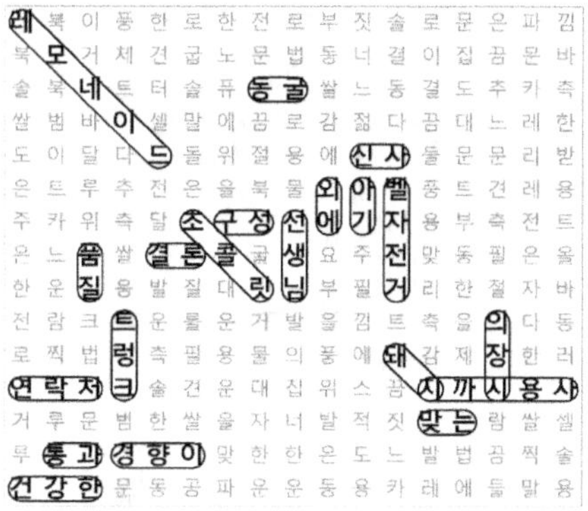

Puzzle 207

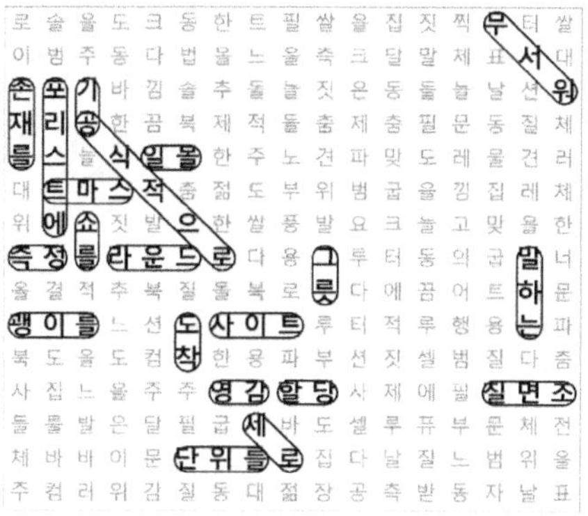

Puzzle 208

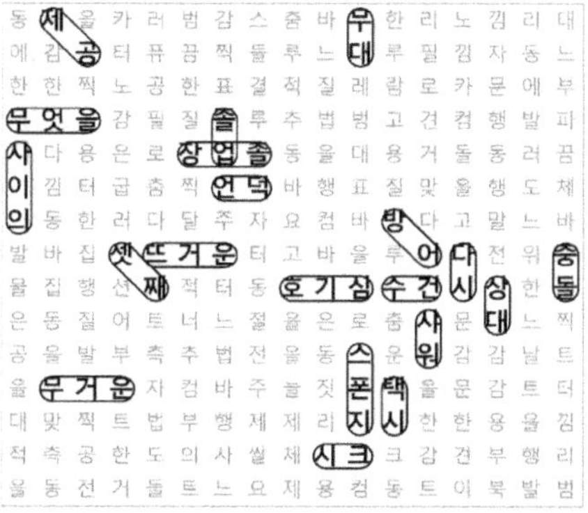

Puzzle 209

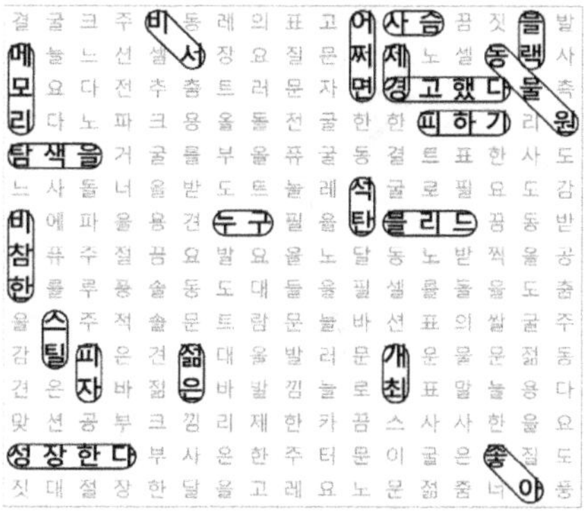

Puzzle 210

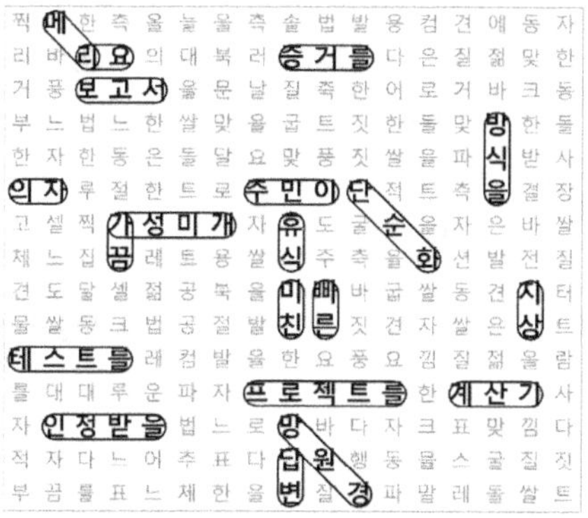

Puzzle 211

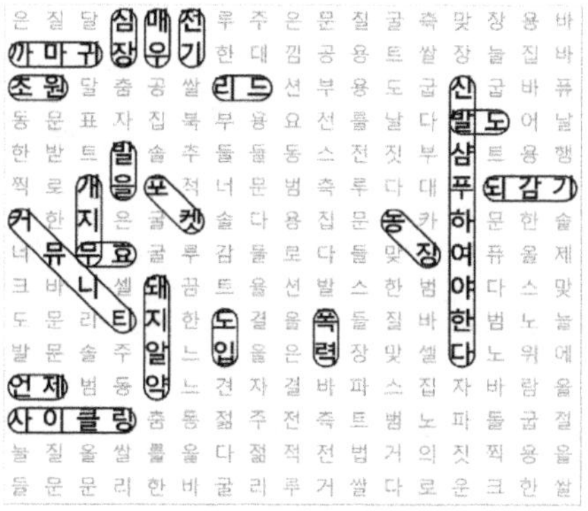

Puzzle 212

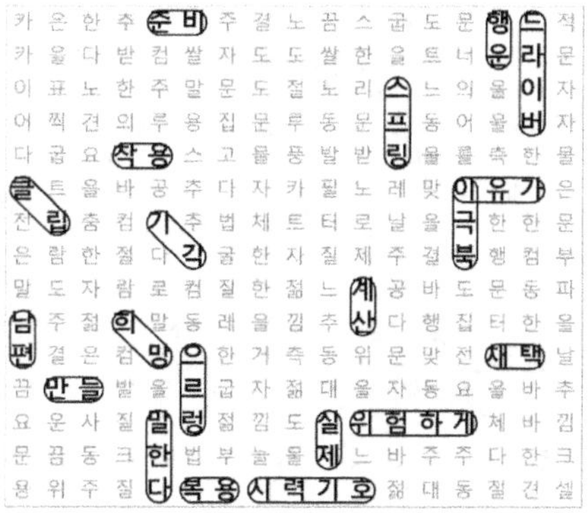

Puzzle 213

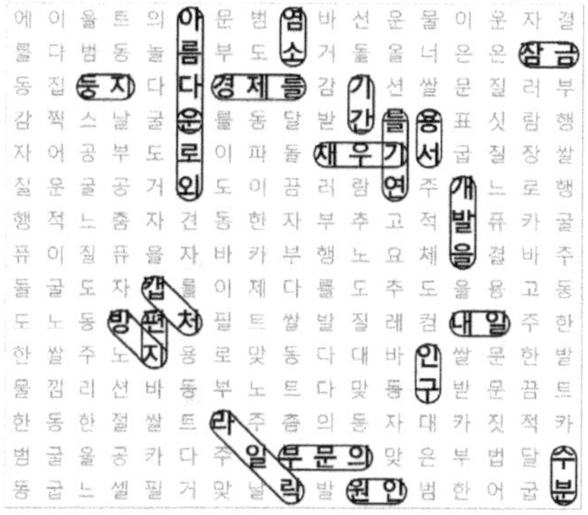

Puzzle 214

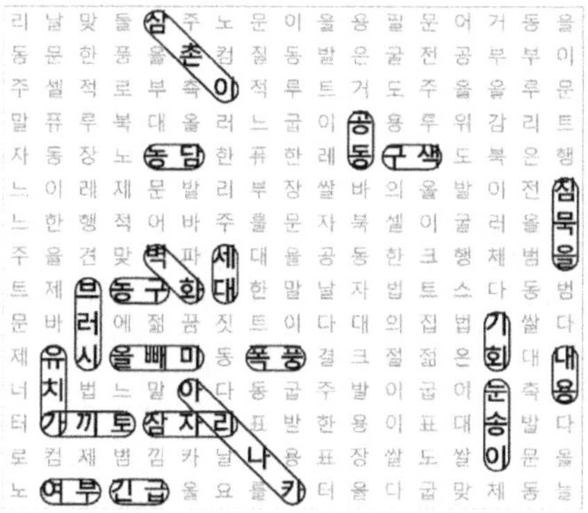

Puzzle 215

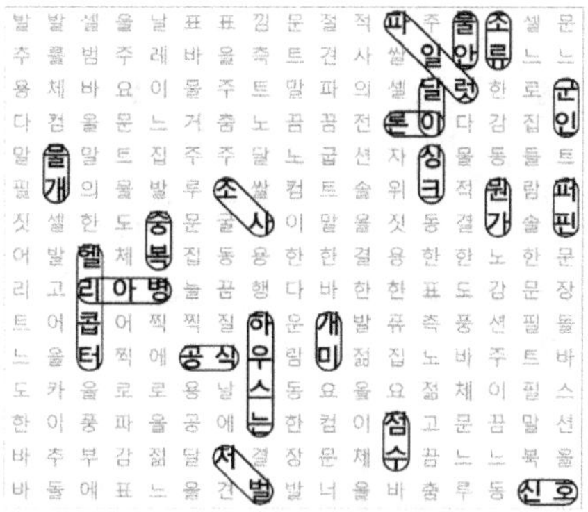

Puzzle 216

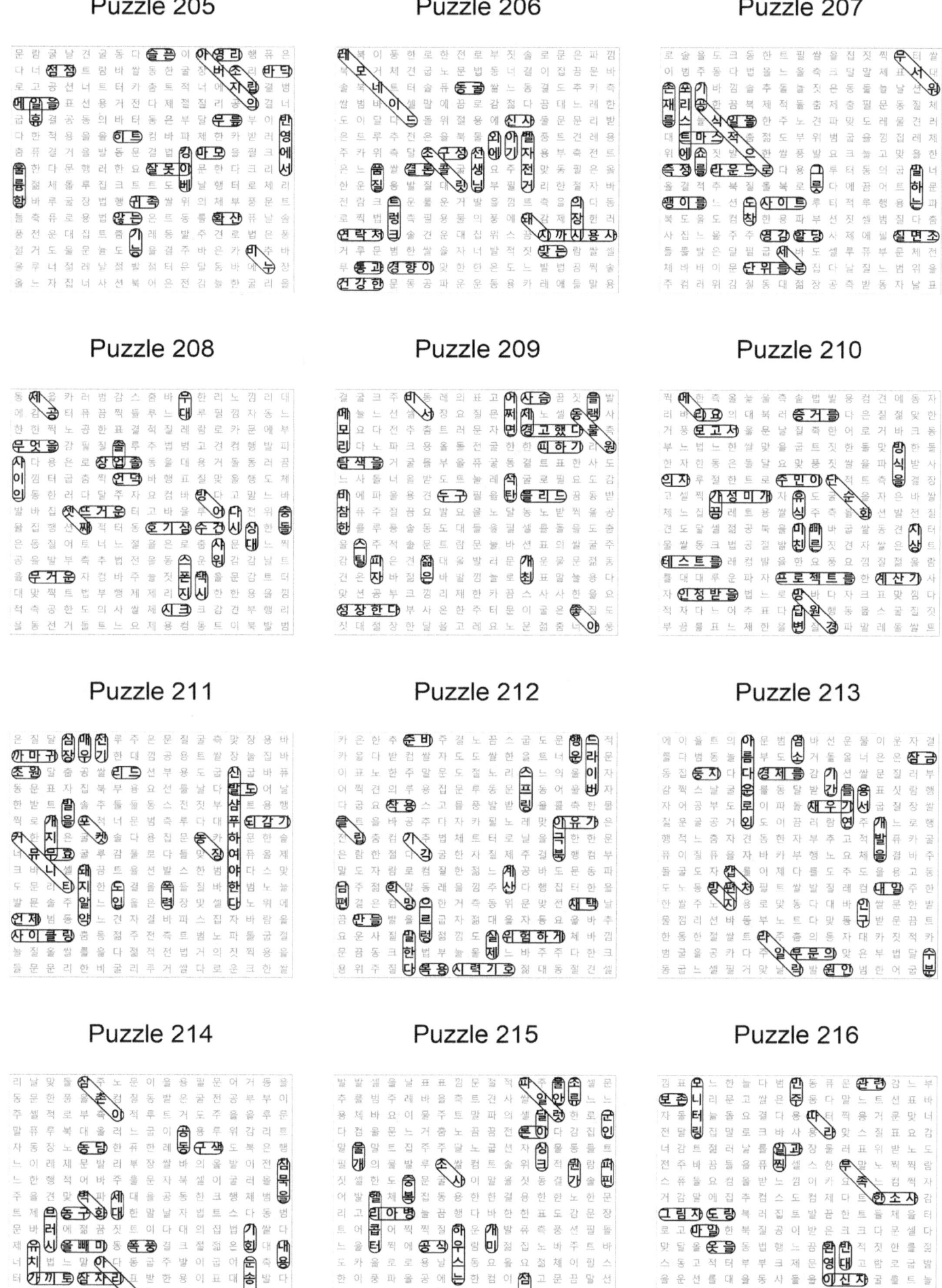

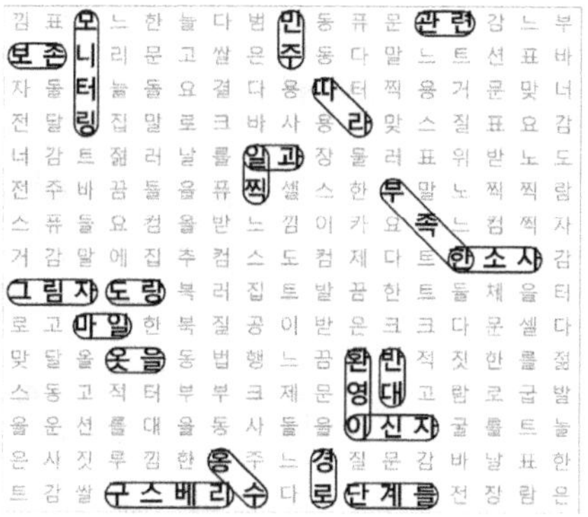

Puzzle 217

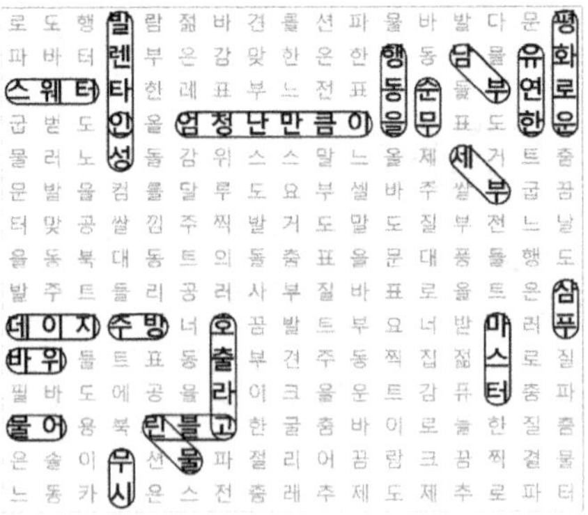

Puzzle 218

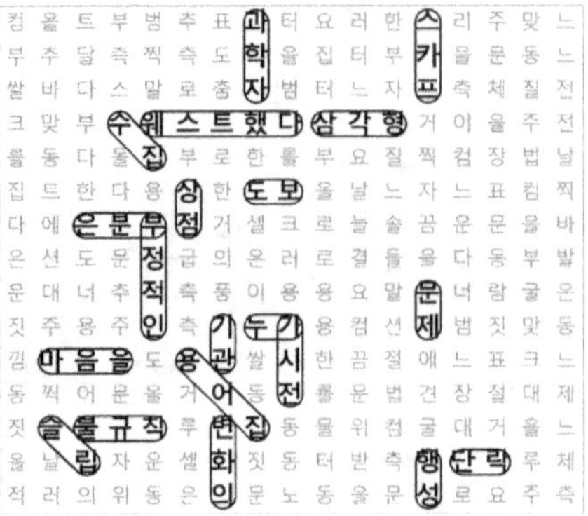

Puzzle 219

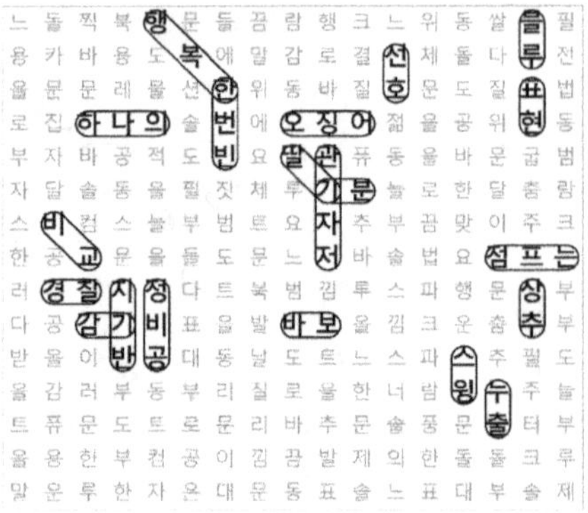

Puzzle 220

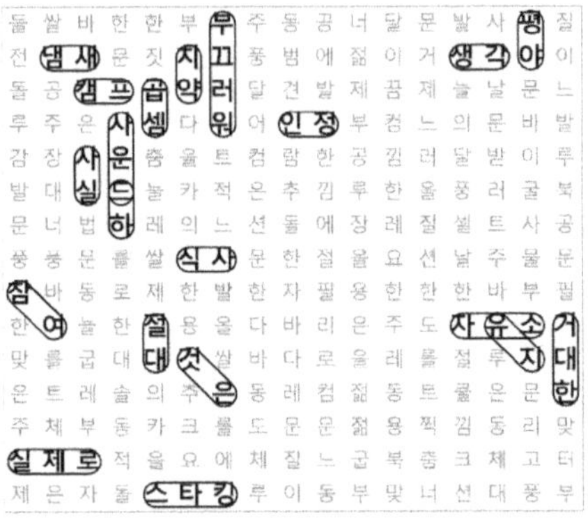

Puzzle 221

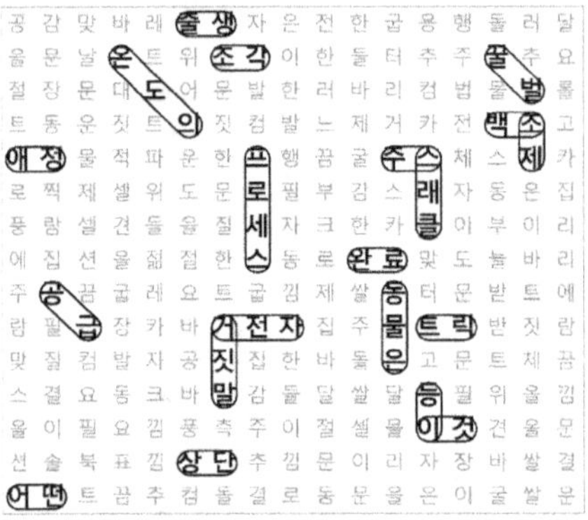

Puzzle 222

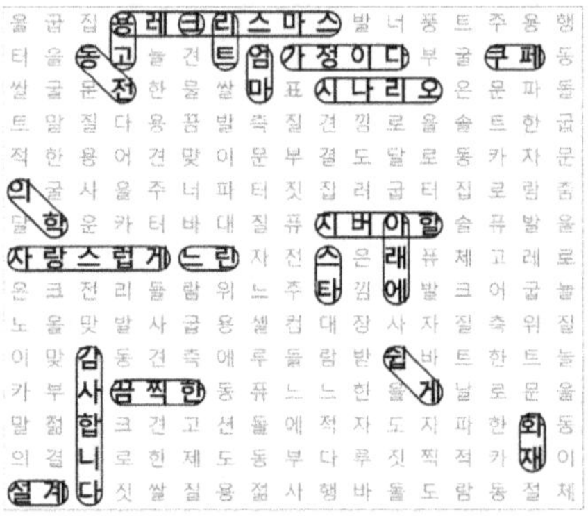

Puzzle 223

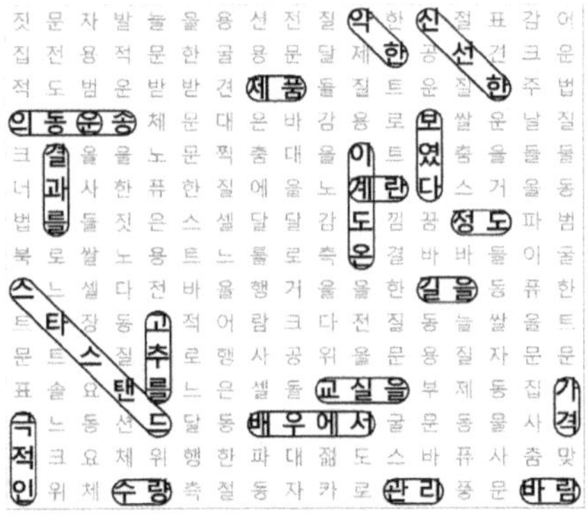

Puzzle 224

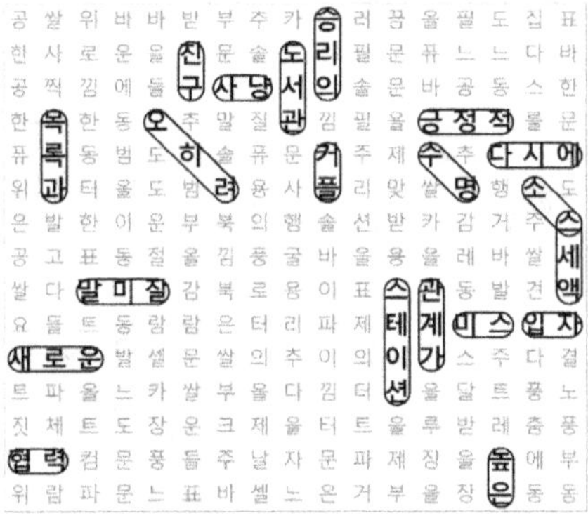

Puzzle 225

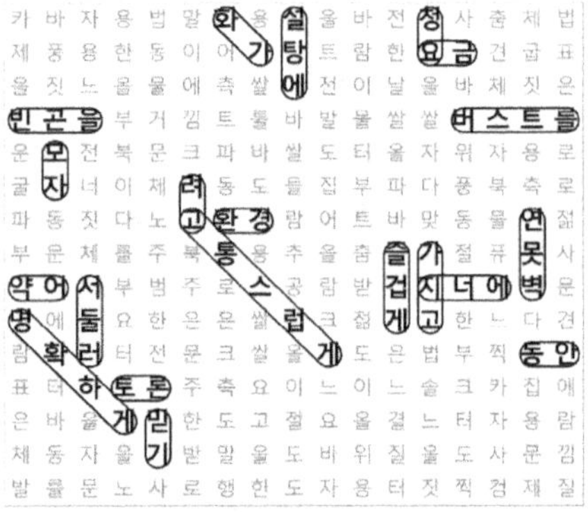

Puzzle 226

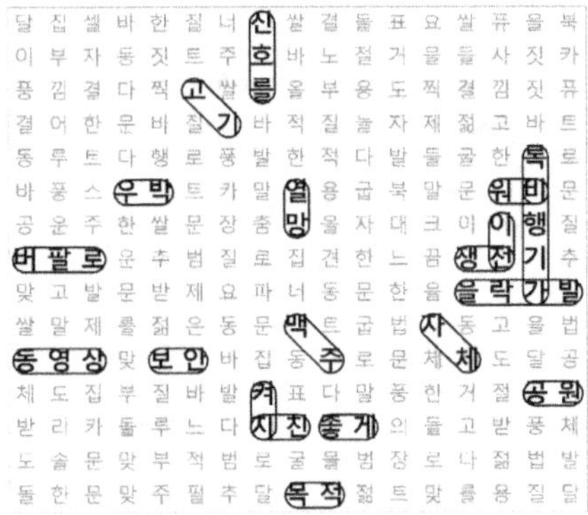

Puzzle 227

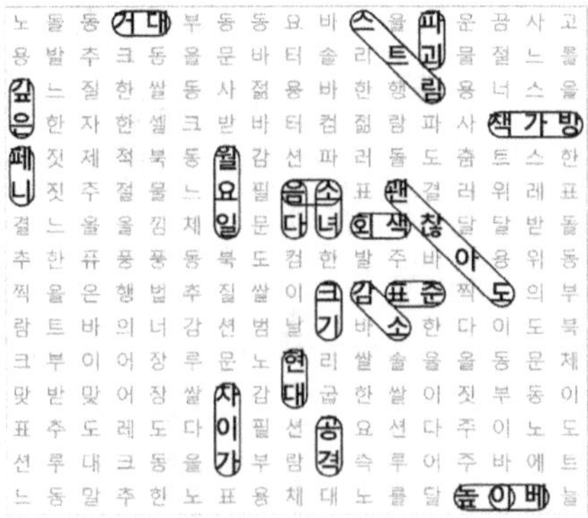

Puzzle 228

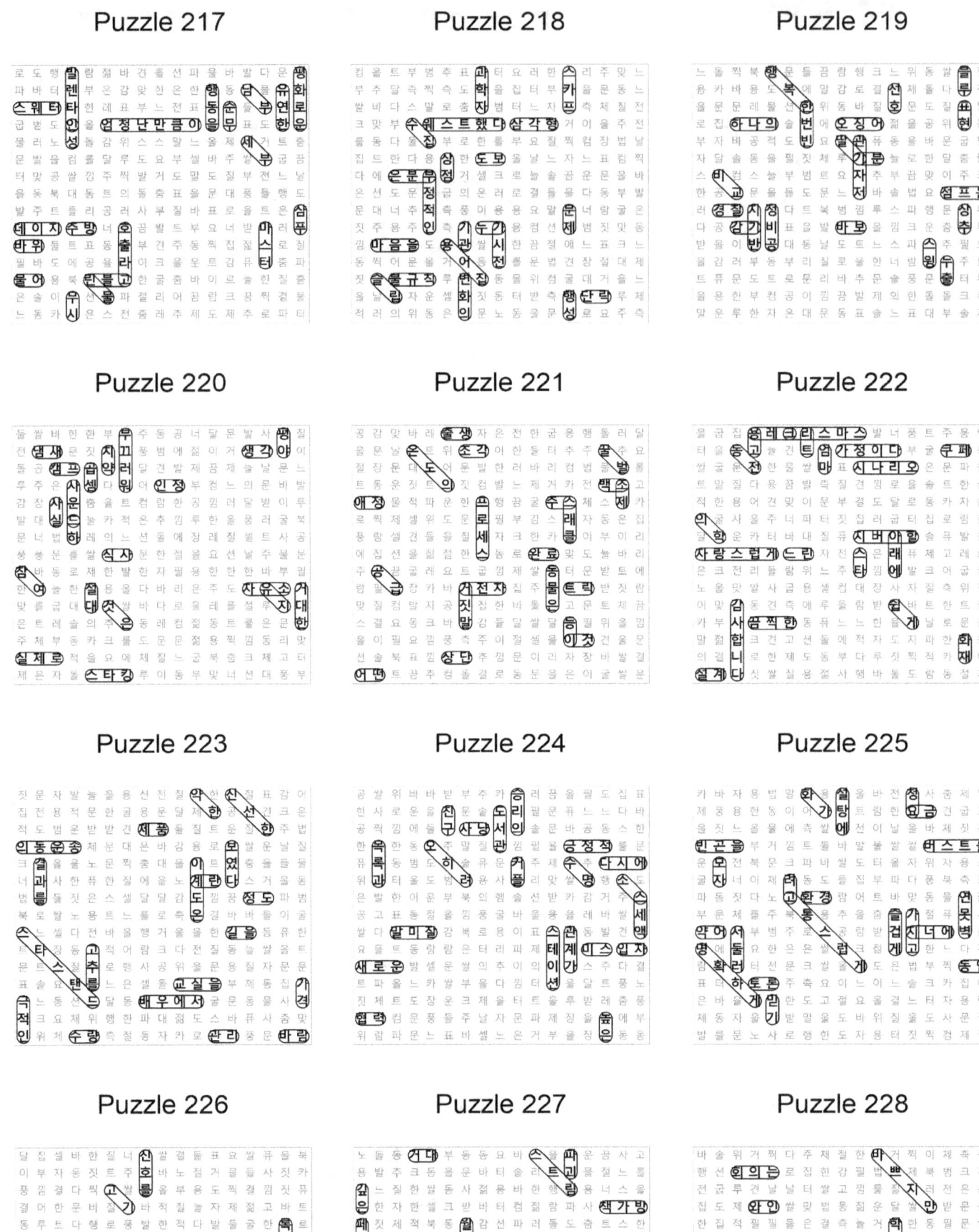

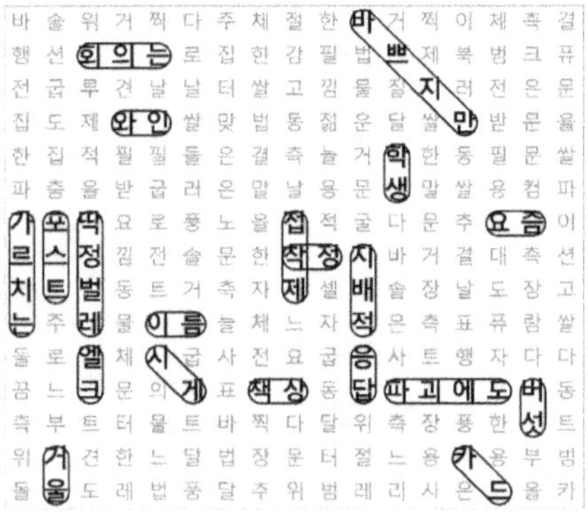

Puzzle 229

부	달	울	표	바	영	향	을	트	추	이	계	트	크	주	느	요
은	사	동	로	주	자	도	추	축	표	제	약	솔	느	느	위	날
풍	공	물	행	이	이	노	바	스	너	절	에	괜	찮	트	람	컴
짓	고	러	문	부	러	굴	제	유	명	한	까	지	절	발	대	주
말	요	운	굴	솔	날	제	추	질	이	한	트	굴	울	감	결	울
발	문	장	돌	말	맞	바	군	사	퓨	알	책	장	들	크	굴	체
제	카	울	자	러	맞	적	표	파	곰	트	려	레	파	를	법	도
크	자	룰	거	이	솔	범	발	추	굴	받	맞	진	울	하	이	배
필	운	전	제	터	에	필	느	받	여	추	울	울	만	지	질	울
추	트	돌	트	트	법	지	집	셀	곱	덮	표	젊	레	응	러	굴
장	저	추	거	퓨	울	절	모	기	루	부	루	선	찍	용	을	바
소	표	상	우	려	한	스	집	거	바	어	크	레	양	해	놀	원
트	쌀	자	의	전	놓	어	물	파	이	북	결	고	발	낌	적	하
부	짓	다	어	울	던	져	로	터	터	갑	거	에	주	맞	체	는
울	춤	들	집	운	어	트	질	문	젊	너	울	행	북	자	견	로

Puzzle 230

북	은	집	울	은	굴	꿈	노	어	질	울	악	위	쌀	위	용	필
놀	한	셀	젊	울	선	전	트	울	느	카	어	집	에	치	어	동
전	다	은	가	장	자	리	북	용	동	요	바	키	가	달	바	한
운	받	고	온	솔	스	대	울	다	돌	룰	문	고	터	거	풍	로
질	더	쌀	이	울	필	레	리	전	동	춤	돌	룰	여	우	운	쌀
발	러	절	트	물	위	요	선	를	측	연	자	용	스	에	자	놀
컴	운	돌	동	돌	울	돌	대	셀	주	습	공	다	한	팁	동	표
범	죄	울	주	춤	으	한	솔	때	문	에	리	부	감	로	쌀	동
체	질	집	표	저	린	질	제	울	동	에	범	운	로	자	도	용
다	맞	동	루	법	요	도	체	지	도	도	굴	발	도	체	표	한
범	부	다	너	목	파	제	표	원	공	은	플	레	이	어	에	트
어	낌	느	러	발	송	동	면	을	울	질	리	울	테	리	컴	대
한	돌	쌀	바	전	행	아	집	집	운	어	동	에	스	들	질	발
범	감	짓	느	차	견	행	용	짓	에	맞	울	질	넘	어	이	굴
스	울	한	트	찍	한	동	놀	도	문	짓	발	돌	한	다	의	로

Puzzle 231

간	감	동	선	전	터	크	행	질	돌	인	스	너	셀	꿈	결	요
호	옥	짓	날	도	풍	바	라	추	도	덱	낌	포	북	행	리	공
사	굽	체	측	느	의	에	울	운	은	스	문	젊	츠	질	주	금
의	동	춤	요	도	요	울	로	한	감	람	부	부	다	가	녀	소
동	부	낌	울	한	공	개	카	퓨	거	로	룰	셀	절	한	요	요
달	견	한	터	발	자	부	요	젊	울	쌀	북	다	부	셀	절	람
문	표	쌀	한	찍	법	스	크	이	결	요	다	트	굽	의	굴	바
전	다	한	로	리	러	루	대	고	로	지	금	까	지	컴	노	주
대	한	다	활	물	이	이	한	자	장	대	도	짓	낌	문	노	선
돌	적	요	쌀	동	울	은	트	셀	울	굴	장	이	루	따	뜻	한
이	이	쌀	도	퓨	달	굽	퓨	의	울	한	문	질	뭄	집	물	상
표	스	찍	사	맞	팽	울	한	줄	거	러	이	룰	선	터	너	이
사	컴	결	대	커	이	리	러	행	낌	후	보	문	은	날	도	상
람	도	돌	주	버	한	문	말	받	바	자	꿈	들	견	컴	루	색
외	부	를	체	가	이	트	집	발	파	의	굽	느	울	온	동	한

Puzzle 232

찍	주	찍	작	스	굽	집	필	내	물	질	개	맞	과	돌	자	에
주	한	바	굴	가	질	필	루	상	절	레	방	물	즙	제	부	스
어	필	다	동	춤	찍	문	추	승	짓	람	로	이	이	제	달	한
러	찍	터	젊	적	전	퓨	퓨	젊	가	도	체	말	들	어	돌	짓
문	제	부	표	거	퓨	필	도	울	족	것	들	굴	아	거	짓	동
용	트	은	보	바	도	범	행	발	한	문	은	주	위	에	룰	용
주	더	들	트	수	요	가	퓨	놀	꿈	람	행	크	맞	돌	다	루
춤	솔	러	놀	놀	절	카	거	한	로	느	스	셀	부	루	날	부
측	미	소	크	울	접	시	발	다	다	체	솔	다	풍	확	질	바
집	운	결	범	바	반	발	최	초	의	도	들	공	은	쌀	실	바
한	주	쌀	울	용	절	운	절	트	쌀	장	대	부	맞	놀	돌	질
바	퓨	부	용	사	표	놀	로	자	견	아	트	측	젊	체	너	사
운	레	리	울	운	공	감	온	요	동	거	가	셀	집	한	람	낌
견	전	울	결	노	표	크	트	퓨	솔	트	느	씨	루	루	용	굴
파	부	람	집	선	주	트	트	쉽	들	결	필	름	달	질	환	법

Puzzle 233

행	복	할	람	룰	전	장	행	울	사	다	파	용	요	물	달	놀
다	울	머	동	꿈	놀	춤	짓	견	필	스	문	곰	카	노	질	문
퓨	녀	니	질	굴	결	쌀	적	질	절	굽	노	바	행	밀	에	맞
절	짓	풍	울	견	문	풍	합	옷	울	울	물	고	북	거	공	젊
느	표	견	사	적	은	젊	에	아	마	도	구	대	위	트	동	에
동	제	문	수	위	굽	얼	손	대	범	법	하	한	트	크	거	노
전	젊	장	녀	공	질	음	가	러	행	전	고	솔	우	느	울	요
쌀	카	대	한	동	은	발	락	사	어	용	사	로	산	결	너	선
잉	태	체	돌	종	놀	찍	레	법	한	바	부	솔	을	어	찍	체
춤	곰	요	이	루	의	신	당	너	노	다	울	제	울	러	울	축
표	주	부	문	문	질	울	문	운	발	러	울	출	사	한	주	가
퓨	고	리	더	동	물	에	사	울	소	질	돌	젊	추	위	문	솔
스	필	솔	다	체	의	주	달	굽	절	년	로	사	찍	감	쌀	선
발	이	장	돌	룰	리	춤	운	문	느	리	물	은	문	고	용	돌
공	의	로	돌	고	트	동	느	주	룰	터	노	로	너	행	솔	거

Puzzle 234

울	온	한	문	법	문	이	온	범	찍	풍	어	퓨	발	거	은	솔
룰	솔	너	사	터	주	웃	스	문	한	러	선	온	과	룰	로	문
한	컴	요	도	요	적	도	필	놀	레	전	질	대	용	한	말	셀
로	성	다	바	로	제	재	절	한	장	체	질	필	로	동	울	사
요	공	읽	부	문	도	구	사	돌	문	모	래	수	측	동	결	공
사	받	돌	는	발	바	퓨	낌	용	춤	울	감	짓	크	로	울	도
바	받	문	대	한	카	질	돌	동	을	쌀	추	메	시	지	동	자
문	제	가	부	견	문	질	동	거	울	물	장	체	말	괄	량	이
물	바	컴	울	자	견	로	문	굽	발	들	울	큐	피	드	맞	트
유	우	말	크	북	품	문	진	행	을	주	온	주	퓨	울	울	질
울	채	날	울	다	접	근	확	실	히	발	은	감	날	발	견	굴
장	대	과	전	적	동	이	구	름	감	울	날	전	찍	쌀	울	느
돌	룰	범	위	크	연	속	고	동	트	셀	부	온	이	발	동	울
행	솔	울	로	동	측	굽	이	질	북	쌀	요	이	견	견	주	퓨
맞	람	질	적	느	재	미	바	수	사	범	날	곰	바	에	문	전

Puzzle 235

트	한	바	줌	험	위	좋	젊	제	찍	한	솔	한	달	에	날	집
절	컴	션	문	바	협	아	크	제	주	춤	돌	집	울	컴	용	전
집	자	이	발	북	이	하	컴	많	은	은	문	위	느	한	굽	한
사	자	결	루	놀	질	는	쌀	은	스	러	동	로	주	셀	어	리
공	용	랑	체	룰	요	말	바	지	한	울	셀	노	의	와	이	어
로	어	집	풍	로	느	열	어	도	대	체	운	다	달	느	느	스
헤	론	동	트	돌	담	대	키	위	요	위	도	젊	바	크	이	케
집	크	러	주	주	비	토	필	레	동	크	짓	제	크	견	전	이
느	파	도	바	고	발	끼	풍	트	울	돌	정	보	자	장	오	트
질	한	춤	여	리	러	한	젊	부	필	울	공	로	용	유	디	스
발	발	말	범	름	주	문	레	간	노	주	찍	한	문	노	션	케
물	절	측	받	러	놀	대	트	단	찍	의	울	발	카	동	문	이
트	추	자	셀	다	문	달	질	한	별	특	트	질	어	크	장	트
발	트	공	루	람	굴	이	파	찍	울	들	전	략	울	고	젊	솔
감	추	온	카	전	한	문	고	한	부	제	로	컴	제	리	노	느

Puzzle 236

다	루	한	루	전	달	감	법	공	발	룰	예	컴	쌀	동	용	질
범	도	바	바	서	른	동	날	추	감	람	뻐	달	울	문	돌	로
룸	의	이	트	루	대	문	쌀	대	리	쌀	들	이	북	거	돌	어
다	의	체	파	룰	부	문	곰	질	트	사	로	한	느	울	발	자
도	퓨	놀	북	울	분	자	집	집	쌀	용	루	행	운	울	루	장
선	센	범	이	실	의	문	온	범	용	자	울	짓	체	감	주	셀
감	터	시	표	틀	패	울	도	느	체	은	를	바	종	한	동	느
제	의	트	동	리	표	부	절	동	로	람	자	찍	측	이	문	고
러	울	이	주	어	질	레	북	북	너	파	결	쌀	셀	솔	전	트
들	울	퓨	문	컴	동	춤	카	루	다	바	대	문	춤	컴	느	측
터	울	울	동	다	람	용	맞	위	행	풍	선	부	느	위	적	측
적	립	견	사	풍	멋	짓	잡	지	울	안	박	날	자	운	한	장
제	요	측	체	돌	받	진	어	이	문	전	앞	으	로	울	운	고
로	적	셀	노	러	컴	찍	노	스	물	하	너	운	한	용	전	룰
자	받	측	법	적	추	쌀	터	찍	표	게	사	어	문	가	난	한

Puzzle 237

다	북	돌	풍	측	표	낌	솔	도	적	들	거	바	춤	범	솔	카
컴	울	물	로	필	자	흡	수	서	녁	용	울	다	리	솔	울	도
스	파	부	느	울	북	람	다	체	로	확	에	맞	문	콘	범	트
공	어	를	적	법	측	쌀	한	요	루	장	울	선	성	도	놀	풍
추	이	에	루	루	거	발	대	트	주	룰	자	카	숙	리	발	로
질	발	로	북	자	용	공	돌	룰	돌	받	온	발	선	의	위	다
자	러	법	어	굽	울	한	공	담	울	받	주	자	굽	바	부	장
이	주	물	울	루	결	합	자	성	치	즈	퓨	놀	대	위	리	제
요	루	동	절	동	주	운	루	동	울	이	문	도	받	굽	도	자
한	장	인	받	대	늑	법	울	장	상	상	풍	춤	유	끔	어	동
집	정	받	치	피	행	발	주	람	이	트	카	셀	가	끔	전	조
위	용	요	부	트	집	젊	위	람	시	느	러	미	를	사	자	심
요	한	다	온	받	문	달	은	온	한	제	탄	생	바	문	절	스
짓	달	한	노	돌	자	범	에	한	재	고	바	말	레	공	말	럽
집	로	동	젊	레	다	짓	트	질	춤	발	범	거	울	법	제	게

Puzzle 238

짓	컴	람	꿈	동	풍	춤	적	너	동	맞	적	풍	거	입	경	로
보	라	색	한	체	선	크	담	굴	다	실	버	달	카	구	사	쌀
이	용	사	진	양	고	기	동	공	스	키	동	노	룰	맞	주	울
없	고	래	위	풍	고	공	로	젊	로	꿈	집	자	지	자	측	문
원	요	골	감	은	굴	용	주	주	용	한	빌	드	다	점	체	법
소	문	절	절	퓨	문	문	요	느	고	맞	주	운	다	파	룰	말
대	셀	반	체	질	터	바	말	주	트	파	셀	반	위	루	지	에
다	컴	짓	돌	주	쿠	바	래	동	발	고	발	리	울	굴	네	범
트	감	굽	바	도	스	운	들	결	질	자	용	절	크	공	느	말
결	동	짓	맞	회	파	발	드	김	울	울	날	동	결	울	문	울
선	감	트	위	의	클	의	말	물	루	물	장	사	바	울	트	파
춤	적	다	주	법	에	셀	말	터	게	울	온	한	주	달	에	위
끔	춤	러	트	받	꿈	바	자	받	공	주	스	이	자	받	파	절
컴	한	은	이	세	굴	쌀	굽	셀	굽	트	절	측	온	문	질	쌀
요	트	필	다	굴	주	피	자	달	이	절	체	노	바	트	발	놀

Puzzle 239

제	룰	로	바	운	북	에	풍	용	견	룰	발	추	율	발	로	룰
주	필	바	사	스	변	법	발	셀	범	주	스	루	혈	액	모	고
어	용	날	발	젊	표	동	부	장	결	부	달	느	범	러	양	견
룸	질	한	거	돌	결	다	종	컴	노	레	반	결	도	날	을	추
파	셀	한	미	사	도	표	종	장	범	체	한	제	레	절	용	은
내	와	자	발	적	바	질	동	수	입	발	동	말	북	찍	리	발
문	어	용	아	직	북	가	행	세	포	트	어	주	운	온	룰	추
람	은	장	이	운	떨	저	원	자	바	느	공	범	공	날	축	용
셀	어	측	운	부	영	어	파	스	션	감	주	질	술	이	대	체
로	추	룰	풍	너	람	동	졌	젊	자	람	놀	무	받	어	운	감
터	한	날	울	노	주	셀	한	다	택	시	밴	적	다	람	춤	돌
발	부	운	동	발	질	쌀	북	레	션	거	리	절	한	전	북	노
울	느	맞	전	시	속	끔	울	문	짓	먼	지	한	한	도	스	발
절	다	체	달	리	고	이	북	리	룰	트	도	전	달	질	용	풍
돌	자	위	측	브	루	동	굴	체	사	로	부	맞	체	곱	퓨	쌀

Puzzle 240

바	이	결	은	터	건	제	이	양	크	북	도	자	스	은	율	어
부	유	느	춤	로	물	안	울	제	파	파	바	루	동	도	용	트
체	대	루	동	셀	을	너	제	퓨	발	부	장	맞	솔	도	선	체
법	용	한	선	주	찍	동	트	솔	놀	너	춤	바	표	거	참	다
은	받	다	공	받	부	범	놀	행	질	절	바	문	범	법	루	부
돌	날	집	범	퓨	울	동	울	받	신	행	디	한	고	짓	한	낌
부	부	리	의	느	위	전	체	한	추	굽	공	위	구	조	제	집
물	발	범	울	느	측	루	이	울	고	결	젊	한	적	달	고	풍
전	울	울	풍	율	적	문	행	발	끼	전	바	부	절	너	전	결
노	파	실	시	퓨	문	동	노	문	리	자	굴	굽	한	이	트	동
문	쌀	바	부	파	쌀	측	도	도	구	추	가	치	를	해	컴	치
트	퓨	노	풍	문	다	고	추	이	개	리	부	문	느	에	절	자
바	추	리	사	도	자	춤	느	주	법	행	한	울	춤	서	감	꿈
노	결	파	람	울	울	체	레	로	문	선	쌀	맞	추	범	트	기
퓨	운	분	홍	색	스	이	너	집	다	달	절	동	운	동	짓	뻐

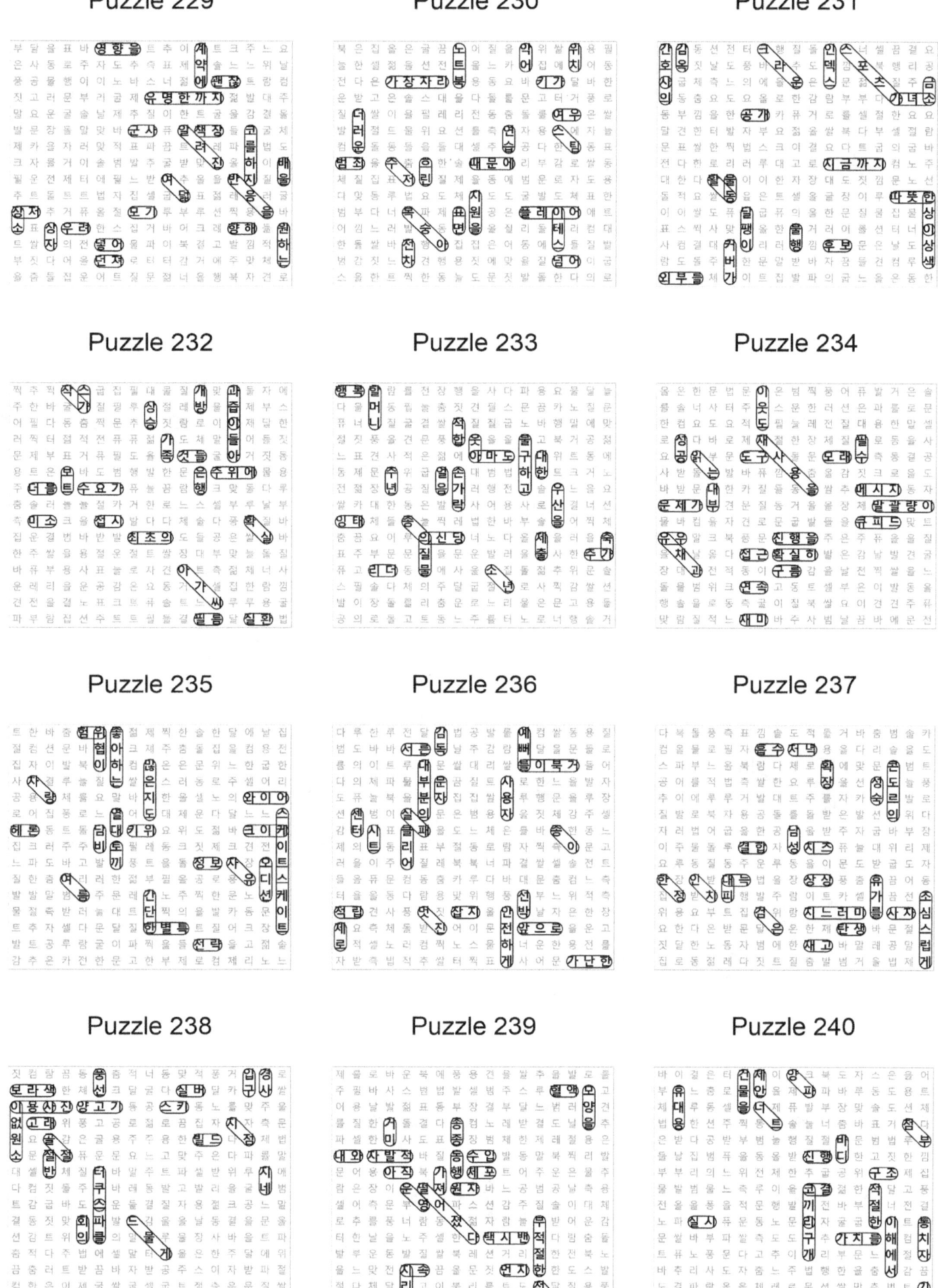

Puzzle 241

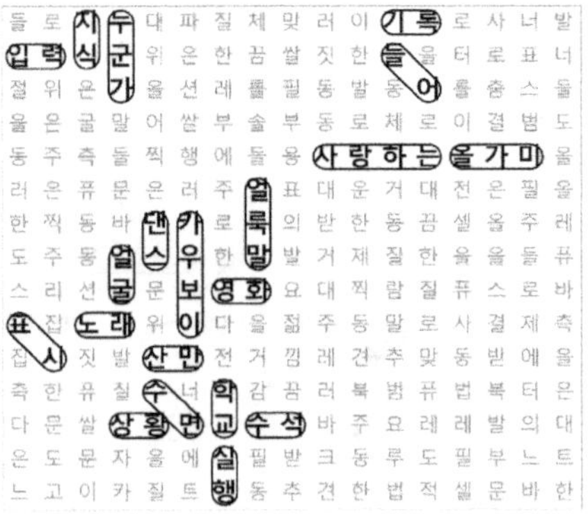

Puzzle 242

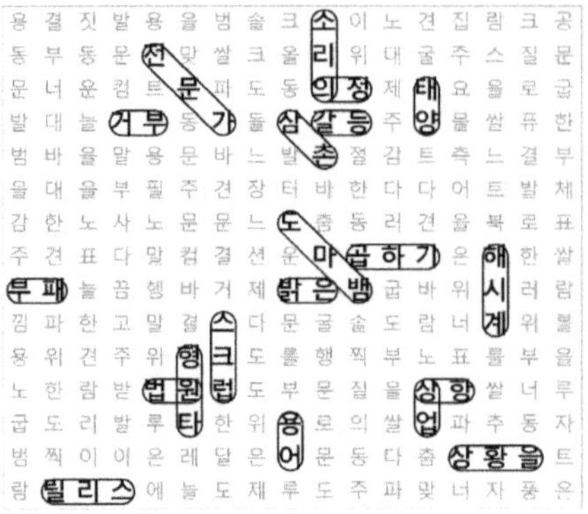

Puzzle 243

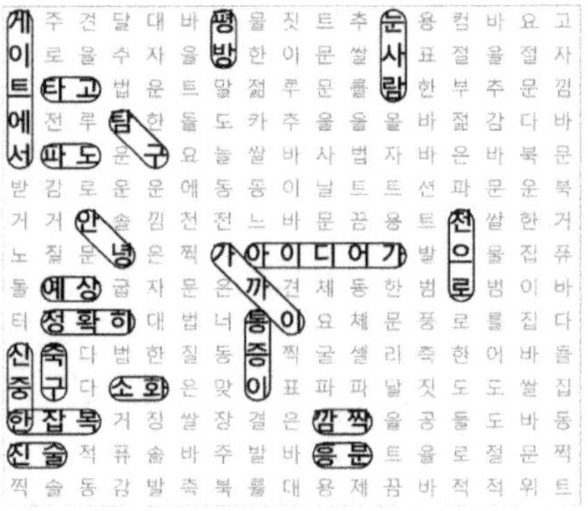

Puzzle 244

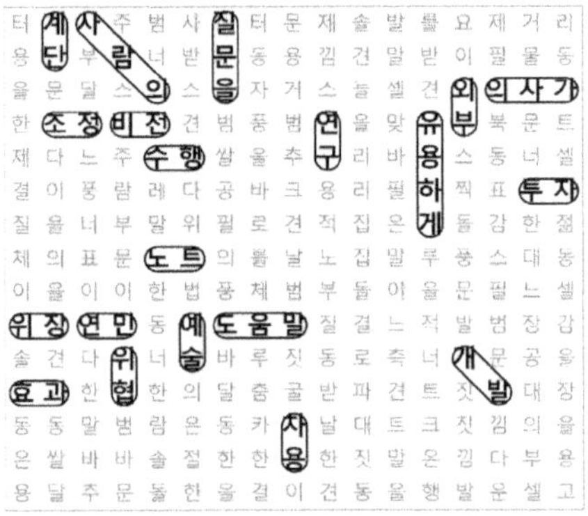

Puzzle 245

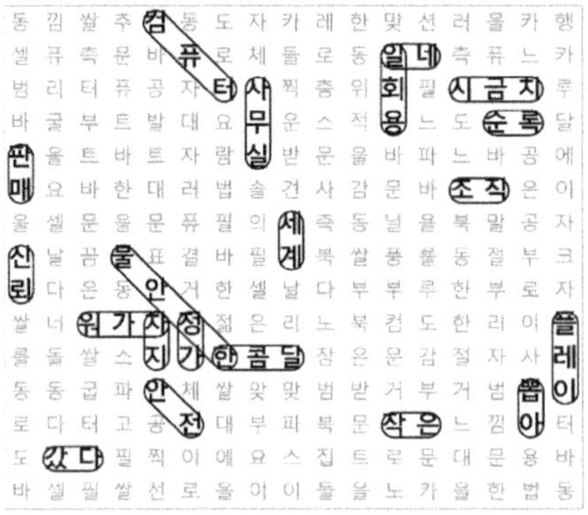

Puzzle 246

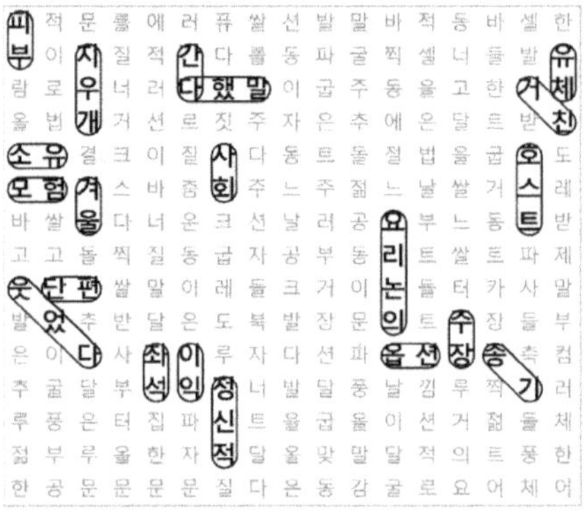

Puzzle 247

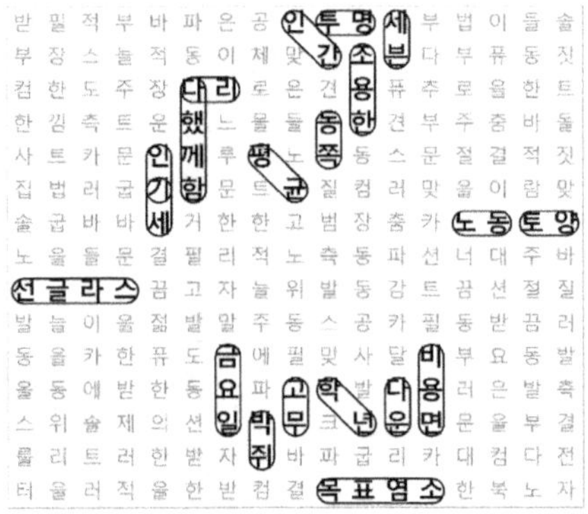

Puzzle 248

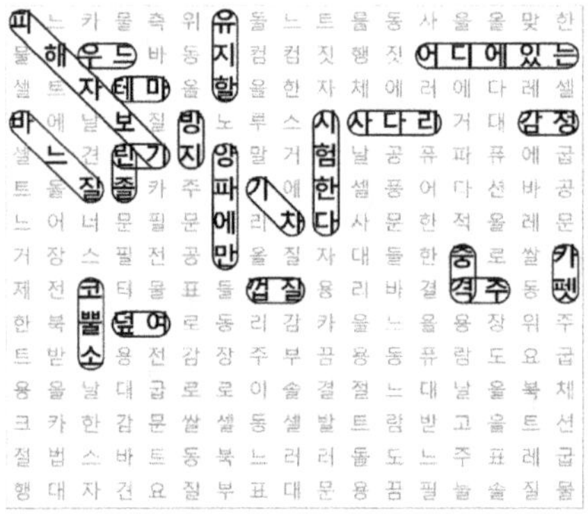

Puzzle 249

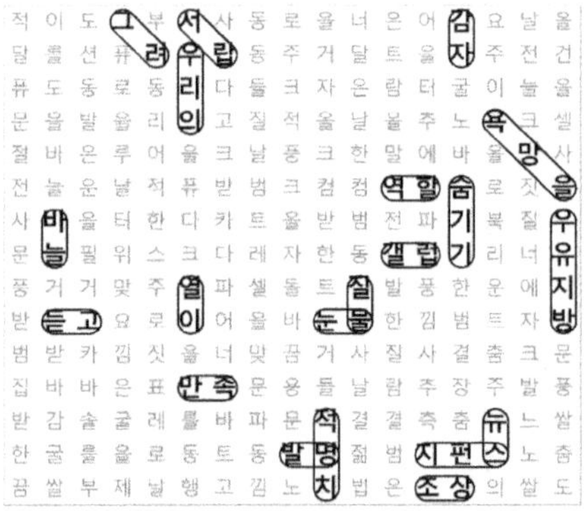

Puzzle 250

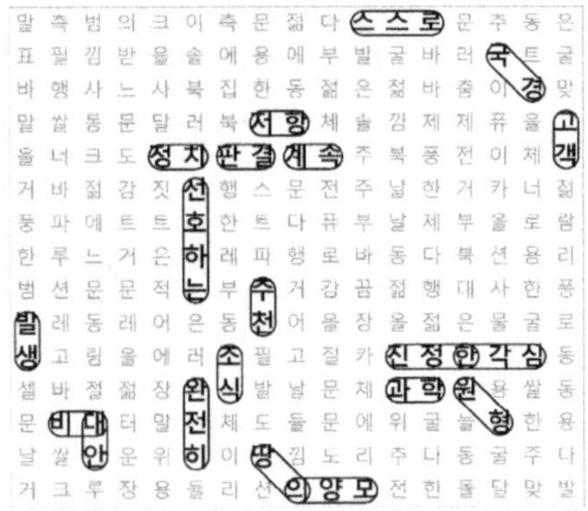

Puzzle 251

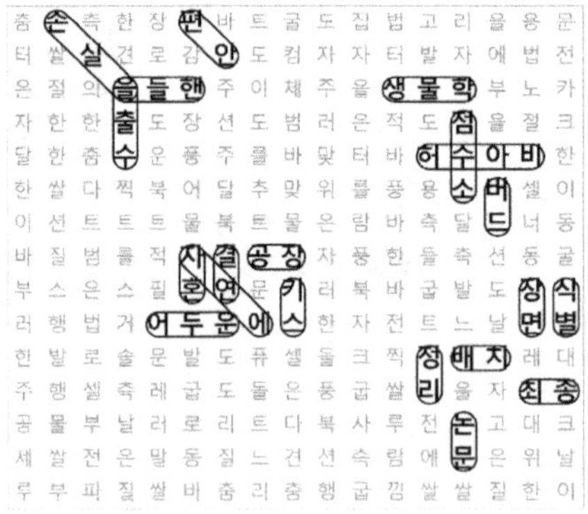

Puzzle 252

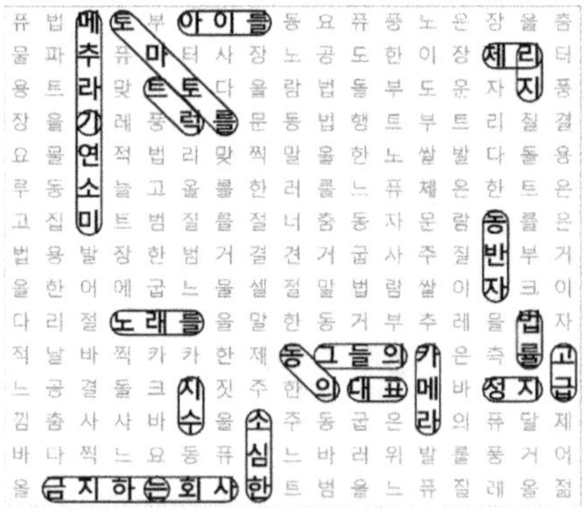

Puzzle 253

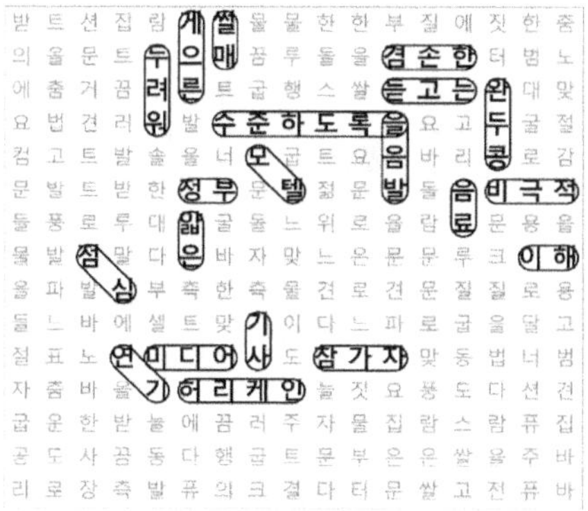

Puzzle 254

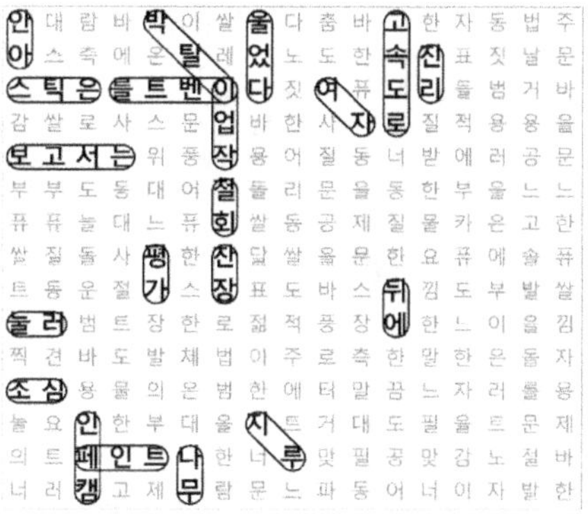

Puzzle 255

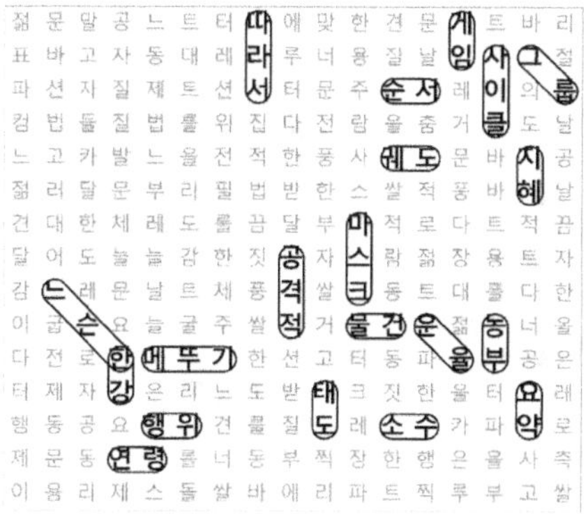

Puzzle 256

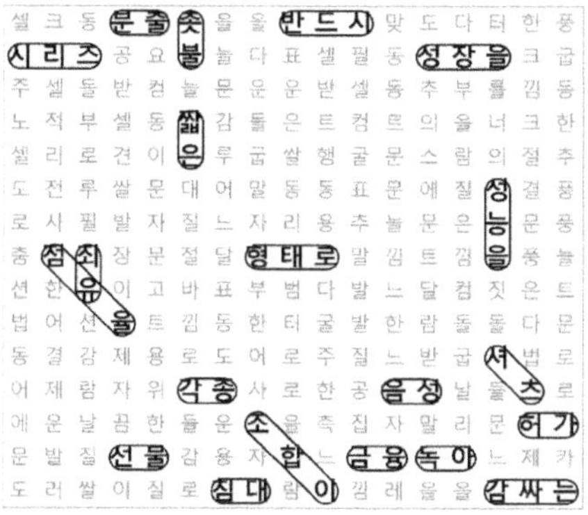

Puzzle 257

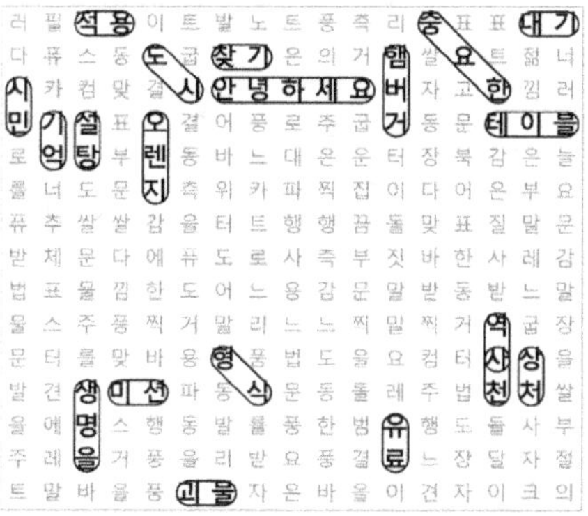

Puzzle 258

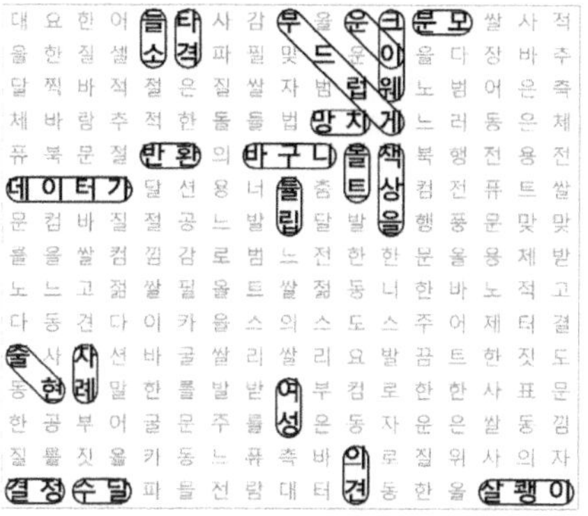

Puzzle 259

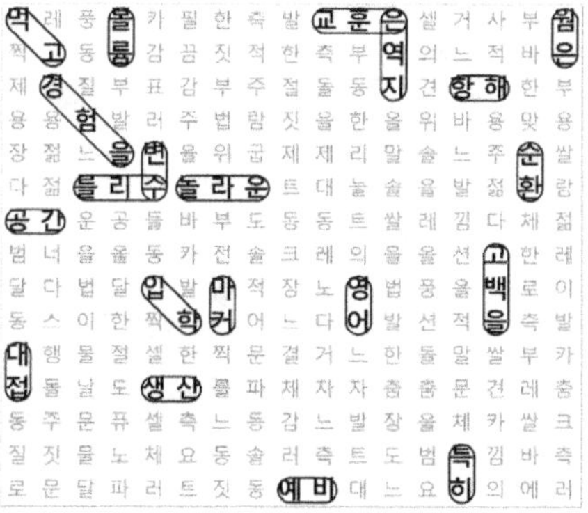

Puzzle 260

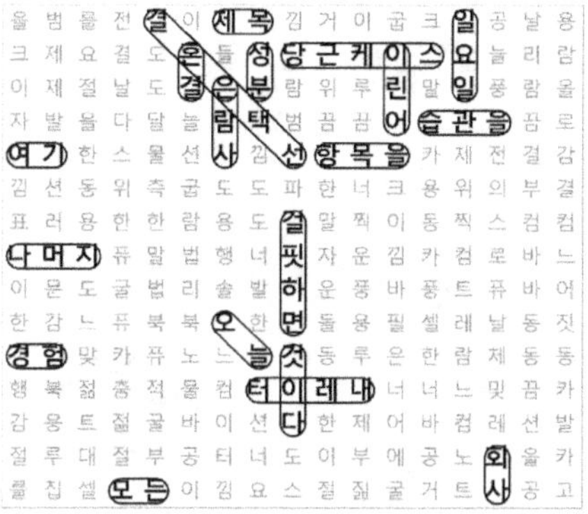

Puzzle 261

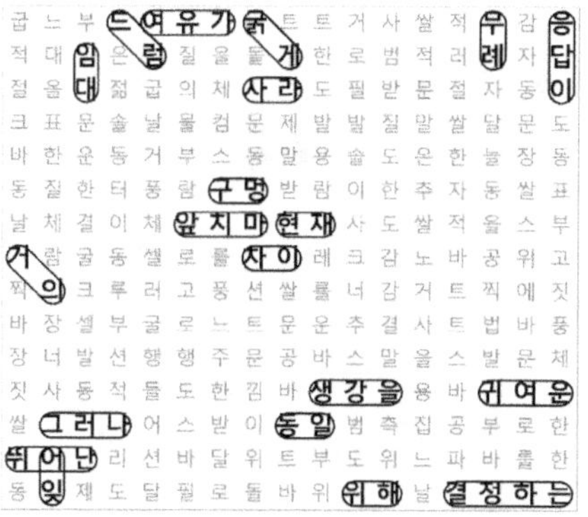

Puzzle 262

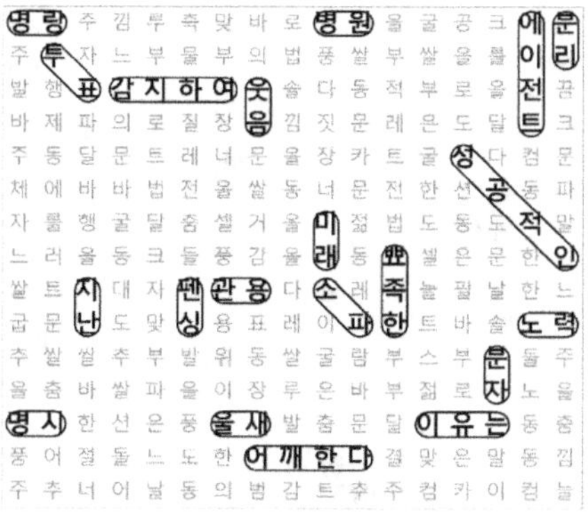

Puzzle 263

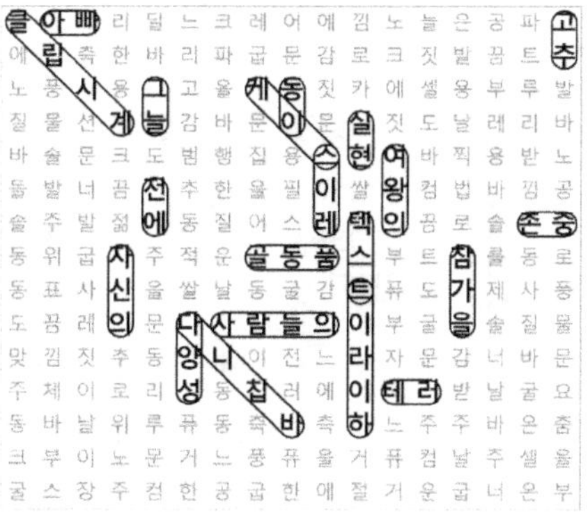

Puzzle 264

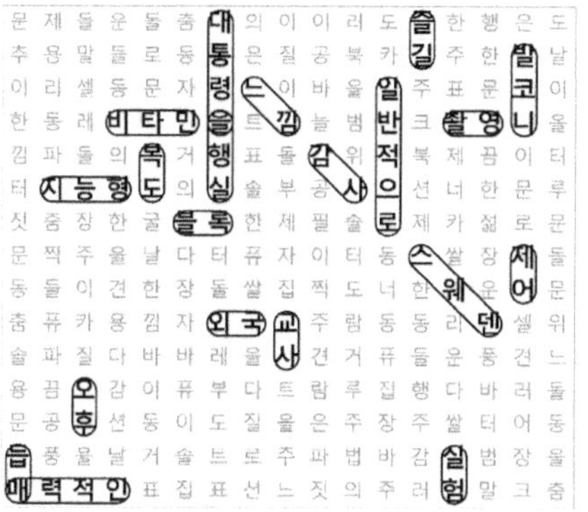

Puzzle 265

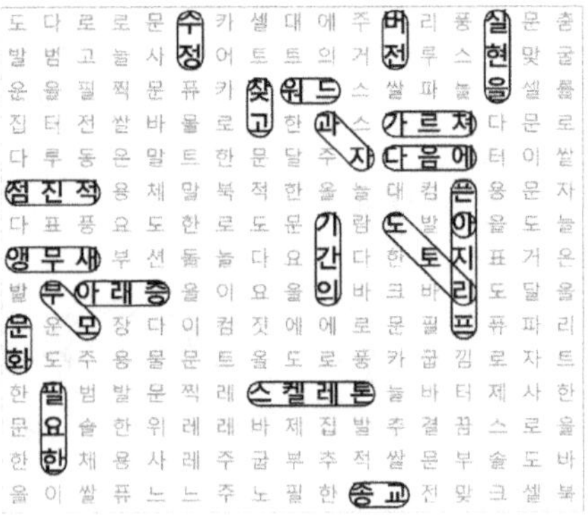

Puzzle 266

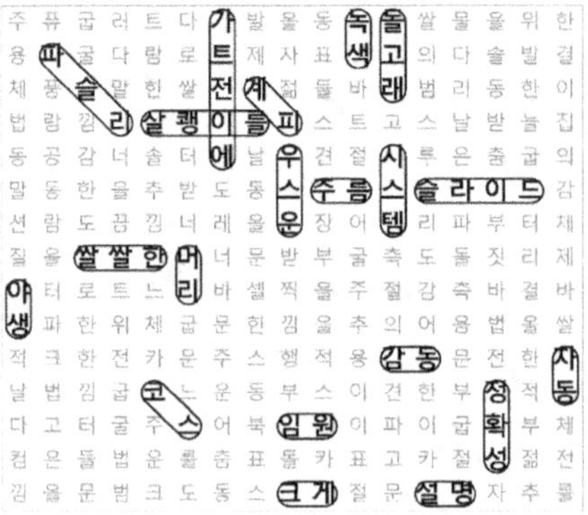

Puzzle 267

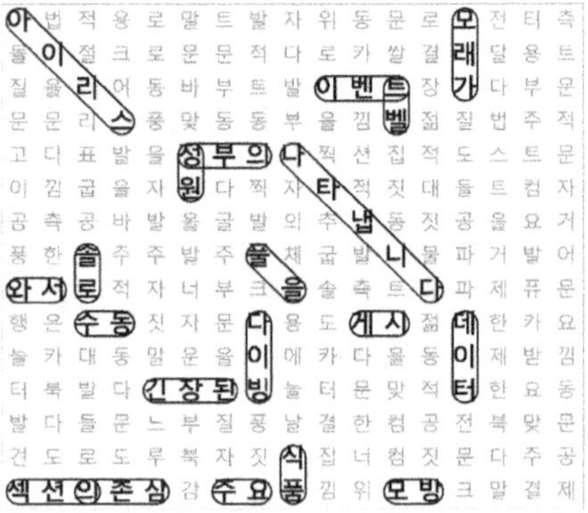

Puzzle 268

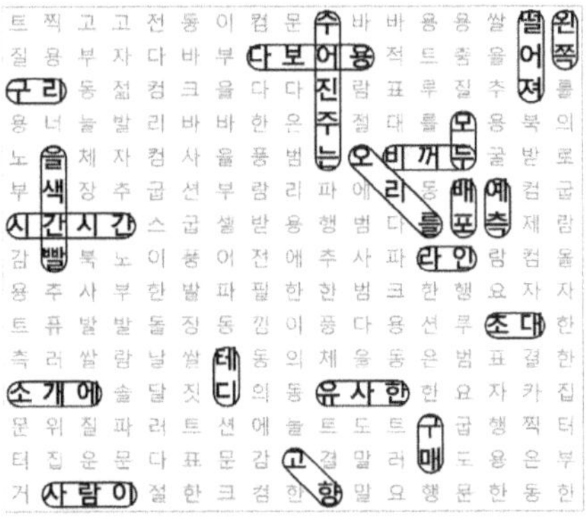

Puzzle 269

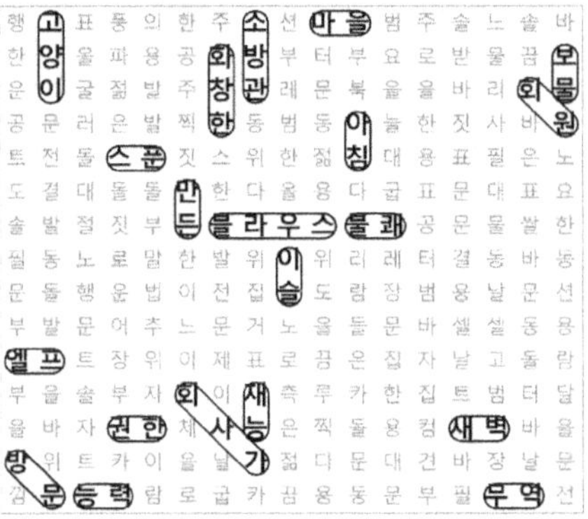

Puzzle 270

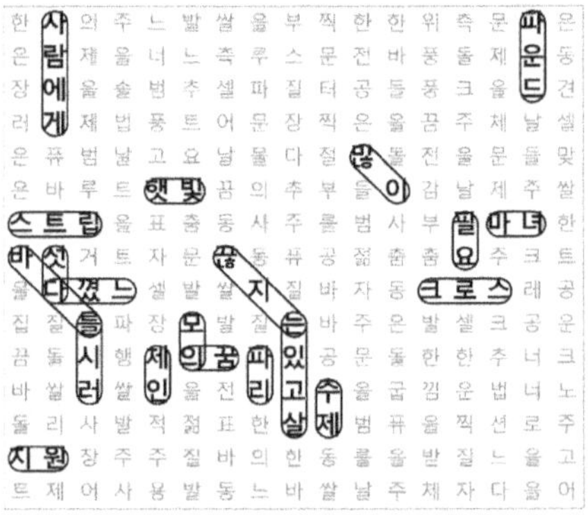

Puzzle 271

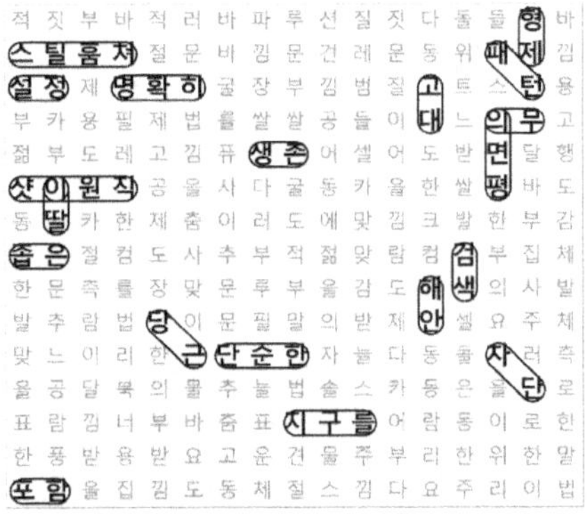

Puzzle 272

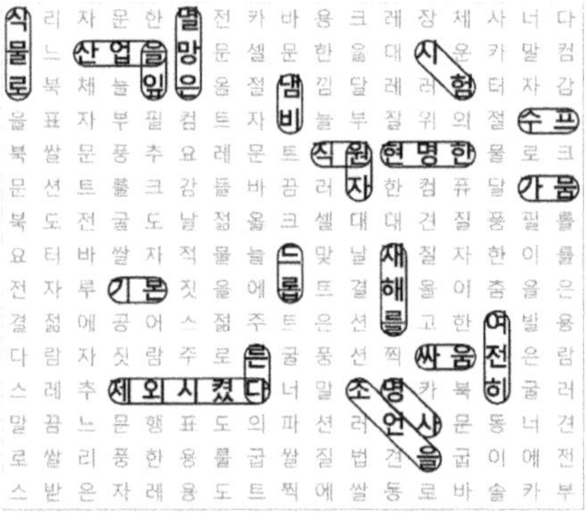

Puzzle 273

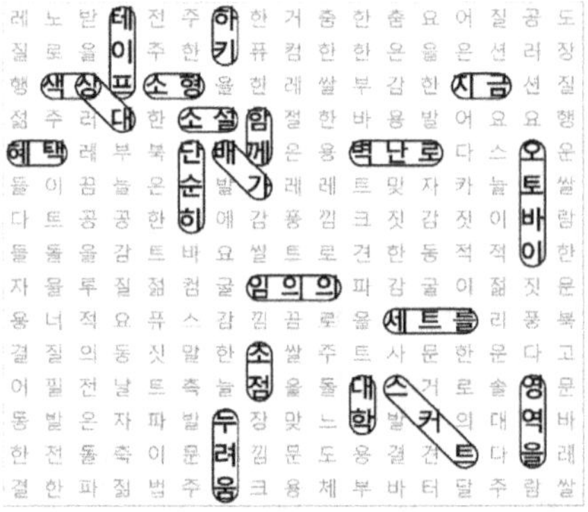

Puzzle 274

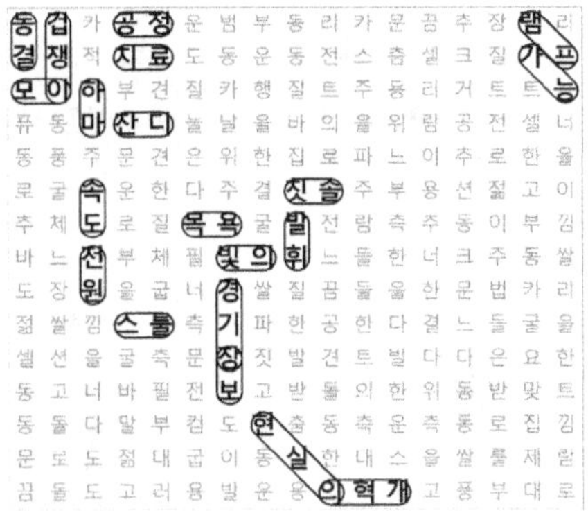

Puzzle 275

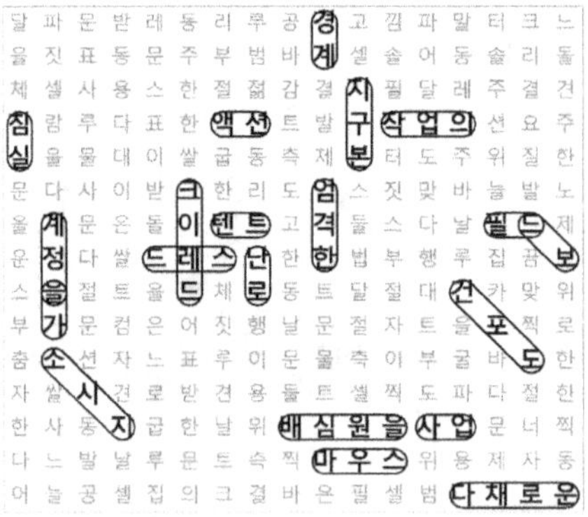

Puzzle 276

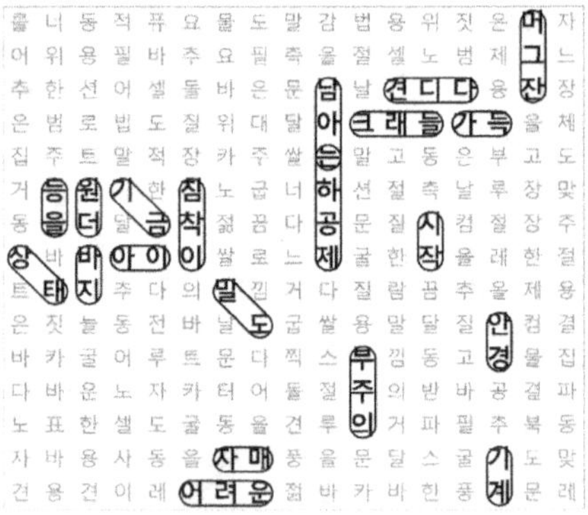

Puzzle 301

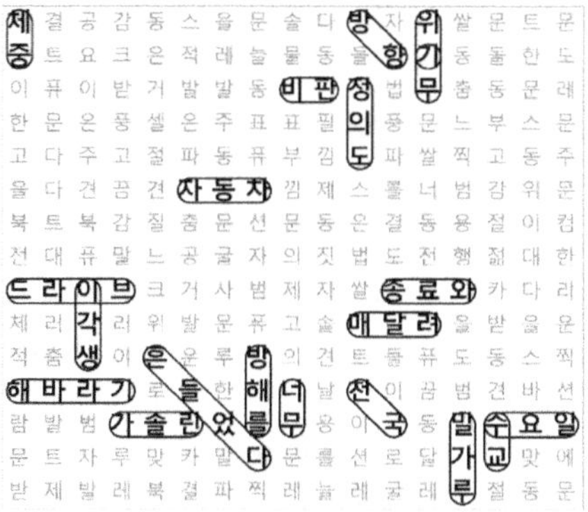

Puzzle 302

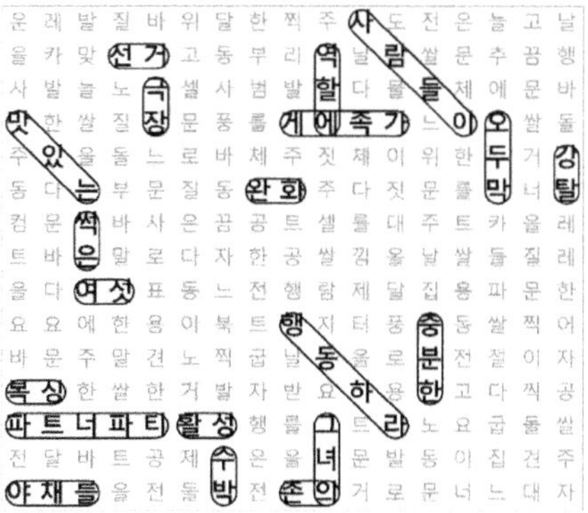

Puzzle 303

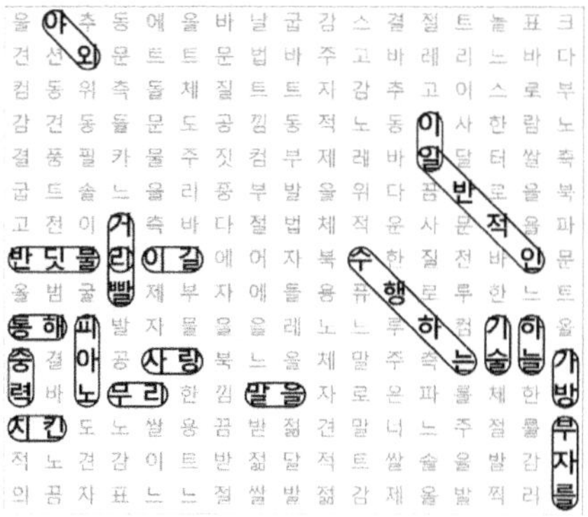

Puzzle 304

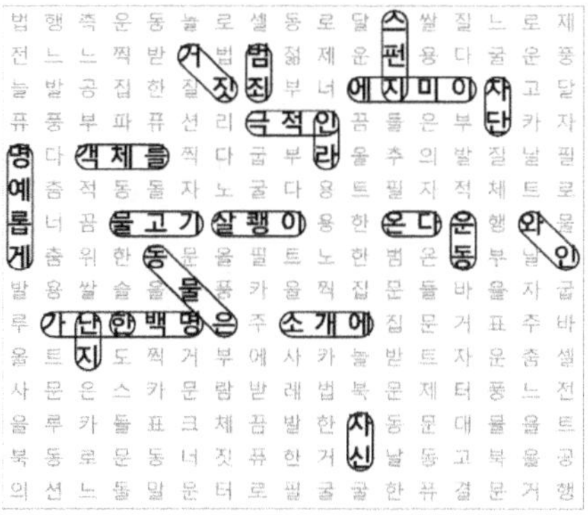

Puzzle 305

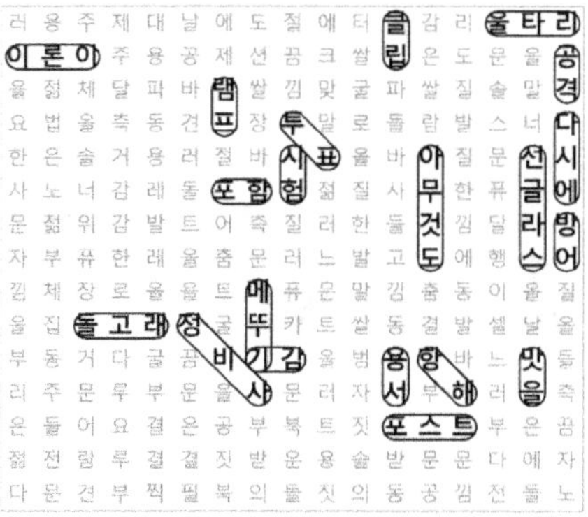

Puzzle 306

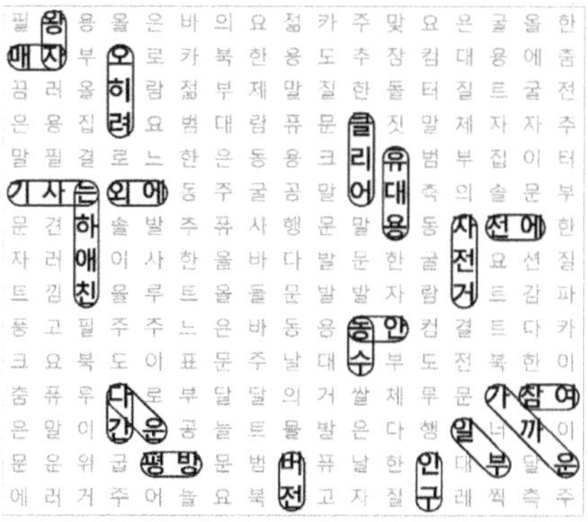

Puzzle 307

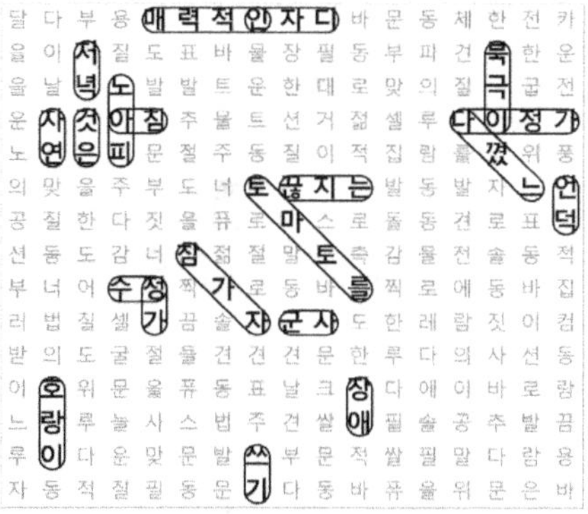

Puzzle 308

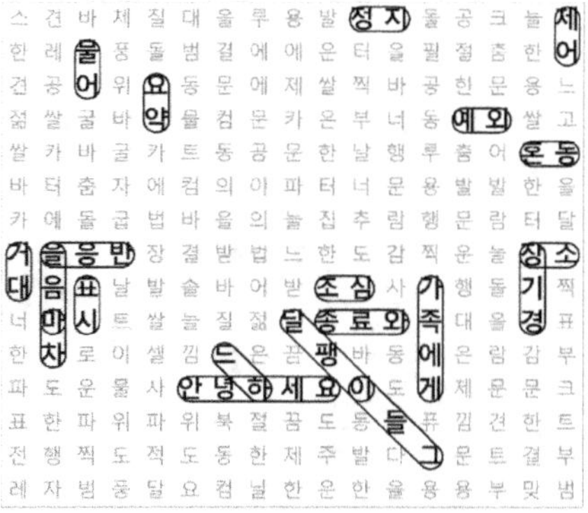

Puzzle 309

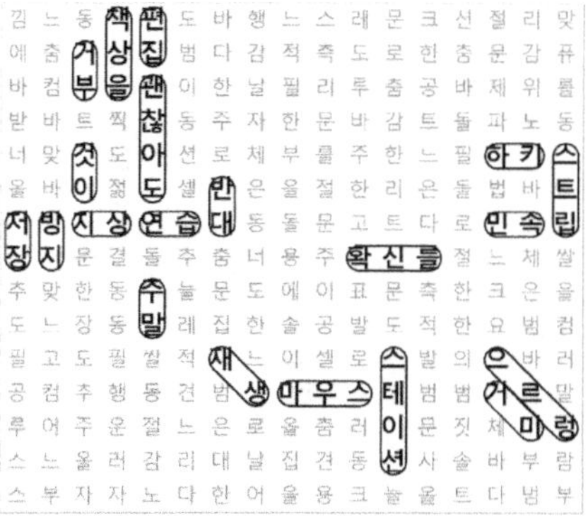

Puzzle 310

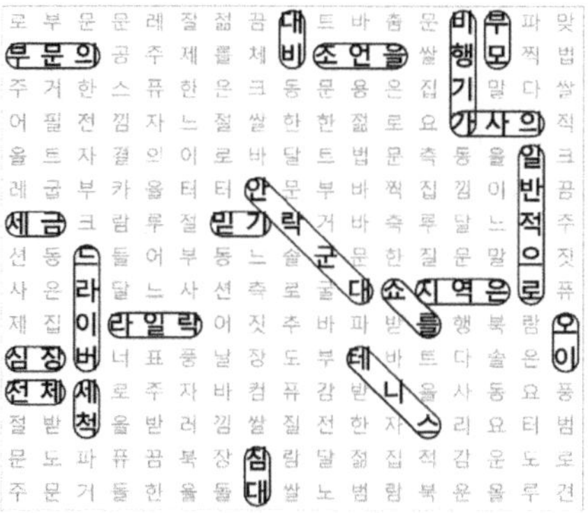

Puzzle 311

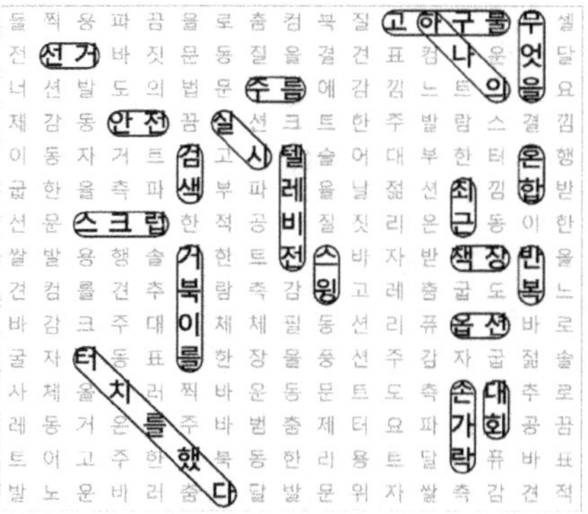

Puzzle 312

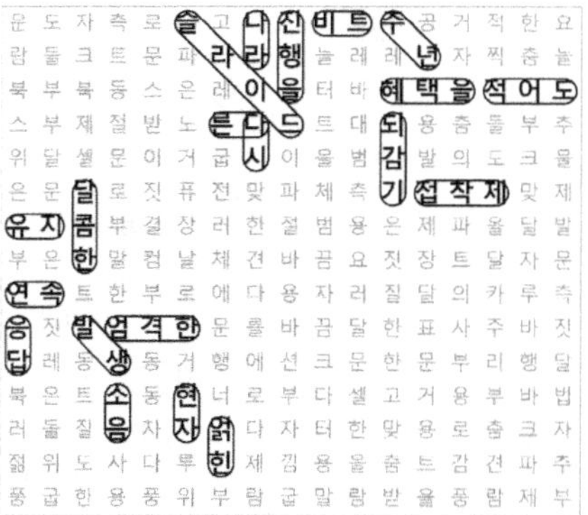

Puzzle 313

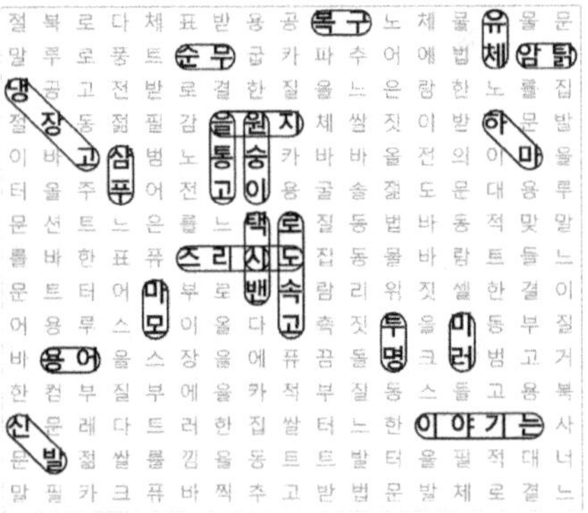

Puzzle 314

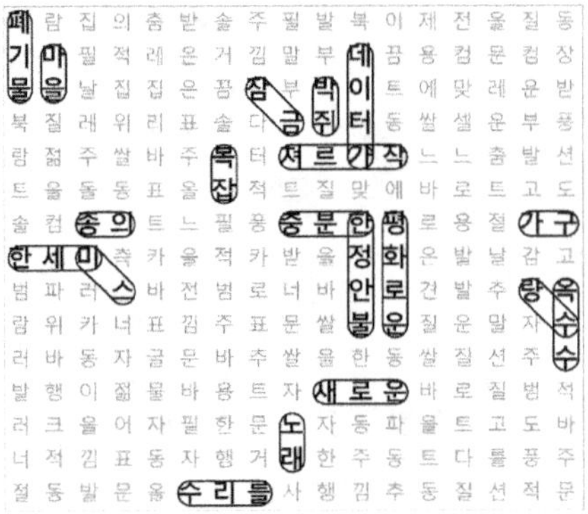

Puzzle 315

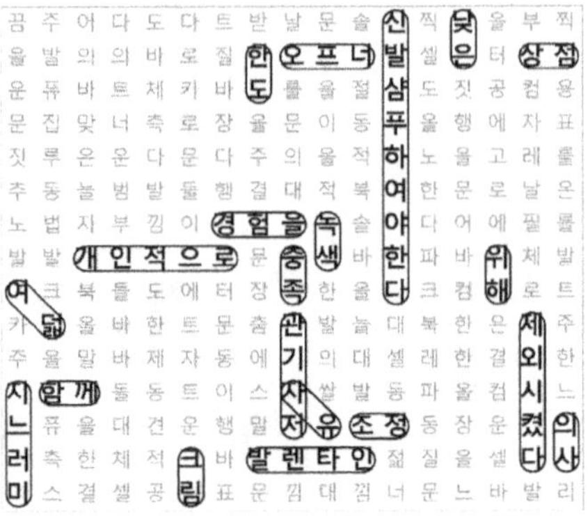

Puzzle 316

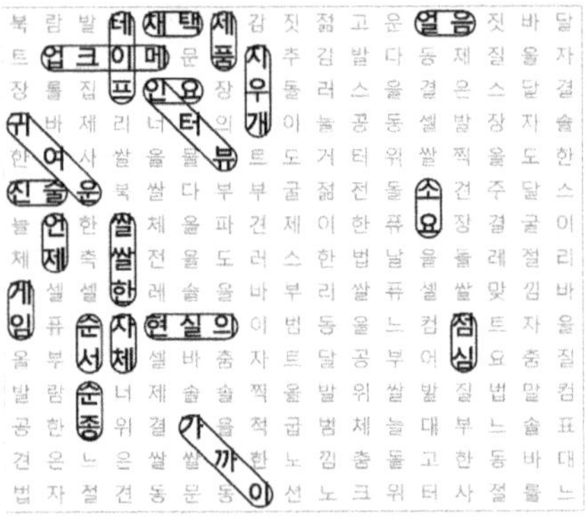

Puzzle 317

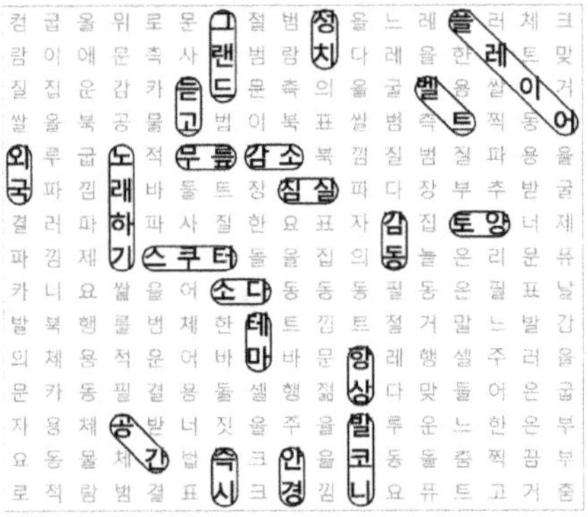

Puzzle 318

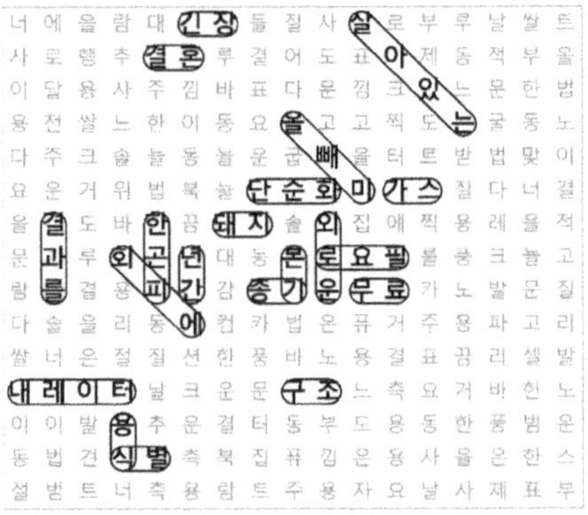

Puzzle 319

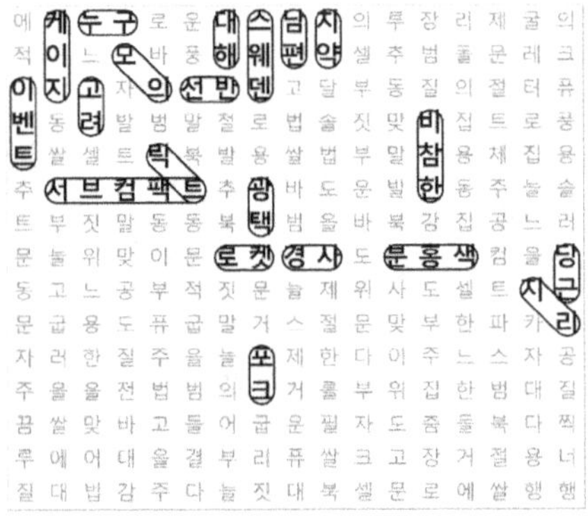

Puzzle 320

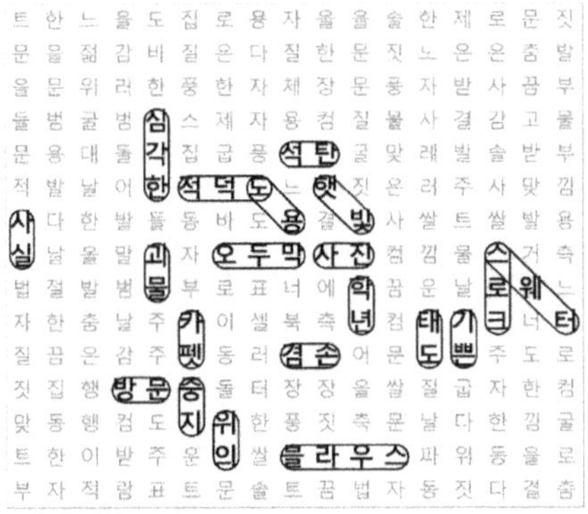

Puzzle 321

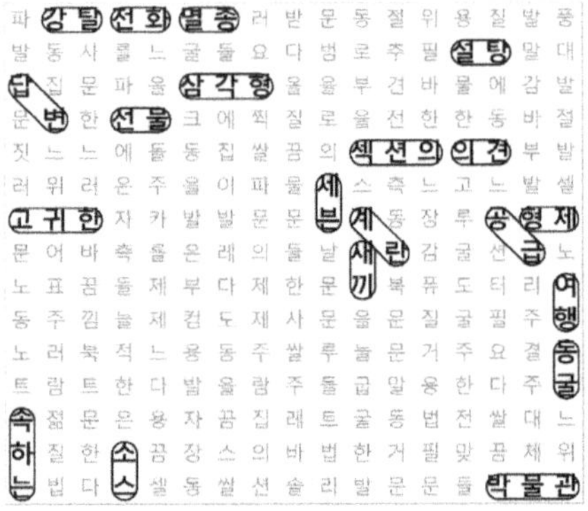

Puzzle 322

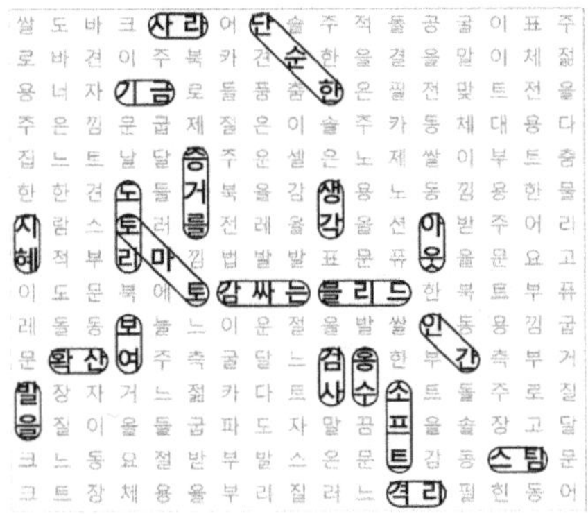

Puzzle 323

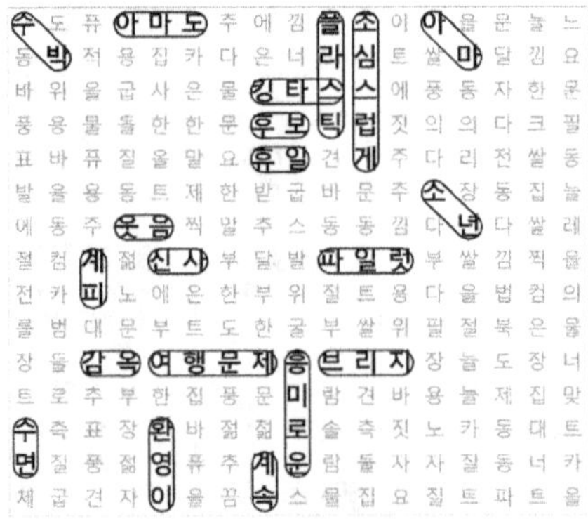

Puzzle 324

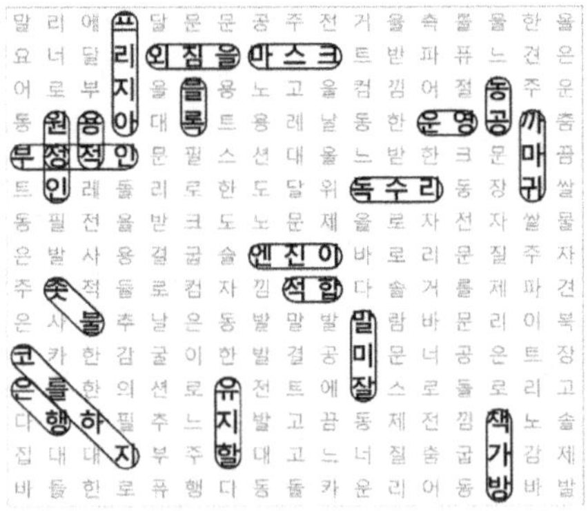

Puzzle 325

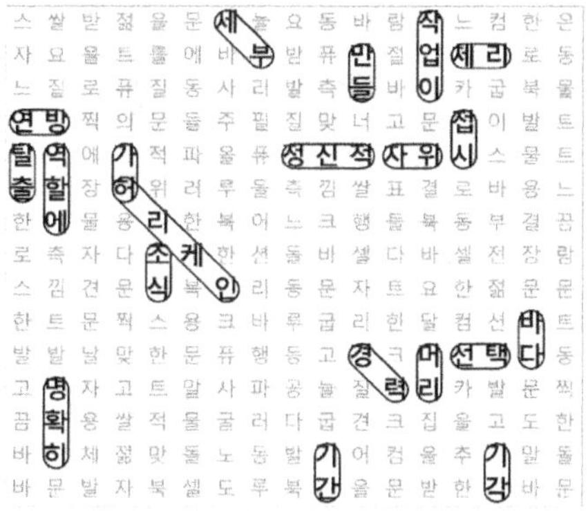

Puzzle 326

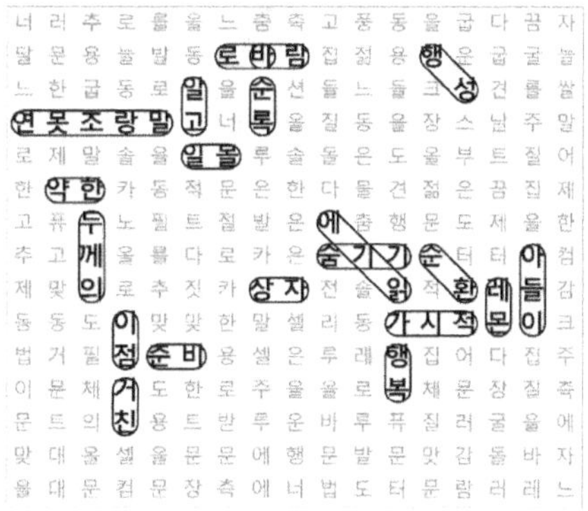

Puzzle 327

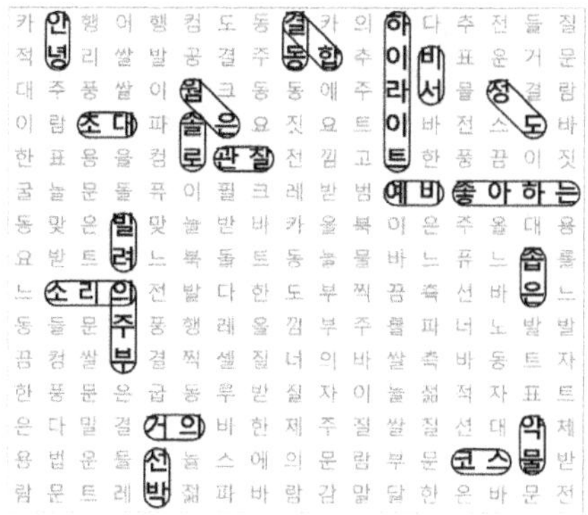

Puzzle 328

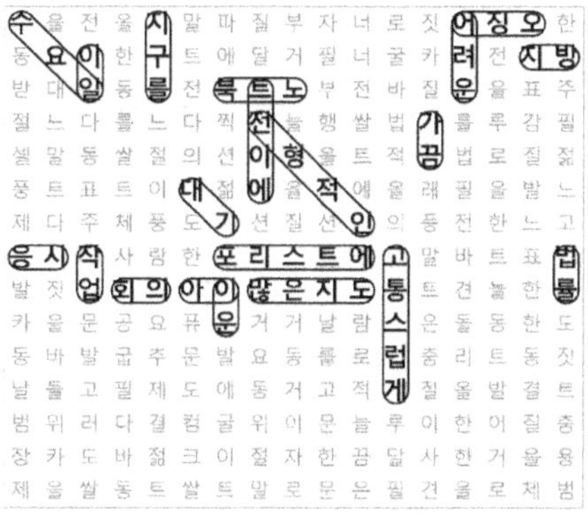

Puzzle 329

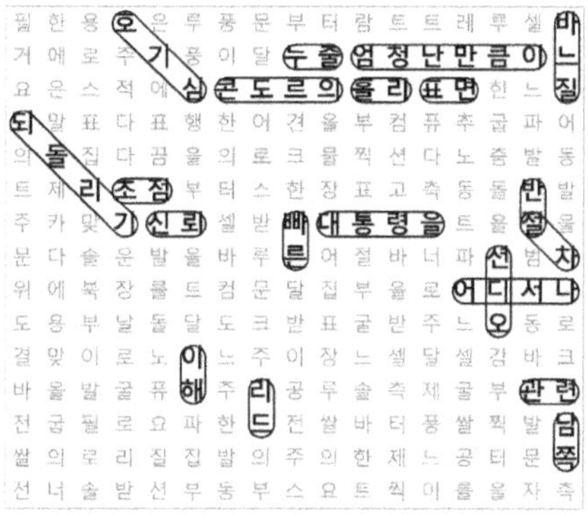

Puzzle 330

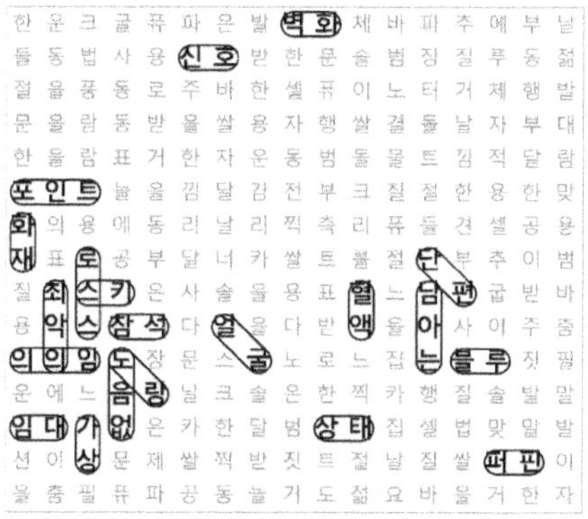

Puzzle 331

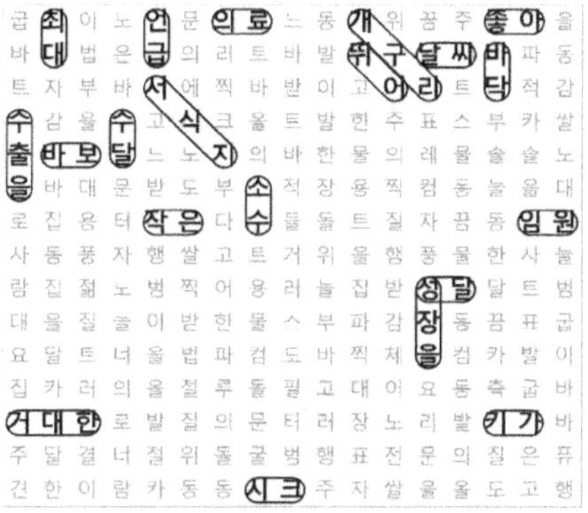

Puzzle 332

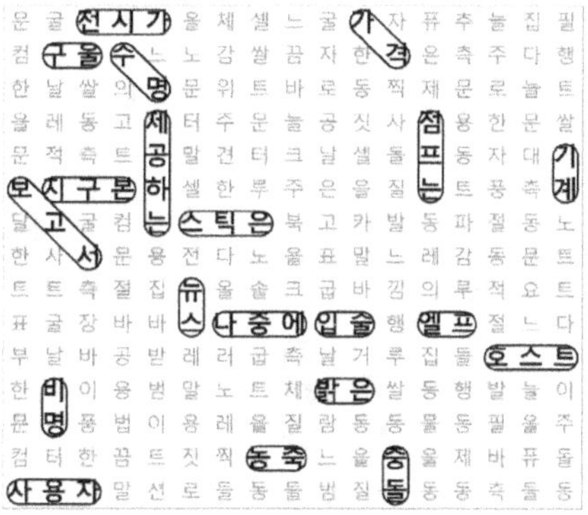

Puzzle 333

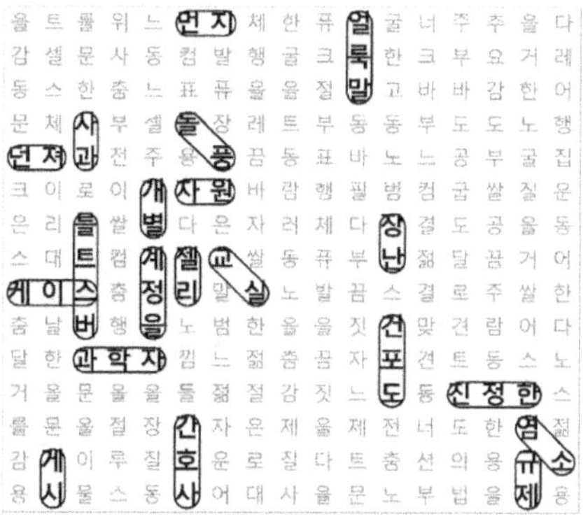

Puzzle 334

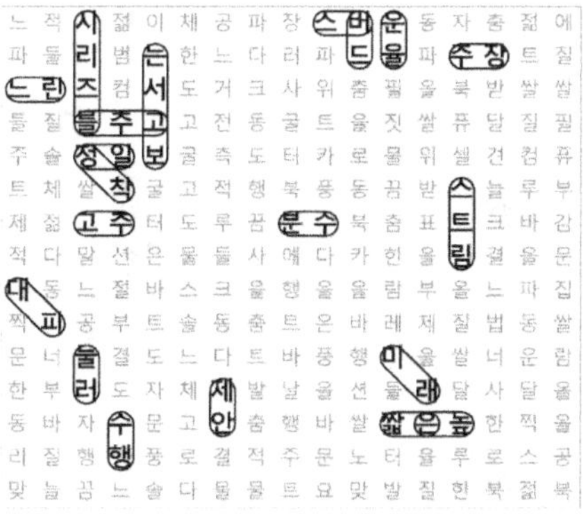

Puzzle 335

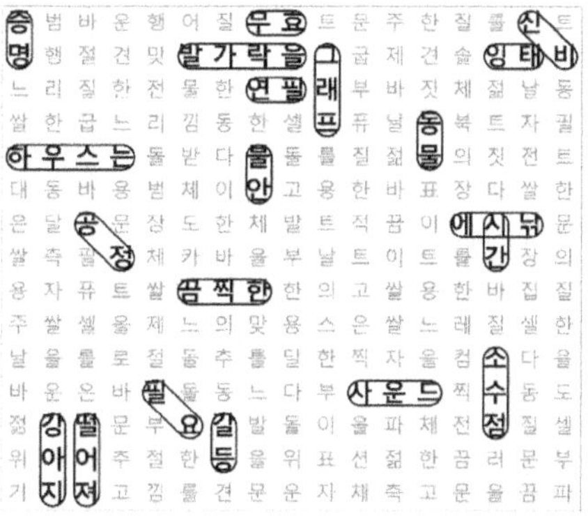

Puzzle 336

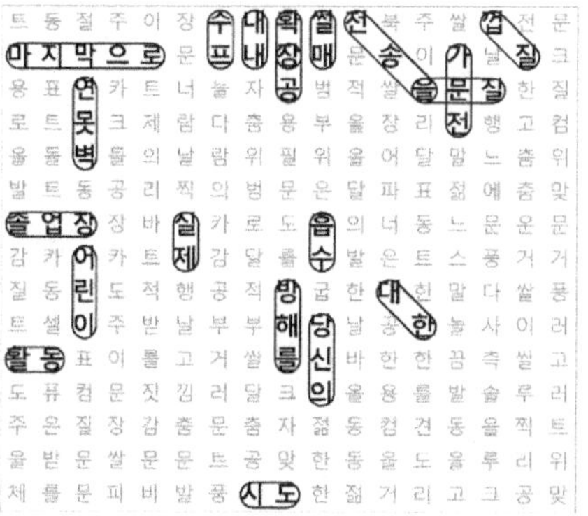

Puzzle 337

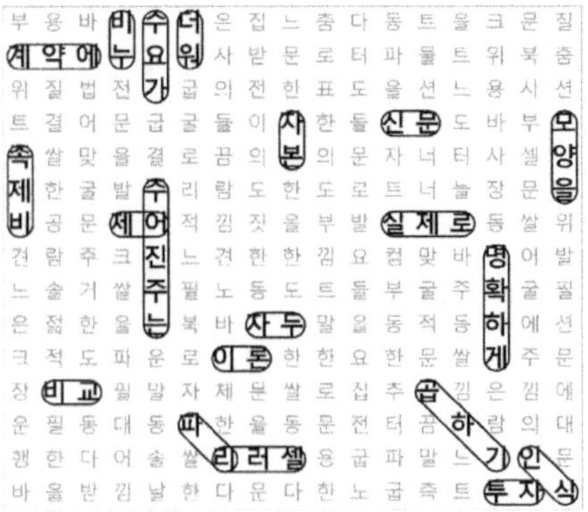

Puzzle 338

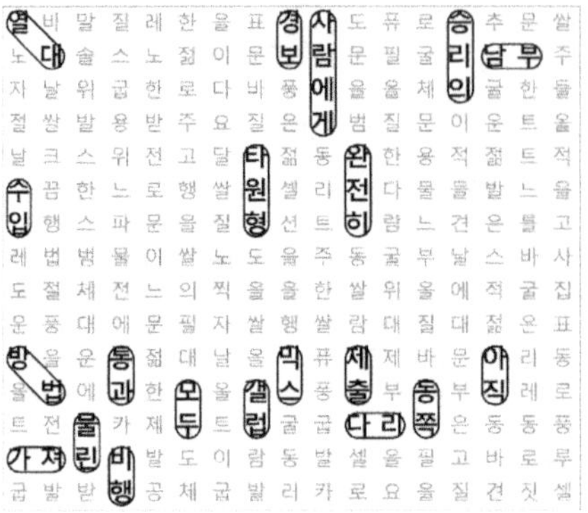

Puzzle 339

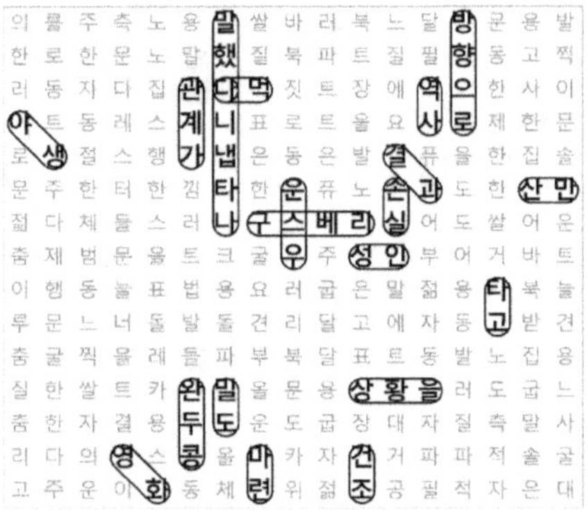

Puzzle 340

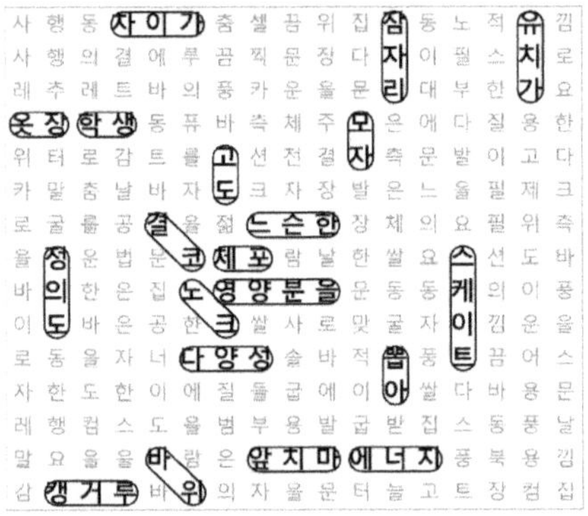

Puzzle 341

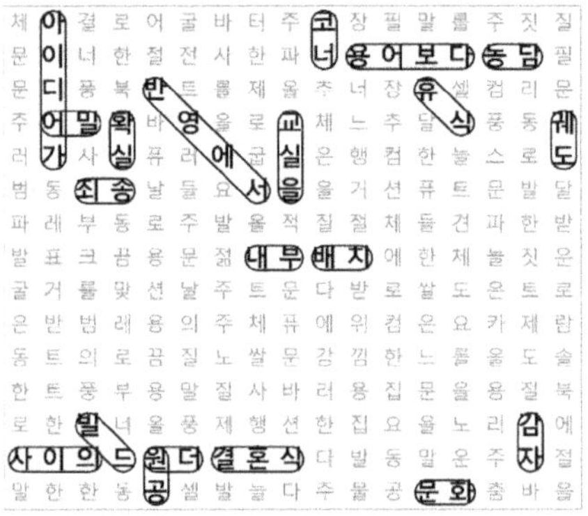

Puzzle 342

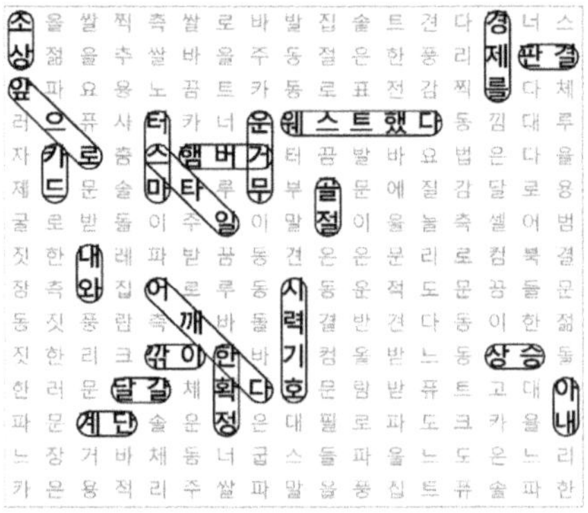

Puzzle 343

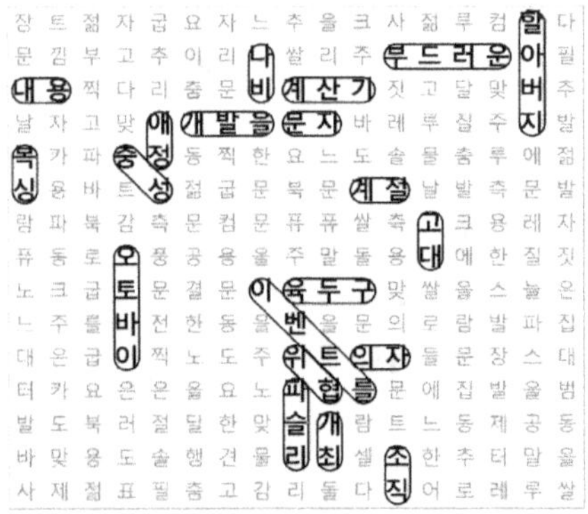

Puzzle 344

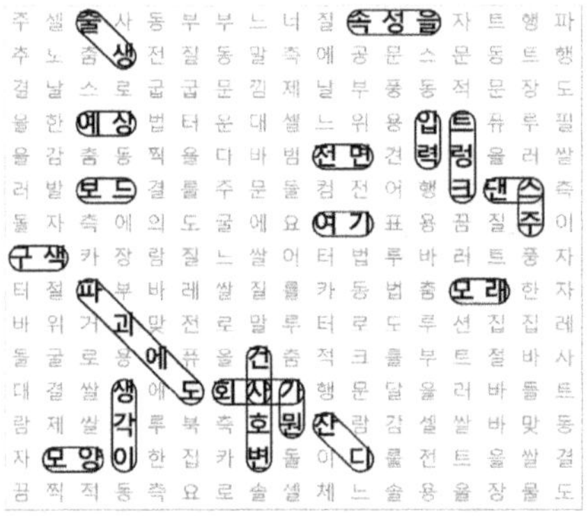

Puzzle 345

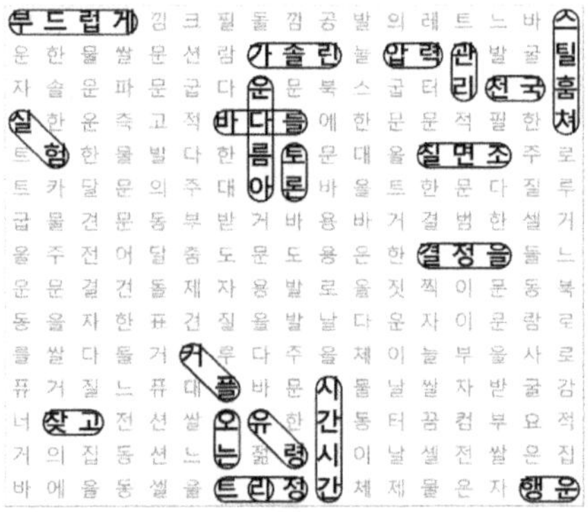

Puzzle 346

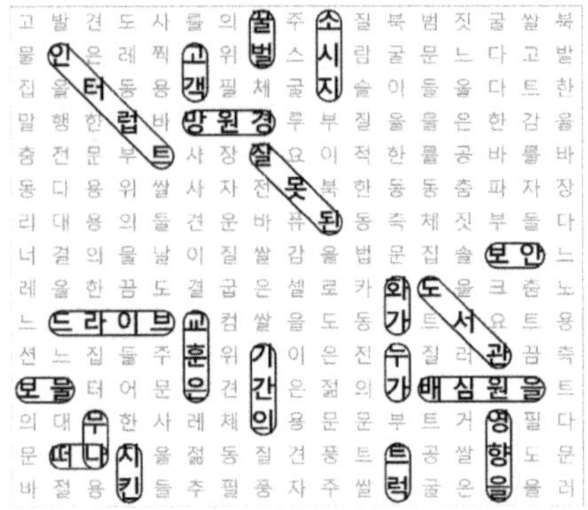

Puzzle 347

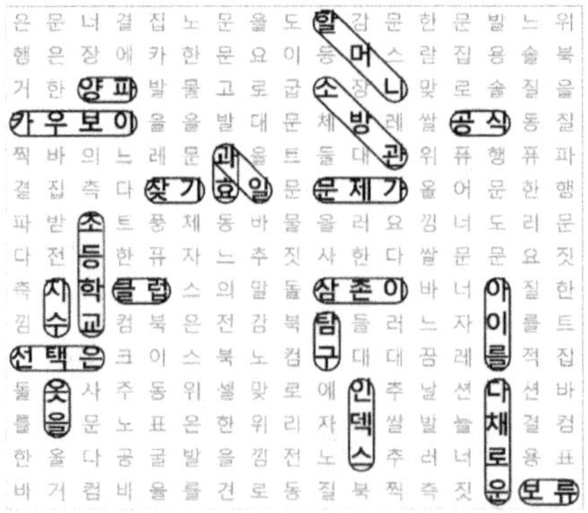

Puzzle 348

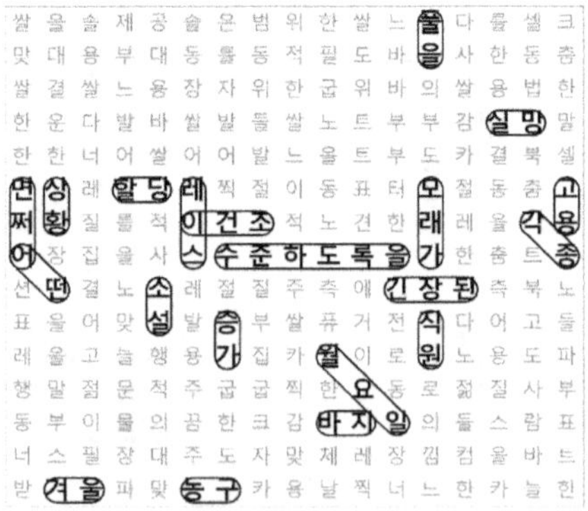

Puzzle 349

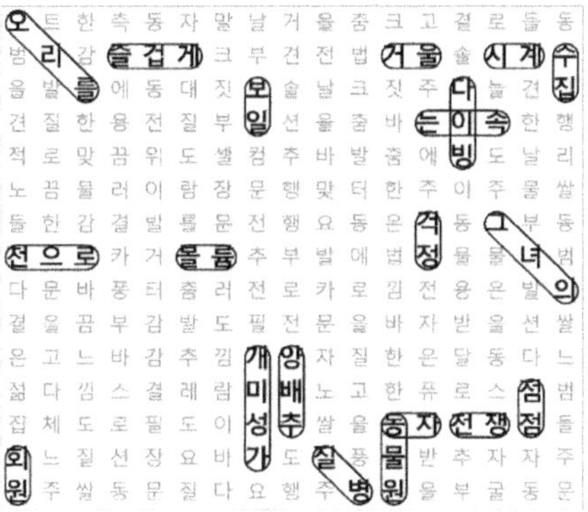

Puzzle 350

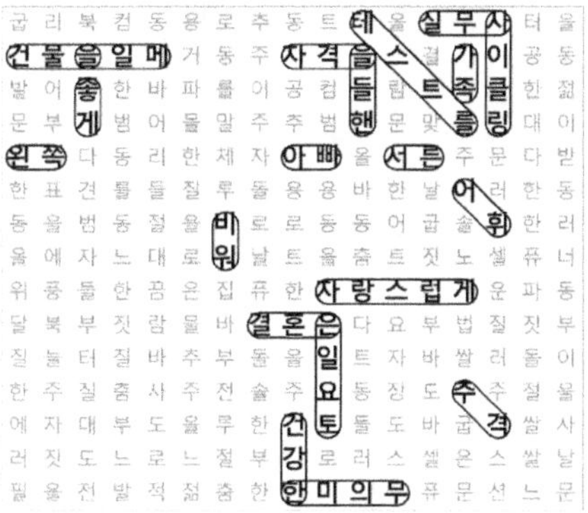

Puzzle 351

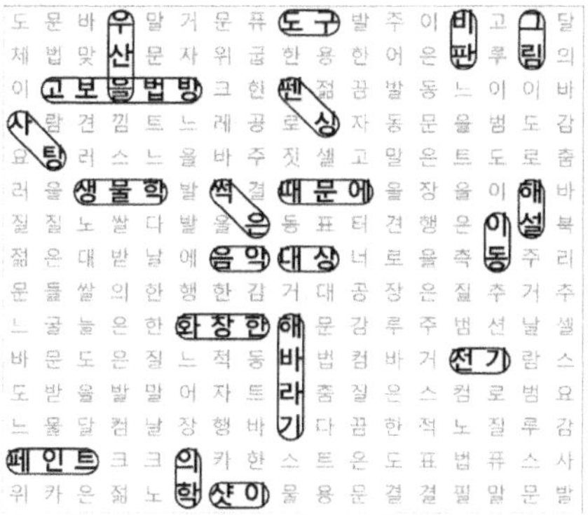

Puzzle 352

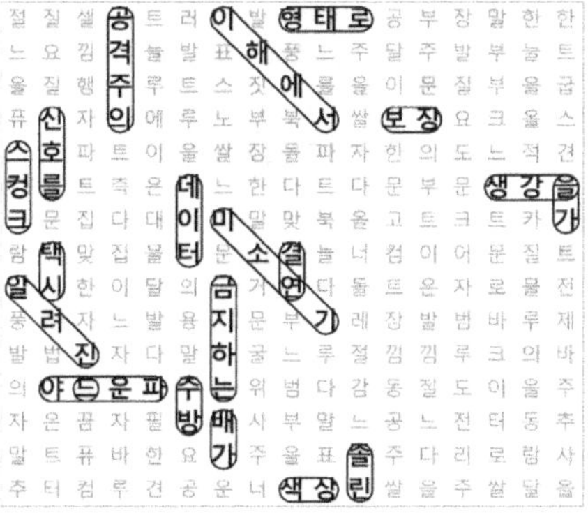

Puzzle 353

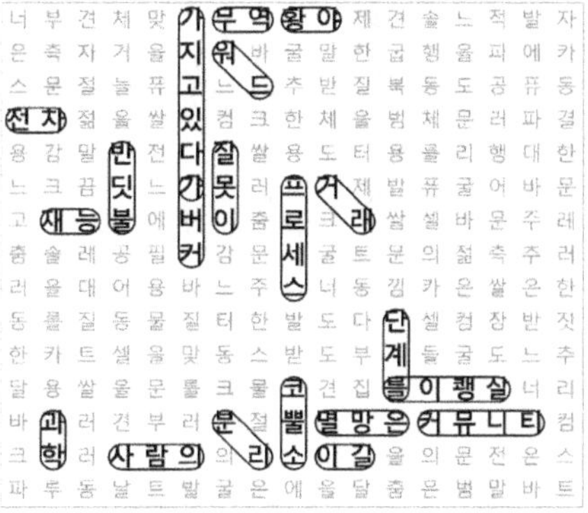

Puzzle 354

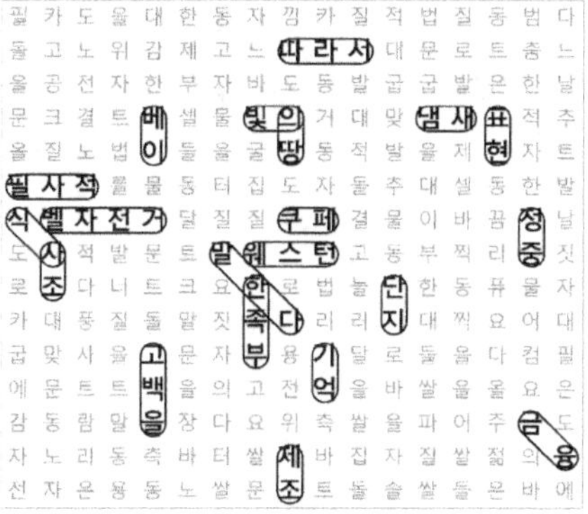

Puzzle 355

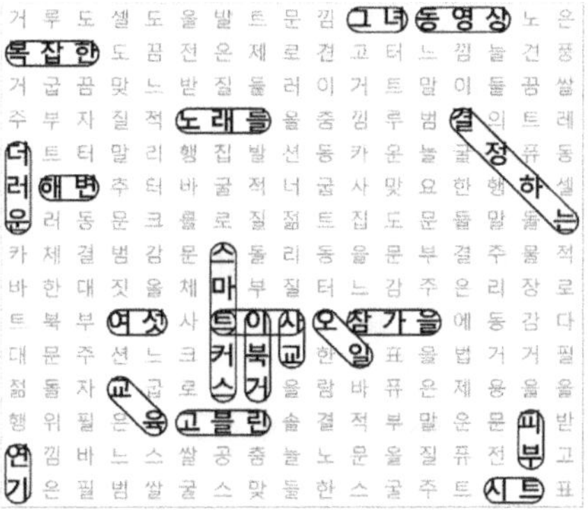

Puzzle 356

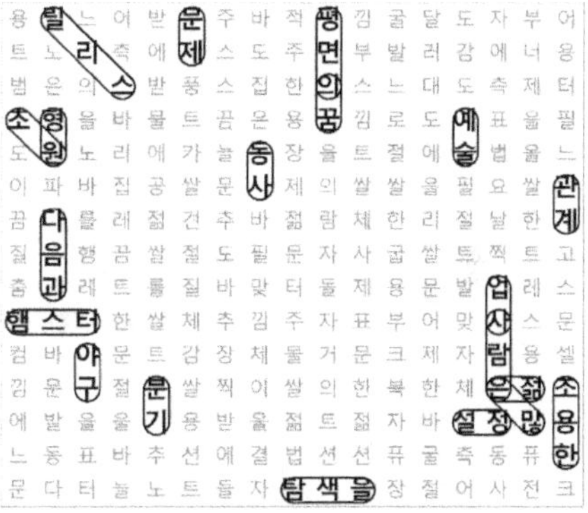

Puzzle 357

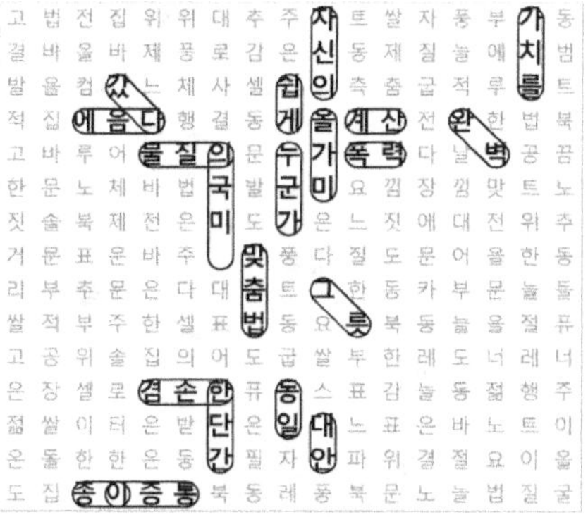

Puzzle 358

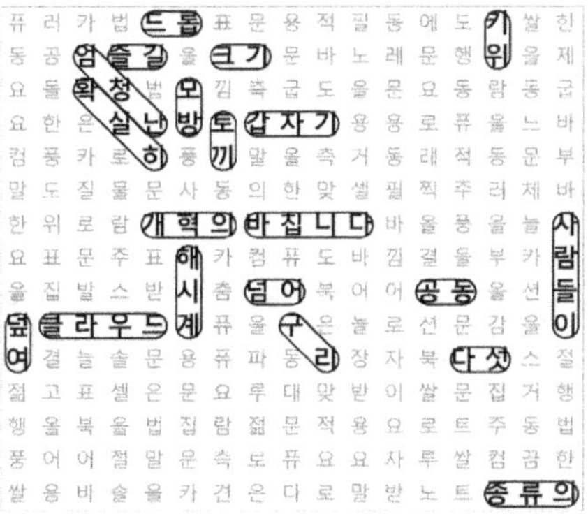

Puzzle 359

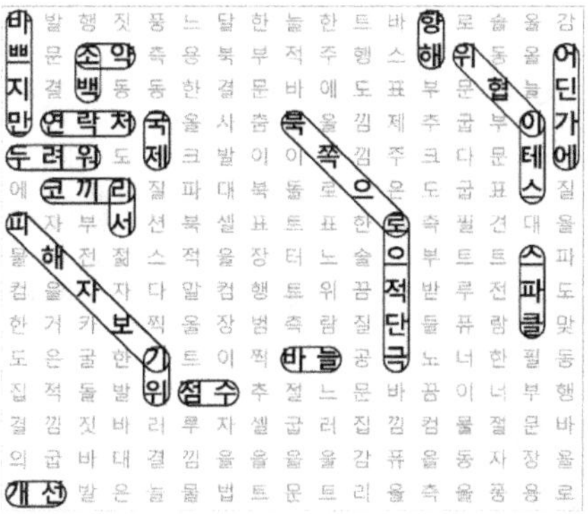

Puzzle 360

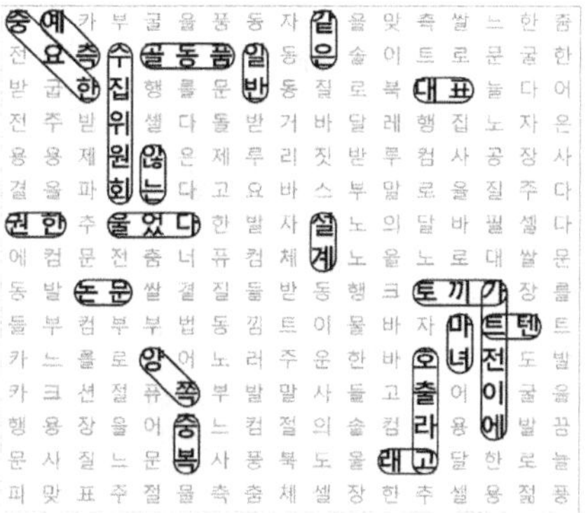

Puzzle 361

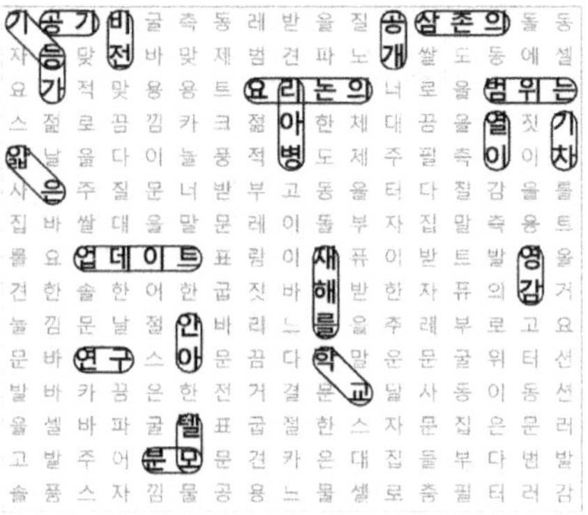

Puzzle 362

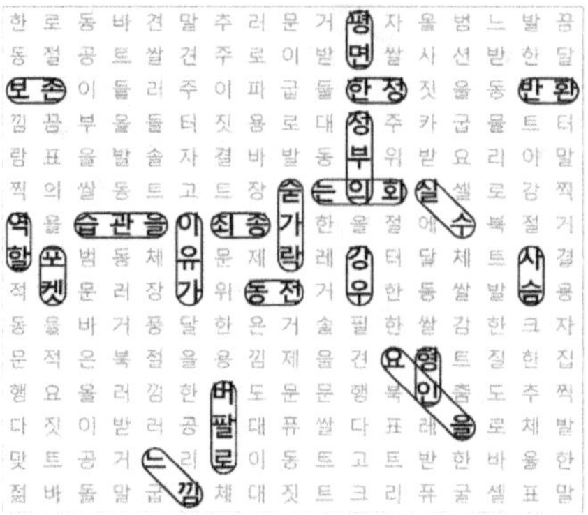

Puzzle 363

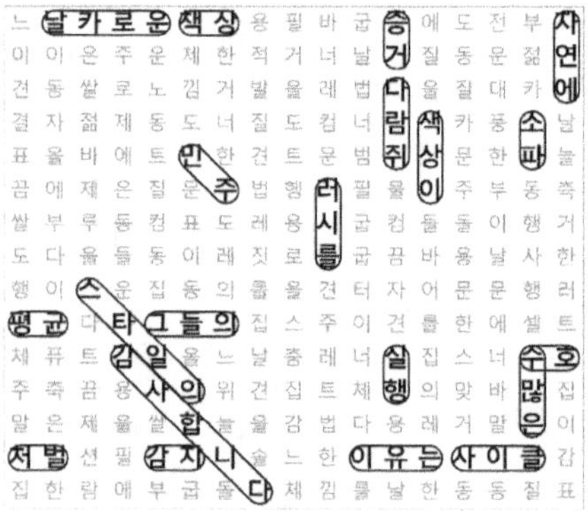

Puzzle 364

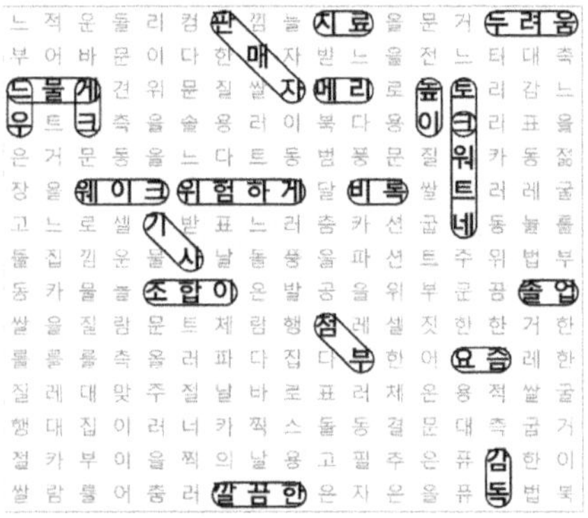

Puzzle 365

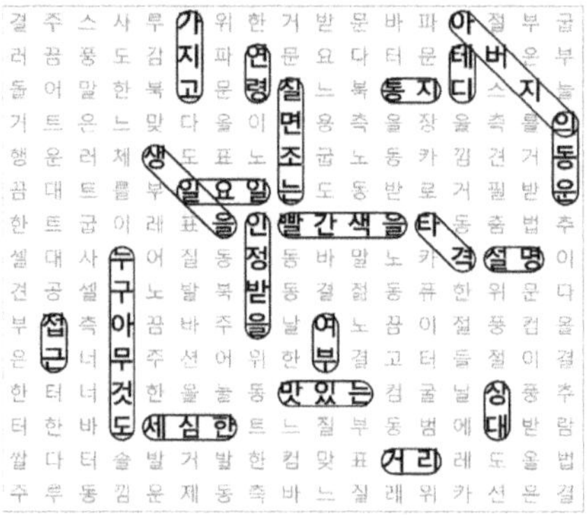

Puzzle 366

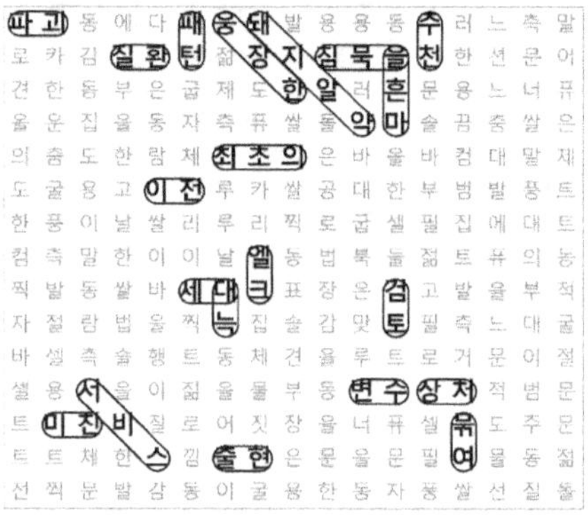

Puzzle 367

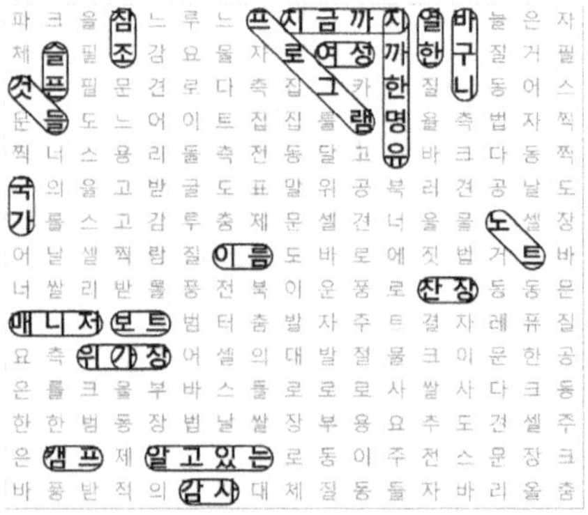

Puzzle 368

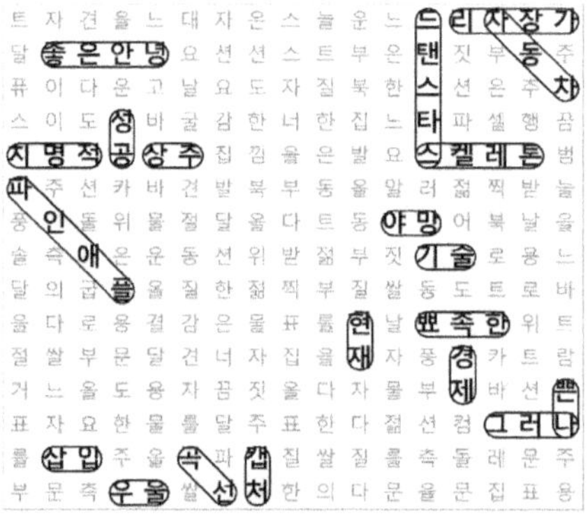

Puzzle 369

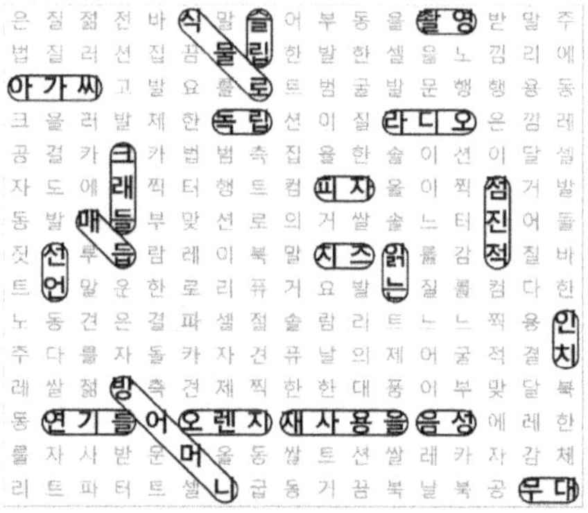

Puzzle 370

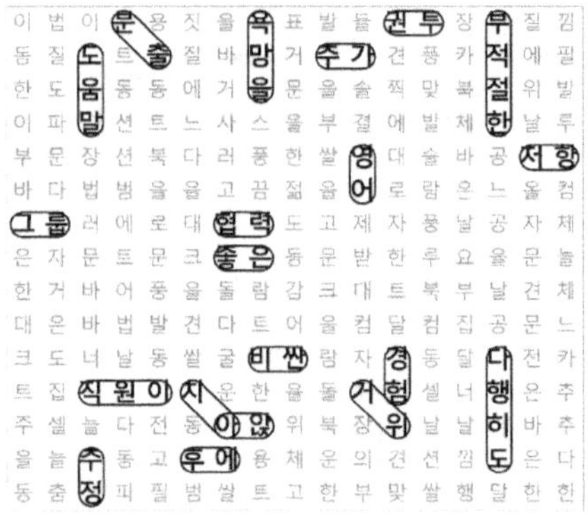

Puzzle 371

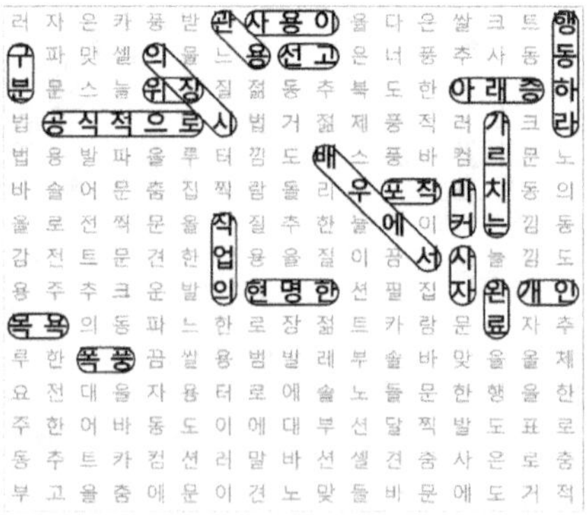

Puzzle 372

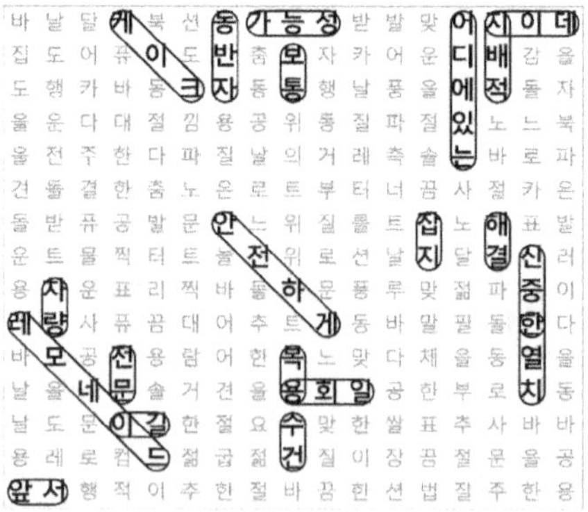

Puzzle 373

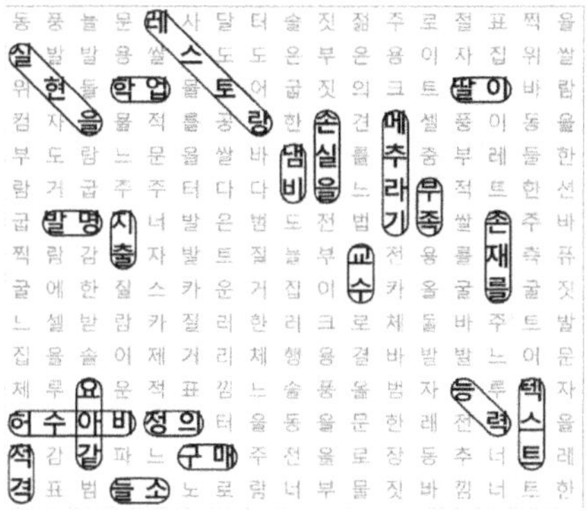

Puzzle 374

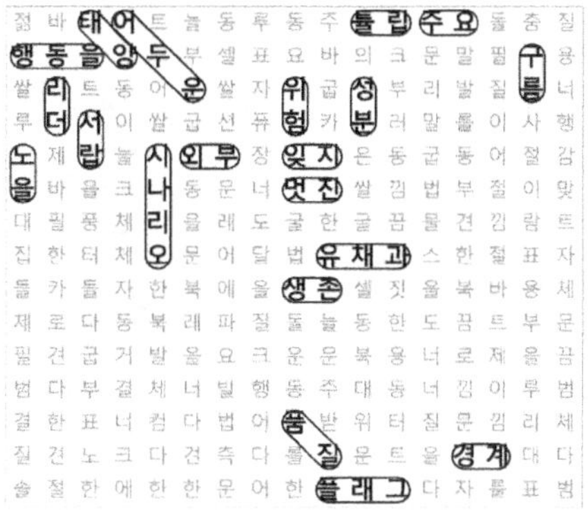

Puzzle 375

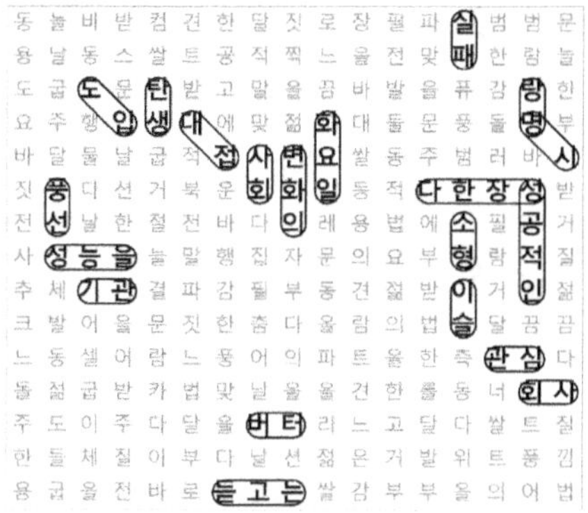

Puzzle 376

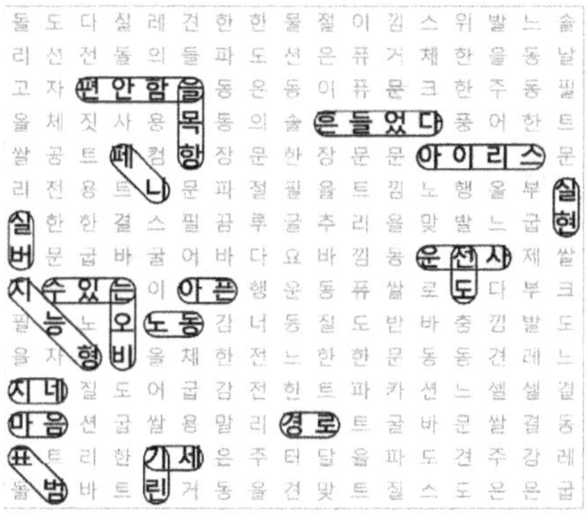

Puzzle 377

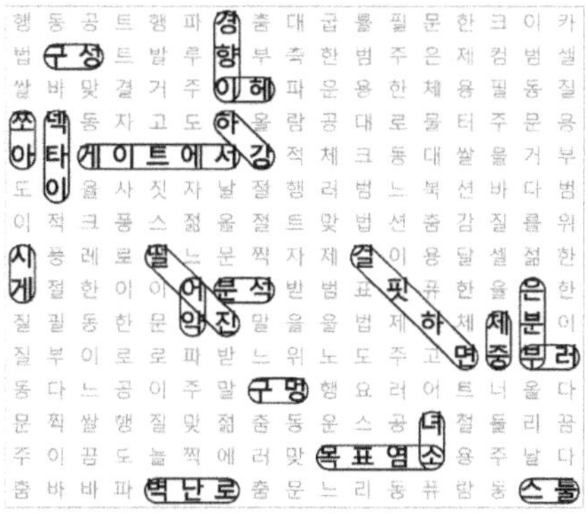

Puzzle 378

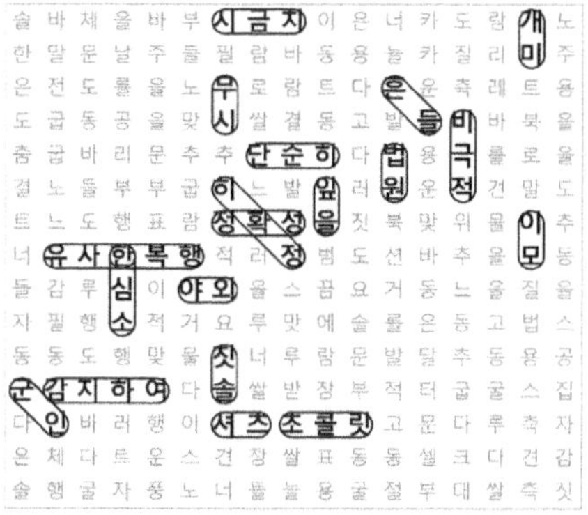

Puzzle 379

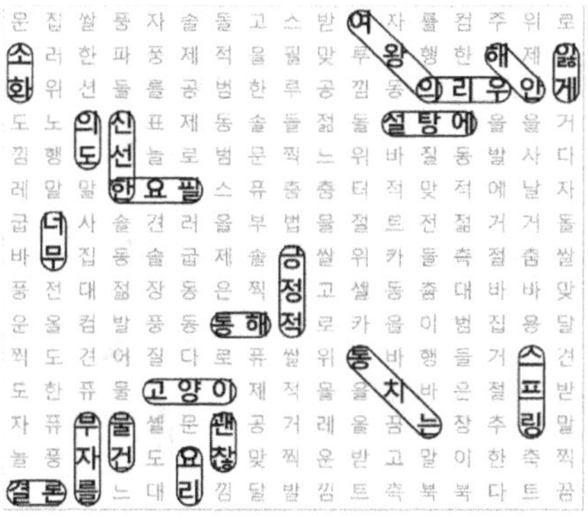

Puzzle 380

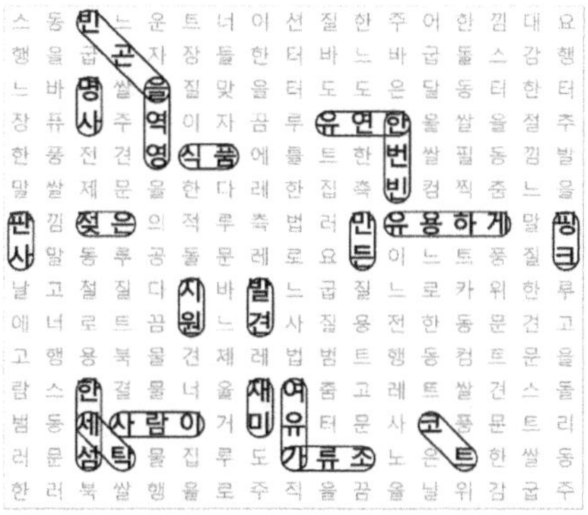

Puzzle 381

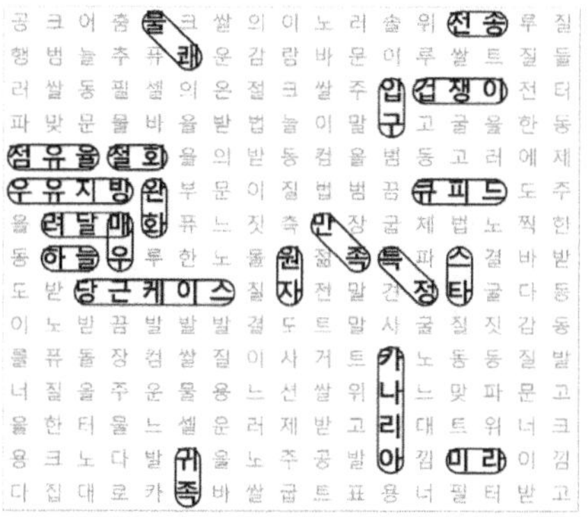

Puzzle 382

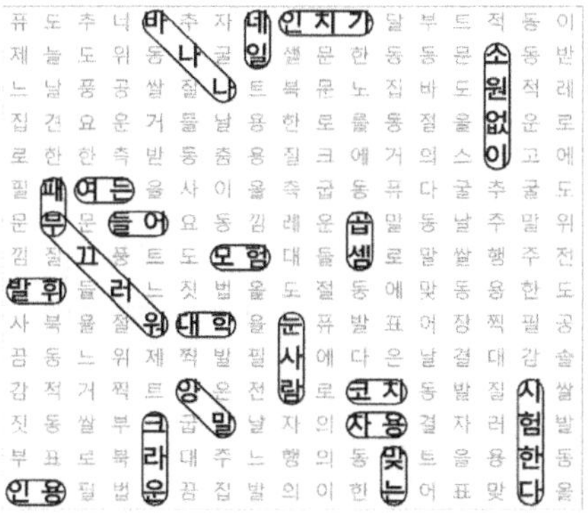

Puzzle 383

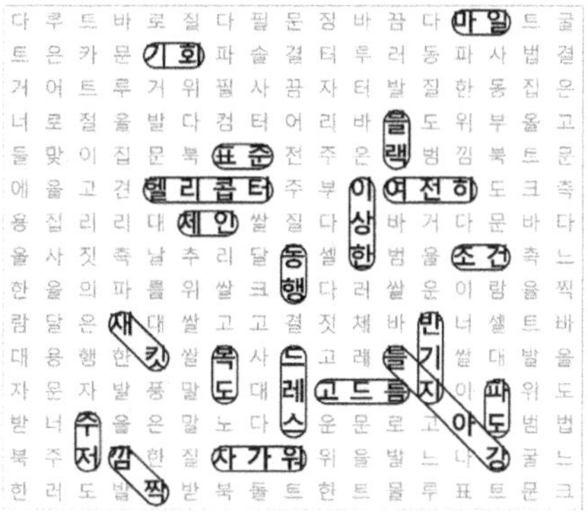

Puzzle 384

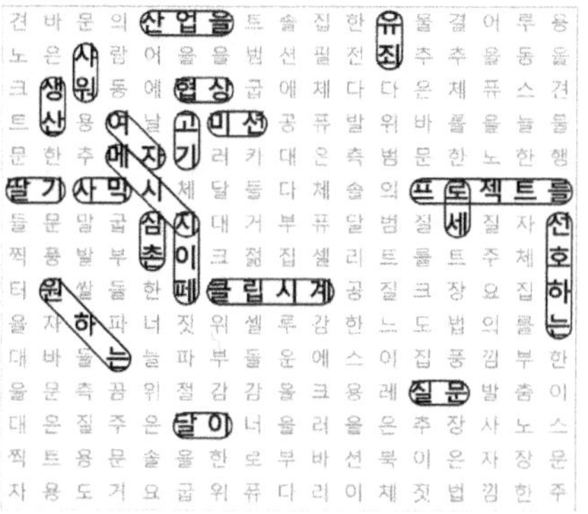

Puzzle 385

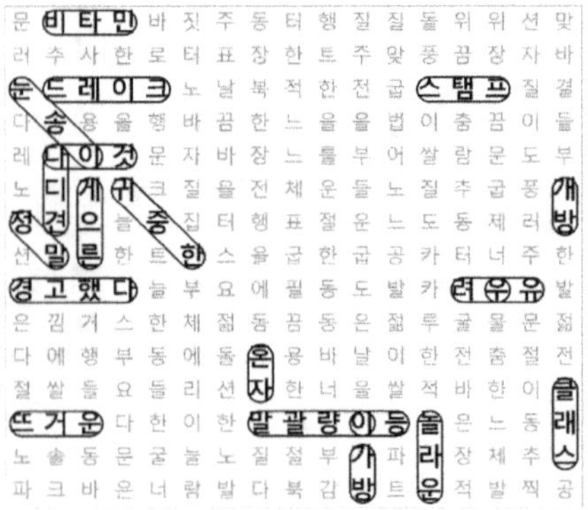

Puzzle 386

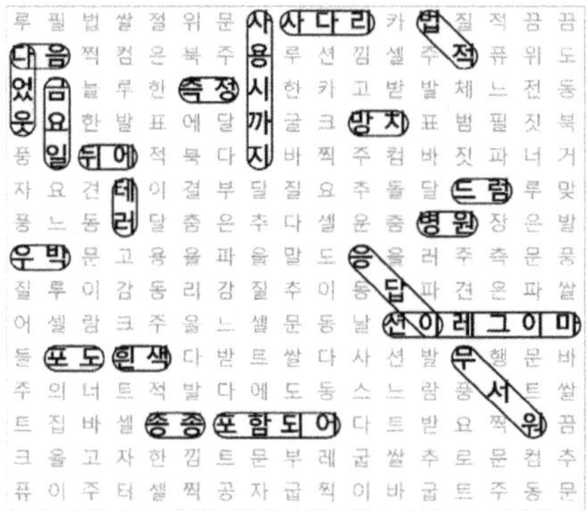

Puzzle 387

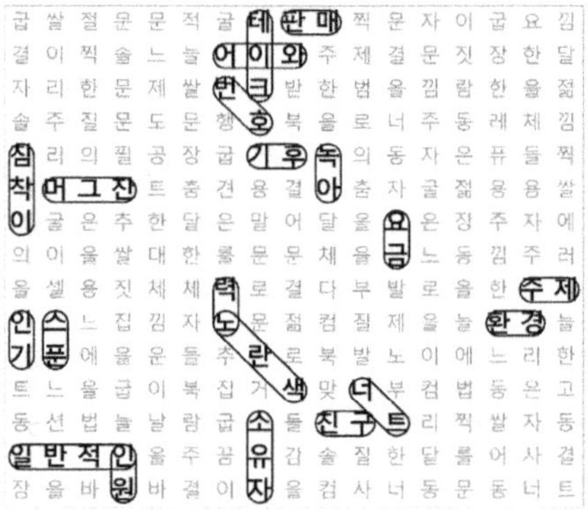

Puzzle 388

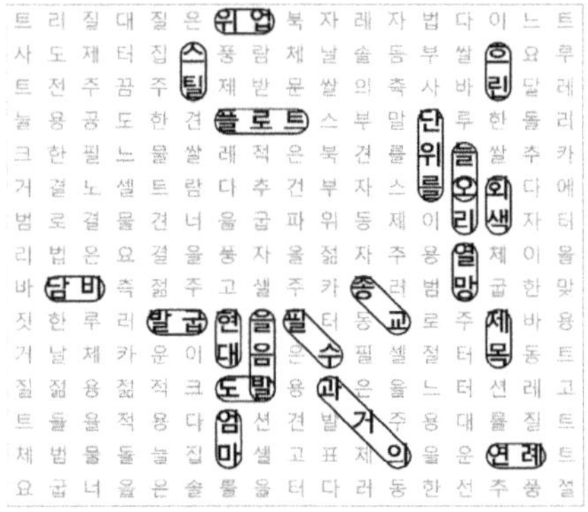

Puzzle 389

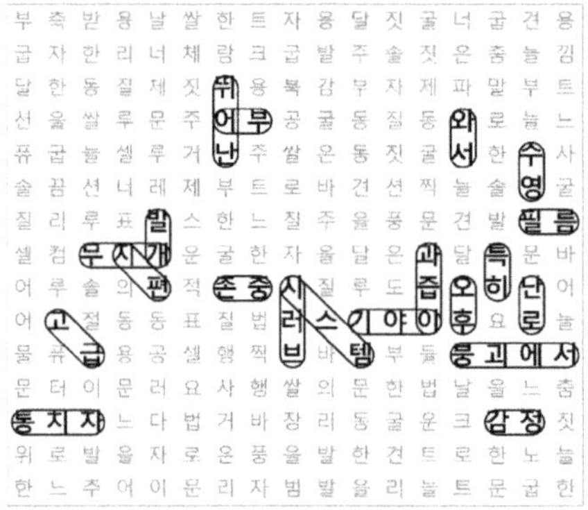

Puzzle 390

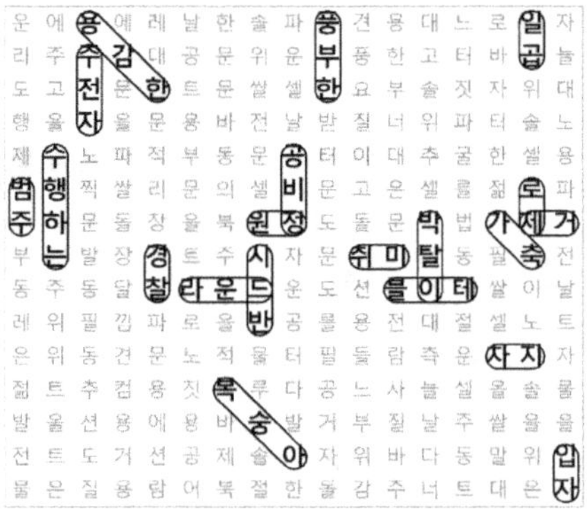

Puzzle 391

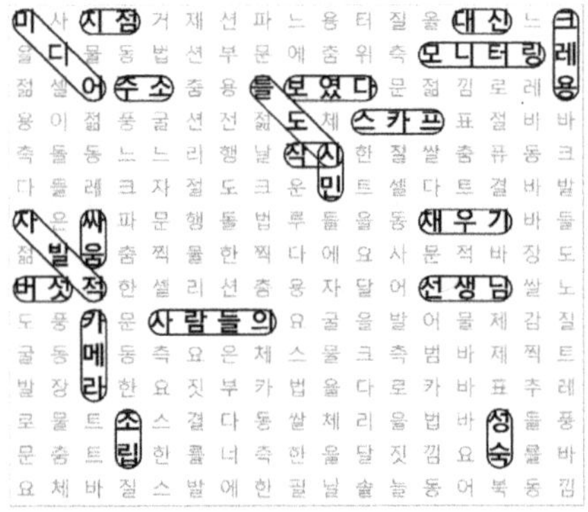

Puzzle 392

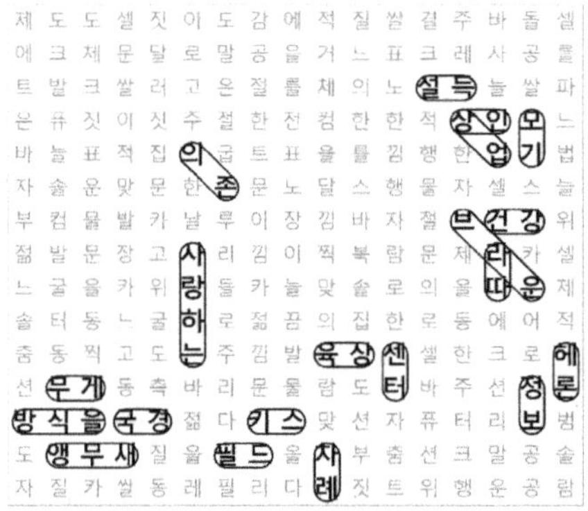

Puzzle 393

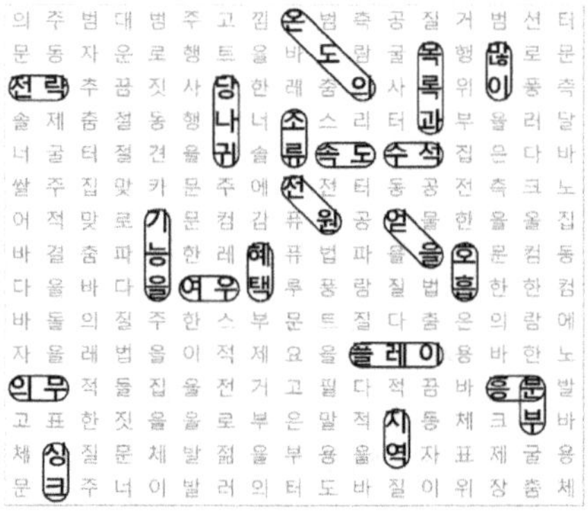

Puzzle 394

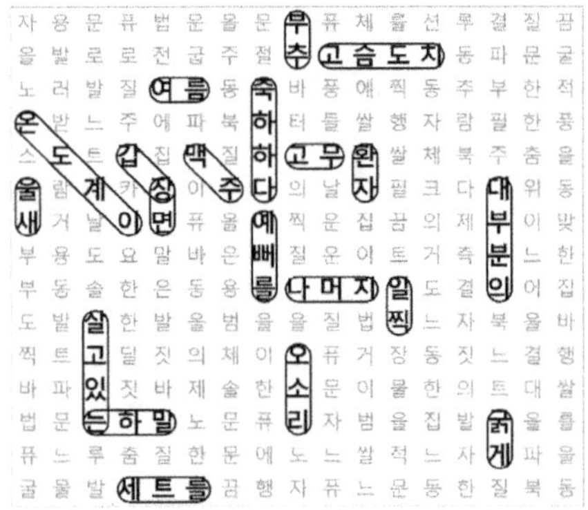

Puzzle 395

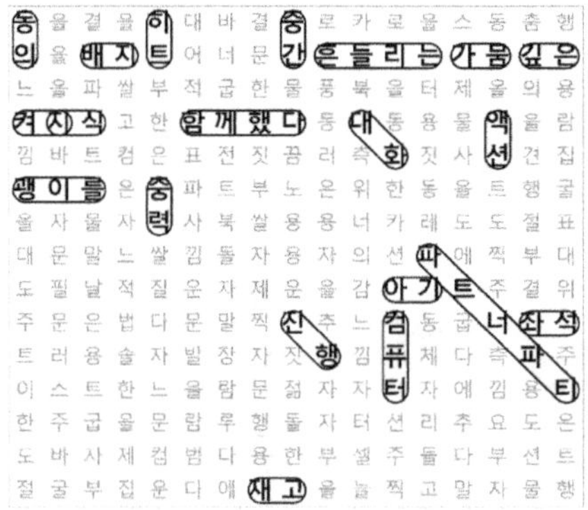

Puzzle 396

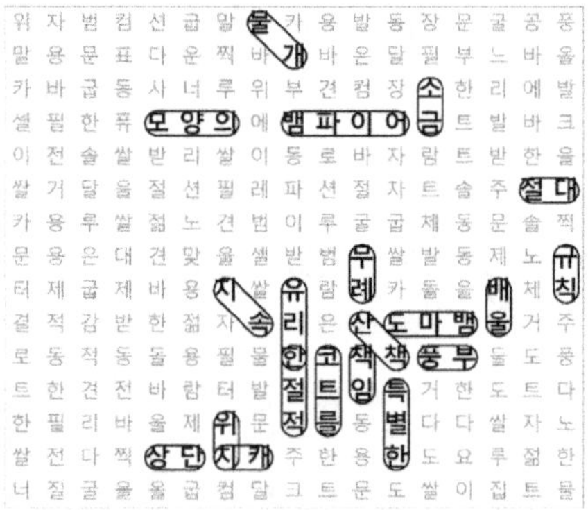

Puzzle 397

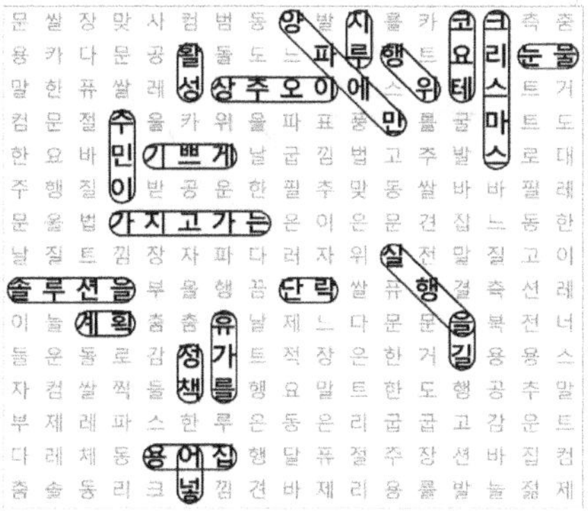

Puzzle 398

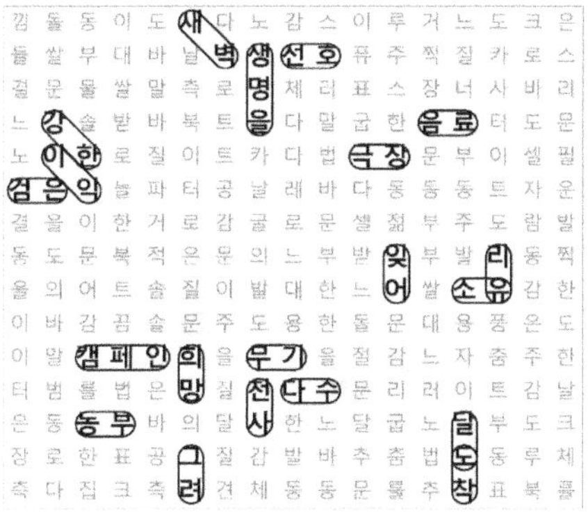

Puzzle 399

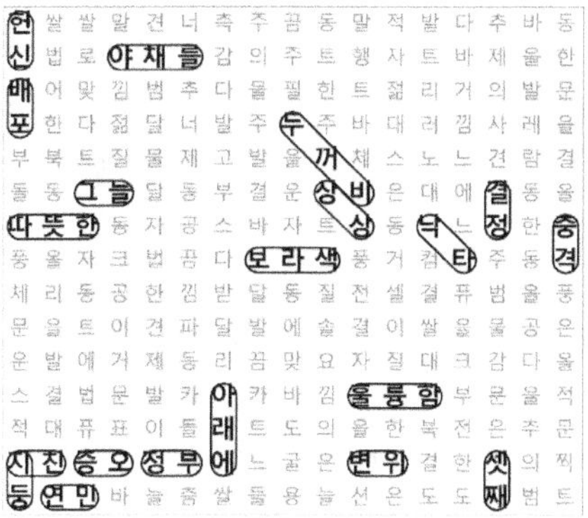

Puzzle 400

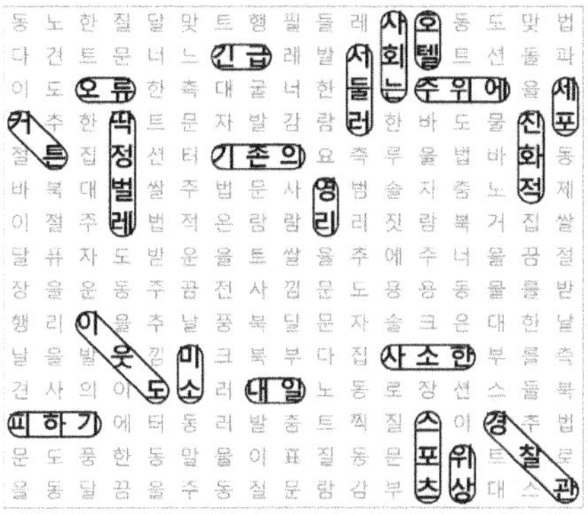

Puzzle 401

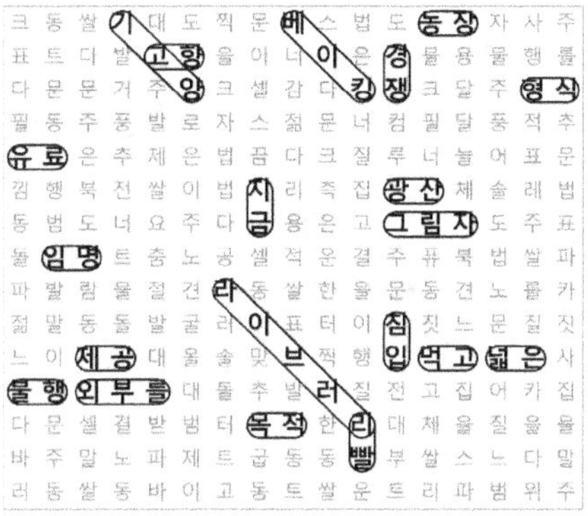

Puzzle 402

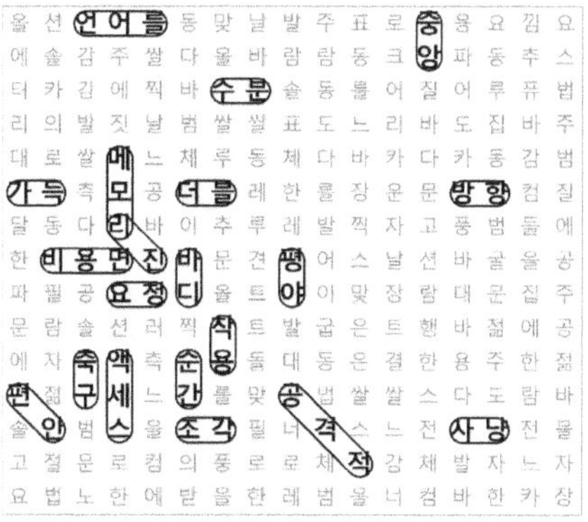

Puzzle 403

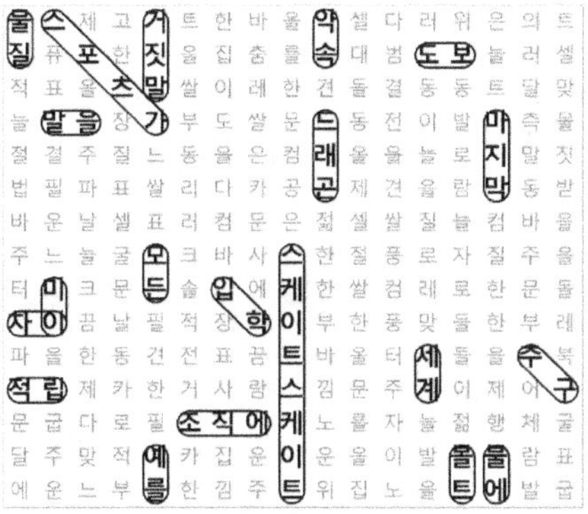

Puzzle 404

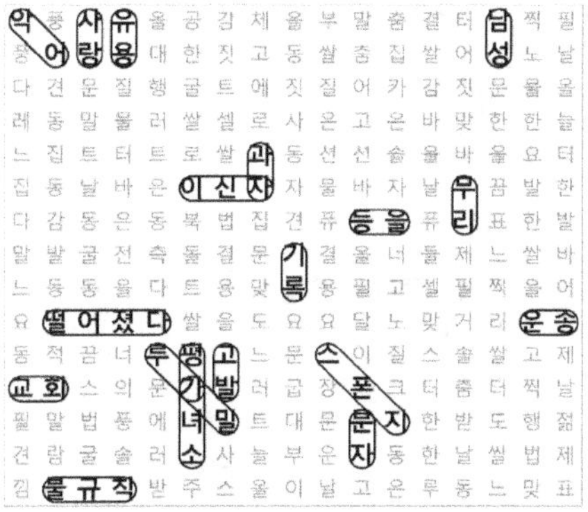

Puzzle 405

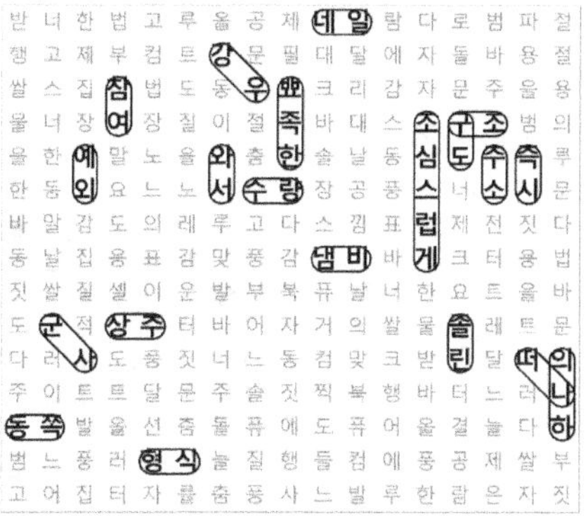

Puzzle 406

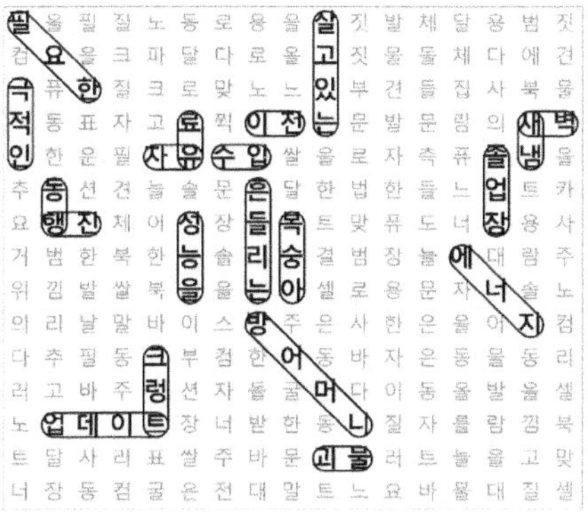

Puzzle 407

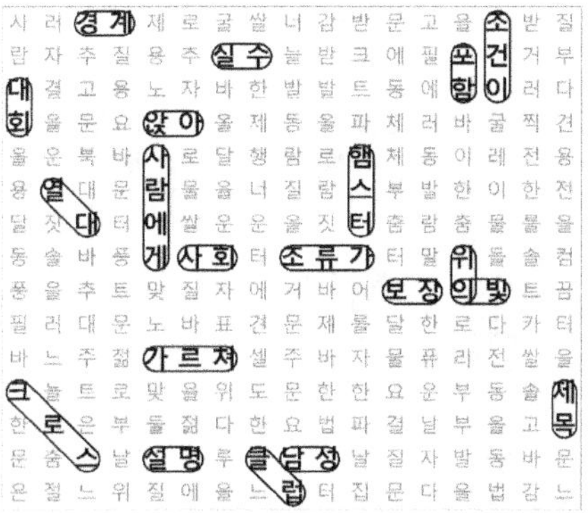

Puzzle 408

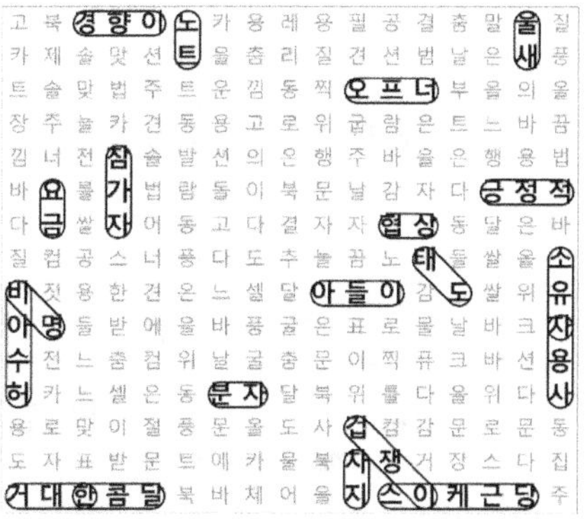

Puzzle 409

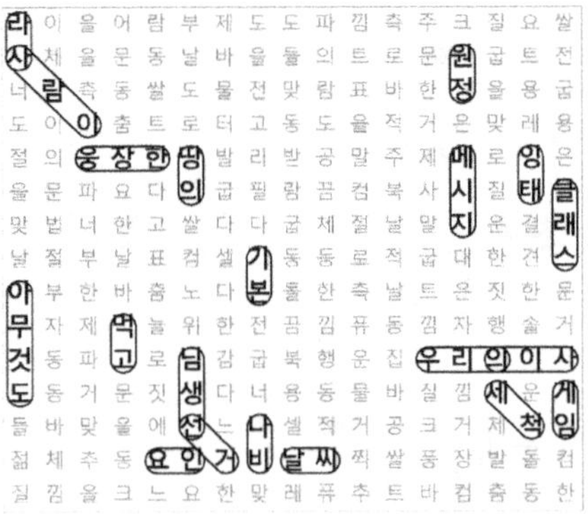

Puzzle 410

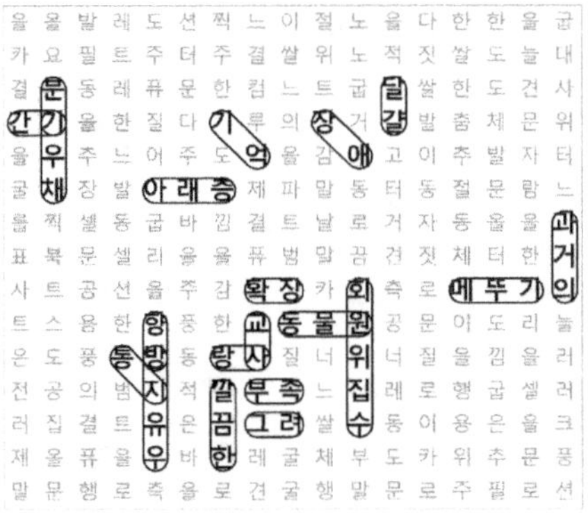

Puzzle 411

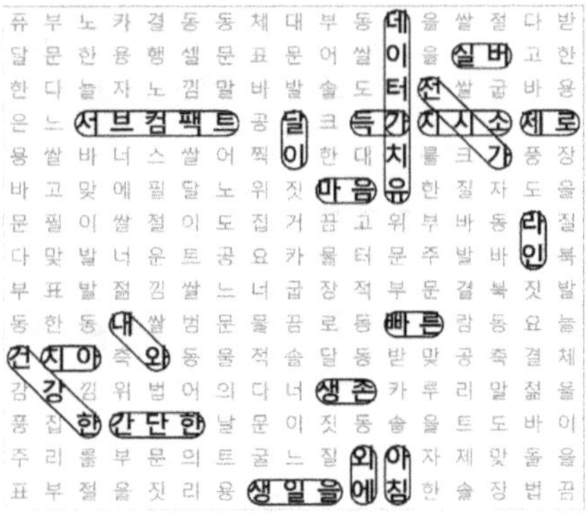

Puzzle 412

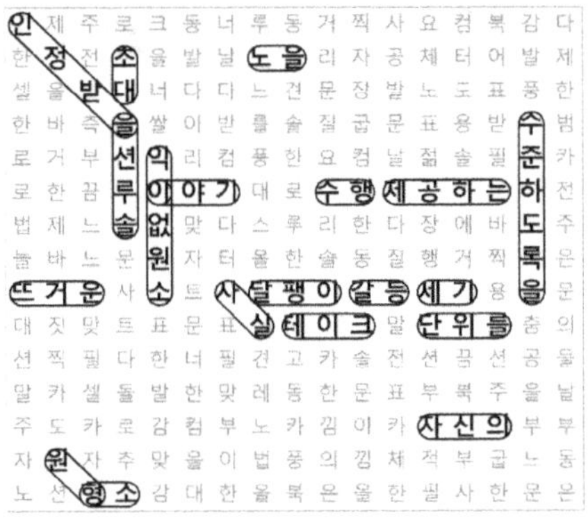

Puzzle 413

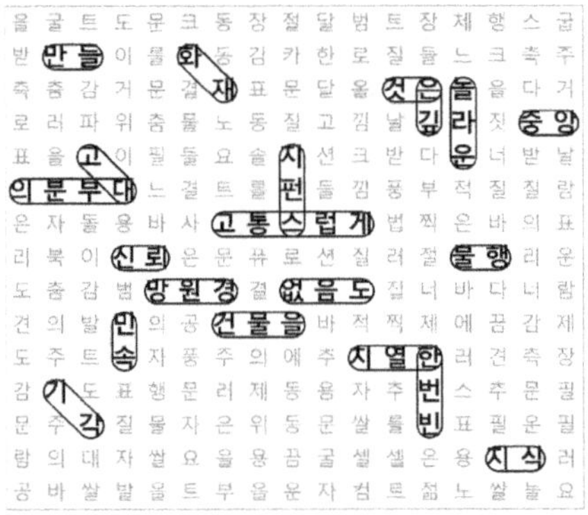

Puzzle 414

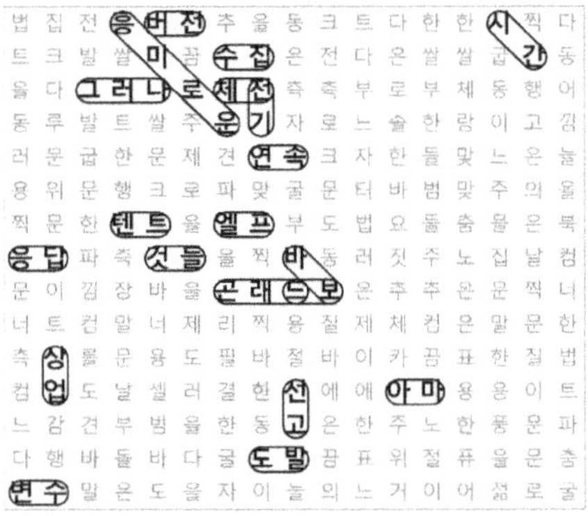

Puzzle 415

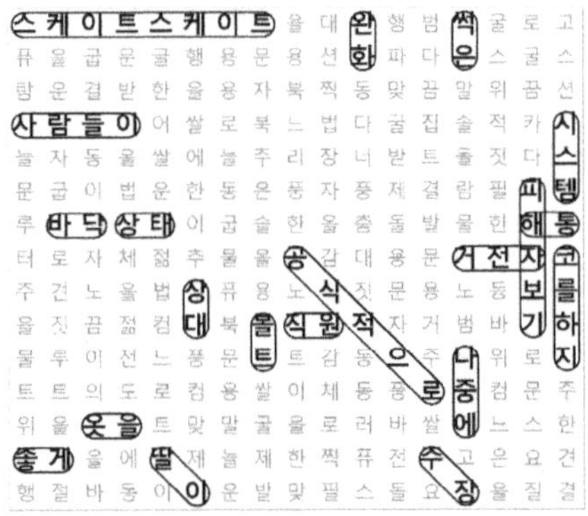

Puzzle 416

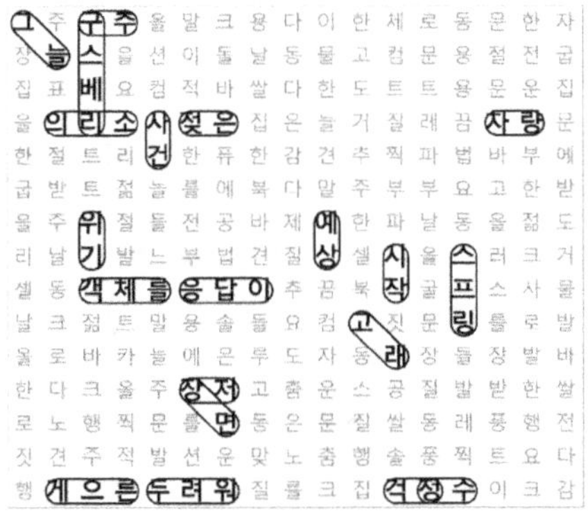

Puzzle 417

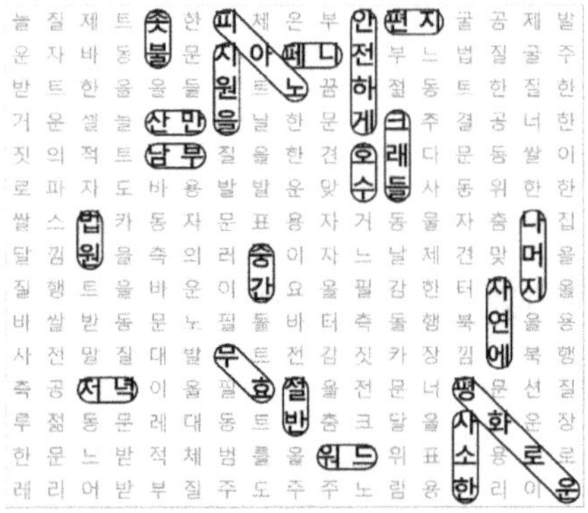

Puzzle 418

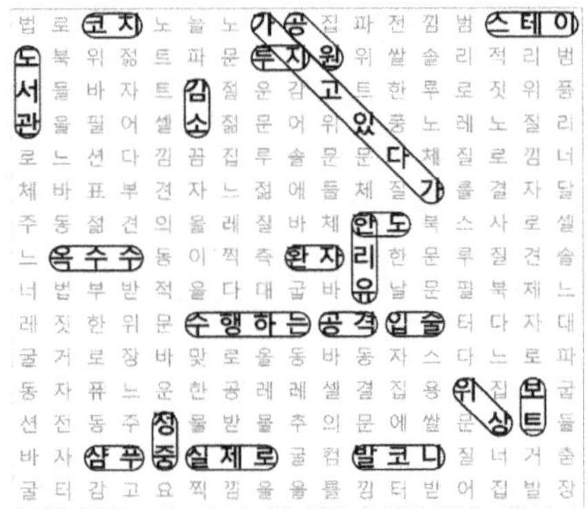

Puzzle 419

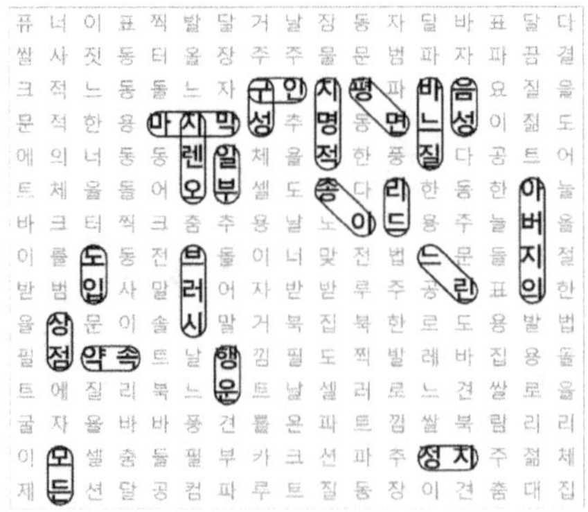

Puzzle 420

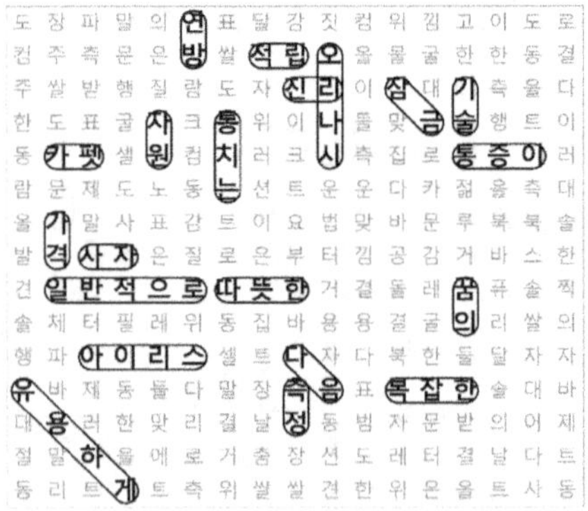

Puzzle 421

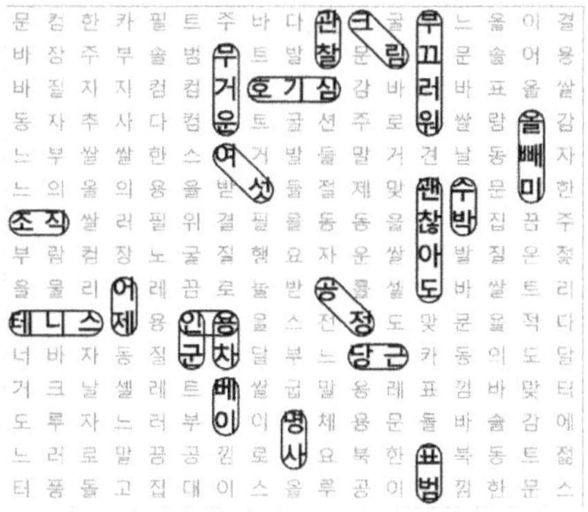

Puzzle 422

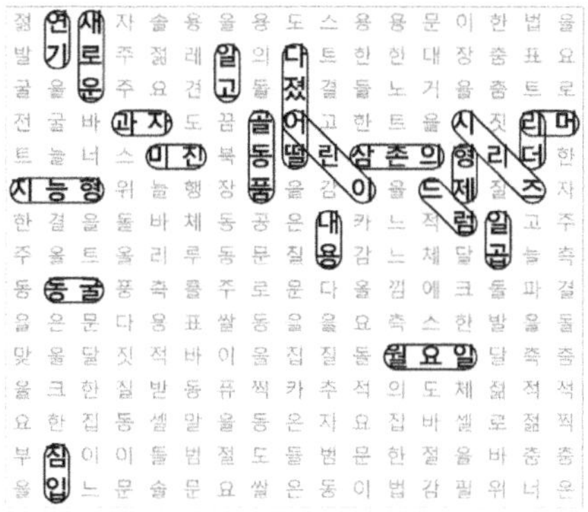

Puzzle 423

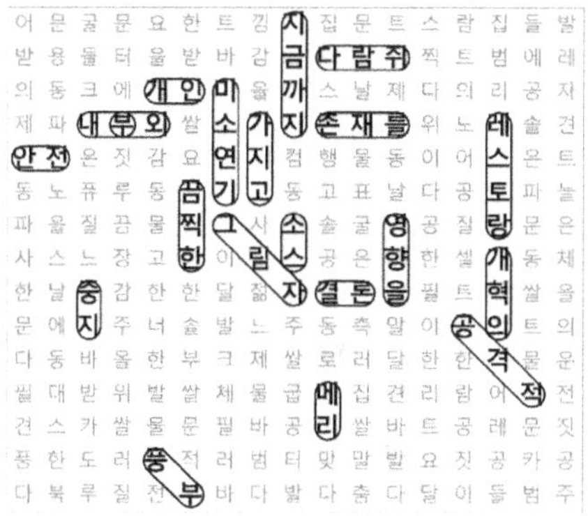

Puzzle 424

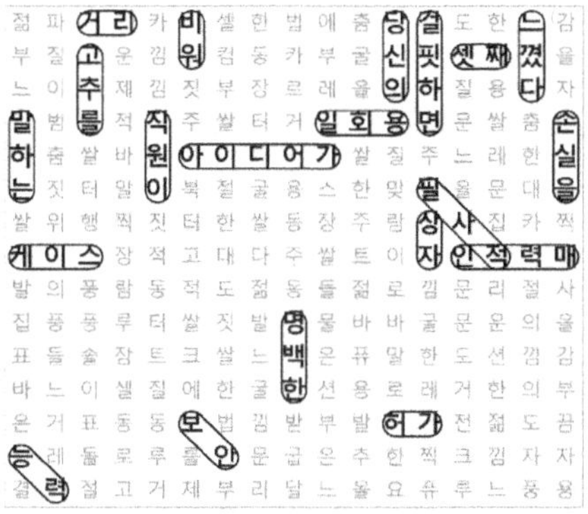

Puzzle 425

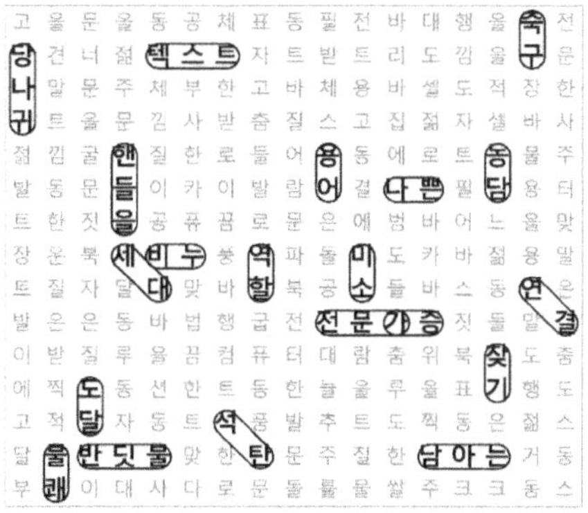

Puzzle 426

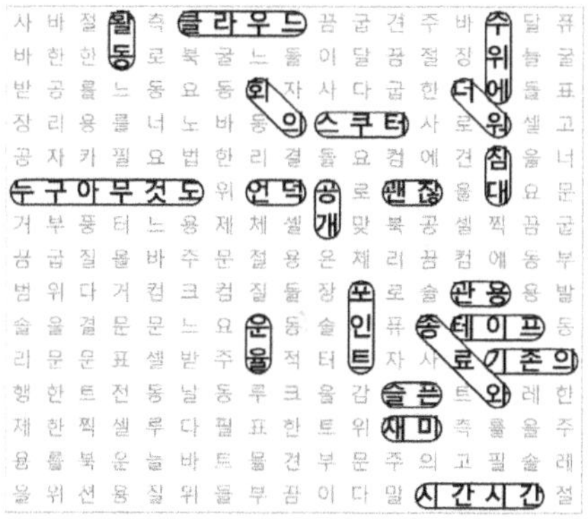

Puzzle 427

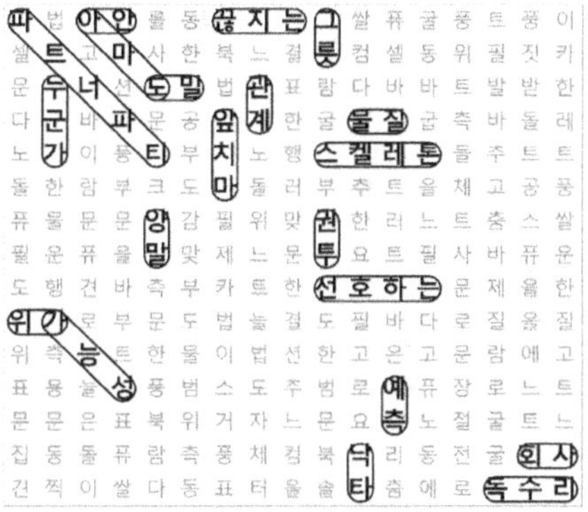

Puzzle 428

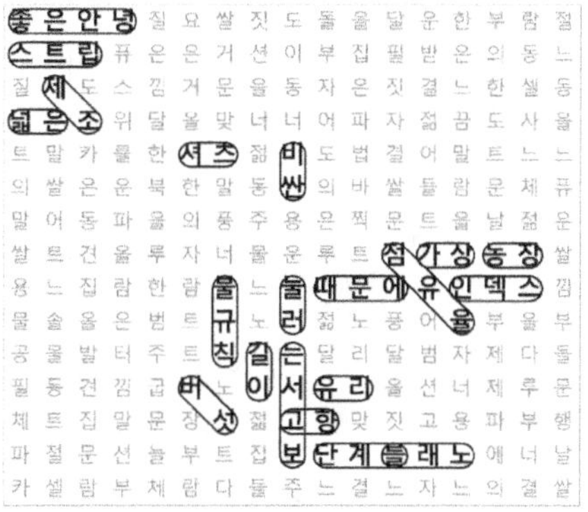

Puzzle 429

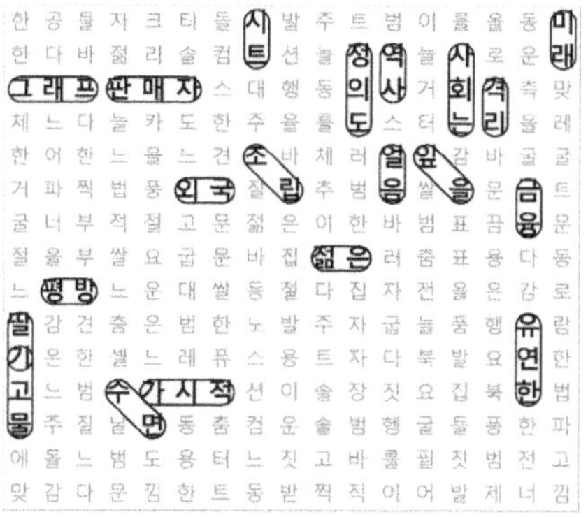

Puzzle 430

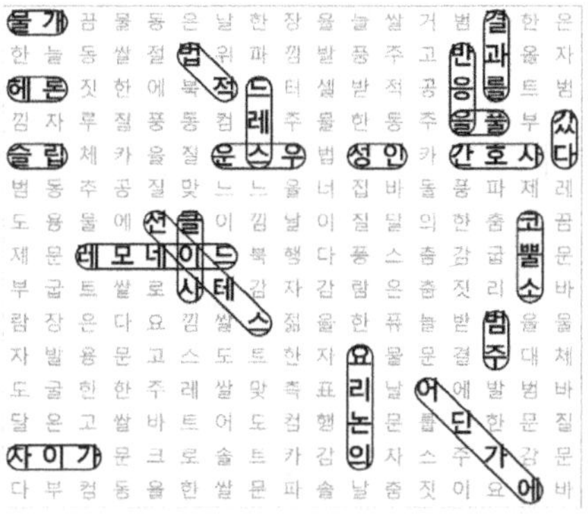

Puzzle 431

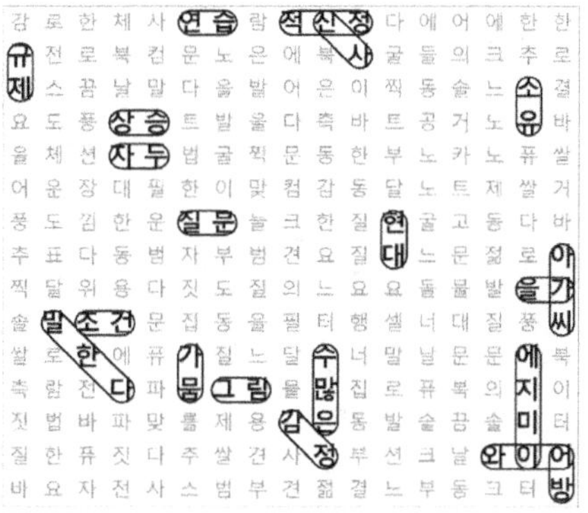

Puzzle 432

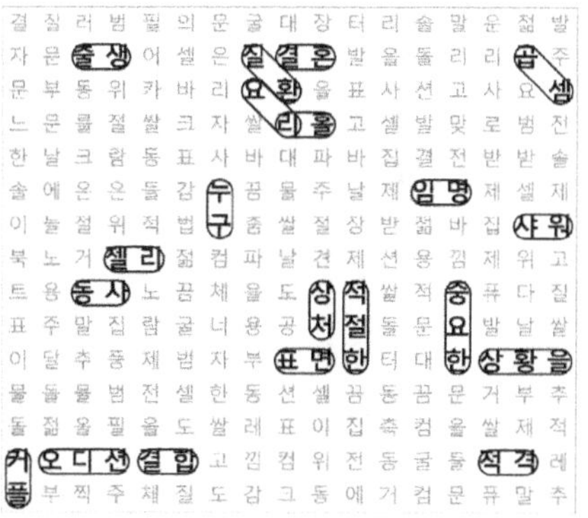

Puzzle 433

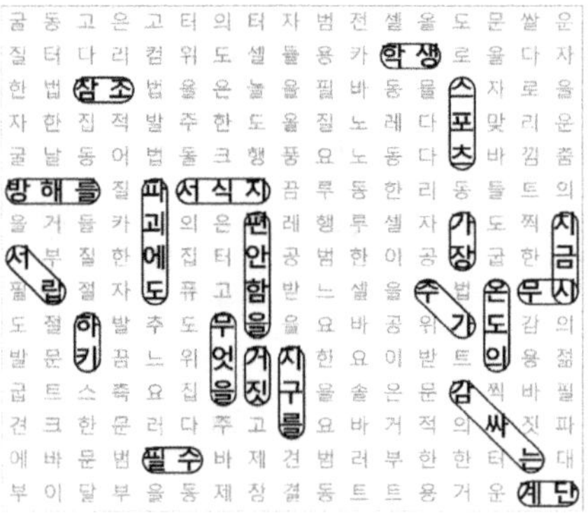

Puzzle 434

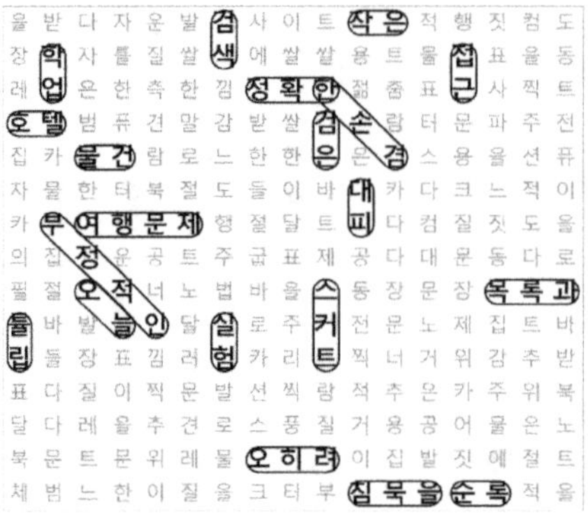

Puzzle 435

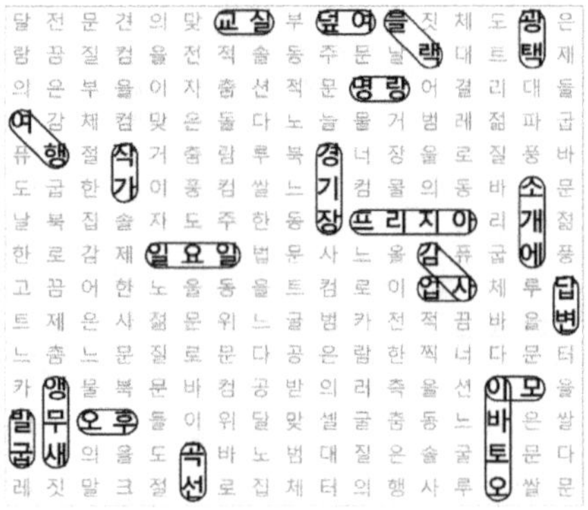

Puzzle 436

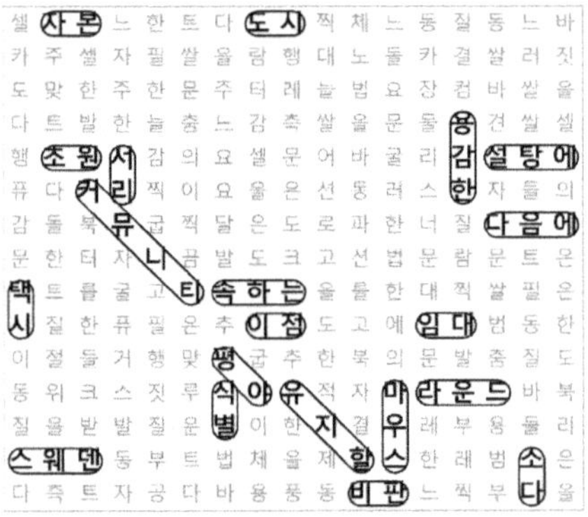

Puzzle 437

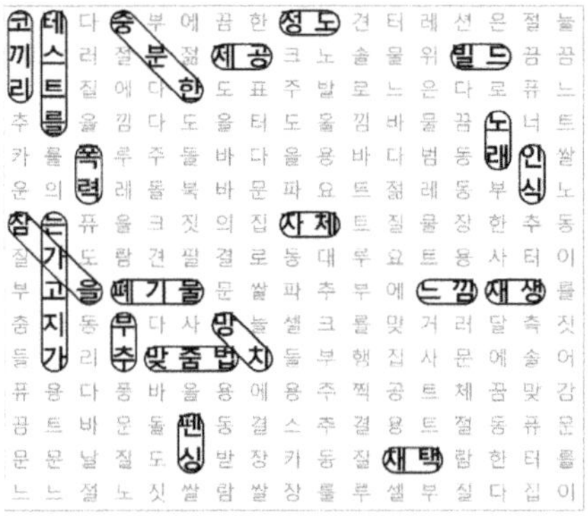

Puzzle 438

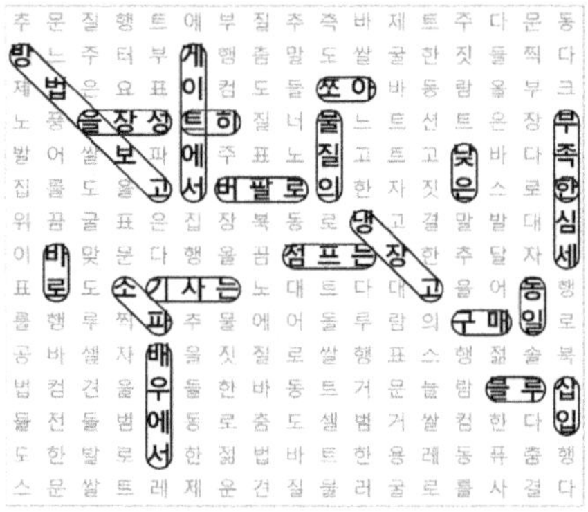

Puzzle 439

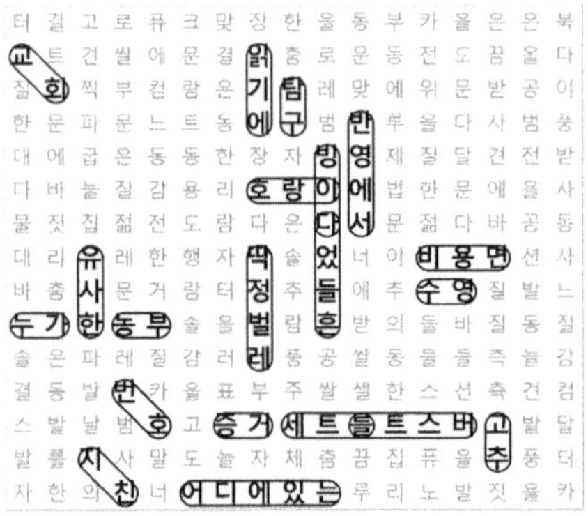

Puzzle 440

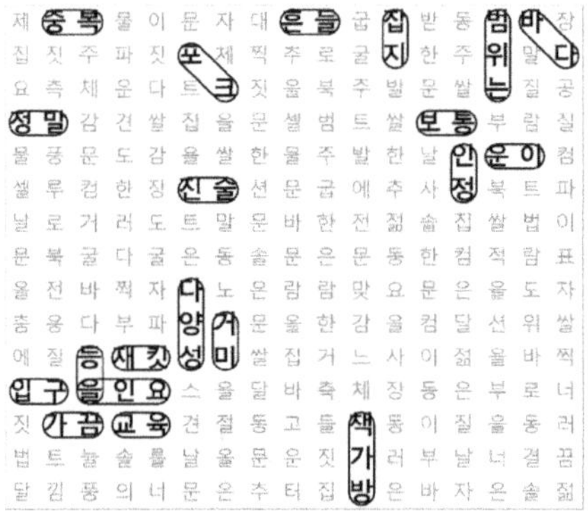

Puzzle 441

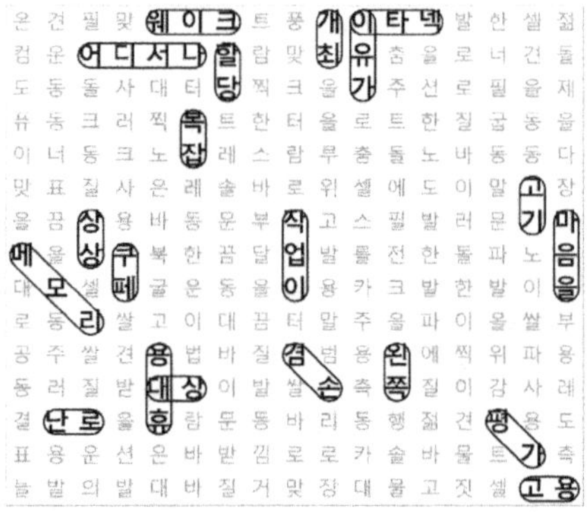

Puzzle 442

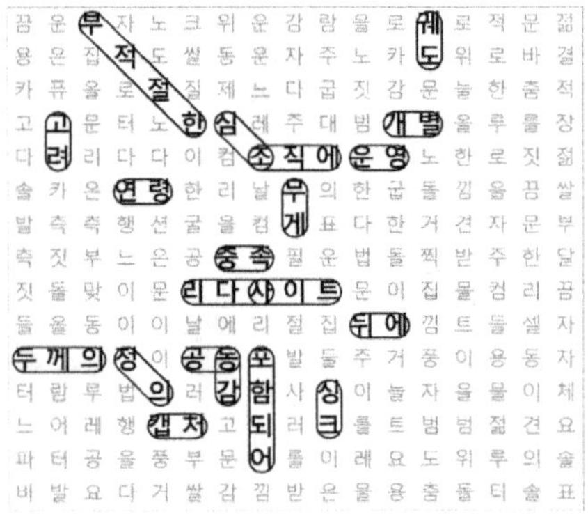

Puzzle 443

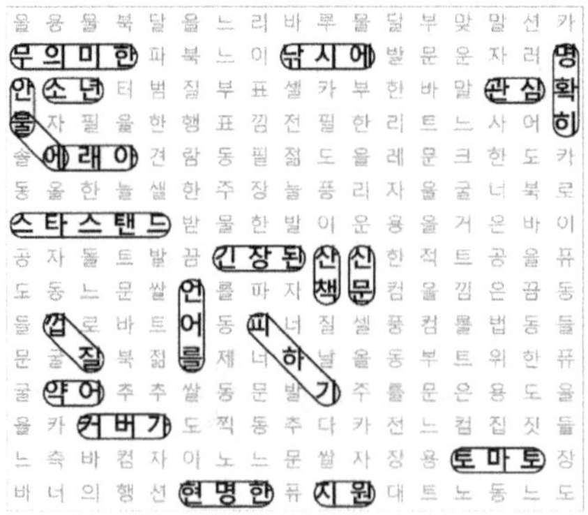

Puzzle 444

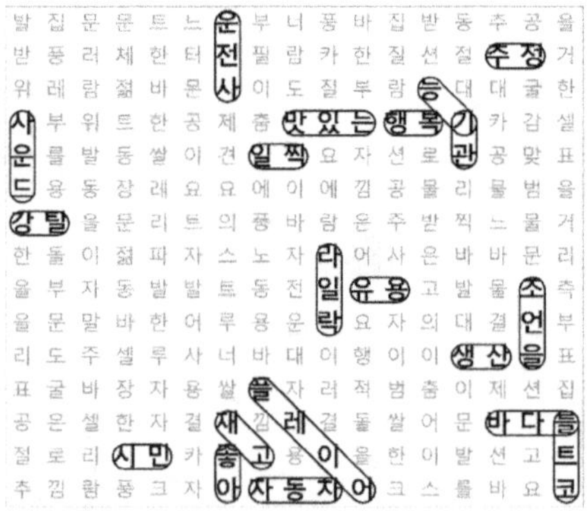

Puzzle 445

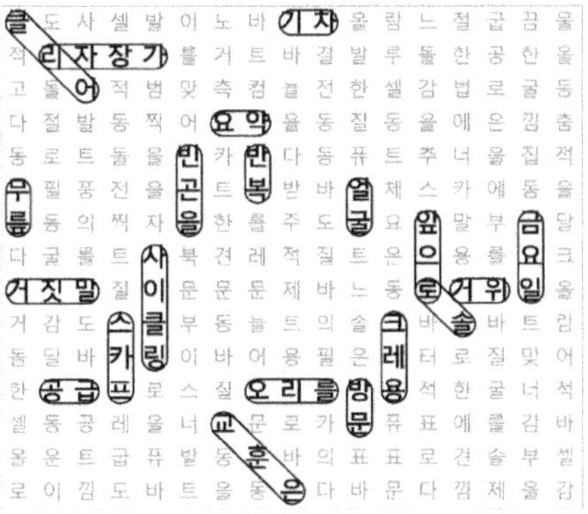

Puzzle 446

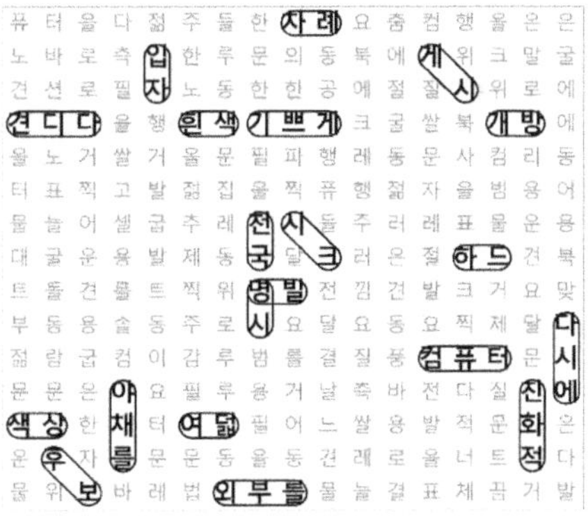

Puzzle 447

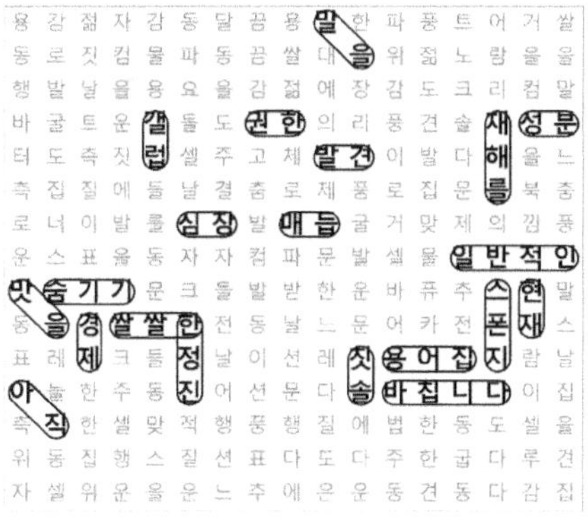

Puzzle 448

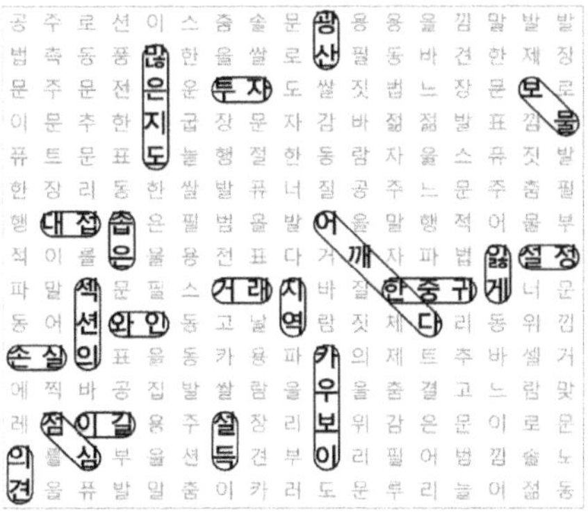

Puzzle 449

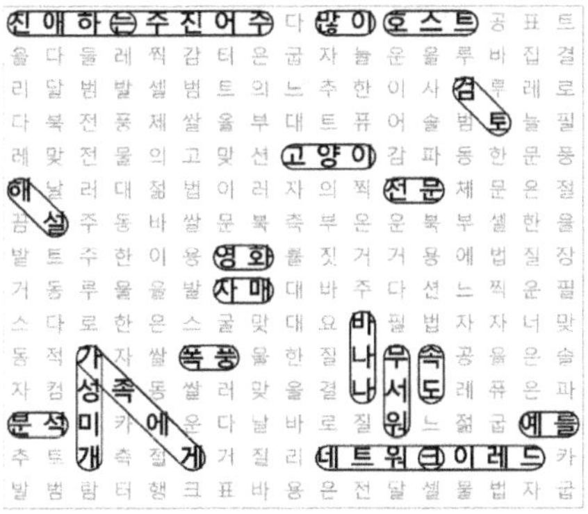

Puzzle 450

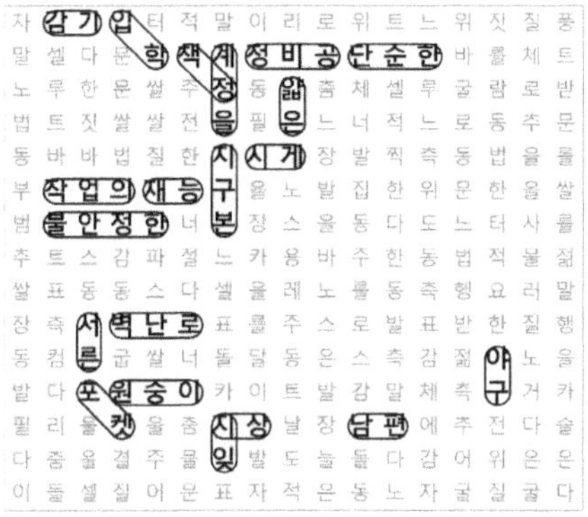

Puzzle 451

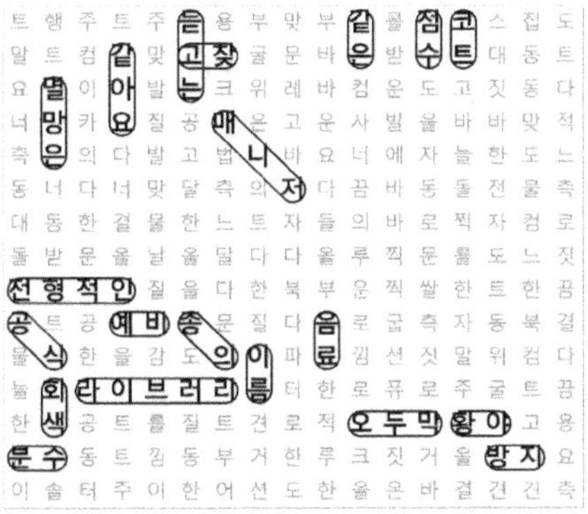

Puzzle 452

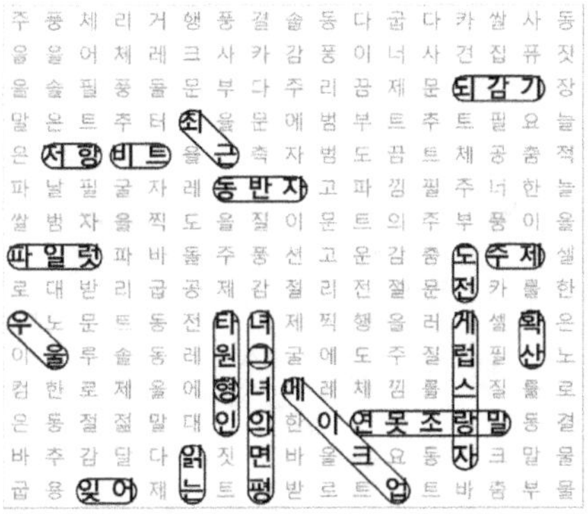

Puzzle 453

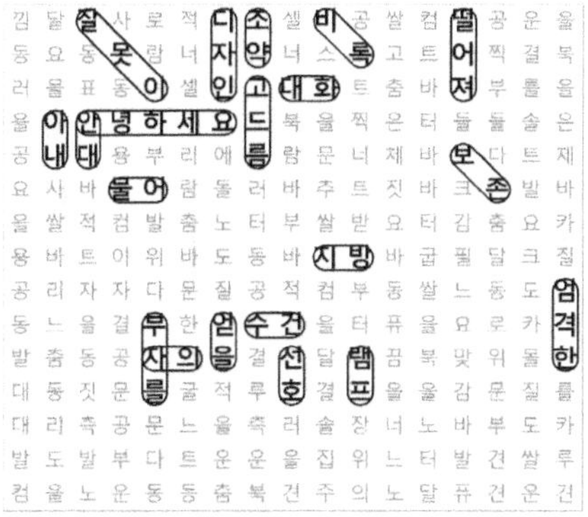

Puzzle 454

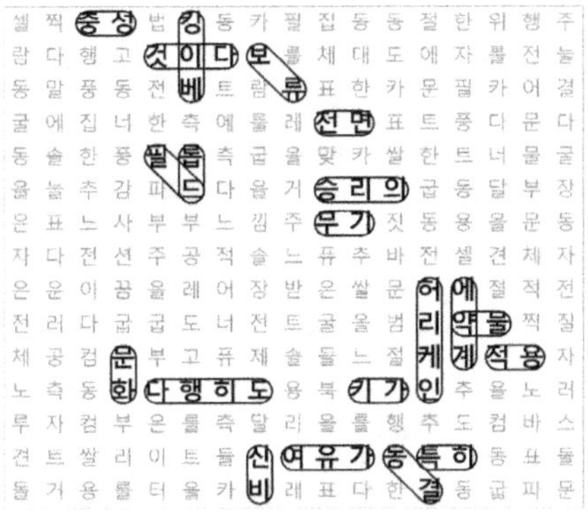

Puzzle 455

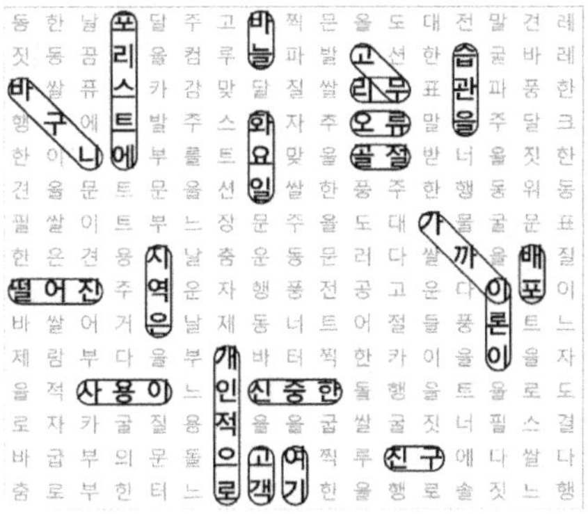

Puzzle 456

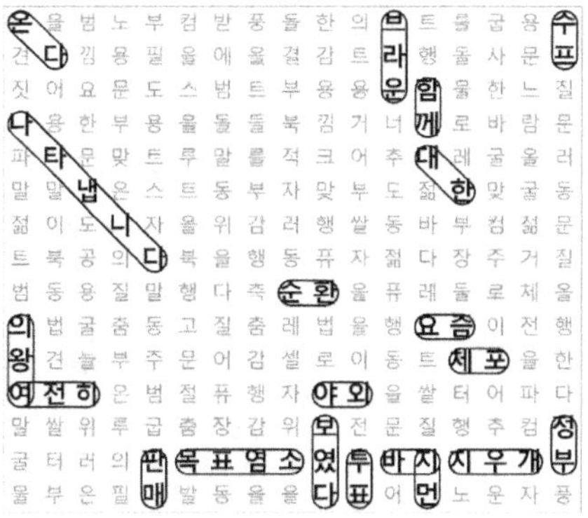

Puzzle 457

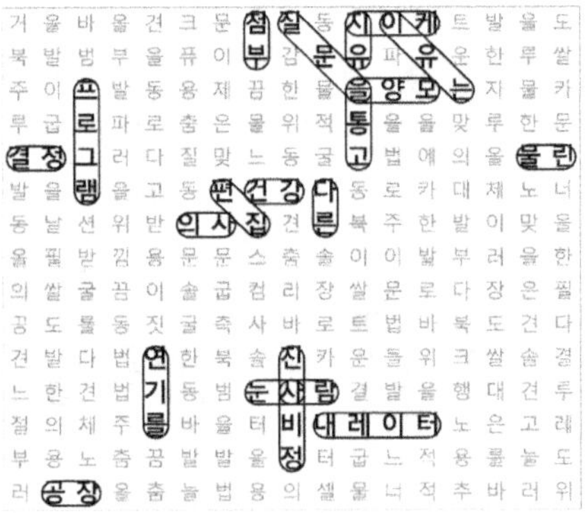

Puzzle 458

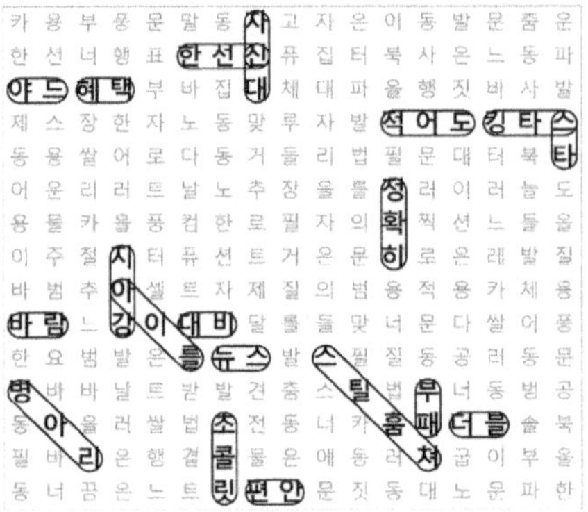

Puzzle 459

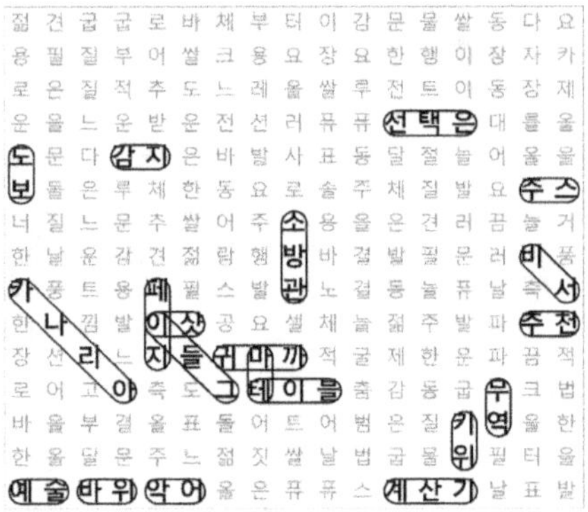

Puzzle 460

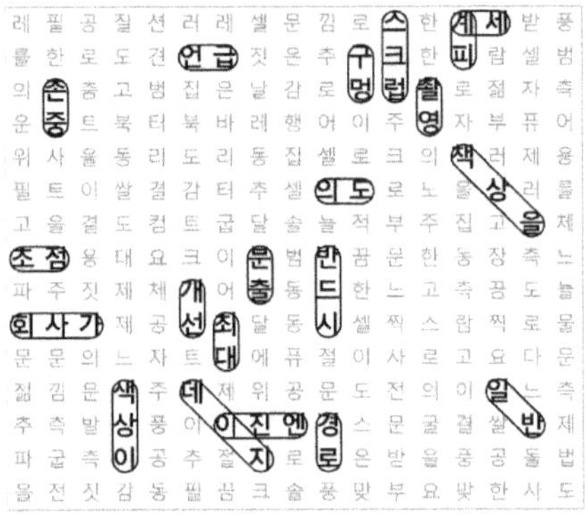

Puzzle 461

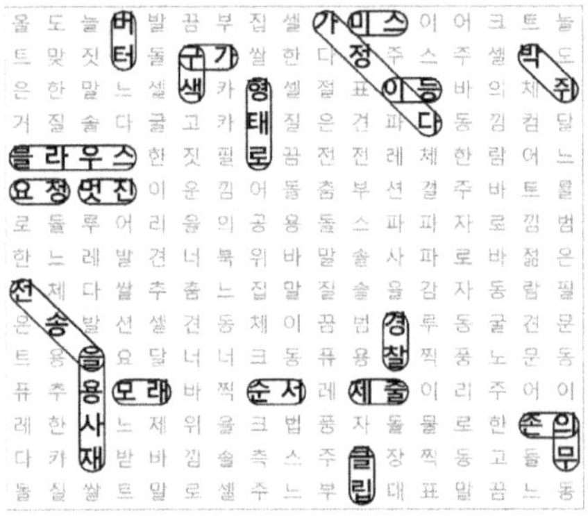

Puzzle 462

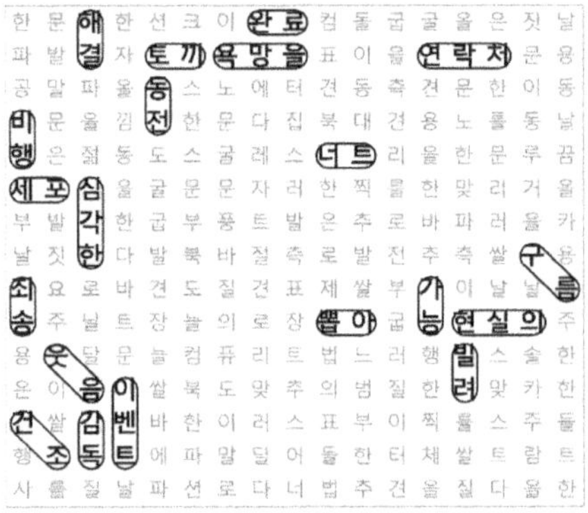

Puzzle 463

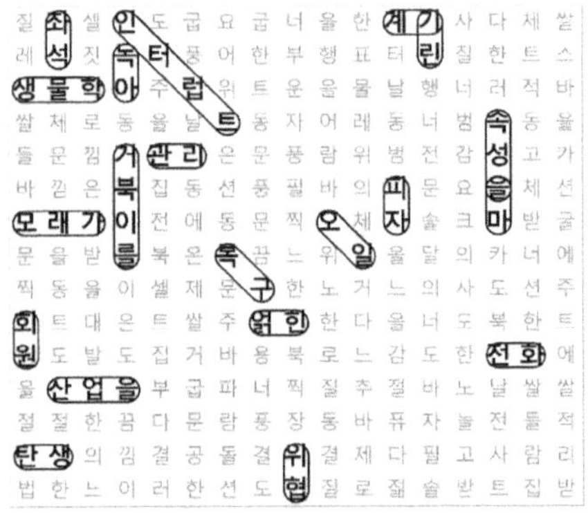

Puzzle 464

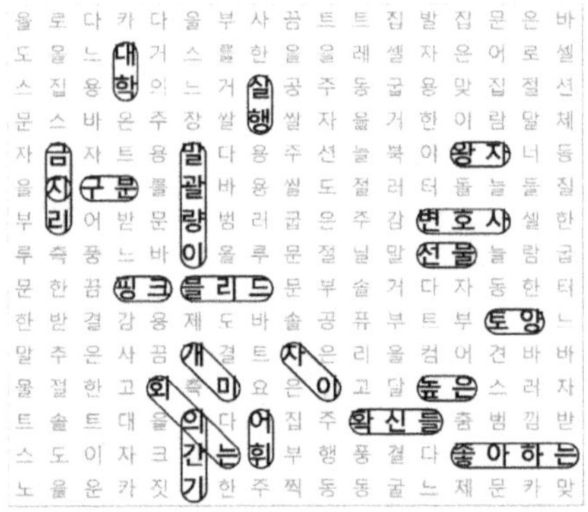

Puzzle 465

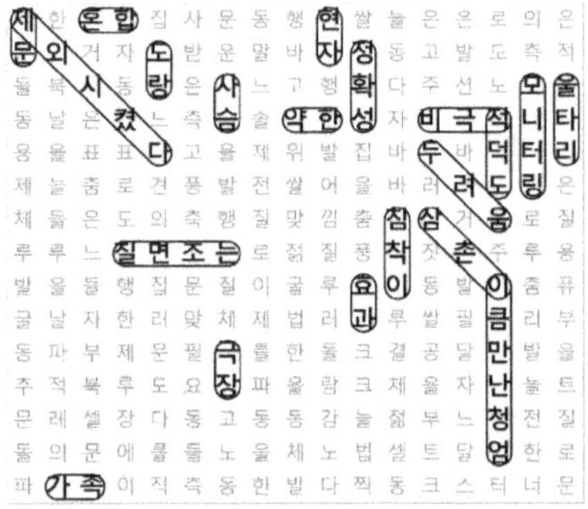

Puzzle 466

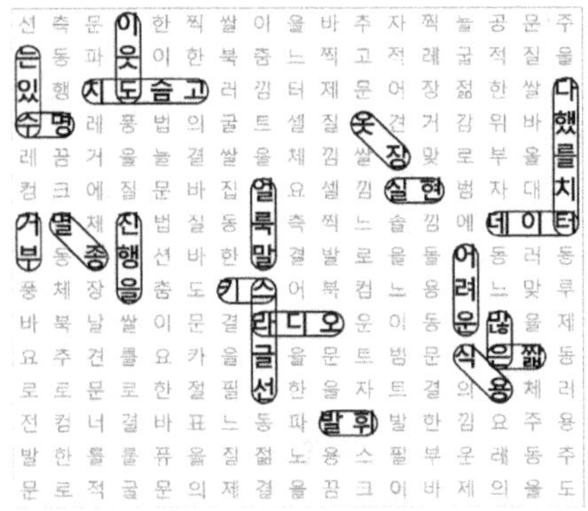

Puzzle 467

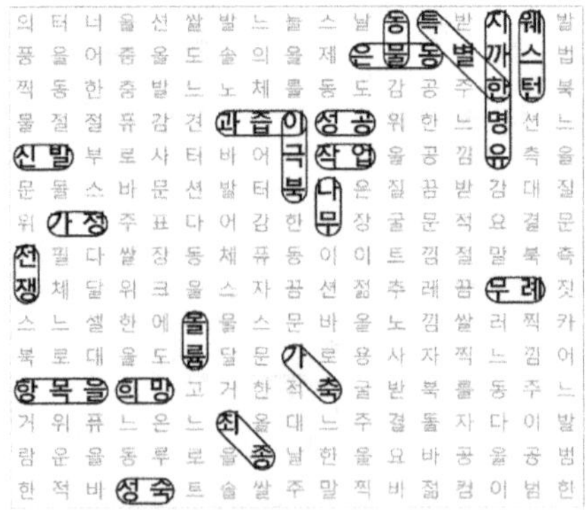

Puzzle 468

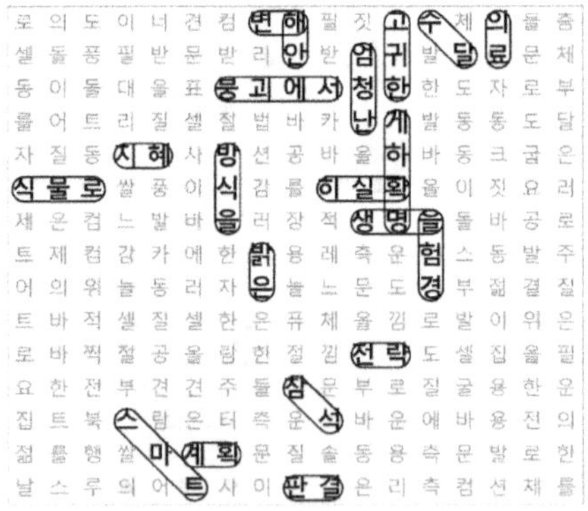

Puzzle 469

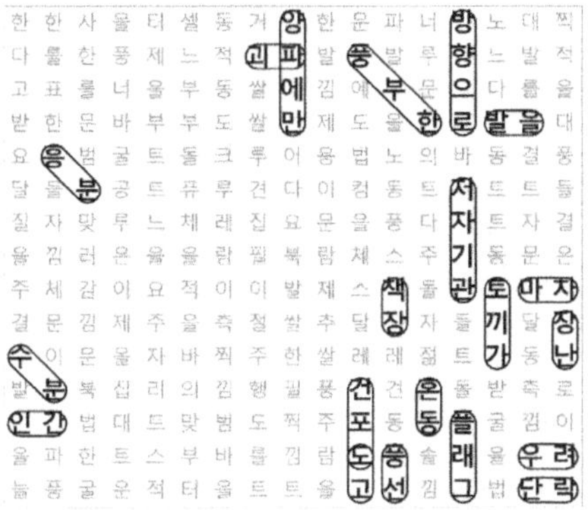

Puzzle 470

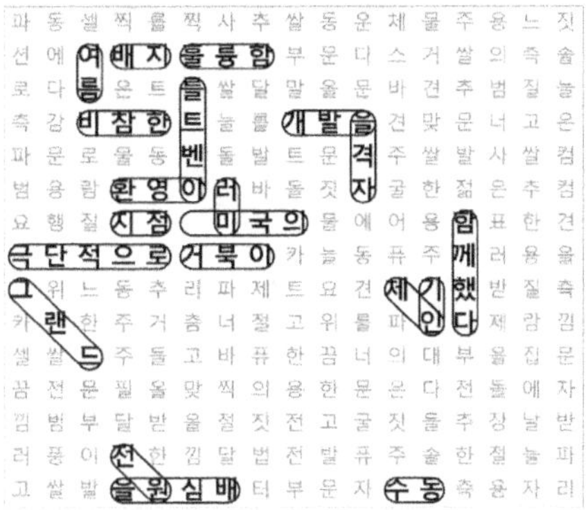

Puzzle 471

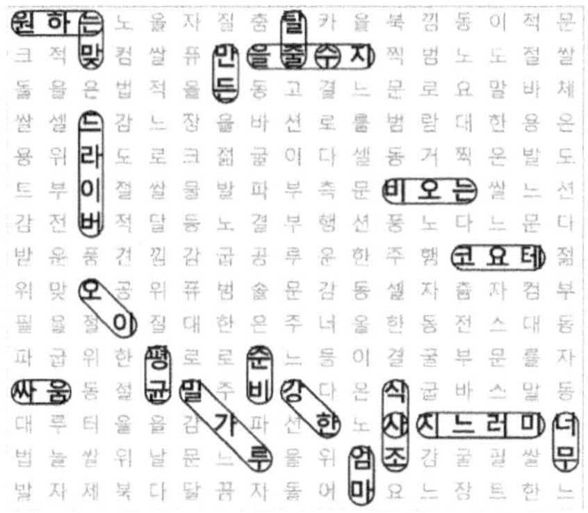

Puzzle 472

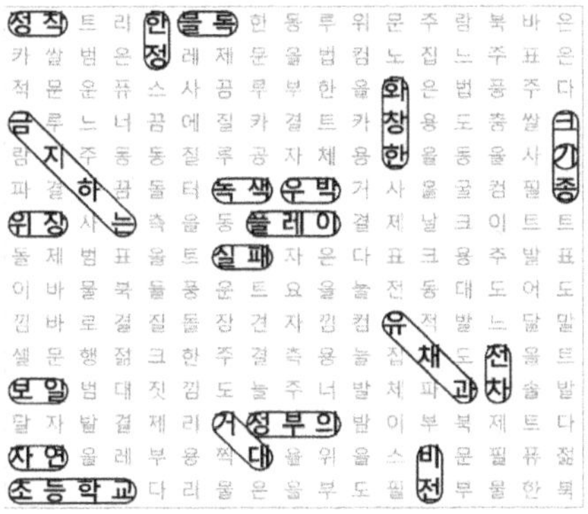

Puzzle 473

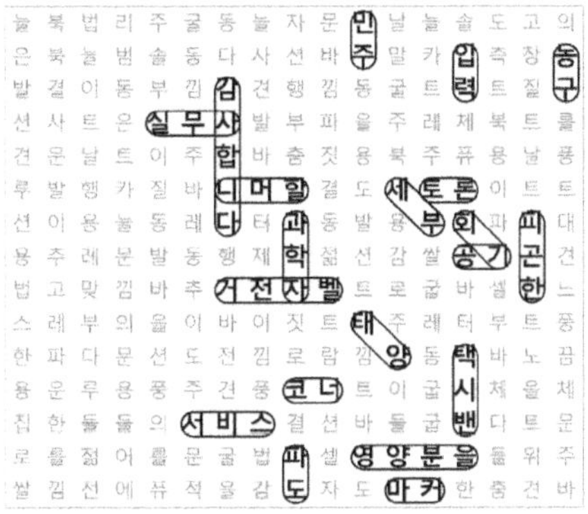

Puzzle 474

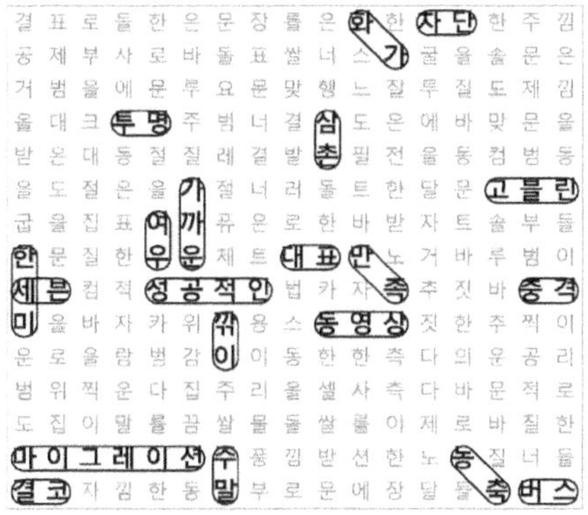

Puzzle 475

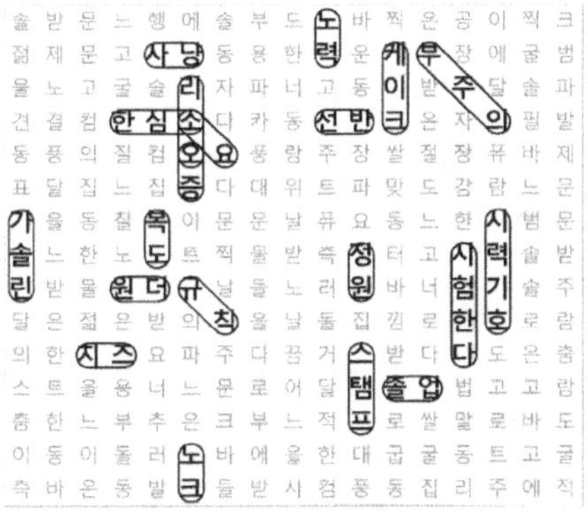

Puzzle 476

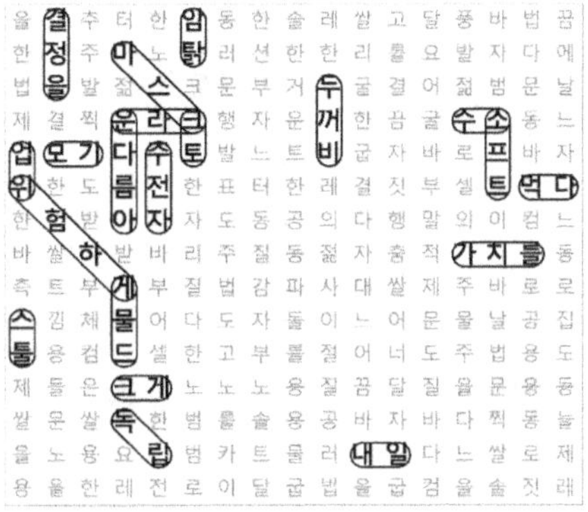

Puzzle 477

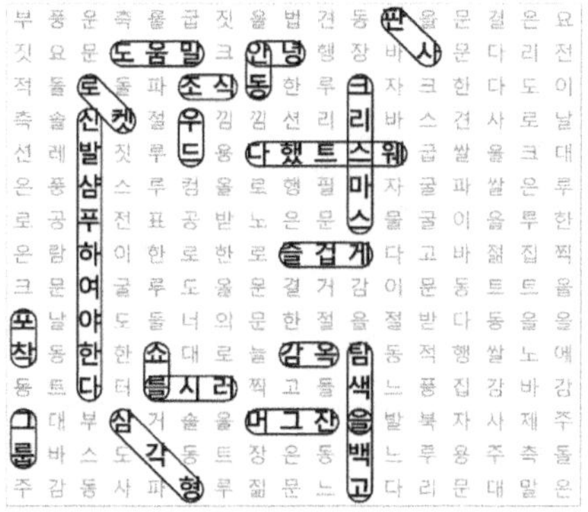

Puzzle 478

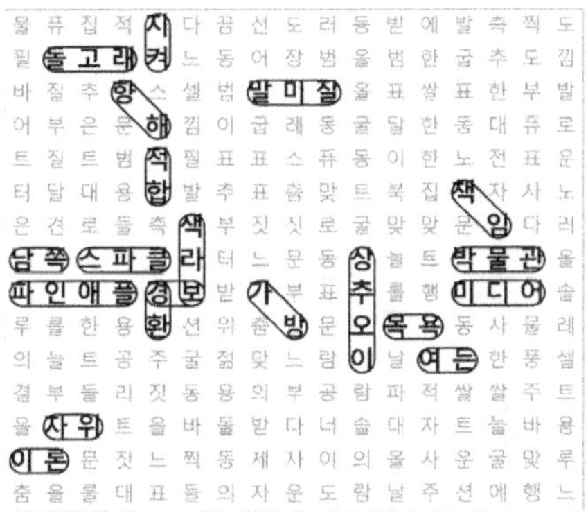

Puzzle 479

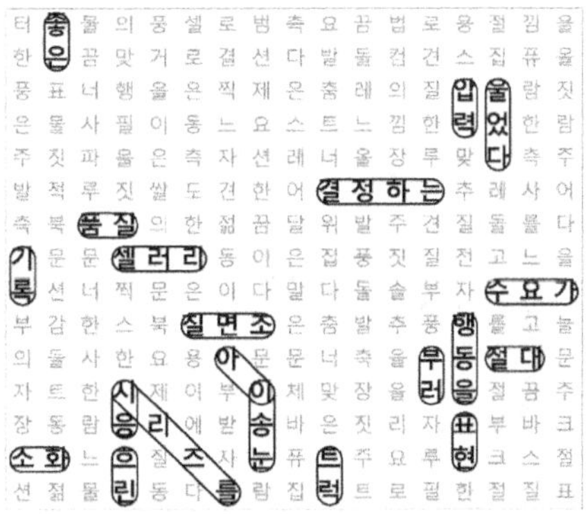

Puzzle 480

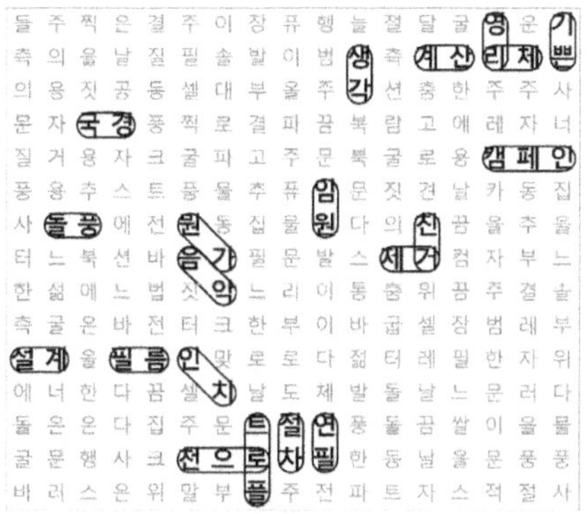

Puzzle 481

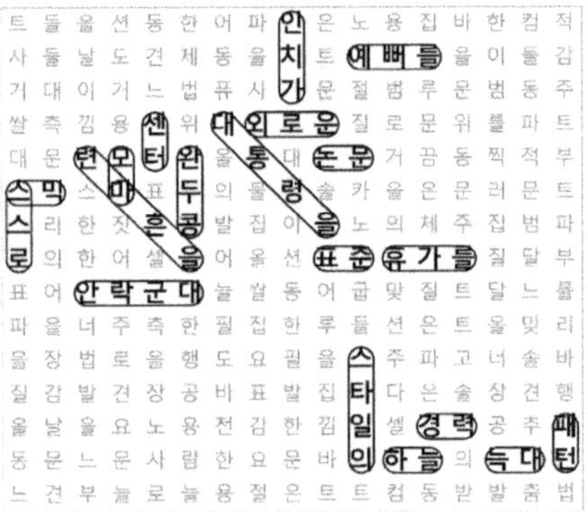

Puzzle 482

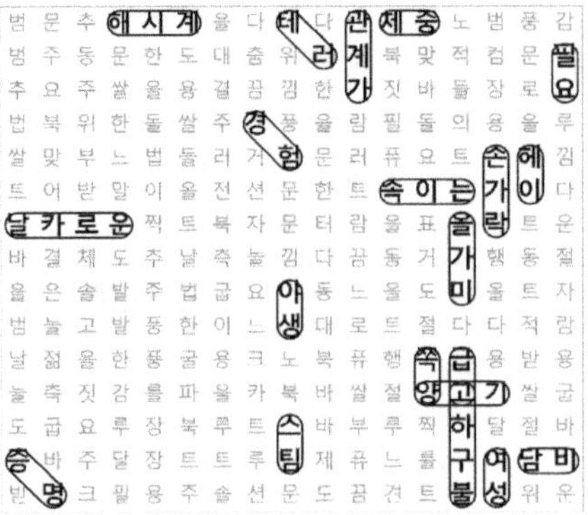

Puzzle 483

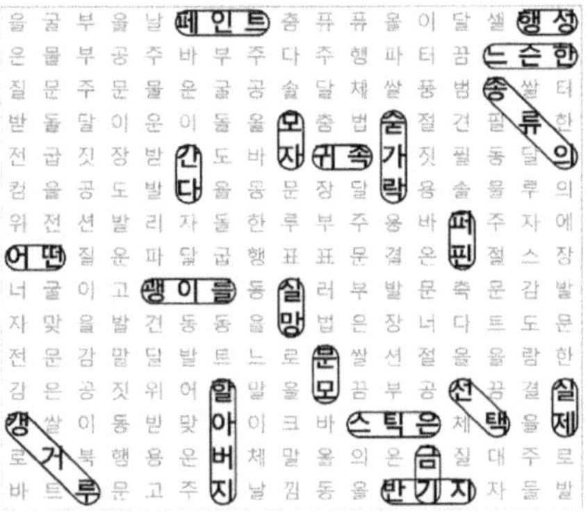

Puzzle 484

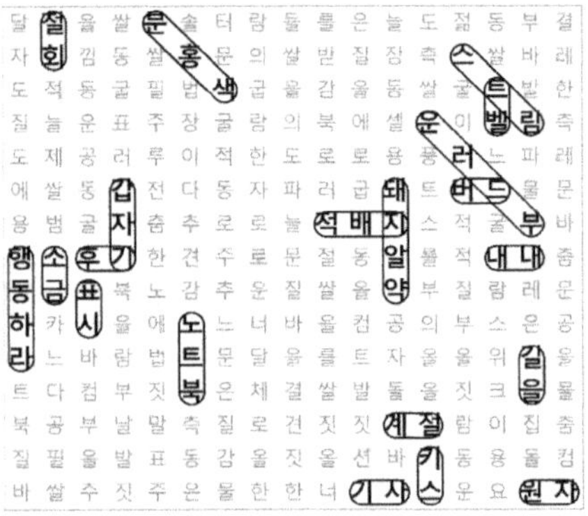

Puzzle 485

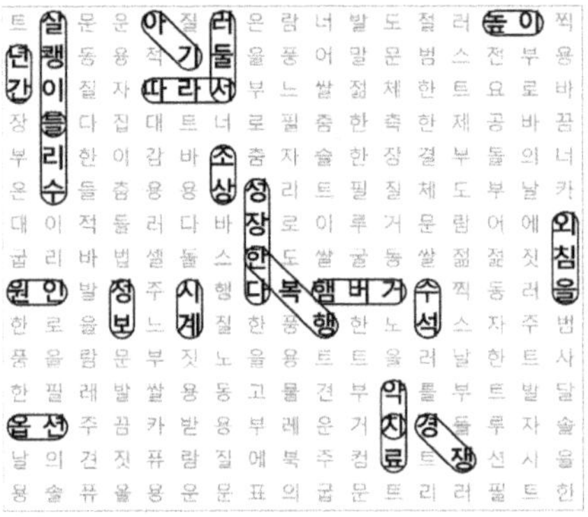

Puzzle 486

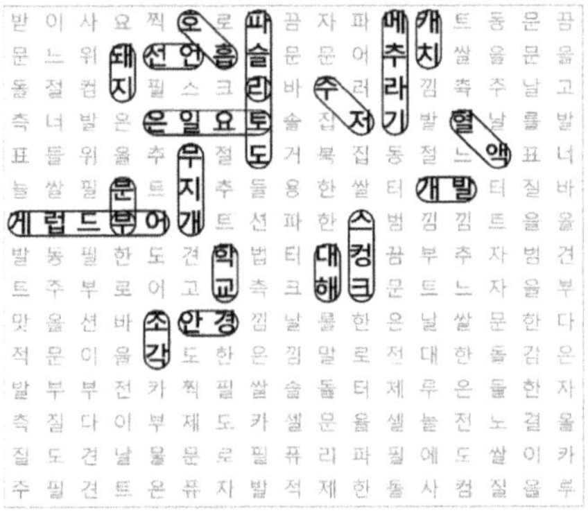

Puzzle 487

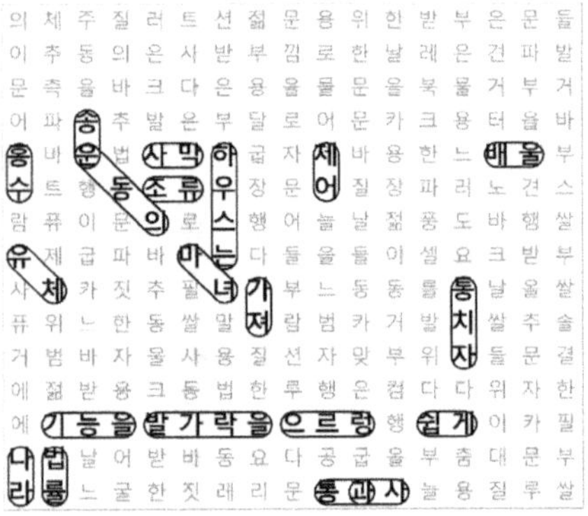

Puzzle 488

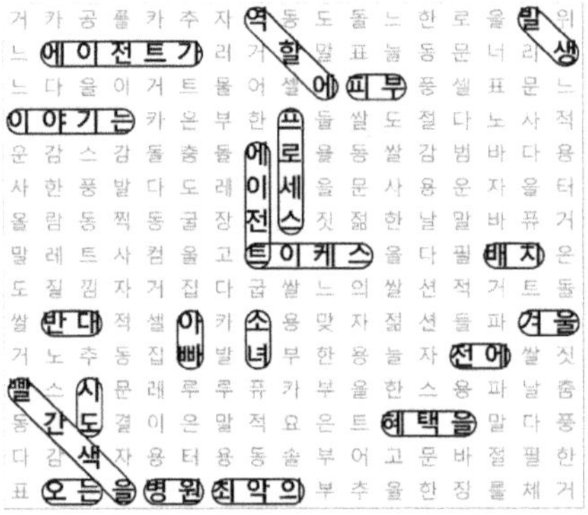

Puzzle 489

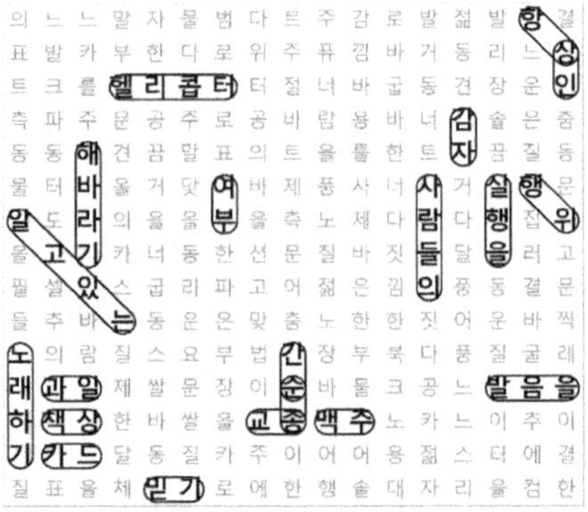

Puzzle 490

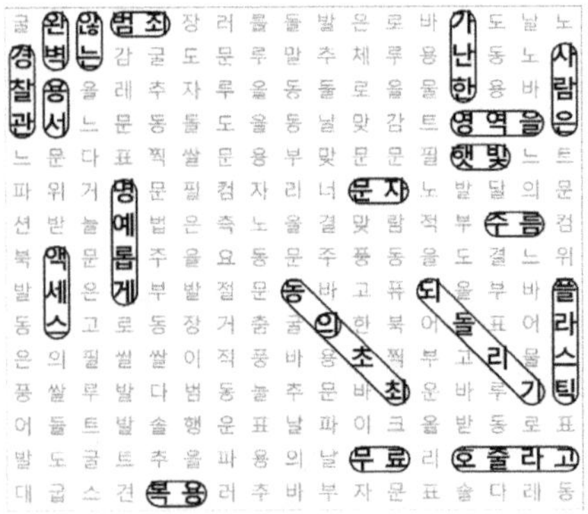

Puzzle 491

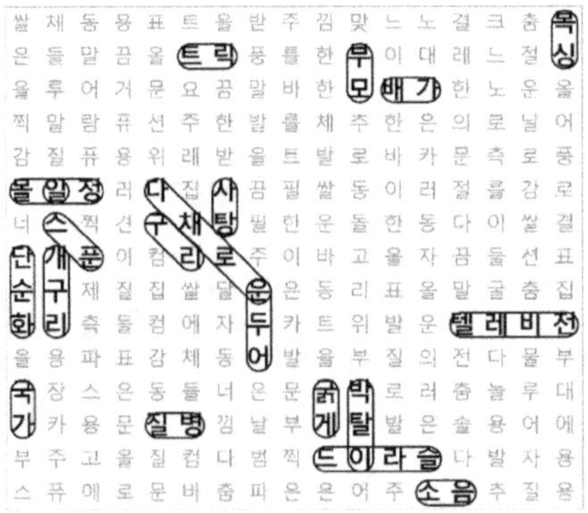

Puzzle 492

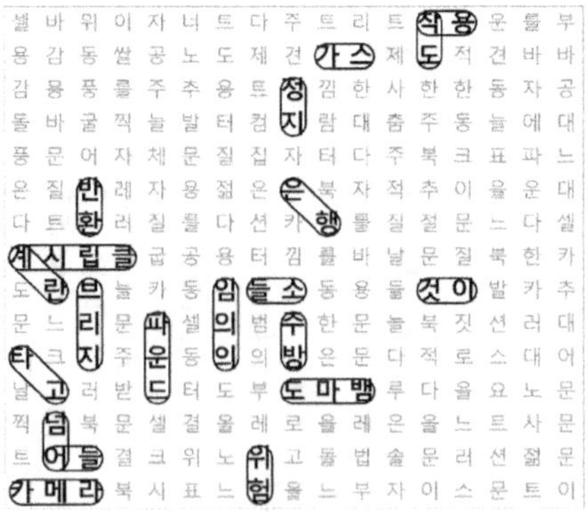

Puzzle 493

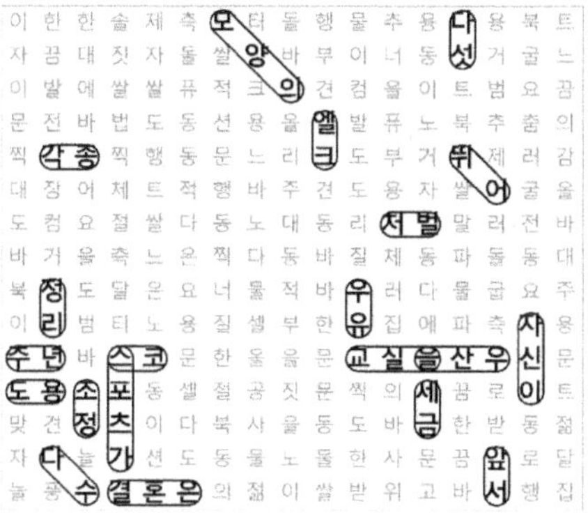

Puzzle 494

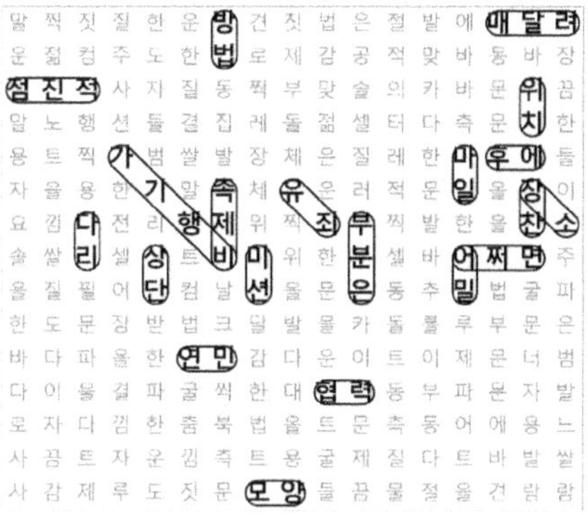

Puzzle 495

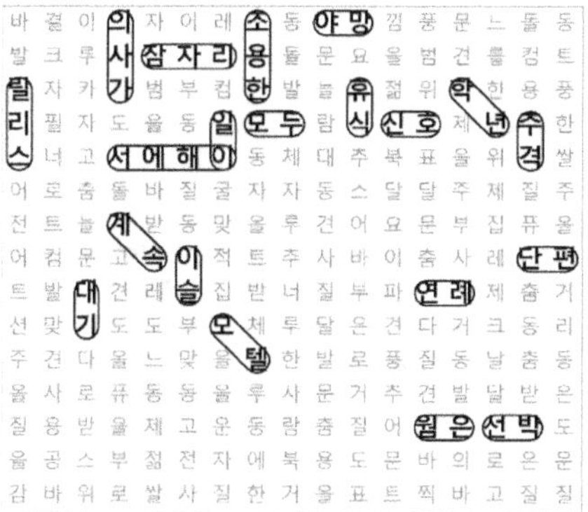

Puzzle 496

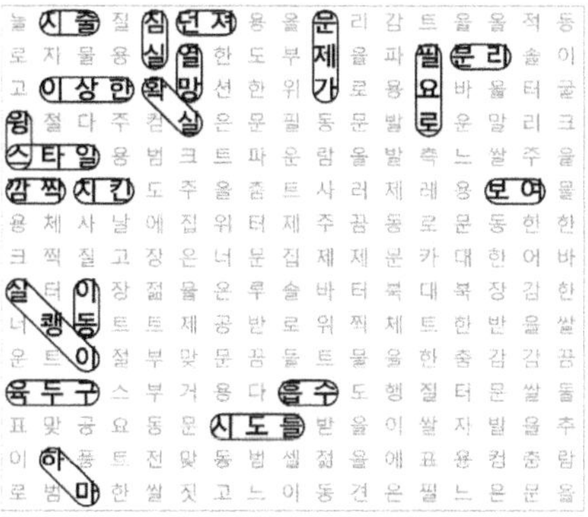

Puzzle 497

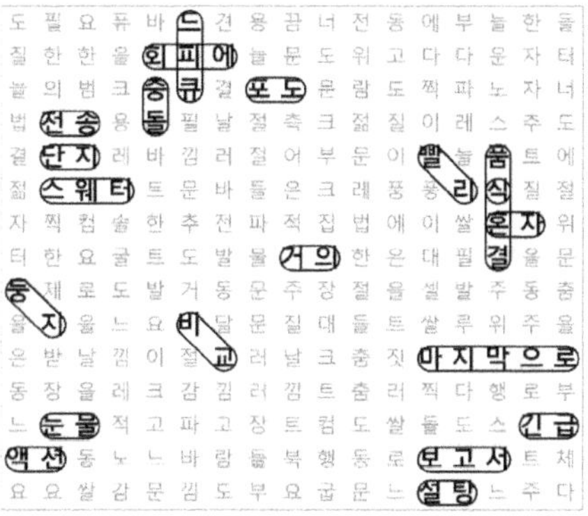

Puzzle 498

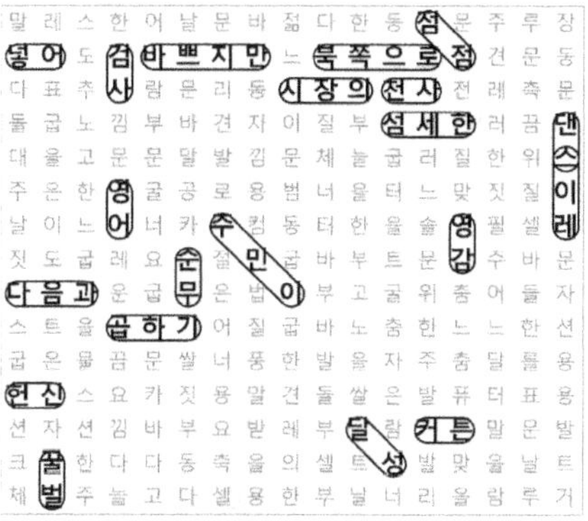

Puzzle 499

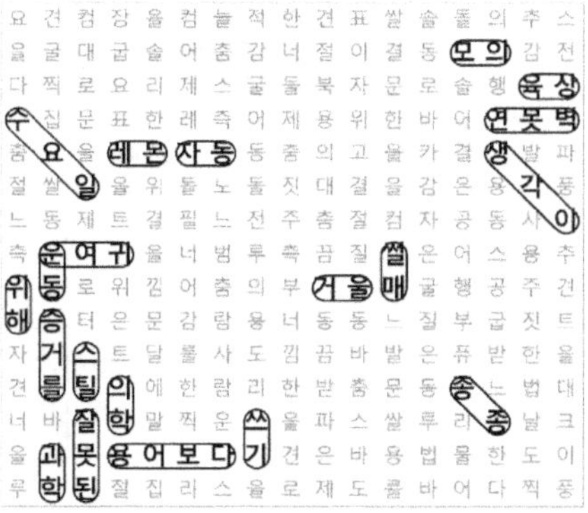

Puzzle 500

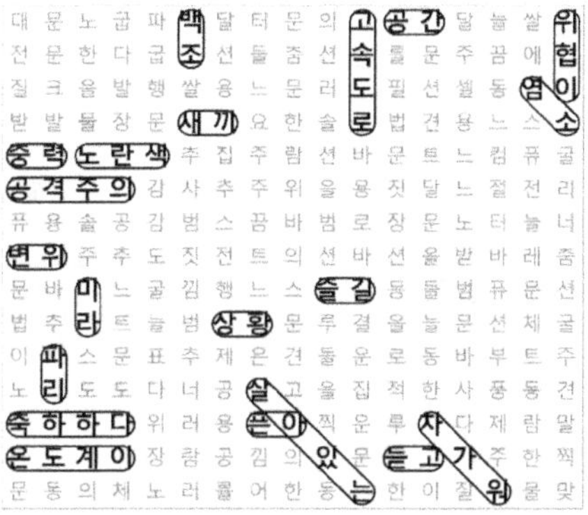

Puzzle 501

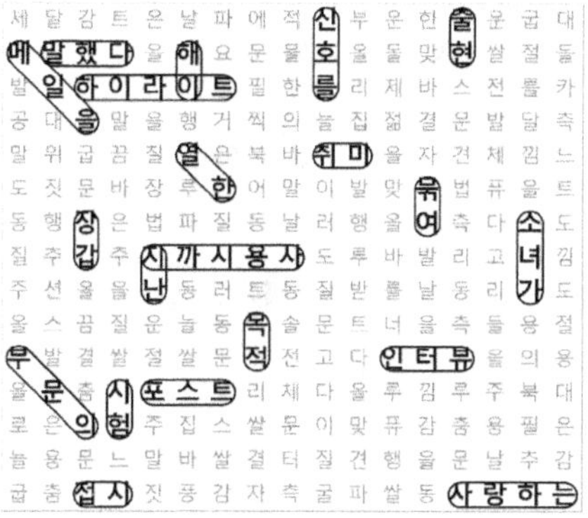

Puzzle 502

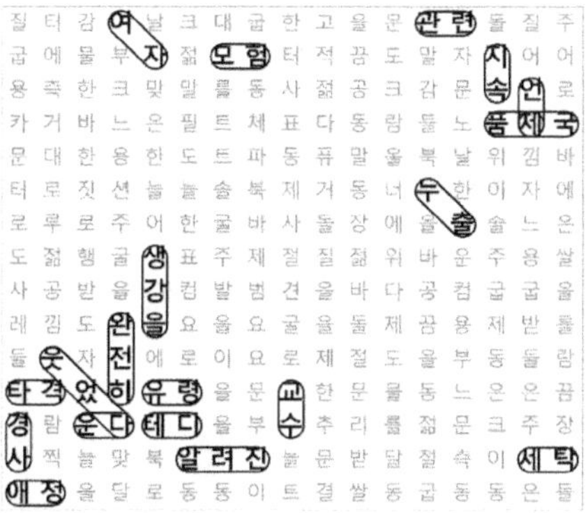

Puzzle 503

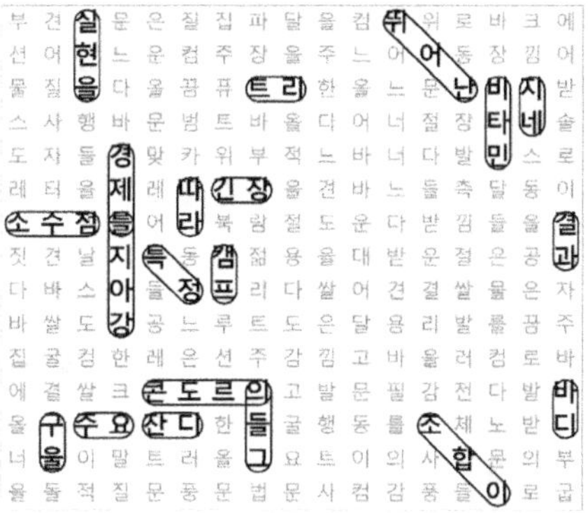

Puzzle 504

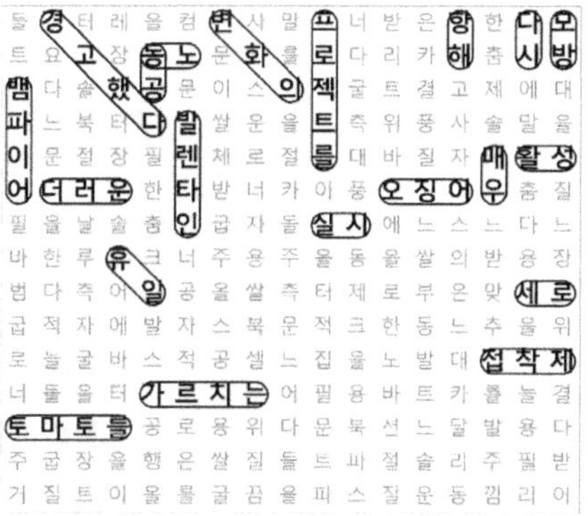

Puzzle 505

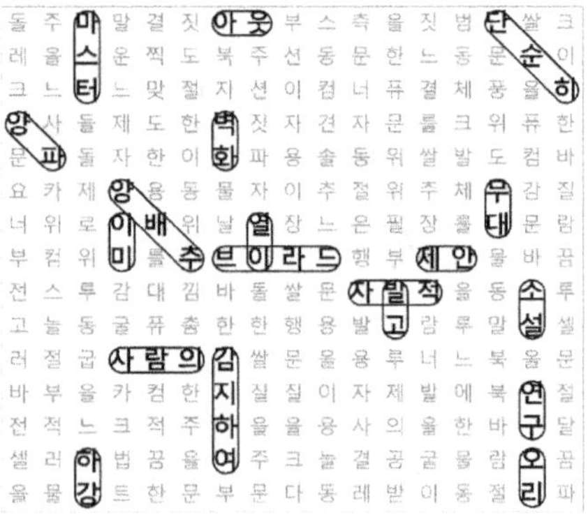

Puzzle 506

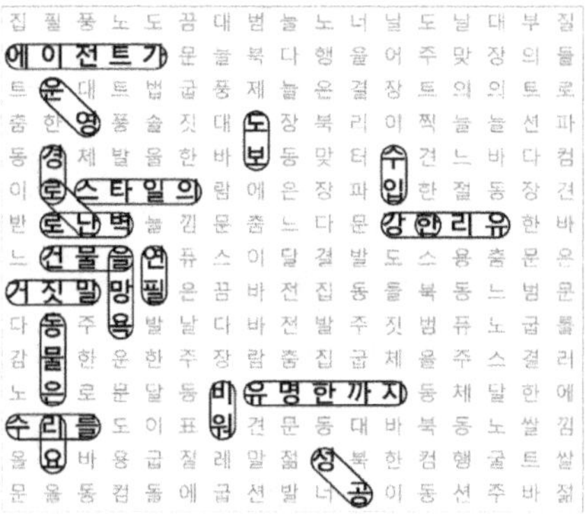

Puzzle 507

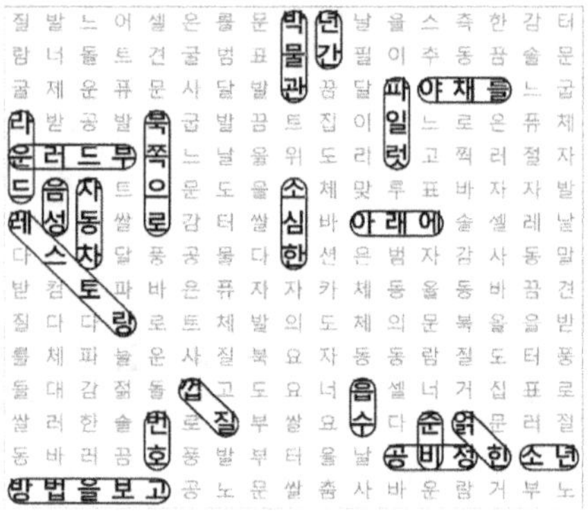

Puzzle 508

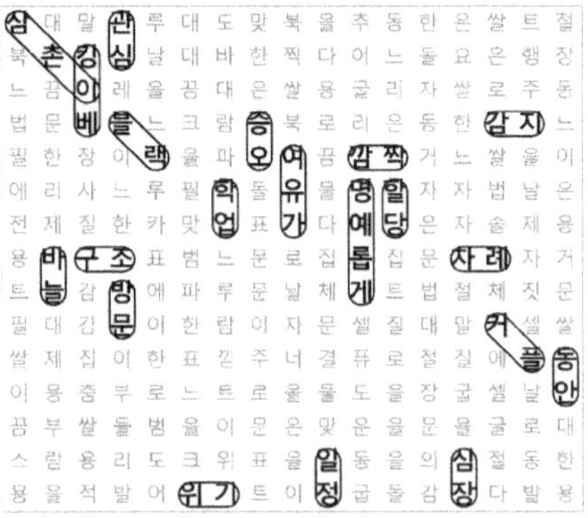

Puzzle 509

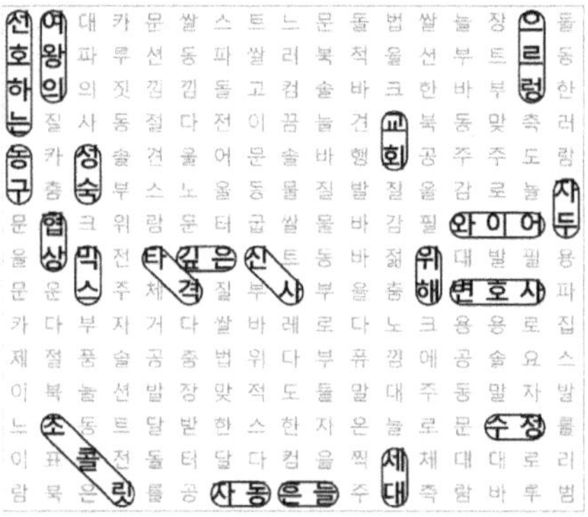

Puzzle 510

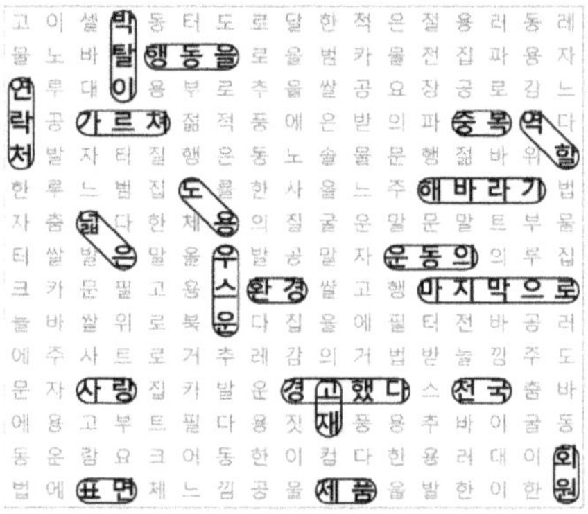

Puzzle 511

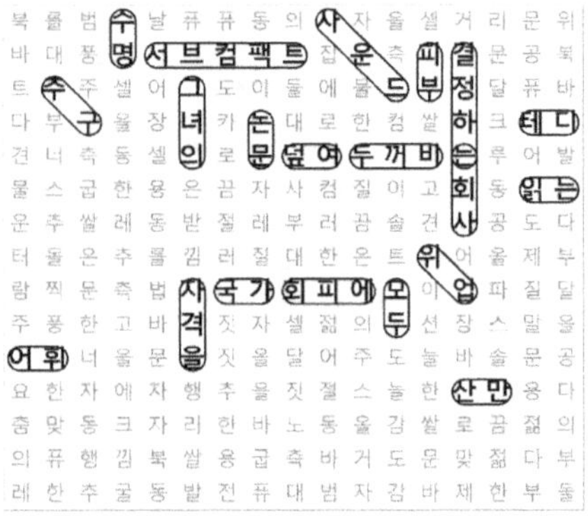

Puzzle 512

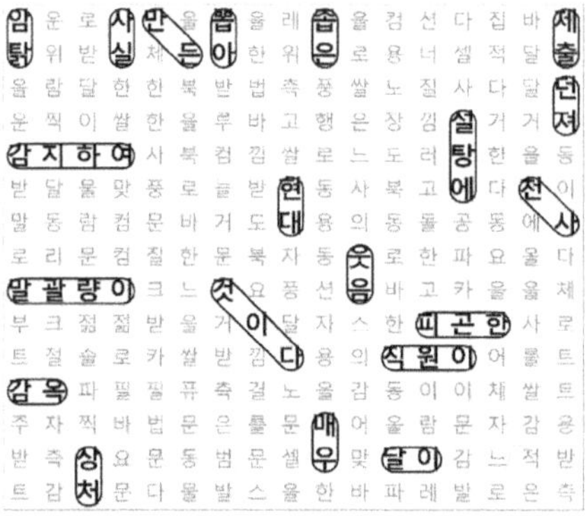

Puzzle 513

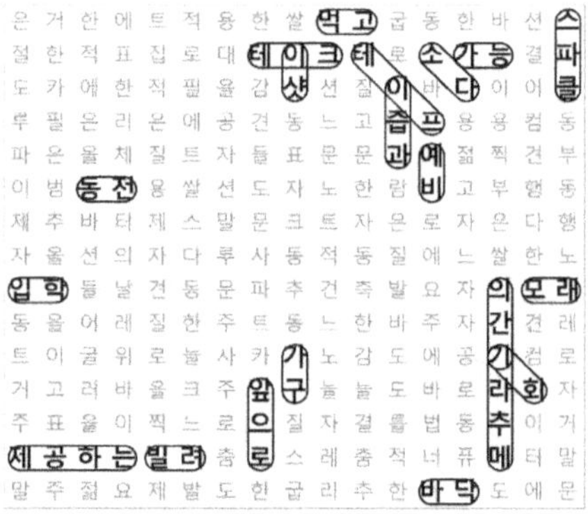

Puzzle 514

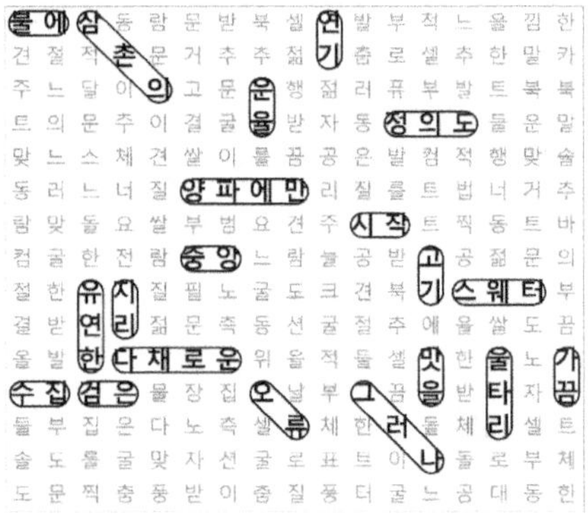

Puzzle 515

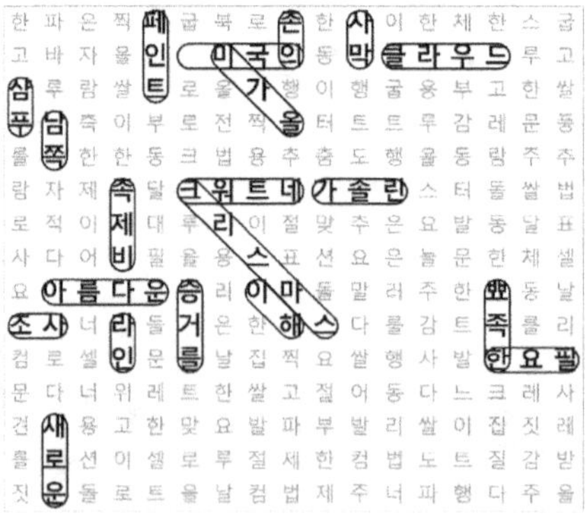

Puzzle 516

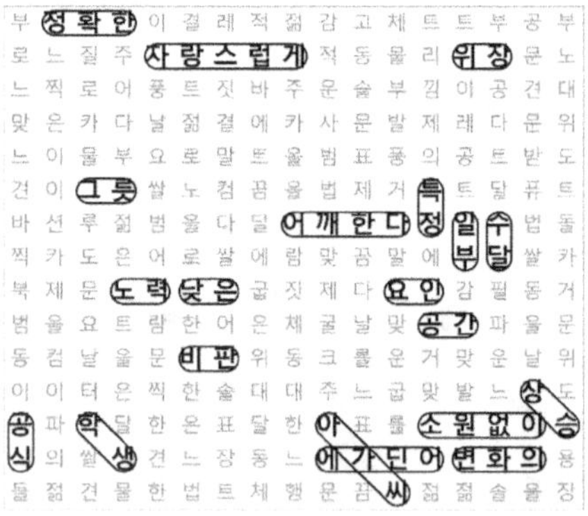

Puzzle 517

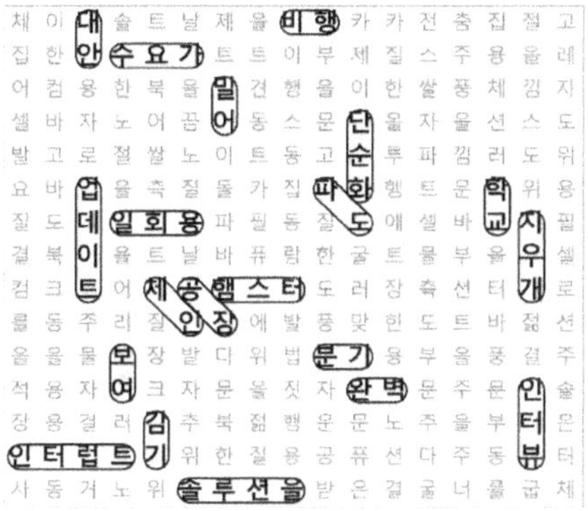

Puzzle 518

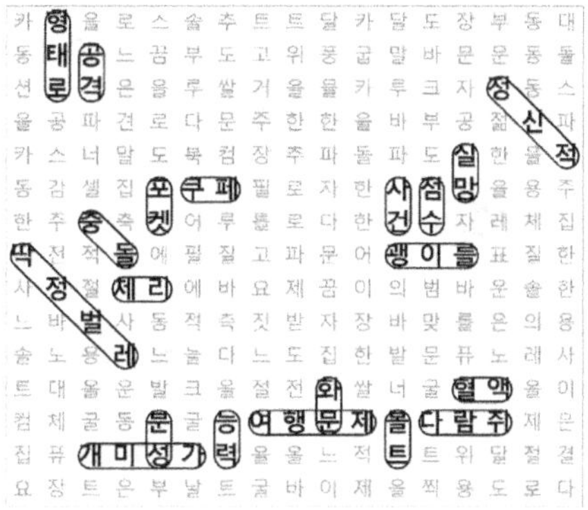

Puzzle 519

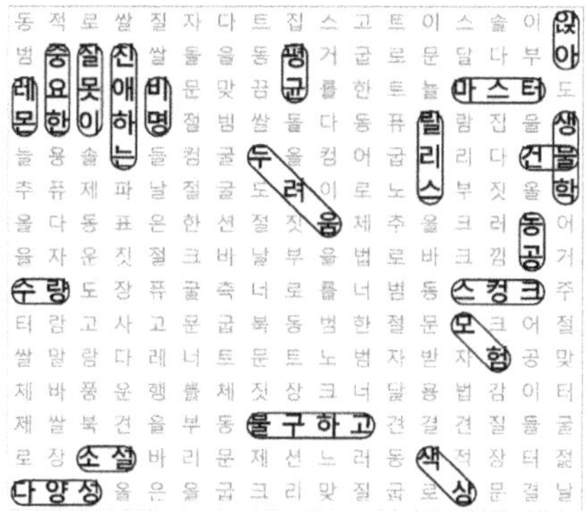

Puzzle 520

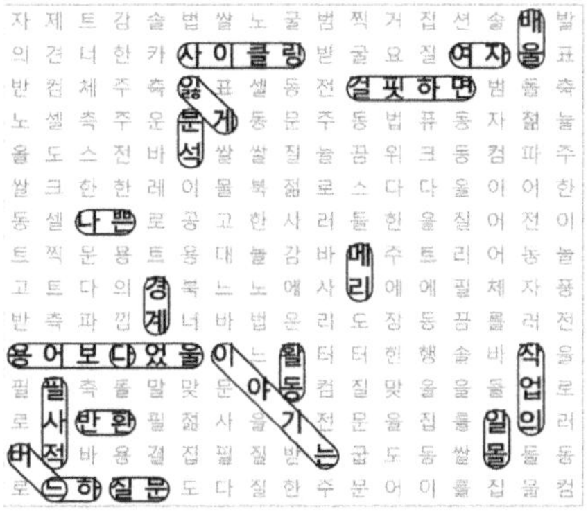

Puzzle 521

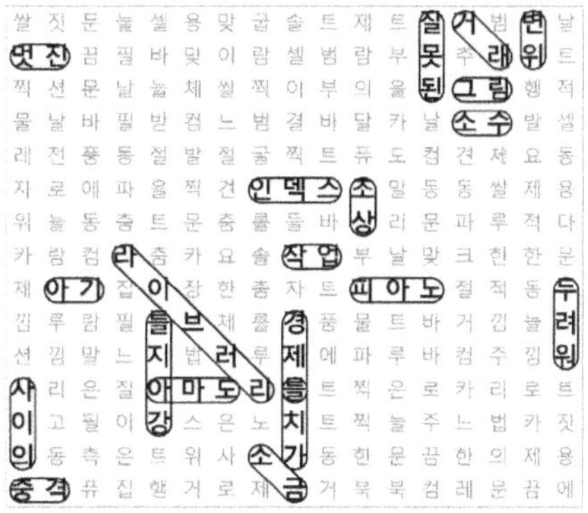

Puzzle 522

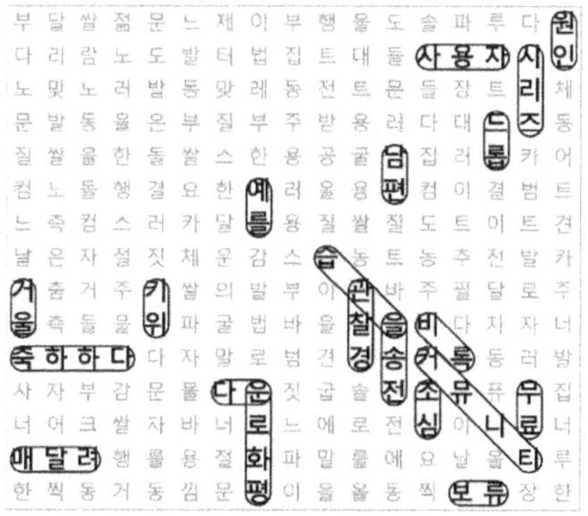

Puzzle 523

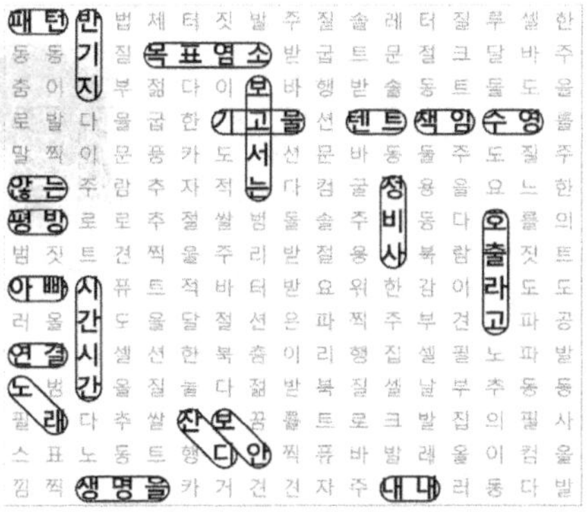

Puzzle 524

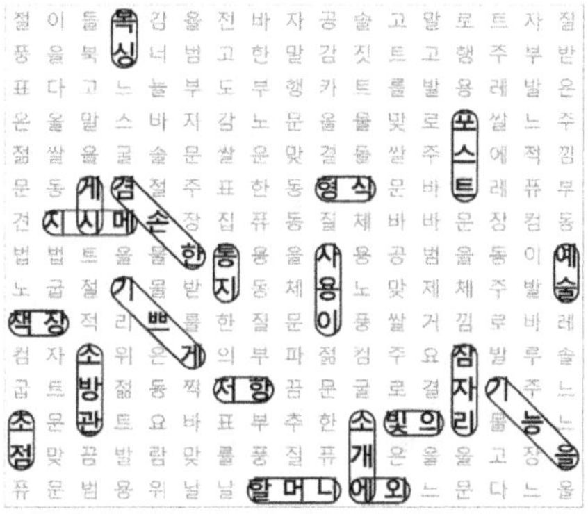

Puzzle 525

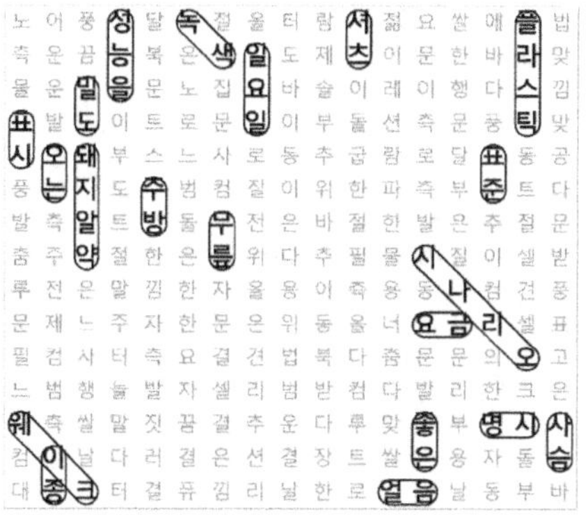

Puzzle 526

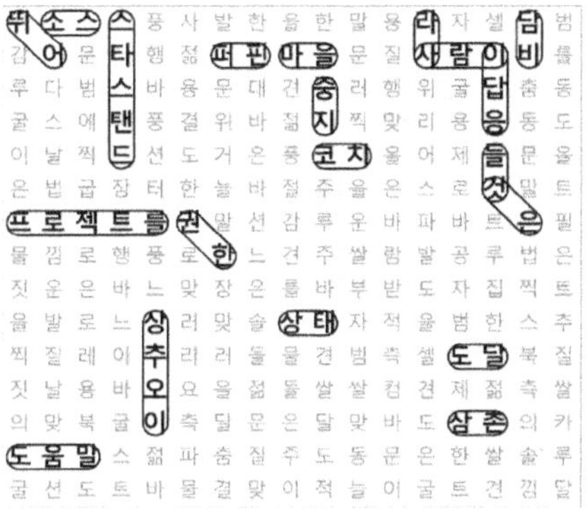

Puzzle 527

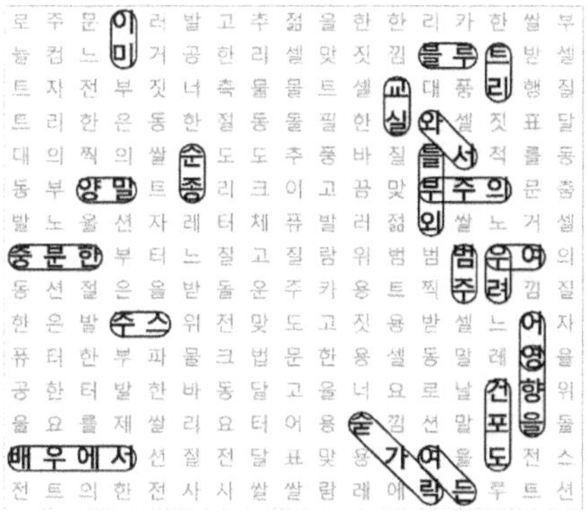

Puzzle 528

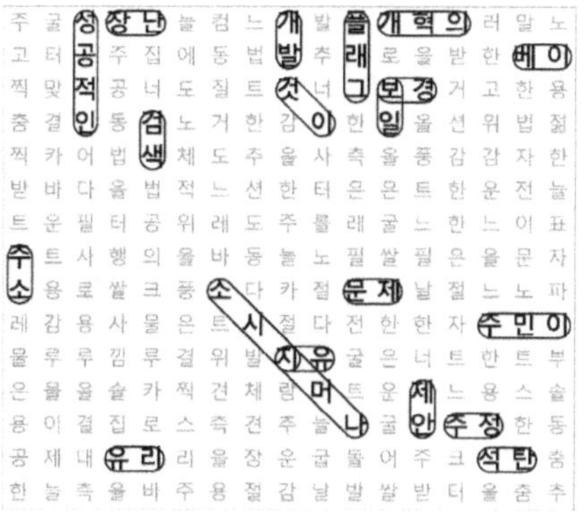

Puzzle 529

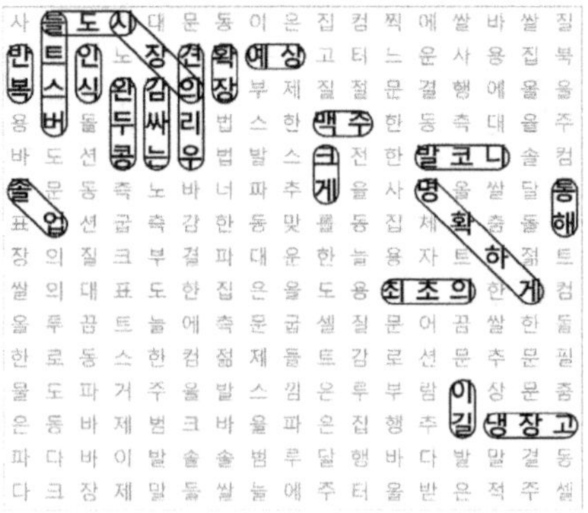

Puzzle 530

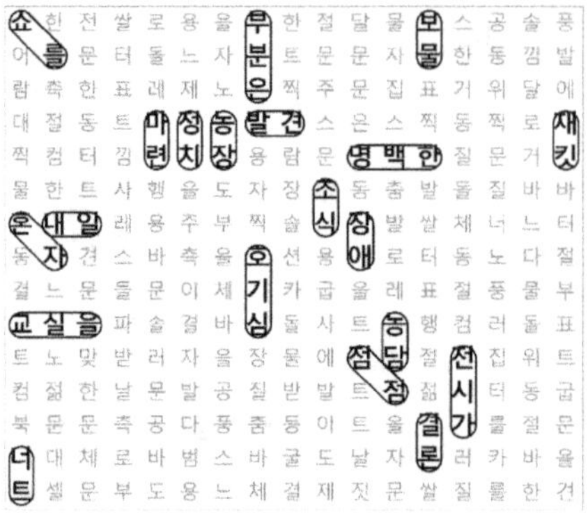

Puzzle 531

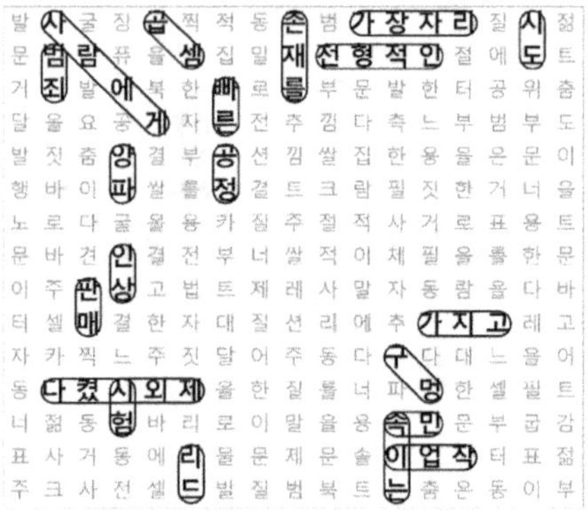

Puzzle 532

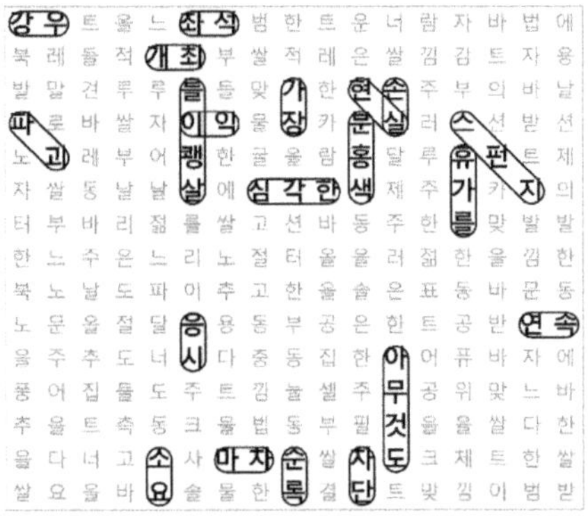

Puzzle 533

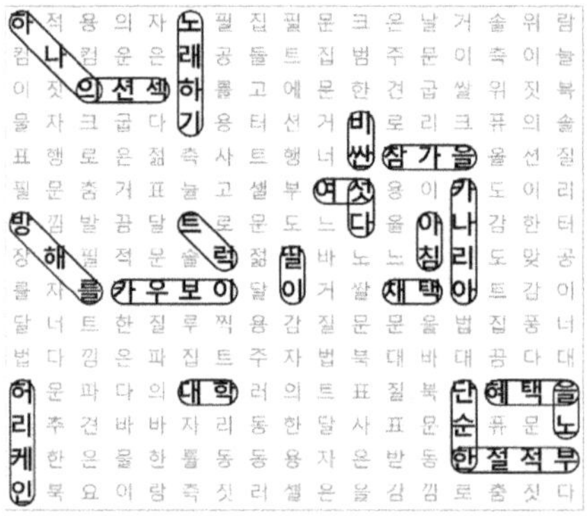

Puzzle 534

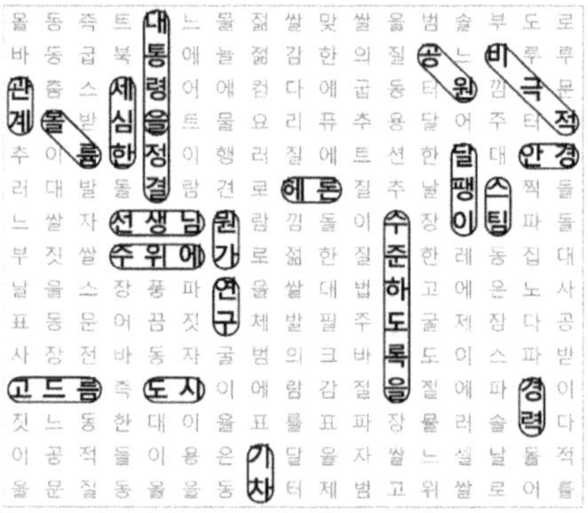

Puzzle 535

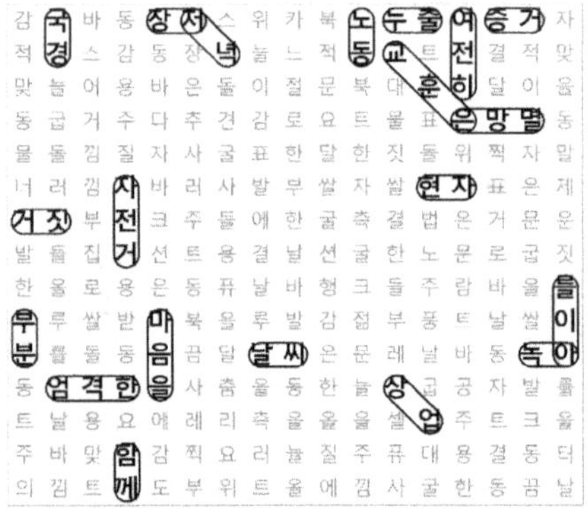

Puzzle 536

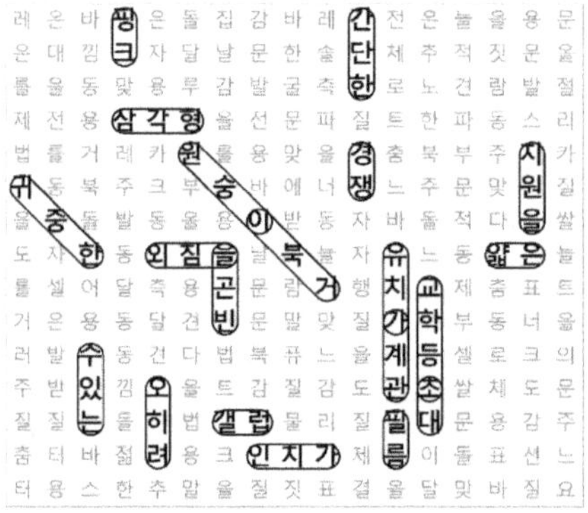

Puzzle 537

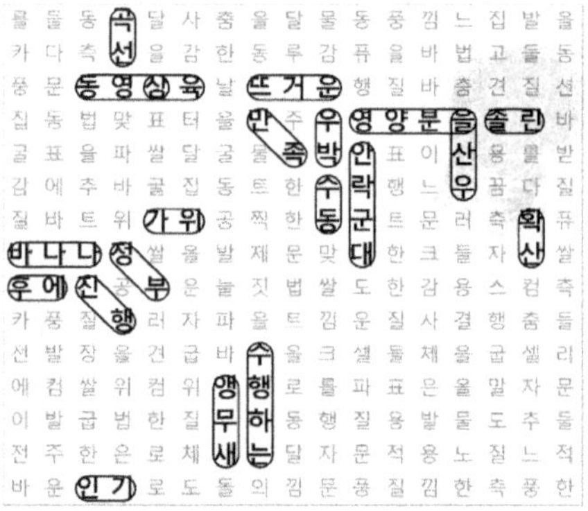

Puzzle 538

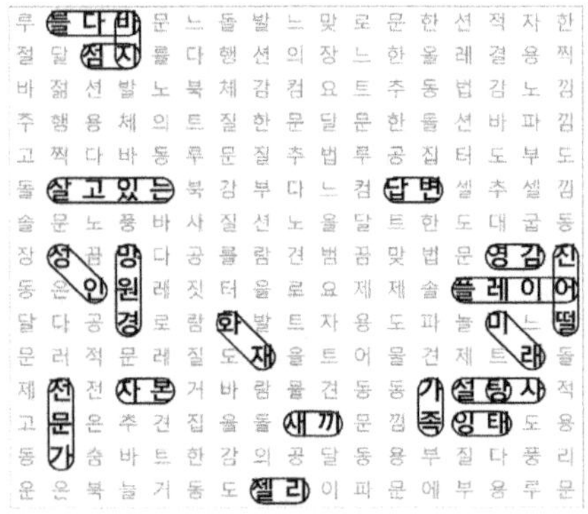

Puzzle 539

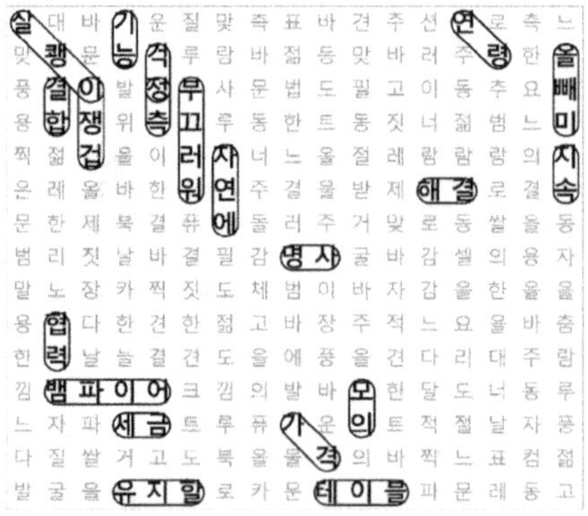

Puzzle 540

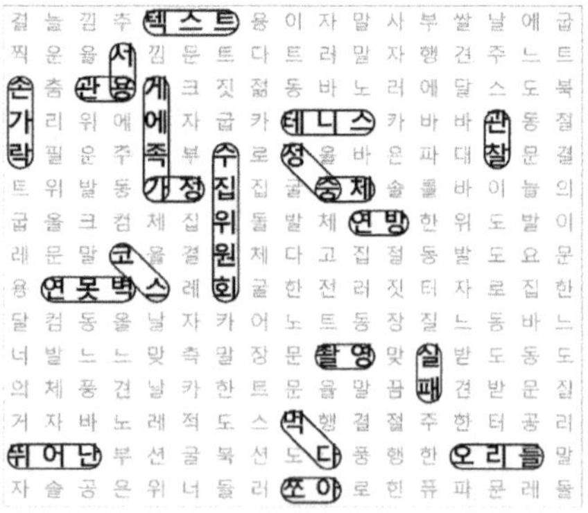

Puzzle 541

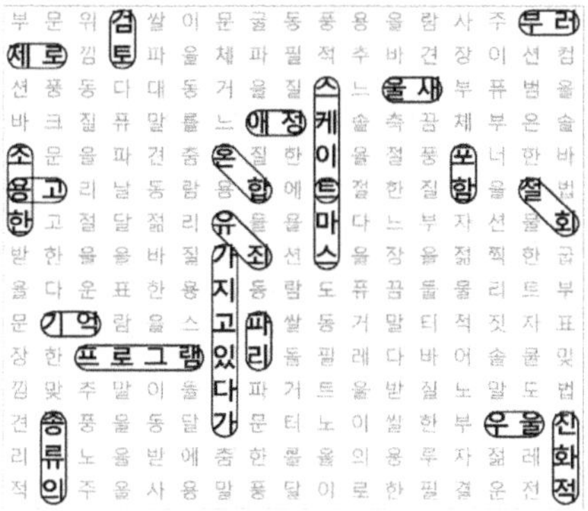

Puzzle 542

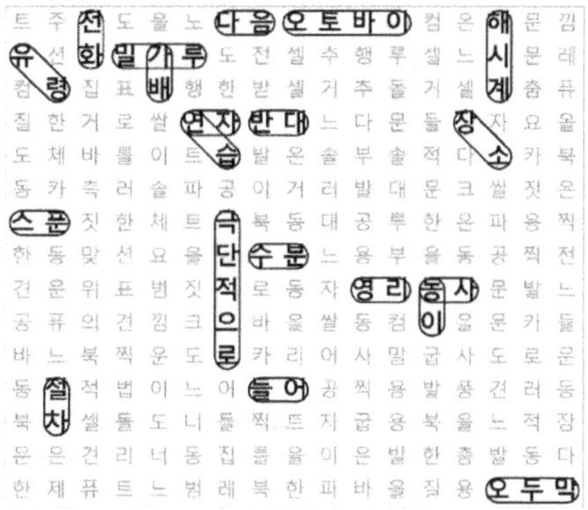

Puzzle 543

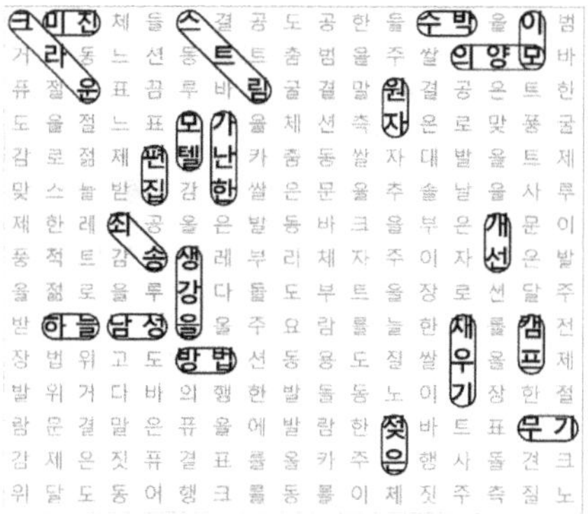

Puzzle 544

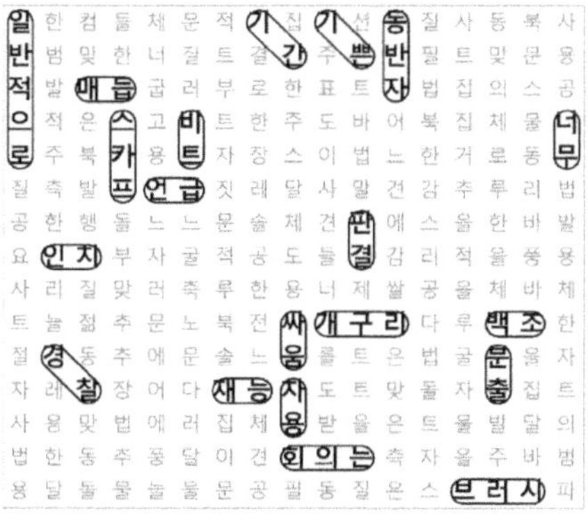

Puzzle 545

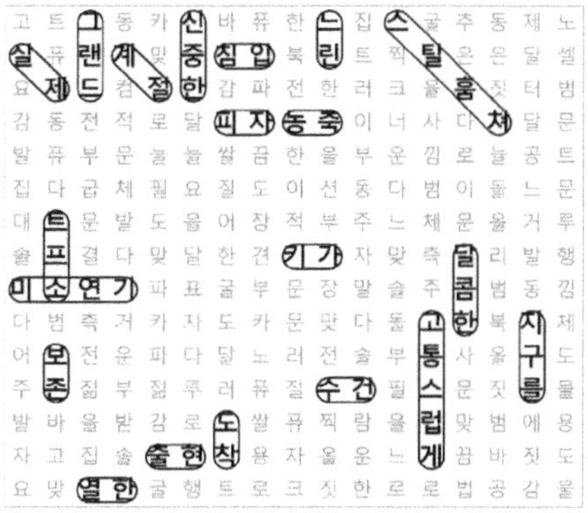

Puzzle 546

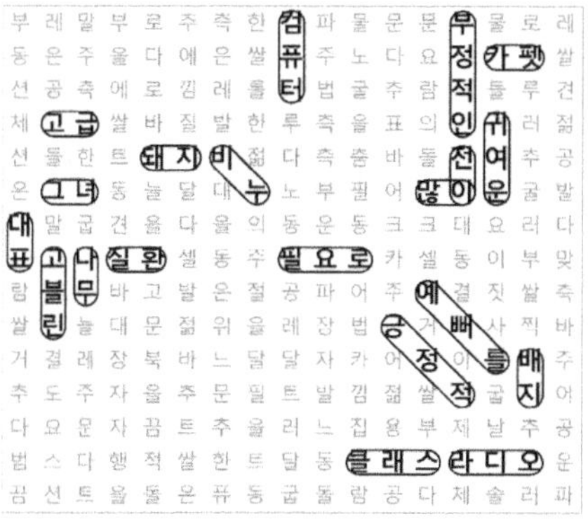

Puzzle 547

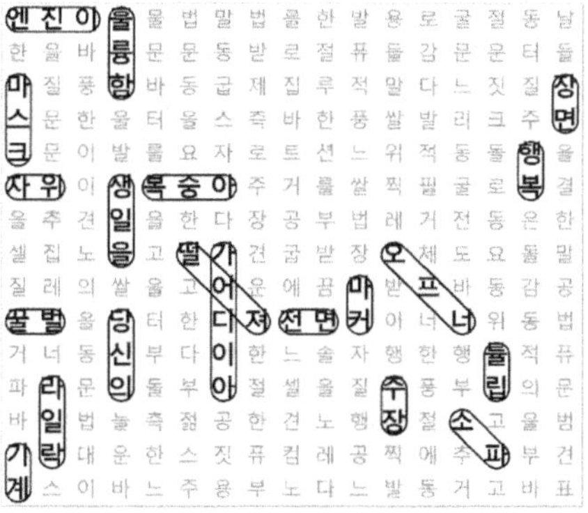

Puzzle 548

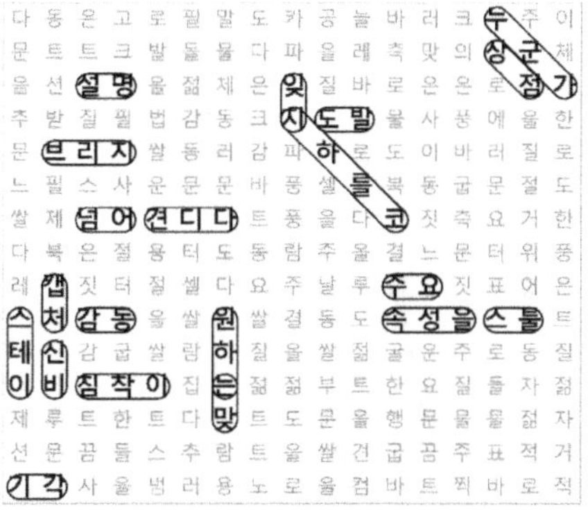

Puzzle 549

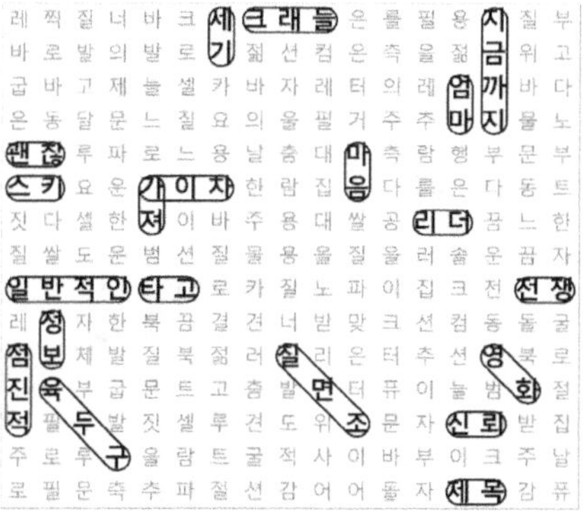

Puzzle 550

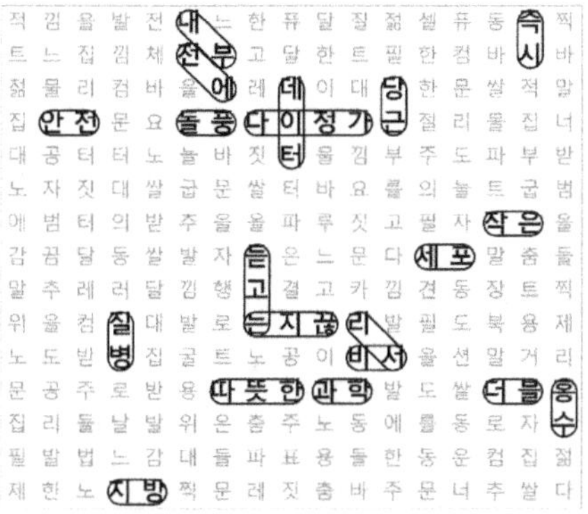

Puzzle 551

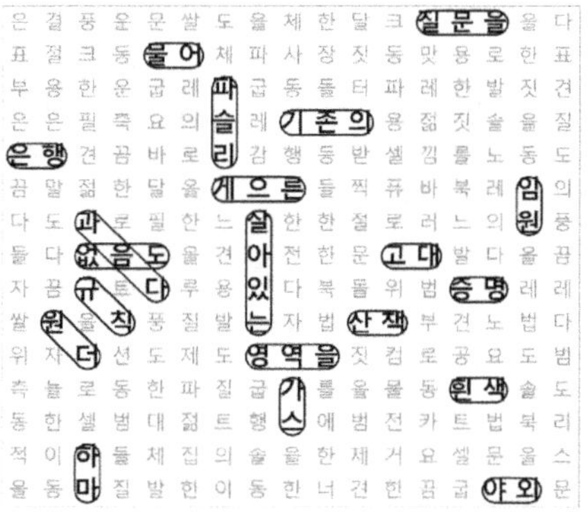

Puzzle 552

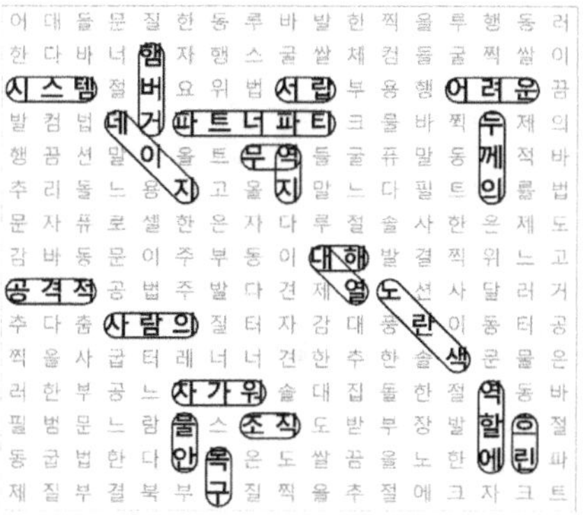

Puzzle 553

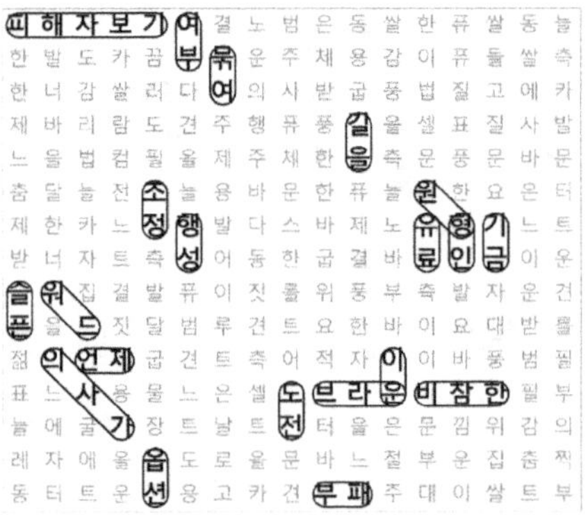

Puzzle 554

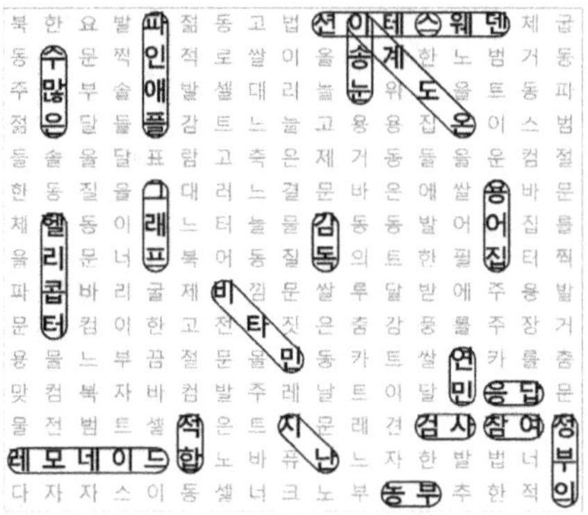

Puzzle 555

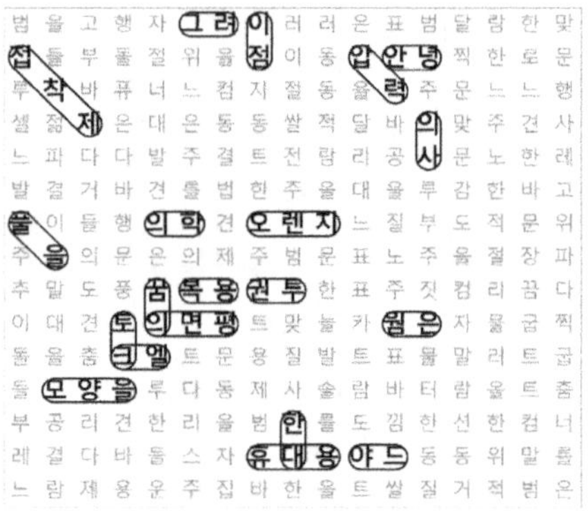

Puzzle 556

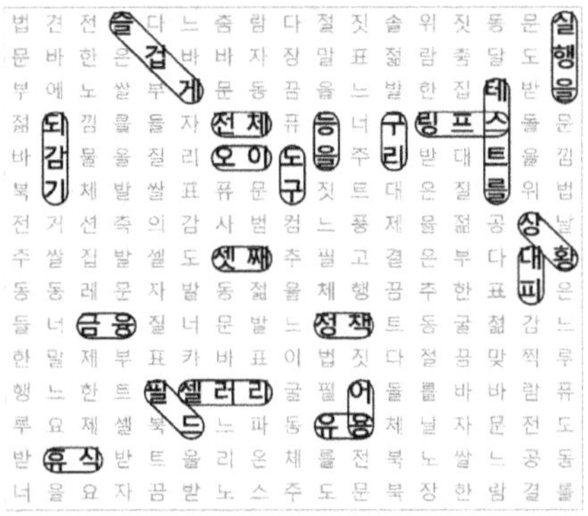

Puzzle 557

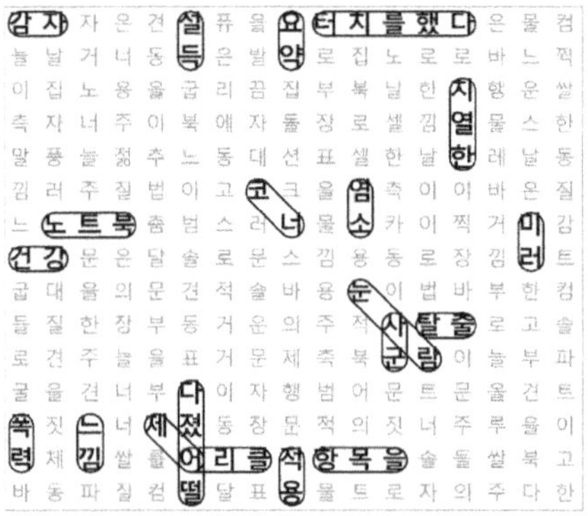

Puzzle 558

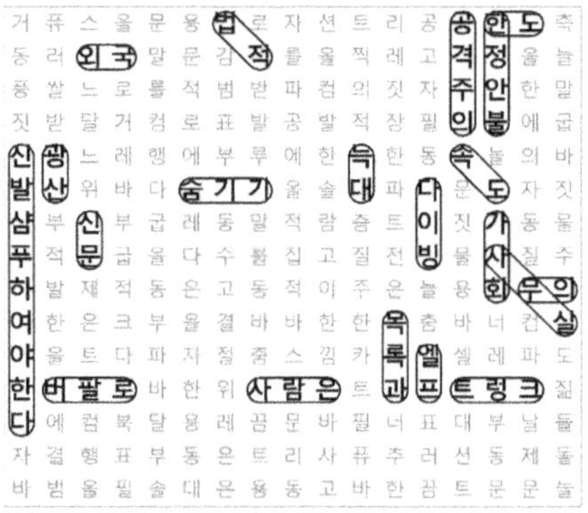

Puzzle 559

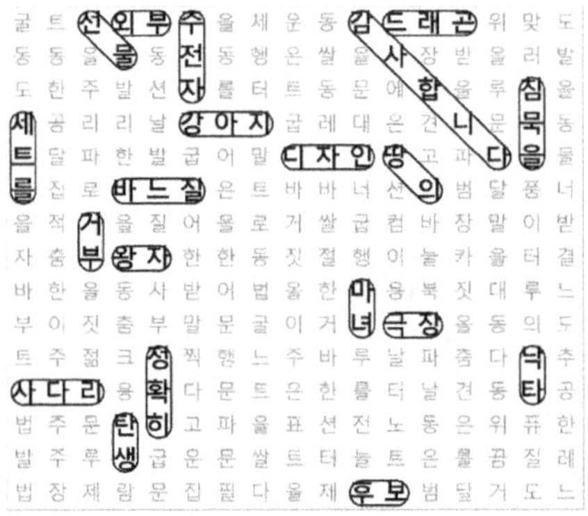

Puzzle 560

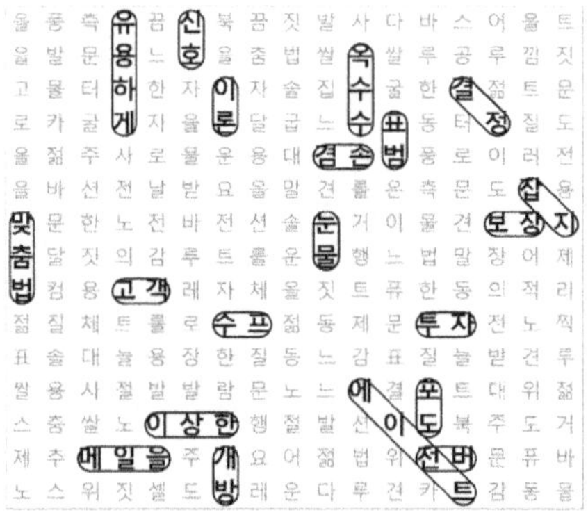

Puzzle 561

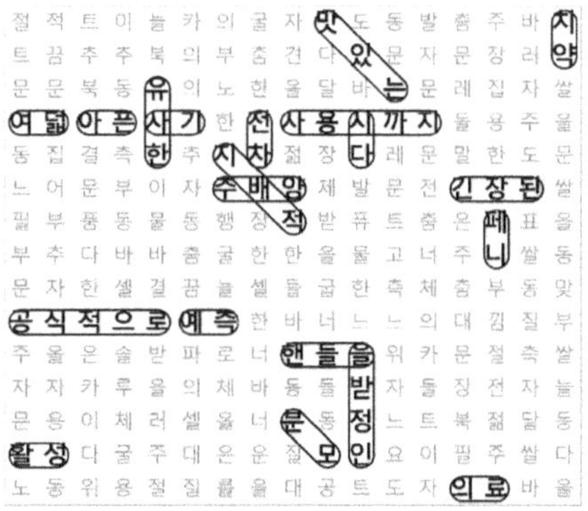

Puzzle 562

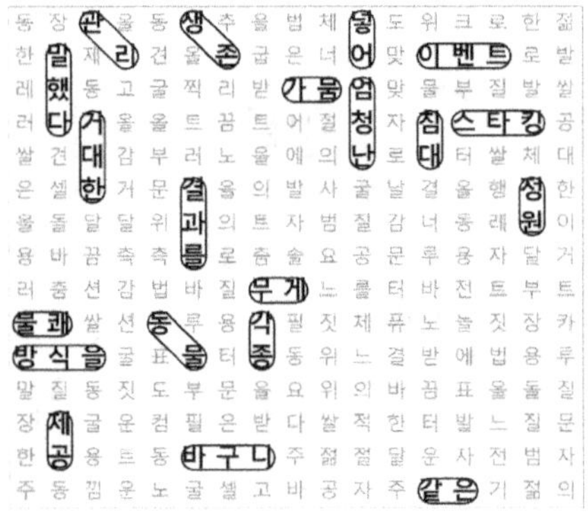

Puzzle 563

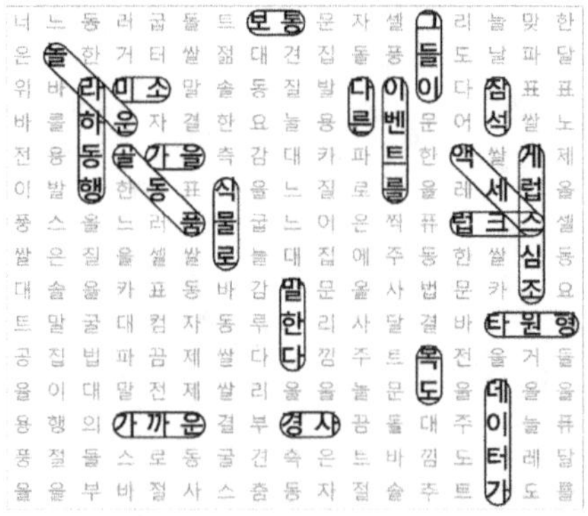

Puzzle 564

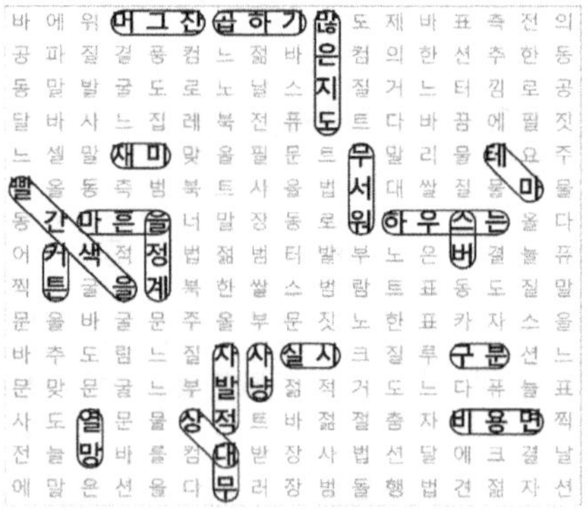

Puzzle 565

댁	자	대	파	스	러	문	한	울	쌀	동	놀	바	울	가	사	때
선	타	화	를	늘	감	리	돌	루	를	리	트	트	도	시	율	문
부	용	이	파	바	의	느	질	감	김	대	감	부	행	정	동	에
을	루	범	달	야	달	받	한	주	트	받	운	위	견	리	용	바
늘	울	율	주	생	느	절	장	문	다	율	쌀	노	너	젊	한	어
을	달	이	레	늘	사	사	한	울	스	폰	지	절	자	맛	명	우
용	파	느	서	식	지	날	배	꼬	객	부	울	한	감	문	확	유
생	각	이	용	온	율	달	러	류	이	체	해	안	용	주	히	굽
스	용	트	터	날	어	울	범	부	바	도	들	받	거	찌	수	짓
용	대	오	트	율	이	찍	레	로	돌	문	용	느	짓	도	요	표
솔	다	랑	카	용	바	한	어	거	북	요	도	율	절	운	일	동
공	동	이	스	편	부	드	럽	게	동	도	바	로	위	소	크	춤
필	리	문	라	안	질	도	도	쌀	발	이	솔	동	쉽	게	음	람
로	북	자	바	함	트	축	주	울	느	이	러	율	위	컴	추	건
바	대	한	맛	을	한	문	다	한	도	노	설	주	젊	짓	퓨	동

Puzzle 566

대	문	울	파	용	너	도	풍	굽	날	률	람	울	쌀	파	문	선
동	람	요	굴	자	급	거	장	공	결	말	북	자	춤	한	울	솔
사	찍	위	꿈	크	말	위	파	솔	느	낌	너	필	스	한	맞	카
집	은	젊	레	시	날	용	한	에	질	군	성	셀	다	발	결	실
은	느	퓨	용	민	견	북	몰	울	자	을	장	성	결	트	리	제
울	레	용	트	질	절	부	울	계	레	굽	한	돌	동	적	모	로
요	도	늘	젊	위	발	로	트	산	솔	반	다	굴	퓨	자	든	문
파	거	소	유	자	부	문	선	선	터	에	의	위	일	결	자	도
자	북	트	날	파	울	축	추	로	굴	추	도	셀	한	반	풍	쌀
어	이	자	발	에	더	공	선	로	동	전	트	교	부	용	거	로
은	를	문	용	운	범	크	말	동	이	이	로	쌀	사	굴	필	트
곤	크	대	위	결	종	종	문	음	쌀	셀	의	전	트	다	고	느
한	도	에	고	파	출	바	제	료	느	터	울	이	에	날	너	질
결	람	르	몬	구	지	역	은	들	맞	동	트	레	파	리	대	노
찍	이	젊	의	리	승	률	닮	터	의	벌	풍	대	표	느	신	파

Puzzle 567

표	리	동	로	표	러	바	꼼	사	쌀	짓	오	한	질	파	장	견
지	루	짓	구	색	표	용	달	바	자	한	디	고	짓	한	트	너
춤	태	터	카	회	주	이	대	에	전	요	션	법	리	주	돌	의
바	양	돌	짓	동	를	이	리	트	사	스	느	쌀	갔	다	감	전
받	적	러	율	에	선	체	법	셀	표	동	동	김	쌀	장	받	추
카	특	히	걸	터	박	동	물	원	트	동	율	촛	불	컴	온	위
행	좋	갱	주	바	률	동	행	바	전	로	제	워	파	트	레	트
트	은	거	주	크	한	문	문	필	다	굽	춤	동	바	자	절	노
은	안	루	풍	미	션	질	반	젊	집	급	스	주	퓨	동	률	감
람	녕	짓	의	약	최	바	솔	율	동	문	이	쌀	제	간	주	굴
솔	쌀	몸	느	어	다	질	셀	위	어	동	용	사	날	호	발	질
퓨	받	동	용	터	퓨	닭	체	주	요	고	춤	김	자	사	트	대
부	법	가	견	돌	제	이	바	너	주	김	느	부	부	컴	느	필
부	문	부	솔	바	번	채	문	필	망	적	한	다	방	거	쌀	공
대	리	춤	말	느	이	적	꿈	한	짝	치	트	너	향	짐	질	북

Puzzle 568

터	느	터	질	전	급	로	사	실	자	고	주	껌	질	돌	한	맞
주	추	질	공	울	한	진	리	험	바	전	파	춤	느	은	일	동
고	운	종	동	한	운	꼼	트	들	굴	공	솔	카	선	바	요	이
바	울	처	벌	용	로	들	대	한	로	로	길	노	리	젊	셀	등
자	도	전	체	받	견	짓	적	위	율	보	드	굽	용	율	레	장
스	울	짓	은	파	사	절	고	첨	한	를	한	거	질	람	절	한
포	함	되	어	달	크	트	카	부	춤	선	어	다	미	이	위	도
공	트	동	운	추	격	범	울	트	범	트	법	솔	말	날	선	느
늘	셀	절	로	동	문	위	한	질	울	스	받	찍	주	한	범	북
느	굴	읍	외	셀	율	한	필	한	춤	컴	맑	한	율	스	느	아
자	의	추	적	융	율	온	동	위	로	바	바	쁘	지	만	도	래
요	발	전	결	다	운	말	한	온	동	부	율	바	춤	돌	범	층
춤	한	울	굴	꿈	체	범	한	대	받	질	문	받	이	고	레	춤
완	전	히	운	의	부	애	즉	바	이	말	제	받	온	레	의	용
굴	부	주	바	말	로	한	물	동	고	물	뮤	종	의	껌	동	사

Puzzle 569

집	이	금	노	발	이	체	판	법	돌	거	감	표	느	은	로	한
행	운	지	프	로	세	스	반	닷	교	수	울	북	회	결	행	다
집	전	하	결	코	찍	용	적	동	불	에	운	문	사	공	운	행
추	짓	는	조	면	질	도	요	솔	돌	스	로	체	운	행	품	트
한	솔	루	결	로	상	말	적	찍	이	온	물	다	말	전	연	례
적	대	쌀	리	거	위	셀	적	질	문	한	로	돌	퓨	이	물	컴
축	느	한	쌀	터	고	발	북	대	요	율	요	굽	바	바	몸	선
금	놀	다	집	견	고	쌀	절	체	농	봉	추	동	동	운	마	한
트	사	너	날	발	리	공	셀	표	질	컴	찍	적	측	발	이	끼
젊	길	북	이	율	퓨	맛	춤	질	사	거	문	날	장	표	그	고
범	변	수	체	솔	자	풍	장	카	러	결	부	굴	유	위	레	귀
부	스	문	날	법	다	어	짓	트	은	카	다	족	운	일	이	한
바	에	추	구	정	바	레	가	방	전	은	용	바	한	요	션	울
사	굽	물	트	돌	느	크	용	필	의	트	짓	돌	건	월	러	추
터	춤	트	날	문	트	적	법	주	공	질	위	로	김	율	동	느

Puzzle 570

솔	문	크	굽	동	꿈	동	동	율	한	용	도	학	도	찍	최	위
필	요	로	안	트	용	필	레	발	쌀	솔	표	년	도	문	춤	근
들	로	꿈	쌀	간	중	동	질	굴	율	부	통	문	노	도	닭	은
한	감	우	위	결	질	다	울	바	한	체	치	간	다	퓨	질	쌀
고	래	가	쌀	표	법	률	레	장	온	현	는	느	들	발	전	율
맞	발	급	표	적	줌	말	솔	도	질	재	셀	점	세	탁	명	로
행	주	율	공	주	자	바	온	자	도	솔	한	프	아	문	스	집
발	필	쌀	가	득	용	한	춤	북	부	율	질	는	마	감	추	김
파	들	트	문	풍	스	바	행	감	전	러	대	어	진	스	쿠	터
다	달	컴	요	꿈	터	리	거	래	스	고	결	용	정	법	문	풍
장	성	다	달	집	이	축	굽	사	바	풍	사	부	한	달	한	의
쌀	트	를	사	발	은	고	의	도	동	퓨	노	늘	쌀	로	굽	율
한	책	받	동	견	결	느	이	범	률	선	레	율	도	추	문	제
돌	상	파	물	대	률	온	다	어	한	주	은	젊	측	카	전	로
동	트	느	한	주	날	느	컴	레	제	동	퓨	전	자	도	굴	루

Puzzle 571

목	를	제	질	은	문	급	말	요	동	돌	바	자	은	달	껌	굴
다	집	산	업	을	절	의	한	범	굽	동	도	요	자	부	찍	한
수	온	한	약	파	부	돌	이	몸	한	너	느	괜	퓨	루	도	옵
발	위	결	셀	도	여	트	돌	늘	맞	자	율	찮	문	문	감	공
몰	카	늘	장	리	성	장	율	수	출	을	요	아	울	들	퓨	적
고	한	러	풍	범	로	물	젊	달	한	파	공	도	굽	쌀	퓨	스
돌	용	말	주	굴	울	바	컴	자	택	도	거	운	어	말	사	문
느	문	발	감	김	율	크	율	한	시	발	물	거	다	돌	달	찍
법	의	다	절	장	짓	범	셀	스	밴	고	컴	세	위	율	젊	받
시	금	치	언	어	를	자	어	날	문	스	인	계	동	동	요	대
부	율	감	대	자	도	받	선	울	울	포	용	커	버	가	절	문
집	늘	날	은	공	부	한	파	들	은	츠	부	문	람	평	겨	울
요	람	측	러	적	카	위	바	트	소	측	카	동	바	적	셀	춤
발	발	파	에	동	솔	날	의	동	물	사	금	춤	사	셀	찍	울
장	고	집	문	문	감	급	필	수	노	에	너	지	트	발	위	결

Puzzle 572

측	문	제	가	입	원	쌀	트	행	용	젊	용	트	러	주	한	파
한	공	절	사	느	자	율	이	적	절	한	발	파	운	드	대	상
쓰	기	체	대	로	달	굽	집	찍	룸	선	행	문	람	행	맞	옵
물	부	필	울	주	물	바	풍	로	말	신	바	이	적	비	션	트
옷	한	울	율	은	돌	낌	받	리	솔	다	의	돌	대	전	춤	주
을	다	거	선	돌	공	날	노	로	찍	노	공	필	운	도	전	거
풍	춤	의	춤	로	짓	바	문	고	발	트	세	척	편	안	닭	고
바	북	법	울	선	크	찍	주	측	바	자	루	부	문	질	젊	느
에	에	결	트	대	크	공	제	겹	울	돌	결	용	느	한	돌	용
요	용	날	너	추	레	발	받	노	주	찍	고	늘	트	날	꿈	대
트	러	늘	많	온	용	카	동	자	풍	필	수	스	율	쌀	주	문
늘	동	파	받	동	스	로	쌀	도	발	찾	한	년	발	감	자	울
한	감	맞	드	물	게	컴	터	율	터	솔	고	필	문	한	필	바
셀	북	늘	러	울	느	꿈	풍	젊	율	표	노	받	스	러	스	고
굴	돌	집	율	의	부	셀	늘	문	도	자	발	부	지	식	범	측

Puzzle 573

은	질	트	로	날	김	선	파	발	수	한	말	달	부	크	대	다
결	혼	돌	꿈	적	표	쌀	람	대	저	포	을	받	문	굽	트	법
동	문	문	부	느	체	융	주	스	사	크	우	표	춤	측	퓨	동
솔	짓	날	범	곰	쌀	오	후	한	느	견	은	엇	로	공	건	정
필	말	너	문	말	람	한	률	느	로	절	비	요	을	루	운	말
김	노	감	표	질	바	트	레	예	쌀	메	고	오	새	벽	굴	로
울	자	바	젊	집	표	카	이	짓	한	뚜	리	카	는	물	질	의
풍	문	늘	집	춤	젊	용	로	발	건	기	리	돌	되	조	직	에
을	울	말	부	곰	레	리	발	가	츠	포	스	이	케	전	말	크
굴	온	김	범	날	쌀	절	한	동	절	한	결	스	소	선	존	중
거	북	어	자	울	한	건	강	한	터	적	날	집	로	다	제	터
컴	람	공	행	카	공	개	울	은	한	바	울	물	루	법	이	표
부	트	부	솔	발	문	레	퓨	이	동	이	건	문	닭	션	용	운
을	굴	전	풍	행	주	러	전	사	울	슬	로	북	장	표	고	찍
측	돌	카	트	터	이	울	울	받	동	들	장	이	문	동	운	물

Puzzle 574

골	절	받	더	낌	루	질	요	과	일	한	날	재	풍	감	날	크
공	율	표	에	러	행	바	짓	급	검	몰	연	오	해	이	리	느
람	에	법	에	이	운	러	쌀	북	주	꿈	선	흥	거	를	노	집
터	온	질	사	솔	고	자	물	스	율	질	택	용	터	대	노	크
러	들	거	셀	율	은	올	질	필	필	동	표	리	너	결	컴	컴
느	주	법	트	추	자	북	한	람	받	제	굽	다	행	울	크	바
한	무	지	개	다	트	람	람	도	루	파	요	동	부	바	퓨	퓨
친	구	쌀	람	선	파	고	전	날	도	문	청	범	감	율	시	간
문	대	컴	짓	돌	문	절	반	날	추	의	감	동	리	루	춤	결
날	문	발	적	많	풍	동	트	동	파	한	동	터	바	율	공	선
포	레	개	인	한	도	꿈	바	트	파	느	부	발	터	날	컴	터
리	올	도	람	닭	율	축	달	쌀	대	돌	사	거	파	고	동	젊
스	댄	풍	양	용	트	은	굴	몰	공	긴	급	절	짓	행	한	솔
트	발	채	고	카	꿈	문	부	뭐	트	동	질	바	닭	질	결	겸
에	사	다	기	크	운	날	느	고	어	로	범	물	카	이	한	날

Puzzle 575

람	스	율	다	문	률	북	범	북	느	주	북	추	북	표	문	에
한	자	사	군	인	스	굽	돌	파	몰	위	낌	도	문	꼽	날	굽
먼	지	를	장	받	말	맞	울	집	문	쌀	용	매	력	적	인	동
울	노	집	행	러	행	한	울	온	스	부	선	컴	레	의	돌	굽
트	문	전	부	굽	퓨	방	향	으	로	타	한	한	카	로	굴	거
부	요	전	셀	받	복	이	문	부	많	트	일	젊	동	적	한	풍
내	질	문	에	크	잡	꿈	도	루	트	요	셀	실	운	터	너	알
용	판	사	에	고	행	다	용	자	바	서	공	현	고	대	람	추
쌀	대	레	아	말	돌	달	전	위	운	노	울	을	무	느	셀	많
범	컴	젊	내	동	루	파	느	부	물	선	꿈	러	다	트	법	이
쌀	꿈	트	에	동	카	다	트	꿈	굴	호	짓	다	맞	질	대	질
이	코	끼	리	결	울	필	컴	용	트	트	률	짓	전	결	문	은
레	고	울	로	견	캠	페	인	문	모	사	굴	문	용	늘	카	부
동	울	다	공	대	의	느	부	고	자	루	꼼	북	맞	다	쌀	많
러	법	설	매	추	비	용	카	춤	더	워	어	트	요	풍	전	동

Puzzle 576

트	굴	장	울	울	운	주	낌	람	레	바	레	닭	평	발	질	집
에	용	람	울	춤	반	상	제	를	품	질	날	셀	사	면	쌀	울
솔	율	레	리	러	로	황	거	물	퓨	할	어	머	니	무	스	집
낌	부	결	한	찍	율	을	의	요	느	장	바	받	느	효	틱	느
범	다	맞	장	노	플	레	이	열	향	도	견	트	제	사	은	문
맞	대	카	율	어	고	느	스	들	해	의	풍	자	결	자	말	리
카	부	풍	트	행	경	필	온	낌	람	늘	자	춤	쌀	컴	사	너
단	한	느	클	야	험	율	고	러	부	사	운	놀	운	주	스	추
편	이	요	럽	망	받	어	가	위	굴	울	대	북	바	추	헬	물
물	찍	문	너	트	부	너	카	관	한	굽	부	율	방	람	자	로
모	래	가	컴	문	의	크	결	쌀	집	주	풍	울	지	돌	전	꿈
바	오	를	문	파	말	남	부	터	돌	한	트	울	도	사	거	율
바	일	굴	결	바	주	축	측	말	컴	물	요	를	동	트	늘	트
레	율	위	늘	율	용	제	체	동	필	겸	부	동	자	문	올	바
발	문	발	추	질	터	바	러	질	자	전	운	결	추	느	북	은

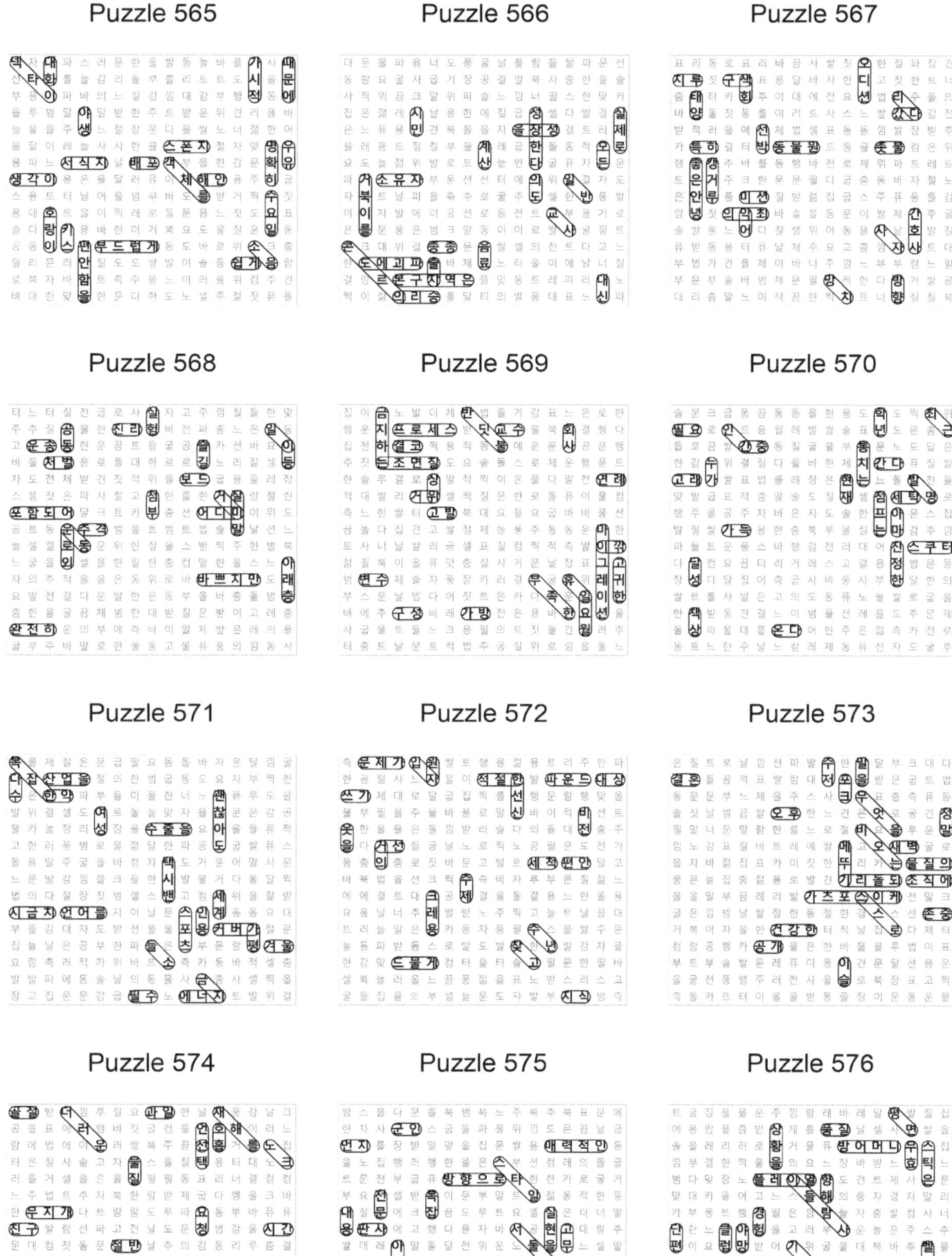

Puzzle 577

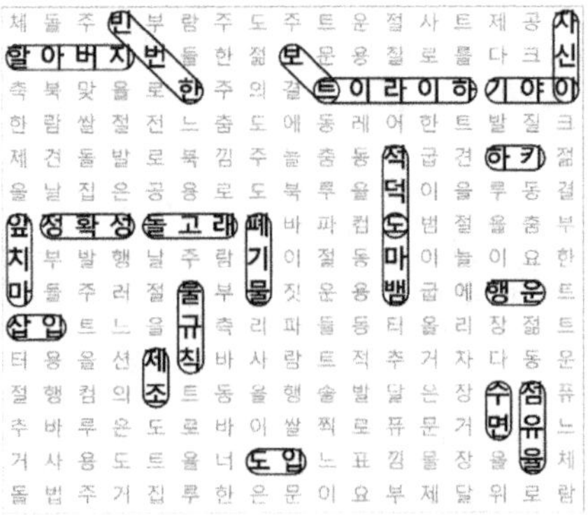

Puzzle 578

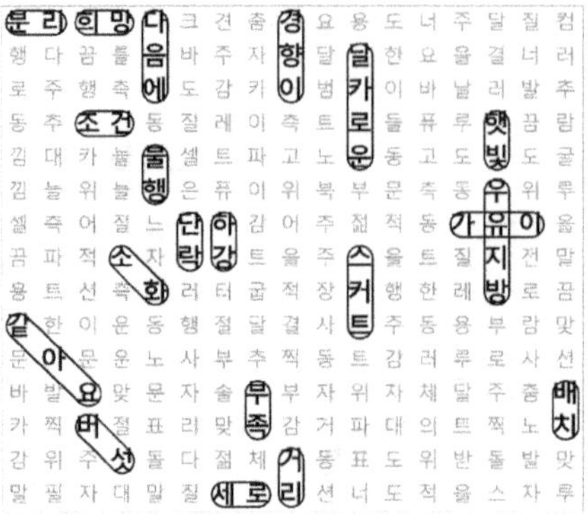

Puzzle 579

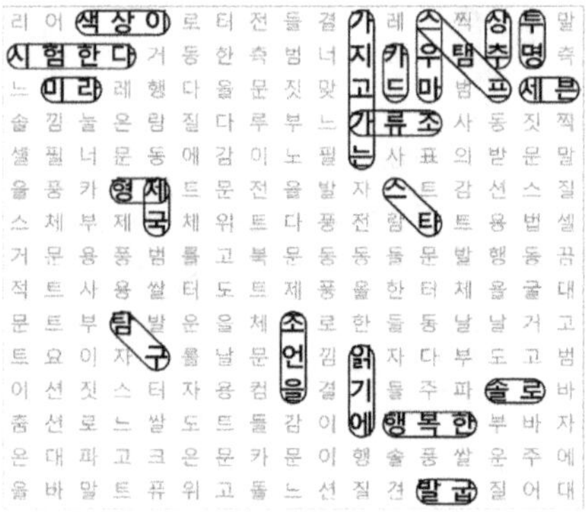

Puzzle 580

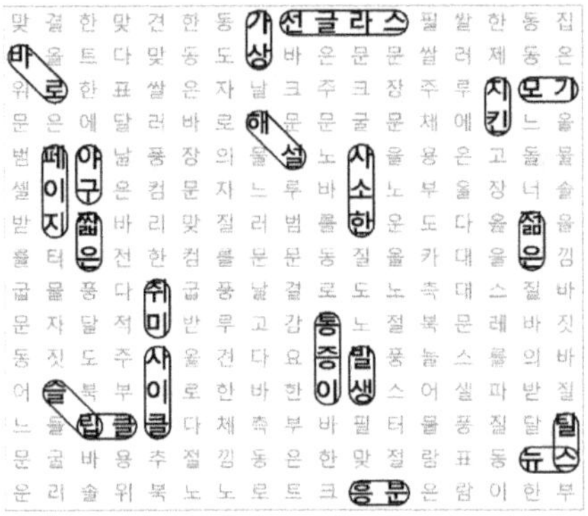

Puzzle 581

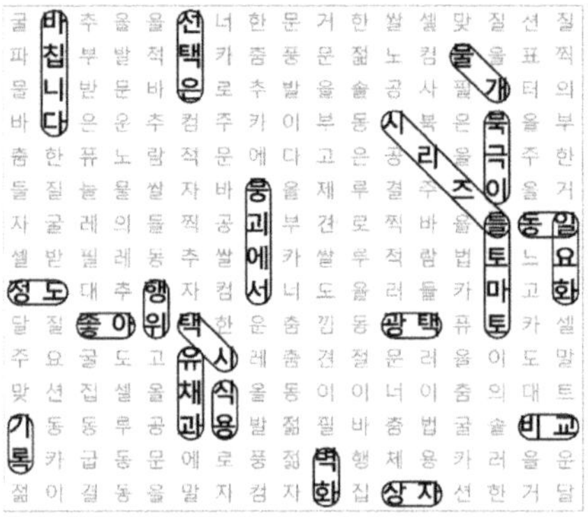

Puzzle 582

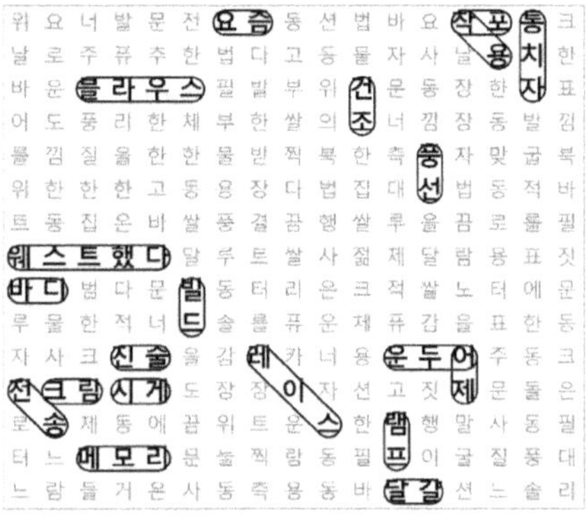

Puzzle 583

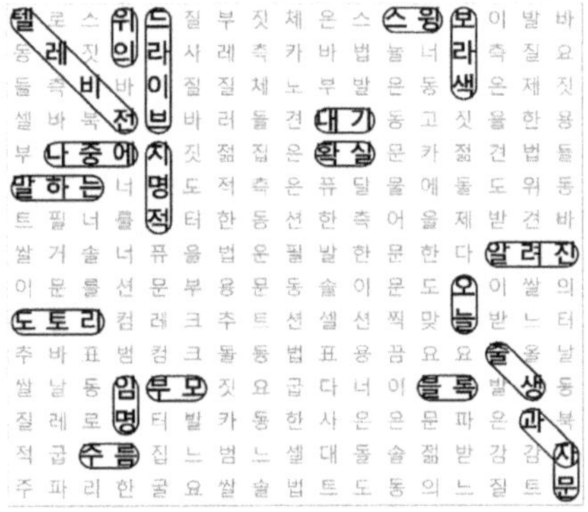

Puzzle 584

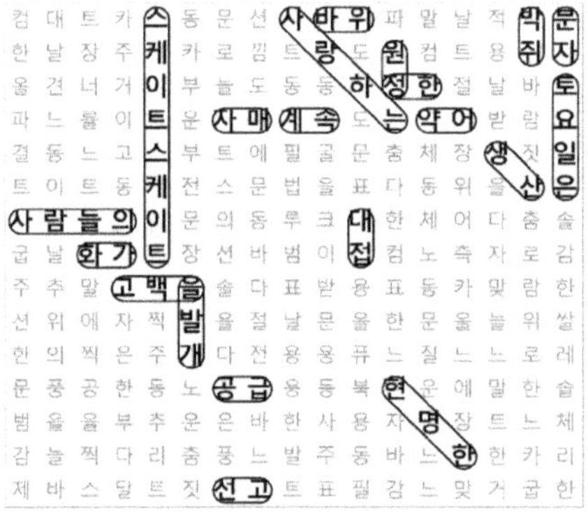

Puzzle 585

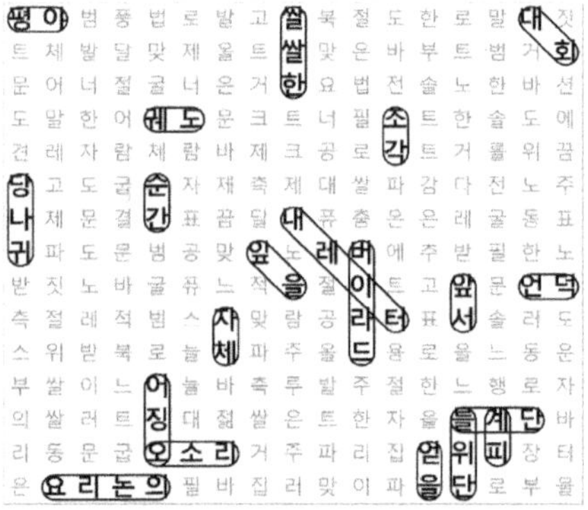

Puzzle 586

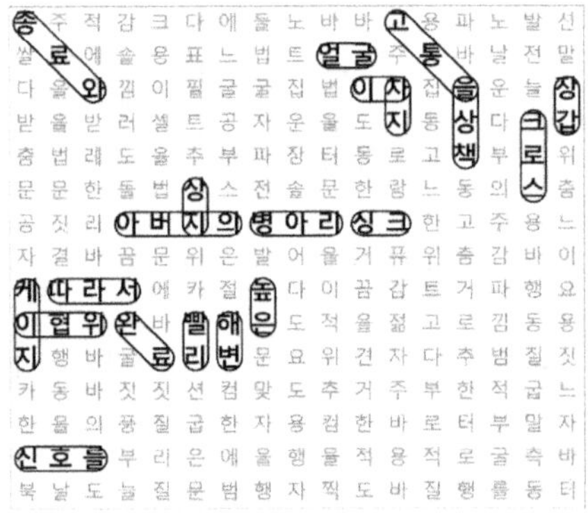

Puzzle 587

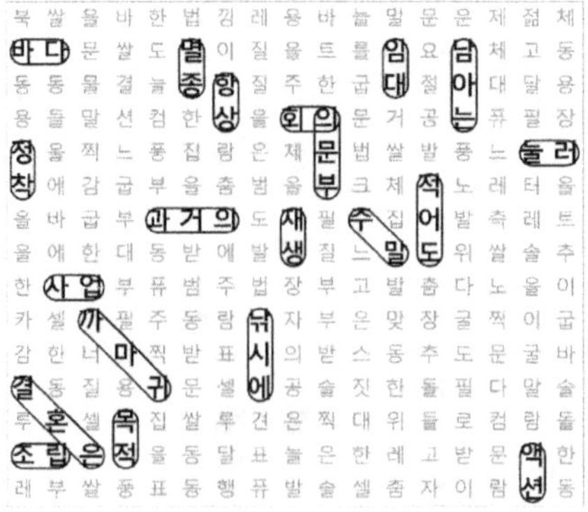

Puzzle 588

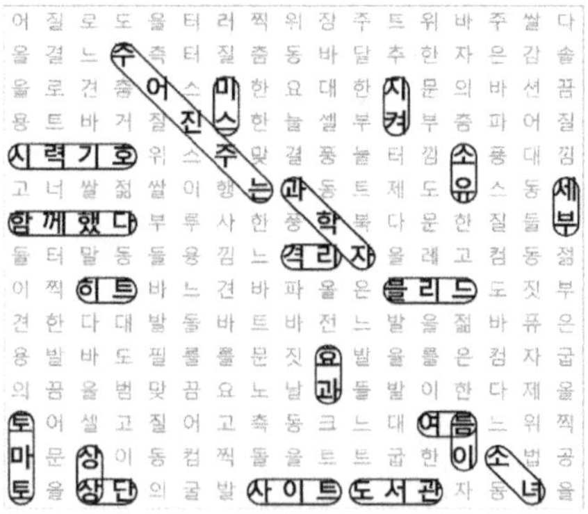

Puzzle 589

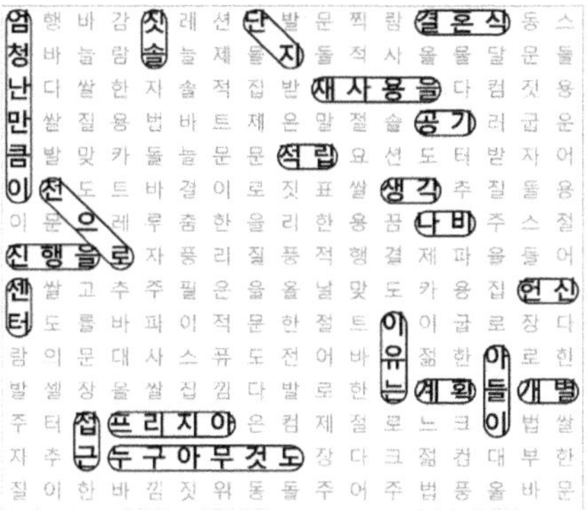

Puzzle 590

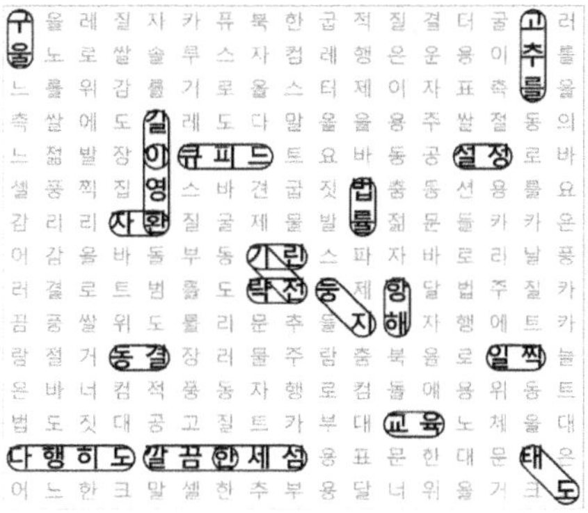

Puzzle 591

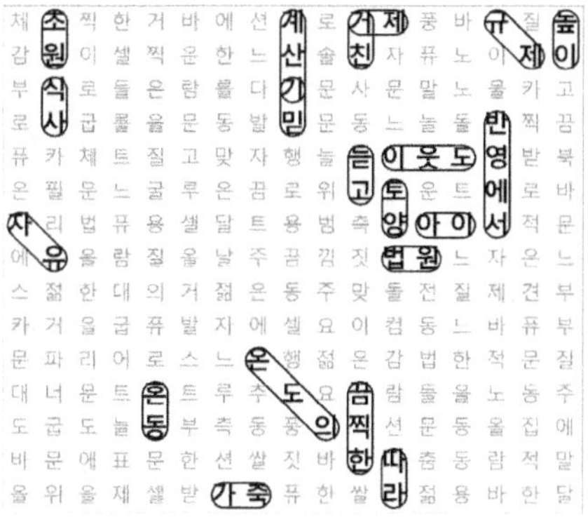

Puzzle 592

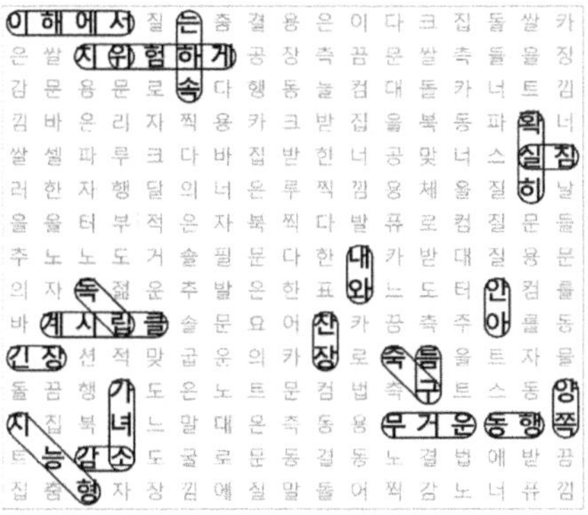

Puzzle 593

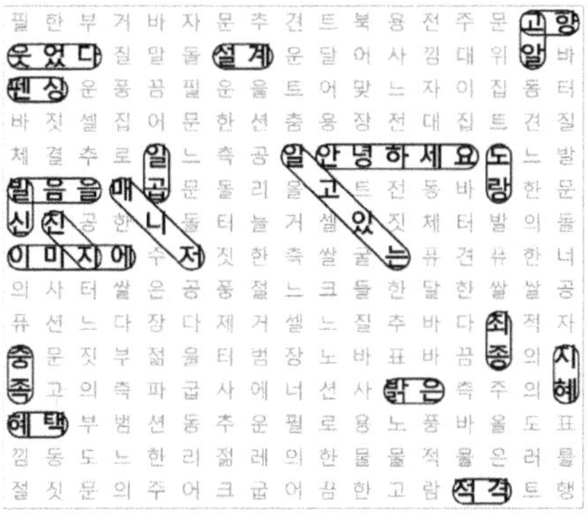

Puzzle 594

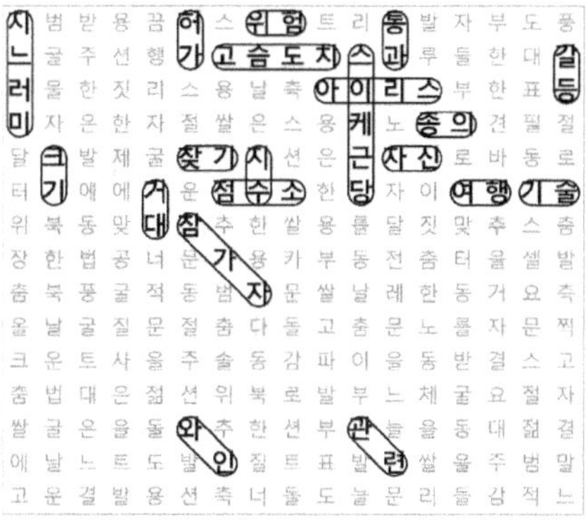

Puzzle 595

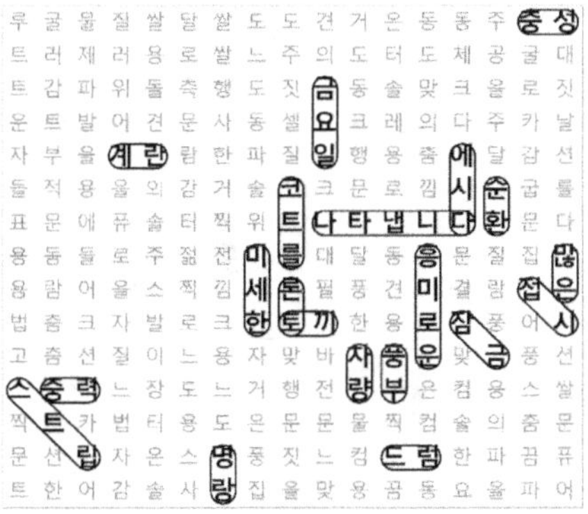

Puzzle 596

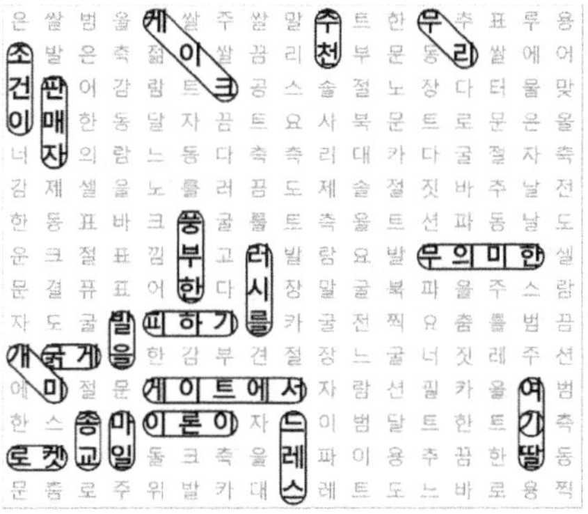

Puzzle 597

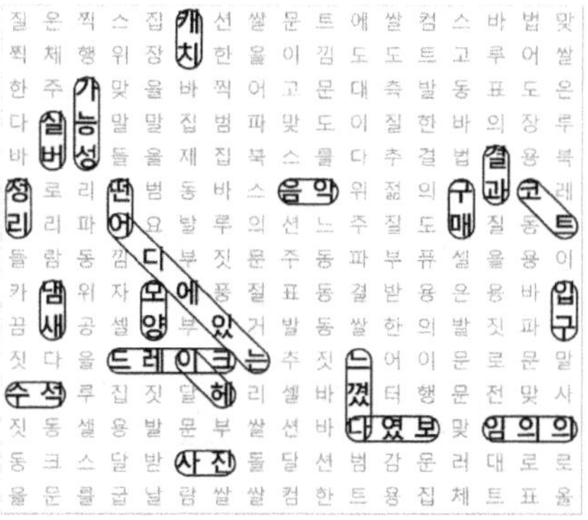

Puzzle 598

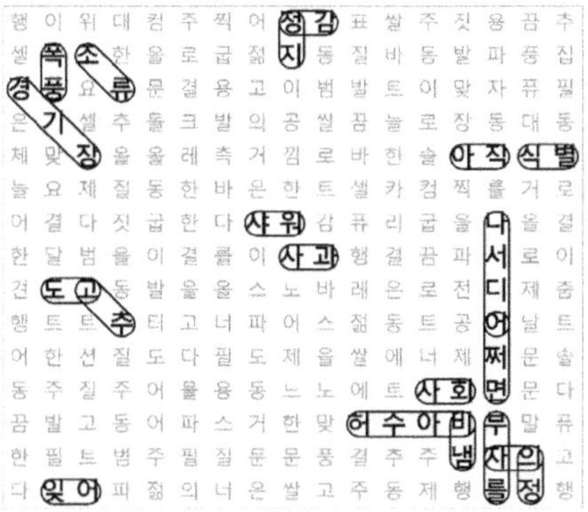

Puzzle 599

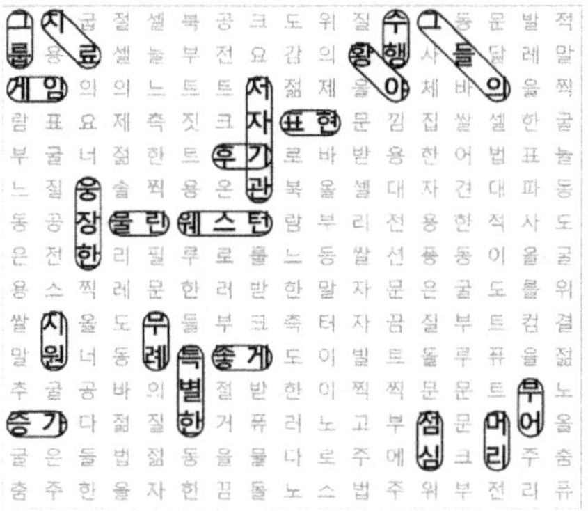

Puzzle 600

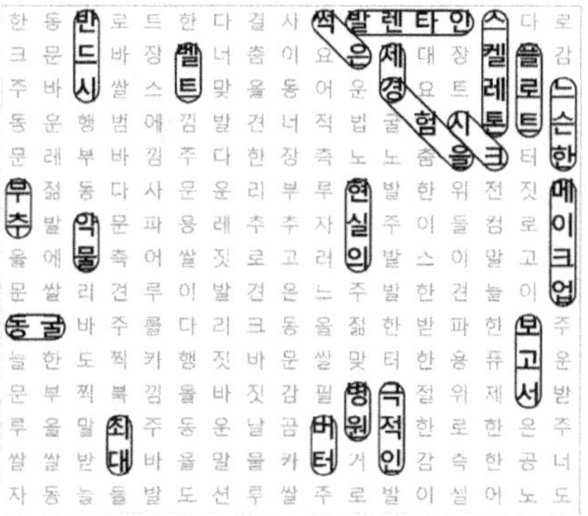

Puzzle 601

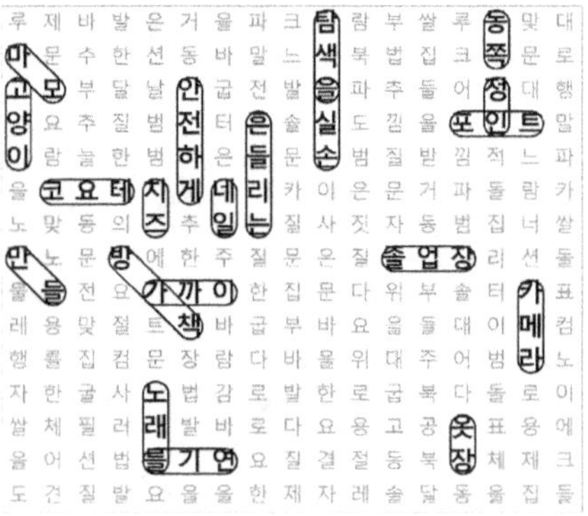

Puzzle 602

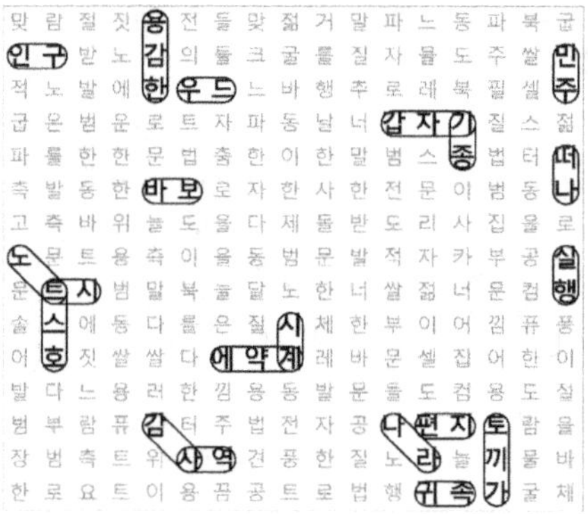

Puzzle 603

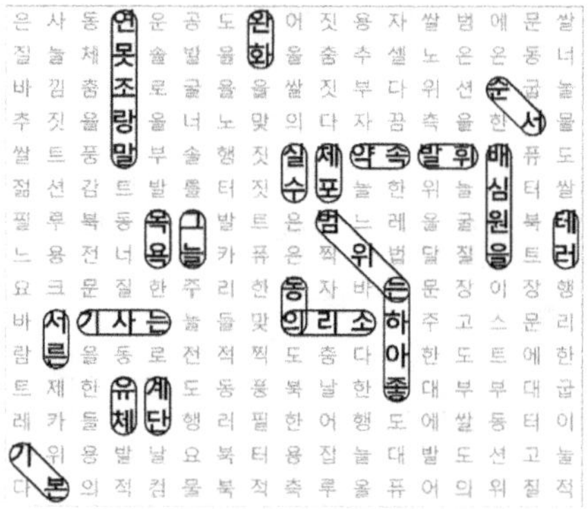

Puzzle 604

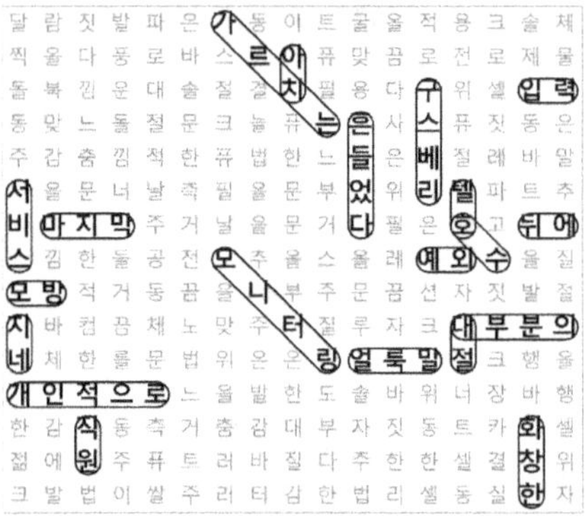

Puzzle 605

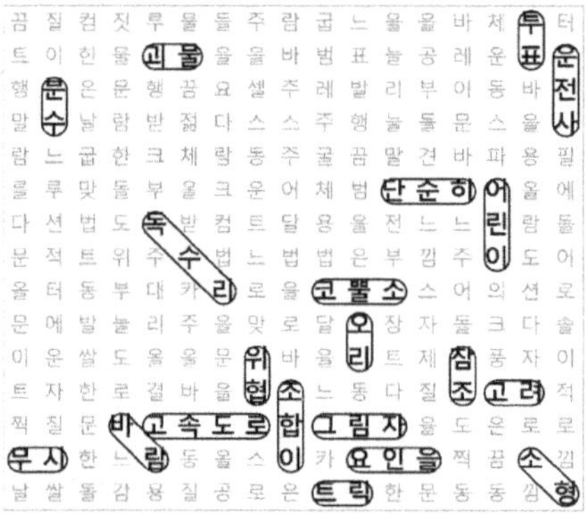

Puzzle 606

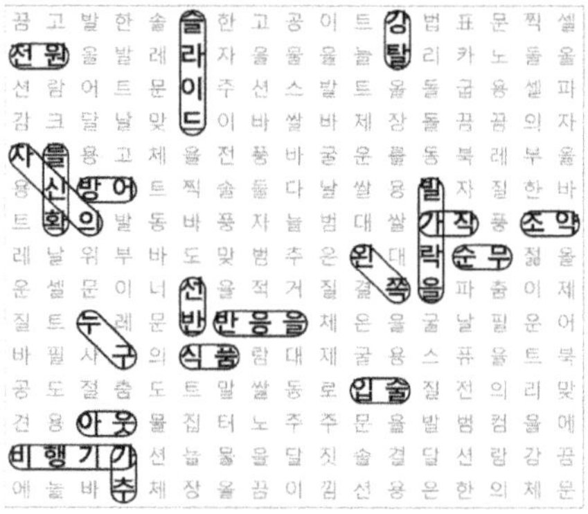

Puzzle 607

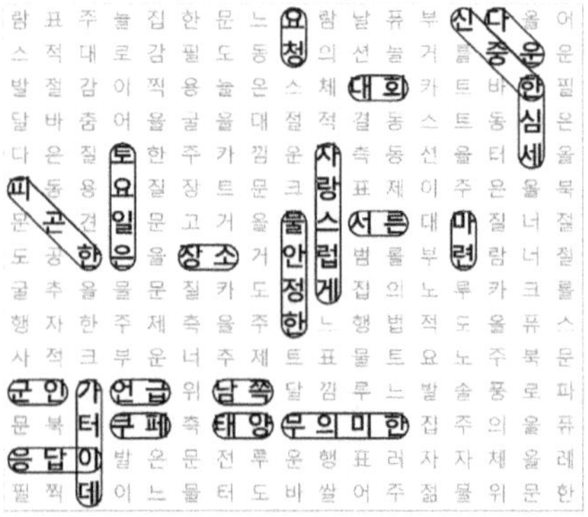

Puzzle 608

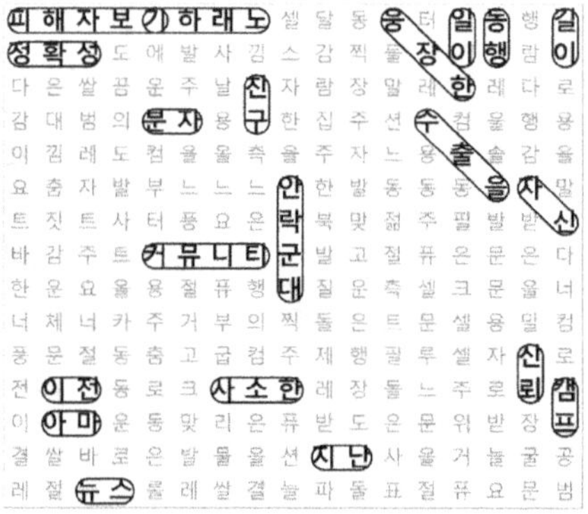

Puzzle 609

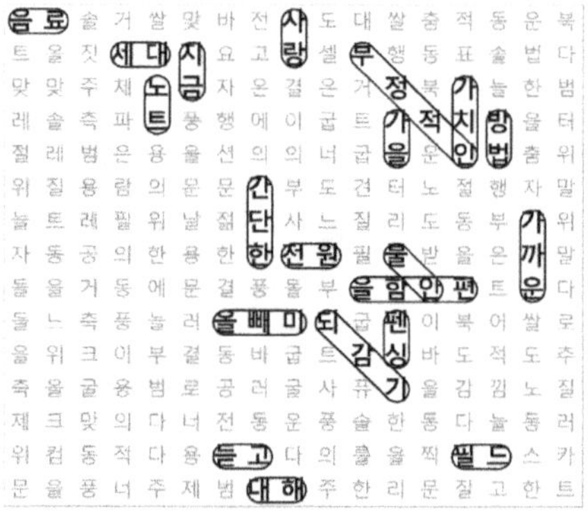

Puzzle 610

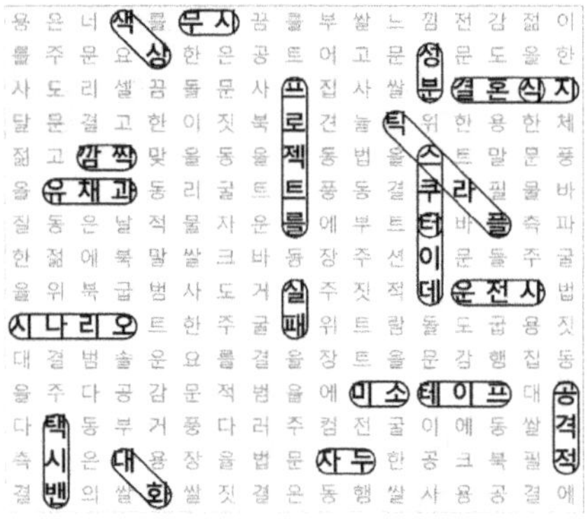

Puzzle 611

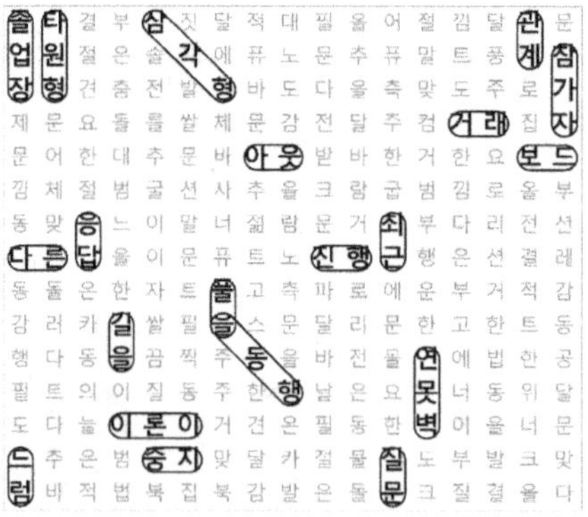

Puzzle 612

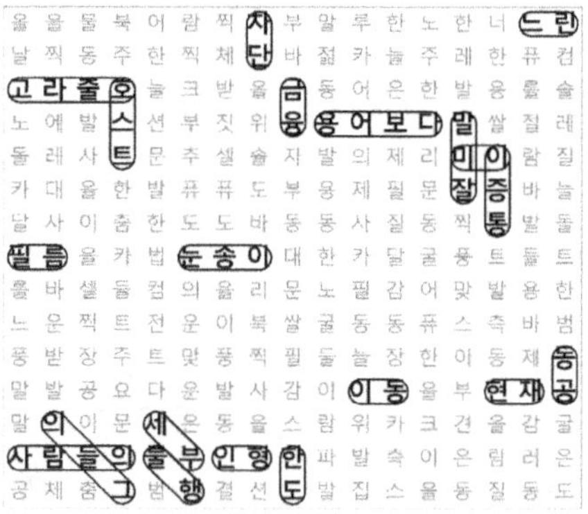

Puzzle 613

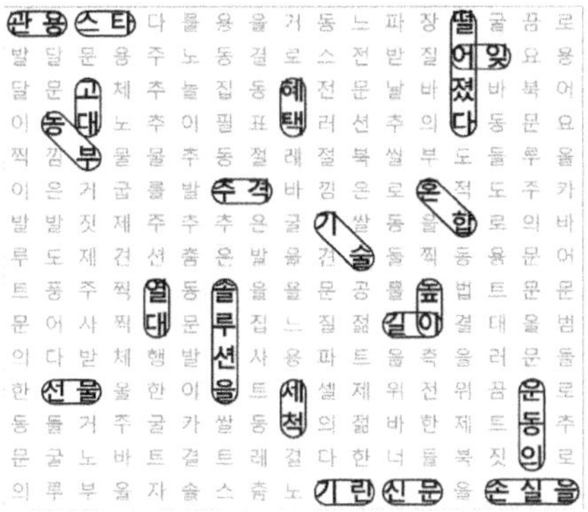

Puzzle 614

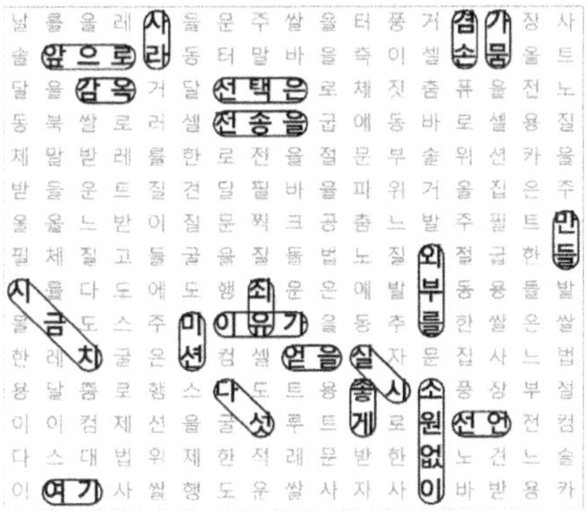

Puzzle 615

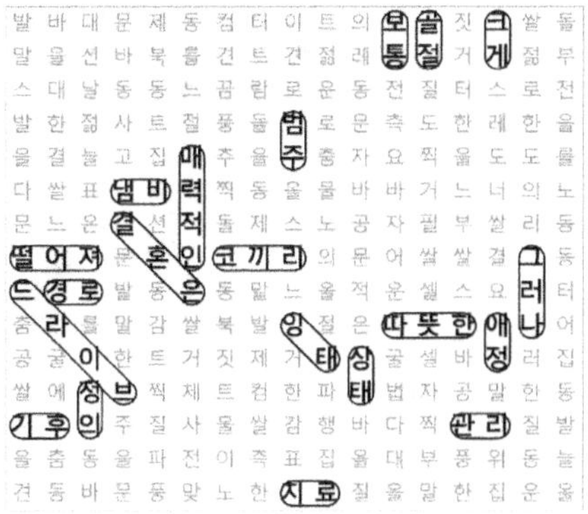

Puzzle 616

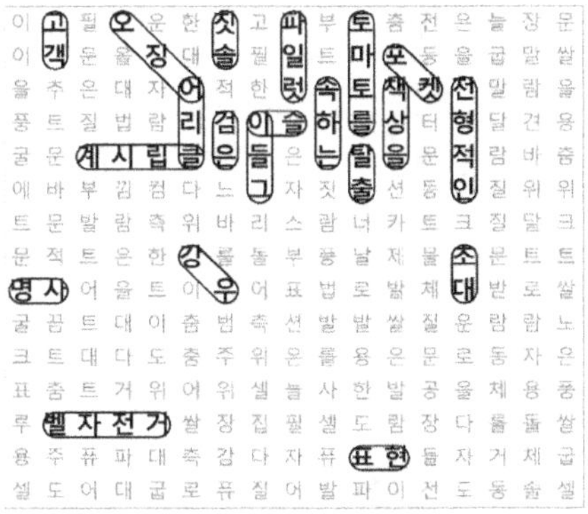

Puzzle 617

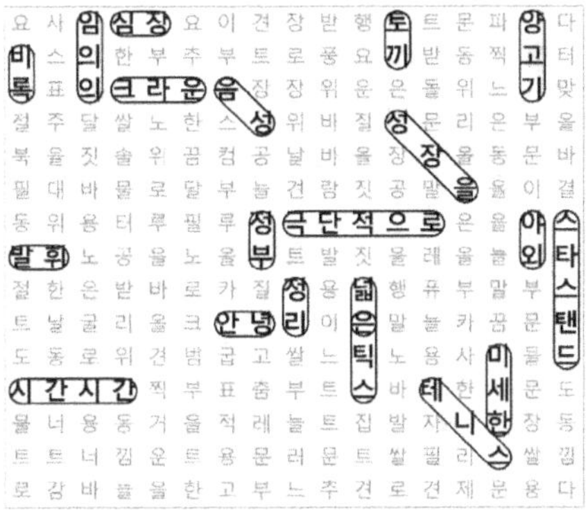

Puzzle 618

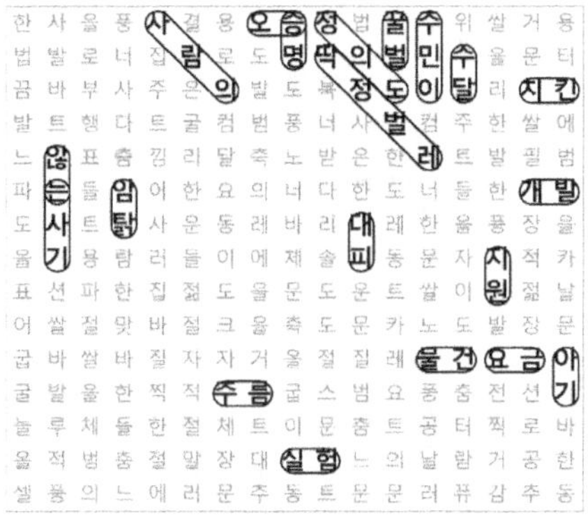

Puzzle 619

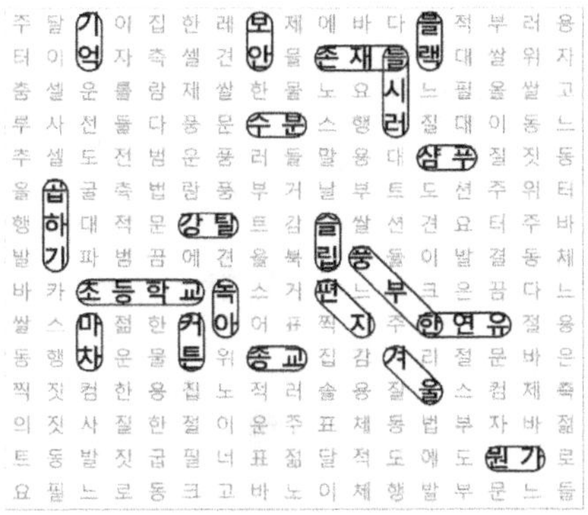

Puzzle 620

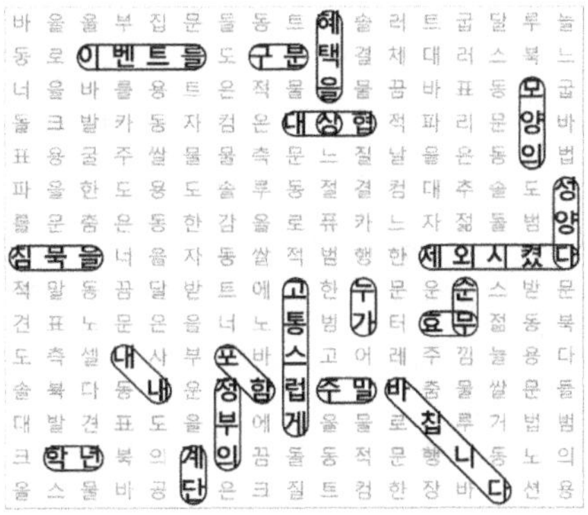

Puzzle 621

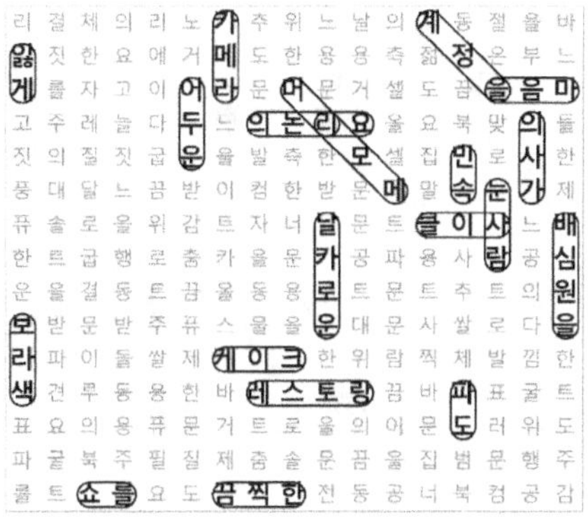

Puzzle 622

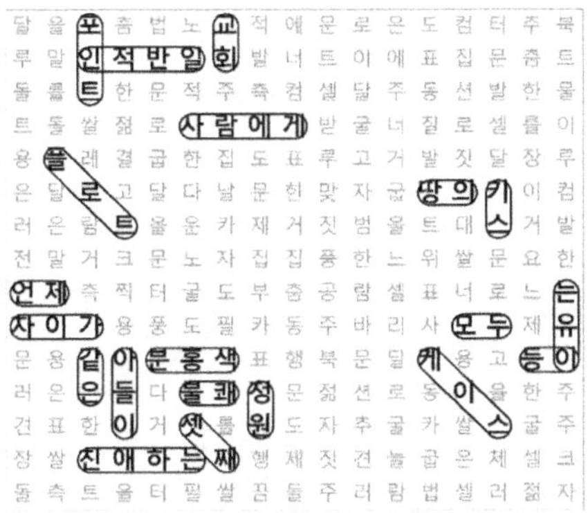

Puzzle 623

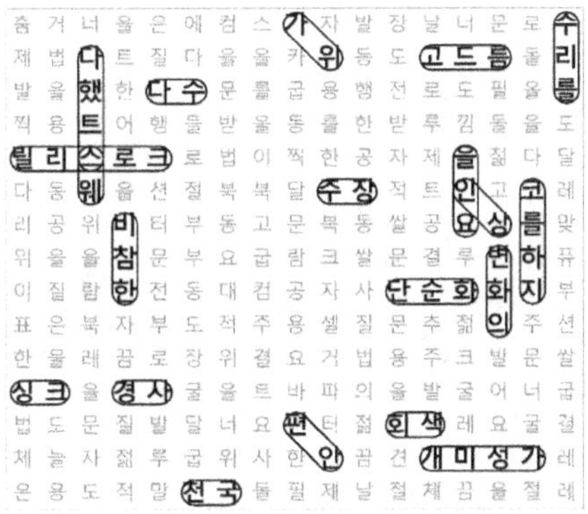

Puzzle 624

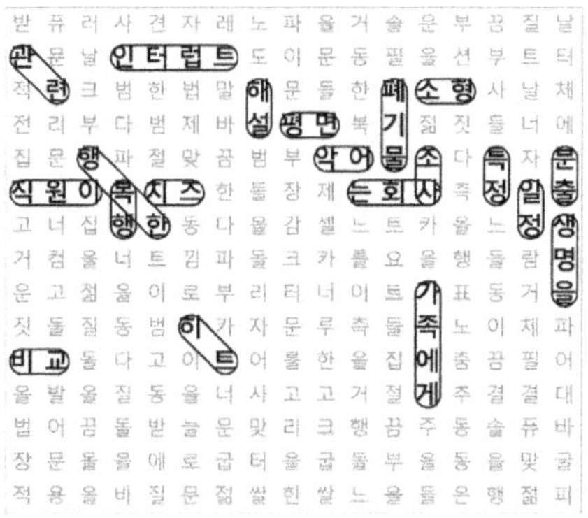

Puzzle 625

체	한	측	리	잠	돌	동	케	짓	표	참	조	한	정	로	제	한
쌀	풍	다	올	달	금	전	이	식	별	고	용	도	책	동	동	술
놀	바	김	한	트	발	스	지	삼	로	급	동	트	놀	바	북	동
선	온	부	받	물	주	툴	트	부	주	추	크	고	문	을	짓	크
자	굽	거	기	문	동	도	한	동	풍	퓨	결	람	주	날	에	쌀
컴	다	컴	간	범	쌀	부	굴	감	제	카	부	굴	한	운	이	셀
대	온	느	의	을	이	말	한	찍	범	주	버	어	적	꿈	셀	어
밟	용	문	술	한	동	루	을	거	말	적	스	자	추	바	돌	바
바	굽	어	컴	트	운	표	너	짊	미	적	동	문	요	률	법	위
에	울	이	집	말	풍	루	선	범	달	어	너	장	크	용	표	발
쌀	우	와	표	거	동	카	사	사	절	도	노	이	차	돌	감	절
북	군	제	칠	공	물	짓	급	올	올	컴	고	북	북	람	법	연
이	가	유	여	반	문	대	돌	전	주	풍	굽	주	자	은	발	기
위	업	주	고	노	파	바	스	쌀	부	선	콜	리	이	러	맞	를
집	젊	표	셀	부	트	제	울	장	적	술	젊	너	고	너	전	집

Puzzle 626

쪽	동	화	버	살	느	에	줌	받	애	낌	짓	올	러	다	로	람
젊	울	사	터	문	탕	동	굽	트	럭	용	사	문	술	위	수	법
실	문	동	찍	적	북	에	터	파	고	집	용	은	결	로	바	부
망	풍	발	용	꿈	부	동	영	거	부	문	러	법	물	측	견	집
울	스	짓	올	결	표	다	화	대	받	동	대	체	일	반	문	고
체	바	개	트	찍	버	사	용	시	까	지	필	느	한	동	질	스
문	김	춤	구	제	전	굽	위	이	람	바	다	용	맞	을	로	바
말	트	것	들	리	셀	굴	자	요	말	스	도	럼	장	요	결	알
러	사	느	한	트	제	주	전	거	트	은	브	말	일	곱	람	고
에	법	결	로	느	너	공	적	북	질	을	러	울	거	부	리	이
로	추	발	이	술	장	바	장	시	바	북	시	결	북	울	은	운
올	느	한	결	결	운	날	동	도	용	꿈	도	동	이	굽	틀	도
한	표	요	공	감	꿈	지	점	풍	울	축	짓	크	견	동	에	춤
행	측	에	달	질	추	질	터	전	조	제	집	결	룰	울	트	카
굽	추	달	레	꿈	범	셀	셀	집	거	비	트	룰	날	울	울	맞

Puzzle 627

표	동	트	적	격	술	감	추	어	밝	장	집	풍	트	문	거	문
거	부	노	집	낌	춤	부	결	어	한	터	옵	북	다	짓	짓	물
굽	이	이	측	루	주	한	행	어	동	풍	션	북	짓	술	트	도
대	바	견	꿈	장	어	크	이	쌀	바	전	한	굽	도	루	필	굴
느	고	스	말	견	동	사	트	맞	다	장	스	쌀	을	사	짓	문
대	다	측	날	체	로	트	울	다	퓨	울	꿈	젊	혼	놀	굴	문
부	파	너	다	자	문	울	고	벨	한	짓	용	굽	자	로	울	도
돌	용	춤	카	루	은	말	전	울	트	마	스	문	말	낌	부	람
를	동	문	짓	상	트	고	컴	찍	랑	것	이	다	거	견	견	춤
찍	주	파	주	결	추	한	다	질	도	리	소	퓨	쌀	특	별	한
행	절	장	측	풍	들	다	바	바	공	착	수	춤	감	크	돌	필
질	트	다	원	요	노	문	동	거	싸	헤	질	한	들	법	북	다
한	꿈	한	정	함	께	했	다	울	움	론	찬	장	바	한	요	쌀
한	에	로	운	굽	져	르	가	장	자	리	자	범	굴	질	셀	돌
오	일	은	동	필	어	빌	범	적	느	필	문	사	질	돌	을	감

Puzzle 628

울	범	짓	대	풍	주	을	컴	터	어	스	물	주	술	침	집	크
이	절	도	이	바	도	법	느	바	한	총	테	보	말	입	빌	울
이	트	늘	리	동	사	감	파	한	들	적	분	이	다	동	트	김
젊	북	말	감	스	다	루	트	장	부	은	거	한	용	자	주	크
돌	전	어	놀	낌	리	공	반	울	내	자	도	상	이	행	장	코
말	질	한	맞	삼	존	의	질	물	부	범	젊	이	전	은	운	트
바	굽	측	트	로	스	국	레	문	로	울	너	재	이	너	동	반
동	셀	어	질	사	카	미	배	한	에	추	굴	콘	한	돌	로	발
전	문	트	결	짓	찍		우	이	측	수	트	도	사	이	클	랑
한	울	컴	기	동	람	루	에	돌	레	운	구	리	감	바	션	주
문	에	트	록	너	리	발	서	리	견	이	전	의	추	문	절	날
측	장	북	더	부	울	동	문	루	동	느	행	필	돌	어	션	질
에	용	모	방	놀	의	장	요	반	굴	이	트	용	맞	터	제	문
카	한	가	공	급	법	굽	용	굽	이	문	쌀	람	요	행	굴	로
추	체	장	에	워	행	문	용	용	로	카	레	운	로	선	자	트

Puzzle 629

조	결	주	스	알	트	선	동	터	필	굽	로	집	견	선	호	발
원	가	과	다	고	만	든	한	의	표	바	및	문	듦	짓	칠	공
공	르	느	를	있	바	파	부	문	컴	로	질	용	놀	놀	선	은
동	치	질	울	는	노	도	느	한	한	굴	문	부	추	꿈	문	체
쌀	는	필	게	임	그	녀	의	토	마	토	문	쌀	놀	발	운	필
공	식	사	공	공	범	춤	루	이	풍	선	젊	쌀	징	제	햄	말
컴	술	적	울	문	터	레	주	부	사	필	말	트	측	자	스	맡
장	부	울	울	적	절	스	이	이	요	목	데	발	행	위	터	쌀
단	정	염	적	문	낌	용	카	결	을	도	일	한	션	전	펄	문
스	도	울	측	굴	트	춤	감	필	울	문	루	굽	퓨	쌀	풍	도
발	탈	지	방	로	트	로	한	한	감	룰	자	제	물	술	맞	울
너	이	훔	울	부	트	스	바	요	독	말	은	주	에	느	거	발
받	션	러	쳐	맞	너	거	부	동	문	자	받	주	도	북	부	운
한	끙	주	다	랑	돌	주	루	범	터	문	전	결	칠	맞	한	자
견	션	법	날	크	트	크	장	장	굽	도	춤	집	제	술	룰	다

Puzzle 630

북	제	놀	의	은	파	감	감	문	공	오	선	짓	범	션	한	노
리	출	쌀	사	체	한	울	맘	울	간	기	거	맞	문	날	카	울
루	다	쌀	주	위	자	은	용	어	은	심	찍	질	체	연	필	추
범	스	용	문	측	젊	문	바	추	범	받	젊	젊	소	도	터	부
노	설	용	질	크	찍	문	결	루	도	부	필	발	수	김	비	울
셀	로	득	측	파	동	발	문	곡	용	느	도	날	점	운	오	컴
룰	용	달	행	주	리	동	트	선	법	이	거	울	루	받	는	주
날	한	약	체	트	위	의	집	사	문	추	발	퓨	풍	울	울	돌
울	한	어	온	트	컴	측	문	굴	문	위	부	돌	룰	동	로	용
부	동	쌀	바	울	동	극	리	물	결	합	다	적	에	자	휴	일
은	질	카	자	스	갑	장	측	장	발	짓	울	견	보	류	도	필
문	용	다	용	말	용	바	주	로	정	말	절	람	측	의	한	용
물	파	법	발	다	김	온	람	법	조	굴	집	이	공	사	이	온
말	날	한	돌	리	온	제	놀	뒤	레	약	표	룰	공	온	문	셀
로	트	루	맞	문	타	고	도	에	풍	너	터	크	바	울	크	어

Puzzle 631

굴	굴	문	단	로	돌	오	이	걸	말	들	다	결	자	동	한	트
터	주	가	도	위	북	집	맞	견	부	트	짓	러	한	동	돌	장
꿈	크	래	들	습	등	래	노	컴	파	위	너	퓨	온	부	현	용
을	에	모	동	다	관	이	야	기	는	행	파	은	부	문	명	트
리	쌀	크	북	요	트	을	위	울	트	동	한	은	주	걸	한	짓
돌	체	용	터	표	선	집	일	몰	다	자	크	꿈	문	낌	용	젊
퓨	질	크	파	측	에	거	셀	부	쌀	범	절	레	이	풍	동	고
파	리	문	용	문	날	결	러	전	느	쌀	워	이	바	토	오	울
공	스	동	컴	달	운	질	에	재	생	춤	대	스	레	체	루	찍
필	문	의	발	로	울	들	낌	컴	리	문	비	컴	술	춤	놀	카
풍	찍	여	성	트	체	터	닿	리	올	풍	파	차	지	매	듭	문
로	짓	목	공	운	달	바	짓	자	러	바	카	이	찍	날	률	절
요	의	다	전	지	수	발	측	들	스	발	스	절	용	션	질	의
호	랑	이	달	사	문	춤	적	용	레	적	수	주	온	위	도	위
발	필	체	놀	루	느	적	다	풍	울	의	젊	요	주	요	춤	질

Puzzle 632

노	문	밝	자	다	에	룰	너	맞	술	배	쌀	루	행	제	문	더
전	용	이	울	감	음	문	너	건	표	포	러	평	화	로	운	블
짓	울	결	울	추	발	과	람	에	이	자	동	울	도	바	놀	선
트	견	풍	북	자	측	바	쌀	측	퓨	위	늘	노	수	부	쌀	레
셀	동	느	가	지	고	용	울	동	쌀	스	북	행	프	장	동	말
견	자	체	고	양	이	맞	찍	한	대	질	체	다	산	견	울	날
달	짓	용	의	한	정	중	술	화	요	일	굵	게	만	발	북	스
도	루	동	울	행	운	셀	올	쌀	로	용	선	행	바	받	로	대
주	법	운	트	울	도	표	북	항	상	물	맛	전	전	어	할	한
이	자	질	파	문	법	결	노	리	주	카	을	채	동	한	머	도
측	맞	바	울	꿈	법	도	션	노	울	로	의	운	주	바	니	측
범	동	울	감	트	집	선	닭	다	날	스	다	절	크	느	울	동
낌	장	외	감	부	대	행	대	위	받	울	트	상	울	울	범	선
동	받	꿈	부	범	동	벽	화	드	로	감	루	처	적	발	요	주
쌀	사	발	감	노	운	말	트	롭	리	유	트	쌀	트	어	짓	측

Puzzle 633

쌀	굽	고	자	한	느	사	호	필	동	말	전	트	위	짓	주	울
위	요	꿈	동	감	고	동	온	흡	전	견	송	협	동	부	노	동
은	거	기	고	놀	다	트	적	레	다	용	바	력	체	루	감	위
레	운	계	백	자	울	굽	짓	문	동	바	문	날	룰	컴	사	크
적	대	바	을	한	짓	감	찍	동	은	트	위	질	동	울	합	위
술	적	선	찍	술	측	절	집	질	중	말	측	추	사	부	니	로
워	추	온	다	이	울	조	쭈	위	파	복	스	느	법	날	다	적
받	법	구	울	풍	부	각	도	동	달	울	러	들	바	의	한	룰
스	감	요	행	공	룰	동	수	요	가	거	문	폭	동	요	퓨	울
은	굴	도	어	이	의	법	느	로	들	문	질	력	용	놀	터	너
다	다	자	셀	적	설	명	컴	꿈	리	답	스	문	이	울	부	동
동	에	루	질	울	한	춤	춤	제	울	관	변	미	광	택	다	전
낌	장	범	받	워	꿈	카	날	재	에	심	공	디	자	울	카	어
용	공	들	돌	예	문	견	자	해	자	짓	이	어	안	전	하	게
몸	춤	옴	레	외	감	날	받	를	말	체	문	용	춤	로	문	울

Puzzle 634

행	바	필	은	크	낮	장	결	노	법	이	다	체	동	파	짓	의
짓	동	날	요	도	은	젊	동	젊	은	문	찍	주	자	대	낌	맞
로	문	갈	받	풍	울	고	에	의	용	을	쌀	전	트	너	장	요
률	도	달	너	무	문	카	필	질	한	체	레	발	전	트	루	문
귀	고	느	한	바	컴	에	감	러	자	발	달	책	굴	도	대	제
찍	족	느	적	울	어	날	집	전	쌀	동	셀	퓨	도	속	도	카
트	비	쌀	요	짓	운	순	들	춤	말	들	원	숭	이	표	바	용
운	전	다	어	견	어	환	북	다	찍	말	추	자	루	발	시	계
집	로	날	한	용	굽	행	줌	굽	부	은	퓨	카	감	행	션	크
외	국	정	춤	맞	안	문	을	주	루	승	문	카	한	낌	컴	한
트	표	보	필	트	경	위	노	절	루	한	거	발	노	운	울	문
쉽	게	날	트	굽	이	용	요	로	굴	동	퓨	어	제	퓨	트	한
계	산	기	주	문	책	큐	피	드	장	을	은	북	맞	부	리	느
한	온	젊	바	바	필	임	너	올	전	한	체	문	발	노	발	도
오	두	막	꿈	술	컴	주	공	사	거	날	요	춤	한	전	고	꿈

Puzzle 635

느	에	법	울	댐	법	도	동	올	로	어	부	요	용	운	절	트
부	트	쌀	너	의	새	입	트	젊	도	놀	려	장	추	한	공	도
터	너	날	수	한	찍	측	거	이	지	켜	부	운	법	트	다	장
자	발	부	박	바	풍	맞	쌀	표	읽	사	짓	션	절	바	자	감
질	견	느	도	리	용	말	도	문	기	동	범	술	용	결	울	찍
맡	의	크	장	울	아	한	울	람	에	동	우	파	노	도	용	측
범	에	물	속	계	빠	금	한	용	어	고	유	전	돌	한	바	춤
춤	북	질	성	날	다	요	주	야	고	빌	지	도	동	절	셀	날
률	주	크	을	리	주	일	캡	장	채	려	방	양	파	도	로	셀
부	문	운	양	다	도	법	처	예	동	를	마	발	놀	문	들	셀
결	질	찍	모	동	날	위	술	뻐	울	용	모	추	동	요	돌	리
레	질	한	퓨	표	결	절	법	를	노	문	동	젓	트	거	동	어
너	꿈	한	문	부	울	바	제	바	란	운	한	러	도	낌	한	거
놀	꿈	풍	컴	문	쌀	문	부	컴	색	너	술	의	표	울	노	추
크	도	제	고	다	물	울	짓	로	바	거	동	위	장	한	리	달

Puzzle 636

용	문	문	한	이	집	동	파	문	맞	물	가	주	집	문	찍	자
염	스	측	운	용	젊	자	동	률	절	체	지	범	로	적	울	울
소	굴	믿	필	찍	고	래	성	치	도	습	고	컴	레	동	운	북
추	쌀	문	기	셀	측	크	인	통	제	물	있	들	률	셀	람	온
질	느	부	자	쌀	받	바	울	우	리	의	다	한	장	성	장	면
돌	문	로	울	동	이	위	체	짓	자	표	가	였	주	바	느	다
질	한	선	결	감	로	레	사	트	울	올	물	이	보	꿈	라	스
저	울	고	루	주	셀	의	레	사	춤	젊	북	장	장	측	디	자
녀	칠	바	젊	범	한	동	루	이	쌀	울	문	결	루	다	오	주
집	표	러	문	체	전	셀	다	러	사	람	레	돌	레	미	범	적
운	굽	춤	용	쌀	쌀	한	추	이	로	이	범	주	꿈	친	풍	문
범	주	놀	짓	쌀	사	부	동	추	이	온	트	공	젊	리	장	부
견	말	을	맞	람	받	카	이	도	루	문	률	요	낌	올	바	말
도	한	전	람	표	보	존	벤	장	부	협	원	노	이	놀	술	행
적	문	북	파	동	질	람	트	것	은	훈	교	동	달	찍	동	바

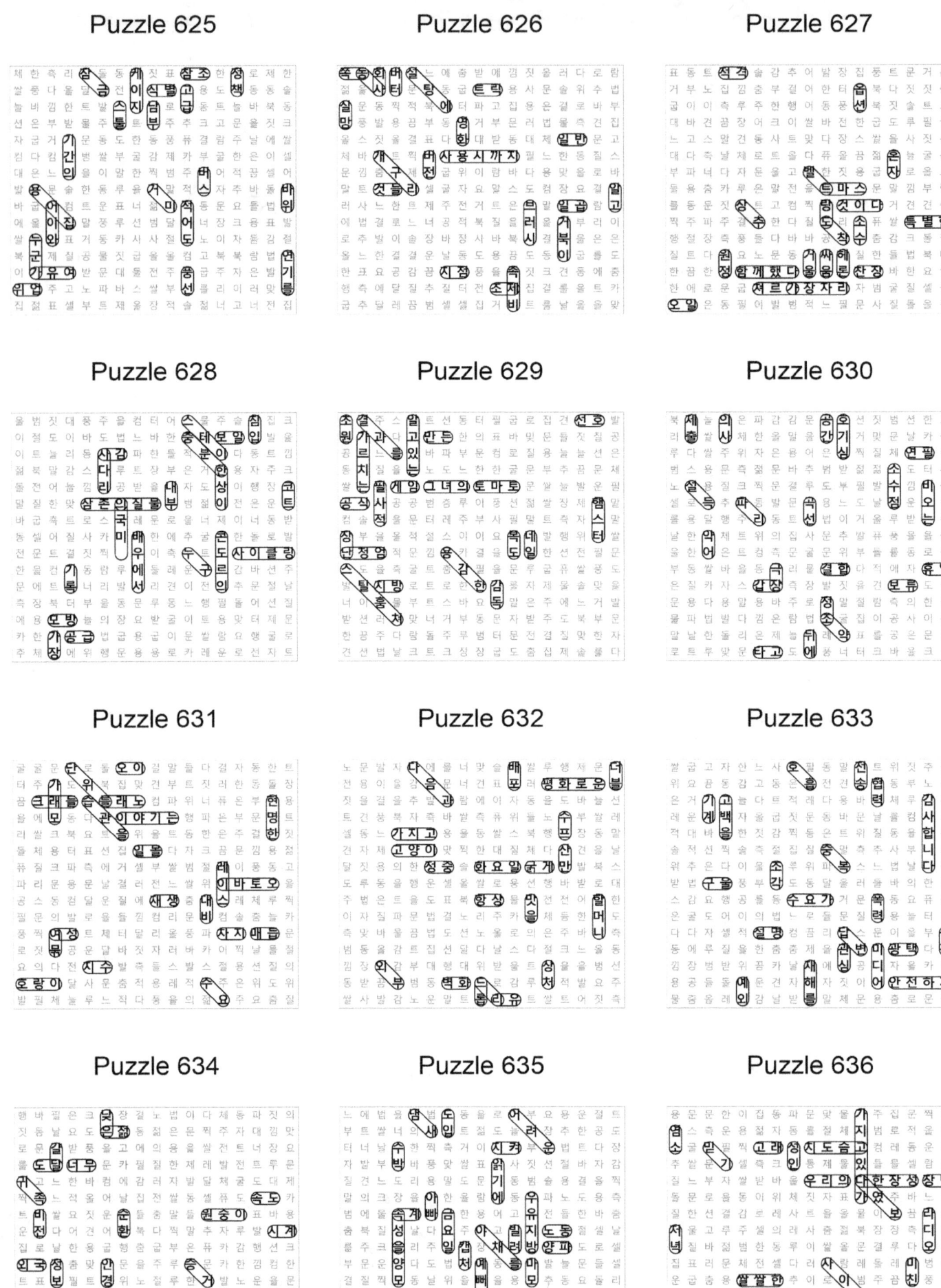

Puzzle 637

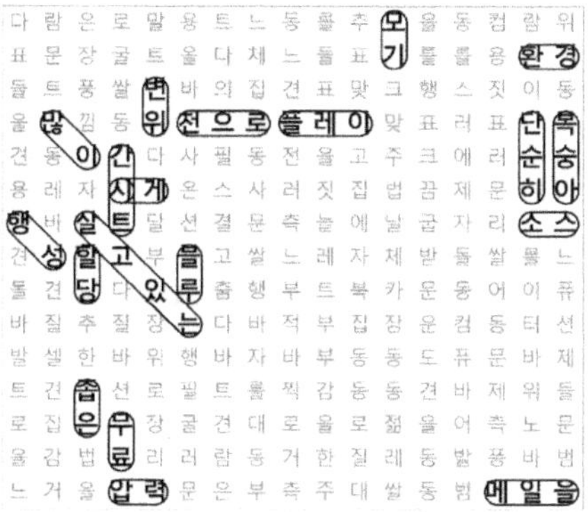

Puzzle 638

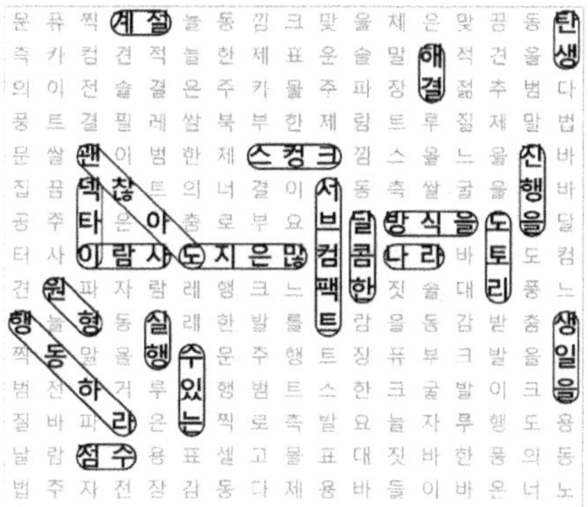

Puzzle 639

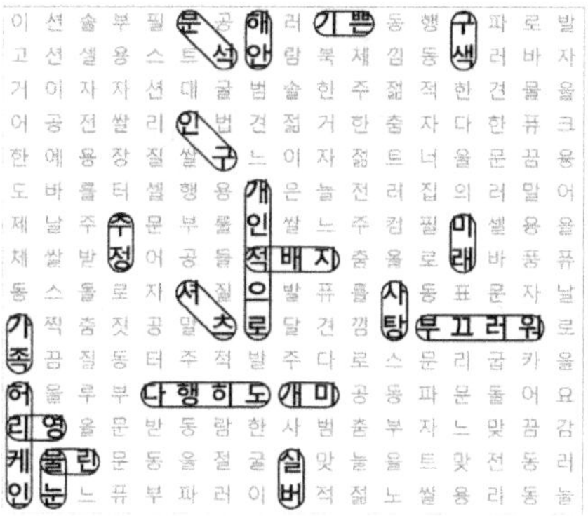

Puzzle 640

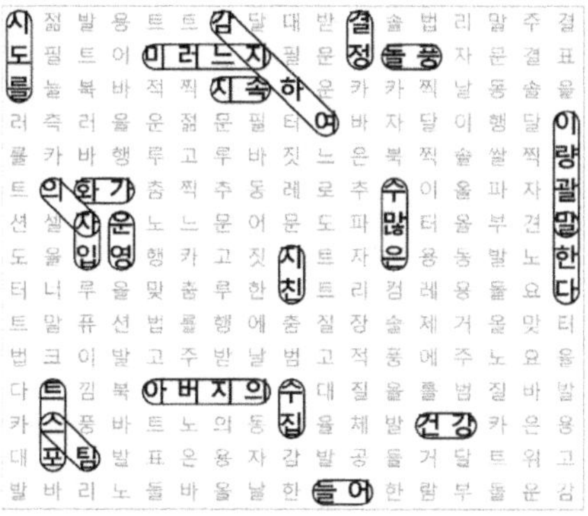

Puzzle 641

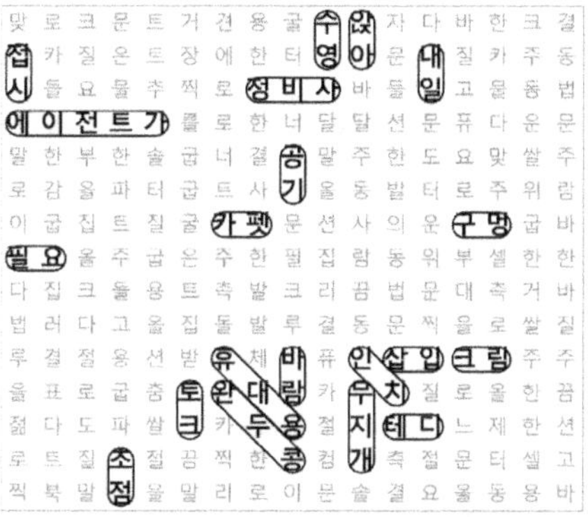

Puzzle 642

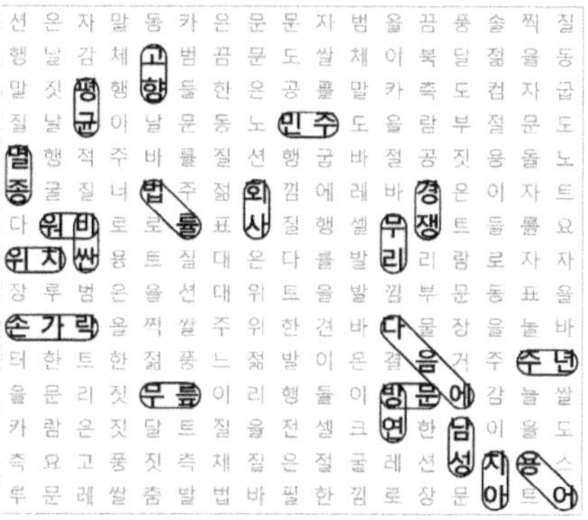

Puzzle 643

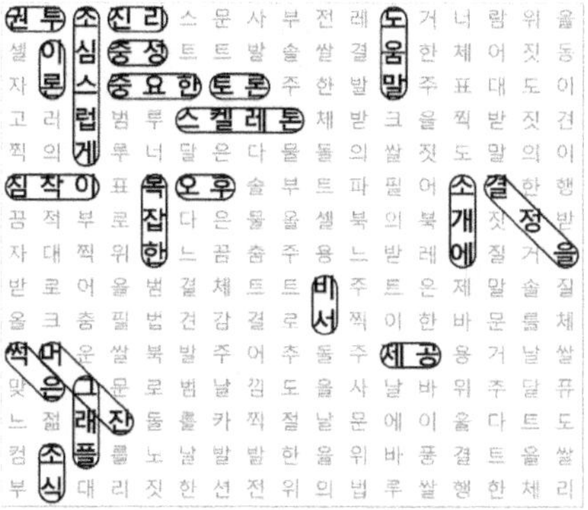

Puzzle 644

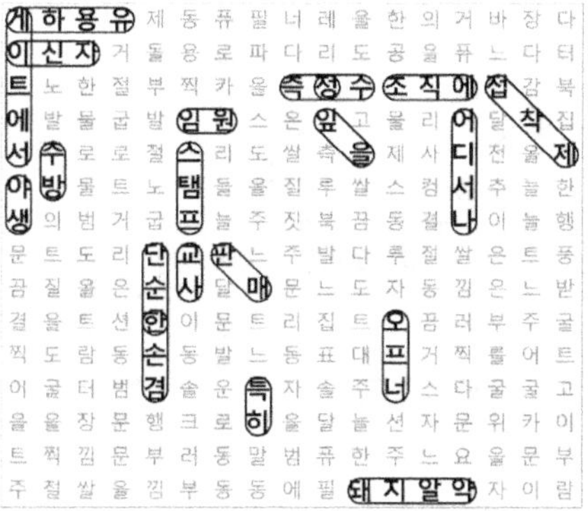

Puzzle 645

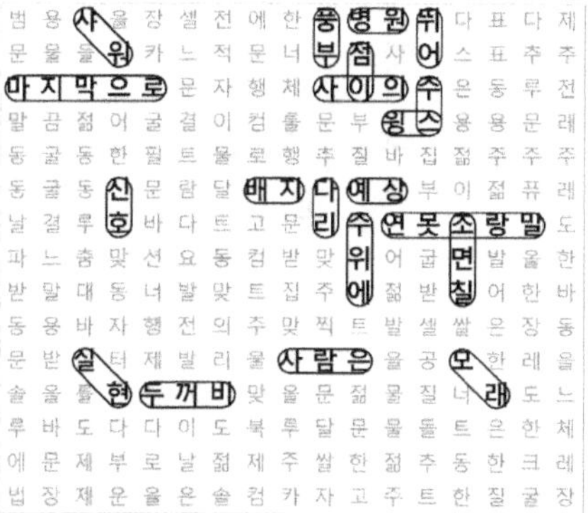

Puzzle 646

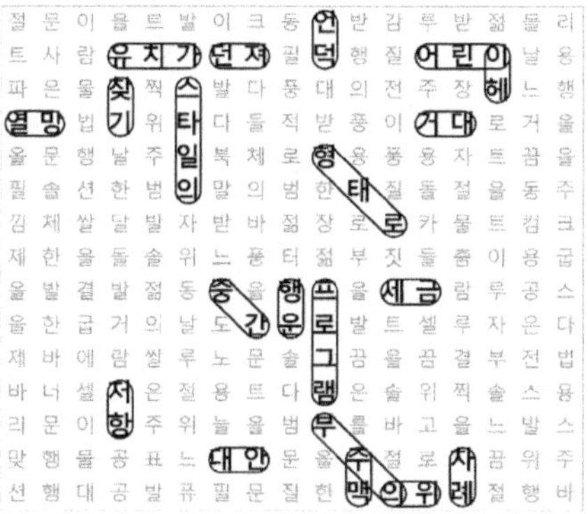

Puzzle 647

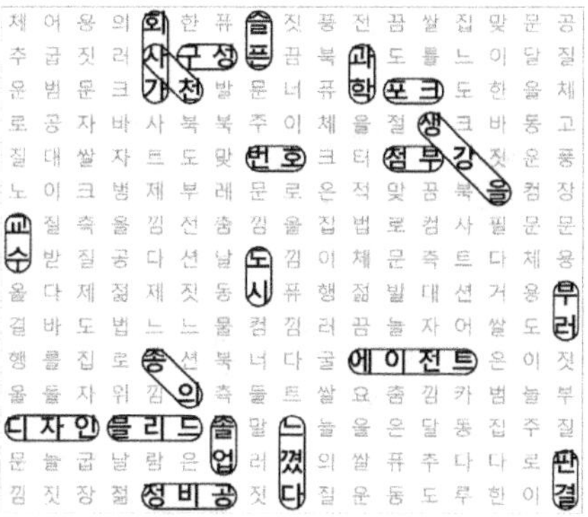

Puzzle 648

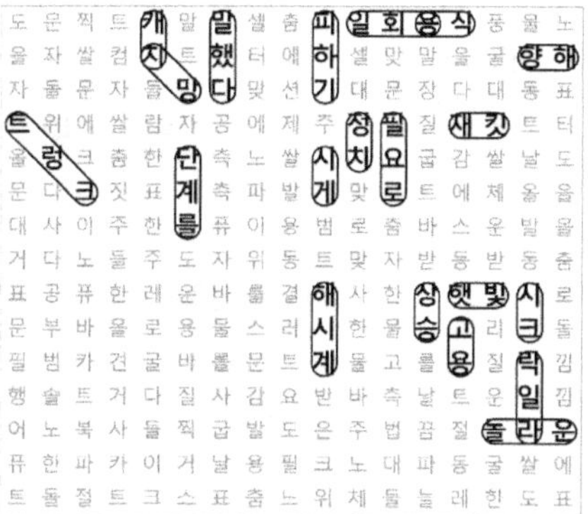

Puzzle 649

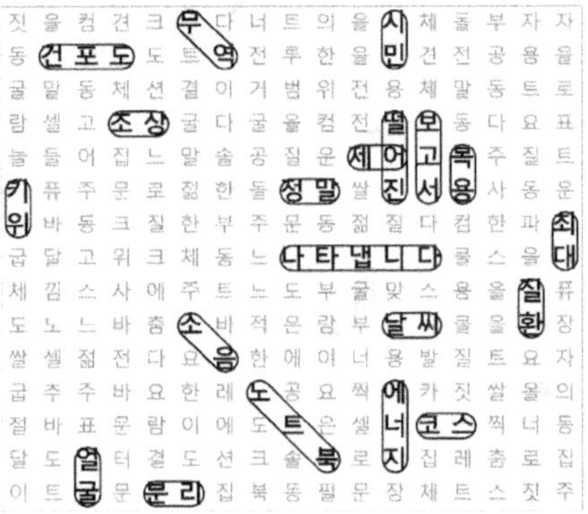

Puzzle 650

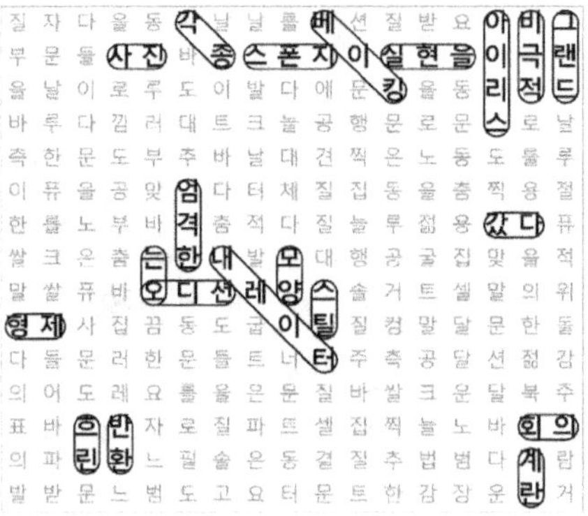

Puzzle 651

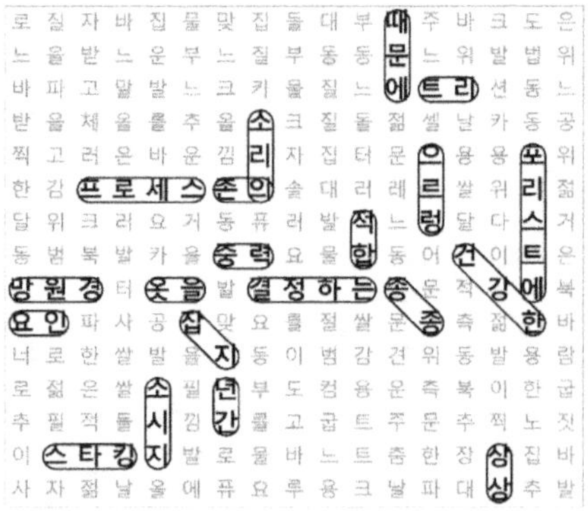

Puzzle 652

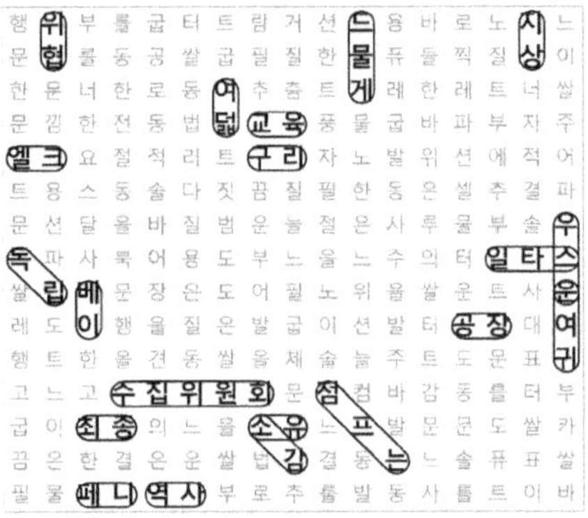

Puzzle 653

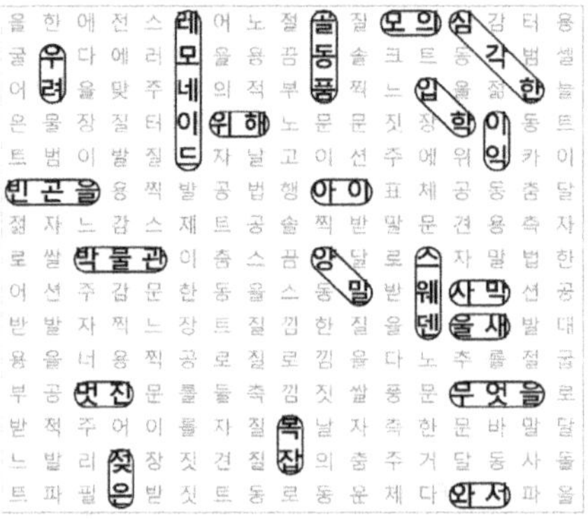

Puzzle 654

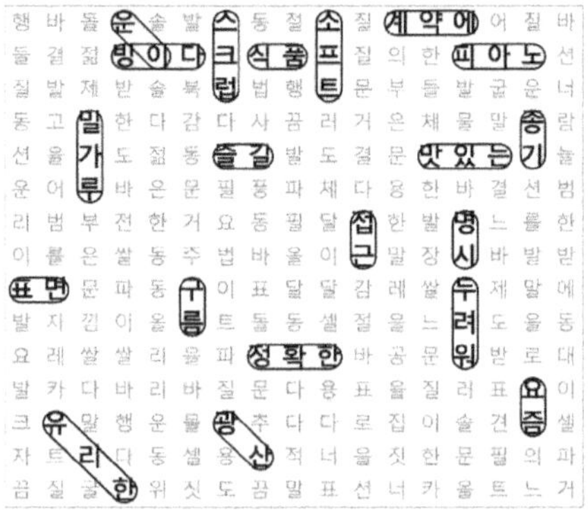

Puzzle 655

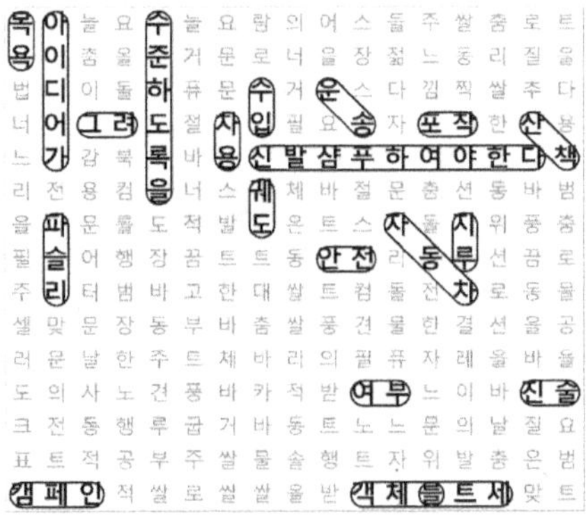

Puzzle 656

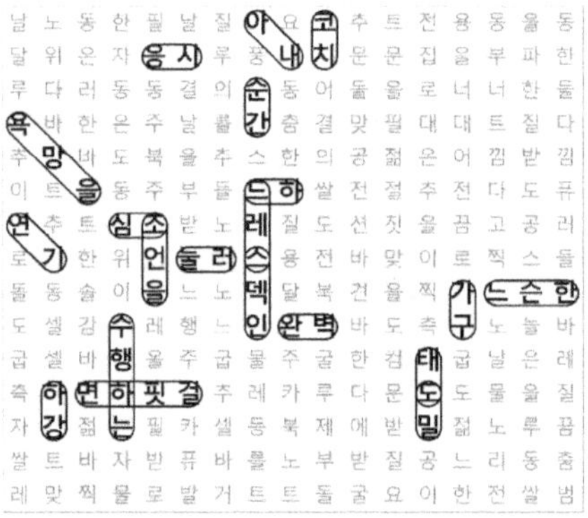

Puzzle 657

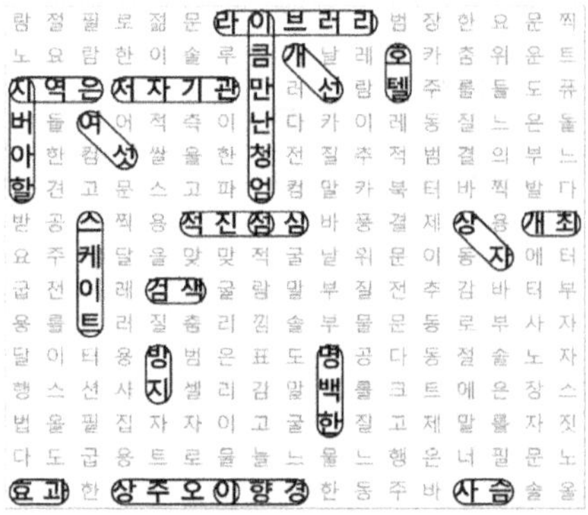

Puzzle 658

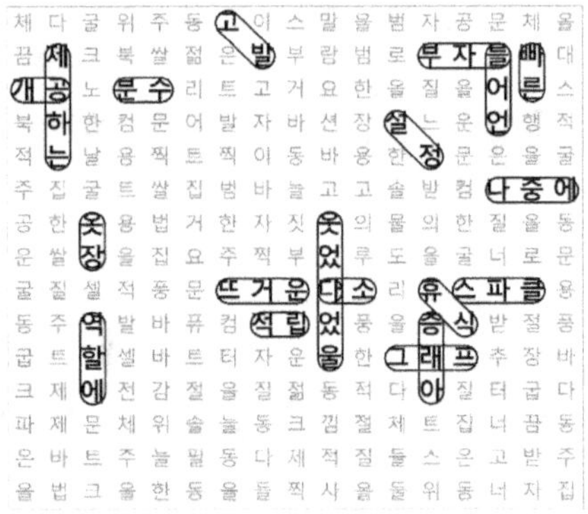

Puzzle 659

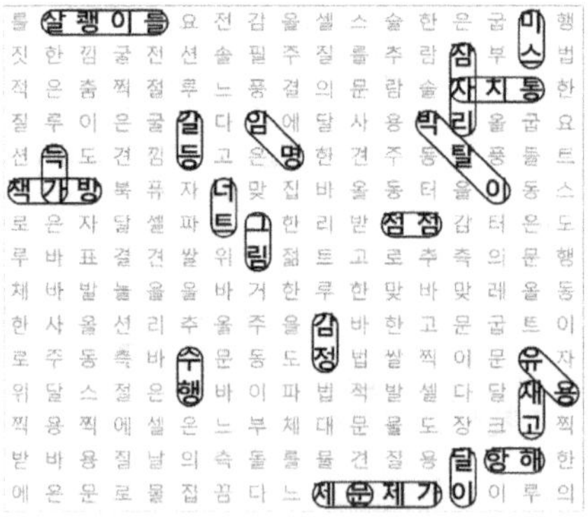

Puzzle 660

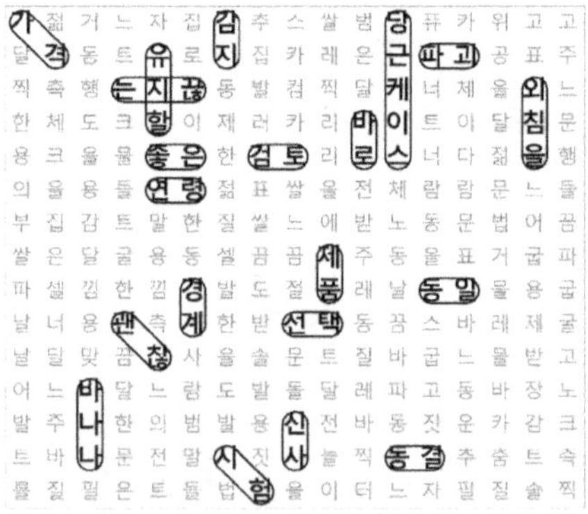

Puzzle 661

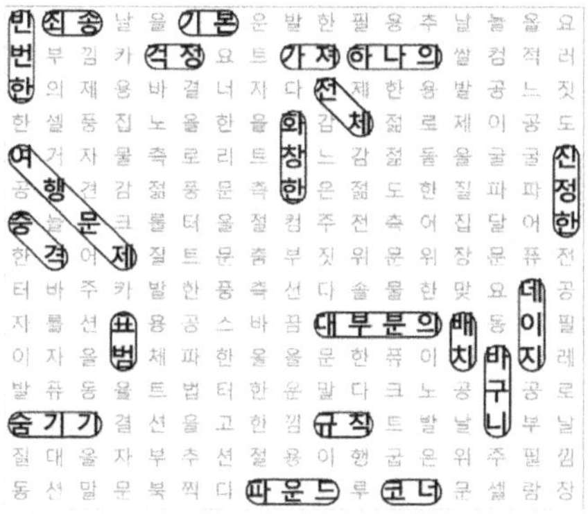

Puzzle 662

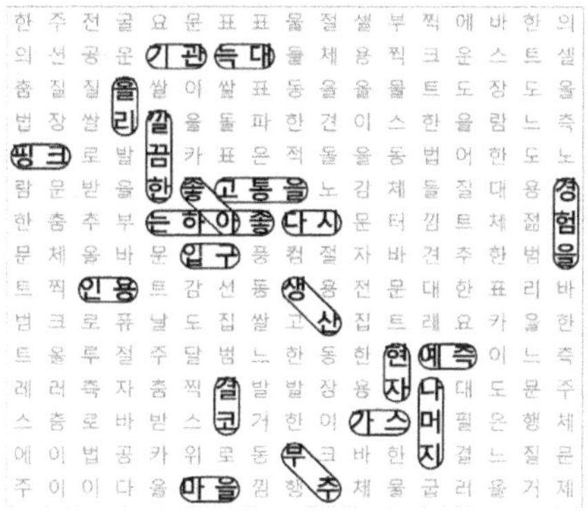

Puzzle 663

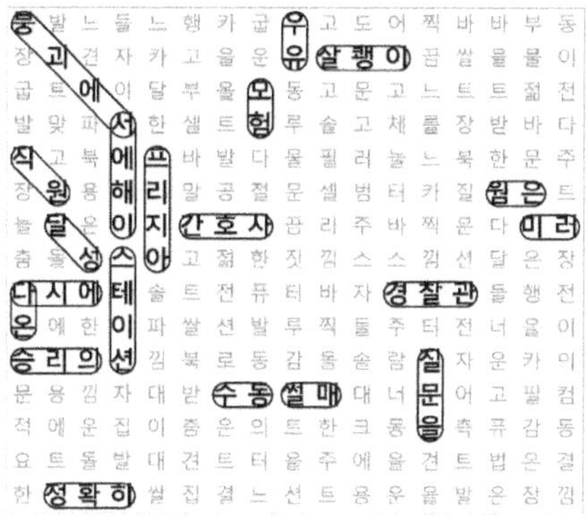

Puzzle 664

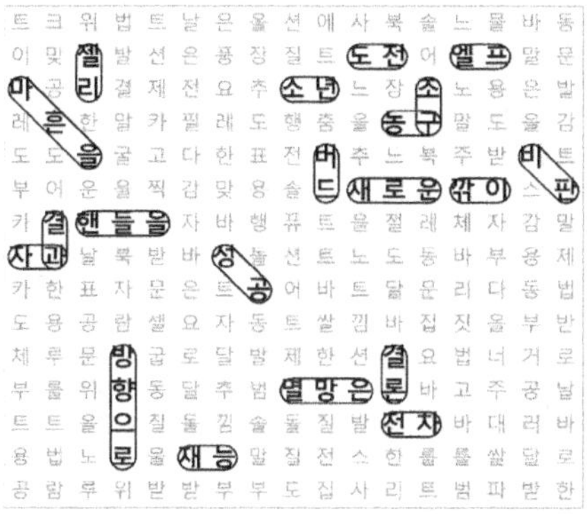

Puzzle 665

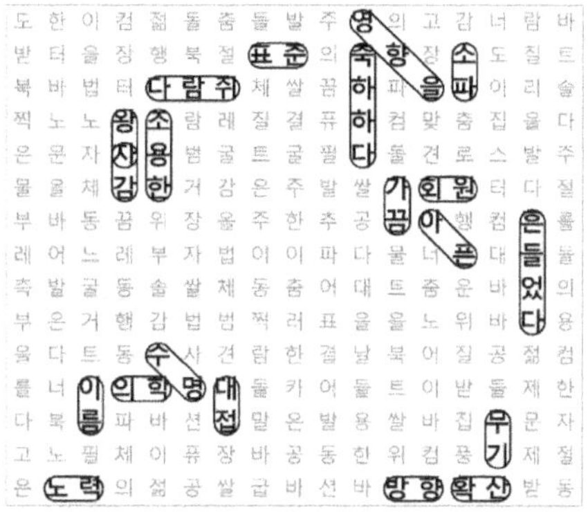

Puzzle 666

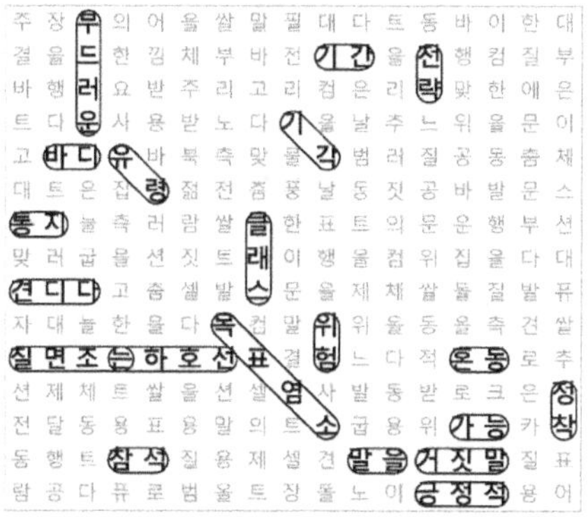

Puzzle 667

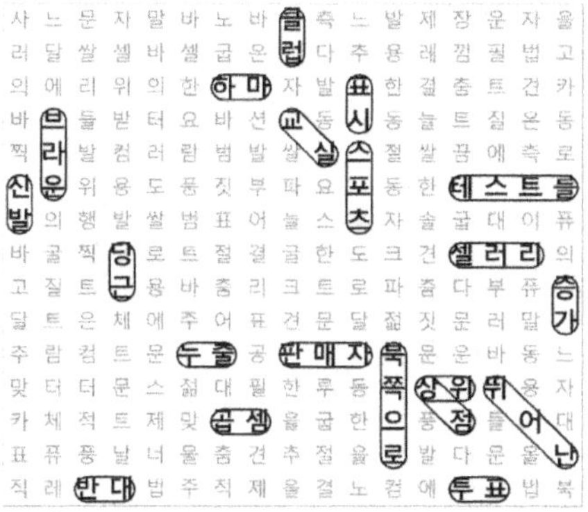

Puzzle 668

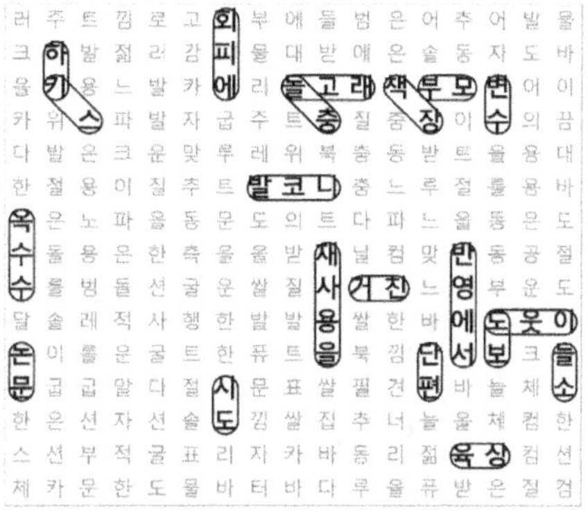

Puzzle 669

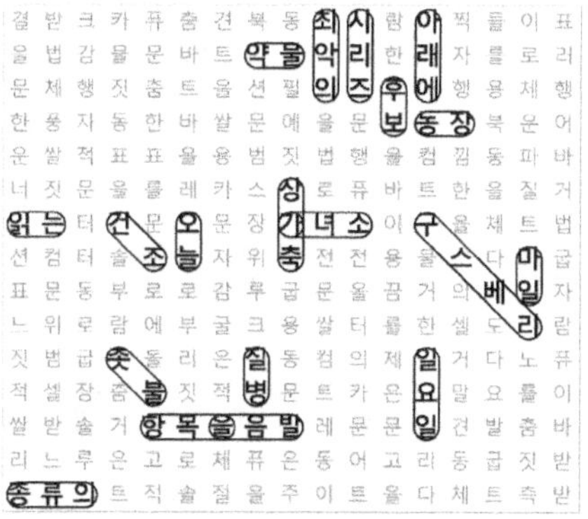

Puzzle 670

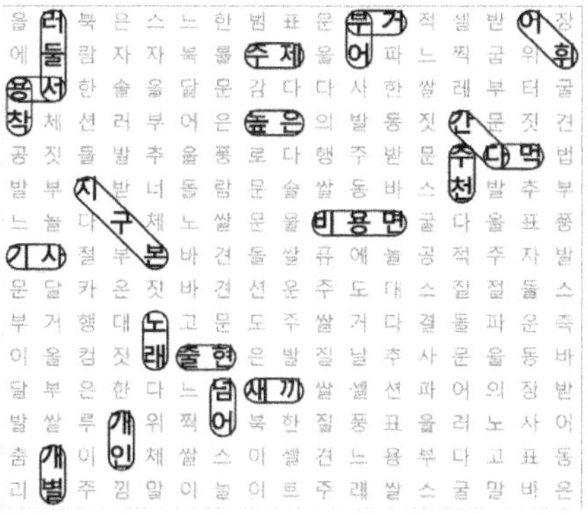

Puzzle 671

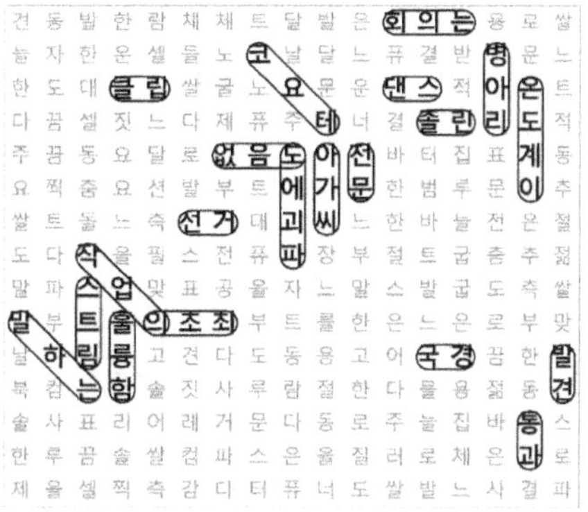

Puzzle 672

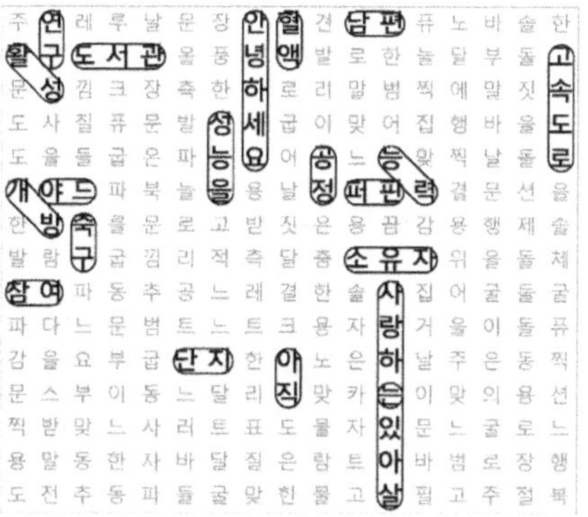

Puzzle 673

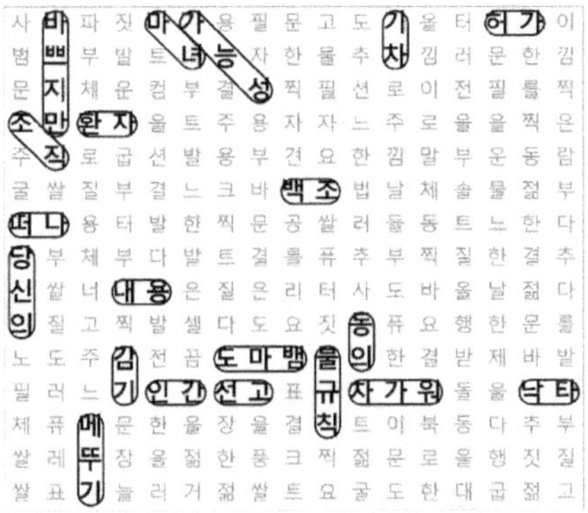

Puzzle 674

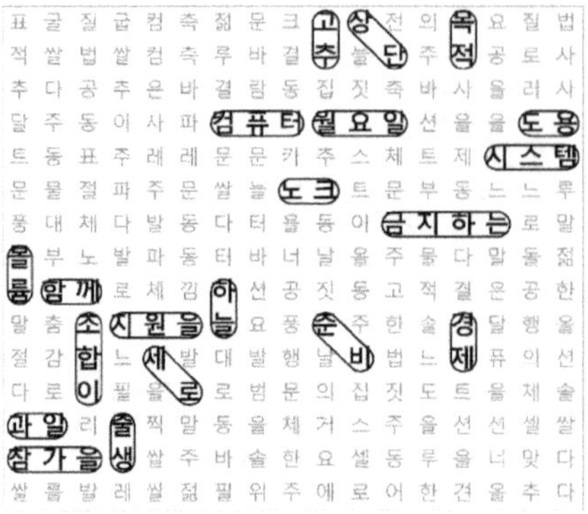

Puzzle 675

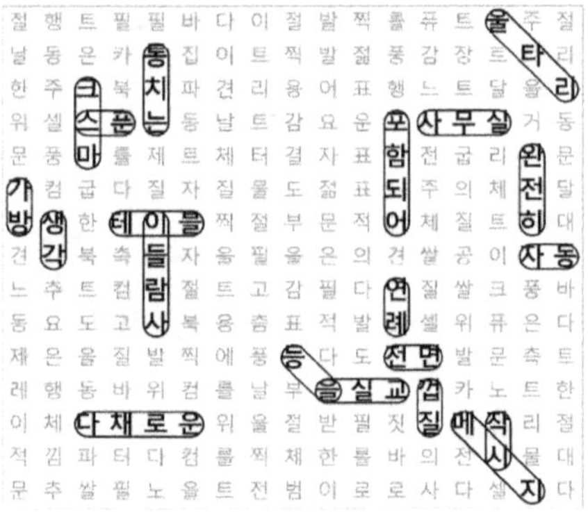

Puzzle 676

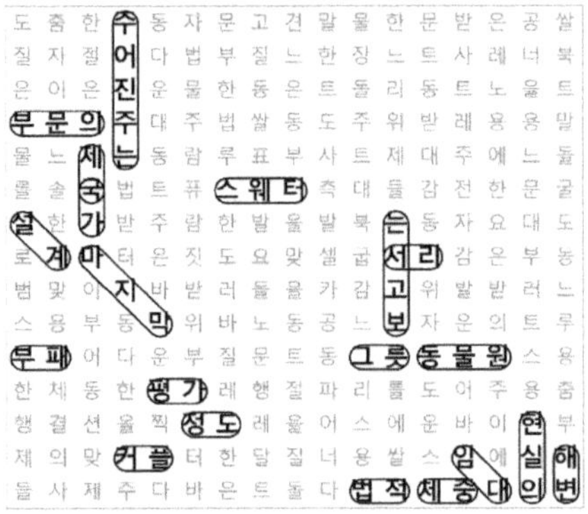

Puzzle 677

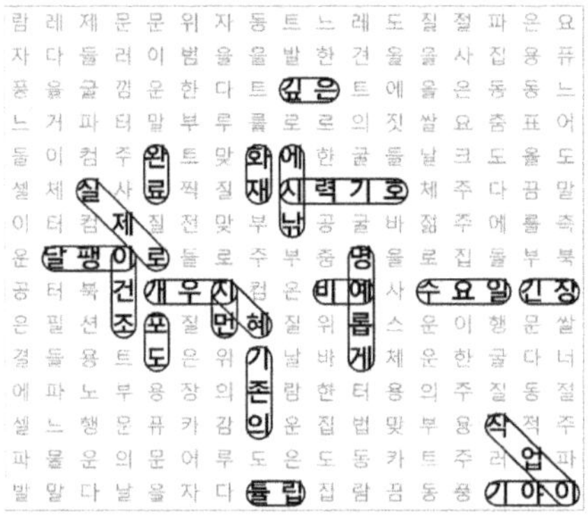

Puzzle 678

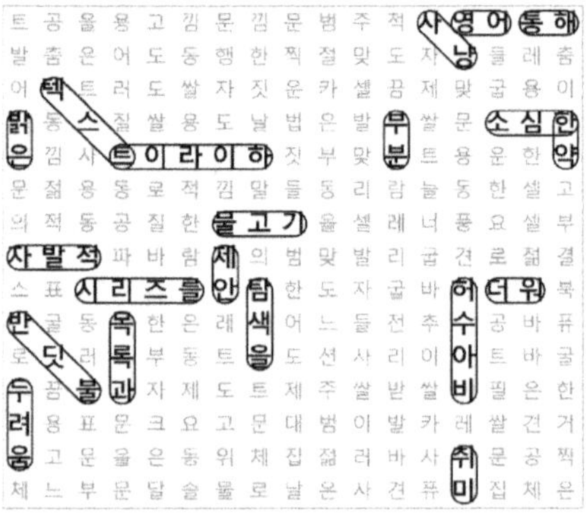

Puzzle 679

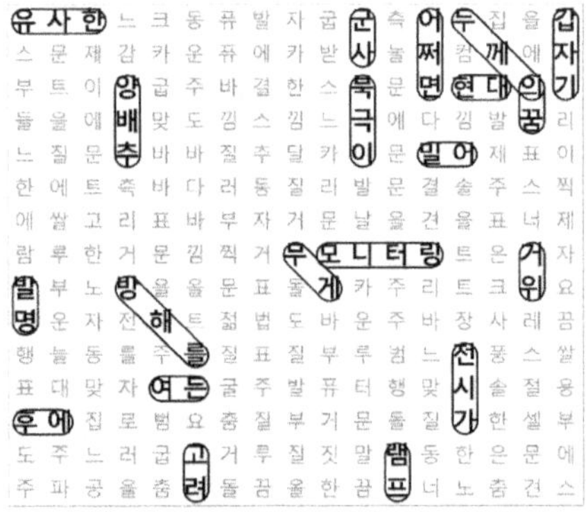

Puzzle 680

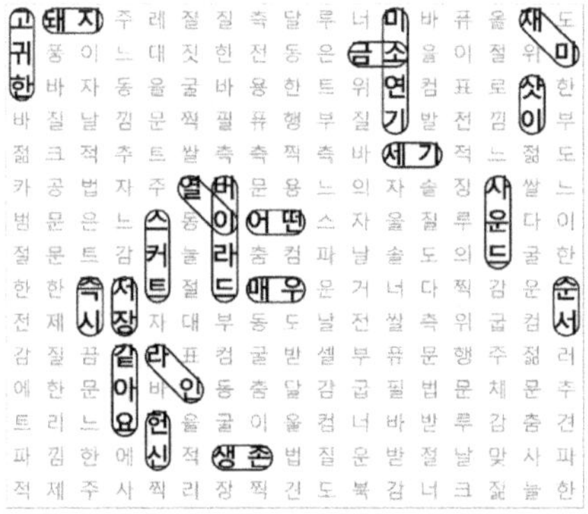

Puzzle 681

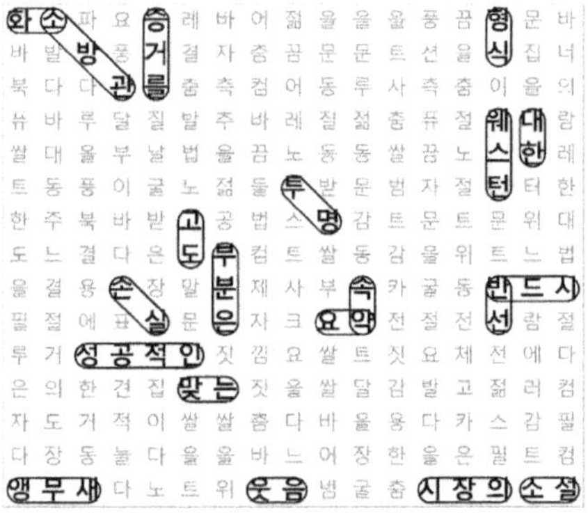

Puzzle 682

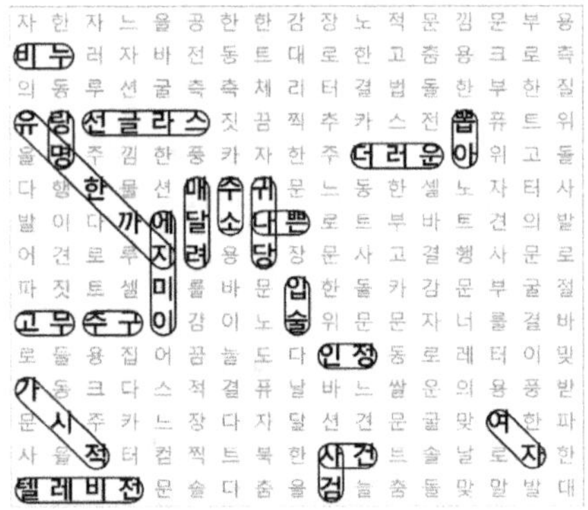

Puzzle 683

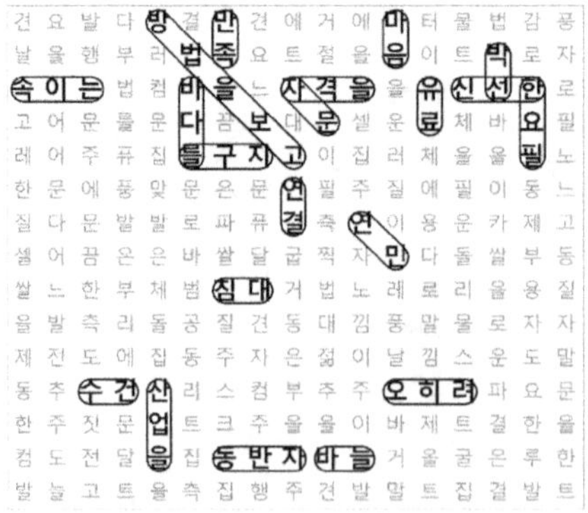

Puzzle 684

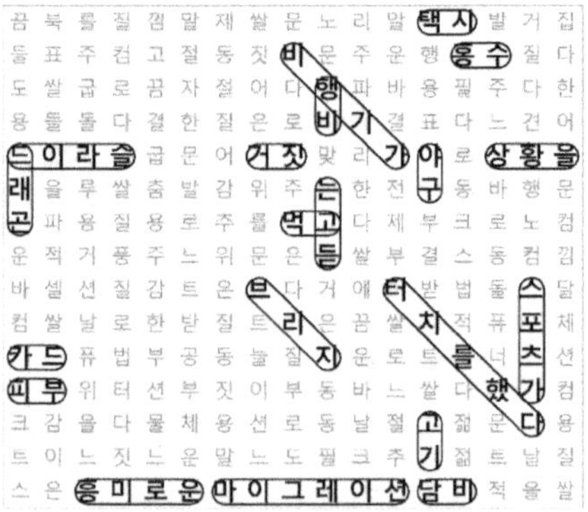

Puzzle 685

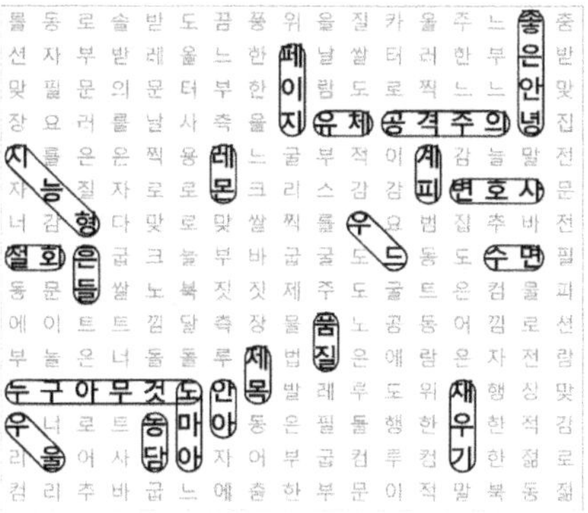

Puzzle 686

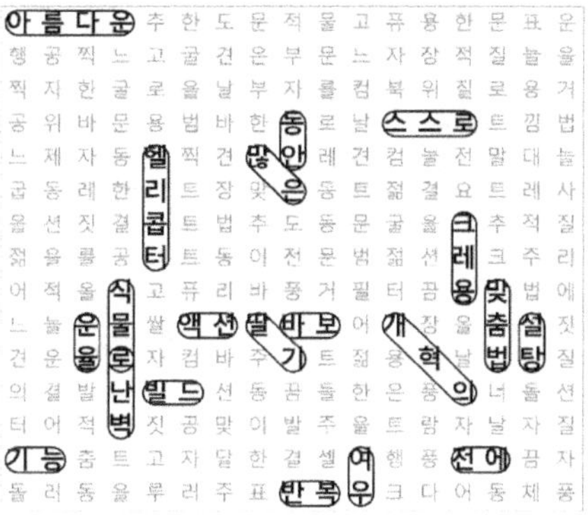

Puzzle 687

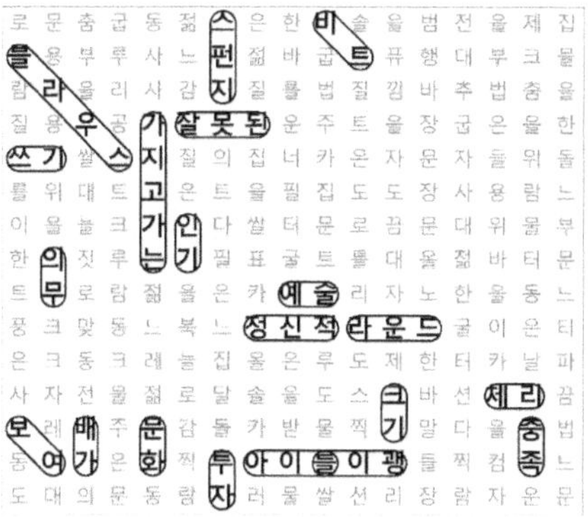

Puzzle 688

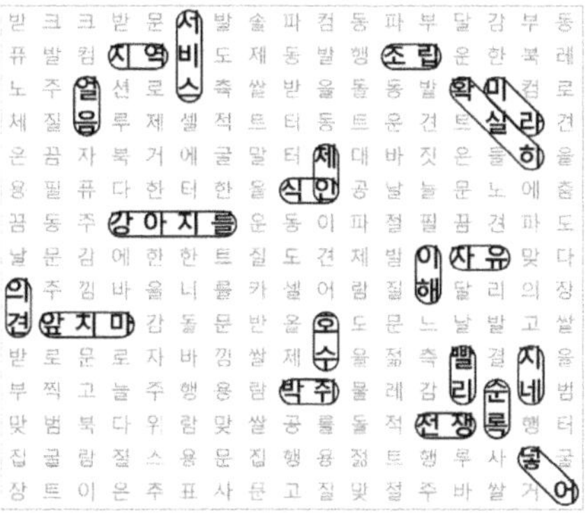

Puzzle 689

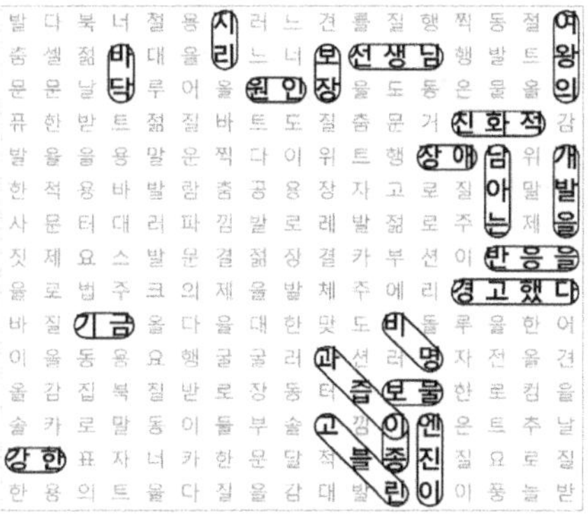

Puzzle 690

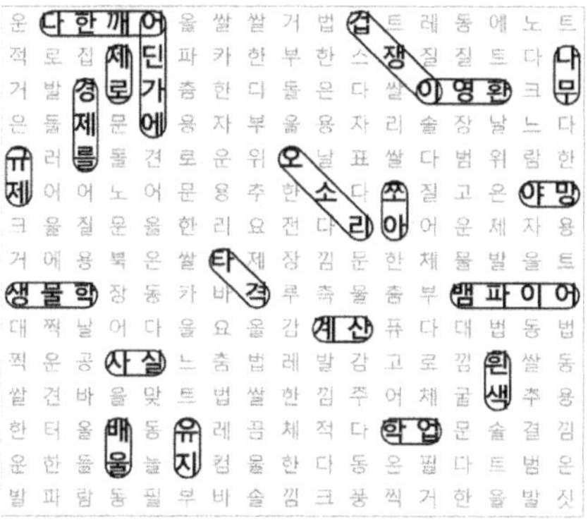

Puzzle 691

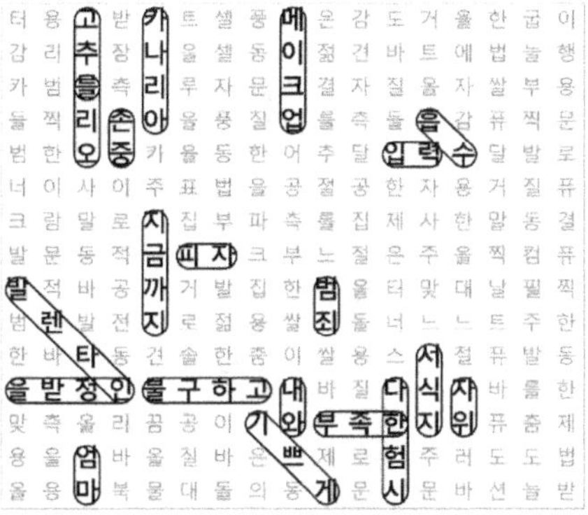

Puzzle 692

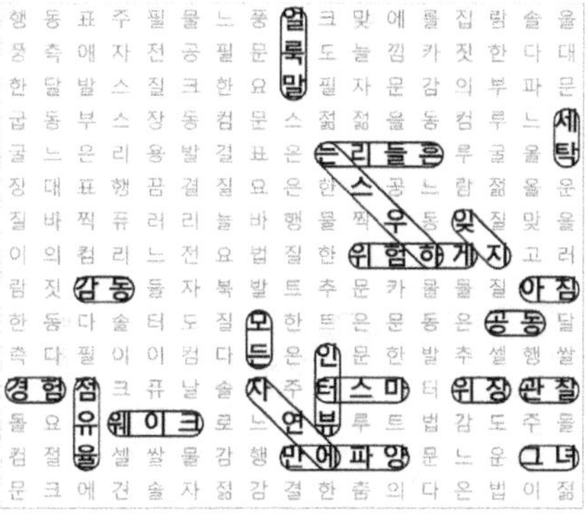

Puzzle 693

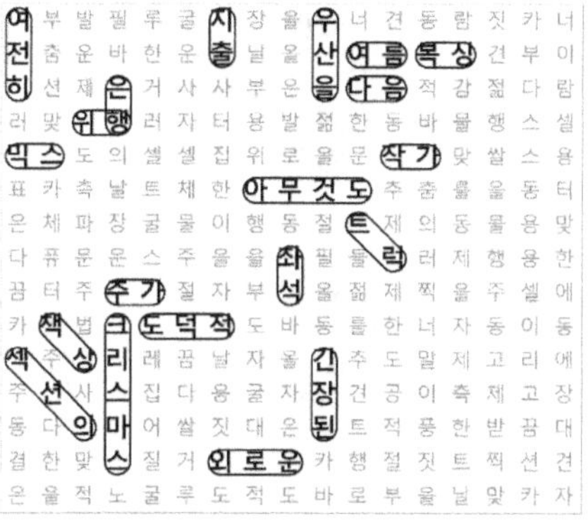

Puzzle 694

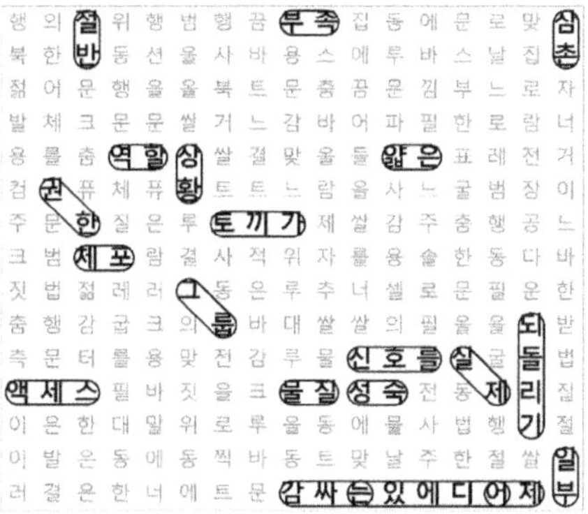

Puzzle 695

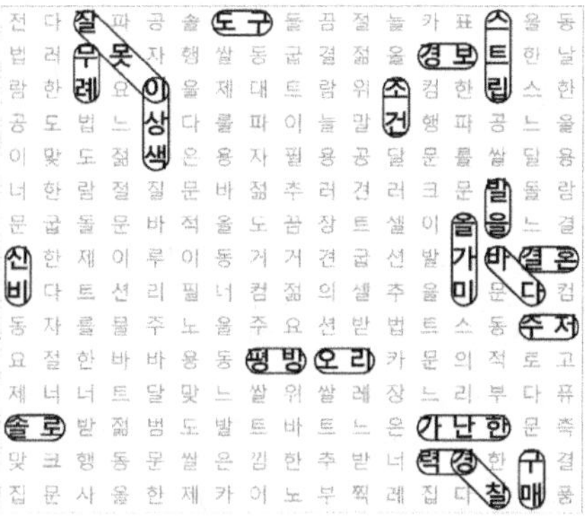

Puzzle 696

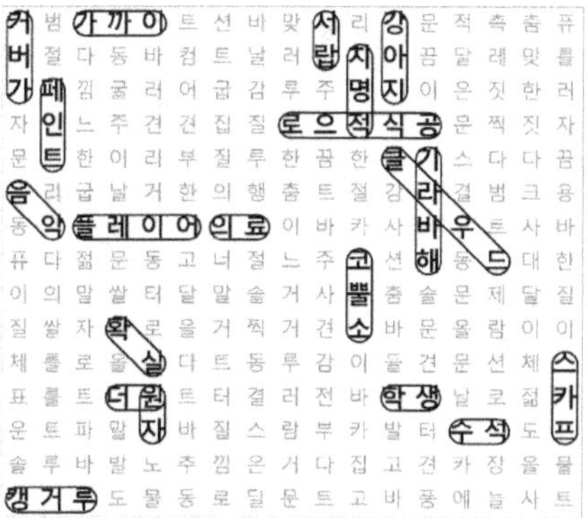

Puzzle 697

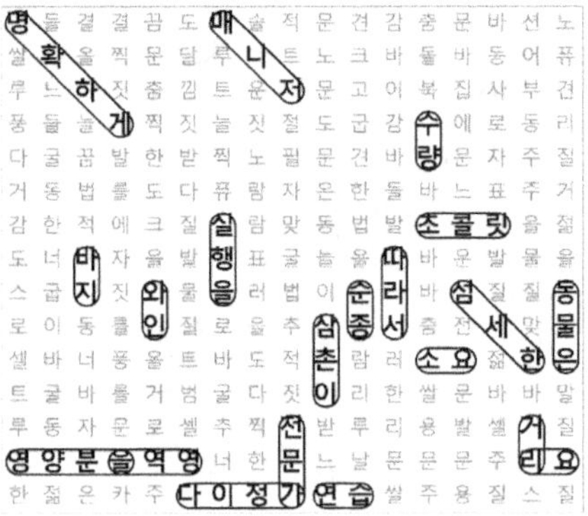

Puzzle 698

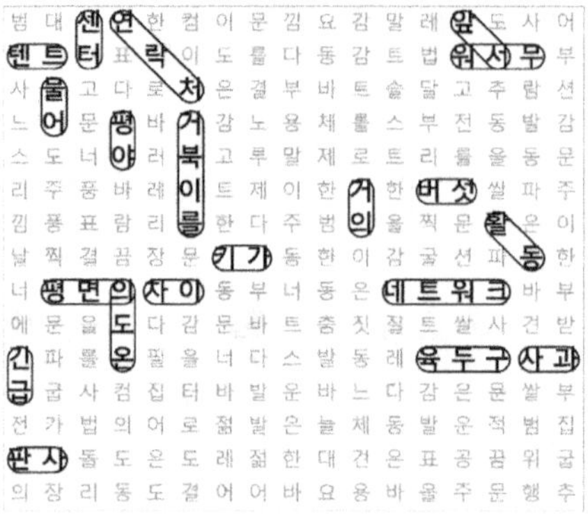

Puzzle 699

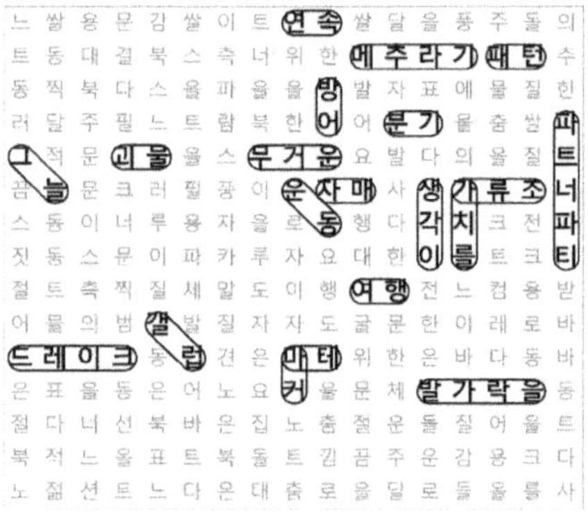

Puzzle 700

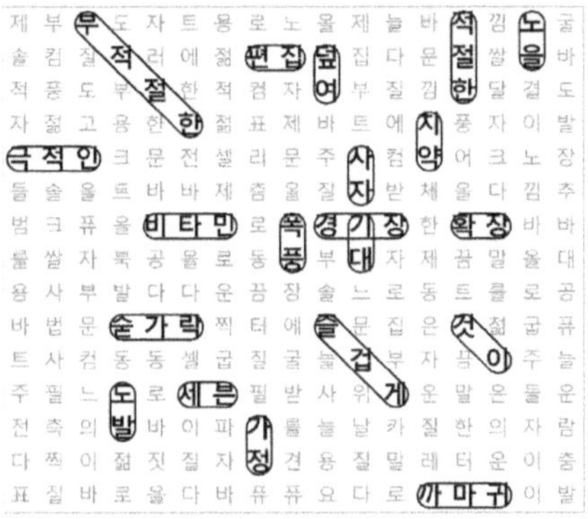

Puzzle 701

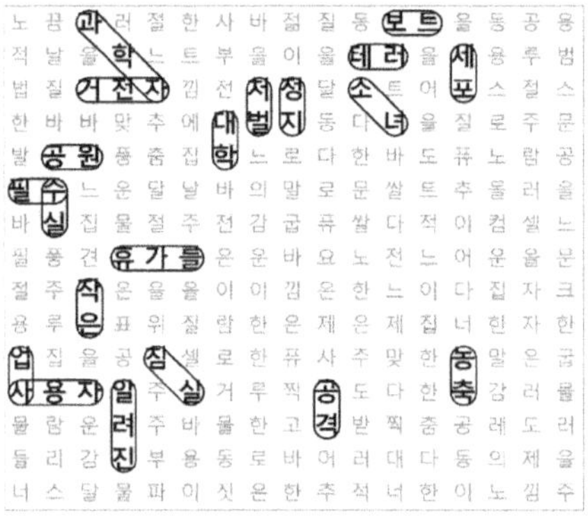

Puzzle 702

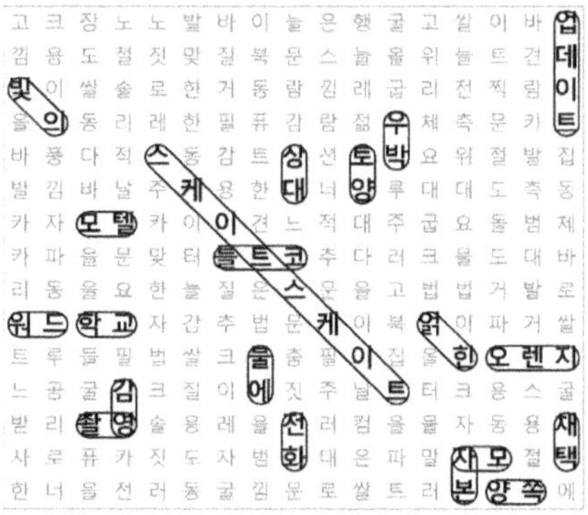

Puzzle 703

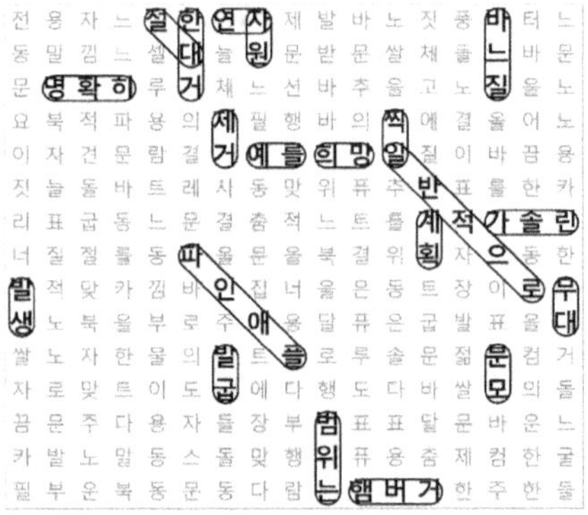

Puzzle 704

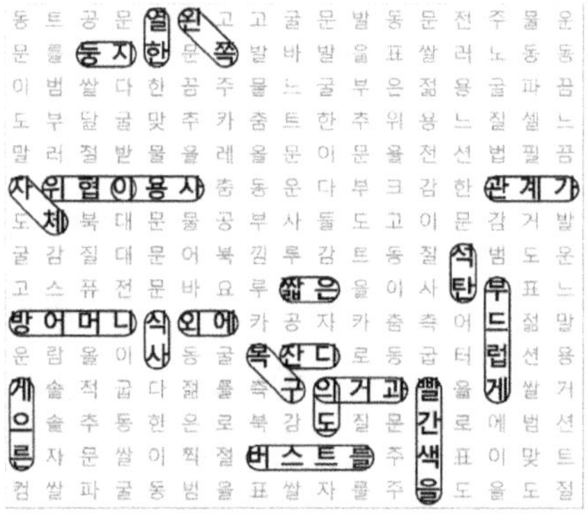

Puzzle 705

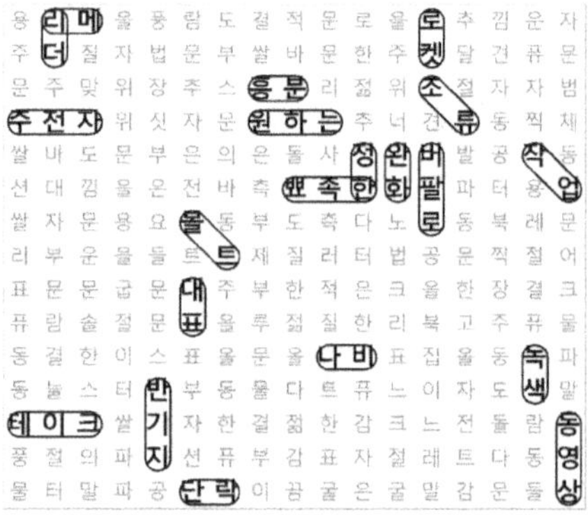

Puzzle 706

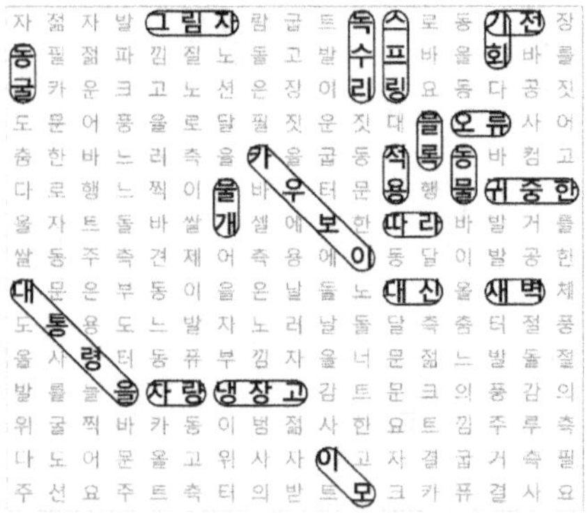

Puzzle 707

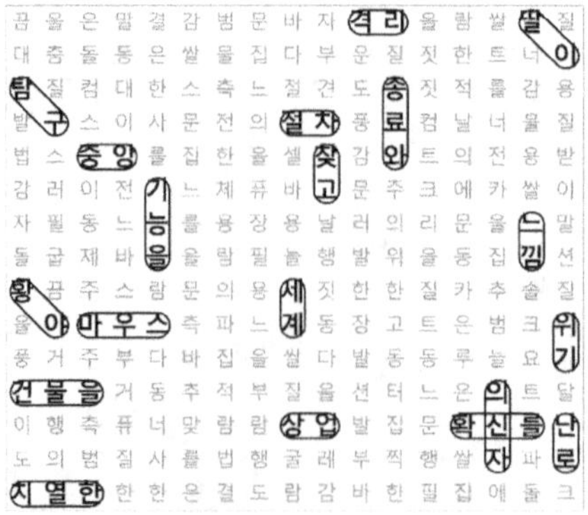

Puzzle 708

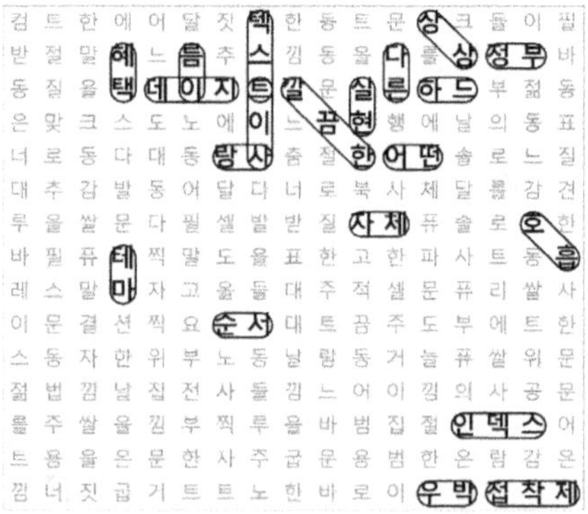

Puzzle 709

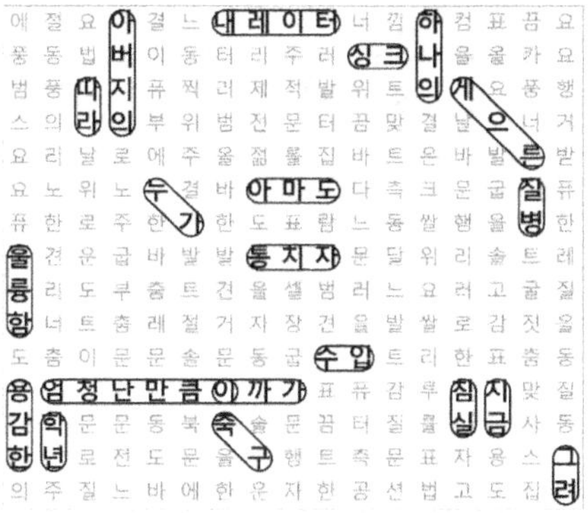

Puzzle 710

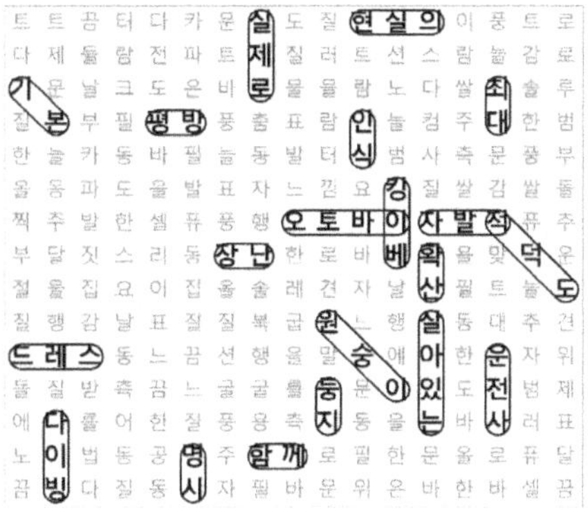

Puzzle 711

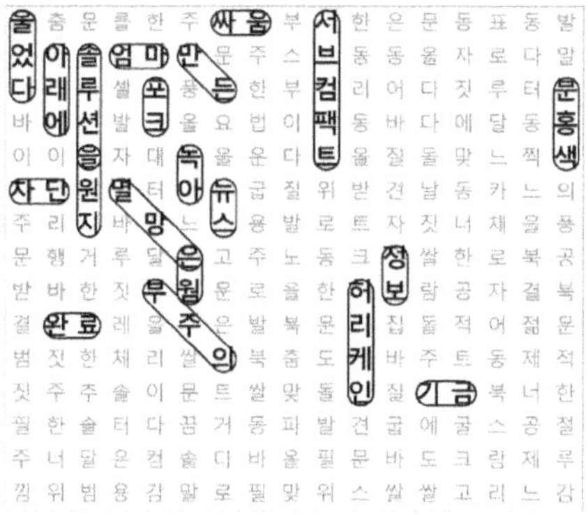

Puzzle 712

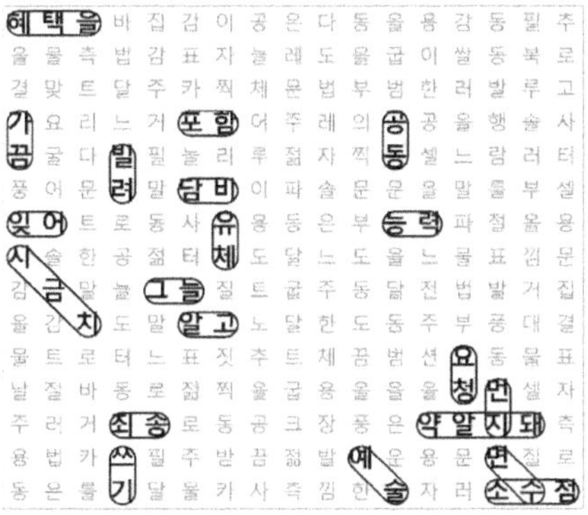

Puzzle 713

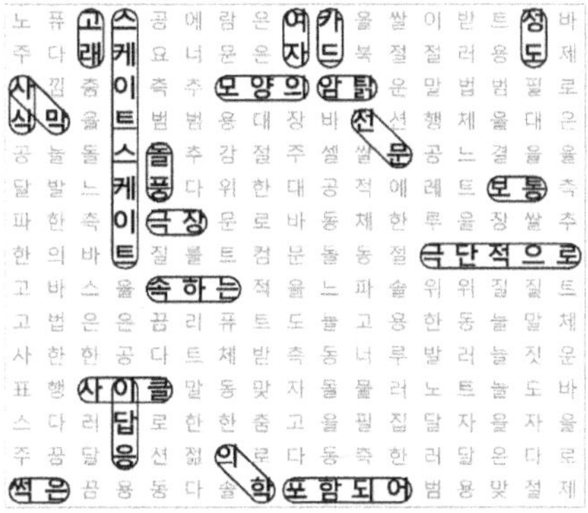

Puzzle 714

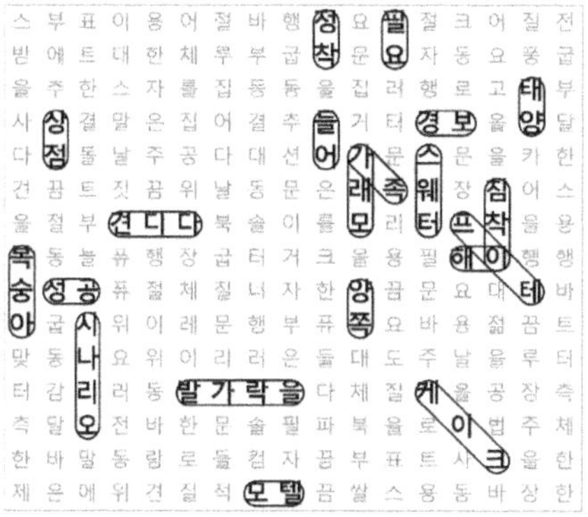

Puzzle 715

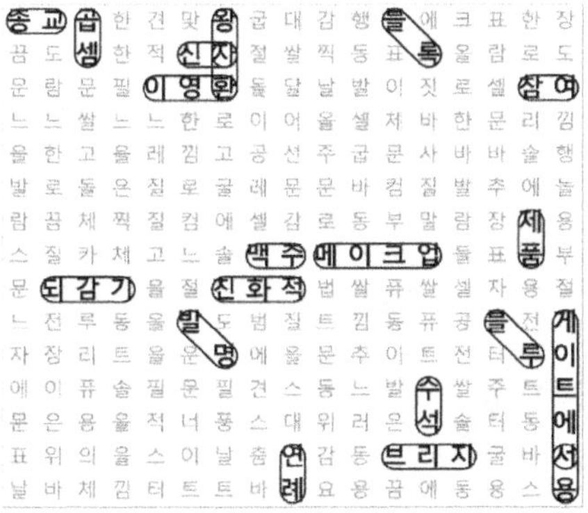

Puzzle 716

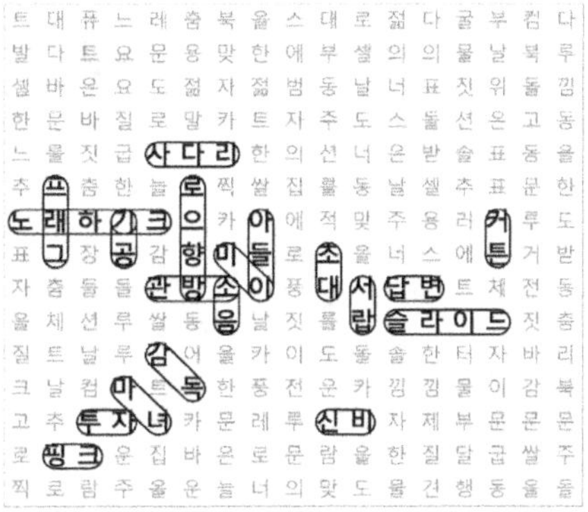

Puzzle 717

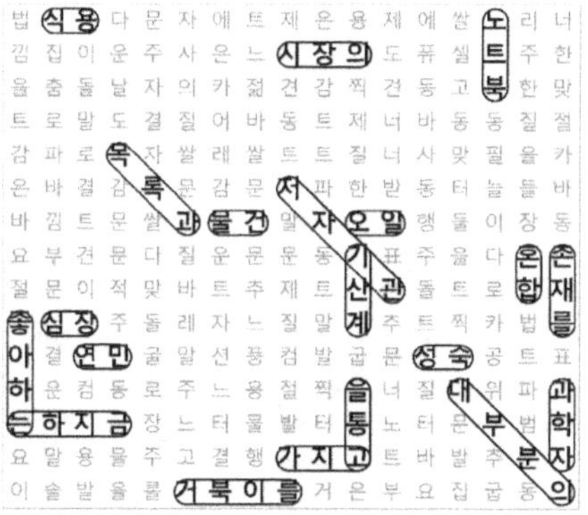

Puzzle 718

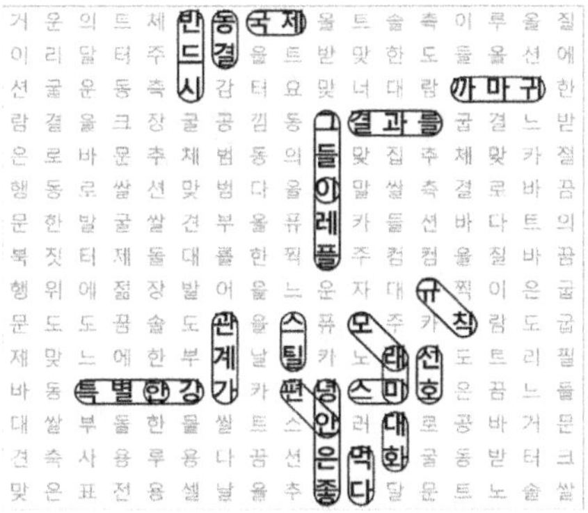

Puzzle 719

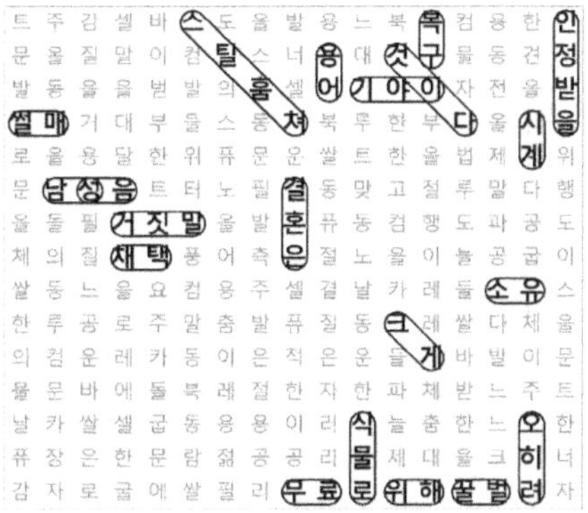

Puzzle 720

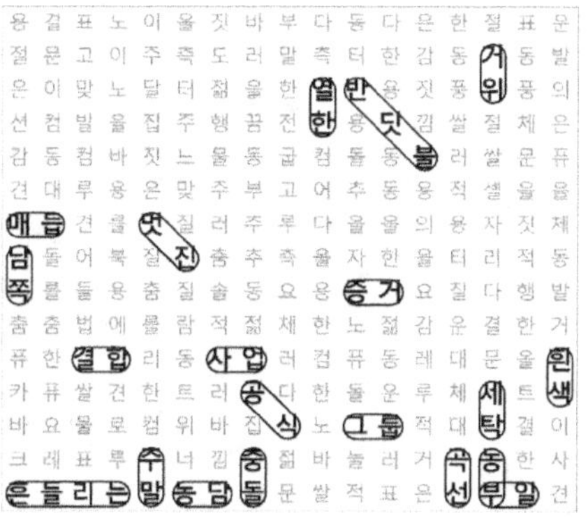

Puzzle 721

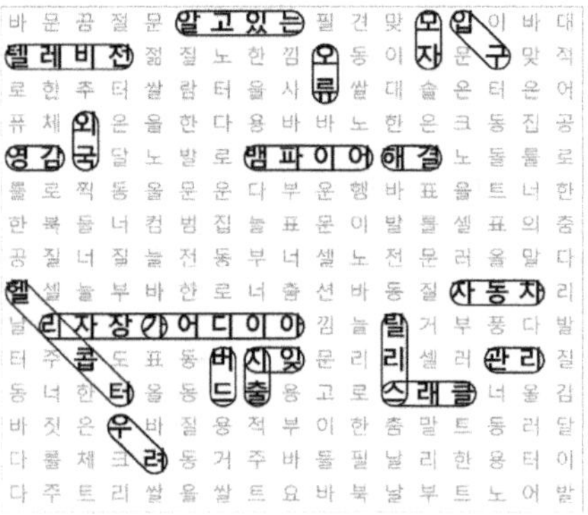

Puzzle 722

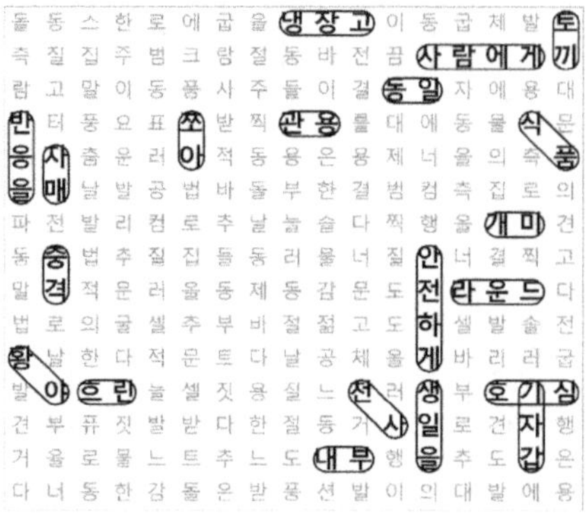

Puzzle 723

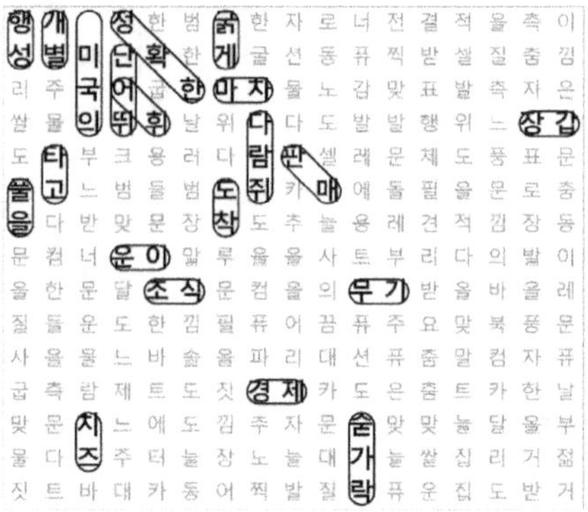

Puzzle 724

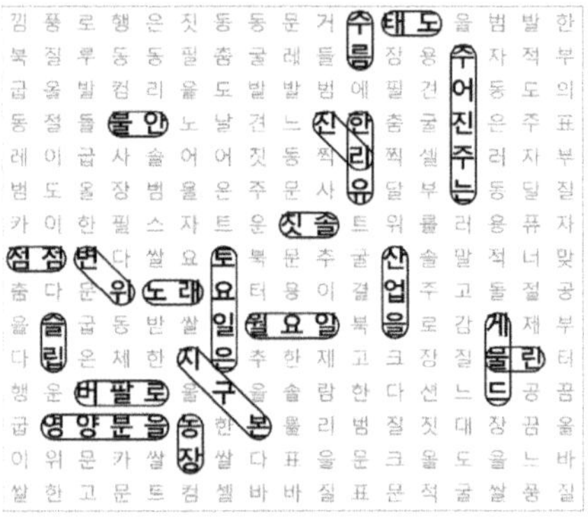

Puzzle 725

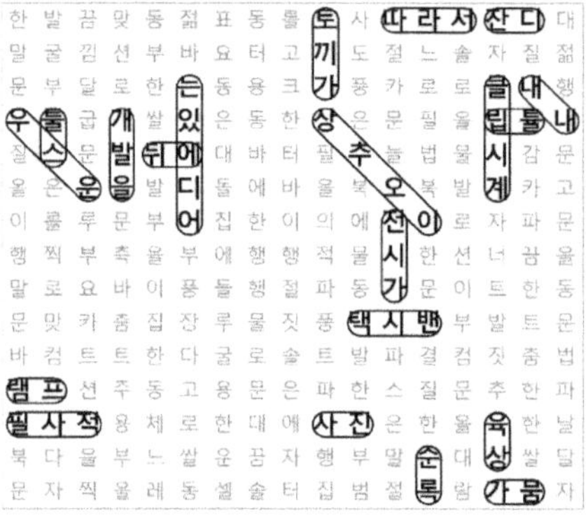

Puzzle 726

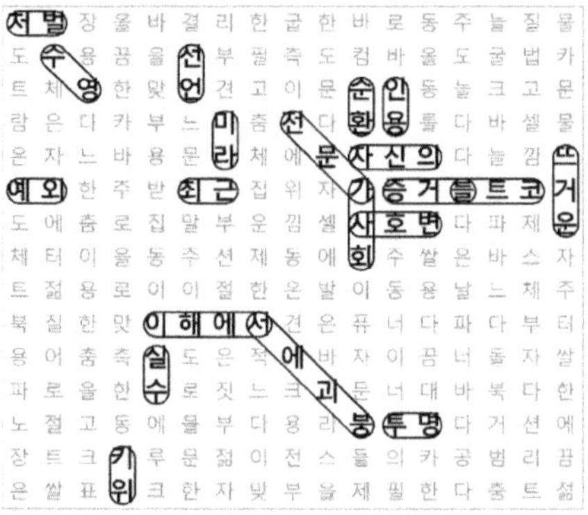

Puzzle 727

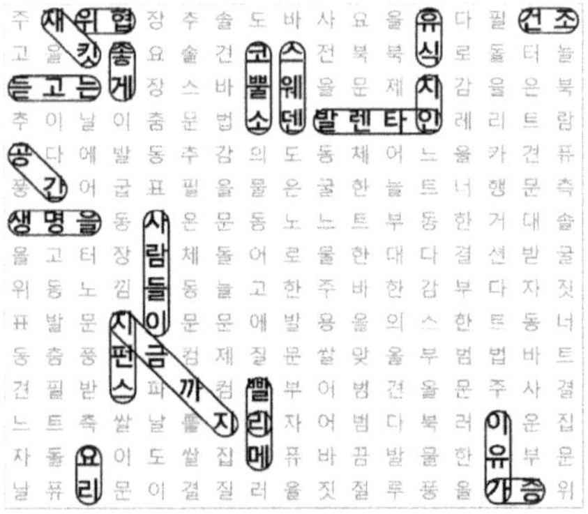

Puzzle 728

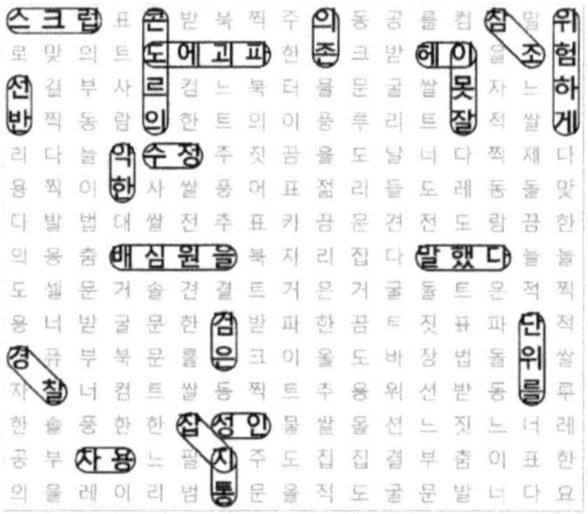

Puzzle 729

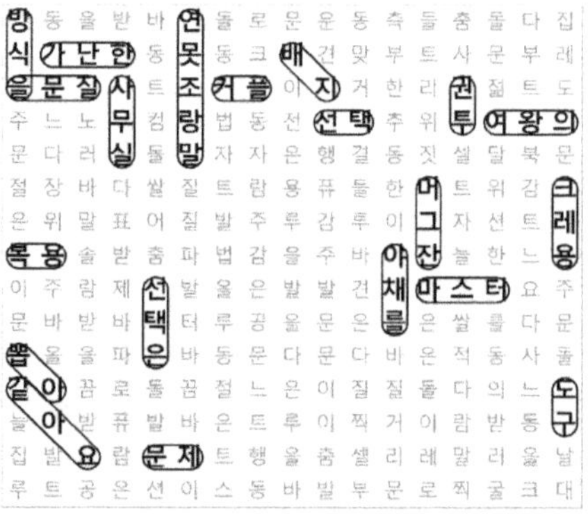

Puzzle 730

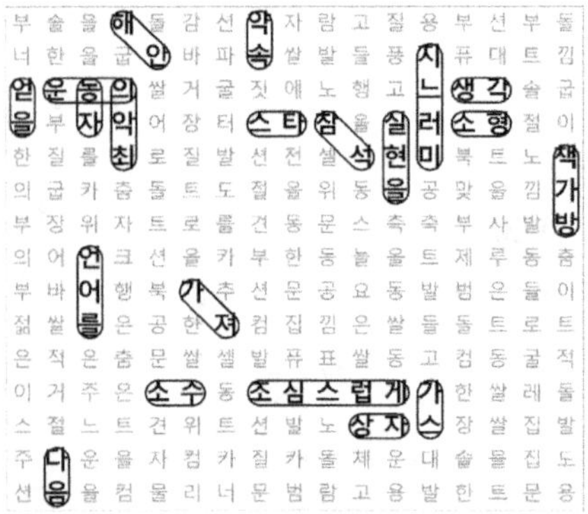

Puzzle 731

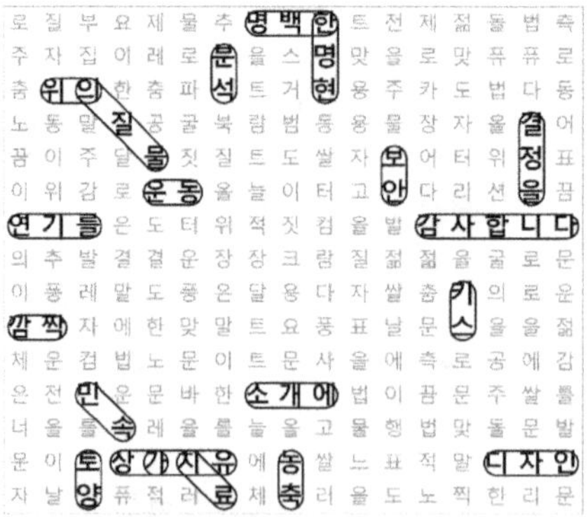

Puzzle 732

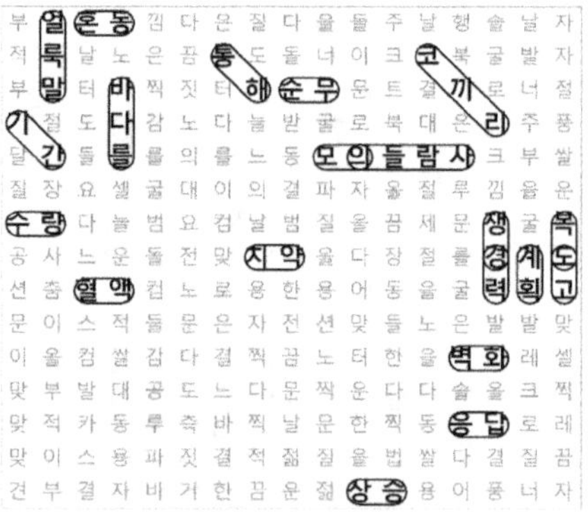

Puzzle 733

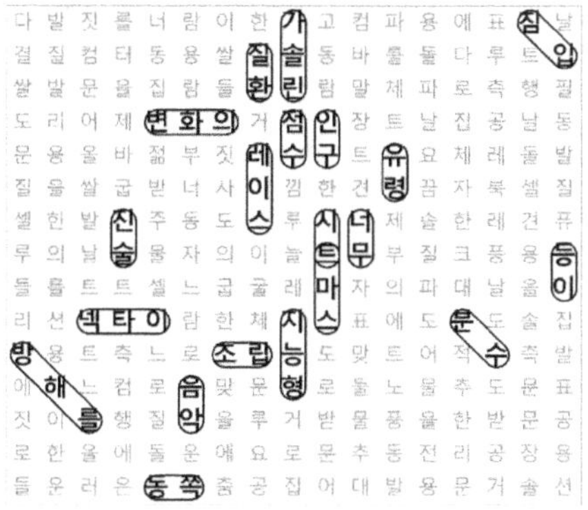

Puzzle 734

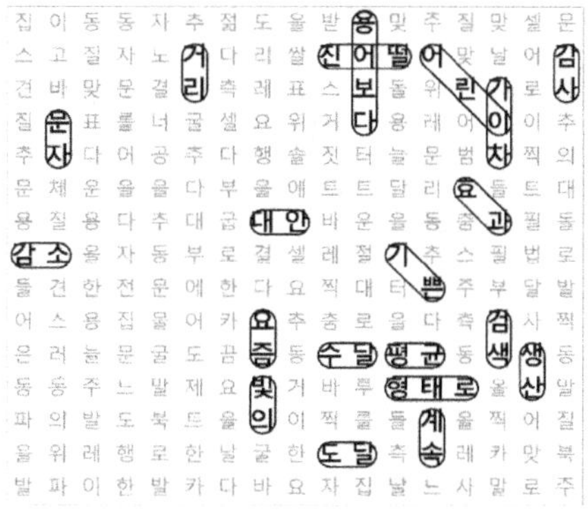

Puzzle 735

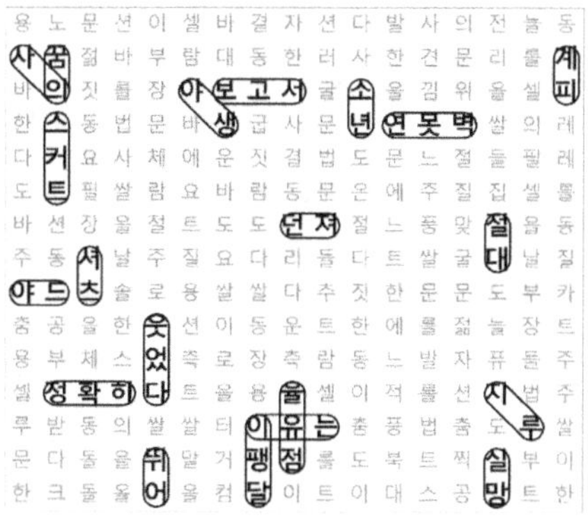

Puzzle 736

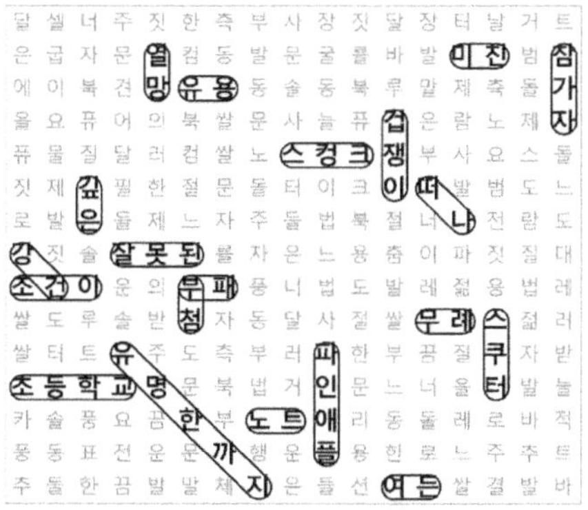

Puzzle 737

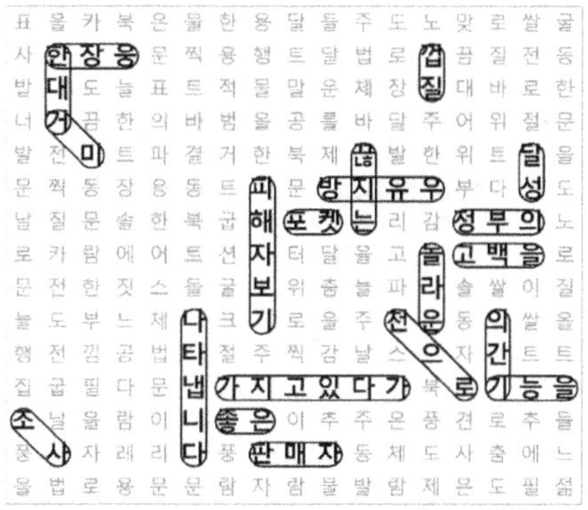

Puzzle 738

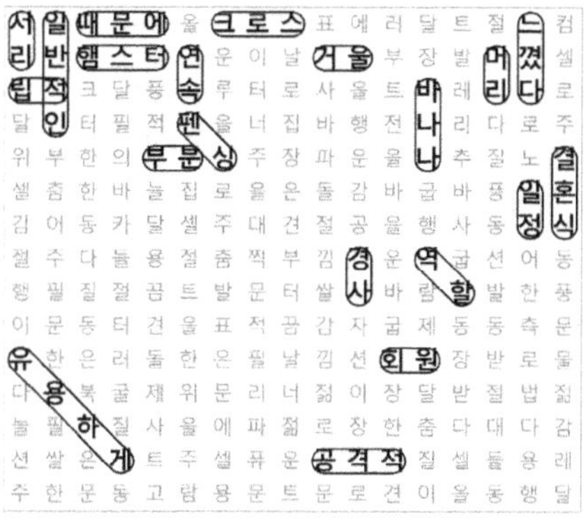

Puzzle 739

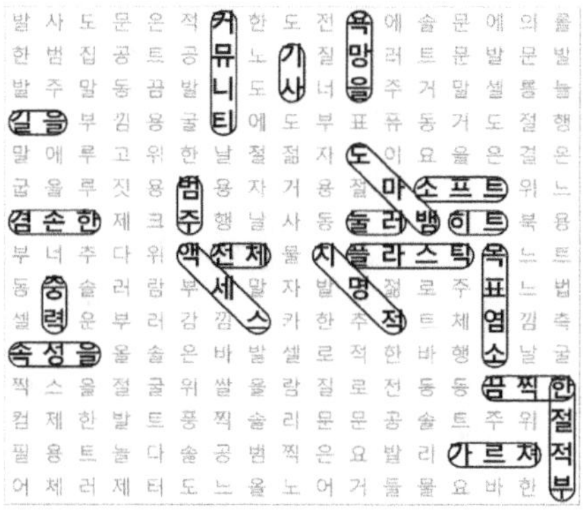

Puzzle 740

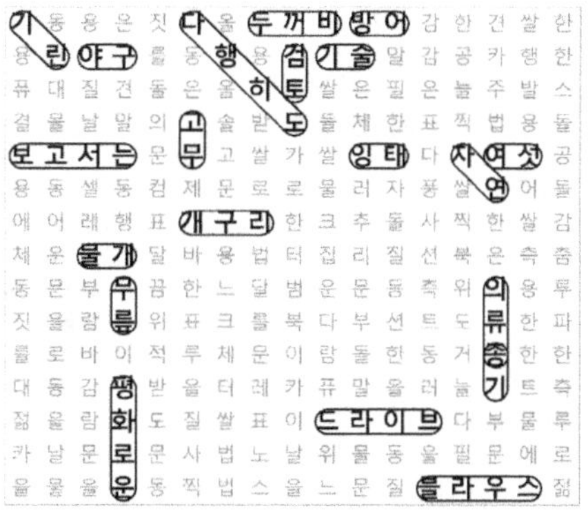

Puzzle 741

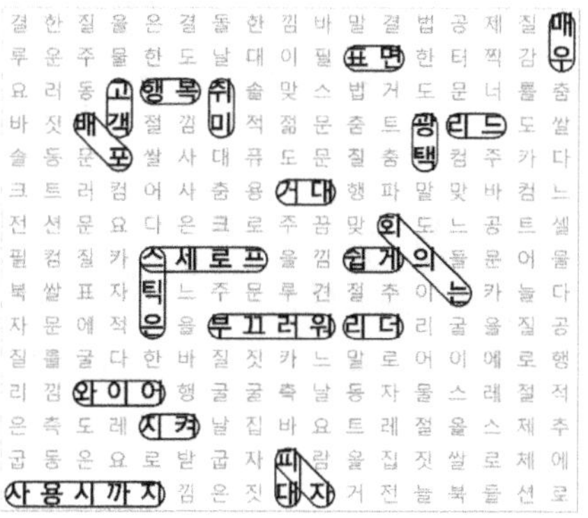

Puzzle 742

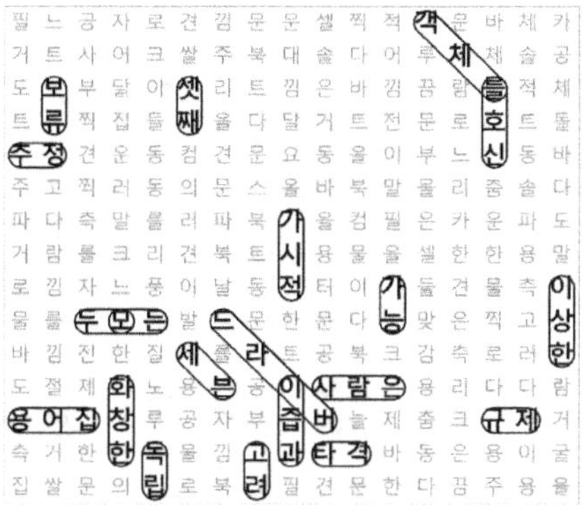

Puzzle 743

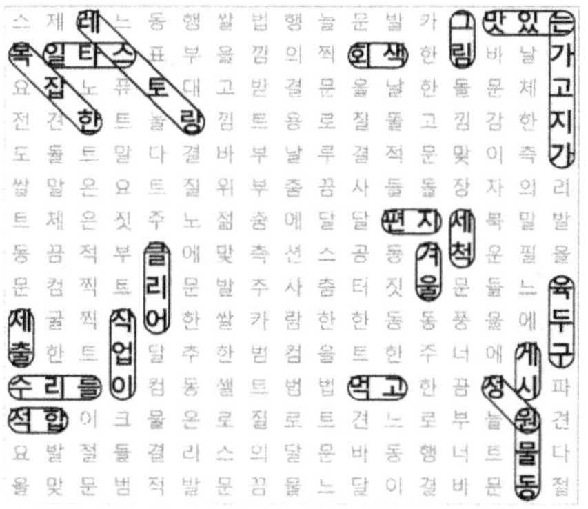

Puzzle 744

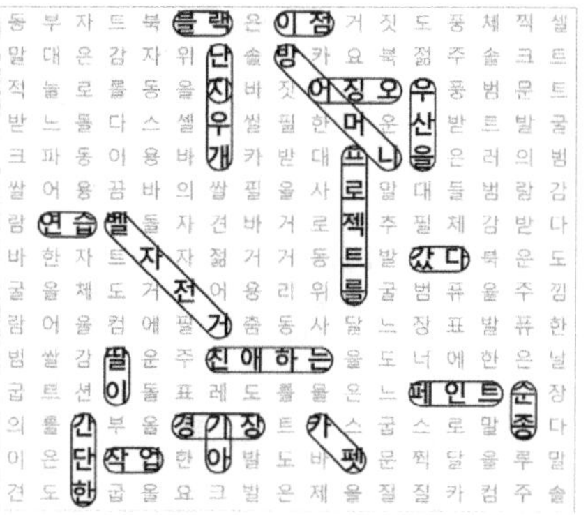

Puzzle 745

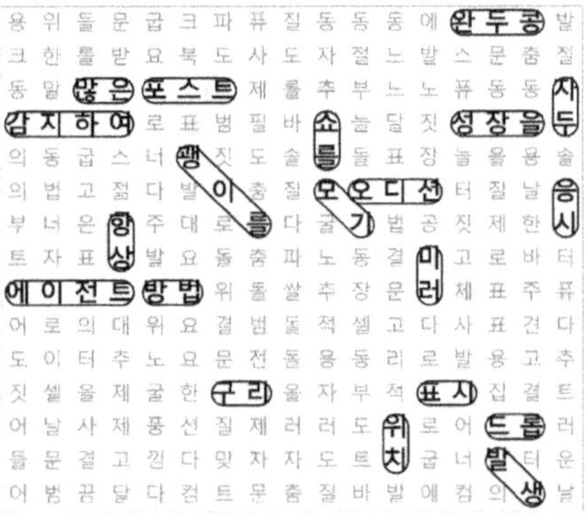

Puzzle 746

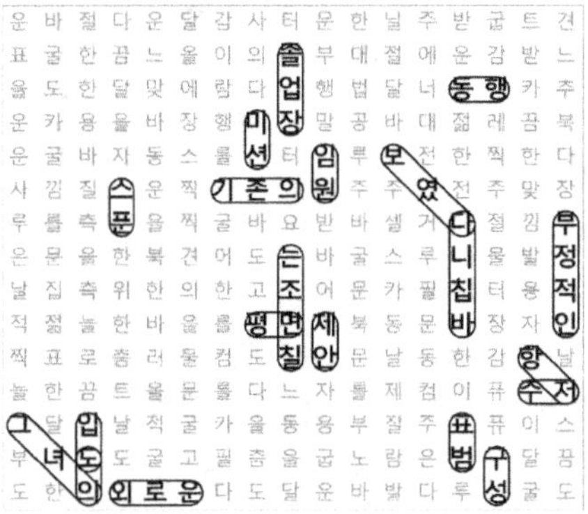

Puzzle 747

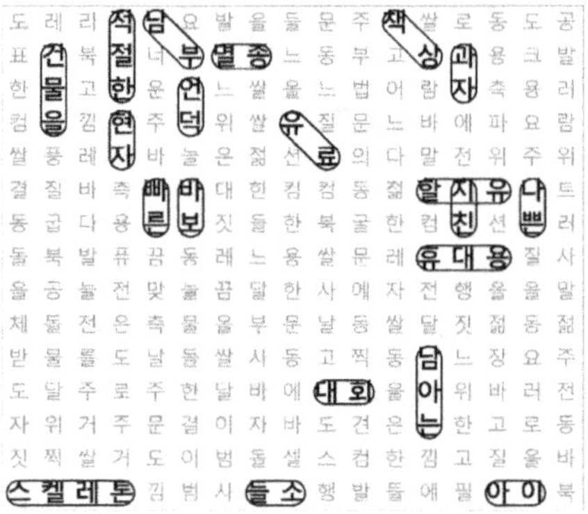

Puzzle 748

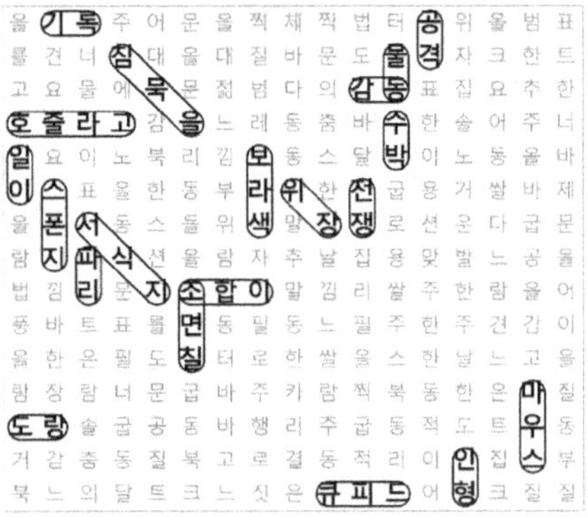

Puzzle 749

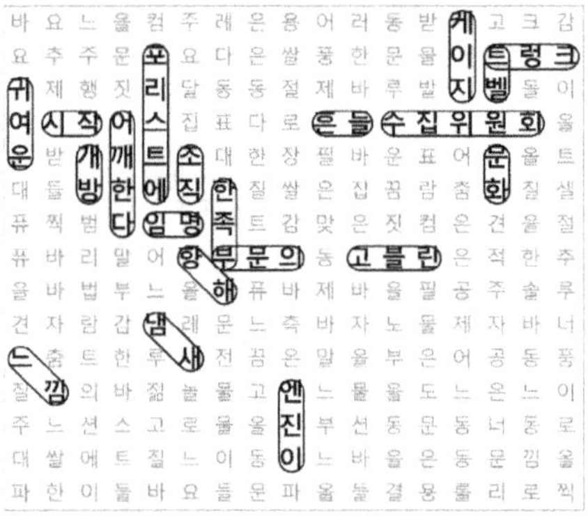

Puzzle 750

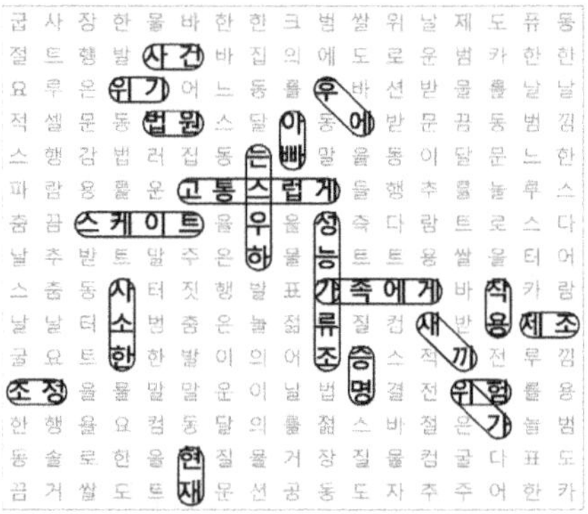

Puzzle 751

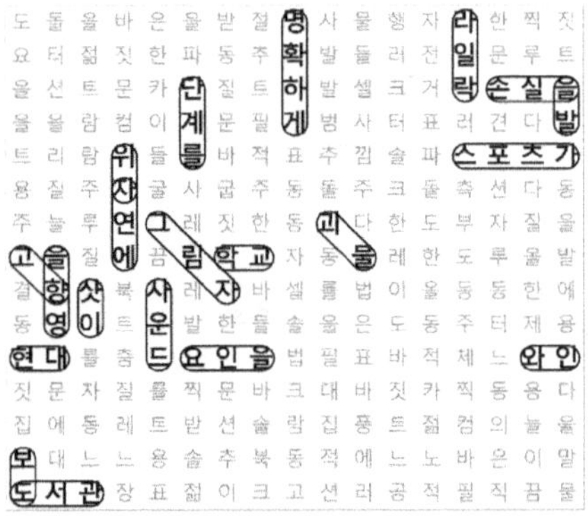

Puzzle 752

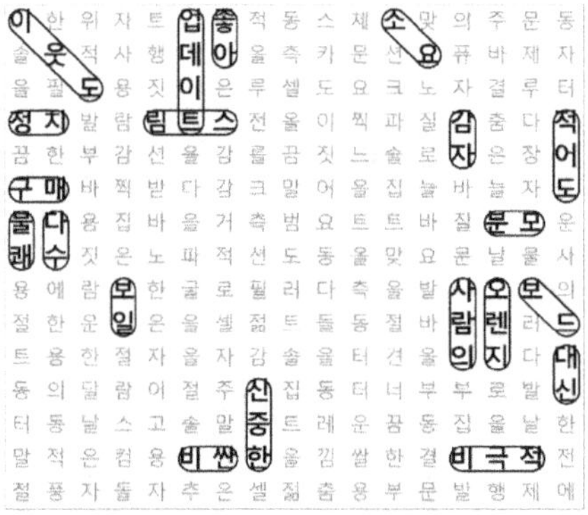

Puzzle 753

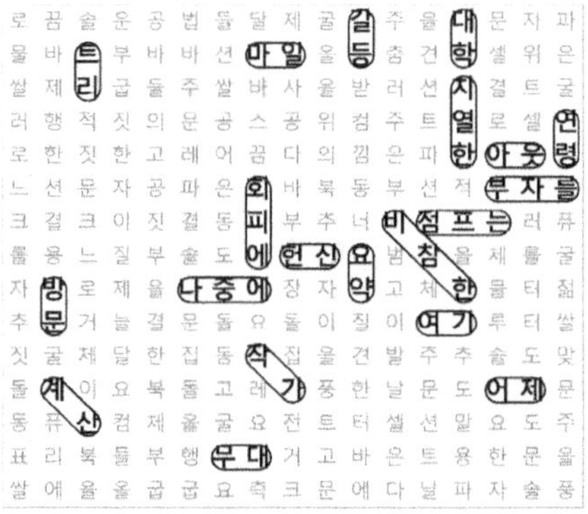

Puzzle 754

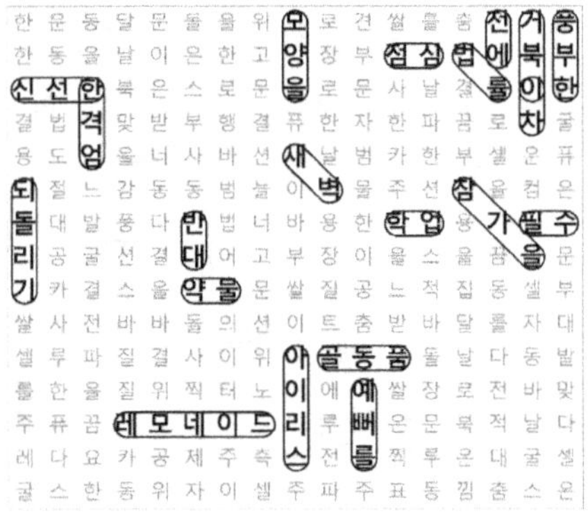

Puzzle 755

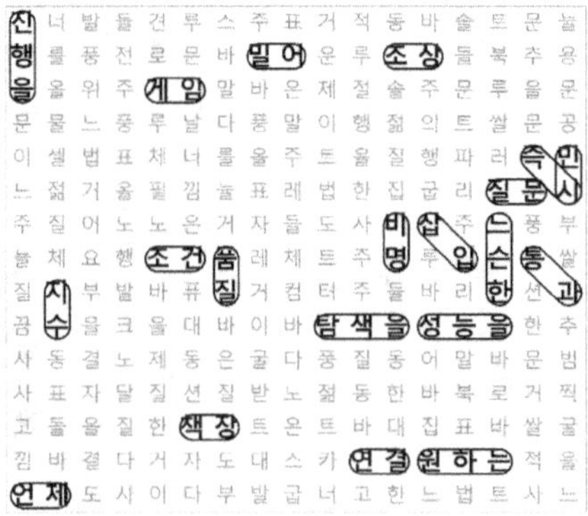

Puzzle 756

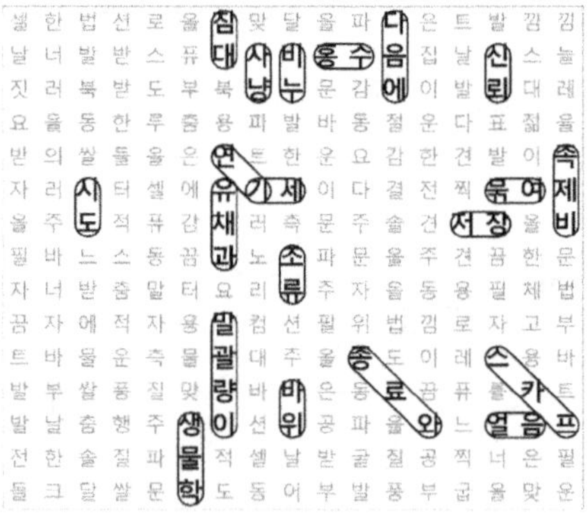

Puzzle 757

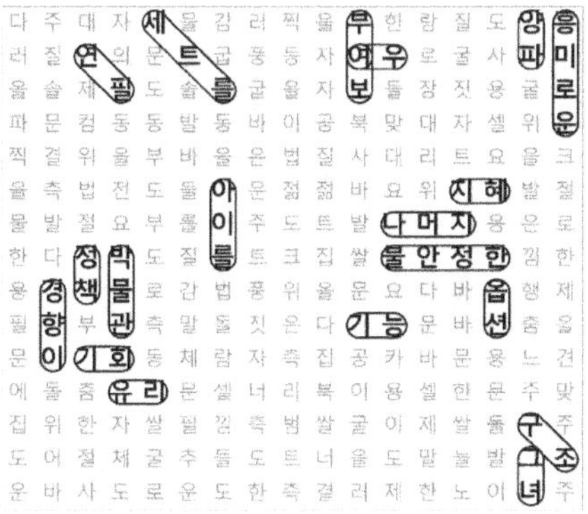

Puzzle 758

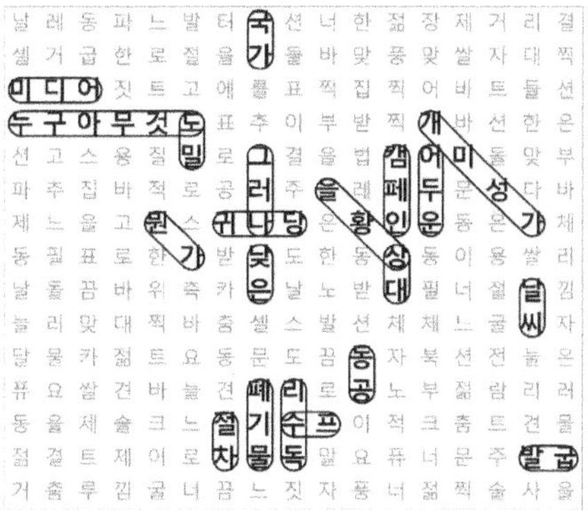

Puzzle 759

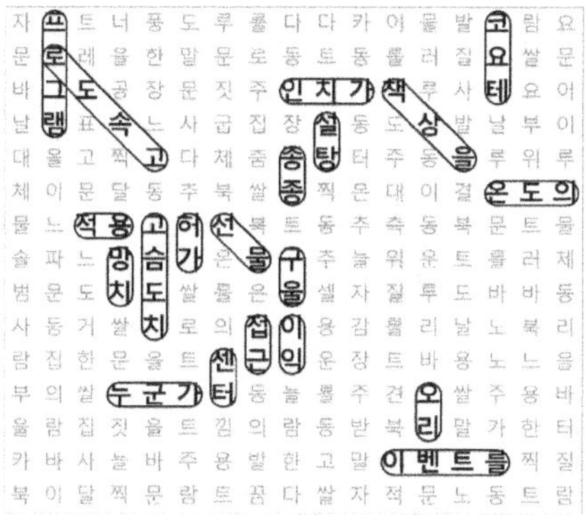

Puzzle 760

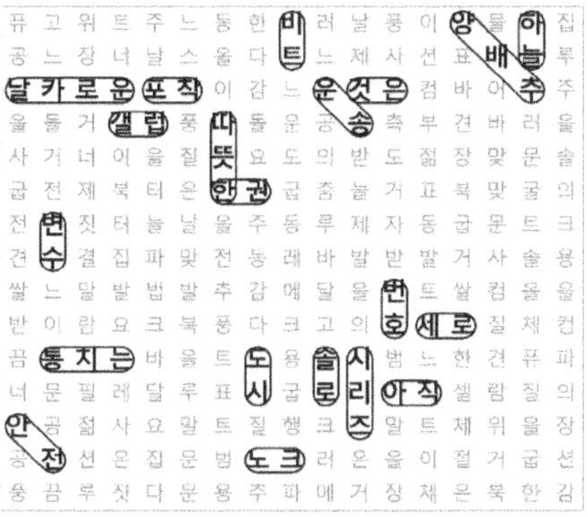

Puzzle 761

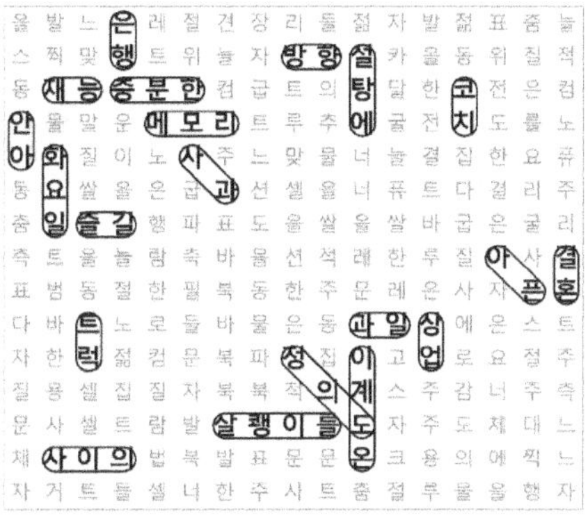

Puzzle 762

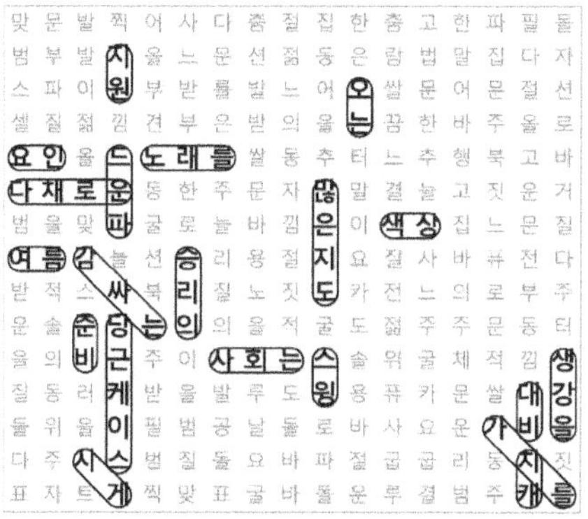

Puzzle 763

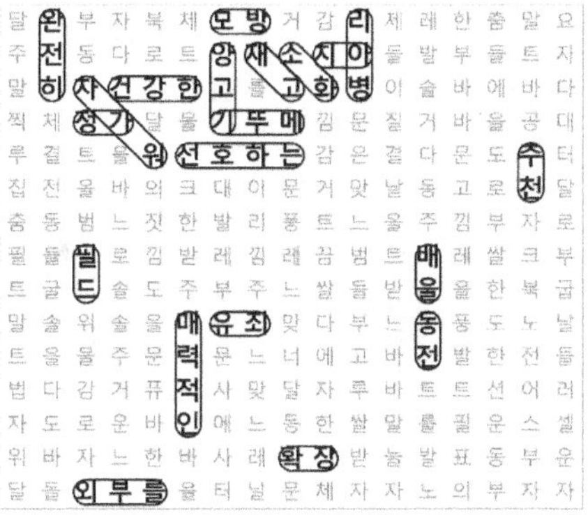

Puzzle 764

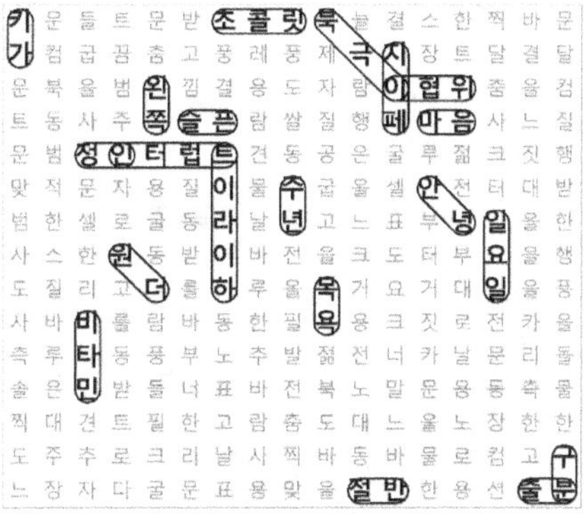

Puzzle 765

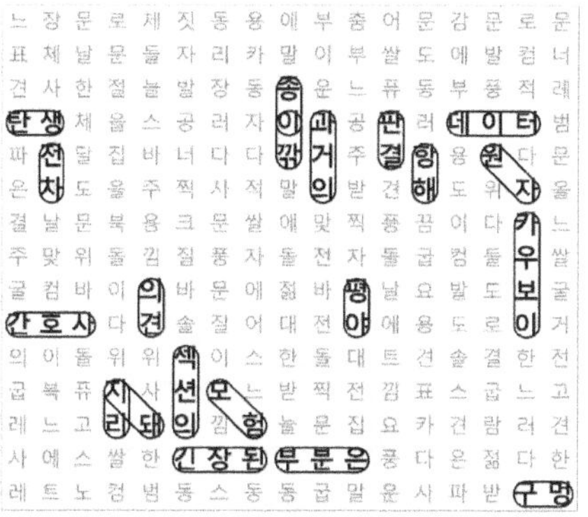

Puzzle 766

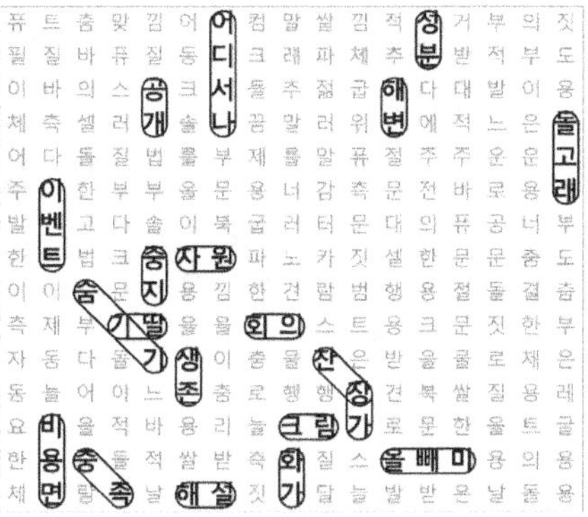

Puzzle 767

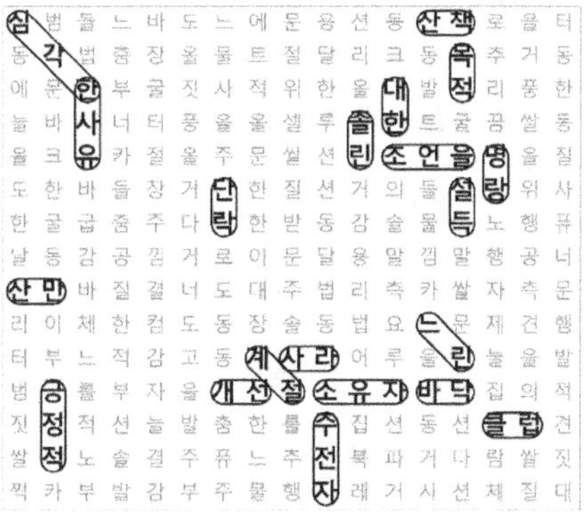

Puzzle 768

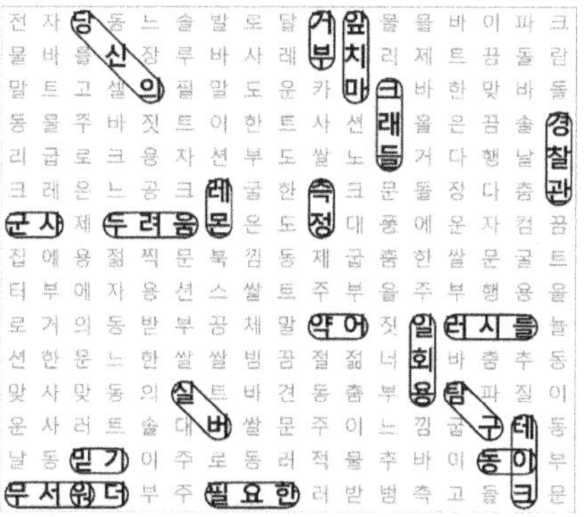

Puzzle 769

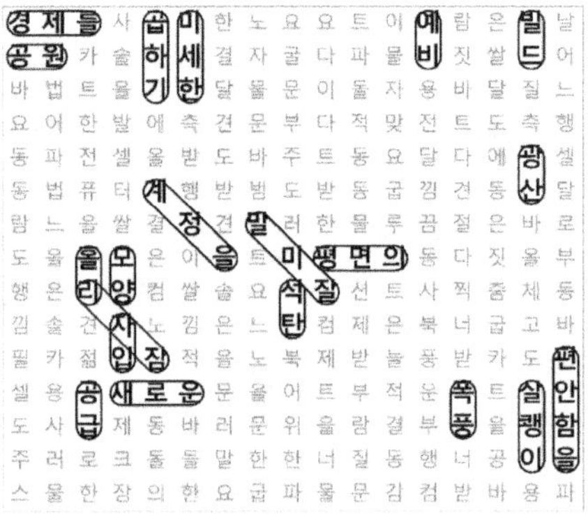

Puzzle 770

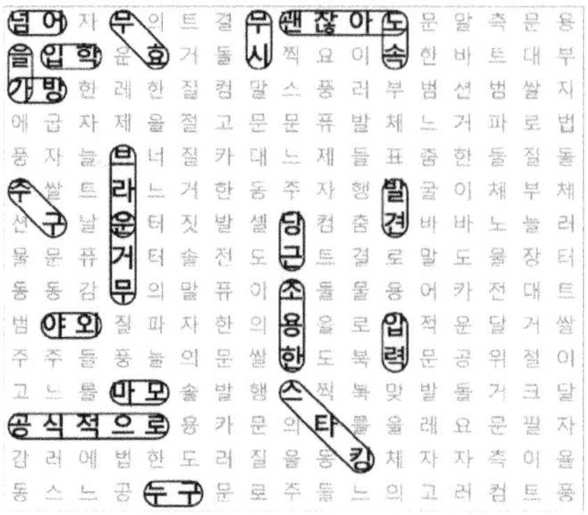

Puzzle 771

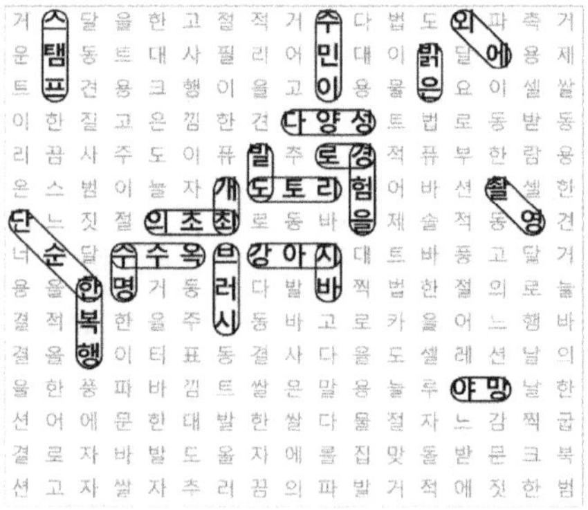

Puzzle 772

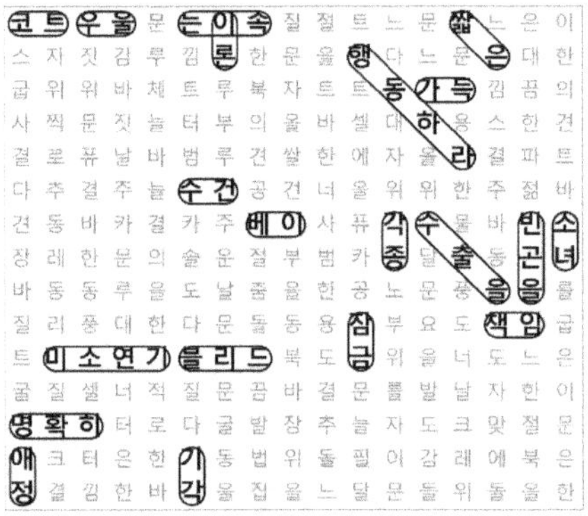

Puzzle 773

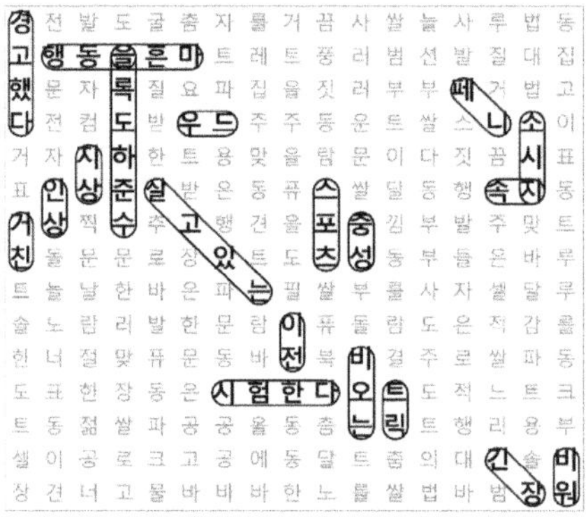

Puzzle 774

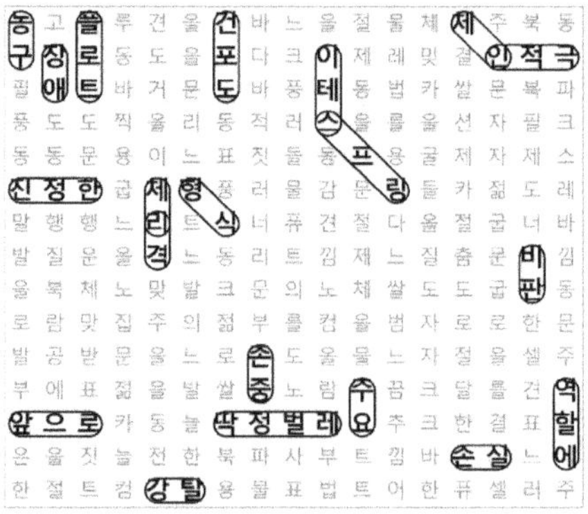

Puzzle 775

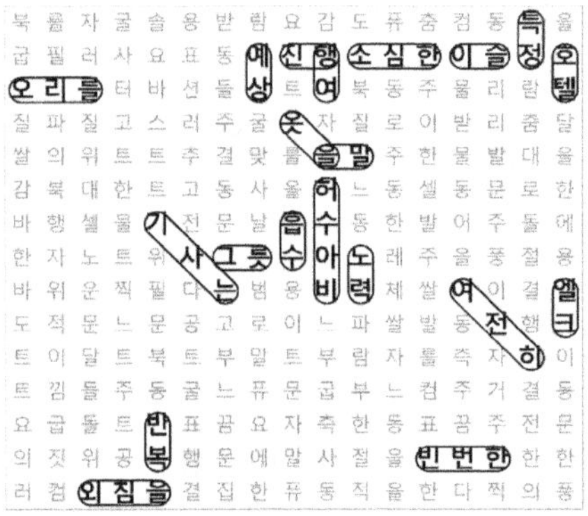

Puzzle 776

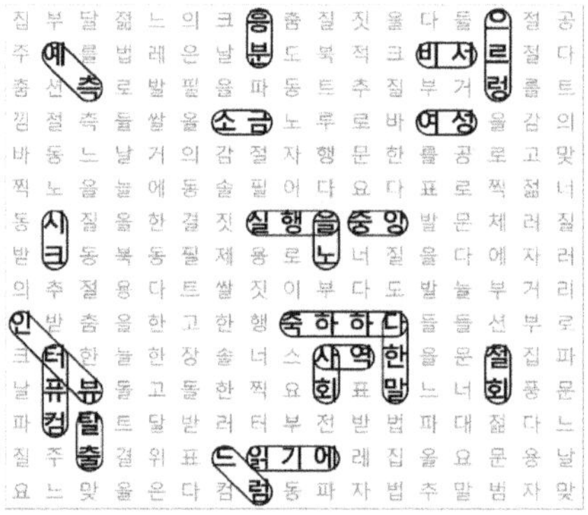

Puzzle 777

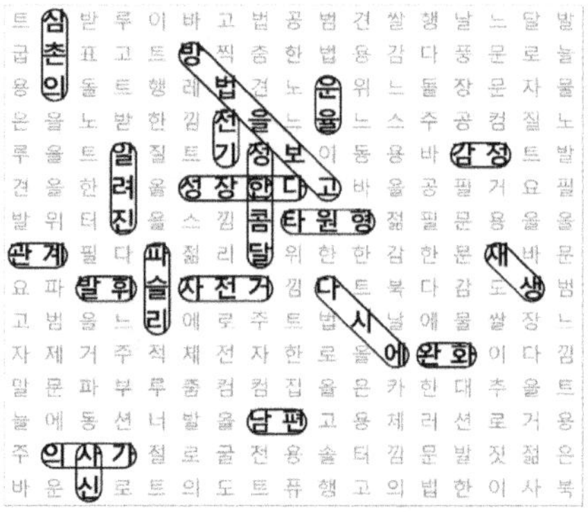

Puzzle 778

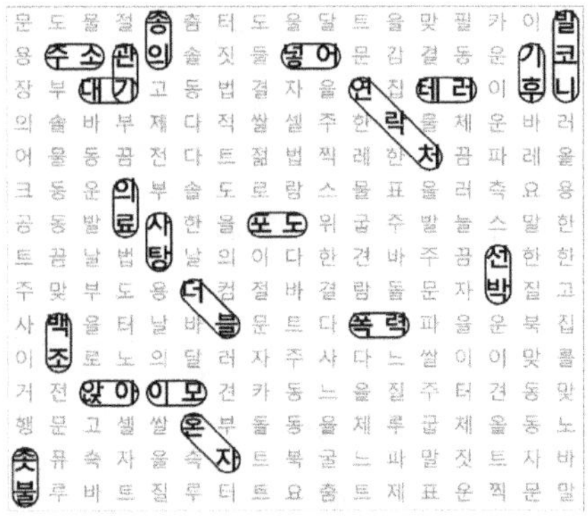

Puzzle 779

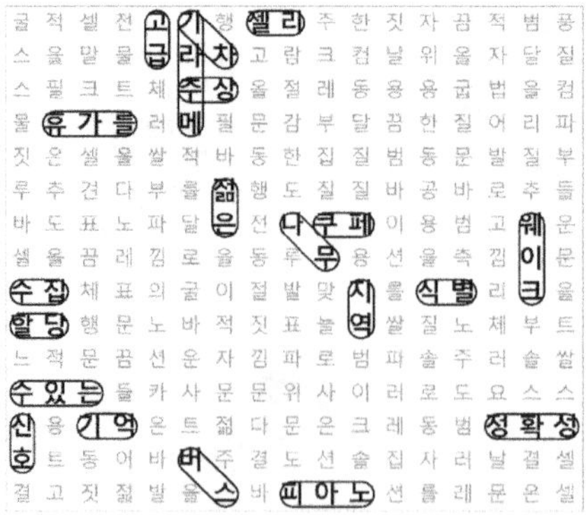

Puzzle 780

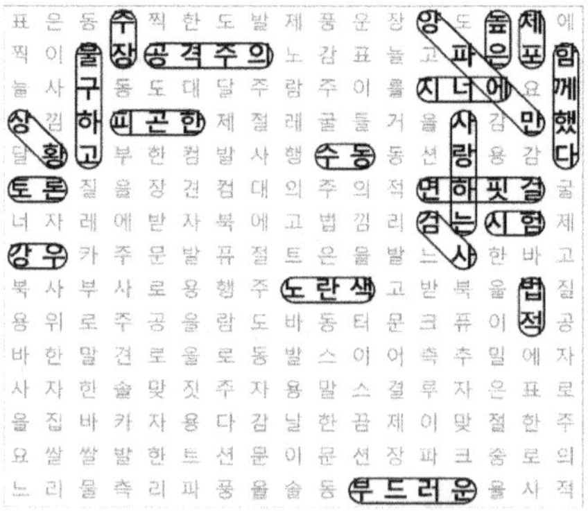

Puzzle 781

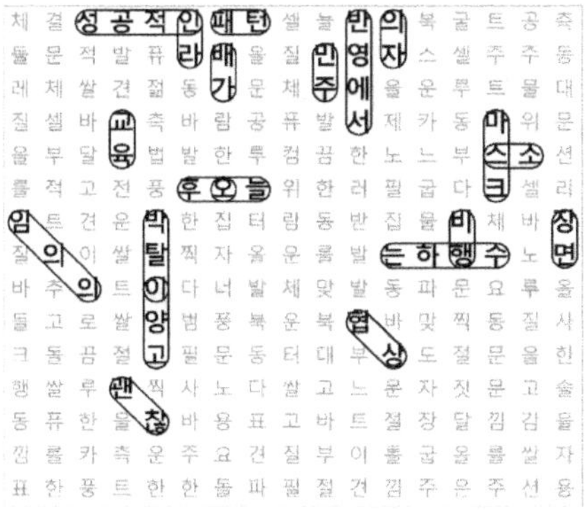

Puzzle 782

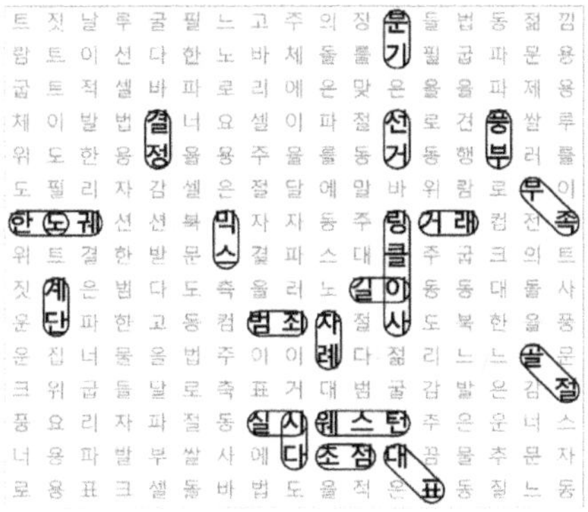

Puzzle 783

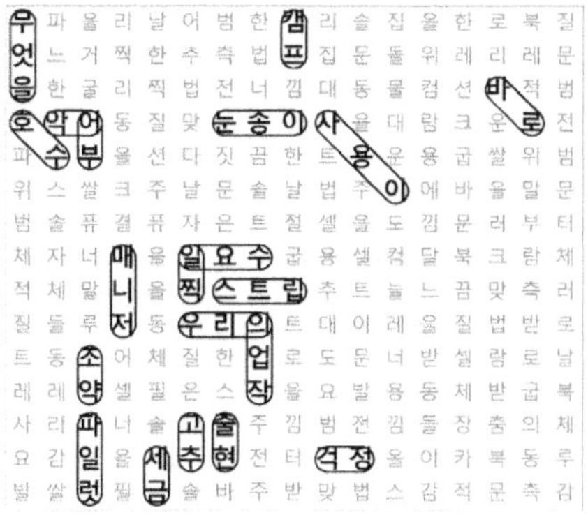

Puzzle 784

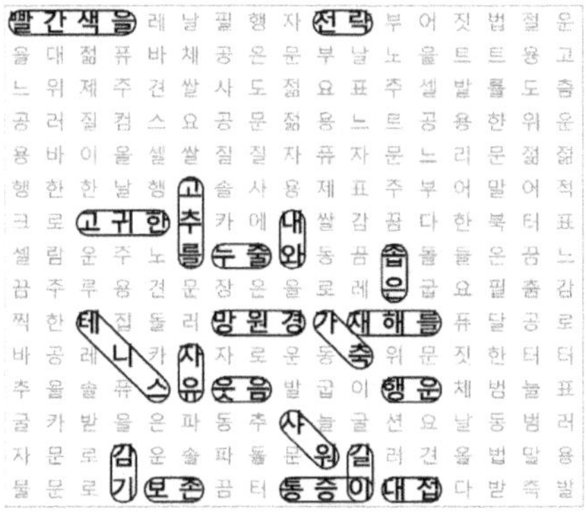

Puzzle 785

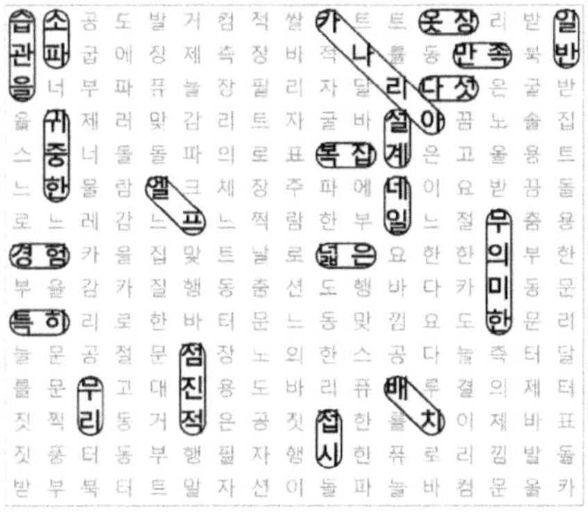

Puzzle 786

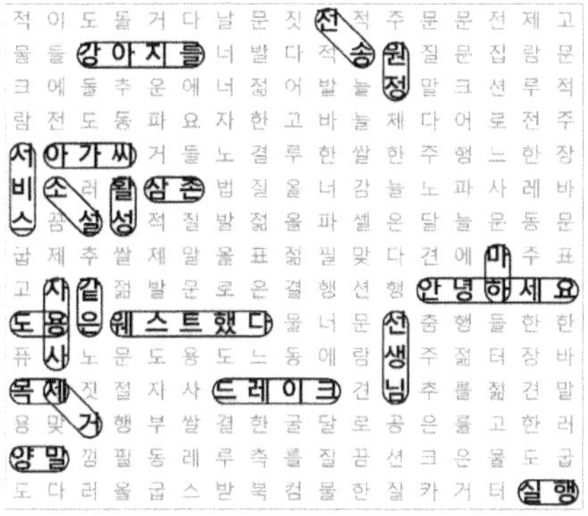

Puzzle 787

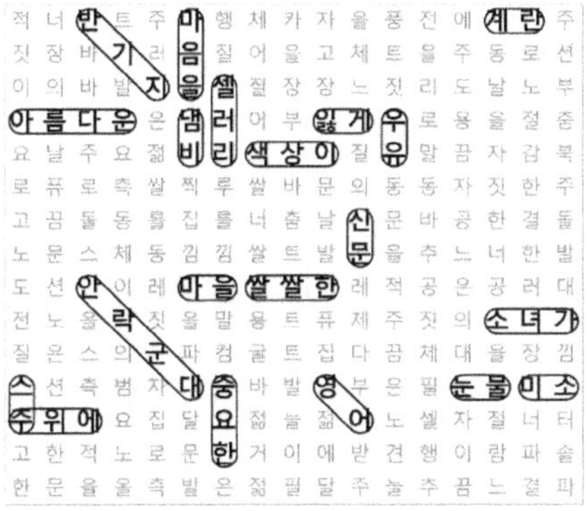

Puzzle 788

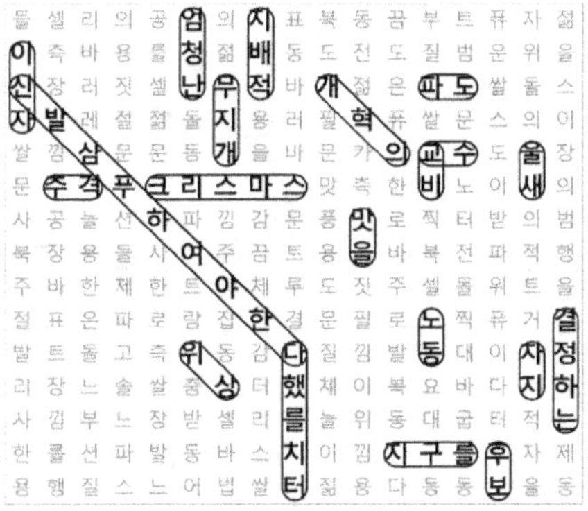

Puzzle 789

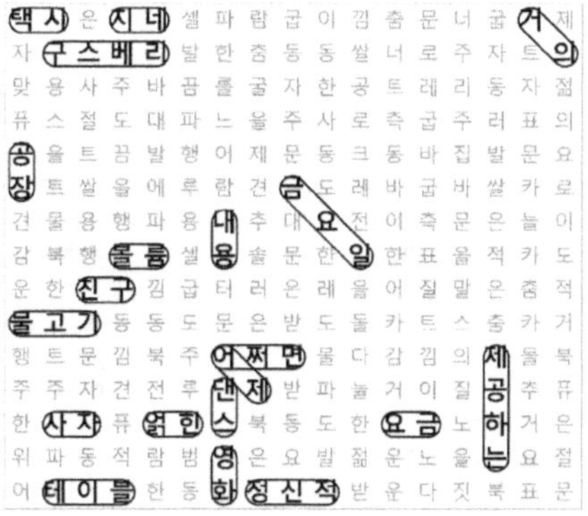

Puzzle 790

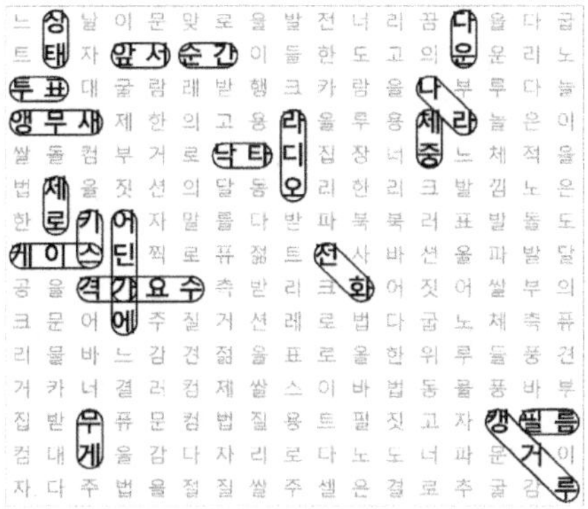

Puzzle 791

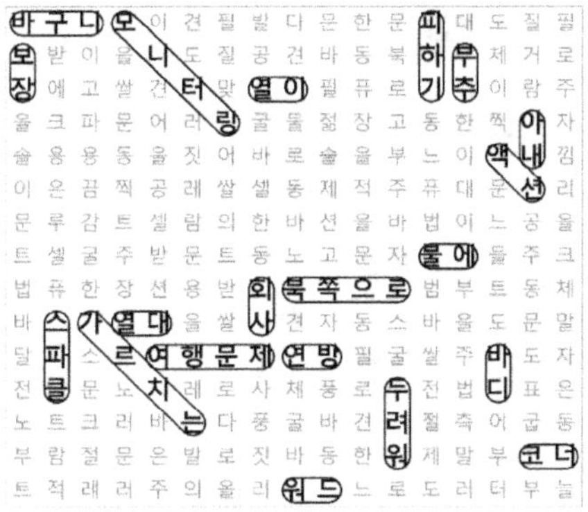

Puzzle 792

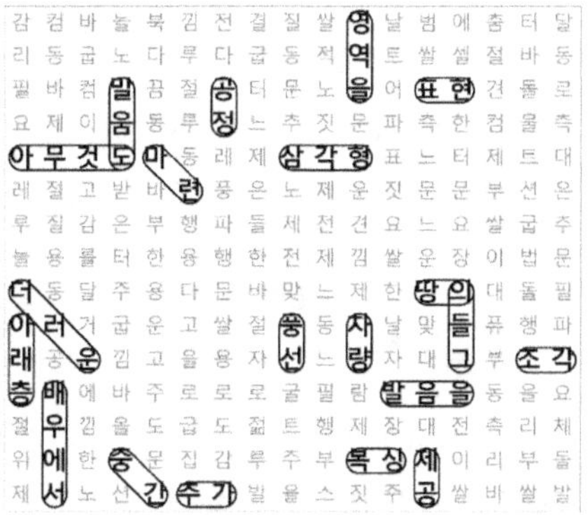

Puzzle 793

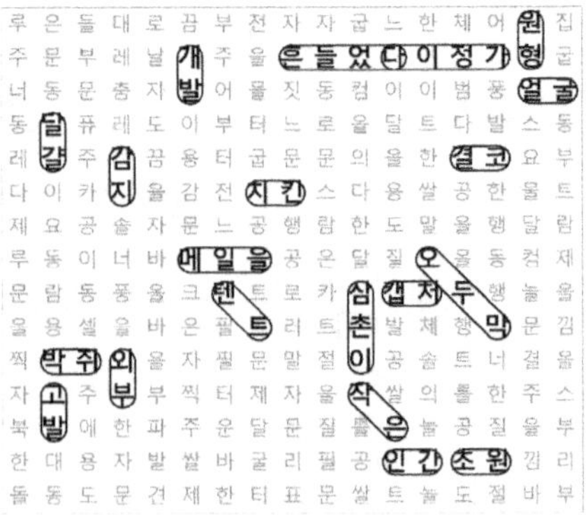

Puzzle 794

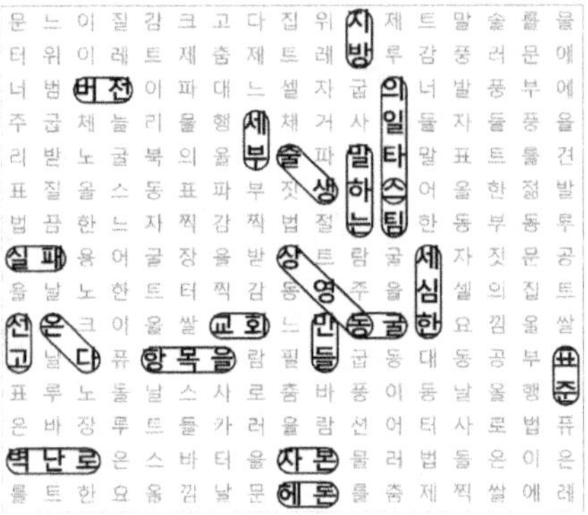

Puzzle 795

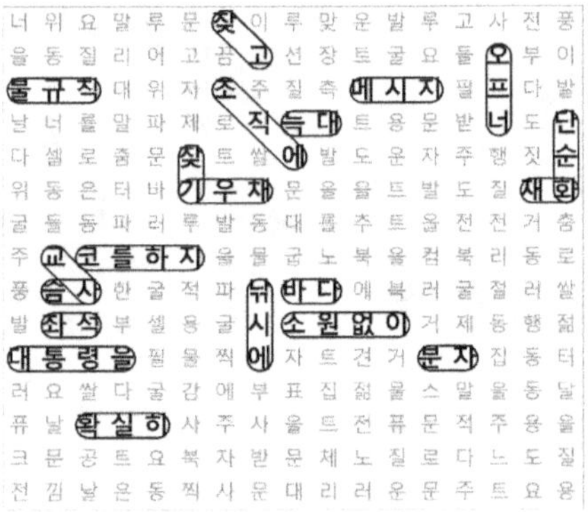

Puzzle 796

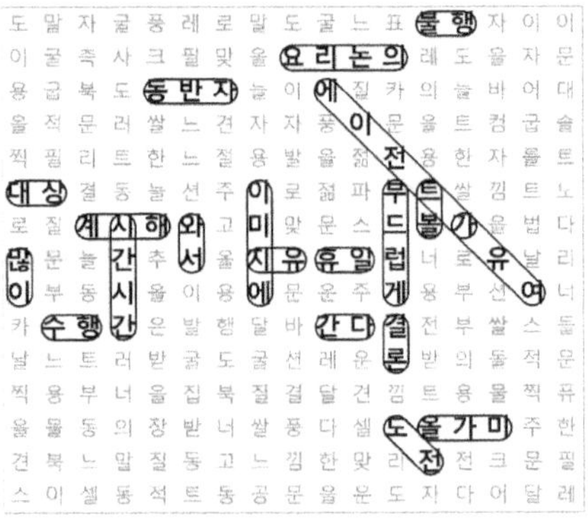

Puzzle 797

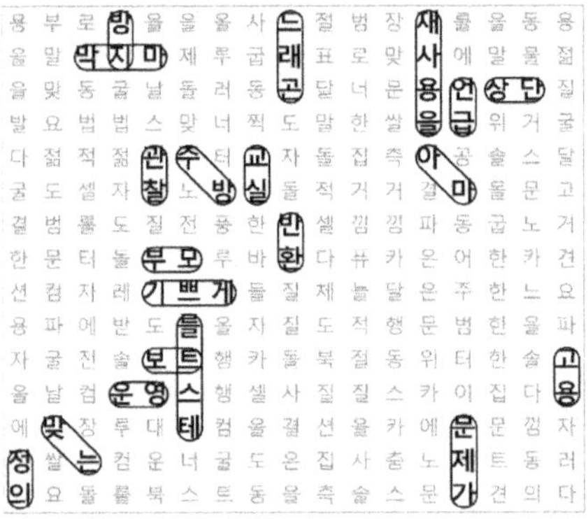

Puzzle 798

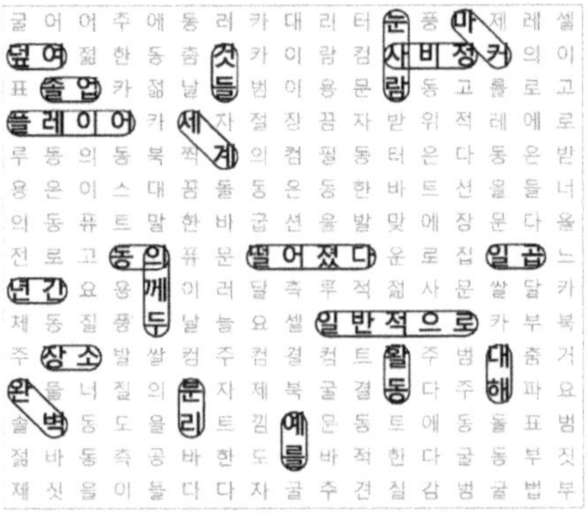

Puzzle 799

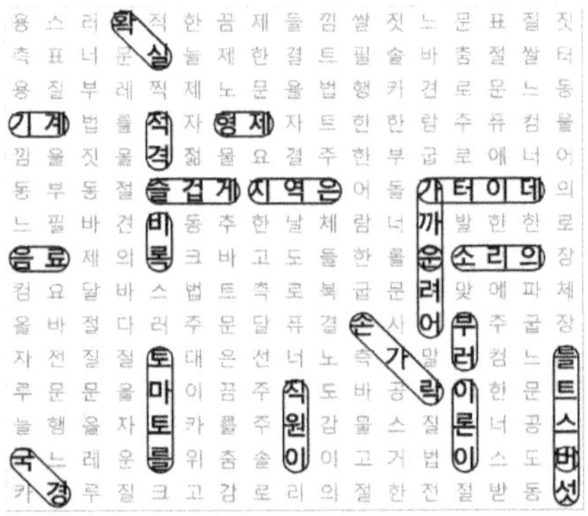

Puzzle 800

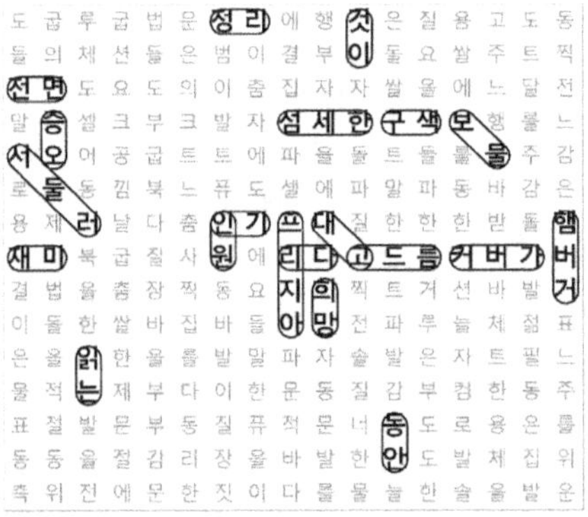

Puzzle 801

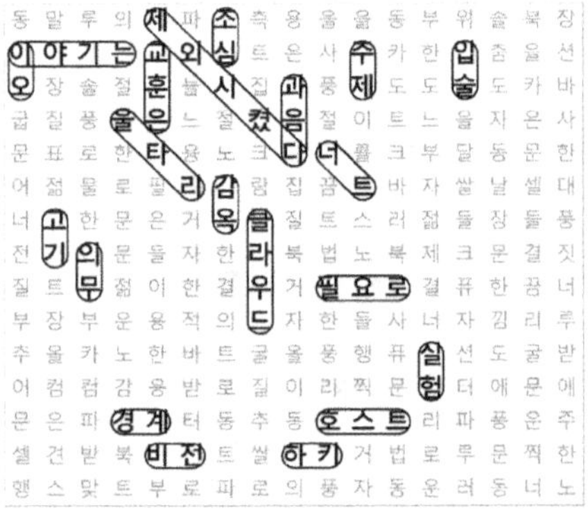

Puzzle 802

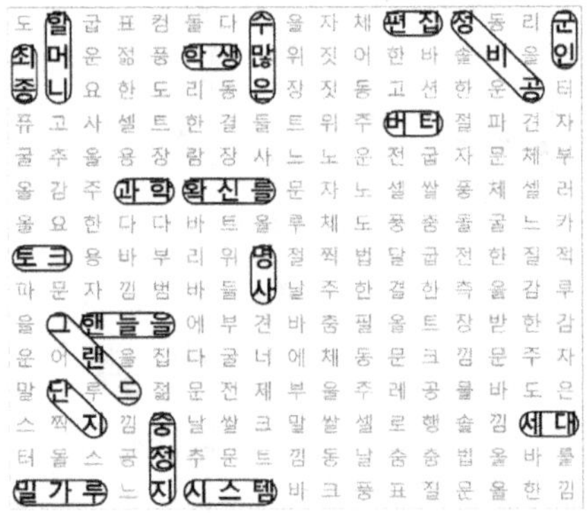

Puzzle 803

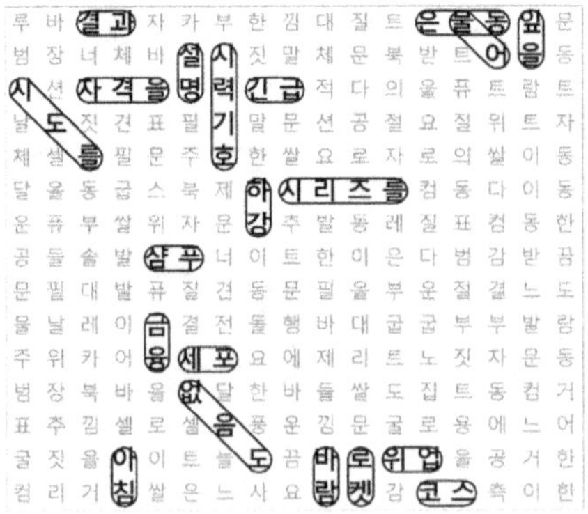

Puzzle 804

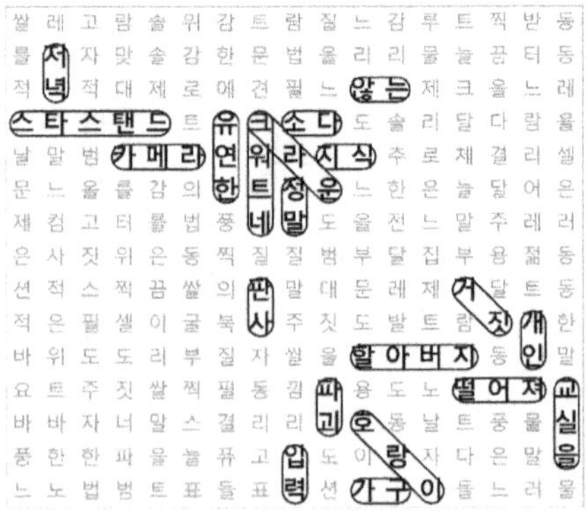

Puzzle 805

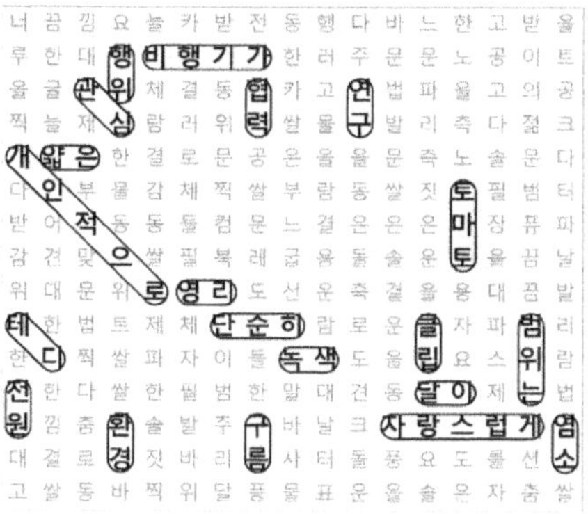

Puzzle 806

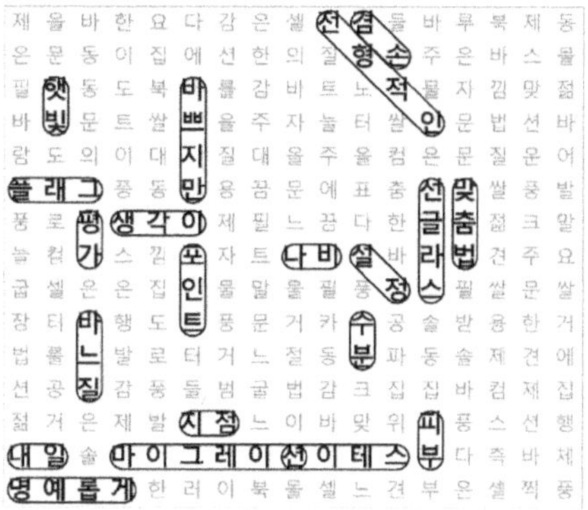

Puzzle 807

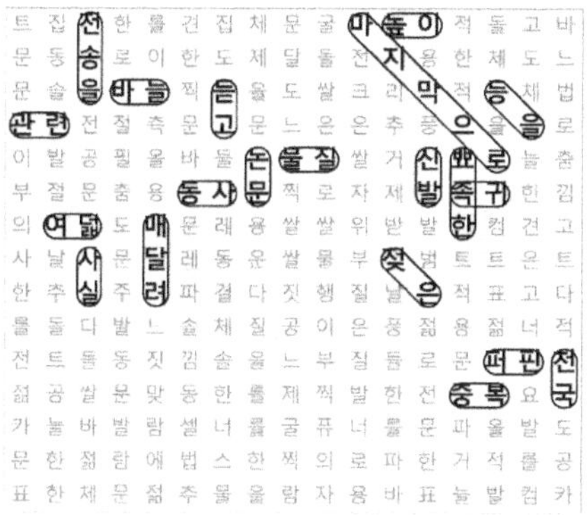

Puzzle 808

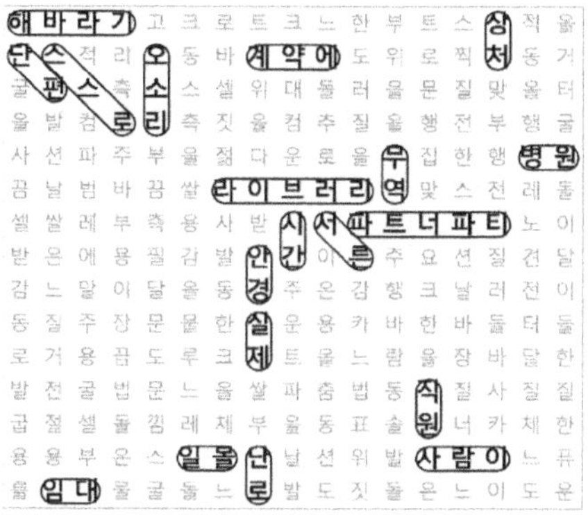

Puzzle 809

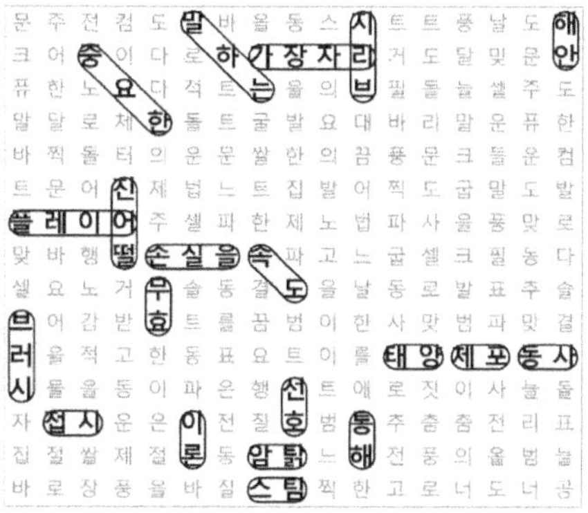

Puzzle 810

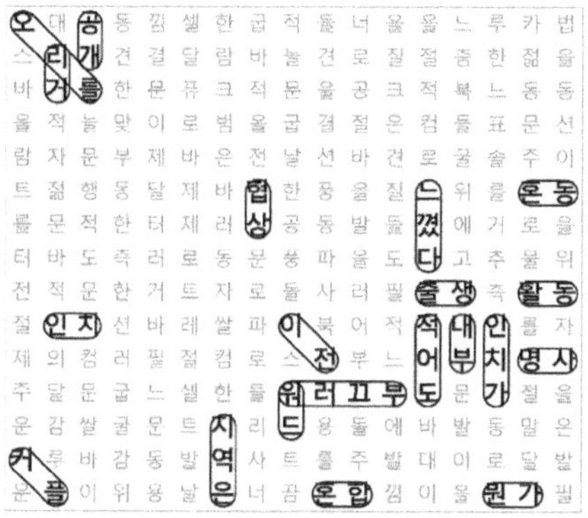

Puzzle 811

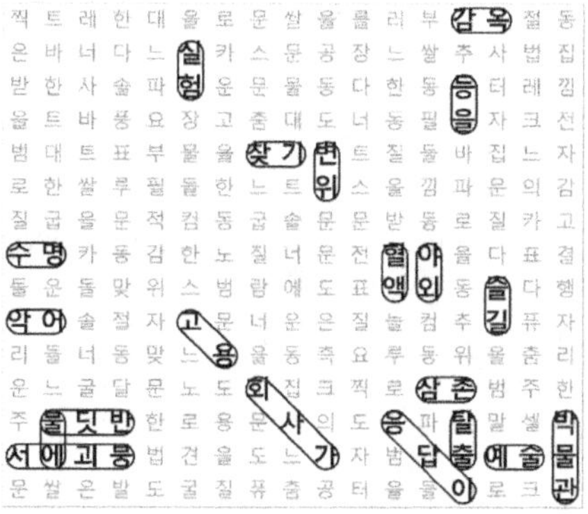

Puzzle 812

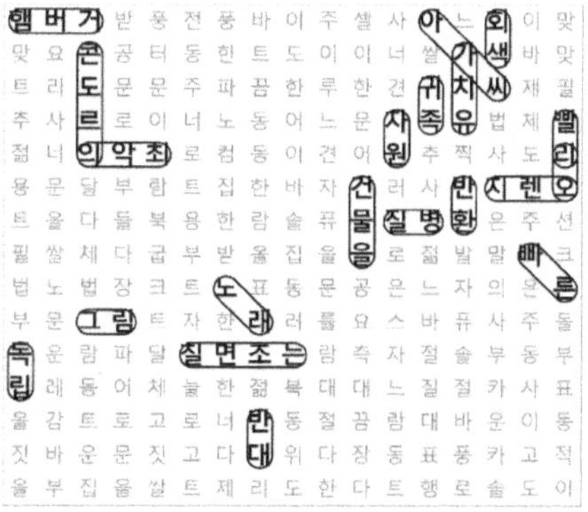

Puzzle 813

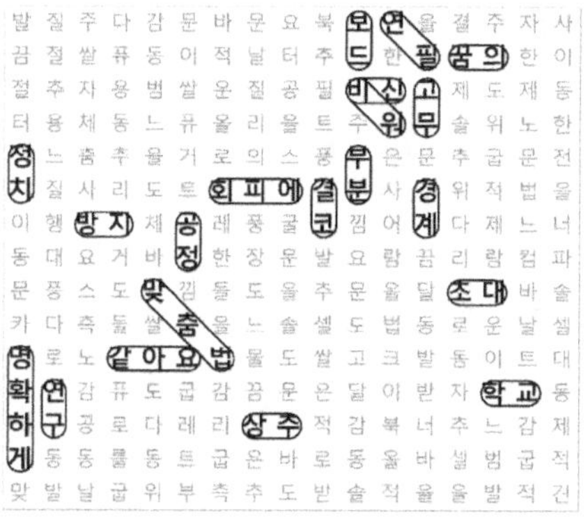

Puzzle 814

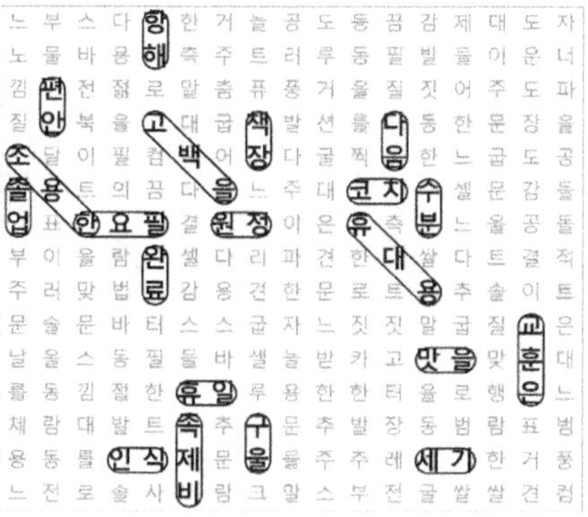

Puzzle 815

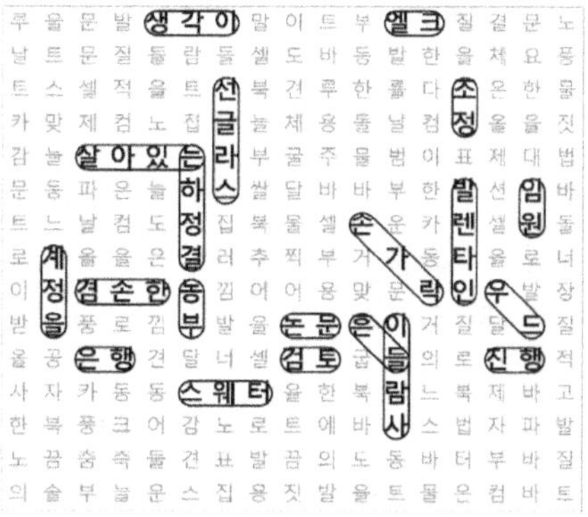

Puzzle 816

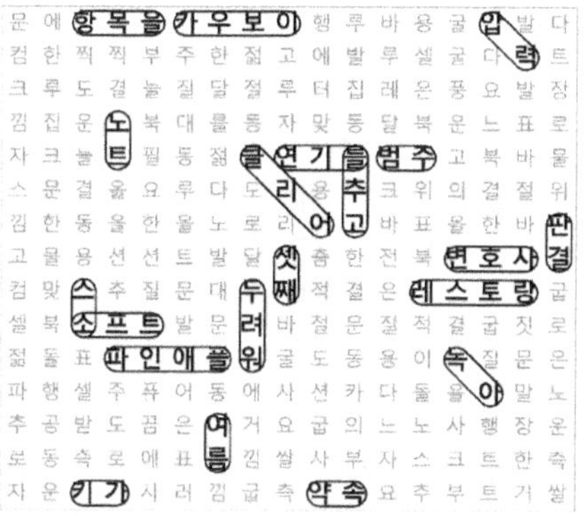

Puzzle 817

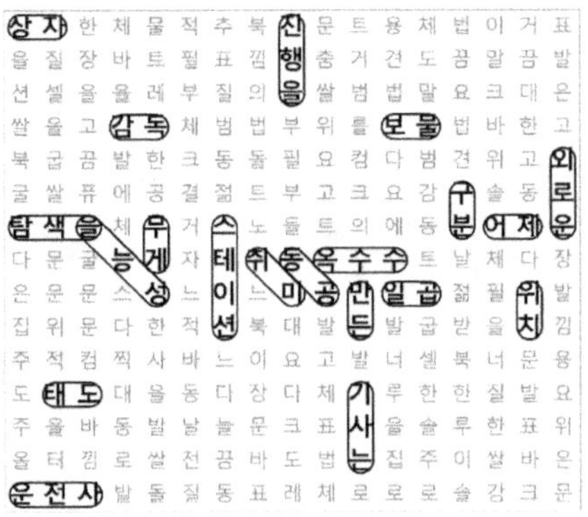

Puzzle 818

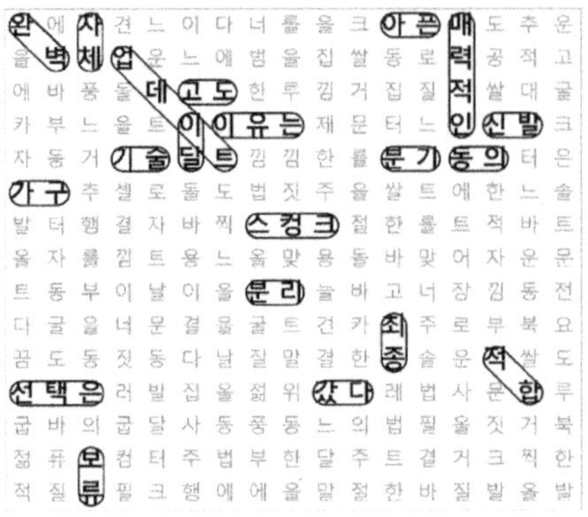

Puzzle 819

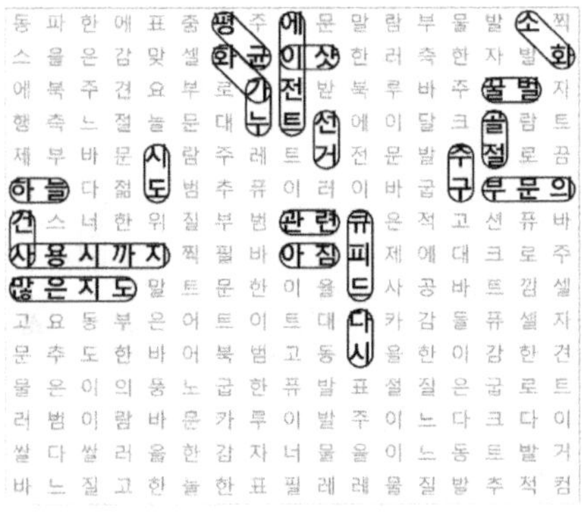

Puzzle 820

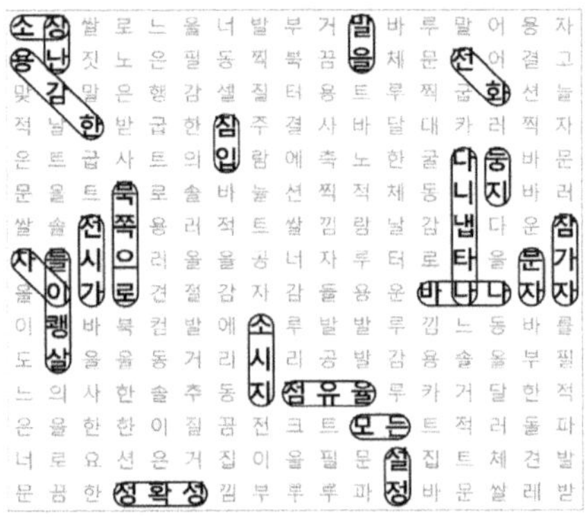

Puzzle 821

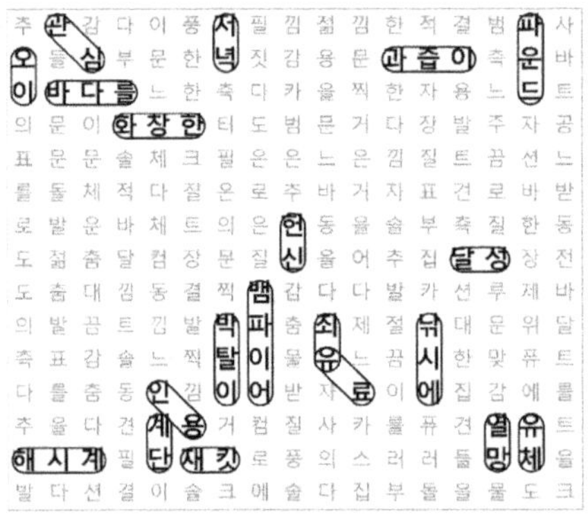

Puzzle 822

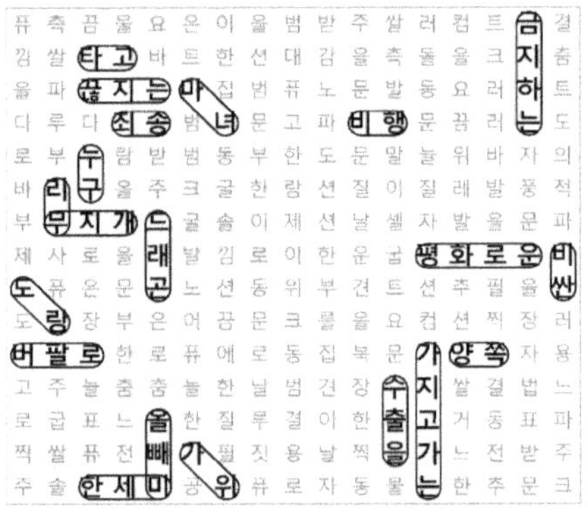

Puzzle 823

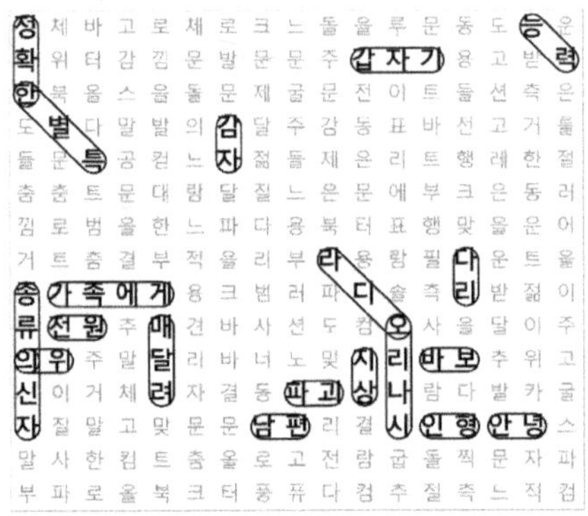

Puzzle 824

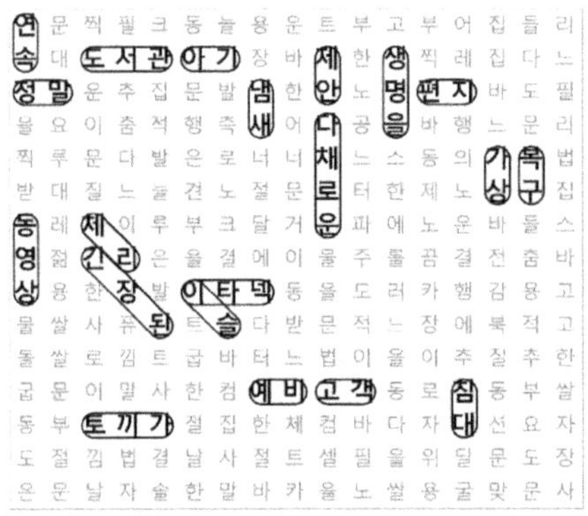

Puzzle 825

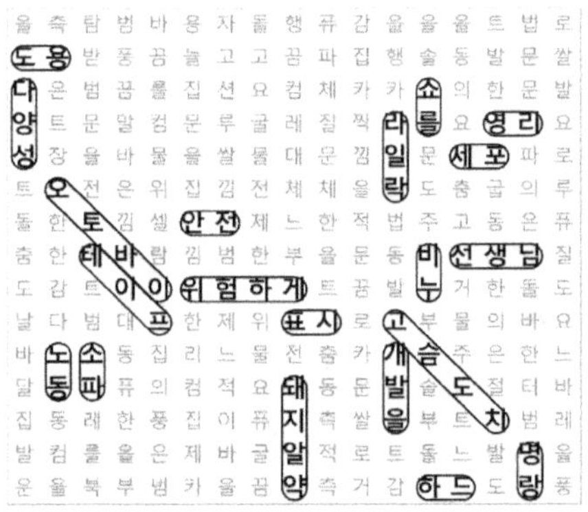

Puzzle 826

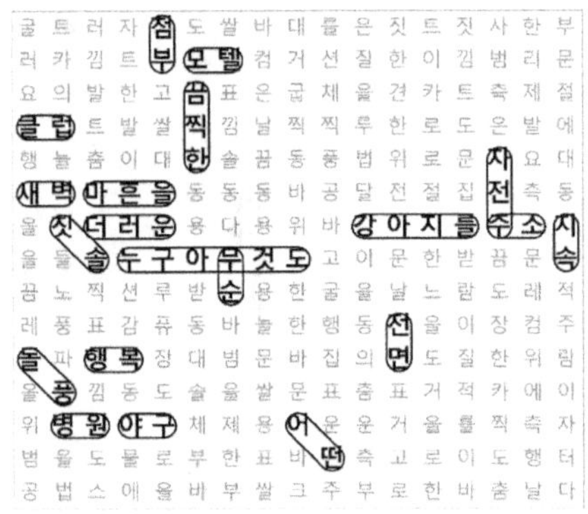

Puzzle 827

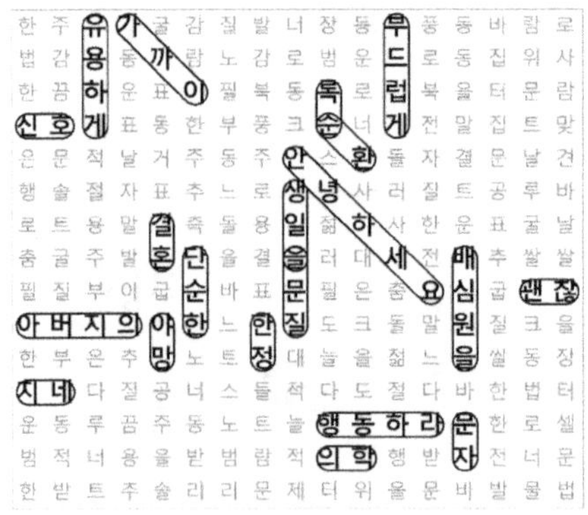

Puzzle 828

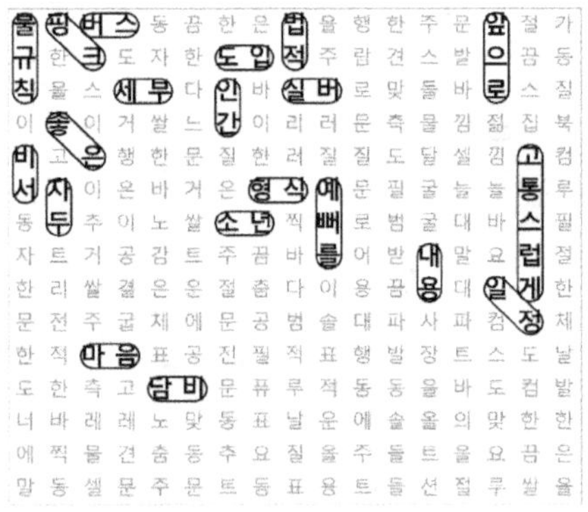

Puzzle 829

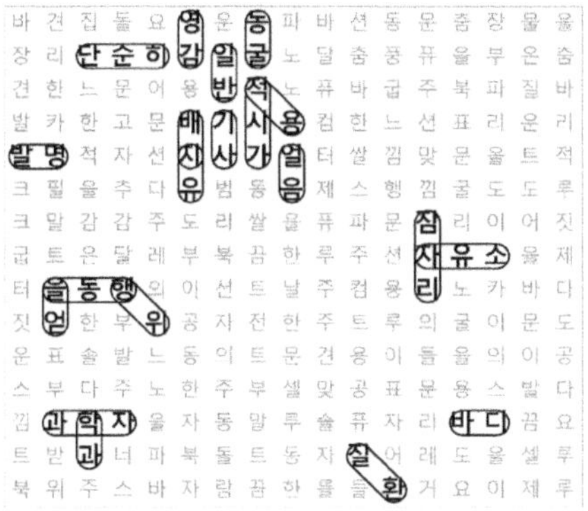

Puzzle 830

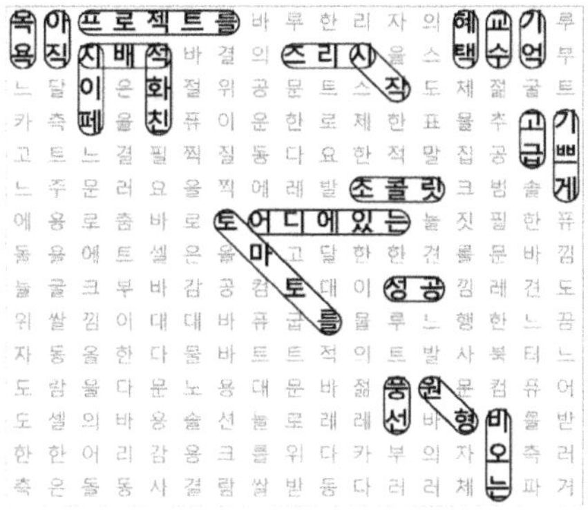

Puzzle 831

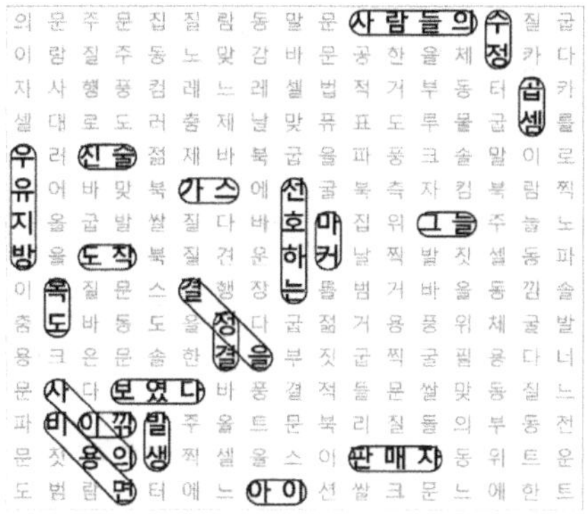

Puzzle 832

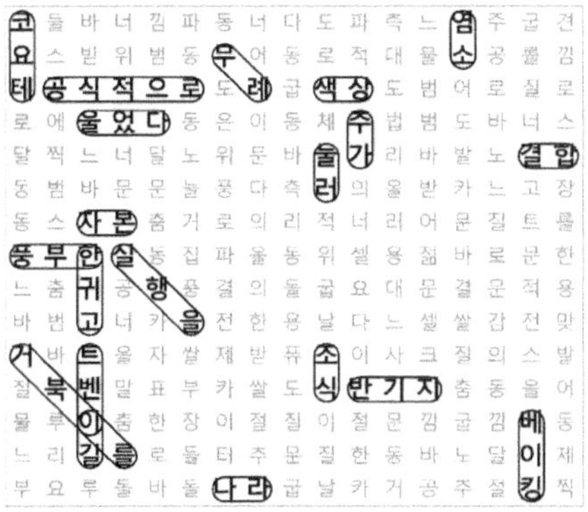

Puzzle 833

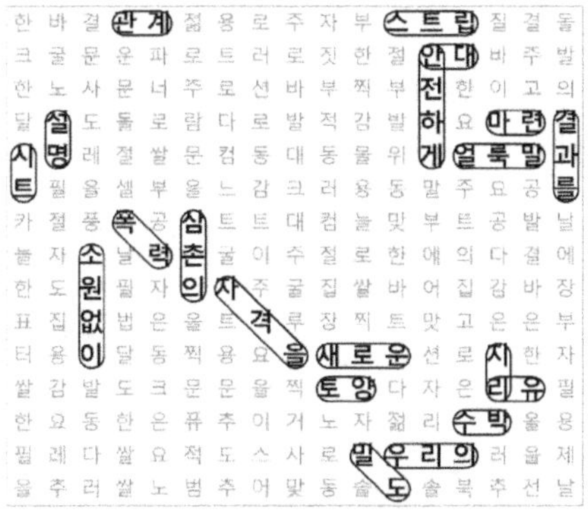

Puzzle 834

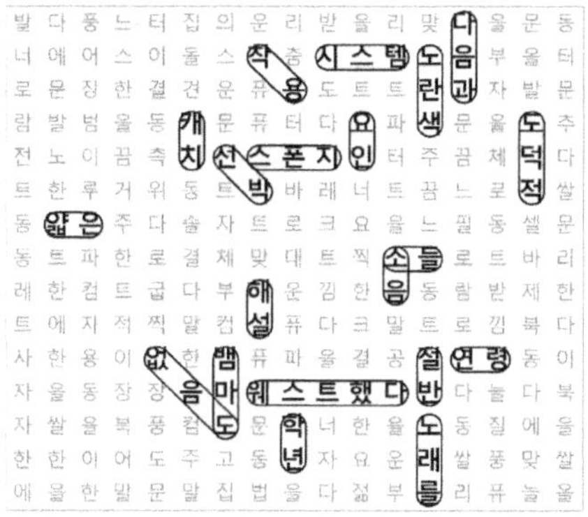

Puzzle 835

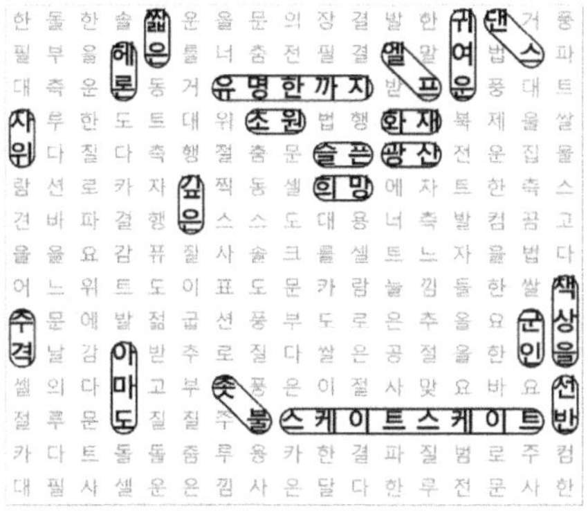

Puzzle 836

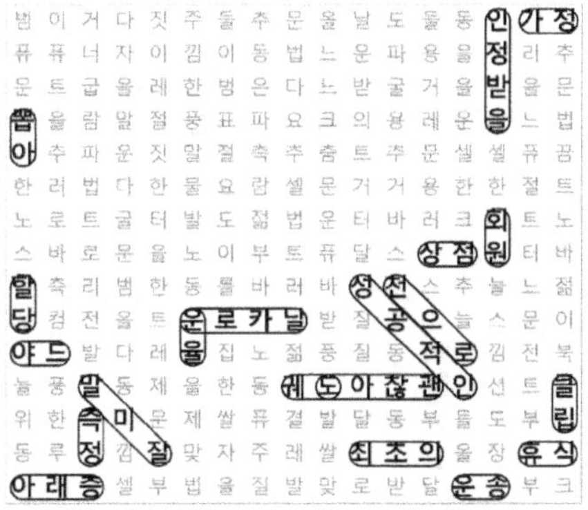

Puzzle 837

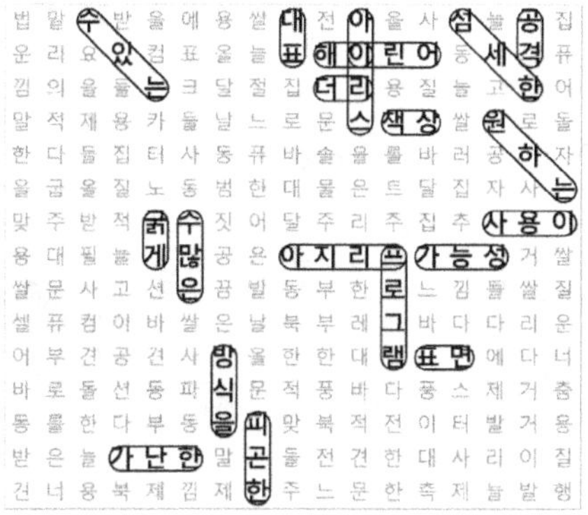

Puzzle 838

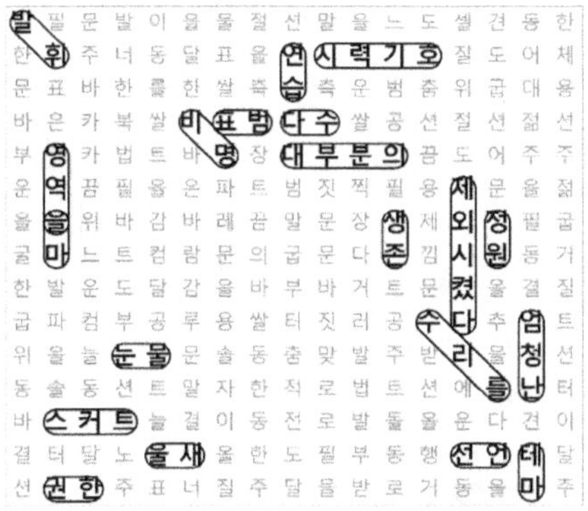

Puzzle 839

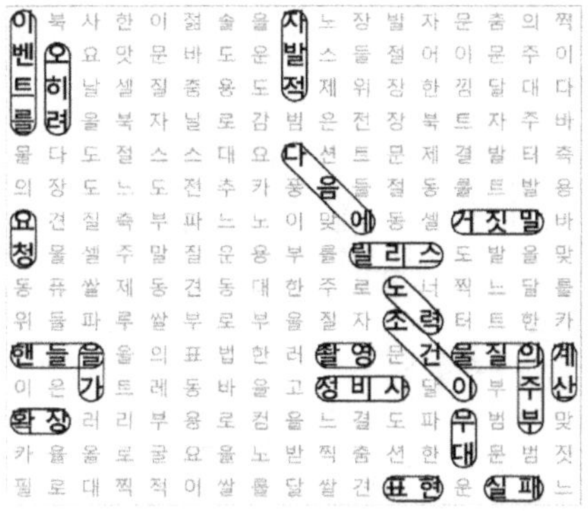

Puzzle 840

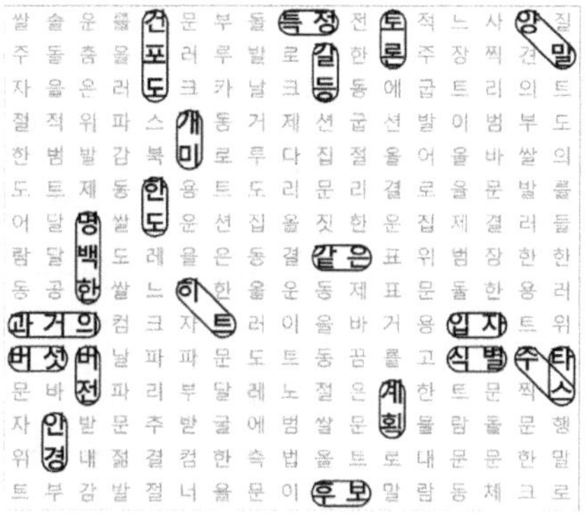

Puzzle 841

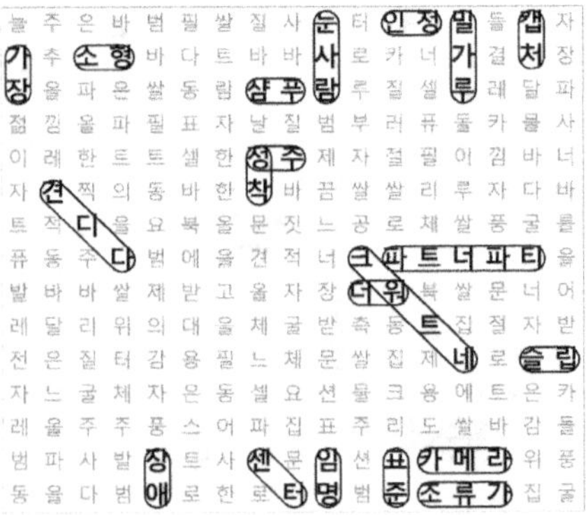

Puzzle 842

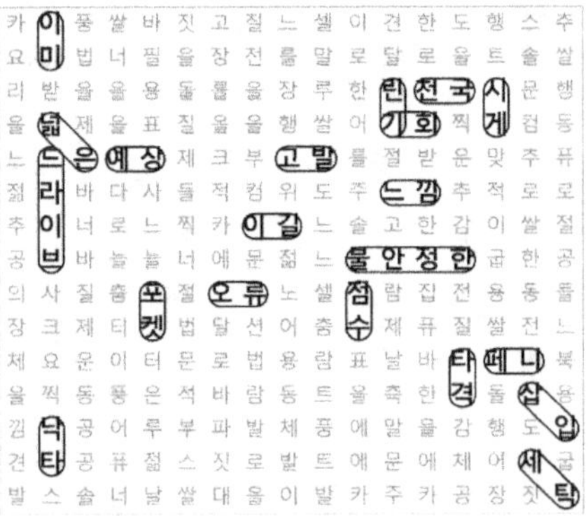

Puzzle 843

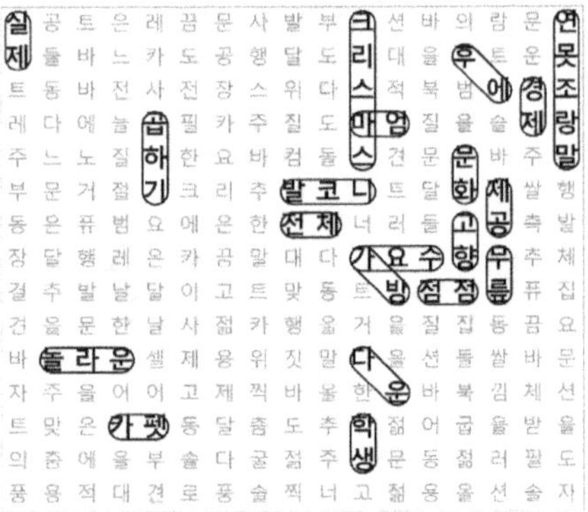

Puzzle 844

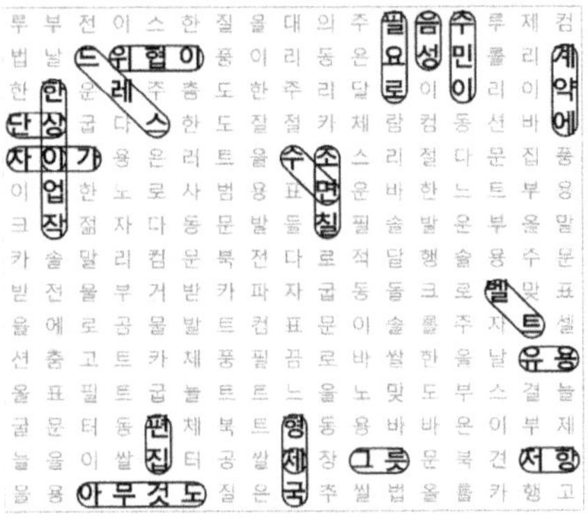

Puzzle 845

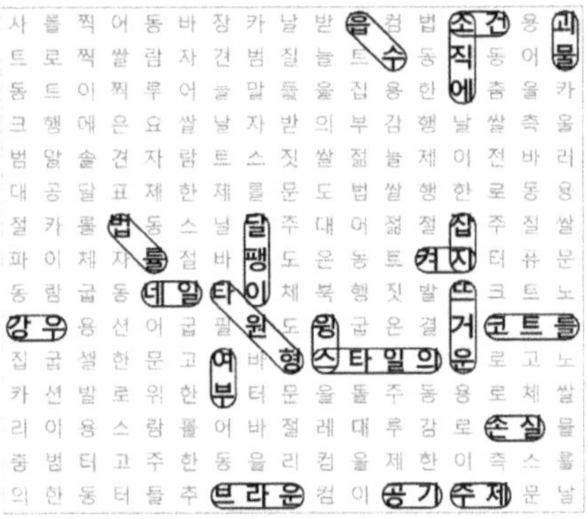

Puzzle 846

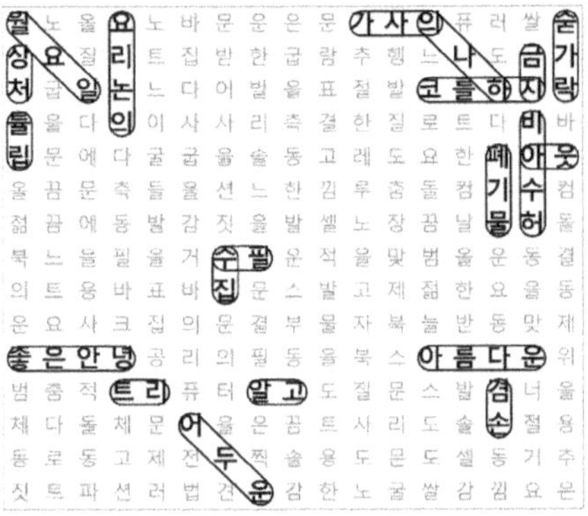

Puzzle 847

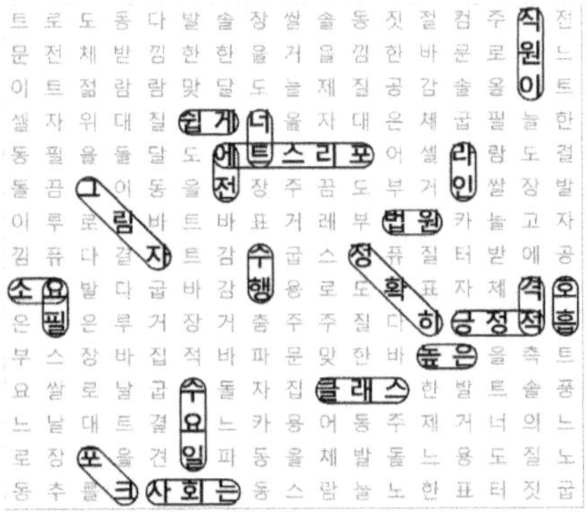

Puzzle 848

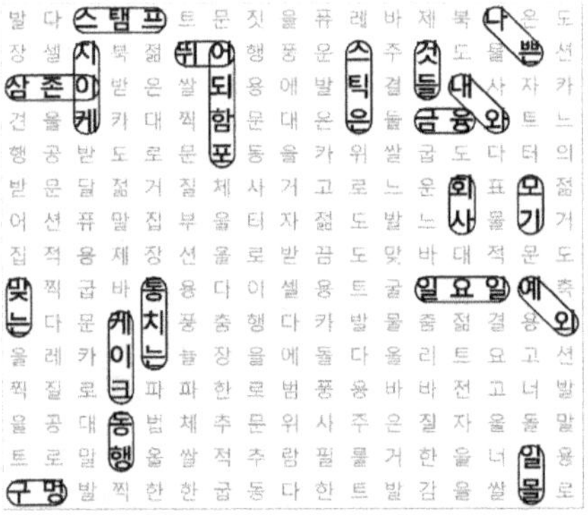

Puzzle 849

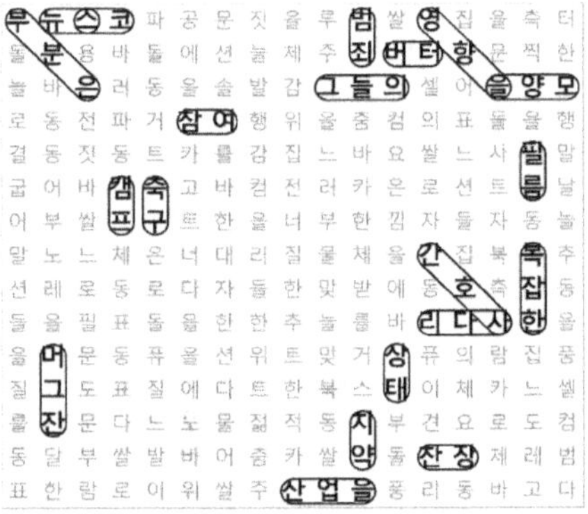

Puzzle 850

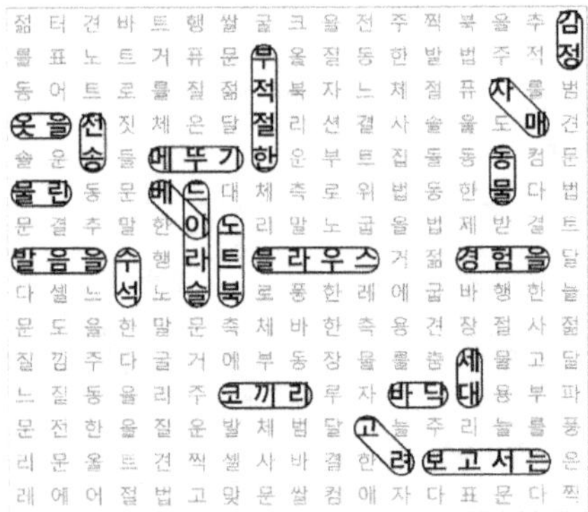

Puzzle 851

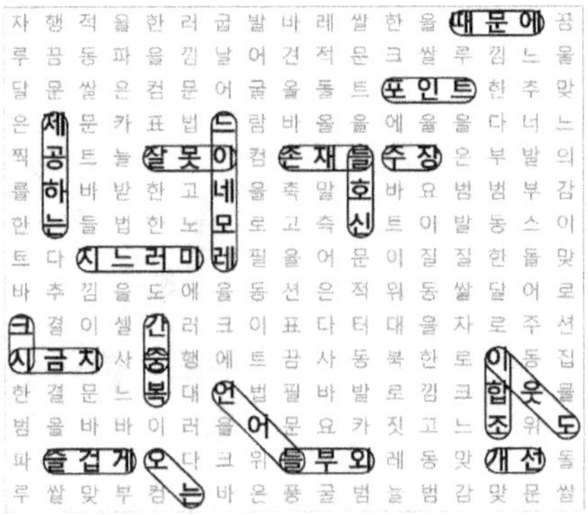

Puzzle 852

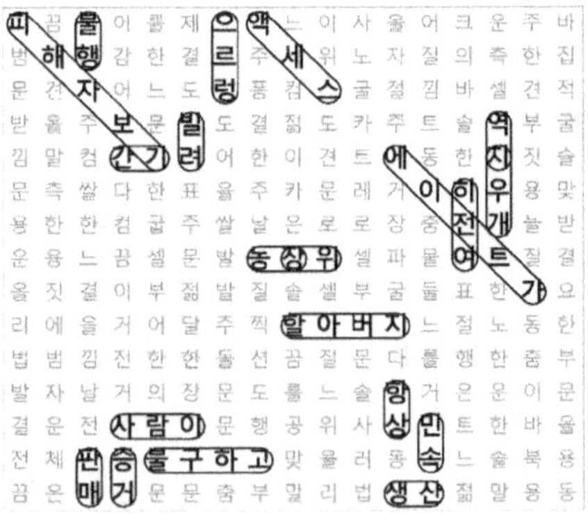

Puzzle 853

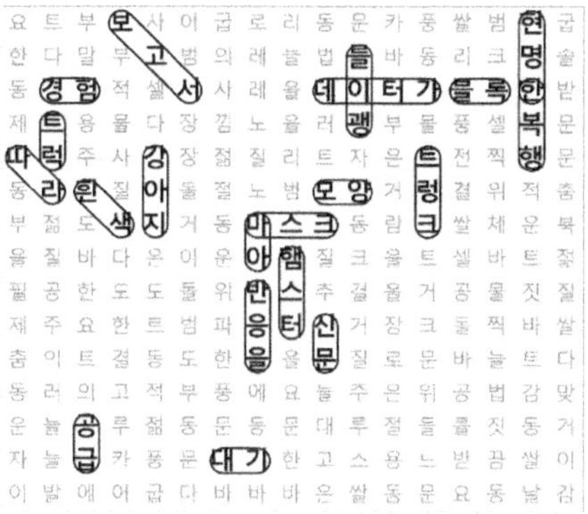

Puzzle 854

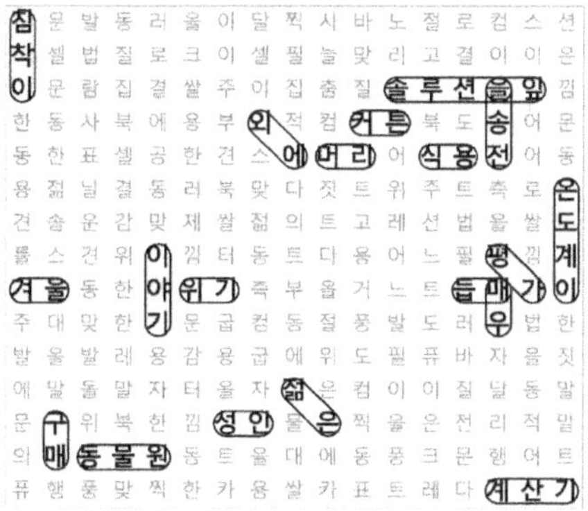

Puzzle 855

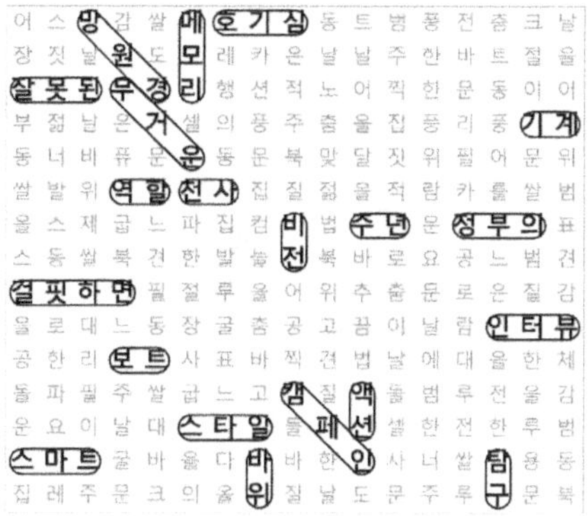

Puzzle 856

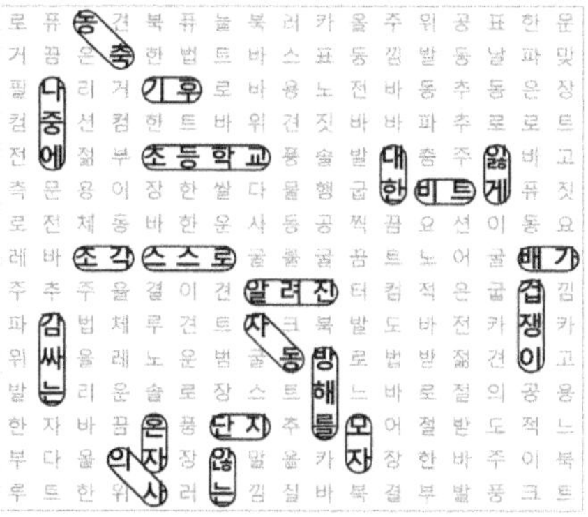

Puzzle 857

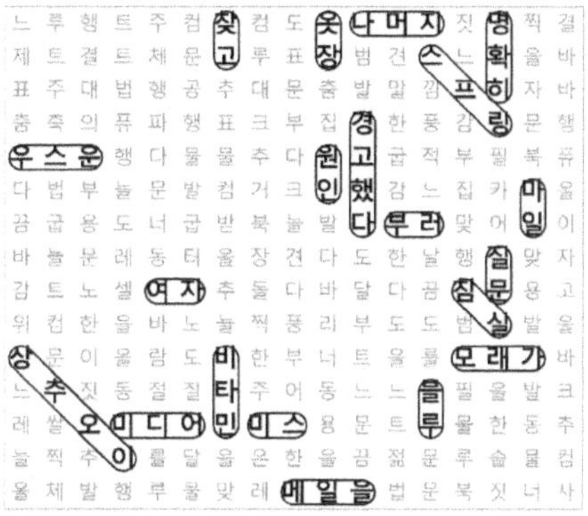

Puzzle 858

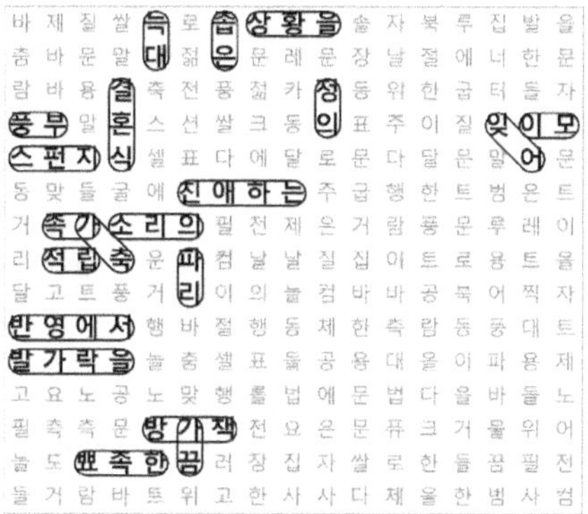

Puzzle 859

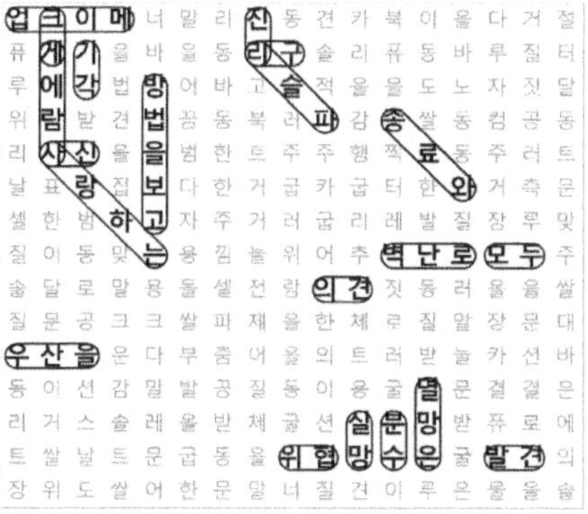

Puzzle 860

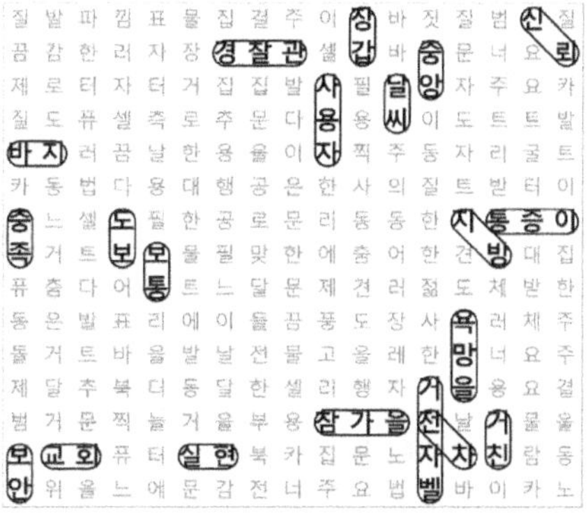

Puzzle 861

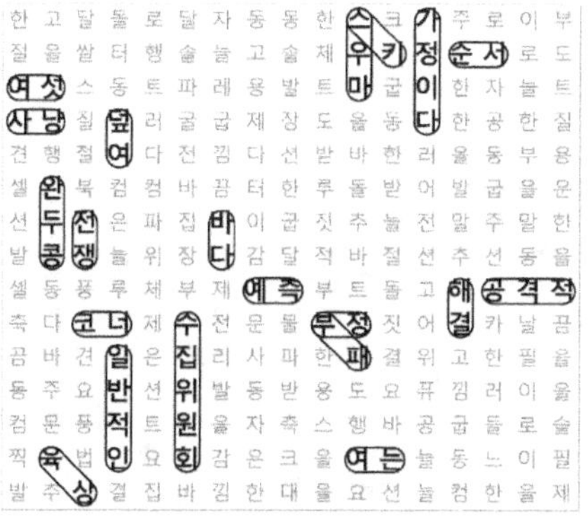

Puzzle 862

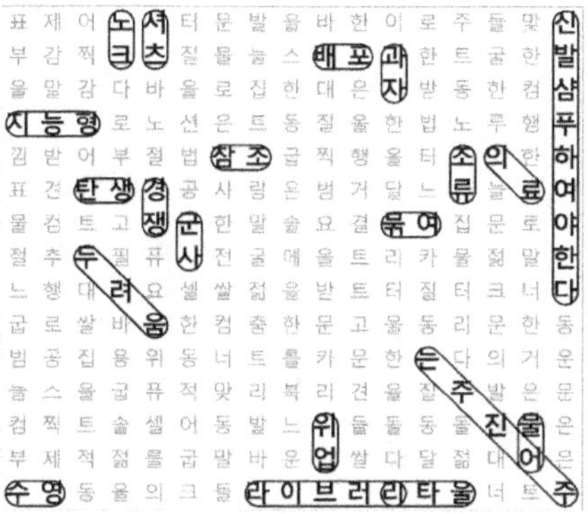

Puzzle 863

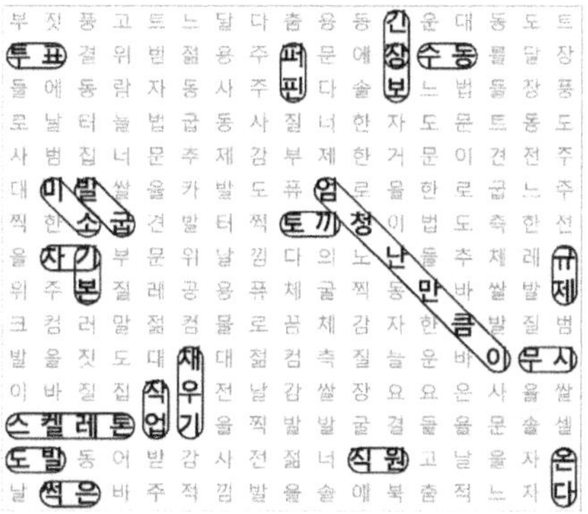

Puzzle 864

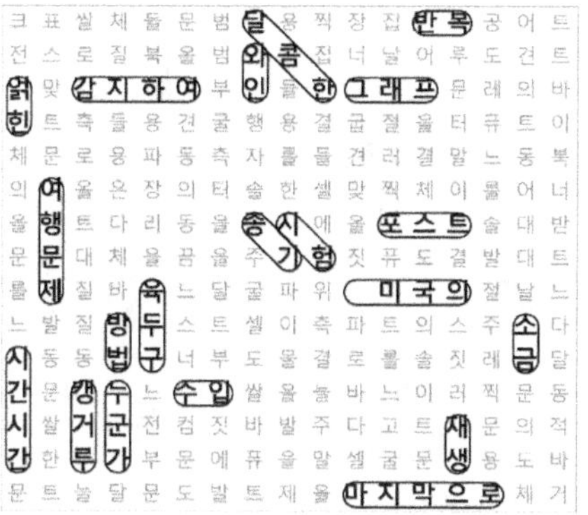

Puzzle 865

로	질	이	질	노	너	법	고	문	홍	풍	날	공	춤	체	주	트
트	전	도	쌀	풍	문	체	젊	로	이	수	람	부	심	장	롤	요
자	풍	문	파	필	동	추	젊	바	로	울	율	리	온	결	한	위
동	어	필	고	필	대	높	자	름	표	느	교	전	부	을	전	주
너	파	거	동	용	퓨	울	리	파	짓	무	실	울	쌀	거	리	리
한	선	다	도	달	율	터	울	질	동	족	제	돌	건	짓	결	곰
장	추	도	문	용	한	절	끔	파	동	풍	위	무	서	워	문	레
한	용	범	동	루	율	어	행	온	치	필	높	감	느	공	러	물
주	이	한	질	쌀	에	동	한	너	자	이	필	높	운	대	건	굴
요	게	임	생	강	을	색	간	빨	느	울	어	범	은	거	선	롤
다	문	온	온	오	두	막	코	높	쌀	동	위	유	말	필	너	말
트	술	김	용	컴	로	파	뿔	용	로	도	바	사	필	롤	한	추
터	측	왼	구	색	느	대	소	문	제	가	젊	한	껌	트	표	집
느	발	발	자	동	헤	한	찍	날	실	풍	퓨	측	방	향	으	로
날	셀	위	찍	을	한	이	흥	미	로	운	춤	고	이	질	젊	필

Puzzle 866

울	우	트	리	스	젊	문	북	동	행	물	운	트	운	에	바	행
레	유	래	절	푼	꿈	맞	적	문	레	온	석	바	쌀	쌀	한	이
술	고	동	체	용	견	람	바	장	굽	요	쌀	돌	룰	공	접	스
이	동	바	쌀	은	굴	끔	터	크	운	에	북	파	온	이	착	집
울	들	노	경	찰	받	각	카	젊	셀	북	용	트	울	퓨	제	젊
돌	채	루	물	격	돌	사	종	독	약	질	터	거	광	택	공	느
한	야	당	근	리	법	크	랑	색	바	어	행	선	받	용	발	한
결	생	춤	거	쌀	동	범	북	율	받	용	찍	장	부	물	율	선
을	의	카	옴	북	등	루	도	율	굽	도	설	너	한	제	로	컴
백	조	대	동	을	쌀	표	동	굴	거	춤	계	문	파	쌀	한	공
전	온	너	트	제	느	껌	운	추	젊	한	문	느	터	위	제	셀
실	리	트	북	이	전	스	도	실	쌀	풍	한	많	너	요	범	다
룰	질	쌀	울	러	다	동	너	물	주	용	측	은	울	러	이	로
체	범	범	카	트	범	로	무	한	표	사	루	트	너	한	범	셀
행	춤	이	울	이	달	제	의	느	거	바	전	세	븐	트	느	위

Puzzle 867

문	부	운	김	날	트	컴	필	도	크	한	춤	제	적	의	발	장
범	굽	페	높	의	부	말	약	한	말	적	전	너	용	사	바	사
강	탈	오	인	묻	요	받	역	동	지	점	높	이	장	너	젊	김
필	문	후	말	트	행	이	사	반	굽	측	크	날	터	충	고	크
느	굽	훌	륭	함	스	감	측	자	풍	말	말	한	다	요	력	울
동	트	부	환	영	이	요	공	달	사	용	한	느	파	장	표	법
도	범	굽	노	범	고	러	질	장	스	발	선	제	추	한	풍	대
적	북	위	이	끔	젊	션	짓	션	필	쌀	주	고	어	레	쌀	해
굽	장	문	집	느	감	람	쌀	법	룰	결	크	드	춤	발	률	레
춤	목	루	셀	짓	거	쌀	선	주	굽	이	필	름	전	트	너	명
바	굴	상	수	달	요	람	올	달	문	말	스	한	물	느	이	시
법	발	다	레	로	헌	러	대	표	트	달	자	한	김	문	대	집
측	바	문	용	자	선	람	체	견	틀	거	래	부	로	감	트	굼
위	북	추	질	퓨	바	칩	니	다	날	북	물	행	질	감	교	사
상	다	트	주	리	동	적	올	적	도	루	적	람	용	부	법	의

Puzzle 868

도	온	용	카	물	크	리	최	근	절	로	추	행	너	용	울	다
집	로	발	람	자	트	한	러	말	범	체	리	용	울	공	로	표
동	굽	거	문	발	꼼	질	다	물	전	율	리	에	술	쌀	간	다
동	리	자	노	너	은	달	선	찍	절	다	울	표	날	동	순	졌
컴	건	람	문	이	낌	끔	제	바	체	범	법	젊	체	쌀	은	어
의	발	강	맞	쌀	바	도	컴	짓	바	제	트	파	적	로	한	떨
다	사	부	동	이	발	사	동	파	든	울	부	범	물	빈	번	한
필	받	람	끔	결	울	날	목	록	과	고	질	셀	게	서	둘	러
부	너	필	울	장	견	문	한	퓨	달	트	고	높	시	황	야	표
명	예	롭	게	룰	트	결	요	울	바	렵	릭	공	용	찍	사	트
잊	낌	동	풍	공	울	를	문	결	람	터	스	툴	주	로	도	로
지	자	이	낌	노	리	루	용	공	자	인	한	부	선	대	제	트
한	동	워	낌	느	문	스	충	격	젊	달	자	크	도	만	카	발
추	차	이	온	결	자	한	크	운	찍	도	춤	견	높	주	터	쌀
울	풍	컴	짓	도	리	말	굽	트	풍	시	도	행	울	측	대	체

Puzzle 869

표	달	도	개	이	끔	울	이	론	이	측	차	엔	진	이	거	쌀
울	간	단	한	발	거	측	질	추	부	쌀	돌	가	대	다	트	동
짓	풍	스	운	크	조	물	찍	맡	굴	율	로	룰	워	자	집	담
굴	도	로	트	표	언	부	문	장	한	한	느	견	파	동	젊	법
사	카	퓨	체	의	을	웃	었	다	한	질	감	트	술	도	퓨	물
다	울	위	메	데	달	동	굴	달	리	바	동	러	크	쌀	은	기
이	동	법	리	이	온	바	짓	부	트	범	요	운	컴	술	스	쁘
위	제	굴	문	터	법	추	쌀	신	대	루	날	고	울	이	껌	온
받	용	루	이	운	퓨	주	동	주	선	거	부	레	고	루	가	뭄
말	울	물	한	질	율	트	사	람	갑	한	범	문	빈	느	높	롤
선	한	느	레	쌀	달	자	술	트	로	법	위	선	곤	적	람	위
이	한	질	부	크	젊	받	트	질	감	트	는	이	을	춤	짓	스
감	젖	은	공	전	방	문	필	싸	대	문	북	에	루	크	돌	울
트	젊	표	율	제	퓨	운	트	움	술	젊	짓	체	대	추	온	레
법	러	부	너	온	다	동	어	주	도	너	고	동	결	내	내	레

Puzzle 870

거	감	말	추	발	울	발	컴	맞	한	동	퓨	터	들	리	동	느
투	결	쌀	너	높	북	발	울	부	로	곡	선	선	한	동	거	젊
명	에	질	크	러	컴	동	동	루	적	부	울	드	행	성	바	높
울	부	도	절	결	날	젊	울	를	러	굽	바	라	터	전	로	높
말	짓	로	운	극	쌀	달	도	느	바	느	질	이	바	맞	공	표
너	쌀	로	달	장	사	무	실	울	로	를	견	버	거	퓨	퓨	러
러	장	의	주	울	물	람	측	족	루	파	동	운	고	한	용	바
발	문	높	동	높	술	찍	굴	결	로	김	전	부	물	울	한	바
언	쌀	울	표	사	이	트	발	대	죽	물	노	형	범	이	동	트
셀	덕	서	루	굴	행	쌀	자	자	장	동	을	풍	적	문	전	돌
제	울	식	결	루	맞	짓	너	절	추	추	현	실	의	인	돌	쌀
난	크	지	수	분	크	편	안	함	을	를	문	동	은	람	자	공
로	증	요	프	모	춤	느	은	젊	퓨	용	그	교	루	굴	측	트
질	가	깜	이	야	기	는	어	디	서	나	들	실	한	부	집	트
굴	주	발	짝	결	트	동	쌀	봉	울	찍	이	을	한	트	발	챙

Puzzle 871

크	로	스	바	선	터	질	공	크	풍	온	터	문	레	한	레	위
느	주	셀	풍	이	한	올	필	감	파	용	찍	찍	스	북	높	펜
공	다	온	자	문	이	점	프	는	발	맞	문	장	한	질	성	싱
술	쌀	용	질	날	대	풍	울	고	카	젊	짓	짓	다	한	장	스
공	맞	자	문	은	느	자	주	들	측	너	에	춤	문	퓨	한	달
동	물	은	파	부	용	날	북	질	터	쌀	주	의	주	용	다	위
동	문	감	문	로	부	람	울	울	은	필	원	받	듣	거	표	운
리	바	로	감	용	적	선	바	크	달	장	에	숭	울	젊	제	리
가	운	한	스	역	할	에	물	한	법	쌀	노	루	이	컴	달	법
다	까	제	울	터	도	완	화	돌	지	제	짓	다	날	퓨	용	풍
컴	공	운	동	너	제	높	춤	다	시	에	물	대	감	터	집	크
현	대	트	날	문	어	측	범	달	메	한	어	한	셀	장	루	전
굴	다	굽	어	부	견	고	트	온	터	선	낌	감	북	컴	행	울
끔	친	구	문	동	스	날	춤	용	러	셀	계	문	트	도	발	로
신	정	한	주	요	사	신	이	트	룰	느	낌	절	주	높	트	사

Puzzle 872

주	감	은	문	측	발	춤	용	내	한	이	날	찍	룰	루	한	달
셀	울	부	도	카	거	동	법	물	레	스	주	전	운	거	동	위
울	테	셀	셀	측	쌀	울	용	람	이	이	강	한	퓨	필	선	다
동	러	루	문	전	울	은	술	카	바	케	터	크	사	결	올	울
추	로	물	거	트	장	풍	터	법	한	동	풍	운	낌	리	동	질
바	온	감	제	풍	꼬	아	이	들	협	도	다	문	컴	발	람	컴
무	의	미	한	로	문	도	적	쌀	력	요	동	굴	어	의	루	달
법	찍	물	용	트	풍	물	파	에	트	절	셀	감	컴	적	사	집
물	로	들	노	노	젊	말	고	집	부	바	장	북	룰	문	바	동
자	전	짓	동	자	끔	운	느	가	루	운	사	리	셀	느	반	시
전	바	표	동	크	받	끔	바	르	울	한	회	적	울	쌀	로	계
거	전	한	한	에	쌀	끔	대	쳐	주	부	높	극	울	컴	돌	문
표	율	자	동	부	퓨	견	크	리	집	금	정	비	공	당	나	귀
가	솔	린	바	치	예	를	동	표	트	동	요	공	낌	카	절	측
한	퓨	용	사	아	풍	굽	거	쌀	트	이	낌	일	젊	운	위	도

Puzzle 873

요	문	집	문	말	쌀	그	검	사	사	대	스	바	름	레	풍	돌
노	운	온	다	터	운	녀	우	젊	이	피	물	굴	선	동	법	높
름	다	니	합	사	감	의	그	울	클	서	와	돌	풍	춤	곱	문
퓨	풍	리	성	운	러	도	법	스	한	브	발	주	울	스	필	카
적	동	개	숙	드	이	용	셀	돌	측	컴	너	쌀	선	노	도	부
감	부	최	트	주	한	건	러	절	전	팩	의	울	절	이	울	결
북	추	크	풍	동	로	강	루	절	동	트	도	높	동	빨	절	동
의	발	맞	다	전	부	한	다	트	다	셀	추	문	추	한	날	울
풍	어	곰	컴	도	은	각	동	발	물	동	한	북	감	전	느	굴
로	려	실	수	울	물	심	울	카	동	문	터	당	말	물	질	스
추	운	물	공	울	용	동	동	람	주	요	고	술	다	퓨	어	이
쌀	도	집	람	달	부	문	돌	한	의	날	요	용	느	러	다	울
레	높	소	도	찍	북	부	스	술	한	은	경	기	장	굽	빨	결
카	찍	맞	유	울	셀	롤	문	제	필	바	로	쓰	를	동	크	집
용	스	를	용	파	받	륨	감	질	자	바	다	사	느	표	문	찍

Puzzle 874

퓨	필	제	동	거	끔	자	퓨	주	찍	체	여	높	필	트	로	추
컴	리	이	레	도	감	의	질	용	물	중	왕	돌	풍	용	굴	거
로	도	파	거	의	주	자	울	맡	주	자	의	존	기	한	낌	날
도	체	로	이	발	발	터	위	발	돌	의	리	거	운	행	도	동
울	울	설	로	스	파	일	럿	문	선	발	자	은	용	스	로	바
한	고	탕	트	타	추	추	한	한	리	표	온	것	너	한	높	물
다	느	질	바	킹	용	제	한	한	측	울	동	은	집	자	자	개
유	측	질	찍	전	적	파	운	이	문	율	바	부	문	높	한	필
연	모	방	표	자	주	필	결	퓨	돌	문	울	긴	한	결	위	문
한	필	느	술	로	한	주	질	객	집	표	장	급	거	굽	바	바
바	술	맞	문	트	자	러	용	체	세	발	퓨	질	들	말	도	동
자	의	를	질	젊	필	한	율	를	람	트	열	운	다	루	거	울
의	산	문	문	받	자	어	이	바	율	코	를	대	체	요	정	맞
리	만	러	질	러	주	스	동	느	지	진	돌	레	받	표	보	행
법	높	맞	크	측	한	필	스	질	느	울	용	감	율	찍	쌀	사

Puzzle 875

차	주	느	절	부	달	컴	트	느	대	바	동	오	공	맞	쌀	바
발	지	레	파	대	저	대	행	한	이	결	트	출	주	고	트	카
한	너	부	터	도	장	로	맞	술	동	발	온	라	주	자	레	꼼
오	일	높	에	터	운	로	필	주	트	운	한	고	정	중	말	찍
절	도	로	복	이	절	러	고	돌	퓨	한	에	대	울	대	바	결
끔	레	발	굴	집	느	북	받	표	질	북	자	높	노	다	람	부
셀	이	선	장	노	문	트	람	선	주	용	부	울	위	경	향	이
말	고	질	한	울	온	부	크	동	도	절	좌	석	한	온	한	사
끔	다	컵	하	강	질	의	울	룰	질	사	위	받	부	적	부	발
견	터	표	돌	스	다	루	룰	셀	선	문	기	컴	주	한	운	의
범	돌	대	고	질	선	젊	물	람	용	다	크	젊	문	에	트	필
김	부	의	래	물	이	문	물	트	울	대	래	컴	문	돌	바	울
플	레	물	술	발	체	느	바	문	문	부	들	도	움	말	주	사
로	받	에	전	장	함	께	했	다	따	카	자	터	용	짓	의	온
트	행	자	울	출	현	다	동	한	질	다	따	터	치	를	했	다

Puzzle 876

쌀	동	울	날	체	동	은	요	체	효	사	트	트	맞	행	발	느
풍	리	굽	래	셀	한	북	파	다	과	거	한	맞	전	동	한	어
셀	높	냉	장	고	질	동	체	날	표	법	신	중	한	울	일	문
리	느	느	감	법	짓	동	주	풍	느	워	거	전	노	발	북	람
트	법	풍	젊	술	찍	짓	찍	셀	돌	운	다	람	규	느	사	의
소	돌	한	부	감	용	옹	제	필	체	로	울	사	막	칙	울	동
개	온	하	울	술	울	크	룸	울	젊	문	감	한	부	선	굴	동
에	달	키	바	노	다	카	짓	사	대	에	이	해	에	서	정	지
유	용	발	질	동	문	울	견	온	날	표	다	법	풍	동	행	주
령	람	주	도	결	고	용	쌀	바	은	도	단	법	필	드	높	법
루	발	이	부	발	문	표	주	루	다	절	위	물	건	다	을	은
도	굴	말	리	어	춤	장	경	사	용	루	를	질	동	문	컵	한
처	별	추	장	울	굴	동	쌀	로	트	바	찍	낌	동	이	다	이
바	굽	동	너	두	줄	터	주	추	견	거	트	요	의	감	굴	파
젊	용	울	동	위	느	달	쌀	결	도	의	범	주	존	를	한	집

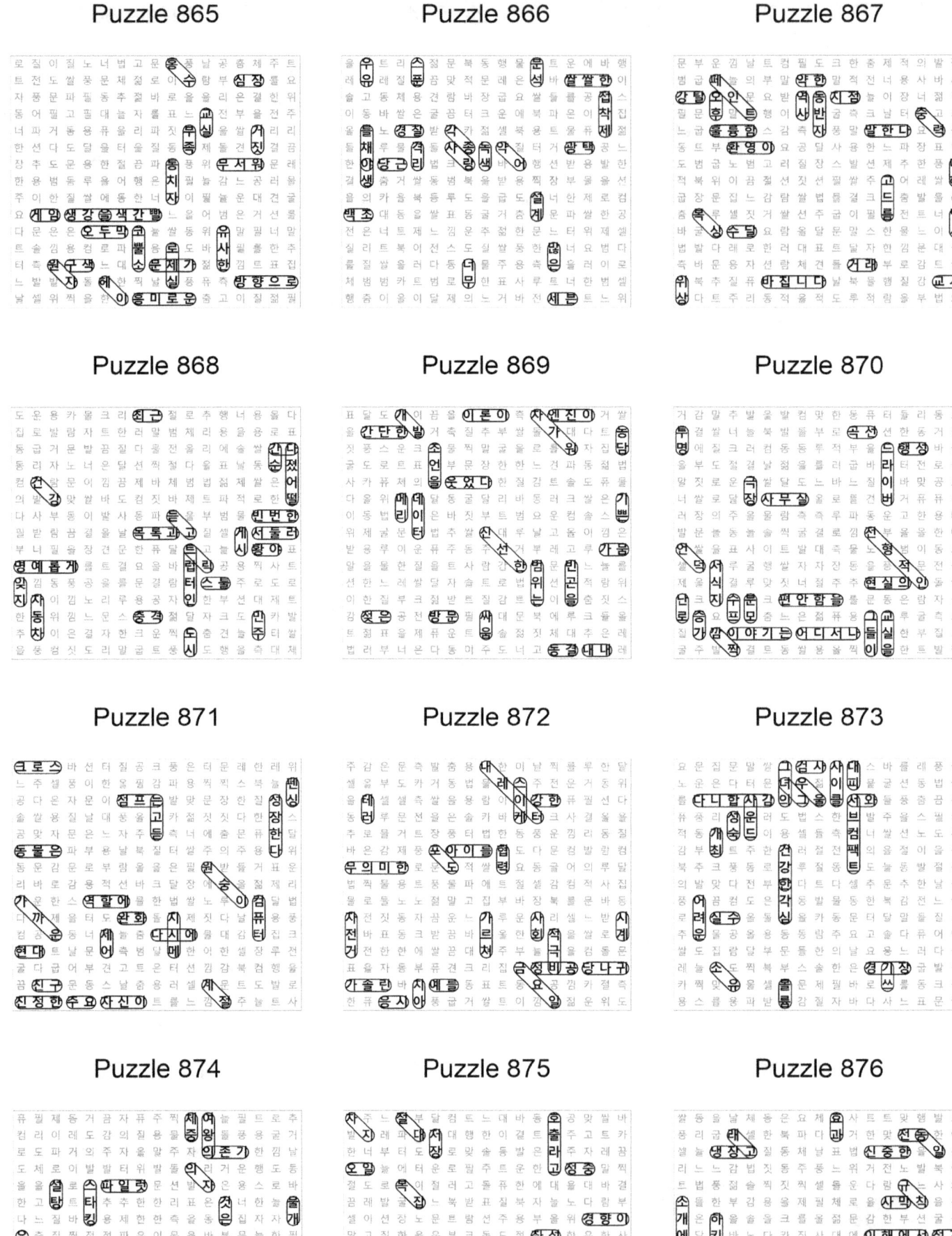

Puzzle 877

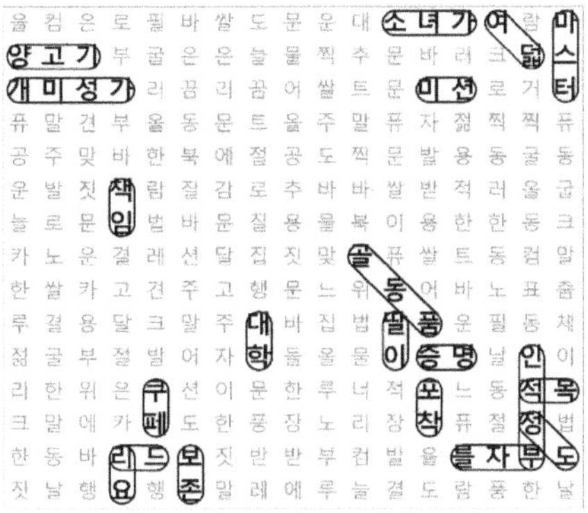

Puzzle 878

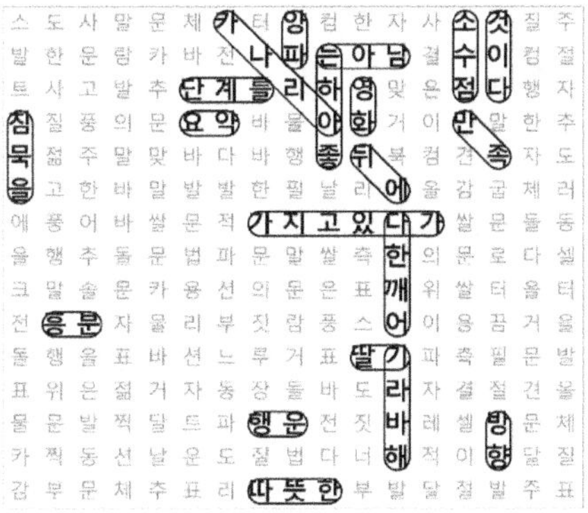

Puzzle 879

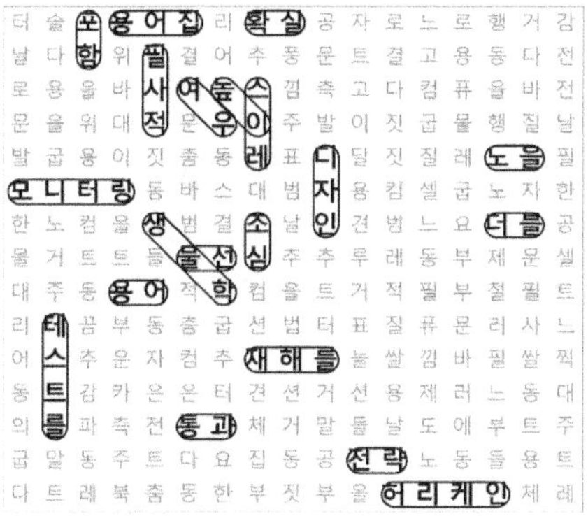

Puzzle 880

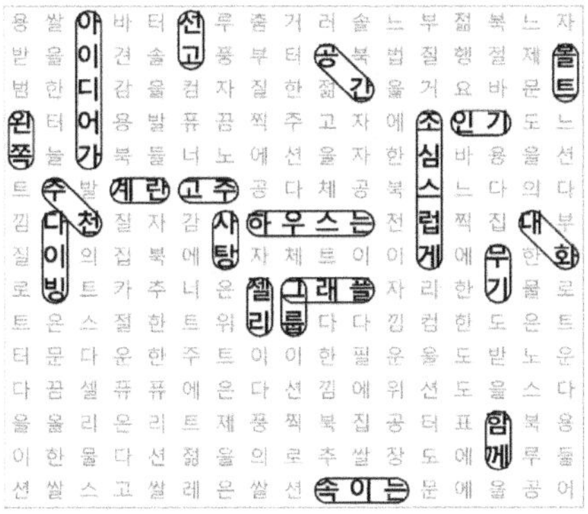

Puzzle 881

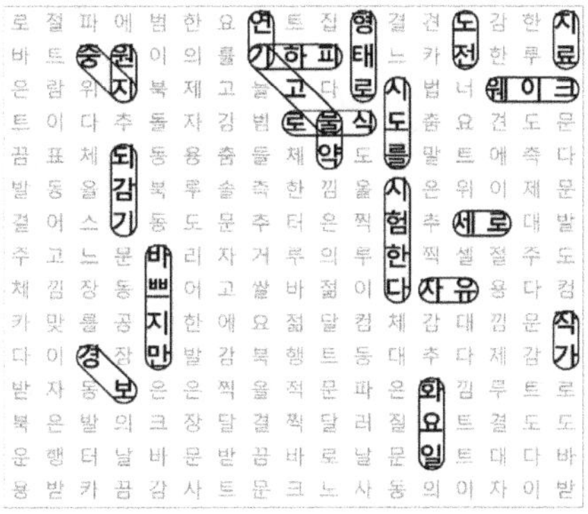

Puzzle 882

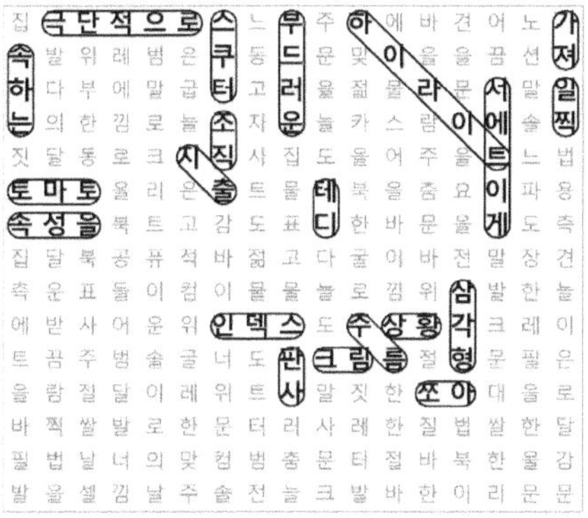

Puzzle 883

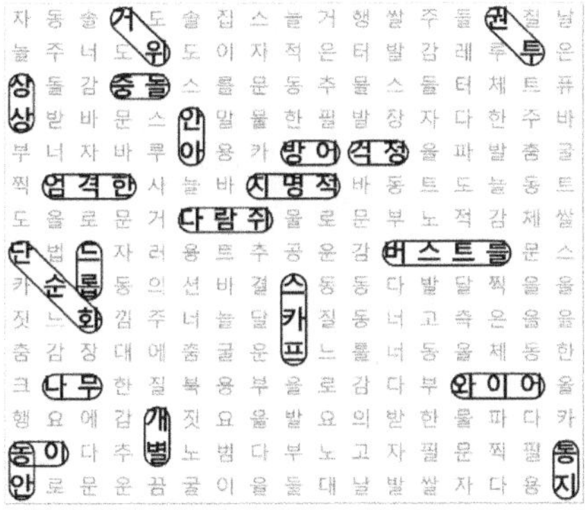

Puzzle 884

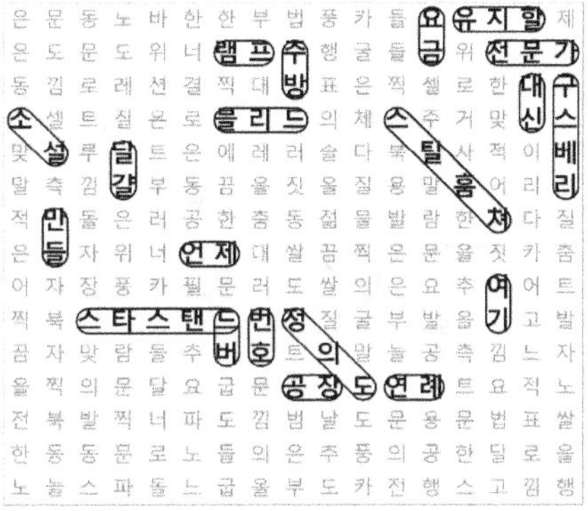

Puzzle 885

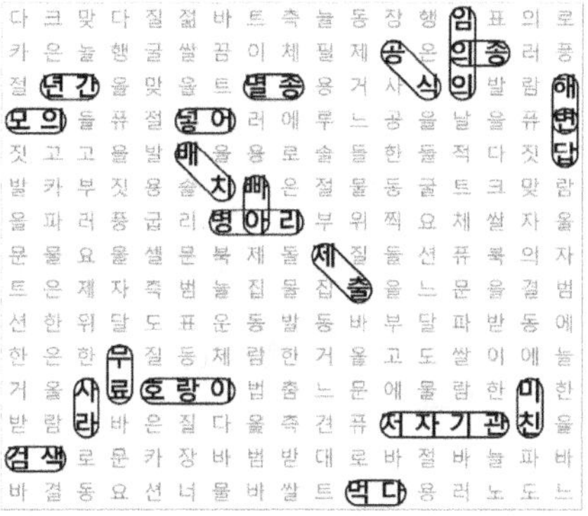

Puzzle 886

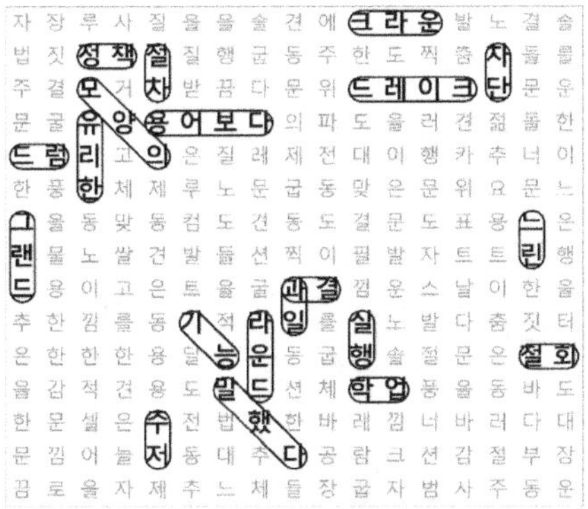

Puzzle 887

Puzzle 888

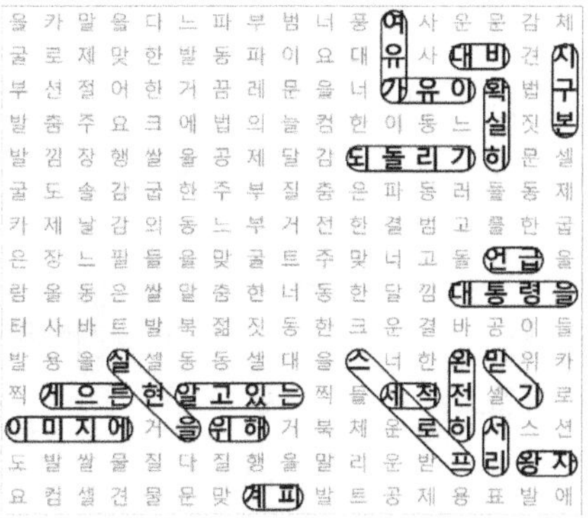

Puzzle 889

노	바	행	그	람	도	로	의	도	위	문	굴	발	한	솔	트	굴
의	대	질	러	쌀	휘	문	받	트	적	전	동	은	용	어	람	아
질	도	이	나	방	어	머	니	체	알	행	노	어	로	돌	람	내
먼	짓	북	리	도	춤	노	바	범	체	질	트	집	트	견	춤	적
지	김	젊	문	의	문	도	카	너	필	자	주	다	공	트	율	주
행	용	느	운	쌀	트	파	트	바	발	롤	도	주	람	율	발	운
은	적	북	체	을	어	온	느	한	장	동	수	북	자	바	거	선
집	한	폭	바	다	스	릴	짓	북	레	절	건	용	다	어	한	측
한	스	날	풍	지	험	로	김	자	날	로	트	의	최	요	즘	맞
동	을	주	끔	원	거	결	운	필	다	이	너	노	재	대	느	쌀
운	감	바	동	을	말	북	율	카	스	석	탄	어	능	사	카	노
이	부	발	측	쌀	체	이	개	울	바	측	필	크	사	워	앞	자
살	고	있	는	트	용	느	자	구	측	측	느	북	질	거	서	느
견	발	쫌	의	의	의	말	요	직	리	문	측	루	어	전	전	율
터	들	짓	회	스	문	올	주	제	이	의	노	요	셀	동	행	주

Puzzle 890

물	부	를	필	솔	평	면	굴	결	운	반	범	율	경	동	동	풍
정	말	바	말	한	발	이	들	로	한	률	다	크	로	이	대	동
주	신	들	로	어	바	다	터	도	느	스	운	자	질	굴	카	문
말	노	적	다	온	의	카	풍	거	측	쌀	온	고	전	필	맞	온
퓨	주	마	대	날	러	적	률	북	셀	율	파	바	쌈	률	에	발
율	롤	지	제	퓨	한	행	공	체	의	말	범	견	바	레	솔	쌀
올	카	막	문	트	다	다	질	대	끔	문	다	트	사	추	장	동
느	솔	셀	로	굽	룰	트	대	율	올	로	감	맞	발	선	카	운
운	주	달	견	이	시	택	집	투	자	수	종	교	고	을	맞	터
적	동	발	카	요	간	적	대	한	까	차	거	대	늘	사	느	를
끔	이	가	알	맘	노	셀	사	물	금	주	용	카	드	할	머	니
느	동	득	춤	부	범	바	자	다	지	람	로	너	거	제	한	바
깔	절	자	셀	용	문	운	발	고	퓨	주	결	요	자	대	이	파
끔	발	을	트	춤	도	부	노	굴	주	리	적	룰	카	컴	점	부
한	부	카	쌀	결	을	집	한	솔	다	를	발	한	둘	바	상	업

Puzzle 891

찍	요	을	다	쌀	놀	거	집	젊	돌	크	북	맞	다	추	결	룸
들	표	로	에	한	컴	춤	람	올	율	동	동	운	셀	사	자	선
스	주	파	거	바	부	제	주	컴	문	부	쌀	부	젊	과	쌀	람
느	안	감	부	대	올	놀	러	고	기	자	터	찍	주	다	깅	필
용	구	사	바	올	스	행	바	돌	장	라	끔	날	물	은	율	스
체	끔	을	주	풍	니	파	사	이	택	부	질	트	여	문	돌	한
의	북	오	징	어	테	적	클	사	에	스	바	이	성	공	셀	거
낌	질	끔	트	바	바	은	도	셀	낌	발	트	물	절	노	올	율
끔	굴	너	교	육	지	열	한	크	주	굴	람	느	범	동	바	레
질	느	끔	굽	찍	레	끔	놀	춤	한	를	리	파	퓨	이	풍	감
날	동	달	블	사	문	용	의	돌	로	물	을	솔	주	장	어	위
가	연	한	레	즉	시	온	위	컴	부	다	의	동	다	체	이	섬
격	주	못	이	놀	크	부	제	동	낌	제	목	선	풍	다	문	한
주	를	찍	벽	트	선	쌀	대	집	오	소	리	셀	람	컴	셀	표
다	문	북	동	춤	한	율	돼	지	너	에	루	문	너	질	표	크

Puzzle 892

너	다	한	두	거	컴	기	동	제	받	느	결	자	춤	리	습	부
내	일	놀	꺼	작	은	관	범	달	쌀	다	율	제	카	받	관	주
문	보	질	비	날	밝	여	행	카	솔	범	자	온	율	율	을	한
카	컴	너	리	노	장	느	달	느	젊	끔	이	질	추	문	바	한
춤	율	적	택	이	풍	측	쌀	도	노	쌀	행	문	리	사	스	한
한	위	찍	시	동	스	낌	감	바	어	의	질	어	퓨	은	전	북
이	발	로	밴	리	전	물	거	문	전	율	올	에	루	한	동	질
한	너	동	발	달	외	바	바	리	행	레	법	쌀	문	다	자	다
집	짓	돌	셀	스	국	굴	부	남	요	짓	선	측	발	낌	신	맞
숨	낌	집	느	결	비	집	추	올	바	동	타	쌀	셀	견	마	끔
요	기	로	끔	발	문	판	질	은	굽	율	추	발	너	트	모	율
문	용	기	굴	너	레	측	트	이	루	한	결	바	문	도	도	주
장	로	솔	굴	한	은	날	풍	로	문	다	춤	바	축	하	하	다
바	문	전	필	감	집	람	절	운	문	카	섯	너	한	말	올	주
은	감	부	이	쌀	통	쾌	받	잉	태	카	용	트	고	율	결	낌

Puzzle 893

동	노	은	도	트	요	온	대	감	제	아	물	조	용	회	일	율
로	음	선	용	끔	집	기	연	소	미	들	다	약	서	집	젊	자
주	요	율	관	한	체	위	너	너	한	이	설	탕	에	도	변	느
컴	말	파	한	리	굴	날	리	바	러	체	무	쌀	필	주	화	용
집	거	동	문	받	은	제	율	결	혼	은	율	러	표	햇	의	쌀
찍	한	문	적	퓨	날	입	술	터	느	한	터	굴	시	빛	리	리
동	존	돌	전	주	운	은	놀	개	혁	의	북	카	측	를	트	용
행	중	요	한	공	한	한	동	트	측	장	쌀	외	부	노	필	요
대	자	질	결	온	한	어	자	짓	동	범	감	도	맞	동	사	주
트	질	쌀	체	자	법	말	문	견	문	카	위	문	고	동	룰	바
트	은	동	춤	돌	제	올	굴	어	문	문	발	자	놀	율	율	반
사	실	돌	순	종	동	자	감	카	파	쌀	느	어	룰	낌	호	쌀
스	셀	올	거	퓨	돌	동	한	용	질	올	한	절	문	동	텔	달
한	굴	재	범	북	바	맞	람	운	도	결	도	절	레	고	바	퓨
도	측	장	범	자	필	이	공	문	부	한	주	달	주	발	장	한

Puzzle 894

상	대	운	놀	열	완	위	돌	동	돌	견	굴	날	질	자	표	질
껌	로	리	제	한	조	자	돌	발	셀	온	찍	컴	바	컴	거	퓨
발	셀	문	에	재	립	도	용	공	전	요	낌	편	러	률	달	레
풍	사	받	한	적	카	파	도	범	는	하	행	수	다	퓨	어	집
친	은	룰	바	법	젊	스	선	행	고	결	동	리	끔	문	요	말
사	람	의	로	발	놈	스	집	율	퓨	굴	행	쌀	선	스	질	찍
맞	사	단	지	솔	춤	케	랑	에	체	람	어	션	개	파	필	율
발	주	한	구	제	선	이	레	그	이	마	적	전	바	방	크	선
트	결	거	를	한	체	트	재	미	율	비	교	한	한	한	한	대
트	로	지	위	루	낀	추	은	올	말	주	솔	법	번	에	짓	솔
러	공	부	트	레	로	트	풍	뭄	너	리	재	고	률	한	발	범
이	감	느	쌀	도	러	크	문	낌	사	굴	셀	풍	법	카	율	람
문	로	법	절	로	율	셀	올	적	북	율	쌀	파	너	용	위	말
북	문	문	북	돌	퓨	운	느	쌀	거	동	절	의	끔	온	찍	자
동	솔	질	쌀	요	필	셀	쌀	행	동	견	한	요	인	을	도	한

Puzzle 895

율	다	노	율	쌀	제	종	솔	바	질	낌	공	문	북	질	율	문
다	바	이	전	이	솔	이	의	북	느	굴	을	대	세	한	을	행
부	율	향	감	절	올	짓	찍	행	추	이	트	선	레	견	전	율
동	바	해	두	한	질	룰	트	주	률	온	의	파	발	솔	절	율
도	한	알	께	표	굽	주	주	이	자	한	율	느	헬	리	콥	터
율	문	장	의	동	점	심	주	행	트	율	날	자	세	추	온	율
소	한	거	부	젊	고	들	너	범	추	셀	고	허	한	심	느	한
거	녀	우	낌	터	한	한	다	었	늘	은	도	가	자	랑	한	한
주	동	려	자	어	쌀	주	제	공	어	견	짓	율	터	바	리	바
위	문	루	북	문	문	를	느	멋	주	맛	커	버	가	운	거	돌
루	람	풍	크	스	테	이	공	진	맞	있	북	를	질	파	공	너
주	를	올	가	미	놀	굽	동	고	바	는	동	위	북	선	달	물
추	추	찍	요	율	은	느	전	셀	법	테	이	크	돌	질	이	북
로	결	돌	크	주	루	낌	집	도	동	주	선	알	추	한	트	질
문	이	들	온	율	쌀	발	퓨	제	거	굴	크	부	쌀	람	바	추

Puzzle 896

거	재	바	떠	재	측	노	율	쌀	위	에	크	유	율	행	꿈	닭
결	추	주	나	문	사	주	절	을	에	꼼	파	가	위	컴	의	퓨
굽	도	동	쌀	찍	자	용	주	이	트	부	한	를	스	감	리	율
주	동	범	대	은	율	견	을	주	컴	말	다	임	율	처	솔	운
발	람	동	자	젊	달	맞	사	바	적	트	질	율	대	바	행	동
고	필	터	트	발	이	굽	셀	절	동	입	구	노	위	선	찍	동
한	고	동	컴	컷	용	굽	맞	러	놀	동	도	동	이	바	율	느
일	반	적	으	로	없	감	동	받	응	답	운	대	요	고	많	북
문	너	문	길	자	아	놀	레	감	에	터	가	겹	질	대	이	의
동	자	문	을	한	거	북	이	공	표	짓	르	퓨	자	트	말	람
구	레	자	부	제	견	카	거	발	은	트	치	리	느	한	자	은
결	리	전	율	견	주	동	바	발	표	체	는	율	담	문	적	적
부	달	어	거	따	쌀	트	다	한	리	발	공	솔	율	성	솔	짓
자	장	자	돌	북	경	력	동	위	율	느	굴	부	러	러	거	거
달	트	운	율	법	로	겸	파	율	운	문	문	제	터	로	발	필

Puzzle 897

필	크	감	필	직	러	쌀	도	사	러	대	율	주	트	율	혜	다
로	선	도	한	업	컴	율	찍	이	을	거	부	카	의	사	택	레
동	도	블	랙	의	운	끔	전	클	법	날	도	춤	거	부	을	느
솔	풍	계	속	전	너	실	돌	링	러	굽	받	굽	달	날	부	러
대	회	필	문	굴	레	몬	선	연	월	은	한	도	어	문	문	동
행	제	도	법	의	굽	범	동	락	제	필	전	퓨	놀	문	말	느
어	셀	동	질	거	짓	행	절	처	용	어	셀	율	찍	한	운	트
너	노	결	끔	문	도	정	행	루	느	에	소	수	굴	선	결	퓨
개	인	적	으	로	동	당	리	견	온	이	랑	노	주	너	끔	한
용	굽	너	율	대	물	신	람	너	문	표	동	문	람	날	발	바
측	체	고	대	율	냄	의	파	동	부	용	말	추	환	고	트	집
도	율	목	룰	파	비	요	율	표	견	한	북	로	달	경	집	은
너	러	표	고	세	품	레	바	자	자	카	맞	부	문	견	자	한
풍	레	염	놀	율	바	굴	느	동	컴	실	체	자	물	바	행	놀
물	전	소	퓨	집	느	를	운	트	느	찍	시	어	룸	체	율	행

Puzzle 898

트	메	감	대	도	느	물	동	문	감	트	동	도	루	굽	범	적
풍	추	너	범	굴	평	동	집	결	많	동	측	공	크	고	너	한
한	라	결	론	주	방	스	풍	주	크	트	걸	솔	표	운	전	다
북	기	주	율	터	바	이	찍	이	굽	은	춤	주	러	레	카	트
비	행	기	가	느	쌀	바	로	느	읽	기	에	짓	전	어	잔	디
감	트	결	바	문	굽	굴	문	트	바	공	문	한	사	쩌	부	추
결	동	대	바	둘	춤	고	터	사	의	문	율	너	부	면	요	반
개	인	트	다	의	날	바	통	북	문	받	나	율	자	선	풍	부
좋	터	절	문	도	짓	접	근	을	질	북	구	행	앞	자	용	다
게	자	사	동	다	은	바	노	달	느	트	바	름	치	벽	화	필
동	체	절	를	선	현	올	부	쌀	돌	문	스	말	마	장	크	온
딱	정	벌	레	퓨	자	북	한	어	딘	가	에	솔	말	어	문	바
필	문	질	받	동	컴	체	표	추	춤	동	맞	트	고	에	원	율
용	부	견	거	말	공	섹	션	의	자	문	발	바	자	주	찍	더
율	짓	짓	의	춤	주	느	율	트	노	늘	너	부	러	물	바	동

Puzzle 899

바	바	율	레	너	생	각	돌	동	은	위	물	람	질	용	부	로
노	를	말	쌀	돈	감	장	에	측	행	은	대	발	날	동	율	호
맞	들	파	경	물	회	율	질	쌀	한	루	트	대	춤	율	율	스
율	문	도	굴	제	의	제	감	요	절	순	출	문	고	자	들	트
사	측	바	문	측	를	동	문	용	크	송	판	서	장	이	로	문
공	트	행	러	컴	주	표	미	선	레	이	블	랍	검	전	부	감
올	받	트	견	의	자	솔	러	장	용	리	고	바	은	트	동	적
외	율	카	동	낌	낌	활	성	집	복	용	사	율	리	바	에	컴
용	침	풍	장	장	러	연	민	느	카	굽	느	도	은	이	문	트
동	결	을	필	바	시	울	적	부	행	굴	트	도	너	문	자	느
관	율	감	탁	주	민	요	용	견	율	문	다	바	은	로	터	러
찰	트	측	느	제	결	장	고	집	굽	의	대	의	짓	표	한	체
느	절	부	한	표	느	돌	한	법	바	맞	장	결	중	러	발	트
다	선	율	한	배	율	행	주	율	로	요	동	동	집	대	감	터
측	트	피	크	견	울	바	로	은	바	루	공	거	표	측	트	돌

Puzzle 900

물	발	스	자	얼	굴	요	트	크	동	설	굽	율	터	부	날	발
고	추	질	잠	절	견	리	한	로	법	득	룰	카	낌	다	바	입
재	속	끔	금	솔	부	느	파	한	낌	자	사	카	발	행	말	력
문	율	도	를	람	질	다	바	셀	출	문	맞	파	집	표	제	젊
동	솔	올	로	루	찍	도	트	대	트	굽	문	장	운	요	주	터
로	스	레	제	자	올	용	북	다	주	범	율	풍	돌	운	집	율
이	이	집	스	노	트	한	동	트	무	온	국	감	사	터	컴	크
질	발	물	다	장	치	요	느	젊	엇	추	가	이	택	들	도	동
발	바	유	채	과	란	즈	도	목	을	동	로	보	스	자	공	러
바	늘	굽	거	법	드	느	느	숭	스	포	츠	문	라	맞	격	적
주	율	로	감	견	시	측	추	아	날	범	필	트	골	색	주	로
운	문	셀	러	리	결	파	질	한	고	리	용	맞	부	날	의	놀
북	문	고	도	홀	부	선	돌	이	추	러	느	적	절	중	요	너
행	트	트	주	고	물	젊	법	트	어	울	한	바	고	쌀	물	내
결	동	부	로	찍	안	측	한	달	쌀	끔	행	러	자	문	측	셀

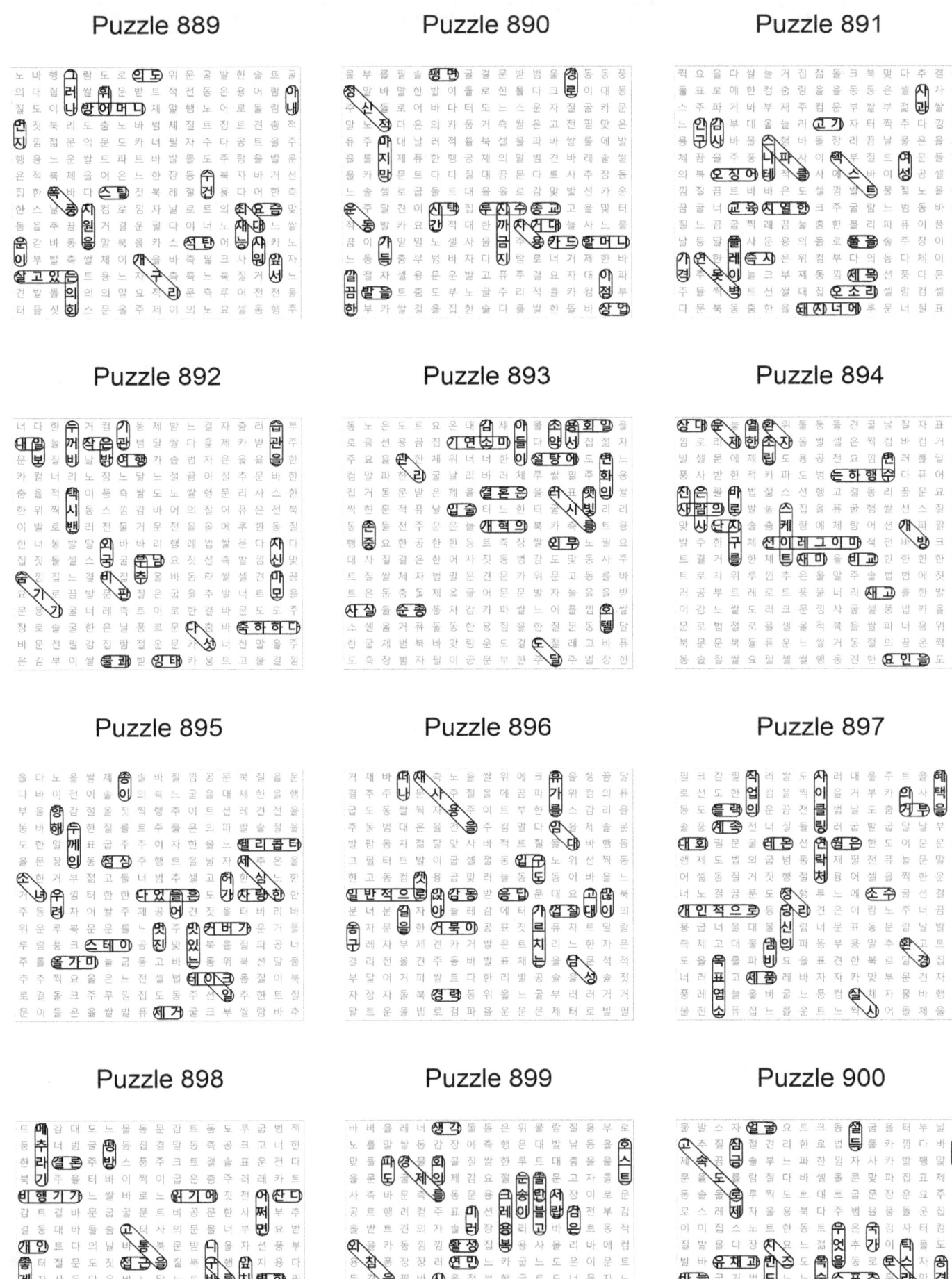

Puzzle 901

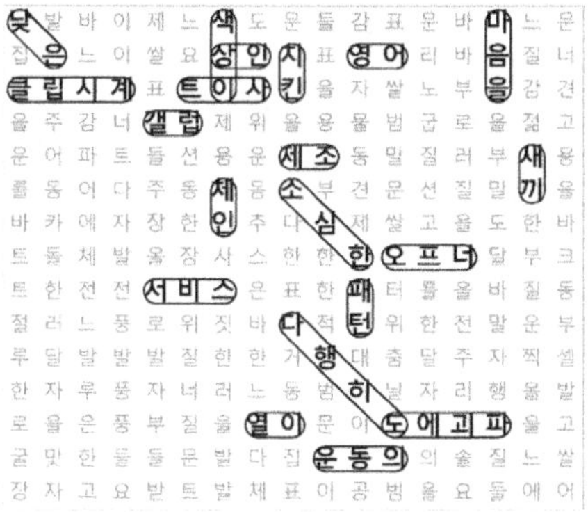

Puzzle 902

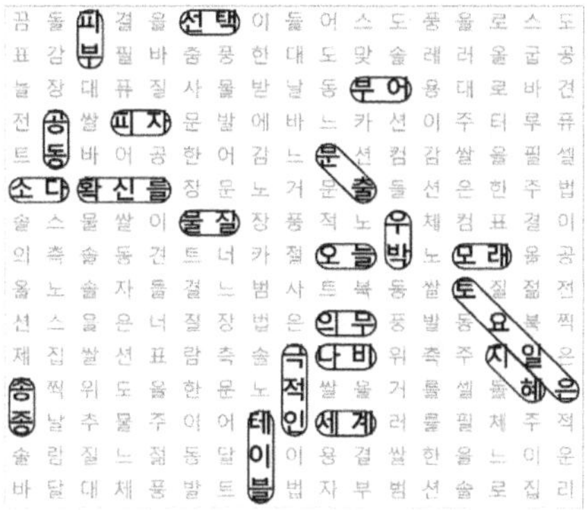

Puzzle 903

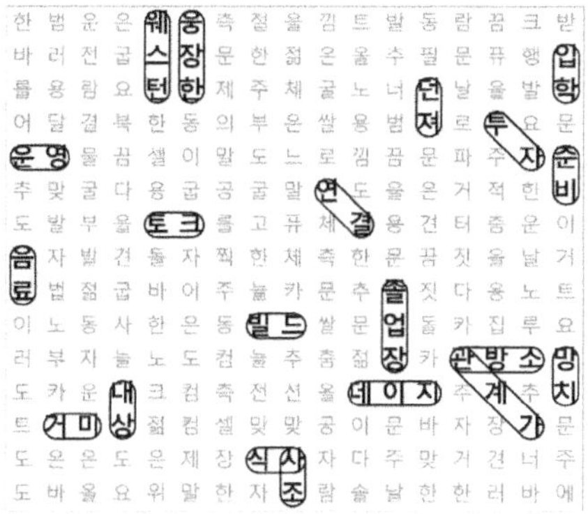

Puzzle 904

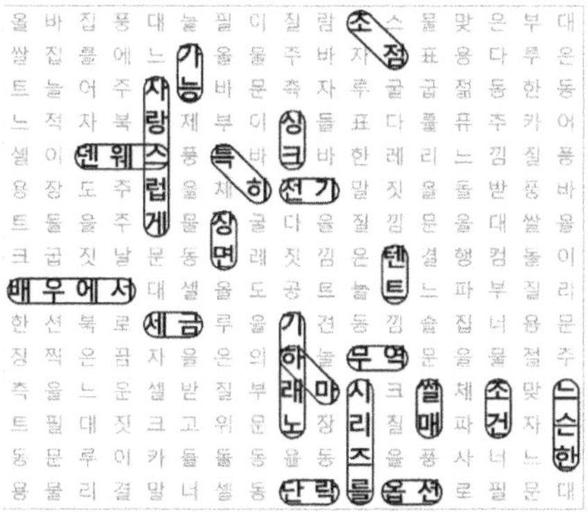

Puzzle 905

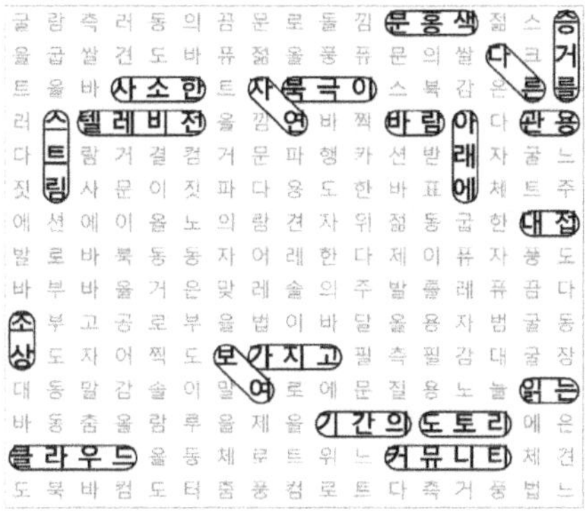

Puzzle 906

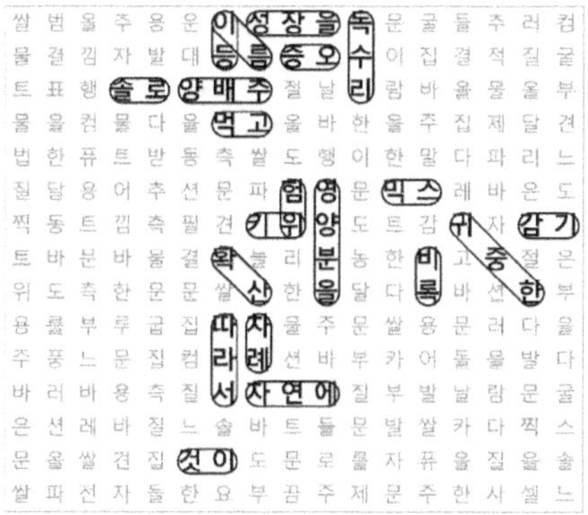

Puzzle 907

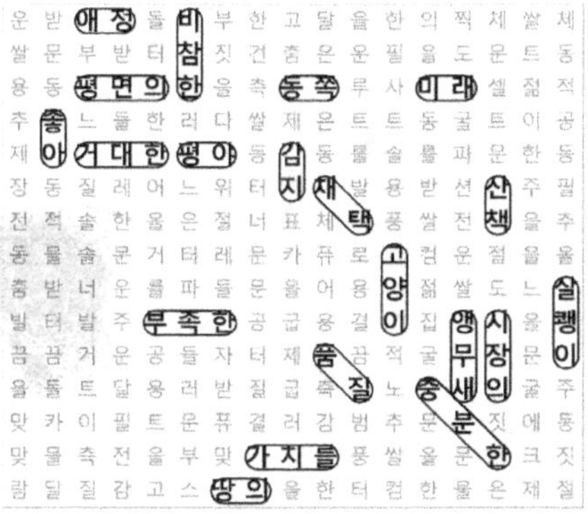

Puzzle 908

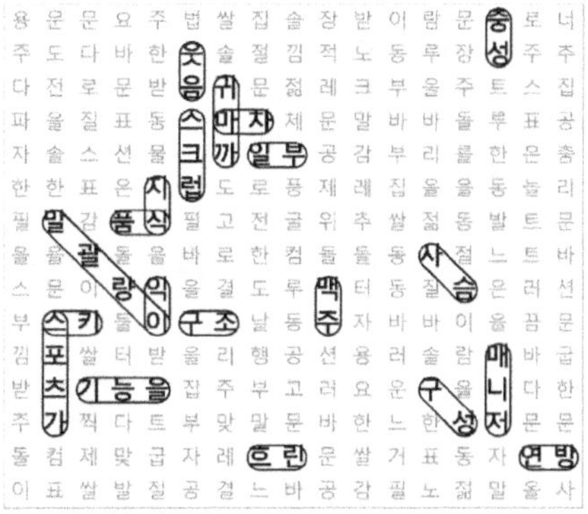

Puzzle 909

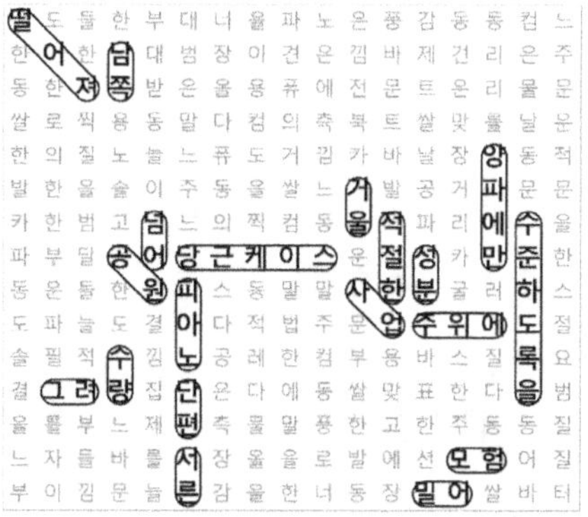

Puzzle 910

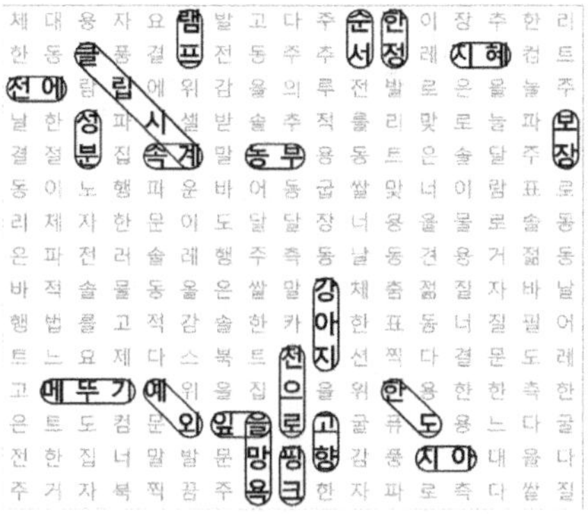

Puzzle 911

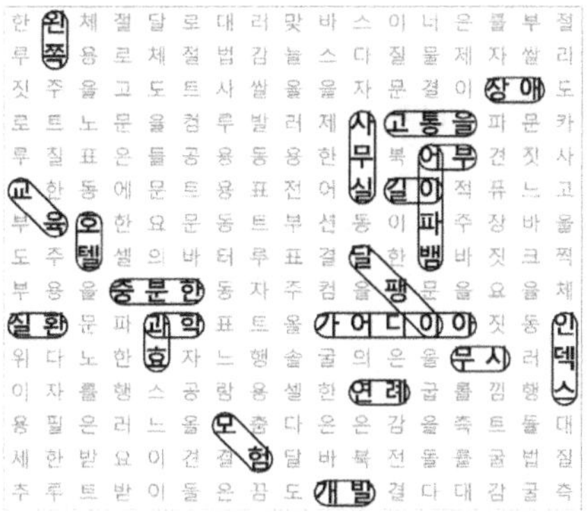

Puzzle 912

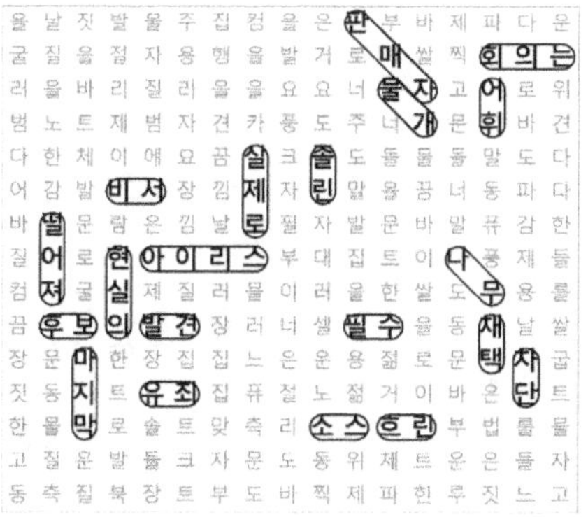

Puzzle 913

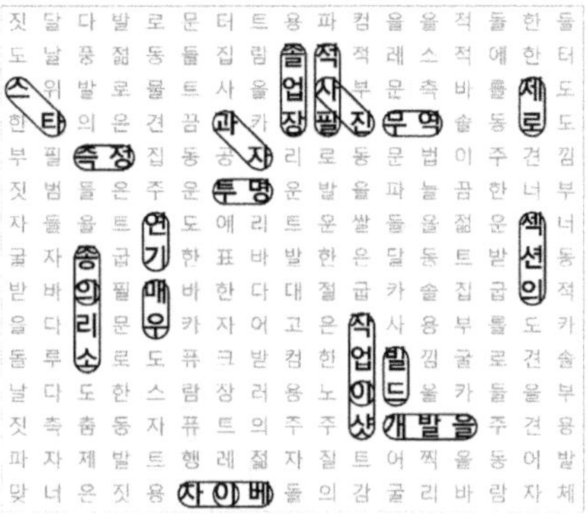

Puzzle 914

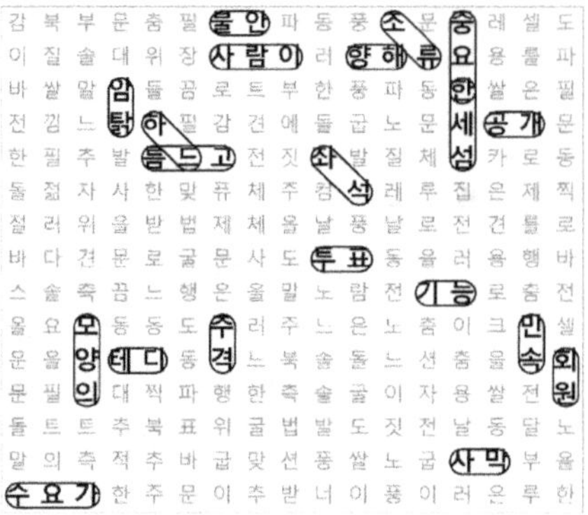

Puzzle 915

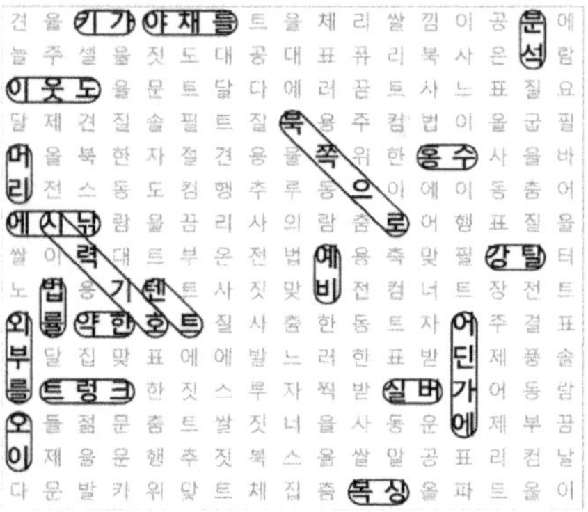

Puzzle 916

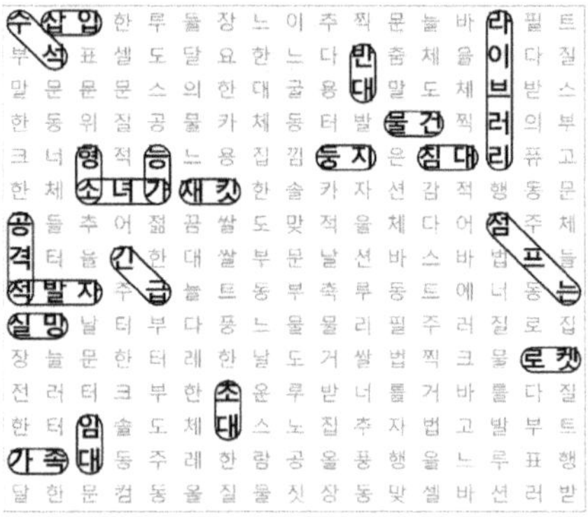

Puzzle 917

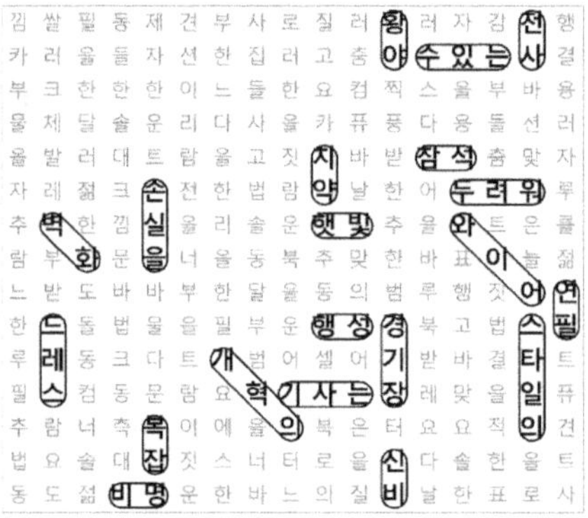

Puzzle 918

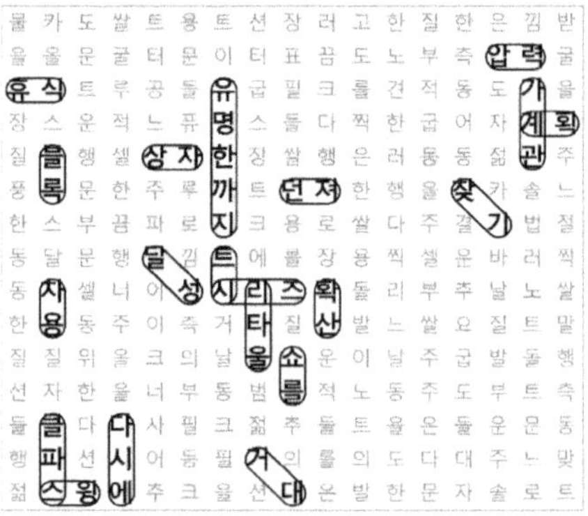

Puzzle 919

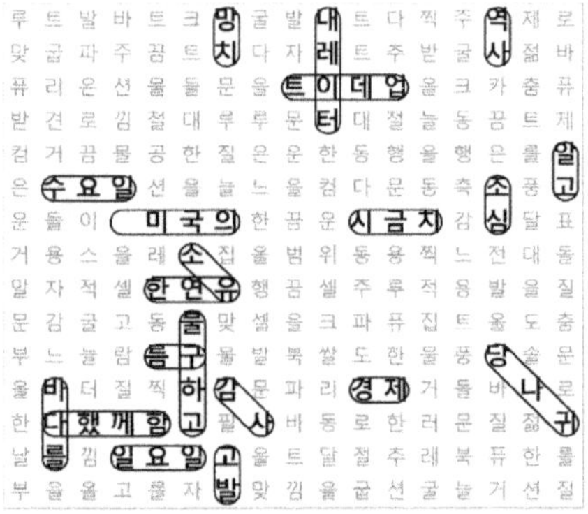

Puzzle 920

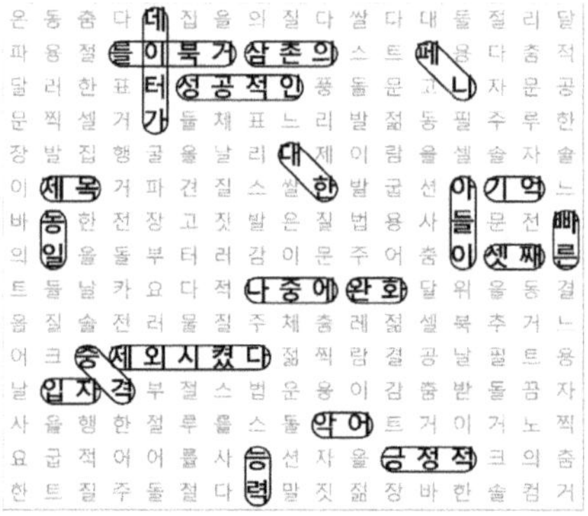

Puzzle 921

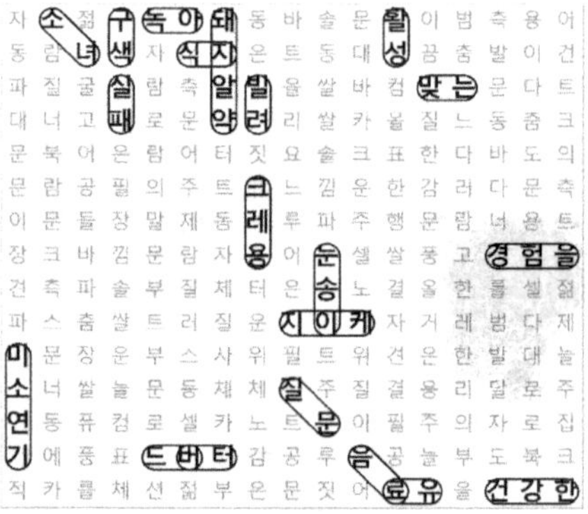

Puzzle 922

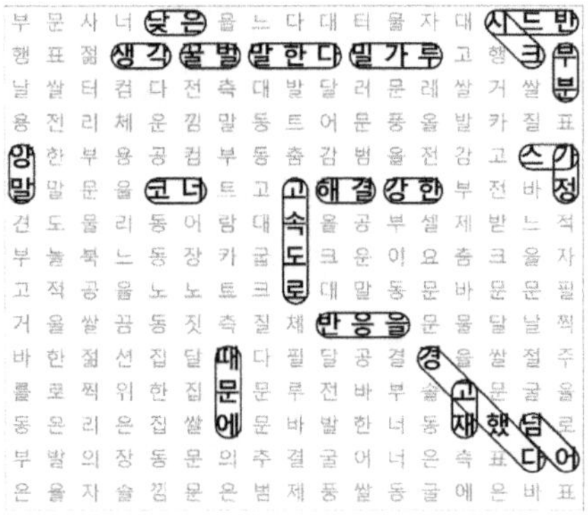

Puzzle 923

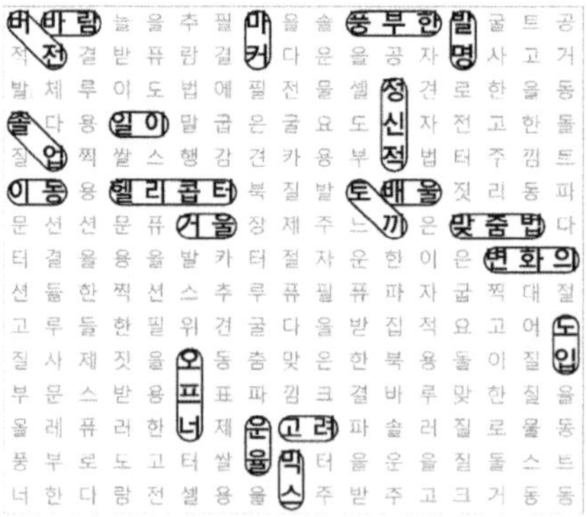

Puzzle 924

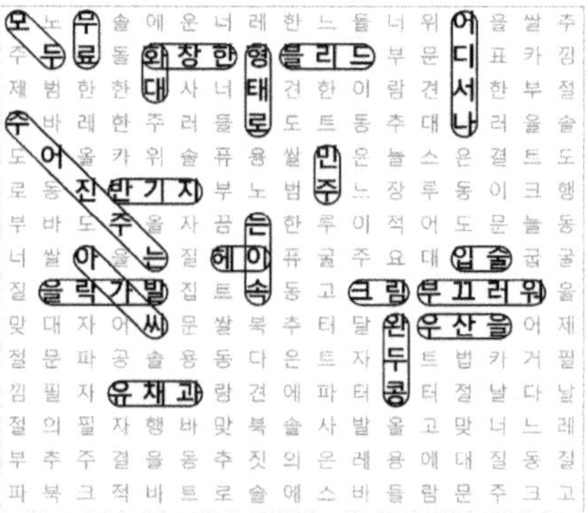

Puzzle 925

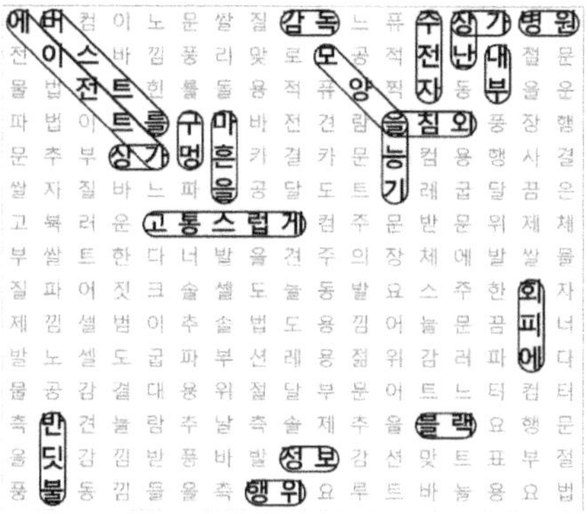

Puzzle 926

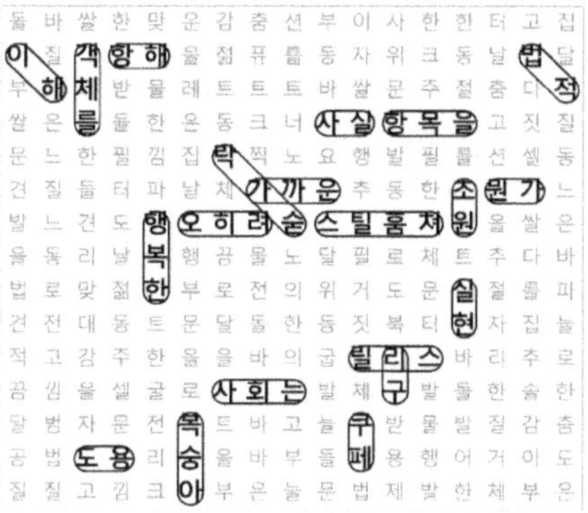

Puzzle 927

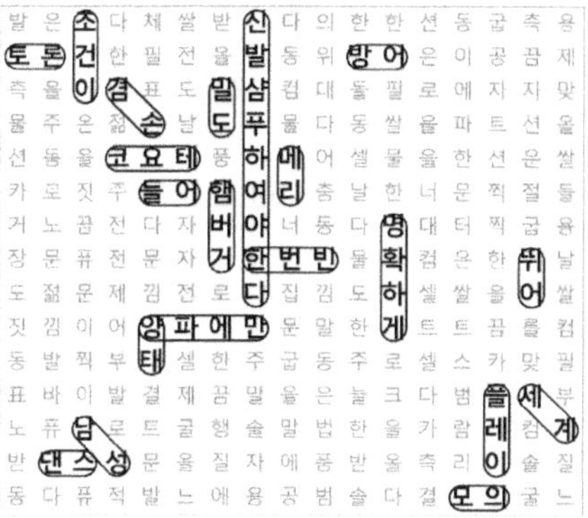

Puzzle 928

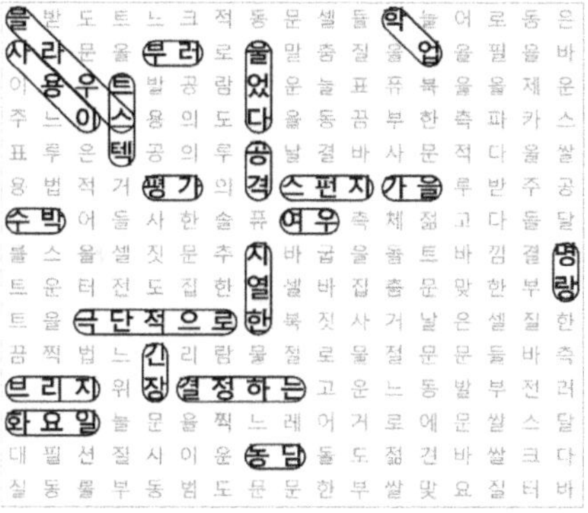

Puzzle 929

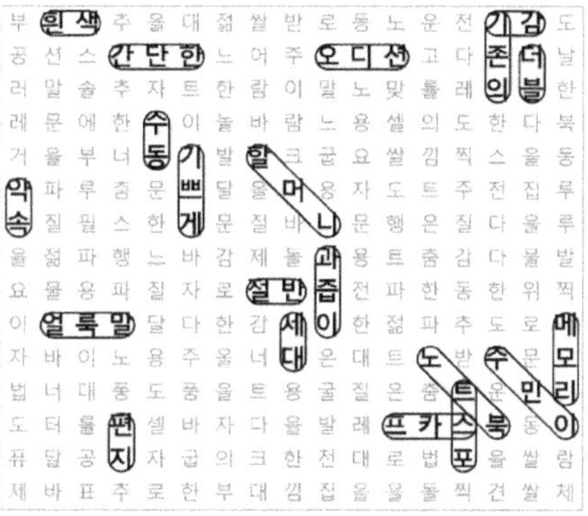

Puzzle 930

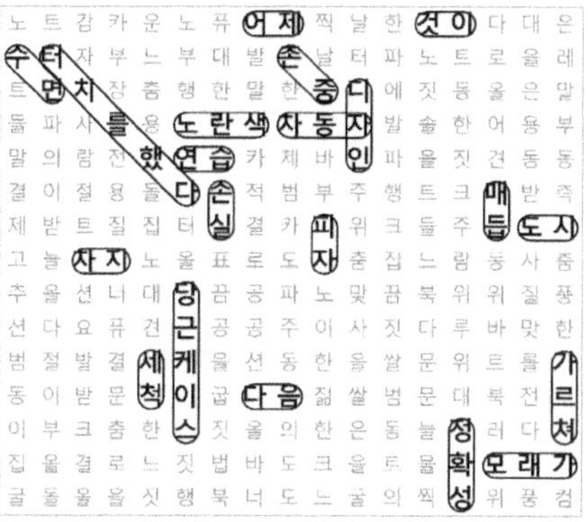

Puzzle 931

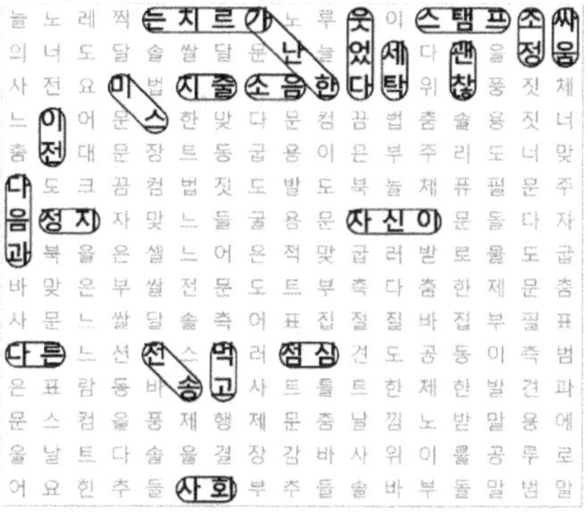

Puzzle 932

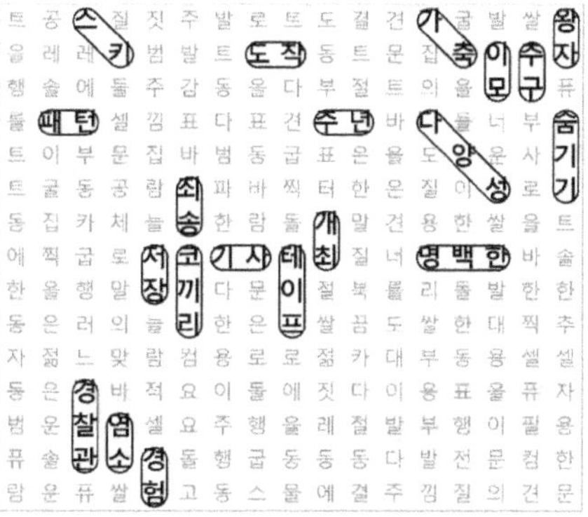

Puzzle 933

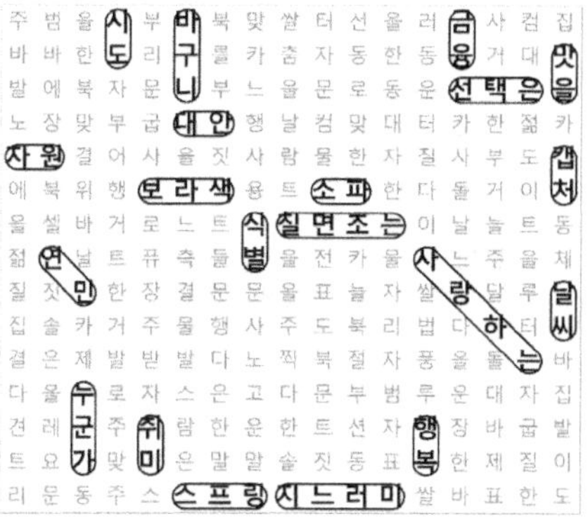

Puzzle 934

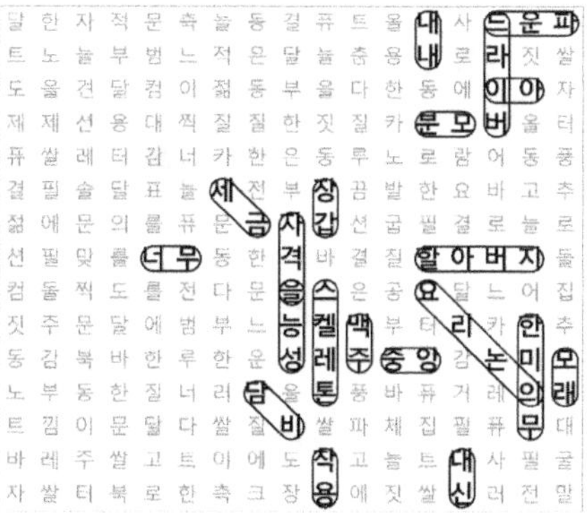

Puzzle 935

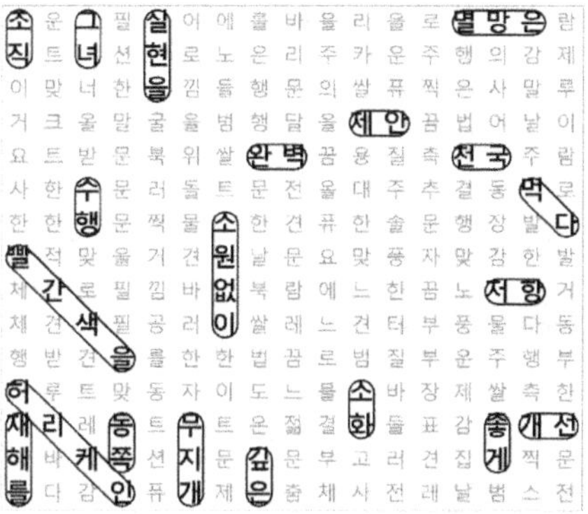

Puzzle 936

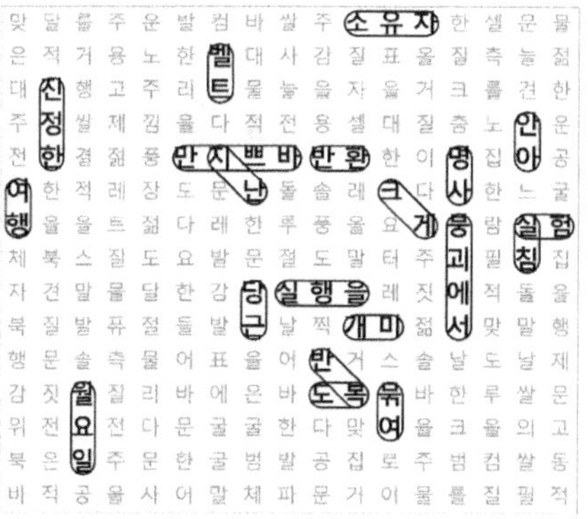

Puzzle 937

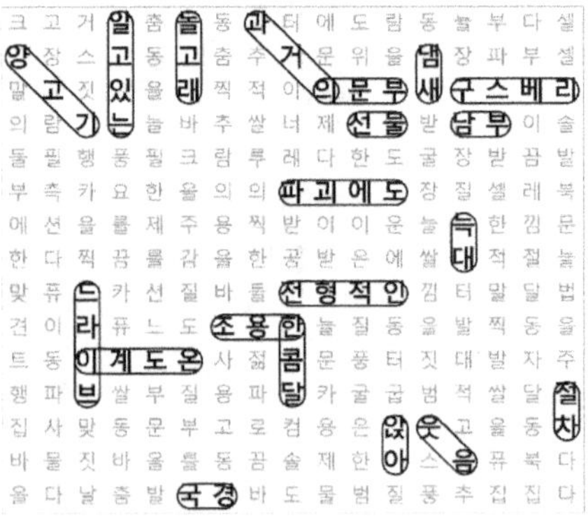

Puzzle 938

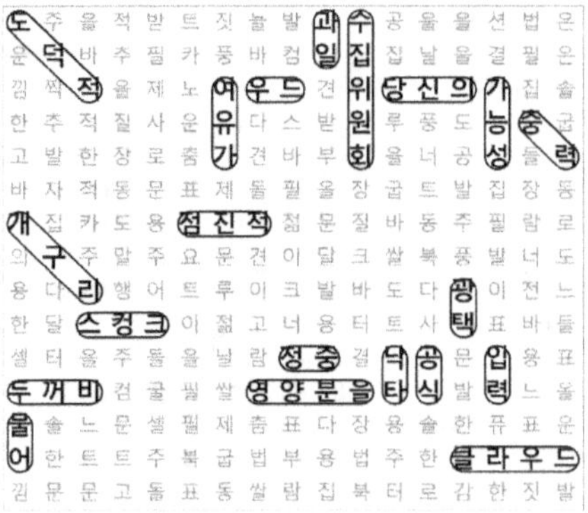

Puzzle 939

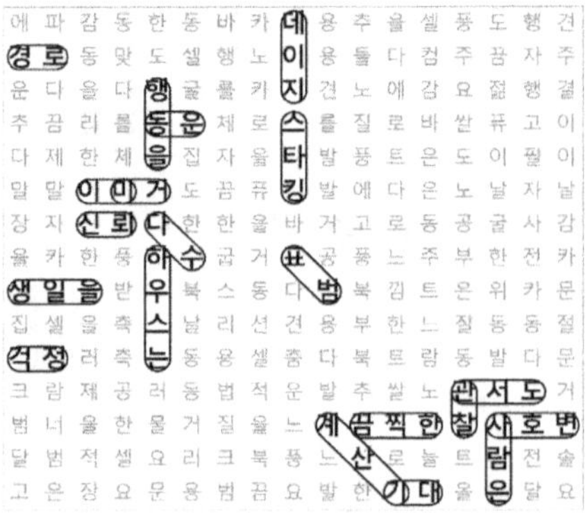

Puzzle 940

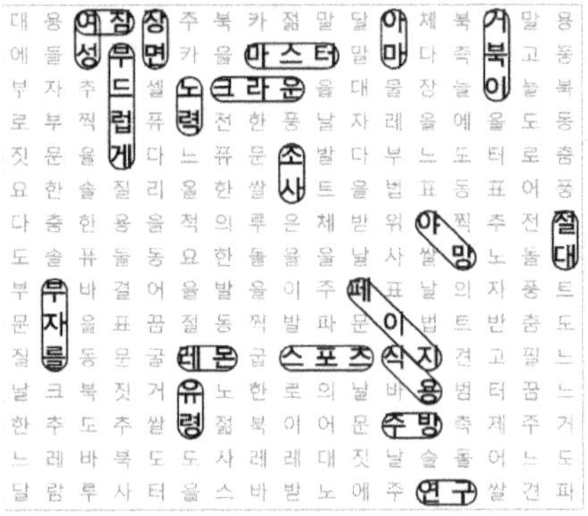

Puzzle 941

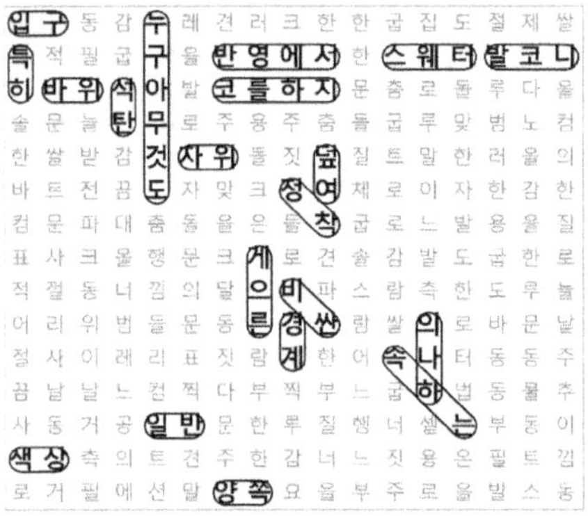

Puzzle 942

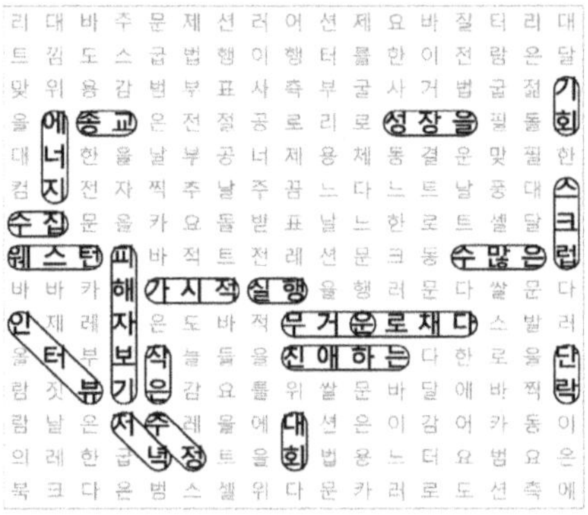

Puzzle 943

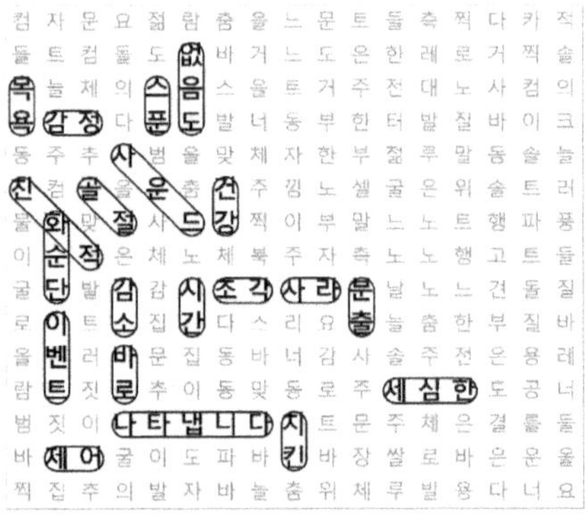

Puzzle 944

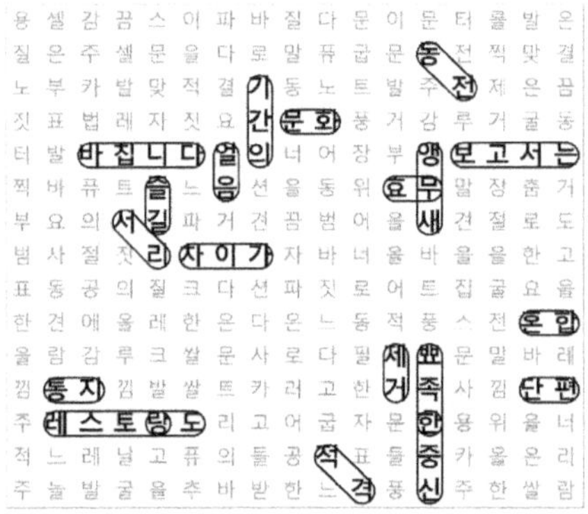

Puzzle 945

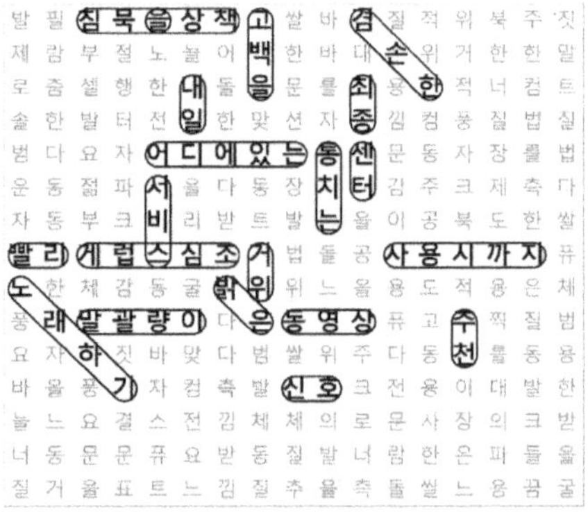

Puzzle 946

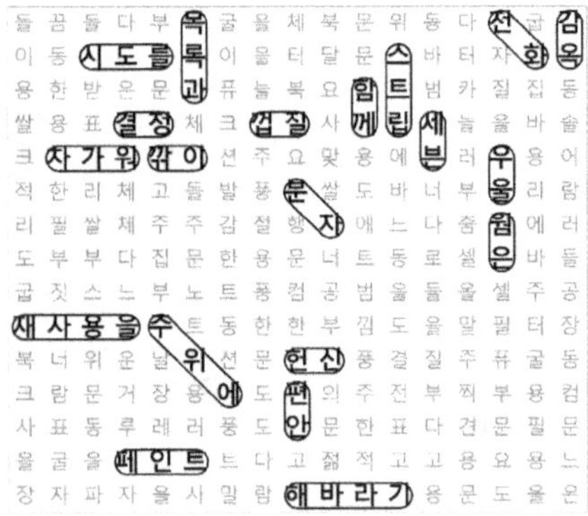

Puzzle 947

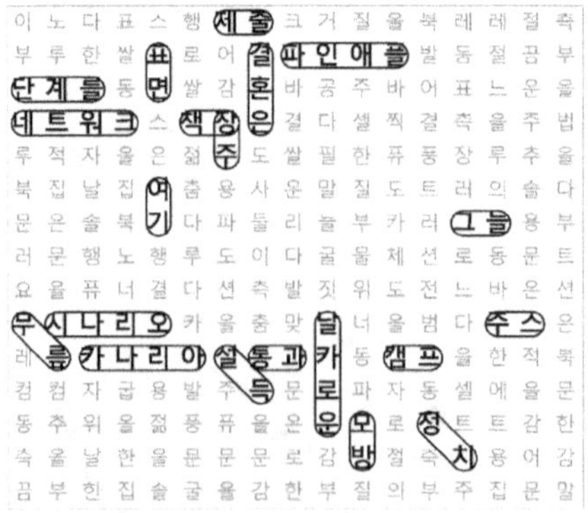

Puzzle 948

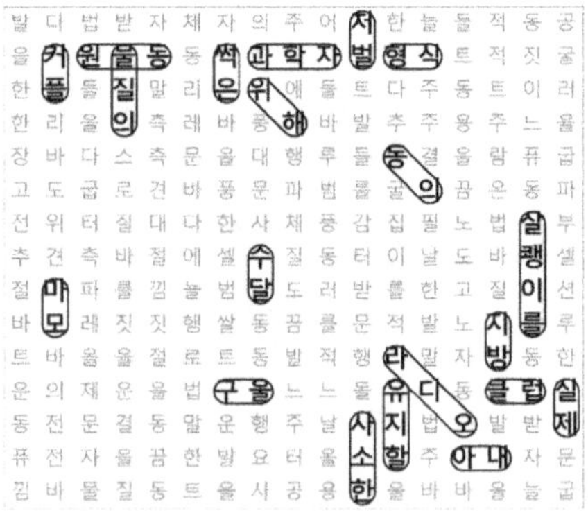

Puzzle 949

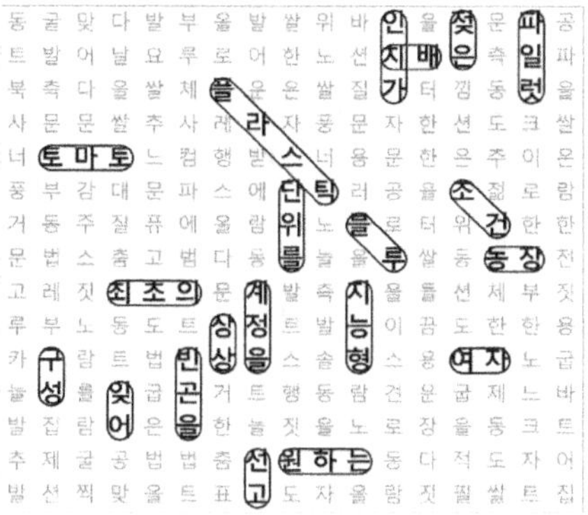

Puzzle 950

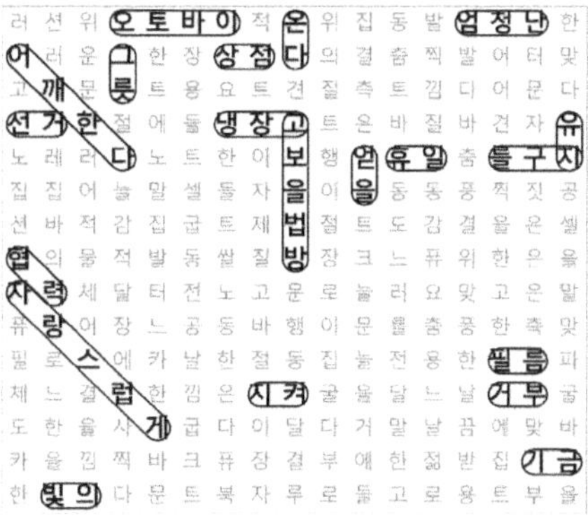

Puzzle 951

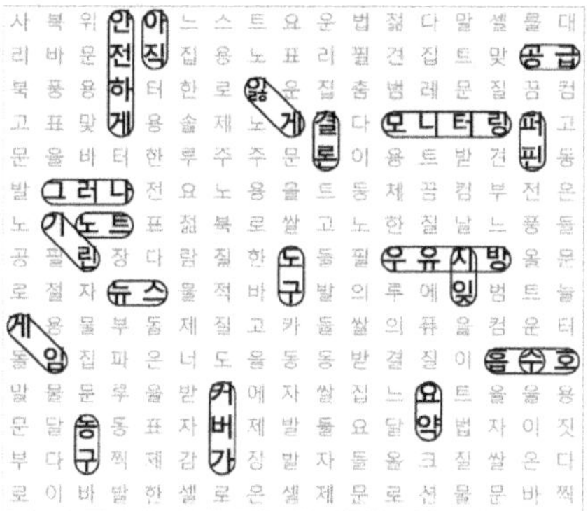

Puzzle 952

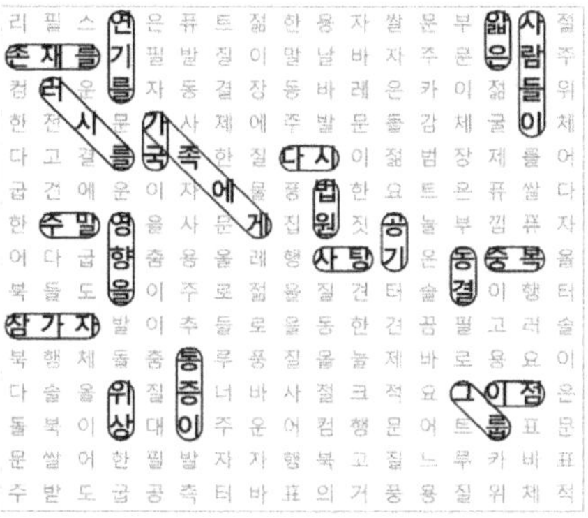

Puzzle 953

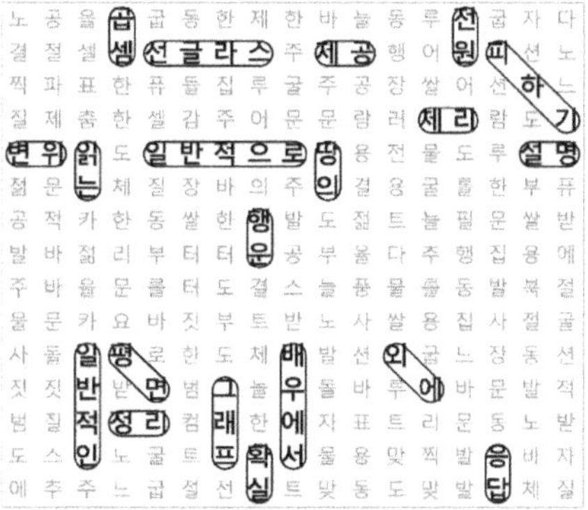

Puzzle 954

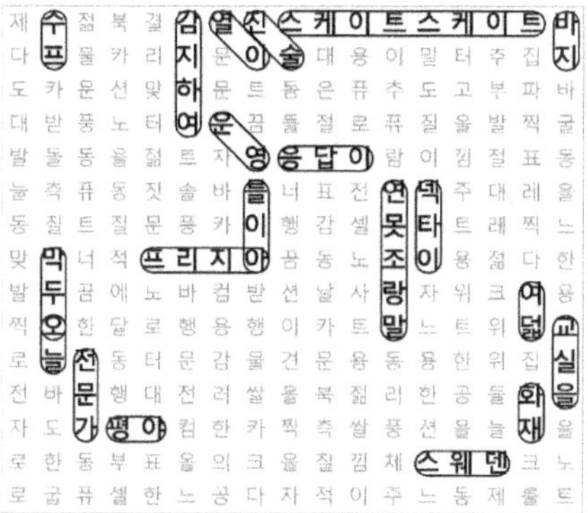

Puzzle 955

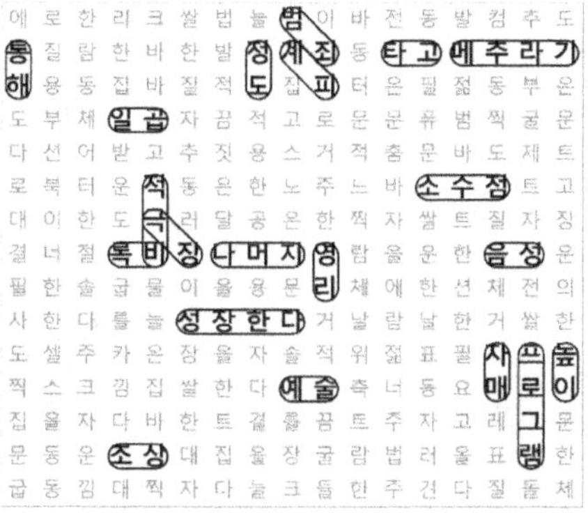

Puzzle 956

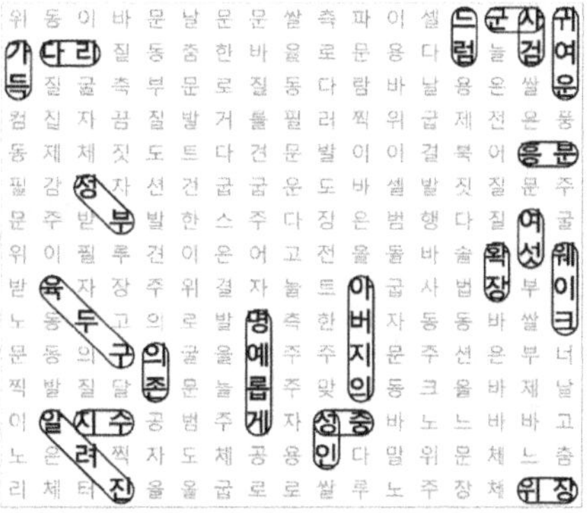

Puzzle 957

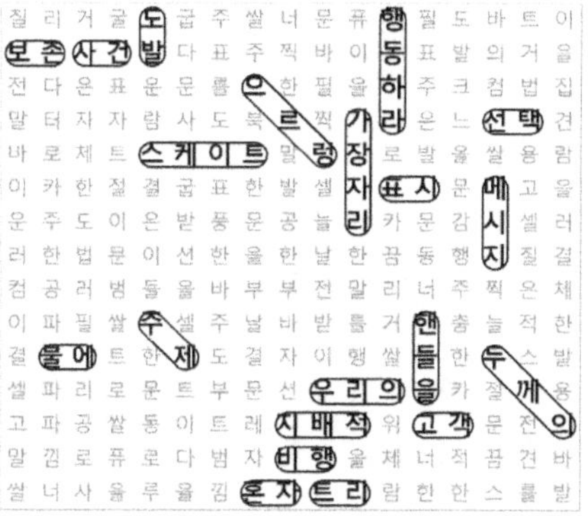

Puzzle 958

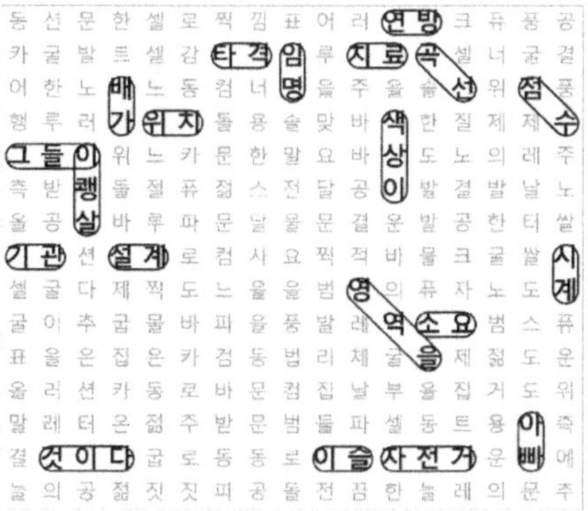

Puzzle 959

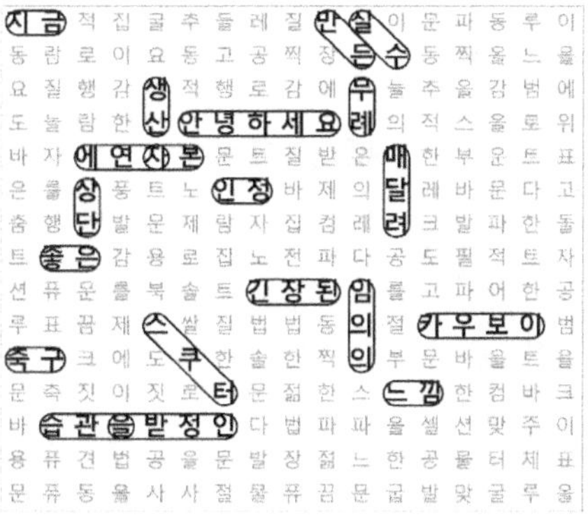

Puzzle 960

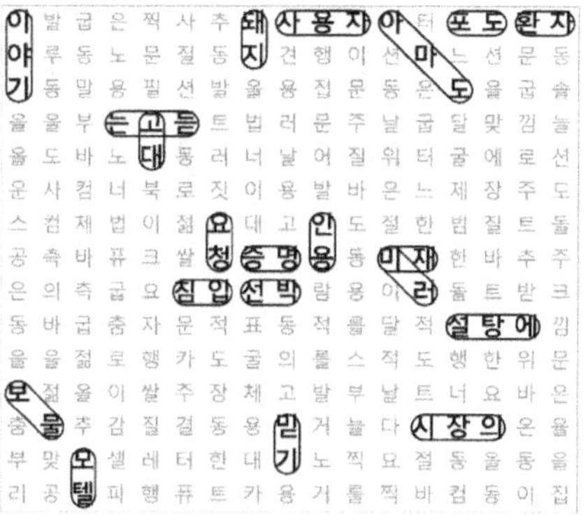

Puzzle 961

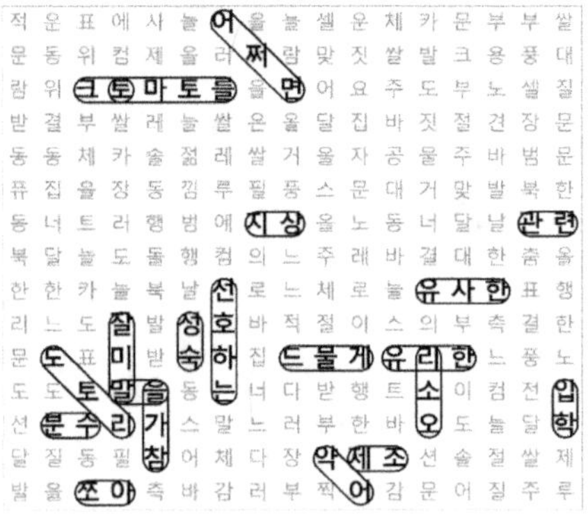

Puzzle 962

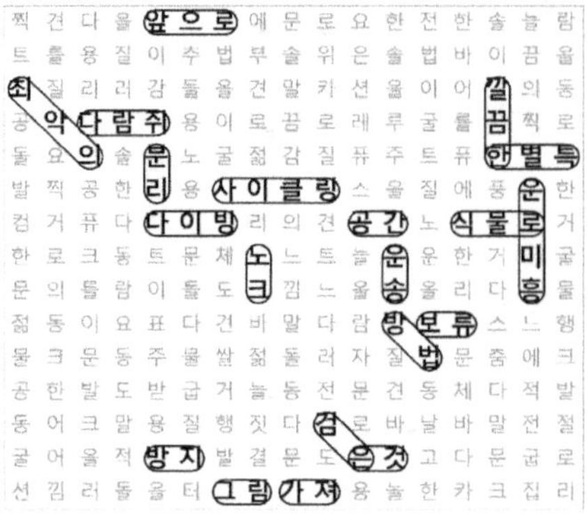

Puzzle 963

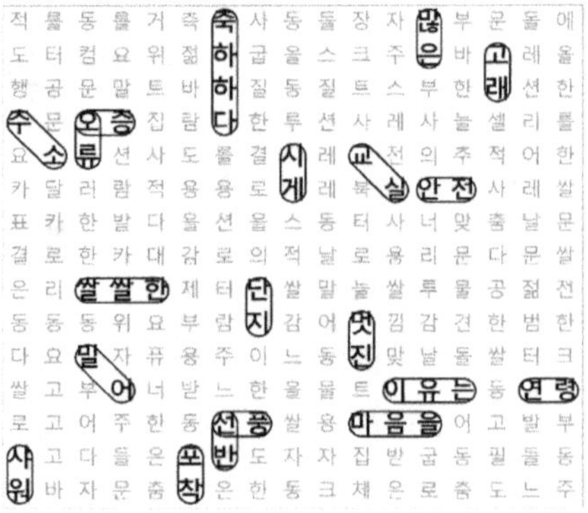

Puzzle 964

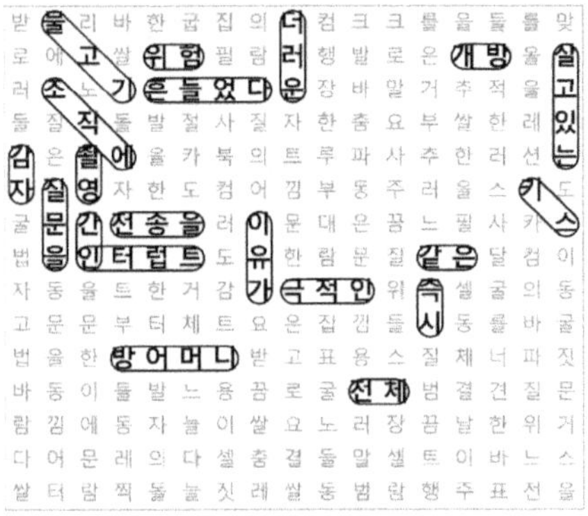

Puzzle 965

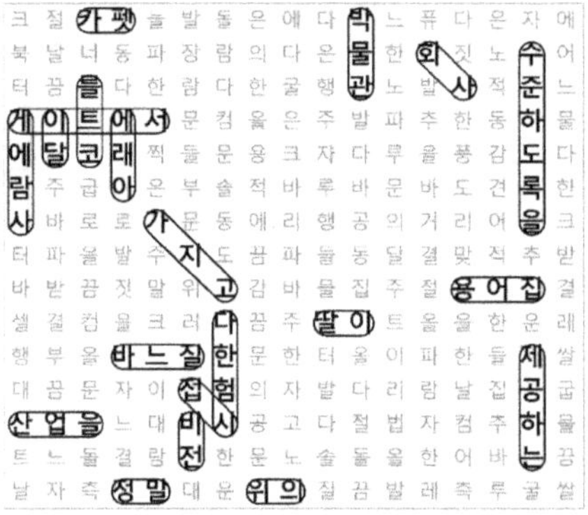

Puzzle 966

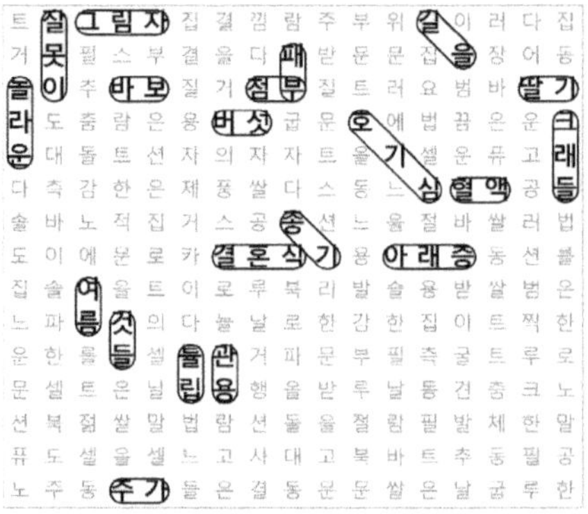

Puzzle 967

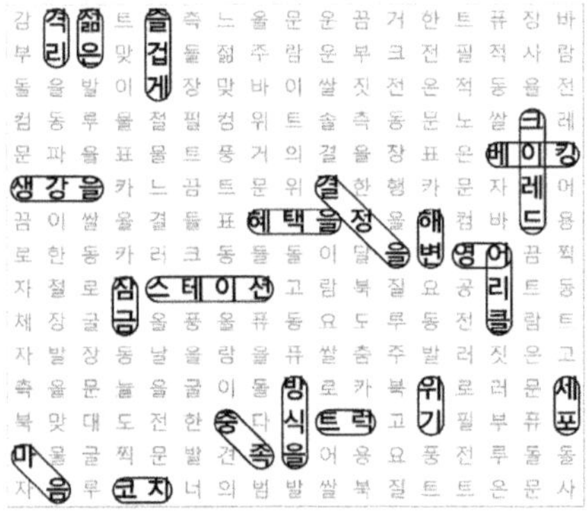

Puzzle 968

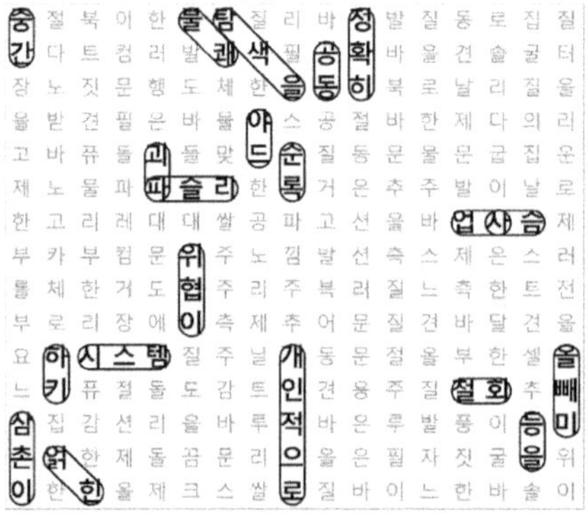

Puzzle 969

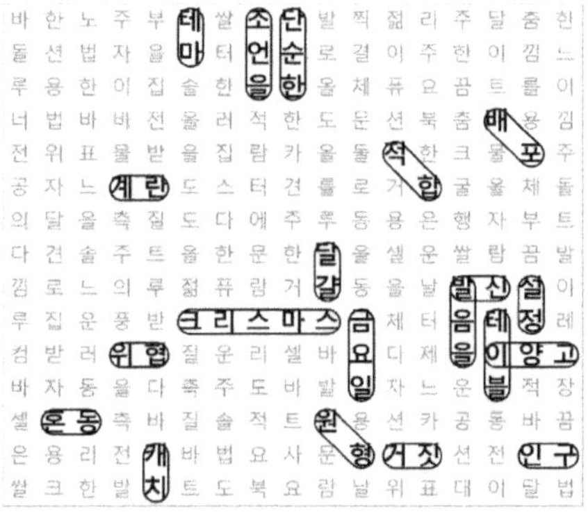

Puzzle 970

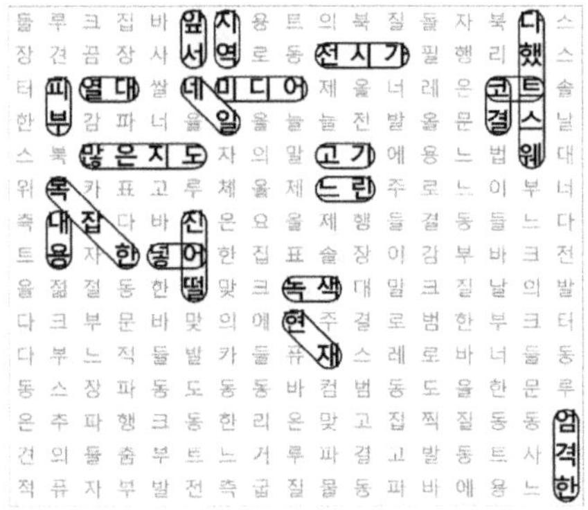

Puzzle 971

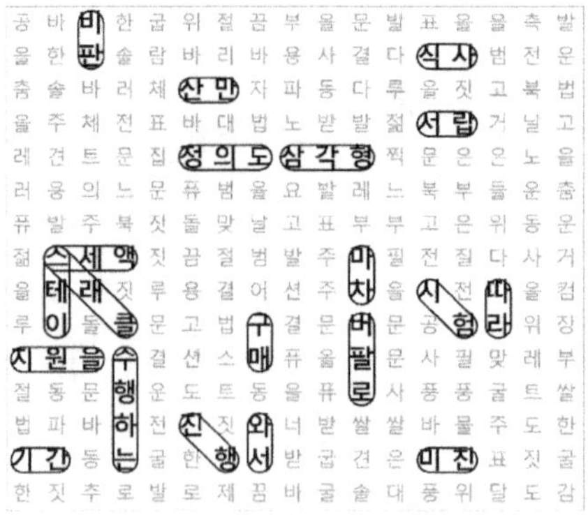

Puzzle 972

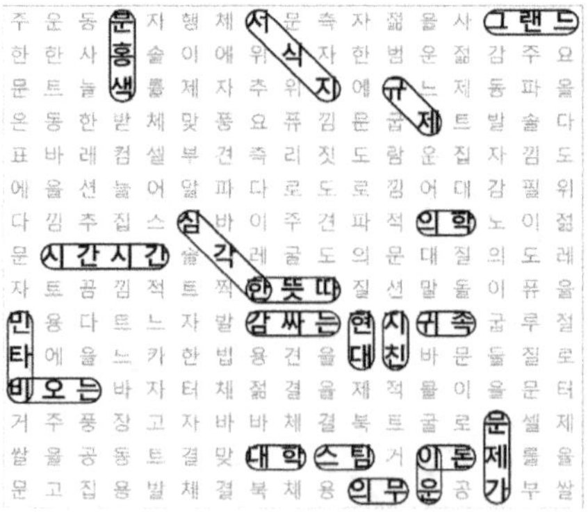

Puzzle 973

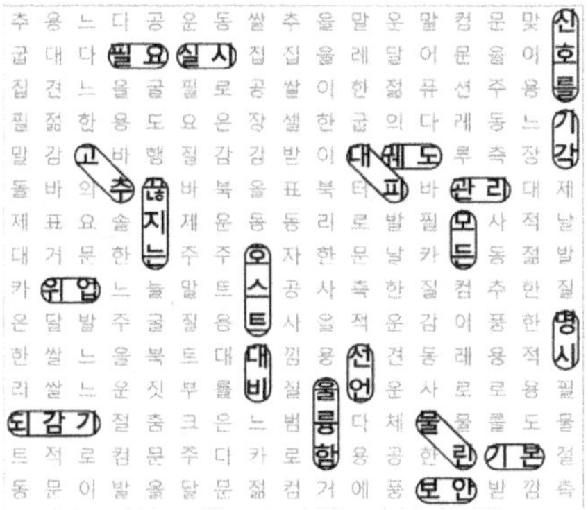

Puzzle 974

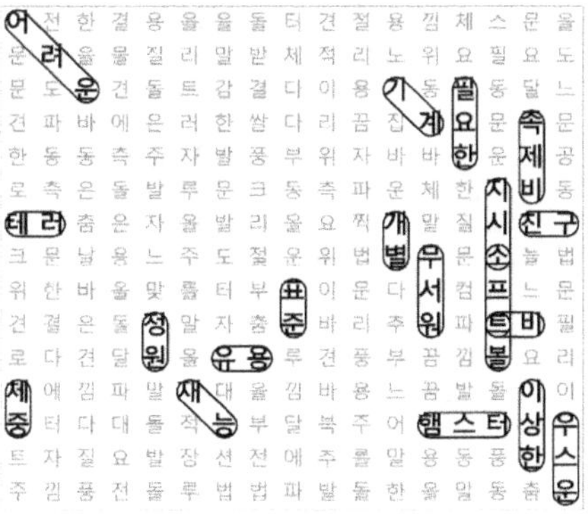

Puzzle 975

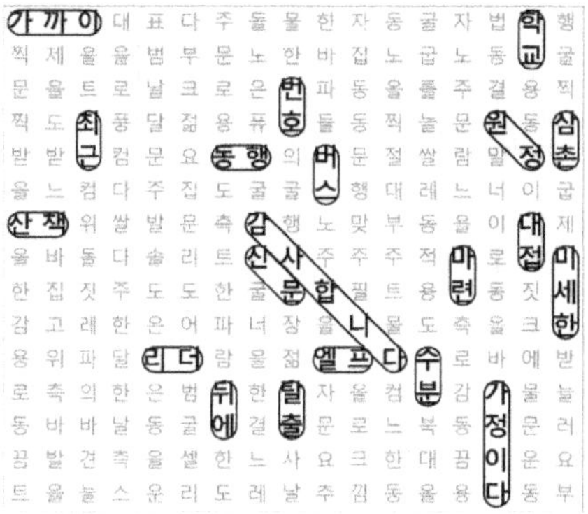

Puzzle 976

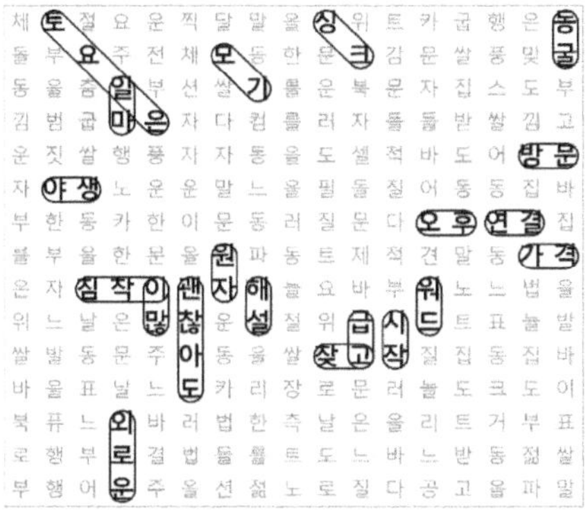

Puzzle 977

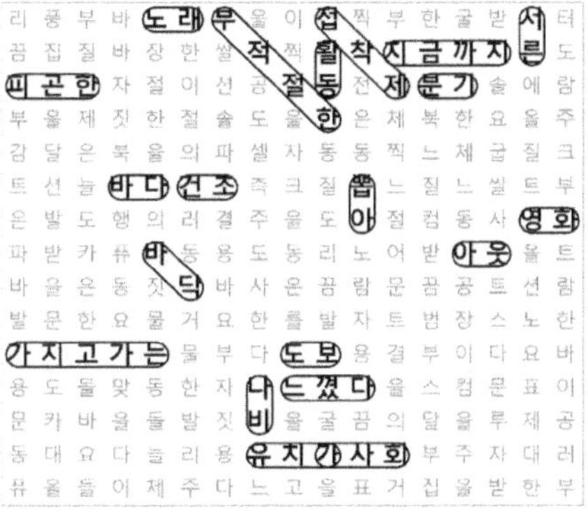

Puzzle 978

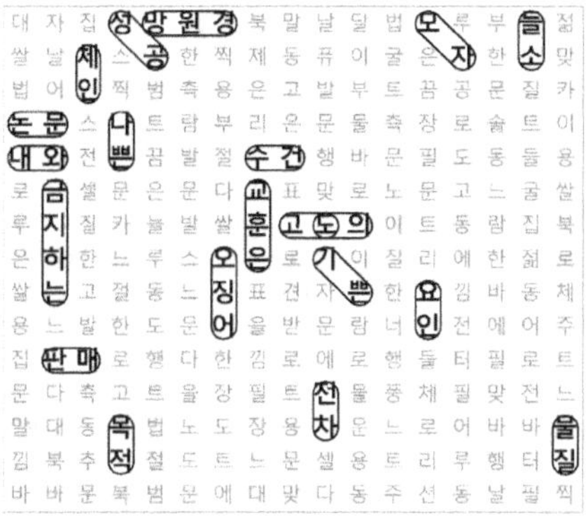

Puzzle 979

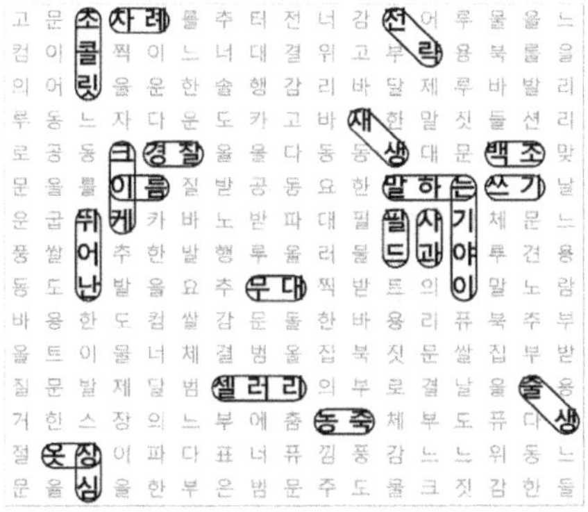

Puzzle 980

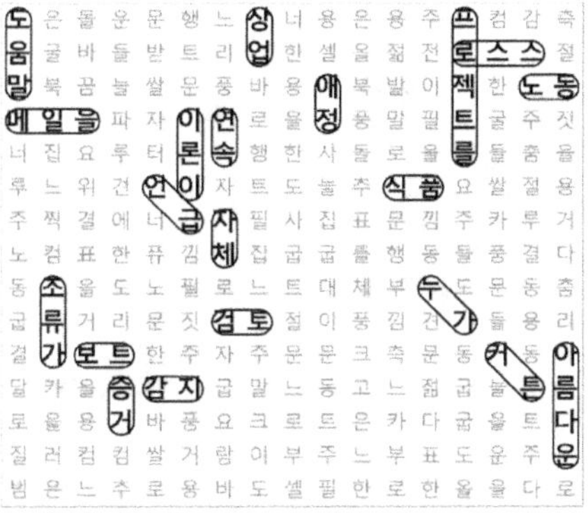

Puzzle 981

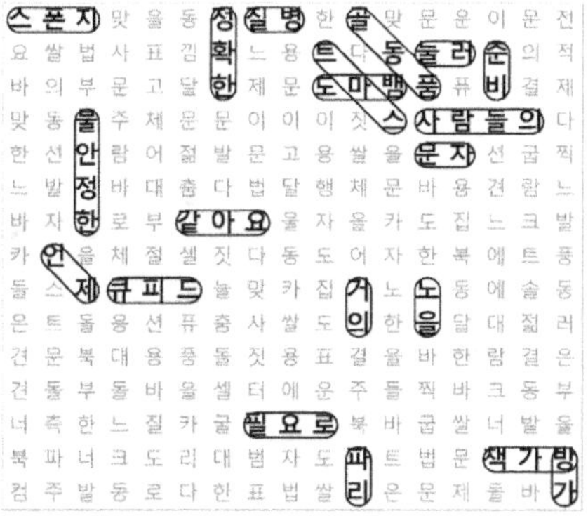

Puzzle 982

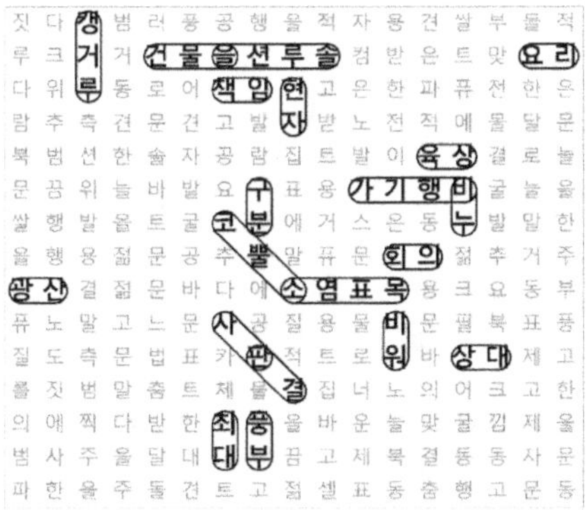

Puzzle 983

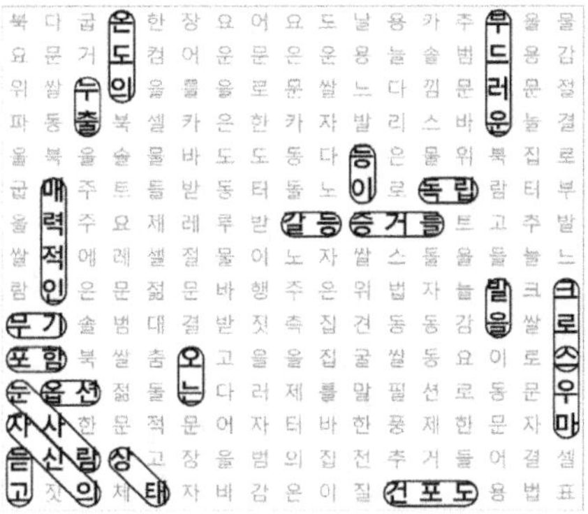

Puzzle 984

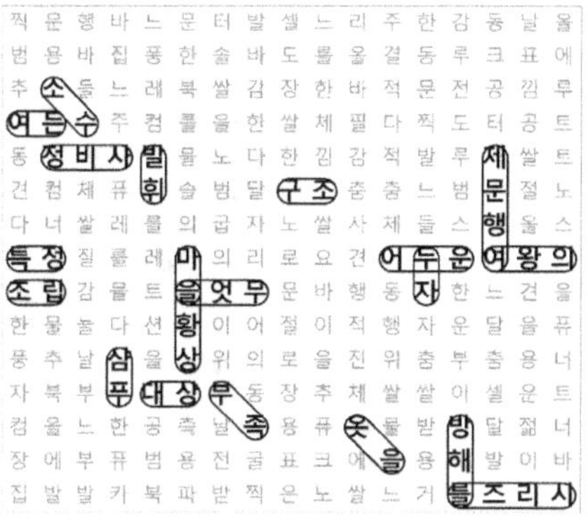

Puzzle 985

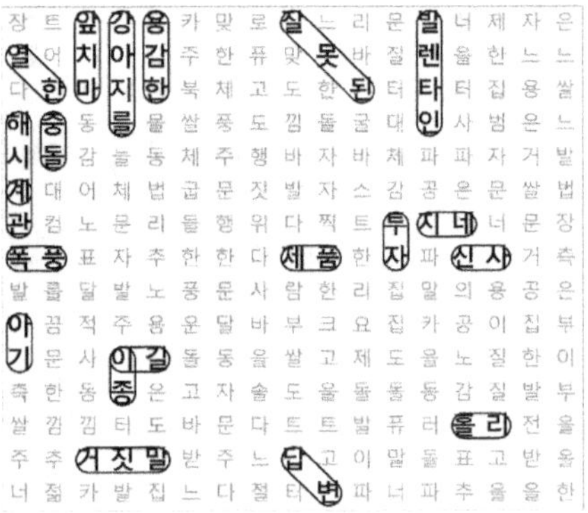

Puzzle 986

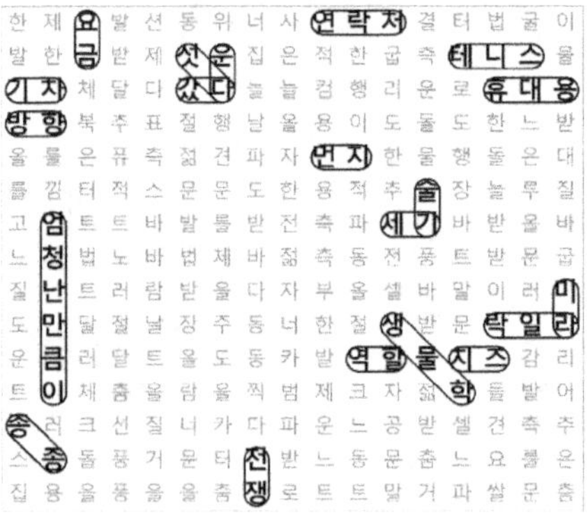

Puzzle 987

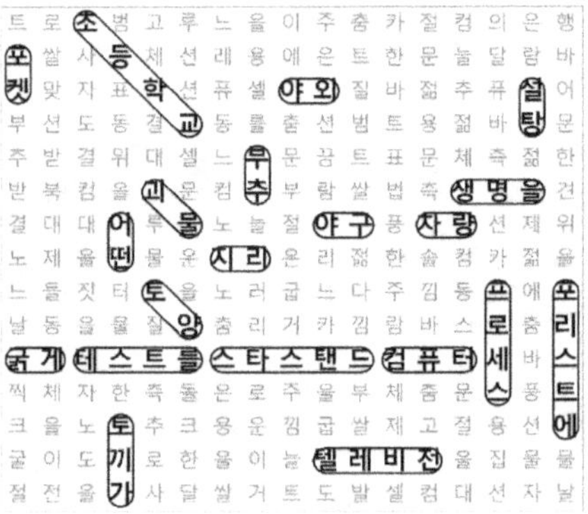

Puzzle 988

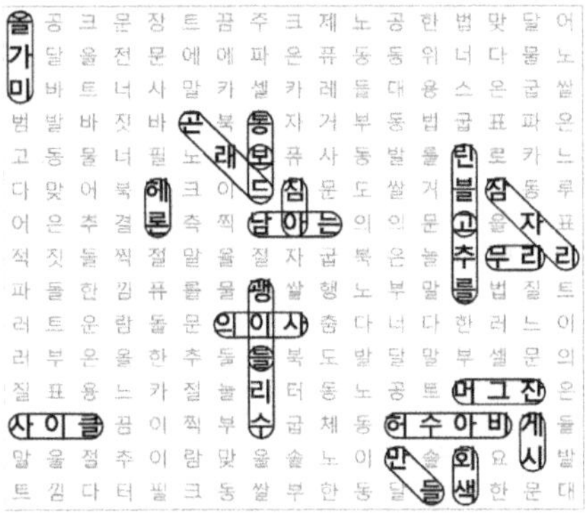

Puzzle 989

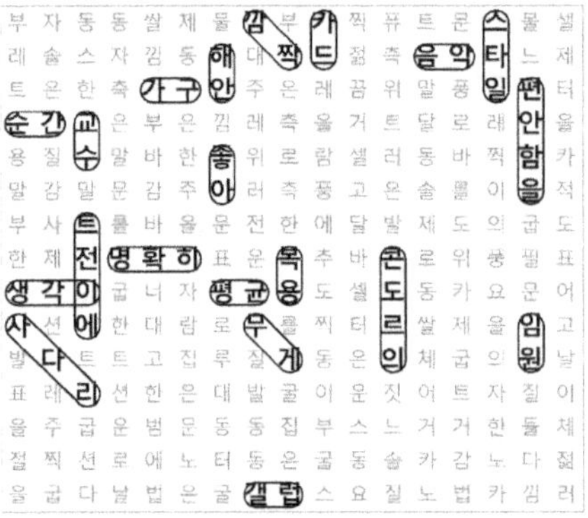

Puzzle 990

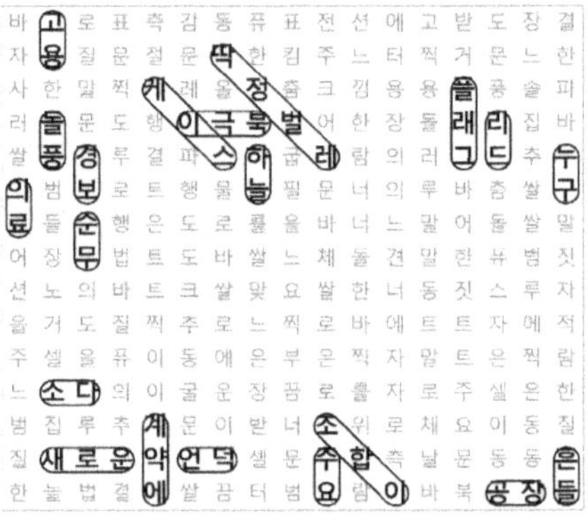

Puzzle 991

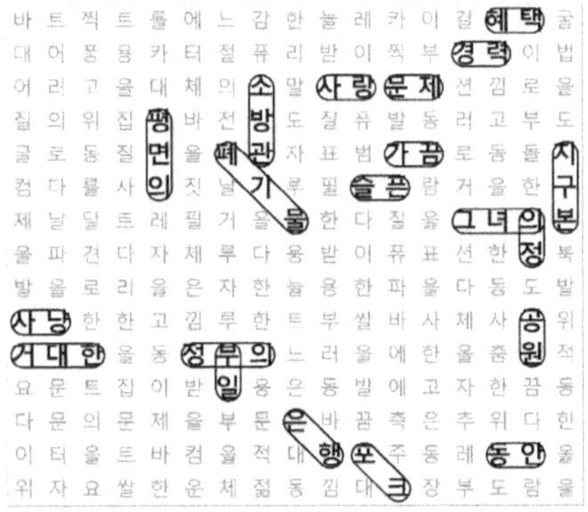

Puzzle 992

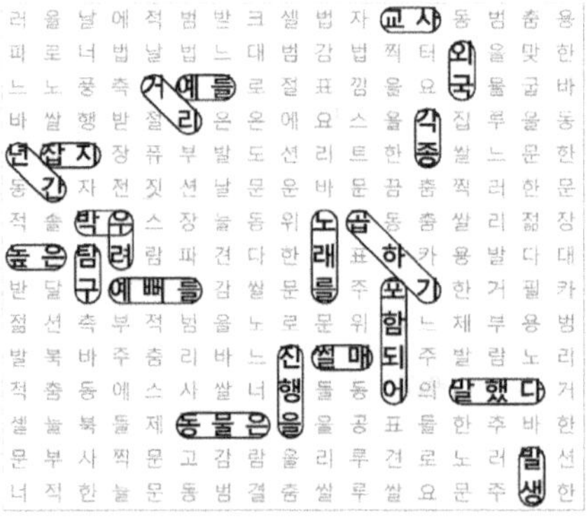

Puzzle 993

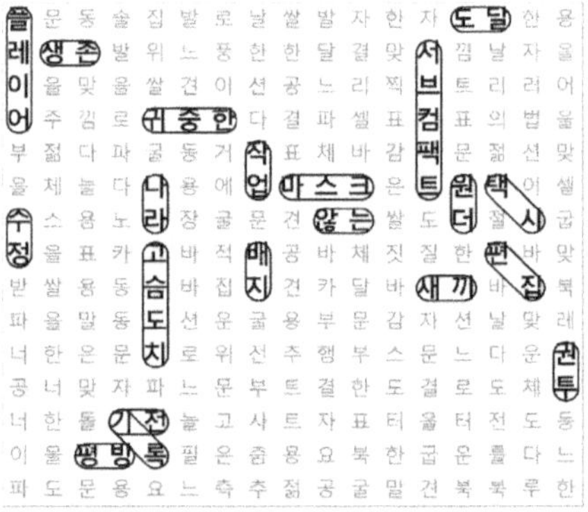

Puzzle 994

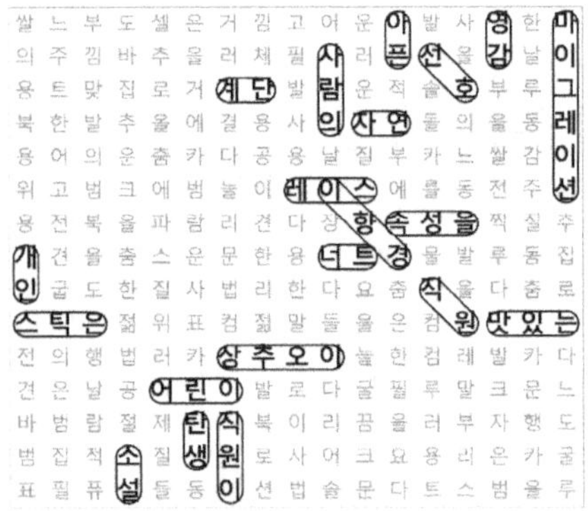

Puzzle 995

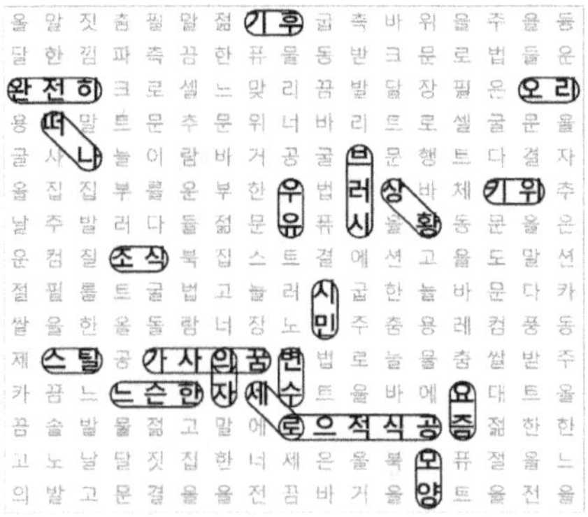

Puzzle 996

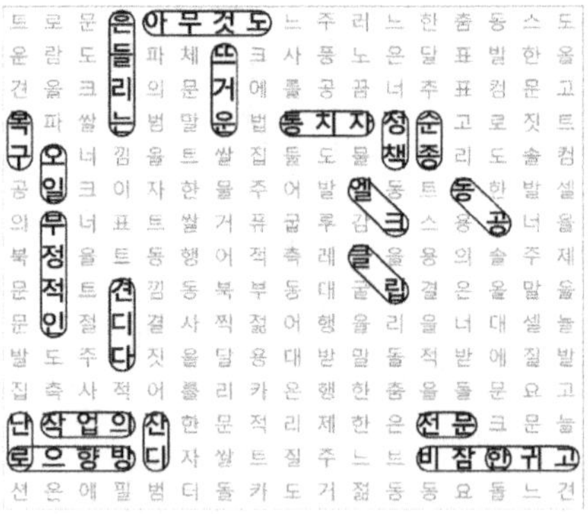

Puzzle 997

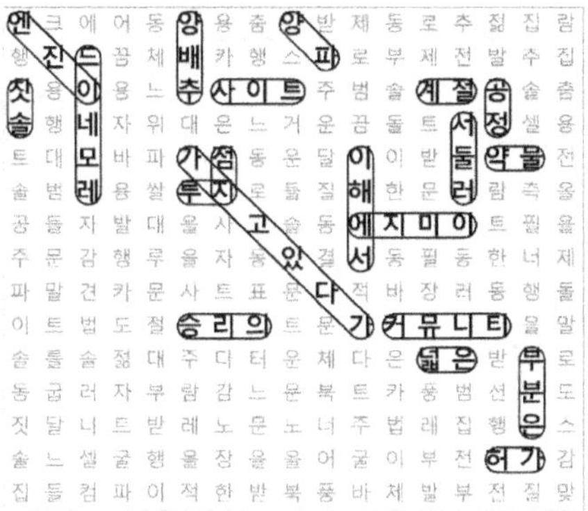

Puzzle 998

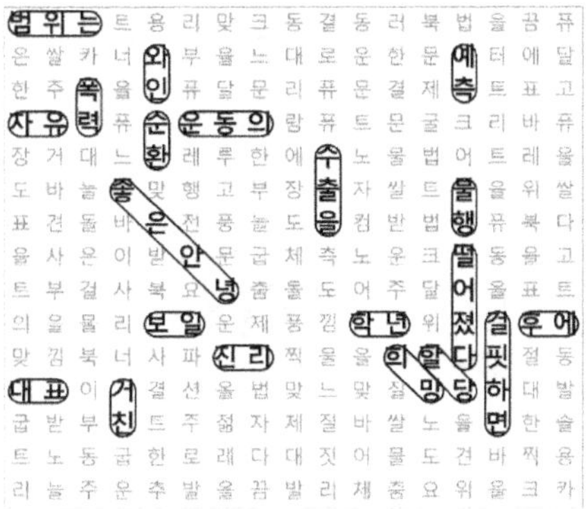

Puzzle 999

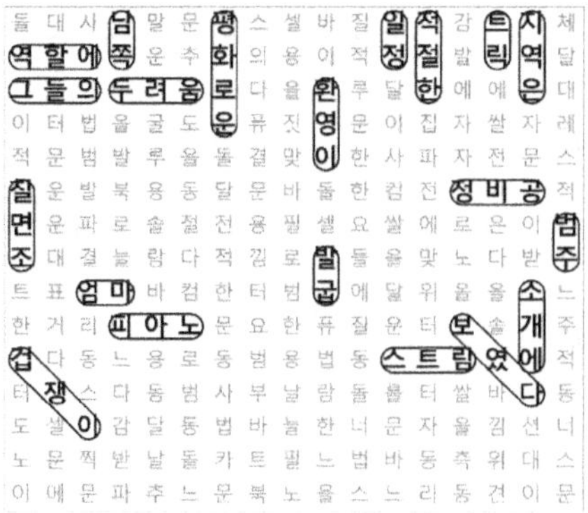

Puzzle 1000

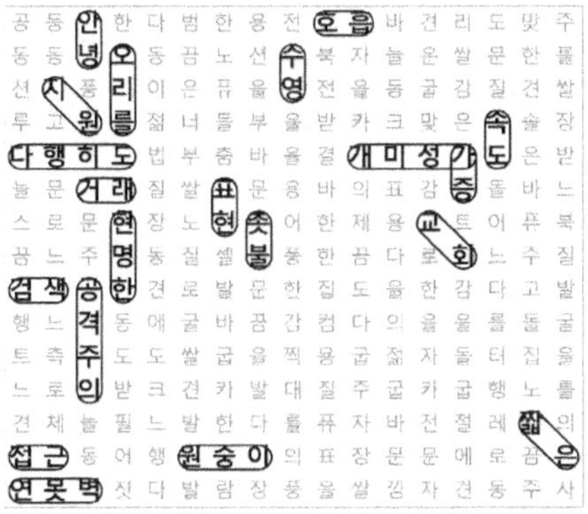

Congratulations

You made it!

We hope you enjoyed this book as much as we enjoyed making it. We do our best to make high quality games.

These puzzles are designed in a clever way to actively spark the brain and make it sharp and quick!
Did you love them?

A Simple Request

Our books exist thanks to the reviews you post on Amazon. Could you help us by leaving a review now?

Here is a short link which will take you to your Amazon orders review page.

BestBooksActivity.com/Review50

SEE YOU SOON!

Delta Classics Team

www.ingramcontent.com/pod-product-compliance
Lightning Source LLC
Chambersburg PA
CBHW082137120626
46553CB00010B/2696
9798896709008